古文字詁林編纂委員會編纂

古文字詁林

修訂本

上海教育出版社

第八册

第一版出版工作人員

責任編輯　夏　軍
封面設計　郭偉星
版式設計　侯雪康　俞　弘
特約審校　俞　良
資　　料　劉　君
校　　對　王　瑩　劉順菊　蔡鑫龍
出版統籌　王爲松　談德生
出版指導　陳　和
印刷監製　周鎔鋼
總 監 製　包南麟

修訂本出版工作人員

責任編輯　徐川山　毛　浩
封面設計　陸　弦
責任校對　馬　蕾　魯　妤　陳　萍　何懿璐
　　　　　丁志洋　方文琳　任換迎　宋海云
印刷監製　葉　剛
技術支持　楊鉷應

封面題簽　王元化

上海市古籍整理出版規劃重點項目

古文字詁林學術顧問

以姓氏筆劃爲序

朱德熙　李學勤　胡厚宣　馬承源

張政烺　裘錫圭　戴家祥　顧廷龍

古文字詁林編纂委員會

主編　李圃

副主編　汪壽明

編委（以姓氏筆劃爲序，有*號者爲常務編委）

*王元鹿　王文耀　*王世偉　王鐵　史舒薇　吴平

吴振武　*李圃　李露蕾　何崝　*汪壽明　徐時儀

*徐莉莉　*傅傑　華學誠　董琨　*詹鄞鑫　*臧克和

*劉志基　*鄭明

資料工作人員

張春華

張友榮

袁根娣

凌玉泰

目録

第八册檢字表

部首表

部首檢字表

【頁部】

頜　頜　一九
顡　顡　一九
頝　頝　二〇
顥　顥　二〇
顧　顧　二〇
順　順　二一
⿰㐱頁　⿰㐱頁　二三
⿰粦頁　⿰粦頁　二三
顓　顓　二三
頊　頊　二三
顉　顉　二三
頓　頓　二三
頫　頫　二四
頣　頣　二四
顗　顗　二五

頡　頡　二五
⿰山頁　⿰山頁　二六
⿰⿱日示頁　⿰⿱日示頁　二六
⿰樊頁　⿰樊頁　二七
⿰耒頁　⿰耒頁　二七
⿰犭頁　⿰犭頁　二七
⿰壴頁　⿰壴頁　二八
⿸厂頁　⿸厂頁　二八
頤　頤　二八
頉　頉　二八
頹　頹　二八
顎　顎　二九
類　類　二九
⿰鬼頁　⿰鬼頁　三〇
⿰𠂢頁　⿰𠂢頁　三〇

⿰尤頁　⿰尤頁　三〇
顫　顫　三一
顑　顑　三一
⿰⿱𠔁囟頁　⿰⿱𠔁囟頁　三二
煩　煩　三二
⿰豙頁　⿰豙頁　三二
頪　頪　三三
⿰魚頁　⿰魚頁　三四
⿰禾頁　⿰禾頁　三四
⿰𦣝頁　⿰𦣝頁　三四
頦　頦　三四
⿰⿱囟丌頁　⿰⿱囟丌頁　三五
籲　籲　三五
顯　顯　三五
⿰貝頁　⿰貝頁　三七

預　預　三七

【𦣻部】

𦣻　百　三七
⿰阝𦣻　脜　三八

【面部】

面　面　三八
靦　靦　三九
⿰面甫　⿰面甫　三九
⿰面焦　⿰面焦　四〇
靨　靨　四〇

【丏部】

丏　丏　四〇

【𩠐部】

𩠐　首　四一
⿰旨𩠐　⿰旨首　四四

字頭	篆文	楷書	頁碼
嶭	嶭	嶭	二一九
崋	崋	崋	二一九
崞	崞	崞	二二〇
崵	崵	崵	二二〇
岵	岵	岵	二二一
屺	屺	屺	二二一
嶨	嶨	嶨	二二一
嶅	嶅	嶅	二二一
岨	岨	岨	二二一
岡	岡	岡	二二一
岑	岑	岑	二二二
崟	崟	崟	二二二
崒	崒	崒	二二三
巒	巒	巒	二二三
密	密	密	二二三
岫	岫	岫	二二五
陖	陖	陖	二二六
隓	隓	隓	二二六
崚	崚	崚	二二七
崛	崛	崛	二二七
⿰山盧	⿰山盧	⿰山盧	二二七
峯	峯	峰	二二七
巖	巖	巖	二二七
嵒	嵒	嵒	二二八
⿱山彖	⿱山彖	⿱山彖	二二九
⿱山韋	⿱山韋	⿱山韋	二二九
⿱山古	⿱山古	⿱山古	二二九
隓	隓	隓	二三〇
嵯	嵯	嵯	二三〇
峨	峨	峨	二三〇
崝	崝	崝	二三〇
嵥	嵥	嵥	二三一
㟧	㟧	㟧	二三一
崩	崩	崩	二三一
岪	岪	岪	二三一
嵍	嵍	嵍	二三二
嶢	嶢	嶢	二三二
⿱山戒	⿱山戒	⿱山戒	二三三
嵏	嵏	嵏	二三三
岊	岊	岊	二三三
崇	崇	崇	二三四
崔	崔	崔	二三五
嶙	嶙	嶙	二三五
峋	峋	峋	二三五
岌	岌	岌	二三六
嶠	嶠	嶠	二三六
嵌	嵌	嵌	二三六
嶼	嶼	嶼	二三六
嶺	嶺	嶺	二三六
嵐	嵐	嵐	二三七
嵩	嵩	嵩	二三七
崑	崑	崑	二三七
崙	崙	崙	二三七
嵇	嵇	嵇	二三七

【屾部】

字頭	篆文	楷書	頁碼
屾	屾	屾	二三七
嵞	嵞	嵞	二三八

【屵部】

字頭	篆文	楷書	頁碼
屵	屵	屵	二三八
岸	岸	岸	二三九

𩡧	四六一
騆	四六一
騏	四六一
驪	四六二
駽	四六三
騩	四六三
騮	四六三
騢	四六三
騅	四六四
駱	四六四
駰	四六六
驄	四六六
驈	四六六
駹	四六七
騧	四六七

驃	四六七
駓	四六七
驖	四六八
騂	四六八
馰	四六八
駁	四六八
馵	四六九
驔	四七〇
驠	四七〇
騽	四七〇
[illegible]	四七一
騛	四七二
[illegible]	四七二
驥	四七二
駿	四七三

驍	四七三
騬	四七四
驕	四七四
騋	四七五
驩	四七六
驗	四七六
[illegible]	四七六
傌	四七七
駇	四七七
駭	四七七
駜	四七七
駪	四七八
騯	四七八
駠	四七八
驤	四七八

驀	四七九
騎	四七九
駕	四七九
騑	四八〇
駢	四八〇
驂	四八〇
駟	四八一
駙	四八二
䮗	四八二
騀	四八二
駊	四八二
騊	四八二
篤	四八二
騤	四八三
[illegible]	四八三

騣 四八四
馺 四八四
馮 四八四
[illegible] 四八五
騃 四八五
驟 四八六
駒 四八六
颿 四八六
驅 四八六
馳 四八七
騖 四八八
駕 四八八
騁 四八八
駾 四八九
駃 四八九

駻 四八九
駧 四八九
驚 四九〇
駭 四九〇
[illegible] 四九〇
騫 四九〇
駐 四九一
馴 四九一
駗 四九一
驙 四九二
驇 四九二
驧 四九二
騬 四九二
[illegible] 四九二
騷 四九三

[illegible] 四九三
駘 四九四
駔 四九四
騶 四九六
驛 四九六
馹 四九七
騰 四九七
騅 四九八
駉 四九八
駪 四九八
駮 四九八
駃 四九九
騠 四九九
驘 四九九
驢 五〇〇

[illegible] 五〇〇
驒 五〇〇
騱 五〇一
騊 五〇一
駼 五〇一
驫 五〇二
駛 五〇二
駴 五〇三
駿 五〇三
馱 五〇三
[illegible] 五〇三

【廌部】

廌 五〇四
[illegible] 五〇六
薦 五〇七

字	頁
猎	五七六
默	五七六
猝	五七六
猩	五七七
㺌	五七七
獥	五七七
猥	五七七
獿	五七八
⿰犭翏	五七八
⿰犭參	五七八
獎	五七八
⿰犭戔	五七九
⿰犭冊	五七九
狠	五七九
⿰犭番	五七九
狋	五七九
⿰犭斤	五八〇
⿰犭舄	五八〇
獷	五八一
狀	五八一
奘	五八一
獒	五八二
獳	五八二
狧	五八二
狎	五八三
狃	五八三
犯	五八三
猜	五八四
猛	五八四
犺	五八五
㹤	五八五
獜	五八五
獧	五八五
倏	五八六
狟	五八六
犻	五八六
⿰犭昜	五八七
犾	五八七
犮	五八八
戾	五八八
獨	五九〇
⿰犭谷	五九一
⿰犭壘	五九二
獵	五九三
獠	五九四
狩	五九四
臭	五九八
獲	五九九
獘	六〇一
獻	六〇二
⿰犭幵	六〇七
獟	六〇七
狾	六〇七
狂	六〇八
類	六〇九
狄	六〇九
狻	六一三
玃	六一四
猶	六一四
狙	六一七

猴　猴　六一七
㲉　㲉　六一八
狼　狼　六一九
狛　狛　六二〇
獌　獌　六二〇
狐　狐　六二一
獺　獺　六二二
猵　猵　六二二
猋　猋　六二二
狘　狘　六二二
⿰犭軍　⿰犭軍　六二二
狷　狷　六二二
猰　猰　六二二

【犾部】

犾　犾　六二二
獄　獄　六二四
獄　獄　六二五

【鼠部】

鼠　鼠　六二七
⿰鼠番　⿰鼠番　六二八
⿰鼠各　⿰鼠各　六二九
鼢　鼢　六二九
⿰鼠平　⿰鼠平　六二九
鼶　鼶　六二九
⿰鼠卯　⿰鼠卯　六三〇
鼫　鼫　六三〇
鼨　鼨　六三〇
⿰鼠益　⿰鼠益　六三一
鼷　鼷　六三一
鼩　鼩　六三一
鼸　鼸　六三二
⿰鼠今　⿰鼠今　六三二
鼬　鼬　六三二
⿰鼠勺　⿰鼠勺　六三二
⿰鼠亢　⿰鼠亢　六三三
⿱吕鼠　⿱吕鼠　六三三
鼲　鼲　六三四
⿰虫鼠　⿰虫鼠　六三四

【能部】

能　能　六三四

【熊部】

熊　熊　六四〇
羆　羆　六四一

【火部】

火　火　六四二
炟　炟　六四五
⿰火尾　⿰火尾　六四六
燬　燬　六四六
燹　燹　六四七
焌　焌　六四九
尞　尞　六五一
然　然　六五九
爇　爇　六六一
燔　燔　六六二
燒　燒　六六二
烈　烈　六六三
炪　炪　六六三
燀　燀　六六四
⿱蓺火　⿱蓺火　六六四
烝　烝　六六四

烰	烰	六六六
煦	煦	六六六
熯	熯	六六六
炥	炥	六六八
熮	熮	六六八
焛	焛	六六八
㷊	㷊	六七〇
熉	熉	六七〇
爚	爚	六七一
熛	熛	六七一
熇	熇	六七一
烄	烄	六七二
𤆎	𤆎	六七三
燋	燋	六七四
炭	炭	六七四

羡	羡	六七五
敹	敹	六七五
炦	炦	六七五
灰	灰	六七五
炱	炱	六七六
煨	煨	六七七
熄	熄	六七七
烓	烓	六七七
煁	煁	六七七
燀	燀	六七八
炊	炊	六七八
烘	烘	六七八
齌	齌	六七八
熹	熹	六七九
煎	煎	六八〇

熬	熬	六八〇
炮	炮	六八一
𤐫	𤐫	六八一
𤎯	𤎯	六八一
𤎅	𤎅	六八二
爆	爆	六八三
煬	煬	六八三
爟	爟	六八四
爤	爤	六八四
爢	爢	六八四
尉	尉	六八四
爩	爩	六八五
灸	灸	六八六
灼	灼	六八六
煉	煉	六八七

燭	燭	六八七
熜	熜	六八八
灺	灺	六八八
𤆼	𤆼	六八八
焠	焠	六八九
煣	煣	六八九
燓	焚	六九〇
燫	燫	六九三
燎	燎	六九三
㶾	票	六九四
𤏸	𤏸	六九六
㸈	焦	六九六
烖	烖	六九六
煙	煙	六九九
焆	焆	六九九

熅	熅	七〇〇
炮	炮	七〇〇
燂	燂	七〇一
焞	焞	七〇一
炳	炳	七〇一
焯	焯	七〇二
照	照	七〇二
煒	煒	七〇三
炵	炵	七〇三
熠	熠	七〇三
煜	煜	七〇三
燿	燿	七〇四
煇	煇	七〇四
煌	煌	七〇六
焜	焜	七〇六

炯	炯	七〇七
爗	燁	七〇七
爓	爓	七〇七
炫	炫	七〇七
光	光	七〇八
爇	熱	七一三
熾	熾	七一四
燠	燠	七一五
煖	煖	七一六
煗	煗	七一六
炅	炅	七一六
炕	炕	七二〇
燥	燥	七二一
威	威	七二一
焅	焅	七二三

燾	燾	七二三
爟	爟	七二三
𤓰	烽	七二五
爈	爝	七二七
熭	熭	七二七
熙	熙	七二七
熪	爞	七二九
煽	煽	七二九
烙	烙	七二九
爍	爍	七二九
燦	燦	七二九
煥	煥	七二九

【炎部】

炎	炎	七二九
燄	燄	七三一
[炎+舌]	[炎+舌]	七三三
[炎+㐭]	[炎+㐭]	七三三
煔	煔	七三三
燅	燅	七三三
燮	燮	七三三
粦	粦	七三五

【黑部】

黑	黑	七三八
黸	黸	七四二
[黑+會]	[黑+會]	七四二
黯	黯	七四二
黶	黶	七四三
黳	黳	七四三
[黑+旦]	[黑+旦]	七四三
[黑+箴]	[黑+箴]	七四三

【心部】

憪 憪 一〇一二
愉 愉 一〇一二
㦃 㦃 一〇一四
愚 愚 一〇一四
戇 戇 一〇一四
㥇 㥇 一〇一四
惷 惷 一〇一五
懝 懝 一〇一五
忮 忮 一〇一六
悍 悍 一〇一六
態 態 一〇一七
怪 怪 一〇一七
像 像 一〇一七
慢 慢 一〇一七
怠 怠 一〇一八

懈 懈 一〇一八
憜 惰 一〇一八
慫 慫 一〇一九
怫 怫 一〇一九
忎 忎 一〇二〇
忽 忽 一〇二〇
忘 忘 一〇二〇
慲 慲 一〇二一
恣 恣 一〇二一
惕 惕 一〇二三
憧 憧 一〇二三
悝 悝 一〇二三
憰 憰 一〇二三
㹞 㹞 一〇二三
怳 怳 一〇二三

㤿 㤿 一〇二三
懏 懏 一〇二三
悸 悸 一〇二三
憿 憿 一〇二四
銛 銛 一〇二四
忨 忨 一〇二五
惏 惏 一〇二五
懜 懜 一〇二五
愆 愆 一〇二五
慊 慊 一〇二七
惑 惑 一〇二八
怋 怋 一〇二八
惄 惄 一〇二八
惷 惷 一〇二九
惛 惛 一〇二九

忥 忥 一〇二九
衞 衞 一〇二九
憒 憒 一〇三〇
忌 忌 一〇三〇
忿 忿 一〇三二
悁 悁 一〇三二
黎 黎 一〇三三
恚 恚 一〇三三
怨 怨 一〇三三
怒 怒 一〇三四
憝 憝 一〇三四
慍 慍 一〇三五
惡 惡 一〇三五
憎 憎 一〇三六
怖 怖 一〇三六

忍	忍	一〇三六
⿰忄象	⿰忄象	一〇三七
恨	恨	一〇三七
懟	懟	一〇三七
悔	悔	一〇三七
愷	愷	一〇三八
怏	怏	一〇三八
懣	懣	一〇三八
憒	憒	一〇三九
悶	悶	一〇三九
惆	惆	一〇三九
悵	悵	一〇三九
愾	愾	一〇四〇
懆	懆	一〇四〇
愴	愴	一〇四〇

怛	怛	一〇四〇
憯	憯	一〇四一
慘	慘	一〇四一
悽	悽	一〇四一
恫	恫	一〇四一
悲	悲	一〇四一
惻	惻	一〇四二
惜	惜	一〇四三
愍	愍	一〇四三
慇	慇	一〇四五
⿱依心	⿱依心	一〇四五
⿱竹⿵門心	⿱竹⿵門心	一〇四五
慅	慅	一〇四六
感	感	一〇四六
忧	忧	一〇四六

⿱夅心	⿱夅心	一〇四七
愪	愪	一〇四七
怮	怮	一〇四七
忦	忦	一〇四七
恙	恙	一〇四七
惴	惴	一〇四八
怨	怨	一〇四八
怲	怲	一〇四八
惔	惔	一〇四八
惙	惙	一〇四九
慯	慯	一〇四九
愁	愁	一〇四九
⿰忄弱	⿰忄弱	一〇四九
惂	惂	一〇四九
悠	悠	一〇五〇

悴	悴	一〇五〇
慁	慁	一〇五〇
慹	慹	一〇五一
忓	忓	一〇五一
忡	忡	一〇五一
悄	悄	一〇五二
慽	慽	一〇五二
𢝊	𢝊	一〇五二
患	患	一〇五五
恇	恇	一〇五六
惄	惄	一〇五六
懾	懾	一〇五七
憚	憚	一〇五七
悼	悼	一〇五七
恐	恐	一〇五八

慴　一〇六〇
怵　一〇六〇
惕　一〇六一
㤨　一〇六二
㤥　一〇六二
惶　一〇六二
悑　一〇六二
慹　一〇六二
𢡱　一〇六三
⿰忄備　一〇六三

惎　一〇六三
恥　一〇六三
⿰忄典　一〇六四
忝　一〇六四
慙　一〇六五
恧　一〇六五
怍　一〇六五
憐　一〇六五
⿱連心　一〇六六
忍　一〇六六

㥾　一〇六六
怂　一〇六六
懲　一〇六七
憬　一〇六七
慵　一〇六七
悱　一〇六七
怩　一〇六七
惉　一〇六八
懘　一〇六八
懇　一〇六八

忖　一〇六八
怊　一〇六八
慟　一〇六八
惹　一〇六八
恰　一〇六九
悌　一〇六九
懌　一〇六九

【惢部】

惢　一〇六九
繠　一〇七〇

筆劃檢字表

字頭	楷定	頁
屵	屵	二三八
屵	屵	三〇九
石	石	三二〇
犯	犯	五八三
犮	犮	五八八
亦	亦	八〇二
夲	夲	八七八
夰	夰	八九二
立	立	九一〇
心	心	九三七

【六劃】

字頭	楷定	頁
后	后	八七
𠨍	𠨍	一〇七
厄	厄	一〇九
归	归	一一七
色	色	一一八
旬	旬	一四九
匈	匈	一五七
由	由	一九八
屺	屺	二三一
岌	岌	二三六
屾	屾	二三七
攸	攸	三一九
危	危	三一九
而	而	三六八
豕	豕	三七二
犯	犯	五八三
灰	灰	六七五
光	光	七〇八
夸	夸	七八七
夷	夷	七九四
亦	亦	八〇二
吳	吳	八一三
交	交	八三三
尥	尥	八四一
尪	尪	八四二
囟	囟	九一九
忏	忏	一〇〇〇
忍	忍	一〇三六
忓	忓	一〇五一
忩	忩	一〇六六
忖	忖	一〇六八

【七劃】

字頭	楷定	頁
䀠	䀠	三七
形	形	五七
彣	彣	六三
卮	卮	九七
令	令	一〇二
卯	卯	一〇七
卲	卲	一〇七
卻	卻	一一一
岑	岑	二二三
岊	岊	二二三
岌	岌	二三六
庉	庉	二五一
㡯	㡯	二五三
序	序	二六三
庋	庋	二六八
庇	庇	二七三
底	底	二九九

居 居 三〇五
应 应 三〇五
冢 豕 三七二
豖 冢 三八六
叜 叜 四〇九
豸 豸 四一三
龙 龙 五七二
⿰犭斤 炘 五八〇
狃 炄 五八三
犺 炕 五八五
⿰犭巿 ⿰火巿 五八六
⿰犭开 ⿰火开 六〇七
狂 烓 六〇八
狄 炏 六〇九
灭 灭 六七三

灸 灸 六八六
灼 灼 六八六
灺 灺 六八八
囟 囟 七五四
⿱亦火 赤 七六四
夾 夾 七八一
会 会 七九二
夰 夰 七九二
奄 奄 七九三
夾 夾 八〇六
吴 吴 八一三
⿰尢佥 ⿰尢佥 八四一
志 㞢 九四六
快 忮 九五八
忻 忻 九六三

忼 忼 九六四
怟 怟 九七四
忱 忱 九八四
忒 忒 一〇一二
忮 忮 一〇一六
忘 忘 一〇二〇
忨 忨 一〇二五
忌 忌 一〇三〇
⿰忄巿 ⿰忄巿 一〇三六
忍 忍 一〇三六
忧 忧 一〇四六
忦 忦 一〇四七
忡 忡 一〇五一
忍 忍 一〇六六
忩 忩 一〇六六

【八劃】

百 百 三七
⿰此巴 卯 一〇七
夗 夗 一〇七
卷 卷 一一一
卯 卯 一一三
印 印 一一五
匊 匊 一四五
匍 匍 一五七
匐 匐 一五八
禺 禺 二〇三
岱 岱 二一六
岵 岵 二二一
岨 岨 二二一
岡 岡 二二一

【九劃】

昜	三五九
耏	三七〇
㣇	三九三
象	四〇九
㲋	五四七
兔	五五五
狗	五六九
狡	五七三
臭	五七六
狠	五七九
猔	五七九
狧	五八二
狎	五八三
㹤	五八五
狟	五八六
犻	五八六
狩	五九四
狙	六一七
狛	六二〇
狐	六二一
狘	六二三
炟	六四五
炪	六六三
炥	六六八
炭	六七四
炦	六七五
炅	六七六
炊	六七八
炮	六八一
炳	七〇一
炯	七〇七
炫	七〇七
奎	七八〇
查	七九一
奄	七九三
契	七九三
臭	八一三
臭	八一三
幸	八二八
尳	八四〇
奏	八八六
昦	八九三
奕	八九六
耎	九〇四
恖	九三四
恉	九四八
忠	九五六
念	九六〇
忕	九六一
恔	九六六
恬	九六九
恢	九六九
恮	九七五
恂	九八四
恃	九九一
恚	九九二
恋	九九四
㤱	九九五
恤	一〇〇〇
忓	一〇〇〇

狡	狡	五七三
狴	狴	五七五
狧	狧	五八二
倏	倏	五八六
烜	狟	五八六
⿰犭谷	⿰犭谷	五九一
狩	狩	五九四
臭	臭	五九八
豣	豣	六〇七
⿰犭斯	⿰犭斯	六〇七
狻	狻	六一三
狼	狼	六一九
狷	狷	六二三
能	能	六二四
烈	烈	六六三

炪	炪	六六三
烝	烝	六六四
烄	烄	六七二
烓	烓	六七七
烘	烘	六七八
炭	炭	六八一
燼	燼	六八八
烖	烖	六九六
炵	炵	七〇三
烕	烕	七二一
烙	烙	七二九
⿰氵赤	⿰火赤	七六八
奔	奔	七九二
⿺走叚	⿺走叚	八四〇
萃	萃	八七八

皋	皋	八八七
奘	奘	八九六
奚	奚	九〇〇
竘	竘	九一六
竝	並	九一九
䚡	䚡	九三三
息	息	九四一
志	志	九四六
忒	忒	九六一
忻	忻	九六三
忼	忼	九六四
悃	悃	九六五
恭	恭	九六九
怨	怨	九七一
怟	怟	九七四

恩	恩	九七五
慽	慽	九七七
忱	忱	九八四
悟	悟	九九一
悛	悛	九九八
急	急	一〇〇五
悭	悭	一〇〇六
恁	恁	一〇〇七
岱	岱	一〇一〇
悒	悒	一〇一〇
悍	悍	一〇一六
恣	恣	一〇二一
悝	悝	一〇二三
忨	忨	一〇二五
悁	悁	一〇三三

恚	恚	一〇三三
怨	怨	一〇三三
怒	怒	一〇三四
悔	悔	一〇三七
忦	忦	一〇四七
恙	恙	一〇四七
忡	忡	一〇五一
悄	悄	一〇五二
恐	恐	一〇五八
悑	悑	一〇六二
恥	恥	一〇六三
恧	恧	一〇六五
怍	怍	一〇六五
悌	悌	一〇六九

【十一劃】

頂	頂	六
脜	脜	三八
圓	面	三八
𩠐	首	四一
彫	彫	六〇
彭	彭	六〇
㣎	㣎	六一
彩	彩	六三
卻	却	一一一
卸	卸	一一三
艴	艴	一二〇
匐	匐	一四五
胞	胞	一六六
匏	匏	一六六

畏	畏	一九九
羞	羞	二〇六
猛	猛	二一七
嵎	嵎	二一八
崋	崋	二一九
崞	崞	二二〇
崟	崟	二二二
崒	崒	二二二
密	密	二二二
崛	崛	二二七
峯	峰	二二七
崝	崝	二三〇
崩	崩	二三一
崴	崴	二三三
崇	崇	二三四

崔	崔	二三五
嵐	嵐	二三七
崑	崑	二三七
崙	崙	二三七
崖	崖	二三九
庾	庾	二六六
庮	庮	二六九
庛	庛	二七〇
庳	庳	二七三
庶	庶	二七四
庤	庤	二八三
庢	庢	二八四
庱	庱	二九二
㟏	㟏	三一八
碧	碧	三三〇

字頭	頁碼
硈	三三二
硟	三三八
研	三三九
豝	三八〇
豣	三八〇
豛	三八三
豠	三八四
豚	四一〇
豸	四二九
象	四四三
馬	四五九
⿱馬廾	四六九
鹿	五一三
兔	五五九
萈	五六一
猈	五七五
猗	五七五
猝	五七六
⿰犭戔	五七九
狦	五七九
狠	五七九
奘	五八一
猜	五八四
猛	五八四
倏	五八六
⿰犭昜	五八七
⿰犭谷	五九一
⿰火尾	六四六
焌	六四九
烰	六六六
羨	六七五
尉	六八四
票	六九四
烖	六九六
焆	六九九
⿰火皀	七〇〇
焅	七一三
烽	七二五
悤	七五六
赧	七六七
奄	七八三
喬	八二四
執	八六一
圉	八六七
奢	八七五
⿰彳复	八七八
規	九〇九
思	九三四
息	九四一
情	九四五
性	九四五
快	九五八
惇	九六四
悊	九六七
悰	九六八
恕	九七一
恩	九七五
惟	九八五
惀	九八六
怙	九九一

怞 九九四
㥘 九九八
怕 一〇〇〇
極 一〇〇六
恁 一〇〇七
怚 一〇一〇
悆 一〇一一
㥊 一〇一四
忮 一〇一六
怪 一〇一七
怫 一〇一九
㺃 一〇二二
怳 一〇二三
悸 一〇二三
惏 一〇二五

怋 一〇二八
惄 一〇二八
惛 一〇二九
恚 一〇三三
怖 一〇三六
怏 一〇三八
惆 一〇三九
悵 一〇三九
怛 一〇四〇
悽 一〇四一
惜 一〇四三
怮 一〇四七
怲 一〇四八
惔 一〇四八
惙 一〇四九

惂 一〇四九
悠 一〇五〇
悴 一〇五〇
患 一〇五五
惬 一〇五六
悼 一〇五七
怵 一〇六〇
惕 一〇六一
㥏 一〇六四
恧 一〇六五
悱 一〇六七
怩 一〇六七
怊 一〇六八

【十二劃】

頊 五

頂 六
項 一〇
順 二二
領 二八
頄 三〇
須 五〇
弱 六一
斐 七一
詞 九七
䎗 一二〇
卿 一三三
敬 一七三
彭 一九二
差 二〇六
嵬 二〇七

嵎	二一八
崵	二二〇
嵒	二二八
嵯	二三〇
嵍	二三三
⿱宴山	二三三
嵌	二三六
嵐	二三七
嵇	二三七
庇	二五七
庾	二六六
廁	二六七
廇	二八九
廊	二九一
廂	二九一

厥	二九九
厤	三〇四
⿵几咼	三一八
硞	三二二
硠	三二二
确	三二四
硪	三二四
硩	三二七
破	三三八
硯	三四二
砆	三五四
豣	三八〇
豠	三八四
豦	三八九
豩	三九二

⿱彑⿱冖豕	三九九
⿱兔兂	四〇二
貀	四二二
貂	四二四
貁	四二八
⿰馬八	四六一
馮	四八四
逸	五五六
娩	五六〇
莧	五六一
獀	五七二
猲	五七四
⿰犭婁	五七五
猗	五七五
猎	五七六

猝	五七六
猩	五七七
猥	五七七
⿰爿⿱夕犬	五七八
⿰犭戔	五七九
猛	五八四
⿰犭昜	五八七
⿰犭犬	五八七
狂	六〇八
猶	六一四
猴	六一七
猵	六二三
猋	六二三
⿰犭軍	六二三
⿰犭契	六二三

字頭	楷定	頁碼
⿰火尾	⿰火屁	六四六
尞	尞	六五一
然	然	六五九
⿱列火	烈	六六三
閃	閃	六六八
赦	赦	六七五
炅	炅	六七六
烘	烘	六七八
焠	焠	六八九
焚	焚	六九〇
焦	⿱雥火	六九六
焞	焞	七〇一
焯	焯	七〇二
焜	焜	七〇六
粦	粦	七三五

字頭	楷定	頁碼
黑	黑	七三八
悤	悤	七五六
焱	焱	七五九
⿰炎虫	⿰炎虫	七六七
惔	惔	七六八
喬	喬	八二四
奔	奔	八二八
絞	絞	八三九
尳	尳	八四〇
壺	壺	八四二
壼	壼	八四五
壹	壹	八四六
報	報	八七三
執	執	八八五
奏	奏	八八六

字頭	楷定	頁碼
奡	奡	八九三
竦	竦	九一五
竢	竢	九一六
竣	竣	九一七
替	替	九二七
惪	惪	九四八
⿰忄重	⿰忄重	九六四
惲	惲	九六四
慨	慨	九六五
愊	愊	九六五
恔	恔	九六六
悏	悏	九六九
恮	恮	九七五
愃	愃	九八三
恂	恂	九八四

字頭	楷定	頁碼
⿰忄彖	⿰忄彖	九八六
⿱宀息	⿱宀息	九八八
愲	愲	九九三
⿰忄某	⿰忄某	九九四
愐	愐	九九五
恤	恤	一〇〇〇
⿰忄禺	⿰忄禺	一〇〇二
怒	怒	一〇〇二
⿰忄卯	⿰忄卯	一〇〇三
愒	愒	一〇〇四
⿱曲心	⿱曲心	一〇〇四
慈	慈	一〇〇六
念	念	一〇一一
愉	愉	一〇一三
恣	恣	一〇二一

惕 一〇二三
惑 一〇二八
愠 一〇三五
惡 一〇三五
像 一〇三七
愷 一〇三八
悶 一〇三九
恫 一〇四一
悲 一〇四一
惻 一〇四二
悠 一〇四五
慅 一〇四六
愆 一〇四七
恙 一〇四七
惴 一〇四八

悠 一〇五〇
患 一〇五五
悫 一〇五六
惶 一〇六二
惎 一〇六三
惘 一〇六六
惉 一〇六八
惹 一〇六八
恰 一〇六九
悌 一〇六九
惢 一〇六九

【十三劃】

頌 四
煩 一二
碩 一三

頊 一三
頒 一四
頑 一八
頍 二〇
頿 二〇
項 二三
頓 二三
頎 二〇
煩 二三
預 二七
彭 六〇
髡 八五
郗 一一〇
辟 一三〇
匓 一五八

敬 一七三
魂 一九一
彪 一九二
魃 一九四
傀 一九五
嵬 二〇七
嶅 二三一
峻 二三六
崝 二三〇
嵌 二三六
嵩 二三七
崙 二三七
嵒 二三八
崔 二三九
嶏 二四〇

廇	廇	二五一
庰	庰	二六六
廉	廉	二六九
廈	廈	二九一
廏	廏	二九二
庱	庱	二九二
厰	厰	二九七
厥	厥	二九九
廙	廙	三〇四
殼	殼	三三〇
碑	碑	三三一
碌	碌	三三一
硋	硋	三三一
硻	硻	三三三
硇	确	三三四
碎	碎	三三八
碓	碓	三四〇
碯	碯	三四〇
碏	碏	三四三
碌	碌	三四四
硾	硾	三四四
肆	肆	三五一
跌	跌	三五四
豤	豤	三八三
豧	豧	三八四
豢	豢	三八四
豨	豨	三八五
豦	豦	三八九
豪	豪	三九一
㬥	㬥	三九九
㲋	㲋	四〇二
貀	貀	四二一
貈	貈	四二一
貉	貉	四二五
貆	貆	四二六
馰	馰	四六八
馵	馵	四六九
馺	馺	四八四
馳	馳	四八七
馴	馴	四九一
馽	馽	四九三
馱	馱	五〇三
廌	廌	五〇四
鹿	鹿	五一三
麀	麀	五四三
毚	毚	五五三
獀	獀	五七二
猲	猲	五七四
猩	猩	五七七
獫	獫	五七七
猶	猶	六一四
猴	猴	六一七
獋	獋	六二三
狷	狷	六二三
猰	猰	六二三
鼠	鼠	六二七
煦	煦	六六六
煨	煨	六七七
煁	煁	六七七
煎	煎	六八〇

煬	煬	六八三
煉	煉	六八七
煣	煣	六八九
煙	煙	六九九
焆	焆	六九九
熅	熅	七〇〇
照	照	七〇二
煒	煒	七〇三
煜	煜	七〇三
煇	煇	七〇四
煌	煌	七〇六
煖	煖	七一六
煩	煩	七一六
熙	熙	七二七
煥	煥	七二九

粘	粘	七三三
赨	赨	七六七
赧	赧	七六七
赩	赩	七七〇
戴	戴	七九一
爈	爈	八四一
睪	睪	八五九
竦	竦	九一四
竨	竨	九一四
竫	竫	九一五
靖	靖	九一六
䇐	䇐	九一七
䇌	䇌	九一八
竱	竱	九一八
意	意	九四七

恉	恉	九四八
惪	惪	九四八
慎	慎	九五三
愷	愷	九五九
㥦	㥦	九六〇
悃	悃	九六五
恭	恭	九六九
慈	慈	九七二
㣥	㣥	九七四
想	想	九八六
愊	愊	九八七
愃	愃	九八八
㥶	㥶	九八八
㦝	㦝	九八九
悟	悟	九九一

慔	慔	九九四
慆	慆	九九九
恕	恕	一〇〇二
㤵	㤵	一〇〇六
悒	悒	一〇一〇
愚	愚	一〇一四
悍	悍	一〇一六
㥃	㥃	一〇一八
悝	悝	一〇二三
悸	悸	一〇二三
𢡑	𢡑	一〇二五
慊	慊	一〇二七
惑	惑	一〇二八
惷	惷	一〇二九
惡	惡	一〇三五

悢 恨 一〇三七
悶 悶 一〇三九
愾 愾 一〇三九
愴 愴 一〇四〇
悲 悲 一〇四一
愍 愍 一〇四三
悠 悠 一〇四五
感 感 一〇四六
惄 惄 一〇四七
愪 愪 一〇四七
愁 愁 一〇四九
愵 愵 一〇四九
𢚧 𢚧 一〇五二
㤥 㤥 一〇六二
悑 悑 一〇六二

㦏 㦏 一〇六三
[illegible] 一〇六六

【十四劃】

頣 頣 九
領 領 一〇
碩 碩 一四
頍 頍 二〇
須 須 二三
𡸁 𡸁 二六
頗 頗 三〇
頏 頏 三七
𦣝 𦣝 三八
彰 彰 五九
髦 髦 七六
𩬊 𩬊 八二

𩬠 𩬠 八三
詞 詞 九七
𨻰 𨻰 九八
卷 卷 一一一
辟 辟 一三〇
匓 匓 一五八
𠣞 𠣞 一五九
䰠 䰠 一九〇
魂 魂 一九一
魄 魄 一九一
𩲅 𩲅 一九二
魃 魃 一九二
傀 傀 一九五
島 島 二一七
𡽩 𡽩 二一八

嶠 嶠 二三六
廄 廄 二五七
廣 廣 二六四
𢋩 𢋩 二六九
廙 廙 二八三
廔 廔 二八四
廑 廑 二八五
廖 廖 二九二
㢣 㢣 二九七
厰 厰 二九七
厬 厬 二九九
厲 厲 三〇二
㕓 㕓 三〇四
厝 厝 三〇八
厭 厭 三一五

碭 三一七
碝 三一八
碣 三一九
碬 三二〇
碧 三二〇
磙 三二一
磕 三二三
碞 三二五
碏 三四〇
碌 三四四
豧 三八四
豨 三八五
豢 三九一
豯 三九二
豚 四一〇

貍 四二六
駁 四六八
駮 四七七
馶 四七七
駠 四七八
馺 四八四
馮 四八四
颿 四八五
馸 四九二
馬 四九三
駎 四九七
駃 四九九
廌 五〇四
夒 五五三
焙 五七六

獥 五七七
獿 五七八
㺧 五七八
獒 五八二
猜 五八四
𤢺 六〇七
獀 六一三
㺃 六一八
狼 六一九
獿 六二〇
獄 六二四
獄 六二五
能 六四〇
焌 六四九
烝 六六四

熇 六七一
熄 六七七
熬 六八〇
焳 六八四
熑 六九三
熅 七〇〇
煌 七〇六
煸 七二九
煥 七二九
㶭 七三三
粦 七三五
黑 七三八
熒 七六〇
赬 七六八
赫 七六九

【十五劃】

字頭	隸定	頁碼
頟	頟	八
頞	頞	八
頜	頜	九
頢	頢	一八
頲	頲	一八
頠	頠	一九
顎	顎	二〇
煩	煩	二四
頣	頣	二四
頡	頡	二五
⿰出頁	⿰出頁	二六
⿰犭頁	⿰犭頁	二七
頛	頛	二八
頪	頪	三三

字頭	隸定	頁碼
頦	頦	三四
鄑	鄑	四四
彰	彰	五九
⿱林夌	⿱林夌	七三
髮	髮	七四
髦	髦	七六
髲	髲	八〇
髫	髫	八一
鬀	鬀	八三
髻	髻	八六
⿰㓞巴	⿰㓞巴	一一〇
嬖	嬖	一三四
魄	魄	一九一
魃	魃	一九二
鬾	鬾	一九四

字頭	隸定	頁碼
⿱臤山	⿱臤山	二一八
崿	崋	二一九
嶞	嶞	二二六
嶘	嶘	二二七
⿱山宗	⿱山宗	二二九
嶢	嶢	二三三
嶙	嶙	二三五
嶠	嶠	二三六
⿱山肥	⿱山肥	二四〇
⿱山肥	⿱山肥	二四〇
廇	廇	二五一
廡	廡	二五三
廚	廚	二五五
廛	廛	二六七
⿸广恩	⿸广恩	二六九

字頭	隸定	頁碼
廉	廉	二六九
廙	廙	二八三
廢	廢	二八五
廟	廟	二八五
廞	廞	二九〇
⿸广義	⿸广義	二九七
厱	厱	三〇三
⿸厂辟	⿸厂辟	三一四
磏	磏	三一九
碩	碩	三三一
磙	磙	三三一
硠	硠	三三二
磕	磕	三三二
磿	磿	三三三
硩	硩	三三七

磑	三四〇
䃒	三四三
磊	三四三
肆	三五一
豬	三七八
豭	三八一
彙	四〇〇
貓	四二九
豫	四四七
駒	四五九
駍	四六七
馶	四七七
駜	四七七
駕	四七九
駟	四八一

駙	四八二
駿	四八二
駒	四八六
駃	四八九
駐	四九一
駗	四九一
駘	四九四
駔	四九四
駉	四九八
駃	四九九
麃	五三一
麀	五四三
獢	五七四
猥	五七七
獿	五七八

獎	五七八
獝	五七九
獦	五八〇
獜	五八五
獠	五九四
獘	六〇一
獟	六〇七
㱿	六一八
獌	六二〇
猵	六二三
獄	六二四
能	六三四
尞	六五一
燔	六六二
燀	六六四

熯	六六六
熮	六六八
熲	六七〇
爂	六七一
羨	六七五
煨	六七七
熄	六七七
燭	六八七
熜	六八八
爜	六九六
焯	七〇二
熠	七〇三
爇	七一三
熭	七二七
赭	七六八

寠	寠	八三八
懀	懀	八四〇
慊	慊	八四一
壺	壺	八四二
報	報	八七三
奢	奢	八七五
暴	㬥	八八五
規	規	八八五
臩	臩	八九二
竢	竢	九一六
竣	竣	九一七
㬱	替	九二七
巤	巤	九三一
慮	慮	九三六
情	情	九四五
意	意	九四七
憕	憕	九六三
惲	惲	九六四
愊	愊	九六五
慧	慧	九六六
憭	憭	九六六
悊	悊	九六七
慈	慈	九七二
慸	慸	九七五
㤅	㤅	九七七
慶	慶	九七八
愃	愃	九八三
愻	愻	九八三
憮	憮	九九二
慰	慰	九九三
㥺	㥺	九九四
㥟	㥟	九九五
愒	愒	一〇〇四
㥛	㥛	一〇〇六
憪	憪	一〇二二
惷	惷	一〇二五
像	像	一〇二七
憜	憜	一〇二八
慫	慫	一〇二九
惕	惕	一〇三三
憧	憧	一〇三三
憰	憰	一〇三三
憒	憒	一〇三〇
悁	悁	一〇三三
憎	憎	一〇三六
㥾	㥾	一〇三七
憤	憤	一〇三九
憯	憯	一〇四一
悽	悽	一〇四一
惻	惻	一〇四二
慇	慇	一〇四五
慅	慅	一〇四六
惴	惴	一〇四八
慦	慦	一〇五一
悄	悄	一〇五二
憚	憚	一〇五七
惶	惶	一〇六二
慹	慹	一〇六二
慙	慙	一〇六五
憐	憐	一〇六五

字	頁
彙	四〇〇
緣	四〇一
貐	四一九
貒	四二八
豫	四四七
駱	四六四
駰	四六六
[illegible]	四七六
傌	四七七
駪	四七八
駢	四八〇
篤	四八二
[illegible]	四八八
駃	四八九
駧	四八九
駭	四九〇
[illegible]	四九〇
駐	四九一
駪	四九八
駮	四九八
駷	五〇二
[illegible]	五〇三
薦	五〇七
廩	五二九
塵	五三一
魯	五五〇
逸	五五六
[illegible]	五六一
獪	五七四
[illegible]	五七四
獫	五七五
默	五七六
熑	五七七
燩	五七七
[illegible]	五八〇
獧	五八五
燭	五九〇
獲	五九九
燒	六〇七
[illegible]	六三三
燹	六四七
燔	六六二
燒	六六二
[illegible]	六七〇
燋	六七四
燀	六七八
熹	六七九
煎	六八〇
賁	六八一
熜	六八八
燓	六九〇
熑	六九三
燎	六九三
煙	六九九
燂	七〇一
熚	七〇七
熾	七一四
燠	七一五
煽	七二九
餤	七三一

畬	畬	七三三
欻	欻	七三三
黗	黗	七四四
黔	黔	七四七
默	默	七四八
燊	燊	七六一
緞	緞	七七一
竷	竷	七九一
亶	亶	八三八
屢	屢	八四一
䍙	䍙	九〇四
竱	竱	九一五
愼	愼	九五三
㲉	㲉	九五七
愷	愷	九五九
憲	憲	九六一
愿	愿	九六五
瘱	瘱	九六六
憼	憼	九七〇
㥴	㥴	九七四
帶	帶	九七五
憖	憖	九七五
惀	惀	九八六
㦟	㦟	九八七
惠	惠	九八七
㥶	㥶	九八九
慰	慰	九九三
鬆	鬆	九九三
悛	悛	九九八
慆	慆	九九九
憺	憺	一〇〇〇
憸	憸	一〇〇四
蠢	蠢	一〇〇四
懁	懁	一〇〇六
㦜	㦜	一〇一七
懈	懈	一〇一八
慫	慫	一〇一九
憿	憿	一〇二四
懜	懜	一〇二五
𢕟	𢕟	一〇二五
憝	憝	一〇三四
慍	慍	一〇三五
㥐	㥐	一〇三八
愾	愾	一〇三九
懆	懆	一〇四〇
愴	愴	一〇四〇
愪	愪	一〇四七
惌	惌	一〇四八
憷	憷	一〇五一
恇	恇	一〇五六
㤲	㤲	一〇六四
慙	慙	一〇六五
懌	懌	一〇六九

【十七劃】

頯	頯	八
頤	頤	九
顉	顉	一一
顥	顥	一五
頭	頭	一六
類	類	一七

䫜	一八
顆	一八
頎	一九
鎮	二三
穎	二七
獮	二七
顧	二八
頤	二八
頛	二八
顟	二九
頚	三四
𦣞	三四
頩	三五
鬖	八〇
𩭤	八一
鬠	八一
鬀	八五
鬡	八六
䶹	一三四
魖	一九五
醜	一九六
魋	一九七
篡	二〇六
嶽	二一一
嶷	二一八
嶅	二二一
崛	二二七
嵯	二三〇
嶸	二三一
嶙	二三五
嶼	二三六
嶺	二三六
廦	二六四
廢	二八五
廛	二八五
厭	三一五
磏	三一九
磿	三三三
磽	三三四
磻	三四〇
碏	三四三
磯	三四四
硾	三四四
豰	三七八
豯	三七九
豵	三七九
豲	三八五
貌	四一七
貘	四一九
駽	四六三
駹	四六七
駿	四七三
騀	四八二
騢	四八二
駸	四八四
駬	四八五
騃	四八五
騁	四八八
駾	四八九
駻	四八九

駭	駪	駼	駷	麗	麋	麔	麇	麃	麈	獪	獫	⿰犭翏	獷	獳
四九〇	四九八	五〇一	五〇二	五二〇	五二五	五二八	五二九	五三一	五三六	五七四	五七五	五七八	五八一	五八二

獄	鼢	⿰鼠今	燬	熮	熹	熛	燭	熠	燠	燥	熭	燦	燮	⿰黑旦
六二五	六二九	六三三	六四六	六六八	六七九	六八二	六八七	七〇三	七一五	七二一	七二七	七二九	七三三	七四三

黝	點	黚	黜	⿰⿱士⿱冖赤殳	⿰𠦝夾	盩	⿱睪廾	⿰土尃	⿰亘頁	⿰立昔	竲	慮	應	憲
七四四	七四四	七四五	七五〇	七六七	七六九	八七〇	八九四	九一五	九一七	九一八	九一九	九三六	九五二	九六一

⿰忄重	慨	⿸疒㤅	愁	⿱重心	⿰忄西	⿱𥫗⿱高心	⿱林心	⿱𦥑心	⿰忄卸	懦	愉	⿰忄義	懝	慢
九六四	九六五	九六六	九七五	九八七	九九三	九九三	九九五	九九九	一〇〇三	一〇〇七	一〇一二	一〇一四	一〇一五	一〇一七

騧	騧	四六七
騂	騂	四六八
騋	騋	四七五
騎	騎	四七九
騑	騑	四八〇
颿	颿	四八六
駕	駕	四八八
駘	駘	四九四
騊	騊	五〇一
麔	麔	五二一
麎	麎	五二八
毚	毚	五四八
默	默	五七六
獷	獷	五八一
樊	樊	五八二

燸	獳	五八二
燐	獜	五八五
爉	爉	五九三
爑	獲	五九九
鼯	鼯	六二九
鼮	鼮	六三〇
鼫	鼫	六三〇
鼨	鼨	六三〇
鼩	鼩	六三一
鼬	鼬	六三三
䶂	䶂	六三三
燹	燹	六四七
爇	爇	六六一
熯	熯	六六六
齋	齋	六七八

熬	熬	六八〇
熛	熛	六八二
爂	票	六九四
燿	燿	七〇四
熾	熾	七一四
燾	燾	七二三
燅	燅	七三三
黗	黗	七四四
熏	熏	七四六
黠	黠	七四六
黔	黔	七四七
黕	黕	七四八
儵	儵	七五一
黟	黟	七五三
黬	黬	七六七

盩	盩	八七〇
睪	奰	九〇五
竵	竵	九一六
䬠	䬠	九一七
慧	慧	九六六
憼	憼	九七〇
慮	慮	九七七
憂	憂	九七八
懝	懝	九九三
䈕	䈕	九九三
愐	愐	九九五
懋	懋	九九五
懕	懕	九九九
辦	辦	一〇〇五
憪	憪	一〇一二

憍 憍 一〇二三
懖 鍩 一〇二四
慊 慊 一〇二七
憎 憎 一〇三六
懟 懟 一〇三七
懣 懣 一〇三八
憯 憯 一〇四一
𢡟 惜 一〇四三
憪 簡 一〇四五
愵 愵 一〇四九
懾 懾 一〇五七
憚 憚 一〇五七
憬 憬 一〇六七
慵 慵 一〇六七
懘 懘 一〇六八

懇 懇 一〇六八
縈 縈 一〇七〇

【十九劃】

顛 顛 六
顡 顡 七
顗 顗 一三
𩕄 𩕄 一三
類 類 一五
願 願 一六
贊 贊 一六
顗 顗 二八
顧 顧 二八
䫥 䫥 三〇
顐 顐 五三
頟 頟 五三

鬘 鬘 七六
鬆 鬆 七七
鬋 鬋 八〇
鬚 鬚 八三
鬊 鬊 八四
鬃 鬃 八五
𢊍 𢊍 九八
魑 魑 一九七
嶽 嶽 二一一
嶭 嶭 二一九
嶺 嶺 二二六
廬 廬 二四七
礐 礐 三二八
磬 磬 三三四
礙 礙 三三七

磻 磻 三四二
礪 礪 三四三
豶 豶 三八一
豧 豧 三八三
豷 豷 三八三
豪 豪 三九九
貚 貚 四一七
𧳧 𧳧 四二〇
隲 隲 四五八
驎 騏 四六一
騆 騆 四六三
騩 騩 四六三
騢 騢 四六三
騧 騧 四六七
騑 騑 四七二

【二十劃】

字頭	楷定	頁碼
願	願	一六
類	類	三三
顫	顫	五三
髯	髯	八〇
鬑	鬑	八〇
髮	髮	八一
鬢	鬢	八一
鬄	鬄	八四
[illegible]	[illegible]	八五
[illegible]	[illegible]	八六
[illegible]	[illegible]	八六
魖	魖	一九一
[illegible]	[illegible]	一九六
魔	魔	一九七
巍	巍	二〇七

字頭	楷定	頁碼
巏	巏	二二七
廬	廬	二四七
龐	龐	二七〇
廮	廮	二七二
廟	廟	二八五
廊	廊	二九一
礫	礫	三三〇
礙	礙	三三七
磧	磧	三四四
騩	騩	四六三
驑	驑	四六三
[illegible]	[illegible]	四七一
騑	騑	四七二
驐	驐	四七二
駿	駿	四七三

字頭	楷定	頁碼
騯	騯	四七八
驀	驀	四七九
駢	駢	四八〇
騊	騊	四八二
駸	駸	四八四
騃	騃	四八五
騫	騫	四九〇
驃	驃	四九二
騶	騶	四九六
騰	騰	四九七
騅	騅	四九八
騄	騄	五〇〇
騱	騱	五〇一
騂	騂	五〇三
[illegible]	[illegible]	五〇六

字頭	楷定	頁碼
蕩	蕩	五〇七
麚	麚	五一七
麌	麌	五一八
麛	麛	五一九
麔	麔	五二一
麎	麎	五二八
麐	麐	五二八
麙	麙	五三三
獧	獧	五八五
獻	獻	六〇二
獺	獺	六二三
燹	燹	六六四
煒	焞	七〇一
燿	燿	七〇四
熚	熚	七〇七

【二十二劃】

鼶 鼶 六二九
⿰鼠益 ⿰鼠益 六三一
鼷 鼷 六三一
鼸 鼸 六三三
爚 爚 六七一
爢 爢 六八四
爟 爟 七二三
黳 黳 七四三
⿰黑易 ⿰黑易 七四三
黲 黲 七四三
黴 黴 七五〇
黮 黮 七五二
⿰黑敢 ⿰黑敢 七五三
⿰炎賚 ⿰炎尞 七六四
⿱竹⿰幸禹 ⿱竹⿰幸禹 八七四
⿰韋單 ⿰韋單 八七六
𣎆 𣎆 九一七
戁 戁 九六三

【二十四劃】

顯 顯 五
⿰林頁 ⿰林頁 二七
⿱髟賁 ⿱髟賁 七五
⿱髟監 ⿱髟監 七六
⿱髟差 ⿱髟差 七六
鬈 鬈 七六
⿱髟⿱高寸 ⿱髟⿱高寸 七七
⿱髟爾 ⿱髟爾 七七
⿱髟晉 鬊 八四
⿰霝鬼 ⿰霝鬼 一九五
⿺鬼堇 ⿺鬼堇 一九六
⿰寬鬼 ⿰寬鬼 一九六
巒 巒 二一三
礹 礹 三三三
⿰石靡 ⿰石靡 三三九
貛 貛 四二八
⿰阝蒦 ⿰阝蒦 四五八
驖 驖 四六八
⿰馬敫 ⿰馬敫 四七二
⿰馬縣 ⿰馬縣 四八六
鷙 鷙 四九二
⿰舟⿱龹馬 騰 四九七
灋 灋 五〇九
⿸广蘆 ⿸广蘆 五三〇
⿸广⿱艹族 ⿸广⿱艹族 五三六
⿸广⿱艹與 ⿸广⿱艹與 五三六
⿰犭農 ⿰犭農 五七四
獿 獿 六一四
⿰鼠番 ⿰鼠番 六二八
蠟 蠟 六三四
爆 爆 六八三
⿰火曹 ⿰火曹 六九六
黯 黯 七四二
⿱般黑 ⿱般黑 七五〇
⿰黑僉 ⿰黑僉 七五二
櫑 櫑 八四一
⿱罒奰 ⿱罒奰 九〇五
⿱宀⿱𦎸辵 寋 九八四
懼 懼 九九〇
⿰忄𤐫 慓 一〇〇七
懤 懤 一〇二三

頁

乙八七八〇 乙八八一五 乙八八四八 珠三二〇 貞人名 坊間二・一九八 【甲骨文編】

乙8780 8815 8848 【續甲骨文編】

頁 説文云古文䭫首字如此 卯簋 卯拜手䭫手 【金文編】

3・796 頁☐ 顧廷龍云説文頁部所出籀文或古文其頁旁多加巛作此从屮作巛與屮皆象髮 【古陶文字徵】

頁 【汗簡】

汗簡 【古文四聲韻】

◉許　慎 頁頭也。从百。从儿。古文䭫首如此。凡頁之屬皆从頁。百者。䭫首字也。胡結切。【説文解字卷九】

◉林義光 古䭫首字彝器屢見。皆作首。不作頁。頁偏旁所用。亦以頭為義。字作静敦顯字偏旁。象人形。象其首。或作曶鼎䭫字偏旁。从首。【文源卷二】

◉丁佛言 無頁尊。此為頁字之最古者。象人身體全部。説文皆由此分拆。而各自為部。許於頁下曰。頭也。从百。从儿。以為古文䭫首字。以全身而訓為頭。或為隨俗定義。不欲非今返古更致迷誤與。古鉨。左車僑頁壯。古鉨。梩頁計鉨。古鉨。頁。周秦間文字。【説文古籀補補第九】

◉顧廷龍 頁。按説文頁部所出籀文或古文其頁旁多加巛作。此从屮作。巛與屮皆象髮。周。【古匋文孴録第九】

◉商承祚 説文「頁。頭也。从百从儿。古文䭫首如此。」案䭫首字古文有頁䭫兩體。金文卯𣪘。「拜手䭫手。」穵鼎。「䭫首。」作。又或作吴尊蓋𣪘。與訓「下首」之䭫同。小篆借頁為頭頁字。日久而廢本誼。遂以䭫為䭫首之專用字矣。經典則用稽也。【説文中之古文攷】

◉馬叙倫 徐鍇曰。李陽冰云。當作。鍇按李斯書實如陽冰所作。吴穎芳曰。百者六字後人所注。嚴可均曰。據鍇説則許書相承作。倫按原作。譌。今等體皆大徐依陽冰改也。桂馥曰。王念孫曰。頁即首字。不知何故轉為胡結切。説文𩒨即從頁聲。馥謂頁頭聲相近。王筠曰。頁本即首字。博古圖頧敨䭫首作。是也。蓋漢已變為胡結切。故許君重明之。百者六字集韻不引。校語也。徐灝曰。疑古文䭫首如此六字亦非許語。李杲曰。古文䭫字如此百者䭫首字也者。卯敢䭫作□。而諫敢作□。不嬰敢作□。知□□一字。此譌□作人。倫按金文頁字率作□頌鼎顯字偏傍。□秦公敢顯字偏傍。□史獸鼎顯字偏傍。唯䭫字多從頁作而字作□。與本部諸籀文所從之□同。其作□者。師遽敢彔敢師酉敢不嬰敢令鼎友敢諸文耳。此言古文䭫首如此。蓋校者見金器文或以頁為首。故注之耳。百者䭫首字也。後校者以為䭫首之字乃百也。百頁形近。以頁為誤。復注之也。王念孫以頁即首而不知其音何故轉胡結切。檢無頁尊有□。丁佛言以為頁之最古者。象人身體全部。許書身百首𠃨手□□皆由此分析而各自為部。此訓頭也。以一部分之義而訓象全體之文。豈許為隨俗定義不欲非今返古與。或此非本訓與。倫檢水部。沬。洒面也。古文沬從頁作□。甲文作□。其□亦具全體形。又伐甲文作□。其□亦即頁也。但從頁而象有所動作。則猶□□矣。是頁實為大人之異文。頭□一字。尤其明證也。頁聲當在脂類。與元大為同類。與人天則脂真對轉也。鍇本頁音羊截反。在喻紐四等。古讀歸定。定與透紐同為舌尖前音。人音日紐。古讀歸泥。此又人天之音而轉為頁之故也。象形。據李陽冰說。許篆本作□。蓋□之譌。是倉頡本史籀而不改。許仍倉頡也。頭也者。百字義。本部諸文多屬首言而字從頁者。首固頁之一部也。金文以為䭫首字者。頁音喻四。首音審紐。同為次清摩擦音也。甲文有□。蓋頁字。古鉨作□□。【說文解字六書疏證卷十七】

◉饒宗頤　乙亥卜，𠂤貞：王𡨦，歲亡𡆥。朿于夏，六牛。（前編七·二〇·二）

甲寅卜，𠂤貞：……朿于夏，罕。十月。（前編六·一八·四）

辛酉卜，𠂤貞：□年于河。貞：□年于夏，九牛。（鐵二六·一，佚存八八六重。）

……𠂤……甴𨸏朿于夏。（屯甲一一四七）

按夏字，王靜安初釋夋，謂即帝俊；繼改釋夔，而讀為嚳，實皆未妥，故各家多不從其說。竊謂夏乃「頁」字。大克鼎：「柔遠寧邇」之柔作頗，番生段作𩕢，附益夊旁。是頁夏為一字。說文：「頁，頭也；从百从儿。」蓋古文首字。（說文義證引王念孫謂：頁即首字。段氏誤以頁為䭫，徐灝等均正之。）吳大澂以□為頁字之最古者，象人體全部是也（古籀補）。頁與「百」「首」同文，卜辭之夏，乃借為卤。「首」「卤」一聲之轉。再以形論，卤古文作𡿺。與古文首之作𩠐，上从𩬏（即巛）正同。而卤字从卤从内，卤者猶克鼎頗字偏旁之卤，（楊遇夫積微居金文說謂卤即㚺字。㚺遠，讀為經傳之柔遠，古首字正讀如㚺。）内篆文作蹂，故卤字古當从蹂為聲，斯并首、夏、柔、卤古通用之證。（毛公鼎：「欲我不作先王夓。」夓疑即說文訓面和之脜，讀若柔，字亦从夏。又頁字，後人讀胡結切者，疑與類之讀胡計切者相似。）故知卜辭之夏，原為頁字，而讀為卤。說文卤讀與偰同。是夏即殷祖之契矣。卜辭稱高祖者，有高祖亥、高祖乙及高祖夏，王静安以為帝嚳，實則非契不足以當之。魯語上：「商人禘舜而祖契。」禮記祭法：「殷人祖契而宗湯。」稱契為高祖正合。契為堯司徒，封于商，故曰「殷契」(殷本紀)。舜典作「契」，説文作「偰」，史記司馬相如傳及漢書古今人表借「禼」為「偰」，卜辭則以頁為契，此古今之異文也。　【殷代貞卜人物通考卷五】

頭

 頭　蔡侯𩰫鼎　蔡侯𩰫之頭鼎　【金文編】

 頭　封六五　十例　 日甲七二背　【睡虎地秦簡文字編】

 0933  1305  2108  1361　于省吾釋頭。　【古璽文編】

 辛宛頭印  頭林  邪頭眛宰印　【漢印文字徵】

 王惟恭黄庭經　【古文四聲韻】

◉許　慎　首也。从頁。豆聲。度侯切。　【説文解字卷九】

◉丁佛言　古鉨。子鮮頭。从百从豆省。許氏説。首也。篆文从頁。非。　【説文古籀補補第九】

◉馬叙倫　王筠曰。當作頁也。趨下云。走也。⿺走豆下云。是也。凡字從部首者。説解皆然。倫按首也是。頭音定紐。首音透紐。古讀歸透。透定同為舌尖前破裂音。轉注字也。古鉩作。　【説文解字六書疏證卷十七】

顔

 顔　从百　九年衛鼎　【金文編】

 顔　法七四　 法八八　二例　【睡虎地秦簡文字編】

 顔周  顔哉  顔市印  顔壽王印  顔延  顔威之印  顔長公  顔利印  顔少翁  顔惪  顔匡里印  顔舜私印　【漢印文字徵】

祀三公山碑　長史魯國顏浮【石刻篆文編】

◉許　慎　眉目之間也。从頁。彥聲。五姦切。籀文。【説文解字卷九】

◉王國維　説文解字頁部。顏。眉目之間也。从頁。彥聲。。籀文。案。籀文顏䫰二字。段注从鈕氏樹玉改从貟為从𩑋。然古金文从頁之字多从貟作貟。即頁字。不必改為从𩑋也。【史籀篇疏證　王國維遺書第六册】

◉馬叙倫　桂馥曰。眉目之間也者。字本作顛。今脱顛字。誤屬顏下。又失顏字訓也。倫按顏為面之轉注字。故俗連語曰顏面。面音心紐。顏從彥得聲。彥從厂得聲。厂音曉紐。同為次清摩擦音也。方言。中夏謂之頟。河潁淮泗之間謂之顏。則以音近疑紐。借顏為頟。眉目之間者。䫧字義。顏音疑紐。䫧音微紐。同為邊音。故其轉注字作顛。而或借顏為之。亦或如桂説。韻會。顛。説文。眉目間也。蓋字出字林。字林所加字每失其次。顏字見急就篇。古鉩作。

沈濤曰。玉篇作䪶。在𩑋部。今本篆體非𩑋非頁。誤也。王筠曰。貟。古文頁。見博古圖。玉篇作䪶。屬首部。非也。王國維曰。古金文從頁之字多作貟。貟即頁字。【説文解字六書疏證卷十七】

頌

頌　今經典通作容周禮鄉大夫四曰和容鄭注與頌同　頌鼎　頌簋　頌壺　史頌簋　史頌盤

史頌匜　𤼈鐘　武王則令周公舍寓以五十頌處　蔡侯龖盤　霝頌剖商　林氏壺　其頌既好【金文編】

金泥下1:9　命匋正灶察乍頌墳【古陶文字徵】

孫頌私印　張頌印信【漢印文字徵】

卜君頌頟陽識　張遷碑頌　禪國山碑　神□頌歌【石刻篆文編】

説文【古文四聲韻】

◉許　慎　皃也。从頁。公聲。余封切。又似用切。籀文。【説文解字卷九】

◉吳大澂　許氏説。頌。皃也。今經典通作容。頌鼎。【説文古籀補第九】

◉馬叙倫　頌從公得聲。公音見紐。頌音疑紐。同為舌根音。轉注字也。頌壺作□。史頌匜作□。頌鼎作□。

朱駿聲曰。容聲。龔橙曰。□右□上誤斷。李登集古文可正。倫按古文容從公作㝐。六篇松或從容作㮤。知容不從山谷之谷。乃從公之異文作公者也。籀文下捝頌字。【説文解字六書疏證卷十七】

頊

◉許　慎　頊顱也。从頁。乇聲。徒谷切。【説文解字卷九】

◉馬叙倫　徐鍇曰。今俗作髑字。嚴章福曰。當作頊顱首骨也。下文顱下當作頊顱也。王筠曰。古書單用顱字多。無單用頊字者。蓋單呼曰顱。絫呼曰頊顱。倫按頊音定紐。顱音來紐。古讀歸泥。皆舌尖前音。乇盧又聲同魚類。故絫呼曰頊顱。【説文解字六書疏證卷十七】

顱

◉許　慎　頊顱。首骨也。从頁。盧聲。洛乎切。【説文解字卷九】

◉馬叙倫　吳穎芳曰。頊顱髑髏聲之轉也。翟云升曰。集韻引頊作頭。倫按廣雅。頊顱謂之髑髏。髑髏字見莊子至樂。髑髏即頭之緩言。聲轉為頊顱耳。此二字蓋出字林。【説文解字六書疏證卷十七】

⿰⿱罒吳頁

⿰⿱罒吳頁　為二三　通願　止欲去——【睡虎地秦簡文字編】

景⿰⿱罒吳頁　韓⿰⿱罒吳頁　郭⿰⿱罒吳頁　⿰⿱罒吳頁君自發　李⿰⿱罒吳頁　莊盈⿰⿱罒吳頁　吳⿰⿱罒吳頁　朱⿰⿱罒吳頁　鞠⿰⿱罒吳頁之印　畢⿰⿱罒吳頁私印　張⿰⿱罒吳頁　雍元君印⿰⿱罒吳頁君自發封完言信　向⿰⿱罒吳頁之印　周□⿰⿱罒吳頁　樂⿰⿱罒吳頁　張⿰⿱罒吳頁私印【漢印文字徵】

◉許　慎　⿰⿱罒吳頁顛頂也。从頁。⿱罒吳聲。魚怨切。【説文解字卷九】

◉馬叙倫　此字不見經記。廣雅釋詁一。⿰⿱罒吳頁。欲也。玉篇廣韻並以為⿰⿱罒吳頁願同字。下文。願。大頭也。亦無欲義。經記言願欲者。皆借為寧。見寧字下。此訓顛頂也。下文即顛頂二篆。倫謂此為孟子勇士不忘喪其元之元本字。元⿰⿱罒吳頁音同疑紐聲同元類。故古書借元為⿰⿱罒吳頁。⿰⿱罒吳頁亦為顛頂之轉注字。⿰⿱罒吳頁從⿱罒吳得聲。⿱罒吳音見紐。顛頂音皆端紐。見端同為清破裂音也。顛頂也當作顛也頂也。玉篇作顛也。【説文解字六書疏證卷十七】

顛

◉銀雀山漢墓竹簡整理小組　顛　此字即「顚」之訛體，與「願」字音近相通。【銀雀山漢墓竹簡(壹)】

5·178　□顛　秦790　大顛　秦799　同上　秦859　寺顛　【古陶文字徵】

矦顛　矦顛　【漢印文字徵】

顛裴光遠集字　顛　顛　顛　顛竝出裴光遠集綴　【汗簡】

裴光遠集綴　義雲章　李商隱字略　華嶽碑　碧落文　裴光遠集綴　崔希裕纂古　【古文四聲韻】

◉許　慎　頂也。从頁。真聲。都年切。【説文解字卷九】

◉吴大澂　康能我弗作先王顛。古顛字。仆也。从頁。从。象蹎跋之形。詩小宛哀我填寡。桑柔倉兄填兮。皆當讀顛。賓之初筵箋。無使顛仆。釋文。顛本作傎。説文。蹎。跋也。或从土。或从人。或从足。皆之變體。【毛公鼎釋文】

◉馬叙倫　吴穎芳曰。顛頂聲之轉。倫按顛頂音同端紐轉注字。字見急就篇。【説文解字六書疏證卷十七】

頂

頂　説文籀文从鼎　魚顛匕　遂王魚顛　王國維云此借為鼎　【金文編】

頂　頂出朱育集字　【汗簡】

王存乂切韻　朱育集字　説文　【古文四聲韻】

◉許　慎　顛也。从頁。丁聲。都挺切。或从𩠐作。籀文从鼎。【説文解字卷九】

◉强運開　魚匕。羅振玉曰。此當是顛頂之頂字。借乍鼎。【説文古籀三補第九】

◉馬叙倫　顛頂皆頭之舌尖前破裂音轉注字。今俗言頂若指頭之最高處者。字當作囟。詩采苓。首陽之顛。車鄰。有馬白顛。皆謂頭耳。玄應一切經音義引倉頡。頂。顛也。

鈕樹玉曰。玉篇廣韻竝作[illegible]。嚴可均曰。小徐作或從𩠐作。知篆本作。

䫙 倫按鼎聲。鼎音亦端紐。故顛頂復轉注為顚。從鼎上挩顛字。此二字則校者加也。汗簡引朱育異字頂作[古文]。疑此本從[古文]。誤為鼎耳。魚匕作[古文]。【説文解字六書疏證卷十七】

◉白玉崢 [甲骨文]：續編釋天卷一頁一。校編入附録上，定為待考之字。就其構形審量，宜為从夫从丁，以今楷書之，當作玎。玎，字書所無，疑即今字頂之初文。頂，又作顁，見於正字通；則从頁从首一也。从夫，猶从頁或从首也。【殷虚第十五次發掘所得甲骨校釋 中國文字新十三期】

◉許 慎 [篆]頟也。从頁。桑聲。蘇朗切。【説文解字卷九】

◉馬叙倫 方言。中夏謂之頟。東齊謂之顙。顙從桑得聲。桑從叒得聲。叒音日紐。古讀歸泥。頟從各得聲。各為來往之來本字。古音亦在泥紐。故頟顙為轉注字。【説文解字六書疏證卷十七】

[古文] 題義雲章切韻【汗簡】

[古文] 義雲章【古文四聲韻】

◉許 慎 [篆]頟也。从頁。是聲。杜兮切。【説文解字卷九】

◉顧廷龍 [古陶文]頙説文所無。吳大澂云。似題字省文。説文。題。頟也。此从[古文]。[古文]頁為頟。亦古文會意字。从頁。从[古文]。疑即題之省。按字彙補。頙。初青切。音拆。正也。潘。【古匋文孴録卷九】

◉馬叙倫 沈濤曰。文選謝惠連擣衣詩注廣韻十二齊所引同此。惟顔延年楊給事誄注引作名也。姚文田疑為頟字之殘脱。然誄文云。題子行間。則不得訓為頟。蓋古本一曰以下之奪文。詩商頌譜正義引中侯契握注。題。名也。倫按名即目上曰名之名。爾雅釋訓郭注。名。眉目之閒。然目上曰名之本字為瞗。乃眉目之間薄綴宀宀者。在頟下矣。詩麟之定。毛傳。定。題也。爾雅釋言。頞。題也。注。題。額也。額即頟字。戰國策趙策。黑齒雕題。注。雕題。刻其頟。小爾雅廣服。題。頭也。是題非瞗也。顔誄。題子行間。蓋本釋名釋書契所謂書稱題。題。諦也。審諦其名號也。亦言第。因其次第也。其實亦由頟義之引申。倫謂題實頭之音同定紐轉注字。古鉨作[古文]。【説文解字六書疏證卷十七】

頟　頞　頯

頟　【汗簡】

古尚書　【古文四聲韻】

◉許　慎　頟顙也。从頁。各聲。臣鉉等曰。今俗作額。五陌切。【說文解字卷九】

◉吴大澂　从頁。从隹。疑即頟字。古文讀若書罔晝夜頟頟。許氏說。頟。顙也。傾出頟也。漢書韓王信傳。封龍頟侯。注。頟字或作雒。雒䧴相近。當即䧴之誤。毛公鼎。母䧴于政。【說文古籀補第九】

◉馬叙倫　字見急就篇。王海本作額。【說文解字六書疏證卷十七】

◉許　慎　頞鼻莖也。从頁。安聲。烏割切。齃或从鼻曷。【說文解字卷九】

◉林義光　古作伯頞父鬲。从自。自。鼻也。象鼻中有莖。妟聲。【文源卷七】

◉馬叙倫　蕭該漢書音義引字林。頞。鼻莖也。一曷反。則此字林訓。字見急就篇。慧琳一切經音義。

齃　段玉裁曰。曷聲。倫按安音影紐。齃從曷得聲。曷從匃得聲。匃音見紐。見影同為清破裂音。故頞轉注為齃。孟子梁惠王。舉疾首蹙頞而相告。即史記蔡澤傳之蹙齃。古書言安知即曷知也。【說文解字六書疏證卷十七】

頯　法七四　三例　日甲一五三　【睡虎地秦簡文字編】

◉許　慎　頯權也。从頁。𠃬聲。渠追切。【說文解字卷九】

◉楊樹達　說文九篇上頁部云：「頯，權也，從頁，𠃬聲。」渠追切，古音仇。尋頯易作頄，夬九三云：「壯于頄。」釋文云：「頄，求龜反，顴也，又音求。翟云：面顴頰間骨也，鄭作頯。」按頯頄同字，權顴同音。王氏念孫廣雅疏證云：「權者，平也，兩高相平謂之權，猶雙闕謂之觀也。頄亦高貌也，說文：馗，高也，義與頄相近。」按王說是也。頄字許書不載，然字從九聲，九聲字多含高義。說文口部叴訓高气，旭訓日旦出貌，蓋言日之高出，皆其證也。【釋頯肫頣　積微居小學述林卷一】

◉馬叙倫　鈕樹玉曰。韻會引作面顴也。說文無顴。桂馥曰。韻會引作面權也。倫按權頯音同羣紐。故俗借權為頯。此以俗釋雅也。今依權作顴字。說解本作權也。面權也或面顴也吕忱或校者加之。

嚴可均曰。繫傳作籀文從𦣻。玉篇廣韻亦作䫒。【說文解字六書疏證卷十七】

頰

◉許　慎　頰面旁也。从頁。夾聲。古叶切。𩓨籀文頰。【說文解字卷九】

◉馬叙倫　疑許本作夾也。以聲訓。面旁也字林文。字見急就篇。【說文解字六書疏證卷十七】

頰　日甲七九背【睡虎地秦簡文字編】

頰竝義雲章【汗簡】

䫀

◉許　慎　䫀頰後也。从頁。㫗聲。古恨切。【說文解字卷九】

◉馬叙倫　鈕樹玉曰。繫傳脱後字。桂馥曰。俗謂之耳䫀。倫按耳部。耿。耳箸頰也。與此為雙聲轉注字。或耿為光義。耳箸頰即此字義。音同通假耳。頰後也蓋字林文。許訓亡矣。或此字出字林也。【說文解字六書疏證卷十七】

頜

◉許　慎　頜顄也。从頁。合聲。胡感切。【說文解字卷九】

◉馬叙倫　下文。顄。頤也。是顄頜為頤之轉注字。頤音喻紐四等。聲在之類。發音收聲與顄頜竝遠。而從𦣝得聲之洍音在邪紐。𦣝從巳得聲。為𦣝之轉注字。而巳音亦在邪紐。疑𦣝之古音在邪紐。故轉注字作顄頜。顄頜音同匣紐。邪匣同為次濁摩擦音也。【說文解字六書疏證卷十七】

顄

◉許　慎　顄頤也。从頁。圅聲。胡男切。【說文解字卷九】

◉馬叙倫　吴穎芳曰。頜顄聲之轉。倫按顄頜音同匣紐轉注字也。慧琳一切經音義引倉頡。顄。下頜也。【說文解字六書疏證卷十七】

頸

頸 日甲一五一 五例 日甲七五背 封六五 【睡虎地秦簡文字編】

牛頸 【漢印文字徵】

◉許 慎 頭莖也。从頁。巠聲。居郢切。【説文解字卷九】

◉丁佛言 古鉨。頸何。从古文巠。【説文古籀補補第九】

◉馬叙倫 以頸下鼻莖也為字林訓例之。此訓頭莖亦字林文矣。疑本作莖也。以聲訓。字見急就篇。【説文解字六書疏證卷十七】

領

領 封二二 【睡虎地秦簡文字編】

張領 【漢印文字徵】

樊敏碑領 【石刻篆文編】

領 領竝出義雲章 【汗簡】

竝義雲章 【古文四聲韻】

◉許 慎 項也。从頁。令聲。良郢切。【説文解字卷九】

◉馬叙倫 頸從巠得聲。巠從壬得聲。壬從人得聲。人音日紐。領從令得聲。令音來紐。古讀來日竝歸於泥。故頸得轉注為領也。字見急就篇。【説文解字六書疏證卷十七】

項

項 法七五 封六六 二例 【睡虎地秦簡文字編】

項常印 項萬年印 【漢印文字徵】

䪴　顀

◉許　慎　項頭後也。从頁。工聲。胡講切。【說文解字卷九】

◉馬叙倫　鈕樹玉曰。廣韻引同。李注文選洛神賦引作頸也。蓋脱。玉篇。頸後也。疑本此。沈濤曰。九經字樣引作項頸也。蓋古本如此。玉篇作頸後也。是今本乃據玉篇改而誤頸為頭耳。倫按頭後乃下文䪴字義。此當如選注引作頸也。一本誤為頭後也。故玉篇因之而改為頸後耳。或所據本然也。項從工得聲。工頸音同見紐。是項頸為轉注字。今俗猶有連稱項頸者。字見急就篇。【說文解字六書疏證卷十七】

◉許　慎　䪴項枕也。从頁。冘聲。章衽切。【說文解字卷九】

◉馬叙倫　鈕樹玉曰。玉篇引作項䪴也。顧廣圻曰。汪刻繫傳改枕作䪴。玉篇恐亦後人轉改。倫按今杭縣謂人頭後箸枕處曰後枕骨。倫謂䪴為頸之轉注字。䪴從冘得聲。冘央一字。央音影紐。頸音見紐。影見同為清破裂音。説解蓋本作䪴枕也項也頭後也。䪴為隸書複舉字。枕也以聲訓。項也頭後也吕忱或校者加之。或謂䪴是頭後箸枕處而連於項者也。玉篇引倉頡。䪴。垂頭之皃。【說文解字六書疏證卷十七】

顀　毛公厝鼎　毋顀于政　沈子它簋　沈子其顀褱多公能福　【金文編】

◉許　慎　顀出頟也。从頁。隹聲。直追切。【說文解字卷九】

◉吳大澂　毋顀于政。說文。頟。顙也。顀。出頟也。書罔晝夜頟頟。疏。頟頟是不休息之意。疑頟顀二字古通。【愙齋集古録第四冊】

◉馬叙倫　沈濤曰。一切經音義五及十五引作頟出。倫按莊子大宗師。其顙頯。借頯為顀。同濁破裂音。顙即頟也。其顙頯即所謂龍顀。今杭縣謂之銃頟角。出頟也蓋字林文。許當以聲訓。此字或出字林。【說文解字六書疏證卷十七】

◉蕭　璋　顀。出頟也。从頁隹聲。(直追切。)段氏以出頟為頟胅出向前之謂。(本字注。)江沅以為「蓋椎之省聲兼取其意」。(說文解字音均表顀字注。)實則隹聲即足見意。顀之為言追也。蓋頟之突出與追琢之義相因也。【釋至　國立浙江大學文學院集刊第三集】

◉郭沫若　第十九行𩠐字當即顀之異。說文「顀，出頟也，从頁隹聲。」案字在此當讀為推。𩠐上一字為女，舊刊多誤為母，釋為毋，故於𩠐字咸不得其解。【毛公鼎之年代　器銘考釋　金文叢考】

䫌

◉戴家祥 ⿰鳥頁沈子𣪘 ⿰鳥頁,郭沫若釋頪,於字形不類,當為从鳥从頁。說文·四篇「鳥,孝鳥也。」孝鳥亦鳥。从鳥與从隹同義。⿰鳥頁即顀,即顧之省。⿰鳥頁為顀之異體。沈子𣪘「⿰鳥頁褱」即顧懷。【金文大字典下】

◉許 慎 䫌曲頤也。从頁。不聲。薄回切。【說文解字卷九】

◉馬叙倫 此今杭縣謂頤曰下爬之爬字。㔽之聲同之類。轉注字也。曲頤也蓋字林文。或字出字林也。【說文解字六書疏證卷十七】

顩

◉許 慎 顩𪖌皃。从頁。僉聲。魚檢切。【說文解字卷九】

◉馬叙倫 桂馥曰。𪖌當為𩕳。下文。𩕳。頭陝長也。字林。顩。醜皃。即蒼頡篇云。顩。狹面鋭頤之皃也。倫按蕭該漢書音義引字林。顩。醜也。邱領也。狹面鋭頤之貌也。則桂說是也。顩為𩕳之雙聲疊韻轉注字。然倫疑顩止是頤鋭而曲上之名也。楊雄解嘲。顩頤折頞。以顩與折對文。顩為曲義甚明。後漢書周燮傳。生而欽頤。注。欽或作顩。韋昭曰。曲上曰顩。此今杭縣所謂凹下爬也。然則上文䫌下蓋本止訓頤也。曲頤也蓋此下說解傳寫誤入䫌下耳。漢書楊雄傳音義引倉頡。邱斂反。又吾檢反。【說文解字六書疏證卷十七】

⿰尹頁

◉許 慎 ⿰尹頁面目不正皃。从頁。尹聲。余準切。【說文解字卷九】

◉馬叙倫 王筠曰。玉篇在後收䄠字中云。面不平也。其顧氏挩漏。孫強補之邪。抑即頵之譌一字為二邪。【說文解字六書疏證卷十七】

頵

頵 伯頵父鼎
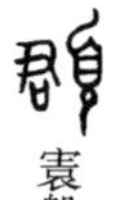
袁盤 宰頵【金文編】

石經文公 楚世子商臣弒其君頵【石刻篆文編】

◉許 慎 頵頭頵頵大也。从頁。君聲。於倫切。【說文解字卷九】

◉劉心源 ⿰𠮷頁 䫉舊釋顯。據吴閣學云。虢季子白盤顯頵竝用。文殊不類。克鼎亦二字竝用。心源攷晉姜鼎勿廢文侯⿰𠮷頁命。博

⿰員頁 □

◉許　慎　□面色顛⿰員頁皃。从頁。員聲。讀若隕。于閔切。【説文解字卷九】

◉馬叙倫　沈濤曰。玉篇作面色顛⿰員頁也。桂馥曰。徐鍇本李燾本廣韻集韻類篇竝作顛⿰員頁。篇海引色作急。倫按前後文均不及色。疑本作面皃。色為皃譌。而⿰員頁字則隸書複舉者也。複一⿰員頁字者。兼舉篆文也。或本作面皃。吕忱加面皃⿰員頁也。此作顛⿰員頁者。顛字譌耳。⿰員頁蓋面圓皃。故得聲於員也。故次⿰兼頁上。【説文解字六書疏證卷十七】

⿰兼頁 □

◉許　慎　□頭頰長也。从頁。兼聲。五咸切。【説文解字卷九】

◉馬叙倫　桂馥曰。頰當為陜。段玉裁曰。當作頭陜陜面長皃。玉篇。頭頰面長皃。頰亦誤字。廣韻。面長皃。倫按蓋本訓面皃。今捝。頭陜長也校語。字或出字林。【説文解字六書疏證卷十七】

古圖釋䪼。然从□為見。當釋靦。集韻。靦。俱倫切。大視也。虢季子白盤孔□有光。亦从見。又追敨對天子□揚。則从頁。説文。䪼。頭䪼䪼大也。兩字古刻義同。吴云此銘從日見尹聲。吕為耿之異文。余謂古人自有靦命䪼揚之文。今文習見顯命顯揚。多不之督耳。徐籀莊釋追敨云。余曩謂史頌敨之靦當釋為定。是敨之顛當釋為覲。今案。從舊説作顯詞義較安。是又未免遷就矣。【史頌敨　奇觚室吉金文述卷四】

◉孫詒讓　□字。阮釋為顯。案金刻顯字常見。無作此形者。實當為䪼字之變體。晉姜鼎。勿灋廢文矦䪼命。䪼作□。此據歗堂集古録本。薛款識作□。誤。井人殘鐘。䪼叔文祖。䪼作□。見吴録。吴閟未釋。今案此鐘即本書所收邢叔鐘。其䪼字作□。阮釋為䪼尤誤。坿正之於此。新出虢季子白盤云。王曰伯父孔䪼有光。䪼作□。並與此同。説文。䪼。大也。大揚義未協。吕虢盤校之。疑當與顯義近也。【追敨　古籀拾遺中】

◉馬叙倫　鈕樹玉曰。韻會引作頭䪼也。段玉裁曰。鍇本作頭䪼也。與文選長笛賦注引合。然恐有奪字。倫按經記及金器文有䪼無頙。玉篇頙字在後收褋字中。徐鍇於䪼頙二字竝有頭大也之説。二字竝從尹得聲。疑䪼頙乃一正一重。蓋䪼正而頙重。面目不正皃乃校語。本部屬字皆為頭面之義。無兼目字義者。可證也。然䪼訓頭䪼也或頭䪼䪼大也皆非許文。蓋本作面皃。頙下面目之目乃皃之譌。不工也字林文或校語。字亦或出字林。伯䪼父鼎作□。袁盤作□。伯䪼父鐘作□。【説文解字六書疏證卷十七】

碩

碩　弔碩父甗　弔碩父鼎　善夫山鼎　用作朕皇考弔碩父尊鼎　部史碩父鼎　【金文編】

宋碩　【漢印文字徵】

石碣鑾車　□弓孔碩　【石刻篆文編】

碩　【汗簡】

◉許　慎　頭大也。从頁。石聲。常隻切。【說文解字卷九】

◉馬叙倫　嚴可均曰。御覽三百六十三引作大頭也。下文皆大頭。此誤倒。翟云升曰。韻會引作碩。大也。倫按字或出字林。若為許書固有。當以聲訓。或作頭皃。大頭也蓋字林文或校語。下文頒顒頵顝願下同。【說文解字六書疏證卷十七】

◉戴家祥　宴毁　宴從厦父東　厦字說文所無,前人未釋。叔碩父獻的碩字从石,古文石字為偏旁多省作厂,故此厦字可能就是碩之省。詩經有「碩人」,碩訓大。「碩父」即大父。韓非子五蠹「大父未死而有二十五孫」,大父即祖父。【金文大字典下】

頒

古文　【古文四聲韻】

◉許　慎　大頭也。从頁。分聲。一曰。鬢也。詩曰。有頒其首。布還切。【說文解字卷九】

◉馬叙倫　鈕樹玉曰。詩魚藻釋文。大首皃。說文同。桂馥曰。類篇引作大首貌。倫按一曰鬢也者。尹桐陽謂以封紐雙聲借頒為鬢。是也。孟子梁惠王。頒白者不負戴於道路矣。本書。鬢。頰髮也。然此校語也。詩魚藻釋文音符云反。則在奉紐。與碩音禪紐者為同次濁摩擦音轉注字。【說文解字六書疏證卷十七】

◉陳邦懷　先舉幾條用「⿱八魚」字的卜辭:

1. 癸丑卜貞,勿自⿱八魚羊,隹(維)牛。見《殷虚書契前編》五·三九·七。
2. □□□(卜),出□(貞),⿱八魚,之日允⿱八魚。見《鐵雲藏龜》二二三·二。
3. 貞,弗其⿱八魚方。簠室所藏墨拓本。
4. 王固曰,……⿱八魚酒……見《殷虛文字·乙編》中輯,五八〇九。

顒 □

⿰羔頁 □

以上四辭「⿱八魚」字之後帶的都是名詞，有羊、牛、□、□、酒，結合上下文義來看，可以肯定「⿱八魚」是個動詞。

現在再來分析「⿱八魚」字的構造，上面是個「八」字，下面是個「魚」字。這個字同「⿱丵八」字的構造方法是一樣的，《說文解字》卷三上丵部：「⿱丵八，……從丵八；八，分之也；八亦聲，讀若頒。」「⿱丵八」字從八得聲，讀若頒；「⿱八魚」字也從八得聲，也應當讀若頒。《詩經・小雅・魚藻》：「魚在在藻，有頒其首」，毛傳曰：「頒，大首貌。」《說文解字》卷九上頁部：「頒，大頭也；從頁，分聲。」頒字當大頭講，是指人而言。《詩經》「魚在在藻，有頒其首」的頒是個假借字，它的本字當是⿱八魚字。卜辭裏的⿱八魚字是頒首魚的本字，所以⿱八魚字從魚。「有頒其首」的頒音墳。不過頒字又音班，卜辭裏的⿱八魚字都讀班。⿱八魚字當班賜講。以此義來解讀卜辭，是無往而不通的。【甲骨文「⿱八魚」字試釋　中國語文一九六六年第一期】

◉許　慎　□大頭也。从頁。禺聲。詩曰。其大有顒。魚容切。【說文解字卷九】

◉劉心源　□。此从禺从頁。禺篆書作□。此變□之上體為□。而以下體之□施于頁下。故難識也。舊皆釋為西夏二字。非也。案□之□即頁。□即□。器刻中萬字多从此。□即□。合之為从頁禺聲之譁字。詩其大有容。傳。大皃。爾雅。容容卬卬。孫注。體皃溫潤也。荀子正名注。體皃敬順也。知此字于義為寬大溫順。本與容融通。此康容綏褢四字乃連語也。釋者不得其形。又鮮有達其義者。遂率爾創一西夏合文之說。世流多不用心。沿譌至今。試思兩字合文。亦不過偶一為之。若兩地兩器皆有此字。則非合文可知。攷盄龢鐘乃秦人銘功之器。其文云。□燮百邦。即此字。何合文之多也。以此知鐘文亦是容字。寬大溫順。以龢燮百邦。文義自協。若釋為西夏。語反不通。即此可訂諸家之失矣。【古文審卷二】

◉馬叙倫　鈕樹玉曰。玉篇引作頭大也。韻會同。繫傳蓋挩。後人以鉉本補於後。故音切悉同。丁福保曰。慧琳音義七十八引作大頭皃也。倫按顒音疑紐。⿰羔頁音溪紐。同為舌根音轉注字。詩六月釋文引同此。【說文解字六書疏證卷十七】

◉許　慎　□大頭也。从頁。羔聲。口幺切。【說文解字卷九】

◉馬叙倫　玉篇引倉頡。⿰羔頁。頭大也。⿰羔頁從羔得聲。羔從照得聲。照音照紐三等。與禪為同舌面前音。是⿰羔頁碩為轉注字也。【說文解字六書疏證卷十七】

顝

5・384　瓦書「四年周天子使卿大夫……」共一百十八字　5・384　同上　【古陶文字徵】

◉許　慎　顝大頭也。从頁。骨聲。讀若魁。苦骨切。【説文解字卷九】

◉馬叙倫　錢坫曰。此魁大字。史記。始以辟公為魁然也。應作此。劉秀生曰。骨聲鬼聲並在見紐。故鶻從骨聲得讀若魁。尹桐陽曰。骨鬼疊韻。倫按頒聲真類。鶻聲脂類。脂真對轉轉注字也。類顝音同溪紐轉注字。玉篇引倉頡。顝。相抵觸。【説文解字六書疏證卷十七】

願

願竝碧落文　【汗簡】

王庶子碑　雲臺碑　【古文四聲韻】

◉許　慎　願八頑也。从頁。原聲。魚怨切。【説文解字卷九】

◉馬叙倫　顒願音同疑紐轉注字。顒願類顝同舌根音轉注字。【説文解字六書疏證卷十七】

顤

◉許　慎　顤高長頭。从頁。堯聲。五弔切。【説文解字卷九】

◉馬叙倫　此堯之後起字。垚部。堯。高也。從垚在兀上。垚為再成丘。垚在兀上不可通。明是從兀垚聲。此字蓋出字林。【説文解字六書疏證卷十七】

贅

◉許　慎　贅贅。顤。高也。从頁。敖聲。五到切。【説文解字卷九】

◉馬叙倫　鈕樹玉曰。鍇本顤作顮。非。倫按此堯之雙聲轉注字。説解顤下捝也字。贅為隸書複舉字。高也校語。【説文解字六書疏證卷十七】

頶

◉許　慎　頶面前岳岳也。从頁。岳聲。五角切。【説文解字卷九】

◉馬叙倫　沈濤曰。龍龕手鑑引作面前頶。以顅頭顅顅大也顛面色顛顛皃顥面瘦淺顥顥也顓頭顓顓謹見例之。此亦當作面前頶頞也。手鑑奪一頞字耳。翟云升曰。繫傳無前字。倫按頞蓋為面前諸部隆起。王筠謂即相人術所謂五岳朝拱也。故其音亦自堯贅受之。語原然也。本訓岳也。面前岳岳也。呂忱或校者加以釋之也。然若字出許書。當止訓面皃。下文顡字以下蓋皆然也。【説文解字六書疏證卷十七】

◉許　慎　⿰𣅀頁昧前也。从頁。𣅀聲。讀若昧。莫佩切。【説文解字卷九】

◉馬叙倫　鈕樹玉曰。昧前當是沬前之譌。沬訓洗面。與𣅀義合。莊述祖曰。從頁。㴑省聲。張文虎曰。𣅀聲與昧聲絶遠。水部古文沬作頮。疑此亦當作⿰巛頁。容庚曰。疑亦沬之古文。倫按昧前也當有捝譌。此在頞下。疑其義非相類即相反。豈謂面前眼鼻皆平者邪。不然。則為頞之轉注字。頞音疑紐。顯音明紐。同為邊音也。昧字或涉讀若昧而譌羨。然鍇本無讀若昧。鈕謂當作沬。則前字當為面。即沬之異文。讀若昧者。昧當作沬。沬音曉紐。今上海吴縣謂沐浴曰忽浴。忽音亦曉紐。然則當如莊説從頁㴑省聲。不然。仍當從頁𣅀聲。其義亡矣。前字涉上文頞字説解而譌羨。【説文解字六書疏證卷十七】

◉許　慎　顲面瘦淺顲顲也。从頁。霝聲。郎丁切。【説文解字卷九】

◉馬叙倫　今杭縣謂瘦亦有瘦顲顲之語。然説解疑本以同聲之字相訓。今捝。字或出字林。【説文解字六書疏證卷十七】

⿰家頁

⿰家頁　日甲七二背【睡虎地秦簡文字編】

◉許　慎　⿰家頁頭蔽⿰家頁也。从頁。家聲。五怪切。【説文解字卷九】

◉馬叙倫　鈕樹玉曰。鍇本蔽作蔽。玉篇與此同。當不誤。蔽蔽形聲竝近。隸續漢石經論語蔽作蔽。亦一證也。段玉裁曰。蔽⿰家頁疊韻字。蓋古語也。錢大昕曰。春秋戰國人名有蒯聵者。疑即此蔽⿰家頁字。錢坫曰。此即聵字。一切經音義今文作⿰家頁。古文作聵。倫按義未詳。王紹蘭據戰國策齊策呂氏春秋知士證字當作蔽。是也。頭蔽⿰家頁也疑字林文。字或出字林。【説文解字六書疏證卷十七】

頑

◉許　慎　梱頭也。从頁。元聲。五還切。【説文解字卷九】

◉馬叙倫　鈕樹玉曰。韻會引梱作捆。玉篇。鈍也。倫按今杭縣謂人不能分析事理。曰梱頭梱腦。北平罵人曰渾蛋。即梱頭之聲轉也。頑者謂頭無圭角全部平圓者也。於聲可以得義。然疑説解本止作梱也。以聲訓。頭字校者加之。【説文解字六書疏證卷十七】

頍

◉許　慎　小頭頍頍也。从頁。枝聲。讀若規。又己恚切。【説文解字卷九】

◉馬叙倫　劉秀生曰。枝聲規聲竝在齊部。故頍從枝聲得讀若規。國語周語。成公之生也。其母夢神規其殿以墨。韋注。規。畫也。廣雅釋詁。頍。畫也。漢張表碑。頍頍未合。頍頍即規矩。竝其證。尹桐陽曰。墨子公孟。告子為仁。譬猶跂以為長。隱以為廣。不可久也。跂同規。用為圓者。隱。櫽也。正曲木而使直之器也。亦頍讀若規之證。倫按枝音照紐。古讀歸端。規音見紐。皆清破裂音也。然鍇本無讀若規句。疑説解本作規也。以聲訓。小頭頍頍也校語。【説文解字六書疏證卷十七】

◉黄錫全　規　此从《説文》支字古文，小異，而與「舉頭」之頍混。【汗簡注釋卷四】

顆

◉許　慎　小頭也。从頁。果聲。苦惰切。【説文解字卷九】

◉馬叙倫　吴穎芳曰。頍顆語之轉。倫按顆從果得聲。果音見紐。頍音亦見紐。是轉注字也。【説文解字六書疏證卷十七】

頢

◉許　慎　短面也。从頁。昏聲。五活切。又下栝切。【説文解字卷九】

◉馬叙倫　女部。婚。面醜也。與此一字異文。又𡟙。短面也。與此為轉注字。𡟙音端紐。頢從昏得聲。昏音見紐。皆清破裂音。亦聲同脂類也。短面也蓋字林文。或字出字林也。【説文解字六書疏證卷十七】

頲

◉許　慎　狹頭頲也。从頁。廷聲。他挺切。【説文解字卷九】

◉丁佛言　古鉢。喬頊朢下。許氏云。从壬。壬。朝廷也。是壬廷古今字。此从古文壬。非从廷省。集均頊謂同頲。【説文古籀補補第九】

◉馬叙倫　吴穎芳曰。狹應作陜。失一頙字。應云陜頭頙頙也。嚴可均曰。玉篇韻會引無頙字。倫按本書無狹字。狹頭也乃字林文。字或出字林也。頙蓋隸書複舉字。譌乙於下耳。【説文解字六書疏證卷十七】

◉許　慎　頠頭閑習也。从頁。危聲。語委切。【説文解字卷九】

◉馬叙倫　錢坫曰。廣韻作頭也。一曰。閑習。是也。倫按女部。姽。閑體行姽姽也。或與此為異文。或此閑習也乃姽字義。頠為⿰頁系之同舌根音聲同支類轉注字。不然。此字之義亡矣。【説文解字六書疏證卷十七】

頷　从今　郭沫若謂頷之異文　楚王領鐘　【金文編】

◉許　慎　頷面黃也。从頁。含聲。胡感切。【説文解字卷九】

◉高田忠周　頷字或頷之譌文。許以顄字義訓頷者非。【古籀篇四十五】

◉郭沫若　隹王正月初吉丁亥，楚王領自乍作鈴鐘，其聿其言。

羅振玉以領為顐之壞字，謂即楚成王。余初未見拓本，遂信從之；今案其説非是。就拓本觀之，領字絶非壞字，字蓋頷之異文，從頁今聲也。又以形制而言，器有紐，枚平，花紋乃所謂「秦式」，蓋戰國時代之器，不得遠至春秋中葉。準此以求之，余意當即楚悼王。悼王名史記六國年表及通鑑均作類，而楚世家作疑，類當即領若頷之字誤。世家文蓋本作領若頷，因録年表者已誤為類，讀者疑之，遂於字旁注一「疑」字，其後録書者又誤以「疑」字易正文也。【楚王領鐘　兩周金文辭大系考釋】

◉馬叙倫　徐灝曰。自左傳莊子方言釋名諸書皆用頷為頤頷。許云面黃未詳。本部顑。飯不飽面黃起行也。又顲。面顑顲也。蓋後人因離騷假頷為顲。而移下文面黃之訓於此。玉篇頷字與顄頤相次。亦不云面黃。倫按面黃也非本訓。頷或為顄之雙聲疊韻轉注字。七篇圅下或體作肣。可證也。然字仍失次。字或出字林。【説文解字六書疏證卷十七】

◉許　慎　⿰爰頁面不正也。从頁。爰聲。于反切。【説文解字卷九】

◉馬叙倫　面不正也非本訓。或字出字林也。【説文解字六書疏證卷十七】

頫 頫

◉許　慎　頫舉頭也。从頁。𢻻聲。詩曰。有頫者弁。丘弭切。【説文解字卷九】

◉馬叙倫　嚴可均曰。詩頍弁釋文韻會引作舉頭皃。皃字是。倫按此義經記無可印證。匕部頃為傾服之傾本字作𠃑者之轉注字。從𠃑。支聲。疑此乃伎之異文。為頃之轉注字。頃從頁匕聲。頭不正也。舉頭乃危字或儠字義。【説文解字六書疏證卷十七】

⿰㲻頁 ⿰㲻頁

⿰㲻頁 三：二三　三例　通没　委質類　⿰㲻頁嘉之身　⿰㲻頁 一五六：二五　⿰㲻頁 一八五：四　⿰㲻頁 一八五：一　三例　⿰㲻頁 一五六：一九　⿰㲻頁 一九四：一　⿰㲻頁 一五六：二〇　⿰㲻頁 三：二一　三例【侯馬盟書字表】

◉許　慎　⿰㲻頁内頭水中也。从頁㲻。㲻亦聲。烏没切。【説文解字卷九】

◉馬叙倫　錢坫曰。今呼為揾也。倫按㲻為取也。此止從㲻得聲。為沐之轉注字。水部。沐。濯髮也。沐音明紐。㲻音亦明紐也。説解當作濯髮也。字失次。或入水部為沐重文。或此為顋之轉注字。聲同脂類。内頭水中也非本義。字或出字林。【説文解字六書疏證卷十七】

顧 顧

顧　中山王䵼壺　不用禮宜不顧逆順【金文編】

顧　顧　秦四七　顧　法八九【睡虎地秦簡文字編】

顧　顧褭　顧　顧奢之印【漢印文字徵】

顧　義雲章【古文四聲韻】

◉許　慎　顧還視也。从頁。雇聲。古慕切。【説文解字卷九】

◉馬叙倫　顧乃今所謂回頭也。詩匪風箋。迴首曰顧。蓼莪箋。顧。旋視也。還視也引申義。或即旋視也。本部字無涉視義者。可證此非本義也。玉篇文選曹子建贈徐榦詩注引倉頡。顧。旋也。日出東南隅行注引倉頡。顧。視也。則還視當作還也視也。皆非本義本訓。【説文解字六書疏證卷十七】

順 何尊 順我不每 从心 中山王嚳壺 不顧逆順 【金文編】

秦917 宮順 【古陶文字徵】

順 日甲三 【睡虎地秦簡文字編】

順陵園丞 茨順 蔡順 袁順 郭順私印 史順之印 馬順 陳順 過順 【漢印文字徵】

泰山刻石 男女體順 【石刻篆文編】

古孝經 同上 並籀韻 【古文四聲韻】

◉許 慎 理也。从頁。从巛。食閏切。【說文解字卷九】

◉林義光 從也。从頁者。順從見於顔面。與顓頊為謹同意。川聲。【文源卷十一】

◉馬叙倫 鈕樹玉曰。韻會作從頁川聲。倫按從頁川聲也。理也非本義。亦非本訓。朱駿聲謂為人面文理之順。亦強為之詞。古書訓順為理。亦無其證。順從字當為。順音同牀紐。故古書多借順為。儀禮特牲禮。南順。注。順猶從也。詩泮水。順彼長道。箋。順。從也。孟子。為不順於父母。亦謂不從也。然皆得用字或巡字。順者。蓋㐱之舌面前破裂摩擦音聲同真類轉注字。下文。㐱。顔色㐱鱗慎事也。㐱鱗急言即順也。許蓋訓頭皃。理也校語或字林文。字見急就篇。

【說文解字六書疏證卷十七】

◉郭沫若 字亦見婤𣪘,曰「婤休𠂤史貝,用作隣寶彝。」周三·百十一。𤭛侯鼎之「文考公」殆亦一字。舊或釋瀕,蓋以左旁之為涉字也。效卣有此字,曰「公易錫𠂤子效王休貝廿朋」,釋涉無義,字形亦非涉。涉字格伯𣪘作,散氏盤作若,並與此異。今案當是巡之異文,从步川聲,「𣥺子」乃叚為順字。則从頁𣥺聲,蓋順之古字也。婤𣪘之「瀕史」與「𣥺子」同例。𤭛侯之文考蓋順公也。本器之「福」則叚為峻,大也,長也。余曩疑湰字,不塙,今附正于此。【周公𣪘 器銘考釋 金文叢考】

𩑺

◉許　慎　𩑺顏色𩑺䫇慎事也。从頁。㐱聲。之忍切。【説文解字卷九】

◉馬叙倫　鈕樹玉曰。廣韻去聲引慎作順。誤。上聲引仍作慎。倫按𩑺䫇即順之緩言。顏色𩑺䫇蓋謂面色滋潤。今言滋潤者。潤當作閏。閏為玉色滋潤。從玉。門聲。門川聲同真類。故面色滋潤為順。語原然也。然顏色𩑺䫇慎事也蓋校語。觀本部諸文説解無此例。若是許語。當作慎也。以聲訓。【説文解字六書疏證卷十七】

䫇

◉許　慎　䫇𩑺䫇也。从頁。粦聲。一曰。頭少髮。良刃切。【説文解字卷九】

◉馬叙倫　朱駿聲曰。一曰頭少髮者。頣字義。倫按下文。頣。無髮也。顅。頭鬢少髮也。頣顅為音同溪紐轉注字。頣䫇聲同真類。古借䫇為頣。𩑺䫇二字竝出字林。【説文解字六書疏證卷十七】

顓

◉許　慎　顓頭顓顓謹皃。从頁。耑聲。職緣切。【説文解字卷九】

◉丁佛言　古鉥。顓孫。陳簠齋曰。顓通端。顓孫嬀姓。陳公子。顓孫仕晉。因氏焉。孔子弟子子張姓。左莊十一年傳。歂孫。从欠。今从立。故曰通端。端。始也。又作耑。【説文古籀補補第九】

◉馬叙倫　頭顓顓謹皃。疑校者據本書專專謹皃加之。謹皃乃女部嫥字義也。此許蓋本以同聲之字為訓。或止訓頭皃。今捝。或字出字林也。白虎通。冬。其帝顓頊。顓頊者。寒縮也。倫謂其言雖因時令而傅會。然古人名如黑臀蒯聵等亦或因事為名。今俗誠多然者。古帝名顓頊。亦或取於頭之顓顓頊也。抑古帝名徒有其音。後世依聲附字。不必同義。倫謂顓頊合言為縮。單言為頊。重言為顓頊。頭顓顓頊頊。蓋頭縮皃。故下次以頊頓諸文。【説文解字六書疏證卷十七】

項

◉許　慎　項頭項項謹皃。从頁。玉聲。許玉切。【説文解字卷九】

◉吴大澂　古項字。項𢇍簋。【説文古籀補第九】

◉林義光　古作項𢇍。象奉玉謹慤見於顏面之形。即𢀜字。𢀜古或作。白虎通云。顓項者。寒縮也。五行。奉玉顓謹。有戰慄之意。故得引伸為寒縮。【文源卷六】

◉馬叙倫　頭項項謹皃蓋字林文或校語。字或出字林。若許書固有此字。當作縮也。以聲訓。或訓頭皃。【説文解字六書疏證卷十七】

顉 [古文字形]

◉戴家祥 [古文字形]父項父丁卣 當釋項，説文・九篇「項，頭項項謹皃。从頁，玉聲。」金文玉字亦或从〇，如璧字作[古文字形]，瑴字作[古文字形]。〇蓋象玉片正視形，繁寫作[古文字形]，形義一也。丕伯罍等器[古文字形]字作[古文字形]，从[古文字形]與从[古文字形]同，為繁簡之別。[古文字形]字別體又作[古文字形]，从玉，知[古文字形]為項字無疑。

[古文字形]字戴家祥釋項，此銘文[古文字形]伯嬰父鑐頁下加女，當是繁飾，例同殂或作嫛等，故知𡡒即項之繁體。【金文大字典中】

◉許 慎 [古文字形]低頭也。从頁。金聲。春秋傳曰。迎于門。顉之而已。五感切。【説文解字卷九】

◉馬叙倫 沈濤曰。一切經音義五及十六引同。十一引作摇其頭也。當是一曰以下文。今春秋傳顉作頷。杜注。摇其頭也。其説正合。鈕樹玉曰。玉篇亦作摇其頭也。段玉裁曰。低當作氐。倫按摇其頭也明是校者用杜注也。如是許文。當曰摇頭也矣。低頭也蓋字林文。本書無低字。本書。趛。低頭疾行也。亦從金得聲。可證顉止是低頭耳。字或出字林。【説文解字六書疏證卷十七】

頓 [古文字形]

[古文字形] 南頓令印 [古文字形] 頓昌 [古文字形] 頓宮之印 [古文字形] 頓戍之印 [古文字形] 頓綸 [古文字形] 頓安居 [古文字形] 頓慶之印 [古文字形] 頓事私印 [古文字形] 頓席 【漢印文字徵】

[古文字形] 頓王庶子碑 【汗簡】

[古文字形] 王庶子碑 【古文四聲韻】

◉許 慎 [古文字形]下首也。从頁。屯聲。都困切。【説文解字卷九】

◉馬叙倫 丁福保曰。慧琳音義十八引作下首至地也。倫按以字次求之。下首至地也蓋校語。本訓捝矣。【説文解字六書疏證卷十七】

頫

漢印文字徵：趙俛　臣俛　孫俛齊【漢印文字徵】

俯竝史書　俯竝出碧落文　俯見史書【汗簡】

古史記　古史記　碧落文【古文四聲韻】

◉許　慎　頫低頭也。从頁。逃省。太史卜書頫仰字如此。楊雄曰。人面頫。臣鉉等曰。頫首者。逃亡之皃。故从逃省。今俗作俯。非是。方矩切。俛頫或从人免。【説文解字卷九】

◉馬叙倫　頫當從兆得聲。兆從重八。實八之異文。八音封紐。故頫音入非紐。古讀非歸封也。本書𠧞實從卜兆聲。為卜之轉注字。重文作兆者。古文經傳以兆為𠧞。兆為逃之初文。卜音如爆。聲轉如逃。故借兆為𠧞。亦或古文本作兆。傳寫者罕見兆字改為兆也。頫蓋頭面之病態。猶項之為縮頭耳。非俛仰其首之俛首也。不然。則為頫之轉注字。頫得聲於今。今見紐音也。封見皆清破裂音。故頫轉注為頫。太史公以下校説。凡如此者率為校語。前有例證矣。今史記龜策傳所載卜法。即古卜書之遺。中有首仰首俛。字作俛也。或此為俛下校語。校者以或體作俛。見太史公書也。【説文解字六書疏證卷十七】

◉戴家祥　俯白[illegible]頫段　字从人从府，字極明晰。説文九篇「頫，低頭也。从頁，逃省。太史卜書頫仰字如此。楊雄曰：人面頫。俛，頫或从人免。」大徐云：「頫首者，逃亡之皃，故从逃省，今俗作俯，非是。」考俯字載於經傳者難以僂指數，⊘皆以俯與仰對舉。或省人作府。⊘匡謬正俗引古今字詁云：「頫府，今俯俛也。」此豈後世俗吏之所造哉？鼎臣以為俗作，可據段銘以糾其謬，文選上林賦「頫杳眇而無見」，李善引李登聲類云：「頫，古文俯字。」漢書陳勝、項籍列傳論贊曰：「百粤之君頫首係頸」，師古曰：「頫，古俯字。」若然，俯為篆文，許書失收，古文作頫，俗書作俛。唐韻俛讀「美辨切」明母元部，俯讀「方矩切」幫母魚部，聲韻俱遠，焉得通叚。玄應一切經音義八「説文俛，此俗頫字。」楚金繫傳亦曰「俛，俗頫字。」信然。【金文大字典上】

頣

◉許　慎　頣舉目視人皃。从頁。臣聲。式忍切。【説文解字卷九】

◉馬叙倫　承培元曰。當作舉目使人也。本與𡕥同字。頣𡕥平入一聲之轉也。頣指以目指麾人也。以形近譌為頤指。倫按視人豈有不舉目者。廣韻作舉眉。桂馥謂舉眉即揚眉。王筠謂禮記檀弓。揚其目而視之。舉目揚眉相因之事也。倫謂本部諸

⿰善頁 

頡 

文皆以頭面為義。下文。⿰善頁。倨視人也。從頁。善聲。善音禪紐。此從臣得聲。臣音亦在禪紐。是頣⿰善頁蓋轉注字。人部。倨。不遜也。然則此舉目當作舉首。故字次頫下。然仍疑舉目使人為旻字義。旻音曉紐。頣音審紐。同為次清摩擦音也。故莊子天地漢書賈誼傳均借頣為旻。猶公羊文七年傳作眣。從目。失聲。失音亦審紐也。非本訓。或字出字林也。【説文解字六書疏證卷十七】

◉許　慎　倨視人也。从頁。善聲。旨善切。【説文解字卷九】

◉馬叙倫　倨視人也當作倨也。視人二字涉上文頣下説解而譌羨。上文説解乃旻字義。其本義疑是直項也。今其義誤入下文頡下。直項與頭頡頏並是頭項之病態。直項者。頭不能俛仰。有不遜之狀。故此又列一訓曰倨也。字蓋出字林。【説文解字六書疏證卷十七】

 頡　邵鐘　【金文編】

 155　【包山楚簡文字編】

 1948　【古璽文編】

 王頡　 頡閭豐印　 王蒼頡　【漢印文字徵】

 頡竝義雲章　【汗簡】

 義雲章　【古文四聲韻】

◉許　慎　直項也。从頁。吉聲。胡結切。【説文解字卷九】

◉吳大澂　邵鐘。。與書酒誥劼毖同意。頡劼二字古文通用。【説文古籀補第九】

◉高田忠周　古。引張孝達説。頡劼通。釋詁。固也。頡剛猶劼毖也。按説文。頡。直項也。从頁吉聲。淮南書。王公大人有嚴志頡頏之行。吕覽明理篇。頡牙百疾。注。猶大也。朱駿聲云。叚借雙聲連語。詩燕燕頡之頏之。傳。飛而上曰

頡。飛而下曰頏。又疊韻連語。莊子徐無鬼。頡滑有實。向注錯亂也。【古籀篇四十五】

◉馬叙倫　陳詩庭曰。凡字從吉者。皆有曲義。夨。傾頭也。奊。頭傾也。奊即頡之別出字。必不能以直項當之。玉篇引作直頡也。蓋此挩頡字玉篇挩項字也。翟云升曰。韻會引作漢矦名。別義。倫按直項乃頣字義。直項為顴。音演於直也。此當訓頭傾也。奊頡一字。今杭縣謂頭不正曰健頭。健吉雙聲。蓋即此字。漢矦名者。校語。【說文解字六書疏證卷十七】

◉陶北溟　余頡毖事君。頡毖。勤慎也。頡讀為劼。書酒誥。汝劼毖殷獻臣。君謂周王也。【邵鐘　舊雲盦金文釋略　古學叢刊藝篇】

䪴

◉許　慎　䪴頭頡䪴也。从頁。出聲。讀又若骨。之出切。【說文解字卷九】

◉馬叙倫　徐灝曰。又字疑衍。劉秀生曰。出聲骨聲並在没部。故䪴從出聲得讀若骨。墨子公輸。禽滑釐。列子楊朱作禽骨釐。漢書古今人表作禽屈釐。國語周語鄭武公名滑突。史記鄭世家作掘突。是其證。倫按頡䪴蓋夨之緩言。夨側音同。側從則得聲。則從貝得聲。貝與頡䪴聲同脂類也。頣頡䪴也非本訓。字見急就篇顔師古本。皇象本作準。【說文解字六書疏證卷十七】

顥

顥 劉顥　顥 郭顥印信　【漢印文字徵】

◉許　慎　顥白皃。从頁。从景。楚詞曰。天白顥顥。南山四顥。白首人也。臣鉉等曰。景。日月之光明白也。胡老切。【說文解字卷九】

◉林義光　景。日光也。顥本義為首映日光而白。引伸為老人頭白。又引伸為凡白之稱。如天白顥顥是。【文源卷八】

◉馬叙倫　鈕樹玉曰。韻會引作從景頁。詞作辭。而天誤作大。廣韻引南作商。桂馥曰。李善注文選李陵詩引作白首皃也。聲類。顥。白首皃也。徐灝曰。此字從頁。似當以白首為義。但從景非其義。倫按顥白也者。借顥為皓。音同匣紐。玄應一切經音義引三蒼。皓。古文顥同。可證也。日部。皓。日出也。毛伯彝有⿰暠頁字。莊述祖釋顥。謂顥從頁從暠。暠。白也。暠亦聲。小篆譌作景。倫謂彝文蓋從頁暴聲。廣雅。灝灝。大也。字從水。⿰皋頁聲。⿰皋頁蓋從頁皋聲。為⿰暴頁之別體。又可證也。⿰暴頁為⿰樊頁之轉注字。⿰暴頁音匣紐。⿰樊頁音奉紐。同為次濁摩擦音也。此當訓首皃。蕭該漢書音義引字林。顥。白皃也。音昊。楚詞。昊白顥顥。然則天白乃昊白之譌。南山八字則校語。疑此字出字林。三倉有皓無顥。吕忱據聲類增也。據此知艸部莕字亦出字林。故引楚詞有蕭莕艸。【説文解字六書疏證卷十七】

◉楊樹達　白貌當云頭白貌。此謂人頭之白與日月之光白者相似也。頁為本名，景為喻名。【文字形義學】

顟

◉許慎　顟大醜皃。从頁。樊聲。附袁切。【説文解字卷九】

◉馬叙倫　大醜皃謂面醜也。然非本訓。或字出字林。【説文解字六書疏證卷十七】

頩

◉許慎　頩好皃。从頁。爭聲。詩所謂頩首。疾正切。【説文解字卷九】

◉馬叙倫　苗夔曰。末五字必非許書之舊。徐灝曰。此疑妄人增竄。頩但訓好皃。與詩之螓首無涉。況螓首蛾眉相對。若作頩首則非其類矣。倫按此姘之音同從紐聲同耕類轉注字。亦婧之同舌尖前破裂摩擦音聲同耕類轉注字。亦娉之聲同耕類轉注字。字或出字林。【説文解字六書疏證卷十七】

頨

◉許慎　頨頭妍也。从頁。翩省聲。讀若翩。臣鉉等曰。从翩聲。又讀若翩。則是古今異音也。王矩切。【説文解字卷九】

◉馬叙倫　顧廣圻曰。當是從頁從翩省。讀若羽。段玉裁曰。此當紕延切。篇韻王矩切。蓋認為羽聲耳。桂馥曰。當作讀若翑。故王矩切。孔廣居曰。讀若翩。疑翩是詡誤。王筠曰。集韻引無聲字。脱也。故與翩字同收於緝延切内。玉篇。頨。娉緣有矩二切。廣韻集韻皆承之。其讀若翩者。承用説文也。其讀若羽者。據頨從羽以為音也。廣韻二仙既收。唐韻亦必有。大徐但引王矩切耳。苗夔曰。兩翩字皆當作羽。羽聲讀若羽也。翟云升曰。讀若翩則當如玉篇作樗緣切。王矩切則羽聲。繫傳無頭字。非。倫按本書省聲之字存形省聲者甚多。此從翩得聲。翩音奉紐。頨音自得入喻紐三等。同為次濁摩擦音也。然王矩切為羽音甚明。倫謂本是羽聲而讀若翩。校者不明其故。改羽聲為翩省聲耳。鍇本頭作頨者。隸書複舉字也。傳寫因誤捝頭字。頭妍也蓋字林文。字或出字林。【説文解字六書疏證卷十七】

顗　顅　顐　⿰气頁　頛

顗　王顗之印【漢印文字徵】

◉許　慎　顗謹莊皃。从頁。豈聲。魚豈切。【說文解字卷九】

◉馬叙倫　爾雅釋詁。顗。静也。謹莊與静義相似。然上文皆言面好或醜。此訓謹莊。非頭面本然。倫謂爾雅之静當為婧。則顗亦面好皃。謹莊之義附會静字耳。然動静字是靖。静亦假借也。字蓋出字林。【說文解字六書疏證卷十七】

◉許　慎　顅頭鬜少髮也。从頁。肩聲。周禮。數目顅脰。苦閑切。【說文解字卷九】

◉馬叙倫　沈濤曰。玉篇引作頭鬜少髮皃。今本也字誤。倫按周禮考工記梓人注。顅。長脰皃。故書作牼。鄭衆讀為鬝頭無髮之鬝。髟部。鬝。鬜秃也。音與此同。以字次求之。疑長脰是顅字本義。頭鬜少髮乃鬝字義。且鬢為頰髮。不須複言頭也。蓋頭下捝皃字。鬜少髮或一曰以下文也。莊子德充符。其脰肩肩。肩即顅省。此亦顅為長脰皃之證。倫又以周禮故書顅作牼。疑顅為娙之轉注字。同為舌根音也。女部。娙。長好皃。長好皃與長脰皃義皆原於長。從巠得聲之字如經莖皆有長義。則語原然也。字或出字林。【說文解字六書疏證卷十七】

◉許　慎　顐無髮也。一曰。耳門也。从頁。困聲。苦昆切。【說文解字卷九】

◉馬叙倫　鈕樹玉曰。玉篇廣韻並作顐。嚴可均曰。當作顐。困聲。倫按無髮謂秃也。此非本訓。或字出字林也。顐蓋鬜之音同溪紐轉注字。一曰耳門也者。頣字義。同為舌根音。亦聲同真類。故或借顐為頣。【說文解字六書疏證卷十七】

◉許　慎　⿰气頁秃也。从頁。气聲。苦骨切。【說文解字卷九】

◉馬叙倫　吳穎芳曰。顐之轉語。倫按⿰气頁顐音同溪紐。聲為脂真對轉。轉注字也。玄應一切經音義引三倉。⿰气頁。頭秃無毛也。【說文解字六書疏證卷十七】

◉許　慎　頛頭不正也。从頁。从耒。耒。頭傾也。讀又若春秋陳夏齧之齧。盧對切。【說文解字卷九】

◉馬叙倫　頭不正也非本訓。從頁。耒聲。耒為耕田木。頭曲謂之頛。語原然也。說解本作耒聲。故鍇本頭傾下有亦聲二字。

但校者改之耳。鉉復改為從耒而去亦聲二字。讀若罊者。耒從丯得聲。罊從㓞得聲。㓞亦從丯得聲也。字蓋出字林。【説文解字六書疏證卷十七】

◉楊樹達　頛　此以耒頭之傾喻人頭之不正。頁為本名，耒為喻名。【文字形義學】

顊

◉許　慎　顊傾首也。从頁。卑聲。匹米切。【説文解字卷九】

◉吴大澂　晉公盦。莫不日顊。疑即俾之假借字。周書曰。罔不率俾。【説文古籀補第九】

◉馬叙倫　沈濤曰。一切經音義七及八及十及十二及十七皆引作傾頭也。本部訓釋皆言頭不言首。承培元曰。顊頛即爾雅釋魚龜左倪不類之倪類。淮南子曰。左顊右倪。則爾雅原文當作左顊不頛右倪不若。今爾雅文左右皆作倪。郭注則左右皆作庳。即顊之借。乃互譌也。説文頛顊𩕄䫥四篆聯次。疑𩕄即倪䫥即若也。然則右倪不若亦以作右𩕄不䫥為正字。倫按本書。庳。中伏舍。然則傾首為顊者。亦謂頭矢者也。此指疾者。傾首也非本訓。顊為頃之轉注字。傾聲音溪紐而聲耕類。顊音滂紐而聲支類。滂溪同為次清破裂音。聲則支耕對轉也。玄應一切經音義引蒼頡。顊。頭不正也。普末王禮反。【説文解字六書疏證卷十七】

𩕄

◉許　慎　𩕄司人也。一曰。恐也。从頁。契聲。讀若禊。胡計切。【説文解字卷九】

◉馬叙倫　鈕樹玉曰。繫傳禊作稧。説文禊稧竝無。廣韻去聲。恐也。入聲。㰦𩕄。短皃。嚴可均曰。説文無禊。當作稧。桂馥曰。一曰恐也者。考工記輈人。馬不契䪡。注。契。怯。倫按從頁契聲。側於顊䫥之閒而訓司人。必非本義。亦非本訓。承培元疑𩕄即爾雅釋魚左倪不類之倪。檢釋名釋天。霓。齧也。其體斷絶。見於非時。此災氣也。傷害於物。如有所食齧也。漢書天文志。蝱蜺。如淳曰。蜺讀曰齧。倪齧音同疑紐。𩕄音匣紐。同為舌根音。𩕄從契得聲。契音溪紐。契從㓞得聲。㓞從丯得聲。丯音見紐。皆舌根破裂音也。是承説可從也。古書睥睨連文。本書。敹。毁也。敓。敹也。俾。益也。倪。俾也。皆以卑兒二音相轉注。聲同支類也。顊𩕄是頭左右傾側之義。此以字從頁而爾雅左顊右倪及目部睨訓衺視見部覞訓旁視。可以決定者也。倫謂顊𩕄與俾倪蓋一字。而初文則夨夭也。十篇。夨。傾頭也。從大。象形。夭。屈也。從大。象形。蓋夨象人頭右傾。夭象人頭左傾。夨側音同。人部。側。旁也。傾。側也。蓋側即夨之後起字。今訓旁者。謂頭傾於旁也。夨音照紐。古讀歸端。夭音影紐。皆清破裂音。蓋夨或向左或向右。而字亦或作夨夭。然實一字。特音有轉變耳。猶頼音滂紐而頯音溪紐。俾音非紐。古讀歸封。而頯之本音在見紐。封見端影同為清破裂音也。頼以音同滂紐轉注為頗。頗以同破裂次清音轉注為頃。頼以支耕對轉轉注為頃。頗以聲同歌類轉注為俄。夨以同清破裂音轉注為㚝。異文為頡佶。㚝以同舌根破裂音轉注為頃為魌為契。契之異體為頯為偰。頯以音同匣紐轉注為㚝。頼以聲同支類轉注為㚝。契以聲同脂類轉注為倪。㚝亦以同舌根音轉注為倪。倪以音同疑紐轉注為吳。倪吳以同為邊音轉注為頛。夨以音同照紐轉注為頔。頡亦以聲同脂類轉注為頔為頯。如此相明。由初文之夨夭而因時空之異轉注為多文。無疑也。一曰恐也者。蓋恝字義。今本書無恝篆。而偏傍有之。心部忿下引孟子。孝子之心不若是忿。今孟子作恝。是古有恝字也。讀若褉校者加之。字蓋出字林。【說文解字六書疏證卷十七】

䫥

◉許　慎　䫥頭不正也。从頁。鬼聲。口猥切。【說文解字卷九】

◉馬叙倫　頭不正也非本訓。或此字出字林。【說文解字六書疏證卷十七】

頗

頗 5・198　宮頗　頗 秦305　同上　頗 秦307　獨字【古陶文字徵】

頗 頗裴光遠集綴　頗 頗竝出義雲章【汗簡】

頗 裴光遠集綴　頗 義雲章　頗 義雲章　頗 籀韻【古文四聲韻】

◉許　慎　頗頭偏也。从頁。皮聲。滂禾切。【說文解字卷九】

◉馬叙倫　頭偏也非本訓。或字出字林也。【說文解字六書疏證卷十七】

頄

◉許　慎　頄顫也。从頁。尤聲。于救切。疣頄或从疒。【說文解字卷九】

◉馬叙倫　顫下曰。頭不定也。此今之搖頭病。故此或從疒作疣。然倫謂頄疣異字。頄為尤之後起字。尤為羞恥之羞本字。篆本作尢。從大以手掩其面。指事。毛公鼎。我弗乍先王羞。王國維釋為羞。是也。羞即尤之異文。頄亦或頊之譌耳。玄應一切經音義十一及十五曰。頄。古文鈂疚頊三形。頊即羞也。是其證。其疚字今見疒部。倫謂即今人惡寒身顫謂之發斗之斗本字。從疒。九聲。九為肘之初文也。金文九字與又近也。今疚音于救切。與此同音。而俗語音如斗。當口切。與顫從亶得聲。亶音多旱切者正同端紐。故以病言從疒。以頭顫言從頁。而疣則疚之誤也。玄應一切經音義引倉頡。顫頊。頭不正也。然則倉頡字作頊。此豈傳寫之譌耶。抑傾為重文。傳寫失正文而誤重為正邪。倉頡借頊為疚。故訓頭不定。正為定譌捝宀耳。餘詳顫下。【說文解字六書疏證卷十七】

3232 【古璽文編】

薦顫 【漢印文字徵】

◉許　慎　顫頭不正也。从頁。亶聲。之繕切。【說文解字卷九】

◉馬叙倫　徐鍇曰。俗言顫掉不定。翟云升曰。一切經音義七及十三引謂掉動不定也。倫按玄應引者當是校語。然可以證顫當訓頭不定。據鍇言。或鍇本定字尚作定也。玉篇。疚。搖頭病。實顫字義。古多借疚為顫也。古鉩作。【說文解字六書疏證卷十七】

◉許　慎　顑飯不飽面黃起行也。从頁。咸聲。讀若戇。下感下坎二切。【說文解字卷九】

◉唐　蘭　字舊無確釋。羅振玉釋伐，增訂考釋中六八。葉玉森謂「卜字伐字概作揚戈荷戈持戈形，無作曳兵狀者，且此之所攜亦非戈。予曩釋頫，謂象人形，一足，又手持一物象足蓋用以代足者，疑即象形頫字。殷契鉤沈。復思此字既作側視形，僅見一足，似不能斷定為頫。手攜之下箸於地，或象農器之鉏。卜辭耤字象兩手持耒，此則象一手攜鉏，二字似同時所制，故構造法相同，疑即古文鉏字。」前編集釋六十九。郭沫若寫作馘，云「像一人倒執斧鉞之形，舊釋伐不確。」粹編考釋六。今按伐字作象以戈擊人，故其刃接於人頸，與此迥異。此人形上作者，即首，故字或變作後上二四。蓋古人作人及猴首均作，其省變為為為，或逕為，非首有兩歧亦非從目也。象首部側面，故兼及其耳。故卜辭為頁字，為頣字，顯從此。或為夒字，下一形較原始，孫海波釋為猴，誤。而此所從者為夏字。然古文於人形，其特示足形，多無深義，如允即夋，兒即旻，兕即𡕒，則夏亦即頁字耳。葉釋頫，郭釋馘，其頁或夏旁均不誤，葉又釋鉏，則無一是處矣。葉氏之釋文字，自謂若射覆，故多妄誕之思，如謂此人形所持為代足之物，又謂是鉏，並無根據。郭謂倒執斧鉞，其義較優，亦未中的。蓋之倒為，字至明顯，當釋戍，非戉字也。古戊戉為一字，戍為別一字，幹枝之合有戊戌，此決不可混者。然則此字像人曳戍之狀，戍亦戈戉屬之兵器也。由其字形，當有戰勝者耀其威武之意。古文之倒書者，或改為正書，如□或作□，則□可變為戫。古文之從𠙵者，象有器盛之，如魯為從𠙵魚聲，𠕋為從𠙵冊聲，則咸為𠙵中盛戍，當是從𠙵戍聲。然則戫即顑字，戛即頁、戍即咸也。此云戫□方，當讀如「咸劉厥敵」之咸，「克減侯宣多」之減，蓋顑字之本義。說文以顑為「飯不飽面黃起行也」，則後起之義矣。西伯戡黎之戡，疑即由顑字本義所孳乳之形聲字。【天壤閣甲骨文存考釋】

◉馬叙倫　吴穎芳曰。起行未詳。或是起坎之譌。謂甚瘦面成坎也。劉秀生曰。咸聲之字如鹹諴槭感減皆在見紐。戇從贛得聲。亦在見紐。故顑從咸得聲得讀若戇。方言五。槭。栝也。趙魏之閒曰槭。匚部。匴。栝也。从匚。贛聲。槭即匴借。是其證。倫按咸贛亦聲同侵類也。起行猶起道。謂黃瘦而文成道也。字蓋出字林。今紹興人謂面黃曰黃欿之。當作顑字。【說文解字六書疏證卷十七】

顲

◉許　慎　顲面顑顲皃。从頁。𠫹聲。盧感切。【說文解字卷九】

◉馬叙倫　段玉裁曰。當依全書通例作顑顲也。錢坫曰。今俗稱人面黃顲顲。音都感切。王筠曰。聲類。顲。面瘠皃。廣韻。顲。面黃醜。則亦單字咸義也。倫按說解當曰。顑也。此顑之聲同侵類轉注字。【說文解字六書疏證卷十七】

煩

煩　日甲七七　六例　煩　日乙一八七　二例【睡虎地秦簡文字編】

煩　王泧煩【漢印文字徵】

◉許　慎　煩熱頭痛也。从頁。从火。一曰。焚省聲。附袁切。【說文解字卷九】

◉林義光　火為焚省。不顯。頁火象面為火灼之形。【文源卷六】

◉馬叙倫　王筠疑一曰以下為後人所增。是也。不取焚省聲之說。非也。說解本作從頁樊省聲。傳寫奪譌。校者從火二字。後校者復據一本作焚省聲者注之也。熱頭痛也者。當作熱也頭痛也。然疑皆非本訓。煩或𩔰之異文。字見急就篇。【說文解字六書疏證卷十七】

◉于豪亮　《漢晉西陲木簡彙編》五六有「蓬火品約」：望見虜一人以上入塞，烌一責(積)新(薪)，舉二蓬，夜二苣火。見十人以上在塞外，烌舉如□□□。

烌是煩字，漢代草書頁字或書作火，故知此是煩字。

煩讀為燔，以同音相通假。《説文・釆部》：「番，獸足謂之番。……蹞，番或從足從煩。」《左傳・宣公二年》：「宰夫胹熊蹯」，《吕氏春秋・過理》作「宰人臑熊蹞。」這是番、蹯寫作蹞。《説文・糸部》：「繙，繙冤也。」《莊子・天道》：「於是繙十二經以説老聃」，司馬注：「繙，煩冤也。」這是繙寫作煩。《左傳・襄公十一年》引《詩》「便蕃左右，亦是帥從」（今本《小雅・采菽》作「平平左右」）。《隋書・盧思道傳・北齊興亡論》：「便煩左右，莫匪刀鋸之餘。」這是蕃寫作煩。《史記・司馬相如傳・上林賦》：「煩鶩鷛鰈」，集解：「徐廣曰：煩鶩一作番鷛。」這是煩寫作番。《山海經・西山經》：「陰山……其草多茆蕃」，郭注：「蕃音煩，似莎而大。」《楚詞・招隱》：「青莎雜樹兮薠草靃靡」，《史記・司馬相如傳・上林賦》：「蔣芧青薠」，《子虛賦》：「薛莎青薠」。這是蕃寫作薠。

既然番和從番得聲之字可以與煩和從煩得聲之字相通假，則把「燔一積薪」寫作「煩一責（積）新（薪）」乃是使用通假字，烌是煩字毫無疑義。【釋漢簡中的草書　于豪亮學術文存】

 公顡加印 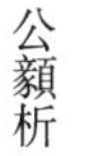 公顡析 【漢印文字徵】

◉許　慎　顡癡不聰明也。从頁。豪聲。五怪切。【説文解字卷九】

◉馬叙倫　沈濤曰。廣韻八未十八怪引作癡顡。不聰明也。徐灝曰。顡即今獃字。倫按頪顡同音五怪切。蓋一字轉注。顡得聲於辛。辛顡脂真對轉也。癡不聰明也當作癡也不聰明也。字或出字林。【説文解字六書疏證卷十七】

◉許　慎　頪難曉也。从頁米。一曰。鮮白皃。从粉省。臣鉉等曰。難曉亦不聰之義。盧對切。【説文解字卷九】

◉林義光　米為粉省。不顯。頁米者視米之象。米繁碎難審視。故訓為難曉。類從頪得聲。類似之義。亦從難曉引申。頪為絲節。絲節難解。並與難曉意近。【文源卷六】

◉馬叙倫　徐鉉曰。難曉亦不聰之義。沈濤曰。六書故引唐本曰。從迷省。音闕。蓋古本如此。迷故難曉。從粉則為鮮白矣。嚴可均曰。當作米聲。王筠曰。難曉也從頁米。蓋本文或有奪誤。從米不可曉也。一曰鮮白皃從粉省。此後人以前説不可解而易之。自謂貫串。不知頁人面也。鮮白非所以言人面也。玉篇已引之。蓋羼入已久。倫按嚴王二説是也。今奪聲字耳。鍇言類纇從此。不釋從米或從粉之義。或鍇本聲字未捝也。頪為纇之轉注字。米音明紐。纇音來紐。古讀歸泥。明泥同為邊音也。故頪音亦盧對切。然倫疑頪本是纇之重文。傳寫䠶捝。誤為正文。校者因注難曉也從頁米。謂此字之義難曉也。從頁米則本書重文下每然也。後之校者又增一曰以下耳。爾雅左倪不類之類當作此字。左昭十六年傳。刑之頗類。亦借類為之。【説文解字六書疏證卷十七】

顦

◉許　慎　顦顦顇也。从頁。焦聲。昨焦切。【説文解字卷九】

顇

◉許　慎　顇顦顇也。从頁。卒聲。秦醉切。【説文解字卷九】

◉馬叙倫　鈕樹玉曰。顦當作醮。本書無顦。倫按顦顇也蓋字林文。顦字徐鉉補為新修十九文之一。然玄應一切經音義引三倉。顦顇。則本書自有顦字。但不見經記。左傳作蕉萃。國語作憔悴。玉篇引楚詞作醮顇。疑倉頡本作醮顇。傳寫以通用字易之耳。【説文解字六書疏證卷十七】

顐

◉許　慎　顐繫頭殟也。从頁。昏聲。莫奔切。【説文解字卷九】

◉馬叙倫　篆當作顐。昏聲當作昬聲。此殙之異文。説解本作殟也。繫頭二字不可通。蓋校語而有捝譌耳。玉篇引莊子。問焉則顐然。疑字出字林也。【説文解字六書疏證卷十七】

頦

◉許　慎　頦醜也。从頁。亥聲。戶來切。【説文解字卷九】

◉馬叙倫　人部。侅。奇侅。非常也。蓋與此一字。醜也非本訓。字或出字林。頦傀同舌根音轉注字。【説文解字六書疏證卷十七】

頮

（頮）珠1182　前7・37・1　【續甲骨文編】

◉許　慎　頮醜也。从頁。其聲。今逐疫有頮頭。去其切。【説文解字卷九】

◉馬叙倫　鈕樹玉曰。廣韻引及玉篇注同。繫傳韻會作頭也。恐是醜頭也。挩醜字。倫按淮南精神訓。視毛嬙西施猶頮醜也。高注。頮。頭也。然周禮方相氏鄭注。如今頮頭也。字作頮。荀子仲尼。面如蒙倛。字又作倛。則猶須之作頦矣。女部娸下引杜林説。娸。醜也。然則娸頮亦一字。説解當如鈕説作醜頭。然亦疑當作鬼頭也。此為方相氏黄金四目之頭。非上文頮醜皃之類。頮為頦之轉注字。同為舌根音也。亦聲同之類。今逐六字蓋校語。字或出字林。【説文解字六書疏證卷十七】

籲

◉許　慎　籲呼也。从頁。籥聲。讀與籥同。商書曰。率籲衆戚。羊戍切。【説文解字卷九】

◉馬叙倫　嚴可均曰。讀與籥同。蓋校者所加。倫按呼也者。嘑字義。詳嘑下矣。籲之本義亡矣。字或出字林。【説文解字六書疏證卷十七】

顯

顯　盂鼎　史獸鼎　彔伯簋　静簋　師遽方彝　休盤　康鼎　諫簋　師酉簋　元年師旋簋　大師虘簋　虘鐘　寰盤　克鼎　大簋　大鼎　此簋　㝬鐘　頌簋　頌鼎　毛公𢉅鼎　元年師兑簋　番生簋　虢季子白盤　即簋　師𤸫簋　秦公簋　登弔盨　天亡簋　沈子它簋　克成妥吾考以于顯顯受令　郭沫若謂顯即顯字之異　芇伯簋　公臣簋　禹鼎　【金文編】

六七：六　九例　宗盟類序篇□顯皇君晉公　内室類丕顯晉公大冢　六七：二二　六七：三二　六七：一八　三例

六七：三六　四例　六七：三　五例　【侯馬盟書字表】

顯　法一九一　二例　【睡虎地秦簡文字編】

顯美里附城　公孫顯印　秦顯　應顯　毛顯私印　留顯信印　【漢印文字徵】

詛楚文　不顯大神巫咸　【石刻篆文編】

顯出尚書　【汗簡】

古老子　同上　古尚書　唐韻　【古文四聲韻】

◉許　慎　顯頭明飾也。从頁。㬎聲。臣鉉等曰。㬎。古以為顯字。故从㬎聲。呼典切。【説文解字卷九】

◉吳大澂　古顯字。從二不。不。古丕字。大也。師虎敦。或從日。從尹。從皃。追敦。或從見。史頌敦。亦虢季子白盤。文孔覭又光與詩韓奕不顯其光同意。【説文古籀補第九】

◉劉心源　史頌鼎　顯舊釋作頣。攷晉姜鼎勿廢文侯命。從頁從。此從。乃省體。與頌敨命字同。證吕追敨揚。井侯尊考。虢季子白盤孔有光。知為顯字。左旁皆之省變者也。【古文審卷一】

◉林義光　顯訓頭明飾無所考。説文㬎。衆散秒也。從日中視絲。古文以為顯字。日中視絲。正顯明之象。顯明也。廣雅釋詁四。象人面在日下視絲之形。絲本難視。持向日下視之乃明也。古作師遽尊彝。作歸夆敦。又變作史頌敦彝。作追敦。説文云。㬎衆散秒也。從日中視絲。古文以為顯字。按即顯之偏旁。溼字説文以為㬎省聲。溼顯聲隔。實不從㬎。見溼字條。濕隰亦當從溼得聲。形譌從㬎耳。【文源卷六】

◉高田忠周　覭即頣字省文。古文頁見借通。迂鼎顯字作。明從見字。又金文頣字多多有之。頣覭覭皆同字顯然。集韻別出非是。唯頣字未見從日者。顯亦顯字。⊘爾雅釋詁。顯。光也。又見也。虢季子白盤。銘意即是也。或云。銘上文曰。丕顯子白。此曰。孔頣有光。一銘而字不同。顯頣兩字各別。非是。凡古款識文。一字兩體不鮮。如朱寀皇號並用。亦其一例。猶後世書家同字必異體矣。又古款識銘文多有揚對天子丕顯休命之語。而晉姜鼎曰。勿廢文侯顯命。追敦曰。敢對天子頣揚。皆與銘意相同。況井侯尊曰。顯考井侯。顯作頣。井人殘鐘。顯叔文祖皇考。顯作頣。此正與銘上文所謂

𩔁 □　預 □　𦣻 □

不顯子白之顯同意。顯𩔁同字明矣。毛伯彝無光在顯。顯作□。從□與尹同。君作□亦從□可證。是亦顯𩔁同字確證也。蓋顯頵音近。且顯為頭明飾。頵為頭大皃。其義亦相因矣。故合顯頵為□形。非無謂也。【古籀篇四十五】

◉强運開　□叀中鐘圖□新宗與利彝不顯皇休之□形近。當亦顯之異文。【說文古籀三補第九】

◉馬叙倫　頭明飾也疑當作明也。頭飾也。然疑皆非本義。甲文有□□。葉玉森以為顯之初文。倫謂若然。則是從日頁聲。為㬎之轉注字。明也即㬎字義。此作顯者。蓋誤合㬎頁為一字邪。頭飾也校語。字見急就篇。毛公鼎作□。虢季子盤作□。師酉敦作□。師遽尊作□。秦公敦作□。【說文解字六書疏證卷十七】

◉郭沫若　「迺罰得□古三百寽，今弗克氒罰」：□字不識，疑是顯字之異，讀為獻。【師旅鼎　金文續考　金文叢考】

◉許　慎　□選具也。从二頁。士戀切。【說文解字卷九】

◉馬叙倫　錢坫曰。當作選也具也。朱駿聲曰。頭為𠨍之異體。倫按選或校者注巽字以釋音。傳寫誤加辵旁。亦或即音選也。或如錢說。選也以聲訓。具也者。巽字義。頭𠨍一字。故巽顨亦一字。【說文解字六書疏證卷十七】

◉徐　鉉　□安也。案經典通用豫。从頁未詳。羊洳切。【說文解字卷九新附】

□乙3401　□6419　□7828　□8013　□8503　□8852　□珠268【續甲骨文編】

□百亦首字【汗簡】

◉許　慎　□頭也。象形。凡百之屬皆从百。書九切。【說文解字卷九】

◉孫詒讓　「卜戈貝□侣多□」，百十八之二。此从□、从目當為「百」之古文，與首字同。《說文·百部》：「百，頭也，象形」。「多百」似謂俘獲首馘之多也。【栔文舉例下卷】

◉馬叙倫　鈕樹玉曰。玉篇引作人頭也。沈濤曰。傳寫衍人字。龔橙曰。篆誤。古文當為□。象但見一眉一目。倫按篆為□。甲文□字偏旁之頁作□其首有髮與耳目。□其省形也。百為首之異文。【說文解字六書疏證卷十七】

䐓

◉許　慎　面和也。从百。从肉。讀若柔。耳由切。【說文解字卷九】

◉林義光　䐓　百肉猶面肉也。百。面省。【文源卷十】

◉强運開　番生𣪘遠能𤰈。與善夫克鼎遠能𤰈同文。惜篆亦敚泐。細宲尚可辨為左乍形右从。與此自係一字。又按秦盄龢鐘。燮百邦。薛尚功所摹右丰顯有誤處。釋為馥。亦不成文。或以為西夏二字合文。誼亦難通。運開竊謂與此篆亦同字也。當讀為柔燮百邦。攷說文。䐓。面和也。从百肉。讀若柔。按百訓頭。頁亦訓頭。是从百與从頁其誼一也。此篆右从頁乍。以無頁尊乍證之。知即頁字也。形或即古肉字。惜兩器此篆左俱敚泐。以盄龢鐘之為證。左半或係从卣。卣讀若攸。故有柔音。䐓篆下段注云。今字柔行而䐓廢矣。據此。則𣪘文之遠能𤰈。即書舜典之柔遠能邇也。又頁部頿篆乍。古音讀如仇。與此篆音形兩者俱屬相近。或古頿䐓二字本相通叚也。【說文古籀三補第九】

◉馬敘倫　宋保曰。從頁。肉部。肉古讀如留。與柔同部。故從其聲。王煦曰。古讀肉為柔。劉秀生曰。肉聲柔聲古並在泥紐。故䐓從肉聲得讀若柔。釋名釋形體。肉。柔也。以聲訓。是其證。尹桐陽曰。柔䐓亦疊韻。倫按此首之聲同幽類轉注字。面和也當作面也和也。和也者。校者以讀若柔而加此訓。面也者。面首亦一字也。此字蓋出字林。【說文解字六書疏證卷十七】

◉楊樹達　百與首同，頭也，事屬於面，故从百為本名。从肉者，骨堅而肉則柔，喻名也。【文字形義學】

面

甲四一五

甲二三七五【甲骨文編】

古2·7

續存1234

新2778

藏44·3【續甲骨文編】

3·328　繇衟䊷面里匕齊【古陶文字徵】

271【包山楚簡文字編】

面　法二〇四　三例

日甲七二背　六例【睡虎地秦簡文字編】

面【汗簡】

面 面

◉許　慎　面顔前也。从百。象人面形。凡面之屬皆从面。彌箭切。【說文解字卷九】

面 面 面並汗簡【古文四聲韻】

◉林義光　古作面。師遽尊彝𤦡字偏旁。象形。【文源卷一】

◉余永梁　面（《書契菁華》四葉）

案此殆是面字，象形。《隸釋》録石經《尚書》面字从目作面，與此同。漢碑面字作面，則面之訛。隸書多存古文，此其一也。又公伐郘鼎冕字从曰面，作面，亦面字从目之證。則篆文从百，殆从目之訛。卜辭文曰：「王固曰之求八日庚戌之出面自東面，母昊亦出□自北□□□。」【殷虚文字考　國學論叢一卷一號】

◉馬叙倫　龔橙曰。篆誤。古文當為○。後加百為別。倫按面為面之政齊者耳。本象人首之側面。具之當作面。甲文有面字。倫謂象正面形。中自乃鼻也。首面一字。面音心紐。百首音同審紐。同為次清摩擦音。徒音轉耳。顔前也蓋本訓顔也。吕忱或校者不知顔為面之轉注字。故加顔前也。字見急就篇。【說文解字六書疏證卷十七】

靦 靦

◉許　慎　靦面見也。从面見。見亦聲。詩曰。有靦面目。他典切。䩄或从旦。【說文解字卷九】

◉馬叙倫　鈕樹玉曰。繫傳訓會止一見字。桂馥曰。詩何人斯正義引作面見人也。馥謂當作面皃也。爾雅釋言。靦。婚也。舍人曰。靦。面也。王念孫曰。當作人面皃也。爾雅舍人注。靦。面貌也。國語越語注曰。靦。面目之皃。詩正義引作面見人。亦是人面皃之譌。倫按今本說解由面皃也譌為面見也。校者因改為從面見見亦聲。亦或靦誤為面見二字。轉捝面皃二字。靦則隸書複舉字也。疑靦為面之轉注字。聲同元類也。從面。見聲。詩及越語之靦。蓋借為㥏。劉向別録。古文以見為典。此見典聲通之證。見音見紐。典音端紐。同為清破裂音也。字或出字林。

䩄　宋保曰。旦見同部。倫按旦見聲同元類。又旦音端紐。見音見紐。同為清破裂音。故靦轉注為䩄。玉篇引埤蒼。䩄同靦。則吕忱據埤蒼加此字。【說文解字六書疏證卷十七】

䩉 䩉

◉許　慎　䩉頰也。从面。甫聲。符遇切。【說文解字卷九】

◉高田忠周　夾　簠字古文作医。或亦作医。夾形與此同字。固謂此古文酺字也。从大與夫同。均皆人體象形。此夫兼取聲也。又非為象形。朱氏駿聲云。頤曰頰曰酺。頤内之牙牀骨曰頰車。易咸。咸其輔頰舌。虞注。耳目之間偁輔。正可見

醮　醮　　靨　靨　　丏　丏

其義。後世字亦變為形聲作䩉。說文。䩉頰也。从面甫聲。是也。經傳皆借輔為之。故許氏輔字解曰。人頰車也。即泥經義而然耳。但車兩旁有輔。相助防傾側也。其狀與頰䩉相似。故初先借輔為□。而後字亦作䩉。古今文字變異。往往見此類也。然則□輔古今字。輔䩉古今字。輔字專叚借為俌助字。又叚借為䩉頰字。本義卻罕知矣。【古籀篇四十】

◉戴家祥　䩉曾侯乙鐘　玉篇三六「䩉,頰骨也,讀扶武切」。以聲類求之,當即說文九篇之䩉字。䩉訓頰也,从面甫聲。頁為人頭,从頁與从面同。亦或作俌,說文八篇「俌,輔也,从人甫聲,讀若撫」。形符變換,亦寫作輔。輔和車是面部組織的兩個部分,釋名·釋形體「輔車言其骨強,所以持口也」。左傳僖公五年宮之奇諫虞公曰「諺所謂輔車相依,脣亡齒寒」。孔穎達正義云「輔為外表,車為內骨」。所以䩉又可以从車,爾雅釋詁「輔,俌也」。易咸上六「咸其輔頰舌」,釋文引虞注輔作䩉。作為動詞謂語,則為親附之義。曾侯乙鐘「峉頔」表示峉上的大三度音。【金文大字典下】

◉許　慎　醮面焦枯小也。从面焦。即消切。【說文解字卷九】

◉馬叙倫　面焦乃醮之譌分。醮乃隸書複舉字也。小枯也非本訓。從面焦。當依鍇本作從面焦聲。【說文解字六書疏證卷十七】

◉徐　鉉　靨姿也。从面。厭聲。於叶切。【說文解字卷九新附】

丏 丏莫徧切【汗簡】

丏 汗簡【古文四聲韻】

◉許　慎　丏不見也。象壅蔽之形。凡丏之屬皆从丏。彌兖切。【說文解字卷九】

◉林義光　古作丏𠭯鐘宾字偏旁。象人頭上有物蔽之之形。丏雙聲旁轉為萬。故隸或以万為萬字。建平郫縣碑貫二万五千。篆作丏者。从人。即人之變。⺄象有物在其上及前擁蔽之。【文源卷五】

◉馬叙倫　吴穎芳曰。壅同擁。字體從一。上蔽也。下為二人顛到互相蔽也。鈕樹玉曰。壅當作雝廱。說文無壅。段玉裁曰。

當作邕也。儀禮鄉射禮。乏參侯道居侯黨之一西五步。鄭注曰。容謂之乏。所以為獲者禦矢也。周禮射人鄭司農注。容者。乏也。待獲者所蔽。乏與丏篆文相似。義取蔽矢。豈禮經本作丏與。孔廣居曰。篆當作。象人蔽面形。吳善述曰。當作。象人自掩其面之形。龔橙曰。古文當作。篆誤。不見也非本形。倫按不見也者。由說解誤後校者所加也。段疑與乏一字。形義皆通。蓋聲轉耳。乏音奉紐。然乏為反正之反本字。反音非紐。非奉同為脣齒摩擦音也。非心同為次清摩擦音。故丏音入心紐。此史記項羽本紀呂馬童面之面本字。【說文解字六書疏證卷十七】

◉湯餘惠　164　冢・万(丏)　168簡墜字从冢作，與此異。此應是金文(賓)之所从，古璽多作，璽文借為「千萬」之「萬」。簡文上增八為飾，應是唐蘭先生早在《古文字學導論》中所說的「凡字首為橫畫者常加八」之例。其繁化的情形與帀、平二字相類：

須指出的是，丏字此種繁體出現較早，牆盤裏已有了，盤銘「尹啻疆」，或讀為「賓尹億疆」是正確的。曾侯乙墓竹簡有178字，可能就是賓(賓)字的省寫。《古璽彙編》3648著録的白文圓形印：

右一字舊或釋「首」，今由包山簡百字的寫法看，可能是錯了。疑印文二字當釋「百萬」，係吉語印，其國別屬楚。【包山楚簡讀後記　考古與文物一九九三年第二期】

甲六五三　地名　乙三四〇一　夊首　乙六四一九　夊首　乙七八二八　前六・七・一　前六・一七・六　前六・一七・七　後二・七・二　珠二六八　㞢𠬝首　柏二三　𠬝首　摭續二六八　王首　庫五六四　𠬝首　掇一・八七　【甲骨文編】

首　農卣　沈子它簋　井侯簋　適簋　史懋壺　師遽方彝　𢾊簋　班簋　戜簋

戜方鼎 彔伯簋 静卣 師遽簋 康鼎 師𩛥鼎 休盤 盠方彝 盠方尊 元年師旋簋 曶鼎 曶壺 令鼎 師艅簋 伯晨鼎 豆閉簋 吳方彝 師酉簋 元年師兑簋 師兑簋 永盂 善鼎 十三年𤼈壺 三年𤼈壺 鄂侯鼎 無㠱簋 大鼎 大簋 大作大仲簋 師奎父鼎 翏生盨 趩鼎 師寰簋 寰盤 師嫠簋 克盨 克鼎 頌鼎 頌壺 頌簋 兮甲盤 虢季子白盤 多友鼎 不𡢁簋 不𡢁簋二 𪘲簋 友簋 𥤚鼎 芇伯簋 幾父壺 𢽤簋 【金文編】

5·398 秦詔版「廿六年皇帝盡并兼天下諸侯……」共四十字 5·389 秦詔版殘存「天□諸侯黔首大安」七字 秦1561 秦詔版殘存「諸侯黔首」四字 【古陶文字徵】

九二:三九 宗盟類參盟人名 【侯馬盟書字表】

269 【包山楚簡文字編】

首 秦一五六 四例 雜七 三例 日乙二四八 三例 【睡虎地秦簡文字編】

型—事(丙11:2—9) 【長沙子彈庫帛書文字編】

黃青首 呂犀首印 【漢印文字徵】

詔權 黔首大安 遷邦石 【石刻篆文編】

□首【汗簡】

□古老子 □同上 □汗簡 □同上 𦣻 𦣻 𦣻 竝籀韻【古文四聲韻】

●許　慎　𦣻百同。古文百也。巛象髮。謂之鬊。鬊即巛也。凡𦣻之屬皆从𦣻。書九切。【説文解字卷九】

●劉心源　□師𦣻鼎　𦣻或釋衆。非。説文。𦣻。古文首。巛象髮。謂之鬊。鬊即巛也。古刻䭫𦣻之𦣻。如麦鼎□。椒卣□。彔伯𢦏敢□。吴彝□。皆與此合。是从川即巛也。【奇觚室吉金文述卷二】

●林義光　巛取形。非川字。髮謂之鬊。音偶同川耳。川古音春。非謂川有髮義也。古作□召伯虎敦。亦作□歸夆敦。不象戴髮形。【文源卷一】

●葉玉森　□此疑𦣻之古象形文。金文首字竝象首戴髮形。卜辭亦省髮形作□同卷第十七葉。【殷虛書契前編集釋卷六】

●商承祚　𦣻　百者篆文。𦣻者古文。曷以古篆別出為部首。以各有隸之字故也。其字從古文者多。篆文者少。又肖其形。遂篆廢而古文行矣。金文多作□□□。【説文中之古文攷卷六】

●柯昌濟　卜詞有□□等。文曰疥□立疥□。案卜詞□字亦有作□形者。此字象首形。當即古首字。卜詞則記疥首求卜之事也。又有疥□者。則當釋為疥齒。誼與疥首同。【殷虛書契補釋】

●馬叙倫　鈕樹玉曰。玉篇。説文與自同。古文首也。段玉裁曰。百同二字妄人所增也。許書絶無此例。王筠曰。當依玉篇引。鬊即巛也庾注。吴善述曰。本作□。徐灝曰。謂之鬊鬊即巛也七字非許書原文。孚及𡿺但云鬊象髮耳。六書故引無此九字。李杲曰。鄂侯鼎作□。芇伯敢作□。猶□□無別也。倫按説解本作百也。象形。或以聲訓。今挩。又為校者改增耳。甲文作□□□。頌鼎作□。頌壺作□。師卣敢作□□。師寰敢作□□。克鼎作□。周公敢作□。友敢作□。師嫠敢作□□。休盤作□。豆閉敢作□。師𩛥敢作□。𨚕侯鼎作□。以𨚕侯鼎文推之。本具髮及眉目耳鼻口之側視形也。各有省變。至甲文則具體而微矣。玄應一切經音義引倉頡解詁。稽首。頓首也。字亦見急就篇。【説文解字六書疏證卷十七】

●饒宗頤　庚寅卜，㱿貞：勿□(首)人三千，乎□□。(《南北師》一·六三，《同文例》附圖二七三，《外編》一〇七重。)按卜辭祉或字亦作□(《佚存》五四四。)□即《説文》首字之𦣻所自出，知□乃首字。他辭恆見「多□」一詞，即多首也。如「王令多□卬(禦)方于……」(《後》下四二·九)《廣雅釋詁》首與令、長、將、正俱訓「君」。《檀弓》:「毋為我首。」謂魁帥也。故多首猶言多君、多正、多

䭫　䭫

帥。首用為動詞，有率領之意，猶將之訓帥，衛之訓將（見《說文》）。云「首人三千」，即帥人三千也。【殷代貞卜人物通考卷四】

䭫　不从旨經典通作稽禮記射義再拜稽首釋文　徐本作䭫　卯簋　卯拜手䭫手　頁字重見　从頁　令簋　用䭫後人享　井侯簋

史懋壺　不𣪘方鼎　農卣　彔伯簋　彔卣　𢦏簋　𢦏鼎　沈子它簋　令鼎　師遽方彝　師遽簋　趩簋　康簋　諫簋　師艅簋　舀鼎　舀壺　元年師旋簋

趞曹鼎　盠方彝　吳方彝　師嫠簋　大師虘簋　永盂　恆簋

三年𤼈壺　十三年𤼈壺　元年師兌簋　大鼎　大簋　克盨　克鼎

頌壺　頌鼎　頌簋　師酉簋　豆閉簋　不𡢁簋　柳鼎　師𤸫簋蓋　南宮乎鐘

休盤　無𠬪簋　𧽊簋　虤簋　大作大仲簋　康鼎　幾父壺　公臣簋　伯晨鼎

弭弔簋　【金文編】

行䭫　兩體殘石　【石刻篆文編】

◉許　慎　䭫下首也。从𩠐。旨聲。康禮切。【說文解字卷九】

◉吳大澂　許氏說䭫下首也。今經典通用稽。師遽敦蓋。卯敦蓋。省文。或从手。歸夆敦。無𠬪敦。蓋奇字。【說文古籀補第九】

◉劉心源　矢人盤　𩠐或釋竟。觀爵馗四形皆不合。此作。皆从古文首。古文奇字人从二。非重文。乃是从。亦古文人字。詳宿妃鬲。古刻䭫首之首。伯龢尊作。大鼎作。彔伯𢦏敢作。師旦鼎作。吳彝作。皆與此字上體同。古刻䭫首之䭫从𩠐亦从𩠐。師奎父鼎从。頌鼎从。師旦鼎从。靜彝从。彔伯𢦏敢从。皆與此全形合。說文。頭也。从百。从儿。古文奇字人。古文䭫首如此。謂古文用頁為䭫。凡頁之屬皆从頁。百者。䭫首字

也。謂百即首字。𩠐下云。百同。古文百也。巛象髮。案百即𩠐省。小篆頁从百。古文頁从𩠐。一也。頁用為𩠐。𠭯敔拜手

□手。此手字通首。詳古文審。可證也。經傳𩠐首字通作稽。此銘數𩠐字亦碻是稽。稽者。考也。梓材若稽田。即此銘文義

也。【奇觚室吉金文述卷八】

◉高田忠周　説文。𩠐下首也。从首旨聲。蓋𩠐之言稽也。低首稽止也。𩠐稽音義稍近。故多借稽為𩠐。𩠐當从稽省聲也。廣雅。𩠐。低也。穆天子傳。𩠐首。皆與金文合。本義本形。禮記郊特牲。拜。服也。稽首。服之甚也。周禮太祝。一曰。稽首。注。頭拜至地也。尚書中倏。伯禹稽首。注。拜頭至手。皆借稽為𩠐之例也。【古籀篇四十五】

◉馬叙倫　周禮太祝辨九𢷎。一曰。𩠐首。鄭玄曰。𩠐首。拜頭至地也。倫謂此叩首之叩本字。然玄應一切經音義引倉頡解詁。稽首。頓首也。是倉頡作稽首。則本書無𩠐字。呂忱字林文耳。抑倉頡本作𩠐首。傳寫以通用字改之邪。頌鼎作□。吴尊作□。友敔作□。𩠐侯鼎作□。【説文解字六書疏證卷十七】

◉商承祚　𩠐，殆即《説文》釋「下首也。从首，旨聲」之𩠐。𩠐首，為古代叩拜禮用辭，金文銘文習見，其字作頧、頧，後世以稽代之，而𩠐、𩠐廢。【江陵望山二號楚墓竹簡遣策考釋　戰國楚竹簡彙編】

◉許　慎　□截也。从𩠐。从斷。大丸旨沇二切。□或从刀。專聲。【説文解字卷九】

◉明義士　三十四　本片為柏根氏舊次第四十六。

缺日庚缺曰□缺□王缺□□其缺

□未詳。諸家釋叀。以卜辭文義證之，疑為用牲之法，與卯燎沈埋同例。殆即剸字。【柏根氏舊藏甲骨文字考釋】

◉馬叙倫　鈕樹玉曰。玉篇引同。廣韻止收平聲。注云。出玉篇。謬。上聲有剸。段玉裁曰。截也當作𢧵首也。王筠曰。當云斷聲。倫按斷為𢇍之後起字。不得會意。此自從斷得聲。倫謂□為県之轉注字。從首。斷聲。當以旨沇切為本音。音在照紐三等。蚰部蠿。從蚰。𢇍聲。音在照紐二等。可證也。古讀照歸端。県音見紐。端見同為清破裂音。然県即顛倒之顛本字。音亦端紐。是與□雙聲也。由端轉定。故為大丸切。同為舌尖前破裂音也。截也者。斷字義。當入県部。從県。斷聲。字蓋出字林。

□　段玉裁曰。小徐無此篆。宋保曰。專斷同部。沈濤曰。一切經音義十一。剬。聲類作剸。説文。剬。斷首也。亦截也。蓋古本無此重文。剸即剬字之別。後人誤竄於此。倫按此斷之聲同元類轉注字。非□之或體。此蓋呂忱據聲類加之。

文選聖主得賢臣頌注引字林。剸。截也。長笛賦注引字林。剸。裁也。裁截形近而誤。【説文解字六書疏證卷十七】

◉黃錫全　古璽有□、□、□三字，《文編》分別列入附録四八與六二。其實，三字應為一字。三方印文是：

（《彙編》五五七三）。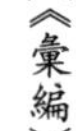（《彙編》三一五三）（《彙編》三九〇三）

按金文惠字，㝬毁作□，王孫鐘作□，从叀；省作□（王孫誥鐘）、□（三體石經《無逸》），从□，與上舉古璽右旁上部□同。又斷字，《説文》古文一形作□，「从㠯，㠯古文叀字」。《汗簡》刀部録石經斷作□，所从之□與璽文□同，《説文》所从之□應是□誤。《説文》𢇍字，或體作□，中山王壺⿰言專作□（讀為專），《汗簡》人部録華嶽碑傳作□。因此，古璽的□應是古叀省，从刀从叀即剸，實為《説文》剸字古體，與斷字古文剸同字。【利用《汗簡》考釋古文字　古文字研究第十五輯】

◉劉　雨　2—01：「四⿰叀刃匕」。

「⿰叀刃」即「剸」字。古時「叀」與「專」通，而「專」又通「剸」。如春秋時，刺殺吳王僚的「專諸」又稱「剸諸」（見《史記·刺客列傳》），所以説「叀」、「專」、「剸」皆通。此「⿰叀刃」即「剸」之省。字在此讀為「團」。「團」者，圜也，圓也，楚人謂「圜」、「圓」為「摶」。如《楚辭·九章》：「曾枝剡棘，圜果摶兮」。「剸匕」就是「團匕」，即其前部為「圓」或「圜」形的「匕」。傳世的匕如「魚鼎匕」等前端即呈圓形。《河南信陽楚墓出土文物圖録》圖六四所示四隻木柄銅勺（銅七）（按：釋「七」誤甚，實為「匕」），其數正好與簡文相合，而且匕之前端正呈圓形，所以，2—01號簡所載之「四⿰叀刃匕」可能就是圖六四所示的四隻圓形銅勺（銅匕）。【信陽楚簡釋文與考釋　信陽楚墓】

◉湯餘惠　1973年4月河北易縣燕下都第23號遺址出土了一批銅戈，河北省文物管理處已有報告發表於《文物》雜志（1982年第8期，第42—50頁）。其中21:95號戈和21:107號戈銘文基本相同，原報告統釋為：「九年將軍張二月倘宮戊六□」，對銘文内容未作任何探討。筆者認為，該釋文對幾個關鍵字的考釋都不能令人滿意，故作如下補正。⊘

「宮」前一字原篆作□，此字屢見於戰國時期燕人私名璽（《古璽匯編》3903、5573、5641），舊均不識，今按應是「剸」字。《玉篇》：「剸，徒官切。截也。」字殆從刀、專聲。銘文假借為「驛傳」之「傳」，用為動詞，和《左傳·莊公九年》「公喪戎路，傳乘而歸」用法類似。「傳宮」，即乘傳至宮。【九年將軍張戈銘文補正　史學集刊一九八七年第四期】

県

讀為盜　又—内於𦣠(丙7：2—5)【長沙子彈庫帛書文字編】

県工堯切【汗簡】

汗簡【古文四聲韻】

◉許　慎　県到首也。賈侍中說。此斷首到縣県字。凡県之屬皆从県。古堯切。【說文解字卷九】

◉林義光　說文云。県倒首也。賈侍中說。此斷首倒縣県字。按今字以梟為之。【文源卷九】

◉馬叙倫　鈕樹玉曰。玉篇引作倒首也。賈侍中曰。謂斷首倒縣也。朱駿聲曰。県即今之倒字。丁福保曰。慧琳音義六十九引作倒首也。賈侍中說。此斷其首到縣。即県字也。喻長霖曰。篆當作□。饒炯曰。首字衍文。到也之到字。亦是県字之聲借。許書說解用通假為訓。如裸下云灌鬯下云桓之類皆是。朱駿聲說。県即今之倒字。孟子猶解倒縣也之倒。蓋其本義。是也。賈侍中云云。又以為梟首之梟借字。漢書高帝紀。梟故塞王欣頭。注。縣首於木上。是也。呂覽。用民。倒而投之灘水。注。倒。殺也。又借倒為梟。與借県為梟同。倫按朱說是也。指事。饒謂首字衍文亦是也。謂漢書梟字是梟首本字。賈逵以県為梟之借。則由不悟梟非梟首字。漢書借為県字。故賈以為此斷首到縣字也。到也下捝從到首三字。賈侍中以下十一字校語。餘見梟下。【說文解字六書疏證卷十七】

縣

縣　縣妃簋　仲義昱匜　郘鐘　大鐘既縣【金文編】

縣　秦一九　五十七例　通懸　及載—鐘虡用輻皆不勝任而折　秦一二五　效三〇　二十四例　日甲一一五　秦二一三例　雜一三　四例【睡虎地秦簡文字編】

蛩縣徒丞印　脩合縣宰印　梃縣左執姦　闞縣諸印　縣燕【漢印文字徵】

少室石闕　開母廟石闕　城陽縣【石刻篆文編】

縣【汗簡】

王庶子碑　雲臺碑　雲臺碑【古文四聲韻】

◉許　慎　縣繫也。从系。持県。臣鉉等曰。此本是縣掛之縣。借為州縣之縣。今俗加心别作懸。義無所取。胡涓切。【説文解字卷九】

◉劉心源　縣或釋緐。非。案此字从木系首。説文作縣。从系持県。県為倒𩠐字。即梟斬之梟。説文梟。不孝鳥也。日至捕梟磔之。从鳥頭在木上。是倒首之県從鳥頭取義。引申為懸首梟示。此作　。正是木系首。叔弓鎛其　二百。鄦子鐘中　。縣妃彝作　。尤明晰。小篆縣省木。非有梟字為證。亦難言矣。【奇觚室吉金文述卷九】

◉方濬益　　沇兒鐘　左从音。右象樂縣之形。薛氏釋縣。今從之。【郤王子沇兒鐘　綴遺齋彝器款識考釋卷二】

◉孫詒讓　　為國名，舊釋為楢，而闕其讀，篆文左从木，右从幺甚明。幺下从　，舊以為目，則非是。今諦審實當為県，此蓋是[木県]字，縣之變體也。説文県部「県，到首也」。「縣，繫也，从系持県」。此从　者，所謂「系持県」。幺，即系省，　即到首形也。右从木者，取縣木之義。説文木部「梟，从鳥在木上」。古書県梟通用，此縣从木與彼亦同意，新出邵鐘「大鐘既縣」縣作　，與此正同。彼下到首形畧有刓闕，王懿榮釋為緐，誤。縣國經史未見，説文邑部有鄡字云「鉅鹿縣也」。漢書地理志作鄡同。此縣或鄡之叚借字與？【楢改彝　古籀餘論卷三】

◉馬叙倫　史記仲尼弟子傳鄡單。盧文弨段玉裁竝謂鄡當作鄡。鄡單即禮記檀弓之縣亶。縣乃字之譌。不悟縣鄡竝從県得聲。故可借縣為鄡。縣即今杭縣物於空中曰弔起來之弔本字。史謂梟首即謂縣其首也。從系持県。校者改之。繫也亦或非本訓。字見急就篇。顔師古本作懸。蓋傳寫者易之。【説文解字六書疏證卷十七】

◉李家浩　據可靠文字記載，「縣」的出現至少可以追溯到西周。那時所謂的「縣」係「縣鄙」之「縣」，指王畿以內國都以外的地區或城邑四周的地區。到春秋戰國時期，就逐漸演變為「郡縣」之「縣」，指隸屬於國都、大城或郡的一種邑。無論是「縣鄙」之「縣」還是「郡縣」之「縣」，在古文獻上都有很多的記載，可是過去為人們所引用的古文字中關於「縣」的資料，卻僅有春秋時期齊叔弓鎛銘文裏的「其縣二百」和戰國時期齊國印文、陶文裏的「平陵縣」這兩條。其實在古文字中關於「縣」的資料是很多的，只是由於「縣」字寫作「還」「睘」、或「瞏」而没有引起大家的注意罷了。

據目前所知，古文字中的「縣」最早見於西周中期的免瑚和師旋簋，其字作「還」。

(1)⊘王才(在)周，令(命)免乍(作)𤔲(司)土(徒)，𤔲(司)奠(鄭)還歔(林)眔吴(虞)眔牧。免瑚《兩周金文辭大系圖録考釋》(以下簡

稱為《大系》3・79・2

(2) 王乎(呼)乍(作)册尹克册命師旋曰：備于大左，官嗣(司)豐還左右師氏。師旋簋《考古學報》1962年1期圖版伍

春秋戰國時期，齊國文字中的「縣」寫作「䌛」，從「系」從「木」從「首」，象人首懸掛在木上之形，即「縣」字的異體，所以下面的釋文徑寫作「縣」。

(3) 公曰：弓，……余易(賜)女(汝)釐(萊)都脊劇，其縣二百。余命女(汝)嗣(司)辝(台)釐(萊)邑，𨒥戜徒四千，為女(汝)敵寮。叔弓鎛《大系》5・240—243

⊘燕國文字中的「縣」寫作「還」和「睘」。

⊘免瑚的「還」字應讀為「縣」，清人阮元主編的《積古齋鐘鼎款識》即已指出。該書卷七說免瑚(原書作「穴簠」)銘「鄭還」之「還」通寰。寰，古縣字」。

「縣」寫作「寰」，在古籍中有如下記載：

《穀梁傳》隱公元年「寰内諸侯」，陸德明《釋文》：「寰，音縣，古縣字。一音環，又音患。寰内，圻内也。」楊士勛疏：「寰内者，王都在中，諸侯四面遶之，故曰寰内也。」(按《穀梁傳》的「寰内」，即《禮記・王制》「天子之縣内」之「縣内」。)

《國語・齊語》「三鄉為縣，縣有縣帥……」汪遠孫《〈國語〉明道本考異》：「許本(指許魯金嘉靖刻本)『縣』作『寰』。下並同。」

《廣韻》去聲霰韻：「縣，郡縣也。《釋名》曰：『縣，懸也，懸於郡也。』古作『寰』。」

《說文新附》：「寰，王者封畿内縣也。」

《汗簡》卷中之一宀部「縣」字引《碧落文》作「寰」。

《匡謬正俗》卷八：「宇縣、州縣字本作『寰』，後借『縣』字為之。所以謂其字者，義訓繫著。……末代以『縣』代『寰』，遂更造『懸』字，下輒加『心』以為分別。」

「還」、「睘」、「寰」三字並從「睘」得聲，而「睘」與「縣」古音同屬匣母元部，音近可通。

周代的「縣」是指國都或大城邑四周的廣大地區，如《國語・周語中》：「國無寄寓，縣無施舍，……國有班事，縣有序民。」這裏所說的「國」即指國都，「縣」即指國都四周的廣大地區。天子稱王畿為縣即由此而來。古代從「睘」聲之字多有環繞義。《漢書・食貨志》「還廬樹桑」，顏師古注：「還，繞也。」《國語・越語下》「環會稽三百里者以為范蠡地」，韋昭注：「環，周也。」《漢書・高五王傳》「乃割臨淄東圜悼惠王冢園邑盡以予菑川」，顏師古注：「圜，謂周繞之。」「縣」指環繞國都或大城邑的地區，本是

由「還」(環)派生出來的一個詞，所以古人就寫作「還」，或寫作「睘」、「寰」；因為是區域名，所以又從「邑」作「〔睘阝〕」；用來表示這一意義的「縣」則是一個假借字。【先秦文字中的「縣」 文史第二十八輯】

須

乙872 2601 摭續190【續甲骨文編】

須 須盉生鼎 孳乳為盨 周𩓿盨 昜弔盨 伯孝□盨 𥡴季盨 伯沙其盨 弭弔盨 遣弔盨 立盨 伯多父盨 □弔盨 鄭義伯盨【金文編】

130反 145反【包山楚簡文字編】

須 秦八七 三例 通鬚 文夫女子隋—贏—黄目 日甲四四背 法六三 十例 日甲七一背 五例 日甲七六背 日甲四四背【睡虎地秦簡文字編】

張須 時翁須 竇君須【漢印文字徵】

須 須【汗簡】

古尚書 竝籀韻 王存乂切韻 王惟恭黄庭經【古文四聲韻】

◉許 慎 須面毛也。从頁。从彡。凡須之屬皆从須。臣鉉等曰。此本須鬢之須。頁。首也。彡。毛飾也。借為所須之須。俗書从水。非是。相俞切。【說文解字卷九】

◉吴大澂 須。古文以為盨字。周𩓿盨。【說文古籀補第九】

◉林義光 古作昜叔盨。象面有鬚形。【文源卷二】

◉强運開 昜叔盨。叚須為盨。【說文古籀三補第九】

◉馬叙倫 鈕樹玉曰。五經文字廣韻韻會引及玉篇竝同。集韻引面作而。譌。沈濤曰。御覽三百七十四引。須。面上也。以髭口上須例之。當有上字。禮記禮運正義引鬚謂頤下之毛。象形字也。鬚即須之别字。是孔所據本作頤下毛。以髭訓口上毛䰅訓頰須例之。則作頤下為是。徐灝曰。許云面毛。統言之也。倫按周貉簋作□。遣叔簋作□。弭叔簋作□。似從頁象形。於六書為指事。然彡毛一字。則又似會意。倫謂實從頁彡聲。彡音審紐二等。故須音入心紐。同為次清摩擦音也。須為而之轉注字。説解蓋本作而也。古須需同音。需從而得聲。可證也。面毛也蓋字林文。禮記正義引者校語。【説文解字六書疏證卷十七】

◉郭沫若　吳縣潘氏藏𣪘一具，銘作□。攈古録金文引許瀚説「此是句彝二字」。卷一之一第三葉「百丁彝」。吳大澂云「上文似句字，下一字不可識。」「愙齋」第七册第十四葉「百柱敔」。

今案此乃須、句二字之合文也。□自句之異，□乃須之省。⊘

須句，古國名。春秋僖公二十二年春，公伐邾取須句，其前年左氏傳云「任、宿、須句、顓臾，風姓也，實司大皞與有濟之祀，以服事諸夏。」今得識此銘，則須句有古物可徵矣。【釋須句　金文餘釋之餘】

◉于省吾　説文：「須（俗作鬚），面毛也，从頁（首）从彡（所銜切）。」按甲骨文而字作□或□，即須字的初文（詳釋而）。周代金文始出現須字，作□或□（左右相連）。這是从獨體象形的而字，孳乳為附加首須的須字。由於而字假作虛詞（今文尚書和詩經中的而字常見），久假不歸，遂别造須字以代之。説文依據小篆把須字分化為「从頁从彡」，又誤以「毛飾畫文」之彡為偏旁，遂成為會意字。其實，即使後來分化為二，也當作「从頁彡（讀須）聲」的形聲字。這和上一條的來變為秾同例。總之，須本為獨體象形字，但其所連接的三邪劃，也表示着須字的音讀。【釋具有部分表音的獨體象形字　甲骨文字釋林】

◉于省吾　甲骨文的□字（摭續一九〇貞）也作□（寧一・五〇〇頁）。又商器鼎文的□字，觚文的□字，包括商器的鹵字父己鬲作□和嬘鼎作□在内，郭沫若均釋為兄（一九七二年《考古》，《安陽新出土的牛胛骨及其刻辭》）。按古文字的兄字習見，從無以上的四種構形，郭説完全出於揣測。又甲骨文的□字（乙八七二）也作□（乙二六〇一），金祥恆《續甲骨文編》列為須字，而無説明。李孝定《甲骨文字集釋》引《説文》「須，頤下毛也」和金文須字作□、□……等形為證（《甲骨文字集釋》第九卷二八五頁），又謂□「疑亦須字」，與□為同字（《金文詁林附録》六四頁和一六五頁）。按李氏不知古文字从天从人的互作，故以「疑」為言。至於甲骨文須字作□或□形，舊無解説，實則，□或□字下部从□，乃人字的反寫，仍象人的側立形，由於人形的側立，所以須（鬚）形不能左右俱備。【釋从天从大从人的一些古文字　古文字研究第十五期】

頿

頿出王存乂切韻 【汗簡】

王存乂切韻 【古文四聲韻】

◉許　慎　頿口上須也。从須。此聲。臣鉉等曰。今俗别作髭。非是。即移切。【説文解字卷九】

◉馬叙倫　唐寫本切韻殘卷五支。髭。口上毛。按説文作此頿。須音心紐。轉注為頿。頿音精紐。皆舌尖前音也。此字蓋出字林。【説文解字六書疏證卷十七】

◉裘錫圭　關於字

這個字也見於卜辭：

叀令監□？《殷契摭佚續編》190

叀□令監凡？《寧滬》1·500

从文例看當是人名，與見於金文之圖形文字者大概屬於一族(商代人名往往即其族氏)。郭沫若同志説這個字象人「口旁有須」，甚是。《説文》：「髭，口上須也」。盂鼎有字，當是在字上加注此聲而成，與前舉「鳳」「耤」諸字同例。所以這個字應該是髭的象形初文，與吳並非一字。又文中所舉「口中有齒」的人形，也不象是吳的異體，可能就是齒的繁文。【讀安陽新出土的牛胛骨及其刻辭　考古一九七二年第五期】

䫇

䫇出李尚隱集字 【汗簡】

李商隱字略　汗簡 【古文四聲韻】

◉許　慎　䫇頰須也。从須。从冄。冄亦聲。臣鉉等曰。今俗别作髯。非是。汝鹽切。【説文解字卷九】

◉馬叙倫　鈕樹玉曰。韻會引冄上無從字。倫按此冄之後起字。冄下作頰毛也。此當作從須冄聲。字或出字林。【説文解字六書疏證卷十七】

顊

◉許　慎　顊須髮半白也。从須。卑聲。府移切。【說文解字卷九】

◉馬叙倫　須髮半白也必非許文。字或出字林。承培元謂即孟子梁惠王頒白之頒。郭慶藩謂即禮記王制斑白之斑。是也。此鬢之轉注字。禮記鄭注。襍色為斑。孟子趙注。頭半白辨辨然。皆就經為義。其實王制孟子皆謂鬢白。人老鬢白。非鬢有白義也。【說文解字六書疏證卷十七】

䫎

◉許　慎　䫎短須髮皃。从須。否聲。敷悲切。【說文解字卷九】

◉馬叙倫　翟云升曰。集韻引無髮字。倫按髟部。𩬲。髮皃。從髟。音聲。疑本是一字。篆文止差一筆。傳寫譌作二字耳。鍇本短上有䫎字。乃隸書複舉字也。唐寫本切韻殘卷六脂引作矩項髮皃。矩項蓋短須之譌。短須髮皃非本訓。或䫍䫎二字竝出字林。【說文解字六書疏證卷十七】

彡

甲八七〇　朱書　卜辭彡用為肜祭之肜　甲二六三六　朱書　彡大乙　乙五五二三　乙六一一九　彡日　鐵二四九·一　餘一〇·二　前七·一一·四　林一·一三·一七　林二·六·一〇　後一·二〇·一一　後一·二一·一三　佚五一八背　明藏三四三　明藏四三五　京津三三八二　京津三九五八　粹一〇七　粹一〇九　燕二六〇　前一·二一·三　前一·五·一　前一·五·六　前一·九·二　後二·二四·七　鄴初下·四〇·一〇　佚一一三　佚三九七　安一二·六　存二三二一　存二四六四　掇二·二二四　福八　京都二三五六　【甲骨文編】

彡思廉切奇字亦為三　彡山銜切　【汗簡】

◉許　慎　彡毛飾畫文也。象形。凡彡之屬皆从彡。所銜切。【說文解字卷九】

◉羅振玉　書肜日之肜，不見許書。段先生謂即肜字，公羊宣八年傳注：「肜者肜肜不絕。」是肜之義為不絕。卜辭有彡日，或作彡彡諸形，正象相續不絕，殆為彤日之本字，彭字蓋从此得聲。故卜辭中彭字或從彡，其明證也。卜辭中又有彡月，其誼則今不可知矣。觩尊亦有彡日，博古圖(卷六)載父丁彝亦有彡日隹王六祀語。【殷墟書契考釋中】

●林義光　古作彡兮仲鐘侃字偏旁作彡頌敦攸字偏旁作彡毛公鼎攸字偏旁。與三不同形。或作彡虢叔鐘穆字偏旁作彡師酉敦攸字偏旁。以二象之。是不當與三同音。【文源卷三】

●王　襄　古彤字，羅叔言先生云書彤日之彤不見許書。段先生謂即肜字。公羊宣八年傳注肜者。肜肜不絕。是肜之義為不絕。卜辭有彡日，或作彡彡諸形，正象相續不絕，殆為彤日之本字。【簠室殷契類纂正編第八】

●葉玉森　羅氏釋彡為彤至確。予疑彡為古代表示不絕之幖幟。⊘卜辭曰「彤日」「彤月」並為祭名。【殷虛書契前編集釋卷一】

●孫海波　彡，甲八七〇。朱書。卜辭彡用為肜祭之肜。【甲骨文編】

●唐　蘭　「彡夕」，連夕之祭也。王賓為祭禮之總名，彡夕為祭法。【天壤閣甲骨文存考釋】

●馬叙倫　嚴可均曰。小徐匡謬正俗引畫下竝有之字。沈濤曰。須有之字文義始完。王筠曰。毛飾畫文殊不詞。何秋濤曰。彡即三也。凡從彡之字皆從三之字。古鐘鼎之文四作三。有斜作彡者。筆迹小異。其實一字。三穌甘切。彡所銜切。皆在段氏古音弟八部。又皆在戴氏轉語弟十六章。聲同韻同形又同。特唐人分韻別之。然説文亦分二部者。此人儿大亣之例也。龔橙曰。畫文是三義。所銜亦誤切。誤認同三也。饒炯曰。説解當曰。文飾也。象毛畫之形。高田忠周曰。彡。毛髮總偁也。故首字髟字從此。為頭毛形。須字從此。為面毛形。又變而生𠆢字而字。倫按説解有誤。今音所銜切。與髟一音同。髟下曰。長髮猋猋也。故從彡。三篇之𦘒為筆㪲。即今所謂筆頭。字亦從彡。然則彡實象毛形。金甲文彭字肜字所從之彡。或作//。或作彡。或作彡彡。或作三。蓋毛本不限於為三筆也。尋彡音審紐。從彡得聲之彬虨入非紐。非審同為次清摩擦音也。從彬得聲之虨入封紐。古讀非歸封也。從彡得聲之彭入並紐。從彭得聲之㯻亦入封紐。髮音亦非紐。髮之轉注字為髦。從毛得聲。毛音明紐。蓋髮亦毛也。毛聲宵類。宵談對轉。故頰毛為𠆢。𠆢音日紐。古讀歸泥。明泥同為邊音。自其音亦得於毛。由此相明。彡實毛之異文。説解蓋本作毛也。毛飾畫之文也字林文或校語。匡謬正俗引字林。彡音山廉反。【説文解字六書疏證卷十七】

●董作賓　以彡為「相續不絕」，似是後起之義，在殷代當是伐鼓而祭之義。祖庚時卜辭有：「辛亥卜，出貞：『其鼓彡告于唐，□牛。』一月。」(餘六・二)言「鼓彡」，可知彡與鼓有關，侯家莊西北岡殷代陵墓中曾出土一鼓。⊘與他祭器並陳，此殷人祭祀用鼓之實證也。彡之義殆為鼓聲，此可於彭字證也，彭在卜辭為地名及貞人名，字作⿰壴彡、⿰壴彡，左為鼓形，右象其聲，即彡字也。彭之初誼，殆擬鼓聲之彭彭，故伐鼓而祭，即謂之彡矣。【祀與年　殷曆譜上編卷三】

◉楊樹達　尚書有高宗肜日篇，偽孔傳説肜日云：「祭之明日又祭，殷曰肜，周曰繹。」按偽傳説本爾雅。爾雅釋天云：「繹，又祭也。周曰繹，商曰肜。」孫炎注云：「祭之明日，尋繹復祭。肜者，相尋之意。」宣公八年春秋云：「辛巳，有事于大廟，仲遂卒于垂。壬午，猶繹」。公羊傳曰：「繹者何？祭之明日也。」何休注云：「禮，繹繼昨日事，但不灌地降神爾。天子諸侯曰繹，大夫曰賓尸，士曰宴尸，去事之殺也。必繹者，尸屬昨日配先祖食，不忍輒忘，故因以復祭。禮則無有誤，敬慎之至。」按如何説，繹祭不灌地降神，意主賓尸，既是賓尸，自非正祭。故徐彥疏云：「繹在正祭之後，祭尊於繹」，是其説也。古人既視肜繹為一事，説繹如此，肜義可知。然今考之甲文，則殊不爾。殷虛書契前編一・一・八云：「壬寅卜，貞，王賓示壬彡日，亡尤？」又一・五・六云：「甲申，卜，貞，王賓大甲彡日，亡尤。」彡日即書文之肜日，已無疑問。殷人卜祭必以王名之日卜，如上舉二例，示壬肜日之卜以壬寅，大甲肜日之卜以甲申，是也。卜用王名之日，則祭用王名之日可知，蓋先十日卜後十日之祭也，殷人肜日祭之外，更有肜夕之祭，其卜也，必用王名之先一日，如前編一・五・一云：「乙酉，卜，貞，王賓外丙彡夕，亡尤？」又一・六・二云：「己卯，卜，貞，王賓大庚彡夕，亡尤。」王名丙則以丙之先一日之日卜，王名庚則以庚之先一日己日卜，是其例也。此亦非以卜日祭，亦先十日卜之也。如上文所説，殷人肜夕以王名先一日祭，而肜日以王名之日祭，然則前人所謂祭之明日又祭者，第一祭字蓋指肜夕言之，明日又祭則指肜日言之也。以事理言之，先夕之祭蓋豫祭，而當日之祭則正祭也。正祭為重而豫祭為輕，則先儒謂初祭為正祭，尊於復祭者，非其實也。【積微居甲文説卷下】

◉饒宗頤　彡即肜。卜辭有彡日，又有肜夕。爾雅釋天：「繹，又祭也。周曰繹，商曰肜。」孫炎注：「祭之明日，尋繹復祭，肜者相尋之意。」右辭卜于來甲子酌彡。下文云：「貞于父乙宊。勿于父乙宊。」知「彡」者即指來甲子之明日乙丑，肜祭父乙也。其對貞占辭云「正」，一云「弗其正」，即卜于乙日肜祭父乙，為良貞與否。【殷代貞卜人物通考卷六】

◉饒宗頤　「戊戌卜，口貞：王宊(戔)甲，彡冊，亡囚。」(粹編二二〇)按彡為繹祭，尋繹昨日之祭，以儐尸也。賓戔甲本宜在甲日，此於戊戌卜者，先期卜之。【殷代貞卜人物通考卷十七】

◉王　襄　尚書高宗肜日傳云：「祭之明日之祭，殷曰肜，周曰繹」，疏：「孫炎曰：肜者，相尋不絕之意。」彡，説文解字無之。彤下段注云：「商曰肜，即此字。」春秋宣公八年公羊傳「壬午猶繹。」注云：「殷曰肜，周曰繹。」又云：「肜者，肜肜不絕。」契文之彡，五畫相繼，製字之始，當由聞鼓聲之連續，寫其聲為彡，更製⿰壴彡字，半象鼓聲。由彡所孳乳，其變體作彡、彡、三諸形，猶存初形初誼。後从舟从彡，衍為肜字。經典肜日之肜用彤而彡、肜廢，邑斝作彡，觮尊作彡，嚣是殷代遺制，故字與卜辭同。【古文流變臆説】

◉屈萬里　彡，即後世之彤字（羅振玉説，見殷釋中一六葉），為殷人五種重要祀典之一；説詳殷曆譜（上・三・一四）。殷人彡祭，有彡日，有彡夕。彡夕之祭，行於先王生日之前夕；彡日之祭，則行於當日。惟後人解彤字，以為「祭之明日又祭」者，與甲骨文彡字之義有間；蓋後起之説也。【殷虛文字甲編考釋】

◉李孝定　書有高宗肜日篇。肜字説文未收。王鳴盛蛾術編云。「肜字見商書高宗肜日。然此乃漢俗字。説文不收。不可入經。唐石經亦作肜。詩絲衣箋用之。其實是俗人所改。釋文云。『肜本作融』。當以融為正。或云。『説文有肜字。注云「舟行也」。説文義多不備。此字當為祭名。解从舟彡聲。孫愐云。「丑林切」。然則此字音若尋。而孫炎釋肜為尋繹不絶之意。則知肜即尋。故可為祭名。』予謂據絲衣釋文。鄭實作融。且説文鬲部融為炊氣上出。本有燖温復祭之意。何必用从舟之字乎。」按王氏以融為尋繹復祭之正字。亦無據。絲衣鄭箋亦用假借字耳。説文所收。與肜字形音相近之字有舟部之肜。丹部之彤。肜下解云。「船行也。从舟彡聲。」段氏注云。「『夏曰復胙。商曰肜。周曰繹。』即此字。取舟行延長之意也。其音以戎切。其字毛詩箋作融。」彤下許君解云。「丹飾也。从丹彡。彡其畫也。彡亦聲。」據小徐本有「彡亦聲」三字。彡為所銜切。與肜彤聲並相遠。不應以之為聲。然據彭字亦从彡聲求之。知彭肜彤所从得聲之彡。實即契文之彡、彡。乃彭之古文。所以象鼓聲者。董先生所説是也。字實非訓「象毛飾畫文」。而讀「所銜切」之「彡」。其形雖同而音義各别也。鼓聲彭彭相續不絶。以此為祭謂之彡祭。引申而有尋繹不絶之義耳。作肜作肜作融均祇是同音假借。皆非本字。許書既不收肜字。姑从舊説收之於此。實當收入五卷。以為彭之古文也。金文亦有彡字。觮尊邑斝均有之。其用與卜辭同。【甲骨文字集釋第八】

◉唐　蘭　彫就是肜字。原本玉篇「肜，餘終反，」爾雅：肜，（按今本作繹）又祭也，商曰肜。郭璞曰：高宗肜日是也。白虎通昨日祭之，恐禮有不備，故復祭也。肜猶言肜肜若从天下也。説文：「舩肜（按今本作船行）也。」肜字隸變作肜，而説文舊音轉為丑林反。因此，清代學者往往認為肜應从肉，很少人懂得肜彤為一字了。其實殷墟卜辭，肜日肜夕字就作彡，也作彡，凡彤、肜、彭等字，都从彡得聲，彡本來並不讀如衫。卜辭還常見彫字，也是祭名。金文見於戊寅鼎。⊘都不知道彫从彡聲，就是彡字的繁文，肜彤的本字。卜辭「肜日」字都祇作彡，而彡日和翌日連在一起的總稱則是彫，彫彡略有區别，其實是一個字。此銘彫祀的彫字从彡，和卜辭彡日字的作彡形的符合，可為確證。【論周昭王時代的青銅器銘刻　古文字研究第二輯】

◉考古所　彡：祭名，諸家多釋肜。【小屯南地甲骨】

◉朱歧祥　肜祭過程有三：肜夕屬前祭迎神之典，肜日是正祭，而肜龠則屬送神之祀。五種祀典中，前𣪘後肜都是單獨舉行，而中間的祭、𠭯、𢼄則是交疊舉行的。【殷墟甲骨文字通釋稿】

◉徐中舒　彡或省作彡。《說文》：「彡，毛飾畫文也。」段注：「飾畫者，㕞而畫之也。毛者，聿也，……所以畫者也。」乃以筆所畫之文為彡。然實際亦應包括刀刻、刺繡等之紋飾。器物衣飾之紋皆連綿銜接，故引伸有相續不絕之義。卜辭借用為肜。

【甲骨文字典卷九】

 古老子  華嶽碑  崔希裕纂古 【古文四聲韻】

◉許　慎　形，象形也。从彡。幵聲。户經切。【說文解字卷九】

◉馬叙倫　吳穎芳曰。應作形象也。鈕樹玉曰。玉篇引同。韻會引無形字。桂馥曰。幵聲當為井聲。魏王基碑齊隴東王感孝頌夢英篆書千文形字皆作形。王筠曰。韻會引無形字雖是而不得許意。今人之用形字。以静字為本義。動字為引申之義。古人之制字也。則以動字為本義。形者。圖畫也。故從彡。部首下所謂畫文也。是以篆文形字動字也。說解形字又是静字。謂象其形也。朱駿聲曰。字亦作形。廣雅釋詁。形。容也。徐灝曰。象形者。畫成其物也。故從彡。彡者。毛飾畫文也。引申為形容之偁。倫按吳說是也。形蓋隸書複舉字也。本書荆刑為轉注字。則井聲幵聲皆可也。形容之形。本字為頌。頌音邪紐。形音匣紐。同為次濁摩擦音。故得借形為頌。形為彭之聲同耕類轉注字。形象字當為型。型為鑄冶以土笵物象其頌。故字從刑得聲。語原然也。字見急就篇顏師古本。皇象本作刑。餘見彭下。【說文解字六書疏證卷十七】

 卜761 【續甲骨文編】

 㐱 㐱卣  㐱尊 【金文編】

◉許　慎　㐱，稠髮也。从彡。从人。詩曰。㐱髮如雲。之忍切。鬒 㐱或从髟。真聲。【說文解字卷九】

◉孫詒讓　又云「」三之一者亦甚多，其字當為「㐱」。《說文·㐱部》：「㐱，稠髮也。从彡，人聲。」此从人而省彡為丿，當為「眕」之借字，《說文·几部》：「𠘨，新生羽而飛，从几、从彡」，與㐱形聲俱相近，但小篆凡㐱聲字竝从㐱，不从𠘨。以此定之。《爾雅·釋詁》云：

「㐱，告也。」《曲禮》：「㐱于鬼神。」鄭注云：「㐱，致也，祝告致于鬼神辭也。」此亦當謂卜告致鬼神及人之事，故有以「貞、㐱」並舉者。如云：「貝㐱之子父甲」一之四、「貝㐱敏□于岳」廿三之一、「貝㐱□歸或」廿三之三、「貝㐱□□乎馬昌□」卅九之四、「貝㐱乎告」，又云：「貝㐱□」九十九之三、「貝㐱之于且辛」五十四之一、「貝㐱于女己𡚬」百六之一、「貝㐱之于□□」百廿六之二、「貝㐱㞯出」百卅七之三、「貝㐱収父」百卅九之三、「貝㐱于𤰔」百卅九之四、「貝㐱之于且」百五十八之四、「貝㐱之于女□」百九十八之二。文中單云「㐱」者甚多，此不備舉。是也。【契文舉例卷一】

◉林義光　㐱與人不同音。當象人有稠髮形。與彪尨同意。【文源卷四】

◉吳其昌　「㐱」者，卜辭作彡、彡⊘諸形，孫詒讓曰：「⊘其字當為㐱。⊘舉例・一・一五。其昌按孫説至碻，至今無人能易之；胡光煒以彡為否定辭，同于「勿翦勿伐」之「勿」。見甲骨文例，下・二七。亦通，但疑為孳衍之義。此云「㐱，乎，……」乎即呼也；謂㐱祭而呼告也；亦其證矣。【殷虛書絜解詁】

◉馬叙倫　鈕樹玉曰。左昭廿八年傳釋文及廣韻引同此。詩君子偕老釋文引作髮稠也。韻會作從彡人聲。沈濤曰。詩釋文引是也。朱士端曰。當依小徐作從彡人聲。倫按人聲。故轉注字從髟真聲作鬒。聲同真類也。本訓髩也。㐱音照紐三等。髩音澄紐。同為舌面前音。轉注字也。彡髟一字於此又可證。髮稠也蓋本作髩也。轉寫誤為髟周。校者以髟周不可通。增為髮稠。一本又譌乙為稠髮。【説文解字六書疏證卷十七】

◉楊樹達　原書辭三六云：「貞夕弗其囙凡㞢(有)疒？」胡君云：「夕字唐蘭先生釋尿，是也。字蓋象人遺尿之形，此貞是否有尿疾也。」余按下文辭五九云：「貞延囙凡㞢疒？」六八云：「貞子濭囙凡㞢(有)疒？」七七云：「庚辰卜，内貞，侯叀囙凡㞢疒？」餘如辭八一、八二、八三、九〇、九一諸辭皆與此辭文例全同，胡君於其他數例貞字之下字皆釋為人名，獨於此夕字則釋為尿字，不以為人名，與其他解釋歧異。囙凡㞢疒，胡君無説，余疑凡當讀為風，素問云：「風者，百病之始也。」辭貞某因風致病，事理甚通，若云尿因風致疾，則不成文理矣。且古人制字，位置雖若不拘，然亦有甚嚴者。説文尼訓从後近之，匕字位於尸字右方之下。甲文毓字，所从𠫓字，位于女字右方之下，蓋以此表人之下部也。如夕果為尿字，似當與尼字之匕、育毓之𠫓位置相同，今則不然，明釋尿非也。余疑此是㐱字，乃人名，與其他諸辭例同也。【讀胡厚宣君殷人疾病考　積微居甲文説】

◉饒宗頤　卜辭「㐱于𠬝」(菁五)之「㐱」則讀如詩旱麓「鳶飛戾天」及采菽「亦是戾矣」之「戾」，訓為至與止。他辭如云：「𦕈㐱，㞢(侑)父丂(示)」(前編四・二八・七)，㐱亦讀為戾，可互證。【殷代貞卜人物通考卷六】

4497 與鬲攸從鼎師酉𣪘攸字書法同。璽文以為修字，吉語印修身。4498【古璽文編】

胡修準印【漢印文字徵】

古孝經 汗簡【古文四聲韻】

◉許　慎　修飾也。从彡。攸聲。息流切。【説文解字卷九】

◉丁佛言　古鉢攸年。古文尚書脩皆作攸。秦會稽頌德惠攸長。史記作脩。此攸年即修年。義同長年。【説文古籀補補卷九】

◉馬叙倫　龔橙曰。飾也非本形。倫按飾也者。字當為髼。髼從髟桼聲。髟修轉注字。故髼音許由切入曉紐。髟音審紐。修音心紐。心與曉審同為次清摩擦音也。爾雅釋宮。陜而修曲曰樓。注。修。長也。廣雅釋詁。修。長也。漢淮南王名長。淮南鴻烈解諱之為修。髟下曰。長髮猋猋也。是修為髮長。長音澄紐。古讀歸定。修音審紐二等。古讀歸透。同為舌尖前音。是語原同。【説文解字六書疏證卷十七】

3·956　獨字　3·1062　同上【古陶文字徵】

古孝經 古老子【古文四聲韻】

◉許　慎　彰文彰也。从彡从章。章亦聲。諸良切。【説文解字卷九】

◉丁佛言　古匋。許氏説。彰。文彰也。古匋【説文古籀補補卷九】

◉馬叙倫　沈濤曰。九經字樣引。彰。明也。當是古本之一訓。嚴章福曰。當從鍇本作從彡章聲。倫按此彡之音同照紐三等轉注字。從彡。章聲。鍇本彰作章。蓋本作章也。以聲訓。校者加文章也。彰則隸書複舉。傳寫譌捝耳。文章章明竝照字義。古匋作。【説文解字六書疏證卷十七】

彫 彫

 3·817 彫𠂕  3·625 丘齊□杉彫□【古陶文字徵】

◉許　慎　彫琢文也。从彡。周聲。都僚切。【説文解字卷九】

◉丁佛言　古匋。丘齊□□杉彫里□□。許氏説。琢文也。【説文古籀補補卷九】

◉顧廷龍　彫。潘丘齊遷木彫里㝷。【古匋文孴録卷九】

◉馬叙倫　王筠曰。字與琱同。丁福保曰。慧琳音義及卅二引作彫琢以成文章也。文義較完。倫按琢文也當作琢也彫琢以成文章也。琢也者。琱字義。彫與鵰一字。玄應一切經音義引三倉。彫。飾也。疑三倉本作琱。傳寫者易之。飾也者。琱字義也。古匋作。【説文解字六書疏證卷十七】

◉劉彬徽等　敞，讀如彫。《説文》：「琢文也」。《荀子·大略篇》：「天子彫弓」，注：「彫畫為文飾。」【包山楚簡】

◉戴家祥　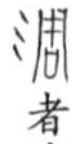者減鐘　彫或作淍，金文偏旁位置不固定，左右上下當可以移位而意義不變，又作或。左旁从水當是彡之譌。右旁當是周之譌。⊘銘曰「工𠭯王皮𦎫之子者減𦉢其吉金。自乍𨺅瑤鐘。不帛白不羊騂不灤㸒不彫。𢐗于我霝龠。」意思是擇金鑄鐘，不加任何修飾。説文九篇「彫，琢文也。从彡周聲。」彫是琱的異文。一篇「琱，治玉也。从玉周聲。」彫琱都是雕刻的本字，琱為「治玉」，故从玉；彫為「琢文」，故从彡，彡即「毛飾畫文也，象形」。【金文大字典上】

◉商承祚　彫，《説文》：「琢文也。」《荀子·大略篇》：「天子彫弓」，謂畫以紋飾。簡文彫作彫，右从彡，不从彡。彫鼓，為飾以彩繪之鼓。【信陽長臺關一號楚墓竹簡第二組遺策考釋　戰國楚竹簡彙編】

⿰青彡 ⿰青彡

古老子 同上 古老子 古尚書 裴光遠集綴 義雲章 汗簡【古文四聲韻】

◉許　慎　⿰青彡清飾也。从彡。青聲。疾郢切。【説文解字卷九】

◉馬叙倫　鍇本無清字。蓋本作清也。以聲訓。或校者注清字以釋音也。桂馥以為青字之誤。段玉裁以為清飾者。謂清素之飾。即上林賦靚妝刻飾之靚。然段於静字下又以為靚妝乃静之借字。倫謂段彼説是也。静。采也。此若作青飾。亦静字義。⿰青彡者。即古書静穆清穆之静清本字。下文。㣎。細文也。立部。靖。一曰。細也。倫謂一曰細也當作細文也。即⿰青彡字義。則字當作㣎省。然疑⿰青彡㣎皆謂髮細。故從彡。静穆字當為靖。清穆字當為瀞。【説文解字六書疏證卷十七】

㣎 㣎

◉許　慎　㣎細文也。从彡。㒵省聲。莫卜切。【説文解字卷九】

◉馬叙倫　孔昭孔曰。從小彡會細文意。白聲。同母諧也。沈乾一曰。㒵非聲。當作從小皃省聲。俗作描。倫按㣎蓋彡之轉注字。音同明紐也。從彡。白聲。㒵即白字。或從彡白聲。彡譌變為尐。或曰。從白。彡聲。或從㒵。彡聲。彡彡與毛一字。毛聲故㣎音在明紐。此昭穆之穆本字。為昧莫之轉注字。於穆静穆字當為謐。【説文解字六書疏證卷十七】

弱 弱

秦648　右弱　【古陶文字徵】

弱　為三　二例　通溺　下遺失—　封六六　秦一八四　二例　封六六　二例　【睡虎地秦簡文字編】

張弱　弱青日利　在弱公　弱買　【漢印文字徵】

弱　【汗簡】

古老子　　華嶽碑　【古文四聲韻】

◉許　慎　弱橈也。上象橈曲。彡象毛氂。橈。弱也。弱物並。故从二弓。而勺切。【説文解字卷九】

◉柯昌濟　卜詞中長有弜字。其文曰。貞弜狩。又。貞弜□□。又。壬子卜。師貞立弜。他處文亦常曰。貞立弜。此字以字形求之。當即弱字。象弓弦斷折以示弱也。古文常有合二文者。如𠀠見𠀠敦𦍒見𠭰尊等字。疑小篆之弱。即從其合文。説文。以上象橈曲。彡象毛氂。非古誼。弱訓弓。著見經傳。如左傳之繁弱。為弓名。其當从弓明矣。卜詞云。貞立弱。疑即卜事之微小者。故曰弱。弱狩當即云小狩也。又。卜詞曰。其弱登人三千。又。貞弱登人五千。又。貞弱登人乎伐呂方弗其受之。蓋即周禮登進萬民之誼。夫民甚多。先少登之三千五千。故謂之弱登也。【殷虚書契補釋】

◉馬叙倫　鈕樹玉曰。繫傳韻會橈竝作撓。王筠曰。汪刻小徐本無弱字。蓋本不在彡部。此字可疑。或弱字斷爛。後人誤入彡部。説解亦所自作。朱駿聲曰。當從二㲋會意。㲋。新生羽也。弱意。徐灝曰。疑從羽而曲其上。會意。抑後人有所增竄。龔橙曰。古文當為。象二小隹。倫按弱蓋㐱之茂體。猶二山為屾二玉為玨也。㐱從人得聲。人音亦日紐也。今篆譌耳。柔弱字借為鞣。或曰。從弜。[glyph]聲。為弗之轉注字。弗[glyph]同為次清摩擦音也。弗下曰。矯也。矯為揉箭。弗當為揉弓。故此訓橈也。橈謂令弓橈曲也。弼之重文有㢸字。從弜。八聲。弗即㢸之省。古文經傳借以為弼耳。角部。觓。調弓也。從角。弱省聲。觓從角無調弓義。調弓即弱字義也。【説文解字六書疏證卷十七】

◉黄錫全　[glyph]弱　《説文》「休，没也。从人，从水」。甲骨文作[glyph]（佚616），《説文》正篆作[glyph]。「休」本為「沈溺」本字，因「溺」經典亦作「弱」，休、溺、弱三字音同，故此以休為弱。鄭珍認為「此因『溺水』為『弱水』，遂竝『休没』字亦為『弱』，誤矣」。夏韻藥韻注出《華嶽碑》。【汗簡注釋卷三】

彩　[glyph]

[glyph] 彩　[glyph] 彩見碧落文　【汗簡】

[glyph] 義雲章　[glyph] 碧落文　【古文四聲韻】

◉徐　鉉　[glyph]文章也。从彡。采聲。倉宰切。【説文解字卷九新附】

◉黄錫全　[glyph]彩見碧落文　南宮中鼎采作[glyph]，遣尊作[glyph]，雲夢秦簡作[glyph]，古璽从土作[glyph]（璽文3・9）。采从彡，如同周字从彡作[glyph]，章字从彡作[glyph]（香録9・1）等。《説文》新附「彩，文章也。从彡，采聲。」鄭珍云：「《碧落》因彡增从彣，謬。」夏韻海韻録《義雲章》采字作[glyph]。【汗簡注釋卷四】

彣　[glyph]

[glyph] 彣　[glyph] 彣見説文　【汗簡】

◉許　慎　[glyph]戫也。从彡。从文。凡彣之屬皆从彣。無分切。【説文解字卷九】

◉馬叙倫　沈濤曰。汗簡有[glyph]彣。見説文。是古本尚有重文。今奪。王筠曰。集韻引一曰青與赤襍。倫按彣。從彡。文聲。鍇本作從彡文。蓋挩聲字。彣㐱聲同真類轉注字。彣㣎古音同明紐轉注字。【説文解字六書疏證卷十七】

◉黄錫全　[glyph]彣見説文　鄭珍云：「古文『斉』也，形本作[glyph]，誤作『文』用，見《碧落碑》。郭氏深信《碧落》，不嫌改《説文》也。」鄭説當是。夏韻文韻録《古老子》文也作[glyph]。【汗簡注釋卷四】

孫子彥【漢印文字徵】

籀韻【古文四聲韻】

◉許　慎　彥美士有文。人所言也。从彣。厂聲。魚變切。【說文解字卷九】

◉吳大澂　古彥字。彥鼎。【說文古籀補卷九】

◉吳式芬　彥鼎　許印林說◎說文。彥。美士有文。人所言也。从彣。厂聲。彣。戫也。从彡。从文。彡。毛飾畫文也。象形。案丿以象毛。積而三。象其多。非三為定數也。此銘彥下彡作。蓋象毛之屈曲。飾義已見。不必三而後為飾。此古文篆文繁簡之異也。或疑彥非彥。即彣之異文。上从文下。皆象其飾。【彥鼎　攈古録金文卷二】

◉柯昌濟　彥。說文。美士有文。从彣厂聲。彣。戫也。从彡从文。毛飾器文也。以此字證之。似古文从文从厂聲从弓也。古者。男子生。以桑弧射四方。又。取士之能射才美之誼。故从弓也。【彥鼎　韡華閣集古録跋尾】

◉高田忠周　商賞通。彣貝。貝名。山海經濁浴之水。其中多文身。文彣通。卯尹因受彣貝三朋之賞。而作以祀父丁也。此說釋文義即為至當。然謂為彣字非是。鐘鼎款識文言君賜貝之事殊多。而其貝名亦有數種。蓋疑皆謂地名。貝所產也。又此變彡為者。連綿以便筆寫之捷。猶後世艸書多聯筆。然則三代古文已開漢晉艸書之源耳。說文。彥。美士有文。人所言也。从彣厂聲。如印林所引。詩羔裘。邦之彥兮。傳。士之美。禮記大學。人之彥聖。皆字之本義。許氏所本可知矣。爾雅舍人注。國有美士。為人所言道也。亦與許氏合。【古籀篇卷十八】

◉方濬益　說文。彥。美士有文。人所言也。从彣。厂聲。此从文从弓。弓字三折。與彡形近。當是古文彥。篆文變从彣也。【彥鼎　綴遺齋彝器款識考釋卷四】

◉馬叙倫　翟云升曰。韻會引作從文彡聲。倫按蓋本作言也。以聲訓。今捝。美士有文人所言也非本義甚明。吕忱或校者據詩羔裘傳爾雅釋訓加之。彣音微紐。彥音疑紐。同為邊音。轉注字也。彣為髮之稠密。故引申為美。彥鼎作。【說文解字六書疏證卷十七】

◉戴家祥　說文九篇「彥，美士有文，从彣厂聲。」古人眼中美士的標準是高大，如詩考槃「碩人之寬」，碩人「碩人頎頎，碩人敖敖，」箋云「敖，猶頎。」亦訓作長皃。簡兮「碩人俣俣」，注云「俣俣，容皃大也。」皆是其證。說文九篇「厂，水涯而高者。」厂有高義，古人也常用此來形容美士。前漢書・江充傳「為人魁岸」，即今偉岸。彥字美士之義當來自厂聲。从彣，指其容皃有所修飾也，可

能即文身的古俗，山海經「濁浴之水，其中多文身」。【金文大字典中】

文

甲三九四〇 文武丁 乙三六一二 乙六八二一反 人名 鐵三八三 前一・一一・一 前一・一八・一 前一・一八・四 前三・二三・一 前四・三八・二 前四・三八・五 後一・一九・七 後二・五・六 後二・一四・一三 林一・一一・四 京津二八三七 京津五〇六五 佚八六一 寧滬三・二四七 粹三六一 鄴二下・三五・二 簠帝一四一 燕二六七 掇二・八五 陳四九 京都二五八二 京都二五八三 【甲骨文編】

甲2684 3940 乙4540 6820 珠76 392 佚674 784 861 984 986 續1・24・1 1・24・10 2・7・1 6・7・4 徵3・141 11・127 續存1461 新2837 5067 鄴一11・2 【續甲骨文編】

文 能匋尊 或者鼎 曾伯文鼎 旂鼎 令簋 君夫簋 友簋 文簋 麥尊 趞曹 服尊 孟簋 臣諫簋 利鼎 師酉簋 史喜鼎 啟尊 爽作鼎 皀丞卣 旂作父戊鼎 文父丁簋 文父丁匜 蕁卣 弘觥 婦闘觥 子[illegible]觥 切卣二 天亡簋 保卣 豆閉簋 曶尊 睘卣 商卣 商尊 鄘伯馭簋 彔簋 㦰鼎 㦰簋 庚贏卣 趞鼎 曶鼎 曶壺 休盤 㾓鐘 此簋 此鼎 㝬鐘

追簋　毛公厝鼎　虢文公鼎　文鼎　辨簋　師趛鼎　師遽方彝　通簋　同簋
宴簋　牆盤　弔向簋　伯晨鼎　逋盂　旟弔鼎　㝬簋　井人妄鐘　兮仲鐘
楚王酓章戈　引鼎　斪尊　德克簋　曾伯霥匠　秦公鎛　王孫鐘　蔡侯𩓥盤　王子午鼎
厲羌鐘　曾侯乙鐘　中山王嚳壺　伯家父簋　用亯于其皇且文考　訇簋　文且乙伯　師害簋　師害作文考
尊簋　改盨　改作朕文考乙公旅盨　是□簋　是□作朕文考乙公尊簋　周文王之文从王从文　何尊　肄玟王受茲大命
盂鼎　不顯玟王在珷王嗣玟王作邦　𦹯伯簋　朕不顯且玟珷　【金文編】

秦405　獨字　4·148　獨字　5·81　咸亭里文　5·355　文理　5·414　獨字　5·384　瓦書「四年周天子使卿大夫……」共一百十八字　【古陶文字徵】

〔二〕　〔六八〕　〔三六〕　〔三六〕　〔六八〕　〔三三〕　〔四二〕　〔四〕　〔三二〕
〔七四〕　〔一九〕　〔二五〕　〔一九〕　〔三三〕　〔四二〕　〔六八〕　〔七〇〕　〔六七〕　【先秦貨幣文編】

布尖　文陽　晉高　布方　文陽　晉朔　布空大　豫伊　布尖　文陽　晉原　布空大　豫伊　布空小　㫺文　豫洛　刀弧背　冀滄　布空小　㫺文　豫洛　布方　文陽　晉祁　布方　陽文　典三六五　仝上　典三六三
布尖　文易半　典三六八　布空大　鄦釿背　典七二九　刀大　齊夻化背　文　典九六五　布方　文易　典二五
刀尖　倒書　亞五·一四　仝上　【古幣文編】

六七：四八 二例 宗盟内室類參盟人名 一：九五 【侯馬盟書字表】

203 240 【包山楚簡文字編】

文 文 編四 二例 【睡虎地秦簡文字編】

1445 0402 0557 0079 0668 5201 4905 3852 0282 0364 2479

0012 【古璽文編】

文陽丞印 文竹門掌户 漢氏文園宰 乚文私印 王文序印 楊文印 文聖夫印 張文孟縑

尚子文印 文福 魏子文 字文 文動 【漢印文字徵】

開母廟石闕 則文燿以消搖 詔書殘碑額 禪國山碑 文曰吴真□帝文來明發 天璽紀功碑 昭告大平文字

石經文公 文公第六 君奭 惟文王尚克修和我有夏 【石刻篆文編】

文 文見諸家别體 文 【汗簡】

汗簡 古孝經 古尚書 古老子 竝籀韻 【古文四聲韻】

◉許 慎 文錯畫也。象交文。凡文之屬皆从文。無分切。【説文解字卷九】

◉薛尚功 文戊祖丁尊

文作祖丁 戊

右銘乃孫之號。文戊者為祖丁作此尊耳。【歷代鐘鼎彝器款識法帖卷二】

◉馬　昂

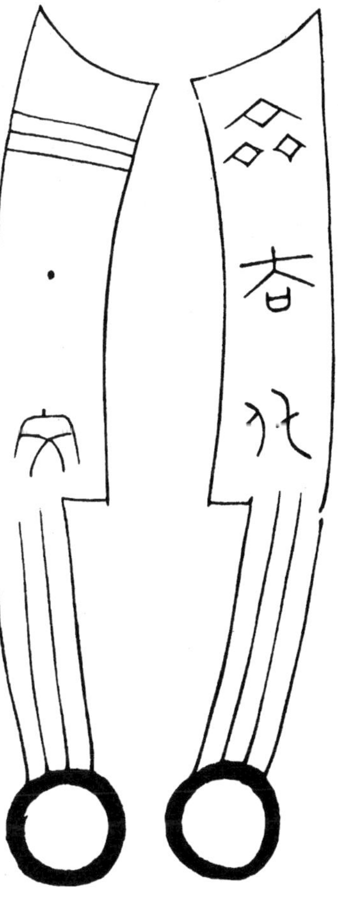

又背文一字曰文。

文者。合理也。此識曰文。與作工者同意。【貨幣文字考】

◉吳大澂　書文侯之命。追孝于前文人。詩江漢。告於文人。毛傳云。文人。文德之人也。濰縣陳壽卿編修介祺所藏兮仲鐘云。其用追孝于皇考己伯。用侃喜前文人。積古齋鐘鼎彝器款識追敦云。用追孝于前文人。知前文人三字為周時習見語。乃大誥誤文為寍。曰。予曷其不于前寍人圖功攸終。曰。予曷其不于前寍人攸受休畢。曰。天亦惟休于前寍人。曰。率寍人有指疆土。前寍人實前文人之誤。蓋因古文文字有从心者。或作□。或作□。或又作□□。壁中古文大誥篇。其文字必與寍字相似。漢儒遂誤釋為寍。其實大誥乃武王伐殷大誥天下之文。寍王即文王。寍考即文考。民獻有十夫。即武王之亂臣十人也。寍王遺我大寶龜。鄭注。受命曰寍王。此不得其解而强為之説也。既以寍考為武王。遂以大誥為成王之誥。不見古器不識真古文。安知寍字為文之誤哉。【文字説　字説】

◉吳大澂　□父乙卯婦娸

右敢首一字與器底□字同。疑文之變體。□旁尊□字。大澂釋作文。與此亦相類。【愙齋集古録第八册】

◉方濬益　前文人。即周書大誥君奭等篇之前寍人。古文字作□。或作□。其緐文則作□。史喜鼎君夫敢諸器□字可證也。漢世尚書出於壁藏學者。罕識古篆。誤以□為寍。於是前文人之文均譌為寍。而文考為寍考。文王為寍王矣。【綴遺齋彝器款識考釋卷一】

◉劉心源　玟珷皆从王。蓋會意字。或云。皆是玉旁。引説文玎公為證。此似是而非。實未諳篆法也。古文王作□。本銘可證。未畫重者。李陽冰云。取王者有土之義。此二字从□。末畫皆重。碻非从王。吾攷中鼎云。玆褱人褱。地名太史錫于珷王作臣。本是珷王二字。王黼誤釋珷玉。當目此銘訂之。【克鼎　奇觚室吉金文述卷二】

◉羅振玉　以康且丁、武且乙例之，知文武丁即文丁。考史記武乙之次為太丁。竹書作文丁。以卜辭證之，竹書是而史記非矣。【殷虚書契考釋上】

◉林義光　説文忞字古作□師酉敦。作□旂尊彝乙。用為文武字。从心文。本義當為文章。文亦聲。【文源卷十】

◉商承祚　説文。文。「錯畫也。象交文。」以其交畫為訓。非初誼。以此文正之。當是「祝髮文身」(穀梁哀十三年傳)「被髮文身」(禮王制)之文。□乃人形。與大同意。中从之乂 人 ∨ ／即胸前所繪畫之文也。金文彔毁作□。文父丁匜作□。友毁作□。旂作父戊鼎作□。旂鼎作□。君夫毁作□。麦尊作□。師趛鼎作□。其形不勝枚舉。所从之十 ∪ 山 □ □ □無定形。亦以象繪文之不同也。作□者乃省變。非初體。許君據以為訓。誤矣。【甲骨文字研究下編】

◉吴其昌　西清古鑑(一五・二四)及貞松堂集古遺文(八・二五)並著録有卣丞卣(如狀)，其文曰：「卣丞作文父丁隮彝。」

其「文」字，與卜辭中「文武丁」之「文」字無一不毫髮畢肖，神形俱類，故度此「文武丁」。而所謂「卣丞」者，亦即為文丁庶子之一耳。從此卣丞卣之「文」字又可以窺探「文」字原始之本義。蓋「文」者，乃像一繁文滿身而端立受祭之尸形云爾。從「文身」之義而推演之，則引伸而為文學、制度、文物，而終極其義，以止於「文化」。從文身端立受祭為尸之遺俗而推演之，則此「尸」者，乃象徵立祭者之祖若父也。故經典及宗彝文中，觸目皆「文考」「文母」「文祖」「文王」「文公」「前文人」之語矣。「文考」「文妣」「文父」「文母」者，尸之飾父母者也。「文且」則尸之飾祖者也。「文王」則尸之飾「大行皇帝」者也。「前文人」則尸之飾「厤祖厤宗」者

也。惟父母之喪，尤為近親而哀慕，飾尸以祭，自較繁數，故帝乙之臨祭而稱其父，必冠以「文」字耳。是則凡「父丁」或「武丁」或「丁」之上加以「文」字者，意蓋示此人實已死而此乃指其尸也。此「文父丁」「文武丁」「文丁」之稱之由來也。【殷虛書契解詁】

◉孫海波　□藏三八·三□前四·三八·一□旂鼎□戜者鼎□趩曐□夌尊□改簋　說文云：「錯畫也，象交文。」按交畫非初誼，此當為文身之字。夫文身之制，于今猶然，而古為甚。大氐，未開化民族，其人多喜文畫其身以為裝飾，考之籍載，禮王制：「東方曰夷，被髮文身，有不火食者矣。」穀梁哀十三年傳「吳，夷狄之國也，祝髮文身，欲因魯之禮，因晉之權，而請冠端而襲，其藉于成周，以尊天王。」此皆文身之制也。史記周本紀：「古公長子太伯虞仲，知古公欲立季歷以傳昌，乃二人亡如荊蠻，文身斷髮。」文身二字，歷來多不得其解，如正義引應劭曰：「常在水中，故斷其髮文其身，以象龍子，故不見傷害。」不知文身為荊蠻之俗使然也。【甲骨金文研究】

◉馬叙倫　段玉裁曰。錯當作逪。龔橙曰。錯畫也非本形。倫按本訓捝矣。象交文當作象形。校者改之。王孫鐘作□。彔敔作□。師趛鼎作□。追敔作□。庚贏卣作□。德克敔作□。甲文作□□□□□。象繡之交逪為文章也。故文母爵作□矣。字見急就篇。【說文解字六書疏證卷十七】

◉馬叙倫　父乙卯彝　舊於□無釋。或釋為文。是也。文為黹繡之遺畫。固不限於作□也。此蓋黹繡者之圖語。婦娸者蓋父乙卯之婦。娸其姓也。黹繡為婦工。自古已然與。文子罍同此。【讀金器刻詞卷中】

◉陳夢家　古文字中的「文」象一個正面直立的人，⊘說文有兩個「文」字，「文」字訓錯畫，而以文章之文作「彣」。這個彣字是戰國時所謂「古文」體，因為說文吝的古文从口从彣，可證。「文」的原義，可有三種推測：一、古代有斷髮文身的習俗，文即文身。二、古金文「文」字常于胸中畫二「心」字形，疑象佩飾形，文即文飾。三、「文」字象人溫雅而立的姿態，文即文雅。

無論如何，「文」字最初的意義是從人身發展出來，然後才發展為由人心所構成的文字。左傳上以「文」為文字，直到秦始皇才「文字」聯稱，秦以後漸漸以「字」代「文」。【釋「國」「文」　西南聯合大學師範學院國文月刊十一期】

◉郭沫若　彝銘中多文祖文考之稱，亦屢見文母文姑，則前文人乃統祖妣考母之通稱，不必限於祖考。書大誥「予曷其不于前寧人圖功攸終」，又「予曷敢不于前寧人攸受休畢」，寧即文之異文[illegible]字之誤。凡本篇文字均誤為寧，寧武、寧王、寧考寔當為文武、文王、文考。偽傳於前句訓為「前文王安人之道」，以安訓寧，復揭文王字，蓋尚書古本必一本作「前文人」，一本誤作「前寧人」，故偽孔者兼用之，而說「文人」為文王，大謬。又文侯之命「追孝于前文人」，偽傳「追孝於前文德之人」，亦順文為解而已。【周彝中之傳統思想考　金文叢考】

◉高鴻縉　以錯畫表紋。紋不拘何物也。兹以錯畫表其通象而已。故文(紋)為指事字。名詞。後世引申以為文字文章文彩等意。【中國字例三篇】

◉朱芳圃　説文文部:「文,錯畫也。象交文。」馬叙倫曰:「象交文當作象形,校者改之。……象繡之交遣為文章也,故文母爵作□矣。」六書疏證一七·三七。桉馬説非也。文即文身之文。象人正立形,胸前之/×·∪□□,即刻畫之文飾也。禮記王制:「東方曰夷。被髮文身,有不火食者矣。」孔疏:「文身者,謂以丹青文飾其身。」穀梁傳哀公十三年:「吴,夷狄之國也。祝髮文身。」范注:「文身,刻畫其身以為文也。」考文身為初民普徧之習俗,吾族祖先,自無例外。由於進化較鄰族為早,故不見諸傳記。

文訓錯畫,引伸之義也。孳乳為彣,説文彣部:「彣,戫也。从彡文。」為駮,馬部:「駮馬,赤鬣,縞身,目若黄金,名曰吉黄之乘。周成王時,犬戎獻之。从馬,从文,文亦聲。春秋傳曰:『媽馬百駟』,畫馬也。西伯獻紂以全其身。」【殷周文字釋叢卷中】

◉嚴一萍　(甲)殷商甲骨文中之文字

説文曰:「文,錯畫也。象交文。」案甲骨及彝銘之文皆示人身有錯畫如□□□者,蓋文身之象形。引申以為文采字。哀十三年穀梁傳:「祝髮文身」,注:「文身,刻畫其身以為文也。」禮記王制:「被髮文身」,注:「謂刻其肌,以丹青涅之。」史記越世家:「翦髮文身,錯臂左衽。」注:「錯臂亦文身,謂以丹青錯畫其臂。」文身所錯畫者,形態各異,故文字之所取象亦不一。其用於卜辭中者,方國地名,或稱先祖文武丁。⊘

(乙)兩周金文中之文字

兩周彝器銘文,對祖先崇德報功者多,故「前文人」「文考」之文不啻數十見。金文編輯録甚富,綜其錯畫之形,種類頗多,作·□十□□∪□□□∨□□□□□□□,不一而足,古之文身宛然在目。如屬羌鐘之□蔡侯盤之□已同小篆。楚王戈之□則為美術體。尚書大誥誤从心之文為寧,遂使「寍王」「寍考」不得其解者二千載。吴大澂曰:「不見古器不識真古文,安知寍字為文之誤哉!」(字説)⊘

(丙)秦漢魏晉唐宋以來之文字

魏三體石經之古文作□,僅與𡧊客殷相似。隸書則歷魏晉至六朝,無多變化。楷書則有變作文者,艸書皆承文作文。

【釋文　中國文字九期】

斐

◉李孝定　文字作□，與大之作□者形近，頗疑「文」、「大」並「人」之異構，其始並象正面人形，及後側寫之「□」，獨據「人」義，而「大」、「文」遂廢，又後取「大」以為小大字，此為約定俗成之結果，固難以六書之義説之；又取「文」為錯畫文身之義，「文」之音讀猶與「人」字相近，予懷此意已久，而苦無佐證，聊存之以備一説。【金文詁林讀後記九卷】

◉徐中舒　□乙六八二〇　象正立之人形，胸部有刻畫之紋飾，故以文身之紋為文。《説文》：「文，錯畫也。象交文。」甲骨文所從之乂∪一等形即象人胸前之交文錯畫。或省錯畫而徑作□。至金文錯畫之形漸譌而近於心字之形，如□旂鼎、□史喜鼎、□利鼎，故後世或誤讀金文之文字為㤘字。【甲骨文字典卷九】

◉黃錫全　□文　夏韻文韻亦釋「文」，知注「文」不誤。金文中「文」字有从心作□（令毀）、□（彧者鼎）、□（史喜鼎）等形者，此形蓋其譌體，□譌作□，即由□譌作□，再譌變作□。《集篆古文韻海·文韻》録「文」作□、□、□、□等形，均當古「文」形譌。鄭珍以為「文乃夾之誤」，不一定正確。【汗簡注釋卷四】

□斐音靡【汗簡】

□石經【古文四聲韻】

◉許　慎　□分別文也。从文。非聲。易曰。君子豹變。其文斐也。敷尾切。【説文解字卷九】

◉馬叙倫　鄧廷楨曰。斐分疊韻。倫按蓋本作分也。以聲訓。分別文校語。或此字出字林。王筠據鍇本作□。斐為文之同脣齒音轉注字。【説文解字六書疏證卷十七】

◉石志廉　楊桂榮　此鼎（商「□父辛鼎」）⊘腹内底有鑄銘陰文「□父辛」三字。此鼎未經著録，與其同銘者，僅知有一銅觚。其銘作□，上部多出一横。□字有人釋為美字，謂象頭上戴羽毛裝飾物，如雉尾之類的舞人形。與甲骨文中的□、□、□字為一字，下肢作□即□之省，飾羽有美觀意，此字在甲文中已漸省作□。有人謂此字象人首上出丫角之形，不審當于今之何字。也有人謂：象人總角之形，則丱字也。《詩經·齊風·甫田》「總角丱兮」，傳「總角聚而髦也，丱幼穉也」。朱駿聲《説文通訓定聲》曰：按翦髮為鬌似之」。以上三種説法，我們認為第一種釋美和第三種釋丱均不確，□既非美字，也非丱字，也不是第二種所謂象人首上出丫角之形。按此字象人首上插兩只羽毛之狀，作从非从人之形，可隸定作𡙸或䒽，實即斐之初文。《詩經·衛風·淇奧》：「有匪君子」，匪通斐，（《禮記·大學》引作斐），有文彩也。此銘所指即頭飾羽毛象征有文彩華飾的人。斐應為氏族徽號，後來

辩　嫠　髟

發展成為姓氏,《風俗通》有「非(斐)子伯益之後」的記載,春秋時晉國有斐豹,他們可能就是出於商代斐氏族之後。它給商代氏族的研究又增添了新的資料。【中國歷史博物館所藏部分商代青銅器　中國歷史博物館館刊一九八二年第四期】

◉黄錫全　斐　斐音靡　《説文》「斐,分别文也。」「啙,别也。」二字音義均近。此假啙為斐。夏韻尾韻注出石經,此脱。石經非字古文作非,此蓋石經篆體。【汗簡注釋卷五】

◉許　慎　辩駁文也。从文。辡聲。布還切。【説文解字卷九】

◉馬叙倫　鈕樹玉曰。韻會駁作駮。倫按今作斑字。辩為斐之轉注字。辩音封紐。斐從非得聲。非音古在封紐也。駁文也當作駁也文也。駁也以聲訓。文其義也。凡從辡得聲之字有交襍義者。皆以文為語原矣。玄應一切經音義引倉頡。辩。文貌也。襍色為辩。【説文解字六書疏證卷十七】

◉許　慎　嫠微畫也。从文。𠩺聲。里之切。【説文解字卷九】

◉馬叙倫　錢坫曰。廣韻以為出字統。倫按𠩺音來紐。古讀歸泥。文音微紐。泥微同為邊音。是文之轉注字也。微畫也當作微也畫也。微也以聲訓。畫為畫文也。或畫讀為劃。則嫠字義。朱筠本汪憲本無此字。【説文解字六書疏證卷十七】

髟　髟【汗簡】

髟　汗簡　颩　風幽切　崔希裕纂古【古文四聲韻】

◉許　慎　髟長髮猋猋也。从長。从彡。凡髟之屬皆从髟。必凋切。又所銜切。【説文解字卷九】

◉林義光　説文云。髟長髮猋猋也。从長彡。按彡象形。从長。轉注。【文源卷四】

◉馬叙倫　徐灝曰。此部所屬皆毛髮之類。而無白黑相襍義。李善所引。容有舛譌。倫按徐説是也。白黑相襍疑是上文辩下説解中語傳寫誤入。此蓋本訓髮也。吕忱加長髮猋猋曰髟也。以字從長故言然也。倫謂髟從彡長聲。非從長會意。長為形聲字。不得與彡會意。長音澄紐。彡毛一字。毛音明紐。然從彡得聲之彭音在竝紐。彤在定紐。竝定澄同為濁破裂音。竝明同為雙唇音。則古讀彡毛或本在竝紐。或方音轉入竝紐。故轉注字從長得聲為髟也。五經文字音必由反。則又由竝而入封。字林音方周切。音在非紐。則由雙唇而轉唇齒。由清破裂音而轉為次清摩擦音。髮從犮得聲。犮音竝紐而髮音非紐。髮亦彡之轉注字。抑亦髟之轉注字也。此音必彫切亦在封紐。而泰部髼從此得聲。音在曉紐。此又音所銜切。音在審紐。非審曉同為次清摩擦音。則又由非而轉。髟為彡之轉注字。則音自由彡轉。方言有讀與彡同者。故彡髟同音所銜切矣。馬融廣成頌。羽毛紛其髟鼬。段玉裁謂髟鼬即瀌瀌之借字。然則漢時髟音如瀌矣。【說文解字六書疏證卷十七】

◉黃錫全 髟 夏韻幽韻録《汗簡》作。此形多一畫。目録同。詛楚文長作，長陵盉作，繹山碑作，長安鋗作，漢印作、、等（漢印徵9・12），此長形類同。《說文》髟字正篆作。【汗簡注釋卷四】

◉林 澐

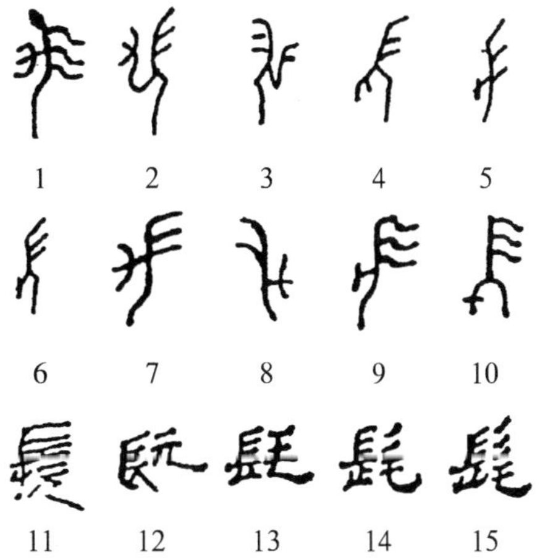

圖六：1.髟莫父乙觚 2.合集14294（賓組）3.合集6986（賓組）4.合集3074（賓組）5.合集28029（無名組）6.合集36777（黃組）7.孤竹父丁罍 8.太保盉蓋 9.太保罍蓋 10.髟生鼎 11.睡虎地秦簡37・103髡字 12.漢刑徒左章墓磚髡字 13.漢鄭固碑髦字 14.漢白石石神君碑髦字 15.晉左棻墓志髦字

圖六中所列諸字，陳世輝釋「髟」是正確的。《說文》「髟，長髮猋猋也。」該字的原始形體確實像人有飄飄長髮之形。該字是髟字的有力證據，是有名的牛肩胛骨上的四方風名刻辭（合集14294＝掇二158）。在這一刻辭中該字是南方風名。舊說多把該字當作微字，與典籍記載不能相互印證。或因《爾雅・釋天》有「南風謂之凱風」之説，遂謂微是凱的假借字。可是微字是微部明母，凱字是脂部溪母，説它們可以通假頗為牽强。實際上。《爾雅》「南風謂之凱風」的説法來源于《詩經・凱風》有「凱風自南」的詩句。然而《詩經・卷阿》還有「飄風自南」，《蓼莪》還有「南山烈烈，飄風發發」，都把飄風和南方相聯繫。髟字在《廣韻》中和彪字同為「甫烋切」，歷來古音韻學家都把髟字——彪字一樣歸入先秦的幽部，但並無先秦韻讀或通假的實例可為佐證。從漢代的情

況來看，朱駿聲在《説文通訓定聲》中指出，馬融《廣成頌》「羽旄紛其髟融」的「髟融」即「飄搖」。飄字先秦屬宵部。而《説文》以長髮「猋猋」音訓髟字，猋字先秦屬宵部。因而髟字實有可能在先秦本和飄、猋同樣是宵部脣音字，並非到漢代才轉入宵部。所以殷墟刻辭中的南方「風曰髟」，也就是《卷阿》「飄風自南」的「飄風」，《禮記・月令》中的「猋風」。「飄風」或「猋風」據古注是指旋風、疾風，《老子》有「飄風不終朝」之語，總之是指持續時間較短暫但風力甚大而有破壞力的風，這正是夏季風的特點，所以古代名南方風為髟，是很合宜的。殷墟卜辭中還有一些髟字是指旋風或疾風而言，將另文討論。

《説文》以為「髟，……从長从彡」，陳世輝認為這是因為「把象披長髮的人形割裂為人形(長)與髮形(彡)兩個部分」。但先秦的髟和長這兩個字的字形是完全不同的，从已發現的實際字形來看，直到秦代長和髟的寫法仍顯然有別，在漢代隸書中髟旁才和長字的寫法合流而混同無別。看來是為了避免隸變造成的形混，才在寫得和長難以區別的髟的右側加彡以別之。《説文》髟字篆體實際是據東漢隸書「復原」的，並不符合先秦實際情況。過去金文中的髟字往往被釋作長，乃是誤信《説文》的説法而對實際古文字字形欠加分析的結果。【釋史牆盤銘中的「逖虘髟」 陝西歷史博物館館刊一九九四年第一輯】

髮 𩬊

髮 説文或从首作汗簡首部釋䯂 召卣二 黄髮𢿟眉 猶鐘 牆盤 繁髮多釐 𤸫鐘 髮彔屯魯 或者鼎 用妥髮彔【金文編】

髮 日甲一三背 三例 法八四 二例 日甲四四背 日甲六〇背【睡虎地秦簡文字編】

髮 髮出裴光遠集綴 髮【汗簡】

並古孝經 林罕集 崔希裕纂古【古文四聲韻】

◉許　慎　髮根也。从髟。犮聲。方伐切。髮或从首。古文。【説文解字卷九】

◉丁佛言　髮鐘。髮或从首。原書入附録。【説文古籀補補卷九】

◉高田忠周　説文。髮根也。从髟犮聲。或从首作。古文作。然此篆从犬。犮之省文也。艸部曰。茇。艸根也。从艸犮聲。與髮同意也。葢有根而上出者。即拔出之義也。又可引拔之義也。釋名。髮。拔也。拔擢而出也。又犮字解曰。

犬走皃。从犬而丿之。曳其足則刺犮也。自與引拔之義近矣。髮从犮聲。自有會意也。【古籀篇卷四十六】

◉馬叙倫 嚴可均曰。根疑拔之譌。髮拔同聲。釋名廣雅皆言拔也。丁福保曰。段玉裁以眉為目上毛須為頤下毛。故改此訓為頭上毛也。慧琳音義六十四引作頂上毛也。頭頂義通。倫按許訓拔也。頂上毛蓋字林文。字見急就篇。

頞 蓋從頁犮聲。傳寫譌為頞耳。古文下當有髮字。【說文解字六書疏證卷十七】

◉高鴻縉 金文𩠐及或文𩬂。皆从首犮聲。【中國字例二篇】

◉趙 誠 𩠐,从首,犮聲,乃髮之異體。這裏當讀為福。「𩠐毓子孫,緐𩠐多孷」,乃指子孫茂盛多福,即《叔向父𣪘》的「降余多福繁釐」。古人於有無子孫、子孫是否茂盛,甚為重視。這種觀念發展到最荒唐的境地,即封建社會所尊奉的「不孝有三,無後為大」,所以要祈求上蒼賜以多子多孫。而亞祖祖辛正是子孫衆多,並有參與「分治邊疆」、「南征楚荆」者,這當然是於國有功,為家族爭了光,因而「從祖廟裏分出來,自立新宗」。這是史牆家族史上的大事。所以後代子孫「宜其禋祀」,要把亞祖祖辛作為有貢獻的先祖特為祭祀。【牆盤銘文補釋 古文字研究一九八〇年第五輯】

◉黄錫全 𩑶 跋出裴光遠集綴 鄭珍云:「篆髮或从首,此从頁,頁亦首也。」鄭説是。古从首與从頁同。如道字作𨕥、𨖷(侯盟),也作𨗨(詛楚文),䭫字作𩠐(令𣪘)、𩠐(師遽𣪘)、𩠐(不嬰𣪘),也作𩠐(公臣𣪘)、𩠐(三體石經殘石)。此形有可能就是今本《說文》古文頞,犮乃犬誤,參見前犮部髮。

𩬂 跋召卣二髮作𩠐,牆盤作𩠐,𤼈鐘作𩠐,《說文》或體作𩬂。鄭珍認為此形「左當作犮」。按犮本是犬譌,此从犬不誤。【汗簡注釋卷四】

◉許 慎 𩕻頰髮也。从髟。賓聲。必刃切。【說文解字卷九】

◉馬叙倫 丁福保曰。慧琳音義七十五引作頰耳閒髮也。倫按許蓋以聲訓。頰耳閒髮也字林文。【說文解字六書疏證卷十七】

◉黄錫全 𩕻,或以為即《說文》「份」字古文「彬」之異體,或以為就是鬢字。【湖北出土商周文字輯證】

鬗

◉許　慎　鬗髮長也。从髟。㒼聲。讀若蔓。母官切。【說文解字卷九】

◉馬叙倫　劉秀生曰。㒼聲蔓聲古同在明紐寒部。故鬗從㒼聲得讀若蔓。左成十八年經之晉厲公名州滿。史記諸矦年表作州曼。爾雅釋獸。貙獌似貍。釋文。獌。本作獌。是其證。倫按下文鬑鬗髻竝訓髮皃。則此亦當然。髮長也蓋字林文或校語。鬗即詞名菩薩鬘之鬘本字。【說文解字六書疏證卷十七】

⿱髟監

◉許　慎　⿱髟監髮長也。从髟。監聲。讀若春秋。黑肱以濫來奔。魯甘切。【說文解字卷九】

◉馬叙倫　⿱髟監音來紐。古讀歸泥。鬗音明紐。同為邊音。轉注字也。髮長也字林文。或字出字林也。【說文解字六書疏證卷十七】

⿱髟差

◉許　慎　⿱髟差髮好也。从髟差。千可切。【說文解字卷九】

◉馬叙倫　段玉裁曰。葉本亦無聲字。非也。倫按傳寫捝耳。髮好也蓋字林文。或字出字林。以音求之。髮好謂髮垂也。故次以鬈。或為鬈之歌元對轉轉注字。今杭縣謂卷亦曰搓。【說文解字六書疏證卷十七】

⿱髟差七可切【汗簡】

◉黄錫全　⿱髟差七可切　鄭珍云：「下宜作𥐘，从石經古文差『更篆』。夏無。二文疑竝出《王存乂切韻》，此寫脱。」鄭説當是。差字變化説見口部。【汗簡注釋卷四】

鬈

◉許　慎　鬈髮好也。从髟。卷聲。詩曰。其人美且鬈。衢員切。【說文解字卷九】

◉馬叙倫　髮好也蓋字林文。或字出字林也。【說文解字六書疏證卷十七】

髦

◉許　慎　髦髮也。从髟。从毛。莫袍切。【說文解字卷九】

◉林義光　一切經音義引説文云。髮中豪者也。髮豪如毛。故从髟毛。爾雅。髦俊也。釋言。此從髮豪之義引伸。【文源卷十】

◉馬叙倫　鈕樹玉曰。韻會引作從髟毛聲。倫按毛聲是也。此髮之轉注字。玄應一切經音義二引作髦。髮也。謂髮中之髦也。五引作髦。髮也。髮中毫者也。嚴可均沈濤皆據以謂髦當訓髮中之豪。倫謂據其二引謂髮中之髦也明是校語。但髦當作毫耳。爾雅釋文毛中之長毫曰髦。然則此即毫也。許書無毫字。字或出字林。【說文解字六書疏證卷十七】

𩮀

◉許　慎　𩮀髮皃。从髟。臱聲。讀若宀。莫賢切。【說文解字卷九】

◉馬叙倫　劉秀生曰。臱聲宀聲古竝在明紐。故𩮀從臱聲得讀若宀。自部。臱。宀宀不見也。目部。矏。目旁薄緻宀宀也。宀部。䆳。䆳䆳不見也。是其證。倫按玄應一切經音義一謂經文鬘字當作𩮀。倫謂𩮀為鬗之音同明紐轉注字。【說文解字六書疏證卷十七】

𩬆

籀韻　【古文四聲韻】

◉許　慎　𩬆髮多也。从髟。周聲。直由切。【說文解字卷九】

◉馬叙倫　字蓋出字林。故訓髮多也。【說文解字六書疏證卷十七】

𩯁

◉許　慎　𩯁髮皃。从髟。爾聲。讀若江南謂酢母為𩯁。奴礼切。【說文解字卷九】

◉馬叙倫　嚴可均曰。疑當作酢母為醹。朱駿聲曰。實與镾同字。髮長皃。承培元曰。當作江南謂母曰嬭。見廣雅。倫按此與㯻讀若春麥為㯻同。此亦鬗之同邊音轉注字。【說文解字六書疏證卷十七】

䯽

◉許　慎　䯽髮皃。从髟。音聲。步矛切。【說文解字卷九】

鬏

髳長　【漢印文字徵】

◉許　慎　髮至眉也。从髟。敄聲。詩曰。紞彼兩髳。亡牢切。髳或省。漢令有髳長。【説文解字卷九】

◉馬叙倫　髮至眉也者。呂忱或校者據詩柏舟毛傳加之。或此字出字林。

髳字見書牧誓韓詩柏舟。何以不引彼文而引漢令。況髳長猶洨長。此類曷勝舉邪。蓋呂忱以漢令而增此字。抑或校者加此文。【説文解字六書疏證卷十七】

◉于省吾　卜辭字亦作等形。⊘説文冃之古文作，𠔳字作者，以當冃，而移右側之人於下耳。契文冃字作，𠔳字作，金文𠔳字作，晚期金文綸鑄𠔳字从冃作。説文所引古文，係六國時古文，即之形譌，非契文金文中別有字以當冃𠔳也。説文：「冃，重覆也。」「冃，小兒蠻夷頭衣也。」王筠徐灝以冃冃為一字，段玉裁冃字注謂冃即今之帽字，均是也。荀子哀公：「古之王者，有務而拘領者矣。」楊注：「務讀為冒。」按冃冃即帽之初文。務乃冃之借字，象人戴有羊角形之帽，即商器般甗敄字所从之，周器毛公鼎敄字所从之，茲攄陳其説於下。一、苋字上从或，互作無別，如契文亦作，亦作，亦作，亦作，羊字金文父庚鼎作，羊卣作，……斯例夥矣，不可勝舉，至苋字中从與，或有横或無横，本無別也。一、矛係直兵，金文鉦文有字，即矛字，金文編列入附録，失之。善夫克鼎遹字从矛作，宗周鐘遹字从矛作。鄭楙弔壺楙字从矛作，郘諧尹鉦稅字从矛作，須炁生鼎炁字从矛作，古鉩文茅字从矛作，其柲均作直豎，無岐出者。以近世出土之商代矛形證之，上象其鋒，中象其身，下端有銎，所以納柲，一側有耳，耳有孔，蓋恐納柲於銎之不固，以繩穿耳以縛之，亦有兩側有耳者。此其大較也。一、金文敄字所从之矛形，商器敄觶作，般甗作，周器毛公鼎作，郘公毀作，説文矛作，其古文䂆左从，乃形之譌變。然矛係直兵，其柲亦應作直形，而金文敄字所从之矛，下端岐出，蓋字與直兵之作者，迥然有別。而後人不知其為二字矣。一、苋字之演變，係由而而而而，克鼎：「於上下。」从，疑亦形之變。葉玉森謂為冃形。按契文冒字从冃作，金文鄧孟壺冕字从冃作，曼龏父盨曼字从冃作，可資佐證。然則之从，變為之从，其上半形音並相近，因而譌掍矣。古文字之形錯體譌，層出疊見，且既係形譌，如其譌變之跡相銜，則無理之可言，如契文爽字从火之繁縟（詳駢枝釋爽），覍字作亦作（見余所藏墨本），若無辭例之比勘，認為同字，其孰信之。此在卜辭二百餘年之中，形之遞變，已如是之甚，又如字，金文弜之偏旁誤从因（見古文字學導論下編五八），古文字，後世譌作，他若契文羔岳之無別，人尸之不分，均以其形音並近而相掍者也。一、前四·四四·六：「貞，今□从侯虎伐苋方，受㞢又。」六·五·七：「貞，弓伐苋方。」六·十八·六：「乎戛苋。」績三·十二·五：「辛子卜，㱿貞，王叀□（侯）□（从），伐苋□（方），受□㞢□（又）。」其稱苋方或苋。苋後世譌為矛，矛當即髳，字亦通髦。書牧誓：「及庸蜀羌，髳微盧彭濮人。」偽傳：「髳微在巴蜀。」括地志：「隴右岷洮叢等州以西羌也，姚府以南，古髳國之地。」詩角弓：「如蠻如髦。」傳：「髦夷髦也。」箋：「髦，西夷別名，武王伐紂，其等有八國從焉。」説文：「髳，从髟敄聲。詩曰：『紞彼兩髳。』」重文作髳，漢令有髳長。按詩柏舟作「髧彼兩髦。」是髳髦字通之證。胡嗣運鵬南文鈔庸蜀羌髳微盧彭濮人考云：「與羌為鄰者髳也，髳一作髦。詩所謂『如蠻如髦』是也。依姓路史國名紀一引山海經有『髦民國，黃帝後，其居近積石，疑即武丁時編髮來朝者。此戎種，非蠻族。』按積石，地理今釋以為在今河州北一百二十里。水經注謂之唐述山。又後漢書桓帝紀：『燒當羌叛叚熲追擊於積石。』則髳戎殆與枹罕鄰者。此髦字讀若牟。至國名紀四：『髦國商氏後。』引世本：『讀若旄音。』此又後世所據以為姓者。牧野助討，是為黃帝後之髳國，非為商氏後之髳國。」省吾按胡説以髳為商氏後，以牧野助討之髳為黃帝後，不知此乃傳記異文，未可强為分別也。綜之，契文[glyph]字，象人戴有羊角形為飾之帽，即金文敄字偏旁所从之[glyph][glyph][glyph]，形雖遞變，迹本相銜。金文直兵之矛作[glyph][glyph]形，隸定應為[glyph]，後世掍而為一，不知其為二字，敄字孳演為矛。契文稱敄或敄方，即書牧誓之髳，从髟者為緐文，經傳亦作髦者，借字也。【釋敄　殷契駢枝續編】

◉于省吾　甲骨文敄字常見，作[glyph]、[glyph]、[glyph]、[glyph]、[glyph]等形。王襄釋羌（簠考征伐三四），葉玉森謂：「疑即蒙字。」（集釋四·六一）唐蘭同志謂：「敄則即説文死字古文之[glyph]。」（天考四〇）按以上各説均屬肊測。金文敄字所从之矛，商器般甗作[glyph]，周器毛公鼎作[glyph]，鄀公毁則變作[glyph]。又克鼎有[glyph]字，舊誤釋為項。其字右从[glyph]，乃由[glyph]形所訛變，又直兵之矛字，商器鉦文作[glyph]（金文編入於附録），周器鄭楙弔壺楙字从矛作[glyph]。周代金文通字屢見，其所从之矛作[glyph]或[glyph]，以上所列直兵之矛字，與甲骨文[glyph]字及商周金文敄字後世隸定為左从矛者迥然不同。[glyph]字本象人戴羊角形之帽。古代狩獵，往往戴羊角帽並披其皮毛，以接近野獸而射擊之（詳釋羌苟敬美）。甲骨文敄字之作[glyph]，即象此形。但敄與直兵之矛形近音同，因而後世混淆不分。甲骨文稱：「丁子卜，㱿貞，王[glyph]（學，讀為教）衆，尤于敄方，受㞢又〇丁子卜，㱿貞：王弗[glyph]衆（衆下當有缺字）敄方，弗其受㞢又。」（丙二二）「貞：今□比[glyph]灰虎伐敄方，受㞢又。」（前四·四四·六）「□□卜，㱿貞，王伐敄，帝受我又。」（續存上六二七）以上敄方亦省稱為敄。甲骨文之敄，即書牧誓「及庸、蜀、羌、髳、微、盧、彭、濮人」之髳，亦即詩角弓「如蠻如髦」之髦。詩鄭箋：「髦，西夷別名。武王伐紂，其等有八國从焉。」按髳乃後起之變體緐文，髦又為髳之借字。以甲骨文驗之，則其初本作敄。其遞嬗演變之源流，宛然可尋。

【釋敄　甲骨文字釋林】

鬋 鬑 䰗 鬄 髲

◉許　慎　鬋女鬢垂皃。从髟。前聲。作踐切。【說文解字卷九】

◉馬叙倫　女鬢垂皃蓋字林文。或字出字林也。【說文解字六書疏證卷十七】

◉許　慎　鬑鬋也。一曰。長皃。从髟。兼聲。讀若慊。力鹽切。【說文解字卷九】

◉馬叙倫　鈕樹玉曰。玉篇髮長皃。桂馥曰。徐鍇韻譜鬢垂皃。倫按鬑訓鬋也。當為鬋之轉注字。然音不相通。疑鬋乃上文鬋下之隸書複舉字。一曰長皃者。校者記異本。鬑蓋鬣之音同來紐轉注字。【說文解字六書疏證卷十七】

◉許　慎　䰗束髮少也。从髟。截聲。子結切。【說文解字卷九】

◉馬叙倫　吳穎芳曰。今俗誤呼為鬏。沈濤曰。廣韻十六屑十七辥兩引皆作束髮少小也。小字當是誤衍。文選西京賦注引通俗文。露髻曰䰗。又辥注曰。露頭髻。龍龕手鑑引作婦人束小髮也。蓋古本亦有如是作者。周雲青曰。唐寫本唐韻十二霽引作婦人束小髻也。倫按說解有捝譌。字或出字林。【說文解字六書疏證卷十七】

◉許　慎　鬄髲也。从髟。易聲。先彳切。又大計切。髢鬄或从也聲。【說文解字卷九】

◉馬叙倫　承培元曰。鍇本作髮也。髮當為髲。

髢　易也音同喻紐四等。故鬄轉注為髢。書般庚。不惕予一人。白虎通引惕作施。詩何人斯。我心易也。我心易也。釋文。韓詩易作施。君子偕老。不屑髢也。周禮追師注引正作鬄。是其證。【說文解字六書疏證卷十七】

◉許　慎　髲鬄也。从髟。皮聲。平義切。【說文解字卷九】

◉馬叙倫　沈濤曰。詩君子偕老正義引作益髮也。段玉裁曰。當作益髮也。倫按此今所謂假髮。莊子天地。禿而施髢。髲髢聲同歌類轉注字。益髮也蓋字林文或校語。【說文解字六書疏證卷十七】

⿱髟次

◉許　慎　⿱髟次用梳比也。从髟。次聲。七四切。【説文解字卷九】

◉馬叙倫　⿱髟次鈕樹玉曰。篆當作⿱髟次。繫傳亦譌。桂馥曰。儀禮士昏禮。女次。注。次。首飾也。今時髲也。周禮追師。掌王后之首服。為副編次。注。次。次弟髮長短為之。所謂髲髢。倫按⿱髟次音清紐。鬄音心紐。同為舌尖前音。故鬄轉注為⿱髟次。用梳比也者。蓋櫛之引申義。櫛得聲於即。即音精紐。同為舌尖前破裂摩擦音。本文垐重文作堲。此次即聲通之證。此非本訓。蓋字林文。或一曰以下文又有捝譌也。【説文解字六書疏證卷十七】

髺

◉許　慎　髺潔髮也。从髟。昏聲。古活切。【説文解字卷九】

◉馬叙倫　嚴可均曰。説文無潔。御覽三百七十三引作結髮也。韻會七曷引作絜髮也。按下文皆言結。當依御覽。鈕樹玉曰。玉篇引潔作絜。是也。桂馥曰。篇海引作絜髮也。徐鍇韻譜同。字林亦同。倫按字蓋出字林。或許以聲訓。絜髮也字林文。【説文解字六書疏證卷十七】

⿱髟般

◉許　慎　⿱髟般臥結也。从髟。般聲。讀若槃。薄官切。【説文解字卷九】

◉馬叙倫　鈕樹玉曰。繫傳結作髻。非。説文無髻。倫按字蓋出字林。【説文解字六書疏證卷十七】

⿱髟付

◉許　慎　⿱髟付髻也。从髟。付聲。方遇切。【説文解字卷九】

◉馬叙倫　鈕樹玉曰。髻字宋本模糊。集韻類篇引作結。説文無髻。當作結。倫按此⿱髟般之轉注字。⿱髟付從付得聲。付音非紐。古讀歸封。⿱髟般音竝紐。同為雙脣破裂音也。【説文解字六書疏證卷十七】

鬕

◉許　慎　鬕帶結飾也。从髟。莫聲。莫駕切。【説文解字卷九】

◉馬叙倫　嚴可均曰。文選西京賦注引作帶結頭飾也。此捝頭字。段玉裁曰。當作鬕帶。逗結頭飾也。即今之帕。王筠曰。當以帶結為句。頭飾也為句。謂帶結謂之鬕也。頭飾也者。重申明之也。倫按帶結飾也蓋字林文。字亦或出字林。倫謂頭飾故字得從髟。明以髟作飾也。帶結則不得從髟矣。以音求之。或⿱髟般⿱髟付之轉注字。【説文解字六書疏證卷十七】

䰎 䰎

◉許　慎　䰎屈髮也。从髟。貴聲。丘媿切。【說文解字卷九】

◉馬叙倫　桂馥曰。廣雅。䰎。髻也。倫按屈髮即髻也。貴昏音同見紐。聲同脂類。蓋轉注字。方言。䰎。幧頭也。郭注。今之偏疊帶幧頭也。倫按蓋如杭縣舊俗屈髮於頭之一偏作環狀而以綵絲結之。所謂挽糾皃也。蓋古以巾帶結之。故偁䰎帶。或曰幧頭也。字蓋出字林。【說文解字六書疏證卷十七】

髤 髤

◉許　慎　髤簪結也。从髟。介聲。古拜切。【說文解字卷九】

◉馬叙倫　吳穎芳曰。廣雅注云。髤。說文云。籀文髻字。憲係隋代人。所據說文或字林襍入之本也。王念孫曰。廣雅。髤。髻也。曹憲注。說文髤即籀文髻字。太平御覽引說文。髻。結髮也。則是說文原有髻字。而髤為其重文。士冠禮注。古文紒為結。猶髻之或作髤也。今說文訓為簪結。乃後人所改。玉篇髻字注曰。結髮也。髤字注曰。同上。此皆本於說文。其下文曰。說文古拜切。簪結也。則宋人以誤本說文竄入耳。倫按髻髤髻音皆見紐。聲同脂類。轉注字。䰎髤亦同舌根破裂音轉注字。字出字林。呂忱依籀篇加。傳寫轉捝正文髻字耳。【說文解字六書疏證卷十七】

鬣 鬣

◉許　慎　鬣髮鬣鬣也。从髟。巤聲。良涉切。鬣鬣或从毛。鬣或从豕。【說文解字卷九】

◉馬叙倫　鈕樹玉曰。韻會引髮上有毛字。恐非。玉篇注。長須也。沈濤曰。一切經音義十九引作毛巤也。乃巤字訓。桂馥曰。集韻引作髮鬣巤也。倫按巤為鬣之譌爛字也。髮鬣鬣也疑本作巤也。以聲訓。呂忱加髮鬣鬣也。或字出字林也。

鬣　可證毛彡一字。髟為彡之轉注字矣。

鬣　王筠曰。此蓋豕曰剛鬣之專字。通俗文。豬毛曰鬣。是後人加豕也。倫按此俗字。或與鬣異字也。【說文解字六書疏證卷十七】

◉楊樹達　巤與鬣為一字。巤加髟旁耳。髟訓長髮，義近也。許誤分之。【文字形義學】

◉唐復年　𠱥字孫詒讓釋為鬣，云：「篆從口從巤省，《說文》囟部：巤，毛巤也。又，髟部：鬣，髮鬣鬣也。口部無𠱥字，此疑巤、鬣之異文，……金鬣即金叒，所謂馬冠著鬣耑，故謂之金鬣也。」王、郭、于並從。此說極塙。按：《玉篇》有鋄字，「馬首飾也，亡犯切。」《後漢書·輿服志》記載，天子所乘車之馬有「金鋄方釳」，注：「徐廣曰：金為馬文髦」，是馬首鬣端飾。漢以後改稱為鋄。文髦，應是一物異名。今見秦始皇陵出土之銅車馬，馬首鬣端均飾此物。【毛公鼎銘斠補　第二屆國際中國文字學研討

鬛 [seal] 髴 [seal] 髶 [seal] 鬌 [seal]

◉許　慎　[seal]鬛鬣也。从髟。盧聲。洛乎切。【說文解字卷九】

◉馬叙倫　鬛鬣音同來紐轉注字。古讀歸泥。則亦毛之同邊音轉注字也。【說文解字六書疏證卷十七】

[seal] 髴方未切【汗簡】

[seal] 王存乂切韻【古文四聲韻】

◉許　慎　[seal]髴若似也。从髟。弗聲。敷勿切。【說文解字卷九】

◉馬叙倫　鈕樹玉曰。韻會引作若似也。段玉裁曰。髴為複舉字之未刪者。桂馥曰。若似也者。疑後人亂之。廣韻。髴。婦人首飾。類篇。髣髴。髮亂皃。何洽運曰。若似也即佛字義。此當訓首飾也。易既濟。婦喪其茀。釋文。方拂切。首飾也。子夏作髴。董作髢。廣韻人物。髴。婦人首飾也。可為證。錢坫曰。易既濟虞注。髴髮。鬒髮也。不得與本書見不審之佛同解。此疑後人改之。倫按髴當為髮之聲同脂類轉注字。亦髮之同雙脣音轉注字。髮音竝紐。髴音敷紐。古讀歸滂也。說解捝本訓。存者校語。字蓋出字林。【說文解字六書疏證卷十七】

◉許　慎　[seal]髶亂髮也。从髟。茸省聲。而容切。【說文解字卷九】

◉馬叙倫　鈕樹玉曰。玉篇作髶。集韻。髶。引說文。亂髮也。或省作髶。則說文當是髶。不當云省。廣韻作髶。倫按耳聲。猶茸得耳聲也。字疑出字林。【說文解字六書疏證卷十七】

◉許　慎　[seal]鬌髮隋也。从髟。隋省。直追切。【說文解字卷九】

◉馬叙倫　鈕樹玉曰。韻會隋作墮。省下有聲字。沈濤曰。小徐及匡謬正俗引作髮墮也。小徐作墮省聲。皆當從之。倫按禮記內則。三月之末。擇日翦髮為鬌。男角女羈。然則鬌是翦髮所為鬌也。非謂髮墮落也。說解蓋本作隋也。以聲訓。或本作髮鬌也乃字林文。匡謬正俗引字林。直垂反。後人因內則注所遺髮也之說。改鬌為墮。一本傳寫又譌作隋耳。餘詳鬊下。

【説文解字六書疏證卷十七】

鬊

◉許　慎　鬊髮也。从髟。春聲。舒閏切。【説文解字卷九】

◉馬叙倫　徐灝曰。上文髮鬌者。以髮為鬌也。此云鬊髮。作鬌之髮謂之鬊也。蓋髮已結束曰鬌曰髻。散髮曰鬊。引申為亂髮之名。倫按禮記内則。翦髮為鬌。男角女羈。注。夾囟曰角。午達曰羈。杭縣子生一月。薙髮為角形。覆囟。俗名桃苔兒。女則為圈形。俗名劉海圈。此則曰角曰羈之謂也。亦即禮記注所謂所遺髮也。其名桃苔兒者。實鬌之轉音。鬌從隋得聲。隋音定紐。桃音亦定紐。今鬌音入澄紐。古讀澄歸定也。特俗以角形似桃。因附會於桃耳。其薙下之髮。丸而以彩絲束之。懸而存之。即儀禮士喪禮巾柶鬊爪埋於坎之鬊。禮記喪大記注。鬊。亂髮也。是也。鬊音審紐三等。鬌音澄紐。同為舌面音。蓋音即受於鬌。故此訓鬌髮也。字或出字林。【説文解字六書疏證卷十七】

鬜

◉許　慎　鬢禿也。从髟。閒聲。苦閑切。【説文解字卷九】

◉馬叙倫　鍇本作髮禿也。以周禮考工記鄭衆注疑讀為鬜頭無髮之鬜。則鍇本為長。禮記明堂位。夏后氏以楬豆。注。楬謂無異物之飾也。齊人謂無髮為禿楬。儀禮士喪禮。毼豆。釋名。禿或曰毼。是毼為鬜之轉注字。而鬜為顅之轉注字。音同溪紐也。其不限於鬢明矣。蓋髮譌為鬌。校者改為鬢耳。周禮釋文引字林。鬜。鬢禿也。則此字林文。字或出字林也。【説文解字六書疏證卷十七】

鬄

◉許　慎　鬀髮也。从髟。从刀。易聲。【説文解字卷九】

◉馬叙倫　吴穎芳曰。鬄。鬀之轉。嚴可均曰。鍇本作髟剔聲。説文無剔字。沈乾一曰。宋刊龍龕手鑑引作除髮也。唐寫本唐韻十八拽引同。蓋古本如是。倫按此字經典無用之者。儀禮今文鬄為剔。鄭玄注禮有鬄字。蓋漢時始有之。疑字從刀。鬄聲。古書省作剔字。字蓋出字林也。當入刀部。【説文解字六書疏證卷十七】

髡 鬀 ⿱髟竝 ⿱髟彔

髡

髡 法一〇三 二例 【睡虎地秦簡文字編】

◉許　慎　鬀髮也。从髟。兀聲。苦昆切。【説文解字卷九】

◉馬叙倫　沈濤曰。一切經音義十二引作剃也。剃即鬀之俗字。蓋古本作鬀髮也。玄應書傳寫挩一髮字耳。鈕樹玉曰。玉篇作鬀髮也。當本説文。倫按當作鬀也。或以聲訓。字見急就篇。

髡　鈕樹玉曰。玉篇廣韻竝無。倫按元兀一字。【説文解字六書疏證卷十七】

鬀

◉許　慎　鬀髮也。从髟。弟聲。大人曰髡。小人曰鬀。盡及身毛曰鬀。臣鉉等曰。今俗別作剃。非是。他計切。【説文解字卷九】

◉馬叙倫　鈕樹玉曰。韻會引上鬀字作鬅。下鬀字作剔。沈濤曰。一切經音義十六引作剔也。蓋及身毛曰鬀。剔乃鬀之壞字。傳寫又挩一髮字耳。倫按鈕據鍇本兒字同此作人也。鬀鬀音同透紐轉注字。以刀鬀故鬀從刀。所鬀為毛。故鬀從髟。鬀髡聲同真類轉注字。字疑出字林。大人八字校者所加。【説文解字六書疏證卷十七】

⿱髟竝

◉許　慎　⿱髟竝鬔也。从髟。竝聲。蒲浪切。【説文解字卷九】

◉高田忠周　竝　吳榮光云。此錫竝合文。其从二立。小篆之普字即此字也。中為錫。蓋錫竝册及弓矢。而竝作器也。易王明竝受其福。書立政。竝受此丕丕基。詩賓之初筵。竝受其福。王引之經義述聞以為皆讀為普。是也。按此説非是。此篆當為⿱髟竝字異文。説文。⿱髟竝鬔也。从髟竝聲。此从彡彡。與勿旆字相似而自別。此則从人从彡。即㐱字。㐱。稠髮也。或作鬒。从㐱从髟。元同意也。此彡非勿而㐱。故或省从人。若夫勿旆字。不得省彡作人。而此竝聲尤顯矣。【古籒篇卷四十六】

◉馬叙倫　此蓋今謂髮亂曰蓬頭之蓬本字。字蓋出字林。【説文解字六書疏證卷十七】

⿱髟彔

◉許　慎　⿱髟竝也。忽見也。从髟。彔聲。彔。籒文魅。亦忽見意。芳未切。【説文解字卷九】

◉馬叙倫　鈕樹玉曰。古文魅作彔。籒文作𩲡。此當云古文。嚴可均曰。彔籒八字校語。倫按⿱髟彔⿱髟竝同為雙脣破裂音。⿱髟彔音敷

髽　鬐　髫　髻

紐。古讀歸滂也。然則轉注字也。字蓋出字林。忽見也及亦忽見意皆校語。乃魅義之引申也。【説文解字六書疏證卷十七】

◉許　慎　髽喪結。禮。女子髽衰。弔則不髽。魯臧武仲與齊戰于狐始。魯人迎喪者始髽。从髟。坐聲。莊華切。【説文解字卷九】

◉馬叙倫　吴穎芳曰。魯人迎喪下應有弔字。鈕樹玉曰。韻會引結作髻。非。宋本鮐作始。譌。翟云升曰。集韻引齊作邾。是。事見左襄四年傳。倫按禮字以下廿六字校語。魯字以下蓋又後校者加也。字或出字林。【説文解字六書疏證卷十七】

◉徐　鉉　鬐馬鬣也。从髟。耆聲。渠脂切。【説文解字卷九新附】

◉徐　鉉　髫小兒垂結也。从髟。召聲。徒聊切。【説文解字卷九新附】

髻見莊子【汗簡】

古莊子　崔希裕纂古又籀韻【古文四聲韻】

◉徐　鉉　髻總髮也。从髟。吉聲。古通用結。古詣切。【説文解字卷九新附】

◉黄錫全　髻見莊子　夏韻霽韻録此文作。中子化盤吉作，王孫壽甗作，古璽有作、、等形（璽文2·7）。此字所从之當是吉字形譌，乃形寫誤。《莊子·達生篇》「竈有髻」。郭采髻字，以隸作古。【汗簡注釋卷四】

◉徐鉉 鬟總髮也。从髟。睘聲。案。古婦人首飾。琢玉為兩環。此二字皆後人所加。户關切。【說文解字卷九新附】

前二・二四・八【甲骨文編】

甲241 264 875 乙146 165 1336 2274 2830 4507 5985 6273 7009 7900 佚843 續1・39・2 5・6・6 掇431 徵4・8 4・9 卜764 六清102 六清171 外201 六束54 續存70 1080 外347 粹430 431 新928 鄴二39・2【續甲骨文編】

后 吳王光鑑 虔敬乃后 中山王譽兆域圖 㤥后【金文編】

4・142 獨字【古陶文字徵】

3990 3989 4091【古璽文編】

后舜之印 后良之印 后可哉 朔寧王大后璽【漢印文字徵】

開母廟石闕 格釐我后以萬祺【石刻篆文編】

后【汗簡】

古孝經 汗簡【古文四聲韻】

◉許慎 后繼體君也。象人之形。施令以告四方。故厂之。从一口。發號者。君后也。凡后之屬皆从后。胡口切。【說文解字卷九】

◉林義光　説文云。后繼體君也。象人之形。从口。按𠂆人反文。𠙵象出令形。【文源卷四】

◉王國維　卜辭□字異文頗多。或作□前編卷六第二十七葉。或作□同上卷二第二十五葉。或作□作□作□均同上。或作□同上二十五葉。或作□後編卷上第二十葉。字皆从女从𠫓倒子。或从母从𠫓。象産子之形。其从八ハ川者。則象産子之有水液也。或从乁者。與从女从母同意。故以字形言。此字即説文育之或體毓字。毓。从每。从充倒古文子。與此正同。吕中僕尊曰。吕中僕作□子寳尊彝。□子即毓子。毓稚也。書今文堯典。教育子。詩豳風。鬻子之閔斯。書康誥。兄亦不念鞠子哀。康王之誥無遺鞠子羞。育鬻鞠三字通。然卜辭假此為后字。古者育胄后聲相近。誼亦相通。説文解字。后。繼體君也。象人之形。施令以告四方。故厂之。从一口。是后从人。厂當即乁之譌變。一口亦𠫓之譌變也。后字之誼。本从毓義引申。其後毓字專用毓育二形。后字專用□。又譌為后。遂成二字。卜辭□又作□後編卷下第二十二葉。與□□諸形皆象倒子在人後。故先後之後古亦作后。蓋毓后後三字實本一字也。【多后　觀堂集林】

◉高田忠周　説文。后繼體君也。象人之形。从口。易曰。后吕施令告四方。段本。如此似是。各本作象人之形。施令以告四方。故厂之。从一口。發號者。君后也。非。但發號者君后也六字。當存于从口下也。要后為反司。司者。詞命也。發號之意。而司掌之者。后也。后指人。司指言。司后轉注。⊘然思若后字。而為會意。从口从𠤎也。匕者從也卑也。非特立自尊之意也。故知后王之后非司字之形原也。【古籀篇卷三十六】

◉郭沫若　□字或作□若□。又或作□若□。⊘攷典籍中用后之例，均限於先公先王，其存世者則稱王而不稱后。卜辭亦如是。是則后者乃古語也。余謂后當是母權時代女性酋長之稱。母權時代族中最高之主宰為母，母氏最高之德業為毓，故以毓稱之也。毓字變為后，后義後限用於王妃，亦猶其古義之孑遺矣。【卜辭通纂】

◉陳獨秀　后　司説文云：后，繼體君也，象人之形；司，从反后；此引伸義也，后之本義與育、毓為一字。説文云：育或从每作毓；按每即母，云、充皆為倒子，甲骨文后字作□、□、□諸形，皆象倒子在人後，即産子之義，故用為先后字；□即后，上為人，下為倒子，后字𠂆亦人，口為古之省，或譌形。□即毓。卜辭□祖乙，即后祖乙也，殷人繼體之君多稱后，以别於太乙湯也，乃取義于先后。説文嗣之古文从子作□，亦后字。産子以為后嗣，繼體之君后及先后字，亦由此義引申；産子乃婦人之事，故君之妻亦曰后，以后專為君后字，育、毓為養育字，先后字遂别作後。后後讀匣母，育毓讀喻母，惟古音喻母字多讀匣母；今吴音讀后後亦在喻母如育之去聲。后為産子，故婚姤字从后；産子不潔，故污垢字亦从后；听字从后者，産婦嗟怨之聲也。反后為司，與后同義，故嗣从司，古金器文嗣字多只作司，毛公鼎：司余小子。㝬鐘：司配皇天。弔向簋：余小子司朕皇考。司義皆為嗣。與説文嗣之古文同。後司

后分化，司用為司治，司察(孳乳為伺)字者，音義皆受于嗣，即嗣之省形，非産子之司后字。【小學識字教本上篇】

◉馬叙倫　甲文有[字形]字。即育之初文。王國維謂后即[字形]之譌變。郭沫若據甲文以為[字形]是女酋之偁。以生育為德也。然皆曲附。非有碻證也。卜辭有㞢豕[字形][字形]吉。葉玉森謂[字形]是司之反書。且謂書之后稷即司稷。其説自是。然君之夫人曰后。如葉説不可通也。倫謂皇王帝后之偁皆非其本義。君之夫人曰后。蓋借為配。配者。非本書酉部訓酒色之配。乃毛公鼎[字形]我有周之[字形]。實僕之異文。僕后則聲同矦類。得相借矣。觀妻妾字之從奴。則雖君之夫人於君亦僕也。抑或古者皇天后土每相對文連舉。君既偁皇。故其妻偁后邪。后石一字。石音禪紐。故后音轉入匣紐。同為次濁摩擦音也。此可證之於音者也。石部磬之重文作[字形]。從石。巠聲。其[字形]即石之異文。以碣之重文作[字形]證之。[字形]即自字。蓋[字形]從[字形]后從[字形]石從厂也。此可證之於形者也。厚薄之字。不可以象形指事會意之方式造也。故厚從厂㫗聲。(實當從石。)以石為物之大而顯者。最初即以石為厚。後乃作形聲之厚。而后乃為君后之義所專矣。厚之重文作垕。從土。后聲。此由后為君后之義所專。增土為垕以別之。而音猶仍於后也。此又義之可證者也。書堯典。擊石拊石。釋文。石。古作后磬。謂古文石作后。下有磬字。是后即石之又可證者也。説解本作厚也。今厚字譌入下文㖃字説解中矣。繼體君也以下廿六字。蓋皆字林文或校語。【説文解字六書疏證卷十七】

◉馬叙倫　后侯兩個字的收音都是侯類。東侯對轉。那麽偁后偁侯和偁公是一樣的。至於為甚麽偁后偁侯。我疑心由皇字的音轉來的。皇的發音在喻三。后侯兩字的發音在匣紐。喻三和匣都是摩擦次濁音。【中國文字之源流與研究方法之新傾向　馬叙倫學術論文集】

◉金祥恒　后所从𠂆口是否从口人實可懷疑，疑后為石之異文。説文磬之古文作[字形]，从[字形]，巠聲。甲文磬作[字形]，象以殳擊懸磬也。磬為樂石，故从[字形]。[字形]即古文磬之[字形]所从之[字形]。説文碣之古文作[字形]，繫傳作[字形]，玉篇作[字形]。[字形][字形][字形]蓋即石所从之厂，故[字形]為后之異文而后石為一字。尚書堯典：「擊石拊石」，釋文：「石古文作后磬。」謂古文作后，下有磬字，蓋后為石之證也。至於石音禪紐，后音匣紐，同為次濁摩擦音，故石、后得通假，后非繼體君之本義矣。借后為皇王帝后之稱，如尚書盤庚：「乃祖先父丕乃告我高后曰。」堯典：「群后四朝。」湯誓：「我后不恤我衆。」泰誓：「元后作民父母。」顧命：「皇后憑玉几。」後以「皇天后土」(左傳僖公十五年)遂借為皇妃之后。易經乾為天為父坤為地為母。以皇對后，君既稱皇，故其妻稱后也。曲禮曰：「天子有后。」詩經關雎序疏曰「曲禮云：天子之妃曰后。」后與祀同為匣紐，故又得假借為祀。

⊘葉玉森前編六・二三・一及拾遺考釋一四一七片下考釋云：

后及司之反書，即司字，卜辭似叚作祠，堯典汝后稷之后，經生聚訟紛紜。鄭玄王充劉向竝引棄事作汝居稷官，近儒俞樾、王先謙遂據以訂正謂后為居譌。余桉卜辭后字與后形同，知堯典古文必為汝司稷。又卜辭后字叚毓為之，一作居形，故傳寫譌變，或誤后為居。鄭玄等所見之本，乃更譌作居矣。

葉氏謂鄭玄等所見之堯典后譌為居是也，蓋后與居形近而誤。而曰古文必為汝司稷則非。司與居形之差若天壤，決不會訛誤如是之甚。或曰古文作后則后乃后字，非司字。説文：「司，臣司事於外者，从反后。」从反后，其實為一字。甲骨文乙二二七四龔后之后作司，乙五九八五龔后之后作后，正是正反書之證。因甲骨文求左右對稱，常常正反書之，其實為一字，故司之説解為臣司事於外者與后發號者君后也，其義一之與二也。許氏不見真古文，不知為一字，强分為二，而易其解説。至如説文中反从為比，反身為㐆，反欠為旡，反永為𠂢，反彳為亍，多可疑者也。

説文另有司與后之反書形同从㇆口。㇆者，倒匕也。匕以取食物餵之於口，即飼小兒之義，為飼之初文。

后在殷商金文中作司，如中國考古學報第三册李濟之先生之記小屯出土之青銅器載小屯MO六六出土之銅蓋銘文三字，其中后作司，其餘二字，因銅鏽腐蝕不清，不知其文。在金文中，作皇后之后如三代吉金文存㝬鐘「隹皇上帝百神，保余小子朕猷又成乍競我隹后配皇天，王對乍宗周寶鐘」之后與皇天對文，若左傳僖公：「皇天后土」。以往后多釋為司，如容庚金文編入司，至小篆作后，隸書如爨龍顏碑作后，周遠志造像作后，唐開成石經作后，其字形無大變化。【釋后　中國文字第十期】

◉丁　驌　后司　契文又字，右方也。無論何辭，左或右行，右字不能反契，不然便成左字矣。反后為司之司字，意義為司、為祀，亦可為另一字也。由武丁時代之辭研究，便知原來之后字，確因對稱關係，右起左行之辭，便作司字之形，故此時后司二形均是后字。⊘及至祖甲時，后字仍寫為后，但可作為祀義。契字則不分辭之左右行，均一律作后字形。如「王品后」應解為「王品祀」。而寫作后，但為有别於后妃之后起見，凡用后為人者均作合文。故「小后」之「后毓」二字合，便知是人名也。

⊘祖甲以後各期卜辭，后字一律寫為司形。與金文同。不論辭之左右行均作司，其意則仍為后。在一辭之中如用為司、叚為祀者，必係單文。用為后者，一律為合文。

契文别有后字，即用於人名之前，稱后且某、后妣某之后。字从人或从女从子。字或正寫或倒寫，有其下加小點者，皆是一文。此字釋毓通后，所未能明者，即何以后母、后毓之后寫成司形，而前後之後寫為毓字，象産子之狀？按毓字用於先王，男女無别。武丁時代便有此字。反司為后之字只用於稱母，或不是法定先妣之女子，如「司母辛」「龔司」等。此叚司為后之字，實含有尊崇之意，因「后母」不能是「後母」，當作「母后」解也。謂殷人用后字，無繼體君之意，實偶不察耳。「毓且乙」「毓妣己」之后

呴

乃前後之後，亳無疑問。亦可兼有「後代」之意，故稱「五毓」，或即有血緣關係之五世。毓不同育（），後者為生育之育。子字横於人形之下段，而未出。毓則已生，子在人旁。【説后　中國文字第三十一册】

◉李孝定　司后二字，正反為文，古者止反不分，金祥恆氏謂為一字，是也。惟二字結構，殊難確指，許君「象人之形」一解，亦無確證。金氏謂后石一字，取古文二字偏旁形近為説，似未安，甲骨金文后均从口，與石之從「○」象石形者有别；書堯典釋文「石古文作后磬」，石后二字形近而譌，磬字疑校者所加，謂所擊所拊者為磬，似不能以此證后石之為同字也。【金文詁林讀后記卷九】

◉商承祚　第四一簡　句土，即后土。鑄客豆及鑄客罍銘：「鑄客為王句六室為之」。王句即王后。第五七簡又作戺土。《周禮・春官・大祝》：「先告后土」。注：「后土，社神也。」《禮記・祭法》：「共工氏之霸九州也，其子曰后土，能平九州，故祀以為社。」【江陵望山一號楚墓竹簡疾病雜事札記考釋　戰國楚竹簡彙編】

◉許　慎　呴厚怒聲。从口后。后亦聲。呼后切。【説文解字卷九】

◉馬叙倫　錢坫曰。俗作吼。魏源曰。當入口部。俞樾曰。從口。后聲。倫按韻會引作從口后聲。蓋鍇本原本如此也。怒聲故從口。俗作吼者。實轉注字。吼從口孔聲。古讀孔如好。后音匣紐。好音曉紐。同為舌根摩擦音也。則呴得聲於后甚明。然倫疑呴為詾之同舌根音又聲同矦類轉注字。字亦作訽也。字或出字林。【説文解字六書疏證卷十七】

司

甲二六四　乙六五六一　拾一四・一七　前六・二三・一　後二・九・一三　鄴二下・三九・二　司癸　鄴三下・三四・七　鄴三下・四六・九　粹四三〇　佚七五五　佚八四三　司室　明一四四四　甲二四一　司字反形作后與篆文后字同　王品司癸　甲一・一九七　司祖丁即后祖丁　乙六二七三　乙七〇〇九　前二・一四・三　前四・二七・八　後二・四二・七　菁二・一　佚四六八　司母　見合文一五　甲八二四　司辛　見合文一五【甲骨文編】

菁2·1 古2·9【續甲骨文編】

司 與后為一字 司母戊鼎 司母辛鼎 司母辛觥 司母姤康鼎 龏姛鼎 錫貝于司 商尊 帝司賁庚姬貝丗朋 𤔲盤 帝司𡖊亢保受天子綰命 孳乳為嗣 㝬鐘 我隹司配皇天 毛公厝鼎 司余小子 弔向簋 余小子司朕皇考 大梁鼎 司寇 盜壺 司馬貫 揚簋 嗣工司 義如事 遡盂 各𠭯司寮女寮【金文編】

4·40 右宮司馬 4·131 左𫏋都𠙽司馬之鉢 5·233 右司空□ 5·235 左司空 5·305 左司高瓦 秦616 右司空係 秦617 同上 秦664 司冗 5·303 左司 5·304 左司涓瓦 5·322 北司 5·324 同上 秦993 北司 秦1000 同上 秦1002 同上 秦985 同上 6·46 格氏右司工【古陶文字徵】

一九五：一 六十八例 宗盟委質類被誅討人複姓司寇 一五六：二〇 四例【侯馬盟書字表】

25 60 242 267【包山楚簡文字編】

司 雜四〇 三例 秦一二五 四十三例 法八【睡虎地秦簡文字編】

為禹為萬㠯— 堵(乙2—30)、秉— 春(丙3：目2)、虞— 頣(丙6：目2)、玄— 昧(丙9：目2)、荃— 备(丙12：目2)【長沙子彈庫帛書文字編】

0012 0011 0016 0013 0017 0010 0015 0018 0047 0025 0031

0061 0059 0054 0058 0034 0083 0033 0060 3832 0062 0024

0052 0029 0030 0053 0026 0039 0041 0032 0021 0019 0028

0062 0048 0064 3825 3828 3770 0043 3819 3761 0042 3811

0065 0027 【古璽文編】

校司馬印 軍司空印 强弩司馬 定胡軍司馬 騎司馬印 司馬安 司鳴建 司族家國 【漢印文字徵】

袁安碑　司徒公　禪國山碑　大司空朝　石碣乍遼　衜追我嗣　司與嗣為一字　又通辭金文同　【石刻篆文編】

司　司　【汗簡】

◉許　慎　司臣司事於外者。从反后。凡司之屬皆从司。息兹切。【説文解字卷九】

◉阮　元　吴侃叔云⊘銘云。命女官治成周。古司治嗣辭四字竝作𤔲。竹垞釋治為司。遂以司成絶句。定為官名。周字屬下讀為不辭矣。案吴説是也。【頌鼎　積古齋鐘鼎彝器款識卷四】

◉吴大澂　古司字。从𠬪从。許氏説。𠬪。治也。讀若亂同。大澂案。象兩手理絲形。理則治。否則亂。。治絲之器也。从為治。疑司治二字本一字。盂鼎。古鉨文。司馬司徒司工皆作司。晚周文字與小篆同矣。古鉨文司工如此。【説文古籀補卷九】

◉劉心源　司即伺。説文凡伺督字止作司。加人者俗字也。【毛公鼎　奇觚室吉金文述卷二】

◉孫詒讓　「□于大□□□一月」五十四之二。「貝巨之」百四之三。「亥卜𢦏貝南庚□」百廿一之一。「貝」百卅七之一。「申卜𢦏□岳」百四十一之一。「」疑當為「司」字。《説文·司部》:「司,臣司事於外者也,从反后。」《后部》:「后,象人之形,从口。」此以為蓋古文之變,猶辰亦作。詳《釋月日篇》。「」者,文闕。「司」疑祠之叚借字,「司南庚」猶云祠于南庚也。【契文舉例卷下】

◉羅振玉　商稱年曰祀。亦曰祠。爾雅釋天。「商曰祀」。徵之卜辭。稱祀者四。稱司者三。曰「惟王二祀」。曰「惟王五祀」。曰「其惟今九祀」。曰「王廿祀」。曰「王廿司」。是商稱年曰祀。又曰司也。司即祠字。爾雅「春祭曰祠」。郭注。「祠之言食」。詩正義引孫炎云。「祠之言食音賜」。為郭注所本。是祠與祀音義俱相近。在商時殆以祠與祀為祭之總名。周始以祠為

春祭之名。故孫炎釋商之稱祀謂「取四時祭一訖」。其説殆得之矣。【增訂殷虛書契考釋下】

◉王　襄　古祠字，不从示，司字重文。【簠室殷契類纂】

◉商承祚　書契卷二第十四葉。卷四第二十八葉。

此即祠祀之祠字。婼示與祖之作且祀之作巳同。【殷虛文字考　國學叢刊第二卷四期】

◉徐中舒　銅器中司嗣二字之用。分別甚明。如

保余小子。朕猷有成亡競。我隹司配皇天。宗周鐘

余小子司朕皇考。肇帥井先文祖叹明德。秉威義。叔向敦

司余小子。毛公鼎

此諸司字均當作嗣解。詩江漢云。無曰予小子。召公是似。詩嗣字多用似。文意與銅器諸文同。尚書高宗肜日王司敬民。史記殷本紀作王嗣敬民。是司嗣古多通用。䚄敦司錫女赤芾市緣旂。又一器司作史。是司又與史通。至有司之司。司徒司工司馬之司。銅器中均作𤔲。(説文以𤔲為籀文辭。)從無作司者。(叔向敦司余小子。以司為嗣。㽙于永命。以嗣為嗣。同一器而嗣字前後殊異。銅器自有此例。)【耒耜考　歷史語言研究所集刊第二本第一分册】

◉葉玉森　乃之反書。即司字。卜辭似叚作祠。堯典汝后稷之后。經生聚訟紛紜。鄭玄王充劉向竝引棄事作汝居稷官。近儒俞樾王先謙遂據以訂正。謂后為居譌。予思卜辭字與后形同。知堯典古文必為汝司稷。又卜辭后字叚毓為之。一作形。古文傳寫譌變。或誤為。鄭玄等所見之本乃更譌作居矣。【殷虛書契前編集釋卷六】

◉高鴻縉　商時有司字。从口从㇗省。會掌管意。周人加意符𤔲。故作𤔲。【頌器考釋】

◉郭沫若　第一二五一片　「司母大室　其□□母𨊠……」

司讀為祀，卜辭「王廿祀」或作「王廿司」，其證。「司母大室」者祀母子太室也。【殷契粹編】

◉唐　蘭　司通嗣。毛公鼎：「司余小子。」叔向簋：「余小子司朕皇考。」㝬鐘：「余唯司配皇天。」晉姜鼎：「余唯司朕先姑君晉邦。」均可證。《書・高宗肜日》：「王司敬民。」《史記・殷本紀》作嗣。夏字臂下綴羽毛，與無作𣞤同，無是舞的本字。《禮記・仲尼燕居》：「下管像武。夏籥序興。」像武是武舞，夏籥是文舞，也就是籥舞。那末，這個夏字應是夏籥的本字。上帝嗣夏應是夏祝。【略論西周微史家族窖藏銅器群的重要意義　唐蘭先生金文論集】

◉馬叙倫　魏源曰。當入口部。馮振心曰。從㇕即㇈字。從口。人伺於側。有呼則應也。故為有司之偁。倫按唐寫本切韻

殘卷七三引作臣司於外者也。蓋本作事也。以聲訓。校者加臣司事於外者也。然非本義。司蓋從ㄱ。即匕箸之匕。從口。到匕於口。即飼小兒飯之義。飼伺之初文也。當入口部。字見急就篇。甲文作□毛公司鼎作□。叔向敦作□。【說文解字六書疏證卷十七】

◉楊樹達　司祀音近，卜辭假司為祀，羅云廿司即廿祀，是也。又云司即祠字，商稱年亦曰司，則說並非。【哈部第十四　卜辭求義】

◉饒宗頤　司與祠字通。詩天保：「禴祠烝嘗。」爾雅釋詁：「祠，祭也。」周禮春官大宗伯：「以祠春享先王。」公羊桓八年何休解詁：「春曰祠，薦尚韭卵，祠猶食也，猶繼嗣也。春物始生，孝子思親繼嗣而食之。故曰祠。」此以「嗣」訓「祠」，說文「祠，春祭曰祠，品物少多文詞也。」則引禮記月令為說。卜辭「品司」下云八月，則知殷禮之「祠」，非指春祭之祠，但取祭之義而已。此如禴於殷禮，不指夏祭，斯即殷周禮制之異也。禮記祭義：「春禘嘗。」鄭注：「春禘者，夏殷禮也，周以禘為殷祭，更名春祭曰祠。」今觀卜辭有「品司」語，則祠祭不自周始可知矣。【殷代貞卜人物通考卷十三】

◉朱芳圃　說文司部：「司，臣司事於外者。从反后。」馬叙倫曰：「司蓋從ㄱ，即匕箸之匕，從口。到匕於口，即飼小兒飯之義，飼，伺之初文也。」六書疏證一七·四九。按馬說非也。字从ㅂ，从ㄱ。ㅂ即甌，盛食之器；ㄱ為ㄔ之倒文，扱食之具，二者皆所以設食，即司之本義。孳乳為祠，爾雅釋詁：「祠，祭也」；又釋天：「春祭曰祠」，郭注：「祠之言食。」考古人每食必祭，郭云「祠之言食」，引伸之義也。說文示部：「祠，春祭曰祠，品物少多文詞也。从示，司聲。」望文生義，其失甚矣。【殷周文字釋叢卷中】

◉張日昇　說文云。「司。臣司事於外者。从反后。」金文編司字下收司及𤔲。說文籀文辭从司作𤔲。訓訟也。从𤔔。𤔔猶理辜。治理與司事義本相近。然於彝銘中司𤔲兩字用法大異。此不可不辨者。𤔲為官治。故司馬司土司寇等。金文皆作𤔲。說文「臣司事於外者」。當以訓𤔲。後世省繁。直叚司為之。經典如此。而大梁鼎「大梁司寇□乍智釜」亦如此。蓋晚周已見其跡之漸也。金文編所收諸器凡數十例中。𤔲不作官治解者僅兩見。⊘金文中司叚作嗣。弔向簋「余小子司朕皇考」。叚作事。楊簋「𤔲工司」。或為專名。司母戊鼎「司母戊」。然則𤔲司本非一字矣。𤔲字兮甲盤𤔲工丁爵並从啇。啇疑司之誤。而司或作ㄋ。不从口。𤔲亦遂誤从辛作辭。此乃形誤。非謂从ㄋ者亦可从夸也。【金文詁林卷十一】

◉何琳儀　三十年代，在長沙出土的廿九年漆樽是著名的一件戰國漆器銘文。舊或稱漆匳，或稱漆卮。⊘其銘文如次：

廿九年，大后全告(造)，吏丞向，右工帀(師)象，工大人臺。

「告」上一字上方略有斑剥，據云在美國舊金山亞洲藝術博物館所藏原器已無此字。但細審《長沙》照片，此字明確从「工」，應釋「空」。如果此釋不誤，「空」上一字自應釋「司」。

戰國文字形體的方向往往正反無别，例如：

石　□《貨幣》9·134　□《貨幣》9·135

羌　□　屭羌鐘　□《璽彙》0413

千　□《璽彙》4463　□《璽彙》4464

長　□《璽彙》0696　□《璽彙》0697

古璽「司」字也有作反書者，例如：「后馬之鉨」（《璽彙》0027）、「柤里后寇」（《璽彙》0066）、「后職之鉨」（《璽彙》3759），這更是「司」可作「后」形的確證。《說文》「反后」為「司」，驗之戰國文字不無道理。或讀「大后」為「太后」，非是。

《周禮·冬官》舊傳屬「司空之官」。《周禮·冬官·考工記》：「國有六職，百工與居一焉」，注：「百工，司空事官之屬」，這與銘文「工大人臺」隸屬於「大司空」適可互證。「大司空」是漆樽名義監造者，「吏丞」、「右工師」、「工大人」才是漆樽的實際監造者。「大司空」是秦漢地位甚高的職官，亦見封泥印文「大司空印章」。【秦文字辨析舉例　人文雜志一九八七年第四期】

◉黄錫全　□司　司字本作□（侯盟）、□（鄂君車節），从司之□作□（盠方彝），也省作□（永盂）、□（盂鼎）。三體石經《多士》古文以詞為辭作□。此形即其所从之□寫譌。【汗簡注釋卷四】

◉徐中舒　□乙二二七四　從□從□口，□象倒置之柶，柶所以取食。以倒柶覆於口上會意為進食，自食為司，食人食神亦稱司，故祭祀時獻食於神祇亦稱司，後起字為祠。氏族社會中食物為共同分配，主持食物分配者亦稱司。《詩·鄭風》：「邦之司直。」傳曰：「司，主也。」《說文》以后為后，以司為司，甲骨文則正反無别，皆為司字。后字則假毓字為之。《說文》：「司，臣司事於外者。从反后。」【甲骨文字典卷九】

◉張　鳳　司字從口。所以發號施令。這不用說。其所從之ㄋ。象耜形。也象織機上放紗的叉形。耜便是現在的鋤頭。鋤頭有鴉嘴和雙龍的分别。這所象的便是那雙龍的一類。耜所以耕治土地。織機上的叉所以治理機上的紗。所以這個形狀是象徵着治理意義的。而耜的聲音又可以諧司。這ㄋ旁實在已把司字形聲義的三方面都包含在中間了。頌敦說。王曰。頌命汝官嗣成周賓。頌敦是周器。文意完備。這是商器上的文字畫。比較簡單。故僅着一司字。【安陽武官村出土方鼎銘文考釋　中央日報文物周刊九】

詞竝石經　詞　詞出義雲章　詞竝出王庶子碑【汗簡】

道德經又裴光遠集綴　石經　義雲章　王庶子碑　竝籀韻　王存乂切韻　石經

【古文四聲韻】

◉許　慎　詞意内而言外也。从司。从言。似兹切。【説文解字卷九】

◉高田忠周　説文。司。臣司事於外者。从反后。又后下曰。繼體君也。象人之形。施令以告四方。故厂之。從一口。發號者。君后也。此二字解説並非。以同詞合詒咸諴同字之例。司即古文詞字。詈下曰。意内而言外也。从司从言，周禮大行人故書叶詞命。⊘司雖言語。即為命令。故从人口會意。造字之恉重矣。然掌司命者后也。后司二字義相對。司者言也。后者發言之人也。故反司為后。后受意於司。而司亦受意於后。此為轉注字也。説文父子誤轉倒矣。【古籀篇卷三十六】

◉馬叙倫　鈕樹玉曰。易繫詞釋文及一切經音義廿五引作詞者意内而言外也。韻會引意作音。譌。從司從言作從言司聲。沈濤曰。玉篇。𤔲。籀文。玉篇云古文者。不必盡出於許書。而云籀文者無不本於説文也。則古本尚有重文。朱士端曰。當依鍇本作從言司聲。魏源曰。當入言部。倫按意内而言外也蓋字林文。或字出字林也。玉篇𤔲籀文者。本書辛部。辭。籀文作𤔲。不得兩出。豈吕忱見籀篇中既以𤔲為辭。又以𤔲為詞。故兩出之邪。字當入言部。【説文解字六書疏證卷十七】

◉黄錫全　詞並石經　鄭珍云：「是司字，左言誤不成體，石刻當元不如是。」按，此形應是⿰台司(似)字，如伯康毁作，簷平鐘作，南疆鉦作，侯馬盟書作等。此形左上乃之譌，非从言。⿰台司在金文中除用作專名、假作已、予外，還可假為嗣，如⿰車亘侯鼎「⿰台司乃祖考疾于⿰車亘」，⿰台司即嗣。《詩·江漢》「召公是似」。傳曰「似，嗣也」。似从㠯()聲，古音司聲㠯聲相近(同屬元部)，此應是假⿰台司為詞。鄭珍之説有誤。【汗簡注釋卷一】

卮【汗簡】

汗簡　王存乂切韻【古文四聲韻】

◉許　慎　卮圜器也。一名觛。所以節飲食。象人。卪在其下也。易曰。君子節飲食。凡卮之屬皆从卮。章移切。【説文解字】

䏝　　䏋

卷九】

◉林義光　人下卩無酒器之義。巵當為支持之支本字。卩亦人字。象二人相支柱形。巵與支同音而通用。故史記貨殖傳。地饒巵茜。巵。煙支也。又千畝巵茜。巵。鮮支也。【文源卷六】

◉唐　蘭　[glyph]巵字，舊不識，按从[glyph]與[glyph]同。（[glyph]即[glyph]字，[glyph]即[glyph]字，可證。）从[glyph]从[glyph]，即巵字也。《説文》：「巵，圜器也，一名觛，所以節飲食，象人，卩在其下也。《易》曰：『君子節飲食。』」林義光《文源》云：「按人下卩無酒器之義，巵當為支持之支本字，卩亦人字，象兩人相支柱形。巵與支同音而通用。」林駁許説甚是。巵為酒器，乃叚為觶，或觛，巵字本義久晦，《説文》以假借義説之，宜其迂詘不通也。林義光釋為兩人相支柱形，亦非，以字形言，殊無支柱意也。此字本義頗難知。一人立而別一人跽於其側，或有企仰之意乎？【殷墟文字記】

◉馬叙倫　鈕樹玉曰。集韻引脱圜字。林義光曰。人下卩無酒器之義。巵當為支持之支本字。卩亦人字。象二人相支持形。巵與支同音。故史記貨殖傳。地饒巵茜。巵。烟支也。又千畝巵茜。巵。鮮支也。倫按圜器也者。觶字義。巵與司一字。從到匕。從[glyph]。從[glyph]猶從口也。自借為酒器字。而復有從巵之䏝䏋以亂之。其本義遂不明矣。一名觛至君至以節飲食。為校者所加改矣。唐寫本切韻殘卷五支引圜器至所以節飲食與此同。然圜器也蓋字林文。許當以聲訓。或作器也。字見急就篇。【説文解字六書疏證卷十七】

◉許　慎　䏝小巵有耳蓋者。从巵。專聲。市沇切。【説文解字卷九】

◉馬叙倫　鈕樹玉曰。廣韻引及玉篇竝作小巵有蓋也。王國維曰。急就篇顔本之蹲踝。皇本作踹。賈誼服鳥賦。何足控摶。漢書作揣。又急就之榑椯。宋太宗本作椯。皆可證䏝䏋本一字。而榑椯即䏋也。專耑聲竝元部。䏋讀若棰擊之棰。古音在歌部。歌元對轉也。䏝䏋又為觶觛之重文。倫按此借巵為觶後所造之字。下文䏋同。餘見四篇觛字下矣。字蓋出字林。【説文解字六書疏證卷十七】

䏋　不从巵　義楚耑　耑字重見【金文編】

◉許　慎　䏋小巵也。从巵。耑聲。讀若捶擊之捶。旨沇切。【説文解字卷九】

卩

◉王國維　徐器二出江西高安縣。其一銘曰。郤王義楚羼其吉金自作祭鍴。其一曰。義楚之祭耑。其器皆觶也。鍴耑二字。張公束大令以為即說文鍴字。余謂說文觶觛卮䏣鍴五字實一字也。說文。觶。鄉飲酒角也。受四升。其重文作䚉觗二體。而漢書高帝紀注引應劭曰。卮。鄉飲酒禮器也。古以角作。受四升。古卮字作觗。其說本於叔重。是觶卮為一之證也。說文。觛。小觶也。又急就篇顏本蠡斗參升半卮觛。皇象本觛作簞。蓋假簞為觶。是觶觛為一之證也。說文。卮。一名觛。又卮觛為一之證。䏣鍴二字亦本一字。古書多以耑為專。急就篇顏本之蹲踝。皇本作踹踝。賈誼鵩鳥賦何足控摶。史記文選作搏。漢書作揣。急就篇皇本顏本之槫榼。宋太宗本作椯榼。而槫即䏣。椯即鍴。尤為䏣鍴為一之證。徐之祭器名鍴若耑。而形與觶同。又鍴觶為一之鐵證矣。此五字之音又同出一源。觶觛䏣鍴四字。於形聲皆在元部。鍴。說文讀為棰擊之棰。於古音在歌部。今在支部。觶之重文作觗。氏聲。今與觶卮亦皆在支部。支部之音與歌部最近。歌元二部又陰陽對轉。單聲之字。如鄲癉驒鼉等字。古多轉入歌部。蟬字又轉入支部。漢書地理志樂浪郡黏蟬縣。服虔音提。耑聲之字亦然。此五字同聲。亦當為同物。許君因其字不同。乃以形之大小與有耳蓋與否別之。其實一而已矣。【釋觶觛卮䏣鍴　觀堂集林】

甲二四五一　象人跽跪之形古人尸卩為一字說文訓符節非是　甲二四九一　乙二一〇九　乙三一〇八

乙九〇七七　前五・一八・五　後二・二四・三　林一・三・二　林一・二〇・一〇　燕五一　燕三七七

續一・四四・一　京津三一〇八　京都二一八三　【甲骨文編】

甲3　龜卜121　【續甲骨文編】

三代下4・16　香録9・1　圂作埧卩九成　【古陶文字徵】

卩節　【汗簡】

◉許　慎　瑞信也。守國者用玉卩。守都鄙者用角卩。使山邦者用虎卩。土邦者用人卩。澤邦者用龍卩。門關者用符卩。貨賄用璽卩。道路用旌卩。象相合之形。凡卩之屬皆从卩。子結切。【說文解字卷九】

◉劉心源　伯晨鼎一　卩即節。左文八年傳注。節。國之符信也。釋名釋兵。節者。號令賞罰之節也。【奇觚室吉金文述】

卷十六】

◉羅振玉　□亦人字，象跽形，命令等字从之，許書之㔾，今隸作卩，乃由□而譌。【殷虚書契考釋中】

◉柯昌濟　卜詞□字甚多。其文類云大吉茲□獲鹿二等語。又有□字。案卜詞既字有作□者。他皆从皀。獨此从皀作□。與之同。此字亦从卩。卩疑即許書卪字。【殷虚書契補釋】

◉丁佛言　□古鉨。東昜洭澤王□鉨。□又見齊節墨刀。其位置皆似附屬上一字。在齊刀應是借為邑字。此當釋㔾。許氏説㔾瑞信也。象相合之形。㔾鉨者。古用以徵信之鉨也。字从□。篆當作□。下象人股脛形。所謂鄙躬折節也。初義當為骨卪筋卪字。引申為符卪卪操。□古鉨。單佑都用王卪鉨。亦古卪字。象半分之形。守國者。其卪半在内半在外也。【説文古籀補卷九】

◉葉玉森　□　森疑即許書卪字。與即通。曰□于。猶卜辭言之于。同訓適。卜辭亦屢言「茲卪」。猶云此役此行。又有云「不其卪」卷三第二十葉之三者。與詩東門子不我即之辭意亦近。殷契鉤沈。【殷虚書契前編集釋卷一】

◉孫海波　甲骨金文从卩之字多作□，如令作□、即作□之類是。是知□即人之或體，卩又从□寫譌也。【甲骨金文研究】

◉顧廷龍　□卩。方濬益釋。潘。豹乍塤卩九成。【古匋文孴録】

◉馬叙倫　吳穎芳曰。從□省。象骨節相合。鈕樹玉曰。繫傳祛妄篇引作象卪相分合之形。孔廣居曰。卪。骨卪也。本作□。象手指卪形。王筠曰。門闕下者字。涉上文而衍。吳善述曰。本作□。象骨節相承處高起之形。翟云升曰。御覽引無瑞字。于鬯曰。厀下曰。脛頭卪也。實當移此訓於卪下。卪即象脛頭形。卷下曰。厀曲也。卷字從卪而訓厀曲。即卪字之義可知矣。瑞信之義。字當作節。借卪為之。固無不可。而以為同義則非矣。卪為脛頭之義久晦。又造桼聲之厀耳。羅泌路史多古文。其夏后紀云。伐蒙山。得妹喜。桀溺徇之。每加諸己。注引顔師古云。桀當置於厀上。則己即卪字之譌。此卪即厀之明證。倫按吳善述説善矣。□□即節湊。節湊為借字耳。散盤有□。高田忠周釋卻。卻為骨節之際。故訓節卻也。節卻猶卪隙也。唯散盤從令。令本從二卪耳。以散盤可證吳説。蓋卪之為文。本象人獸體中臂脛骨之一節。變為篆文。則與符節之節本字篆文作□者。及金甲文中作□之字。皆混而難别。故此訓瑞信乃符節之義。而令卮卷厀卻則從骨節之卪。卬夘邲卲蓋竝從□。卸則從坐之初文尤無疑也。□又實從二□。所從乃伏地之伏初文也。本部既無一字從瑞信之卪。即本書凡所謂從符卪之卪者。亦均不從符卪之卪也。然則或本書竟無符節之卪字邪。于以為瑞信乃節字義。非也。節為竹約。正是竹之兩節相湊而為突起狀處也。是其語原實同於骨卪之卪。符節仍是借字也。疑許本訓節也。吕忱不省。

因以為符節字。增瑞信也以下。或守國者以下至道路用旌節為校語。既非引經。又不偁禮。可證也。象相合之形。當作象形。蓋呂忱改之。象相合之形者乃令字。【説文解字六書疏證卷十七】

◉楊樹達　許君説卪象相合之形，説殊不類，非其義也。卪部云：「厀，脛頭卪也，从卪，桼聲。」愚謂卪乃厀之初文，卪字上象厀蓋，下象人脛，象形字也。卪桼古音同在屑部，聲亦相近，厀字乃象形加聲旁字耳。卪部又云：「卷，厀曲也，从卪，𢍏聲。」凡𢍏聲字皆含曲義，字从卪从𢍏而訓為厀曲，此制字時卪即厀字之明證也。

卪部又云：「卻，卪欲也，段氏改為卪卻也。从卪，谷聲。」四篇下肉部云：「腳，脛也，从肉，卻聲。」按許君析卻腳為二文，非也。愚謂卻从卪，即腳之初文也，腳字於卻外加義旁肉耳。凡會意或形聲加注偏旁之字，細解析之，或一字再見，或義近之字複列。益加水作溢，二水複見也；困加木作梱，二木複見也；啚加邑作鄙，从口復从邑也；口表國邑。嗇加禾作穡，从來復从禾也。來，麥也。卻加肉作腳，从卪復从肉，正鄙穡之類也。

足為人足，引申為止足知足之義。止甲文作□，象足形，亦足也，引申為退止知止之義。卪者，脛頭卪也，引申為節止節制之義。卻者，脛也，引申為節卻卻退之義。本字義相近，故引申義亦相近也。

九篇上印部云：「印，執政所持信也，从爪，从卪。」樹達按印从爪从卪者，初民樸陋，不知用璽印，第以手足為印記，今俗所謂手摹脚印也。周禮地官司市云：「以質劑結信而止訟。」鄭注云：「質劑，謂兩書一札而別之也，若今下手書書保物要還矣。」孔疏云：「鄭云若今下手書者，漢時下手書則今畫指券，與古質劑同也。」據此知漢人云下手，唐人云畫指，皆今之手摹也。新刑法罪犯用指紋或名箕斗為記，亦其遺意。以手為印，故字从爪；以足為印，故从卪。許君釋卪為瑞信，釋印為執政所持信，以後世文化大進之制度説初民創制之文，非也。【釋卪　積微居小學述林卷二】

◉温少峰　袁庭棟　甲文有「□」字，當是「□」之異體(有如□為□之異體)，小篆作□，隸定為卪或卩。于省吾謂為「厀」(今作膝)之本字，其言曰：「(《説文》)厀下曰：『脛頭卪也』，實當移此訓于卩下。卩即象脛頭形。(《説文》)卷下曰：『厀曲也』。卷字从卩而訓『厀曲』，即卩字之義可知矣。瑞信之義(按《説文》：『卩，瑞信也』)，字當作節。借卩為之，固無不可，而以為同義則非矣。卩為脛頭之義久晦，又造桼聲之厀耳。羅泌《路史》多古文，其《夏后記》云：『伐蒙山，得妹喜，桀溺徇之，每加诸己。』注引顏師古云：『桀嘗置于厀上。』則已為卩字之譌，此卩即厀之明證」(轉引自《説文解字詁林》)。由此可知，「□」即「□」字，乃膝之初文。

【科學殷墟卜辭研究——科學技術篇】

◉于豪亮　□字當釋卩。㑊匜銘文中的「今女(汝)亦既又卩誓」，「亦兹五夫，亦既卩乃誓」，卩字均讀為即，即訓為就，即誓乃是就誓，也就是宣誓。本銘文的「卩德」，卩字則讀為節，《禮記・哀公問》：「節醜其衣服」，疏：「節，正也。醜，類也。」又正其民衣服，使得其類也」。故卩字讀為節，訓為正。「節德」就是正德。《左傳・文公七年》：「正德、利用、厚生，謂之三事。」「臣保天子，用𠂤(厥)剌(烈)且(祖)卩德」。是倒裝句，意思是，以烈祖中正之德，臣保天子。【陝西省扶風縣强家村出土虢季家族銅器銘文考釋　古文字研究第九輯】

●徐中舒　乙七二八〇　人二二八三　象人席地而坐之坐姿。段玉裁謂：「古人之跪與坐皆厀著於席而跪聳其體，坐下其脾。」《說文》居字下注。跪為殷人祭祀時跪拜姿態，坐為燕居閒處姿態，因皆為雙膝著於地之形，故得同以象之而不復區別，字因有祭祀時禮拜之義。《說文》：「卩，瑞信也。……象相合之形。」所說義為假借義，說形不確。【甲骨文字典卷九】

●屈萬里　羅振玉釋人(殷釋中一九葉)，非是。按：此與說文之卩字，形雖相似，義實懸殊。疑此乃跽字之初文，隸定之當作卩；說文以為「瑞信」者，蓋後起之義也。【殷墟文字甲編考釋】

●戴家祥　許氏又云：「令，發號也。从亼卩。」金文作，卜辭作。𠨍，「信也，从爪从卩。」金文作，卜辭作。五篇皀部「卽，食也，从皀卩聲」。金文作。卜辭作。偏旁並象人跽形，實即古文夷字。論語・憲問「原壤夷俟」，何晏集解引馬融曰：「夷，踞也。」荀子・脩身「不由禮則夷固僻違」，楊倞注：「夷，踞也。」白虎通・禮樂「夷者，僔夷無禮義」，夷亦同尸。天官・凌人「大喪共夷槃冰」，鄭玄注「夷之言尸也。實冰于夷槃中，置之尸牀之下所以寒尸，尸之槃曰夷槃，牀曰夷牀，衾曰夷衾，移尸曰夷于堂，皆依尸而為言。」禮記・喪大記「男女奉尸夷于堂」，鄭注：「夷之言尸也。」孝經「仲尼居」，釋文「尼作𡰥」。漢書・樊噲傳：「與司馬𡰥戰碭東」，顏師古集註：「𡰥讀與夷同。」廣韻六脂「𡰥本古文夷字。」是卩、夷、尸古本一字之證。夷尸古音同屬脂部，節讀子結切，韻在至部，脂至韻位迫近，故得通用。叔重訓卩為「瑞信」，誤以即為从皀卩聲，遂定卩為節之初文。不知卽像人跽而就食形，非形聲字。【金文大字典上】

甲五九七　令用為命　甲二一二一　甲二三九六　乙七九六　乙九四四　乙一一五七　乙二一九四八

乙三一二一　鐵一二一・四　鐵六二・一　鐵七八・一　鐵一〇〇・四　鐵二五〇・一　前五・四・三　前五・三二・一　後一・一七・一　佚二二　簠帝五六　續五・二・二　續五・二二・四

福二二 甲一八三 甲二四八七 後一・三一・九 後二・八・六 後二・一〇・一四 後二・二六・一 後二・三四・五 後二・三六・六 後二・三六・三 林二・二八・一〇 佚三八三 佚二三四 粹一九六 粹五〇六 鄴三下・三九・三 寧滬一・五〇〇 寧滬一・五〇二 寧滬一・五〇六 存一八〇三 甲五七 前二・三・六 前二・三六・六 前四・二七・二 後一・一二・一 燕二九〇 寧滬二・一三八 京都三一三七 【甲骨文編】

甲57 144 215 218 600 633 684 806 1929 2121 2814 3590 乙100 165 4810 6370 6390 6406 6407 6529 6548 6809 6819 6876 7266 7288 7342 7367 7586 7661 7736 7799 7807 7960 8035 8049 8417 8676 8712 8810 8893 8895 8898 9085 珠4 179 193 455 610 佚22 77 187 211 234 379 387 441 502 535 581 582 615 627 660 862 913 929 續2・28・5 3・2・3 3・12・6 3・27・1 3・27・8 3・42・7 5・2・2 徵4・31 4・32 4・35 4・42 4・108 5・5 9・4 10・65 10・118 11・71 11・99 京2・24・1 2・26・2 3・14・2 4・7・1 4・18・4 4・25・4 凡20・1 録362 586 天81 六束55 佚55 摭續189 粹1213 【續甲骨文編】

令　孳乳為命　卯卣二　父辛卣　卣　戍甬鼎　保卣　大保簋　臣辰盉　矢方彝　矢尊　井侯簋　小臣逋簋　𪒠伯簋　盂爵　史𩲃鼎　睘卣　康侯簋　明公尊　師旂鼎　令簋　沈子它簋　盂鼎　宅簋　傳卣　雍伯鼎　臣諫簋　彔伯簋　貉子卣　穸鼎　師酉簋　師虎簋　師寰簋　員鼎　卯簋　免盤　無㠱簋　伯晨鼎　舀鼎　舀壺　克鐘　克鼎　善夫克鼎　元年師旋簋　敢對揚天子不顯魯休令器銘作命　追簋　麓伯簋　善鼎　鬲攸比鼎　大鼎　頌鼎　頌簋　史頌鼎　史頌簋　不𡢁簋　師嫠簋　秦公鐘　厲羌鐘　蔡侯𪔉鐘　忻尊　忻方彝　孳乳為鈴　王成周鈴　【金文編】

2·3　令乍𩰿墳　2·4　令𨽍樂乍太室墳　【古陶文字徵】

令　效五四　七十六例　法一四二　七十一例　日甲一五七　五例　秦三二　二例　秦一五〇　六例　秦九七　七例　【睡虎地秦簡文字編】

3986　3987　璽文令狐作命狐，令狐君壺令亦作命。命字重見。【古璽文編】

渭成令印　遂久令印　令狐昌印　陳令字印　令其遇　令其安漢　赫令私印　令遂成　令鍾私印　【漢印文字徵】

袁安碑　任城令　祀三公山碑　元氏令　張遷碑額　天璽紀功碑　蘭臺東觀令　楊馥碑額　【石刻篆文編】

令出華岳碑　【汗簡】

令 令 令竝古老子 令華嶽碑 令同上 令 令 令竝古老子 令華嶽碑【古文四聲韻】

◉許　慎　令發號也。从亼卩。徐鍇曰。號令者。集而為之卩制也。力正切。【說文解字卷九】

◉薛尚功　長宜子孫洗　令　令者。時令也。字之右狀魚之形。字之左復作鷺。以鷺習水而捕魚。其猶習於禮而得民之譬也。【歷代鐘鼎彝器款識法帖卷一十】

◉吳大澂　令令古文以為命字。太保敦。令乙亥方鼎。令太保敦。令辛子敦。以上三字皆古令字。象旂下持卩形。【說文古籀補卷九】

◉劉心源　令䜌鼎　當令之異文。辛子敨。王令賞貝。文義亦是。【奇觚室吉金文述卷二】

◉羅振玉　令　古文令从亼人，集衆人而命令之。故古令與命為一字一誼。許書訓卪為瑞信。不知古文卪字象人跽形。即人字也。凡許書从卪之字。解皆誤。【增訂殷虛書契考釋】

◉林義光　說文云。令發號也。从亼卩。按卩即人字。見卩字條。从口在人上。古作令盂鼎。作令太保彝。象口發號。人跽伏以聽也。【文源卷六】

◉丁佛言　令庚午鼎。亼象屋宇形。朝廟受命者。恭承之義。象鄙躬也。【說文古籀補補卷九】

◉高田忠周　說文。令發號也。从亼卩。又命。使也。从口令聲。然發號亦命令也。疑令命元同字。故三代器銘文兩字併用不分。後世凡發號曰令。發號以使人曰命。分別劃然耳。【古籀篇卷二十五】

◉孫海波　令藏二五・十・一　令後上・三一・九　令父辛卣　令大保𣪘　令傳卣　《說文》云：「發號也，从亼卩。」徐鍇曰：「號令者集而為之，卩，制也。」按甲骨金文令皆从人不从卩，許說非也。令，使也，告也。从人从亼者，亼，古集字，人集亼下，受令之意也。【甲骨金文研究】

◉馬叙倫　王廷鼎曰。令實古鈴字。篆當作令。詩盧令令正作令。羅振玉曰。卜辭作令。從亼人。集衆人而命令之。故古令與命一字。許訓卪為瑞信。不知古文卪字象人跽形。即人字也。凡許書從卪之字說解皆誤。倫按發號也者。命字義。命從口令聲。故古書多借令為命。令者。兩骨之節相合也。荀子解蔽。節遇謂之命。倫謂荀義謂卪遇謂之令。節命皆用通行假借字。或傳寫者以校注字易之也。此令之本義僅存者。禮記樂記。樂者。天地之命。莊子天運。調之以自然之命。亦皆借命為令。令為卪卩相合。天地之令自然之令即大地之節湊自然之節湊也。骨節相合乃能運動。今人言命運以此。言靈動者。靈是借字。令是本字。沈乾一謂令古音連。倫謂𢆶為聯合之聯本字。亦來紐音。則語原同。蓋令亦連合之連本字也。

字從卪卪相合。會意。篆變譌為令。然倫又疑卩與骨之初文作冎者一字異形。骨卩固聲同脂類也。關節字即令。聲轉耳。知者。本書轚⿱辟毛二字下皆曰。令適也。令適雖為轚⿱辟毛之合音。然合音之連緜。亦有音聲之界域。令音來紐。古讀歸泥。適從商得聲。商從帝得聲。帝音端紐。同為舌尖前音。本書皀讀若適。而從皀得聲。節從即得聲。即亦從皀得聲。呂氏春秋重己。故聖人必先適欲。淮南鴻烈解精神。適情辭餘。高誘注兩書皆曰。適猶節也。是令適節三音可相轉也。然則令之本音蓋得於卩。轉音入來紐耳。字見急就篇。大保敦作令。父辛卣作令。盂鼎作令。公伐郤鼎作令。【說文解字六書疏證卷十七】

◉高鴻縉　甲文有𠬝字。从又(手)制服一人使之跪下也。乃順服服從之服之初字。令字从𠬝字省。謂服從之人。乃可以命令之也。亼聲。故為轉注。亼音集。亼聲諧令。猶見母之變疑母。丩與广之同屬舌上也。令為動詞。或通叚令為良。狀詞。周人於令加口為意符作命。其意不別。令音之變為命。猶聊音之原於卯音也。舌上變為脣音也。是故令與命一字。後世用之微分區別。【中國字例六篇】

◉李孝定　竊疑亼象倒口篆文。从口之字籀文多作∇。倒之則為亼。篆文龠字作龠。亦象倒口覆編管之上。可證。下从卩乃一人跽而受命。上口發號者也。卜辭令字之義與許訓同。金文作令宜子鼎。令大保簋。令周公簋。令父辛卣。令沈子簋。令康矦啚簋。令史頌鼎。令令頌簋。令大鼎。令王成周鈴假為鈴。除後二形稍異外。餘尚多見。竝與栔文同。【甲骨文字集釋第九】

◉徐中舒　令合集一四一二九　從亼從卩，亼即亼令之省，亼象木鐸形，亼為鐸身，其下之短橫為鈴舌。古人振鐸以發號令，從卩乃以跪跽之人表受命之意。【甲骨文字典卷九】

◉唐　蘭　令字各家俱釋為賓，賓古文俱作令令等體，此作令，當釋令，讀如命也。【𠫑羌鐘考釋　唐蘭先生金文論集】

◉戴家祥　說文九篇「令，發號也。从亼卪。」按卜辭金文人、儿、卩、尸、夷古本一字。作人者象人之側立形，作卩者象人之居踞形，唐韻夷讀「以脂切」喻母脂部，尸讀「式脂切」審母脂部，韻同聲異。卩讀「子結切」精母至部，脂至韻近，古多通協。人儿兩字皆讀「如鄰切」日母真部，至真陰陽對轉。是卩儿兩字不但形同，而且韻同。說文五篇亼，三合也。讀若集。集人為令，在六書為會意。令亦作命，說詳三畫命字注。

金文令字有用作本意。如例令鼎、麥彝。或用作賞賜之義，如康鼎等。或用作册封之義，如曶壺，膳夫山鼎。或用作人名，如矢令毀、令彝等。【金文大字典上】

𠨍 𠨍

◉許　慎　𠨍輔信也。从卩。比聲。虞書曰。⿰山卩成五服。毗必切。【説文解字卷九】

◉馬叙倫　錢坫曰。應是輔也信也二訓。倫按輔當作俌。爾雅釋詁。比。俌也。此即⿰山卩之省也。此輔弼之弼本字。故今書益稷作弼。俌之同脣音轉注字。信也未詳。疑校者注以釋從卩之義者也。字當從人。譌為卩耳。當入人部。字或出字林。【説文解字六書疏證卷十七】

卶 卶

◉許　慎　卶有大度也。从卩。多聲。讀若侈。充豉切。【説文解字卷九】

◉馬叙倫　説解非本義。或有譌捝。字蓋從人。與侈奓皆一字也。或從卩即從骨。為髁之聲同歌類轉注字。字蓋出字林也。【説文解字六書疏證卷十七】

𠨳 𠨳

◉許　慎　𠨳宰之也。从卩。必聲。兵媚切。【説文解字卷九】

◉馬叙倫　此義亦未見經記。宰之也亦不可通。宰如周禮大宰之宰。則為⿰山卩之同雙脣音轉注字。周禮考工記輪人。弓長六尺謂之庇軹。注。故書庇作秘。是其例證。亦或與佖一字。字蓋出字林。辟彝作□。【説文解字六書疏證卷十七】

◉丁　山　説文。𠨳。宰之也。從卩。必聲。必。分之極也。從八。從弋。弋亦聲。由聲韻孳乳言。⿰弋卩當是𠨳之初文。詩淇奥。有斐君子。釋文引韓詩作有𠨳。云美貌。然則⿰弋卩其猶言斐然。音轉為不斐。周之士大夫好以不斐無忌為名者。固皆取誼斐然。即⿰弋卩其別寫。【𠨳其卣三器銘文考釋　中央日報文物周刊四期】

◉徐中舒　□人四五〇　從卩從□，□象□戈去掉戈頭一横之戈柲部份，必為從□八聲之後起字，後更增木為柲，故□為柲之初文。□當即𠨳字。其所從之□或作□、□、□等形，或作□戈不省，並同。《説文》：「𠨳，宰之也。从卩、必聲。」【甲骨文字典卷九】

卲 卲

卲　與佋為一字經典作昭　井侯簋　卲朕福血

沈子它簋

卲簋

剌鼎　禘卲王

牆盤

大師虘豆

麓伯簋

𤼈鐘

㝬鐘

𧽊鼎

頌鼎

頌簋

頌壺

毛公厝鼎

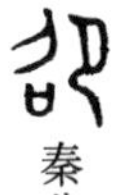
秦公簋

秦公

鎛　邵王簋　楚王酓章戈　中山王譽鼎　邵考成王　中山王譽壺　鄂君啟舟節　大司馬卲陽　史記楚世家作昭陽

从攴　陳侯因資錞　皇考叟練　𢿿鐘　用卲大宗　【金文編】

詛楚文　邵鼛布慜　【石刻篆文編】

●許　慎　高也。从卪。召聲。寔照切。【説文解字卷九】

●吳大澂　古昭字从卪。毛公鼎。頌鼎康昭宮如此。宗周鐘卲各即昭格。【説文古籀補卷九】

●林義光　説文云。高也。从卪召聲。按卪即人字。从人召聲。古作頌敦。【文源卷十一】

●唐　蘭　舊不識，今按即色字，亦即卲字也。

説文：「色，顔氣也。從人從卪。」從人從卪而會意，殊不可解。前人説之者雖多，然皆附會之詞也。徐灝苗夔均謂從人卪聲，較會意之説稍優，亦未是也。余謂古者從人從刀及從匕之字多亂，説已見古文字學導論。色本字當從刀從卪作，其後或書作，後人誤認為從人耳。説文色部有艴艵二字，皆後起字，而諧聲字亦無從色得聲者。然説文絶字從糸從刀從卪，脃字從肉絶省聲，此據小徐，大徐作從絶省。脃字之篆文各本均從人作，而其字則云絶省，此可證色字實本從刀而誤為人也。色既從刀，則絶脃皆從色聲也。格白𣪘有字，舊不識，按從刀斷糸，為絶字，亦為紹字。彼為象意字。聲化後衍為絶或紹，則為形聲字矣。色在職韻而絶在屑韻者，聲之轉，猶即在職韻而節在屑韻也。蓋後人習見色專顔色之義，與絶脃異趣，聲類又隔，故誤為此種種區分也。色即從卪從刀，則顔色之義，乃其假借也。其字本象一刀形而人跽其側，殆刀之動詞，斷絶之義也。以象意字聲化例推之，當從卪刀聲，刀或變為召，則即卲字，古從召從刀之字通，召伯虎𣪘召字作，從刀可證。明色卲本一字也。色卲一字，故絶紹亦一字。説文紹古文作綤，今本篆作誤。從卲，林義光文源曰：「按從糸卲聲。説文：『絶，斷絲也，從糸，從刀，從卪』，按與綤形近，刀聲猶召聲也。絶蓋與紹同字，相承誤用為斷㡭之㡭。」按林以綤絶為一字，頗具卓見，然以㡭為斷㡭之正字，而以絶訓斷絲為誤，則亦非是也。紹絶一字，紹訓繼而絶訓斷者，一義之反，猶𤔔即亂字，而治亂義相反也。且紹亦自有斷義，管子幼官曰「刑則紹昧斷絶」是也。紹本從刀聲，在宵部，變為絶在祭部者，猶截之從小聲也。並從章太炎文始説。

金文常以卲為卲穆字，卜辭云「來羊世於加」，其同片又云「自且乙福」，似加當讀為卲穆之卲也。【殷虛文字記】

◉馬叙倫　容庚曰。卲佋一字。倫按。高也以聲訓。頌鼎康昭宫字作□。宗周鐘□格即昭格。則容説是。然昭穆字。實以昭為正。疑卲佋皆介紹之紹本字。字蓋出字林。【説文解字六書疏證卷十七】

◉李孝定　説文「卲。高也。从卩召聲。」栔文卯字。唐氏釋卲。謂即紹字。又論紹絶二字訓詁上之關係。説並精當。惟謂亦即色字。色之本義當訓斷絶。顔色之義乃其假借。則似有未安。色字經傳相承通詁皆為顔色。無訓為斷絶義者。且唐氏謂色當从刀。純為臆必之辭。羌無故實。絶字本當作刉。會意。作絶者乃後起形聲字。从色與字義無涉也。卜辭卯字除唐氏所舉後下一辭外。餘二辭均為殘文。甲編作「☐丁☐卯」。乙編作「☐子☐卯」。其義不詳。後下一辭唐氏説其義。亦是許君訓卲為高。與紹絶之義無涉。疑紹訓為絶而絶引申有甚義。高之一義。或即由此引申乎。金文卲均作□頌鼎。□頌簋。□卲簋。□周公簋。□沇子簋。□毛公鼎。□宗周鐘。無但从刀作者。【甲骨文字集釋第九】

□

厄　法一七九　通軛　横—　【睡虎地秦簡文字編】

◉許　慎　□科厄。木節也。从卩。厂聲。賈侍中説以為厄裹也。一曰。厄蓋也。臣鉉等曰。厂非聲。未詳。五果切。【説文解字卷九】

◉吴大澂　□古厄字。烏蠋也。賈侍中説厄裹也。一曰蓋也。詩曰。鞗革金厄。毛公鼎曰。右□畫轉。易繫于金柅。金柅當即金厄。□录伯戎敦曰。金□畫轉。【説文古籀補卷九】

◉劉心源　□毛公鼎　厄即金厄。詩韓奕。傳。厄烏蠋也。箋。吕金為小環。往往纏搤之。疏。吕金接轡之端。如厄蟲然也。【奇觚室吉金文述卷二】

◉王國維　□吴閣學吴中丞釋為厄字。上象衡。下象厄。毛詩大雅傳。厄烏喙也。《釋名》烏啄向下叉馬頸。既夕禮。楔狀如軛上兩末。是厄有兩末以叉馬頸。□字正象之。後譌作戹。失其形而存其音。小篆又添車作軛。遂為形聲字矣。【毛公鼎銘考釋　王國維遺書第六册】

◉林義光　卩即人字。字當从人厂。為過之古文。厂者移也。見厂字條。厄過古同音。訓科訓裹訓蓋亦皆同音或聲近假借。【文源卷十】

◉馬叙倫　沙木曰。從□。居省聲。龔橙曰。木節非本義。倫按科厄或以俗語雙聲連緜詞為訓。或科也以聲訓。厄則隸書複

厀 厀

舉字。傳寫譌乙也。或科為校者注以釋音者也。厄則複舉字也。木節非本義。此引賈逵説以為裹也。一曰蓋也。似於從卪之義為近。今紹興謂厀耑曰厀髁頭。杭縣曰克厀頭。克為厄之音轉。通呼厀蓋者。即此字也。從卪。居省聲。蓋髕之轉注字。髕得聲於賓。賓從貝㝉聲。賓客實一字。㝉音轉入明紐耳。厄音疑紐。明疑同為邊音也。此字蓋出字林。【説文解字六書疏證卷十七】

◉許 慎 厀脛頭卪也。从卪。桼聲。臣鉉等曰。今俗作膝。非是。息七切。【説文解字卷九】

◉林義光 説文云。厀脛頭卩節也。从卩桼聲。按从卩即从人。見卩字條。【文源卷十一】

◉馬叙倫 鈕樹玉曰。廣韻引作脛節也。龔橙曰。古文當為㔾。後加桼聲。倫按如龔説。厀為卪之同舌尖前音轉注字。于鬯則據路史以卪為厀之初字。而義為脛頭。倫以為卪㔾一字。為骨之初文。而厀為令之脂真對轉轉注字。其音即受於卪。骨部。髕。厀耑也。厀耑即脛頭。厀髕為脂真對轉轉注字。令髕則聲同真類。令為初文。髕為轉注。令為兩骨交接之處。所以曲折轉動者。因此凡曲折轉動處皆謂之令。亦今所謂關節也。特方言轉變。字隨音變。轉注遂多。下文。卷。厀曲也。即今言彎曲之彎本字。其實兩骨之轉運處皆能曲折也。卷從𢍏得聲。𢍏從釆得聲。釆髕音同竝紐。是卷實髕之轉注字。或髕指能轉運之骨言。卷指其轉動言。則髕為名詞。卷為動詞。故卷訓厀曲。然厀實不必專謂脛耑也。手臂之閞曰臂。臂卷聲同元類。則音由卷得矣。臂從叉得聲。叉寸聲同幽類。而寸為肘之初文。肘音知紐。叉音照紐二等。古讀知歸透。照歸端。則同為舌尖前破裂音也。則臂肘實轉注字。寸音清紐。厀音心紐。同為舌尖前音。亦轉注字。特以方言各從其俗。別而為卷為厀為臂為肘。卷厀可通於臂脛。而臂從手。寸從又。於是遂為專名。而厀亦遂專以名脛頭矣。釋名釋形體。厀。屈也。則凡屈處皆得謂之厀矣。字見急就篇。今本作膝。蓋傳寫者易之。【説文解字六書疏證卷十七】

◉楊樹達 以字之形音求之，卩乃厀之初文也。厀下云：「脛頭節也。从卩，桼聲，」息七切。字今作膝。卩篆作㔾，右象脛頭節之形，今所謂膝蓋也。厀从桼聲，卩與桼古音同在屑部，聲亦相近，厀實卩之後起加聲旁字也。卷下云：「厀曲也。从卩，𢍏聲。」按凡𢍏聲字義皆為曲，卷字从卩从𢍏，而其義為厀曲，此造字時卩即厀字之明證也。許君不知卩之為厀，凡从卩之字或誤説，或不能言其義。肥字从卩訓多肉，此以人厀上為股，厀下為腓，皆人身多肉之處也，許不能言之。印字从爪从卩，此示初民打手腳印也，而許誤釋為執政所執信。印字从匕从卩，此與企字訓舉踵者構造同，許訓望有所庶及，得其義矣，而亦不能言其故。又如卻危二文，許皆誤説也，詳下。卩為初文，厀為初義，今卩之初義為厀字所據，而許君乃以瑞節訓卩矣。【積微居小

卷 卷

學述林卷五】

◉楊樹達 㔾上象厀蓋，即厀之初文。卷字从卩，訓厀曲，其確證也。桼與卩古音同在屑部，卩加聲旁桼為厀耳。【文字形義學】

卷 卷 日甲八七 通圈 羊— 【睡虎地秦簡文字編】

卷 卷丞之印 卷 卷丞 卷 卷安定印 【漢印文字徵】

卷 朱育集字 【古文四聲韻】

◉許 慎 卷部曲也。从卩。𢍏聲。居轉切。【説文解字卷九】

◉馬叙倫 厀曲也。厀原作部。今正。鍇本作厀。左莊二十二年傳釋文引字林。丘權反。宣十年傳釋文引作立權反。立為丘之譌。厀曲也蓋字林文。許當以聲訓。字見急就篇。以為拳字。顔師古本作捲。【説文解字六書疏證卷十七】

卻 卻

卻 卻 封六六 通脚 污兩— 【睡虎地秦簡文字編】

卻 卻 【汗簡】

卻 古老子 卻 唐韻 卻 石經 卻 汗簡 卻 古老子 卻 義雲章 【古文四聲韻】

◉許 慎 卻節欲也。从卩。谷聲。去約切。【説文解字卷九】

◉馬叙倫 段玉裁曰。欲當依玉篇作卻。節當作卩。王筠曰。玉篇廣韻。卻。節也。節欲也欲字或羨或譌。當再考。徐灝曰。卩卻者。謂骨節之間隙也。倫按疑木作卻卩隙也。卻乃隸書複舉字。傳寫譌挩耳。依散盤作谷卩。當從令。谷聲。倫謂字當從令。從卩為省。聲則依此為是。古書卻隙通借。谷聲長也。字見急就篇。【説文解字六書疏證卷十七】

◉楊樹達 卻即腳之初文也。卩在脛頭，故脛義之卻從卩，从卩之外又从肉作腳，於形為複贅。卻為初文，足脛其初義。腳為後起之加形旁字，乃據有足脛之義，而初文之卻只為卻退等義矣。【積微居小學述林卷五】

卸

◉許　慎　舍車解馬也。从卩止午。讀若汝南人寫書之寫。臣鉉等曰。午馬也。故从午。司夜切。【説文解字卷九】

◉林義光　説文云。舍車解馬也。从卩止。午聲。按从卩即从人見卩字條。【文源卷十】

◉徐協貞　或作。省作。為。方从人字。為午。為人。宜作仵。後世因變為卩。遂譌為卸。譌為御。此為御之所從出也。羅氏云。與午同形。殆象馬策。人持策於道中是御也。王氏云。御假禦。禦祭也。聞氏云。御。迎也。卜辭有親迎迎尸二義。諸家釋義各別。而仞為御則一也。此係方名。漢有川名。揚雄曰。御宿。如湻曰。御羞。或因在御方領域而得名也。潛夫論有御姓。曰御姓署番湯。周有御鞅。魯有御叔。是為御方後之最著者。【殷契通釋】

◉馬叙倫　鈕樹玉曰。韻會午下有聲字。徐灝曰。宀部。寫。置物也。蓋從他處傳置物於此謂之寫。引申之則傳物於器亦曰寫。曲禮。器之溉者不寫。其餘皆寫。鄭注。寫。傳己器中。是也。舍車解馬正是寫字之義。古通作卸。卸從卩建類。疑別有取義。因通用為卸解。久而昧其本義耳。劉秀生曰。鍇本作午聲。午聲寫聲竝在模部。故卸從午聲得讀若寫。周禮壺涿氏。欲殺其神。則以牡橭午貫象齒而沈之。注。故書午為五。左成十七年傳。晉夷羊五。國語晉語作夷陽午。皀部。𨺅。從皀。吾聲。讀若寫。吾亦從五聲。是其證。倫按寫蓋庫之轉注字。故訓置物也。舍車解馬。古多言税。或作説。後漢書皇甫規傳。旋車完封。寫之權門。借寫為之。古書無作卸者。證之甲文。卸即御之省彳者也。見御字下。當為御之重文。此字蓋出字林。【説文解字六書疏證卷十七】

𠨍

甲一〇三四　貞人名　甲一三三八　甲一四五四　甲三五四一　乙一七七五　乙二二一〇　前六・五・四　林一・二四・一〇　林一・二四・一一　佚三一六　佚三三二　佚八九七　佚四三九　佚四四〇　京津四五二九　京津四六四二　京津四六四七　粹一三八〇　摭續一七四　文管一〇三　珠二二三【甲骨文編】

甲1034　1338　1748　1781　1847　1959　1998　2010　乙2210　3767

4998 6518 6697 6728 7764 珠23 502 佚332 897 徵12・33 誠16
續存2064 2088 摭續174 247 252 粹1378 新2680 4529 4642 【續甲骨文編】

◉許　慎　𠨍二卩也。巽从此。闕。士戀切。【說文解字卷九】

◉羅振玉　說文解字：「弜，二卩也，巽从此，闕。」案易雜卦傳：「巽。伏也。」又為順（漢書王莽傳下集註）為讓（書堯典馬注）為恭（論語子罕集解），故从二人跽而相从之狀。疑即古文巽字也。【殷虛書契考釋中】

◉林義光　說文云。𠨍二卩也。巽巺从此。闕。按二卩望形生訓。非本義。廣雅。巽。順也。釋詁一。巽順之義當以𠨍為本字。即遜文韻。經典通用遜。說文作愻。之雙聲旁轉也。象二人俯伏相謙遜形。說文云。顨選具也。从二頁。按二頁無選具之義。選具本字當為巽顨。顨即𠨍之或體。象二人謙遜見於顏面之形。【文源卷六】

◉王　襄　𠨍古𠨍字，許說二卩也，巽从此，闕。从或釋从。【簠室殷契類纂正編第九】

◉商承祚　𠨍卷六第五葉𠨍龜甲獸骨卷一第二十四葉𠨍同上　易雜卦傳。巽。伏也。又為順。漢書王莽傳下集注。為讓。書堯典馬注。為恭。論語子罕集解。故从二人跽而相从之狀。疑即古文巽字也。【殷虛文字類編第九】

◉丁　山　𠨍卯諸形亦于以可說。𠨍下云。「二卩也」。卯下云。「事之制也」。此就節瑞以立言。要非𠨍卯之本義。𠨍卜辭作𠨍或𠨍。从二人相从跽伏撝謙不前狀。具本義當猶二人相從之為从。从經典作從。左傳定八年經。「從祀先公。」禮記樂記。「率神而從天。」孔子閒居。「志氣既從」。注皆曰。「從。順也。」公羊宣十二年傳。「告從不赦不祥。」注。「從。服從。服也。順也。」殆亦𠨍之本義。𠨍孳乳為巽。虞書。「女能庸命巽朕位。」偽孔傳「巽。順也」。釋文引馬融注。「巽。讓也」。而易象傳。「順以巽也。」雜卦傳「巽。伏也。」義尤近从。則𠨍直巽之本字而已。學記。「大學之法不陵節而施之謂孫節。」亦人字隸變之譌。孫即𠨍之借字。𠨍之本義為服從。為馴順。可于不陵人三字盡之。人相從謂之𠨍。不相從謂之北。北者。背也。字从二人相背。猶言面不相嚮也。面相嚮謂之鄉。見卯卿二字注。則許君謂卯為事之制。卿為六卿之專字。並失之矣。【說文闕義箋】

◉馬叙倫　嚴可均曰。巽從此校語。嚴章福曰。說解當有闕文。羅振玉曰。卜辭作𠨍。易雜卦傳。巽。伏也。又為順。漢書王莽傳集注。為讓。書堯典馬注。為恭。論語子罕集解。故從二人跽而相從之狀。疑即古文巽字也。倫按此順從之順本字。從二

卯 㔾

𠬝。𠬝為伏地之伏初文。象人伏地之形。當入𠬝部。又甲文有卯字。王襄釋卯。則從二𠬝，𠬝與甲文卯字所從之𠬝同。為九拜之拜本字或初文。當立𠬝部而屬之。字或出字林。闕字亦校語。謂當言從二卩。今無也。【說文解字六書疏證卷十七】

◉張秉權 卯，象兩人並排地跪着的形狀，羅振玉疑即古文巽字。【殷虛文字丙編考釋】

◉饒宗頤 卯人名，契文作卯，亦作卯(屯乙六六九七)。說文卩部：「卯，二卩也。巽从此，闕。」廣韻：「卯，具也，士戀切。」丌部：「巺。具也，从丌巳聲。」卯蓋巺字。又與顨同，許書丌部：「顨，巽也。」从丌从頭，从卯與从頭同意。又頁部：「頭，選具也。」人部：「僎，具也。」卯、巺、顨、僎四字俱一義，今字巺作巽。【殷代貞卜人物通考卷十二】

◉李孝定 丁氏謂即巺之本字。其説是也。卯以巺順為本義。與从義同。其異在一立一跽耳。惟丁氏引于鬯説「丨」象脛則非。「丨」實象人臂。人跽時。兩手拊厀側視之正如此也。丁氏又引羅説。謂卩即人字。亦稍有未安。卩固象人跽形。然與人則非同字。契文卩字無一用作人字者。至尚書「諸節」之節。丁謂即「人」字之誤。説固可通。蓋古文尚書或有譌「人」為「卩」者。一誤再誤。今本遂作「節」字。非古文直以「卩」為「人」字也。此等字在偏旁中固多可通。然於單獨使用時。則涇渭分明。不容掍淆也。【甲骨文字集釋第九】

◉考古所 卯：在卜辭中常用為人名或地名，有時也可用為人牲，佚八九七：「又妣庚，五卯十宰」，即用五卯與十宰對妣庚進行又祭。五卯可能為五個卯族之俘虜。在此片卜辭也是人牲。【小屯南地甲骨】

◉徐中舒 卯乙六五一八 從二卩，象二人相從跽跪之形，會從順之意，為巽之初文。《說文》：「卯，二卩也。巽从此。闕。」【甲骨文字典卷九】

◉許 慎 㔾卩也。闕。則候切。【說文解字卷九】

◉馬叙倫 嚴可均曰。闕者。蓋闕从反卩三字。小徐無此篆。六書故卅三。卯。從㔾卩。引唐本曰。反㔾為卩。蓋唐本亦無㔾篆。只于卯之説解中出之。龔橙曰。卩即㔾。倫按卩今音則候切。音如湊。在精紐。㔾音亦精紐。實一字而以雙聲讀之。㔾卩即古書所謂節湊。或作節族。皆借字也。闕字校語。【說文解字六書疏證卷十七】

印

印　从爪从卩象以手抑人而使之跽其義如許書之抑其字形則如許書之印意印抑為一字羅振玉說徐同柏釋仰不从人　毛公𢉅鼎　用印卲皇天

曾伯霥簠　印燮繁湯【金文編】

9·92　練印　合證63【古陶文字徵】

印　法五五　二例　法一三八　秦六四　六例　效三〇　秦一六九　三例【睡虎地秦簡文字編】

0151【古璽文編】

校尉之印　遂久令印　軍曲侯丞印　安民正印　脩故亭印　北鄉之印　東平飤官長印　趙修式印　鳴與光印　孔利之印　李敖之印　格金私印　霸成印信　動印　呂禹之印　信私印　夏奉之印　楊禹修印　君孺私印　隨庶印　告免印【漢印文字徵】

禪國山碑　玉印【石刻篆文編】

印【汗簡】

汗簡【古文四聲韻】

◉許　慎　執政所持信也。从爪。从卩。凡印之屬皆从印。於刃切。【說文解字卷九】

◉徐同柏　印當讀為抑。說文云：抑，按也。从反印。【周曾伯霥簠　從古堂款識學卷二】

◉劉心源　印說文作。从卩。从爪。此从。即卩。从。即爪。【奇觚室吉金文述卷四】

◉劉心源　印徐籀莊讀抑。說文抑。按也。从反印。古文無正反。讀抑是也。抑者，按循。【曾伯霥簠　奇觚室吉金文述卷五】

◉柯昌濟　抑。說文。按也。从反印。俗从手作此文。正从反印。與說文合。此金文字訓之不背於說文者。【曾伯霥簠　韡

華閣集古録跋尾】

◉林義光 卩即人字。見卩字條。印臻韻抑微韻雙聲對轉。當即抑之古文。象爪在人上。抑按之。古作□毛公鼎。説文云。□按也。从反印。按即印之反文。音轉如壹耳。【文源卷六】

◉王 襄 □古抑字。許説按也，从反印。此象一手按人之形。【簠室殷契類纂第九】

◉丁佛言 □曾伯簠。以手持卩曰印。許氏説執政所持信也。與後世印綬字不同。説文正為印。反為抑。古似無此分別。□古鉥。工師之印。印係山東出土。覆斗上鈕缺。陳簠齋謂工師是齊官。案印文作□。篆文仍是六國文字。而用印不用鉥。學者謂印始於秦。恐未必。然意者。此其改鉥為印之初制與。□古鉥。印士。【説文古籀補補卷九】

◉高田忠周 卜辭□字。與此篆正相反。要印□相反。此為轉注字。印為璽之異名。由字形審會意之指。璽从土爾聲。印與土。可昵邇之意也。或从玉从金。取其材質也。璽得與土相昵者。人手為之也。此謂之印。故从爪从卩。卩者。信節也。璽亦節也。即卩也。然其物曰璽又曰印。印璽則抑按于泥土者也。其抑按之曰□。□與印其義相反相成也。轉為凡按也。安也。治也。止也。屈也。枉也。抑周禮曰璽不曰印。而未可保殷無印名矣。又或周禮曰璽不曰印者。印者私璽之名。而非公法所用。而當時禮書無印之偁乎。漢依舊禮。故私曰印。公曰璽。自可有所原而已。又按周璽有曰印者。見上工師之印。即是公璽也。前説亦非。今正。因謂上出卜辭云印令者。猶後世云璽書邪。【古籀篇卷二十五】

◉孫海波 説文□：「按也，从反印。□俗从手。」又印字注云：「執政所持信也，从爪卩。」甲骨金文□字从爪，从人跽形，象以手抑人而使之跽，其誼如許書之抑，其字形如許書之印。按抑本訓按。説文禮記内則注淮南子精神訓注。訓屈。史記劉敬叔孫通傳集解。訓止。楚辭招魂注。與字形合。引申之訓安。方言十三及廣雅釋詁一。訓治。廣雅釋詁三。訓慎密。詩賓之初筵傳。以及凡謙抑之稱。蓋印抑古實一字，後世執政以印施治，乃假按印之印為之。反印為□，殆出晚季，所以別于印信字也。【甲骨金文研究】

◉馬叙倫 此按問之按初文。執政所持信也非本義。後世所謂印。古謂之璽。秦漢之鉩猶多存者。漢舊儀。千石六百石四百石曰印。釋名。印。信也。史記蘇秦傳。吾安能佩六國相印乎。則戰國已稱璽為印。蓋印從爪從□。為抑之初文。從爪抑人頂而使之伏。指事。用璽必按之。故即以為名耳。吕氏春秋適威。若璽之於塗也。抑之以方則方。抑之以圓則圓。是其證也。今杭縣謂以手按物。其音如慶。即印之聲變。王筠謂印之本義失傳。許但以秦漢間説之。倫謂或今説解非許文。或本作信也。以聲訓。吕忱增執政所持玉信也。甲文作□。玄應一切經音義引倉頡。印。信也。又引驗也。又引三倉。信

𠨍

也。驗也。字從爪𠃨也。曾伯簠作。毛公鼎作。古鉨作。甲文作。【説文解字六書疏證卷十七】抑音與於音古同。故得相叚。

◉高鴻縉 非仰。仰古作。與字異。即抑字初文。抑昭皇天。即詩大雅於昭于天之意。於為歎辭。【毛公鼎集釋】

◉李孝定 印抑同字，其本誼當為按，羅振玉之説是也。高田氏謂印為璽之異名，此就後世之語言衡之則是，然非造字之初誼也。高田氏嘗从許説，謂「卩」為瑞信，故有此誤，「卩」實人形，瑞信云者，假為節字耳。【金文詁林讀后記卷九】

◉楊樹達 爪謂手，卩即𠨍字，謂足也。初民無璽印，第以手足紋為印記。今鄉鄙無璽印時猶用此法，古俗之遺也。許以文化大進後之制説之，非是。【文字形義學】

◉于省吾 説文𠨍「从反印，俗作抑」。按印。印、仰、抑古同名，契文作印、𠨍，金文作印，反正無別。漢校官碑、西狹頌抑並从印不反，雖不符于許書，而不背于古文也。【論俗書每合于古文 中國語文研究第五期】

◉戴家祥 古音印讀「於刃切」影母文部，抑讀「於力切」，影母之部，之、文陰陽對轉，是印、抑兩字不但同母，而且同部。羅（振玉）説至確。【金文大字典中】

乙一八 从爪从卩象以手抑人而使之跪跽之形古印𠨍一字印訓桉訓屈訓枉訓止其義亦由抑桉引申而來 乙一〇〇 乙二一一 乙一一二 乙一四三 乙一九四 前四·四六·三 後二·九·八 林一·二四·一 佚六三七 佚六七四 河六四六 甲二二五 京都三一四一 【甲骨文編】

乙100 112 佚637 674 録172 646 【續甲骨文編】

古老子 印 𠨍 並崔希裕纂古 【古文四聲韻】

◉許慎 𠨍按也。从反印。抑俗从手。於棘切。【説文解字卷九】

◉羅振玉 説文解字。抑。按也。从反印。俗从手。又印注。執政所持信也。从爪卩。卜辭字。从爪从人跽形。象以手抑人而使之跽。其誼如許書之抑。其字形則如許書之印。抑訓按。許書及禮記内則注淮南精神訓注並同。訓屈。史記劉敬叔孫通傳集解。訓枉。國語晉語注。訓止。楚辭招魂注。與字形正合。引申之則訓安。方言十三及廣雅釋詁一。訓治。廣雅釋詁三。訓慎密。詩賓之初筵傳。及凡謙抑之稱。予意許書印抑二字古為一字。後世之印信古者謂之璽節。初無印之名。而卜辭及古金文則已有此字。曾伯霖簠云。克狄淮夷。印燮繁邑。抑亦訓安。訓治。印燮猶言安和矣。印之本訓既為按抑。後世執政以印施治。乃假按印之印字為之。反印為抑。殆出晚季。所以別於印信字也。古文每多反書。而卜辭及金文印字皆正書。無一反書如許書者。則印與抑之非有二字二誼明矣。【殷虛書契考釋中】

◉馬叙倫　金甲文反正每無別。此即印之反文。古鉨作。甲文作。【説文解字六書疏證卷十七】

◉李孝定　古但曰璽。蓋至漢始稱印。周禮璽節注曰。「今之印章」是也。璽稱印者。蓋用璽時必桉抑之。其文始顯。遂即以動詞之印為名詞矣。羅氏所説甚是。惟謂卜辭印字無反書者則不然。上出諸文已有反書如許書之抑者。惟古文正反每無別。二者仍是一字也。金文作曾伯霖簠　毛公鼎。【甲骨文字集釋第九】

◉徐中舒　乙一八　從爪從卩，象以手抑人使之跽伏之形。與《説文》归字篆文同。《説文》：「归，按也。从反印。俗从手。」按印字《説文》篆文作，説解云：「印，執政所持信也。从爪从卩。」即以爪置於卩之左上方者為印，而以爪置於卩之右上方者為归(抑)。自甲骨文觀之，爪置左置右無別。許慎分正反二形為印抑二字，乃因後世璽印出現，用璽時須按抑，故初名之归，後名動分化，乃以印為印信字，而印归意義始各有所專矣。【甲骨文字典卷九】

色

色　日乙一七〇　十例　日甲十七　七例　日甲六九背　四例　日甲六九【睡虎地秦簡文字編】

禪國山碑　殊輝異色【石刻篆文編】

色　色　色竝出義雲章　色　色【汗簡】

古老子　竝義雲章　汗簡【古文四聲韻】

◉許　慎　顏气也。从人。从卩。凡色之屬皆从色。所力切。古文。【説文解字卷九】

◉林義光　人卩非義。卩亦人字。象二人。與比字尼字同意。美色所比所尼之物也。【文源卷六】

◉商承祚　説文「色。顏氣也。从人卩。古文」。案此字玉篇未收。疑是後人增入。【説文中之古文考　金陵大學學報

一九三六年第二期】

◉馬叙倫　翟云升曰。集韻引作顔色也。于鬯曰。色從人從卪。卪即𠨍字。此會置人於𠨍上之意。色當以女色為本義。今訓顔气也是後義。倫按顔气之字。必不能以象形指事會意之方式構造也。色豈從人卪聲耶。于説不可通者。置人於膝上。不得女色義也。然倫謂古文色作𢁎者。蓋顔色之色本字。色當為男女交冓之義。孟子。食色。性也。從人在人上。倫又以為此乃甲文[glyph]之異體。[glyph]乃男女二生殖器之合形也。故為男女冓精之義。字見急就篇。顔气也非本訓。

𢁎　鈕樹玉曰。玉篇廣韻竝無。嚴章福曰。疑校者所加。倫按𢁎與色異字。蓋從顔省。疑省聲。或𡖑聲。乃顔之轉注字。顔𡖑音同疑紐也。顔之本音在曉紐。而𡖑從吴得聲。吴音當羊益切。在喻紐四等。喻四曉審同為次清摩擦音。故𢁎音入審紐也。古文下捝色字。【説文解字六書疏證卷十七】

◉楊樹達　卪蓋假為節。人之節概表見於顔色，故色从人卪。段氏云：「記曰孝子之有深愛者，必有和氣；有和氣者，必有愉色；有愉色者，必有婉容。孟子曰：『仁義禮智根於心』，其生色也，睟然見於面。此皆从人卪之理也。」樹達按：人為領名，卪為屬名。【文字形義學卷上】

◉徐中舒　[glyph]後下二二·一〇　從[glyph]從[glyph]刀，唐蘭釋色，謂其字本象一刀形而人跽其側，殆刀之動詞，斷絶之義也。刀增繁為召，則[glyph]亦即卲字。色卲一字，則絶紹亦一字，紹訓繼，絶訓斷者，乃一字有正反二訓之例。參見殷虚文字記釋卲。按其説可從。《説文》：「色，顔气也。从人从卪。」顔气乃借義，從人為從刀之誤。【甲骨文字典卷九】

◉湯餘惠　[glyph]牘1　[glyph]269　[glyph]269　[glyph]牘1　前揭諸字原皆無釋。今考雲夢秦簡「色」寫作[glyph]、[glyph]，又「絶」寫作[glyph]、[glyph]；故疑前三例皆色字而末例則當是絶字。269簡：「亓上載朱膂一百色四十色」，牘1寫成「絑膂百絶四十色」，兩相對照，可知「絶」亦用為「色」，所以《説文》所説絶字「从糸，从刀，从卪」就頗值得懷疑，簡文絶、色通用，大約是音近通假關係。古音「絶」，從紐，月部；「色」，生紐，職部，職、月入聲旁轉，其音當不甚遠。疑心絶字並非會意，而是从糸，色聲的形聲字。

色字的構形和本義又當如何呢？《説文》：

色，顔气也。从人，从卪。凡色之屬皆从色。（所力切。）𢁎，古文。

从前引色字的古文字資料看，《説文》謂「从人，从卪」並没有錯，但何以見「顔气」之義？《説文疑疑》説：

色，女色也。从人，从卪，會人宜節慾意。

表面看是説似有道理，但畢竟仍覺遷強。从形、音、義三方面探討，色之本義似當於尸部屆字求之。《説文》：

屆，从後相臿也。从尸，从臿。(楚洽切。)

《廣韻》：「屆，屆𡲬。」又：「𡲬，屆𡲬，前後相次也。」色字本形从人在卩(跪人)後，正前後相次之形。从音讀看，屆音楚洽切，古音在初紐、緝部；色音所力切，古音在生紐，職部，並屬正齒入聲，顯然很接近。因此，色、屆二字之義理應相同，均就兩性關係言之，今語所説的「好色」，可能正是使用色字的本義，而非謂女色。

至於簡文裏的「色」，自然不是用本義。亓上載絑署一百色四十色」「絑署百絶(色)四十色」，絑署，注622謂「赤紅色的旌旗」，可从。色，謂色目，種類名目之義。大約是説車上載一百四十種紅色的旗。

古璽文有：

 2461

為前人未識之字，今釋為「色」。【包山楚簡讀後記 考古與文物一九九三年第二期】

 艴

 艴蒲没切見古論語 【汗簡】

 汗簡 【古文四聲韻】

◉許 慎 艴色艴如也。从色。弗聲。論語曰。色艴如也。蒲没切。【説文解字卷九】

◉馬叙倫 錢坫曰。論語下七字似後人所加。王鳴盛曰。説解疑有誤。王筠曰。韻會六月引同。五勿引作色怒也。似是。説解與引經同文。豈將使人别考經説乎。𣎵部孛下引論語。色孛如也。豈齊魯古之異文乎。倫按此蓋怫之俗字。起於色字本義既昧之後。孛弗聲同脂類。故今論語作孛如。許書録俗字者不一。皮部卮部皆然。此與下文艵字亦然。又疑此類字皆吕忱增入也。【説文解字六書疏證卷十七】

 艵

◉許 慎 艵縹色也。从色。并聲。普丁切。【説文解字卷九】

◉馬叙倫 錢坫曰。莊子洴澼絖。李頤云。漂絮于水上也。艵即洴。縹即漂。倫按艵瀲音同滂紐。此為瀲之俗字。亦起於色字本義既昧之後。莊子之洴澼。亦瀲之長言也。或曰。此姘之異文。【説文解字六書疏證卷十七】

□□ 乙二二七七 卜辭卯㗊同字 【甲骨文編】

□ 乙1277 □ 續5·7·4 【續甲骨文編】

□ 汗簡 □ □ 竝崔希裕纂古 【古文四聲韻】

◉許　慎　□事之制也。从卩卪。凡卯之屬皆从卯。闕。去京切。 【說文解字卷九】

◉羅振玉　說文解字。卯。事之制也。从卩卪。卜辭□字從二人相向。鄉字從此。亦從□。知□即□矣。此為嚮背之嚮字。卯象二人相嚮。猶北象二人相背。許君謂為事之制者。非也。 【增訂殷虛書契考釋中】

◉郭沫若　□字羅王均釋卯。卜辭卿字古卿鄉同字有作□□諸形者。前四·二二。則此自是卯字無疑。⊘案此字說文適闕其音讀。段玉裁云。「今說文『去京切。』玉篇廣韻皆云『說文音卿』。此蓋淺人肊以卿讀讀之。卿用卯為義形。不為聲形也。玉篇『子兮切。』取卪字平聲讀之。廣韻『于禮切。』取卪字上聲讀之。蓋其音必有所受之矣。」余意以段說為近是。散氏盤有□字。即此□字之微異者。彼文云「我既付散氏田器」與下文「我既付散氏濕田牆田」為同例。語乃用既為既。是則讀子禮切子兮切者是也。故□若□當即既字之異字。乃从卿省。蓋卿者乃象二人相向而食。中之□若□即是食物。今徹去食物僅餘二人相向則是食已既矣。疑玉篇廣韻所厶。說文音卿者。乃音既之譌。不則後人所改易也。「今牧既」乃假為餼。說文。「氣。饋客芻米也。從米气聲。春秋傳曰。『齊人來氣諸侯。』見桓十年。今本作餼。槩。氣或從既。餼。氣或從食。」段玉裁於槩下注云。「既聲也。聘禮記曰『日如其饔既之數。』注云。『古文既為餼。』中庸篇曰。『既稟稱事。』注云。『既讀為餼。』大戴朝事篇。『私覿致饔既。』戴先生震曰。『既即餼字。』按三既皆槩之省。」 【卜辭通纂】

◉馬叙倫　鈕樹玉曰。繫傳作□。嚴可均曰。此無所闕。蓋舊本闕反切。翟云升曰。六書故引唐本作反卪為卪。曹籀曰。兩人相向為□。章炳麟曰。下文。卿。章也。以聲為訓。疑□本印章字。羅振玉曰。卜辭□字從二人相向。鄉字從此。亦作□。知□即□矣。此為嚮背之嚮字。象二人相嚮。猶北象二人相背。許訓事之制也非也。倫按篆當依鍇本作□。或如甲文作□。從□□相向。□為坐之初文。會意。其義則曹羅之說是也。然羅謂鄉字從此則非也。見鄉字下。許蓋以聲訓。事之制也或字林文也。 【說文解字六書疏證卷十七】

◉楊樹達　戩壽二葉之二乙云:「癸亥,其又彳于示壬,卯三牛。」王國維云:卯與尞瘞沈等同為用牲之名,以音言之,古音卯劉同部，柳留等字篆文从丣者，古文皆从卯，疑卯即劉之假借字。釋詁：劉，殺也。漢時以孟秋行貙劉之禮，亦謂秋至始殺也。釋五下。【卯 卜辭求義】

◉李孝定 散氏盤字。據其辭例讀為既字是也。然其字形象二人相从而頭皆反顧。於文不得為既。當是鑄器時作書偶誤耳。且即令得為既。其字亦與之象二人相向者不同也。郭氏又引為二人相向而食為饗之古文。因謂為之撤去食器則是食已既矣。夫為獨立之文字。固不待而後成字。誠如郭氏之言。則於六書之條。果當居於何等乎。羅氏釋此為嚮背之嚮之本字。甚是。辭云「癸巳卜令敦養☐卯。」卜通・四六七，餘・二・二重出。殘泐不完。郭氏讀為「令牧既」。亦未安。義云「貞叒卯六人。」乙・一二七七。卯當讀為饗。可為羅氏釋嚮之一證也。【甲骨文字集釋第九】

◉楊樹達 甲文作，或作。羅振玉云：「此為嚮背之嚮字，從二人相向，猶北從二人相背。許君謂為事之制者，非也。」樹達按：許君云闕，闕其音也。大徐據卿字作音，非是。今得羅說，此字之意固躍然如見，而音亦明矣。【文字形義學】

◉徐中舒 乙一二七七 從二欠相對，象二人張口相向之形，為嚮背之嚮初字。與《說文》卯字篆文略同。《說文》：「卯，事之制也。从卩㔾。」當為引申義。【甲骨文字典卷九】

卿

前四・二一・五 象二人向食之形引申以為宴饗之饗因其有相向之義故又用為公卿之卿

前四・二一・七 卿史即卿事

燕五八八

甲三八〇 叀多生卿 用為饗

甲四二七 卿王事

甲七五二

簠典九九

甲一〇四一

甲一六三四

掇一・四三四

甲二七七九

甲二八二三

佚二六六

佚三八一

粹一二五二 王其敵休于西方東卿 用為嚮

粹五四三

鄴三下・四二・八 其東卿

京津四三八 或作鄉 說文以為鄉里之鄉

京津一〇五六

前一・三六・三

前四・二二・六

前四・二二・七

前四二二・八

林一・二四・八

存下一九五

燕七二八 【甲骨文編】

甲376 427 752 1041 1256 1368 1539 1634 1933 【續甲骨文編】

卿 象兩人相向就食之形公卿之卿鄉黨之鄉饗食之饗皆為一字羅振玉説 宰峀簋 王饗酒 乙亥鼎 𠈌簋 令簋 先獸鼎 伯簪簋 仲爯簋 伯者父簋 宅簋 甲盉 麥鼎 妹弔昏簋 師遽方彝 衛盉 三年癲壺 虢季子白盤 爵文 天亡簋 曾子斿鼎 民具是饗 从食 適簋 欮簋 弔趯父卣 效卣 長由盉 伯康簋 仲枏父鬲 仲枏父簋 曾伯陭壺 大鼎 中山王嚳壺 以饗上帝 𧊒壺 饗祀先王 卿與鄉為一字禮記冠義以摯見於鄉大夫以鄉為卿 小子鼾簋 卿事 觶尊 卿卣 伯卿鼎 臣卿簋 矢尊 矢方彝 毛公𢉩鼎 番生簋 伯公父匿 𠂤弔多父盤 邾公釛鐘 及我正卿 趞曹鼎 北鄉 爾雅釋宮兩階間謂之鄉注人君南鄉當階間 衛簋 同簋 吳方彝 師遽方彝 袁盤 柳鼎 𢦚簋 朢簋 克鼎 善夫山鼎 休盤 伊簋 師虎簋 趞鼎 王臣簋 【金文編】

5·384 瓦書「四年周天子使卿大夫……」共一百十八字 【古陶文字徵】

卿 日乙二四八 語三 二例 秦一六九 二十四例 效二八 五例 【睡虎地秦簡文字編】

0874 4010 【古璽文編】

李中卿 張少卿 卿明之印 蔡小卿 陳來卿印 楊中卿 紀中卿印 夏少卿 田中卿 周中卿 趙子卿 公孫少卿 【漢印文字徵】

上谷府卿墳壇題字 祝其卿墳壇題字 上尊號奏領陽識 【石刻篆文編】

卿出李尚隱集字 卿【汗簡】

古孝經 汗簡 李商隱字略【古文四聲韻】

◉許慎 章也。六卿。天官冢宰。地官司徒。春官宗伯。夏官司馬。秋官司寇。冬官司空。从卯。皀聲。去京切。【説文解字卷九】

◉吴大澂 古卿字。毛公鼎曰。卿事寮太史寮。多父盤曰。卿事師尹。邾公鐘曰。樂我嘉賓及我正卿。【説文古籀補第九】

◉吴式芬 陳壽卿説⊘鄉即饗。省食作鄉。詩彤弓。一朝饗之。箋。大飲賓曰饗。禮郊特牲大饗註。此大饗之諸侯也。儀禮士昏禮。舅姑共饗婦註。以酒食勞人曰饗。【虢季子盤 攈古録金文卷三】

◉吴大澂 當即饗字。儀禮公食大夫禮設洗如饗注。古文饗或作鄉。師遽尊鄉醴當釋饗醴。【虢季子白盤 愙齋積古録十六册】

◉劉心源 征人鼎 即卿。用為鄉。實為饗。古文止卿字。小篆為三形耳。如𨚵鼎。王酒。效卣。納於王。饗字也。與此同。望敲。北。吴尊。北。鄉字也。即向。毛公鼎。士寮。邾公鐘。及我正。卿字也。竝可證。【奇觚室吉金文述卷一】

◉方濬益 乃兩人相向之形。⊘蓋古卿與鄉本一字。彝器銘立中廷北鄉。字習見。正作卿。小篆興。始分為二。專以此為公卿字。而更制鄉字从𨛜以别之。説文鄉下云。國離邑。民所封鄉也。經典鄉嚮互見。説文無嚮字。易隨卦象辭君子以嚮晦入宴息。釋文曰。本又作向。王肅本作鄉。吴縣雷深之浚曰。按盤庚不可嚮邇。隱公六年莊公十四年左傳引皆作鄉。向正字。鄉古叚借字。嚮俗字。濬益按。説文。向。北出牖也。義微别。古文當以卯為正字。或作。彝器銘皆作卿。而公卿為左右輔弼之臣。故亦从卯以象形見義。从皀得聲。故又可叚借為饗祀字也。【伯卿鼎 綴遺齋彝器款識考釋卷四】

◉方濬益 文為二人相向。中从皀。卿字也。今釋饗者。古卿饗一字。觀師遽尊銘饗醴字作卿。而大鼎銘从食作卿。可證。【饗爵 綴遺齋彝器款識考釋卷十九】

◉徐同柏 卿鄉省讀為大饗之饗。嚴陵方氏慤云。大饗之禮十有一。其别凡五。一祭帝。禮月令季秋大饗帝。禮器郊特牲大饗腥是。一祫祭先王。禮器大饗其王事與。又大饗之禮不足巳大旅是。一天子饗諸侯。郊特牲大饗尚腶脩是。一兩君相見。

郊特牲大饗君三重席而酢。仲尼燕居大饗有四。坊記大饗廢夫人之禮是。一饗賓客。周禮大司樂大饗不入牲。禮雜記大饗卷三牲之俎是。此饗為視酎行廼。又一饗禮也。【商企鼎　從古堂款識學卷十三】

◉羅振玉　古金文嚮背之嚮公卿之卿饗食之饗皆作□。毫無分別。曩以為疑。嗣讀白虎通言是卿之言嚮也為人所歸嚮。始悟公卿之卿與饗食之饗古為一字。而□則嚮背之嚮也。卿彝卿字作□。象兩人相嚮就食之形。蓋嚮食之饗本字也。□从兩人相嚮。與□即背之从兩人相背者誼正同。嚮背之嚮當如此作。或借饗食之□為之。而公卿之卿誼取為人所歸嚮。故亦借□字為之耳。【雪堂金石文字跋尾】

◉羅振玉　□　此字从□即人相嚮之嚮。詳唐風樓金石跋尾。从□或从□從□皆象饗食時賓主相嚮之狀。即饗字也。古公卿之卿鄉黨之鄉饗食之饗皆為一字。後世析而為三。許君遂以鄉入□部。卿入□部。許君訓□為事之制亦誤。未知其為嚮背字也。饗入食部而初形初誼不可見矣。【增訂殷虚書契考釋中】

◉羅振玉　至殷之官制。則有卿事。卿事亦見乙未敢。文曰「乙未卿事錫小子□貝二百。」與卜辭同。毛公鼎及番生敢亦皆有卿事。士古皆訓事。卿事即卿士也。詩商頌「降予卿士。」大雅「百辟卿士。」箋「卿士。卿之有事也。」又小雅「皇父卿士。」箋云「朋黨於朝。皇父為之端。兼擅羣職。故但目以卿士云。」詩之卿士即卿事。周官六官之長皆曰卿。而鄭君謂卿士兼擅羣職。是卿士即冢宰矣。周官雖無卿士之名。而屢見於詩及周初古金文。是周官實沿殷制矣。【增訂殷虚書契考釋下】

◉丁佛言　□古鉢。商卿。□古鉢。公孫卿。【說文古籀補補第九】

◉强運開　□番生敢。卿事大史寮。羅振玉云。象兩人相向就食之形。公卿之卿鄉黨之鄉饗食之饗皆為一字。□趞曹鼎。北鄉。爾雅釋宮。兩階間謂之鄉。注。人君南鄉當階間。容庚說如此。運開按。釋名曰。鄉。向也。金文中凡言立中廷北鄉。皆以卿為鄉。□諆田鼎。王射有嗣衆師氏小子卿射。吳愙齋釋為會射。非是。運開按。薛氏欵識召中考父壺用祀用卿釋饗。古者射必有饗。蓋卿亦饗之異文也。【說文古籀三補第九】

◉陳邦懷　江先生永羣經補義卷二云。「周初官制。冢宰總百官。後來改制。總百官者謂之卿士。而宰為庶職。故皇父卿士最尊。在司徒與宰之上。詩本作『家伯維宰』。今詩誤作冢宰。平王時。鄭桓公武公雖為司徒。而實為卿士。後以虢公忘義為之。則宰咺渠伯糾宰周公宰孔皆非周初之冢宰也。說春秋者猶以總宰言之。疎矣。卿士秉政。殷時已然。故卿士惟月。在師尹之上。周之官制。後改從殷制也。」江先生說周初官制冢宰總百官。後來改制。總百官者謂之卿士。可補羅參事說所未及。參事據鄭箋知卿士即冢宰。而未知後乃改冢宰為卿士。故周官經自不當有卿士之名也。【殷虚書契考釋小箋】

◉高田忠周　古有卿無鄉。誠如劉説。然卿士字作□。饗食字作□。一从皀一从食。自有分别。或云作□者从亼从卿聲。亼。古集字。集卿大夫士以饗食酒也。亦通。【古籀篇二十五】

◉高田忠周　説文。□鄉人飲酒也。从食从鄉。鄉亦聲。會意兼形聲。造字之意。自顯然者。然三代古器銘。有卿有卿。無饗。殷商卜辭亦然矣。因謂六卿字。从卯皀聲。饗食字。从食。卿省聲。作卿。古文固如此。又無鄉字。郒即鄉。與饗字元無涉耳。又按或卿卿亦元同字。古文皀食通用恆見。而字始从二人夾食相對。一人為主。一人為賓。即饗食之狀可見矣。二人相對。故轉為向對義。又饗食之禮。必有介輔而助之。此謂之卿。轉為六卿義。字亦从卯。以為分别。又按古卩人通用。令字即字所从皆混用可證。卿卿□並皆六卿字。其用為饗食字者。叚借為亯字也。亯訓獻也。从高省。曰象進孰物形。隸變作亯。獻食于神前曰享。轉當為饗食義也。左傳多以享為饗。實本字也。疑而未能決定。闕如以俟來哲。要三代無饗字。小篆以後。始有之矣。朱駿聲云。詩七月朋酒斯饗。傳饗者鄉人以狗。大夫加以羔羊云云。駿按樂記。射鄉食饗。所以正交接也。王制。習鄉尚齒。鄉飲酒。即鄉字之轉義。饗當訓食也。凡大飲賓曰饗。故受食亦曰饗。左莊四傳。止而享之。注食也。又書無逸。肆中宗之享國。周語。大臣享其禄。皆借享為饗。詩彤弓。一朝饗之。周禮大行人。饗禮九獻。饗之本義也。轉義。周語。王乃湇濯饗醴。注。飲也。左哀十五傳。其使終饗之。注。受也。叚借為享。禮記月令。大饗帝。注偏祭五帝也。又儀禮士虞禮。祝饗。注。告神饗也。小牢禮。尚饗。注。歆也。此説至詳。然此等饗字。元皆當作卿作卿。漢人改之。漢碑魏碑皆作饗字。可證也。卿固當與享通。【古籀篇八十八】

◉陳　直　卜辭有卿事元臣。蓋殷官名。羅氏考卿事為冢宰。恐非。予案。説苑云。「湯問伊尹曰。『三公九卿二十七大夫八十一元士。知之有道乎。』伊尹對曰。『三公者。所以參五事者也。九卿者。所以參三公也。大夫者。所以參九卿也。元士者。所以參大夫也。』」卿士即九卿之總名。夏有六卿。殷有九卿。殷有右相司保衡。均見史記。奚必以卿士當冢宰乎。卜辭之元臣。疑即殷之元士。【殷契賸義】

◉商承祚　□　説文卯「事之制也。从卩卩。闕。」段玉裁曰「卩卩今人讀節奏。合乎節奏。乃為能制事者也。」又云「闕謂闕其音也。其義其形則憭然矣。而讀若某。則未聞也。今説文去京切。玉篇廣韻皆云説文音卿。此蓋淺人肊以卿讀讀之。卿用卯為義形。不為形聲也。玉篇子兮切。取卩字平聲讀之。廣韻子禮切。取卩上聲讀之。蓋其音必有所受之矣。」今甲骨文之□。象二人相嚮之形。與北象二人相背者相反。則其音當讀如嚮。又甲文饗作□□。从□□从□□。象食時賓主相嚮之形。故曰饗。中不徹食。故為嚮。其形誼音固甚顯著。許氏之訓。段氏之讀。其至今可以知之矣。金文宰圃𣪘「王饗

酒」之饗作卿。从卯。與此為一字。(甲骨文亦有从卯作者。卿鄉饗嚮古本一字也。)【甲骨文字研究下編】

◉郭沫若　新十八片「克卿卿王史」殆謂「克襄王事」。【卜辭通纂】

◉馬叙倫　馮振心曰。從卯。從皀。象二人相向就食之形。倫按章也以聲訓。此饗之初文。從卯。從皀。皀亯食一字也。會兩人對食意。聲即得於皀也。未作卿字時。即以皀為之。故古書多以亯為饗。玉篇。饗。設盛禮以飯賓也。即此字義。或曰。飯賓不止一人。此從二人。明一方主一方賓。非從卯也。或曰。從皀。卯聲。倫謂古之饗禮專席。遺俗於今猶有可考。故字從卯。然字當入皀部。六卿以下廿六字校語。既不引經。又不言禮。王制有九卿之說與漢制合。許漢人。若不引經。當據時制言矣。不當漫為此詞。況諸凡偁引竝非許例邪。字見急就篇。【說文解字六書疏證卷十七】

◉馬叙倫　父己甗　甗　吳式芬曰。許印林說。上疑卿字。卿從皀。△疑即皀省。卿饗通。他器有享父辛。意正同也。倫按許説是也。舊釋鬲。非。卿為饗之初文。甲文作卿或作卿。象兩人相向而食。玉篇。饗。設盛禮以飯賓也。則此二人會一主一賓之意。非説文之卯字。器作此文。非為飯賓而作器。故書此文。蓋仍與作亼者同意。或卿有食義。此謂食器耶。【讀金器刻詞卷上】

◉陳　槃　居延簡：

郭中卿六百錢。

常宛亭卿六錢。⊘

「卿」，美稱，史書稱張釋之曰張釋卿，(史記本傳作張釋之，漢書高后紀作釋卿。補注，齊召南曰，案張釋卿，恩澤侯表作張釋，無卿字；燕王劉澤傳作張卿，無澤字。先謙曰，卿蓋美稱，若言某甫矣。)是其比。求之上世則趙有虞卿；楚荀況，或曰荀卿；燕荆軻，或曰荆卿，(史記並有傳。)亦其例。

漢人已以「卿」為美稱，故喜以「卿」字，如孟喜、施讎、司馬相如均字長卿，(漢書儒林傳，史記司馬相如傳。)蘇武字子卿，(漢書本傳。)隗囂字春卿(後漢書本傳。)之等，是也。此亦如當時以「王孫」為美稱，(史記淮陰侯列傳。又易林四小過之頤，「霄冥高山，道險峻難，王孫罷極，困於阪間」。王孫通稱，此亦一事矣。)故有田王孫(漢書儒林傳)、卓王孫(史記司馬相如傳)、楊王孫(漢書本傳)之儔矣。然漢人雖喜字卿，至如首引簡文之某卿某卿云云，其為美辭，固無疑義。

漢人之卿稱，不必限于尊貴，故簡文有「候長張卿」(〔五〇五〕八八・八)、「令史張卿」(〔二四六〕二五八・四)、「上計卒史郝卿」(〔九一〕五〇三・一二)、「倉曹孫卿」(〔二三八〕二七九・一七)、「官醫張卿」(〔二七五〕一五七・二八)、「縣廷卿」(〔五九〇〕二三九・二五)之等；而易林云：「匠卿操斧，豫章危殆」，(卷四小過之師。)則匠人亦可以卿稱矣；寢假，則雖婦女亦有其稱矣。

「卿」為虛稱，由戰國以至兩漢，可先後互證如此；乃風俗通氏姓篇云，「卿氏，趙相虞卿之後」；(廣韻十二庚引。)「戰國有卿秦為魏將。或云，項羽將卿子冠軍宋義之後」。(通志氏族略引。)按自古「天子建德，因生以賜姓，胙之土而命之氏；諸侯以字，為謚，因以為族；官有世功則有官族」。(左氏隱八年傳。)「卿」之得氏，蓋以官族故。虞卿，卿子冠軍並尊美之辭。卿氏之稱，不當遡原于此。因論之。【漢晉遺簡偶述　歷史語言研究所集刊十六本】

◉李孝定　古文公卿之卿鄉黨之鄉嚮背之嚮饗食之饗並為一字。誠如羅氏言。然其間或為本字或為借字。則不可無辨。羅氏謂□為嚮背之本字。□為饗食之本字。是也。惟謂卿之作□乃取為人所歸嚮意則非。誠如其言。則公卿字當作□不當作□矣。蓋字之作□者祇為饗食本字。从皀从卯。卯亦聲也。嚮背字亦作□者。則□之借字也。鄉黨字亦作□者。亦以同音相假。今饗鄉二字音讀仍近也。至公卿字作□。竊疑亦當於古音中求之。卜辭「克卿王史」。郭氏讀為「克襄王事」。是也。此可證卿□字殷時亦讀鄉若饗。又卿下許云「章也」。此與「天顛也」「髮拔也」同例。皆以聲近為訓。章鄉聲韻並同。然則□之為卿。純以聲近相假。非有他故。予於聲韻之學檮昧無知。姑妄說之。如此至卜辭「卿事」即詩之「卿士」。固無可疑。王是否即周初之冢宰。則殊難塙指。蓋殷周異代禮制之因革多端。吾人處數千年之下。欲就片辭孤證以上論殷周之史實。其亦難已。【甲骨文字集釋第九】

◉斯維至　士事同訓。白虎通爵篇云。卿士。卿之有事也。今金文均作卿事。殷虛卜辭已見卿事之名(前編2·23·4·21)。事作史。史事古本一字。番生𣪘云。卿事大史寮。毛公鼎亦云。卿事寮大史寮于父即尹。兩銘均以卿事寮大史寮並稱。疑西周之時實為兩寮共同執政。寮者猶今言府署之類。蓋一掌政事。一掌文書。古代官吏要不外此兩寮所統屬耳。此外尚有二器。雖不以此兩寮並舉。然亦頗有跡象可尋者。如令彝云。周公子明保尹三事四方受卿事寮。其銘末又云。左右于乃寮吕以乃友事。左右于乃寮。殆指卿事大史兩寮也。又齊叔弓鎛云。命汝職左卿為大事。鐘銘無正及無為大事數字。郭沫若讀事為史。謂叔弓郭釋叀非是以卿事兼攝大史也。案其說甚是。此可為春秋中葉叔弓鐘鎛為此時之器猶存古制之明證。惟其時已非兩職並列。而由一人兼攝。未始非古制轉變之朕兆也。

大史古本崇職。此王國維釋史已詳論之。卿事之職則以毛公鼎言之最為具體。其銘云。出入敷命于外。厥非先告父厝。父厝舍命。毋有敢春敷命于外。此言一切命令皆須得毛公之同意。然後可令吏屬奉行。此其權職之專可以想見。又令彝言周公子明保即伯禽由魯入為王朝卿事。郭沫若說。則開春秋鄭虢以卿事執周政之先例矣。

叔弓鐘云。左正卿鑄云左卿。殆即左卿士。又邾公釷鐘云。及我正卿。正卿之名於左傳多見。左莊廿二年並于正卿。文七年子為正卿。即卿士也。【兩周金文所見職官考　中國文化研究彙刊七卷】

◉王讚源　北卿，即北向。卿，甲骨文作□、□，金文作□、□，字從□從皀（皀與食通），象二人相向對食之形，本義應為「飲宴」，引申為一切相向之義。相向，經傳有作「鄉」，有作「向」，皆為卿的假借。嚮，是向的後起字。從鄉聲作饗的，也是鄉的後起字。饗所從的鄉，是卿的借字，饗所從的食，是皀的重形。說文訓卿為章，訓向為北出牖，訓鄉為國離邑民所封鄉，訓饗為鄉人飲酒，皆望文臆測，無一正確。故徐文鏡《古籀彙編》以公卿之卿、鄉黨之鄉、饗食之饗皆為一字，許氏析分三部，使「初形初誼不可見」。魯實先教授以為卿字於卜辭有：饗祀之饗（即享祀之享），鄉背之鄉（向）二義。於金文有五義：即第一相對之義；第二饗宴之義；第三卿士之義；第四曏之初文；第五姓氏。【周金文釋例】

◉李孝定　金銘卿、嚮、饗一字，各家無異辭，高田氏謂饗从食，卿从皀，自有分別，其說未安。食字亦从皀，二字偏旁中得通。按字作□，象兩人相向而坐，中設食器，其本誼當為饗；其引申誼為嚮；至卿字何以亦如此作，舍假借外，殊難索解，余不解音理，存此以俟高明。从𨛜之鄉，別是一字，與饗食、相嚮、公卿諸字無涉，徒以後出之「饗」、「嚮」諸字，均取「鄉」為聲，致論者多混耳。高田氏又謂左傳以亯為饗，實本字也，亦可商。饗象兩人對食，為饗食本字，亯古作□，乃建築物之象形，蓋象宗廟，乃饗神之所，用為饗食乃假借也。【金文詁林讀後記卷九】

◉黃錫全　□卿出李尚隱集字　卿鄉古同字，作□（前4·21·5）、□（仲爯簋）、□（衛盉）、□（信陽楚簡）等，中从皀，又从食作□（欶簋）、□（師虎簋）、□（邾公釛鐘）、□（中山王壺）等。鄭珍認為此字「蓋原作□」，甚是。夏韻庚韻録《古孝經》作□。接近古體，録此文作□，亦誤。【汗簡注釋卷二】

◉黃錫全　□卿　夏韻庚韻録此文作□，近似，此寫誤。卿饗古本同字作□（前1·36·3）、□（適簋）、□（中山王壺）、□（信陽楚簡）等，省食或皀便作□，再變作□。《說文》正篆譌變作□。【汗簡注釋卷四】

◉徐中舒　□前四·二一·五　從卯從□皀，皀為食器，象二人相嚮共食之形，為饗之初字。饗、鄉（後起字為嚮）、卿初為一字，蓋宴饗之時須相嚮食器而坐，故得引申為鄉，更以陪君王共饗之人分化為卿。【甲骨文字典卷九】

◉戴家祥　□字象兩人相向對坐共食一簋之形，本義當為饗。詩彤弓「一朝饗之」。箋「大飲賓曰饗禮」。金文「王卿」或「王卿酒」，卿即饗。兩人相對而坐，故引申為嚮、相向之意，如□北引申為皆意一樣。金文「北卿」，卿即嚮。原始社會，一個氏族部落就是一個共同勞動一起飲食的集體。他們聚族而居，形成村落鄉邑。因此，表示共食一簋之義的卿又引申為鄉邑之鄉。一鄉之中有鄉老，後來發展為六卿之官。因此，鄉字古又通作卿。如金文「卿事寮」「用召卿事辟王」之卿。

鼎銘云：「隹十又五年三月既霸丁亥，王在糦偵宮，大以厥友守王□醽。」□字从食从□，説文所無，以文義推之，字當釋卿。⊘按卜辭金文「卿」「鄉」同字，皆从□、从□□象兩人相向，為向背之向之本字。□古文簋。唐韻卿讀「去京切」溪母陽部，鄉讀「許良切」曉母陽部，在諧聲字中，牙音見溪兩紐每與喉音曉匣混諧，故卿鄉兩字不但形同，而且聲同。相向就簋，即宴饗之本字，經傳作饗，乃形聲相益之孳乳字也。鼎銘□□當讀饗禮，□字从□，乃□之省筆也。秋官大行人上公，王禮再祼而酢，饗禮九獻。侯伯，王禮壹祼而酢，饗禮七獻。若子男，則王壹祼不酢，饗禮五獻，有獻而無酢。又掌客云：「王合諸侯而饗禮，則具十有二牢，庶具百物備。」左傳莊公十八年「虢公晉侯朝王，王饗醴禮作醴，命之宥宥讀侑，皆賜玉五穀，馬三匹。」僖公二十五年「晉侯朝王，王饗醴，命之宥。」僖公二十八年「王享饗作享醴，命晉侯宥。」小雅彤弓之首章云：「鐘鼓既設，一朝饗之。」即主人獻賓之禮。次章云：「一朝右右讀宥，毛傳勸也之。」為賓酢主人之禮。三章云：「一朝醻同酬之。」即謂主人醻報之禮。程序較然，與周官互相佐證。是鼎銘之□醽為饗禮，或亦考釋家所首肯歟。

□邾公釓鐘　卿乃卿之別構。从食从皀其義同。皀即簋之初文，食為加蓋之簋，屬同器而稍異。故从皀之卿可以改作从食之卿。

□卿父己鼎　容庚曰：「□象兩人共食之形。□其盛食物之器也。」武英殿彝器圖録十二頁□父己鼎。按容庚所釋可从。就結構言，□乃□之別體，兩人相向而食，即與金文卿、鄉字同。卿父己鼎作人名。【金文大字典下】

辟　辟

甲一〇四六　甲三二三八　甲一四九〇　不从口與孱字之形相同　甲一五六四　前二・二三・一　前四・七・五　前四・一五・七　後一・一二・一　菁九・一三　戩三七・一二　佚六一一　乙六七六八　京津四一四四　簠人七九　【甲骨文編】

甲1046　【續甲骨文編】

辟　盂鼎　

麩伯簋　

商尊　

商卣　

作册魖卣　

召卣　

臣諫簋　

弔趯父卣

牆盤　癲簋　癲鐘　師𩛥鼎　𢦏鼎　師望鼎　伯公父匿　克鼎　善夫克鼎　虢弔鐘　禹鼎　毛公𤔲鼎　𢈔弔多父盤　辟東尊　師害簋　子禾子釜　省口　厲羌鐘　㸒辟韓宗　【金文編】

辟　秦一八五　十一例　通壁　東—　日甲八一　通避　不—席立　雜四　通臂　大—臑而僂　日甲七〇背　雜四　法九六　【睡虎地秦簡文字編】

辟陽矦相　王毋辟印　曹辟兵印　杜辟兵印　辟鄉　辟閭順印　傅辟兵　辟常之印　辟閭昌印　趙辟非　【漢印文字徵】

石經君奭　用乂厥辟　汗簡引作　【石刻篆文編】

辟出林罕集字　辟　辟　辟　辟竝出義雲章　辟出石經　辟義雲章　辟　【汗簡】

汗簡　古孝經　義雲章　古尚書　同上　義雲章　華嶽碑　古文　【古文四聲韻】

◉許　慎　法也。从卩从辛。節制其辠也。从口。用法者也。凡辟之屬皆从辟。必益切。【説文解字卷九】

◉吴大澂　古文不从口。盂鼎。或从日。陳子禾子釜。【説文古籀補第九】

◉羅振玉　古文辟从辛人。辟。法也。人有辛則加以法也。古金文作，增○，乃璧之本字。从○辟聲。而借為訓法之辟。許書从口，又由○而譌也。【增訂殷虚書契考釋中】

◉林義光　古作盂鼎。作洹子器璧字偏旁。从○不从口，○。束也。从人轉注。从辛。以○束之。與章同意。或作櫨伯器乙。譌从口。作師害敦。譌从日。【文源卷八】

◉丁佛言　郘公鼎。辟字反文。【説文古籀補補第九】

◉高田忠周　説文。法也。从卩从辛。卩制其辠也。从口。用法者也。此説有誤。今審法訓字元作㡊。从卩辛會意。卩辛即節制罪人也。法也者。今所謂刑法治罪法也。轉為凡法度義。又為有法度之偁。又用法之人亦曰辟。爾雅辟君也是也。此辟實當作㑥。經借辟為之耳。辟實古文譬字。説文。譬。喻也。从言辟聲。而凡言部字古文从口。謀古文作𠰓。嚳古文作𡆾之類。此為通例。至小篆往往从口又从言。即為重複。同詷合詥周調咸諴之類皆是也。然則先有訓法㑥字。次有諭義之辟。从口㑥聲。㑥兼會意。已从口不須从言。喻亦作諭。口言同意故也。以法喻告罪人。此謂之辟。是辟字本義。轉為凡辟喻義。辟㑥轉注。義相涉矣。後人借辟為㑥。叚借字專行而本字遂滅焉。又更制譬字。為譬諭專字。猶借左右為ナ又。左右專行而ナ又殆廢。又制佐佑字為左右義專字也。但漢人亦尚有用字近本形者。辟或作辟。是也。夫如此。故知辟即壁辟即臂。皆與辟當互證矣。此篆前人多釋為遲。以遲父偁器名。非。今正。

羅叔言君書契考釋云。按古文辟从辛人。辟。法也。人有辛則加以法也。古金文作□。增○。乃璧之本字。从○㑥聲。而借訓法之辟。按與鄦説近。備參云。唯古文人卩通用。而㑥字所从。正是卩字正形正義。斷非人也。【古籀篇二十五】

◉陳　直　辭云：「己巳卜王于□辟門㝅。」案虞書：「闢四門」，馬注云：「闢，門也。」禮記郊特牲云：「索祭祝於祊」，鄭注云：「索，求神也。廟門曰祊。」卜辭辟門㝅僅一見，蓋祊祭之㝅禮也。【殷契賸義】

◉郭沫若　第一二八〇片「乙□卜，多辟臣其……」

「辟臣」蓋是「嬖臣」。【殷契粹編】

◉馬叙倫　段玉裁曰。法當作灋。鈕樹玉曰。卩。宋本作卩。羅振玉曰。甲文有□字。從辛。從人。人有辛則加以法。此為辟法也之辟本字。而辟字增○於㑥下。乃璧之本字。從○。㑥聲。而借為訓法之㑥。許善從口。由○而譌。倫按此璧之初文也。從○。㑥聲。○又辟之最初象形文也。唯如羅説。□字為會意。從人從辛。則辠人而已。倫檢金文辟字。毛公鼎作□。盂鼎作□。善克鼎作□。師朢鼎作□。師害敢作□。子禾子釜作□。皆從夷踞之夷本字作□者。唯𠭯白敢作□。甲文作□□□□。似皆從□。倫謂字當從□。實即尸部之屖字。從辛。□聲。即史言夷三族之夷本字。夷其三族。謂辠其三族也。辛為辠之初文。辠下曰。犯法也。辛之本義為犯辠。及為干支之義所專。乃作屖字。辛音心紐。□音同夷。當在喻紐四等。同為次清摩擦音。明其音仍原於辛。心非同為次清摩擦音。則得轉入非紐。今此音必益切入封紐者。蓋由非轉封耳。□音古讀歸定。辠音從紐。古亦歸定。是亦辠之轉注字。辟從屖得聲。故古書多借辟為屖。而𢍱𨐨轉從辟得義。法也者。字林訓。見玄應一切經音義引。然下文𢍱𨐨竝訓治也。疑法為治譌。屖治以聲訓。治也謂治辠也。從卩從辛當作從辛〳聲。節制以下十一字皆校語。或字林文。當移此為璧之重文。而移尸部之屖為此部首。字見急就篇。

【說文解字六書疏證卷十七】

◉郭沫若　「辟＝康盄」辟字有重文，懷釋未及。辟＝當讀為便便。詩采菽「平平左右」。釋文引韓詩作「便便」，云「閑雅之貌」。閑雅即此之「康盄淑」，非人名也。「辟＝康盄」猶謂便便焉閑雅。【嗣子壺　金文續考　金文叢考】

◉陳夢家　多辟臣可能是嬖臣，乃親近的褻臣。鄭制左傳昭元昭七哀五大夫分上、亞、嬖三等。所以卜辭的元臣、小臣、辟臣可能也是等級有差之臣。【殷虛卜辭綜述】

◉李孝定　栔文正从卩从辛亦或增口。古文有口無口每無別。舊或釋屖。於上舉[glyph]門及多[glyph]臣辭例不可通。且字从卩不从尸也。【甲骨文字集釋第九】

◉丁　驌　[glyph]卲：人名與[glyph][glyph]字不同。⊘是帚貍之生存時代當在武丁、祖庚交替之際。而又是祖庚、祖甲一代，子卲、子咭為庚、甲子姪輩，故求子卲之祐于小王。小王即孝己也，故疑其為祖己之配。子卲于辛巳夕生，或即稟辛亦未可知。

郱近似邦，後一字釋辟。（通六一五）从辛从卩無疑。辭稱「辟臣」「多辟臣」，竊疑辟字實為殉人之意。【子卲（[glyph]）　中國文字第八卷第三十二册】

◉于省吾　唐蘭同志讀「隹辟孝㫚」句，並謂：「正是君長孝父母，友兄弟。」裘錫圭同志讀「歲䜴隹辟」句，訓「辟」為「開辟土地」，又以「孝㫚史牆」為句。徐中舒同志謂：「善于前輩為孝，善于同輩為友。惟辟孝友言穆王善于其臣民，使其臣民皆盡心竭力以事其君。」李學勤同志讀「䢅嗇戉䜴隹辟」句，訓「辟」為「璧辟」。又讀「孝畣史牆」句，並謂「如果連上讀為惟辟孝友，就不通了」。按「隹辟孝客」是一個成句。以上各說，無論割裂成句與否，均不得其解。

典籍中訓「辟」為「法」者習見，例如：「逸周書・祭公」的「天子自三公上下辟于文武」，孔注訓「辟」為「法」，是指「效法」言之。師朢鼎的「用辟先王」，「辟」也應訓為「效法」。《詩・文王有聲》的「皇王維辟」，釋文訓「辟」為「法」，是指：「法則」言之。總之，「辟」作動詞用，則為「效法」；其在句末作名詞用，則為「法則」。《說文》：「型，鑄器之法也，从土刑聲。」段注：「《詩・文王》，儀刑文王，刑于寡妻，傳並云刑，法也。刑本作㓝，型之省形存聲字也。」按段說本末倒置。依據古文字，則刑罰之刑，刑效之刑，型範之型，本皆作「井」。後世以用各有當，遂致分化。又《爾雅・釋詁》訓「則」為「法」，《詩・卷阿》的「四方維則」和《烝民》的「柔嘉維則」，「則」均應訓為「法則」。銘文的「隹(唯)辟孝客」，乃「孝客唯辟」的倒文。此語上一句為「䢅嗇戉(越)䜴(歷)」乃「越歷䢅嗇」的倒文。金文倒文之例常見，不須再引。「孝客唯辟」之「辟」作名詞用，應訓為「法則」。這是史牆贊諛其文考乙公

⿱辟井

以孝客為法則。又「孝客唯井」這句話，和曆鼎的「孝客唯井」，《詩》之「皇王維辟」、「四方維則」、「柔嘉維則」，其詞例與義訓恰好可以互相印證。【牆盤銘文十二解　古文字研究第五輯】

◉李孝定　辟字从卩从辛，卩，古文無節制義，辛亦不訓辠，郭沫若氏謂辛為剞劂，所以施墨刑，又从卩，與人意同，故字得訓法也。金文或用為弼字，師望鼎「用辟于先王」是也。又或訓君，毛公鼎「女弗目乃辟陷于艱」是也。字或从⊙，乃「○」之增繁，非从肉也，高田氏説非。【金文詁林讀後記卷九】

◉戴家祥　辟乃璧之初文。金文从○，象璧形。説文一篇「璧，瑞玉圜也。」爾雅釋器「肉倍好謂之璧」，注：「肉，邊也。好，孔也」。金文亦有从⊙，○中有點，為孔。後世「辟」有「法」、「誅」等意，初義泯滅，乃加「玉」為「璧」，以還原義。史記「宋辟公名辟兵」，索隱引紀年作「璧」。堯廟碑「吕君諸⿱辟井」，史晨奏銘「臣伏見臨⿱辟井」，「辟」均作「⿱辟井」。唐韻璧讀「北激切」，幫母脊部，集韻音必益切，幫母支部，與辟同母又同部。【金文大字典上】

◉許　慎　⿱辟井治也。从辟。从井。周書曰。我之不⿱辟井。必益切。【説文解字卷九】

◉丁佛言　⿱辟井毛公鼎。⿱辟井辭公族。原書入附録。釋駿。非。案字从[illegible]从井从[illegible]。[illegible]。手也。井。法也。[illegible]。[illegible]之繁文。當篆作[illegible]。下為[illegible]之譌。非从女也。余定為⿱辟井字。治也。為人以手據法治事之意。⿱辟井司公族者。治司公族也。其不从辟者。辟為節制其辠。治事不盡為治罪也。疑識左作[illegible]者蓋範壞也。⿱辟井㫃鼎。⿱辟井司鄭田。【説文古籀補補第九】

◉馬叙倫　沈濤曰。書金縢釋文引作法也。今本作治。涉⿱辟乂下説解而譌。鈕樹玉曰。篇韻竝作治也。不譌。倫按字當從屖井聲。今篆作⿱辟井。蓋此與⿱辟乂字皆傳寫譌改。由借辟為屖。習之既久。故從屖者皆譌寫為辟矣。或此二字皆作於借辟為屖以後也。屖音心紐。井音精紐。同為舌尖前音。蓋屖之轉注字也。今音必益切與辟同音。書金縢字止作辟。是辟⿱辟井同音。井聲而與辟同音者。辟聲支類。井聲耕類。支耕對轉也。此字蓋出字林。吕忱治古文尚書。猶及見真偽孔書。故引書字作⿱辟井也。鍇本作從辟井。捝聲字。由校者不明井聲所由。故删之也。餘見并下。【説文解字六書疏證卷十七】

⿱辟乂

⿱辟乂 石經君奭　同乂説文⿱辟乂治也从辟乂聲虞書曰有能俾⿱辟乂【石刻篆文編】

◉許　慎　⿱辟乂治也。从辟乂聲。虞書曰。有能俾⿱辟乂。魚廢切。【説文解字卷九】

◉馬叙倫　王國維曰。彝器多見辪字。蓋即嬖字。當依彝器作辪。從辛。從𠂤。從止。謂人有辠。𠂤以止之。𠂤者。衆也。此從辟乃辪之譌。辪譌為辟。後人曰加乂為聲。倫按吴大澂據宗婦方壺。以降大福。保辪鄁國。謂辪亦當訓治。本書辥嬖皆訓治。疑辥嬖皆辟之異文。倫謂辪即辛部之辪。辠也。從辛。𠂤聲。為辛之音同心紐轉注字。櫱字從之得聲。而音入疑紐者。本書奇言皆從辛得聲。奇讀若櫱。辛辛一字。𢆉為辠孼之孼本字。辛辪聲為脂真對轉。故音亦轉入疑紐。與此非一字也。嬖從乂得聲。為屖之轉注字。屖從𠂈得聲。𠂈音如夷。夷乂聲同脂類。古書言芟夷。即芟刈。是其例證矣。治也者。當為治辠也。引申為治安義。如保嬖字亦得借為安。安從女得聲。女乂皆邊音也。古書訓乂為安者。亦即借為安。非必嬖省。玄應一切經音義引古文官書。辥嬖二形同禅尺反。疑此二字皆呂忱加也。【説文解字六書疏證卷十七】

甲一〇五五　卜辭勹用為旬　甲一一七八　乙六六八六　乙七七九五　鐵三三·三　鐵七〇·一　鐵二四七·二　餘一七·一　前四·二九·六　前六·六五·四　前七·三七·一　前七·三九·一　菁五·一　林一·一·一　佚二八　佚二九　佚六三　福一七　京津一二五五　京津一七八一　京津一七八二　京津一七八三　存五五六　粹一一八一　續四·八·二　續四·二五·一　明藏一九二　燕一一五　燕一二三　甲一四一七　甲一四七八　拾一〇·一　前五·三三·一　鐵一五一·二　戩二九·五　戩二九·一　戩三〇·二　戩三〇·八　戩三〇·三　戩四六·七　佚二三三　佚二三九　佚三八五　京津四六九一　京津四七二〇　存二〇五六　存二〇六一　粹一四五二　明藏七五一　寧滬一·四五〇　前二·四·七　前二·一四·二　前二·一七·八　前二·四〇·七　前四·七·一　前五·一五·五　前五·一六·三　前六·六六·七　後一·一〇·四　後一·一八·六　佚五三　京津五五一八　京津五五二·二　粹一四五七　燕九六　燕九七　燕一〇二

燕一〇三　鄴二下・三八・五　京津四七二六　京都三〇八〇　【甲骨文編】

〔二二〕〔六七〕〔六七〕【先秦貨幣文編】

勹百交切　【汗簡】

◉許　慎　勹裹也。象人曲形。有所包裹。凡勹之屬皆从勹。布交切。【說文解字卷九】

◉郭沫若　本此刻骨之用意以求之。可知勹字斷不得釋為矛。董氏雖引金器及金文从矛之字以為證，然其字殊不類。余謂此當是勹包之古文。象有所包裹而加緘縢之形，小篆作勹即从此而出。壽縣所出楚王鼎匋字作匋，所从勹字形未盡失。又卜辭有楙字，曰「今楙凡受㞢又有祐。」前七・二八・四。「今楙王勿黍。」續一五三・三；又同五・九・三。舊釋為楙，以為勹矛一字之證。案諸原辭義均不明，是否楙字未能必。葉玉森釋為夏，尤不足信。即是楙字，說為从林勹聲亦無不可，蓋勹矛同在幽部，且同屬脣音也。苟牽就舊釋，字釋為矛，讀為包，余說亦可通，特字形終不類耳。

知勹為勹，則刻辭中之若干勹，即言卜骨之包裹，如為竹木簡當為若干冊，如為帛當為若干卷，以為骨故言勹耳。上舉第三例之「七勹又一乀」，第四例之「四勹㞢一冎」，均言於七勹四勹之外尚有零餘，可知一勹不止一骨。言及零餘之例，此外尚有之。

「帚八十勹㞢一□，□。」福三一片，董四三例。

「矧示，三勹㞢一丿，穷。」林一・一八・一四，董六三例。

「㝨示，十勹㞢一□。𠂢」。董七七例。

言零餘之例無過一以上者。由此以推，則一勹必僅二骨，勹字亦正如合二骨而締結之之形。蓋以骨臼之兩半月形合而為一圓，而於其骨頸處拴之。乀若丿即骨臼半月形之象形，即說文「乀流也，讀若移」之乀字，古音當在歌部，本義當即是骨臼。其作冎者當即是冎字。說文「冎，剔人肉置其骨也，象形，頭隆骨也。」冎骨同紐，義亦相禪，此處乃以骨言。【骨臼辭　殷契餘論】

◉唐　蘭　第四十一片骨　勹卜辭習見，或作勹彡等形，又或作⺂等，則其繁形也。自羅氏誤釋為龍，學者咸承之。不知龍自作龍等形，虯曲而尾向外，此蟠結而尾向內，其形迥異。余謂此簡體作𠃌，明即旬字，而前人莫悟，何也？旬字王國維讀作旬，甚是，然謂訓裹之勹即此字則誤。說文勹部之字如匍匐匔等，均可證為從勹，勻實勻之古文，旬當從日勹聲。許君僅誤併勹[glyph]為一耳。董作賓謂「旬亘皆象周匝循環之形。」卜辭中所見之𣪘曆。商承祚謂其初體疑當作[glyph]，由十至十也。後寫為[glyph][glyph]，遂無義可說。佚存考釋七。均無根據。劉鶚謂[glyph]象虺形，以與鼎彝虺形相近。鐵雲藏龜序。孫詒讓釋為它。舉例上二五。雖不如王氏讀旬之精確，然由字形言之，解為蛇虺固猶近之也。余考彝器之稱蟠虺文者，象兩蛇糾結之狀，節取其上半，乃作[glyph]形，其全形當作[glyph]詳附圖，與[glyph]形無關。余所見有父戊旱盤旱舊釋酉誤、亞䰠盤、舟盤，腹內均有一爬蟲之圖，略如[glyph]詳附圖，當即[glyph]形，惟彼為正面，故有兩肉角，[glyph]為側面，故只一角耳。然則[glyph]或[glyph]象龍蛇之類，而非龍或蛇。字又變作[glyph]，更變而為[glyph]，則為云字，雲之本字也。似古人以此為能興雲，則[glyph]當是龍類也。史記封禪書「黃帝得土德，黃龍地螾見。」集解以螾為蚯蚓，殊誤。蚯蚓豈足為符瑞哉？余謂螾即勹之假借字。說文「螭，若龍而黃，北方謂之地螻。」地螻當是地螾之誤。呂覽應同云：「黃帝之時，天先見大螻大螾。」大螻二字，疑亦校者據誤本旁注而闌入正文者。然則黃龍地螾即螭，而勹實象螭形也。

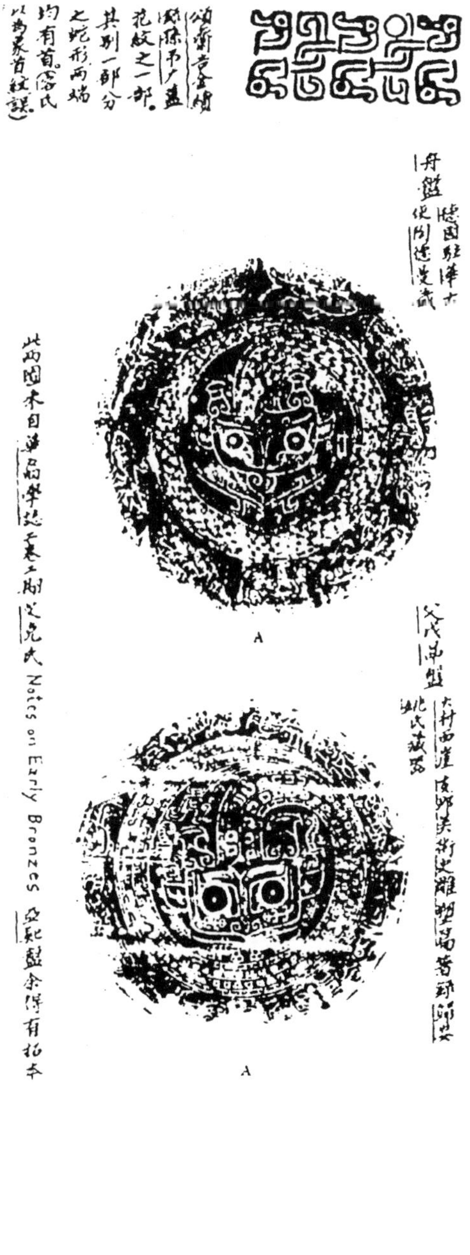

卜辭中同一文字，往往因用法不同，書法亦有殊異。作[glyph]者多用為旬，作[glyph]者多用為雲，此作[glyph]或[glyph]者，其用法又異。此辭云：「貞㞢[glyph]」，別一辭云：「卯帚豕子于匕己，允㞢[glyph]」戩七·十六，疑讀為惸或𢘅。詩正月：「憂心惸惸。」說文：「𢘅，憂也。」【天壤閣甲骨文存考釋】

◉馬叙倫　段玉裁曰。包當作勹。王筠曰。鍇本作象曲身形。非也。人曲形者。以𠆢字屈曲書之即成[glyph]字也。以𠆢字曲之而為□字。則中空以象包裹。首列匔匍匐皆曲身字。無包裹義。故知是借人形以指之也。高田忠周曰。牧敢有□字。此初文包也。象腹裹。與勹象人曲形者不同。小篆從勹誤矣。今見金文匐作□匍作□軍作□。即知□是小篆之勹也。然則說文勹部或應有從□之字。若果有之。皆從□之省也。又金文□字亦或作□。此變文而與他字形相涉者也。匔字匋字所從之勹疑從□。即□字。宀穴同意也。又匍字亦從宀。小篆譌勹耳。倫按本部有人伏地之伏初文作□者。有手足竝行俗名為跁之跁本字作□者。有象包裹形之□。有從宀而譌為□者。今捏為一。各於當字之下明之。伏之初文作□者。說解當曰伏也。象形。伏之初文與傾伏之傾初文作□者實一字。八篇□部之□即從□，頃則從頁□聲也。伏地字之音。今杭縣語如仆。而古書多作伏。伏音奉紐。仆音敷紐。同為脣齒摩擦音也。古讀敷歸滂。滂溪同為次清破裂音。故音轉為傾。傾音溪紐也。漢書司馬相如傳。一坐盡傾。謂一坐盡□也。蓋今俗尊客至則起。俯體而迎之。而古則伏地。今日本舊俗猶然。由古席地而坐。今則坐以椅故也。【說文解字六書疏證卷十七】

◎朱芳圃　說文勹部：「勹，裹也。象人曲形，有所包裹。」唐蘭曰：「□象龍蛇之類，而非龍非蛇。」天壤閣甲骨文存考釋四一。于省吾曰：「九字象蟲形之上曲其尾，勹字象蟲形之內蟠其尾。文雖有別，義可互證。」殷契駢枝三・三二。按唐、于二說非也。字象人身回旋之形，故引伸有旋轉圍繞之義，匌軍諸字皆从此作，是其證矣。殷人以日自甲至癸為一勹，蓋假為旬。說文勹部：「旬，徧也。十日為旬。从勹、日。勻，古文。」十日為旬，周而復始，與人身之回旋相同，故借用之。【殷周文字釋叢卷中】

◎于省吾　說文勹字作□，并謂：「勹，裹也，象人曲形，有所包裹。」按許氏據小篆之形為說，語意含混，似是而非。自來說文學家也均不得其解。甲骨文从勹的字常見，例如芍字（陳一四九）从勹作□，㚸字屢見，从勹作□。□與□象人側面俯伏之形，即伏字的初文。周代金文匍、匐、匊、匋、匔等字均从□。商器伏尊的伏字作□。說文：「伏，司（伺）也，从人，犬司人也。」史記留侯世家的「良與客狙擊秦皇帝博浪沙中」，索隱引應劭說：「狙，伺也。一曰，狙，伏伺也，音七豫反。」謂狙之伺物，必伏而候之，故今云狙候是也。」按伏之本義為犬伺人，後世借伏為俯伏之伏，遂不知其本作勹。說文：「匍，手行也，从勹甫聲。」又：「匐，伏地也，从勹畐聲。」匍匐二字係由象形的勹字附加甫和畐以為音符，遂發展為雙聲謰語。典籍匍匐也作蒲服、扶服或俯伏。古人把俯其身以爬行叫作匍匐。說文勹部凡十四字，除去勻、旬二字本應从□（甲骨文以□為旬），其餘諸字均應从勹。這就澄清了說文勹部的混沌無別。【釋勹、𠣳、匔　甲骨文字釋林】

◎丁山　在甲裏刻辭又常見：

邑□……。燕京377

旬勹自□。林2·4·10

勹自我□。乙編5617

𠆹勹……。前6·4·3

勹在卜辭裏有時省書為勹後下·9·4，有時反書為勹前4·30·1，或勹前6·47·1，此字，過去或釋似，或釋氏，或釋氏，皆不碻。以字形言，勹最近于篆文勹字。説文：「勹，裹也，象人曲形，有所包裹。」勹，孳乳為包，説文云：「妊也，象人裹妊。」又孳乳為抱，許君以為捊字或體，云：「引取也。」我認為勹即抱之本字，象人曲肘有所抱取形，篆文勹，曲肘之形已晦，不如甲骨文勹字象人曲肱尤為妙肖也。通觀卜辭，勹不訓引，也當訓取，如：

辛丑卜，貞，𠂤勹芍王千門𢀛。後下·9·4

𠈇勹王族从面莒、古王事。前7·38·2

貞，王勿令𠂤勹衆伐呂方。後上·16·10

令𦎫勹多射衛氏，乎舌，六月。後下·25·8

這些勹字，都可訓為「引也」。又：

貞，王曰，……其合勹乃圍，□。金璋690

貞，勹牛五十。前1·29·1

庚子卜，王勹豕。前6·47·1

貞，𠆹弗其勹。前6·6·5

這些勹字，都可訓為「取也」。周易所謂「包蒙」、「包荒」、「包承」、「包羞」，論其字誼，皆當訓為勹取；其姤之九四曰「包無魚」，九二曰「包有魚」，正可取證卜辭的：

勹出魚。前6·50·6

卜辭曰：

貞，龜不其南勹。前4·54·5

貞，不其勹龜。庫方624

㞢來，自南勹龜。○貞，㞢來，白南勹龜。院十三次。

龜，決當讀為抱龜。儀禮士喪禮：「卜人抱龜，先奠龜，西面。」又曰：「卜人先奠龜于西塾上，南首。」南首，在禮記祭義則謂「易抱龜南面」，這與卜辭所謂「自南勹龜」密合無間。因此，我敢斷定決是勹之本字。勹龜、勹牛、勹豸、勹麇前4·48·8、勹出魚，所勹取的東西，皆有明文，甲裏刻辭所謂「邑勹……」，「僃勹……」，「匄勹自□」，所勹不一定是龜，我們不能就拿儀禮禮記兩條證據來附會那些卜辭例外的刻辭都是紀録乞龜、來龜、入龜的故事。既碻定為勹字，那個丁字，我釋為氏，也敢自信不誤了。【論某勹　甲骨文所見氏族及其制度】

◉何琳儀　《陶彙》1.22著録吴城所出商代陶文：

第一字應釋「勹」。檢甲骨文「」字从「鳥」从「勹」。「勹」象人體俯伏之形，或釋「伏」，或釋「俯」。按，輕脣音古讀重脣音，故「伏」或「俯」之古音均應讀若「包」，即《説文》「勹，裹也，象人曲形有所包裹」之「勹」。許慎釋形雖稍欠精確，但讀「勹」為「包」，與古音相合。第一期卜辭有「伏風」，「伏」作「」，與陶文所載「」應是一字。凡此説明，商代確有「勹」字。至于戰國文字「勹」及从「勹」之字，詳見另文。陶文「勹」可讀「匍」。「匍」从「勹」，「甫」為疊加聲符。⊘

陶文四字舊或讀「□且帚田」，順序有誤，義不可曉，今試改讀「匍有土田」。

「匍有」，見盂鼎和㾓鐘「匍有四方」，牆盤「匍有上下」；或作「匍又」，見秦公鐘「匍又四方」；或作「勹又」，見《璽彙》4923「勹又上下」；典籍作「敷佑」，見《書·金縢》「敷佑四方」；或謂即典籍「撫有」，見《左·襄十三》「撫有蠻夷」。「撫與有義同，故二字連文」。其實「勹」、「包」均有「包含」之義，與「敷」訓「徧」訓「大」（溥）字義相因，不必改讀「撫」。【古陶雜識　考古與文物一九九二年第四期】

◉何琳儀　《説文》「勹，裹也，象人曲形，有所包裹。」于省吾曾指出甲骨文「」字「象人側面俯伏之形，即伏字初文」，進而論定甲骨文的「芍」、「梼」、「㠯」、「匍」、「复」，金文的「匍」、「匐」、「匊」、「匌」等字均从「勹」。這是非常精譬的見解。

其實戰國文字也有許多「勹」及从「勹」之字，衹是以往多未被發現而已。

《璽彙》下列長條形燕系官璽殊堪注目：

大司徒長乘（證）　（〇〇二二）

單佑鄘（都）市王鍴（瑞）　（〇三六一）

東昜（陽）洝澤王鍴（瑞）　（〇三六二）

中昜(陽)廊(都)□王□　(五五六二)

以上「□」、「□」、「□」諸形，《補補》九・三釋「卩」。案，燕璽文「卩」作「□」、「□」、「□」等形(《璽文》六・一二「廊」字偏旁)，象人側面跽形。「□」形則「象人側面俯伏之形」，故應釋「勹」。「□」形雖形體小異，但據辭例也應釋「勹」。

「勹」可讀「符」。《爾雅・釋艸》「芍，鳧茈。」郝懿行云「《後漢書》(案《劉玄傳》)云，王莽末，南方饑饉，人庶羣入野澤掘鳧茈而食。注引《續漢書》作符訾。同聲假借字也。」「鳧」本「从鳥、勹，勹亦聲。」然則讀「勹」為「符」殆無疑義。「符」是先秦用為憑信之物，即「符節」。後來成為璽印的泛稱，參《史記・秦始皇本紀》「奉其符璽，以歸帝者」。確認了「勹」字的釋讀，上揭四璽璽文均可得到合理解釋。

第一方璽文「□」，《上海》一釋「乘」，甚是。「□」是燕文字「□」(《三代》二十・五・十八)的省寫。《釋名・釋姿容》「乘，陞也，登亦如之也。」葉德炯曰「《詩・七月》亟其乘屋。傳：乘，升也。《釋詁》登，陞也。乘、升、登三字疊韻。」此「乘」可讀「證」之證。「證」同「徵」。《史記・蘇秦傳》「焚秦符」，正義「符，徵兆也」。璽文「符乘」系指符驗之功用。另外，《周禮》有所謂「掌節」，屬「地官司徒」。這方「勹乘」璽亦繫「司徒」，似可互證。

第二方璽文「勹鍴」應讀「符瑞」，是「單佑都市」的官璽。與此相類者還有「單佑都市鍴」(《璽彙》〇二九七)，可見「勹鍴」與「鍴」的地位相當。「符」、「瑞」聯文，均訓「信」(《説文》)。《周禮・春官・典瑞》注「瑞，節信也。典瑞，若今符璽郎。」於此可見，「符」、「瑞」與「璽」的關係。

第三方璽文「□」，《補補》九・二釋「涯」，又於附録十九引或説釋「滙」、「淮」、「汪」。《上海》一釋「洢」。案，《濵虹》「□」與此璽「□」顯係一字，均應釋「洝」。燕國十三年子駿戈(《河北》一四四)「駿」从「□」，與此璽所从形體頗近。《貨幣》四・七〇「安」作「□」、「□」等形，亦可資比照。「洝」，水名，見《集韻》。《説文》「洝，渜水也。」朱駿聲云「疑即《水經》之濡水，今北方之灤河」。案，「洝」、「渜」、「灤」皆一聲之轉，「濡」則「渜」之譌字。濡水，戰國屬燕境。

第四方璽文「□」，參照第三方璽文「洝澤」，知也是地名。「勹」與「勹鍴」地位相當。

與上揭燕官璽辭例相同的陶文有：

昜(陽)安廊(都)王□　(《中國錢幣》一九八五・一・九)

昜(陽)廊(都)□王□　(《季木》二一・六)

下列古璽和陶文中的「勹」則是人名：

魯勹 (《璽彙》五五六六)

缶(陶)攻(工)勹 (《季木》二九・一)

陳侯因資戟胡部有銘文三字：

勹易(陽)右 (《三代》二十・十三・二)

首字與上揭第三方璽文「勹」形體吻合，故亦應釋「勹」。「勹易」即「復陽」，見《漢書・地理志》「清河郡」下，在「東武城」北近二十公里處。戰國時代這一地區正處齊、趙兩國接壤。《璽彙》〇一五〇「東武城攻(工)帀(師)鉨」，呈典型齊系風格，應是齊璽。陳侯因資戟則是衆所周知的齊威王時兵器。考古材料可以證實「東武城」和「復陽」兩地戰國曾屬齊國管轄。

(一)《侯馬》一・四三「閛(判)丌(其)復心」。第三字應隸定「复」。《説文》「𡕥，重也。从勹，復聲。复，或省彳。」案，「复」當云「从复，勹聲。」「复心」讀「腹心」。

(二)長沙帛書「靁虘」。首字應隸定「䨓」，从「靁」(《説文》「雹」古文)省，「勹」聲。「䨓虘」讀「雹戲」，即「伏羲」。

(三)《古錢》九八二「節(即)墨」。第二字應隸定「㙈」或「䵎」，从「墨」、「勹」。「節䵎」讀「即墨」，齊國地名。

(四)《季木》三五・八「杏(大)匋里迓」。第二字應隸定「匋」。《説文》「匋，瓦器也。从缶，包省聲。古者昆吾作匋。案，《史篇》讀與缶同。」案，許謂「包省聲」，似嫌迂曲。「匋」當云「从缶，勹聲」。陶文「匋」、「缶」均讀「陶」。

(五)藍君戈「藍君鳳寶」(《考古》一九七三・三・一五六)。末字或釋「寶有」合文，可從。案，「寶有」中「寶」應隸定「寶」，从「寶」，「勹」聲。

(六)《璽彙》〇一九九「遚昷(盟)之鉨」。首字應隸定「遚」。《説文》「匊，在手曰匊，从勹米。」案，「勹」亦聲。「遚昷」讀「告盟」。

以上从「勹」得聲之字，除「匊」之外，都是叠加聲符字：即「复」、「靁」、「墨」、「缶」、「寶」分别叠加「勹」，成為新形聲字「复」、「䨓」、「䵎」、「匋」、「寶」。甲骨文和金文中的「匍」、「匍」、「匐」，也是叠加聲符字。「勹」多為叠加聲符，是十分值得注意的現象。

【古璽雜識續 古文字研究第十九輯】

◉曹錦炎 甲骨文稱：「北方曰勹，風曰伇。」勹，胡厚宣先生隸定作勹，並謂：「甲骨文勹為勹省，即宛字重文，與山海經作鳧者為同字」(見釋殷代求年于四方和四方風的祭祀，復旦學報一九五六年一期)；陳邦懷先生釋為夗，云：「為宛之初文」(見殷代社會史料徵存)；楊樹達先生也釋為宛(見積微居甲文説)。

按甲骨文北方名的勹字，善齋藏大胛骨作□（見京津五二〇），殷墟發掘所得的龜腹甲作□（見合二六一。島邦男的殷墟卜辭綜類把前者摹作□，後者摹作□，與泐痕連在一起，並誤）。而甲骨文㫚（从于省吾先生釋，見甲骨文字釋林）字所从的「夗」字偏旁作□、□、□等形，與此字構形截然不同，因此決非夗（或宛）字甚明。甲骨文的芍、㝒、㬝、梦等字所从的勹字偏旁作□、□、□等形，與此字構形正同。于省吾先生指出：「□、□、□象人側面俯伏之形，即伏字初文。」（見甲骨文字釋林）所論甚確。所以，甲骨文的北方名實為「伏」。

「北方曰伏」，除了見于甲骨文外，尚見于典籍，史記五帝本紀司馬貞索隱引尸子曰：「北方者，伏方也。」北方何以名為「伏」？漢書律曆志：「太陰者，北方。北，伏也，陽氣伏於下，子時為冬」；史記天官書：「北方木，太陰之精，主冬，曰壬癸」；管子四時：「北方日月，其時為冬」；尚書堯典：「申命和叔，宅朔方，曰幽都，平在朔易，日短星昴，以正仲冬。厥民隩，鳥獸氄毛。」爾雅釋詁：「朔，北方也。」尚書的這段話，史記五帝本紀作：「申命和叔，居北方，曰幽都，便在伏物。」索隱注：「使和叔察北方藏伏之物，謂人畜積聚等，冬皆藏伏。」這裏都把北方與冬季聯係在一起。吕氏春秋有始覽：「北方曰寒風」，而甲骨文的北方「風曰役」正讀作「風曰冽」（詳于省吾先生甲骨文字釋林），寒、冽同義。甲骨文雖然沒有四時之分，但殷人對自然現象應該是覺察得到的，冬季寒風凛冽，萬物皆藏伏，故稱北方為「伏」。

山海經大荒東經：「有人名曰鳧，北方曰鳧，來風曰狻，是處東北隅以止日月，使無相間出沒，司其短長。」可知北方也稱「鳧」，鳧即鵷，雷浚説文解字外編謂：「説文無鵷字，文選司馬長卿子虛賦，鵷雛孔鸞，漢書司馬相如傳作宛。」知鵷可讀為宛。説文：「宛，屈草自覆也」，宛从夗得聲，説文：「夗，轉臥也」，是宛也有屈伏之義。宛與鬱音義俱可通，詩秦風晨風「鬱彼北林」，周禮考工記函人鄭注引作「宛彼北林」；史記扁鵲倉公列傳：「寒濕氣宛」，宛字集解云：「音鬱」，索隱注：「又如字」，均是其證。鬱字初文甲骨文作□，金文作□（叔卣），其造字本義正與□（伏）字有關。所以，山海經稱北方名為「鳧」，與甲骨文稱北方名為「伏」，其來源都是一樣的。【讀甲骨文劄記（二則）　上海博物館集刊第四期】

◉馮良珍　説文「象人曲形有所包裹」之勹，在古文字中是存在的。而且説文从勹之字中亦確有从「包裹」之勹的。□演變的過程應該是□（甲骨文，象形意味濃）——□（金文，象形意味漸失，具有訛變）——□（篆文，規範後將同類或相近字形統一起來，筆劃圓滑規整）。

通過以上分析，我們了解了發展為説文勹的多種來源，但是，這些來源之間並非等立關係，而是有主要、次要之分的。其中□、□、□是主要來源。□、□因為與□、□均指人體，且偶與□互作，故隨之演變為勹。□之演變為勹，則純屬訛變。

這後三者不是主要來源。它們趨于統一的原因主要是形混、訛變和文字的規範化趨勢造成的，甲骨文和早期璽文中，它們之間的區别是顯而易見的。如[glyph]、與[glyph]：[glyph]上部（頭部）之筆垂直，重點突出其懷中有所抱形；而[glyph]則頭身部俯向地面，臂部向下前方伸去，重在突出其伏地之形。但璽文中已出現了相混的現象，如匋从[glyph]作[glyph]，又有从[glyph]作[glyph]者。至于[glyph]之演變為勹，蓋由甲骨文[glyph]、[glyph]等形演變為[glyph]，而[glyph]形演變為勹，如金文軍一作[glyph]，一作[glyph]，其第二種形體「[glyph]」則與[glyph]、[glyph]的訛體「[glyph]」形近而混，到小篆則統統寫作[glyph]了。【説文勹及从勹之字探源　文物研究第一期】

匔 [glyph]

◉許　慎　[glyph]曲脊也。从勹。𥷚省聲。巨六切。【説文解字卷九】

◉丁佛言　[glyph]古鉨。夜匔。从匀从[glyph]。[glyph]篆文作[glyph]。與辛辛幸義同。經史多無别。[glyph]古鉨。匔[glyph]鉨。【説文古籀補補第九】

◉馬叙倫　段玉裁曰。此論語鄉黨鞠躬之正字也。朱駿聲曰。即𥷚省聲。倫按此匊之轉注字。匔音羣紐。古讀歸見。匊音見紐也。從伏之初文。亦其轉注字也。勹音如伏。則在奉紐。古讀如匐。則入竝紐。竝羣同為濁破裂音。匔音羣紐也。此曲直之曲本字。曲脊也蓋本作曲也。以聲訓。吕忱加曲脊也。【説文解字六書疏證卷十七】

匍 [glyph]

[glyph]匍　盂鼎　匍有四方　書金縢作敷佑四方　[glyph]牆盤　匍有上下　[glyph]𤼈鐘　匍有四方　[glyph]　[glyph]師克盨　匍有四方　[glyph]秦公鎛　匍有四方　【金文編】

◉許　慎　[glyph]手行也。从勹。甫聲。簿乎切。【説文解字卷九】

◉吴大澂　[glyph]古匍字。盂鼎。匍有四方。【説文古籀補第九】

◉馬叙倫　鈕樹玉曰。繫傳作裹也手裹行也。蓋因上文誤。韻會引同此。一切經音義引作匍匐手行也。龔橙曰。匍匐竝從人。倫按手行也字林文。見玄應一切經音義引。手行乃匍匐之初文。亦即俗謂手行曰跁之跁本字作[glyph]者之義。盂鼎。匍有四方。字作[glyph]。從[glyph]。非[glyph]字。乃[glyph]之省變。[glyph]從人而象手足竝行形。指事也。蓋音即得於[glyph]。此其雙聲轉注字也。當立[glyph]部而屬之。【説文解字六書疏證卷十七】

◉楊樹達　銘文云：在珷王，嗣玟乍作邦，闢氒匿，匍有四方。按匍有義難通，匍當讀為撫。襄公十三年左傳云：赫赫楚國而君臨之，撫有蠻夷，奄征四海，以屬諸夏。又昭公元年云：君辱貺寡大夫圍。謂圍將使豐氏撫有爾室。又昭公三年云：君若惠顧敝邑，撫有晉國，賜之內主。秦公鐘云：匍又有四方。匍亦當讀為撫。禮記文王世子云：君王其終撫諸。鄭注云：撫猶有也。撫與有義同，故二文連用，匍與撫古音同，故二器皆假匍為撫矣。書金縢云：乃元孫不若旦多材多藝，不能事鬼神，乃命於帝廷，敷佑四方，用能定爾子孫于下地。敷佑亦當讀為撫有。命于帝廷，撫有四方，謂武王受天命有天下也。王靜安以敷佑四方證此銘之匍有四方，字音雖合，而義則不明也。【全盂鼎五跋　積微居金文說】

◉戴家祥　金文每以「匍右」連用，于義不協。前人讀溥，訓大。翁祖庚讀匍為撫，古音無甫同部。攈古録三之三第三十六葉。孫詒讓古籀餘論卷三第四十七葉楊樹達積微居金文說：第六十二葉从之。楊氏證其說云：左傳襄公十三年「赫赫楚國，而君臨之，撫有蠻夷，奄征四海，以屬諸夏」，又昭公十二年云「君若惠顧敝邑，撫有晉國，賜之內主」，撫與有義同，故二文連用，匍與撫古音同，故二器皆假匍為撫矣。靜安先生讀匍為敷，舉金縢「乃命于帝廷，敷佑四方」為證。盂鼎考釋第一葉。字音雖合，而義則不明也。今以翁釋為正。【金文大字典上】

◉許　慎　伏地也。从勹。畐聲。蒲北切。【說文解字卷九】

◉馬叙倫　詩谷風。匍匐救之。戰國策秦策。嫂蛇行匍伏。皆匍匐連文。音同竝紐。匍匐為勹之緩言。亦得為轉注字也。從勹。玄應一切經音義引字林。伏也。則此伏地為伏也之譌。校者又據一本加也字。伏地乃勹字義。匍匐二字或竝出字林。【說文解字六書疏證卷十七】

匊　番匊生壺　【金文編】

掬出樊先生碑　【汗簡】

◉許　慎　在手曰匊。从勹米。臣鉉等曰。今俗作掬。非是。居六切。【說文解字卷九】

◉丁佛言　番匊生壺。古鉥。匊昜料昔給廩之鉥。古鉥。郇匊。【說文古籀補補第九】

◉高田忠周　說文。在手曰匊。从勹米。段氏云。米至易㪚。兩手兜之而聚。俗作掬。此說似是。勹古包字。在手亦所以包有也。匊與叉手訓之自別。謂為同非。詩椒聊。蕃衍盈匊。采綠。不盈一匊。傳。兩手曰匊。亦同意。禮記曲禮。受

匀

珠玉者以掬。段氏又云。方言。匊。離也。此方俗殊語。不係乎本字也。今本方言字作掬。【古籀篇三十六】

◉馬叙倫　桂馥曰。一切經音義十一引作撮也。玉篇。匊。撮也。徐灝曰。從人從米。未見手匊之義。篇韻以臼為古匊字。未可厚非。詩言盈匊。左傳。舟中之指可匊也。似是假借字。𦥑部有𦦙。余六切。訓兩手盛也。倫按在手曰匊乃𦦙字義。蓋本訓挩失。存校語耳。或字出字林也。從伏之初文作几者。米聲。為匊之轉注字。古音同屬見紐也。米聲而音居六切。猶鬻亦從米得聲而音之六切矣。又米音如芊。芊羊丫一字。丫音亦見紐也。或曰。此從米。匊省聲。為䊮之異文。【說文解字六書疏證卷十七】

匀　匀簋　孳乳為鈞　𣆫鼎　錫金一鈞　多友鼎　鐈鋚百鈞　土匀錍　土匀戰國趙地漢書地理志作土軍北魏置吐京郡【金文編】

6·217　獨字【古陶文字徵】

〔二五〕〔一九〕〔三六〕〔三九〕〔一九〕〔二〕〔二〕〔三七〕〔三六〕〔七〕〔六八〕〔三六〕〔一六〕〔四〕〔三七〕〔二〕〔一三〕〔一九〕【先秦貨幣文編】

布方　土匀　晉高　仝上　仝上　布方　土匀　晉祁　仝上　仝上　晉浮　仝上　晉洪　仝上　晉祁　仝上　仝上　布方　土匀　冀靈　仝上　晉洪　仝上　晉原　仝上　布方　匀丰　晉高　布方　匀丰　晉浮　布方　土匀　典一七　布方　王匀　典一六　仝上　典一八　仝上　典二一　仝上　亞四·二九　布方　𠦒匀　典二三【古幣文編】

129【包山楚簡文字編】

□1565 □1997 □2707 □1601 王孫鐘旬字作□，所從與璽文合。【古璽文編】

●許　慎　□少也。从勹二。羊倫切。【說文解字卷九】

●林義光　調也。从二。有二乃相調也。旬省聲。匀聲之鈞。古作□守敦。作□𢉩敦。亦从旬省。不从勹。【文源卷十二】

●高田忠周　均字或作坸。旬即旬字。旬古文从匀。此篆是也。説文□少也。从勹二。朱駿聲云。凡物分則少。二猶分也。假借為均。一切經音義十五引説文。匀。調匀也。廣韻。匀。偏也。齊也。此説為是。葢謂匀从勹。勹者周帀之意。二者相等也。均分而周帀。其所分得。少而不多也。造字之意甚妙矣。【古籀篇三十六】

●馬叙倫　嚴可均曰。一切經音義十五引作調匀也。疑此當作調匀。一曰少也。從勹二下當有聲字。龔橙曰。少也非本形。倫按嚴謂從勹二聲。是也。此字為旬字所從得聲。金文匀敢作□。下文旬之重文作旬。王孫鐘旬字作□。使夷敢。金十□。□即本書鈞字。金部鈞之重文作銞。可證也。甲文旬字皆省為□□□。其□□即匀也。□為□之變。□又匀之省。蓋從十三篇之二得聲。二為地之初文。亦作一也。陳子禾子釜鋆字作□。其旬字作□。□又與丩相近。倫互勘之。疑匀從十二篇訓鉤識之□。□□本是一字。惜匀字之義未得可以證明之者。至不從□或□或□或□。則碻然無疑。少也蓋酌字義。調匀或旬之引中義。字或出字林。【説文解字六書疏證卷十七】

●朱芳圃　□匀𣪘　□𠭯鼎　匀从勹、从二。二示重複之意，當人回旋其身，周而復始，不止一次，故以二識之。

匀與勹實為一字。説文言部訇，籀文作訇；勹部旬，古文作旬，一从勹作，一从匀作，此形同之證也。廣韻十八諄：「匀，偏也」，義與旬同，此義合之證也。易豐初九：「雖旬无咎」，釋文「旬荀作均」；禮記内則：「旬而見」，鄭注：「旬當為均」，此音通之證也。【殷周文字釋叢卷中】

●雍城考古工作隊　□字當是匀，在此借為重。平山出土的中山諸器作「□」，即為冢，乃重字。匀借為重，前所未見，此為首次發現。【鳳翔縣高莊戰國秦墓發掘簡報　文物一九八〇年第九期】

●裘錫圭　有一條第一期殘辭用了一個從「□」從□的字：

……亘(?)貞：……其(?)□……

此辭摹本見《合》40775(《即甲骨卜辭七集》P.50)；拓本見《美國所藏甲骨録》619，但不甚清晰。上舉之字《甲骨文編》收入附録(879頁)，《綜類》則定為□的異體(106—107頁)。這個字所從的「□」就是古「呂」字，跟「口」毫無關係，《綜類》的意見是錯誤的。

這個字所從的□一般都認為是「蜀」字的初文，只有陳夢家提出了不同意見。于省吾曾把甲骨文中寫作□、□等形的一個字釋作「㝵」，認為此字「右從力作□，即旬字，其作□者變體也」（《甲骨文字釋林・釋劬》42頁）。陳夢家進一步認為□（陳氏隸定為「罗」）跟□也是一個字。他說：「我們以為此字從目、從力，力即旬字。金文筍伯盨和伯筍父鼎（盨、甗）的筍字從竹、從目、從力，其音符即卜辭的罗字。卜辭先公高祖中的㫃，或從力，或從罗，可證力、罗是一。《說文》『旬，目搖也』，義與瞚同；《說文》『螾，側行蟲也』，今之蚯蚓，勹象其形，加目為罗。卜辭之罗（引者按：指用為國名的罗）是後世的筍國，史籍作荀。」（《殷虛卜辭綜述》295頁）我們認為陳氏的意見是可取的。殷墟卜辭經常在癸日卜「旬亡囚」，「旬」寫作□；但是第一期的一種比較特殊的卜辭——子組卜辭，却不卜「力亡囚」，而時常在癸日卜「至罗亡囚」，例如：

癸酉卜，我貞：至罗亡囚。《合》21723

癸酉卜貞：至罗亡囚。余汏。

癸未卜貞：至罗亡囚。《合》21724（同類卜辭還見于《合》21725—21729等。又《合》21910屬于與子組接近的一種卜辭，也在癸日卜「至罗亡囚」。）

其意義當與卜「勹亡囚」相同，「罗」跟「勹」一樣也應該讀為「旬」。這可以作為陳說的一個佐證。陳氏既說「勹、罗是一」，又說「罗」是從「目」從「勹」的「旬」字，意見有些游移不定。我們認為似乎還是把「罗」和「勹」看作一字的繁簡兩體為妥。

在古文字裏，作為字的組成部分的「口」形跟「一」形往往通用無別。例如：甲骨文中，丙字也可以寫作□（參看《綜述》278頁4欄，《類纂》775—776頁）。《合》18554（即《殷虛書契》6・66・1）有□字，前人未釋，其實跟見于《英》2567的□（莫）是一個字。所以□應該就是西周金文中作□、□等形的「匀」字（看《金文編》650頁「匀」字條。「匀」本从「勹」聲，《說文》誤為從「勹」）。「□」即「吕」字，「其本義當為金名」（唐蘭《殷虛文字記・釋丁》107頁。殷墟卜辭裏有稱銅為「黄吕」之例，參看燕耘《商代卜辭中的冶鑄史料》，《考古》1973年5期299頁）。金文中某些時代較早的「金」字所從的□（看《金文編》905—906頁「金」字條）就是「吕」字的填實寫法（參看上引《殷虛文字記》108頁上引西周金文「匀」字第一例，也可看作从「吕」的填實寫法）。金文「金」字所从的「吕」多簡化為「〓」，「匀」字所从的「吕」後來變為「〓」，與之如出一轍。

「匀」字既然本從「吕」，很可能就是「鈞」的初文。不過西周金文中的「鈞」既有寫作「匀」的，也有寫作從「金」從「勹」的（看《金文編》914頁「鈞」字、650頁「匀」字），可見從「金」的「鈞」字也出現得相當早。　【殷墟甲骨文字考釋　湖北大學學報一九九〇年第一期】

◉許　慎　勼聚也。从勹。九聲。讀若鳩。居求切。【説文解字卷九】

◉馬叙倫　此當從包裹之包本字之作勹者。物聚而包之。故訓聚也。當立勹部而屬之。【説文解字六書疏證卷十七】

甲一〇五五　卜辭用勹為旬重見勹下　【甲骨文編】

甲26　1152　1201　2407　2434　乙5397　6686　7731　7795　珠197

198　201　204　207　212　214　218　243　739　1226　1276　佚272

377　385　428　980　續1·15·2　3·29·2　3·40·2　4·28·3　4·38·4

6·1·3　徵2·5　2·58　8·101　8·117　11·1　11·20　11·29　11·33

11·34　11·52　京2·5·3　4·5·5　古2·8　録64　73　天5　10　龜卜57

58　62　69　70　續存970　摭續2　225　粹747　751　1181　1426　1463

新3008　【續甲骨文編】

旬　王來奠新邑鼎　旬又四日　从日从勻　説文古文作　王孫鐘　專旬于國　【金文編】

183　【包山楚簡文字編】

旬　日甲一三八背　四十七例　日甲八八背　四例　秦七四　五例　日乙一五一　四例　日乙四六　秦一

三　【睡虎地秦簡文字編】

旬見石經　旬　【汗簡】

□石經　□王存乂切韻【古文四聲韻】

◉許　慎　□徧也。十日為旬。从勹日。詳遵切。□古文。【說文解字卷九】

◉劉　鶚　□字疑其象虵形。以與鼎彝虵文相近也。【鐵云藏龜序】

◉孫詒讓　劉蓋以□為虫。說文虫部云「虫。一名蝮。博三寸。首大如擘指。象其臥形」。即爾雅釋魚之蝮虺。說文別有虺字。與虫異。劉說自可通。然今攷定實當為它之象形。說文它部云「它。虫也。从虫而長。象冤曲𡱂尾形」蛇為或體。此文作□。與冤曲𡱂尾形尤肖。【契文舉例上】

◉王國維　卜辭有□□諸字。亦不下數百見。案使夷敦云金十□。屖敖敦蓋云金十□。考說文。鈞之古文作□。是□□即□字。□即旬字矣。卜辭又有□之二日語。見鐵雲藏龜第六葉。亦可證□□即旬字。余徧搜卜辭。凡云貞旬亡囚者亦不下數百見。皆以癸日卜。知殷人蓋以自甲至癸為一旬。而於此旬之末卜下旬之吉凶。云旬亡囚者。猶易言旬無咎矣。日自甲至癸而一徧。故旬之義引申為徧。釋詁云。宣旬。徧也。說文訓裹之勹實即此字。後世不識。乃讀若包。殊不知勹乃旬之初字。𠣬字从車从勹。亦會意兼形聲也。【釋旬　觀堂集林卷六】

◉林義光　勹日非義。當从日。旬省聲。【文源卷十一】

◉丁佛言　□王孫鐘。余専旬于國。古旬字从勻。許氏說徧也。原書釋明。非是。【說文古籀補補第九】

◉王　襄　□古旬字。說文解字「勹。裹也。布交切。」按勻彝勻作□。小臣守敦。金十鈞。鈞作□。是勻匔皆从勹作。勹即旬之最初字。後人始加日耳。【天象一　簠室殷契徵文考釋】

◉王　襄　契文作□，不从日，卜辭之卜旬均于癸日始，卜下旬王之亡囚。自癸酉至壬午為一旬，癸未至壬辰為一旬，遞而推之，以至癸亥壬申，共為六旬。周一旬，亦有徧誼。契文之旬，異文甚多，録其特異者以見衍進程序，王孫鐘作□，古鉢作□，从勻从日，為旬之緐文，與許書古文之□近。□，或云是二旬合文。【古文流變臆說】

◉董作賓　旬亘字皆象周匝循環之形。故以十干一周為一旬。商人每旬必卜。卜必于旬之末日。紀旬之法始甲終癸。卜旬則卜下旬甲至癸之十日。計日之法則繫日于旬。並不繫于甲日而繫于下旬之癸日。如癸為第一日則甲為二日。乙為三日。遞推至壬為十日。且在一旬之內。無論所舉之任何日均可起算從所舉之日至某日為幾日。【卜辭中所見之殷曆　安陽發掘報告三期】

◉商承祚　□□□□□□　金文作□（鈞守毁鈞字偏旁）。王國維先生曰。「使夷敦云。『金十□』。屖敖敦蓋云。『金十旬』。考説文鈞之古文作䥎。是即䥎字。旬字矣。卜辭又有『之二日』語。亦可證。」十日為一旬。故从十。其意由十至十也。其初體疑當作。後乃變而為。誼乃晦矣。【甲骨文字研究下編】

◉劉朝陽　先就字形來講。依據董作賓先生的意見，「旬、亘字皆象周匝循環之形」（卜辭中所見之殷曆）。但在實際方面，卜辭上的旬字實和亘字的形狀時常有點區別，而這點區別則恰可以我前此關於旬字的理論來説明它。案殷虛文字類編所録旬字有下列幾個：

卷一第七葉　第十九葉　第二十五葉　第二十八葉　同上　卷四第七葉　卷二十九葉　卷五第十三葉　第十五葉　第十八葉　第三十三葉　卷六第五葉　第六十六葉　卷七第二十六葉　第三十七葉　後編上第二十二葉　龜甲獸骨卷一第十四葉　第十九葉　藏龜第六葉

同書所録的亘字有：

卷六第六十葉　卷七第十二葉

又洹字从水从亘，類編所録亦有下列幾種：

卷六第三十二葉　同上　第六十葉　後編下第三葉

試拿彼此比較一看，就會發見：（一）旬字的彎曲部分大都比不上亘字那麼多而大方；（二）旬字上部常有一小畫和彎曲的延長處相截，而亘字上部那一小畫則常和彎曲部分完全脱離，時或省去。我前此曾説（殷曆質疑），卜辭上旬字的彎曲部分乃係代表一個由小變大的月亮，那在上部的小畫則表明截斷的意義，等不到它變為全圓，就截斷它，正是第一旬的月象。反之，我們對於亘字，可以看作月亮逐漸團圓起來的象徵，因為把那上部的小畫拿開，不復能和彎曲部分相截，正可以讓他繼續變成全圓了。

又就字義來講，旬亘兩字亦有根本不同的所在。現在旬字通常只當十日講，並沒有別種用法；但我們還可以從那从旬的許多字上追溯他的原來意義。依照我的説法，旬是第一旬的月象。第一旬的月象是初生的月象。因此旬字可以引申為初生或與初生的含義相彷彿的其他解釋。據我所知，从旬的字如：

筍　説文：竹胎也。爾雅：竹萌。疏：初萌生謂之筍。

⿰巾旬　説文：領耑也。

袧　篇海：領耑也。或作⿰巾旬。

毥　玉篇：毛初生貌。

姰　長箋：旬，十日也，猶言女初來也，故從旬。

⿰旬鳥　集韻：⿰旬鳥鷉小鳥，或作⿰旬鳥。

眴　管子小問篇：苗始其少也，眴眴乎何其孺子也。注：穀苗始生則柔順，故似孺子也。

都含有這種意義，其中長箋對於姰字的解釋，尤足證明我的理論並非全是無稽之談。其次，月亮原來由小繼續變大，旬是第一旬的月象，在它要繼續變為全圓的過程中半途截取來的，故又有截止或不繼續的意義。下列从旬諸字都含有這種意義：

殉　玉篇：用人送死也。

⿰旬乞　字彙補：氣逆也。

⿰旬欠　玉篇：信也。一曰氣逆也。或从气作⿰旬气。

徇狥　與殉通。

侚　韻會：通殉。

⿰扌旬　集韻：擊也。又揮也。

洵　說文：渦中水也。爾雅釋水：過為洵。（渦，正韻：水坳也。）

恂　何承天纂文：吳人呼瞬目為恂目。

又從截止稍加引申，便有節制和節約的意義：

恂　說文：慄也。增韻：嚴謹貌。

⿰車旬與軔同。說文：車約軔也。徐曰：約軔，節約刻飾之也。

第一旬的月象是不圓的，故有殘缺和淒涼的意味：

⿱⺈⿱冖子　玉篇：孤獨也。正字通：⿰女⿱⺈⿱冖子、⿰忄⿱⺈⿱冖子、嬛並通。

⿱宀⿱⺈子　字彙：同⿱⺈⿱冖子。

趜　或作⿺走⿱⺈⿱冖子，說文：獨行也。

⿰忄⿱⺈⿱冖子　說文：驚辭也。

⊘殷朝人以一個太陰月為恰有三十日，並在制作曆法的第一個月，初一日或者就是新月出現的日子，從新月出現算起，裁取十日，當作一旬；因為一月恰有三旬，這旬字隨後就只當十日講，應用到其餘兩旬上去。從分旬引申而有分級次的意義：

峋　左思魏都賦：階陏嶙峋。注：嶙峋，次級也。

以干支紀日，十干恰與一旬相配，因在一旬裡面，十干自甲至癸輪流一徧，故旬又有徧的意義，王國維所引爾雅釋詁對於旬字的解釋就是這樣。但還有一點必須聲明一次，就是，依照上面的說法，分旬似乎在先，以干支紀日在後，雖然干支的存在並不一定後於旬字的存在，因為拿來紀日之先，這一套干支在別方面也許另有用處，紀日是假借的。這一點就同王國維的說法不合。此外尚有幾個從旬的字，如詢，說文：課也；玉篇：咨也。咰，玉篇：飲也；集韻：與詢同。皴，集韻：足拆也。迿，玉篇：出表辭也；集韻：先也。大概因為展轉引申，同原義相去太遠，一時殊不容易找到其間的線索；又有許多從旬的字，如朐、荀、栒、峋，除了名物之外，没有別義，自當無從解說了。【再論殷曆　燕京學報第十三期】

◉唐　蘭　𠣬字商釋旬，非誤。卜辭或作𠣬或作𠣬者，字形演變，時代有先後也。前編云「茲𠣬其□」，本書云「丝𠣬雨」者，並謂茲旬也。龜甲獸骨文字云「貞尞丁三𠣬」，後編云「卜尞于六𠣬」者，謂三旬及六旬也。蓋商人以旬記日，卜辭多卜旬之事，而今所傳骨版上常有六旬表及三旬表，即昔人所謂干支表也。商人尚鬼，則其於三旬六旬必有神主之故賓之矣。以字形言之，則𠣬當即云，在說文為雲之古文。而旬字卜辭多作𠣬，當即勻字，旬从勻聲，說文以為从勹者誤也。云勻聲類相近，蓋本一字，而後世誤歧之也。【殷虛卜辭考釋】

◉吴其昌　「旬」者，殷代記日法自甲至癸，十日之名也。王國維說旬曰。⊘按先師之說是也。雖使夷𣪕、㞒敖𣪕「金十鈞」之𠣬字，乃實係「九」「金」二字之合體，然說文既載「鈞」之古文有作「𨥂」者，可證古人亦有𠣬𠣬二字偶溷為一，而𠣬字在古時確為旬，則事實固甚明也。【殷虛書契解詁】

◉商承祚　𠣬　甲骨文作𠣬𠣬𠣬。其初體應當作𠣬。由甲至癸為一旬也。後隨意書寫。形誼俱晦。世人不識。又讀為包。而增日以會意。古文則从勻聲也。甲至癸為十日之徧。故引申為徧。爾雅釋詁。「宣旬徧也。」桂氏謂通作宣。引釋言。「宣。徧也。」詩大雅公劉。「既順迺宣」。傳云。「宣。徧也。」以為證。殆因𠣬𠣬形近同訓。故疑其通。不知宣从宀亘聲。旬从日勻聲。古鉨作𠣬可證。形義各別。旬。古音在十二部。宣。古音在十四部。聲亦各殊也。【說文中之古文考　金陵大學學報六卷二期】

◉馬叙倫　顧廣圻曰。繫傳韻會無也字。當讀徧十日為旬。鈕樹玉曰。玉篇。十日也。徧也。則徧下當有也字。王筠曰。旬當入日部。且以古文作𠣬徵之。乃從勻聲。則旬乃勻省聲。徐灝曰。十日為旬乃本義。日自甲至癸而徧。故引申為凡徧匝之義。倫按於此字可以證古代先用顓頊曆。以太陽計。以甲至癸記之。徧為一旬。三十又六旬為朞。後世算密。乃知三十有六旬又六日。其後益密而餘分起焉。偏也以聲訓。十日為旬校語。從日。勻聲。當入日部。

□ 倫按從日勻聲。古文下捝旬字。王孫鐘作□。古鉨作□。【說文解字六書疏證卷十七】

◉陳夢家 四十一片釋旬字。羅振玉釋為龍字的共有二類：甲類具有肉角，大口，曲身，確是龍字；乙類無肉角，有口，曲身，我從前釋作巴蛇吞象的巴字，唐氏今釋作旬之初形，甲文旬不從日。夢案唐說亦是，甲文旬的初形為龍蛇形，從前劉鶚謂象虺形，孫詒讓釋作它，都有所見。我于說文部首疏證辰字下云「甲文和金文辰字的原始形，與甲文旬字相近，本為一字，旬是蜃的象形，所以辰有時辰之義。說文雲的古文就是甲文旬字，旬辰雲古音完全相同。」因此我釋甲文從人從旬的一字為侲字。天壤閣四一片「貞又旬」，八八片「貞婦好旬」「貞不其旬」「貞旬」「貞不其旬」，戩壽堂甲骨七頁之一六片「御婦豸子于妣己，允又旬」，凡此旬字都作龍蛇形，即甲文旬字而有口者，當是娠字，故所卜皆關婦某之形。【讀天壤閣甲骨文存 圖書季刊新一卷三期】

◉楊樹達 卜辭或言「多父旬」。即它辭之「多介」「多介父」。旬其名也。亦即紀年盤庚名之旬。【積微居甲文說】

◉陳夢家 祖甲卜辭「旬」「夕」兩字的寫法，旬字出頭（此點是馬漢麟指出），夕字中間有一點。這兩個寫法到了何組有很大的變化，旬字不出頭，夕字和月字都一律沒有一點。【殷虛卜辭綜述】

◉饒宗頤 㫗字从日从旬，疑旬之繁形，他辭云：「貞：㫗，大不氐嬄。宑。」（屯乙二二八五）㫗指旬日之間，為時間副詞。【殷代貞卜人物通考卷十】

◉饒宗頤 卜辭「旬自上甲衣，至于多毓，亡蚩。」（見林一·二一·七）按「旬自」之旬。以他辭「劦自」「㕚自」例之，旬亦動詞，爾雅釋言：「宣，徇，徧也」，說文：「旬，徧也，十日為旬。」堯典：「徧于羣神，旬與徧義同，言自上甲而下多后皆徧祭之。旬作動詞用，又見粹編一四二六：「……癸亥貞：旬亡囚，在□旬。〔癸〕酉〔貞〕：旬亡囚，〔在〕食旬。」「在」字下當是地名。其云「在某地旬」，旬當讀如詩江漢「來旬來宣」之「旬」，傳：「旬，徧也。」通作徇，廣雅：「徇，巡也。」白虎通：「巡者，徇也。」辭意即謂「在某地巡」，故知卜辭所見「旬」字，除旬日之義外，又有徧祭及巡視兩義，均宜以假借說之。【殷代貞卜人物通考卷十五】

◉高鴻縉 王（國維）釋□為旬。極是。此字之創造必在古以十日為計算時日之單位之後。古人計算時日之法。雖不可詳考。但甲文中有日。有旬。有月。有祀（亦作巳作司。間亦稱年）。而白晝之分段。武丁時有旦、大采、大食、中日、昃、小食、小采、莫等八名。迄帝乙之初更有昧、昕、中、日、莫、昏等六名。然絕無以子丑寅卯辰巳午未申酉戌亥等十二名劃分一晝一夜之說（或曰十二時始於漢代）。最初紀日之法。以意推之。當是採用天干甲乙丙丁戊己庚辛壬癸等十名。周而復始。是為一旬。旬字之造應即本此。此項天干紀日法。後漸配以地支而為甲子、乙丑、丙寅、丁卯等六十名。周而復始。是為干支紀日法。干支紀日法在甲文時已通行習慣矣。然則盤庚以前初民造□字原本於最通行之天干紀日法。在當時為人所共曉。殆以丨(古十字)表十日之意。而以□表回復之動象。故□為文字加動象之指事字。名詞。其字殷末變為□。周時變為偏旁□形。已不可說。秦人沿周加日又變□為□作□。日猶可釋為意符。□則與□字之偏旁無別。隸楷本之。遂成旬字。彼軍字勻字皆从古□字得聲。而其意則軍在車。勻在二也。至包之偏旁勹。乃抱字之初文。由□字變文會意作□。與旬字古文作□或□或□者各別。【中國字例三篇】

◉朱芳圃　字象人身回旋之形，故引伸有旋轉圍繞之義，匌軍諸字皆从此作，是其證矣。殷人以日自甲至癸為一勹，蓋假為旬。說文勹部：「旬，徧也。十日為旬，从勹、日。㫚。古文。」十日為旬，周而復始。與人身之回旋相同，故借用之。【殷周文字釋叢卷中】

◉李孝定　栔文此字。王釋為旬。極塙。然旬字何以作此形。則殊難塙指。段注於許書旬之古文下注云。「按从日勻會意。」王襄氏又引勻彝勻作□。則此作□者殆勻之初文。後始增「二」作□耳。勻旬音近。古即假勻為旬。後始增日以為十日專字。許書隸之勹包部。偶誤。商氏謂「从十。其始殆作□。乃由十至十。」由十至十說殊不辭。劉孫兩氏以為象虺象蛇。說殊無據。且虫它栔文各有專字。與此殊異。又虫它與旬音義俱遠。何以得有旬義。均無可說。唐氏之說。實師二氏之意。惟螾實為何物確作何狀。迄無確解。唐氏遽就字形以與銅器花紋相比傅。謂字殆象龍蛇之類。可以興雲雨。故古文□字象之。夫雲之作□。究象興雲作雨之神物乎。抑象雲之本象乎。神龍興雲。自屬傳說。先哲造雲字之時。豈真得見神龍於以取象。而天際雲來。舉首得見。是則雲字之作。當於何者取象。不言可知矣。唐氏又謂螾即說文之螭。地螻當即地螾之誤。亦僅憑想象。吕覽大螻大螾並舉。止足證二者之非一物。唐氏謂「疑亦校者據誤本旁注而闌入正文者」。又豈有若何根據耶。唐氏又云「卜辭中同一文字往往因用法不同書法亦有殊異」。此與文字衍變之慣例不合。所舉三字。形體各殊。字義各別。正足證三者之非一字。此誠所謂詖辭。知其所窮耳。卜辭□字。其義均為十日。卜旬之辭均以癸日。蓋以旬之末日卜下旬之吉凶。董先生之說是也。許訓徧。為十日一義所引申。蓋數字以十進位觀念下之產物也。金文作□王孫鐘。从勻从日。

【甲骨文字集釋第九】

◉白玉峥　□：或釋㫚，曰：从曰从旬，為旬之繁形。㫚，指旬日之間，為時間副詞。通考六。五九頁。【殷虛第十五次發掘所得甲骨校釋　中國文字新十三期】

◉黃錫全　□旬見石經　王孫鐘旬作□，《說文》古文作□。夏韻諄韻録石經作□，下多一橫。此形譌似「宣」。原應作□。

勹

【汗簡注釋卷三】

◉戴家祥 王孫遺者鐘 余専昀于國 昀乃旬之古體。説文九篇「旬，徧也。十日為旬，从勹日。，古文。」古籀勻、旬相通。玉篇一一九「徇」或體作「㣧」，説文金部「鈞」的古文作「銞」，儀禮今文「絢」作「約」，禮記内則「旬而見」，鄭注：「旬當為均聲之誤也。」昀兼旬勻為一體，旬之別構無疑。【金文大字典中】

拾六·六 商承祚釋勹 地名　前二·二八·三　粹九七九　粹一〇二〇　寧滬一·三七四　珠九一二　掇一·四〇三　京津五三二二　明一四二　河六〇八　京都二〇三八　京都二〇八二【甲骨文編】

珠912　錄608　外83　粹979　1020　新5322【續甲骨文編】

◉許　慎 覆也。从勹覆人。薄皓切。【説文解字卷九】

◉林義光 説文云。覆也。从勹人。按今字以抱為之。【文源卷十】

◉商承祚 段先生謂為抱之本字。今卜辭有。殆即勹字。【殷虛文字類編第九】

◉商承祚 金文之(冏爵、父辛毁)當為一字。説文勹。「覆也。从勹从人。」段玉裁謂為抱之本字。案：包，抱也。抱為後起，包其初也。【甲骨文字研究下編】

◉馬叙倫 段玉裁曰。此當為抱子抱孫之抱正字。衣部之褢乃褱也。王筠曰。簿皓切是由勹取聲也。玉篇音亡粉切。則由人取音也。倫按王謂由勹取聲。謂得聲於。甲文有字。商承祚釋勹。可為左證。然則覆也非本義。從人聲。蓋褢之異文。若從人覆一人。當為保護之保本字。為會意。要之不從伏之初文耳。從勹覆人非許文。或字出字林也。當入人部。【説文解字六書疏證卷十七】

◉李孝定 字在卜辭為地名。疑此與包古為一字。許云「包象人褢妊」。此則象人在腹中之形。與孕同意。勹包聲同韻近。【甲骨文字集釋第九】

◉徐中舒 合集二八九〇五 從中有人，與《説文》勹字篆文略同。⊘甲骨文象人之胞胎形，當為包之初文。⊘甲骨文以或象人腹中之子，例如小篆作巳。故勹包形同義近，當為一字，許氏强分為二。【甲骨文字典卷九】

[字形]漢匈奴呼律居訾成羣 [字形]漢匈奴破虜長 [字形]漢匈奴守善長 【漢印文字徵】

◉許　慎　[字形]聲也。从勹。凶聲。許容切。[字形]匈或从肉。【説文解字卷九】

◉丁佛言　[字形]上官鼎。从凶从[字形]从肉。古匈字。[字形]古鉢。辛匈。【説文古籀補補第九】

◉郭沫若　梁鼎銘多見胷字，梁上官鼎作[字形]，大梁司寇鼎作[字形]，十三年鼎作[字形]，上樂床鼎作[字形]，平安君鼎作[字形]。

統觀諸器胷字，其下均繫量數，大梁司寇鼎云「為量胷四□」，其意尤顯著。是則梁鼎銘例與漢鼎之紀容量輕重者相同。漢鼎銘例言「容若干斗升，重若干斤兩」，因之前人遂有疑胷為庸字、而讀為容者。今案其讀則是，而其釋則非也。余謂胷乃匈字今通作胸之異，讀為容。説文云「匈，膺也。从勹凶聲，肙或从肉。」此字亦正从肉凶聲。中央之[字形]形乃象胸之形也，象胸頭有劍骨，有横肋，而左右有二垂乳。毛公鼎有[字形]字，已由余攷定為洶，其右旁之[字形]與此之胃同意，特此乳頭旁垂，而彼則上向為異耳。古匈容同紐，且復同在東部，乃雙聲而兼疊韻之字，故匈假為容。實則容為容納之容亦假借字也。容當與頌為一字，象人容貌之形，示額下有眉目與口，東方人鼻不著，故容中無鼻。小兒畫人貌例不著鼻，此足證容字之原始。【釋胷　金文餘釋之餘　金文叢考】

◉馬叙倫　鈕樹玉曰。鍇本及韻會引玉篇注皆作膺也。聲字譌。丁福保曰。慧琳音義六十五及七十四引作膺也。倫按從人。凶聲。其義亡矣。膺也者。重文肙字義。急就篇以為肙字。蓋倉頡以匈為肙也。【説文解字六書疏證卷十七】

◉楊樹達　[字形]　吴大澂釋其字為庸，孫仲容從之。劉心源釋為膚。奇觚拾壹卷八葉下。余按其字从肉，梁鼎器銘上截明从凶，疑是説文之匈字也。九篇下勹部云：匈，膺也。从勹，凶聲。或作肙，肙字从肉从凶，與梁鼎器銘文正同也。字在此蓋以音近假為容，諸云容叁分及大梁鼎云容四分者，鼎以載食，此記鼎之容量也。【樂鼎跋　積微居金文説】

◉馬叙倫　貞松堂集古遺文二有上樂鼎作上[字形][字形][字形][字形]。續上有中口官鼎作[字形][字形][字形]八[字形]。其蓋銘[字形]字作[字形]。與上樂鼎同。羅振玉於此字無釋。大梁鼎梁廿又七年大梁司寇□作□□為量[字形][字形]分。古鉢有[字形]字。丁佛言釋為肙。謂從凶從収從肉。倫謂如丁釋當為從骨凶聲。非從[字形]也。然在諸器中不得閒以肙字。未能詳也。疑借為容。【梁鼎　讀金器刻詞】

◉許　慎　[字形]帀徧也。从勹。舟聲。職流切。【説文解字卷九】

◉吴榮光　古尊罍皆有舟。匔者假借字也。【周十月彝　筠清館金文卷五】

◉馬叙倫 段玉裁曰。偏衍文。倫按當從包裹之勹。帀偏也當作帀也偏也。匝也以聲訓。偏也列異義。字蓋出字林。【説文解字六書疏證卷十七】

◉唐 蘭 𠣾從口𠣾聲，𠣾從舟聲，古書讀𠣾為貉，貉為貊，是錯的。據下文寓作寓，則𠣾即金文宥字，《説文》作𠣾，「𠣾匝，遍也」。古書多借用周字。毛公鼎、叔向簋、番生簋，都説：「醽𠣾大命。」此銘分在上下兩句。【略論西周微史家族窖藏銅器群的重要意義 文物一九七八年第三期】

◉唐 蘭 舟用寏徝 寏當即《説文》𠣾字。由⌒形譌⌒。《説文》：「𠣾，匝遍也。」引申有周密的意思。【論周昭王時代的青銅器銘刻 唐蘭先生金文論集】

匌

◉許 慎 匌帀也。从勹。从合。合亦聲。矦閤切。【説文解字卷九】

◉馬叙倫 當從鍇本作從勹合聲。説解當曰。𠣾也。𠣾音照紐。帀音精紐。皆清破裂摩擦音。故古書或借帀為𠣾。帀合聲同談類。故古書或以周帀連文。易益釋文。即𠣾匌也。𠣾聲幽類。匌聲談類。幽侵對轉。侵談弇侈之分。故𠣾轉注為匌。此從包裹之勹。【説文解字六書疏證卷十七】

◉戴家祥 匌，廣韻訓「周帀也」。勹與匀同字。見匀字條。廣韻十八諄「匀，偏也。」凡从勹的字，多含有偏、周、重複等意義，如「旬，偏也。」「勺，覆也。」「𠣞，重也。」「勼，聚也。」「𠣾，帀偏也。」均見説文九篇勹部。「匌」訓為「帀」，可信。玉篇或作佮合。瘐鐘「匌受萬邦」，史牆盤「匌」作「迨」。迨會古通用，「迨受萬邦」即「會受萬邦」。詳見迨字條。【金文大字典上】

匓

匓 郭沫若釋謂从月或月省與从勹同意同象腹形 毛公旅鼎 匓其用㫗 令簋 用匓寮人 【金文編】

◉許 慎 匓飽也。从勹。𣪘聲。民祭。祝曰。厭匓。已又切。又乙度切。【説文解字卷九】

◉劉心源 匓 錢宮詹云。詩如食宜饇。即此字。亦用餀饇。説文無饇。【奇觚室吉金文述卷二】

◉高田忠周 朱氏駿聲云。民祭祀曰厭匓。字亦作饇。錢宮詹云。詩如食宜饇。即此字。按區𣪘雙聲。此説可从。按古文𣪘敦兩字通用。⊘按敦字作𣪘者不尠。此所从𣪘以敦為之。知兩字古互通用。即古音轉通耳。【古籀篇三十六】

◉郭沫若 廄字亦見毛公旅鼎，彼云「匓其用㫗」，乃从月𣪘聲，此从月省，當即匓之古文。説文「匓，飽也，从勹𣪘聲，民祭，祝曰

□ 𠣾

厭匓」，从勹與此从肙若肙省同意。【令毁　兩周金文辭大系考釋】

◉馬叙倫　鈕樹玉曰。集韻類篇引祝皆作祀。倫按匓字從□或□或□或從宀。均無飽義。如以聲訓。則匓當從𣪘勹聲。徐鍇以為此禮之厭飽字。今禮作飫。尋飫本書作𩛥。從食。芺聲。芺勹古聲竝在幽類。豈匓為𣪘之轉注字邪。𣪘勹聲同幽類也。此訓飽者。乃𩛥字義。然倫以為飽也者。字當作⿱殳食。從食。九聲。為𩛥之轉注字。同為清破裂音也。今⿱殳食譌作⿱宀⿱九食。為廄之重文。此則廄之異文。從宀或從广。譌為匓也。白㓹𣪘有□字。郇巫寶尊有□字。蓋即此字。乙𣪘有□字。降父𣪘作□。容庚以為𩛫字。居𣪘作□。從广也。下文𠣾字曶鼎作□。毛公鼎家作□。由此可以證知宀广□之交譌矣。玄應一切經音義引古文官書。匓⿱宀⿱九食二形同居宥反。本書⿱宀⿱九食為廄之重文。蓋吕忱依官書增⿱宀⿱九食字於廄下者。忱所見官書匓作□耳。然則此文或出新字林。或吕據聲類作匓而增此。聲類訓飽。吕不能知其本義。遂與廄重出耳。要不從勹或□也。民祭六字或校語。【説文解字六書疏證卷十七】

◉唐　蘭　匓讀如勼，《説文》：「聚也。」古書多作鳩，《爾雅·釋詁》：「鳩聚也。」匓與廄同音，《釋名·釋宮室》：「廄，勼也；勼，聚也。」《説文》廄古文作⿱宀⿱九食。【論周昭王時代的青銅器銘刻　古文字研究第一期】

□ 𠣾　説文或省彳作□　𤕌盤　遠猷𠣾心　假借作腹【金文編】

◉許　慎　□重也。从勹。復聲。扶富切。□或省彳。【説文解字卷九】

◉丁佛言　□曶鼎。【説文古籀補補第九】

◉余永梁　□（後編卷下七葉）　説文：「飤，糧也。从人食。」此字古金文甚多，誼亦相同。今又見於卜辭，段玉裁以飤字不見於經典，疑為俗製，誤矣。王先生曰：「此或⿹勹复字。」【殷虚文字考　國學論叢一九二七年一號】

◉馬叙倫　重也者。複字義。此或為伏之初文之同雙脣音轉注字。或為⿱宀⿱九食之異文。當入广部或宀部。【説文解字六書疏證卷十七】

◉于省吾　説文：「𠣾，重也，从勹復聲。⿹勹复或省彳。」甲骨文有⿹勹复無𠣾，可見⿹勹复為初文，𠣾為後起字。又甲骨文有复無復，复作□，金文复與復互見。説文：「夂，行故道也，从夊畐省聲。」又：「復，往來也，从彳复聲。」説文既誤認為夂从畐省聲，又不知复為復之古文。甲骨文⿹勹复字為舊所不識，甲骨文編和續甲骨文編入于附録。今分别闡明于下：

一，第一期甲骨文稱：「癸酉卜，争貞，王匔不安，亡祉。」（續五・六・一）匔作，研契諸家之所以不識此字，以其从，不从勹，實則形乃勹字的異構。形从丿乃羨劃，古文字往往隨形附劃，即以前引一段甲骨文的安字為例，安字从女作，在下部加一邪劃，是其證。至于形的末劃之所以作，因為勹即伏的本字，象人匍匐形（詳釋勹𠣫匍），故形的中部即象人的腹形。甲骨文「帚好不祉疾」（後下一一・八）之疾作，左从人作，是其證。説文訓匔為重，訓複為重衣，古文字有匔無複。前引的王匔不安，亡祉，祉即古延字。這是説，王有疾病，身體仍然感到不安適，要乞救于鬼神，不可延緩。

二，第一期甲骨文有字（京都八三八B，原辭已殘），上从乃勹字的省劃。鼎的匔字作，上从，可互證。下从又，乃夂形的譌變，小臣𨒅簋的復字也譌變為从又。魏三體石經左傳古文復字作，从祉與从彳古同用。

三，第四期甲骨文的「弜匔」（甲五八七），匔字作，左从，即字的異構。甲骨文亯字每作亯。又郭字作或，周器䢅伯章盤作，國差𦉜作。這就證明了匔字的繁構从，與亯和高字中部加口或○形，其演變之迹完全一致，只是甲骨文為便于鍥刻化圓為方而已。至于字从人與从勹互作，如倗字甲骨文有的从人，金文則从勹，佃字金文从人，説文从勹，是其例證。

總起來説，通過以上三條的具體分析，則甲骨文三個匔字的構形大同小異，其均為匔字，是没有疑問的。【甲骨文字釋林下卷】

◉唐蘭 𤖨盤 ［五八］匔是匔字或體，見《説文》。通腹。《詩・兔罝》：「公侯腹心。」【略論西周微史家族窖藏銅器羣的重要意義 唐蘭先生金文論集】

冢

冢 㫚壺 冢司土　趞簋 冢司馬 周禮夏官冢司馬各使其臣以正於公司馬冢殆冢之誤　多友鼎 楊冢地名　假借作重

盗壺 冢賃之邦　盗壺 冢一石三百卅九刀之冢　盗壺 之冢二字合文讀為之重 【金文編】

3・945 冢子　6・25 陽城冢 【古陶文字徵】

冢 法一九〇 【睡虎地秦簡文字編】

◉許 慎 □高墳也。从勹。豖聲。知隴切。【說文解字卷九】

◉馬叙倫 從勹從□均無高墳義。此當從宀。入宀部。高墳也非本訓。字見急就篇。譌作冢。或倉頡借冢為冢。冢字出字林也。【說文解字六書疏證卷十七】

◉于省吾 趞鼎。命女作數自冢嗣馬啻官僕射。冢字吴大澂釋家。窸五十。郭沫若從之。並引周禮家司馬為證。大系攷釋五七。按冢字原作□。即説文㝐字。與家字迥異。冢㝐經傳通作冢。毛伯班毀邦冢君之冢作□。曶壺更乃且考作冢嗣土于成周八自冢作□。嗣馬之有冢嗣馬。猶嗣土之有冢嗣土矣。【釋冢司馬 雙劍誃古文雜釋】

◉徐中舒等 冢 《爾雅·釋山》:「山頂冢」,人之有首,如山之有頂,冢,猶首也。【中山三器釋文及宮室圖説明 中國史研究一九七九年第四期】

◉李家浩 金村銅器等刻辭中比「寽」低一級的重量單位是「□」。此字有以下一些寫法:

a. □ 鼎 故宫博物院藏

b. □ 壺 《墓考》圖版186·6a

c. □ 壺 同上圖版186·6c

d. □ 壺 同上圖版186·6b

e. □ 壺 《三代》12·14下

由于字形與戰國璽印文字中「家」、「墜(隊)」、「蟊」等字所从的「豖」字近似:

□《徵》附24 □《徵》附21 □《徵》附40

朱德熙先生過去曾釋為「豖」字。現在看來此字應釋為「冢」,侯馬盟書「冢」字的寫法可以為證:

□a □b □c □d □e 《盟》324

據《説文》分析,「冢」字「从勹豖聲」。在上邊這幾種寫法裏,a、b是正體,c、d、e是簡體。c把「勹」旁與「豖」旁重疊在一起,以「勹」旁兼充「豖」旁上端的一部分。這種偏旁筆畫公用的現象在戰國文字裏是很常見的。⊘在c的基礎上,把「勹」旁與「豖」旁下部寫得分開一點,就成為d和e。上引金村銅器刻辭的「冢」字確實很象「豖」字。但「□」的豎筆上有一短横,可見是從「豖」的字,如果跟侯馬盟書c、d、e幾種寫法相比較,就完全可以確定它是「冢」字的簡寫。此外,平山中山王墓圓壺銘文説:

(1) □(冢)一石三百卌九刀□(之冢)。壺《故宫博物院院刊》1979年第一期47頁圖5。

此銘「冢」字讀為「重」，文義妥貼。冢、重古音相近。《釋名・釋喪制》：「冢，腫也，山頂之高腫起也」，即以腫為冢之聲訓。句末一字是「之冢」合文。「重一石三百卌九刀之重」，意思是說這個壺的重量是一石之外再加上三百三十九把刀的重量。因為「刀」不是正式重量單位，所以下面要加「之冢(重)」二字。這條銘文也可以證明我們對「冢」字的辨認是可信的。

除了「冢」字以外，戰國文字裏還有「塚」字：⊘這個「塚」字在銘文中亦應讀為「重」。

戰國文字裏屢見「冢(或書作「塚」)子」的稱呼。⊘

上引戰國文字資料裏的「冢子」，除(12)、(13)或有可能是私名外，似皆為職官名。有的「冢子」冠以地名，如(5)、(8)，有的「冢子」冠以機構名稱「上官」，如(6)、(15)。他們似與文獻裏稱太子為冢子的冢子名同而實異。

以上主要討論「冢」字的形體並附帶論及「冢子」的意義。現在我們再回過來討論金村諸器記重的「冢」字。

日本林巳奈夫曾據(21)、(22)二壺的實測重量推算出：

1寽≑53.5冢＝1230.3克

一「冢」之值約當23克。這些銅器由于鏽蝕、磨損等原因，同原來的重量有較大出入，因此推算出的一寽之值，誤差可達一百克以上。儘管如此，我們認為林巳奈夫的推算大致是可信的。「冢」這個重量單位不見于載籍。朱德熙先生懷疑當讀為「銖」。古音冢在東部，銖在侯部，二部陰陽對轉；二字聲母亦近。

⊘在文獻記載中，一鎰之重有二十兩與二十四兩二說。據秦高奴禾石銅權實測，一斤之重在256.25克左右。上面求得的一鎰之重與後說大體相合。如此則一釿相當秦斤十八銖，一寽相當秦斤四斤十一兩。那末寽與冢的比值可能是1:50，也就是說一冢等于二釿，相當秦斤一兩半。當然這種說法也僅僅是一種推測，其實際情況還有待更多新的資料的發現和發表來作進一步的比較研究。

總之，東周寽的實際重量要比文獻記載的大，所以「冢」(銖)的實際重量比秦制大也不是不可能的。與上引金村銅器同出的銀器上，多刻有用朱兩記重的銘文。其中一件銀器脚上刻有「卅七年」，據唐蘭先生研究是周赧王的紀年。這說明東周至少到赧王三十七年(公元前288年)的時候已采用秦國的銖兩制，從此銖、寽的值發生了劇烈的變化，寽由約相當于秦制四斤十一兩變為六兩大半兩或十一銖二十五銖之十三，冢(銖)由約一兩半變為不到一克之重了。這一變化是當時商品經濟變換日益發展的必然結果。

追記：《陶齋吉金録》5・3著録一杯，有銘文四字：

□（冢）十六□

「冢」亦當讀為「重」，末一字即楚幣「旆比當忻」布背文「十□」之「□」（鄭家相《中國古代貨幣發展史》133頁），似亦重量單位。近得見馮其庸先生所搶救的一批無錫出土的楚國晚期銅器，其中一件銅豆上有記重銘文，所記重量上一字作「□」，亦當釋「冢」，讀為「重」。　【戰國時代的「冢」字　周金文釋例】

◉劉彬徽等　冢，塚字。「聖塚之大夫」可能是楚聲王塚大夫。　【包山楚簡】

◉湯餘惠　□202　豣（豜）・冢　注381謂豣「似為豜之異體，《説文》：『三歲豕，肩相及也。』」今按應是冢字，十三年梁上官鼎「上官冢子」字作□（《三代》3・40・4），古璽冢作□4047，均其證。冢，簡文又稱「冢豕」（參看227、243等簡），或稱「肥冢」（參看202、203等簡）；皆當讀為豵，《詩・召南・騶虞》：「壹發五豵」，《毛傳》：「一歲曰豵。」　【包山楚簡讀後記　考古與文物一九九三年第二期】

◉何琳儀　□分析其偏旁應由十、□兩部分組成。十為「土」旁省簡，戰國文字習見，詳另文。□則□之演變，圓點可作虛框。⊘至於□上短横乃飾筆，古文字習見。故□即□。□見二十八年平安鼎蓋銘「之冢（重）」合文下半部分：□，「之」與□借用横筆。其中□是「冢」之省簡，亦即省「豕」後所剩偏旁。再者梁上官鼎「冢子」合文作：□，其弧筆上圓點作虛框，與劍銘□如出一轍。温縣盟書「塚」作□，如果撇開「豕」旁，所剩部分□與□顯然也有對應關係。準是，□可直接隸定「塚」。《正字通》「塚，俗冢字。」其實晚周文字往往增加「土」旁為飾。「塚」不過是「冢」的繁文而已，無所謂孰「正」孰「俗」。《爾雅・釋詁》「冢，大也。」⊘

《説文》「冢，高墳也。从勹，豕聲。」西周金文作：

□ 曶壺　□ 多友鼎

其右均不从「勹」。戰國文字「冢」亦習見，試與幾例：

□ 侯馬324　□ 十三年上官鼎

□ 古墓66　□ 璽彙4047

□ 陶彙3・945　□ 陶彙3・146

其右旁亦不从「勹」。殷周文字「勹」象人匍匐之形，晚周文字「勹」亦習見，與上揭「冢」之右旁均不同。

按，「冢」之右旁疑本從「主」。⊘

以上諸字所从、、、等，與「冢」所从、、、等多可對應，顯然為同一偏旁，即「主」。其中陶文「冢」所从，由穿透豎筆所致。還可從商代金文「宔」作（戍嗣子鼎）中尋到其古老來源。温縣盟書「宔」作，「塚」作，所从「主」亦屬戍嗣子鼎這一系統。比較侯馬盟書與句吴王劍，不難發現與的對應關係。至于二者中間豎筆是否彎曲應具體分析。上舉「冢」所从「主」旁固然以弧筆居多，但是也有作直筆者，如上舉金村銅器、陶文等。上舉「主」中間以直筆居多，但是也有作弧筆者，如上舉鄒陵君豆「䏺」、包山簡「宔」等。凡此為上文推測「冢」从「主」提供了字形依據。

「冢」既然从「主」，則有可能从「主」得聲。主，照紐三等（古歸端紐）侯部；冢，端紐東部。侯東陰陽對轉。「冢」从「主」得聲音理契合。上文所引二年宔子戈「宔子」讀「冢子」，是戰國文字中習見的官名。參見寧鼎、梁上官鼎、十三年上官鼎、《璽彙》3102、《陶彙》3·945等「冢子」。鄒陵君豆「䏺三朱」讀「冢（重）三銖」，文意調暢。凡此均「冢」、「主」音近可通之佐證。以往小學家多謂《說文》「冢」从「豕」聲，屬侯東陰陽對轉，實則「冢」从「主」聲，亦屬侯東陰陽對轉。

《說文》「冢」从「豕」聲，十分可疑。「豕」，甲骨文作，金文尚未發現豕身與生殖器脱離的「豕」。上舉兩周文字「冢」並不从「豕」，而从「豖」或「豭」。（所从偏旁參見《金文編》668—669、《璽文》242—243）《說文》「豭，牡豕也。」甲骨文作，豕身與生殖器相連。「冢」似是「琮」之本字（「主」、「宗」一字之分化），从「豖」（或「豭」）、「主」聲。檢《集韻》「琮，牡豕」，引申則有「大」義。故「冢」《爾雅》訓「大」，《說文》訓「高墳」。以往學者多認為、是「冢」之省簡，其實按照形聲字一般省形不省聲的規律，、恰是不應省的音符。【句吴王劍補釋——兼釋冢、主、幵、丂　第二屆國際中國文字學研討會論文集】

◉戴家祥　好蚉壺　古文从之字可隸定為从，如隸作軍，此字當為冢字。朱德熙與裘錫圭認為借作重，而「冢貢之邦」即「重任之邦」。文物一九七九年第一期平山中山王墓銅器銘文的初步研究。【金文大字典上】

包

包　封四八　　法六一　五例　【睡虎地秦簡文字編】

公包可字小青　【漢印文字徵】

包一音泡　　包　【汗簡】

竝汗簡　　華嶽碑　　雲臺碑　【古文四聲韻】

◉許　慎　□象人裹妊。巳在中。象子未成形也。元气起於子。子。人所生也。男左行三十。女右行二十。俱立於巳。爲夫婦。裹妊於巳。巳為子。十月而生。男起巳至寅。女起巳至申。故男季始寅。女季始申也。凡包之屬皆从包。布交切。【說文解字卷九】

◉吳大澂　□疑古包字。爵文。【說文古籀補附録】

◉吳大澂　□象子在懷抱形。與包字同意。【愙齋積古録二十二册】

◉林義光　古作□包君鼎。象子未成形在裹中。而非人裹之形。當即胞之古文。胎衣也。【文源卷一】

◉柯昌濟　卜詞。丁亥三自雩玄十茅□示。疑即包字。茅□即茅苞也。古包字許訓象人裹妊。巳在中。象子未成形也。又曰。包。裹也。象人曲形。有所包裹。與此字外所从相似。内从貝。古異文也。雩即于之叚籍。三自于玄者。玄或祭祀名。人名也。【殷虛書契補釋】

◉馬叙倫　說文疑曰。從勹得聲。從巳取義。鈕樹玉曰。繫傳褢作裹。下同。韻會引作裹。譌。繫傳無子人所生也之子字。玉篇作裹也。婦人懷妊。元气起於人子所生也。段玉裁曰。說解當作妊也。象人裹妊□在中。象子未成形也。王筠曰。玉篇曰。今作胞。知包為古胞字。當訓兒生裹也。倫按此胞之初文。包即今所謂胎衣。從巳。□聲。今說解有捝譌。象人懷妊蓋吕忱改之。巳在申至女季始庚也。吕忱或校者加之。【說文解字六書疏證卷十七】

◉李孝定　□字在卜辭為地名，疑此與包古為一字。許云「包象人裹妊」，此則象人在腹中之形，與孕同意，勹包聲同韻近。【甲骨文字集釋】

◉楊樹達　包即胞之初文，胞為後起加旁字。勹象裹，為外形。巳象子未成，在勹之内，為内形。【文字形義學】

◉陳夢家　明義士先生藏骨又一件作「壬辰寅三冎三匋」，冎叚作禍鍋，而匋字羅釋珍，非是。竊疑此字是包裹之包，說文「勹，象人曲形，有所包裹。」卜辭此字象包貝；金文橐字或从缶从貝(戊辰殷)，其義一也；故匋字从貝猶言有所包裹也。【釋冎坿記　考古學社社刊第五期】

◉黃錫全　□包一音泡　保字古作□(父丁殷)，□(保鼎)，省變作□(癸爵)，□(䜌盤)，□(寡兒鼎)，□(斐鼎)等，此形類同，假為包。馬王堆漢墓帛書《戰國縱横家書》抱作保。《漢書・古今人表》「保申」，《淮南子・說山訓》作「鮑申」。鄭珍認為□是勹。□是□，即包字，非是。【汗簡注釋卷三】

◉睡虎地秦墓竹簡整理小組　包，據簡文指罪人被流放時其家屬應隨往流放的地點。包疑讀為保，《漢書・元帝紀》：「除光禄大

夫以下至郎中保父母同産之令。」注引應劭云：「舊時相保，一人有過，皆當坐之。」【睡虎地秦墓竹簡】

胞

◉許　慎　兒生裹也。从肉。从包。匹交切。【説文解字卷九】

◉馬叙倫　鈕樹玉曰。韻會引作從肉包聲。翟云升曰。當入肉部。或曰。此包之重文。一切經音義一引作兒生裹衣者曰胞也。倫按胞本為包之重文。説解本作包或從肉從包。傳寫誤為正文。兒生裹也者本是包下説解中字林文。正足以明傳寫之挩譌也。玄應所引。亦包下説解文。尚有挩譌。韻會作包聲是也。後起字即正字而加偏傍。而聲即正字之聲。其實俗人為之。然格以六書大齊為形聲字也。【説文解字六書疏證卷十七】

匏

◉許　慎　瓠也。从包。从夸聲。包取其可包藏物也。薄交切。【説文解字卷九】

◉馬叙倫　鈕樹玉曰。韻會引作從夸包聲。無取上包字。藏當作臧。桂馥曰。本書。瓠。匏也。從夸聲者。當云從瓠省。孔廣居曰。當作從瓠省包聲。翟云升曰。當入瓠部。倫按從瓠省包聲。當入瓠部。墨子節用。輪車鞼匏。借匏為鞄。明從包得聲也。當立瓠部而屬之。【説文解字六書疏證卷十七】

苟

甲二五八一　不从口　形與羌近　又疑苟从羌得聲　前八・七・一　後二・三六・六　師友一・一三一　乙七二八　三【甲骨文編】

苟　不从口孳乳為敬　大保簋　大保克敬亡曾　盂鼎　何尊　班簋　師虎簋　楚季苟盤　【金文編】

苟　苟己力切　苟　苟竝出説文義雲章【汗簡】

竝義雲章　義雲章　説文【古文四聲韻】

◉許　慎　茍自急敕也。从羊省。从包省。从口。口猶慎言也。从羊。羊與義善美同意。凡茍之屬皆从茍。己力切。[glyph]古文羊不省。【説文解字卷九】

◉吴大澂　[glyph]古敬字。象人共手致敬也。盂鼎。【説文古籀補】

◉徐同柏　字作[glyph]，象繩之形。【周盂鼎　從古堂款識學卷十六】

◉孫詒讓　[glyph]余義編鐘　阮釋為㦴。孫釋同。説文㦴从虍乎聲。此形殊不類。諦案之。實羞字也。説文茍部。茍自急敕也。从羊省。从勹口。勹口猶慎言也。从羊。與義善美同意。今本文多衍奪。此从段注本。[glyph]古文不省。此[glyph]字下[glyph]形甚明。上作[glyph]者即从羊不省。惟筆畫微有刓缺耳。【楚良臣余義鐘　古籀拾遺中】

◉吴式芬　許印林説⊘敬作[glyph]。即茍字。[glyph]从羊省。[glyph]則更省。勹从包省。[glyph]即勹。勹。裹也。象人曲形。有所包裹。此固足以概包義。不須从包省。茍訓自急敕。經典罕用。或以無曰茍矣。茍日新當之。亦殊費解。説此云茍夙夜勿廢朕命。讀為茍字。義亦可通。然牧敦龙敦㝨簋皆有敬夙夕勿廢朕命之文。牧敦作[glyph]。與此略同。龙敦則作[glyph]。㝨簋則作[glyph]。確是敬字。蓋敬亦從茍，定為敬省當得其實。【虎敦　攈古録金文卷三】

◉劉心源　[glyph]為茍省。亦即敬省。⊘敬从茍。故古刻即㠯茍為敬。如毛伯彝惟[glyph]德。牧敢[glyph]夙夜。是也。此銘[glyph]。茍之省口者。亦讀敬。盂鼎今余惟命女盂昭芏[glyph]。又云若[glyph]。乃正與此同。【奇觚室吉金文述卷三】

◉方濬益　筠清館録此銘誤釋着為姜。⊘此與説文所載古文正合。儀禮燕禮記賓為茍敬。鄭注。茍。且也。假也。聘禮記注則又曰。茍。敬者。主人所以小敬也。按茍且字从艸。與此迥異。隸書興。二字相混。康成不察。遂以从羊省之茍誤為从艸之茍。抑詩無曰茍矣。鄭箋亦以為茍且。其失并同。惟篆書九經抑詩作[glyph]。不誤。六書例解謂禮記大學茍日新亦此字。是也。南史張敬兒傳。敬兒初名狗兒。宋明帝嫌狗兒名鄙。改為敬兒。何敬容傳。敬容署名。敬字大作茍小為文。容字大作父小為口。陸倕戲之曰。公家茍既奇。大父亦不小。是六朝時人亦多以敬之從茍為茍且。故讀與狗同音。【鄭儀羞父簋　綴遺齋彝器款識考釋卷九】

◉林義光　古作[glyph]盂鼎。作[glyph]太保彝。皆用為敬字。从人美。[glyph]。美省。或作[glyph]師虎敦。从口。轉注。茍非茍字為急敕。未有他證。急敕之義由勹口而生。茍本不从勹口。實與敬同字。説文云。[glyph]肅也。从支茍。按即茍之或體。從攴。轉注。古作[glyph]師嫠敦。作[glyph]師酉敦。【文源卷十】

◉丁佛言　[glyph]古鉢。茍相。許氏説茍从羊省。从包省。从口。於古文[glyph]謂羊不省。此[glyph]為从羊从口之變。古敬字左作[glyph]

□。可證冂仍是从包省也。【說文古籀補補第九】

◉高田忠周　師酉敦又曰。敬夙夜而字作□。彼則正而此省。茍字也。說文□自急敕也。从羊省。从包省。从口。口猶慎言也。从羊與義善美同意。古文从羊不省作□。此∪即∽之省。□為古文□也。蓋羊者祥也。慎言者必有善祥。从包口者。與專壹字从壺中入吉相似。此與从艸句聲之苟聲義迥別。又按。說文包字从□。而古文作□不从勹。今包改附于巳系。然茍从勹而會意至順。斷非从包省者。許解誤矣。【古籀篇三十六】

◉郭沫若　「厲芀」者韓氏之臣。芀即說文茍之重文作□者之省，殷周古文多省口作。其在卜辭屢用為祭牲，與羊牢同例，又用為沃甲之沃，由沃以得其音，由牲以得其義，更由字以得其形。知是狗之初文，象貼耳人立之形，其从口作者乃以口為聲，譌變而為茍字，形失而音尚存也。卜辭又屢見「芀若千人」之文，則狗讀為辜，或釋為「羌若千人」，非是。其在金文則大盂鼎、大保毁等均用為敬，蓋敬者警也，自來用狗以警衛，故用狗形之文以為敬，猶箕帚為婦職，故婦字从帚，而古文且直用帚以為婦也。說文訓茍為「自急敕也」，即此孳乳之義，後人因字廢而不得其讀，乃由「急敕」之義以揣其音作「己力切」，實屬莫須有之事。近人有以為即亟字者，尤屬皮傅，大盂鼎有芀字，復有从亟之遻字，二者迥然有別。唯用芀為敬者，于周初文多見之，其後敬字多見，無作芀者。此厲芀以芀為名，蓋又用為敬字，春秋戰國時人多擬古之習，此銘稱年為祀，亦可見其一端也。唯狗字在古並無惡意，爾雅釋獸「熊虎醜，其子狗」，又釋畜「犬未成毫狗」，其為物均有可愛之意，故今人于幼兒猶以狗為愛稱，而殷王芀甲亦不諱狗。是則此厲芀即讀為厲狗，亦無不可也。【厲芀鐘　兩周金文辭大系考釋】

◉郭沫若　茍用為敬，與師虎毁同。大盂鼎大保毁又均以芀為之。余謂芀乃狗之象形文，卜辭多見，用以為牲，又以為沃甲之沃，狗沃音相近也。芀又作茍，乃从口聲，後誤為从艸之苟，形雖失而音尚存。其用為敬者，敬即警之初文。自來用狗以警衛，故字从茍从攴，與牧敄駿等同意。省之，則單著狗形作芀若茍，即可知為敬為警，猶箕帚乃婦女之事，故婦字从帚，而卜辭更以帚為婦矣。茍茍字說文兩收，茍訓為艸，茍訓為「自急敕」而未言其音，後人因「急敕」之訓而傅會以「己力切」，玉篇更以茍亟為一字。然大盂鼎有从亟之字作㥛。又同見兩芀字，二者竝不相混，知後起之說均不足信也。【班簋　兩周金文辭大系考釋】

◉商承祚　□　甲骨文作□。金文盂鼎作□。師虎毁作□。用為敬字。其它敬之偏旁作□余義鐘。□師酉毁。□克鼎。古鉩从□□。此當為「叩气吠以守」之狗之初字。其形有兩耳。从口者。吠气誼也。許云从羊。失之。【說文中之古文考　金陵大學學報六卷二期】

◉陳獨秀　茍為狗之初字，韻會引荀子：曾不如相雞狗之可以為名也；襄十五年左傳：鄭人奪堵茍之妻，釋文本作狗，皆可證。

埤雅狗字亦从苟。説文云：苟，艸也，从艸，句聲；隸變作苟；[glyph]，从犬，句聲；隸變作狗；[glyph]，自急敕也，从羊省，从包省，从口，口猶慎言也，从羊，羊與善、美同意；隸變作苟。是分一字而為三矣。説文解[glyph]篆迂曲難通，苟艸不言何艸，亦無苟且之義。苟从艸，蓋[glyph]之譌形，[glyph]象狗耳，句喻曲尾，是即狗也，非艸名。[glyph]象狗向人敬跽故敬从苟，狗性機警，故驚警亦从苟乞食形，上象兩耳，非从羊省，从口，謂張口受食，故用為苟且字。苟專用為苟且字，遂加犬作狗，或別作狗。【象鳥獸蟲魚　小學識字教本上篇】

◉馬叙倫　吳穎芳曰。從口下失包字。包口二字句。從羊下衍羊字。王筠曰。從羊以下九字蓋庾注。徐灝曰。疑此即古敬字。春秋史苟唐苟蓋用此為名。林義光曰。盂鼎敬字作[glyph]。大保彝作[glyph]。從人。美省。師虎敨作[glyph]。從口。苟為急敕。未有他證。急敕之義。從勹口而出。苟本不從勹口。實與敬同字。吳國傑曰。非從包省。乃從羊耳。甲文羊作[glyph]。象羊側面形。此正從[glyph]。倫按玉篇。苟。急也。自急敕也。此捝急也二字。急也以聲訓。自急敕也及口猶以下蓋字林文或校語。苟為警之初文。從口。[glyph]聲。[glyph]羌姜皆一字。姜音見紐。故苟音亦入見紐。古文作[glyph]。從口。羌聲。其明證也。苟亦敬之初文。以口相戒故從口。以對敵者施以攻擊。故從攴。亦或敬是攴之轉注字。作敬。金文敬作[glyph]者。省形存聲耳。儀禮燕禮之賓為苟敬。苟即敬也。敬字乃讀者注以釋苟字者也。猶以禮釋曲而今作曲禮矣。或苟敬讀為急敬。借苟為急。金文有苟敬連文者。然僅見。則或為雙聲連緜用之。然亦疑器是偽作。用譌本儀禮文也。急苟雙聲。論語。苟有用我者。薛壽謂借苟為急。是也。郭沫若以甲文殷帝名有[glyph]甲者。即史記殷本紀之沃甲。[glyph]為狗之初文。象貼耳人立之形。甲文有作[glyph][glyph]者。則以狗為家畜。有肩帔或頸索以繫之。竝引甲文有貞乎多[glyph]逐兕為證。而謂苟從芍口聲。古以狗為警備也。倫謂羌從羊得聲。羊音喻紐四等。沃音影紐。皆喉音也。本書廾羊一字。而廾音入見紐。見影同為清破裂音。是羌沃可通也。於郭以[glyph]甲為沃甲之説仍不背。沃或浂之譌。甲文。多[glyph]逐兕。[glyph]讀為羌。於詞亦未嘗不可通也。且甲文有[glyph]方。郭以為國名。則可釋為羌也。甲文有[glyph]。當即[glyph]字。或[glyph]為姜子。而[glyph]從糸羌聲。自為一字。要非繫頸之狗。若狗之有肩帔。恐非游牧之時得有此制也。文選崔子玉座右銘注引三倉。苟。誡也。蓋亦以苟為敬矣。字見急就篇。

[glyph]　李杲曰。古鉩敬字作[glyph]。從[glyph]。略與此近。倫按羊當作苟。不省二字校者加之。【説文解字六書疏證卷十七】

◉周名煇　敬字古文。如盂鼎銘作[glyph]。師虎𣪘銘作[glyph]。儔兒鐘銘作[glyph]。與大保𣪘銘之[glyph]形合。[glyph][glyph]即説文[glyph]字也。𣪘銘云。王伐彔子[glyph]。𠭰[glyph]厥反。工降征令于大保。大保克[glyph]亡遣。云云。克敬二字連文。徵之經傳。如書太甲篇云。惟天無親。克敬惟親。又多士篇云。爾克敬天。惟畀寧爾。爾不克敬。爾不啻適不有爾土。予亦致天之罰于爾躬。又君陳篇云。爾克敬典在德。是克敬二字為聯緜成語之顯證。無有疑義者矣。遣讀如愆同。言大保克敬其事。亡有愆尤也。詳釋存周金文研究辛集。强運開氏定大保𣪘銘字為敬固是。而以吴氏所録三文。皆為敬字。殊為失當。且强氏雖知其非。未宣其義。故復述之。【新定説文古籀考卷上】

◉朱芳圃　師虎𣪘　楚季苟盤　馬叙倫曰：「苟為警之初文。从口，聲。」六書疏證一七·六七。桉。馬説非也。字从羌，从口，會意。羌為牧羊人，口示吆喝，合之謂牧人警敕羊群。許君訓自急敕，引伸之義也。孳乳為誡，説文言部：「誡，敕也。从言，戒聲。」為誋，言部：「誋，誡也。从言，忌聲。」為諽，言部：「諽，飭也。从言，革聲。」為悈，心部：「悈，飭也。从心，戒聲。」旁轉幽為𨓦，辵部：「𨓦，恭謹行也。从辵，𣪘聲。讀若九。」對轉蒸為巹，己部：「巹，謹身有所承也。从己、丞。讀若詩云『赤舄己己。』」旁轉文為謹，言部：「謹，慎也。从言，堇聲。」苟又孳乳為駭，馬部：「駭，驚也。从馬，亥聲。」【殷周文字釋叢卷中】

◉于省吾　《説文》：「苟，自急敕也，从羊省，从包省，从口，口猶慎言也。从羊，羊與義、善、美同意。着古文不省。」徐灝《説文段注箋》疑苟即古敬字。林義光《文源》以為苟實與敬同字。《説文》：「敬，肅也，从支苟。」段注：「支猶迫也，迫而苟也。」卜辭有字，王襄以為古敬字（《類纂》9·41），并引《盂鼎》敬作為證。按卜辭羌字也作（《粹》591），上从直角不曲，或以為省刻。舊説以苟為敬之初文是對的，但還不知道羌、苟、敬三字在形、音、義上的孳化關係。卜辭言「𠕋，卯牛一」（《甲》884），在初文中，、與羌往往混而無別，後遂漸致歧化。象人側立而戴角，象人跪以戴角。古人之跪與坐相似而有別。朱駿聲《説文通訓定聲》居字注：「凡足底著席而下其臀聳其膝曰蹲踞，若臀著席而伸其兩足于前曰箕踞，膝著席而聳其體曰跪，下其臀曰坐。」按今日本女子屈膝而臀著于足以坐，猶存古禮。若臀稍離于足而聳直其體謂之跪。某些少數民族的巫師在作法禮神時，戴角而跪，以示虔恭，之所以為敬之初文者，也即此意。周初器《大保簋》「克敬亡遣」之敬作，即，只其所戴之角形由折畫變為圓畫而已。孳乳从口，也即後世苟字。《班簋》「唯苟德」和《師虎簋》「苟夙夜」之「苟」，均以苟為敬。苟字孳乳从支，即今敬字。但苟字與《説文》苟訓艸、从艸句聲之苟（古厚切）迥然有别。

古籍中往往借亟為苟，《爾雅·釋詁》：「亟，速也」，《釋文》：「亟字又作苟」。《方言》：「自關而西，秦晉之間，凡相敬愛謂之亟」。《玉篇》苟部：「苟，居力切，亦作亟」。《廣雅·釋詁》：「亟，敬也」。《墨子·親士》：「分議者延延，支苟者詻詻」，或讀苟為敬，可見墨書猶存古文。

羌字的初形係獨體象形字，它的上部象羊角形，因而帶有羊聲（《説文》訓𦍌為羊角，讀若乖，乃後起字），羌、羊疊韻。凡《説文》所謂某省聲者，都就合體形聲字偏旁中的聲符言之。早期古文字中的獨體象形字的某一部分帶有聲符是形聲字的萌芽，但它與兩個或兩個以上的偏旁所構成的合體形聲字是截然不同的。例如：卜辭中的「來」字上形下聲，是獨體字。上部从禾省，下部从來聲，後世便以从禾來聲的「棶」字代替之。又如卜辭「麋」字作□，上从□（眉）聲，後世便以从鹿米聲的「麋」字代替之。上舉二例，係獨體字帶有音符的確證，這與羌字上从羊角因而附有羊聲都是前人未發之覆。

苟與敬并从羌聲。《說文》以苟為「从羊省、从包省、从口」，以古文萶為不省，又以敬為「从攴苟」，都是誤以形聲為會意。以契文驗之，羌字偶有屈膝以跽作□形者，後遂逐漸演化為苟為敬，苟與敬本應从羌聲。今以金文證之，《楚季苟盤》苟字作□，右从羌，下以二羨畫為飾。《余義編鐘》敬字作□，《弓鎛》敬作□，中部并从羌聲，《弓鎛》所从之羌上部已訛變从羊。以上所舉三個例子，足以證明苟與敬都以「羌」為音符。以聲言之，苟與敬并屬見紐。以韻言之，羌屬陽部，敬屬耕部，古韻陽耕互通；以韻文證之，《易·乾·文言》以「亨」（亨享古同字）與「情」為韻，《書·洪範》以「明」（古讀如氓）與「成」、「寧」為韻；以古文字證之，「鄉」與「卿」本同字；以通假證之，《戰國策·魏策》的「翟强」，賈生《過秦論》作「翟景」；以重文證之，《說文》「鱷」之或體作「鯨」（段注謂古京音如薑），「鱷」之或體作「麠」。以上所列例證，說明了陽、耕二部的通諧，然則苟與敬之本从「羌」聲是可以肯定的。

【釋羌、苟、敬、美　吉林大學社會科學學報一九六三年第一期】

◉張秉權　□，下从人而不放足，上象兩角之形而非揚臂之狀，作□者尤其與牛字之作□或□狀者相近。疑為苟字。盂鼎苟作□，師虎簋作□，大保簋作□，與此形近。說文九上苟部：「苟，自急敕也，从羊省，从包省，从口，口猶慎言也，从羊，羊與義、善、美同意」，在甲骨文中从羊與从牛的字，在後世往往同化而無所分別。譬如後世的牢字，在甲骨文中有作宰與牢之別。所以說文中的从羊省，它的來源也許就是从牛省，或將从牛與从羊的字同化而合為一字，从包省者，恐係人形之誤解，从口，是後代加進去的意符。苟者己力切，在卜辭均為地名，其地望則未詳，但從卜辭看來，似在大河一帶，而與射國相近。卜辭有：

癸丑卜，王其于苟，叀乙𢀛？（甲六七三）

☒貞：叀☒苟衛伐☒？（後下一四·一八）

王其田苟罰于河？（後上一五·四）

王叀苟☒往射征☒獻？（佚三七三）

郭氏以為射在今河南沁陽縣境，則苟或許也在沁陽附近。此外如：

☒𡖊苟河？（粹五四）

似是被祭祀者的名字。【殷虛文字內編考釋】

◉李孝定　苟字許訓自急敕也，从羊省，从勹口。按自急敕之義，殊不明晰，經籍無用之者，許君之訓，不知所承。金文此字作苟，象人頭上丫角之形，未見从羊之象，用為敬它銘敬字从攴不省當是音假，與艸頭之茍異字，郭沫若氏讀此為狗，謂狗以警夜，警、敬也，以通二字之郵，用心良苦，誠如其言，苟狗固可有敬義，然何緣得有敬音乎？以金文用為敬字推之，當時此字必讀「己力切」可知。郭氏又引箕帚為女職，故以帚為婦，尤為謬悠，其言而是，先民何不以「箕」為「婦」，此蓋齊東野語也。

孫志祖曰：「説文茍部云：『自急敕也。从羊省，从勹口，勹口，猶慎言也。』又云：『古文作𦍋。』與艸部茍字，音義迥别。（陳）槃案：説文一下艸部苟字下云：「艸也，从艸，句聲。」儀禮燕禮聘禮之『賓為苟敬』。槃案：敬本當从茍，今俗皆从艹矣。俱當作急敕解。讀同『急』，傳寫或誤从艸，鄭注遂以假、且、小敬解之，失之矣。大學盤銘之『苟日新』亦然。此説予得之謝東墅少宰，足以補盧學士儀禮詳校所未及」。讀書脞録七「苟敬」條，臧庸拜經日記「苟日新」條（經解本一一七六・十一）。薛壽學詁齋文集上釋茍，林春溥偶得五，説並同，而薛氏尤博辨。案朱子大學章句云：「苟，誠也。」此從孔安國論語注説也。里仁篇「苟志於仁矣」集解引。然孫氏引謝説於義為長。李慈銘曰：「燕禮、聘禮兩記之苟敬，皆宴賓，至此時其禮已殺，故止為小敬。若云自急敕之敬，自其敬反加於聘饗時矣。敬本从茍，言敬已足包茍，不當連文言苟敬也。」越縵堂讀書記札樸條。案此説不然，據説文，則「茍敬自急敕其敬耳。敬字从茍，茍有敬義，而云茍敬者，古人自有複語耳。新出武威漢簡儀禮摹本一三、甲本燕禮（三）第四八簡正作「茍敬」，與今通行各本之作「苟敬」者不同，足證作「茍敬」者是，而作「苟」者非矣。抑可見謝、臧、薛、林諸氏之碻為精思卓識，不可易矣。而武威簡釋文乃仍依通行本作「苟敬」，校記亦無説。近劉文獻作武威漢簡儀禮校補，亦未拈出，是其疏矣。余舊撰大學中庸今釋，引董彦堂先生説，謂「茍」不見於商代的卜辭，金文中常常見到，但茍字在這裏作「敬」字解，就是「茍」是「敬」的古文，而「茍日新」即「敬日新」。今案金文「敬」，或省作「茍」，如師虎敦是；或省作「芍」，如盂鼎是；亦或不省，如師嫠敦、余義編鐘、師酉敦、克鼎是；以是言之，則董説固亦可通。「自急敕」本有戒惕之義，誡惕亦即近于敬矣。然今本大學「茍」譌作「苟」，董氏忽略此一事，則亦微為未達耳。復次史記殷本紀引湯征：「湯曰：汝不能敬命，余大罰、殛之，無有攸赦」；又引祖己訓王曰：嗚呼！王嗣敬民，罔非天，集解：孔安國曰，王者主民，當敬民事，無非天時。是商湯與其後王之教並以敬。元命苞云「殷人之立教以敬」，是也。敬之本義，阮元云：「『敬』字从『茍』，从『攴』，茍，篆文作茍，非苟也。茍即敬也，加攴以明擊敕之義也。警从敬得聲得義，故釋名曰：「敬，警也，恆自肅警也」。此訓最先最確。蓋敬者，言終日常自肅警，不敢怠逸放縱也，故周書謚法解曰：「夙夜警戒曰敬」。虞翻易逸象曰：「乾為敬。易曰：君子終日乾乾，夕惕若厲」。書曰：「節性惟日其邁」。日邁者，日乾乾也。周書以無逸名篇，國語敬委論勞逸之義，為千古至言，孔子歎之，此敬委之所以為敬也。欲知敬字之古訓本義，試思敬委之論即明矣。非端坐静觀主一之謂也。孶經室續集卷一釋敬。阮氏此釋致精。湯盤之銘曰「苟日新，日日新」，即「敬日新」，亦即「終日恆自肅警，不敢怠逸放縱」之謂矣。桉陳説是也，此文前所未見，敬録於上，並誌謝忱。【金文詁林讀後記卷九】

◉徐中舒　前八・七・一　象狗兩耳上聳，蹲踞警惕之形，為儆(警)之初文。狗為人守夜，又隨獵人追捕野獸，常作儆懼戒惕之狀，故甲骨文象其形以表儆意。後引申為敬。《説文》：「敬，肅也。」金文作大保簋、盂鼎，後增偏旁作班簋、師嫠簋，已用為敬肅之義。《説文》苟字篆文直承之形，其説義尚略存初義。《説文》：「苟，自急敕也。」段注：「敕者，誡也。」【甲骨文字典卷九】

敬　金文又以丂為敬字　盂鼎　苟字重見　弔趩父卣　敬辪乃身　對罍　眉壽敬終　師嫠簋　元年師旋簋　師酉簋　克鼎　師克盨　秦公鎛　秦公簋　徽兒鐘　吳王光鑑　蔡侯𪔛盤　邾公釛鐘　樂子敬豧匿　王子午鼎　鄦侯庫簋　中山王嚳鼎　敬巡天德　中山王嚳壺　蚉壺　王孫真鐘　孳乳為儆　中山侯鉞　以儆乓衆　从口从攴吳大澂以為敬之省文　毛公厝鼎　夙夕敬念王畏不睗　敬父乙爵【金文編】

5・151　咸敬　秦326　同上　秦1453　獨字　5・354　敬事【古陶文字徵】

〔七〕〔二〇〕〔三八〕〔二二〕〔三八〕〔一三〕〔二〇〕〔一三〕〔七〕〔一八〕〔三九〕〔二二〕〔二八〕〔七四〕〔四二〕〔四〕〔二二〕〔二〕〔五〕〔二〇〕〔七六〕〔七四〕〔二五〕〔四二〕〔四七〕〔七四〕〔四二〕〔四二〕〔二八〕〔三六〕〔四二〕〔三二〕〔二八〕〔二七〕〔七〕〔一九〕〔三七〕

〔三七〕 〔三七〕 〔三六〕 〔三六〕 〔四七〕 〔三八〕 〔四二〕 〔七〕 〔二五〕 〔一〕

〔二五〕【先秦貨幣文編】

敬 為一 七例 通警 南郡備一 編二六 通儆 慎守唯一 秦一九六 秦一九六 為四六 二例 日甲八七背

二例 【睡虎地秦簡文字編】

毋弗或—（甲10—4）、欽—隹備（甲10—22）、—之毋戈（甲11—3）、不欽—行（甲11—21） 陳邦懷據《尚書》文例補釋 —之哉（甲9—32）【長沙子彈庫帛書文字編】

4171 4154 4144 4142 4143 4201 4183 4174 4148 4145 4172

4250 4251 4246 4153 4162 4163 4191 4229 4252 4225 4195

4170 5001 5002 5004 5018 5012 5006 5014 4184 4186 4219

5032 5028 4249 4244 4208 4151 4149 4724 4725 4723 4719

4722 4703 4707 4705 4898 4900 4161 4158 4199 5038 3655

5043 5047 5039 5034 5042 5033 5045 2540 5046 5048 5035

5044 5049 5036 5040 1292 4165 4167 4168 4164 4227 4254

4257 【古璽文編】

敬□里□□ 周敬私印 祭敬 鄭敬之印 宛敬之印 菹不敬 公行敬印 趙敬私印

格不敬　格敬　矦敬　【漢印文字徵】

石碣吴人　朝夕敬□　【石刻篆文編】

敬出碧落文　敬出碧落文　【汗簡】

古孝經　碧落文　崔希裕纂古　【古文四聲韻】

◉許　慎　肅也。从攴苟。居慶切。【説文解字卷九】

◉吴大澂　古敬字。象人共手致敬也。盂鼎。師虎敦。从口。毛公鼎。从口从攴。【説文古籀補第九】

◉吴大澂　夙夕敬念王畏。。之省文也。畏與威同。【毛公鼎釋文】

◉方濬益　盂鼎　徐釋敬。按此亦苟之㳄文。説文部首。苟。自急敕也。从羊省。从包省。从口。此古文象人屈躬致敬之形。所謂急敕也。【綴遺齋彝器款識考釋卷三】

◉王　襄　古敬字。盂鼎敬作。與此同。【簠室殷契類纂第九】

◉郭沫若　弇字當是敬之古文。从眘古文慎省。井聲。【令毁　兩周金文辭大系考釋】

◉强運開　敬字見於金文者。師酉敦作。師虎敦作。盂鼎作。毛公鼎作。惟僕兒鐘作。與鼓文同。按此下闕一字。【石鼓釋文癸鼓】

◉强運開　大保敦。克亡。乙亥方鼎。遣隹各。辛巳敦。此敬之反文也。以上三字吴釋為古令字。象旂下持卪形。非是。實皆為古敬字也。與盂鼎敬省作同。特訂正之。【説文古籀三補第九】

◉馬叙倫　沈乾一曰。敬從茍聲。倫按肅也非本義。或非本訓。從攴。茍聲。為茍之後起字。攴殳一字。殳為打之初文。或為敬之轉注字。當入攴部。字見急就篇。師嫠敦作。余義編鐘作。師訇敦作。秦公敦作。克鼎作。邾公釛鐘作。字從茍。茍亦從芍得聲也。則未詳所從。【説文解字六書疏證卷十七】

◉朱芳圃　敬从茍、从攴，會意，謂牧人手持卜以警敕羊群。一作，从口，从攴，省形也。孳乳為儆，説文人部：「儆，戒也。从人，敬聲。」為憼，心部：「憼，敬也。从心、敬，敬亦聲。」為警，言部：「警，言之戒也。从言、敬，敬亦聲。」為驚，馬部：「驚，馬駭也。从馬，敬聲。」

苟敬雙聲，義亦互通，故經傳常連言之，如儀禮聘禮：「賓為苟敬」，苟敬猶言亟敬，敬之至也。倒之則為敬忌，如書康誥：「惟文王之敬忌，乃裕民」；顧命：「其能而亂四方，以敬忌天威」，敬忌即敬苟，猶言警戒也。【殷周文字釋叢卷中】

◉徐中舒　敬，金文作（盂鼎），此字象犬形，以後孳乳為（師嫠簋），象犬帶鈴，ㅂ即鈴之象形，攴象以棍擊犬。以後又變為（邾公釛鐘）。驚、憼諸字都由此發展而來。【怎樣研究中國古代文字　古文字研究第十五期】

◉戴家祥　中山王嚳方壺　說文十篇「憼，敬也。从心从敬，敬亦聲。」敬憼一字，加心旁表示由衷之敬。中山王嚳器銘文从心之字特多，許多常用字也都被加上或換上了心旁，如順作𢘓，業作㦤，勞作憥，謀作𢘍，賁作𢡟等等，故敬字寫作憼。

盂鼎　孫詒讓云：克卞字吳从許釋為羌，今審當為苟，即敬之省，後盂鼎敬字作三之三，與此相類，可據以互證。古籀餘論卷二大保毀。　按說文九篇「苟，自急敕也。从羊省，从包省，从口。口，猶慎言也。从羊，羊與義、善、美同意。，古文羊不省。」玉篇四四一苟「居力切。急也，自急敕也。亦作亟。」說文十三篇「亟，敏疾也。从人、从口、从又、从二。二，天地也。」爾雅釋詁「亟，疾也。」陸德明經典釋文云「字又作苟」。加旁作悈，十篇心部「悈，疾也。从心亟聲。」更旁作䩯，三篇革部「䩯，急也。从革，亟聲。」漢長生無極瓦，極作㮟，為亟苟同字之證。同聲通叚，字亦作棘，檜風素冠「棘人欒兮」，毛傳「棘，急也」。小雅采薇「玁狁孔棘」，鄭箋「棘，急也」。亟有「紀力」「去吏」二切。紀在見母，去在溪部，韻同聲近。聲轉為敬，敬讀「居慶切」，見母，陽部，从苟，从攴，在六書為會意。方言卷二「凡相敬愛謂之亟」，郭璞注「欺革反」，欺為溪母。廣雅釋詁「悈，愛也。」曹憲音「欺革」、「九力」二反，悈為亟之加旁字。周書多士「爾克敬，天惟畀矜爾，爾不克敬，爾不啻不有樂土。」君奭「其汝克敬德」。孫釋克為克敬，至確。郭沫若讀為狗，象狗貼耳而坐之形，兩周金文辭大系考釋成二七下。非是。【金文大字典中】

鬼

甲三三四三　方國名　鬼方易囚　乙四四　乙八九　乙七一五七反　乙六六八四　鬼方易囚　拾四一〇

前四一八·三　貞亞多鬼夢亡疒　後二·一三·八　菁五·一　林一·二二·一八　鄴三下·四八·一　甫鬼

粹一三二〇　河七七五　庫一二一三　多鬼夢　京津二八五二　前四·一八·六　或从示與說文古文同

燕六五五　【甲骨文編】

甲2915　3343　乙44　424　865　3407　5397　5397　6684　7157　8000

續6·13·2　徵11·65　11·96　録774　775　776　779　783　鄴三48·1　六清73　外247　新2852　甲2932　【續甲骨文編】

鬼　鬼壺　説文古文从示　陳助簠　龏盟鬼神　从攴　梁伯戈　从戈从甶　盂鼎二　鬼方　【金文編】

七七：三　宗盟類參盟人名　【侯馬盟書字表】

鬼　法一一〇　十三例　為三八　四十四例　日乙九〇　五例　日甲三〇背　十七例　日乙一七六　【睡虎地秦簡文字編】

2674　1628　【古璽文編】

天帝殺鬼之印　【漢印文字徵】

鬼　鬼見説文　【汗簡】

古老子　汗簡　古孝經　古老子　同上　説文　崔希裕纂古　【古文四聲韻】

◉許　慎　人所歸為鬼。从人。象鬼頭。鬼陰气賊害。从厶。凡鬼之屬皆从鬼。居偉切。古文从示。【説文解字卷九】

◉吴大澂　梁伯戈魃方蠻。今經典通作鬼。方鬼。方國名。【説文古籀補第九】

◉方濬益　盂鼎　説文部首。鬼頭也。象形。鬼从人。此从戈。當是鬼之異文。梁伯戈之鬼方字从攴作敫。與此同意。易既濟。高宗伐鬼方。三年克之。注疏皆不言鬼方為何國。惟後漢書西羌傳曰。至於武丁征西羌鬼方。三年乃克。章懷注曰。前書音義曰。鬼方。遠方也。本前書匡衡傳應劭注語。今按周代彝器文。其言征伐。東則曰東夷宗周鐘。曰淮夷寰敦曾伯霥簠。曰東國㟃夷毛伯敦。曰郐方魯公伐郐鐘。南則曰荆䖵敦。曰楚荆𢦏敦。曰南夷宗周鐘。曰南淮夷仲偁父鼎。兮伯吉父盤。曰蠻方虢季子白盤。北則曰玁允不嬰敵。兮伯吉父。盤。虢季子白盤。備載諸器。此與梁伯戈並曰鬼方。自是西方諸戎之通偁。與博古圖南宮中鼎之虎方同。古文審曰。虎方當是西方。甘石星經。昴者，西方白虎之宿是也。按周禮大宗伯以白琥禮西方。亦其證。非當時西方諸戎有此鬼方名號也。觀漢郃陽令曹全碑。其銘詞曰。貢王庭征鬼方亦以全為西域戊部司馬時討疏勒國王和德事。故亦偁疏勒為鬼方。與今時東方謂泰西諸國。其侮謾之詞正相類。是此語實始自殷商之世矣。【盂鼎　綴遺齋彝器款識考釋卷三】

◉孫詒讓　字从犬从由。當是魄字。筆畫微有泐闕。魄方即易高宗伐鬼方。集解引干寶云。鬼方。北方國也。詩大雅蕩。覃及鬼方。史記五帝本紀索隱云。匈奴商曰鬼方。周曰玁狁。若然。鬼方即玁狁。【盂鼎　古籀餘論卷三】

◉羅振玉

說文解字鬼，古文从示作，與此合。惟許書謂鬼字从厶，卜辭及古金文皆無之。【增訂殷虛書契考釋中】

◉林義光　古作鄭同媿鼎媿字偏旁。象形。象其頭大。不从厶。鬼害人不得云私。篆从厶者。以厶為聲。厶古與口同字。見厶字條。音圍。鬼諧聲為巍。則音亦與圍近。說文云。鬼頭也。象形。按即鬼之偏旁。不為字。【文源卷一】

◉王國維　漢人以隸書寫定經籍時。改畏方為鬼方。固不足怪。此古經中一字之訂正。雖為細事。然由此一字。可知鬼方與後世諸夷之關係。其有裨於史學者。較裨於小學者為大也。鬼方與昆夷玁狁。其國名與地理上遞嬗之跡。當詳於下。其可特舉者。則宗周之末。尚有隗國。春秋諸狄皆為隗姓是也。鄭語。史伯告鄭桓公云。當成周者。西有虞虢晉隗霍揚魏芮。案他書不見有隗國。此隗國者。殆指晉之西北諸族。即唐叔所受之懷姓九宗。春秋隗姓。諸狄之祖也。原其國姓之名。皆出於古之畏方。可得而徵論也。案春秋左傳。凡狄女稱隗氏。而見於古金文中則皆作媿。包君鼎包君盉鄭同媿鼎芮伯作叔媿鼎鄧公子敦五器皆如此作。經典所以作隗字者。凡女姓之字。金文皆从女作。而先秦以後所寫經傳。往往省去女旁。如己姓之己。金文作改。蘇魏改鼎蘇公敦。作妃。見番妃鬲虢仲鬲虢文公子敦。皆女姓。非妃匹之妃。今左傳國語世本皆作己字。庸姓之庸。金文作嫞。杜伯鬲。今詩美孟庸矣作庸字。弋姓之弋。金文作㚤。南旁敦。今詩美孟弋矣。穀梁傳葬我小君定弋。皆作弋字。任姓金文作妊。蘇冶妊鼎鑄公簠等。今詩與左傳國語世本皆作任字。然則媿字依晚周省字之例。自當作鬼。其所以作隗者。當因古文畏作。隗作。旁之與旁之所差甚微。故又誤為隗。然則媿隗二字之於畏字。聲既相同。形亦極近。其出於古之畏方無疑。畏方之畏。本種族之名。後以名其國。且以為姓。理或然也。我國周後。國姓之別頗嚴。然在商世。則如彭祖為彭姓。姺邳之姺為姺姓。皆以國為姓。況鬼方禮俗與中國異。或本無姓氏之制。逮入中國。與諸夏通婚媾。因以國名為姓。世本。陸終取鬼方氏之妹。謂之女嬇。大戴禮帝繫篇及水經注洧水條所引作女隤。漢書古今人表作女潰。而史記楚世家索隱與路史後紀所引皆作女嬇。鬼嬇同聲。故餽字亦通作饋。則女嬇女隤疑亦女媿女隗之變。鬼方之為媿姓。猶玁狁之為允姓也。雖世本所紀鬼方之名。易詩作鬼。然古金文作䰠。或作魃。盂鼎曰。王□盂以□□伐䰠方。吳氏摹本䰠字半泐作戓。然第八行有䰠字。鬼字之首又稍磨泐。合觀二字用筆位置。知確是䰠字也。其字从鬼从戈。又梁伯戈云。魃方緣即蠻字。其字从鬼从攴。二字不同。皆為古文畏字。案大盂鼎。畏天畏。二畏字。上作[glyph]。下作[glyph]。毛公鼎。愍天疾畏。敬念王畏。二畏字皆作[glyph]。皆从鬼从卜者。尚盤。畏字作叟。則从由說文。甶。鬼頭也。从攴。卜與攴同音。又攴字之所從。當為攴之省字。而或从卜在鬼字之右。或从攴在鬼字之左。或从攴在鬼頭之下。此古文變化之通例。不礙其為一字也。从戈之䰠。亦即魃字。凡从攴从戈。皆有擊意。故古文往往相通。如薄伐玁狁之薄。今毛詩作薄。薄者。迫也。而虢季子白盤之博伐。从干。不嬰敦之辜戟。从戈。師寰敦之敦乃衆。則又从卜。書之外薄四海。其義亦為迫。而釋文引一本作敷。詩常武之鋪敦淮濆。釋文引韓詩鋪作敷。後漢書馮緄傳亦引作敷敦。案敷敦即戟辜。則字亦从攴。可知从卜从攴从戈。皆可相通。則䰠字亦畏字也。其中[glyph]䰠二字。見於周初之器。為字尤古。後从卜之字。變而作魃。从戈之字。變而作威。古威字从戈从女。邾公華邾公牼二鐘皆然。虢叔鐘作[glyph]。亦戈形之變。而鬼女二字皆象人跪形。形極相似。故變而从女。上虞羅氏所藏古鉨。有[glyph]亡[glyph]鉨。亡[glyph]即亡畏。此䰠威畏三字相關之證也。魃字又變作[glyph]。王孫遺諸鐘之畏嬰即畏忌趩趩。沇兒鐘之盄于畏義即淑於威儀皆如此作。既从卜。又从攴。則稍贅矣。由此觀之。則䰠魃二字確為畏字。鬼方之名當作畏方。毛詩傳。鬼方。遠方也。畏遠雙聲。故以聲為訓。漢人始以魃為鬼字。張平子東京賦。況魃䰠與畢方。薛綜不識魃字。以說文之魃字釋之。不知魃䰠用小雅為鬼為蜮語。尤為明白。決非指小兒鬼之魃。是周時畏字。漢人已用為鬼字。故莊子天地篇之門無畏。釋文。門無鬼。司馬本作無畏。郭象本作門無鬼。又雜篇之徐無鬼。亦當為徐無畏之誤也。古人多以無畏無忌為名。如左傳之中之舟名無畏。上古之事。未可輕信。又上古之女。亦不盡以姓為稱。然後世附會之說。亦必有所依據。而嬇隤二字其音與媿隗絕近。其形亦與媿隗二字變化相同。或殷周間之鬼方。已以媿為姓。作世本者因傳之上古歟。此鬼方姓氏及其遺裔之略可考者也。【鬼方昆夷玁狁考　觀堂集林】

◉葉玉森　[glyph][glyph][glyph][glyph][glyph]　說文[glyph]古文从示作䰟。與第三體合。森按[glyph]象鬼跽向神。古代神話。殆謂人死為鬼。必受制於神也。第四體。見甲骨文字卷二第十二葉。从[glyph]與从[glyph]同。第五體。見殷虛卜辭第二千一百四十二版。疑亦鬼字。女鬼也。契文从[glyph]从[glyph]从[glyph]多屬之男。从[glyph]則屬之女。如佢之作[glyph]。奚之作[glyph]可證。【說契　學衡第三十

一期】

◉丁佛言　陳□敢。古文鬼从示。【說文古籀補補第九】

◉高田忠周　許氏依小篆為說。故從古文人云實非。鬼字蓋人字之變。古文人或作。鬼字唯更頭形耳。而依鐘鼎古文。古鬼字不从厶。亦象形。非會意字。說文。古文又作。从示。神之。是後出古文始為會意。禮記祭義衆生必死。死必歸土。此之謂鬼。許解合此。

此字義最顯箸者也。字从示。以協神字。而與卜辭合。又从。或為厶異文。

古文戈攴通用。如撲或作數亦作𢿋。可證矣。然則魃亦同魃。魃亦斅即斅字也。但鬼形元當作。銘義叚借為鬼方字。亦與上文同例。或云。魃當魊省文。玉篇。魊。短狐。即同蜮字。詩何人斯。為鬼為蜮。傳。短狐。泥鬼字亦作魊。魊鬼音亦通。故為鬼方字。存參。〇近日讀王國維君鬼方昆夷玁狁考曰。我國古時有一彊梁之外族。其族西自汧隴。環中國而北。東及太行常山間。中間或分或合。時入中國。其俗尚武力。而文化之度不及諸夏遠甚。又本無文字。或雖有而不與中國同。是以中國之稱之也。隨世異名。因地殊號。至於後世。或且以醜名加之。其見於商周間者。曰鬼方。曰混夷。曰獯鬻。其在宗周之季。則曰玁狁。入春秋後。則始謂之戎。繼號曰狄。又追號其祖先。謂之犬戎。戰國以後。又稱之曰胡。曰匈奴……鬼方之名。易詩作鬼。然古金文作䰠作魃。⊘按此說云䰠魃同字。正與鄙見相合。然謂䰠魃為畏字。非是。且畏字所从之ㄑ。即變匕之匕。非攴字所从卜占之卜也。詳見畏下。又云。䰠威同字。非是。威畏亦通用。詳見兩字下。而鬼畏固通用字。故斅作魃。又或作斅。又見斅下。若夫師寰敦即博字。元从十不从卜。又薄伐字作博作戟。固其本字。字書不收。即遺逸也。然則。鬼方即亦正字。經傳所傳不誤矣。但鬼方昆夷玁狁之辨。前人未言。王君之功。不可湮沒。附之。【古籀篇三十五】

◉郭沫若　褸乃鬼之緐文。陳肪段鬼字作。此更益以女形。乃晚周文字。古鉨多見褸字。又畏字作魃。所从鬼字均如是作。

裹

畏

右據羅福頤古璽文字徵。惟羅於裹書作褢。認為小篆所無。未識即褢字。又畏字作魃从戈。與小盂鼎鬼方作者同。盂鼎乃假畏為鬼也。羅亦無說。凡此所从鬼字均多作一女字形。與丮多作㚇同意。亦不得認為媿字。陸鐵等字示箸録出處。詳見原

書。【丘關之斋考釋　金文叢考】

◉徐協貞　[glyph]古鬼字。亦方名。易既濟高宗伐鬼方。詩大雅覃及鬼方。易注南蠻詩注遠方。均失其實。竹書武丁三十二年伐鬼方。次于荊。易注或本此。證之卜辭。殷代南方惟至于噩鄂[glyph]〔羅〕旂說見方三等處。未及荊楚。商頌奮伐荊楚。亦周宋人之虛構也。又荊。山海經中次十一有荊。山水經注曰。在宏農界。畢沅曰。在河南內鄉縣。次于荊或即在此。後人誤以為荊楚也。漢書通典通考皆曰西戎。卜辭另有西戎。曰西戎亦非。山海經曰。鬼國。在貳負之尸北。又貳負之尸在大行伯東。大行伯其東有犬戎國。犬戎國領域在犬丘。說見方一。犬丘在陝西興平縣。以此推之。鬼國應在犬丘西北。寰宇記陝西三原縣西北之清水谷即古鬼谷。鬼谷必因在鬼方領域而得名也。鬼方應在陝西三原興平之間。漢書稱西戎或由於此。後人或諱鬼加[glyph]為隗。潛夫論曰。隗姓赤狄。汪箋。狄。隗姓。索隱曰。隗姓赤狄也。周襄王有隗后狄有二女曰叔隗季隗。秦有隗狀漢隗囂魏隗禧。殆皆為鬼方後。有謂黃帝臣鬼臾蓲之後者。說無據。[glyph]為鬼方从人字。[glyph]為鬼方从女字。其辭如下。

(1) 甲辰卜貞多[glyph]不至凶。後編下三

(2) 貞亞多[glyph]以[glyph]。前編四卷一八

(3) 貞專[glyph]。仝上

(4) 正由[glyph]。後編下一

(5) [glyph]類纂鬼下引

(6) [glyph]說契三

(7) [glyph]甲骨文字二卷一二

(8) [glyph]說契三

(9) [glyph]殷虛卜辭二一四二【殷契通釋卷二】

◉葉玉森　[glyph]　余永梁氏曰。說文。兜鍪首鎧也。从兆从皃省。皃象人頭形也。此象人戴冑形。殆是兜字。金文有此字作[glyph]曰部冑。兜鍪也。古謂之冑。漢曰兜鍪。古文冑字作[glyph]虡敦[glyph]盂鼎。象戴冑掩面露目形。此[glyph]象冑形。兩[glyph]所以備兩目。兩[glyph]則冑之飾也。殷虛文字考。森按。予舊釋鬼之奇字。[glyph]象鬼頭。[glyph]象耳飾。[glyph]象身臂股形。殷契鉤沈。殷虛卜辭第二千六十二版之「[glyph]」。與藏龜拾遺第十一葉十六版之「[glyph]」為一字。[glyph]乃[glyph]之側面形。[glyph]亦同為鬼字。从[glyph]从[glyph]與从[glyph]竝同。

近得聞宥氏書。謂□象一人戴假面形。假面在原始民族為習用之具。南非土人所作有與此形甚相似者。據安德利氏之説，自暹羅緬甸馬來半島起。以至于中國及其東北。實為此物發達之一大中心。而我國文獻所傳。惟有兩目為倛四目為方相之説。且言之亦不甚詳。度其性質。實已為原始辟邪假面之演化。其他若舞蹈戰争時所用者。則唐宋人書所紀為時益晚云云。桉聞氏之言可覘古俗。故附箸之。【殷虚書契前編集釋卷七】

◉郭沫若　膢字從丁山釋。(按卜通七九一九片辭云「庚辰卜貞多鬼膢不至囚」)鬼假為畏。周官所謂「懼夢」也。【卜辭通纂】

◉郭沫若　王錫兄以裛土。下復云「今兄臾汝裛土」者。臾殆鬼字之異，讀為歸，蓋兄復以讓於中以為其采邑，然不能私相授受，故仍由王命轉賜也。中鼎諸器宋時出土於麻城，而此所錫之采地在山東者，蓋先食地於此，後乃轉封，猶衛康叔初食邑於康，後乃轉封於衛也。【中齋　兩周金文辭大系考釋】

◉郭沫若　臾當是鬼之異文，讀為歸，饋也。【禹从盨　兩周金文辭大系考釋】

◉强運開　□盂鼎。鬼方。从由从戈。【説文古籀三補第九】

◉商承祚　□甲骨文作□□。與篆古文同。隹不从厶。金文陳肪毁作□。梁伯戈作□。小盂鼎作□。作䰟者。神䰟也。生有功於民。死而享之。與神同例。故从示。鬼為死者之通稱。魃䰠則厲鬼。而人持支戈以驅擊之也。【説文中之古文考　金陵大學學報六卷二期】

◉沈兼士　先論鬼畏禺三字之連鎖性。按此三字。原指一物。許氏就已分化之語辭別為數解。以禺為似鬼之動物。畏為其物鬼頭虎爪(卜辭金文皆从卜。説文誤為□或□)。形態醜惡。人皆畏惡之也。鬼字其形雖是。卻以後起分化之鬼神義歸之。一物而區為三事。獸頭乃變為死人之頭。遂使中庸所謂視之而弗見。聽之而弗聞者。竟能白晝現形。雖王筠説文釋例為許氏辨護之曰。鬼字當是全體象形。其物人所不見之物。聖人知鬼神之情狀(易繫辭文)。故造為此形。不必分析説之。然吾人終不能不嗤之為活見鬼也。

⊘禺為人形之獸之通名。從可知矣。然則禺鬼畏三字音義之關係究何如乎。請分條述之。⊘

按王國維氏考證鬼方之地域。頗為翔實近理。殷虚卜辭中近亦發見鬼方之名。商代之鬼方。其地或當在今山西境内。蓋古代鬼方之地廣袤頗大。部落星散。亦猶地名鬼谷者之不僅一處也。至王氏謂鬼方本應作畏方。則未必合於字義孳乳先後之迹。按鬼本與禺同為古人呼類人怪獸之名。繼而移用為異族人種之稱。故鬼方之姓。從鬼加旁為媿為隗。又山海經海外北經。北方禺彊。人面鳥身。大荒北經同。莊子大宗師。禺强得之。立乎北極。疑禺强與鬼方異名同實。强即彊。强為借音字。又海内北經。鬼國。在貳負之尸北。為物人面而一目。魏志東夷傳。女王國北有鬼國。按鬼國亦猶鬼方。為異族之稱號。且殷虛卜辭中鬼方字正作鬼。不作畏。至於畏字之義。本由鬼出。上文已詳言之。鬼者實也。畏者業也。語本一元。形自可通。安能因金文中偶書作畏。遂謂一切載籍之鬼方皆為漢人所改。是以不狂為狂矣。推其致誤之因。正由於不明鬼方得名之原由以使之然也。楚辭九歌有山鬼。王逸注引莊子達生山有夔為證。其所謂鬼。猶是初義。又易睽卦爻辭見豕負塗。載鬼一車。詩小雅何人斯為鬼為蜮。則不可得。此二處所用鬼字。恐仍指實物。以其上下文之豕與蜮。固皆王充所謂生存實有。非虛無象類之也。⊘

據此可知。商代(一)鬼畏二義尚同用一字。(二)鬼亦用為異族之稱。(三)已造鬼神專字。

根據以上所列各證。歸納之得結論如左。

(1) 鬼與禺同為類人異獸之稱。

(2) 由類人之獸引申為異族人種之名。

(3) 由具體的鬼引申為抽象的畏及其他奇偉譎怪諸形容詞。

(4) 由實物之名借以形容人死後所想像之靈魂。【鬼字原始意義之試探 國學集刊第五卷三期】

◉許敬參 說文解字九篇鬼部曰。人所歸為鬼。从人象鬼頭。陰氣賊害。从厶。古文從示作䰟。爾雅釋訓。禮記祭義。左氏文六年傳。韓詩外傳。玉篇。義並同。鬽曰老精物也。从鬼彡。彡。鬼毛。籀文作彖。魖曰。鬼皃。从鬼虎聲。魌曰。見鬼驚辭。从鬼難省聲。醜曰可惡也。从鬼酉聲。魑曰鬼屬。从鬼从離。畏部曰惡也。从由从虎省。鬼頭而虎爪。可畏也。古文作𤰈。禺曰母猴屬。頭似鬼。从由从禸。按諸字雖以形疑分隸鬼由。究其原實皆本於由。後加以區別引申。用以形容似由之物耳。考由所屬。僅禺字。云母猴屬。頭似鬼。既云由為鬼頭。則内即所謂母猴之一部。畏古文下从爪。正與爪部為古文□之半同。亦即𤰈之變形。此𤰈禺相同之證。畏云从由从虎省。鬼頭而虎爪。可畏也。此與鬼部虪从鬼从虎不省者亦同。由曰鬼頭也。考古籍所載。言鬼者未有只言鬼頭。亦即由未有獨立成文可知。特鬼之異在頭。故由不變。甲骨文金文鬼字。或从女。或从爪。甚不一致。然皆从由。由為鬼。其下之人女爪等皆為實物。人或獸之一體。蓋鬼為無質物。亦即於天地間為特類。故有特形。下體隨時更易。不可捉摸。故隨其所狀之物以形容之。其後互相引申。皆為專類。質言之。僅由一部。所屬者均隸之。三篇異部曰分也。从廾从畀。畀。予也。篆文□。按當為作□之譌。象人兩手奉頭。示頭可異也。云分也。从廾从畀似誤。金文□盂鼎。□盂鼎。□曶鼎。□。𢦏廷彝。甲骨文□前五・三八□同上諸形均為鬼。自人視之。謂怪異。後引申為異同之異。頁部顒曰。大頭也。从頁禺聲。䰢曰。頭不正也。从頁从鬼。按顒从禺。禺即由。䰢从鬼。鬼即由。亦當並入由部。頪曰醜也。从頁其聲。今逐疫有頪。十二篇女部娸曰。杜林說。娸醜也。列子仲尼篇作欺。淮南精神訓高誘注作倛。禮周鄭注作魌。可知期本从鬼作。各書傳寫雖不一致。而其形不變。按其即箕。即𠀠。象形。古文作⊠。外示周圍。中╳象其紋縱橫。頪从其者。即取其條紋縱橫。可醜惡也。吾人恆言簸箕鬼。栲栳頭鬼者。按即頪頭之俗言。⊠與由極象似。故取⊠以形鬼之醜。亦即由之醜。甲骨文之前六・五六。藏一九。前六・三八。拾四・十。前四・十八。藏一四六・二。⊘前七・三七。金文盂鼎毛公鼎陳□敦等字。均為由。或作⊕甶田田。與篆文極似。其从者。則為由之原始象形。非若由⊕田諸形簡易整齊者可知。以上所舉各形。其令人注意者。為其頭部。示其可醜惡者。至下部所从。或作大。或人。或女。更或加頁作者。明由為人所變。他如。明其如蟲。从爪。从虎。从禸。从離。則比之可畏如虎。狡猾如猴。直斥其非人。鄙之也。或復從示。則尊之若神祇也。可知由之為物。其本體未變。不過隨時隨地。以人所視者不同任意加以區別。遂定為種種形體。後之制定字書者。又以形體既異。分隸各部。致使吾人觀之。不能識其本字。以溯其源。玆特取以上諸形。排列而比較之。以探求其所自。誠以明乎此。始足以與言鬼矣。

古籍傳記。言鬼者甚多。類別之。不外三種。玆分述於下。

(一)尊之者——古者天子以祀山川鬼神社稷宗廟為重典。而宗廟之祀。又專主乎鬼。鬼神連舉。重鬼於神矣。字當从示作⿰示鬼。義若神祇之敬。考⿰示鬼。古籍不見。金文有之。說文解字。鬼古文如此作。則為漢以前之廢字可知。

(二)異之者——說文解字。鬼。人所歸為鬼。爾雅釋訓。禮記祭義。左氏文六年傳。均謂鬼之為言歸也。

(三)鄙之者——人死為鬼。鬼猶人也。特質異耳。故正直之鬼。人祇敬之。怪異之鬼。人畏懼之。敬者尊其德。畏者懼其狀。或疑為禍也。至若鬼蜮伎倆。鬼祟行徑。乃揭示其陰賊之惡。鄙之而不齒於人矣。【釋鬼 河南博物館館刊第二集】

◉孫海波 卜辭云「叀鬼」,蓋即鬼方之人俘虜以為祭品者,與卯羌之例正同。【甲骨文録考釋】

◉馬叙倫 鈕樹玉曰。韻會引作從人。由象鬼頭。鬼陰氣賊害故從厶。王筠曰。鬼字當是全體。象形。其物為人所不見。聖人知鬼神之情狀。故造為此形。不必分析說之。且古人言鬼無不謂人之祖先。故古文作鬼。豈可以賊害說之。徐灝曰。厶當為聲。王廷鼎曰。鬼神字為⿰示鬼。鬼當訓鬼怪。山鬼猶猩猩狒狒也。莊子。山有夔。國語。木石之怪夔罔兩。皆借夔為鬼。

狒狒猩猩似人。故從人。⊕象其首。乚象其尾也。林義光曰。鄭同媿鼎媿字偏傍作𠒛。⊕象其頭大。不從厶。厶聲耳。厶古與口同字音圍。故鬼諧口聲。章炳麟曰。初造字時必不謂是死者之靈。以聲求之。鬼與夔正相似。説文夔即魖也。魖。耗鬼也。以魖為夔。則鬼為生物可知。魯語韋解。或云。夔一足。楚辭有山鬼篇。杜甫詩言山鬼獨一腳。乃知山鬼即夔。則造鬼字時。殆即夔之或字。羅振玉曰。許謂鬼從厶。卜辭及古金文俱無之。倫按以彪訓老精物。醜訓惡。魋訓神獸。可明此部字不盡從人鬼之鬼。故甲文鬼字有作□□□□者。盂鼎鬼方字作□。從戈從⊕。⊕即此下文部首之⊕。然⊕訓鬼頭。實非其義。⊕即□字所從得聲之⊕。實即甶字。鬼畏一字。乃人鬼之鬼本字。從乚。𠒛聲。乚為死之初文也。本書捝𠒛字。而誤分鬼畏為二字。蓋許已不知𠒛鬼是二字。故本部所屬字有從𠒛及從鬼之字。今各於當字下明之。此部當以𠒛為部首。𠒛者。傀之初文。為今言奇怪之怪本字。從人。甶聲。甶聲之類。故鬼聲轉入脂類。甶之轉注字為缶。缶聲幽類。故從鬼得聲之蒐猶入幽類也。𠒛從人者。蓋人自捝於獸類。及見所謂山都木客。則驚而異之曰𠒛。𠒛為彪之初文。此魑魅魍魎之字所以皆從𠒛也。山都木客之類。謂之獸不可也。其形似人也。謂之人則又與已異其類也。故謂之𠒛而字所以從人也。説解蓋本作歸也。以聲訓。人所歸為鬼字林文或校語。從人以下亦或校者改之矣。鬼字出倉頡。見經典釋文引。亦見急就篇。

□　倫按此人鬼之鬼後起字也。甲文作□。然葉玉森以卜辭亩王□與亩王□辭例同。則䰟或為五篇䰟下吴人謂祭曰䰟之䰟本字。陳昉敢作□。此從人鬼之鬼。當入畏部。古文下捝鬼字。從示二字校者加之。【説文解字六書疏證卷十七】

◉于省吾　叕存二八：「銮若茲鬼。」鬼為惡劣之義。庫一三五四：「叀鬼」與「叀吉」對文，則鬼為不吉明矣。此言道途若此之惡劣也。前五・十七・五：「日若茲敏。」句例同。【釋銮　殷契駢枝三編】

◉邵笠農　竊謂鬼與主字同一取義。所設以為祀祖先之位也。以聲訓之。鬼。歸也。主處也。神所歸處也。周禮司巫祭祀則供匰主。注。主神所依也。鬼主依皆一聲之轉。謂設以依神也。太古祀祖之標識為鬼。旋易以主。用石或木為之。木主至今沿用。其形視而可識。其字上從□略似山字一之旁句向上。象其捷業中有圓模。皆木主冒首之飾也。下一象下基。所以藉之也。中取一畫之起止處。以左右之邊際——象題識之檢。若不從簡則左右各加一——即成□形。極肖神牌之狀。至物塊之名鬼者。久廢不用。而畫成其物之形今不可見。然亦可以想象得之。鬼上從甶。混沌圜全而頂微突。象神主之頭。下從儿。象其足。厶指其注明某祖之標識。由此可見其大略。若欲洞識細微。則可畫成□形。□之中不空而實之。厶字即藏於儿字之中。亦儼然一塊神牌之象也。凡物一件俗稱一塊。塊字即由此孳乳。塊即鬼之繁文也。古蓋以土為之。故从土旁。攷周禮大宗伯掌天地人鬼地示之禮。廣雅釋天廟祧壇墠鬼祭先祖也。祭法載祭先之禮。天子諸侯有廟有壇有墠。去墠為鬼。大夫士有廟有壇。去壇為鬼。官師有考廟。王考無廟而祭之。去王考為鬼。庶士庶人無廟。死曰鬼。蓋皆指祀先之牌也。周禮鼓人以路鼓鼓鬼享。注。享宗廟也。前漢書惠帝紀耐為鬼薪。注。取薪給宗廟為鬼薪。總而言之。鬼字並作宗廟祖先解。所以必立此碑而稱之為鬼者。蓋孝子不忘其親。事死一如事生。不以祖父為已死仍生事之。又嫌茫然無所嚮仰。故設為其位以表之。此鬼之所由名也。以今語釋古義即神主之稱也。故季路問事鬼神問死。竊咐夫子之意。只以孝字答之曰。未能事人焉能事鬼。未知生焉知死。其説非甚深微眇也。在生之父母能先意承志。知其所好而事之。則事已死之考妣無不可知可能。蓋惟盡其心之所安耳。世傳刻木事親之丁蘭可謂能事鬼能知生矣。而連者曲揣孝子事死如生之意。恍惚有物如生人。因名其僾見愾聞之虚象曰鬼。而鬼字之如日月象形者又變如令長之叚借矣。説文鬼部文十七皆由此意而孳乳也。易繫辭傳言。精氣為物游魂為變。禮祭義言其氣發揚於上為昭明。不過以理以氣言之。豈謂實有影響。即謂有之。初造書契時。實因不能没孝子罔極之思而制變字。非謂鬼怪之奇侅非常特制此字以紀之也。故鬼字最初為尊敬之稱。厥後而為畏惡之訾。【一圓闇字説卷二　文風學報一九四八年第二、三期合刊】

◉楊樹達　後編下卷三葉之十八云：「庚辰，卜，貞：多鬼夢，不至囚？」郭沫若云：鬼假為畏，周官所謂懼夢也。通纂四之一六九下。樹達按：郭讀鬼為畏，以鬼夢連讀，説自可通，然卜辭多字，恆云多君、多臣、多父，前編四卷十八葉三版云：「貞亞多鬼，痛？亡疒？」則此辭多鬼夢乃夢多鬼之倒文，非謂鬼夢多也。【卜辭求義】

◉陳夢家　卜辭「鬼方易，亡禍。」甲三三四三。「乙酉卜鬼方禍。」乙六六八四。「㞢鬼方受……。」殷曆譜旬譜六附圖。「隹鬼甾。」乙三四〇七。「鬼方禍。」無想二二一。易既濟九三「高宗伐鬼方。三年克之」；未濟九四「震用伐鬼方。三年。有賞於大國。」是武丁曾用三年之力命震用克鬼方而賞之。詩蕩亦有「覃及鬼方」之語，後漢書西羌傳注引竹書紀年「武乙三十五年周王季伐西落鬼戎，俘其二十翟。」可見周與鬼方的關係而鬼為翟(狄)之一種。殷本紀紂以九侯為三公，集解云「徐廣曰一作鬼侯」。正義引括地志「相州滏陽(今磁縣)西南五十里有九侯城。亦名鬼侯城」。海内北經「鬼國在貳負之尸北」，「貳負之尸在太行伯東。」【殷虚卜辭綜述】

◉饒宗頤　鬼方之名，見於易及詩。既濟九三：「高宗伐鬼方，三年克之。」又未濟九四：「震用伐鬼方，三年有賞於大國。」大雅蕩：「内奰於中國，覃及鬼方。」古本紀年：「武乙三十五年，周王季伐西落鬼戎，俘其二十翟王。」(後漢書西羌傳注引)今本紀年稱：「武丁三十二年伐鬼方，次於荊。」西周初期小盂鼎記伐䰝方，……俘人萬三千八十一人。其地當在殷西，或處山陝之間。春秋器梁伯戈有「抑魃方蠻」語，可見其族之盛。隗姓赤狄殆即其胤。鬼族自昔與諸夏通婚媾。世本陸終取鬼方氏之妹謂之女隤。殷末有鬼侯。殷本紀：「紂以九侯為三公。」徐廣曰：「一作鬼侯。」正義引括地志：「相州滏陽西南五十里有九侯城，亦名鬼侯城。」此殆鬼族入臣於殷而邑之於此。卜辭言「鬼不囚」，「畏㞢囚」。「畏」「鬼」一字。（見觀堂集林十二）當並指鬼方。【殷代貞卜人物通考卷三】

◉饒宗頤　「貞：叀王䰟。」（《前編》四・一八・七）「□未卜㞢每（悔），……叀王䰟。……萑……衛……□（寵）」（《前編》四・一八・六）䰟讀為醜祭之醜。【殷代貞卜人物通考卷四】

◉張秉權　□，是鬼字，在此是人名。或稱鬼方易：

己酉卜，丙（貞）：鬼方易（亡）囚？（甲編三三四三）

鬼大概是鬼方的首領之名。【殷虛文字丙編考釋】

◉高鴻縉　（甲文□）□為人死。後人所祭之神主。象物形。非文字。茲以之以寄託其神。口聲。故為人鬼之鬼。名詞。甲文□方即鬼方也。周人改从□（古怪物之怪字）口聲作□。見田𣪘殷䰟字偏旁。小篆變為从□□（古肱字）聲。隸楷本之。【中國字例五篇】

◉屈萬里　鬼方，即易既濟、未濟及詩蕩所稱之鬼方。

□□疑鬼字。【殷墟文字甲編考釋】

◉李孝定　卜辭恒言多鬼夢。郭讀為畏固可通。惟讀如字辭意亦協適。或言「鬼畏乙八六五羌」。或言「鬼亦得疒」菁・三一。則為人名。作䰟者與許書古文合。而辭言「叀王䰟」前四・十八・六與「叀王祝」同上・七辭例同。葉說似亦可通。未敢臆定。【甲骨文字集釋第九】

◉嚴一萍　然卜辭所記之望，大多為「望□方」。□方即為鬼方，為殷西北之大敵，易稱「三年伐鬼方」，屢年作戰；戰必求勝，故未戰之先，先望其氣，以趨吉避凶也。【殷商天文志　中國文字第二期】

◉李孝定　鬼字古文作□，當是全體象形，鬼神之為物，雖曰視之而弗見，聽之而弗聞，然人死為鬼，蓋先民既有之觀念，其製字也，遂仿人字為之，「人」字古作「□」，其上圓者顱也，鬼字仿人，又必欲有以別之，則惟變異其頭部之形狀，蓋古文動物象形字，如虎象馬諸字，其別惟在頭部，牛羊則全為頭部象形，鬼之與人，其形相類，欲於頭部示其區別，亦覺不易，古文虛實無別，則鬼字不得作□，於是就□字而變化之，遂作□耳，非謂先民果見鬼之作此形也。沈兼士氏乃引禺畏二字為說，謂鬼字實自似鬼之獸類——禺蛻變而成。按此說可商，鬼神之觀念，既早已存在，其製字亦必甚早；禺為母猴，其字最早者當為象形，夒字是也，禺字从田从内，既非象形，則例屬後起，蓋猴之屬類甚繁，故後製之分别字亦甚多，其中亦必有若干方言字，鬼神之字，固不得衍自後出之禺字也。高鴻縉氏釋甶為鬼，説非。【金文詁林讀後記卷九】

◉夏　淥　甲骨文「鬼」字，古代南方民族有將人頭面剥制，蒙於篾籠之上，乾後置室中，加以膜拜的習俗。人頭部的縱横形，即襯裏的竹木支撑和籠筐形。古代迷信「靈魂不滅」、「萬物有靈」，並有「天神」、「地示」、「人鬼」之分。「鬼，歸也。」認為人死歸於圖騰，具有靈性，能禍福人，所以産生「威嚴」和「畏懼」的相反的對立含義。鬼、威、畏原來只是一字，以後才分化為三字，它們的音義是有内在聯繫的。

卜辭文例：「庚……貞：……降鬼(威)？允唯帝令……庚辰貞：其巫鬼(威)？」(存2·802)當為「降威」「擺威」一類含義。「貞：亞多鬼(畏)夢亡病？」(前4·18·3)「鬼(畏)不出，其……？」(六清73)「……鬼(畏)亦得病？」(菁3)金文《盂鼎》：「畏天威」，畏、威兩字寫法一樣，都作「鬼拄杖形」，可證原為一字分化，原本兼有對立二意。後代將「拄杖的鬼」字專作「畏懼」字用，另借「婆婆娘」的古稱「威」(姑)專作威嚴字用，原字則保留「人鬼」、「鬼神」的含義。【古文字的一字對偶義　武漢大學學報一九八八年第三期】

◉陳邦懷　《殷虚書契前編》四卷十八頁三片有鬼字，舊釋鬼，可從。檢甲骨文鬼字皆从田，金文及小篆作甶，已訛變。《説文解字·鬼部》云：「甶象鬼頭。」鬼頭當依甲骨文作田形為是。按，鬼頭之田，與商耒乍白婦段銘鬼之首甲形相似。《説文解字·甲部》引《大一經》曰：「人頭空為甲」，段玉裁注云：「空，各本作宜，今依《集韻》作空為善。」段據《集韻》改宜為空，甚確，今從之。段氏又云：「人頭空，謂髑髏也。」《廣雅》云：「項顱謂之髑髏。」《説文解字·頁部》云：「項顱，首骨也。」今觀鬼字首骨之田與甲骨文首甲之田正相似也。【釋鬼　一得集】

◉李學勤　「鬼方」的「鬼」字，原字從「戈」，與殷墟甲骨「鬼方」寫法不同，而甲骨另有與此寫法相同的「鬼子」。所以周所伐「鬼方」是否商王武丁所伐鬼方，不是没有懷疑的餘地。這一問題，只有等待更多材料發現才能解決。【小盂鼎與西周制度　李學勤集】

◉徐中舒　鬼合集一三七五一　象人身而巨首之異物，以表示與生人有異之鬼。其下從儿、卩、大、女無别。其從儿者為《説文》篆文所本。《説文》篆文又從厶者乃後世之增繁。郭璞注《爾雅》引《尸子》：「古者謂死人為歸。」《説文》：「鬼，人所歸為鬼。從儿，由象鬼頭，从厶。䰟古文从示。」殷人神鬼觀念已相當發展。鬼從人身明其皆從生人遷化，故許慎所釋與殷人觀念近似。【甲骨文字典卷九】

◉睡虎地秦墓竹簡整理小組　〔五〕鬼，讀為懷，和柔。懷字漢代多寫作褱。

〔一二〕鬼，疑讀為猥，鄙賤。【睡虎地秦墓竹簡】

◉戴家祥　陳昉段蓋「龏盟鬼神」。孫詒讓曰：，舊釋為䰠，說文鬼部鬼古文作䰠，从示。於形頗近。但下文愄忌之愄作，偏旁與此正同。一形不宜兩釋。若以此定彼，則當云「愧忌」，於文義不可通矣。竊謂此字當為从示从畏，乃威之變體。威神，猶云明神、大神也。古籀餘論卷三第三葉。按孫説非是。古鬼畏同字。詳心部愄字注。説文九篇「畏，惡也。」畏忌形於心理動態，故愄忌之愄加旁从心。鬼神存乎神道設教，故鬼神之鬼加旁从示，形義示別，一目了然。況經傳以鬼神成詞者，不計其數，史記五帝本紀「明鬼神而敬事之」，正義：「人死曰鬼，天神曰神。」段蓋「龏盟鬼神」，猶大雅蕩云「恭敬明神」。釋名釋言語「盟，明也。告其事於神明也」。【金文大字典中】

◉吴郁芳　《包山楚簡·卜筮祭禱記録》中屢見「鬼攻」的記載，如：

簡198：鬼攻解于人禹。

簡211：鬼攻解于明祖。

簡217：鬼攻解于不辜。

簡238：鬼攻解于歲。

簡241：鬼攻解于祖與兵死。

簡246：鬼攻解于水上與没人。

簡248：鬼攻解于日月與不辜。

《包山楚簡》考釋353以「鬼攻」為句，謂「鬼攻即祭祀先祖及鬼神之稱」。而拙見以為應是「攻解」連讀，攻解猶如古之「攻禱」、「攻禜」、「攻説」，都是巫祝之人所為的祓禳之祭。「鬼攻解」之鬼，也不是受祭的鬼神，而是致做法的巫鬼，即巫祝之人。

古代的祭典主要分為兩類，一是祈福，一是除災。「攻解」就是除災的祭禮，又稱解除或解逐。《論衡·解除篇》曰：「世信祭祀，謂祭祀必有福。又然解除，謂解除必去凶。」解除又作解逐，故王充又説：「解逐之法，緣古逐疫之禮也。」《包山楚簡》中的「攻解」祭儀都是墓主昭佗在從病到死的三年中，頻頻命令巫祝們舉行的，目的就是去病除災。古人認為疾病纏身的原因即是鬼神作祟，要想除病就只有求救於鬼神，特別是如「不辜」——冤殺者、「兵死」——戰死者、「没人」——淹死者，這様一些强死的厲鬼。例如古人祓禊水上就是源於「攻解於水上與没人」的巫術，又如《九歌·國殤》就是「攻解于」「兵死」者的祝辭。所以筆者

䰠

認為《包山楚簡》中的「攻解」，應是古人祓禊禳災的「解除」祭儀。至於「鬼攻解」的鬼，並不是鬼神而是主祭的巫鬼。楚俗習稱巫祝之人為靈為鬼，如《漢書·地理志》謂楚人「信巫鬼」、「其俗巫鬼」。又如《論衡·訂鬼篇》謂「巫黨於鬼，故巫者為鬼巫」。此俗後世猶存，如《新唐書·南蠻傳》謂：「夷人尚鬼，謂主祭者為鬼主」；「大部落有大鬼主，百家則置小鬼主」。此所謂的「巫鬼」、「鬼巫」、「鬼主」，即《包山楚簡》「鬼攻解」之鬼。【包山楚簡卜禱簡牘釋讀　考古與文物一九九六年第二期】

◉程邦雄　「人所歸為鬼」的觀念來源於「人死歸土」的直觀感受和認識。《禮記·祭義》、《論衡·論死》、《風俗通》裏已說得十分明白。結合「人死歸土為鬼」看甲骨文諸形，就會發現，「鬼」字不是一個單純的象形字，而是一個會意字，正是會的「人死歸土」的意義。諸字上部均為「田」字，下部均為人形。這人形有正面直體形，有側面曲體形，有男人之形，也有女人之形。總之，其下部為人之形體無疑，沈兼士、徐中舒說可從。而上部之「田」形，不當是「類人異獸」「巨首異物」「人頭髣面」的象形，而是田土之田。古田土相通。《詩·小雅·大田》：「大田多稼，既種既戒。」鄭箋：「大田，謂地肥美。」地即田。《易·乾》：「見龍在田。」王弼注：「處於地上，故曰在田。」可見「田」即「地」。《詩·齊風·甫田》：「無田甫田，維莠驕驕。」孔穎達疏：「上『田』謂墾耕，下『田』謂土地。」《釋名·釋地》：「已耕者曰田。」《玉篇·田部》：「田，土也，地也。」如此，渾言之，則田、土無別，均為土地。析言之，則田、土有別。《爾雅·釋言》：「土，田也。」郝懿行義疏：「土為田之大名，田為已耕之土，對文則別，散則通也。」說的也是土、田相別相通的意思。為什麼「人死歸土」的「鬼」字不從土而從田，我們推測，其間當與宗教思想的進化、鬼魂信仰的演變有關。人死葬於田中，而不是葬於荒郊野外，這反映了人類已從早期的棄尸溝壑野地不加掩埋，進化到了較為文明的安葬尸體於地下的「禮治」時代。鬼字是時代的產物，會「人死歸葬於田土之下」的意思。【「鬼」字形義淺探　華中理工大學學報一九九七年第三期】

◉許　慎　䰠神也。从鬼。申聲。食鄰切。【說文解字卷九】

◉馬叙倫　此神之俗字。從人鬼之鬼。玉篇注。山神也。山海經中山經。青要之山䰠武羅司之。則此從申。字蓋出字林。【說文解字六書疏證卷十七】

魂 魂　魄 魄　𩲡 𩲡　魖 魖

◉許　慎　魂陽气也。从鬼。云聲。戶昆切。【說文解字卷九】

◉馬叙倫　此從人鬼之鬼。陽气也蓋字林文。許當止以同聲之字為訓。王筠據鍇本篆與此同。【說文解字六書疏證卷十七】

魄【汗簡】

古老子【古文四聲韻】

◉許　慎　魄陰神也。从鬼，白聲。普百切。【說文解字卷九】

◉高田忠周　弘尊　說文父部鬼部並無䰽字。此當古字逸文。然愚竊謂䰽亦魄字異文。魄字叚借為溥。說文旁溥字。吳都賦作旁魄。即依白父古音相同耳。抑溥从專聲。專从甫聲。甫从父聲。魄異文當作䰽而䰽從省略也。猶黼作釜哺作吺也。然則集韻䰽星名。蓋亦䰽字異文。即為魄字。又甫者男子之美偁。穀梁隱元年傳。作父猶傅也。男子之美偁也。此借父為甫者亦當父甫通用之確證耳。【古籀篇三十五】

◉馬叙倫　此從人鬼之鬼。陰神也蓋字林文。許當止以同聲之字為訓。字見急就篇。【說文解字六書疏證卷十七】

◉許　慎　𩲡厲鬼也。从鬼。失聲。丑利切。【說文解字卷九】

◉馬叙倫　此從人鬼之鬼。厲鬼也蓋字林文。字或出字林也。或據禮緯言顓頊有三子。生而亡去。其一為魅鬼。西山經。剛山是多神䰠。謂亡去。謂逃亡。非死亡。則魅當從鬼。【說文解字六書疏證卷十七】

◉許　慎　魖秏鬼也。从鬼。虛聲。朽居切。【說文解字卷九】

◉馬叙倫　鈕樹玉曰。秏。玉篇作秏。是也。吳國傑曰。小徐本夔下曰。亦魖也。國語韋注。或云。夔一足。越語謂之山繰。或作獿。高陽有之。人面。猴身。能言。則魖亦猴類。是以東京賦與夔連言。謂之秏鬼者。此種每傷人之禾稼也。倫按張衡東京賦。捎夔魖而抶獝狂。是魖為動物。字當從鬼。字蓋出字林也。【說文解字六書疏證卷十七】

魃　鬽

◉許　慎　魃旱鬼也。从鬼。犮聲。周禮有赤魃氏。除牆屋之物也。詩曰。旱魃為虐。蒲撥切。【說文解字卷九】

◉馬叙倫　山海經大荒北經有係昆之山者。有人。衣青衣。名曰黄帝女魃。蚩尤作兵伐黄帝。黄帝乃令應龍攻之冀州之野。應龍畜水。蚩尤請風伯雨師縱大風雨。黄帝乃下天女曰魃。雨止。遂殺蚩尤。魃不得上。所居不雨。鄭志。魃鬼人形。眼在頂上。此雖荒唐之說。然可明魃非人死而為鬼者也。當從鬼。周禮以下十二字校語。字見急就篇。顔師古本作魃。則魃字蓋出字林。【說文解字六書疏證卷十七】

乙五三九七　拾四・一一【甲骨文編】

拾4・11【續甲骨文編】

彔　𧰼竝說文　籀韻　崔希裕纂古【古文四聲韻】

◉許　慎　鬽老精物也。从鬼彡。彡。鬼毛。密祕切。魅或从未聲。彔古文。𧰼籀文。从彖首。从尾省聲。【說文解字卷九】

◉王國維　彔　彑部㣇下立部𥪖下皆云。彔。籀文鬽。鬽下復云。籀文从彖首。段氏改𧰼為古文。彔為籀文。是也。【史籀篇疏證　王國維遺書第六册】

◉葉玉森　拾四・十一　疑許書之鬽，从鬼彡。彡，鬼毛。【鐵雲藏龜拾遺附考釋】

◉商承祚　說文鬽。「老精物也。从鬼彡。彡，鬼毛。魅或从未。彔古文。𧰼籀文。从彖首。从尾省聲。」（案从彖首二句當在古文下。段氏删去古文二字而改古篆為彔，并入籀文，非也。）此象鬼頭上有毛，所謂「老精物」也。【甲骨文字研究下編】

◉商承祚　彔　古文下出籀文𧰼。以它文證之。此所謂古文乃籀文。籀文乃古文也。如㣇注。「𩬳也。忽見也。从彑彔聲。彔。籀文魅。亦忽見意。」𥪖注。「見鬼鬽皃。从立从彔。彔。籀文鬽。」段氏據之存彔篆改注籀文而删𧰼字。謂「鬽當是古文。則彔為籀文。審矣。」案甲骨文正作。可證段說。而删𧰼則非。𧰼非之或作則為寫誤。一切經音義卷六。古文有鬽魅二形。魅恐又𧰼之譌矣。【說文中之古文考　金陵大學學報卷六二期】

◉馬叙倫　嚴可均曰。文選蕪城賦一切經音義二及六及廿五引作老物精也。丁福保曰。慧琳音義二及三及四十一及七十一及八十七及一百皆引作老物精也。倫按今俗言精怪。則作老物精也為長。然非本訓。然字出字林。從兜。彡聲。彡毛一字。彡鬼彡校語。又疑從兜勿聲。形譌為鬽耳。玄應一切經音義引古文官書。鬽魆二形同莫冀反。魆從勿得聲。勿即勿也。為未之初文。鬽為兜之聲同脂類轉注字。

□ 倫按從□未聲。鬽之同邊音轉注字。鍇本魅篆在□下。

□ 王筠曰。此篆與下篆互譌。而此句又有闕文也。倫按下文籀文從彖省從尾省聲與篆形不相應。鈕樹玉王筠謂從彖省從尾省聲七字當在此下。是也。髟部鬽下曰。彔籀文魅。可證也。韻會四寘引古文作□。亦可證。然其形未詳。蓋從兜尾聲。篆譌耳。古文下挩鬽字。

□ 吴穎芳曰。彔乃鬼字之譌。翟云升曰。從甶。尾省聲。倫按此從兜尾省聲。倫謂此實籀文。形未當譌。自是彔篆譌耳。尾音微紐。為鬽魅之轉注字。亦兜之聲同脂類轉注字也。從彖以下校語。【説文解字六書疏證卷十七】

◉朱芳圃 □藏八〇・二□前一・二七・四□前一・四三・四□前一・四六・一□前一・四六・三□粹二五七□殷綴一七七

上揭奇字，羅振玉釋介，謂「象人著介形。介，聯革為之。或从八者，象聯革形。」殷虛書契考釋中四三。楊樹達非之，謂「介，間也。从人在八之間」。小學金石論叢補遺二。按羅、楊二説非也。字象人身上著毛，當為鬽之初文。説文鬼部：「鬽，老物精也。从鬼、彡；彡，鬼毛。魅，或从未聲。□，古文。□，籀文。从彖首，从尾省聲。」古籀二字互誤，兹依段王校改。蓋□為本字，古文作□，从鬼首，籀文作□，从彖首，乃附加之形符。篆文作鬽，或體作魅，皆後起字也。論衡訂鬼篇：「鬼者，老物精也。夫物之老者，其精為人。」物老成精，其形為人，然究與人異，故作□以象之。左傳文公十八年：「以禦螭魅」，服注：「螭魅，人面，獸身，四足，好惑人。山林異氣所生，以為人害。」史記五帝本紀集解引。一作袜，山海經海内北經：「袜，其為物，人身，黑首，從目。」蓋魅原無實物，其形狀全為世人幻想所構成，故其説各異。

卜辭云：「貞虫犬于多□父。」前一・四六・三。「勿虫于多□父犬。」粹二五七。所謂多□父，猶言諸老魅。後漢書陳蕃傳載黄門從官騶蹋踧蕃曰：「死老魅，復能損我曹員數，奪我曹禀假不？」老魅，即商代遺語之流傳於後世者。卜辭又云：「虫犬于父辛多□子。」「于父乙多□子虫。」殷綴一七七。所謂多□子，猶言一羣小精怪也。【殷周文字釋叢卷中】

◉唐　蘭　□戩三三葉九片　⊘□字從□，無可疑者，蓋即説文鬽字籀文之彔也。説文：「鬽老精物也，從鬼、彡。彡，鬼毛。魅，或從未聲。□籀文从彖首，從尾省聲。□古文」。按説文所稱「從尾省」之字，如隶字應作□，而説文作□，是其例。然則□字本應作□，□字本應作□也。又以□字古本作□例之，則□字古應作□也。□字與□近而與□遠，可以下圖明之：

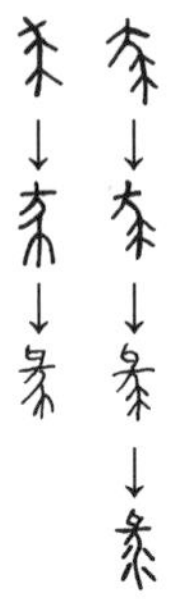

則□當釋彔無疑也。且髟魅二字俱從鬼，蓋魅者幻作人形故也。古文作□，當作□，象鬼身之有毛也。然則籀文之彔，本作□，應從大，象人形，而非從彑，可知也。□易譌□，且□字有時作□，故致混淆，後人誤認其為豕頭，遂改為□而從彑耳。然則於文從大之□必為彔字，又可無疑也。

金文之□國，舊以為蔡者，今既知其非是。或狃於舊說，則謂蔡為大國，不應無器，然此不足為據，曹非小國，亦未見於金器也。舊謂□為曹，誤。余謂金文之□，當即經傳之密國。說文從彖得聲者有鬄𨁥二字，𨁥下云：「讀若虙羲氏之虙」。段玉裁云：「髟聲在十五部，必聲在十二部，音相近也。當讀如密，今音房六切，非也。」其說甚是。彖密聲相近，則□彖即密國之本字，後世叚密以為之耳。⊘

卜辭本片殘折，只存一字，故無從知其用法。但以字形觀之，則從大而一足有毛，其本義始指脛毛，說文以為髟之籀文，亦其叚借義也。【釋□ 殷虛文字記】

◉楊樹達 □ 㜸字从女，从古文鬼，不識其為何字。意者㜸為髟魅字之或體，假為月建之未字乎！【工師𠊸鐳跋 積微居金文說卷一】

◉楊樹達 鬼為領名，彡為屬名。【文字形義學】

鬾 □

□ 辟非射魃 □ 射魃 【漢印文字徵】

◉許慎 鬾鬼服也。一曰。小兒鬼。从鬼。支聲。韓詩傳曰。鄭交甫逢二女鬾服。奇寄切。【說文解字卷九】

◉馬叙倫 錢坫曰。此引韓詩傳似後人所加。倫按初學記引韓詩鄭交甫遊漢皋。遇二女。妖服。佩兩珠。交甫與之言曰。願請子之佩。二女解佩與交甫而褢之。去十步。探之則亡矣。回顧二女亦不見。然則鬾蓋止是鬼而非鬼服。衣部。䙸。鬼衣也。則鬾非鬼衣尤明。古書或借鬾為䙸。支耕對轉也。鬾或為鬼之轉注字。鬾音羣紐。古讀歸見也。此似從人鬼之鬼。一曰小兒鬼者。漢舊儀顓頊三子。一為瘧鬼。一為蝄蜽鬼。一居人宮室區隅。善驚人。為小兒鬼。字見急就篇。說解蓋本作鬼也。鬼服也上蓋挩一曰二字。吕忱列異義。一曰小兒鬼及韓詩以下校者加之。引韓詩證鬼服而實不切當也。【說文解字六書疏證卷十七】

䰧 說文所無　作册䰧卣【金文編】

◉許　慎　䰧鬼皃。从鬼。虎聲。虎烏切。【說文解字卷九】

◉馬叙倫　承培元曰。䰧即淮南俶真訓傷死者其鬼嬈之嬈。說文無䰧字。而一切經音義引說文云。䰧。鬼健走也。凡三四見。疑即魑字之譌也。倫按此蓋魑之同舌根音轉注字。字並出字林。今書無䰧字者。校者知為字林文而出之也。如淮南說。則字從人鬼之鬼。然亦疑鬼健走正如猿狙之騰躍耳。則從鬼也。【說文解字六書疏證卷十七】

◉許　慎　魕鬼俗也。从鬼。幾聲。淮南傳曰。吳人鬼。越人魕。居衣切。【說文解字卷九】

◉馬叙倫　王筠曰。朱筠本鬼俗也下空白五格。倫按今淮南鴻烈解人間訓作荆人鬼越人機。偽列子説符作機。淮南注曰。機。機祥也。越人機謂信䄏祥也。似與鬼俗有異。此非本訓。或有挩譌。魕或鬼之音同見紐轉注字。此從人鬼之鬼。字或出字林。【說文解字六書疏證卷十七】

◉許　慎　䰭鬼。彪聲。䰭䰭不止也。从鬼。需聲。奴豆切。【說文解字卷九】

◉馬叙倫　此當從兒。䰭䰭不止也校語。字或出字林。【說文解字六書疏證卷十七】

魤 義雲章【古文四聲韻】

◉許　慎　魤鬼變也。从鬼。化聲。呼駕切。【說文解字卷九】

◉馬叙倫　王筠曰。此即𠤎字。絫增之為專字耳。倫按知鬼能變化之說由來久矣。又疑為鬼之異文。鬼變之說。因字形而附會。此從人鬼之鬼。字蓋出字林。【說文解字六書疏證卷十七】

䰐 䰨 醜

◉許　慎　䰐見鬼驚詞。从鬼。難省聲。讀若詩。受福不儺。諾何切。【說文解字卷九】

◉馬叙倫　莊有可曰。見鬼驚詞非本義。此正鄉人儺字也。倫按鄉人儺字則從人鬼之鬼。若是見鬼驚詞。亦得從兜也。杭縣指物示人曰䰐。廣韻引篆文。䰐。人值鬼驚詞。字蓋出字林。【說文解字六書疏證卷十七】

◉許　慎　䰨鬼皃。从鬼。賓聲。符真切。【說文解字卷九】

◉馬叙倫　段按此蓋與覞𩔊之義相近。倫按兜為醜之初文。鬼皃當作兜皃。兜皃即醜皃也。頁部。顮。大醜皃。音在奉紐。此亦同也。蓋異文。字當從兜。或出字林。【說文解字六書疏證卷十七】

佚973　續4·9·2【續甲骨文編】

5·15　咸亭㺐陽醜器【古陶文字徵】

醜　語一二【睡虎地秦簡文字編】

韓醜之印【漢印文字徵】

古老子　說文【古文四聲韻】

◉許　慎　醜可惡也。从鬼。酉聲。昌九切。【說文解字卷九】

◉王　襄　古醜字。許說可惡也。从鬼酉聲。此从鬼从。象尊内有酒滴滴之形。與从酉誼同。【簠室殷契類纂正編】

◉余永梁　(書契卷五三十葉)(龜甲獸骨卷二二十五葉)疑醜字。古金文亦有此字。所从之，與召字所从之同，為盛酉之物。卜辭醜為人名。【殷虚文字考　清華學校研究院國學論叢】

◉馬叙倫　桂馥曰。可惡二字非古訓。本書。亞。醜也。此當曰亞也。倫按蓋本訓惡也。呂忱加可惡也。醜為兜之轉注字。

醜從酉得聲。酉音喻紐四等。從鬼得聲之蒐音在審紐二等。審與喻四同為次清摩擦音。或皃音如蒐。與酉聲同幽類。故皃轉注為醜。字當從皃。古書媿醜通假。莊子德充符。寡人醜乎卒授之國。崔譔曰。醜。媿也。武梁祠堂畫象無鹽媿女。媿女醜女也。足證酉鬼古同音也。【說文解字六書疏證卷十七】

◉李孝定　說文「醜。可惡也。从鬼。酉聲」。契文與篆文全同。商說可从。辭云。「[glyph]丝不雨隹□丝☐㞢醜于☐。」續・四・九・二。「☐□邑龍寵㞢醜☐。」佚・九七三。它辭又云。「壬寅卜穷貞若丝不雨帝隹邑龍不若[glyph]」。卜通、別二、ⅢA。郭沫若釋之云。「[glyph]殆龍字之異。假為寵。『若丝不雨帝丝邑寵』。乃求晴之卜也。『若』用為虛擬之辭。此例僅見。」卜通・別二・四上。郭說是也。醜字二辭與卜通一辭當為同類。卜辭續・四・九・二辭足之當為「若丝不雨隹丝邑寵㞢又醜于☐」。佚・九七三同。醜與寵為對文。淮南說林。「莫不醜于色」。注。「猶怒也」。辭云。「又醜于☐。」蓋言帝又將加怒於某方。謂將降禍於某方也。金文圖形文字有[glyph][glyph]字甚多見。見容氏金文編附録十三至十四葉。亞形中一文疑亦醜字。【甲骨文字集釋第九】

◉李裕民　七、[glyph]《侯馬盟書》宗盟類三之一六二：一。

《侯馬盟書・字表》釋醜。按：酋、酉古通作，如尊字父辛鼎作[glyph]，召仲鬲作[glyph]，衛父卣作[glyph]、[glyph]。盟書此字亦作[glyph]《侯馬盟書》八五：二），字應作醜。《說文》：「醜，惡也。从鬼，酉聲。」【侯馬盟書疑難字考　古文字研究第五輯】

[glyph]趙魋【漢印文字徵】

◉許　慎　魋神獸也。从鬼。隹聲。杜回切。【說文解字卷九】

◉徐　鉉　魑鬼屬。从鬼。从离。离亦聲。丑知切。【說文解字卷九新附】

◉徐　鉉　魔鬼也。从鬼。麻聲。莫波切。【說文解字卷九新附】

魘　由

◉徐　鉉　魘寱驚也。从鬼。厭聲。於琰切。【說文解字卷九新附】

 珠四三七  甲五〇七【甲骨文編】

 由　長由盉【金文編】

〔六八〕〔二〇〕【先秦貨幣文編】

 布空大　豫孟  布空大　典六一六  仝上　歷博【古幣文編】

 246  248【包山楚簡文字編】

 由【汗簡】

◉許　慎　由鬼頭也。象形。凡由之屬皆从由。敷勿切。【說文解字卷九】

◉陳獨秀　由　說文云：由，鬼頭也，象形。鬼，从人，象鬼頭，鬼陰氣賊害，从厶，古文从示作䰟。按甲骨文及古金器文鬼䰟皆作兕䰟，無厶。鬼神字本作䰟，䰟示旁置鬼，猶之礼亦旁置乙，說文云：礼所以事神致福也，古文礼作𠃔。乙為燕，鬼則夔，初皆以為圖騰，故礼䰟字从之矣。畫怪夔於假面為由，鬼象人戴之而舞，以擬圖騰之狀。說文云：夔，神魖也；魖，秏鬼也；彪，老精物也，或从未作魅。國語魯語言木石之怪曰夔蝄蜽，左傳作螭魅魍魎，周礼鄭注引作螭彪魍魎。此可證夔魅一物，夔鬼一字。說文魅字籀文作𩲡，亦為鬼頭，夔蓋類人猿，服虔所謂：魅，怪物，人面獸身而四足，即此物也。後世以希見之故，疑為精靈鬼物，乃加之以魖、彪、魅、魈廣韻云山魈出汀州，獨足鬼，此亦夔鬼一物之證諸名，古之禹、禼、夔、龍及國名鬼方者，皆氏族之圖騰也。【小學識字教本】

◉馬叙倫　沙木曰。象髑髏形。饒炯曰。由從鬼省。與𦍌從羊省虍從虎省例同。非鬼頭又自象形也。倫按由字不見經記。且人死為鬼。鬼頭豈異人頭。安能別為象形字。本部所屬字亦各自象形。從由得聲之畁。今證其從田不從由也。小盂鼎畏字。羅振玉以梁伯戈畏字相證。謂為一字。則畏畏蓋斅之轉注字。猶褎褏之轉注也。而許蓋以畏禺二字之故而立由

畏

部邪。然本無其字亦不得立為部首。倉頡訓纂果有田字邪。雖無可證。倫以田異諸文證之。謂田田實一字。然田之轉注字為缶。缶之篆文作缶。則田或即缶字。而篆文午凵相連不分。遂成田字。疑此部出字林。吕忱見缶篆之作田而譌訓為鬼頭者。因立此部。【說文解字六書疏證卷十七】

◉陳夢家 [由]字在說文中兩見。說文卷九次于鬼下的部首是由，訓鬼頭也，象形，敷勿切，畀字从之。卷十前于思的部首是囟，訓頭會腦蓋也，象形，息進切，或从肉从宰，思字从之。此字亦見卜辭，是酋長之稱。詳殷虚卜辭綜述。【長由盉　西周銅器斷代五　考古學報一九五六年第三期】

◉楊樹達 田 章炳麟曰：禺及虛中猛獸頭悉作由，疑鬼亦怪獸。古怪獸與人鬼不甚分別，故魑魅魍魎鬼神禽獸通言矣。【文字形義學】

◉陳全方 田，羅振玉釋為西。陳夢家釋作由或思。唐蘭先生釋「叀」，他說，叀古讀為惠，惠字古用為語詞，其義當與惟字同。我們認為這些解釋皆可取，但不能絕對化，根據漢字一字多義的規律，其恰確含義應據文義而定。【陝西岐山鳳雛村西周甲骨文概論　古文字研究論文集(川大)】

◉李孝定 田 即許訓鬼頭之字，與訓頭會腦蓋之囟為二字，陳夢家氏謂由在說文中兩見，其說未安。【金文詁林讀後記卷九】

◉考古所 田：說文：「由頭也。」第(3)辭由當為第(1)辭羌由之省。甲五〇七：「羌方由其用，王受又?」與此片內容相近。均是卜問用羌人之頭祭祀祖先之事。【小屯南地甲骨】

◉曾憲通 「由」為句首發語詞，已見於周原甲骨文，楚簡簡文多寫作由，間或作思，與簡文禹或作愚、死或作惡、訓或作訬、尚或作崽屬同類現象。思為語詞，可用於句末表示語已，用於句中表示語助，用於句首則表示語發(詳王引之《經典釋詞》卷八)。簡238「由左尹彪遠復尻，由攻解於歲」，二「由」字相繼出現於句首，其為句首發語詞更為明顯，簡250「命攻解於漸木立」，句首易「由」為「命」，說明「由」在句中結構比較松散，亦可反證「由」的詞性確為語詞。【包山卜筮簡考釋　第二屆國際中國文字學研討會論文集】

田 乙六六六九　人名　畏其出旷　田 乙七三一八　田 餘一・二　田 鐵一四六・二　田 乙一〇四　从爪从由說文所無疑即畏字古文田　田 乙三六三　【甲骨文編】

乙669　續6·7·12　新5283　【續甲骨文編】

畏　盂鼎　畏天畏　毛公厝鼎　敃天疾畏又云死夕敬念王畏不賜　黹鎛　余彌心畏認　从攴　王孫鐘　敃㝅趩趩　王子午鼎　敃㝅趩趩　沇兒鐘　思于敃義　王孫弄鐘　【金文編】

5·340　獨字　古文四聲韻引古孝經畏作與此同　3·1094　昌畏　【古陶文字徵】

畏　日甲二四背　四例　【睡虎地秦簡文字編】

三畏私印　賈畏　【漢印文字徵】

詛楚文　不畏皇天上帝　石經君奭　弗永遠念天畏　今本作威威畏古今字說文作汗簡引作云亦威字　【石刻篆文編】

畏亦威字見說文　上同出義雲章　【汗簡】

古孝經　古老子　同上　說文　崔希裕纂古　【古文四聲韻】

◉許　慎　惡也。从由虎省。鬼頭而虎爪。可畏也。於胃切。古文省。【說文解字卷九】

◉孫詒讓　「貝不共」百卅二之二。「辛卯至不」百四十六之二。「」當即「畏」字。《說文·由部》：「，惡也。从由、虎省，虎頭而虎爪，可畏也，古文作省。」金文盂鼎作，毛公鼎作。此與彼略同。【栔文舉例】

◉孫詒讓　說文由部「，惡也。从由，虎省。鬼頭而虎爪，可畏也。」古文省作。依許說則下从為虎足。所謂「虎足象人足」也，其左从，與爪不類。中箸一，又無義可說。唯古文从，乃正是爪形耳。攷金文盂鼎畏字作，毛公鼎作，二篆皆从，與小篆形不類。龜甲文畏字作，亦略同。竊疑實當从虐省，說文虍部「虐，殘也。从虎爪人，虎足反爪人也。」畏下當作，與虐下正同。爪篆文作，此作，所謂反爪也。與說文爪部爪从反爪不同。畏訓惡，與虐訓殘義相近，故从之。金文作，甲文作，即反爪之省。篆文變為，又誤增一，而許書說解又誤作从虎省，遂與字例不合耳。

金文又有从虎从字，如紀侯鐘云：「己侯乍寶鐘。」又□司土敢云：「□司乍寶尊敢」。二字皆不可識，今以畏从卜證之，疑虎即虐之古文，从卜者，即許注所謂反爪之省，金文宗周鐘亦有虐字作虐，止作爪形，而小變之。小篆變為巳，於義亦尚可通，以相參證，小篆畏字實當作畏，與虐下正同。傳寫整齊之，變畏下反爪為一下乚，與説解不相應，足知其非也。

金文又別有禔愄二字，陳昉敢云：「龏盟禔神，巽覯愄忌」，古「畏」「威」字通，上云「禔神」當讀為威神，舊釋為魂，誤。下「愄」亦即威之叚借字，「畏忌」金文恆見，如鼄公牼鐘云：「余畢龏威忌」，鼄公牼鐘同。薛款識齊侯鎛鐘云：「小心愄忌」，皆其證也。兩文皆作畏者，變鉤爪為匕，遂與口相混，實非口字也。齊鎛畏作畏，亦从由从匕，與甲文畏字略同，可以互證。【名原】

◉羅振玉　畏藏龜第百四十六葉　畏藏龜之餘第一葉　畏書契菁華第十一葉　畏後編下第四十三葉　說文解字。畏。惡也。从由虎省。鬼頭而虎爪。可畏也。古文作畏。古金文作畏畏盂鼎。从鬼及手形。或省手形从卜。當是攴省。此則从鬼手持卜。鬼而持攴。可畏孰甚。古金文或作畏王孫鐘。既从卜。又加攴。初形已失矣。【殷虛文字類編第九】

◉王國維　畏字古金文作畏，或作鬾，盂鼎曰：王□盂以□□伐畏方……其字从鬼从戈。又梁伯戈云：鬾方綜。其字从鬼从攴，二字不同，然皆為古文畏字。按大盂鼎「畏天畏」，二畏字上作畏，下作畏，毛公鼎「愍天疾畏」，「敬念王畏」，二畏字皆作畏，皆从鬼从卜者。尚盤畏字作叟。則从由（説文「由，鬼頭也」）从攴，卜與攴同音，又攴字之所从，當為攴之省字，而或从卜，在鬼字之右，或从攴，在鬼字之左，或从攴，在鬼頭之下，此古文變化之通例，不礙其為一字也。从戈之畏，亦即鬾字，凡从攴从戈，皆有擊意，故古文往往相通。如「薄伐玁狁」之薄，今毛詩作薄，薄者迫也。而虢季子白盤之「博伐」，从干，不嬰敢之「𩏂戟」，从戈，師寰敢之「𩏂乃衆」，則又从卜，書之「外薄四海」，其義亦為迫，而釋文引「一本作敷」，詩常武之「鋪敦淮濆」，釋文引「韓詩鋪作敷」，後漢書馮緄傳亦引作「敷敦」，按「敷敦」即「戟章」，則字亦从攴。可知从卜从攴从戈皆可相通，則畏字亦畏字也。其中畏畏二字見於周初之器，為字尤古。其後从卜之字，變而作鬾，从戈之字，變而作威，古威字从戈从女，邾公華邾公牼二鐘皆然。虢叔鐘作威，亦戈形之變，而鬼女二字皆象人跪形，形極相似，故變而从女。上虞羅氏所藏古鉨有「㚔亡畏鉨」，亡畏即亡畏，此畏威畏三字相關之證也。鬾字又變作畏，王孫遣諸鐘之「畏嬰（即畏忌）趩趩」，沇兒鐘之「盄于畏義」（即淑于威儀）皆如此作，既从卜，又从攴，則稍贅矣。【鬼方昆夷玁狁考　觀堂集林十三卷】

◉郭沫若　威字原作畏，乃古畏字，古威畏字通。威乃後起字。【頭批沇兒鐘　兩周金文辭大系圖録考釋】

◉陳獨秀　説文云：畏，从由，虎省；按説文虎下从人，上由而下人，是亦鬼字矣。甲骨文及古金器文畏皆作畏，王孫鐘作畏。象人戴畫鬼之假面而手執杖，有威可畏也。古金器文威字作威，象女執斧，亦有威可畏，故古書威畏二字通用。【小學識字教本】

◉商承祚　畏　甲骨文作畏。金文盂鼎作畏。毛公鼎作畏。王孫鐘作畏。羅師謂「鬼而持卜。案卜乃干字。可畏孰甚。」此

作。當是寫失。汗簡引作。據小徐本也。【說文中之古文考　金陵大學學報六卷二期】

◉馬叙倫　鈕樹玉曰。繫傳作從由。韻會引鬼頭上有徐曰二字。則錯說也。林義光曰。毛公鼎作。盂鼎作。即人字。反文。象人見鬼形。羅振玉曰。古金文作。從及手形。或省手形從攴省。此則從鬼手持卜攴省。鬼而持攴。可畏孰甚。古金文或作王孫鐘。既從卜。又加攴。初形失矣。高田忠周曰。盂鼎畏天畏作。此威之正字。即鬼字。卜亦字。從鬼匕會意。孫詒讓曰。金文盂鼎作。毛公鼎作。與小篆形不類。甲文作。與金文略同。疑從虐省。倫按甲文有作者。其與有反正之殊。而非卜貞之卜及攴省甚明。師䛐敢之與王孫鐘偏傍之從匕甚明。即八篇之。從到人者也。人死則不能立而到矣。𠧪字從在牀上。即禮記曲禮所謂在牀曰尸。尸死屍𠧪實皆一字。皆象人橫陳之形。尸為側視形。為首向外足向內形。古者卧皆面窗戶。今北方卧坑者猶然。人死殮時則首衝外而面內。故變為。𠧪則從在會意。死則複從。屍則更複從尸。皆俗字後起者也。以此相明。畏從聲。為人鬼之鬼本字。甲文字所從之即尸字。亦即字也。甲文又有諸文。似與王孫鐘之同字。蓋𣪊之轉注字。從攴。鬼聲。猶褱襄之轉注矣。說解惡也非本義。乃字義。形可怖。故借以為畏惡之惡。亦即以為威儀之威。從由虎校者改之。鬼頭八字鈕說是。然九經字樣曰。。畏。鬼頭虎爪。人可畏也。上說文。下隸省。然則蓋本是字林文。秦詛楚文作。

沈濤曰。汗簡。畏亦威字。見說文。蓋古本古文體如此。竝不省也。王筠曰。朱筠本顧本篆正如此。倫按之譌也。【說文解字六書疏證卷十七】

◉李孝定　畏字从鬼，其義亦相因；古畏威一字，威，可畏者也。威字後起，蓋由「戭」篆衍變，从戍者戈之譌，由繁之則為鬼，鬼可作，與女字作者下筆形近，鬼女二字事類相近同屬人形所衍化，偏旁中例得通作也。【金文詁林讀後記卷九】

◉黃錫全　上同出義雲章　此形變从，與楚簡、詛楚文類同。帛書《老子》甲本卷後古佚書畏亦作。這種變化，類似老字，本作（明120・1）（燕654），變作（季良父壺）、（夆叔匜），再變作（齊鎛）、（侯盟）、（璽彙4693）等。【汗簡注釋卷四】

◉戴家祥　陳肪毀　陳肪毀蓋云「□龏愧忌」，愧字从心。以字形言，即說文十二篇媿之或體字，於文義則不可通。静安先生謂古鬼畏同字，鬼方應讀畏方，梁伯戈作魃方，王孫遺諸鐘之「畏忌趩趩」，沇兒鐘之「淑于畏義」，字又作。故莊子天下篇之門無畏，郭象本作門無鬼，司馬本作門無畏。又雜篇之徐無鬼，亦當為徐無畏之誤也。古人多以無畏無忌為名。如左傳之申之舟名無畏是也。觀堂集林卷十三鬼方昆夷玁狁考。求之古音鬼畏韻位同部，聲紐，鬼在牙音見母，畏在喉音喻母。牙音見母每與喉音匣母同諧，匣母三四等字經讀亦有似喻母者。由此觀之，鬼畏不但同部，而且又屬同母。王説是也。【金文大字典中】

◉戴家祥　説文：「畏，惡也。从由、虎省。鬼頭而虎爪，可畏也。𤰞，古文省。」静安先生曰：大盂鼎「畏天畏」，二畏字上作，下作。毛公鼎「畋天疾畏」、「敬念王畏」，二畏字皆作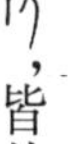，皆从鬼从卜省。尚盤畏字作，則从由从攴。卜與攴同音，又攴字之所从，當為攴之省字。而或从卜在鬼字之右，或从攴在鬼字之左，或从攴在鬼頭之下，此古文變化之通例，不礙其為一字也。觀堂集林卷十三鬼方昆夷玁狁考。按鬼、畏、威三字不但同部而且同母，廣雅釋言「畏，威也」。大盂鼎「畏天畏」，即周頌清廟之「畏天之威」；毛公鼎「畋天疾畏」、「敬念王畏」，即小雅雨無正之「旻天疾威」；周書顧命之「敬迓天威」，王孫鐘「敳嬰趩趩」，即禮記孔子閒居之「威儀翼翼」。畏、威聲同義通，故北宮文子對衛侯曰「有威而可畏謂之威」左傳襄公卅一年。王説可以互證。

王孫遺者鐘　敳即畏字之繁。金文畏多作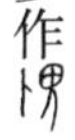形，如盂鼎、毛公鼎即是。此加攴旁，為形符重複。詳見「畏」字條。金文「敳嬰趩趩」，即畏忌翼翼。大雅大明「小心翼翼」，義與此同。【金文大字典下】

禺

禺　孳乳為遇三字石經篆文从辵　趙孟壺　禺邗王于黄池　【金文編】

3·1380　獨字　【古陶文字徵】

禺　日甲六六　三例　通遇　西—　英　日甲六五　日乙一八一　五例　【睡虎地秦簡文字編】

禺官印　【漢印文字徵】

石經莊公　通遇隅　遇隅重文　【石刻篆文編】

禺語俱切　【汗簡】

王存乂切韻　【古文四聲韻】

◉許　慎　母猴屬。頭似鬼。从由。从内。牛具切。【説文解字卷九】

◉林義光　説文云□母猴屬。頭似由。鬼頭也。从由从内。按象頭足尾之形。古作□。史頌鼎彝䣛字偏旁。【文源卷一】

◉陳夢家　禺者吴也。金文吴或稱「攻吴」(吴王夫差鑑)，或稱「工䱷」(者減鐘)，或稱「攻敔」(吴王劍)，吴䱷敔三字同聲相叚，䱷虞並同義，金文越王鐘「以樂虞家」，叚虞為吾，亦吾敔相通之證。禺與吴䱷敔古音並近，廣韻虞部「虞」「禺」「愚」「鄅」等字同在遇居切下，證禺虞同音。列子湯問篇「隅谷之際」，注曰「隅谷，虞淵也」；大荒東經夸父「追日於禺谷」，郭注曰「禺淵，日所入也，今作虞」，是禺虞相通之證。大荒北經「東北海之外，大荒之中，河水之間，附禺之山」，案海外東經作鮒魚，此禺魚相通之證。【禺邗王壺考釋　金文論文選】

◉馬叙倫　陳立曰。母猴猶沐猴。即獮猴也。王筠曰。禺與离萬皆全體象形。徐灝曰。人形之物謂之禺。故木人曰偶。猴似人形。故或謂之禺。倫按十篇。猴。夒也。五篇。夒。貪獸。一曰母猴。夒即猴之象形文。見夒字下。此從□省内聲。夒。今字作猱。本書内之重文作蹂。是其證也。夒音泥紐。内音日紐。古讀歸泥。禺音疑紐。泥疑同為邊音。猴音匣紐。禺猴同為舌根次濁音。又聲同矦類。故禺復轉注為猴。猴以同次濁摩擦音。由舌根轉為舌前。故今呼猴亦曰猿。猿聲元類。歌元對轉。故本書為下曰。母猴也。為音亦喻紐三等也。然為實借為猿耳。禺猴復以同舌根音轉注為玃。十篇。玃。母猴也。玃以聲同魚類轉注為狙。十篇。狙。玃屬。此説解當曰猴也。從兜省。内聲。入兜部。或曰。本作□。象形。譌為禺。本書凡言某屬者皆字林文。或此字出字林。【説文解字六書疏證卷十七】

◉楊樹達　禺假為遇。國策秦策云：「因退為逢澤之遇。」呂氏春秋淫辭篇云：「空雄之遇。」高注並云：「遇，會也。」【趙孟庎壺跋　積微居金文説卷七】

◉高鴻縉　山海經傳曰。禺似獮猴而大。赤目長尾。此云母猴。母即獮字之通叚。□為人皃之象形文。□則似人皃非人皃。故曰鬼頭。禺从此形者。謂其頭似人非人也。内周初以來恆以表蟲或獸之足與尾之形。非文字。禺字合兩形成文。意謂頭似人非人。而有足有尾之獸也。全象其形。長尾之猴也。名詞。【中國字例二篇】

◉丁　驌　□前7·37·1　前七·三七·一之大頭人形，狀如西藏跳神所戴之面具，隸定作魌，似不如作禺之切合也。圖中余寫作吴亦或可從。【契文獸類及獸形字釋　中國文字第二十一册】

◉嚴一萍　□　26禺　商氏據陳邦懷釋禹，謂即夏禹，不可信。禺邗王壺之禺作□，與此形近，字當釋禺。説文：「禺，母猴屬。」山海經南山經：「招摇之山，有獸焉，其狀如禺」，注：「禺似獮猴而大，赤目長尾」。【楚繒書新考　中國文字第二十六册】

 6·123 十一年厶枩 【古陶文字徵】

 4860 4857 4854 4862 4859 4855 4852 3417 4525 4527 4528

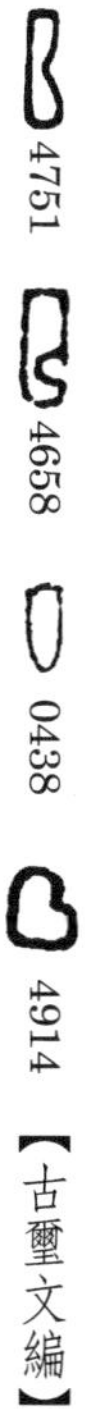 4751 4658 0438 4914 【古璽文編】

 厶私【汗簡】

◉許 慎 厶姦衺也。韓非曰。蒼頡作字。自營爲厶。凡厶之屬皆从厶。息夷切。【説文解字卷九】

◉商承祚 卷六第六十一葉 後編上第二十五葉 段先生曰。此公私之本字。今私行而厶廢矣。【殷虚文字類編第九】

◉馬叙倫 韓非五蠹。古者蒼頡之作書也。自環者謂之私。背私謂之公。此作自營為厶。蓋古本也。然金文及漢隷公字皆作。無作公者。秦漢私璽私字作。皆從口。口即本書六篇部首之口。即或屬字或所從之口。實垣之最初文也。公實從八口聲。口之異文作吕又作宮。古書公或作宮。明宮聲矣。今作公者。蓋從八。從厶。厶為厷之初文。肱之最初文。以借厶為公私之私。而增八以別之。此即厶字。傳寫為耳。若為公私之義。則字當作口。口為公私之私耳。古讀私如移。讀垣如宣。移音喻紐四等。宣音審紐。同為次清摩擦音。故轉心紐音息移切。心亦次清摩擦音也。姦衺也當作姦也衺也。竝非本義。或非本訓。玄應一切經音義引倉頡。自營為私。然則此姦衺也以下十四字皆吕忱字林文。倫謂倉頡作口字耳。倉頡篇則未必以口為私。即以口為私亦作口不作厶也。此部疑出字林也。古鉨作、、。【説文解字六書疏證卷十七】

◉于豪亮 「五月六日候史利詣厶治所」。(《甲編》三一六。利字誤釋為移,厶字未釋出,寫作□。)

按:厶字有兩讀,一讀為私,《説文·厶部》:「厶,奸衺也。韓非曰:蒼頡作字,自營為厶。」韓非之説,出自《韓非子·五蠹》:「自環者謂之私。」另一讀則讀為某。《穀梁經·桓公二年》:「蔡侯鄭伯會於鄧。」范注:「鄧厶地。」《釋文》:「厶,本又作某,不知其國,故云某地。」此簡乃是公文的一段,公文是由別人代為草擬的,在草稿中寫為「厶」,在謄正的公文中則寫發文者的名字,因此厶為某字。【居延漢簡叢釋 于豪亮學術文存】

篹

篹　篹　封七一　【睡虎地秦簡文字編】

篹　篹又官切出演說文　【汗簡】

篹　說文　【古文四聲韻】

◉許　慎　篹屰而奪取曰篹。从厶。算聲。初宦切。【說文解字卷九】

◉馬叙倫　鈕樹玉曰。韻會引作逆而奪取之曰篹。段玉裁曰。奪當作敓。倫按屰而奪取曰篹。蓋字林文或校語。爾雅釋詁。篹。取也。郭注曰。奪取也。奪取者。敓字義。見敓字下。屰取者。雋字義。見雋字下。篹從口。算聲。蓋垣之聲同元類字。算音心紐。宣亘一字。宣音審紐。心審或為次清摩擦音。亦可證也。【說文解字六書疏證卷十七】

◉銀雀山漢墓竹簡整理小組　「篹」讀為「選」，二字音近相通，銀雀山竹書中屢見其例。《墨子·備城門》有「人衆以選」語，「選」字用法與簡文同。【銀雀山漢墓竹簡〔壹〕】

㕗

誘　誘　說文所無　秦一　二例　通秀　—粟　秦一　【睡虎地秦簡文字編】

羑　羑出郭顯卿字指　【汗簡】

㕗　部昭卿字指　【古文四聲韻】

◉許　慎　㕗相訹呼也。从厶。从羑。與久切。誘或从言秀。䛻或如此。羑古文。臣鉉等案。羊部有羑。羑。進善也。此古文重出。【說文解字卷九】

◉馬叙倫　鈕樹玉曰。一切經音義十六引作導也。引也。教也。華嚴經音義引。教也。翟云升曰。六書故引無怵字。王筠曰。從厶。羑聲。倫按相訹呼也者。誘字義。㕗誘異字。此古文作羑。即羊部進善也之羑。實為羞字之譌。見羑字下。羞音心紐。然則㕗蓋篹之轉注字。或為牖之初文。玄應所引校語。

誘　吴穎芳曰。從言。秀聲。鈕樹玉曰。繫傳脱或從言秀。王筠曰。小徐秀譌誘。倫按從言秀聲。此訹之轉注字。訹音心紐。誘音喻紐四等。同為次清摩擦音。誘從秀得聲。秀音亦心紐也。當訓訹也。今為㕗之或體者。吕忱不知㕗為牖之初文。古書以羑為誘。猶借牖為誘矣。吕因以誘為羑之或體。下文誦字亦然也。玄應一切經音義十六引導也。羑下校語也。

誦　從言盾聲。訹從朮得聲。朮盾音竝牀紐。故訹轉注為誦。朮盾亦脂真對轉聲也。羑音喻紐四等。古讀歸定。盾音定紐。故得借誦羑為誦。吕忱因以誦為羑之或文矣。

羑　鈕樹玉曰。羊部有羑。進善也。此古文重出。廣韻誘引説文。重文作羑。誦。注。竝見説文。一切經音義十六誘注。古文羑誦誘三形。皆無羑字。則後人增無疑。倫按諸以為羑已見羊部。此重出。汗簡引褋字指。羑作。蓋羑之譌。字指蓋本官書。然則此江式據譌本官書增邪。抑吕忱據譌本古文經傳增邪。【説文解字六書疏證卷十七】

◉戴家祥　中山王嚳鼎　張政烺曰：詳从言羊聲，羊从羊牛聲，詳即羑之異體，今通用誘字。古文字研究第一輯第二二五葉。按牛讀「語求切」，疑母之部；久讀「舉有切」，見母之部；玉篇三六〇羑讀「弋九切」，喻母之部，訓「導也、道也、善也，今作誘」，韻同聲異。張説可供參考。【金文大字典下】

嵬

嵬【汗簡】

汗簡【古文四聲韻】

◉許　慎　高不平也。从山。鬼聲。凡嵬之屬皆从嵬。五灰切。【説文解字卷九】

◉馬叙倫　沈濤曰。文選南都賦引作巋嵬山石崔嵬高而不平也。一切經音義十九引作高而不平也。倫按當作高而不平也。然有捝文。且非本訓。或字出字林也。【説文解字六書疏證卷十七】

巍

秦302　宫魏【古陶文字徵】

魏　為二一　為二八【睡虎地秦簡文字編】

魏其邑丞　魏郡太守章　魏信成　孫貴魏　魏賢之印　魏長史　魏望之　魏部人　魏更

魏聖之印　魏會　魏率善氐佰長　魏烏丸率善佰長【漢印文字徵】

霍公神道闕陽識　魏元丕碑領　謝君神道闕陽識　蘇君神道闕　【石刻篆文編】

魏出字略　【汗簡】

王惟恭黄庭經　雲臺碑　李商隱字略　【古文四聲韻】

◉許　慎　高也。从嵬。委聲。牛威切。臣鉉等曰。今人省山以為魏國之魏。語韋切。【説文解字卷九】

◉馬叙倫　此嵬之雙聲轉注字。字見急就篇。作魏。蓋傳寫省之。倫疑此從山魏聲。魏則從女。稛聲。甲文有稛字。蓋從禾鬼聲。字本在山部。吕忱立嵬部移而屬之也。若急就本作魏。則字在女部。傳寫失之。古鉩作。【説文解字六書疏證卷十七】

◉黄錫全　魏出字畧　甲骨文有(拾12・9)、(續3・43・2)、(乙55)等字，夏渌先生「疑為委積的『委』字」(學習古文字隨記・釋匧)。中山王鼎「是以寡人匧任之邦」之「匧」作。徐中舒、伍仕謙先生認為「匧，此魏字之簡字。《汗簡》魏字作匧，與此形同。中山出自魏，故將魏字簡化為匧。與侯馬盟書趙簡化為肖同。此處作委任之委解」(見張守中《中山王嚳器文字編》)。黄盛璋先生認為此形乃是巍字省略，即截取魏字左邊「委」之上部禾，从禾从山，假為魏字。中山王鼎「匧」亦取「委」上部而加匚為「委」(古研7・85)。馬王堆漢墓帛書《春秋事語》魏字作，與此類似。鄭珍云：「巍字也，省鬼女，下乃山形，傳寫不完，魏亦原是巍省。」【汗簡注釋卷三】

山

甲3642　乙2463　6692　9067　9103　佚67　掇431　徵11・72　粹72　934　1326　新2522　【續甲骨文編】

山　象形　父丁觚　父乙斝　父戊尊　且壬爵　父壬尊　父乙簋　且庚觚　山御簋　山簋　毓且丁卣　啟尊　啟卣　歸弔山父簋　克鼎　召弔山父𠤳　善夫山鼎　奢虎𠤳　中山王嚳鼎　中山王嚳壺　中山侯鉞　【金文編】

4·167 獨字 5·189 麗山飤宮 右 5·193 同上 5·190 麗山飤宮 左 5·188 麗山食宮 右
秦1466 麗山飤宮 【古陶文字徵】

〔五〇〕 〔七八〕 〔四〕 〔二〕 〔六八〕 〔六八〕 〔一六〕 〔六七〕 〔六七〕
〔六七〕 〔六七〕 〔六七〕 〔六七〕 〔六七〕 〔六七〕 〔一九〕 【先秦貨幣文編】

布空大 豫伊 布方 典三 仝上 典四 仝上 典五 仝上 典七 仝上 典六 【古幣文編】

240 243 【包山楚簡文字編】

山 雜二一 十一例 日甲一四七背 日甲四九 編三〇 二例 為二二 【睡虎地秦簡文字編】

山陵不𢦒 甲三·五 山川四晉 甲三·一一 㠯涉山陵 甲三·二六 山陵備𢿢 甲五·七 山陵亓夒 乙二·一七 山川澫浴 乙二一·一五 【長沙子彈庫帛書文字編】

3284 3849 3108 0363 【古璽文編】

山桑侯相 山陽尉丞 常山太守章 勒山 趙常山 山安宗印 王山根印 山協信印
張山都印 質山㕲 仲山□印 左陵山 般翁山 山曾 【漢印文字徵】

泰山刻石 登玆泰山 孔宙碑領 開母廟石闕 爰納塗山 華山廟碑領 天璽紀功碑 示于山川 禪國山碑 山石 東安漢里禺石 祀三公山碑 常山相 兩體石經 禹貢 㙯高山大川 【石刻篆文編】

山 【汗簡】

汗簡 雲臺碑【古文四聲韻】

◉許　慎　宣也。宣气散生萬物。有石而高。象形。凡山之屬皆从山。所閒切。【説文解字卷九】

◉孫詒讓　説文山部。有石而高。象形。金文父戊觶作。山且丁爵作。龜甲文則作。當是原始象形字。與金文略同。但彼象實體此為匡郭。與金文丁作▲龜甲文作口同。散有差異耳。【名原】

◉高田忠周　説文。宣也。宣氣散生萬物。有石而高。象形。如此篆。實其象形也。但依下文从凵亦元从一。一者地也。與且字之下一或作凵。工字之下一或作凵。皆同意也。⊘按説文字解云。手之列多略不過三。此葢古聖人造字之約束也。山字元象衆峯形而作為正。亦是不過之謂也。【古籀篇十三】

◉孫海波　甲骨金文山火一字，一象峰巒伏起之形，一象火光上炎之形，二形取象則一，故易掍淆。至説文火作，其形由變來。【甲骨金文研究】

◉葉玉森　　羅振玉氏竝釋火。增訂書契考釋中五十。森按右之三辭文竝殘闕。是否火字無從證明。第三辭之塙為山形或山字。【殷虛書契前編集釋卷五】

◉郭沫若　辭云「□□卜又侑于五山在齊(?)……月卜」「五山」此例僅見。不知是否即五岳。【殷契粹編考釋】

◉李旦丘　帚(歸)子囚」(前·六·四九·三)……「七日己巳月蝕有設大竝衾其有來娃」(後·下·九·一)。按此字決為山字無疑。⊘「丙賓嶽矢」(戩·二一·八)「其」(戩·三·九·八)，王隸定為。字雖不可識，然其字从，必有以降神之意，而下一字必為其所降之神。考古代既無拜火之紀録，而今世又無拜火之習俗，殷人雖常以火祭神，然火為祭神之工具而非祭祀之目標，故知非火字，而為山字。【鐵雲藏龜零拾】

◉周名煇　字之義。余前已論證之矣。且丁即皇祖丁。皇祖二字連用。則經傳金文中凡百餘見。【説文古籀考卷上】

◉馬叙倫　孫星衍曰。爾雅釋文引凡大下名山。出銅之山四百六十七。出鐵之山三千六百有九。沈濤曰。莊子山木釋文引作山。宣也。謂能宣散氣生萬物也。況祥麟曰。山當作。上象三峯。下一地也。徐灝曰。古鐘鼎銘作。象形。小篆省。倫按初文止作。父丁觚變作。父乙斝作。克鼎又變之作。此篆由而變。失其形矣。古鉩作。則如況説。乃指地上墳起之事。從一。象形。山與土實一字。山音審紐。古讀歸透。土音透紐也。土字甲文作。從一。象土之堆起。山宣也者。宣為垣之異文。山為自然之屏藩。則宣之音即得於山。故以宣訓山。語原然也。宣音心紐。心審同為次清摩擦音。音轉耳。宣氣十字蓋呂忱或庾儼默所加。字見急就篇。【説文解字六書疏證卷十八】

◉李孝定　契文象三峯並立之形。惟契文山字火字形體無別。當於文義別之。辭云「癸巳貞其玉山雨。」甲編・三六四二。「于□山□雨。」粹九三四。「庚午卜王在𡺸山卜。」粹・一三二六。諸辭均為地名。當是山字無疑。【甲骨文字集釋第九】

◉戴家祥　金文山用作本義。或作地名及人名。【金文大字典上】

3・497　王卒左衟𨙸圆里岳里人曰弖　說文古文嶽作與此近似　【古陶文字徵】

䘖山廟碑頟　泰室石闕頟陽識　【石刻篆文編】

岳　岳竝出華岳碑　【汗簡】

古尚書　華嶽碑　籀韻　崔希裕纂古　【古文四聲韻】

◉許　慎　嶽東岱。南靃。西華。北恆。中泰室。王者之所以巡狩所至。从山。獄聲。五角切。古文。象高形。【說文解字卷九】

◉孫詒讓　諸「岳」字皆作「」廿三之一，或作「」百四十一之一，或作「」四十五之二，或作「」二百廿四之二。攷《說文・山部》：「嶽，古文作，象高形」。龜文山作，詳《釋地篇》。此下从與彼同，或作則其變體也。上从、，銳出如山之重絫即象高形，字例最精。《說文》古文即从之譌變，上作橫弓形，與山形迥異，失其本意矣。殷都朝歌，中岳嵩高正在畿內。此「岳」殆即指嵩高與。又有「方」並舉者，如云：「丙申貝禾方于」。九十之三，方字作。〔九五〕疑因省方而有事于，抑或就而為四方之祭，皆未可定。要與前偁「方」偁「」無二義也。【栔文舉例】

◉孫詒讓　說文山部嶽，古文作。云：「象高形」。甲文岳字屢見：作，又作，作。下即从古文山，而上則象其高峻钀陗，與丘形相邇。蓋於山上更為丘山，再成重絫之形，正以形容其高。許書古文亦即此字，而變為，有類橫弓，則失其本形矣。【名原】

◉葉玉森　，岳之省文。【殷虛書契前編集釋四卷】

◉郭沫若　岳于𡨦，岳于三門，岳于南單。苽字多見，屢與河、兄等同列于祀典。孫詒讓釋岳，羅振玉釋羔。余釋為𡴀，因茬字有與茉字通用之例，故認為从山茉聲。以𡴀字當之。唯苦𡴀山偏在陝西，離殷京過遠，亦有未安。今案从山茉聲、或茉省聲，釋為

岳字亦可通。蓋以雙聲為聲也。字在此是動詞,蓋假為雩。𦕺殆楚字之異,疑即楚丘。三門當即砥柱。南單當即鹿臺。【殷契粹編】

◉陳夢家 卜辭有字作諸形者,孫詒讓釋作岳,即嶽之古文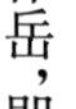,象高形。羅振玉釋羔。案卜辭羊及從羊之字無作者,故釋羔非是。然孫氏釋岳亦不甚確,郭沫若則釋峇,從山從芇,叚為華山之華。卜通四四一。二説皆難置信,姑從孫釋。卜辭云「貞勿使人于岳」「貞使人于岳」前1·50·6。又云「𡨦峒,𡨦岳」。佚708。又,與沈水河水同祭,可知岳為山名。卜辭𡨦岳之辭甚多,略舉數例于下:

279.辛亥卜又𡨦于岳。戩9·7與河兄同片

280.癸巳貞既𡨦于河于岳。佚146

281.癸酉卜貞𡨦于岳三小宰,卯三宰。前7·26·1

282.……岳,𡨦五宰圂五牛。佚146

283.𡨦于岳。佚854 佚841,前1·51·1略同

284.𡨦于岳從才雨。上22·2

285.庚午𡨦于岳又從才雨。上22·3

286.丙辰卜貞帝于岳。卜通別二田中之二

其用牲法以圂卯為多,不用埋沈。其𠦪年𠦪雨之例,與河同,此不備舉。亦間用禘,而祭河亦用之,下三〇之二「帝河□」是其例。【古文字中之商周祭祀 燕京學報第十九期】

◉陳夢家 此字孫詒讓釋岳,以為即説文嶽之古文,殆指嵩高(舉例上20)。羅振玉説「從羊從火,殆即羔字」(考釋中28)。郭沫若以為「從山,省聲之字,以聲求之,當即華字之異,惟在卜辭乃人名,非必即華山也」(卜通441)。他後來又以為「釋為岳字亦可通,蓋以雙聲為聲也」(粹73)。唐蘭以為「象炮羊火上……誤為岳字。卜辭裏所祀的羔即後世的岳」(導論下57)。信從釋羔的,更有許多的發揮,如胡光煒、朱芳圃以羔為昌若的緩讀(集刊20·191—193引);丁山、楊樹達讀羔為嚳(集刊3:4:592,甲文説);聞一多説羔從昭省聲,羔即昭明(全集Ⅱ:563)。同釋為羔字,而可以解釋為岳、嚳、昌若、昭明等等不同的結果,正表示對音法的不足信靠。

此字分上下兩部,上部作是𦍌而不是羊,下部是山。卜辭的「山」和「火」不容易分別,混淆得很。大致説來,「山」應

該是平底的，如筆架形，而一定不能有火焰之點；「火」應該是圜底的，如元寶形，應該有火焰之點。佚67有兩條對貞的卜辭：

貞隹皀山令 

貞允隹皀山令 

可證「山」字之底劃可以如此，可以如彼，本不嚴格的。因此之故，我們只能把一切無火焰之點的認作「山」字，而不以為「火」字。

〓字可以省去其下部，如

又伐羋。甲262　參上21・13「又伐上甲」

炆兕、目、羋、羊。甲788，掇二159

後者所祭是兕、昌、〓、羌。卜辭專名有省去其形符山、水、女等的，如帚姘一作帚井。因此我們以為〓應讀若羋，即楚姓之羋，廣韻紙部作綿婢切，與敉、弭、瀰等字同音(清報13:1:41)。

卜辭云：

己亥卜田率尞土犬、兕犬、河犬，〓犬。粹23

容庚卜辭研究采土為相土之説，並依殷本紀順序定兕為昌若，河為曹圉，〓為冥。于省吾據此以河為根國的合音，以〓從火羋聲「與冥音近，故以〓為冥」(駢枝Ⅲ:9)。這樣的排定，完全肯定了殷本紀的順序，並以此一條而肯定。但是不按照這順序的卜辭還是有的，而殷本紀的昌若、曹圉之類在卜辭中並未出現。我們認為這個對照太巧合太孤單一點，還需要其它的證據。

但是認〓為冥，是很可能的。一則〓、冥音近，二則它常與河見於一辭而魯語上説「冥勤其官而水死」。左傳昭廿九「水正曰玄冥」，昭十八「禳火於玄冥、回禄」，注云「玄冥，水神；回禄，火神」。由人名之冥，變為官名之玄冥，變為水神之玄冥。這和后土是一樣的。左傳昭廿九「共工氏有子曰句龍為后土」「土正曰后土」，而魯語上説共工之子「后土能平九土」，左傳昭廿九「后土為社」。是土、社(神)后土(土正)后土(句龍)與玄冥(神)玄冥(水正)冥(人名)是平行的。由此可見傳説中人王與神帝的互相轉化關係。⊘

先公中的〓與羌應有所區分，前者從〓，後者從羊。甲788、掇二159〓、羊並舉，甲3610〓、羌並舉，可知其分別。

【殷虛卜辭綜述】

◉馬叙倫　鈕樹玉曰。韻會引作王者巡狩所至。玉篇作王者巡狩所至之山。沈乾一曰。唐寫本玉篇引説文。王者巡狩所至之也。倫按疑許本以同聲之字為訓。白虎通風俗通皆以桷釋嶽。許亦然也。今捝。存者字林文或校語耳。東岱十一字乃言五嶽之名。與嶽字本義無涉也。嶽為岳之轉注字。餘詳岳下。

□　楊桓曰。□象山勢高大重疊之形。隸書譌作從丘。從山。義不可訓。徐灝曰。上體即丠字。山上加丠。極高峻之意。漢隸丘正從丘。此隸變未失而篆體反譌者也。龔橙曰。□見李登集古文。倫謂此篆本作□。實即山之異文。山音審紐。古讀歸透。透谿同為次清破裂音。丘音溪紐。丘山一字也。由溪轉疑為岳。同為舌根音也。然則土丘山岳本作□□□。本是一字。蓋□以象土堆。雖復重之。為高一也。古璽有□字。丁佛言釋嶽。以圖畫象之。當作□。蓋有平地有坂有峯巒也。然止明其為山而已。以時地不同。其音漸異。以作畫之繁簡不同。而義亦浸殊矣。象高形校語。古文下捝嶽字。【說文解字六書疏證卷十八】

◉于省吾　㚇字作□□□□□□□□等形，孫詒讓釋岳，羅振玉釋羔，葉玉森云，……仍當讀岳。郭沫若謂□乃从山，□省聲，當即崒字之異。按釋岳釋羔釋崒均未確。葉謂□字上不从羊，又謂又伐二字下之□為人名，頗具卓識，惟謂□字下不从火，亦有可議。古文火與山形近每無別，如光字作□。上从火，亦無火燄之小點，不得謂㚇下之必从山也。㚇字上从□□為正體，□□□為繁畫，□為省體，丫□亦為省體，而其字決非从羊。从□可省作丫□，而絜文羊字從無作□□者，以是明之。新三五八：「戊戌卜，又伐□。□未卜，又伐□。」董作賓釋□為芉是也，惟謂芉為國名誤矣。契文言伐某國無言又伐者。□當為㚇之省文，又伐芉即又伐于芉，中間省去介詞，又讀侑，伐謂殺牲。……說文：「芉，羊鳴也，从羊，象聲氣上出。與牟同意。」按芉字即□□形之所孳變。絜文㚇字，後世字書所無，雖與岳羔形近，究有不同，以六書之義揆之，當為从火芉聲之字。且㚇字有省作芉者，尤可為非岳之證。三、以絜文所比列之先公次敘考之，㓞當為曹圉，㚇當為冥，絜文㓞與㚇，或單辭，或連文，或與數世先公並祭，其甲骨一版分為數段，每段衹列一世先公者，以上下左右之參互，其次敘每難於尋繹。其數世先公同列於一段，雖有省略一二世或數世者，而其次敘井然，從不錯淆。⊘余撰駢枝校補以戛當契，今又以㓞當根國，以㚇當冥，是殷之遠祖，由帝嚳至冥之直系七世，惟昭明無徵，餘皆條貫可尋。雖其考證猶有待於將來之訂補，然已不似前此之混沌漫無端緒也。【雙劍誃殷契駢枝三編】

◉屈萬里　卜辭：「叀□先☐？」甲編六八六。□，疑是岳字之省，或筆畫未刻全。本編(甲編)二六二片岳字作□，七七九片作□，皆省減之例。【殷虛文字甲編考釋】

◉屈萬里　在甲骨文裡岳字是很常見的，它的字形變化很多，而最常見的則是□□兩個形狀。⊘此字的上半絕大多數是从□，其次是从□、从□、从丫。□、□、□固然不是羊字，即丫形也不能釋作羊。誠然它的上半也有作□形的，誠然□

字可以釋作羊，但現在已出版的甲骨文書籍中估計岳字之出現約在二百次左右，在二百個左右的岳字裡，它的上半从□的只見過四次，可知从□□等形是體之常，从□是□之變，从□是□之省，从□是□之省，而□□等形之象山峯疊出的樣子是一望而知的。□字不是羊字，單就它的上半來説已經可以確定。其次再看它的下邊的偏旁，甲骨文裏的山字和火字很難分别，從形狀上看，作□形的像山，作□形的像火。從甲骨文字中从山和从火的字看來，从山的字山字多半作□，也有少數的字作□，从火的字火字多半作□，但也有少數的字作□。在甲骨文時代，一般人們似乎也感於山火二字不易分辨，於是从火的字有時加上幾個小點表示火星之標散，像烄字作□，㷠字作□，便是顯明的例子。□字下邊的□字固然也有時作□，但从□的畢竟佔絶大多數，从□的則佔少數，而且絶没有一個有小點的，可知□字下邊所从的是山而不是火。把兩個偏旁合成一個□字，它正像層峯疊嶂山上復有山的樣子，作□形的，又像山上有樹，樹外又有高峯的樣子。它是一座高山，已從字形上表示出來。⊘從上述(一)(二)(三)三點看來，它是一座山，而且不是一座平凡的山，似乎是没有疑義的。現在要問山究竟是不是求雨的對象，而且它會不會作祟呢。我們試看下列的文獻「齊大旱逾時，景公召羣臣問曰：『天不雨久矣，民且有饑色，吾使人卜云祟在高山廣水，寡人欲少賦斂以祠靈山，可乎？』……公曰：『不然，吾欲祠河伯，可乎？』」晏子春秋内諫篇上。這説明了山可以祟雨，也是求雨的對象，而且在此文獻中是山河並舉，也正和甲骨文的材料所表現的一樣。那麽岳到底是什麽山呢？我們由上文知道，春秋末葉以前没有五岳之説，國語和左傳裡雖然有四岳之名，但不是後人心目中的四岳，可知甲骨文中的岳不是五岳，也不是後人心目中的四岳，單一個岳字在古代是兩座山的專名，一是岍山，一是太岳，而太岳之叫做岳遠在岍山叫做岳之前。再從形勢上看，岍山既不高又遠，在今甘陝之交，距殷的都城絶遠。而太岳的高度在兩千五百公尺以上，大河南北没有更高過它的山，而且在殷人「景員維河」商頌玄鳥語的疆域之内，可知甲骨文中之岳就是太岳山。【岳義稽古　清華學報二卷一期】

◉李旦丘　□。孫釋岳。按孫説可信。□㙷為山字。決非火字。羅振玉氏釋□為羔。大謬。【鐵雲藏龜零拾】

◉李孝定　説文「嶽，東岱、南霍、西華、北恒、中泰室，王者之所以巡狩所至。从山，獄聲。□，古文，象高形。」篆文為後起形聲字，古文則象形字也。絜文諸體與許書古文略同，並象層巒疊嶂山外有山之形。孫氏釋岳本極允當，而諸家各逞臆説以相比傅，終至異説紛起，莫可究詰。至屈氏之文出，於岳之字形、辭例論列明白了無疑義。惟屈氏謂□下兩斜畫乃象山上有樹則似有可商，蓋樹之於山不過滄海一粟，文字既非圖畫，不宜竝此象之；古文衍變，一二點畫之增損，不盡有義可尋也。紛紜衆説，皆可以無辨矣。卜辭河岳為實有之山川。在古人心目中，名山大川各有神祇主之，此於各種宗教思想中不乏其例。殷人於以求年祈雨卜凶問吉，固亦無足怪也。或者以殷之先公説之以求比傳於殷本紀，形疑音似多見其紛紜自擾耳。至卜辭之岳是否太岳，雖無確據，然終無礙於此字之釋岳也。【甲骨文字集釋卷九】

◉彭裕商　卜辭中的岳究指何山，不能完全肯定，但也不妨作一些推測。我們認為似當指嵩山。《大雅・崧高》：「崧高維嶽」，《周頌・時邁》：「及河喬嶽」，僅稱嶽而不見有四嶽五嶽之名，四嶽五嶽之名僅見于戰國時典籍如《左傳》、《國語》等，可見西周以前所謂嶽，乃指一固定之山，與後世指四山、五山不同。這種情況當是承襲殷代而來。【卜辭中的「土」「河」「岳」　古文字研究論文集(四川大學)】

◉姚孝遂　□字諸説紛歧，莫衷一是。⊘

岳與河夔均為商之先祖，皆有其「宗」。與「河」並列之商代先祖甚衆。與河並列，亦不能成為釋「岳」之必然依據。屈氏之結論「岳為太岳山」，尤為武斷，不可信。

「岳」究屬傳説中商先祖之何人，尚有待於進一步之追索。

陳夢家以為「河」與「岳」是商代由自然崇拜嚮祖宗崇拜之進一步發展，「河」、「岳」由自然神而為祖宗神，其認識是正確的。

【甲骨文字詁林第二册】

◉黄錫全　□岳並出華岳碑　鄭珍認為此「仿古文之形」。按甲骨文有□、□、□等字，或釋岳(參見集釋)。此字的變化類似美字本从羊作□(甲1394)、□(中山王壺)，變作□(璽彙5320)，義字本作□(虢季子白盤)，變作□、□(璽彙2119、2840)。羊頭□與丘字作□(商丘叔簠)、□(子禾子釜)、□(鄂君車節)、□(九年我丘令戈)等形類同，故《説文》古文譌變作□，隸變作岳。【汗簡注釋卷四】

岱

□ 侯岱【漢印文字徵】

◉許　慎　□太山也。从山。代聲。徒耐切。【説文解字卷九】

◉馬叙倫　鈕樹玉曰。玉篇太作泰。漢石刻竝作泰。段玉裁曰。太當作大。俗改也。錢坫曰。太字後人所加。既偁岱山。不得又偁太山矣。倫按錢説是也。或此是字林文。謂岱即泰山。傳寫改泰為太耳。此字或出字林。【説文解字六書疏證卷十八】

◉黃錫全 𡿸此脱注。夏韻歌韻録南嶽碑「峨」作𡿸，鄭珍認為「此蓋『峨』之誤」。按此形从山从伐，與「峨」形不同，而且《尚書》無峨字。戈應是弋譌，此當是《尚書》岱字，嚴本作㞑、㟐，即此形隸變。檢《集篆古文韻海·代韻》岱正作𡿸，即此字少一畫。唐于孝顯碑岱作㟼(止為山隸變)，唐翟惠隱墓誌作岱，形與此同。【汗簡注釋卷四】

㠀

◉許 慎 㠀海中往往有山可依止曰㠀。从山。鳥聲。讀若詩曰。蔦與女蘿。都皓切。【説文解字卷九】

◉馬叙倫 鈕樹玉曰。繫傳作讀若搗。非。搗即擣之俗體。韻會引作海中往往有山可依止曰㠀。㠀。到也。人所奔到。從山。鳥省聲。廣韻引作海中有山往往可依止也。一切經音義一引作海中有山可依止曰㠀。華嚴經音義七十八引作海中往往有山可依止曰㠀也。玉篇作海中山可居也。沈濤曰。文選海賦注引同。又一引可依止作可居。邱希範發漁浦潭詩注引。㠀。海中有山。倫按釋名。海中可居者曰㠀。倫謂此字蓋出字林。許書有沚。沚即水中有陸地可居者。其轉注字為州。書典多用此二字。唯州字今通作洲耳。書禹貢。㠀夷皮服。經記唯見此字。然鄭注。鳥夷。東方之民搏食鳥獸者也。王肅曰。鳥夷。東北夷國名也。是古文作鳥不作㠀也。釋文本作㠀。云。當老反。引馬融曰。㠀夷。北夷國。尋史記夏本紀亦作鳥。則馬融不得獨異。自是六朝本增山耳。字林盛行於六朝。即據字林增也。不然。字不得在此。且通部自岱以下。或為山名。或為山皃。亦不得間以㠀字。若訓為山。則是水中之山。若以聲訓。於前後詞例亦符。今皆不然。而曰海中云云。益以明之矣。韻會引㠀到也人所奔到。乃徐鍇引釋名。鍇本搗當作樢。【説文解字六書疏證卷十八】

◉姚孝遂 㠀 《説文》「海中往往有山可依止曰㠀。从山鳥聲」。此正从「鳥」、从「山」。屯四五六五辭云「㠀有囚」，為人名。【甲骨文字詁林第二册】

峱

◉許 慎 峱山在齊地。从山。狃聲。詩曰。遭我于峱之間兮。奴刀切。【説文解字卷九】

◉馬叙倫 沈濤曰。詩還釋文引無地字。以本部山在吳楚之間山在蜀湔氐西徼外諸文例之。今本地字衍。嚴可均曰。山水二部無加地字例。倫按本作山也在齊。山也謂山名也。猶水部諸文皆曰水也。在齊蓋字林文。若是許文。在齊何處。何以不並著之。且許書亦為教學童作。猶倉頡也。倉頡初無注釋。許有説解。已為詳之。若復詳山水之所在。則異乎所以教學童矣。或此字出字林。【説文解字六書疏證卷十八】

嶧 嶧

◉許　慎　嶧葛嶧山。在東海下邳。从山。睪聲。夏書曰。嶧陽孤桐。羊益切。【説文解字卷九】

◉馬叙倫　嚴可均曰。夏書。釋山釋文引作尚書。按偁尚書者舊本也。倫按本訓山也。或此字出字林。【説文解字六書疏證卷十八】

嵎 嵎

◉許　慎　嵎封嵎之山。在吳楚之間。汪芒之國。从山。禺聲。噳俱切。【説文解字卷九】

◉馬叙倫　鈕樹玉曰。韻會引作山名在吳楚閒。倫按山名者。字林文。字林每言名也。以此知許止訓山也。餘文非許書本有。此言在吳楚間與猛下曰在齊。均無實指之地。齊地為古齊國地邪。亦廣矣。為漢齊國邪。後漢書郡國志齊國領止六城。而記其山名。必為著者。不難實其地如嶧下之作在東海下邳嶷下之作在零陵營道矣。故知此類皆校者以其所知所聞記之。或詳或不詳也。汪芒之國者。後校者依國語魯語加之。此字或出字林。【説文解字六書疏證卷十八】

嶷 嶷

◉許　慎　嶷九嶷山。舜所葬。在零陵營道。从山。疑聲。語其切。【説文解字卷九】

◉馬叙倫　鈕樹玉曰。韻會引舜上有虞字。倫按本訓山也。舜所葬明是校語。倫謂嶷為嶽之轉注字。史記五帝紀。其德嶷嶷。索隱。德高也。儀禮之疑立即嶷立。禮記樂記。總干而山立。山立亦即嶷立。文選魯靈光殿賦。神仙岳岳於棟間。注。岳岳。立貌。思玄賦。二女感於崇嶽兮。注。嶽即山也。【説文解字六書疏證卷十八】

嶷　嶷魚力切出張揖集古文説文【汗簡】

◉黄錫全　嶷嶷魚力切出張揖集古文説文　夏韻職韻録「張揖集」作嶷，此形多一横。鄭珍云：「此形从山从兲，兲从矢古文昊，以昊之𠂇與匕匀配，即成兲形。」兲疑古本一字，其變化見前矢部疑、匕部疑。如不是變疑為兲，此當是今本《説文》嶷下奪佚之古文。鄭珍認為「此非《説文》所有，夏止注『張揖集』，『説文』二字誤增」。【汗簡注釋卷四】

㟩 㟩

㟩 4·170　岷☐　説文岷古文作㟩，與此匋文所從同　㟩 4·171　岷☐　㟩 4·172　岷☐【古陶文字徵】

◉許　慎　㟩山在蜀湔氏西徼外。从山。敃聲。武巾切。【説文解字卷九】

◉馬叙倫　㟩㟩。山在蜀湔氏西徼外。从山。敃聲。倫按篆原作㟩。暋聲原作敃聲。今依韻會引正。山下捝也或名字。此

字蓋出字林。【説文解字六書疏證卷十八】

◉許　慎　屼山也。或曰。弱水之所出。从山。几聲。居履切。【説文解字卷九】

◉馬叙倫　段玉裁曰。當作屼山也。許書之例以説解釋文字。若屼篆為文字。屼山也為説解也。淺人往往氾謂複舉字而刪之。如嶲篆下云嶲周。江篆河篆下云江水河水。皆刪一字。玉篇廣韻皆云。女屼。山名。山海經中山經。中次九經岷山之首。曰。女几之山。凡岷山之首。自女几之山至于賈超之山。凡十六山。許立文啓屼聯系。與山經合。豈古本作女屼山與。翟云升曰。集韻類篇引。或曰下有女屼山三字。倫按本部所載山名者。僅十餘字。倫謂其中如嶷為嶽之轉注字。借以為九嶷山名。他必有同乎此者。若屼本是屼山之專名。蓋本是几山。因合為屼。凡山水艸木魚蟲之名。往往如此。因所呼之聲。而加以物質之名。合而成之。然則此山也上增字與否無大關係。或曰七字明是校語。字或出字林。【説文解字六書疏證卷十八】

 義雲章【古文四聲韻】

◉許　慎　巀巀嶭山。在馮翊池陽。从山。截聲。才葛切。【説文解字卷九】

◉馬叙倫　鈕樹玉曰。韻會引山下有名字。池當作沱。玉篇。山高陵也。陵當作陖。翟云升曰。韻會引山下有皃字。倫按巀嶭二字蓋出字林。【説文解字六書疏證卷十八】

◉許　慎　嶭巀嶭山也。从山。辥聲。五葛切。【説文解字卷九】

◉馬叙倫　鈕樹玉曰。韻會引也作皃。倫按巀嶭本是山高皃。借為山名耳。韻會引巀字説解亦作山皃。蓋本有一曰山皃四字。傳寫者刪之。巀得聲於小。嶭得聲於辥。小辥音同心紐。是雙聲連緜詞也。【説文解字六書疏證卷十八】

 崋陰丞印  崋房  崋驕邪印【漢印文字徵】

崋　崋山廟碑額【石刻篆文編】

崋　華嶽碑【古文四聲韻】

◉許　慎　崋山。在弘農華陰。从山。華省聲。胡化切。【説文解字卷九】

◉郭沫若　下二辭乃同時所卜，□字習見，孫詒讓釋岳，羅振玉釋羔。今案此片中左辭作□，則□與□縱非一字，必係同音，釋岳釋羔，均非也。□字羅釋為苿。説文「□，兩刃臿也。从木，丫象形。宋魏曰苿也。釫或从金亏。」段玉裁云「方言曰『臿，宋魏之間謂之鏵』，苿鏵古今字也。……苿字亦作鋘。吴越春秋『夫差夢兩鋘殖吾宫牆。大宰嚭占之曰：農夫就成，田夫耕也。公孫聖占之曰：越軍入吴國，伐宗廟，掘社稷也。』玄應曰『苿古文奇字作鋘。』」是則□乃从山□省聲之字矣。以聲求之，當即崋字之異。惟在卜辭乃人名，非必即是華山也。【卜辭通纂】

◉馬叙倫　嚴可均曰。此篆恐後人所加。釋山釋文華引字林作崋。不引説文。嶽下云。西華。不云崋。又此字得從雩聲而云蕚省。皆可疑也。王筠曰。岱從嶽而崋不與相類聚。亦可疑。倫按字蓋出字林。【説文解字六書疏證卷十八】

◉黄錫全　□華户化切　鄭珍云：「漢華山碑書華作崋，知隸變艸為山。此以隸作古，又从王存乂《切韻》華省，謬。」按《説文》「□山，在弘農華陰。从山，華省聲」。此應是崋字，林乃仌譌，漢隸崋山、崋陰字多如此（見篆隸9・12），从山，後來通用「華」字。【汗簡注釋卷四】

崞　崞

◉許　慎　崞山。在鴈門。从山。𦎫聲。古博切。【説文解字卷九】

◉馬叙倫　山下挩也字或名字。在鴈門校語。或字出字林也。【説文解字六書疏證卷十八】

崵　崵

崵　石經僖公　陽字重文【石刻篆文編】

◉許　慎　崵崵山。在遼西。从山。昜聲。一曰。嵎鐵崵谷也。與章切。【説文解字卷九】

◉馬叙倫　鈕樹玉曰。繫傳鐵作鐡。玉篇崵上有首字。嚴可均曰。崵上脱首字。史記伯夷傳正義漢書王貢傳注引作首崵山在遼西。倫按此山是否即伯夷所隱處。殊無塙證。且首崵山古書皆作首陽。史記集解引馬融説亦作首陽。即正義引此亦作首陽。豈亦將據以改此崵字為陽邪。此字蓋出字林。一曰以下又後校者所加也。【説文解字六書疏證卷十八】

岵 岵　屺 屺　嶨 嶨　嶅 嶅　岨 岨　岡 岡

◉許　慎　岵山有草木也。从山。古聲。詩曰。陟彼岵兮。矦古切。【說文解字卷九】

◉馬叙倫　鈕樹玉曰。草當作艸。屺下同。倫按許蓋止訓山皃。今捝。所存者蓋字林文。屺下同。【說文解字六書疏證卷十八】

◉許　慎　屺山無草木也。从山。己聲。詩曰。陟彼屺兮。墟里切。【說文解字卷九】

◉馬叙倫　詩陟釋文引三倉。峐猶屺字。音起。倫謂倉頡本作屺。傳寫者以通用字易之。或峐字出滂喜篇。【說文解字六書疏證卷十八】

◉許　慎　嶨山多大石也。从山。學省聲。胡角切。【說文解字卷九】

◉馬叙倫　許當止訓山皃。此訓蓋字林文。此下諸文至嵒字止皆同。【說文解字六書疏證卷十八】

◉許　慎　嶅山多小石也。从山。敖聲。五交切。【說文解字卷九】

◉馬叙倫　嶨音匣紐。嶅音疑紐。同為舌根次濁音。學聲幽類古讀歸宵幽。敖聲宵類。然則實轉注字。為山多石皃。後人分別之。【說文解字六書疏證卷十八】

◉許　慎　岨石戴土也。从山。且聲。詩曰。陟彼岨矣。七余切。【說文解字卷九】

◉馬叙倫　翟云升曰。六書引作石山戴土為岨。案爾雅釋山。土戴石為砠。注。土山有石者。疏。詩周南卷耳。陟彼砠矣。毛傳云。石山戴土曰砠。與此正反者。或傳寫誤也。愚謂信爾雅不得不疑詩傳矣。六書故有山字是。當作土戴石為岨。岨砠一字。倫按許當止訓山貌。此蓋字林文。或字或字林也。【說文解字六書疏證卷十八】

岡　岡　鼎文【金文編】

岡3・1193　獨字【古陶文字徵】

岡出義雲章 【汗簡】

義雲章　華嶽碑　崔希裕纂古 【古文四聲韻】

◉許　慎　岡山骨也。从山。网聲。古郎切。【説文解字卷九】

◉王國維　剛即岡字。【毛公鼎銘考釋　王國維遺書第六册】

◉馬叙倫　山脊也者。詩爾雅釋山詩卷耳釋文毛傳釋名同。楚詞。覽高岡兮嶢嶢。注。山嶺曰岡。倫謂釋名又云。岡。亢也。在上之言也。今言岡領。實即亢領。亢為人頸。岡亢語原同也。則楚詞注訓長。【説文解字六書疏證卷十八】

◉劉　釗　《文编》附録五三第5欄有字作「」，按字從网從山，應釋作岡。网字金文作「」、「」，古璽作「」、「」，與「」形近。古璽山字作「」、「」，與「」所從之「」形同。岡字見于《説文》山部。【璽印文字釋叢（一）　考古與文物一九九〇年第二期】

岑 岑

岑　為四八　二例 【睡虎地秦簡文字編】

長岑右尉　李岑　楊岑私印　單岑之印　王岑私印　尹岑之印　崔岑私印 【漢印文字徵】

◉許　慎　岑山小而高。从山。今聲。鉏箴切。【説文解字卷九】

◉馬叙倫　山小而高蓋字林文。爾雅釋文引字林。音才心反。【説文解字六書疏證卷十八】

◉睡虎地秦墓竹簡整理小組　岑，讀為矜，《爾雅·釋詁》：「苦也。」【睡虎地秦墓竹簡】

◉劉樂賢　《漢印文字徵》附録九：「咸」。第一字从山今聲，當釋為岑。卷九·四收岑作，與此相同。【秦漢文字釋叢　考古與文物一九九一年第六期】

崟 崟

◉許　慎　崟山之岑崟也。从山。金聲。魚音切。【説文解字卷九】

◉馬叙倫　崟本岑之重文。傳寫譌為正文。校者因加山之岑崟也以釋之。【説文解字六書疏證卷十八】

崒

◉許　慎　崒。危高也。从山。卒聲。醉綏切。【說文解字卷九】

◉馬叙倫　崒危疊韻。或本作崒危也。崒為隸書複舉字。危也以聲訓。或崒危以疊韻連語。狀山之高也。然以上文言山小而高。下文言山小而鋭。則此或本作山高而危也。爾雅釋文引字林音才没子出二反。【說文解字六書疏證卷十八】

巒

◉許　慎　山小而鋭。从山。䜌聲。洛官切。【說文解字卷九】

◉馬叙倫　沈濤曰。初學記五御覽卅八引作山狹而高曰巒。文選徐敬業古意詩注引。巒。山小而高。乃傳寫誤引岑字解也。劉淵林蜀都賦注曰。巒。山長而狹也。一曰。山小而鋭。其一解與此同。蓋古時自有二本。王筠曰。當依御覽。今本乃後人以埤蒼改也。爾雅釋山。巒。山墮。蓋殘闕之文。御覽引爾雅曰。山狹而高曰巒。山曰墮。説巒與許同。説墮與詩周頌毛傳同。蓋古本也。倫按爾雅釋山。巒。山墮。郭注。山形狹長者。荆州謂之巒。詳郭此注。似墮為山形狹長者。雅言巒山墮。故郭曰。山形狹長者。荆州謂之巒者。引方言為證也。段玉裁謂下文。墮。山之墮墮者。墮墮。狹長之皃。凡圜而長者謂之隋圜。方而長者謂之隋方。其説似詖成理。然則雅以墮釋巒。郭以方言證之。是矣。巒聲元類。墮聲歌類。當為轉注字。然本部墮字遠隔於㠊字之後。以余證知墮實山之低者。詳墮字下。則巒墮以歌元對轉或得相假。而義非一。山狹而長者為巒。郭注不誤。劉淵林選注初用郭説。次則用本書也。爾雅。巒。山墮。自如王説。蓋殘闕之文。然御覽引者亦疑非全文。蓋雅本作山狹而長。巒。山低而鋭。墮。此作山小而鋭御覽引作山狹而高。小字高字均涉上文岑下山小而高譌也。御覽引雅文作山狹而高曰巒。高字亦誤。至此鋭字亦涉下文墮字説解而誤。【說文解字六書疏證卷十八】

密

密　高密戈【金文編】

密　為五【睡虎地秦簡文字編】

高密丞印

高密丞印

高密相印章

下密馬丞印

下密丞印

密牟增

密兄【漢印文字徵】

密【汗簡】

裴光遠集綴　【古文四聲韻】

◉許　慎　山如堂者。从山。宓聲。美畢切。【説文解字卷九】

◉高田忠周　高密戈　説文。山如堂者。从山宓聲。此乂作戈。為變形而偶與戈字相涉。蓋筆者以其戈銘。偶用意而殊然乎。又山作。殆是止字。然下文明从山。又例見岡字。此亦小異勢耳。漢印有高密矦相。正同。【古籀篇卷十三】

◉柯昌濟　易鼎　窦字實為密之古文。趙敦密叔字所从。可證。【曾窦伯鼎　韡華閣集古録跋尾甲篇】

◉馬叙倫　翟云升曰。廣韻引作山脊也。蓋譌引岡字注。倫按山如堂者。本爾雅釋山文。然許書説解往往不直用雅文。各部多有其例可證。即本部亦然。此捝本訓。或字出字林也。【説文解字六書疏證卷十八】

◉陳全方　《説文》：「密，山如堂者，從山宓聲。美畢切。」「，表示室内，密置戈之狀，後多借密字為稠密字。」(康殷《文字源流淺説》第328、329頁)這片卜辭的密，當指古密須國。《詩・文王之什》：「密人不恭，敢拒大邦，侵阮徂共。王赫斯怒，爰整其旅，以按徂旅，以篤于周祜。」孔疏：「王肅云：密須氏，姞姓之國也。杜預云：密須今安定密縣。《書傳》云：文王受命三年伐密須。」該卜辭的「王」當是周文王征伐密須國的戰爭，發生於文王二年秋天。卜辭屬于文王時期無疑。

第十片(H11:80)卜辭，行六字，右往左行。

王其往密

山舁

「密山」當指密須國之山，《説文》「密，山如堂者」。舁，《説文》云：「舁，共舉也，從臼從廾，凡舁之屬皆從舁，讀若余，以諸切。」《三國志・魏志・鍾繇傳》「虎賁舁上殿」，本卜辭亦當是周文王伐密須國之史實之載。與上片同時期物。【陝西岐山鳳雛村西周甲骨文概論　古文字研究論文集(四川大學)】

◉陳全方　載有密須國的周原卜甲共有三片，其卜辭内容為H11:136：「今秋王西克往密。」H11:31：「于密。」H31.5：「密由城。」以上卜辭中出現的密，均指古密須國。《詩・文王之什》：「密人不恭，敢拒大邦，侵阮徂共。」孔疏：「王肅云：密須氏，姞姓之國也。杜預云：密須，今安定密縣……書傳云：文王受命三年伐密須。皇甫謐云：文王問太公，吾用兵孰可？太公曰：密須氏疑於我，我可先伐之。管叔曰：不可。其君天下之明君，伐之不義。太公曰：臣聞先王之伐之，伐逆不伐順，伐險不伐易。文王曰：善。遂侵阮徂共而伐密須，密須之人自縛其君而歸文王。」《竹書紀年》帝辛三十二年載：「密人侵阮，西伯率師伐密。」三十三年「密人降于周師。」《史記・周本紀》載文王「明年伐密須。」《集解》：「應劭曰：密須氏，姞姓之國。瓚曰：安定陰密縣是。」《正義》：「《括地志》陰密故城在涇州鶉觚縣西，其東接縣城，即古密國也。」其地在今甘肅靈台縣。【周原甲骨所見國名補釋　古文字論集（一）　考古與文物叢刊第二號】

◉銀雀山漢墓竹簡整理小組　密戈密戈毋所不用閒【□□】事未發聞閒□……十一家本作「微哉微哉，無所不用間也。間事未發而先聞者，間與所告者皆死」。「密」、「微」二字音義皆相近。張預注：「密之又密，則事無巨細，皆先知也。」正以「密」釋「微」。【銀雀山漢墓竹簡（壹）】

◉黃錫全　密　夏韻質韻録此文作，《集篆古文韻海》録有、二形。此形原蓋作，為之分離形。密字本從弋，譌變從戈。如趞段密作，從弋，高密戈作，從戈。古文字中從弋之字每每譌從戈，如或、戠等，説見一部弌。鄭珍認為此形「止從必，省宀，弋誤作戈。宜作形」。【汗簡注釋卷四】

◉戴家祥　高密戈　密姒筐　説文九篇：「密，山如堂者，從山，宓聲。」按金文密顯然從火宓聲。如密姒筐趞鼎即是。疑篆文從山由金文從火訛變而來，如是，則許慎釋密為「山如堂者」，亦屬揣測之言，初義不明，有待詳考。【金文大字典上】

岫竝出裴光遠集綴【汗簡】

裴光遠集綴　竝崔希裕纂古【古文四聲韻】

◉許慎　岫山穴也。从山。由聲。似又切。籀文从穴。【説文解字卷九】

◉馬叙倫　沈濤曰。文選張景陽襍詩注引山有穴曰岫。今本書有奪譌。山有穴謂之岫。非謂山穴謂之岫也。初學記五御覽卅八引。山穴曰岫。乃傳寫脱有字。嚴章福曰。爾雅釋山。山有穴為岫。此當依文選注引補有字。倫按山穴即今所謂洞。乃宀部之宕字。見宕字下。今以雙聲借洞為之。宕從碭得聲。碭從昜得聲。昜音喻紐四等。岫從由得聲。由音亦在喻四。然則岫之語原即宕也。然倫疑豈為有穴之山而造專名邪。岫蓋宕之轉注字。以其在山故從山。以其似室故從宀。此籀文從穴。穴宀固一字也。雅言山有穴岫。謂山中有穴。其穴名岫耳。若謂山有穴者。其山名岫。是為山有穴者之專名。則陸機詩。王鮪懷河岫。為不可通矣。特山穴為岫。故古即以岫為山。七發。出山岫之潛穴。陶潛歸去來詞。雲無心以出岫。皆以岫為山。

以穴故從穴。穴音匣紐。岫音邪紐。同為次濁摩擦音。是以明穴岫之語原亦同矣。【説文解字六書疏證卷十八】

◉黄錫全　岫岫並出裴光遠集綴　《説文》岫字正篆作岫，籀文作⿵冂由。甲骨文作⿵冂由（乙763）。由乃由變。夏韻宥韻録此文作岫，由形誤增一畫。【汗簡注釋卷四】

⿱山陖　⿱山陖

峻　劉峻印信　【漢印文字徵】

◉許　慎　⿱山陖高也。从山。陖聲。私閏切。峻陖或省。【説文解字卷九】

◉高田忠周　⿱畯山奇觚。劉云畯从田从山从允。古刻中畯字義即允。如上文畯尹四方是已。亦可讀畯通駿俊。訓為大。此又从山。蓋合峻字為之。按此攷為迂曲。説文酸籀文作酸。代夋聲以畯聲也。即知此酸亦峻籀文也。今本説文山部。⿱山陖高也。从山陖聲。或从山夋聲作峻是也。又𠂤部。陖訓峭高也。从𠂤夋聲。是兩字音義皆同。今本實誤。顧氏原本玉篇山部峻字解不引説文。然云險峭之峻為陖字。在𠂤部也。次出𨺅字云。説文亦峻字也。此明知古本説文山部峻為正文。𨺅為重出文。要峻陖元同字。故或體合峻陖為𨺅陖。【古籀篇十三】

◉强運開　⿱畯山善夫克鼎。　按金文畯多乍畯。此篆从山。當是古峻字。【説文古籀三補卷九】

◉馬叙倫　沈濤曰。文選西都賦注引。峻峭。高也。今奪。峭當作陗。倫按陖為陗之後起字。選注所引。當作峭也高也。一訓校者加之。陖為陗之同舌尖前音轉注字。善夫克鼎作⿱畯山。從畯。

峻　倫按峻為陖之異文。【説文解字六書疏證卷十八】

⿱陏山　⿱陏山

◉許　慎　⿱陏山山之⿰阝⿱有山⿰阝⿱有山者。从山。从隋省聲。讀若相推落之憜。徒果切。【説文解字卷九】

◉馬叙倫　鈕樹玉曰。韻會引作山之墮墮從山隋省聲。嚴可均曰。疑當作隋聲。推隋落之惰鍇本作墮。然當作陊。𠂤部。陊。落也。倫按説解從隋省聲。蓋本作憜省聲。推落之憜則本作墮。此上下文説解傳寫多譌也。山之⿰阝⿱有山⿰阝⿱有山者。鍇本不重⿰阝⿱有山字。而玉篇引作山之施施者也。施⿰阝⿱有山聲同歌類。蓋本作施也以聲訓。⿰阝⿱有山字則隸書複舉者也。吕忱加山之施施者也。傳寫譌捝。校者因詩般⿰阝⿱有山喬嶽。毛傳。⿰阝⿱有山。山之⿰阝⿱有山⿰阝⿱有山小者也。增一⿰阝⿱有山字。此本是也。玉篇。⿰阝⿱有山。小山也。尋詩以⿰阝⿱有山喬嶽相對為文。喬嶽謂高山。⿰阝⿱有山當是山之低者。故毛傳謂山之⿰阝⿱有山⿰阝⿱有山小者也。以⿰阝⿱有山⿰阝⿱有山狀其低。蓋可於語原得之。低字本書不收。蓋古以氐字為之。氐從地之初文作一者。氐聲。詳氐字下。氐音禪紐。古讀歸定。⿰阝⿱有山音定紐也。敗城曰墮。字或作⿰阝⿱左土。從左得聲。

坙亦從左得聲。為乑之轉注字。乑為氏下義也。本書氏下曰。氏為巴蜀名山岸脅之旁著欲落墒者。雖非本訓。亦非本義。然可證低墒語原之關係。毛傳不徑以小山釋隓。而曰山之隓隓小者也。正以喬嶽為高大之山。故以隓小對言之。明隓小為低小也。然山之氏者不必盡小。玉篇作施施。王筠以為施即玉篇之施。山卑長也。卑正低義。然倫謂施是旗旖施。衺去之皃。亦正有氏義。蓋語原亦同也。倫疑此説解中尚有一曰山低而鋭一訓。或作一曰山小而鋭。今譌入上文巒下矣。此上下文皆言山高。而下文又有隓篆。形音實一。彼訓山皃。義亦似一。段玉裁桂馥並疑與此一字。倫謂隓從陸得聲。實為校古。或此字出字林。爾雅釋山釋文引字林。山之施墮者。【説文解字六書疏證卷十八】

嶘

◉許　慎　嶘尤高也。从山。棧聲。士限切。【説文解字卷九】

◉馬叙倫　桂馥曰。尤高當依玉篇作危高皃。倫按今作嶄字。字蓋出字林。【説文解字六書疏證卷十八】

崛

◉許　慎　崛山短高也。从山。屈聲。衢勿切。【説文解字卷九】

◉馬叙倫　短字疑譌。短高義相反也。廣韻作山短而高。段玉裁曰。短高謂不長而高。然則謂山脈不長而峯巒則高也。然終嫌不達。以崛從屈得聲求之。疑止是短義。高字涉上下文説解而譌衍。【説文解字六書疏證卷十八】

巁

◉許　慎　巁巍高也。从山。蠆聲。讀若厲。力制切。【説文解字卷九】

◉馬叙倫　玉篇作巍也。蓋本作巍也高也。巁為嶘之聲同元類轉注字。字蓋出字林。【説文解字六書疏證卷十八】

峯

◉許　慎　峯山耑也。从山。夆聲。敷容切。【説文解字卷九】

雲臺碑　南嶽碑【古文四聲韻】

巖

劉巖【漢印文字徵】

巖 上同【汗簡】

巖 並義雲章【古文四聲韻】

◉許　慎　巖岸也。从山。嚴聲。五緘切。【說文解字卷九】

◉馬叙倫　鈕樹玉曰。華嚴經音義六十七引。峯也。說文無峯。沈濤曰。御覽五十四引。巖者。厓也。厂部曰。厂。山石之厓巖人所居。今本作岸。譌。翟云升曰。六書故引作厈也。倫按慧苑引峯也蓋崖也之譌。巖為嚴之後起字。爾雅釋山釋文引字林。嵒。巉巖。山貌也。然則此本作山皃岸也。山皃為許訓。岸也為吕訓。陸引字林者。所據本題為字林也。或此字出字林。【說文解字六書疏證卷十八】

◉黄錫全　巖　馮本及夏韻均與此形同，鄭珍不知據何本作，即所从之「敢」形多一畫。鄭珍云：「礹字也，更篆从古文，而又誤。《說文》『礹，石山也』，系《詩》『維石巖巖』本字，因以為『巖』。」䟢鐘嚴作，井人編鐘作。《說文》嚴字古文作，敢字古文作。三體石經《無逸》敢字古文作。陳球後碑「礹礹猶嶽」，礹同巖。唐陽華巖銘巖字古文作。此形原當作。

上同　《說文》「碞，磛碞也。从石品。《周書》曰『畏于民碞』。讀與巖同」。正篆作，此从古石。【汗簡注釋卷四】

喦

前七·七·二　粹一四九三　地名　乞自喦　簠地三〇　乞自喦廿　曾藏一八　乞自喦廿屯　京津三〇五　【甲骨文編】

徵2·30　新305　【續甲骨文編】

◉許　慎　喦山巖也。从山品。讀若吟。臣鉉等曰。从品象巖厓連屬之形。五咸切。【說文解字卷九】

◉林義光　品非聲。品者嚴省。嚴古作數狄鐘。从三口。喦即巖之或體。从山。嚴省聲。【文源卷十一】

◉馬叙倫　吴穎芳曰。品象巖形。變為品。非品物字也。鈕樹玉曰。鍇本品下有聲字。碞下亦然。皆大徐刪。徐灝曰。喦者。山石嶄巖之象。鼎臣謂品象巖厓連屬之形。灝謂品象累石也。段氏訂作品聲亦通。林義光曰。數狄鐘字從三口。喦

㠑 㠑

即巖之或體。從山。嚴省聲。劉秀生曰。當依小徐作品聲。品今聲同覃部。故嵒從品聲得讀若吟。石部。碞。讀與巖同。亦從品聲也。釋名釋樂器。吟。巖也。以聲訓。是其證。臥部。臨。從臥。品聲。水部。𤅢。從水。臨聲。讀若林。示部。禁。從示。林聲。詩鄭風子衿。釋文。衿。本亦作襟。手部。捦。或作㩒。金亦從今聲。亦其證。倫按初文本作嵒從山從品。品即石部之磊。初文石止作𠙵。形變為〇。因疑於口。故加厂為石以別之。文選琴賦注引字林。嵒。山巖也。爾雅釋山釋文。嵒。本又作巖。引字林。巉巖。山貌也。今篆誤作喦。然亦可通。段說亦通。為巖之轉注字。音同疑紐。字或出字林。【說文解字六書疏證卷十八】

◉許慎 㠑嶵也。从山。絫聲。落猥切。【說文解字卷九】

◉馬叙倫 鈕樹玉曰。鍇本作㠑巖也。嚴可均曰。小徐作岩也。疑山石二字譌合。嚴章福曰。下文。嶵。山皃。韻會十賄引作㠑嶵。山貌。文選南都賦注引嶵嵬。山石。小徐㠑下作岩也。合羣書校之。㠑下當作㠑嶵山石皃。嶵下當作㠑嶵也。王筠曰。篆當作㠑。五音韻譜不譌。從糸不從品。田吳炤曰。㠑嶵疊用字。小徐訓巖。非也。倫按嚴章福說是也。或此本作㠑嶵也。嶵下作山石皃。亦與大例合。今皆有捝矣。鍇本作巖也者。山石二字誤合為岩。校者以本書無岩。改為巖也。然㠑嶵自謂山之巖也。巖音疑紐。㠑音來紐。古讀歸泥。泥疑同為邊音。實轉注字。㠑嶵則以聲同脂類連語。二字蓋竝出字林。【說文解字六書疏證卷十八】

嶵 嶵

◉許慎 嶵山皃。从山。辠聲。徂賄切。【說文解字卷九】

峼 峼

◉許慎 峼山皃。一曰。山名。从山。告聲。古到切。【說文解字卷九】

◉馬叙倫 王筠曰。一曰山名者。玉篇廣韻皆曰山皃。則是說文一本譌為山名。而校者掇拾之也。倫按字蓋出字林。【說文解字六書疏證卷十八】

𡼯

◉許　慎　𡼯山皃。从山。陊聲。徒果切。臣鉉等案。陊與墒同。墒今亦音徒果切。則是陊兼有此音。【説文解字卷九】

◉馬叙倫　莊有可曰。隓之本字。朱珔曰。隓𡼯聲義相近。陊即墒之重文。隓從墒省。疑複出字。承培元曰。此宜為隓重文。鍇合而鉉分。如采䍁之例。張次立依鉉分之。故字非鉉次。而音仍鉉音。倫按𡼯隓必為一字。當以隓為此重文。字次為當。𡼯倫按廣雅釋詁四。嵯。高也。玉篇。嵯。嵯峨。高皃。倫謂嵯峨聲同歌類連語。為𡼯之長言。嵯峨之為高。乃差次之高也。故詩以隓山喬嶽對文。毛傳釋隓為山之隓隓小者。而廣韻徑説曰。山高。【説文解字六書疏證卷十八】

嵯

◉許　慎　嵯山皃。从山。𦍒聲。昨何切。【説文解字卷九】

峨

【汗簡】

南嶽碑　古爾雅【古文四聲韻】

◉許　慎　峨嵯峨也。从山。我聲。五何切。【説文解字卷九】

◉王國維　峩疑亦嵯峩之峩。【觀堂書札　中國歷史文獻研究集刊第一集】

◉馬叙倫　古書亦或峨字單用。蓋𡼯峨聲亦同歌類也。故嵯峨與𡼯亦為轉注字。韻會引作嵯峨山高。倫謂本訓嵯峨也。吕忱或校者加山高。【説文解字六書疏證卷十八】

崝

◉許　慎　崝嶸也。从山。青聲。臣鉉等曰。今俗别作崢。非是。七耕切。【説文解字卷九】

◉馬叙倫　鈕樹玉曰。韻會引嶸上有崝字。段玉裁曰。當作崝嶸山皃也。倫按下文。嶸。崝嶸也。鍇本作崝嶸皃也。蓋捝一山字。鉉本則删去皃字耳。此當依韻會補崝字。崝嶸聲同耕類連語。【説文解字六書疏證卷十八】

◉許　慎　嶸崝嶸也。从山。榮聲。户萌切。【說文解字卷九】

◉馬叙倫　鈕樹玉曰。韻會引作崢嶸山峻皃。倫按蓋本鍇本而誤崝為崢耳。然本止訓山皃。崝嶸山峻皃蓋字林文。嶢下字林作焦嶢山高皃。可證也。字或出字林。【說文解字六書疏證卷十八】

◉許　慎　⿰山巠谷也。从山。巠聲。户經切。【說文解字卷九】

◉馬叙倫　徐鍇以為此驪山下谷秦阬儒處。事具古文官書。然則此是驪山下谷之特名邪。倫謂必不然。法言吾子。山⿰山巠之蹊。然則此是陘之異名。谷也非本義。字蓋出字林。或谷也字林文。陘字出字林。【說文解字六書疏證卷十八】

◉許　慎　崩山壞也。从山。朋聲。北滕切。堋古文。从自。【說文解字卷九】

◉商承祚　堋　說文「崩。山壞也。从山朋聲。堋。古文从自。」案篆文从山。此从自者。自。山之無石者也。詩天保。「如山如阜。」【說文中之古文考　金陵大學學報六卷二期】

◉馬叙倫　山壞也非本訓。

堋　倫按從𠂤。朋聲。古文下捝崩字。從自校語。【說文解字六書疏證卷十八】

◉劉　釗　《漢徵》九·八第1欄有字作「崙」,《漢徵》釋「崙」,列于山部。按漢印侖字作「侖」(淪所从)、「侖」(掄所从)、「侖」(綸所从),皆从亼从冊。「崙」不从「亼」顯然,故不得釋為「崙」。「崙」从山从「朋」,「朋」乃朋字,字應釋作「崩」。馬王堆帛書天文氣象雜占崩字作「崩」,與漢印形同。崩字見于《説文》山部。【璽印文字釋叢(一)　考古與文物一九九〇年第二期】

◉劉樂賢　《漢印文字徵》卷九·八:崙,羅先生釋為崙。按此字下部為朋字,故當釋為崩即崩字。馬王堆帛書《天文雜占》崩作崩,《戰國縱横家書》「山陵堋(崩)」之堋作堋(見《秦漢魏晉篆隸字形表》)皆可證。同樣卷八·四的倫字,羅釋為倫也不對,當改釋為倗,亦即倗字。【秦漢文字釋叢　考古與文物一九九一年第六期】

岪　岪其丞印　岪　任岪　【漢印文字徵】

◉許　慎　岪山脅道也。从山。弗聲。敷勿切。【說文解字卷九】

嵍

◉吴大澂 □ 許氏說。岪。山脅道也。司寇矛。【說文古籀補卷九】

◉馬叙倫 廣韻。岪。山曲。楚詞招隱士。山曲岪。山脅道也非本訓。或字出字林也。司寇矛□字。吴大澂釋岪。【說文解字六書疏證卷十八】

◉戴家祥 □十二年矛 說文九篇「岪，山脅道也。从山。弗聲」。按金文結構同小篆。十二年矛「邦司寇野岪」，用作人名。【金文大字典上】

◉許 慎 □山名。从山。敄聲。亡遇切。【說文解字卷九】

◉高田忠周 □須⿱矛山生鼎 从山从□。□即乑字形。而亦𢦒字省。𢦒古文矛也。然此篆為⿱矛山即嵍古文。說文髮或作髳霚或作雺可證。或云此矞字省。亦非無理矣。唯矞字上形矜字敄字所从矛形皆與此上形同。是雖言□即乑異文。於所从文亦自似有系類者。故今定為嵍耳。【古籀篇卷十三】

◉商承祚 □ 柯昌泗云。⿱矛山从山从矛。即嵍之省。此字本从矛得聲。攴旁固可省也。顏氏家訓云。嵍字依諸字書即旄邱之旄也。經典釋文詩旄邱下引字林作嵍。今案晚周金文已有此字。知嵍為旄邱之本字。嵍正而旄假也。【須⿱矛山生鼎蓋 十二家吉金圖録】

◉馬叙倫 鈕樹玉曰。篇韻竝曰丘也。當本說文。疑後人以字從山改為山名。周雲青曰。唐寫本唐韻十遇引說文。丘也。唐寫本玉篇引同。今本誤作山名。倫按今本部汜言山名者僅此。然如唐寫本篇韻引作丘也亦非。蓋本作山皃一曰丘名。今有挩耳。山皃者。謂山之高也。蓋垚之轉注字。古聲同在幽類也。丘名者。爾雅釋丘。前高旄丘。釋文。旄。字林作堥。又作嵍。俱亡付反。然則此字蓋出字林。【說文解字六書疏證卷十八】

嶢

◉許 慎 □焦嶢。山高皃。从山。堯聲。古僚切。【說文解字卷九】

◉馬叙倫 桂馥曰。焦嶢山高皃者。字林同。倫按垚從三土。山土一字。垚音疑紐。則亦岳之異文。堯字從之得聲。義為高長頭。然則此為垚之後起字耳。字蓋出字林。【說文解字六書疏證卷十八】

⿱山戕

◉許　慎　⿱山戕山陖也。从山。戕聲。慈良切。【說文解字卷九】

◉馬叙倫　鈕樹玉曰。汗簡作⿱山戕。注云。見說文。玉篇廣韻並無。王筠曰。或本與陖類廁。挩誤在此。倫按山陖也蓋本作山皃陖也。此陖之同舌尖前破裂摩擦音轉注字。亦棧之同濁破裂摩擦音轉注字。字或出字林也。【說文解字六書疏證卷十八】

嵏

◉許　慎　嵏九嵏山。在馮翊谷口。从山。㚇聲。子紅切。【說文解字卷九】

◉馬叙倫　鈕樹玉曰。繫傳無口字。蓋挩。王筠曰。段氏移此篆於巀嶭之後。從玉篇也。翟云升曰。類篇引無九字。挩。倫按文選上林賦。九嵏巀嶭。注引郭璞三倉注。三嵏山在聞喜。羽獵賦。遹乃虎落三嵏。亦作三葼。然漢書地理志。左馮翊谷口九嵏山。三輔黃圖。咸陽在九嵏山渭水北。上林羽獵皆當在三輔。不得至聞喜。豈聞喜自有三葼。而左馮翊九葼或名三葼邪。字失次。九嵏山左馮翊谷口非許文。倫謂嵏為陖嶄之同舌尖前破裂摩擦音轉注字。借為山名耳。【說文解字六書疏證卷十八】

岊

◉許　慎　岊陬隅。高山之節。从山。从卪。子結切。【說文解字卷九】

◉馬叙倫　鈕樹玉曰。繫傳讀若隅。隅字恐非。卪下當有聲字。嚴章福曰。鍇本有讀若隅。此訓陬隅。知岊正字。隅者。假借也。沈濤曰。一切經音義七引作陬隅而高。山之節也。蓋古本如是。有而也二字語氣始完。文選吳都賦劉注引無高字。偶挩。初學記五御覽卅八引陬隅高者曰岊。乃節引。戚學標曰。鍇本讀若隅。隅乃卪之誤。王筠曰。以隅說之而讀又如之。則岊即隅之異文。而羣書皆認為從山卪聲。故唐韻子結切。大徐無讀若句。蓋為唐韻子結切所蔽。遂删之也。収部丞下徐鍇云。隅為山岊。是即本於讀若隅也。集韻收之十麌。音元俱切。得之。承培元曰。當作陬。陬岊雙聲。隅則聲相遠也。胡玉縉曰。慧琳音義八十五引作山節也。與今說解異。當是節引。又此疑當為嵎字音切。岊則玉篇才結子結二切。廣韻子結切。文選吳都賦。夤緣山嶽之岊。劉逵引許書。李善音節。無有讀隅者。而慧琳迦岊山下明引字林。㟨岊柴厓。音愚。今俗音節。不知何據。當是說文解為節。因此誤耳。然則唐以前音隱字林等書俱在。諸儒豈未之見與。字林此條僅慧琳書一見。無從審訂。倫按說解可疑甚多。本書。陬。陬隅也。隅。陬也。如許以陬或隅釋岊。止須言陬也或隅也。何以陬隅竝舉。又無也字。廣雅釋言。陬。角也。釋丘。陬。隈也。本書。隈。水曲隩也。隩。水隈厓也。則使岊是陬隅之義。為山之厓角。何以復言高山之卪。上言陬隅。而鍇本復有讀若隅。以慧琳引字林證之。此讀若有由來而非鍇加。鉉本無之。自以與篇韻子結切之音不合而刪之耳。未必定是鉉刪。然則卪音如隅。字必從山卪會意。乃得音在字外。今審為骨節之節本字。與山不能比類合誼。則不得讀若隅或音愚。慧琳之説蓋據一本説文有作讀若愚者言。不足據也。篇韻子結切之音。明是由卪聲而得。鍇本作從山卪。蓋奪聲字耳。從山卪聲於六書不謬。然可以訓陬或隅。而不當復言高山之節。倫謂説解譌挩後。校者因字形而説為高山之節。又刪聲字。亦或傳寫挩之也。説解本作節也。一曰。山高皃。從山。卪聲。讀若陬隅之陬。或作節。山高皃。從山。卪聲。讀若陬隅之陬。節乃校者注以釋音者也。如此則形義及聲皆無所乖閡。蓋卪即詩節彼南山之節本字。漢書董仲舒傳。節彼南山。注。節。高峻皃。字蓋出字林。【説文解字六書疏證卷十八】

 崇

 王崇之印信  劉崇私印  郭崇  張崇  薛崇私印 【漢印文字徵】

  石經君奭　其崇出于不祥　今本作終 【石刻篆文編】

 崇 【汗簡】

 古尚書 【古文四聲韻】

◉許　慎　嵬高也。从山。宗聲。鉏弓切。【説文解字卷九】

◉馬叙倫　段玉裁曰。詩大雅。崧高維嶽。崧即崇字。爾雅釋山毛傳竝曰。山大而高曰崧。今此作嵬高也。當依正。沈乾一曰。唐寫本玉篇崈注引説文崇字山或在宗下也。蓋古本崇字下有或體崈字。今奪。倫按嵬高也當是嵬也高也兩訓。嵬也蓋校語。漢書地理志。潁川郡崈高。注曰。古文以崇高為方外山也。師古曰。崈。古崇字。然唐寫本切韻殘卷一東崇下引爾雅。重也。商也。商為高之誤字。充也。而不引説文。嵩下引説文。小名。又高。小名為山名之譌。即崇高也。高亦即此字義。豈陸詞據本有嵩無崇邪。抑或崇正嵩重。陸裂而二之。而以時所通用之義為訓。故一引爾雅一引本書邪。急就篇有崇字。顏師古本作榮。崇為嵏棱陵之同舌尖前破裂摩擦音轉注字。【説文解字六書疏證卷十八】

◉陳全方　H11:22卜辭載:「虫(崇)白(伯)」。古「虫」「崇」通用,虫白當為崇伯。《史記·周本紀》載:「譖西伯者,崇侯虎也」。又周文王「伐崇侯虎,而作豐邑」。《正義》皇甫謐云:「虞、夏、商、周皆有崇國,崇國蓋在豐鎬之間。《詩》云:『既伐于崇,作邑于

豐』，是國之地也。」《左傳》襄三十一年：「文王伐崇，再駕而降為臣。」杜預注云：「文王聞崇德亂而伐之，三旬不降，退修教而復伐之，因壘而降。」《路史·國名紀》：「崇，鯀國爵，昔文王伐崇，命無煞人民壞宮室，崇人歸之如父母。」本片卜辭之「崇伯」，當是商末周初之「崇伯」，亦即崇侯虎，其地在今陝西户縣。　【周原甲骨所見國名補釋　古文字論集（一）　考古與文物叢刊第二號】

崔

5·194　麗邑五斗崔　【古陶文字徵】

崔勝　崔德　崔衍私印　崔奎　崔猛私印　崔安　路崔印　【漢印文字徵】

王存乂切韻　【古文四聲韻】

◉許　慎　崔大高也。从山隹。胙回切。　【説文解字卷九】

◉馬叙倫　吴穎芳曰。隹下捝聲字。鈕樹玉曰。文選南都賦李注引作高大也。鍇本崔下有鍇曰。崔嵬。高也。今俗作崔。省厂也。疑義篇曰。説文有漼摧等字而無此字。此當是崖字之省也。是鍇本無此字。然選注已引。則唐本自有。又論語。崔子弑齊君。釋文引鄭曰。魯讀崔為高。則當是隺字。易。家人嗃嗃。釋文。嗃嗃。荀作確確。隺高聲相近也。嚴可均曰。蓋唐季本捝崔篆。故小徐無之。大徐補之。是。段玉裁曰。小徐無此篆。大徐次在部末。玉篇亦本無崔字。於部末補之。疑許蓋本無此。莊子齊物論。山林之畏隹。隹即今之崔也。但人部有催。手部有摧。則山部當有崔矣。翟云升曰。隹聲。倫按集韻引作山高也。許當訓山皃。山高也蓋字林文。此作大高也譌。字見急就篇。　【説文解字六書疏證卷十八】

嶙

◉徐　鉉　嶙嶙峋。深崖皃。从山。粦聲。力珍切。　【説文解字卷九新附】

峋

9·23　峋☐　説文新附古文字中勻與旬通作此从山勻聲與从山旬聲同　【古陶文字徵】

◉徐鉉 峋嶙峋也。从山。旬聲。相倫切。【說文解字卷九新附】

岌

岌出莊子【汗簡】

古莊子【古文四聲韻】

◉徐鉉 岌山高皃。从山。及聲。魚汲切。【說文解字卷九新附】

嶠

◉徐鉉 嶠山鋭而高也。从山。喬聲。古通用喬。渠廟切。【說文解字卷九新附】

嵌

◉徐鉉 嵌山深皃。从山。歁省聲。口銜切。【說文解字卷九新附】

嶼

◉徐鉉 嶼島也。从山。與聲。徐呂切。【說文解字卷九新附】

嶺

祀三公山碑 神逈在領西 領嶺一字漢書嚴助傳注項昭曰領山嶺也領字重文【石刻篆文編】

崔希裕纂古【古文四聲韻】

◉徐鉉 嶺山道也。从山。領聲。良郢切。【說文解字卷九新附】

嵐 嵩 崑 崙 嵇 屾

◉徐鉉　山名。从山。葻省聲。盧含切。【説文解字卷九新附】

杜嵩之信印　節嵩之印【漢印文字徵】

王存乂切韻【古文四聲韻】

◉徐鉉　中岳。嵩高山也。从山。从高。亦从松。韋昭國語注云。古通用崇字。息弓切。【説文解字卷九新附】

◉徐鉉　崑崙。山名。从山。昆聲。漢書揚雄文通用昆侖。古渾切。【説文解字卷九新附】

簡崙私印【漢印文字徵】

王維恭黃庭經【古文四聲韻】

◉徐鉉　崑崙也。从山。侖聲。盧昆切。【説文解字卷九新附】

◉徐鉉　山名。从山。稽省聲。奚氏避難特造此字。非古。胡雞切。【説文解字卷九新附】

屾【汗簡】

汗簡【古文四聲韻】

◉許　慎　屾二山也。凡屾之屬皆从屾。所臻切。【説文解字卷九】

◉馬叙倫　嚴可均曰。小徐末有闕字。蓋舊本闕反切。嚴章福曰。蓋尚有闕文耳。段玉裁曰。蓋闕讀若也。今音所臻切。恐是肊説。馮振心曰。山之繁文。與林龘等字同例。倫按馮説是也。然即是丘字。山丘一字。所臻切以山音之雙聲變之。蓋自有方言如此耳。今以有嵞字屬之。遂為部首。【説文解字六書疏證卷十八】

嵞

開母廟石闕　爰納塗山　説文虞書予娶于嵞山　【石刻篆文編】

嵞大奴切見尚書　【汗簡】

◉許　慎　嵞會稽山。一曰。九江當嵞也。民以辛壬癸甲之日嫁娶。从屾。余聲。虞書曰。予娶嵞山。同都切。【説文解字卷九】

◉馬叙倫　鈕樹玉曰。鍇本當嵞作當塗。説文無塗字。倫按此字蓋出字林。並疑屾部皆吕忱增也。【説文解字六書疏證卷十八】

◉黄錫全　嵞大奴切見尚書　鄭珍云：「《説文》嵞下稱《虞書》曰『予娶嵞山』，薛本依采。編中『余』字例作此形。」夏韻模韻録《古尚書》塗作嵞、。薛本作嵞，雲本作斁，豐本作斁。三體石經《多士》予字古文作，中山王壺余作。郭見本作嵞，以隸作古，从本書余。【汗簡注釋卷四】

屵

屵丘葛切　【汗簡】

◉許　慎　屵岸高也。从山厂。厂亦聲。凡屵之屬皆从屵。五葛切。【説文解字卷九】

◉馬叙倫　王筠曰。疑屵即厂之絫增字。厂有籀文厈。從干聲。干即葛之平聲也。龔橙曰。嫌同亼而後加山。饒炯曰。屵岸厂厈皆一字重文。倫按厂部。厂。山石之厓巖。人可居。象形。厓。山邊也。屵厂一字。以圖象之。象屵形。象厂形。厂為𠂤𠂤之異文。𠂤𠂤之象形文當作。不待增山而可識也。然則屵實厂之後起字。龔謂嫌同亼而後加山。是也。如今文當作從山。厂聲。岸高也者。當作岸也高也。岸也以今釋古。高也者。厂或高於水。或高於地。此吕忱或校者加之。【説文解字六書疏證卷十八】

◉許　慎　岸水厓而高者。从屵。干聲。五旰切。【説文解字卷九】

◉馬叙倫　鈕樹玉曰。韻會引厓作涯。説文無涯。段玉裁曰。爾雅釋丘。望厓洒而高岸。此厓下當補洒字。李巡孫炎皆訓洒為陗。洒即陖之假借。丁福保曰。慧琳音義六十六引水厓下有洒字。今奪。倫按説解本作厓洒而高者。水乃洒之壞文。或校者不知此本雅文。以為謬而刊去西字。又以水厓習見。復乙水於厓上也。慧琳引兼有洒字者。或校者據一本補之也。厓洒而高者。正謂山間之高坂。所謂縣厓。可以遠眺。以圖象之。當作。然在山之麓與山間者。同是山石之崖巖人可居者也。故知屵岸皆厂之後起。而岸為厂之轉注字。音同疑紐也。後人分別之。則望厓陗而高曰岸矣。此字或出字林。【説文解字六書疏證卷十八】

◉戴家祥　罠尊　林義光唐蘭等人釋㡿斥，郭沫若釋厈，吴其昌釋岸，都認為是遠方的地名。于省吾認為釋厈是對的，徐灝説文段注箋謂厈即岸字之省。金文厂广每無别，如廣从广也从厂，应从广也从厂，是其證。厈是岸的初文。毛公鼎「干吾王身」，干吾即攼敔，今作扞御。大鼎「大以乃友入攼」，攼乃干之孳乳字。干孳乳為攼，故从干之字亦可从攼，麥尊、盠駒尊等的攼字實即厈。金文王在岸與王在某宮或某廟，都係指舉行某種典禮所在之地言之，其非遠方之地名甚明。考古一九六六年第二期讀金文札記五則。【金文大字典上】

張崖光之印【漢印文字徵】

◉許　慎　崖高邊也。从屵。圭聲。五佳切。【説文解字卷九】

◉馬叙倫　沈濤曰。一切經音義十六引。岸。高邊也。馮振心曰。屵厂一字。崖厓亦一字。崖厓亦即屵厂之轉注字也。倫按馮説是也。厓訓山邊。山邊為厓岸之通義。此訓一切經音義引作岸高邊。慧琳一切經音義八十一引倉頡。崖。山高邊也。蓋本作岸也山高邊也。崖厓一字。則當有一字出字林。倫疑倉頡本作厓。傳寫者以通用字易之。厂干圭皆舌根音。故相轉注。【説文解字六書疏證卷十八】

◉許　慎　崔高也。从屵。隹聲。都回切。【説文解字卷九】

◉馬叙倫　嚴章福曰。文選南都賦注引。崔。高大也。疑用崔下説解釋崔字。則此高下似脱大字。承培元曰。崔即詩新臺新臺有洒之洒。毛傳。高峻也。義正合。爾雅釋丘。望厓洒而高。岸。夷上洒下不漘。二洒字皆㕍之借。李巡注。洒。陗也。許云。陗。陵也。陵洒亦雙聲。倫按諸家皆以鍇本山部無崔。而鉉本崔在部末。證為鉉補。崔㕍皆從隹得聲。故信鍇説以崔為㕍省。倫謂崔字見急就篇。許書自不得無。豈急就本作㕍。傳寫省之邪。且山厂義異。則崔㕍不得為一字。倫疑此從屵隺省聲。隺音匣紐。屵音疑紐。同為舌根次濁音。蓋屵之轉注字。論語猶吾大夫崔子也。釋文引鄭氏注。魯讀崔為高。論衡正作猶吾大夫高子也。蓋用魯論語。陳立謂高子不謂崔杼。崔杼弒君。法所必討。高子為齊當國世臣。未聞聲罪致討。以春秋貶趙盾律之。宜與崔子同惡。文子歷至諸邦。蓋見其柄國者亦多孱弱庸徒。故曰猶吾大夫高子耳。左傳襄六年。高厚崔杼定其田。十九年。齊殺其大夫高厚。二十九年。齊高止出奔北燕。止。厚子。可見高氏之不振矣。倫謂崔從隹得聲。隹音照紐。古讀歸端。高音見紐。端見同為清破裂音。自得相通。然高隺同為舌根音。七篇㕍訓鳥之白也。實翯字義。詩靈臺。白鳥翯翯。孟子梁惠王作白鳥鶴鶴。是隺高音近通假之證。則論語崔子本是隺子。形近而譌。略本戚學標説。故魯讀崔為高。此崔得隺聲之證。高也以聲訓。或有捝字。字或出字林。【説文解字六書疏證卷十八】

⿱山⿸厂肥　⿱山⿸厂肥

◉許　慎　⿱山⿸厂肥崩也。从屵。肥聲。符鄙切。【説文解字卷九】

◉馬叙倫　鈕樹玉曰。當從肥作⿱山⿸厂肥。列子黄帝。口所偏肥。釋文。説文字林竝作嶏。嶏嶏疑實一字。當為重文。段玉裁曰。嶏即嶏之或體耳。周雲青曰。唐寫本玉篇引作毁也。列子黄帝釋文同。此崩字涉下嶏訓崩而誤。倫按肥配皆從飛之異文作ㄋ者得聲。則⿱山⿸厂肥嶏實異文。且疑本止一字。傳寫誤為二字也。字出字林。【説文解字六書疏證卷十八】

嶏　嶏

◉許　慎　嶏崩聲。从屵。配聲。讀若費。蒲没切。【説文解字卷九】

◉馬叙倫　錢坫曰。廣韻。醇或作嶏。本書醇即圮字。依義⿱山⿸厂肥嶏當為一字重文。劉秀生曰。讀若費曰。配聲在滂紐。弗聲在竝紐。皆脣音。故嶏從配聲得讀若費。詩桑柔箋。其鹿相輩耦行。釋文。輩。本作配。釋名釋親屬。妃。輩也。配妃竝從己聲。竹部。篚。車笭也。從竹。匪聲。詩碩人。翟茀以朝。陳奐謂茀即車笭。匪輩竝從非聲。茀亦從弗聲。是其證。倫按⿱山⿸厂肥嶏二字當從山或從石。此蓋俗作字。字亦出字林也。【説文解字六書疏證卷十八】

广 广牛儉切 【汗簡】

广 汗簡 【古文四聲韻】

◉許　慎　广因广為屋。象對刺高屋之形。凡广之屬皆从广。讀若儼然之儼。魚儉切。【説文解字卷九】

◉林義光　古作广伯要敦府字偏旁。作广虢季子伯盤廟字偏旁。宀象交覆。广象半覆。广即檐之古文。广檐古同音。【文源卷二】

◉馬叙倫　徐鍇曰。因厂為屋。故一邊下也。趙宧光曰。因广為屋之广當作厂。佩觿引作巖。鈕樹玉曰。玉篇引屋下有也字。韻會引广作巖。蓋因廣韻改。錢坫曰。广即今庵字。況祥麟曰。广當作□。象形。王筠曰。當依古文□作广。广當與宀相次。厂為厓巖。山厓之下陗直而上横出者是也。广乃象堂皇之形。不從厂也。广一面有牆。宀兩面有牆。實則广以一牆見其三面。而中高者為棟極。左右殺者為兩宇。則广宀同也。倫按厂為𠂤之異文。亦氏之初文。氏即今之阜字。墨子辭過。古之民未知為宮。就陵阜而居。今言姓氏者。姓表其族。氏以表居。是因厂為屋。當作此解。然此説解非許文。蓋呂忱或校者之説。忱固未足知此。彼以厂為巖壁而未悟巖為山石之狀。詩所謂維石巖巖。山部之嵒。即其初文。馬援十道志。馬援征武陵蠻。取壺頭山。穿岸為室。今西北邊地猶多石窟。蓋穴處之遺蹟。所謂因厂為室。或指此與。然广絶非從厂。金文廣敔廣字作□。克鼎廟字作□。淇田鼎有□字。甲文龐字作□。其所從之广即广。象上棟下宇之形。王謂广宀同。是也。广形似止一面有牆。其實以圖畫明之。當為□。上有屋而三面有蔽。徒以有從之為字者。故篆省其形。王謂以牆見其三面。是也。广宀一字。而宀為室之初文。室從至得聲。陟執聲竝談類。然從陟得聲之騭讀若郅。從執得聲之摯讀若贄。則广聲之入談類亦猶是矣。錢謂广即庵字。桂馥説同。庵字始見漢衡方及釋名。倫尋車部。軒。曲輈藩車。蓋上與左右及後均有藩蔽者。今北方乘人之車所謂騾車者其遺制矣。軒從干得聲。干屰一字。屰广音同疑紐。是同語原也。公羊定十二年傳注。軒城者。缺南面以受過。周禮小胥注。軒縣缺南面。軒城軒縣皆以形同軒而名。而其制實本於广。缺南面者。受日光也。廣雅。屠蘓。庵也。魏略。李勝為河南尹。廳事前屠蘓壞。今杭縣巨室所謂轎廳者。三面有壁。獨缺其前蔽。其前耑之上蓋猶為〜形。所謂大廳者亦然。其後通偁後軒。其名與制由來舊矣。所謂廳事前屠蘓蓋即此。亦广之遺制也。广音疑紐。宀音微紐。同為邊音。聲轉而形殊。故後人昧其為一字。而广之為何物。得其義者希矣。疑許以聲訓。象對刺高屋之形亦止作象形。【説文解字六書疏證卷十八】

府

府 从貝張政烺釋府謂即府庫之府 大府匜 大府簋 大府鎬 大府牛 鑄客鼎 少府小器 中山王嚳兆域圖 其一𨒪其一⿸府貝 从宀 鄂君啟舟節 征於大⿸府貝 邑成侯鍾 【金文編】

府 雜二三 十七例 通腐 其有—罪 法一一三 秦六四 十四例 法一五五 二例 為二三 【睡虎地秦簡文字編】

3358 0131 0130 0127 0129 0337 0128 2550 0132 从貝，與大⿸府貝簠府字同。【古璽文編】

徒府 馬府 帑府 榆畜府 【漢印文字徵】

孔彪碑領 范式碑領 魯王墓石人題字 上谷府卿墳壇題字 樊敏碑領 【石刻篆文編】

府出濟南碑文 【汗簡】

◉許　慎　府文書藏也。从广。付聲。臣鉉等曰。今藏腑字俗書从肉。非是。方矩切。【說文解字卷九】

◉馬叙倫　沈濤曰。御覽百九十一引作文書所藏也。鈕樹玉曰。藏當作臧。翟云升曰。一切經音義九引作藏也。當如三倉作文書財物藏也。倫按許當以聲訓。今捝矣。字亦見急就篇。【說文解字六書疏證卷十八】

◉殷滌非　銅牛腹下有鑄銘四字。其文是：

「巜⿸府貝之器」。

⿸府貝即府字繁文，伯要敦「府」作 吳大澂：說文古籀補五十三形，彼敦銘府下加二「入」，此牛銘府下加二「貝」，這是金文中常見的一種繁文。鄂君啓金節銘有府作「 」形，郭沫若：關于鄂君啓金節的研究。殷滌非、羅長銘壽縣出土的鄂君啓金節。「文參」1958年第4期，王子齊鎬銘有府作「 」形，殷滌非：關于壽縣楚器，考古通訊1955年第2期。二者都是楚器，其形體與之近似，所以當係府字無疑。

按禮記曲禮下有「六府」。注：

「府者藏物之所。」

又説：

銅牛腹下銘文拓本

「君命，大夫與士肄，在官言官，在府言府，在庫言庫，在朝言朝。」

注：「府庫者，貨器藏貯之異號。」

牛銘的「府」字，正與上述府庫的注釋意思相合，也就是指藏貯貨器的地方。

「仌」字屢見于朱家集楚王墓出土銅器的銘文，「集脰大子鼎」、「大子鼎」和「鑄客為大句脰官為之」諸器。安徽博物館籌備處：楚器圖録第一集圖七、圖九，朱德熙：壽縣出土楚器銘文研究，歷史研究1954年第1期。大字都作「仌」形。劉節、朱德熙等都以為「大」是官名，並以禮記曲禮有六大之目為證。劉節：壽縣所出楚器考釋，古史考存，115頁。朱德熙：壽縣出土楚器銘文研究，歷史研究1954年第1期。這似乎還有待進一步研究。

「大⿸广貝」二字相連，應是一個名詞，但春秋、左傳、國策、國語、史記諸書記載楚國的事，都没有談到「大府」之名。朱家集楚王墓出土的「王子齊鎬」銘，則有「大⿸广貝」二字。周禮天官上説：

「大府下大夫二人，上士四人，……。」

注：「大府為王治藏之長。」疏云：「掌大貢九賦受賄之入，頒其貨賄于諸府之事。」釋曰：「大府與下諸府為長，故以大夫為之。」周禮這部書，當然不是周公作的，大約是戰國秦漢間人的手筆，梁啓超氏認為把它「拿一部分來分別看做春秋戰國一度通行的制度，其餘一部分為政治學上的理想的建國制度，那是再好不過。」梁啓超：古書真僞及其年代，125—126頁，中華書局。是公平合理的

評論。因此，見于楚器銘文的「大府」應和周礼天官所記的大府一樣，是楚國職官名，為楚王「治藏之長」，如僅以二「大」字為官名，似乎不很合適。所以這只銅牛銘文上的「大⿱府貝之器」也就是為楚王「治藏之長」的大府官所藏或所鑄的寶器了。【安徽壽縣新發現的銅牛　文物一九五九年第四期】

◉于省吾　張政烺謂⿱府貝即府庫之府。甚是。今則府行而⿱府貝廢。上文為鄂君啟之⿱府貝賡鑄金節。説文以賡為續之古文。是説為鄂君啟的府庫續造金節大⿱府貝也。見楚器鑄客鼎。吕氏春秋。分職稱楚葉公發太府之貨予衆。楚之有大府猶魯之有長府(見論語先進)。禮記曲禮稱在府言府。鄭注謂府為寶藏貨賄之外。節文是説如果載馬牛羊以出入關。則不能免税。而且税征有別。蓋大府之征以給王用。關市之征以給國用。【鄂君啟節考釋　考古一九六三年第八期】

◉許學仁　舟節3·16；舟節9·14；車節4·4　袁府之鉢　鑄客鼎　戰國尊集　戰國大⿱府貝銅牛　戰國大⿱府貝匿　戰國少⿱府貝小器

字楚系文字習見，如鑄客鼎(小校二·五十二)及楚國官印「袁府之鉢」(中國印譜頁三十三)中國印譜著録日本藤井有鄰館收藏戰國銅印一方，璽文四方，説明考訂為楚國官印。而壽縣鳳台所出諸器，則多載「大⿱府貝」字樣，如：太⿱府貝之饇(小校二·三十八)、大⿱府貝之簠(小校九·一)、大⿱府貝鉢(安徽通志金石古物考稿·十六)、壽縣銅牛及安徽鳳台出土「大⿱府貝」銅量。即不知國别之王子中⿱府貝鼎(小校卷二·五十七)、少⿱府貝小器(小校二·五十二)銘文，府俱作。

于思泊氏釋為「寶」，讀為府庫之府，見于省吾「鄂君啓節考釋」。是也。古文字宀广一也，説文寓字重文作庽，宅字古文作庑，是寶亦得書為⿱府貝。金祥恒氏釋「貨」，謂字从貝化聲，假為府，義則是也，形則未符。考付字散盤作，象爪形，與一也。曶鼎作，與字所从最近，與化作繒書乙2·22柒字偏旁判然不同。吕氏春秋分職稱、淮南子道應訓並載楚葉公「發大府之貨以予衆，出高庫之兵以賦民」，府庫、貨兵對舉，揆其文意，殆以府庫異職，一藏兵車，一掌貨賄。府為藏物之所，其制亦見禮記曲禮下：

「君命，大夫與士肄，在官言官，在府言府，在庫言庫，在朝言朝。」鄭注：「府庫者，貨器藏貯之異號。」又曲禮下「六府」，鄭注：「府者，藏物之所。」大府一名，春秋、左傳、國語、戰國策、史記諸書所載楚事，皆無述焉。然楚器題銘則屢見不鮮。惟周禮天官云：「大府，下大夫二人，上士四人。」鄭注：「大府為王治藏之長。」孔疏：「掌大貢九賦受賄之入，頒其貨賄于諸府之事。」周禮一書，成於戰國晚季，其時大⿱府貝不僅為有司之稱，且已設專職，司貨賄之出入，與節文：「征於大⿱府貝」亦相吻合。⿱府貝司治藏貨賄，故字从貝作⿱府貝，今則府行而⿱府貝廢。

鑄客鼎銘曰：「鑄客為王句七廎為之。」廎即府，七府細目，不見載記，無法詳考。然傳世戰國銅器銘有「大府」（三代十·一大府簠）、「中府」（三代十八·十九㝱成侯小器）、「少府」（三代十八·三九少府小器）之名，蓋皆掌府庫貨藏之官職名，七府當即此類。漢代尚有「大府」、「中府」、「少府」，（北堂書鈔設官部引漢官儀。）職司容有變易，名稱則猶沿古制也。【楚文字考釋　中國文字第七期】

◉黃錫全　府出濟南碑文　鄭珍認為此形「似脣誤」，甚是。月譌似舟。此假脣為府，與雲夢秦簡假府為脣同。夏無。【汗簡注釋卷四】

◉徐寶貴　釋、二字

「府」字古文字作如下諸形體：

銅牛　大府匼　鑄客鼎　少府小器　鄂君啓節　銀節約　古璽　古璽，高明《古文字類編》第四〇〇頁　中山王兆域圖容庚《金文編》第四版六五七頁。

這些「府」字都是戰國時期的文字形體，或從宀或從广或從厂（古文字偏旁宀、广、厂通用），或從貝省，或從付省。宀、广、厂、貝皆為意符，付為聲符。由於給字加注意符和對意符、聲符的部分筆畫的簡化，出現了一些異體字。所從的「貝」或簡化成目，這在戰國文字中是常見的現象，這種現象在古璽文中尤為突出。例如：

買　得

貫　貴

內蒙準格爾出土的銀節約的「府」字作，所從的「貝」省作目與上舉從「貝」的古璽文相同。所從的是「人」字，在字中是聲符「付」的簡化。中山王大鼎：「隹又死辠及參殀亡不若」，中山王方壺：「以陀（施）及子孫」的「及」字作，侯馬盟書的「及」字也作。《古璽彙編》有兩個字：一作一二六二，一作二二二四，該書釋文前者作「□」，後者作「郊」。其實二字所從的、與中山王大鼎、方壺、侯馬盟書的「及」字是完全相同的，所以二字所從是「及」字。「及」字從人從又作。這幾個「及」字所從的「人」作形，和古璽文字所從的「人」作是完全相同的。戰國時期的文字，特別是古璽文凡是「人」形的字或與人有關的「肉」字上，多加一小斜畫於右邊。如：

長　項

奇　灸

這是戰國文字尤其是古璽文的特有風格和特點。古璽文字，與銀節約的府字是相同的，所以古璽文的這個字無疑是

「府」字。

作形者，也是個「府」字，此字没有簡化。它從广從貝付聲。聲符「付」所從的「人」作形和侯馬盟書「及」字作形者所從的「人」作是完全相同的。所從的「又」作，是「又」之譌變。古璽文同其它晚周文字一樣，從「又」的字，所從的「又」多譌變為「寸」形。《説文》中的「府」字和寸部諸字所從的「寸」，都是「又」字的譌變，這是晚周文字的特徵。此方單字璽的字與前面所舉的鑄客鼎、大府匿、鄂君啓節等器銘上的「府」字是一個字，就是説它得到了古文字資料的多方面證明，證實這個字確實是「府」字。【戰國璽印文字考釋 中國文字新十五期】

◉劉彬徽等 (9)玉貭，貭即府。《周禮·天官·冢宰》：「玉府掌王之金玉、玩好、兵器，凡良貨賄之藏，共王之服玉、佩玉、珠玉……凡王之好賜，共其貨賄。」【包山楚簡】

◉戴家祥 蓋 器 上都府簠 上都府擇其吉金 字从广从，又與寸通，當即府字。説文九篇：「府，文書藏也。从广付聲。」禮記曲禮下有六府，注云：「府者，藏物之所。」【金文大字典上】

廱

6·184 華廱 【古陶文字徵】

王廱山印 李廱 廱了之印 廱光 廱回 廱安 廱武 董廱 【漢印文字徵】

◉許 慎 廱天子饗飲辟廱。从广。雝聲。於容切。【説文解字卷九】

◉馬叙倫 沈濤曰。藝文類聚卅八引。辟雍。天子饗飲處也。蓋古本如是。今本義雖不殊。語則不詞矣。倫按王筠據校鍇本作天子广飲辟廱從饗。譌。廱蓋為宫之異文。广宀一字。宀部宅之重文作庑。寓之或體作庽。廣敢廣字作。叔氏鐘作。可證也。宀音微紐。广音疑紐。同為邊音。聲轉耳。故宫從宀而廱從广。宫音見紐。廱音影紐。同為清破裂音。廱從雝得聲。雝從邕得聲。邕為𨛜之譌。𨛜從吕得聲。吕為宫之初文。蓋方言聲轉。乃作廱字耳。禮記王制。天子曰辟廱。諸侯曰頖宫。其實辟頖皆借字。辟廱即頖宫。初無異也。故金文多作辟宫。辟廱天子饗飲處非本訓。或此字出字林。【説文解字六書疏證卷十八】

庠 庠

◉許　慎　庠禮官養老。夏曰校。殷曰庠。周曰序。从广。羊聲。似陽切。【説文解字卷九】

◉馬叙倫　吴穎芳曰。禮官恐禮宫之譌。鈕樹玉曰。廣韻引殷作商。倫按禮官養老非本義。亦非本訓。蓋本作養也。以聲訓。校者以禮官養老釋之。夏曰以下九字亦校語。庠者。廣之聲同陽類轉注字。知者。夏曰校。殷曰庠。周曰序。則庠序一也。然序為宇之轉注字。詳序字下。序者。牆也。亦牆壁之牆本字作牆者轉注字。牆字見牆字下。庠序字當作⿸广射。古書多以序字為之。左宣二年傳。成周宣謝災。借謝為之。爾雅釋宫。榭亦謂之序。又曰。無室曰榭。公羊宣二年傳。廟。有室曰寢。無室曰榭。則字作榭。本書無⿸广射榭二字。⿸广射字見虢季子白盤。其文曰。王在宣。蓋從广。射聲。射序聲同魚類。故孟子曰。序者。射也。周禮州長。以禮會民而射于州序。序亦⿸广射之借。公羊傳。講武之屋曰榭。⿸广射為可射之地。故即得聲於射。釋宫所以謂無室曰榭也。榭音如謝。與庠音同邪紐。故殷曰庠周曰⿸广射。方言聲轉。字變為⿸广射。廣即今作廠之古字。為堂之轉注字。有覆而無四壁。儀禮大射。耦進上射。在左竝行。當階。北面。揖。及階。揖。升堂。揖。論語八佾。君子無所争。必也射乎。揖讓而升。下而飲。然則古習射於堂。故名曰庠。庠亦堂之轉注字。養老於庠。蓋教射之禮耳。【説文解字六書疏證卷十八】

◉唐　蘭　宰當即庠。舊釋宰。非其。其本義為少牢。【天壤閣甲骨文存附考釋】

◉陳夢家　卜辭寓宰牢諸字同。从。寓字後變作廌。可以推證宰即後起之庠字。【射與郊　清華學報十三卷第一期】

廬 廬

廬　不从广　趞曹鼎　虘字重見　師湯父鼎　王在周新宫在射廬　【金文編】

廬江豫守　廬江御丞　廬江太守章　廬舜　廬尊　廬寛　廬赦之　廬置　【漢印文字徵】

范式碑額　【石刻篆文編】

王存乂切韻　【古文四聲韻】

◉許　慎　廬寄也。秋冬去。春夏居。从广。盧聲。力居切。【説文解字卷九】

◉孫詒讓　字舊釋為階。然此字從虍甚明。必非階字。攷後師湯父鼎。王才射。射下一字从广从盧。本卷。明是廬字。吴舊闕釋。此文與彼正同。但省广為盧耳。説文皿部。盧。从皿虘聲。由部由作。云東楚名缶曰甾。象形也。古文作

𠂤。師湯父鼎从者。蓋當作。微有刓闕。前鄘侯敔鄘作本卷。又□膚尊膚字作。又取盧盤膚作。〔攈古〕二之二。此由作者。之省。猶卣字作彔伯戎敦。吴尊。亦作石鼓也。此作。似橅拓有譌闕。然大致相近。又此下不从皿而从凵者。師湯父鼎盧字同。説文由部。𠧧籀文作𧯷。此疑从缶省。金文缶字多變為。寳字从缶。多如此作。此即𧯷之省也。【匡簠　古籀餘論卷三】

●丁佛言　師湯父鼎。王在周。新宮在射盧。▽為之省。非从口。許氏説盧。寄也。秋冬去。春夏居。此射盧為王習射時所居。器為習射而作。故所錫皆弓弭矢。【説文古籀補補卷九】

●高田忠周　師湯父鼎　説文。廡也。从广虜聲讀若鹵。廣雅釋室。庵也。廡大屋也。榭廬義通矣。但此篆从广。與許同。又从从噱省聲。噱虜皆虍聲也。元當作。即貫字省。唯省力為異耳。或謂此當廟字異文。文義可通而字形迥別。【古籀篇卷七十三】

●郭沫若　兩盧字均作乃省文。叚為廬。師湯父鼎有王才周新宮才射廬之語。彼字正作。可證。或釋本銘文為廬。非也。易弓矢虎廬。⊘盧與弓矢並列。蓋即盧器之盧。攷工記盧人為盧器……殳長尋有四尺。説文作籚。云。積竹矛戟矜也。春秋國語曰侏儒扶籚。又殳下云。殳以積竹。八觚。長丈二尺。建于兵車。旅賁以先驅。本銘虎盧□□十殳當連為一事。蓋虎盧即殳之古稱。以為盧器之屬。故稱盧。【趞曹鼎　兩周金文辭大系圖録考釋】

●馬叙倫　沈濤曰。御覽百八十一引作春夏居秋冬去之。倫按寄也以下八字字林文或校語。本訓亡矣。廬蓋宅之聲同魚類轉注字。急就篇。室宅廬舍樓殿堂。漢書食貨志。公田餘二十畝為廬舍。皆廬舍連文。周禮遺人。十里有廬。注。廬。若今野候徒有房也。則亦或房之聲同魚類轉注字。師湯父鼎作。【説文解字六書疏證卷十八】

●戴家祥　趞曹鼎「王射于射盧」，盧即廬之本字。師湯父鼎「在射盧」盧作廬是其證。周禮地官州長「以禮會民而射于州序」，與趞曹鼎銘辭例相同，知廬通作序。廬序古音同，屬聲符更换例。序又通作榭、廟，是王之「講武堂也。」詳見广部釋廟。廬為王之講武習射之所。故師湯父鼎銘記載的所賜物皆為弓弭矢。【金文大字典上】

庭

庭　不从广　頌鼎　立中廷　廷字重見【金文編】

開母廟石闕　□□其庭【石刻篆文編】

□ 庭竝出義雲章【汗簡】

◉許　慎　庭宮中也。从广。廷聲。特丁切。【說文解字卷九】

◉于省吾　栔文聑字作□□□。亦作□□□。𡧊字作□□亦作□□。葉玉森疑聑即殷先公昭明。謂後人譌讀。其字為昭。或為明。又合稱為昭明耳。集釋六〇九。吳其昌謂□者蓋亦殷代一先公之名。解詁六續七二八。郭沫若云。葉吳二氏說並誤。郭謂古聽聲聖乃一字。聑从口耳會意。是也。惟謂當是貞字之異亦誤。聑亦作聑。从二口與从一口同。古文有繁省耳。魏三體石經書無逸「此厥不聽」。古文聽作□。古文四聲韻下平十八青引義雲章聽作□。是以聑為聽也。又去聲四十七勁引古老子聖作□。是以聑為聖也。又下平十七清引華嶽碑聲作□。是以聑為聲也。金文聖字。早期作聑。晚期加壬為聲符作聖。此以形證之。知古聽聖聲之本作聑聑也。禮記樂記。「小人以聽過。」釋文。「以聽本或作以聖。」秦泰山刻石。「皇帝躬聽。」史記秦本紀「聽」作「聖」。墨子經說下。「堯之義也是聲也於今。」聲應讀作聖。詳墨子新證。荀子富國。「非特以為淫泰夸麗之聲。」聲應讀作聖。詳荀子新證。漢書古今人表。「衛聲公。」史記衛康叔世家索隱作「聖公」。白虎通聖人。「聖者。聲也。」此以載籍證之。知古聽聖聲之通用也。栔文聲字僅一見。粹一二二五有□字。上已殘。應補作□。从聑殸聲。即古聲字。栔文聑字用法有二。聑與𡧊用法有別。茲分述於下。一。聑為聽聞之聽。後下三十・十八。「方亡聑。」言方國無所聽聞。謂某方已逃竄。故云無聽。續一・一三・五。「吕方亡𦖞聞。」聽聞義同。藏二一・三「歸其㞢有聑。」亡聽與有聽語有反正耳。一。聑為聽治之聽。書大傳周傳。「諸侯不同聽。」注「聽。議獄也。」書洪範。「四曰聽。」疏。「聽者受人言。察是非也。」周禮小宰。「以聽官府之六計。」注。「聽。平治也」荀子王霸。「要百事之聽。」注。「聽。治也。」王制。「聽之繩也。」注。「聽。聽政也。」是古謂聽為議獄為平治為聽政。均聽治之義也。前六・五四・七。「王聑。」言王聽治也。戩四五・九。「王聑不隹囚。」栔文言囚與易言咎同。言王聽不隹咎也。戩四五・十。「王聑隹㞢壱。」言有壱則不利於聽治也。柏一九。「王聑不隹于唐壱。」言王之聽治唐不壱王也。殷王之動作無事不占。況臨朝聽治之大事豈能無所貞卜乎。一。𡧊為廷庭之初文。亦省作聑。𡧊。从宀聑聲。聑。古聽字。聽从壬聲。乃後世所加之聲符。與廷庭之从壬聲聲符同。聽與廷庭為雙聲疊韻字。金文有廷無庭。庭。後起字。說文。「廷。朝中也。」「庭。宮中也。」乃後世分別之文。金文廷作□□。乃𡧊之借字。栔文𡧊从宀者。以宗廟之廣廷謂太室中央在重屋之下也。太室中央謂之廷。說詳王國維明堂廟寢通考。余所藏安陽出土𨚕壺墨本有辭云。「乙子王□。隮文武帝乙俎才𡧊大庙。」庙作□。从广與从宀一也。後上十二・一。「☐𡧊𡧊☐其令。」當係在𡧊之廟廷有所發令也。大庙即大廷。盂鼎二有大廷。大廷謂宗廟太室之廣廷。逸周書大匡。「朝于大廷。」謂明堂之大庭也。古者各封國皆有宗廟。宗廟皆有太室。金文言王在某地或某國而格于大室者習見。佚九九四。「才𡧊。」言在廷也。前六・一二・六。「奏于耴。」耴者。𡧊之省。知其為省者。栔文耴聞耴治之耴從不作𡧊也。録五五・五。「兄祝于宫。」前一・二六・五。「于耴□祊令。」耴亦𡧊之省。祊同閍。爾雅釋宫。「閍謂之門。」言于廷之閍門施令也。庫一〇〇二。「于𡧊門丮㠱酓。」𡧊門猶𡧊閍也。粹二八一。「□小乙于𡧊。」當謂祭小乙于廷也。粹五四一。「弜鄉𡧊鬻隮必。」廷與必為對文。必即宓言。弗饗于廷而鬻隮于宓也。廷謂太室中央。宓謂室内也。鄴三下四一・六。「其啓𡧊西户兄祝于匕辛。」書金縢。「啟籥見書。」啓謂開也。言開太室之西户以祝於匕辛也。綜之。耴。古聽字。𡧊。古廷字。栔文以耴為聽聞聽治之聽。以𡧊為廣廷之廷。亦省作耴。周人假廷為𡧊。廷行而𡧊廢矣。【釋耴𡧊　殷契駢枝三集】

◉馬叙倫　王國維曰。庭即廷之重文。宫中謂無屋之處。壼下曰。宫中道。可證。倫按此廷之後起字。説解宫中下捝道字。爾雅釋詁。庭。直也。謂直道也。易節。不出户庭。周禮閽人。掌門廷。庭皆謂門户以外。故玉篇曰。庭。堂階前也。本書。廷。朝中也。謂朝中道也。見廷字下。此言宫中。蓋吕忱以漢有掖庭。後世多言宫庭。故加此也。然疑字出字林。故泛言曰宫中也。急就篇。倡優俳笑觀倚庭。蓋故書作廷。傳寫者易之。【説文解字六書疏證卷十八】

◉陳夢家　𡧊字于省吾以為即宫庭之庭或廷。其説近是。卜辭从宀。金文从广。𡧊為祝祭之所。亦是饗宴之所。【殷虚卜辭綜述】

◉李孝定　説文。「庭。宫中也。从广廷聲。」又「廷。朝中也。從廴壬聲。」栔文作𡧊从宀耴聽聲。于氏釋庭。是也。然其説猶有未盡。按从宀从广一也。于氏固已言之。然則此字从广聽聲。正今之廳字耳。廳字。許書偶佚。雷浚説文外編卷十四廳字條云。「説文無廳字。高部『高。小堂也。从高省冋聲。或从頃作廎。』去潁切。似即廳字。而隸辨卷二引曹全碑。『廓廣聽事』云。『漢魏皆作聽。六朝以來乃始加广。』」雷氏以高當聽字。是不知古本有𡧊廳字。許書偶佚耳。高廎之與廳。音義並近。謂為方俗殊語則可。謂竟是一字則過矣。隸釋引曹全碑文以聽為廳。猶卜辭假耴為𡧊。猶存古意。惟隸釋謂「六朝以來乃始加广」亦非。殷商之世固已有𡧊字矣。説文既無廳字。于釋乃以庭字當之。亦是。惟謂庭廷乃後世分別之文。似亦未安。金文廷作[illegible]。乚象廷之匩郭。壬是其聲。庭。从广从廷。廷亦聲。宀广象交覆深屋之形。是則庭廷之别在有屋無屋之分。今北平遜清故宫諸大殿。其前皆有廣場。蓋沿古制廣場。蓋即廷也。庭則殿上耳。許云。朝中宫中。本不誤。非後世强為區分也。栔文有庭無廷。金文有廷無庭。二者音同義近。古或通用。然謂二者竟是一事。似亦稍有未盡也。至聖字从壬。郭于兩氏均謂取以為聲。亦誤。克鼎聖作[illegible]。他器作[illegible]師望鼎。作[illegible]齊鎛。[illegible]从[illegible]皆由[illegible]所衍變。唐蘭古文字學導論已言

廇

之。蓋⿰耳口从口耳會意。是耳得之而為聲。今字從設。殸為磬之本字。是亦以殳擊磬且得之而為聲之意。于氏所舉契文作□。从殸。復从口。於形已複。此蓋文字衍變之初之混淆現象。□則□字去口也。得聲之動作則為聽。得聲官能之敏鋭則為聖。聖明猶聰明耳。引申始有賢聖之義。聖字从人者。以聽主於耳。故於耳之字形特加人字。以為强調。及後人變為壬。其音適與聽聖諸字相近。遂謂从壬聲耳。此三字之衍化當如下表。

⿰耳口 ｛ 耵聽覺之鋭敏為聖。故訓通——聖。耵之繁文。
口有所言耳所以得之之道為聽。故訓聆——聽。耳𢛳(得)之之道為聽。壬聲。
殸口有所言或鼓磬之音耳得之而為聲。故訓音——聲。殸之簡化者。｝

凡上所論。部分當於聽下十二卷詳之。以于氏之文乃合論⿰耳口⿱宀⿰耳口二字。分録二處。難免割裂。故俱録之於此。並申其義。【甲骨文字集釋第九】

◉戴家祥 □切其卣 于省吾認為：⿸广⿰耳口从广⿰耳口聲，古廳字。聽廷為雙聲疊韻字，大⿸广⿰耳口即大廷，謂宗廟太室之廣庭。殷契駢枝三集釋⿰耳口⿱宀⿰耳口。按説文十二篇「聖，通也，从耳呈聲。」⿰耳口字从耳从口，口近於耳，會意，聲通達也，當是聖之本字。壬是後人添加的聲符。説文「呈聲」，非也。⿰耳口為壬聲，廷从壬聲，故⿸广⿰耳口即庭字。甲骨文⿸广⿰耳口作⿱宀⿰耳口，為祝祭或宴饗之所。【金文大字典上】

◉許　慎　廇中庭也。从广。畱聲。力救切。【説文解字卷九】

◉馬叙倫　段玉裁曰。月令。中央土。其中霤。注。中霤。猶中室也。古者複穴。是以名室為霤。正義引庾蔚之云。複者。謂地上纍土為之。穴則穿地也。複穴皆開其上取明。故雨霤之。是以後世因名室為中霤也。按釋名曰。室中央曰霤。月令吕覽鄭劉皆作中霤。許則霤謂屋水流。廇為中室。蓋既有宫室後。霤在屋垂。而屋中謂之廇。翟云升曰。六書故引作中廷也。朱駿聲曰。古者陶復陶穴。皆開其上以取明。有雨則霤。後制為宫室。其正中當古霤處。謂之中霤。亦謂之廇。其實即霤之轉注也。于鬯曰。段玉裁曰。庭下宫中當作中宫。然疑庭廇二字之訓當互易。庭。中庭也。廇。中宫也。中庭者。檀弓。孔子哭子路於中庭。襍記。受皮弁服於中庭。皆謂堂階之前也。中宫者。爾雅釋宫。宫謂之室。室謂之宫。是宫室通偁矣。中宫即中室。月令。其祀中霤。霤即廇字。鄭注。中霤猶中室也。釋名釋宫室。霤當今之棟下。直室之中。古者霤下之處。是也。倫按毛嶽生亦以庭字為誤。而引鄭玄中霤中室也為證。倫謂中庭二字乃上文庭下説解中字。蓋庭下本作庭。宫中道也。庭為隸書複舉字。傳寫誤此二字入廇下。轉挩本訓。廇字見於爾雅釋宫者。宲廇謂之梁。宲為棟梁之梁本字。廇從畱得聲。畱從丣得聲。丣卯一字。卯音明紐。宋音微紐。古讀歸明。是宋廇以雙聲連文。故莊子秋作梁麗。梁麗音同來紐也。蓋方言謂宋為宋廇。廇非即宋也。此文上下皆為宮室之名。自不得謂廇即中霤。鄭謂中霤猶中室。言猶則非即中室也。釋名。霤。當今之棟下直室之中。自謂屋漏。今所謂天窗。霤扇為轉注字。扇不從尸。乃广或宀之譌。從广或宀。屬屋言也。從雨者。或為從扇省。或為雨下故也。倫謂天窗名扇。非因雨下流入室中而得名。蓋其語原為牖。實由囱變。扇牖聲同幽類。牖音喻紐四等。囱之轉注為悤。從心得聲。心與喻四同為次清摩擦音。囱囧一字。皆明之初文。則以牖扇皆所以取明故也。然廇霤非一字。倫以為廇是廔之轉注字。下文。廔。屋麗廔也。乃樓字義。廔則樓閣之樓本字。廇廔音同來紐。禮記檀弓。設蔞翣。周禮作翣柳。史記劉敬傳。婁者。乃劉也。是其相通之例證也。廇廔皆高之轉注字。【説文解字六書疏證卷十八】

庉

◉許　慎　庉樓牆也。从广。屯聲。徒損切。【説文解字卷九】

◉馬叙倫　王筠曰。玉篇又有屯聚之處四字。譄下云。北地高樓無屋者。庉蓋同此制。於其上為埤塊。遇兵燹則聚人而守之。故曰。屯聚也。若樓之壁或樓外之周垣。未必別立專名。且亦無取於屯聚也。吾聞曹州人言。明季時。其地多守自全者。倫按此字古無塙説。廣雅。庉。舍也。於從广之義合。莊子寓言。影曰。予。蜩甲也。蛇蜕也。似之而非也。火與日吾屯也。詳其義亦謂居舍。倫謂庉廇蓋轉注字。屯為萌芽之萌初文。亦每之初文。每音微紐。廔音來紐。古讀歸泥。微泥同為邊音。此訓樓牆也蓋樓也牆也二訓。牆也者。蓋垣或垸字之義。垣從亘得聲。亘從𡵂得聲。𡵂屯聲同真類也。垣音喻紐三等。古讀歸定。庉音定紐。則得通假矣。垸聲脂類。脂真對轉。亦得通假。牆也是本義。樓當作廔。此字蓋出字林。故以通用字為訓也。或樓也者上文廇也之訓。傳寫譌入此下。此本作屯也以聲訓。故玉篇有屯聚之處四字。蓋本許書。然為校語之不完者。所以釋屯也者也。【説文解字六書疏證卷十八】

庌

◉許　慎　庌廡也。从广。牙聲。周禮曰。夏庌馬。五下切。【説文解字卷九】

廡 廡 日甲二一背 【睡虎地秦簡文字編】

焦廡 【漢印文字徵】

廡竝見尚書 【汗簡】

古尚書 說文 竝籀韻 【古文四聲韻】

◉許　慎　堂下周屋。从广。無聲。文甫切。籀文从舞。【說文解字卷九】

◉馬叙倫　鈕樹玉曰。後漢書梁鴻傳注引作堂下周屋也。段玉裁曰。玄應引無下字。桂馥曰。一切經音義四引同此。十七引作堂下周屋曰廡。幽冀之人謂之房。倫按鍇本有廡字者。蓋當如玄應書十七作堂下周屋曰廡。有捝誤也。此校語或字林文。許當以聲訓。如釋名之作廡幠也。房廡聲同魚類轉注字。字見急就篇。本書無廊。廡即廊也。故曰。堂下周屋。屋猶幄也。僅上有蔽蓋耳。後以魚陽對轉作廊字。【說文解字六書疏證卷十八】

◉黄錫全　廡並見尚書　雲本廡作庅,内、豐、薛本作庀。郭見本作庀或庅,以隸作古。古無、亡每通作,如《説文》舞字古文作、撫字古文作辶,中山王器諸「亡」字並讀為「無」,故廡亦可从亡作庀。蓋《尚書》傳本有無、廡、庀諸文。鄭珍認為偽孔經「乃仿舞、撫之古文从亡作,非也。」【汗簡注釋卷四】

◉許　慎　廡也。从广。虜聲。讀若鹵。郎古切。【說文解字卷九】

◉馬叙倫　吴穎芳曰。廡之轉語。劉秀生曰。虜聲鹵聲竝在來紐模部。故𢊍從虜聲得讀若鹵。史記高帝紀。毋得鹵掠。應劭曰。鹵與虜同。後漢書光武紀。有出鹵掠者。注。鹵與虜同。竝其證。倫按房音疑紐。廡音微紐。𢊍音來紐。古讀歸泥。同為邊音。是三字相為轉注也。房𢊍二字或出字林。石鼓文。𨞧口宣博。又曰。口口自𨞧。字皆作。詳其文義。當是地名。則從邑。虜聲。亦或從广𨞧聲也。【說文解字六書疏證卷十八】

庖

◉許　慎　廚也。从广。包聲。薄交切。【説文解字卷九】

◉馬叙倫　沈濤曰。史記司馬相如傳正義引。庖。廚屋也。此下文。廚。庖屋也。庖廚互訓。則此不得少屋字。倫按庖音竝紐。廚音澄紐。同為濁破裂音。是轉注字。玄應一切經音義引倉頡。庖廚。主食者也。【説文解字六書疏證卷十八】

◉李學勤　钋(庖)宰　庖宰官名常見於韓、魏、衛等國青銅器,我們曾指出其「字的寫法時有變異。宰字都作，與子字有別。庖字有的從卜,按《説文》䩄字讀若朴,故庖也可以卜為聲。」我們釋「庖」的這個字,有同志釋作「冢」,如果將這一官名讀為「冢宰」,作為韓國的相職,由本戈銘論,列在邦庫嗇夫之前似更合理。但是白廟范村兵器多以這官名與太官聯繫,釋為掌管飲食的庖宰可能更為恰當。這個問題的解決,需要等待白廟范村材料的全部發表。【湖南戰國兵器銘文選釋　古文字研究第十二輯】

◉戴家祥　魯士簠　字説文未見,劉心源釋聤,讀為俘,謂其字从耳非从𠂤也。奇觚室吉金文述卷五。柯昌濟韡華閣集古録跋尾二零八葉从之。按羅振玉三代吉金文存卷十收録魯士簠共有五器,其中一器作士，一器作士，兩器作士，並从户,劉云从耳,非是。以形義審之,字當釋㕲讀為庖。説文九篇「庖,廚也。从广庖聲。」古字以户表義者,亦或更旁从广,周書顧命「狄設黼扆綴衣」,偽孔傳訓扆為屏風。一切經音義十四引字林扆「翳也」。集韻去聲七尾扆,音扆。又下平十五青扃扄同字,是其證。包孚聲同,王風兔爰「雉離于罦」,説文七篇引作「雉離于罬」。楚辭九歌「揚枹拊鼓」,王逸注「枹,一作桴。」一切經音義二引衛恆詔定古文官書「枹桴二字同。」户義同广,故庖亦或作㕲。天官序宜「庖人,中士四人,下士八人。」鄭玄云:「庖之言苞也。裹肉曰苞苴,庖亦同胞。」按列子楊朱篇「胞廚之下」,釋文「胞本作庖」。莊子養生主「庖丁為文惠君解牛」,釋文「庖本作胞」。又庚桑楚篇「湯以胞人籠伊尹。」墨子尚賢中云「伊摯有莘氏之私臣,親為庖人。」漢書百官公卿表「胞人、都水、均官三長丞」,顔師古集注「胞與庖同,胞人主掌宰割者也。」聲亦同浮,大雅生民「烝之浮浮」,説文十篇引作「烝之烰烰」。唐韻烰讀「縛牟切」並母幽部,庖讀「薄交切」,不但聲同,而且韻同,故吕覽本味篇「庖人」作烰人。高誘注烰猶庖也。簠銘「魯士㕲父乍飤簠,永寶用」,「士」即中士、下士之士。庖父猶言「庖人」「庖正」也。左傳哀公元年伍子胥諫吴王夫差曰:「夏少康為有仍牧正,逃奔有虞,為之庖正。」杜元凱注「庖正,掌膳羞之官。」孔穎達正義「庖正當周禮之庖人,用之為正,當是食官之長,故為掌膳羞之官也。」然則魯之士庖父,殆亦庖人、庖正之曹與。【金文大字典中】

秦1481 □廚　秦1476 □山□廚　叢刊1980:3 左胅　胅廚字別體 【古陶文字徵】

祠廚　長壽單右廚護　廚稺公 【漢印文字徵】

廚出淩歊臺銘文 【汗簡】

淩壇臺文 【古文四聲韻】

◉許　慎　庖屋也。从广。尌聲。直株切。【説文解字卷九】

◉郭沫若　上樂鼎　㡿疑廚之異文。从广朱聲。朱聲與尌聲同部。【釋𦟝　金文叢攷】

◉馬叙倫　沈濤曰。御覽百八十六引。廚。庖室也。倫按廚為且之轉注字。詳且字下。庖屋也非本訓。字見急就篇。【説文解字六書疏證卷十八】

◉黃錫全　廚出淩歊臺銘文　鄭珍云：「廚作厨俗省字。此因之更从古文豆，又改寸从攴，謬。」按寸本「」變，古、偏旁可互作。如扶字作(扶卣)，也作(《説文》古文)；啟字作(啟尊)，也作(中山王鼎)；徹字作(何尊)，也作(𢆶羌鐘)、(《説文》古文)等，廚字蓋有从攴作者。漢美陽鼎廚作，盧氏鼎作。夏韻魚韻注「淩壇臺文」。馮本「歊」作「敲」。唐陽華巖銘𨃹字古文作。【汗簡注釋卷四】

庫　朝訶右庫戈　右庫戈 【金文編】

庫　效五二　二例　雜一五 【睡虎地秦簡文字編】

5212　5213　5215　5214　2716 【古璽文編】

上郡庫令　票軍庫印　武庫中丞 【漢印文字徵】

庫華岳碑 【汗簡】

華嶽碑【古文四聲韻】

◉許　慎　庫兵庫藏也。从車在广下。【説文解字卷九】

◉馬叙倫　沈濤曰。初學記廿四御覽百九十一引作兵車所藏也。陳詩庭曰。唐韻。庫。苦故切。不知其得聲之由。後漢書竇融傳有金城太守庫鈞。注引前書音義云。庫姓即倉庫吏後也。今羌中有姓庫。音舍。云。承鈞之後。釋名。古音車聲如居。言行所以居人也。今曰車。聲近舍。舍。行者所以居。若舍也。然則車舍音相近。庫宜即從車得聲。倫按鍇本作兵車藏也。以説解從車在广下言之。鍇本似是。然禮記月令。審五庫之量。蔡氏章句。一曰車庫。二曰兵庫。三曰祭器庫。四曰樂器庫。五曰宴器庫。是庫非止臧兵車。更不止藏車。不得獨從車在广下。陳謂庫從車得聲。是也。書牧誓釋文引韋昭辨釋名。車古音皆尺遮反。從漢以來始有居音。錢大昕謂古音斂而今音侈。謂韋説適得其反。吴承仕是韋説。倫謂古無歌麻韻。則錢説長。蓋歌麻韻自西土來變。羌中庫姓音舍。亦其證。戰國策趙策。拘之羑里之車。史記周本紀作庫。正庫從車得聲之證。今上海地名有朱家庫者。俗乎朱家舍。不讀苦故切也。車音如舍。舍音審紐三等。古讀歸透。透溪同為次清破裂音。故唐韻庫音苦故切入溪紐。車音古如居。在見紐。府音非紐。古讀歸封。封見同為清破裂音。轉注字也。秦有中車府令。是庫不獨藏兵車祭宴樂器而府不獨藏文書矣。庖從包得聲。包音亦封紐。廚從尌得聲。尌從豈得聲。豈音知紐。廥音見紐。廐音亦見紐。封見知同為清破裂音。故文書藏曰府。兵車藏曰庫。食物之藏曰庖廚。芻藁之藏曰廥。馬藏曰廐。車音如舍。入審紐。審與喻紐四等同為次清摩擦音。庾為水漕倉而音在喻四。皆同語原也。兵車藏也蓋字林文。本訓捝矣。字見急就篇。【説文解字六書疏證卷十八】

◉林清源　右庫戈(邱集8182、嚴集7348)

內末銘文二字，羅振玉釋為「右軍」(三代卷20「目録」)，羅福頤(代釋4648)從之。然第二字作「」，上象屋舍形，當釋為「庫」。「右庫」為冶鑄作坊，多見於三晉兵器，參例154鄭右庫戈。【兩周青銅句兵銘文彙考】

◉黄錫全　庫華岳碑　庫字古作(朝訶右庫戈)、(右庫戈)，也作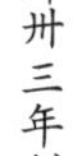(鄭九韋矛)、(鄭卅三年劍)、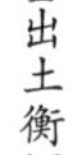(中山王墓出土衡帽)等。此形原蓋作。夏韻暮韻録作。鄭珍認為「上當作」。【汗簡注釋卷六】

◉戴家祥　右軍戟　右庫　前人多釋軍，個别釋庫。按後者為是。理由如下：从字形看，从广从車，與庫完全相同。金文銘刻中，軍多作，从勻省聲，與此不同。从上下文看，庫字多與工師並舉，孟子梁惠王下「為巨室，則必使工師求大木」，注曰「工師，主工匠之吏。」十一年鼎「庫嗇夫肖不𦀚貲□□夫竗所為空二斗」，庫與嗇夫並舉的例子在漢代的洛陽武庫鐘和漢簡裏也

有。鄭玄儀禮覲禮注「嗇夫，蓋司空之屬也。」庫與工師和嗇夫並舉，意義當近。說文九篇「庫，兵車藏也。从車在广下。」這是庫的本義。左傳襄公九年「使皇鄖命校正出馬，工正出車，備甲兵。」庫引申為官名當指監造和掌管武器車輛和甲兵的工正。

軍當為庫之別體。金文「广」、「宀」混用無別，如寓之作㝢，序之作宇。庫可以寫作軍。广、宀均表示處所，字義不變。朝訶右庫戈「右庫」，右庫戈「右庫」，十六年戟「左庫帀工師司馬裕」，庫均从广；奠右軍戈「右軍庫工師司馬鴡」，詞例與十六年戟完全相同，故軍庫為一字無疑。【金文大字典上】

粹1551 新4831 【續甲骨文編】

廏 金文以為簋字 卲王簋 簋字重見 【金文編】

5·229 小廏 5·230 左廏容八斗 秦1462 中廏 【古陶文字徵】

廏 秦一七 五例 雜二九 二例 日甲七〇背 【睡虎地秦簡文字編】

未央廏丞 左馬將廏 廏印 粱廏丞印 菑川廏丞 甘陵廏丞 右馬將廏 【漢印文字徵】

廏古論語 【汗簡】

古論語 【古文四聲韻】

◉許慎 廏馬舍也。从广。𣪘聲。周禮曰。馬有二百十四匹為廏。廏有僕夫。居又切。𠆭古文从九。【說文解字卷九】

◉吳大澂 𢊁从广。从僕。古廏字。許氏說。廏。馬舍也。周禮曰。馬有二百十四匹為廏。廏有僕夫。諆田鼎。【說文古籀補卷九】

◉郭沫若 第一五五一片

「畜馬才在茲兹寓廐。」

寓字雖半損，然其跡甚明，為廐之初文無可疑。【殷契釋編】

◉馬叙倫　姚文田曰。四當作六。篆文相似而譌。鈕樹玉曰。曰字疑衍。此非經文。見校人注。王筠曰。小徐作𣪘聲。倫按馬舍也非本訓。周禮以下校語也。禮記郊特牲。庫門。注。庫或為廄。蓋以語原同而又同為舌根破裂音也。故得通假。字見急就篇。

𠣽　吴穎芳曰。從食。九聲。倫按此與勹部之匓。皆廄之譌。亦或從宀𣪘聲。因譌為𠣽。玄應一切經音義引古文官書𠣽匓二形。同居宥反。則此字吕忱依官書加之。【説文解字六書疏證卷十八】

◉高田忠周　説文。廄馬舍也。从广𣪘聲。周禮曰。馬有二百十四匹為廄。廄有僕夫。古文作𠣽。釋名釋宮室。廄。勼也。勼。聚也。牛馬之所聚也。後世俗譌作廐。【古籀篇七十三】

◉金祥恆　寓　其本字或作寓从宀馬。此字雖不見于字書，然殷墟甲骨文尚存其字。如粹編一五五一：

畜馬在丝寓。

郭氏考釋云：「寓字雖半損，然其跡甚明，為廄之初文無可疑。」戰後寧滬新獲甲骨集五二一

王馬在兹寓。

郭氏考釋云：「寓字雖半損，然其跡甚明，為廄之初文無可疑。」

王畜馬在丝寓……母戊，王受(又)。

又五二二：

王……其……丝寓

又四八三一：

卜，王其亡俾棕于寓。

以上各片之寓完好無缺，从宀馬，明若觀火，象馬在檻中，猶牛之在牢即説文古文之𠣽。説文𠣽从九，段注云：「从九聲。」非也，九乃宀之譌。篆文書宀，與九字形相近，筆勢稍變，即譌宀為九。馬氏六書疏證云：「𠣽與勹部之廄。皆廄之譌，亦或从宀皀聲，因譌為𠣽。」馬氏謂或从宀，是也。而皀聲則非也。𠣽，説文為叀之古文。或作𠣽，説文𣪘下云：皀，古叀字，乃馬之譌。金文馬如毛公鼎作馬，象馬之有頭、足、尾、鬃也。或省簡，如大簋作馬，與説文𠣽相似，不過筆勢稍變，形體省簡而已。將身與頭分離作𠣽，猶虎之作虎。【釋廄　中國文字第三卷第九册】

◉朱德熙　𣪘字就是金文習見的从殳从皀的𣪘字。許慎認為皀象嘉穀在裹中之形，皀則是古文叀字。其實金文𣪘字就有寫成从

皀的。例如：

追毁　頌毁　叔多父毁

即、既等从皀的字也有寫成从皀的。例如：

子禾子釜　叔弓鎛

另一方面，𩛥字《說文》以為从毁，而金文从皀。

毛公旅鼎　令毁

可見皀和皀、毁和毁都是一字的分化。以上是從字形上說的。從字音上說，廏和毁都是幽部見母字，廏字正是从毁得聲。所以邵王毁銘「邵王之誼之盧(薦)廏」，可以借廏為毁。

跟小篆的毁和毁相當，戰國時期的毁字也有兩種不同的寫法。第一種寫法僅見於齊國匋文，所從的皀旁上端作卜字形，相當於《說文》的毁。例如：

季37下　香附19上　季37下

這種寫法跟上引頌毁和叔弓鎛用作偏旁的皀字屬於同一系統，只是把寫成目字形，跟舟毁盤字的寫法相似：

毁字的第二種寫法見於齊國鉨印文字和匋文，這種寫法的變化比較多，歸納起來有以下幾類形體：

A　苑上34　簠62·1

B　善1·15　香3·3

C　待2·5

D　尊1·1

E　香3·3

這個字吴大澂釋殷，丁佛言釋敀，都是不對的。我們認為是毁字。⊘這種寫法的演變過程可以設想如下：

→　→

⊘既然和可以省去口形寫作和，那末和(上引節字A、B兩體所从)也應該可以省去口形寫作和，而事實上前引毁字各體所从的皀正是這樣寫的。這說明我們把、等字釋作毁是完全合理的。

⊘上面討論的見於齊國鉨印和匋文的𣪘字大都借為廄字。現在把此類鉨印和打在匋器上的印文分為三類列舉如下：

（一）廄印。⊘

（二）廄量印。廄舍需要用量器，所以匋文裡常有標記量器之屬於某廄者。

（三）工名印。記匋工名的匋文裡有時指明匋工隸屬某廄。

以上討論的是齊國的𣪘(廄)字。在楚國文字裡，廄字往往寫作从食。例如上文提到過的邵王𣪘的廄字(銘文借為𣪘字)寫作：

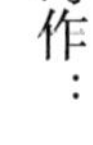

又隨縣曾侯乙墓竹簡：⊘廄字也从食：

T48　上31　上44

宮廄尹這個官名見於《左傳》昭公元年。⊘

長沙沙湖橋古墓出土的一枚古鉨有⿸广食字：

(29)　大⿸广食　湖南伍玖·一，圖一〇

圖一〇

李家浩先生根據《汗簡》卷下之一引《尚書》簋字作：

釋為「大廄」是很對的。《説文》簋字古文从匚从飢。飢可能是飤字之誤。段玉裁改几為九，根據不足，⿷匚飤字所从的飤很可能是飤的簡化形式，即省去了攴字所从的又。「大廄」是宮廷御廄。⊘

《漢書·武五子傳》「發中廄車」，顔師古注：「中廄，皇后車馬所在。」秦簡以中廄與大廄並舉，亦可見大廄是御廄。楚國的大廄當是楚王御廄。⊘

楚國文字裡有時借故為廄。例如江陵天星觀一號墓竹簡：

(30)　故(廄)差(佐)夏臣馭乘肈

故字作：

差當讀為佐，夏臣是廄佐的名字。又江陵望山一號墓竹簡：

(31) ☑祭𥜽(廄)。甲戌、己巳内齋。

𥜽字作：

案望山它簡有「坛北子、𥘺□□」的話。坛是祭名。《禮記・祭法》記王所立七祀、諸侯所立五祀皆有國門、國行，大夫三祀、適士二祀皆有門、行。行指道路，𥘺當是行神的專字。據此，𥜽似當釋為廄，乃廄神的專字。此外，《簠齋古印集》20上有一枚古鉩(圖一一)：

(32) 敀(廄)右馬鉩

圖一一

故字亦當讀為廄。這枚古鉩據傳出土於壽縣，文字也是楚風格的，當是楚印無疑。【戰國文字中所見有關廄的材料　古文字學論集(香港，一九八三年)】

◉湖北省文物考古研究所　北京大學中文系　[一〇六]𥜽　此字从「示」从「㕣」。「㕣」从「亼」「㕣」聲。从「亼」與从「宀」同意。(簡文「賽」字亦从「亼」)，「㕣」與「廐」古音極近，故「㕣」應即「廐」之異構，「𥜽」則為廐神之專字(其字仍當讀「廐」，與「𥘺」當讀「行」同例)。【一號墓竹簡考釋　望山楚簡】

◉李家浩　一九五六年長沙楚墓出土一枚二合印的左半，其上有陰文二字：「大廞」。李正光、彭青野：「長沙湖橋一帶古墓發掘報告」，《考古學報》一九五七年四期四四頁，圖版肆・10。朱德熙先生在《戰國文字中所見有關廄的資料》一文中，引用我的說法，將第二個字釋為「廄」。見國際中國古文字研討會《古文字學論集》四一九頁，香港中文大學，一九八三年；《出土文獻研究》二四七頁，文物出版社，一九八五年；《朱德熙古文字論集》一六三頁，中華書局，一九九五年。由於論證不夠充分，恐怕有人會不相信這一說法，因此有必要對「廞」字的釋讀重新加以說明。為了便於大家瞭解字形，先把「大廞」印原文揭示於下：

「廞」从「广」从「㰺」。文字學家指出，「廄」是形聲字，从「广」从「㲃」聲。「㲃」是「簋」的古文。從表面上看，「㰺」與「㲃」形音

都不相同，「廄」不可能是「廏」字。不過這裡有一個情況應當注意，那就是朱先生在上面提到的那篇文章中指出的，「在楚國文字裡，廏字往往寫作从食」，並且還列舉了楚卲王毁和曾侯乙墓竹簡的「廏」字為例。我們把卲王毁的「廏」字轉引在這裡作為代表：

廏《金文編》三〇一頁

此「廏」字所从「毁」作「餕」，其字形與「飤」相近。我們曾在一篇小文裡指出，在戰國文字中，兩個形近的字作為偏旁，往往混用不分，並舉「弓」與「尸」、「人」與「弓」、「弋」與「戈」、「焦」與「魚」、「畐」與「酉」、「云」與「虫」、「缶」等偏旁互訛的例子。李家浩：《戰國官印考釋(六篇)》，一九九二年中國古文字學研討會論文。「廏」字的俗體作「廐」。「廐」將「廏」所从「殳」作「既」，也是形近訛誤的例子。璽印文字把「廏(廏)」寫作「廄」，即屬於這種情況，它們的關係跟「廏」與「廐」的關係相同。

《説文》古文「簋」也可以證明「廄」即「廏」字。《説文》竹部説：

簋，黍稷方器也。从竹，从皿，从皀。匭，古文簋从匚、飢。𠥃，古文簋或从軌。杭，亦古文簋。

王筠《説文句讀》「匭」作「廄」，注云：「朱竹君本如此。……《廣韻》引作『廄』，中从『飤』。」王氏在《説文釋例》中又指出「『匭』當依《集韻》作『𠤳』」。王氏在他另一部著作《説文繫傳校録》中也有類似的説法。主張《説文》古文「簋」第一體从「飤」的還有姚文田、嚴可均《説文校議》、桂未谷《説文義證》、朱孔彰《説文粹》等。《説文解字詁林》五上·一九四五—一九四七，中華書局，一九八八年。《汗簡》卷下之一匚部和《古文四聲韻》卷三旨韻引《尚書》古文「簋」，也是从「飤」作「𠤳」。可見《説文》古文「簋」第一體本作「𠤳」，「匭」乃是「𠤳」傳寫之誤。《説文》古文「簋」第二體「𠥃」，大家公認其所从「軌」是聲旁。「𠤳」與「𠥃」的結構相同，其所从「飤」也應當是聲旁，在此無疑是作為「餕(毁)」字來用的，與璽印文字「飤」可以互證。

更值得注意的是，包山楚墓竹簡也有「廄」字。一五四號簡説：

王所舍新大廄𠃊(以)啻蔵之田。《包山楚簡》圖版七〇

同墓六一、九九、一八三、一八九號等簡多次説到「新大廏(廏)」。「新大廄」顯然是「新大廏(廏)」的異文，《包山楚簡》將簡文「廄」釋為「廏」，無疑是正確的。可以説，我們把璽文「廄」釋為「廏」，在此得到進一步落實。其實「餕(毁)」訛作「飤」，早在西周金文中就已出現，如需簋的「毁」即寫作「飤」字形(《金文編》三〇一頁)。

《善齋吉金録》六·一二著録一枚陰文璽印，文曰「廄璽」，也以「廄」為「廏」。此璽印只説廏，與《秦漢南北朝官印徵存》著録的八八、八九號「廏印」形式相同。

總之,「廠」應當釋為「廄」。「大廄」是宮廷御廄,屢見於古文獻。朱德熙先生説:「楚國的大廄當是楚王御廄。【戰國官印考釋兩篇　于省吾教授百年誕辰紀念文集】

◉戴家祥　 今甲盤　孫詒讓曰:宊當讀為廄,説文宀部宄,古文作殳。此从宀从殳,更繁縟。而广部廄古文作𠆾,从九。聲類同,得相通借。此謂或廄或貯,皆毋許人闌入也。古籀餘論卷三第三十七葉。按卜辭庚辰 大貞,來,丁亥 寚之枫, 羊卌,卯十牛,十月。」殷虚書契前編卷六第十六葉。又云「上缺亥,其 寚牢。」殷虚書契後篇卷下第三葉。 字从 从宄,前人缺釋,以聲義求之,字當釋廄。許書「宄,姦也。外為盜,内為宄。从宀,九聲,讀若軌。殳古文宄,窓亦古文宄。」窓字从心,表義符號加旁字也。殳字从又,唐韻「又」音于救切,與九同部,注音聲符加旁字也。宄九聲同,宊字从又,其理亦猶是也。孫説至確。吴式棻引翁同書説謂毋使姦宊入境,非是。【金文大字典上】

王文序印　樊序印信【漢印文字徵】

華嶽碑　碧落文　雲臺碑【古文四聲韻】

◉許　慎　序東西牆也。从广。予聲。徐呂切。【説文解字卷九】

◉馬叙倫　爾雅釋宫。東西牆謂之序。倫謂許當以聲訓。呂忱據雅文加此訓。傳寫捝本訓矣。序為宇之聲同魚類轉注字。宀字金文作 。上棟下宇。是宇即 。東西牆也。無此面者。書屋或正或側皆不見後壁也。亦牆之轉注字。牆聲陽類。魚陽對轉也。牆當作牆、今本書混於牆矣。亦垣之轉注字。序音邪紐。垣音喻紐三等。同為次濁摩擦音也。【説文解字六書疏證卷十八】

◉黄錫全　 序　鄭珍云:「石鼓第六鼓有此字,章樵注云郭作阪音反,而碧落用作次序,可知唐人于鼓文認作序也。」按石鼓没有此形,而有阪字作 ,迂字作 。古璽有字作 、 ,从𠂤與从 同,即阧字,依此應釋序(詳古研15・137)。古貨幣有 (貨文編附録)字,也應釋為阧即序。《玉篇》「阧,今作序」。【漢簡注釋卷六】

廦 廦

廦 封八一 三例 【睡虎地秦簡文字編】

◉許 慎 廦牆也。从广。辟聲。比激切。【説文解字卷九】

◉馬叙倫 王筠曰。與壁同。倫按。壁之異文。以土為之。則從土作壁耳。廦為序之轉注字。序音邪紐。廦音封紐。從辟得聲。辟為璧之初文。亦幣之初文。今言幣。古即璧也。幣音竝紐。讀脣齒入奉紐。奉邪同為次濁摩擦音也。廦或讀脣齒音入非紐。序從予得聲。予音喻紐四等。非與喻四同為次清摩擦音也。【説文解字六書疏證卷十八】

廣 廣

廣 廣父己簋 班簋 牆盤 不嬰簋 弔向簋 晉公盦 廣簋 𤼈鐘 禹鼎 番生簋 通彔鐘 士父鐘 从宀 多友鼎 廣伐京𠂤 【金文編】

3·734 廣里 3·1063 獨字 5·96 咸廣里高 【古陶文字徵】

廣 秦六六 三例 法五二 六例 【睡虎地秦簡文字編】

敦德步廣曲侯 王廣之印 廣典衛令 蘇廣漢印 薛廣之印 王廣 張廣 孟廣 王廣

柳廣 申廣 孫廣得印 【漢印文字徵】

祀三公山碑 从三公悳廣 蘇君神道闕 天璽紀功碑 天讖廣多 【石刻篆文編】

廣 【汗簡】

古老子 義雲章 汗簡 【古文四聲韻】

◉許 慎 廣殿之大屋也。从广。黄聲。古晃切。【説文解字卷九】

◉吴大澂 當釋廣。舊釋寅。非。【愙齋集古録第二册】

◉王國維 廣伐西俞。廣亦伐也。穆公鼎云。率南夷東夷廣南國東國。知廣即伐矣。【不𡢁敦蓋銘考釋 王國維遺書第

六册】

◉馬叙倫　段玉裁曰。土部。堂。殿也。倉頡篇。殿。大堂也。廣雅曰。堂埠。合殿也。殿謂堂無四壁。漢書胡達傳。注。無四壁曰堂皇。是也。覆乎上者曰屋。無四壁而上有覆。蓋其所通者宏遠矣。是曰廣。莊有可曰。殿即古之堂也。倫按堂廣聲同陽類轉注字。堂殿雙聲通假字。宮殿字即堂。尚書大傳。天子之堂。九雉。古名堂不名殿也。春秋時始有殿名。説苑。齊大旱。晏子曰。君誠避宮殿暴露。戰國策。要離之刺慶忌也。蒼隼擊於殿上。蓋始借殿為堂。或曰。此後人追記之也。商君書。言天子之殿。則孝公時已然。釋名釋宮室。殿。有殿鄂也。倫謂殿鄂即圻堮。明堂者。以土築之而有圻堮者也。清代宮中殿基。猶可覩其遺制。惟今之所謂殿與宮室無殊。古之堂殿則有覆無壁如段説也。今所謂廠。是其遺制矣。清代官署臨民之所曰堂。其大堂雖左右及後已有蔽。猶空其前面。蓋亦略存古制也。大堂之中有所謂煖閣。亦三面蔽而空其前。則殿上施幄之遺制。此訓殿之大屋。辭義不明。非本訓且有捝譌。字見急就篇。廣敢作□。番生敢作□。【説文解字六書疏證卷十八】

◉譚戒甫　彛辰二字很稀見。「説文」光字的「古文」作炗，慎字的古文作昚。慎屬「真部」，光屬「唐部」，古音旁轉可通借，故昚當从光聲，可知此炗是光字。下面廾字或即廾的省作。我認為□字當从廾省，光聲，似為「廣」的本字。「説文」長字的「古文」作□及□，「卜辭」作□，此□也似張的本字。「廣張」是疊韻聯綿詞，後世寫作「擴張」，有擴大張揚之意。本銘上文既言矢令宣揚了皇王賜與丁公「文報」，此又接説丁公報命，這就更加廣大地張揚了。【周初矢器銘文綜合研究　武漢大學學報一九五六年第一期】

◉李孝定　□古・二・八　从宀从黄。説文所無。疑廣之古文。【甲骨文字集釋第七】

◉李孝定　□藏・八四・二　□前・六・三一・四　□菁・一・一　説文「廣。殿之大屋也。从广。黄聲。」郭氏金文叢攷一八〇至一九二葉金文餘釋有釋黄一文。考黄之形制甚詳審。可从。郭謂契文□即黄字。此从宀黄聲。宀與广同。當即廣字。辭云「貞廣不死。」前・六・三一・四。「□卯□此字下半漫漶不明子廣六俎羌十。」菁・一・一。「貞勿□廣于母庚。」藏・八四・一。人名。【甲骨文字集釋第九】

◉睡虎地秦墓竹簡整理小組　廣，通「擴」字。廣衆心，發揚士氣，與臨沂銀雀山漢墓竹簡《孫臏兵法・威王問》中的「廣志」意同。【睡虎地秦墓竹簡】

◉戴家祥　□史牆盤當釋廣。説文九篇广部「廣，殿之大屋也。从广，黄聲。」又七篇禾部穅。「从禾，从米，庚聲。」或省作康。廣讀古晃切，見母陽部。康讀苦岡切，溪母陽部。同部義得通假，又是旁紐雙聲。易晉「康侯」，釋文引鄭玄注「康，廣也。」史記屈原賈生列傳「而寶康瓠」，索隱引李巡曰「康謂大」。毛公鼎「康能四國」，齊侯鎛鐘「康能乃九事」。廣能，即康能也。牆盤銘文通釋。

多友鼎 寅，乃廣之別構。金文从广从宀常可混用，如宅之作厇、庫之作庫等等。【金文大字典上】

 叢刊1980:3 廥公【古陶文字徵】

 廥 效二七  秦一六八 十六例  日甲一一五 三例【睡虎地秦簡文字編】

 廥印  田廥【漢印文字徵】

◉許 慎 廥芻藁之藏。从广。會聲。古外切。【説文解字卷九】

◉馬叙倫 鈕樹玉曰。韻會引藁作槀。是也。嚴可均曰。説文無藁。後漢書蘇不韋傳注引無之字。倫按。芻藁之藏校語。廣雅釋宮。廥。倉也。疑許或以聲訓。或如雅文。字見急就篇。【説文解字六書疏證卷十八】

 庾欽私印  庾公孺印  庾德私印【漢印文字徵】

◉許 慎 庾水漕倉也。从广。臾聲。一曰。倉無屋者。以主切。【説文解字卷九】

◉馬叙倫 桂馥曰。一曰倉無屋者者。三蒼解詁。庾。倉無屋。黄式三曰。庾廋一字。倫按釋名。庾。裕也。言盈裕也。詩楚茨。我庾維億。傳。露積曰庾。然則庾非專謂水漕倉也。疑許本以聲訓。今挩。存者字林文或校語。一曰倉無屋者。即露積曰庾也。然字從广不得無屋。蓋四面無蔽。類堂而無圻堮者邪。【説文解字六書疏證卷十八】

◉許 慎 庰蔽也。从广。并聲。必郢切。【説文解字卷九】

◉馬叙倫 庰為廦之雙聲轉注字。蔽也以聲訓。字或出字林。【説文解字六書疏證卷十八】

158【包山楚簡文字編】

廁 日乙一八八【睡虎地秦簡文字編】

李廁【漢印文字徵】

◉許　慎　廁清也。从广。則聲。初吏切。【説文解字卷九】

◉馬叙倫　鈕樹玉曰。廣韻引作圊也。説文無圊字。急就篇。屏廁清溷糞土壤。王筠曰。廣韻以今字代古字。使人易曉也。倫按。清也非本訓。廣韻引作圊也。字林。圊。七情反。然則自作圊也。乃字林訓。許當以聲訓。今捝亡矣。廁字見蒼頡篇。顔氏家訓引之。文選注引蒼頡。厠。次也。玄應一切經音義引倉頡。雜也。字失次。【説文解字六書疏證卷十八】

◉許　慎　廛一畒半。一家之居。从广里八土。直連切。【説文解字卷九】

◉林義光　从广為轉注。里八土為會意。八者分也。見八字條。【文源卷十】

◉馬叙倫　鈕樹玉曰。廣韻引作一晦半也。一家之居也。段玉裁曰。一當作二。居當作凥。倫按詩伐檀毛傳。一夫之居曰廛。周禮遂人。夫一廛。鄭衆曰。廛。居也。鄭玄曰。廛。城邑之居。皆未明言二畒半。宣十五年穀梁傳。古者三百步為里。名曰井田。井田者。九百畒。公田居一。注曰。出除公田八十畒。餘八百二十畒。故井田之法。八家共一井。八百畒。餘二十畒。家各二畒半。為廬舍。公羊解詁韓詩外傳竝曰。各二畒半為廬舍。然井田之制。或謂實未嘗行。或即嘗行。而廛字豈為井田而制乎。且從广從里從八從土會意已不可通。而里土又復之。制字之義既可疑。而説解直曰從广里八土。似將廛字自上析而下之。亦可疑也。周禮載師。以廛里任國中之地。注。廛。居民之區域也。廛人注。居民區域之偁。杜子春説。市中空地。杜鄭雖不同説。而皆謂地。非屋宇也。故孟子曰。願受一廛而為氓。漢書楊雄傳。有田一壥。其字從土廛聲。後起者也。然亦可證廛為土地。非屋宇也。此言二畒半也。雖非本訓。其義亦謂二畒半之地。可以為一家之居。故復之曰。一家之居。然字從广。則似為屋宇之偁矣。莊子至樂。栖之深林。遊之壇陸。壇是祭場。莊以壇陸連文。本書。陸。高平地。然則壇是廛之借字。周禮載師注。故書廛或作壇。是其例證。倫因疑廛不從广里八土。乃從坴甸聲。甸廛音同定紐。廛音澄紐。古讀歸定。甸或作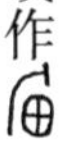。因譌為庿。猶廏之或作㕑矣。或從坴㿠省聲。廛㿠聲同元類。周禮廛人。凡珍異之沈

滯者。注。故書滯或作廛。泉府。貨之滯於民者。注。故書滯為癉。是廛癉古音同也。當立坴部而屬之。【說文解字六書疏證卷十八】

戌

 瘦雲19·2 戌㝵 此从宀古宀與广旁通作 【古陶文字徵】

 3382 【古璽文編】

◉許 慎 戌屋牝瓦下。一曰。維綱也。从广。閔省聲。讀若環。戶關切。【說文解字卷九】

◉馬叙倫 嚴可均曰。廣韻廿七刪。戌。屋牡瓦名。此作牝。當有一譌。閔當作閺。桂馥曰。屋牝瓦下者。所謂屋棧也。急就篇。板柞所產谷口斜。顏注。板謂木瓦也。柞。屋棧也。亦謂之簀。一曰維綱也者。本書。緷。持綱紐也。聲義相近。閔省聲者。當為戈聲。後人以戈環音異改也。張文虎曰。戌從广為義。非瓦名。牡瓦瓦之卷者下即牝瓦瓦之平者。玉篇。瓬。牝瓦。瓪。牡瓦。戌在牝瓦下。不在牡瓦下。廣韻作屋牡瓦名。非是。爾雅釋宮。屋上簿謂之筄。本書。笮。在瓦之下棼之上。是牝瓦下即笮。急就篇作柞。顏注。柞。屋棧也。棧無柞義。即戌之譌。六書故云。椽上必設笮。然後安瓦。然則即櫋聯矣。章炳麟曰。牝瓦下之訓。古無其誼。維綱則有之矣。墨子三辯。湯放桀於大水。環天下自立以為王。武王勝殷。殺紂。環天下自立以為王。環即戌字。謂維綱天下也。戌縣聲義同。若縣内作寰内矣。荀卿言。縣羣衆。縣亦戌字。謂維綱羣衆也。漢世偁天子為縣官。王畿名縣内。皆同義。劉秀生曰。桂謂戈聲。是也。戈聲歌部。環從瞏聲在寒部。歌寒對轉。故戌從戈聲得讀若環。左襄四年傳。斟灌。史記夏本紀作斟戈。走部。趧從走。瞏聲。讀若讙。是其證。門部閺。從門。戈聲。讀若縣。穀梁隱元年傳。寰内諸侯。釋文。寰。古縣字。匡謬正俗。州縣字本作寰。後借縣字為之。亦其證。倫按廣韻作牡瓦名。牡當作牝。牝瓦名者。借戌為瓪。聲同元類。此非本訓。亦非本義。戌為寰之轉注字。本書無寰字耳。一曰維綱也者。桂說可從。此校語。【說文解字六書疏證卷十八】

◉傅熹年 《説文解字》广部有戌字，文曰：「戌，屋牝瓦下，一曰維綱也。从广，閔省聲，讀若環。」牝瓦即仰瓦，瓦下維系綱繩的構件應即指瓦釘或瓦環，叫作戌。從出土實物看，戌的發展順序大約是西周初作帽釘或環，用以系草繩或把帽釘壓入泥中，以後發展成錐形瓦釘；到春秋戰國時進一步發展成在筒瓦上留孔，用單獨的陶瓦釘透過孔釘入泥背。以後開始在瓦釘上加裝飾。後世把陶瓦釘改成鐵釘，但一直到清末還在琉璃瓦上加帶琉璃圓帽的瓦釘。【陝西岐山鳳雛西周建筑遺址初探 文物一九

八一年第一期】

𢋈

◉許　慎　𢋈屋階中會也。从广。怱聲。倉紅切。【說文解字卷九】

◉馬叙倫　徐鍇曰。階。東西階也。會者。其中階相向處。段玉裁曰。謂兩階之中湊也。王筠曰。徐段之說。未詳孰是。疑連言屋階則不主階而言。或者屋階相會之處謂之𢋈也。張文虎曰。蓋謂歷階而上值堂外深檐屋所覆處。以其向明。故謂之𢋈。古東西兩階。賓主至中而相見。故曰屋階中會。倫按唐寫本切韻殘卷一東𢋈下曰。屋中會也。諧出説文。諧疑階譌。屋中會與玉篇同。則階下捝也字。此則階字譌入屋下。然屋中會亦非本訓。或字出字林。會為棟宇之相合。屋中會意亦不顯。説家説亦未塙。階也未詳。疑階為際譌。會際義同。【説文解字六書疏證卷十八】

㢇

◉許　慎　㢇廣也。从广。侈聲。春秋國語曰。俠溝而㢇我。尺氏切。【説文解字卷九】

◉馬叙倫　㢇謂屋廣大。故廣雅釋詁曰。㢇。大也。此廣也非堂皇義。字蓋出字林。㢇奓同語原。【説文解字六書疏證卷十八】

廉

廉　語九　四例【睡虎地秦簡文字編】

廉延年　田廉私印　李廉　紀廉印信　聶廉君印【漢印文字徵】

袁安碑　以孝廉除郎中【石刻篆文編】

廉立尚書　廉立見尚書　廉【汗簡】

義雲章　古尚書　古文　陰符經【古文四聲韻】

◉許　慎　廉仄也。从广。兼聲。力兼切。【説文解字卷九】

◉馬叙倫　厂部。仄。傾側也。然非本義。厞下曰。仄也。厥下曰。厞也。錢坫謂厥即兩山之間曰峽。亦謂兩山之邊際。儀禮鄉飲酒。設席于堂廉。注。側邊曰廉。漢書賈誼傳。廉遠地則堂高。本書。陳。厓也。厓。山邊也。然則廉是屋階之間。今杭縣偁為階沿。階沿即階廉也。與陳同語原。字見急就篇。仄也非本訓。【説文解字六書疏證卷十八】

◉黃錫全　𢈕廉　《説文》監字古文作𢈕，本書厂部録《義雲章》藍作𢈕。鄭珍認為「此義雲誤以古文監為廉」。夏韻鹽韻録《陰符經》廉作𢈕，添韻録《古老子》謙作䜸、䜸，兼作𢈕，鄭珍認為「皆據此書為藍本也」。按監、廉古音同屬來母談部，此假「監」為「廉」。這種音同或音近而與意義没有多大關係的假借現象，猶如馬王堆漢墓帛書《經法》假連為列，《老子》乙本假蓮為裂，《六十四卦》假戾為列、洌等。【汗簡注釋卷四】

庛

◉許　慎　庛開張屋也。从广。秅聲。濟陰有庛縣。宅加切。【説文解字卷九】

◉馬叙倫　翟云升曰。類篇引無張字。倫按。此字蓋出字林。故訓開張屋也。又有濟南五字。庛音澄紐。庨音穿紐三等。同為舌面前音。轉注字也。【説文解字六書疏證卷十八】

龐

乙一四〇五　地名　乙四五一六　乙六〇四三　鐵一二一·三　前四·三五·五　前五·一二·三　前七·三〇·四　後一·九三　粹一二二四　粹一二二九　佚五七八　鄴二下·三六·一　京津八八　寧滬三七四　金七〇九　簠曲四二　續五·三四五　或从龔　金二〇〇　乙七一四三反　【甲骨文編】

乙1405　4516　6043　佚578　續6·13·12　粹1214　新1977　乙7143　續5·345　徵5·22　8·42　【續甲骨文編】

龐滿　龐鳳　龐壽　龐比干　龐鳳私印　龐縱　龐小青　龐奉　龐寬　龐長私印　龐士私印　龐萬私印　龐黑私印　龐長倩印　龐夜　龐翁伯　【漢印文字徵】

底 底

龐出孫强集字　【汗簡】

孫彊集　 王存乂切韻　【古文四聲韻】

◉許　慎　龐高屋也。从广。龍聲。薄江切。　【說文解字卷九】

◉馬叙倫　與寵一字。甲文作龐。字見急就篇。高屋也非本訓。　【說文解字六書疏證卷十八】

◉饒宗頤　庚辰卜，争貞：黍于龏。……黍于龏。（簠室歲時二二，續編五・三四・五重）。按龏即龐，亦稱龐𠂤。後編上九・三：「丁卯卜，王于龐𠂤。」為婦龐封地，另詳諸婦章。史記魏世家：「公孫痤取龐。」殆即其地。　【殷代貞卜人物通考卷六】

◉李孝定　龐藏十二・三　說文「龐。高屋也。从广龍聲。」栔文从广龍聲。或从龏聲。龏亦从龍聲也。羅釋可从。辭云「甲申卜𣪊貞乎婦好先収人于龐。」前・五・十二・三。「乙酉卜争貞乎婦好先定案。先字較小。旁注於「好」「収」二字之間。係漏書後加者。収人于龐」前・七・三十・四。「庚辰卜争貞黍于龏。」續・五三四・五。並地名。它辭或言「婦龐」。簠考・典禮・四二。人名。蓋龐方之女嬪于王室者。　【甲骨文字集釋第九】

詛楚文　飾甲底兵　【石刻篆文編】

崔希裕纂古　【古文四聲韻】

◉許　慎　底山居也。一曰。下也。从广。氐聲。都礼切。　【說文解字卷九】

◉馬叙倫　鈕樹玉曰。韻會無也字。沈濤曰。龍龕手鑑引。底。無盡也。是古本尚有此一訓。段玉裁曰。山當作止。居當作尻。玉篇。底。止也。下也。即本說文。倫按。止居也當作止也居也。止也以聲訓。底蓋室之聲同脂類轉注字。一曰下也者。氐之引申義。居也下也皆校者加之。字見急就篇。然以顔師古本作砥證之。蓋本作底。傳寫者以通用字易之。譌為底也。　【說文解字六書疏證卷十八】

庢　廮　废

庢　盩庢右尉【漢印文字徵】

古先左七磬【石刻篆文編】

◉許　慎　礙止也。从广。至聲。陟栗切。【説文解字卷九】

◉馬叙倫　鈕樹玉曰。韻會引止下有之字。倫按。玉篇。庢。礙也止也。此亦當然。礙也為疐字義。止也以聲訓。或到字至字義也。庢室一字。字蓋出字林。【説文解字六書疏證卷十八】

◉許　慎　安止也。从广。嬰聲。鉅鹿有廮陶縣。於郢切。【説文解字卷九】

◉馬叙倫　吴穎芳曰。宴之轉語。倫按。安止也當作安也止也。廮為安之雙聲轉注字。莊子人間世。此之謂攖寍。攖寍連文。本書。寍。安也。安寍亦轉注字也。止也及鉅鹿六字蓋字林文。字或出字林也。【説文解字六書疏證卷十八】

◉許　慎　舍也。从广。犮聲。詩曰。召伯所废。蒲撥切。【説文解字卷九】

◉馬叙倫　嚴可均曰。詩甘棠釋文引作艸舍也。此脱艸字。陳瑑曰。召伯所废。今詩作茇。傳云。草舍也。瑑案説文。茇。草根也。毛本蓋茇為废。臧在東謂周禮仲夏教茇舍。注云。讀如萊沛之沛。茇舍。草止之也。軍有草止之法。疏云。以草釋茇。以止釋舍。此是茇之正字。若毛傳作茇。則字之假借也。毛傳本云。茇。舍也。箋申之云。止舍甘棠之下。是毛鄭皆以茇為废之假借字。正義曰。茇者。草也。草中止舍。故云茇舍。孔仲遠不知茇為废之假借。而孔本毛傳亦無草字。今毛傳及釋文草舍之草俱衍。倫按草舍也者。見詩甘棠鄭箋。毛傳無文。尋詩首章言召伯所茇。次章言召伯所憩。三章言召伯所説。傳訓憩為息説為舍。然皆動詞。憩本俗字。釋文。憩。本又作愒。謁借為竭。竭為休愒之愒本字。説者。釋文。本或作税。又作脱。尋作税。蓋謂税駕。作脱。則謂脱驂。本書。卸。舍車解馬也。讀若汝南人言寫書之寫。似卸為本字。然卸實御之異文。諸言舍棄者。為捨字義。然以捨釋此説或税或脱皆不剴切。倫謂茇愒説三字聲皆脂類。實相為韻。而義皆為竭。變聲變字以為韻。猶上文首章作勿翦勿伐。二章作勿翦勿敗。三章作勿翦勿拜。實以拜為正義。拜。本書作𢪒。拔之轉注字也。若然。則甘棠之茇。不須作废。陸以箋言草舍。此亦訓舍。故謂説文作废。其實此字蓋出字林。吕忱所據三家詩作废。因據鄭箋為訓。或鄭亦據三家詩説也。詩正義引周禮仲夏教茇舍。注。舍。草止也。軍有草止之法。尋大司

庳 

馬。中夏教茇舍。注。茇讀如萊沛之沛。茇舍。草止之也。軍有草止之法。草止者。慎於夜。然於草止無詳說也。正義。云茇舍草止之也者。以草釋茇。以止釋舍。故即云軍有草止之法。如疏釋。則茇舍乃今所謂野外演習。露宿者也。且既曰茇舍。明茇是動詞。舍是名詞。茇蓋借為拔。如往時綠營動員出發曰拔營也。則字亦自不必作废也。或曰。此訓草舍也者。謂草屋曰废也。倫謂废蓋庳之轉注字。音同並紐。【說文解字六書疏證卷十八】

◉許 慎 中伏舍。从广。卑聲。一曰。屋庳。或讀若逋。便俾切。【說文解字卷九】

◉馬叙倫 鈕樹玉曰。廣韻引舍下有也字。韻會引庳作卑。劉秀生曰。卑聲甫聲並在邦紐。故庳從卑聲得讀若逋。冎部。髀。從冎。卑聲。讀若罷。周禮司弓矢。庳矢。注。鄭司農云。庳讀為人罷短之罷。易賁。賁如皤如。釋文。皤。鄭陸作蹯。荀作波。詩十月之交。番維司徒。漢書古今人表作司徒皮。漢書天文志。大者為扶。鄭氏曰。扶當為蟠。齊魯之間聲如酺。卑聲如罷。罷聲如皮。皮聲如番。番聲如甫。是其證。倫按此字蓋出字林。中伏舍蓋謂屋之卑者。一曰屋卑。校者記異本也。【說文解字六書疏證卷十八】

庇 

◉許 慎 蔭也。从广。比聲。必至切。【說文解字卷九】

◉馬叙倫 鈕樹玉曰。韻會引蔭作廕。說文無廕。倫按。庇為榹之異文。木部。榹。梠也。故引申有蔭義。亦或废庳之同雙脣音轉注字。【說文解字六書疏證卷十八】

◉戴家祥 昆疕王鐘 疕字从爿从庀。字應釋庀。广、厂義同。說文七篇席之古文作，是其證。說文广部無庀字，而有訓「蔭也」之庇字。庇，从比聲；庀，从匕聲，比、匕聲同。地官遂師「庀其委積」，鄭玄注「故書庀」為比。鄭司農云「比讀為庀。庀，具也。」夏官大司馬「比軍衆」，鄭玄注「比或為庀」。是庀本庇之簡化字。集韻四紙庀、庇、比同音「普弭切」。左傳襄公十年「庀羣司」，杜預云「庀，匹婢切」。古音幫母脂部。聲轉為夷，夷讀以脂切與庀同部。玉篇四十八「眤，古夷字」。集韻六脂夷、尼、𡰥同字。尼亦从匕得聲字也，故庀得讀為夷。羅振玉讀「昆疕王」為「昆夷王」，从上古音系言之，完全可通，故特疏而出之。【金文大字典中】

庶

庶 从厂 矢簋 盂鼎 毛公厝鼎 伯庶父簋 伯庶父盨 郘王子鐘 沇兒鐘 蔡侯[illegible]鐘 者沪鐘 中山王譻鼎 社稷其庶虖 中山王譻壺 邾公華鐘 子仲匜 【金文編】

5·384 瓦書「四年周天子使卿大夫……」共一百十八字 5·384 同上 【古陶文字徵】

庶 法一二五 三例 【睡虎地秦簡文字編】

3438 【古璽文編】

庶勝 張庶臯 庶步安印 【漢印文字徵】

石碣汧殹 其朋孔庶 田車 麋豕孔庶 石經無逸 以庶邦惟正之供 汗簡引石經作 引古孝經作 品式

石經 咎繇謨 庶績其凝 【石刻篆文編】

庶竝見石經 庶見古孝經 【汗簡】

貝丘長碑 又石經 古孝經 石經 崔希裕纂古 【古文四聲韻】

●許　慎 屋下衆也。从广炗。炗古文光字。臣鉉等曰。光亦衆盛也。商署切。【説文解字卷九】

●林義光 光字諸彝器皆不作炗。庶衆也。古作 毛公鼎。从火石聲。石庶古同音。从火取衆盛之意。或作 。伯庶父敦。譌作 魯大司徒匜。【文源卷十一】

●高田忠周 説文庶字从广。而金文皆从厂。古文固从厂不从广也。其或作厂。亦厂緐文耳。抑許氏以广為厂系。誤甚。據金文。广即屬于宀系。二字形統不相關矣。然厂訓山石之厓巖。人可居。象形。广訓因厂為屋也。亦象形。宀省文也。元當作 而略之。説文云。从厂象對刺高屋之形。非。然厂广形音雖迥異。其意義相近。且厂有或作广者。與广稍似。故漢人誤為从广者。譌傳因襲之迹。自可察知。今正要太古穴居艸處後聖人易之以屋宅。庶字从厂。取其古意。庶為最初古文。从广庶為後出。古文之異體者也。今此所集。無一作庶者。庶或出于小篆秦文耶。【古籀篇十四】

◉丁佛言 卌古鉥。公卌國鉥。案。卌亦作卌。古文無从之無豐也。庶。衆盛也。許氏說卌與庶同意。引商書曰庶草繁無。是卌即古庶字。庶蓋从卌省也。【說文古籀補補卷九】

◉强運開 □毛公鼎。勿雝逮□。按。此篆與說文古文光相同。容庚云。庶字从此。吳愙齋則直釋為庶。蓋鼎文文武耿光乍□。是此字或為庶之省文也。【說文古籀三補卷十】

◉强運開 □說文作□屋下衆也。从广炗。炗。古文光字。此篆作□。蓋籀文筆迹小異也。運開按。齊矦鎛作□。毛公鼎作□。伯庶父盨作□。子仲匜作□。均與鼓文近似。【石鼓釋文】

◉馬叙倫 嚴可均曰。炗古文光字校語。鈕樹玉曰。石鼓文作□。近臂亦之亦。翟云升曰。類篇引無下字。脱。章敦彝曰。炗聲。林義光曰。炗古文光字。然諸彝器光字皆不從炗。毛公鼎作□。從火。石聲。石庶古同音。從火取衆盛之意。倫按。齊鎛作□。伯庶父盨作□。盂鼎作□。伯庶父敵作□。邾公華鐘作□。子仲匜作□。魯大司徒匜作□。其字皆從火。獨上或從□或從□。無一作□者。本書石字作□。不從口。蓋石本作□。象形。後變作□。則疑於口。因加厂為別。亦或譌作□。則與口之篆文無殊。本書磬之古文作□。其所從之□。正與古文經傳中口字作□者同。金文中石字及從石之字竝罕見。己矦敦石字作□。鍾伯鼎作□。褱鼎之鼎字從石作□。此三石字皆從□。是林說可從。炗為庶之省。亦可為庶之初文。從石之初文作□者。形變為□。又變為□。石音禪紐。光音匣紐。同為次濁摩擦音。石聲魚類。對轉陽類為光。然倫謂庶废異字。庶從炗得聲。炗本從石得聲。故庶聲亦在魚類。屋下衆也。屋下二字蓋涉下文庤字說解而誤衍。衆也者。爾雅釋詁文。非本義。古官有庶子。亦作諸子。亦偁餘子。衆也蓋餘之引申義。又庶為庤之轉注字。庶音審紐三等。庤音澄紐。同為舌面前音也。庤為官寺之寺本字。積藏衆物之室也。引申亦有衆義。此蓋吕忱加之。本訓挩矣。字見急就篇。【說文解字六書疏證卷十八】

◉周谷城 庶字金文裏很不少。其形式，盂鼎作□，毛公鼎作□，伯庶父敦作□，伯庶父簋作□，子仲匜作□，邾公華鐘作□。這些形式，一一分析，可得三件東西：一、广相當於小屋子；二、□相當於煑東西的鍋子；三、□相當於鍋下所燒的火。合起來看，應該是廚房或雜屋或如上海人所謂「竈披間」之類。就形式而言，固然可以得到這樣的解釋；就音與義而言，也可以得到與此相符的解釋。庶通煑，周禮秋官庶氏注：庶讀如藥煑之煑。單就這一例看，庶與煑實含有相同的聲音與相同的意義，且煑字的形式，也包含鍋子與火。火很顯明，大家都看得清楚，不必多說。至於鍋呢，即者字的下半，更可從者字看出來。者字在金文裏有好些形式，或者鼎作□，或者尊作□，王孫鐘作□，殳良父壺作□，諸女觥作□作□，者沪鐘作□。上面大概是蒸氣之類，下面一定是鍋子。顏氏家訓書證篇有云：「火旁作庶為炙字」，還可想見庶煑含有相同的聲音與意義。

由上種種，我們斷言庶字的基本意義為雜屋，為竈披間，為燒飯或住傭人的地方。稍稍引伸，有三個較為明顯的意義：一曰卑賤，常用來形容最下層社會份子；古代所謂庶民，大概就是賤民或奴隸之類，其住居規定在雜屋裏，不在正屋裏；故他們常被稱為庶民，意即住雜屋或竈披間的人。這個意思，一直到東漢時，還在民間流行着。後漢書劉玄傳云：「其所授官爵者皆羣小賈豎；或有膳夫庖人，多着繡面衣、錦褲、襜褕、諸于(大掖衣也)，罵詈道中。長安為之語曰：竈下養，中郎將。」二曰旁出，常用以形容非正妻所生之子，所謂庶子是也。清徐灝説文解字注箋云：「古者諸侯之世子曰適子，餘子謂之庶子。庶猶衆也。後世專以側室所生為庶，古無是也。」這裏徐灝錯了，庶的根本意義並不是衆多；所謂庶子實在就是側室之子；後世專以側室所生為庶，倒是援用了古意。徐認庶為衆，不懂得後世的解釋含有古意。其實適與庶老早就是對立的；適為正出，庶為旁出。三曰眇小，即俗所謂差不多的意思。詩抑「庶無大悔」，禮記檀弓「其庶幾乎」，庶字都是差不多的意思。差不多即所差無幾，即是幾微之差，即眇小不必十分介意的差。眇小的意思，也與卑賤旁出一樣，是很流行的。⊘

卑賤、眇小、旁出諸義中，尤以旁出一義為最突出：用以形容動作時，有掩蓋不讓別人看見的意思，如摭拾他人之文章的摭，伏兵遮擊的遮，蟅居牆下之蟅蟲的蟅，躲於樹葉下之鷓鴣的鷓，都是實例。若用來形容沉淪於社會最下層的人民時，則有擠居在雜屋不讓抬頭的意思。人而祇能住雜屋或竈披間一類的屋，不能抬頭，不能居正屋，那一定是奴隸或賤民或小人。庶字的基本意義，祇是卑賤、眇小、旁出等。古書中的庶字，照這種基本意義來解釋，文意都很順；若把庶的意思看成「衆多」來解釋古書，有些地方總不甚順，或者完全不通。⊘

像上面這類的例子，不能一一舉盡；由此我們該可相信庶的意思是卑賤，是眇小，是旁出；庶民在古代幾乎是奴隸的專稱。但庶字之衆多的意思，也確是有的。如書堯典庶績咸熙，史記作衆功皆興，並不能算不通順；又如書禹貢庶土交正，鄭本作衆土，也不能算不通順。其他與此相類之例還很多。然則衆多的意義是從哪裏來的呢？曰，從卑賤微小而居於雜屋裏的人數引出來的，且與卑賤等基本意義同時流行着。許氏説文云「庶，屋下衆也」正是指的這個引伸之義。許氏這説，最為正確，道出了庶民的真相，庶民即卑賤的小民，即祇能居雜屋的奴隸，人數很多；故曰屋下衆也。學者解庶為衆，也有一些講法；但都不如許説妥貼。或謂庶所從之廿為廿為二十，二十是多數，故謂庶有多數的意義。其實廿不是二十，而是鍋子。或謂庶所從之炗為光，謂光有衆盛的意思，其實炗並不是光，而是鍋在火上，含有煑意，雜屋或竈披間的意思就是憑此構成的。就退一步講，認炗為光，但當時量子物理學還没有出現，並不曉得光粒子這類的名稱，怎麼好把光稱為衆多呢？所以徐鉉也祇能説「光亦衆盛」，這是多麽牽强的説法呵！唯獨許氏謂庶為屋下衆，為最得真相。且許氏所謂屋，亦衹是遮蔽風雨的極簡陋的東西，與今日臨時搭蓋的茅棚或竹棚頗相像。徐箋云：「古之所謂屋，非今之所謂屋也」。大雅抑篇上不愧於屋漏，毛傳云屋小帳也。車上蔽風雨的東西亦謂之屋，秦風小戎篇載其板屋之屋，大概就是車上蔽風雨的木棚。引申其義，凡覆蓋於上者皆謂之屋。郊特牲曰，喪國之社屋之；公羊哀四年傳亡國之社蓋揜之。揜其上而柴其下；屋之即揜之也。均有馬馬虎虎搭蓋茅棚之意。又為障翳之稱。易豐上六，豐其屋與豐其蔀豐其沛文同一例，蓋祲氣籠罩蔽塞如屋然。由此看來，許氏所謂屋下衆，正是雜屋或竈披間一類之屋下擠滿的大衆，正是庶民或奴隸的正確解釋。【庶為奴説　文史哲一九五五年第五期】

◉馬叙倫　白父敦　舊釋伯庶父作旅敨。伋姞氏永寶用。倫檢説文庶在广部。然盂鼎作。毛公鼎作。齊鎛作。伯庶父簋作。與此皆從厂。惟子中匜作。邾公華鐘作。從。亦非字。乃今所謂軒廊之軒本字。庵之初文也。其象形文當作。王筠所謂以牆見其三面以有從之為字者。不得不省其形耳。軒者。説文曰。曲輈藩車。蓋上與左右及後有藩蔽者。今北方乘人之騾車。其遺製矣。公羊定十二年傳注。軒城者。缺南面以受過。周禮小胥注。軒縣缺南面。軒城軒縣皆以形同於軒也。而其制實本於广。古築室皆南向以取光。故缺南面以為出入之所。今杭縣巨室有所謂轎廳者。三面有壁。獨缺其前蔽。所謂大廳亦然。其後通謂之後軒。其名與制。由來舊矣。然則厂广名實竝異。庶有衆義者。蓋為庤之轉注字。同為舌面前音也。自不得從厂。疑古借庶為庤而庶當如林説從火石聲。或從厂炗聲。其義亦不可考矣。【讀金器刻詞卷下】

◉朱芳圃　説文广部：「庶，屋下衆也。从广炗。炗，古文光字。」桉庶象厂中説文厂部：「厂，山石之厓巖，人可居者也。象形。」鐙光煇煌之形。本義當訓光明，春秋考異郵「明庶風至」，是其證也。孳乳為睹，説文日部：「睹，旦明也。从日，者聲。」為著，廣雅釋詁：「著，明也。」對轉陽，與昜、陽諸字相系。【殷周文字釋叢卷上】

◉于省吾　陳世煇　二、卜辭的庶字和从庶的字

卜辭庶字作、、（珠979、京津2674）等形，从石从火，係庶之原始字。卜辭石字作或者習見。卜辭火與山往往形近易混，但火字作，上从二點者，則與山形有別。卜辭庶與从庶之字的原文多簡略或殘缺，今擇録五條于下：

(1)「戊戌卜，今辛，[石/火]至；今辛，[石/火]不至。」（乙中5321）

(2)「☒乎行取龏友于[glyph]，[石/火]氏☒。」（前4·30·1）

(3)「丁丑卜，穷貞，□友于[glyph]，[石/火]氏穷。」（前6·3·5，又摭佚114）

(4)「☒□牛于☒。」(前6・31・2,又林2・1・7)

(5)「庚戌卜,貞,㞢□(衆)龜(秋),隹帝令伇;庚戌卜,貞,㞢□龜,告□于丁,四月。」(前5・25・1+綴合85)

上引第一條言「炱至」或「炱不至」,卜辭言某至、某不至之例習見,某為人名或方名。第二、三條言「炱氏☒」,卜辭言某氏某者,氏應讀為致(詳于省吾殷栔駢枝釋氏),是説某人有所獻納。第四條言「宊牛于☒」,炱為煑的本字(詳下文),宊為炱的孳乳字,因煑于室内故从宀,這是説煑牛于某。第五條言「㞢衆秋」,㞢應讀為有,衆即衆庶之庶的原始字,從衆炱聲。説文:「衆,衆立也,从三人。」國語周語:「人三為衆。」按三係代表多數,不限于三,與衆從众同意。典籍多訓庶為多,也訓為豐,爾雅釋言:「庶,侈也。」孫炎注:「庶,豐多也。」易雜卦傳:「豐,多故也。」是多與豐義相函。卜辭的「有衆秋」,是説有豐多的秋收。書盤庚:「若農服田力穡,乃亦有秋」。「有秋」和「有衆秋」語意相仿。下言「告于丁」,第二期卜辭也省稱父丁為丁,因為占卜出今年的秋收豐多,所以要祭告于父丁。

三、庶字从火石聲

卜辭炱形已詳上文。早期金文盂鼎作□,晚期金文邾公華鐘作□,者沪鐘作□,其中所从之口也演化作廿,因而小篆遂作庶。用後世六書之例來説,庶字應為「从火燃石,石亦聲」,是會意兼形聲字。庶从石聲,就聲紐來説,石屬禪母三等,庶屬審母三等,古讀禪三與審三並為舌頭音,例如从石聲之妬(後世訛為妒)屬于端紐,从石聲之拓屬于透紐,从石聲之度屬于定紐,他如説文中的宕、槖、蠹並从石聲,也都讀為舌頭音。古籍中从石从庶之字,往往互作無别。孟子盡心篇:「蹠之徒也」,音義引張音:「蹠與跖同」(蹠跖互作典籍習見,不備舉);説文拓之或體作摭;説文「樜木」山海經北山經作「柘木」;説文:「藷,藷蔗也」,司馬相如子虛賦作「諸柘」。今福州方言猶讀石如庶。總之,就古文字的構形來説,就聲與韻來説,就偏旁互作來説,庶字本从石聲是没有疑問的。

説文从庶省聲的有兩個字:「度从又庶省聲。」林義光以度為从石得聲是對的。又「席从巾庶省聲,□古文席,从石省。」席字應从石聲,席屬邪紐,錢玄同謂古讀邪歸定(師大國學叢刊第一卷第二期)。是度席二字本从石聲,並不是从庶省聲。

四、庶字从火燃石的意義和庶字發生的時期

人類最初的最普通的熟食办法,是用坑穴(爐)或熱灰焙燻和在燒熱的石頭上烙烤食物,再進一步才知用沸水煑物。但是最初的煑物方法,是用編織的或木制的不漏水的器皿以盛水,然後用炙熱的石頭投入水中,以煮食物。至于燃火于器皿之下以煑食物,是陶器發明以後的事;可是在既用陶器煑物以後,有時仍然保持着原始的燒烤辦法。切博克沙羅夫説:「起初可食的種子、根莖和塊莖以及一塊肉或去了頭尾和四肢的整個小動物，都是直接放在火篝的火上、炭上、熱灰中和燒紅了的石頭上來烤的。在塔斯馬尼亞人、澳大利亞人、火地人、加利福尼亞的印第安人和許多其它落後各族中，幾乎都是用這種方法來烹調食物。」(原始文化史烹調食物節)「閔考皮人調制食物的技術是站在頗高的階段之上，从前面説過的可以知道，他們已經懂得用水煑肉和根莖。……不過肉類不常煑食，大半是在火上用燒串烤炙，或夾在兩塊熱石間燒烤，藷蕷也常放在熾灰中烤炙的，或者切成小塊，包以樹葉，放在熱石間燒烤。」(吴覚先譯經濟通史135頁)我國松花江下游的「赫哲人，在用鐵鍋煑物以前，没有知道制造陶器，在他們的傳説中，……用極大的木盆一個，内盛水，將肉放在其中，以石塊燒紅，立刻浸入大盆水中，如是數次即水沸肉熟」(凌純聲著松花江下游的赫哲族上册65頁)。

如上面所論證的，用石頭燒紅以烙烤食物，或投燃石于盛水之器以煑之，是原始人類熟食的一種習慣作法。根據這樣的普遍事實，我們可以判定卜辭中「从火燃石，石亦聲」的「⿱石火」字是煑字的初文。周禮秋官序官庶氏鄭注：「庶讀如藥煑之煑。」這是庶與煑古字通用之證。又按，庶與炙音義並相近，詩瓠葉：「燔之炙之。」毛傳：「炕火曰炙。」炕火即上文所説的坑穴(爐)，清儒之解毛傳者，改炕為抗舉之抗，有失傳義。説文：「炙，炙肉也，从肉在火上。」(之石切)古韻炙與庶並屬魚部，詩楚茨：「或燔或炙」，「為豆孔庶」，以炙與庶為韻。漢書賈誼傳：「又苦跡盭。」顔注：「跡，古蹠字也。」顔氏家訓書證：「火旁作庶為炙字。」是从炙與从庶以音近互作。要之，古人炙肉于坑穴或燃石上都叫做煑，煑的初文本作庶。用水煑物叫做煑，用火炙肉叫做炙，係後世孳化分別之文。

關於庶字的發生時期，在此略加推考。卜辭庶字都屬第一期，是庶字可能出現于商代前期。我國文字的發生雖然要在商代以前，但是先有象形和會意字，以後才演化出形聲字，庶字既屬形聲，不應出現于過早的時期。商代前期應屬于原始社會的後期，當然有了沸水煑物的作法，可是燃石烙烤的遺風還能有所保持。上面所舉的閔考皮人，已經知道用水煑物，而對于肉類仍然采用熱石燒烤的辦法，就是很好的證明。

五、結論

依據前面的一些論證，我們自認為已經尋出庶(⿱石火)與⿸广⿱林火在形音義三方面的演化規律。卜辭庶字是「从火燃石、石亦聲」的會意兼形聲字，也即煑之本字。凡會意兼形聲字，仍應屬于形聲的范疇。人類在原始生活中，把獵獲的動物截斷頭尾和四肢，有時也剁切為塊，以烙烤於燃石之上或投燃石於盛水之器以煑之，是熟食的一種習慣作法。又為了生活上記事的需要，象意依聲，因而造出應用的⿱石火字。足徵文字的發明，與人類的生産和生活是分不開的。古籍中借庶為衆庶之庶，又别制煑字以代庶，而庶之本義遂淹没無聞。周禮鄭注雖讀庶如煮，但並不知道庶為煮的本字。説文截取庶字上邊所从之广（音儼）解做屋形，把臢下的炗形釋為古文光字（古文字中的光字無作炗者）因而訓庶為「屋下衆也」，這不僅是隨意加以割裂和曲解，同時也把从火石聲的形聲字誤認為「从广炗」的會意字。漢以後遂沿訛襲謬，習焉不察。卜辭𢊁（㬎）字係由庶字所孳乳的从众庶聲的形聲字，也就是典籍中衆庶之庶的本字。雖然卜辭中的𢊁字僅二見，並且也未發現過𢊁人的詞例，但是就「有𢊁秋」來説，自係指着有豐多的秋收而言，加之𢊁字又以众為形符，形中含義，則𢊁為衆庶之庶的原始字是毫無問題的。至于某字流行而某字廢掉，在古文字中也是習見的，例如：風行而雚廢，匪行而棐廢，星行而曐廢，地行而墜廢，靁行而䨻廢，雷行而靁又廢，這樣的例子不勝繁舉。然則庶行而𢊁廢，一般説來，是合乎文字變革過程中由繁趨簡的簡化規律的。【釋庶　考古一九五九年第十期】

◉李孝定　林義光氏説庶字从火、石聲，於義為勝。周谷城氏謂庶字象屋下以火烹物，並舉煮字為例，謂所从者之下半「ㅂ」為鍋子，割裂牽傅，説不可从；煮字明是从火、者聲，倘如周氏説字之法，則形聲字當立「聲之部分兼義」一例，六書之義，益以淆亂矣。【金文詁林讀後記卷九】

◉趙錫元　「庶」字是周代以後出現的新字，「庶人」是周代以後新出現的專有名詞。我們説，殷虚出土的甲骨卜辭中只有「衆」字，而無「庶」字，庶字最早出現于周原出土的甲骨卜辭中，字僅兩見，其一作「庶蠻」，庶字作，它和《大盂鼎》銘文庶作、小篆庶作庻，形體結構基本上相同。有人説殷虚卜辭中發現有庶字，是值得商榷的。但周代青銅器銘文和周代历史文獻中庶字卻習見了。《尚書》周書部分中的周初文獻，如《大誥》《康誥》《酒誥》《梓材》《召誥》《洛誥》《無逸》等篇中，庶字多次出現，諸如「庶子」、「庶士」、「庶人」、「庶民」、「庶殷」、「庶邦」「庶伯」、「庶尹」等等。因此我們只能認為庶字最早出現于西周初年。

根據現存的有關材料分析，庶字所包涵的意思，主要的可以分為兩大類。

第一，庶字與衆字相同，有多的意思。《説文》：「衆，多也」。「庶，屋下衆也」。可見庶也有衆的意思。因此，从表面看來，「衆人」與「庶人」没有什麼區别，商代的「衆人」，到周代以後就被稱作「庶人」，只是商與周時代不同，人們的習慣稱謂也不同罷了。但具體分析起來，商代的「衆人」和周代的「庶人」，在實質上還是有很大區别的。

第二，庶字與衆字不同之點：「衆」字只有多數這一個涵義，作為專有名詞的「衆人」，也是群衆的意思；但庶字，它除了有多數這個涵義外，還有另一個涵義，即次一等或第二等的意思。例如，嫡庶：嫡有正、長之意，庶有次、副之意；庶子，除嫡子外之餘子或次妻所生之子；庶士，元士之外曰庶士，它包括：「我庶士」（《尚書·泰誓》）、「友邦庶士」（《尚書·大誥》）、「庶邦庶士」（《尚書·酒誥》）、「殷庶士」（《尚書·畢命》）等，這些都具有次一等或第二等的意思。這是「衆」字所没有的。

庶字這個次一等的涵義，來源于周人對其他氏族、部落或方國的征服。《左傳》昭公三十二年記載，「三后之姓，于今為庶。」杜注：三后，指虞、夏、商。這是說，周人滅商以後，原來的虞人、夏人也和殷人一樣，淪為周的附庸，降而為庶了。又，周人自稱曰士，意思是戰士；稱附屬國之人為庶，意思是二等國民。周統治者稱同盟國為「友邦」(《尚書·大誥》)，稱附屬國為「庶邦」(《尚書·無逸》)；稱庶邦之君為「庶邦君」(《尚書·大誥》)，庶邦之伯為「庶伯」(《尚書·酒誥》)，庶邦之官長為「庶尹」(《尚書·酒誥》)；同樣，稱庶邦之民為「庶民」(《尚書·梓材》)。周公東征勝利後，對被迫遷于成周的殷人稱之為「庶殷」、「殷庶」(《尚書·召誥》)，或「殷庶士」(《尚書·畢命》)。這些庶字，毫無例外，都有次一等的意思。【周代的二等國民——庶人　史學集刊一九八二年第三期】

◉張占民　「十六年大良造庶長鞅之造雍□」。已往考證文章對大良造之下兩字未加考釋，據拓本摹為「[glyph]」。第一字隸定為「庶」，第二字疑為「長」字，釋「庶長」。據《史記》(孝公六年)「乃拜鞅為左庶長」，「十年，衛鞅為大良造」。可見釋庶長與商鞅身份相合。同時惠文王四年瓦書亦有「大良造庶長」並列的用法，可與鐓銘「大良造庶長」相互印證。

「大良造」官名，「庶長」爵名。秦早期題銘特點，一般官名在前，爵名在後，如「司御不更顝」。另外爵名在題銘中有時出現，有時則可以不題。如「十八年大良造」方升題銘則不見爵名。但一般作為官名是非題不可的。「大良造」釋官名，「庶長」釋爵名，符合秦題銘特點。從職權考察，「大良造」也應為官名。秦國中央政府所鑄兵器，其督造者不是相邦便是丞相。秦未設相邦之前，即由「大良造」行使相邦之權。因而「大良造」作為兵器督造出現無疑是官名。「庶長」只能屬爵名。【秦兵器題銘考釋　古文字研究第十四輯】

◉沈長雲　庶字字形，甲文作[glyph]，金文作庶，皆从石从火，石亦聲。《說文》謂庶字「从广芡，芡古文光字」，釋為「屋下衆也」。許氏釋庶為衆是對的，但解庶字的字形卻大誤。庶並不从广，古文光字亦不如此作(除許書所引外)，而作「火在人上」，且「屋下光多」引申為衆盛之義亦殊費解。

庶字之意，經典多訓為衆、為侈、為䏧。衆、侈、䏧義相近，是庶之本義應為衆多。先秦古籍中沒有訓庶為支庶之義的。所謂旁出、卑賤、渺小之義皆庶字後來的引申用法。所謂嫡庶之庶，初時亦僅基于庶子相對于嫡子數量為衆這一點說的。嫡子只有一位，其餘次子和次妻之子皆為庶子，故文獻或稱庶子為諸子，「諸子」也就是衆子的意思。清徐灝《說文解字注箋》曰：「古者諸侯之世子曰適，餘子謂之庶子，庶猶衆也。後世專以側室所生為庶，古無是也。」徐灝是根據古代經籍中大量的訓釋箋注而言的。周谷城先生批評徐灝把意思弄顛倒了，他認為庶之古意不是衆多，後世專以側室所生為庶，倒是援用了古意。周先生的這一說法，是基于其對庶字字形進行錯誤分析得出來的，他把金文庶字庶看成是由三部分組成的：广表側室，[glyph]表器皿如釜甑之類，其下生火，因此認為庶字表示雜屋或竈披間，為燒飯或傭人住的地方，並由此認為庶具有卑賤或渺小等意義。周先生不明庶字所从的石字作為意形兼聲符是不能拆為兩部分看的。金文與甲文相承，石字在甲文中作形，根本不容拆開。《説文》將石字作為獨體象形字，拆開來也是無意義的。所以我們認為周先生的解説不可取，庶字的本義只能是衆多。

然而庶字「衆多」的本義，从庶字的結構是體會不出來的。庶字从石在火上，其原始意義是煮，即上古燒煮食物的一種方法。庶字作為衆多的意義，是由假借而來的。甲骨文中有㢈字，从庶从众，其表衆庶之意，而从庶得聲。後來㢈字簡化，只剩下聲符表衆庶之意，㢈字應該説就是庶的本字，庶不過是借其音以行。可見説庶之本義為衆多，是有其文字學上的依據的。

因此，所謂庶人，就是衆人、普通之人；庶民，就是衆多黎民；庶士，即多士、衆士；庶邦，就是衆多邦方；庶正、庶尹，就是衆位官長；庶姓，就是除姬姓以外的衆多異姓……。有的學者認為，庶之本義有次一等的意思。故周初稱附屬國之人為庶或庶士，稱附屬國為庶邦，稱庶邦之民曰庶民。這種説法是值得商榷的。如《書・泰誓》言「嗟，我友邦冢君，越我御事庶士」「庶士」明謂周武王伐紂的衆甲士；《詩・大雅・靈臺》「庶民攻之，不日成之」「庶民」指文王時期修築靈臺之周族平民；《書・酒誥》「乃穆考文王，肇國在西土，厥誥毖庶邦庶士，越少正，御事，朝夕曰……」，「庶邦」謂文王在西土時的衆多兄弟之邦，亦即周貴族統帥下的衆邦方。以上庶字的用法，都没有次一等的意思。庶人或庶民，初亦體會不出是因為被征服而淪為二等國民這樣的意思。

然則，商代的「衆人」是否即等于周代的庶人？我們認為，這裏面還應有稍微的差别。商代「衆人」又或單稱為「衆」，衆、衆人都是一個獨立的身份名詞。甲文中衆字不作形容詞「衆多」解，這是與庶字有明顯區别的。殷墟卜辭中，衆或衆人都是指商人的族衆。在這個衆字面前，我們還無法體會出商人的族衆是否已有貴族和一般平民的區别。而周代的庶人或庶民，其中的庶字作多數解，顯然指的是嫡系貴族以外的衆多平民。甲文中没有庶人的稱呼，其根本原因，蓋亦在于商人尚未確立宗法制度，未嚴嫡庶之别。因為在血緣關係尚維繫着社會成員基本聯繫的時代，只有嫡庶制度才最能夠顯示出社會成員中多數和少數的區别。由于周代確立了嫡子在繼承財産和爵位方面的獨尊地位，庶子家庭的子孫因血緣關係疏遠于嫡系貴族而淪為國族中普通平民，他們在財産和社會地位方面得不到繼承而漸處于貧窮地位，同時因宗法上的從屬關係又必須服從以宗子身份出現的各級貴族的統治。這樣，就形成了周代宗法貴族對普通庶民的統治關係。這就是周代社會階級差别的一般情形。不僅在周族内部，而且在其它異姓諸侯國中，包括所謂附屬國的國族中都是這種情形。那種把庶人（或庶民）只視作被征服民族或附屬民族中的人民的看法，是没有根據的。

⊘所謂國人並不與征服和被征服發生聯繫，庶人的情況也是如此。庶人的主要部分作為「力于農穡」的勞動者住在城邑之外，並不因為他們是被征服族人。庶人就是周代各國族内部的普通平民，這是没什麽可以懷疑的。

由此，再來認識《大盂鼎》中馭與庶人的關係，就更加清楚了。前言馭為盂所統帥的本族族兵中的甲士，其社會身份相當于士以上的貴族，庶人則相當于軍中的徒兵。徒兵數量較甲士為多，作戰時，衆徒兵簇擁在戰車周圍，而以車上重裝甲士為中堅力量。這不僅是因為戰陣的需要，而且由于徒兵在平時作為社會上的平民，與士以上各級貴族本身就有宗法上的主從關係。西周時代的軍隊大約尚不屬于後世的常備兵組織，而皆族兵性質，觀《明公簋》所謂「王令明公遣三族伐東國」即可知。打起仗來，凡族中所有男子不分貴賤，悉數入伍，貴族為師為長，士為甲士，庶人則充徒卒。故《大盂鼎》銘文所述「人鬲自馭至于庶人六百又五十九夫」，實言屬于盂所有的族中成年男子自士至于普通平民六百五十九人也。如此而已，烏有所謂奴隸的影子！

【釋《大盂鼎銘》「人鬲自馭至于庶人」　河北師范學院學報一九八八年第三期】

庤

◉許　慎　庤儲置屋下也。从广。寺聲。直里切。【説文解字卷九】

◉馬叙倫　王筠曰。儲字句。人部。儲。偫也。偫庤一字。故以儲説之。云置屋下者。字從广也。儲以待用。不可露積也。錢坫曰。繫傳無此字。詩。庤乃錢鎛。攷工記注作偫。或後人因詩作庤而加之。非許原文也。人部已有儲偫字矣。郭慶藩曰。此粊誓峙乃糗糧之時也。玉篇。庤。儲也。倫按二篇。峙。踞也。為轉注字。此儲也以聲訓。儲偫為轉注字。與庤非一字也。唯庤廚偫寺語原同耳。置下蓋挩物字。然此為名詞。【説文解字六書疏證卷十八】

廙

廙　毓且丁卣　【金文編】

◉許　慎　廙行屋也。从广。異聲。與職切。【説文解字卷九】

◉馬叙倫　段玉裁曰。行屋所謂幄也。許書無幄。周禮。帷幕幄帟。注。四合象宫室曰幄。王所居之帳也。桂馥曰。字或作帟。廣雅。帟。帳也。釋名。小幕曰帟。錢坫曰。玉篇亦作翼。此屋四阿之翼字。王筠曰。巾部無帟。此蓋是也。行屋者。張之如屋。用之行路也。尹相陽曰。墨子備城門。城上四隅童異高五尺。四尉舍焉。異同廙。倫按。行屋非本訓。字或出字林。又疑行屋也當作行也屋也。行也乃趩字義。【説文解字六書疏證卷十八】

廔

◉杜迺松 銘文釋文：

辛亥，王在廙云⊘

「王」指商王。「廙」，《説文解字·广部》：「廙，行屋也。从广異聲。」甲文有「異」地，如：「貞，異隹其不雨。」「異」應為「廙」之本字，「廙」為異之孳乳字，在異地有行屋則加「广」。【談毓祖丁卣等三件商代長銘銅器 文物一九八四年第十期】

◉戴家祥 毓祖丁卣 説文九篇「廙，行屋也。从广異聲。」「行屋」之意與銘文相合。陳夢家認為廙即应的聲符更換字。⊘金文農卣「王在隮应」，曶鼎「王在遣应」，與毓且丁卣「王在廙」辭例亦同。【金文大字典上】

◉許 慎 廔屋麗廔也。从广。婁聲。一曰。穜也。洛侯切。【説文解字卷九】

◉馬叙倫 鈕樹玉曰。玉篇。屋蠡也。脊也。段玉裁曰。麗廔讀如離婁。囧下曰。窗牖麗廔闓明也。一曰穜也者。當作所以穜也。木部。椴。穜樓也。承培元曰。穜也當作穜具。廔與耬通。錢桂森曰。今按穜具曰廔。亦取離婁之義。今驗其器。旁施兩柱。其中為斗。斗下二穿。旁通柱下。其柱為孔。與鐵趺通。為剌土投扇下其種。大斗之背。復施小斗。施機於前斗。搖動之。令其種分灑調匀布。其形如樓櫓。故又謂之樓矣。倫按廔是重屋之本字。窗牖麗婁闓明者。樓字義。今以樓為廔矣。屋麗廔也蓋本作重屋也一曰麗廔也。一曰校語。一曰穜也亦校語。字或出字林。【説文解字六書疏證卷十八】

庴

董庴 李庴 王庴【漢印文字徵】

堆【汗簡】

◉許 慎 庴屋从上傾下也。从广。隹聲。都回切。【説文解字卷九】

◉馬叙倫 本作屋傾也。與廢下屋傾也同。校者改之耳。廢音非紐。古讀歸封。庴音端紐。同為清破裂音。隹發聲同脂類。轉注字也。錢坫謂此屋傾隤字。是也。庴隤聲同脂類。語原同也。【説文解字六書疏證卷十八】

◉黃錫全 庴堆 《説文》「庴，屋从上傾下也。从广，隹聲」。鄭珍云庴「音義近摧，亦近推」。夏韻灰韻注出《古尚書》，鄭珍據之以為注文有誤。然《尚書》並無堆或庴。《史記·河渠書》「鑿離碓」，集解引晉灼曰：「碓，古堆字。」《漢書·司馬相如傳》有「激堆埼」句。《爾雅·釋水注》釋文「堆，字或作庴，又作塠字，同」。郭蓋取「史書」注文中堆作庴者，以隸作古。【汗簡注釋卷四】

古老子 【古文四聲韻】

◉許　慎　廢屋頓也。从广。發聲。方肺切。【説文解字卷九】

◉馬叙倫　周雲青曰。唐寫本玉篇引作屋傾也。倫按韻會亦作屋傾也。當依鍇本。然許當以聲訓。此蓋字林文。字見急就篇。顔師古本作癈。【説文解字六書疏證卷十八】

◉張守中　同廢。大鼎。語不一綘。【中山王䜌器文字編】

6・1 南廇 【古陶文字徵】

◉許　慎　廇久屋朽木。从广。酉聲。周禮曰。牛夜鳴則廇臭如朽木。與久切。【説文解字卷九】

◉馬叙倫　鈕樹玉曰。韻會引臭如朽木作謂如朽木臭也。非。此四字非周禮。乃鄭司農説。倫按。蓋本作久也。以聲訓。屋字涉上文廢字説解而羨。朽木涉下文而羨。或本作臭也。屋久木朽而臭也。傳寫捝譌。末句臭如朽木即涉上文而羨。字蓋出字林。廇音喻紐四等。廢音非紐。同為次清摩擦音。轉注字。【説文解字六書疏證卷十八】

古史記 【古文四聲韻】

◉許　慎　廑少劣之居。从广。堇聲。巨斤切。【説文解字卷九】

◉馬叙倫　鈕樹玉曰。韻會引居作名。段玉裁曰。居當作凥。王筠曰。廣韻。廑。小屋。經典多借為僅。漢書賈誼傳。其次廑得舍人。顔注。廑與僅同。劣也。公羊僖十六年傳。僅逮是月也。何注。劣及是月也。字又作勵。射義。蓋勵有存者。釋文。勵。少也。倫按。當作少也劣也居也。之為也譌。又捝一也字。然皆非本義。廑聲真類。雁廢聲同脂類。脂真對轉。蓋轉注字。少或劣之壞文。校者又注一劣字。記異本也。劣也蓋僅廑之引申義。【説文解字六書疏證卷十八】

廟 不从广 芇伯簋 用孜宗廟 朝字重見

免簋

吴方彝

元年師旋簋

元年師兑簋

廟克鼎　廟虢季子白盤　廟師酉簋　廟同簋　廟無叀鼎　廟从宀　竊俘鼎　廟　廟盠方彝　庿說文古文作

庿　中山王嚳壺　外之則牆使堂勤於天子之廟　【金文編】

廟□山□廟　廟廟衣府印　廟東海廟長　廟陽廟　【漢印文字徵】

廟孔子廟碑領　廟華山廟碑領　廟　廟少室石闕　監廟掾辛述廟佐猛　廟禪國山碑　廟靈□示者三　【石刻篆文編】

廟廟竝出義雲章　【汗簡】

庿雲臺碑　廟古文　【古文四聲韻】

◉許　慎　廟尊先祖皃也。从广。朝聲。眉召切。庿古文。【說文解字卷九】

◉高田忠周　廟說文廟。尊先祖皃也。从广朝聲。古文作庿。从苗聲。又如此篆。从潮聲也。爾雅。有東西廂曰廟。無曰寢。禮記月令。寢廟必備。注。前曰廟。後曰寢。朱駿聲云。按自官師以上。有廟有寢。工商則寢而已。守祧。掌守先王先公之廟祧。注謂大祖之廟及三昭三穆。按周制。天子七廟。諸侯五廟。大夫三廟。士一廟。其制。太祖廟在中。昭東穆西。皆别為宫院。凡親過高祖。則毁其廟。以次而遷。【古籀篇七十三】

◉吴其昌　此鼎周公東征鼎廟字。從广從𠦝從月而不從𠕁。吾友徐仲舒以為疑。其昌按。𠕁為原字。亦為泉字。象原下有泉下流之形。古文化起于黄河兩岸。吾先民見河岸泉潮。與月相應。故從月與從泉實無别也。【周公東征鼎　金文麻朔疏證卷一】

◉馬叙倫　釋名釋宫室。廟。貌也。先祖形貌所在也。疑此本訓皃也。以聲訓。尊先祖皃也。當依禮記祭法注作。先祖之尊皃也。蓋吕忱據鄭注增。廟從朝得聲。為帳之音同知紐轉注字。左襄十四年傳。引虞人之箴曰。民有寢廟。獸有茂艸。謂民之寢廟如獸之茂艸。明廟初非祀先祖之所也。克鼎作廟。免敢作廟。虢季子白盤作廟。師酉敢作廟。無叀鼎作廟。周公彝作廟。

庿　徐鍇曰。苗聲。商承祚曰。金文大都作廟。無從苗作者。殆晚周間别字也。倫按。朝苗聲同幽類。故廟轉注為庿。禮經廟字皆作庿。詩清廟。釋文。廟。本又作庿。然則出古文經傳也。古文下挩廟字。【說文解字六書疏證卷十八】

◉商承祚　□　古文从苗聲也。士禮十七篇。經皆作廟。注皆作廟。又詩清廟釋文。「廟。本又作庿。古今字也。」孝經釋文。「廟。本或作庿。」金文大都作□□。與篆文近。無从苗作者。殆晚周間別字也。【說文中之古文考】

◉姜亮夫　金文中還有大量的□形繪畫，宋以來釋為亞形，其實是不對的：這是古代的祭祀的地方，是周以後的所謂明堂、辟雍、世室、重屋等，所謂三代損益之制。其原始形狀，除亞形外，還有□□□乃至省而為□□，這都是氏族時代的民衆崇拜祖先的寺廟，是它們生活中的一個重要活動地方，許多事都在裏面舉行，其中往往有文字與繪畫混合使用的詞句。從其內容，我們也可以窺測出是一幅幅的初民活動的寫影。如圖52（見殷文存）當是生子廟見之意，如圖53（見殷文存），當為冠于廟之意，又如父子鼎（圖54），可能是狩獵有獲祭干廟之意，又如圖55，可能是女子廟見之禮，又如□□尊（圖56），可能是周禮方相氏的大儺等等，這裏面有的「形」已是文字體系，有的形則尚未凝定為文字，只是繪畫文字，茲輯録一些較易認識的如下，如重屋羊敦（圖57）、重屋羊鼎（圖58）、且庚乃孫簋（圖59）、父羊盤（圖60），上為屋廟形，當即古禮家所謂重屋，屋下有羊，當是行養老之禮。余初疑以羊祭于廟，然何以無牛祭豕祭之制，因疑别有義，此从張天放君說，最允當。又《金文編》附録有三形，一亞中乙爵（圖61）及子商甗（圖62）、亞犧爵（圖63），與上五形亦一事之繪畫，最後一形之羊，繪全身，金文僅見。又如圖64之亞形祖丁尊（綴遺七十）、圖65之夔（見殷文存之二）、圖66之亞服觶（綴遺二十四），圖65是獻俘于廟圖，□即今俘字，俘下一形為酒器，酒以成禮。圖66為獻馘，馘是殺敵而獻其左耳，《左傳》「折馘執俘而還」，正是古代常見的事，圖64上為亞形變，下□即孚一字，此用文字代繪畫矣。又如亞形父丁角（圖67，見綴遺二十六）及亞形卣（圖68，見攈古録），這是登即□形祭于祖乙父己之圖。又圖69亭父乙鼎（綴遺三），這是告捷于廟，弛其弓矢之義，口即干柄，因之，亞形父辛觶（圖70，綴遺27）、曆鼎（圖71）、父辛卣（圖72）、亞形父辛爵（圖73）、父己盉（圖74）及《金文編》所録之兩圖（圖75、76）等，為陳干鹵于廟，告將戰之意。可以推知，第一、二、三三形中，為干與鹵，第四形為鹵，第五、六形亦為兵器，凡枝形兵器皆有柄，其柄皆以□為母形，則四、五、六三形之□、□、□皆其變也。綴遺齋二十四之亞形觴（圖77），亞形爵（圖78）及乍季簋（圖79）、杞婦卣（圖80）及《金文編》所收盉文（圖81）、鉦文（圖82），以上六圖，皆是新婦三日廟見的繪畫，畫一個頭面裝飾極盛的女子，有笄簪，有珠串如五六兩圖，伸手奉著一個酒器，把酒洒出來，祭祀之意，下面一個筐箕之屬，是女子出嫁時娘家帶來的媵器。

按方濬益釋亞形鼎，已肯定亞為廟形，是也。而以此人形為「士冠禮，右象人結髮首將冠者，即筵坐也」，此說蓋誤。考甲文金文寫男子，無屈膝者，屈膝必女子，此處以屈膝為最多，故余不用方氏說。至「左為尊形，有勺，側尊一甒，醴也，下為篚或甒」，其說物象可用，然此為女子廟見中物，從禮家說，則媵器為宜，有流形一畫，亦非勺。

此說既定，則在《綴遺齋彝器圖釋》的第十二卷，有亞形諸女卣一器，又攈古録卷二之一有諸女方爵、諸女匜等器，其銘文與此全同。圖83當為新婦廟見時，從嫁的娣姪諸女為新郎太子所作器。

(圖52)(圖53)(圖54)(圖55)(圖56)(圖57)(圖58)(圖59)(圖60)(圖61)(圖62)(圖63)(圖64)(圖65)(圖66)(圖67)(圖68)(圖69)(圖70)(圖71)(圖72)(圖73)(圖74)(圖75)(圖76)(圖77)(圖78)(圖79)(圖80)(圖81)(圖82)【古初的繪畫文字 杭州大學學報一九五七年第二期】

◉譚戒甫　廟，《說文》作廟，謂「从广，朝聲」，而「朝，从倝，舟聲。」但金文朝、廟所从不作舟，都作⿰或⿰，象潮汐浪濤形。潮汐是月圓所引起的，西周初已認識到此種天象，故本銘廟所从的朝字从月，和現在楷書全同，頗足惊異。然西周銘文僅此一見，也不免奇怪，故徐中舒以為疑；若據銘文全體措辭看，實是無可疑的。【西周𤼈鼎銘研究　考古一九六三年第十二期】

◉戴家祥　說文九篇「廟，尊先祖皃也。从广朝聲。古文作庿，从苗聲。」廟篆書作廟，下半部分从舟，而金文皆从水，此屬表示事物類屬與場所的偏旁更換例。如廣韻真部「粼，水在石間，與磷同。」粼字从巛，表示物類為水；磷字从石，表示水所處的場所。魚部「胆，虫在肉中，與蛆同。」蛆字从虫，表示物類；胆字从肉，表示虫所處的場所，皆其證也。爾雅「有東西廂曰廟，無曰寢。」禮記月令「寢廟必備」，注「前曰廟，後曰寢。」

蚕方鼎　窲即廟之別構。據漢字結構變化規律，广、宀都表示處所，偏旁更換後，構成別體，音義不變。如寓亦作庽、宅亦作庑、宇也作序等。是為此證。【金文大字典上】

𢈔

◉許　慎　𢈔人相依𢈔也。从广。且聲。子余切。【說文解字卷九】

◉馬叙倫　段玉裁曰。篇韻皆七賜切。廣雅無𢈔有庛。音七賜切。玉篇𢈔字亦不次於援引說文之處。疑許本無𢈔。錢坫曰。吕氏春秋。阻丘而保威。注。阻。依也。江沅曰。今吴人有此語。承培元曰。依𢈔𢈔字疑衍。篇韻七賜切。當與庛同。即今比廁字。倫按从广而訓人相依𢈔。必非本義。此助之引申義。蓋本訓助也。校者加人相依助也。𢈔字乃隸書複舉字者也。𢈔蓋祖廟之祖本字。或且之後起字。廚之轉注字也。且為俎之初文。俎音照紐三等。廚音澄紐。同為舌面前音也。字或出字林。【說文解字六書疏證卷十八】

⿸广曷　㡿

◉許慎　⿸广曷屋迫也。从广。曷聲。於歇切。【說文解字卷九】

◉馬叙倫　屋迫也未詳。錢坫謂此廱遏字。然則或即今北方謂分閒之門曰隔扇之隔本字。字蓋出字林。【說文解字六書疏證卷十八】

㡿　㡿　段注俗作斥　語一一　通訴　是从啇一事【睡虎地秦簡文字編】

㡿吴㡿　㡿孫㡿　㡿白土㡿　㡿必㡿之印【漢印文字徵】

㡿 斥昌亦切【汗簡】

㡿 古尚書【古文四聲韻】

◉許慎　㡿卻屋也。从广。屰聲。昌石切。【說文解字卷九】

◉方濬益　睘卣作㡿。邢侯尊作㡿。即說文广部之㡿字。同㯞。又同欜。說文欜。夜行所擊者。从木。橐聲。易曰。重門擊欜。㯞。判也。从木。㡿聲。亦引易重門擊㯞。今周易及左傳魯擊柝聞于邾。皆作柝。為俗字。惟九家易擊辭作欜。周禮同。又詩斯干椓之橐橐。釋文橐本作柝。此㡿又同橐。是㡿即雍之橐泉。秦穆公所葬。孝公於此築橐泉宮者。以此銘及睘卣邢侯尊王在㡿證之。蓋西周盛時王常居之所必先建有離宮。孝公或因舊而增修之耳。【遺尊　綴遺齋彝器款識考釋卷十八】

◉林義光　字从广。當為厇之古文。開拓也。古作㡿遺彝。作㡿庚贏尊彝析字偏旁。从广屰省聲。史記。除邊關益斥。司馬相如傳。索隱云。廣也。斥卻之義即由開拓引伸。開拓之際必有所斥除也。【文源卷十一】

◉高田忠周　劉心源云。㡿即斥。非是。古籀補吳氏云。疑㯞之省文。地名也。是。說文㡿。卻屋也。从广屰聲。此省屰為屮。猶㯞省文作柝。可證矣。朱駿聲云。今字作斥。謂卻退其屋不居。按一切經音義廿二引說文作卸屋也。是也。廣雅釋詁。斥。推也。漢書郊祀志。乘輿斥車馬帷帳器物。注。不用也。素問調經論。勿之深斥。注。推也。【古籀篇七十三】

◉馬叙倫　鈕樹玉曰。一切經音義廿一引作卸屋也。廣韻引屋作行。誤。翟云升曰。當作㡿屋也。謂開啟其屋也。漢書惠帝

廞

紀注。廃。開也。卻行也别義。文選思玄賦注。斥。卻也。斥即廃之俗字。倫按。漢書注廃開也者。或借為庛。同為舌面前音也。文選注引倉頡。廃。大也。玄應一切經音義引三蒼。廃。推也。皆庛字義。或為庛之轉注字也。卸屋也蓋引申義。行也者。遡字義。【説文解字六書疏證卷十八】

◉唐　蘭　至于「厈」字根本不是《説文》「厂」字籀文的「厈」字。「厈」从「广」與「厈」从「厂」大有分别，容庚《金文編》把它們混起來是弄錯了。「厈」字就是《説文》的「廃」字，也就是「斥」字，《説文》「訴」「遡」等字的篆文都寫从厈，説是「从廃省聲」，《汗簡》干部就把「厈」釋作「斥」。「斥」字跟「寒鼫」的「寒」字聲音相距很遠，不能相通，也決不能是一個地方。【西周銅器斷代中的「康宮」問題　考古學報一九六二年第一期】

◉許　慎　陳輿服於庭也。从广。欽聲。讀若歆。許今切。【説文解字卷九】

◉高田忠周　　吴大澂云。㰸字説文所無。粗扇殊甚。此从宀。古文宀广通用也。即之省。然此為廞字。無容疑者。説文。。陳輿服於庭也。从广欽聲。讀若歆。周禮司服。廞衣服。大司樂。涖廞樂器。司兵。廞五兵。皆是也。【古籀篇七十三】

◉馬叙倫　嚴可均曰。篆體依陽冰改。小徐袪妄篇引陽冰作。上象人開口。下象气悟。鍇云。陽冰作。蓋按李斯等篆。今二徐偏傍皆改復為。惟此及厂部字漏改。倫按。欠部亦襍出。鍇本多作。獨此與鉉反。陳輿服於庭也者。蓋本作陳也。校者據周禮司裘及司服鄭衆釋廞為陳。加陳輿服於庭也。然非本義。陳以聲訓耳。爾雅釋詁。廞。興也。亦以聲訓。廞之本義亡矣。爾雅釋文引字林。廞。大欽反。疑此字出字林。讀若歆者。劉秀生曰。欽從金聲。歆從音聲。皆在覃部。故廞從欽聲得讀若歆。左文十七年傳。鹿死不擇音。注。音。所茠廕之處。聲同假借。文選思玄賦。經重瘖乎寂寞兮。注。瘖。古陰字。蔭從陰聲。陰從侌聲。侌金竝從今聲。是其證。【説文解字六書疏證卷十八】

◉戴家祥　㰸父丙鼎　字从宀，从欽省聲，字當釋廞。説文九篇「廞，陳輿服於庭也。从广，欽聲，讀若歆。」按古字从宀表義者，亦或更旁从广，説文七篇宅，古文作庑，寓，或體作庽。集韻上聲九麌宇庌同字，金文召伯虎𣪘第二器宕作宕，是其證。廞字見於周官者十餘處，若天官司裘「大喪廞裘飾皮車」，春官司服大喪「廞衣服」，大司樂「大喪涖廞樂器」，大師「大喪帥瞽而廞作匶謚」，小師「大喪與廞」，笙師「大喪廞其樂器」，典庸器「大喪廞筍虡」，巾車「大喪飾遣車，遂廞之」，車僕「大喪廞革車」，夏官司兵「大喪廞五兵」，圉人「廞馬亦如之」，故書廞為淫。鄭衆讀淫為陳，訓「列也。」鄭玄不從，讀為大師六詩賦比興之「興」，訓「作也」。爾雅

釋詁下「廞熙，興也。」周頌酌篇「時純熙矣」，鄭箋亦訓熙為興。唐韻廞、歆俱讀「許今切」曉母侵部，熙讀「許其切」曉母之部，聲同韻異。興讀「虚陵切」曉母蒸部，之蒸陰陽對轉。高密遵守雅詁，似較先鄭為長。唐韻「淫」讀「余箴切」喻母侵部，「陳」讀「直珍切」定母真部，聲義失據。鼎銘「」為作器者名，廞、歆、熙、興皆有説樂之義，兩説互校，後鄭為長。【金文大字典上】

廫

廫立　元廫之印【漢印文字徵】

寥　廫【汗簡】

古老子又王存乂切韻　王庶子碑　碧落文【古文四聲韻】

◉許　慎　廫空虚也。从广。膠聲。臣鉉等曰。今別作寥。非是。洛蕭切。【説文解字卷九】

◉馬叙倫　錢坫曰。小徐無此字。似後人所加。倫按空虚也當作空也虚也。一訓校者加之。或此字出字林。老莊書皆有寥字。即廫之異文。漢書郊祀志。天門十一有寂漻。漻即廫之借字。然則廫是屋空虚也。廫㝗音同來紐。蓋轉注字。【説文解字六書疏證卷十八】

廈

◉徐　鉉　廈屋也。从广。夏聲。胡雅切。【説文解字卷九新附】

廳

紀廊【漢印文字徵】

◉徐　鉉　廊東西序也。从广。郎聲。漢書通用郎。魯當切。【説文解字卷九新附】

廂

◉徐　鉉　廂廊也。从广。相聲。息良切。【説文解字卷九新附】

庪　庱　廖　厂

◉徐鉉　庪祭山曰庪縣。从广。技聲。過委切。【說文解字卷九新附】

◉徐鉉　庱地名。从广。未詳。丑抍切。【說文解字卷九新附】

◉徐鉉　廖人姓。从广。未詳。當是省廫字尔。力救切。【說文解字卷九新附】

乙三三一二　掇一·三八五　明藏四三九　鐵一四一·一　前四·五三·四　前八·六·一　後二·一四·八　京都三一一三【甲骨文編】

乙3212　掇385【續甲骨文編】

厂　散盤【金文編】

厂呼旱切【汗簡】

汗簡【古文四聲韻】

◉許慎　厂山石之厓巖。人可居。象形。凡厂之屬皆从厂。呼旱切。厈籀文从干。【說文解字卷九】

◉劉心源　厈　厈舊釋作室。此字从厂从干。實厈字。說文厂籀文作厈。凡厓岸曰厂。詩河干吕干為之。厂字最初籀加干。後人加山為岸。此厈為地名。或即干。詩出宿于干。王氏地理攷引郡國志。衞國有干城。路史國名紀。蹇叔處干干國。又井侯尊王在厈。皆未知是此厈否也。【古文審卷四】

◉高田忠周　說文。厂。山石之厓巖。可居。象形。籀文作厈。亦从干聲。屵字从此。又屵。岸高也。岸。水厓而高者。三字音近而義亦相近矣。又按。説文厂广兩部同系。非是。广即為宀字系。今正。厂古文作𠂆。故厂厂皆為厂字系。顯然矣。【古籀篇十四】

◉孫海波 厂散盤 厈趞卣 厈罠卣 説文云:「山石之厓巖,人可居,象形。厈籀文从干。」按金文作厂厈二形。與説文同。【甲骨金文研究】

◉周名煇 木部麻庚羆卣錫貝十朋。又丹一麻。麻散氏盤封𣏟麻䢸陵麻。强氏定為㮔字。今考定為厈字孳乳文。當入厂部。

名煇案,麻从厂,从干,从木。㮔字从广,从𢆉,从木。而𢆉與从干。分明有别。説文木部云,㮔,判也。从木㡿。易曰,重門擊㮔。今徵之銘文云,丹一麻。若如强氏定為㮔。丹豈以㮔言乎。字既从厂,从干,从木。當是厂之或體孳乳字。厂,象山厂之形。从干作厈。則為擊音符字。从木。則取象于山厂之内。豎木防傾之形。今採煤礦。掘地為隧。猶多豎横欙直柱于其中也。故説文厂部云,厂,山石之厓巖,人可居,象形。厈,籀文厂,从干聲。是麻為从木、从厈字明矣。庚羸卣銘所謂丹一麻者。猶言丹一穴也。史記貨殖傳云,巴蜀寡婦清,其先得丹穴,而擅其利數世,家亦不訾。是丹稱穴事之見于史籍者矣。説文謂厂為山石之厓巖,謂穴為土室,本字雖别,而古義相同。史記伯夷列傳,巖穴之士,趨舍有時。巖穴二字連用。説文旻部云,敻,營求也。从旻从人在穴上。商書曰,高宗夢得説,使百工敻求,得之傅巖。巖,穴也。是二字同義之證。巖之本義為高岸,非人所能居,凡人所居稱巖者,皆厂字之轉語。徐鉉本説文用唐韻。巖,五紙切,説文云,屵,从山从厂。厂亦聲,五葛切,當同在疑紐。散氏盤銘云,登于厂湶,封𣏟諸麻䢸陵岡。蓋一用古文,一用籀文或體。亦猶棫付散氏田器。既付散氏濕田牆田。兩付字皆用本字。而上文用矢戳散邑,用假借字之比矣。戳為付之假借字,説本章炳麟,詳見國學叢刊卷一第一期,章氏與易寅邨論散氏盤書。【新定説文古籀考卷下】

◉吴其昌 厈者。厈即岸也。史記魏世家哀王五年秦伐我。中略。走犀首岸門。集解。徐廣曰。潁陰有岸亭。續漢書郡國志。豫州潁川郡潁陰縣有圻亭。惠棟補注曰。當作岸門亭。水經注潩水注。上略。潩水東逕曲强城東。合皇陂水。又逕東西武亭間。兩城相對。疑古岸門。史記所謂走犀首于岸門也。括地志云。張守節史記正義引。岸門在許州長社縣西北十八里。今名西武亭。按此後世之岸門圻亭。即宗周時之厈及𢓍也。此以聲類推之也。更以地望推之。據小臣夌鼎知厈地居成周與楚之中間。亭。按此後世之岸門圻亭。即宗周時之厈及𢓍也。此以聲類推之也。更以地望推之。據小臣夌鼎知厈地居成周與楚之中間。為自成周入楚之要道。更以此罠卣及矢𣪕考之。王姜隨王伐楚。而必須在厈。此更可以證厈為自成周入楚之要道。今按漢之潁陰縣。唐之長社縣。正介居于洛陽與楚地之中間。正為自雒陽入楚之孔道。則厈𢓍之即為岸門圻亭。推之于地望而又準矣。【罠尊 金文麻朔疏證卷二】

◉馬叙倫　鈕樹玉曰。廣韻引厓作崖。無人可居三字。沈濤曰。龍龕手鑑引無石字。又有一曰含也四字。段玉裁曰。居當作凥。吴善述曰。象崖岸高平之形。古岸字。周雲青曰。唐寫本玉篇引作山石之崖巖人可居者也。倫按如唐寫玉篇引則山石十字皆校語。本訓捝矣。□□一字。散盤作□。

□宋保曰。干聲。厂干同部聲相近。倫按故厂轉注作厈也。與岸一字。當作籀文厂。校者改之。趞卣作□。【説文解字六書疏證卷十八】

◉高鴻縉　厂字本象石岸之形。周秦間或加干為聲符作厈。後又或於厈加山為意符作岸。故厂厈與岸實為一字。金文厂字見西周厲王時散盤。説文贅出□字。解曰。□岸高也。从山厂。厂亦聲。五葛切。應删。其以□為意符作偏旁以造字者。應以岸省。列轉注。【中國字例二篇】

◉李孝定　□乙三二一二　□掇三八五

金祥恒續文編九卷六葉下收此作厂。無説。

按説文「厂。山石之厓巖。人可居。象形。□籀从干。」从石之字契文多从□。此當即石之古文。許書以為厈之篆文。今姑从金説。收之於此。散盤作□。辭云「登于厂源。」餘器均作□趞尊□趞卣□睘卣。卜辭云「己亥卜内貞王㞢厂在鹿北東作邑于之。」乙三二一二。厂字義未詳。【甲骨文字集釋第九】

◉于省吾　睘卣稱：「唯十又九年，王才(在)庍。王姜命作册睘安尸白，尸白賓睘貝布。揚王姜休，用作文考癸寶障器。」睘尊稱：「才(在)庍，君令余作册睘安尸白，尸白賓用貝布，用作朕文考日癸䡑寶。」又趞尊稱：「唯十又三月辛卯，王才(在)庍，易(錫)趞采曰𧻚，易(錫)貝五朋。趞對王休，用作姑寶彝。」(又趞卣與此同銘。)林義光《文源》把趞卣的「庍」字和庚嬴卣的「栫」字所从之「庍」均當作《説文》的「㡿」(斥)字。唐蘭也釋「王才庍」之「庍」為斥，以為周昭王南伐荆楚所住在的地名(見《考古學報》1962年1期34頁)。郭沫若謂「厈與下南宫中鼎之一之寒餗為一地，當即寒浞故地，地在今山東濰縣境」(見《兩周金文辭大系考釋》14頁)。又謂「寒厈古同元部，而喉牙亦相近轉，故知二者必為一地」(同上，16頁)。吴其昌謂「厈」即漢潁陰縣之「岸門」(見《金文厤朔疏證》卷二30頁)。按《説文》斥作㡿，「从广屰聲」。㡿與屰古韻並屬魚部。庍字从干聲，與从屰無涉。㡿和从㡿之字漢隸多譌作厈或庍。自唐代張參《五經文字》、唐玄度《九經字樣》以及後代文字學家均一致認為厈或庍為㡿字的隸變。所謂「隸變」，是説隸書改易或簡化了原來篆文的結構而變成通俗的寫法。至於由隸書的厈或庍變作斥，則又隋唐以後的俗書。我們如果把古文字中之與隸變偶合者當作同一文字，那就錯了。因此可知，郭沫若釋為庍，吴其昌釋為岸，均不以為斥字是對的，但都認為係遠方的地名則不無可商。

《説文》把从厂干聲的「厈」字列為「厂」字的籀文，故容庚《金文編》列「庈」於「厂」字下。其實庈即岸字的初文，徐灝《説文段注箋》謂「厈即岸字之省」，甚是。至於从厂與从广，在金文中每無别，如廣从广也从厂，应从广也从厂，是其證。《説文》訓廣（魚儉切）為「因广為屋」，訓厂（呼旱切）為「山石之厓巖，人可居」，乃後世分化之文。《説文》謂岸為「从屵（五葛切）干聲」，未確。以金文庈為岸之初文驗之，則岸應从山庈聲，庈从干聲，岸係庈的後起字。又散盤𣏌字凡三見，均係劃封田界之事。其一為「陟州剛，登𣏌」。剛即岡，俗作崗。𣏌即岸，指崖岸言之，以其封界多樹木，故从木作𣏌。這是説，上陟州崗，又登於崗上懸崖之岸。

金文庈字也作庍，麥尊：「雩若翌日，才（在）璧雝，王乘于舟為大豊（禮）。王射，大龏禽。侯乘于赤旂舟从，死咸，時王以侯内（入）于寢，侯易（錫）琱戈。雩王才（在）庍，已夕，侯易（錫）者（諸）俎臣二百家。」吴闓生《吉金文録》謂庍「即岸字」，甚是。但吴先生還未知庍之同庈，故於同書睘尊（應作卣）的「庈」字不釋作「岸」。實則庈即庍字。師詢簋和毛公鼎均言「干吾王身」，「干吾」即「攼敔」，今作「扞御」。大鼎的「大以乃友入攼」，「攼」乃「干」的孳乳字。這不僅可知从干之庈與从攼之庍必係同字，而且由於庈之孳乳為庍，又可以判定其器時代的先後。麥尊的璧雝，典籍多作辟雝，係古代最高統治者講學習射饗飲之所。《詩·靈臺》：「于樂辟雝」，毛傳：「水旋丘如璧曰辟雝」；《詩·泮水》：「思樂泮水」，鄭箋：「辟雝者築土雝水之外，圜如璧」。按金文作璧雝，漢史晨後碑、蒼頡廟碑均作璧雝，則璧取水旋之義，傳箋説得之。

麥尊先言「雩若翌日，（王）在璧雝，王乘于舟為大禮」，下言「雩王在庍（岸）」，中間並無其他記日，是王在璧雝與王之乘舟、王之在岸，均為同日之事。所謂「乘舟」，係在璧雝的環水中；所謂「在岸」，係在璧雝的環水岸上，均已明確無疑。因此可知，「王在岸」與金文中的王在某宫或某廟，都係指舉行某種典禮所在之地言之，其非遠方之地名甚明。

睘卣稱：「王在庈，王姜令作册睘安尸白」；趞尊和趞卣稱：「王在庈，錫趞采」；麥尊稱：「王在庍，已夕，侯錫諸俎臣二百家」；盠駒尊稱：「王初執駒於庍（管理馬政執駒之禮，見《夏小正》四月和《周禮·校人》）」。从各銘文來看，則西周前期的統治者，關於馬政執駒之禮，係在璧雝環水的岸上行之。至於對臣屬的施命或賞賜，並非盡在宫室之内，有時也在璧雝環水的岸上行之。這都可以補苴古代禮制的缺佚。至於當時璧雝岸上的設置如何，由於銘文簡略，一時還無从臆度。【讀金文劄記五則　考古一九六六年第二期】

◉李孝定　厂為山之崖巖可居人者，广為屋形，原不同字，高田忠周、唐蘭諸氏别為二字，是也。惟金文二者一作厂，一作广，形近易混，偏旁中每得任作，于省吾氏同容氏之説，以厈、庈為一字，並即岸之初文，細繹其説，亦覺近理。漢字衍變，亘數千年，形

厓 厓

近音近，譌衍孳多，此古文字學之所以難講也。【金文詁林讀後記卷九】

◉王慎行　甲骨文字中有用作偏旁的「厂」，均作厂形。《說文・厂部》云：「厂，山石之厓巖，人可居，象形。」舊說均以山崖之形為解。筆者據《說文》「人可居」三字推測，「厂」當也是一種房屋的形狀，上揭甲骨文寑字从宀與从厂互作無別，即其證。是知「厂(厂)」必為屋宇之形無疑，筆者以為甲文「厂」象省去後牆的單坡屋面的平房側視圖，與甲骨文偏旁⺈、⺈、⺈(宀)即屋形⋂(宀)的省化者同例。

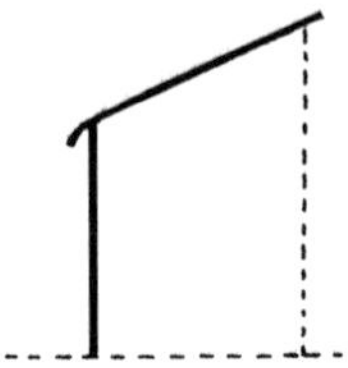

單坡房屋側視圖

【商代宮室建築考　考古與文物一九八八年第三期】

◉戴家祥　厂矢人盤　彝于厂湶　說文九篇「厂，山石之厓巖，人可居，象形。呼旱切。厈籀文从干。」按籀文厈加聲符干，好比甲骨文鳳加凡聲，金文其加丌聲，都是為標音。屵字从厂，說文訓為「岸，高也。从山厂，厂亦聲。」岸字从厈，說文訓為「水厓而高者。从屵干聲」，徐灝說文段注箋認為厈即岸之省，甚是。屵岸兩字加形旁山，好比金文唯字加口旁、鐳字加缶旁，都是為了彰義。厈屵岸與厂形聲義皆相近。當是一字。金文厂用作本義。【金文大字典上】

祀三公山碑　元氏令茅厓　【石刻篆文編】

◉許　慎　厓山邊也。从厂。圭聲。五佳切。【說文解字卷九】

◉馬叙倫　徐灝曰。山邊曰厓。因之水邊亦曰涯。爾雅。涘為涯。窮瀆氾谷者潨。潨亦作湄。廣雅。湄。氾。厓也。王氏念孫曰。堂邊謂之㕄。亦謂之廉。水厓謂之隒。亦謂之氾。其義一也。倫按此語原然也。厂音曉紐。厓音疑紐。厈從干得聲。干屰一字。屰音亦疑紐。曉疑同為舌根音也。涘從矣得聲。矣從㠯得聲。氾從㔾得聲。㠯㔾一字。㠯音喻紐四等。曉與喻四同為次清摩擦音也。潨湄音同微紐。聲同脂類。廉隒竝從兼得聲。兼干音同見紐。廉隒音同來

紐。古讀歸泥。微泥疑則同為邊音也。【說文解字六書疏證卷十八】

◉許　慎　厜厜㕩。山顛也。从厂。垂聲。姉宜切。【說文解字卷九】

◉許　慎　㕩厜㕩也。从厂。義聲。魚為切。【說文解字卷九】

◉王國維　第十六劄《菁華》中之字，从二厂，我聲，當即厜㕩之㕩字，義从我聲，則从我从義一也。【觀堂書劄】

◉馬叙倫　㕩䖬一字。爾雅釋山釋文引字林。㕩。音危。蓋厜㕩二字竝出字林。厜嵯亦一字也。【說文解字六書疏證卷十八】

厰　虢季子白盤　厰𤞷　詩采薇作玁狁傳北狄也　釋文玁本作獫漢書匈奴傳作獫允　兮甲盤　不嬰簋　不嬰簋

二　孳乳為嚴　士父鐘　其嚴在上【金文編】

2881【古璽文編】

◉許　慎　厰崟也。一曰。地名。从厂。敢聲。魚音切。【說文解字卷九】

◉劉心源　厰𤞷即玁狁。本無專字。玁又作獫。說文有厰字𤞷字。無玁狁。兮田盤亦用厰𤞷字。【虢季子白盤　奇觚室吉金文述卷八】

◉吳大澂　即詩玁狁字。采薇釋文玁本作獫。韓奕箋為獫狁解迫。漢書匈奴傳作獫允。說文無玁狁字。厂部。厰。崟也。一曰地名。本部。𤞷。進也。从夲从屮。允聲。犬部。獫。長喙犬。一曰黑犬黃頭。三字皆不作玁狁解。蓋漢時通用嚴允也。【虢季子白盤　愙齋集古録第十六册】

◉高田忠周　說文。厰。崟也。从厂。敢聲。一曰地名。蓋說文即鐘鼎字。籀文作。當知許書作厰。為籀文若小篆。而此作。為古文明矣。銘借為蠻夷名。厰𤞷雙聲連語。二字共無意義。古音敢僉同部。故或作獫。獫本訓長喙犬也。一曰黑犬黃頭。亦非夷名。允亦與𤞷音通互用。上字作獫。从犬。因泥而允亦作狁。俗字也。要嚴从厰聲。

故廞嚴亦通。借嚴為玁而嚴亦加犬作玁。所謂孳乳而多者也。然則銘作厰𤞞。為古字。後作玁允玁狁嚴允玁狁。造字之跡。歷歷可察。【古籀篇十四】

◉馬叙倫　段玉裁曰。一曰地名。蓋公羊傳殽之嶔巖也。嶔蓋即廞字。桂馥曰。穀梁僖三十三年傳。巖唫之下。馥謂即廞崟也。王筠曰。廞訓崟也。山部。崟。山之岑崟也。喦。山巖也。讀若吟。然則廞崟喦三字音義並同。乃廣韻。喦。五咸切。與巖同音。山部。巖。岸也。石部。礹。礹喦也。以喦説礹。是二字同也。又礹。石山也。似與巖不同。而礹下曰。礹石也。與礹下之礹喦一義。然則巖礹礹三字音義竝同。且與廞崟喦音義竝同也。余謂嚴亦與廞同字。許以經典用嚴字皆威嚴義。故入之吅部。説之曰。教命急也。然其古文作嚴。何所取義。厂部曰。山石之厓巖。則知厂者。巖也。故廞字從之。廞增為嚴。從㗊之古文㗊省也。從品以象山之巖穴也。詩節南山。維石巖巖。釋文。巖。本或作嚴。是知嚴巖一字也。説文崟下之岑崟。用漢書司馬相如傳之岑崟參差也。而史記作岑巖。是知崟巖一字也。楚詞招隱士作嶔岑。則猶穀梁之巖唫也。重言連語本同類。西周音崟嚴無别。故曰。維石巖巖。春秋音小别。則曰。巖崟也。七字當為一字。而反古復始。蓋祇有廞之一字。周雲青曰。唐寫本玉篇引。廞。崟也。一曰。山石也。二徐本誤作地名。倫按王説甚辯。然岑為山小而高。崟為山之岑崟。實為一字。喦訓山巖。則巖喦為轉注字。礹為石山。礹為礹石。礹為礹礹。礹原作喦。此依鍇本。此三字或為雙聲。或為疊韻。亦轉注字。七字為類山者三。雖皆屬於山。亦均為石。而義有殊。倫謂岑崟狀山之高。為形容詞。語原則出於磊。磊本作。象石之積纍。喦礹皆後起字。巖為嚴之後起。礹亦嚴之後起。礹嚴為磊之轉注字。礹嚴亦轉注字。斬敢聲同談類也。磊今音落猥切。在來紐。古讀歸泥。其初蓋與喦礹同音。本在疑紐。以同為邊音轉入泥也。嚴亦疑紐。故磊轉注為嚴。然則岑崟自為一字。與磊同語原而義略殊。磊喦礹一字而轉注為嚴。嚴巖礹亦一字而轉為礹。若司馬相如傳之岑崟參差。或可釋礹礹參差。要其義謂山之高峻不齊也。唯廞訓崟。實為可疑。字从厂。厂為山邊。安得為崟。唐寫玉篇引作一曰山石。而無地名二字。周謂地名是山石之譌。然山石之義。字正是礹。蓋古書或以廞為礹耳。廞為厈之音同疑紐轉注字。山部巖下曰。岸也。實此字訓。字蓋出字林。虢季子白盤作。不嬰敨作。【説文解字六書疏證卷十八】

◉戴家祥　即詩之玁狁。説文無玁而有廞，訓作「崟也」。穀梁傳僖公三十三年「女死必於殽之巖唫之下。」唫或作崟。巖崟並列，義當相近。廞从厂敢聲，厂訓「山石之厓巖」，疑廞即巖之本字。巖字从㠯乃喦之省，説文九篇「喦，山巖也」，巖為廞的形符重複字，玁狁是邊裔部族名，从犬可能是表示鄙夷。詩采薇釋文「玁本作獫」。金文廞除了用作部族名玁狁之外，郭沫若金

厬

厎

厥

文叢考認為還表示祖先的神靈，如金文恆語「其厥在上」之厥。【金文大字典上】

◉許　慎　厬仄出泉也。从厂。晷聲。讀若軌。居洧切。【説文解字卷九】

◉馬叙倫　吴楚曰。許訓誤。厬從厂。厂下曰。山石之厓人可居。則厬當訓水厓枯土。氿從水當訓仄出泉。劉秀生曰。晷從咎聲。軌從九聲。並在見紐蕭部。故厬從晷聲得讀若軌。儀禮士昏禮。贊見父於舅姑。注。古文舅皆作咎。荀子臣道。晉之咎犯。注。咎與舅同。肉部。肌。從肉。九聲。讀若舊。舊舅竝從臼聲。是其證。水部。氿。水厓枯土也。從水。九聲。爾雅曰。水醮曰氿。詩大東。有洌氿泉。傳。側出曰氿泉。釋文。氿音軌。字又作晷。爾雅釋水。氿泉穴出。穴出。仄出也。又水醮曰氿。釋文。厬。字又作氵軌。釋名釋水。側出曰氿泉。氿。軌也。流狹而長如車軌也。然則説文厬氿二字義與爾雅適互易。與詩及釋名亦異。論之形義。則爾雅是也。仄出泉義重在水。故從水。水厓枯土。水已醮盡。義重在厓。故但從厂。倫按玉篇。厬。水盡也。蓋猶未譌之義。然此字疑出字林。厬蓋厓厈厰之同舌根音轉注字。【説文解字六書疏證卷十八】

◉許　慎　厎柔石也。从厂。氐聲。職雉切。砥厎或从石。【説文解字卷九】

◉馬叙倫　徐灝曰。從厂即石之省。倫按。自厎至厖十四文。皆當從石。入石部。徐謂從厂即石之省。是也。許當止訓石也。或以聲訓。柔石也蓋字林文。字見急就篇。今譌作厎。顏師古本作砥。傳寫者以通用字易之。

砥　慧琳音義四十一及八十引倉頡。砥。磨礪石也。倫謂倉頡本作厎。六朝傳寫者以字林字易之也。【説文解字六書疏證卷十八】

石經多士　誕淫厥逸　汗簡引義雲章同【石刻篆文編】

厥　厥出李尚隱字略　厥出尚書　厥　厥　厥竝見義雲章【汗簡】

古孝經　李商隱字略　義雲章　古尚書　同上　義雲章

□竝崔希裕纂古【古文四聲韻】

◉許　慎　𠩯發石也。从厂。欮聲。俱月切。【説文解字卷九】

◉馬叙倫　曾廣源曰。荆州謂以石投人曰厥。倫按。發石則厥是動詞。字不得從石。手部。撅。以手有把也。實是字林訓。或校語。把或投之譌。廣雅。撅。擿也。投也。擿投與發石義合。則發石也當作發也石也。發也是撅字義。厥蓋石名。荀子大略。和氏之璧。井里之厥。注。厥。石也。字或出字林。【説文解字六書疏證卷十八】

◉郭沫若　金文中多見氒氏字，形雖相似，然固有迥然不同之處。今就容庚金文編所輯録者整揭之如次：

氒　盂鼎　向卣　伯睘卣　㪤殷　盠仲尊　器作氒卣　克鼎　大保殷　辛鼎　天君鼎　美爵
趞叔殷　毛公鼎　宗周鐘　虢叔鐘　邾公牼鐘　格伯殷　女尊　周公殷　伯中父殷　師害殷
井人鐘　倗尊　彔伯殷　散盤　農卣　封殷　𦬁伯殷　師寰殷　嗣土嗣殷　秦公殷　義仲鼎
邾公華鐘　大鼎　鄀公𨱔　姑馮句鑃　邾公釓鐘　攻吴監

氏　毛公鼎　頌鼎　頌壺　頌殷　散盤　賀鼎　克鼎　不嬰殷　干氏盤　姑氏殷　令鼎　尹氏匜
師遽殷　齊鎛　國差𦉜　嬴氏鼎　伯庶父殷　齊䵼氏鐘　師嫠殷　叔妣殷　芮公鬲　格氏矛

氒字舊均誤釋乃，吴大澂竟謂「江聲古文尚書从汗簡改厥為氒，許氏説『氒讀若厥。』疑壁經乃字本作□，漢人讀為厥，遂改作厥。今彝器無厥字。」「古籀補」廿四葉。以今觀之洵有隔世之感。然今人復有以氒氏字混者。

⊘厲氏鐘銘⊘今所欲論者乃第二行第二字之□字，此字僅第三器泐，餘均同作，以第四器為最顯箸。劉吴釋氏。因有姜戎氏之説。唐亦釋氏，讀為厥，謂「陳侯因資錞『合揚氏德』亦借氏為厥。古書多以氏為是，爾雅以厥為其。氏、是、其、厥並聲之轉。」徐釋為氒，與余同。徐云：

「氒古厥字。邾公牼鐘、邾公華鐘氒並作□，邾公釛鐘釛當作釓作□，均與此同。此云厥辟，辟，君也，文亦見大克鼎。齊侯鎛鐘即『叔夷鐘』云『對揚朕辟皇君之易錫休命』。詩韓奕云『以佐戎辟』。朕，我也，第一人稱。戎，汝也，第二人稱。厥，其也，第三人稱。」

今案此釋氒至確，字斷非氏。小鐘氏字八器十六字除一二例稍泐外均作□，與□判然為二，二字亦各不相混。觀上舉氒氏字。而尤以二字同見於一器者，可證也。

知□為厥，劉吴「姜戎氏」之説遂不能成立。唯比得劉氏來書，言「金文氒字作□，未有加一點作□者。邾公釓鐘不可韋，郰氏三鐘隹㮇鐘非偽。□氏之與□乃一字之異體，金文中往往有之，如鐘中昭字有二體，可證也。此字所關甚重，不能不爭也」云云。是劉氏以點之有無定氒氏之分，案此説有未諦。郰公釷鐘是否偽器尚未敢必，而攻吴監「攻吴王大差䢅氒吉金自乍御監」氒字亦作□矣。攷古文字形演變之例，凡肥筆作之字後均禪化為點畫。試觀上舉盂鼎、盠仲尊、䚄卣、克鼎、義仲鼎諸氒字均肥筆作，則演變為點畫並不足異，本鐘與郰鐘吴監均較晚之器也。矧氏字亦有不從點作者，如上舉頌𣪘、嬴氏鼎、伯庶父𣪘、叔㚸𣪘諸例是。是則氒氏之分不在斜畫上點之有無矣。余謂氒氏之分當在首畫之曲向，氒字首畫上端曲向左，其反作者向右。氏字首畫下端曲向右，此瞻諸古文字可以一目瞭然者也。惟字形相近，古人亦不能保無筆誤。如師嫠𣪘之「叔市金黃」，一蓋即誤為「令黃」，其確徵也。故如唐氏所舉因資鐘之「合㪤□恵」乃誤氒為氏。唯此字上端似稍泐。又如□鼎之「師氏」作□，又誤氏為氒。此器余初疑偽，容庚云不偽。又上舉格伯𣪘二氒字就其銘辭案之，均當為氏；該𣪘諸器文字均草率，語多奪亂，確亦誤例也。凡此均不能據為典要。唐氏謂「氏是其厥並聲之轉」。案氏是一字，其厥雙聲，固各有攸關；然是與其、氏與厥，韻紐俱隔，無由通轉也。

氒與氏之分，由形與聲已知其然，請更進而探求其字源。説文云「氏，巴蜀名山岸脅之自旁箸欲落墮者曰氏。氏崩聲聞數百里。象形乀聲。楊雄賦『響若氏隤。』」又云「氒，木本也，从氏，大於末也。此文當有奪落，段氏於「从氏」下加「下本」二字，説亦牽强。讀若厥。」

今以古文字形按之，氏與氒均當為象形文，無聲從可言。許求二字之初義於實物，甚是。然氏之古文非象山岸欲墮之形，亦非從乀聲也。氒字則字形已遠隔，古氒字並不从氏下，許訓為木本者以同音之橛字為説耳。【釋氒氏　重文餘釋之餘　金文叢考】

◉趙世綱　劉笑春　「敬□盟祀。」

王孫□鐘銘文有「龔□盟祀」。與此語義全同，是知「□」即「□」字，□即氒，同厥。《説文》：「厥，發石也，从厂欮聲。」《前漢書·諸侯年表》：「漢諸侯王厥角稽首。」應邵曰：「厥者，頓也；角者，額角也。」敬厥盟祀即恭恭敬敬進行盟祀之意。【王子午鼎銘文試釋　文物一九八〇年第十期】

厲　五祀衛鼎　散伯簋　其厲年永用讀作萬　郭沫若謂即厲之緐文从石與从厂同意　子仲匜　【金文編】

高厲　厲廣之印　【漢印文字徵】

◉許　慎　厲旱石也。从厂。蠆省聲。力制切。厲或不省。【説文解字卷九】

◉劉心源　礪从后。古文石字。从蠇即邁。古刻萬年字多作邁。知二字古文通用。説文水部。砅。履石渡水也。重文作濿。此从石从萬。乃合砅濿二字為之而省水。説文厲从石省。此从石不省。是礪即厲也。後人不知厂為石省。乃於厲加石。贅矣。厲。國名。今隨州。漢書地理志南陽隨下云。故國厲鄉。故厲國也。師古曰。厲讀曰賴。是也。【中伯匜　奇觚室吉金文述卷八】

◉高田忠周　古籀補吳氏云。疑古礪字。按吳説是。但説文有厲無礪。礪即厲之異文。説文。厲。旱石也。从厂。蠆省聲。或作厲不省。此从石从又。亦會意。又按。凡蠆聲字經傳皆作厲。萬蠆上同下異。元同形字。音亦相同。而厲亦有作蠆者。此篆即从厂从蠇聲者。蠇蠆萬亦應通用也。或謂蠆之蠆即萬之異文。非是。【古籀篇十四】

◉郭沫若　礪即厲之緐文,从石與从厂同意,从邁省聲與萬聲同。在此乃孟姬所適之國名。春秋僖十五年「齊師曹師伐厲。」,杜注「義陽縣有厲鄉」。漢志南陽郡隨下云「故國厲鄉,故厲國也。」今湖北隨縣北四十里有厲山店。【魯大司徒匜　兩周金文辭大系考釋】

◉方濬益　應是礪之異文。即厲國也。説文無礪字。新坿有之。云。礪也。經典作厲。亦作礪。書禹貢礪砥砮丹。禮記内則刀礪。均作礪。玉篇有礪字云。力勢切。崦嵫礪石可磨刃。廣雅釋詁亦曰。礪。磨也。此文从后石。从二見。汗簡下从又。手之象形。所以礰也。似古本有礪字而厲有賴音。論語。子張未信則以為厲己也。鄭注。厲讀為賴。左傳僖公十五年秋七月齊師曹師伐厲。杜注。厲。楚與國義陽隨縣北有厲鄉。昭公四年遂滅賴。公穀作遂滅厲。漢書地理志。隨故國厲鄉故厲國也。師古曰。厲讀曰賴。【魯大司徒子仲白匜　綴遺齋彝器款識考釋卷十四】

◉馬叙倫　桂馥曰。一切經音義二引。厲。磨石也。嚴章福曰。當作萬聲。王筠曰。小徐無省字。然説文亦無蠆字。翟云升曰。文選答賈長淵詩注引作石也。周雲青曰。唐寫本文選集注殘本陸士衡答賈謐詩注曹子建七啓注皆引作磨石也。又唐寫本玉篇引。厲。摩石也。摩與磨同音通假。蓋古本如是。今本作旱。誤。倫按字見急就篇顔師古本。許當止訓石也。散伯敢作厲。

厱 厱

厲 本書無蠆。或曰。虫部之蠆。說文韻譜作蠆。則王筠論之矣。倫謂蓋此篆本從萬作厲也。【說文解字六書疏證卷十八】

◉高鴻縉　說文。厲。磨石也。从厂。萬聲。力制切。按。今本說文作旱石也。茲依唐寫本文選集注引說文厲磨石也改正。又唐寫本玉篇引作厲摩石也。摩與磨同音通假。是原作磨石無疑。厲應从石省。不應从厂(岸)。故摘出列入轉注。又萬後人加虫作蠆。故厲亦作⿸厂蠆。又厲既从石省訓磨石。後人復加石旁作礪。說文石部新附礪。䃋也。从石。厲聲。力制切。蓋已忘其為纍加之字矣。是厲⿸厂蠆礪本一字之異形也。【中國字例六篇】

◉李孝定　諸家謂厲礪同字，是也。子仲匜作礪，省石作厂則為厲，石、厂偏旁得通也。經傳有厲無礪，說文新附始有礪，是偏旁纍增也。【金文詁林讀後記卷九】

◉陳世輝　⿱列廾畀其井(刑)

⿱列廾字从井列聲，此字不見於字書。古从列聲的字，後世通作厲。《周禮·山虞》：「物為之厲，而為之守禁。」鄭司農説：「厲，遮列守之。」按，遮列即遮迾。《説文》：「迾，遮也。」段注：「《周禮》假列為之。山虞、澤虞、卝人、迹人『厲禁』，大鄭云『遮列守之』是也。」是列、迾後世作厲。《詩·小雅·都人士》：「彼都人士，垂帶而厲。」鄭箋：「厲當作裂。」是裂後世也作厲。又，《禮記》的「厲山氏」，《國語·魯語》作「列山」，《左傳》作「烈山」。是列、烈通厲。迾、裂从列聲，後世作厲；⿱列廾也从列聲，所以也可以讀為後世的厲字。【師同鼎銘文考釋　史學集刊一九八四年第一期】

◉戴家祥　說文九篇「厲，旱石也。从厂蠆省聲，力制切。⿸厂蠆，或不省。」唐寫本文選集注引說文「厲，磨石也。」唐寫本玉篇引作「厲，摩石也。」摩磨同音通假，是說文原作「磨石」無疑。石字作為偏旁在甲骨文裏作𠂆，在說文裏作厂。如九篇「厎，柔石也」，「厥，發石也」，「⿸厂異，石利也」，「⿸厂古，美石也」，「⿸厂卒，唐⿸厂卒石也」，「⿸厂立，石聲也」，「⿸厂兒，石地惡也」，「⿸厂坙，石地也」，「⿸厂甬，石閒也」，「厝，厲石也」，「厐，石大也」等等。厲訓「磨石」，从厂當是石之省。後人不明厂義，復加石旁作礪。說文新附字「礪，䃋也，从石厲聲。力制切。」厲與礪的聲皆同。礪是厲的形旁重複字。金文厲用作地名或人名。𥫱伯毁用作萬。【金文大字典上】

◉許　慎　厱厱諸治玉石也。从厂。僉聲。讀若藍。魯甘切。【說文解字卷九】

◉馬叙倫　徐鍇曰。亦見淮南子。作監諸。石可以切玉也。錢坫曰。今之寶砂也。劉秀生曰。僉聲之字如薟斂撿皆在來紐添部。藍從監聲。亦在來紐添部。故厱從僉聲得讀若藍。淮南氾論訓。至刑不濫。注。濫讀收斂之斂。説山訓。玉待礛諸而

成器。礛諸即厱諸。是其證。倫按。許當止訓石也。或字出字林。【説文解字六書疏證卷十八】

厤 厤

厤　厤　孳乳為歷　毛公厝鼎　厤自今　【金文編】

◉許　慎　厤治也。从厂。秝聲。郎擊切。【説文解字卷九】

◉林義光　从厂無治義。古作厤毛公鼎。當即歷之古文。過也。歷為經歷之義。故从二禾。二禾者。禾再熟也。年稔稘字皆从禾。亦取禾熟義。厂推移之象。【文源卷七】

◉高田忠周　説文厤。治也。从厂。秝聲。厂者。人所居。秝有齊整布列意。疑兼會意。然治歷即禮記郊特牲歷其卒伍注。簡歷。謂算具陳列之也。是也。又爾雅。歷。傳也。又相也。並皆本義之轉。經傳皆用歷為之。厤字形義遂隱矣。【古籀篇十四】

◉孫海波　佚存七四五版「□若以厤□乎仯」，商先生曰：「厤不知與泰為一字否。」今審此字當是厤，説文「厤，治也，从厂秝聲。」金文毛公鼎「厤自今出入專命于外」作厤，此作厤者，乃从宀，古文从宀與厂無別。説文宀部「安，竫也，从女在宀中。」金文陳猷釜作安。「寑，臥也」，卜辭作寑（後下二九·四）。以是例之，知厤亦可從宀作也。【卜辭文字小記　考古社刊第四期】

◉馬叙倫　治也當作治玉石也。然蓋字林文。厤厲音同來紐。蓋相為轉注字也。毛公鼎作厤。【説文解字六書疏證卷十八】

◉戴家祥　説文九篇「厤，治也。从厂秝聲。」按从厂無治意，古文石為偏旁多省作厂，當是从石之省。古代人們都用石磑碾米去殼，厤字从石从秝，疑即以石磑碾米去殼的本字。王筠釋治義曰「此治玉治金之治，謂磨厲之也。」説文句讀。磨厲與厤的本義頗近，但對象是代表穀物的秝，而不是金玉。説文磨訓石聲，當是厤的加旁孳乳字，毛公鼎借作經歷之歷。【金文大字典上】

𠪚 𠪚

◉許　慎　𠪚石利也。从厂。異聲。讀若枲。胥里切。【説文解字卷九】

◉馬叙倫　段玉裁曰。石利謂石鋭也。漢書馮奉世傳。器不犀利。如湻曰。今俗刀兵利為犀。犀與廙雙聲假借。倫按。廙蓋亦石名。可以治玉石者。如厱諸之類也。故次厤下。枲音心紐。廙從異得聲。異音喻紐四等。同為次清摩擦音。故廙讀若枲。本書籀文辭作辝。辝從台得聲。枲亦從台得聲。儀禮大射儀。不異侯。注。古文異為辭。本書飴或作饌。竝其證。【説文解字六書疏證卷十八】

居　不从厂聞一多讀為居美石也　師旂鼎　白懋父迺罰得系居二百寽　古字重見　【金文編】

◉許　慎　居美石也。从厂。古聲。侯古切。【說文解字卷九】

◉馬叙倫　上下文皆不言美惡。蓋此字林文。字或出字林。【說文解字六書疏證卷十八】

李厗　【漢印文字徵】

◉許　慎　厗唐厗石也。从厂。屖省聲。杜兮切。【說文解字卷九】

◉馬叙倫　段玉裁曰。唐厗雙聲字。石名也。錢坫曰。玉篇以為古銻字。則即火齊矣。桂馥曰。金部。鏞銻。大齊。倫按。以遲或作遅例之。則此即漢書馮奉世傳器不犀利之犀本字。厗從辛得聲。屖音心紐。則與厲為雙聲轉注字。唐厗或吕忱加之。或字出字林也。【說文解字六書疏證卷十八】

㕸　舊釋居　農卣　王在𨻰㕸　从广　不𣋡方鼎　王在上侯㕸　長由盉　穆王在下減㕸　元年師旋簋　王在減㕸　呂鼎　王在還㕸　从宀　師虎簋　王在杜宊　揚簋　罘𤔲宊　【金文編】

3·699　里𡉚王㕸　【古陶文字徵】

〔六二〕〔六六〕〔六二〕〔三六〕〔六二〕〔二二〕〔六二〕〔六六〕〔二二〕〔三六〕〔三六〕〔六二〕〔六二〕【先秦貨幣文編】

布空大　豫伊　按金文或作(应)　布空大　典七四四　仝上　典七四五　仝上　典七四六　【古幣文編】

㕸郎荅切　【汗簡】

◉許　慎　㕸石聲也。从厂。立聲。盧荅切。【說文解字卷九】

◉劉心源　〔宀立〕古泉匯元十三有作〔宀立〕者。即説文应字。許氏收入厂部。解為石聲。而古刻从广从宀。用為尻字。曶鼎王在遷应。中鼎埶王应。麦鼎先省野应。竝从广。師虎敢王在杜〔宀立〕。唯叔鼎在䣓〔宀立〕。竝从宀。皆可證也。【奇觚室吉金文述卷十二】

◉高田忠周　〔宀立〕　玉篇。居。安也。古文作㡯。此居即尻叚借。㡯亦应之誤。元应為居室正字。或从宀作空。又尻為安居正字。尻应當通用字。後世並借蹲居字為之。应尻皆隱矣。居俗作踞屋以分別。非。【古籀篇十六】

◉高田忠周　应　説文。尻。處也。从尸。得几而止。孝經曰。仲尼尻。仲尼尻。此孔子閒尻仲尼燕尻之尻。後人以蹲居字為之。居俗亦作踞。非。此尻即與処同意。処。止也。得几而止。从几。从夊。夊者。後有致之者之意。然則行而止之謂之処。止而安静謂之尻也。尻処二字皆以人體為義。而尻処實元同字。詳見兩字下注。故與居室之意自有小異。而如金文应字。實為居室正字。从广與宀同意。从立。立者。位也。會意之旨尤顯然矣。後世借尻為应。而应字全廢。後亦借居為尻。尻字殆廢矣。玉篇。居。安也。古文作㡯。此㡯亦应譌文無疑。安也者。尻字義也。居尻音義相近。故得通用。【古籀篇七十三】

◉馬叙倫　段玉裁曰。石崩之聲。吴都賦曰。拉擸雷硠。拉即应字。玉篇曰。应亦拉字。倫按。本部無涉石聲者。聲字或涉立聲而誤衍。应蓋厲厱之轉注字。音同來紐。应厱又聲同談類也。【説文解字六書疏證卷十八】

◉陳夢家　应字郭沫若釋居，可商。此字在西周初期金文中數見，中期亦有，其前總是一地名。字或从宀或从厂或从广，立聲。卜辭明日次日作「羽日」，或以「立」為聲符，小盂鼎則从日从羽从立。説文「昱，明日也，从日立聲」，爾雅釋言「翌，明也」。卜辭之「羽日」「翌日」，尚書大誥、召誥、顧命作翼日，可證「立」「異」同音，故廣韻職部昱、翊、廙、翼等字俱作與職切。是金文之应即説文之「廙，行屋也」，亦見殷、周之際金文后且丁尊(三代13·38·5—6)「辛亥王才廙降令曰」。揚毁有司应之官，即周禮「幕人掌幕幄帟綬之事」，鄭衆注云「帟，平帳也」，字與廙近。【長甶盉　西周銅器斷代】

◉郭沫若　应或作空，見師虎毁及揚毁，舊釋為居，苦無確證。今案隸古定尚書殘卷般庚篇、敦煌本及日本所存唐寫本，居字一作㡯。汗簡三出㡯字，云「見説文」，然今説文無此字，蓋所見乃古本也。説文以居為蹲踞字，重文作屋。居處字則作尻。居字注云「蹲也，从尸。古者居从古」，段本改作「从尸古聲」，案當是「从尸古聲，㡯古文居从立」也。尸實广之譌。【中甗　兩周金文辭大系考釋】

◉唐　蘭　金文裏常常説「王在某应」，「应」就是《尚書·召誥》裏「太保乃以庶殷攻位于洛汭」的「位」，就是臨時蓋的行宫；師虎簋説：「王才杜应，各于太室」，蔡簋説：「王在雍应，旦、王各廟，」可見在「应」裏也還是有廟和太室的。【西周銅器斷代中的

⿸厂金 ⿸厂金　　⿸厂兒 ⿸厂兒

「康宫」問題　考古學報一九六二年第一期】

◉唐　蘭　「下減应」是下減地方的行朝（臨時朝廷）。「应」就是「位」，凡朝廷裡，不論君臣都有固定的位。王到一個地方，需要舉行典禮，就是建立臨時的位，所以周成王要到新建的洛邑去，召公就「以庶殷攻位于洛汭」，攻是製作的意思。到第五天位建成了，王才去看洛邑（見《尚書·召誥》）。過去把「攻位」解釋成規劃新建城郭、宗廟、朝市的位置，是錯誤的。金文裡常見到那個地方的位，一般釋成居字，也是錯誤的。【《五省出土重要文物展覽圖録》序言】

◉譚戒甫　应，自來多釋為「居」，郭釋《中甗銘》「埶王应」，謂「張設王之行屋」，極是。按《説文》：「廙，行屋也，从广，異聲。」考「翼，从羽，異聲」，而「翌，从羽，立聲」，《尚書》「翌日」，後世多改作「翼日」，知应廙二字古可通用。又《説文》：「楃，木帳也。」《釋名·釋牀帳》：「幄，屋也，以帛依板施之，形如屋也。」《周禮》「幕人」職注：「四合像宫室曰幄。」凡此皆即所謂「行屋」，為天子出行所居，後世亦名「行宫」，西周即名為应，此謂孝王住在潼地的行宫。【西周「𠭯」器銘文綜合研究　中華文史論叢第三輯】

◉李孝定　居處字作⿸广人，象人坐几上；居室字作应，从广宀同从立位會意，今則居行而尻应廢。郭沫若氏謂尸為广之譌，其説未審。陳夢家氏釋应為廙，聲固可通，然金銘应上多有一地名字，如杜应，如陳説將解為「在杜的帳幕」，頗覺不辭。唐蘭氏釋為「位」，金文「位」皆作「立」，不應此銘獨異。【金文詁林讀後記卷九】

◉許　慎　⿸厂兒石地惡也。从厂。兒聲。五歷切。【説文解字卷九】

◉馬叙倫　段玉裁曰。石部。⿰石鬲。石地惡也。二篆疊韻。周雲青曰。唐寫本玉篇⿰石鬲注⿸厂兒注皆引作石地也。集韻類篇引同。蓋本是石地也堊也二義。惡乃堊之譌。倫按石部。⿰石鬲。石也。惡也。鍇本作石地惡也。蓋地為也之譌字。此亦然也。石也者。蓋⿸厂兒為⿰石鬲之轉注字。猶鶃鷊矣。惡也者。本書繫下一曰惡絮也。繫鬲音同見紐。聲同支類。本書⿰鬲虒讀若隔。⿱毄鬲讀若擊。疑此或繫字下一曰惡絮之義。【説文解字六書疏證卷十八】

◉余永梁　⿸厂兒（書契卷六四十九葉）　疑説文⿸厂兒字，从厂，兒聲。【殷虚文字考　國學論叢第一卷第一期】

◉許　慎　⿸厂金石地也。从厂。金聲。讀若紟。巨今切。【説文解字卷九】

◉馬叙倫　地字蓋涉上⿸厂兒字説解而譌羨。疑此為厥之轉注字。或從石省金聲。為嚴之轉注字。古鉨有⿰阝金。丁佛言釋崟。謂從⿸厂口。⿸厂口古石字。是也。然則即此字。亦或從⿸厂阝唫聲。⿸厂阝厂一字也。【説文解字六書疏證卷十八】

庯

◉許　慎　庯石閒見。从厂。甫聲。讀若敷。芳無切。【説文解字卷九】

◉高田忠周　陣　吳大澂收於𠂤部。亦云説文所無。愚謂陣蓋庯異文。説文。庯。石閒見也。从厂甫聲。廣韻。庯屋上平陣。同上。庯。説文所無。此字果為屋義从𠂤無故。此庯當庯字誤。六朝人望文為義。為屋上平無疑矣。段氏云。廣韻引字林云。峬峭。好形皃也。峬即庯之隸變。説文庯讀若敷。字固當从尃。又山𠂤古通用。𠂤石亦古通用。庯固當作陣作峬又作硧耳。【古籀篇十四】

◉馬叙倫　王筠曰。閒當為文。閒聞形似。文聞聲同。初譌為文。又偽為閒也。玉篇。庯。石文見也。倫按上下文皆止言石。疑此實浦之異文。水部。浦。水濱也。故字從厂。此上下文説解多譌。此石閒見自不可通。玉篇。石文見。恐亦非。蓋石文見為庯。於古無徵。豈亦為此而造庯字。倫疑閒見二字由聲字而譌。聲之草書。有類於閒之草書。草書聲字析之亦似文見二字。蓋傳寫轉譌。校者又合異本而為一也。聲字亦涉上文应下説解而譌羨。【説文解字六書疏證卷十八】

厝

焦厝【漢印文字徵】

古孝經【古文四聲韻】

◉許　慎　厝厲石也。从厂。㫺聲。詩曰。他山之石。可以為厝。倉各切。又七互切。【説文解字卷九】

◉馬叙倫　説文疑曰。以厲石治玉篇厝。非厲石為厝也。沈濤曰。一切經音義九引厲石也下尚有摩也。今奪。段玉裁曰。厲石當作厝石。小雅鶴鳴。他山之石。可以為錯。傳曰。錯。錯石也。王筠曰。段改厲為厝。兼於毛傳增一錯字。厎厲厝皆磨礪之名。非有三石名為厎厲厝也。其為物色甚多。但柔者目為厎。剛者目為厲與厝耳。若以為石名。則非它物可代。如段氏言。則詩將曰他山之石可以為石乎。厲石也字林同。倫按厝蓋即碏也。本書無碏耳。厝音清紐。然從昔得聲。昔廙音心紐。是厝廙為轉注字也。厝厗廙厱厲厎皆轉注字。或一石而異名。或異石而同用。是石可以治玉。因以為治玉之名。厝厲之為治玉異乎琱琢者。琱琢增其文飾。厝厲顯其色澤。詩。如切如瑳。如琢如磨。亦以此別之也。厝謂以治玉之石。搓摩其玉。本書無搓。挼即搓也。手部。搓。推也。一曰。兩手相切摩也。明推非排擠之推。謂兩手相切磨耳。蓋語原然也。挼摩為同邊音轉注字。石部。礳。石磑也。礳即磨字。磨之得名。亦以相切摩也。玉部。瑳。玉色鮮皃。瑳之為玉色鮮。

由玉經厝而色澤以顯耳。是皆語原不殊者也。然則厝之為名。正以可以磨厲而得也。字或出字林。詩鶴鳴釋文引字林。厝。乎故反。【說文解字六書疏證卷十八】

厖

◉許　慎　厖石大也。从厂。尨聲。莫江切。【說文解字卷九】

◉馬叙倫　翟云升曰。集韻類篇竝引作石大皃。倫按。上下文無涉形容詞者。此當作石也大皃或石也大也。爾雅釋詁。厖。大也。方言一。厖。深之大也。二。厖。豐也。秦晉之間凡大貌或謂之厖。倫謂大皃或大也。蓋龐字義。今此字亦作龐也。此當為石也。疑亦厥厲厤厔之轉注字。厖音明紐。同為邊音。字或出字林。【說文解字六書疏證卷十八】

屵

◉許　慎　屵岸上見也。从厂。从之省。讀若躍。以灼切。【說文解字卷九】

◉王國維　㱿字从屵，即《說文》岸上見之屵字也。【觀堂書劄】

◉馬叙倫　鈕樹玉曰。廣韻十八藥引作屵。玉篇闕。段玉裁曰。之省二字當作中。豈下云。陳樂立而上見也。從中。是其證。桂馥曰。小徐作之省聲。馥謂當從出省聲。出篆作出。與之形近易誤。廣韻。屵。岸上見也。此從出之證。嚴可均曰。云躍聲之轉。嚴章福曰。此或當作中聲。張文虎曰。段謂從中。然讀如躍。不知其得聲之由。蓋象形耳。疑躍乃脽之譌。漢書武帝紀。立后土祠汾陰脽上。如湻曰。脽。河之東岸。特堆堀。長四五里。廣二里。高十餘丈。正與此文合。蓋脽借字。屵本字。倫按桂張二説是也。出音穿紐三等。脽音牀紐三等。出隹聲同脂類。是以同舌面前破裂摩擦音及疊韻讀若脽也。然從出得聲之敖音入心紐。心與喻紐四等。同為次清摩擦音。則亦得聲轉讀若躍。躍從翟得聲。翟固亦從隹得聲也。是出聲益無疑矣。從出得聲之敖聉音皆疑紐。拙音娘紐。同為邊音。然則屵蓋亦岸之轉注字。此本訓岸也。上見二字涉上文厓字説解石間見而譌衍。上石音近也。字或出字林。【說文解字六書疏證卷十八】

⿸厂夾

布方⿸厂夾一釿　此類幣字皆倒書　晉運　按通於⿸厂夾字，叶聲，説文⿸厂夾，段注與陝字音同義近，拙作《魏幣⿸厂夾布考釋》專論之。

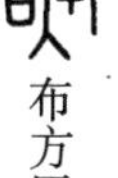
布方⿸厂夾一釿

豫洛

仝上　晉運

仝上

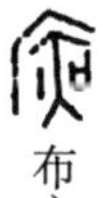
布方⿸厂夾厼釿　亞四·五九

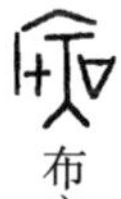
布方⿸厂夾一釿　亞四·六〇

仝上

布方⿸厂夾一釿　亞

四·六〇

布方厥一釿　典二八四
全上　典二八〇
全上　典二八五
全上　典二八一
全上　典二八七
布方厥一釿　典二八二
布方厥釿　典二八八
全上　典二八三
布方厥伞釿　典二八九
全上　典二八六

【古幣文編】

◉許　慎　厥　辟也。从厂。夾聲。胡甲切。【説文解字卷九】

◉馬叙倫　錢坫曰。此兩山之間曰峽字。上林賦。赴隘陿之口。郭璞注。夾岸間為陿亦此字。倫按。錢説是也。與陝一字。字蓋出字林。此今杭縣言狹窄之狹本字。【説文解字六書疏證卷十八】

◉張　頷

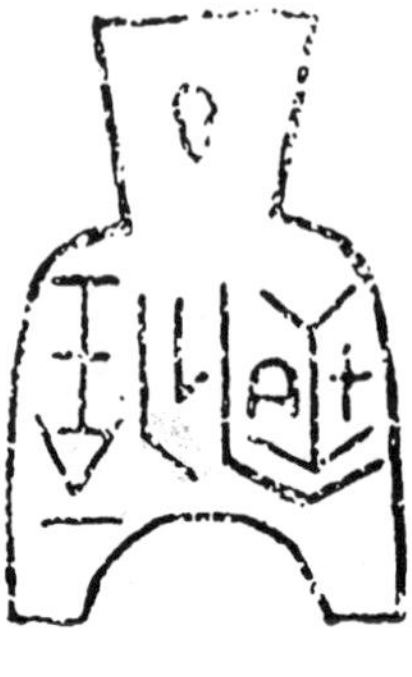
1.厥一釿

2.厥半釿

3.厥　釿

現在所見到的「」地鑄造的貨幣有大小兩種，大者其文為「一釿」，小者為「半釿」，還有簡書作「釿」者，也應該是「一釿」布的簡称。⊘

關於「」字過去有許多解釋，比較有傾向性的一種説法莫過於「虞」字。鄭家相先生在《布化概説》中説：「前人以虞布為虞所鑄」云云。也有個别的認為是「古文『歷』字」，並解釋為「禹鑄幣於歷山」，所以是「夏幣也」。以上一些解釋是不足為訓的，是違反常識的。還有的認為「」即「廆」亦即「魏」字，並認為「」字中間的「」或「」形所从之「」即為「吴」字，而右旁所从之「十」為「滿數」，從而附會歷史文獻中所記載的魏氏先祖畢萬初封於魏時，晉國大夫卜偃曾經説過的一段話：「……萬滿數也，魏大名也，畢萬之後必大矣」。於是便認為「□」即「魏」字（以上二說見《古金錢略》及《貨幣文字考》）。像這樣對「□」字的解釋於形、義、音訓諸方面均甚乖遠。還有一種也釋為「虞」字，但非「虞舜」之「虞」而為春秋時「虞號之虞」。如李佐賢《古泉彙》中說：「□者虍也，□者吳也……或疑為虞號之虞」。認為「□」字上部所从者為「□」或「□」乃「虍」字，硬把「□」字支解開來，以「十」上附於「□」，這不但釋字的方法有問題，而且「虍」字从來也沒有作「□」或「□」形者。⊘

《古泉彙》中除了强擬「虍」形而外，同時又把「□」字左旁偏解為「吳」字，便認為是「虞號之虞」，這個結論是難以成立的。《古泉彙》中把鑄造此幣的時間斷在東周時期，顯然要比「虞舜」的說法已經前進了一大步，但從文字方面仍釋為「虞」則艱塞難通。「吳」字在金文中「口」字均在「□」字上部作「□」、「□」或「□」而不在腋下作「□」或「□」者，況且「□」或「□」字腋下還有一個「十」字無以交待。一個字形的組合是不能以後人的假想剔骨附皮隨便擺布的。

筆者認為「□」字上所從之「□」即「广」（讀若儼，高屋之形，山牆也）。「广」在古文字中又通於「厂」（岸），如「府」字既作「□」（鑄客鼎）又可作「□」（古鉩），先秦貨幣文字中「宅」字既作「□」又作「□」（宅陽布）。而「□」字布也有另一種寫法作「□」（見《古錢大辭典》二八九，以下簡稱《辭典》）。因此對「□」或「□」字的準確隸定應當是「□」或「□」。這種貨幣中的「□」字有許多形體，如「□」（《辭典》二八二）、「□」（《辭典》二八五）、「□」（《辭典》二八三）、「□」（《辭典》二八九）、「□」（《辭典》二八七）、「□」（《東亞錢志》四·六〇頁。以下簡稱《東亞》）、「□」（《東亞》四·六〇頁）、「□」（《東亞》四·五九頁）諸形。這些字形的偏旁沒有大的變化。在字形組合上有三個部分，上部為□、□，中部為□、□、□、□，字兩旁則為□、□、□諸形。字形有正書、反書，筆劃有長短曲直之別，僅此而已。最值得注意的是「□」字中所從的「□」或「□」字，它在形體結構上和篆文「□」（夜）字相似。「夜」字在金文中也有許多形體，如□、□、□、□等，它的基本結構也沒有多大變化。我們可以這樣說，「□」字雖然絕非「□」（夜）字，但他們之間卻有着很密切的關係。兩者之間皆導源於「□」（亦）字。「□」字从「□」从「叶」，「□」為人形，在這裏作為「□」字的省體，和「□」（夜）字所从之「□」其義相同。簡言之，「□」形近「□」（夜）均从於「□」（省亦字），這是我考慮「□」字的一個基本出發點。「□」（亦）即「腋」字。《說文》有「亦」而無「腋」。《說文》「□，人之臂亦也，從大象兩亦之形」。「臣鍇曰：人之腋也」。又《說文》：「胠，亦下也」。「亦下」即「腋下」，也可作「掖下」。《史記·趙世家》「千羊之皮不如一狐之腋」，《商君書》作「掖」。這些例證首先說明「□」字所從之「□」（省□）它和「腋」、「掖」為同義字。它不但有「亦下」之義，而且有扶持之義。《說文》屬於「亦」部之字只有一個「□」（夾）字，而把另外一個與其有密切關係的「□」（夾）字卻歸屬於「大」部，實際上都應該是「亦」部字。《說文》「夾，盜竊懷物也。从亦，有所持……弘農陝字从此」（注失冉切），又《說文》「夾，持也。从大。陝（即挾字）二人」

(注古狎切),而「夾」字又與「挾」字同。如《說文》「挾,俾持也」。《國語·吴語》「挾經秉檜」,韋注:「在掖曰挾」。根據上述文字及其注釋資料,我們可以瞭解到和「夾」(亦)字有密切關係的「夾」、「夾」兩個字除了字形相若之外,它們都具有腋下、懷物和挾持的含義,從而也可以知道「夾」「夾」二字是可以通訓的。

貨幣文字中「⿸厂⿻大十」字所从的「⿻大十」也同樣具有腋下有所挾持的形義。因之,它和「夾」、「夾」之間的關係也同樣是密切的。「⿻大十」字的腋下所从的「叶」字實為「協」字的古文。「協」和「脅」(或作脅)同為从「劦」之字,而「脇」字也有掖下挾持之義。《急就篇》「脇」顔注:「肋旁也」。《釋名》:「脇,挾也,在兩旁,臂所挾也」。《說文通訓定聲》云:「脅……亦作胠……腋下之名也」。可見脇、胠二字所从之劦、夾二字在音義上皆可通。「脅」另有一義即馬勒之名,《廣雅·釋器》:「馬鞅謂之脅」。鞅為馬頸之勒,亦有挾持之義。當然還有一些从「劦」之字具有和、同之義,如「劦」的本義是「同力」;「協」的本義為「同心」;「勰」的本義為「同思之和」。《說文》:「協,農之同和也。从劦从十。叶古文協,从日十,叶或从口」。「脅」雖無和同之義,但於「協」同為从劦之字且為同音,所以「⿻大十」字既假「協」字古文「叶」字之形、音,又假「脇」(脅)字掖下挾物之形、義,遂成「⿻大十」字的整體結構。

最後讓我們探討貨幣上「⿸厂⿻大十」這個完整的字形和字義。前面曾談及對這個字形的準確隸定應該是「㡁」或「⿸厂⿻大十」。結合前面所舉它和夾、夾二字的關係,證明「⿸厂⿻大十」就應該是《說文》中的「㡁」(㡁)字。《說文》:「㡁,辟也。从广夾聲」(注:胡甲切)。段注:「㡁於陜字音同義近」。又《說文》:「陜,隘也。从𨸏夾聲」。段注:「俗作陿、峽、狹」。前面已經從「腋下」、「挾持」、「懷物」等形義方面闡明了「夾」(夾)、「夾」(夾)二字的通訓關係,那麼「陜」、「陜」二字的關係就可以迎刃而解了。又「㡁」字在幣文中或作「㡁」。關於𠆢、厂在字形上通用之例本文前面已經談及。在這裏專門談一下它們之間所以可通之義。「广、厂二字均有「高」的意思。《說文》中「𠆢」有「高屋之形」而「厎」(底)則為「山居也」。「厂」為「山石之厓」而「⿸厂口」則為石「在厂之下」,「⿸厂⺈」為「人在厂之上」,「陲,山顛也」,「厓,山邊也」。本文前面亦曾談及「㡁」、「⿰𨸏夾」(陜)二字的可通關係,這裏再補充闡述一下它們所從之「厂」和「𨸏」二者之間的密切關係。「𨸏」為「陜」字組成部分,「厂」又為「𨸏」字的組成部分,而且「𨸏」字也同樣有「高」的意思。「𨸏」,段注:「陸土地獨高大名曰阜」,本義為大陸,「山無石也」,而「⿰𨸏乀」,「石山戴土也」,「⿰𨸏乀,高也,一曰石也」,「⿰𨸏隶,崖也」。所以「㡁」字之從「厂」或「广」於「陜」、「陜」之從「阜」其義一也。綜合以上論述,完全可以得出這樣一個結論——即「⿸厂⿻大十」即「㡁」字。而「陜」為「㡁」字的通假字。「陜」又可通於「陜」,茲將本文論述的文字關係綜合列表如下:

仄 仄

戰國貨幣中的「𠩺」字布實為「陜」地所鑄造之貨幣。陜縣漢屬弘農郡，為古虢國。王季之後所封地。其地望在今河南陜縣一帶。東周春秋時屬於北虢（一說為西虢）。⊘我們可以有根據地作出判斷：戰國「𠩺」（𠩺）字布當為魏國「陜」（通於「陜」）邑所鑄造的貨幣，其地望應在今山西南部平陸縣一帶。【魏幣𠩺布考釋　中國錢幣一九八五年第四期】

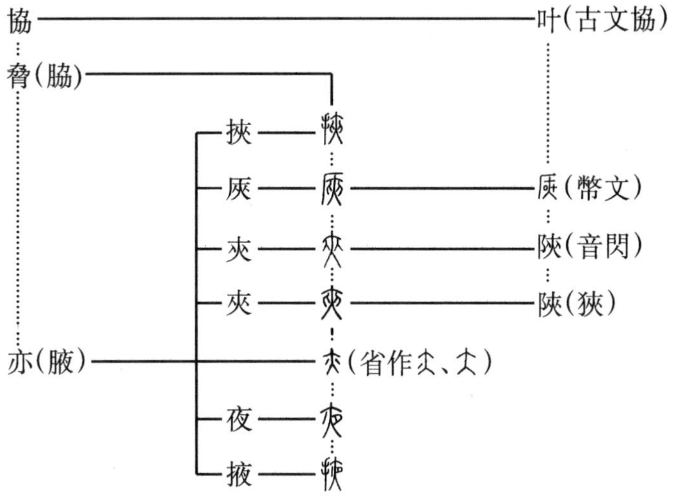

布空大　典五三五　【古幣文編】

仄出王存乂切韻　【汗簡】

𠪚　厞

王存乂切韻【古文四聲韻】

◉許　慎　仄側傾也。从人在厂下。阻力切。⿸厂矢籀文从矢。矢亦聲。【説文解字卷九】

◉郭沫若　阹象人由自下降，與陵字相反。卜辭陵作⿰阜企，象人登阜之形。陵之用為動詞者，為陞為乘為上為躐為越，此與蹶字連文，蓋是仄字之異。説文「仄，側傾也，從人在厂下。⿸厂矢，籀文，從矢、矢亦聲。」從人在厂下，與此從企在自下同意，企亦聲也。企仄古同之部。【卜辭通纂】

◉馬叙倫　周雲青曰。唐寫本玉篇引作傾側也。倫按。側傾也當作側也傾也。側也以聲訓。傾也者。側字義。朱駿聲據廣雅。仄。陋也。謂仄之本義當為陝隘。是也。今杭縣謂陝隘曰辟仄。此字以籀文證之。明是從厂。矢聲。甲文昃字有作⿱矢日者。則此字本作⿸厂矢也。矢大皆矢之初文。初以仄其身指事。後以傳寫無別人大。乃從大而仄其首耳。

⿸厂矢　鈕樹玉曰。繫傳作⿸厂矢。倫按。從厂。矢聲。仄之異文。當作籀文仄。校者改之。帥鼎作⿸厂昊。從厂。昊聲。【説文解字六書疏證卷十八】

◉朱歧祥　⿰彳矢　卜辭昃作⿰日矢，從日從人影，示日在西方，人影側也。此字從人影側，又從行省；行作彳亍，道也。字象人影投於道路上，義與昃同，當即仄之本字，傾側也。卜辭屬地名或族稱。【殷墟甲骨文字通釋稿】

開母廟石闕【石刻篆文編】

◉許　慎　𠪚仄也。从厂。辟聲。普擊切。【説文解字卷九】

◉馬叙倫　𠪚從辟得聲。辟音封紐。仄音照紐。古讀歸端。封端皆清破裂音。故相轉注。與厥亦轉注。厥從夾得聲。夾音見紐。亦清破裂音也。字或出字林。【説文解字六書疏證卷十八】

57【包山楚簡文字編】

◉許　慎　厞隱也。从厂。非聲。扶沸切。【説文解字卷九】

◉馬叙倫　玉篇。厞。隱也。陋也。倫謂厞之本義為陋。自部。陋。陝也。陝厥一字。厥訓𠪚也。然則厞為𠪚之轉注字。𠪚音滂紐。厞音古在並紐。同為雙脣音。聲又支脂近轉也。亦隱之轉注字。厞從非得聲。古音非在封紐。隱音影紐。同為清

破裂音也。儀禮特牲饋食禮。几在南厞。注。隱也。字或出字林。【説文解字六書疏證卷十八】

厭　不从厂説文猒飽也厭笮也今經典訓飽之猒皆以厭或饜為之　毛公㬝鼎　皇天引猒氒德　猒字重見【金文編】

219【包山楚簡文字編】

厭次丞印　厭笱　張厭狗　召厭【漢印文字徵】

厭王存乂切韻【汗簡】

王存乂切韻　竝籀韻【古文四聲韻】

◉許　慎　笮也。从厂。猒聲。一曰。合也。於輒切。又一琰切。【説文解字卷九】

◉劉心源　國差𦉜　㾡舊釋㾪。非。此疒下從。非。從為肉。非。説文猒從甘從肰。肰從犬從肉。古刻猒從。汗簡㠯冐為厭。此從即疒。從即冐。是㾡字矣。字書未收。攷毛伯彝伐東國奄戎之奄作。正是此字。其從疒者。指災病言之。字苑。厭。眠内不祥也。山海經西山有鳥名曰鵸鵌。服之不厭。注。不厭。夢也。新附。魘。夢驚也。古止用厭。實當作㾡。此銘蓋祝侯氏無過失無災疹也。故咎厭二字皆從疒。不得㠯不見字書而昧其形聲也。【西𩫖𦉜　奇觚室吉金文述卷十八】

◉馬叙倫　鈕樹玉曰。李注文選王命論引作塞也。倫按。笮也當作㢋也。或此字林文。借笮為㢋也。厭為隱之音同影紐轉注字。亦㢋之聲同談類轉注字。一曰合也者。㿽字義。部。弇。蓋也。蓋也者。謂㿽也。玄應一切經音義引倉頡。伏合人心曰厭。亦眠内不祥也。字從厂。厂音呼旱反。猒聲。山東音於葉反。【説文解字六書疏證卷十八】

◉黄盛璋　「伐東國㾡戎」。⊘銘文「㾡」字從「甘」、「月」，「厭」字亦從此。儘管金文中寫法不很一樣，但所從之「肙」聲應同。舊釋此字為「厭」是可從的。但㾡戎不見記載，確地何在，無以考查，僅能從相關的銅器銘文中尋找線索。1961年西安張家坡出土之孟簋銘云：「孟曰：朕文考罪毛公，遣仲征無需，毛公錫朕文考臣」，此毛公就是本銘的毛公，所征伐的對象唐蘭先生釋為「無需」(《文物》1972年11期54頁)是正確的，與本銘應為同一戰役。無需與㾡戎應在同一地區，相去或不過遠。《戰國策·魏策》：「蘇秦說魏王曰：『(魏)東有淮、潁、沂、黄、煮棗、海(無?)鹽、無䟽』」；《史記・蘇秦傳》作「煮棗、無胥」。此無䟽(無胥)在魏東，亦即在殷東，應即孟簋之無需。《史記・索隱》説無胥「其地缺」。煮棗故城據《水經注》為濟水所逕，在今山東荷澤西南。海鹽，楊守敬《戰國疆域圖》認為是「毋鹽」之誤。無鹽故城在今山東東平縣東，為濟水支流汶水所逕，相去不遠，如此無䟽(胥)亦在濟水流域，今山東境内。《史記・高祖功臣諸侯年表》有厭次侯元頃，厭次必在漢以前。又《漢書・東方朔傳》：「平原厭次人」，厭次故城在今山東陽信縣東，除此以外就再也找不到和厭有關的地名。厭次似與周初之「膺戎」即厭國有關，其地已靠近渤海灣。小臣謎簋之「伐海眉」，所指就是今山東沿渤海灣一帶，兩者的戰役也可能是有關的。【班簋的年代、地理與歷史問題　考古與文物一九八一年第一期】

□产

◉許　慎　□仰也。从人在厂上。一曰。屋梠也。秦謂之桷。齊謂之产。魚毁切。【説文解字卷九】

◉林義光　仰視也。象人登厂仰望形。經傳以瞻為之。屋梠之義當作广。非产之本義。【文源卷六】

◉馬叙倫　錢坫曰。此瞻仰字。一曰屋梠則檐字也。段玉裁曰。桷當為楣。莊有可曰。古危字人在厂上。高而且危。人所共仰也。王筠曰。产危蓋一字。人在厂上。登高臨深。人之仰之者代為危矣。徐灝曰。戴侗曰。产即危也。人在厂上。危之義也。灝按戴説是也。产與危相承增偏傍。厂當作广。因與上體相連而省耳。人在广上。危高之義。因謂屋上為危。喪大記。屋覆危。史記魏世家。范痤因上屋騎危。鄭裴竝云。危。棟上也。饒炯曰。危下曰。在高而懼也。以字形求之。产為正篆。倫按危險之字。實不可以象形指事會意之法造也。若為形聲字。義何依而生乎。謂生於厂。厂固山邊。人可居之地。何危之有。若生於人。徒人不見危義。倫謂蓋從厂。卬省聲。故説解曰。仰也。以聲訓也。产當是嚴之轉注字。音同疑紐。或從□。厂聲。□為跽之初文。厂岸一字。岸音疑紐。故产音魚毁切也。是□之轉注字。或曰。此初文仰字作□者之轉注字。從□。厂聲。故訓仰也。以今釋古。一曰屋梠也者。錢説是。儀禮屋覆危。亦檐字之假借。字當入己部。【説文解字六書疏證卷十八】

◉于省吾　甲骨文□字也作□、□、□、□、□等形，甲骨文編入於附録。孫詒讓「疑亦即台字」(舉例上三四)，林義光釋旨(鬼方黎國竝見卜辭説)，葉玉森釋㭬(集釋四・一〇)，郭沫若同志釋勺(中國古代社會研究)。商器㫃□卣之□字，吴大澂釋旨(補附二六)。按各家所釋，均屬臆測。又古鉥文□字數見(璽徵附三二)，丁佛言説文古籀補補入於附録，並謂「或者為古产字」。按丁説是也，但不知其字之源流，故不作肯定之詞。甲骨文□字乃产字的初文。产字孳乳為危，戴侗六書故謂产即危字。説文产作

厃，並謂：「厃，仰也，從人在厂上。一曰，屋梠也，秦謂之桷，齊謂之厃。」按許氏據已譌之小篆分為兩說，均誤。其實，[glyph]字本象攲（俗作欹）器之形。荀子宥坐：「孔子觀於魯桓公之廟，有欹器焉。孔子問於守廟者曰，此為何器？守廟者曰，此蓋為宥坐之器。孔子曰，吾聞宥坐之器者，虛則欹，中則正，滿則覆。孔子顧謂弟子曰，注水焉。弟子挹水而注之，中而正，滿而覆，虛而欹。」楊注：「欹器，傾欹易覆之器。宥與右同。言人君可置於坐右，以為戒也。說苑作坐右。或曰，宥與侑同，勸也。文子曰，三王五帝有勸戒之器，名侑巵。注云，欹器也。」說文：「攲，持去也，從支奇聲。」段注以攲為㩻之借字，並謂：「此攲當作㩻，危部曰，㩻，㩻嶇也。竹部箸訓飯攲，此攲字亦當作㩻，箸必邪用之，故曰飯㩻。廣韻㩻，不正也。玉篇曰，攲今作不正之㩻。」因此可知，[glyph]字象攲器，故皆作傾斜形。甲骨文又有[glyph]字（佚三八〇），象兩手捧[glyph]形，其象攲器尤為顯而易見。

甲骨文厃字作[glyph]，商器𣃔厃卣作[glyph]，晚周古鉨文變作[glyph]、[glyph]、[glyph]等形（璽徵附三二）。晚周孝經古文危作[glyph]（見古文四聲韻・五支），可以與古鉨文相驗證。此字自漢以來又譌變為厃，孳乳為危，於是厃字之初文與本義遂湮沒失傳。

早期甲骨文以「下厃」與「厃方」為方國名者習見。第五期甲骨文之征人方，往往言「才厃」、「才厃貞」、「步于厃」，又均以厃為地名。其地望待考。【甲骨文字釋林上卷】

◉徐中舒　[glyph]佚三八〇反　從収從[glyph]厃，《說文》所無。疑為厃之繁體。【甲骨文字典卷三】

 魏烏丸率善長　 魏烏丸率善佰長　 晉烏丸歸義侯　【漢印文字徵】

 丸【汗簡】

 汗簡【古文四聲韻】

◉許　慎　[glyph]圜傾側而轉者。从反仄。凡丸之屬皆从丸。胡官切。【說文解字卷九】

◉林義光　丸反仄。非謂仄之反。不得作仄字反文。本象丸形。疑先作[glyph]。形變乃作[glyph]。[glyph]象摶物為丸中有凹痕未合形。【文源卷三】

◉馬叙倫　段玉裁曰。韻會引圜下有也字。當依補。此以疊韻為訓也。倫按傾側而轉者校語。諸家以此為彈丸字。彈丸字本作●。[glyph]字從此可證也。本書無●字。而其轉注字作垸。古書借丸為●垸耳。此從反仄。或仍是仄字。若以㬎文為義。

必為象形之文。或指事。或會意。仄為形聲字。反仄為丸。已舛於例。所屬之字。嫗義已闕。而檛嫗二字其義皆不易曉。莊子天下。以聏合驩。崔譔本聏作䎟。聏䎟二字本書俱無。聏字與本部嫗篆極為相似。或即此字之譌。蓋以聲借為柔。而嫗義仍不可得證。檛訓鷙鳥食已吐其皮毛如丸。其非本義本訓甚明。故丸之本義竟不可得。朱駿聲林義光之說。既背六書。亦違事實。故不取列。倫疑此乃拳術所謂摜校之摜本字。從兩人。象相摜。今杭縣曰摜校兒。又謂兒相嬉曰丸耍。即此丸妴。耍蓋嫗妴二字之譌合其音旁也。字見急就篇皇象本。顏師古本作紈。【說文解字六書疏證卷十八】

檛

◉許　慎　檛鷙鳥食已。吐其皮毛如丸。从丸。咼聲。讀若骫。於跪切。【說文解字卷九】

◉林義光　此字經傳未見。廣雅。骫。曲也。釋詁一。檛骫音同形近。本義當為委曲。咼丸皆聲也。咼歌韻丸寒韻雙聲對轉。說文云。骫骨耑骫奊也。从骨丸聲。按骫訓骫奊。言骨端者以从骨而增之。恐非本義。骨即咼之形譌。與檛同字。【文源卷十二】

◉馬叙倫　鈕樹玉曰。繫傳已作也。譌。段玉裁曰。玉裁昔宰巫山縣。親見鴟鳥所吐皮毛如丸。承培元曰。檛即孟子滕文公出而哇之之哇。此正字。林義光曰。骫檛音同形近。本義當為委曲。骫從骨即咼之譌。與檛同字。倫按此讀若骫。骫從丸得聲。則檛亦從丸得聲。檛即骫之偏傍異位而骨又譌為咼耳。抑金甲文中肉字每作D D。則D非口舌字。即肉之異文。而骫檛一字尤明矣。鷙鳥食已吐其皮毛。自是校語。承謂出而哇之者。即口部之咼旡部之䄏也。此字蓋出字林。【說文解字六書疏證卷十八】

嫗

◉許　慎　嫗丸之孰也。从丸。而聲。奴禾切。【說文解字卷九】

◉馬叙倫　鈕樹玉曰。玉篇。丸屬也。胡官切。又如之切。廣韻收八戈。音奴禾切。按檛從咼聲。正合奴禾切。嫗從而得聲。正合於跪切。疑傳寫互易。檛讀若骫。骫從丸聲。丸和聲近。玉篇胡官切亦當在檛下。王筠曰。玉篇廣韻皆云。丸屬。屬孰音近。不知誰是。玉篇胡官如之二切。一依丸作音。一依而作音。與奴禾切異。倫按丸之孰也義未聞。字則從而得聲。故玉篇一音如之切。廣韻與此並音奴禾切。孔廣居所謂嫗諧而聲。同母也。若丸是拳術摜校之摜本字。則今杭縣謂兒嬉曰丸而。即此丸嫗矣。丸音匣紐。今北方讀如元或如圓。尋史偁烏丸。或作烏桓。桓從亘得聲。亘為垣之初文。其最初文又作口或作○。○亦圓之初文。是丸當讀若圓。音在喻紐三等。嫗從而得聲。而音日紐。日與喻三同為舌面前音。蓋嫗為丸之轉注字也。【說文解字六書疏證卷十八】

◉許　慎　攺闕。芳萬切。【説文解字卷九】

◉馬叙倫　鈕樹玉曰。玉篇音同。引説文云。其義闕也。小徐有從丸女聲四字。恐非。段玉裁曰。其義二字乃玉篇所增耳。錢坫曰。繫傳無此字。或即與娩同字。倫按芳萬切之音。不知玉篇依何得之。倫謂攺為𡛞之重文。亦轉注字也。而音日紐。古讀歸泥。女音娘紐。同為邊音。則女聲是也。傳寫譌為正文。故無義也。校者因注闕字。【説文解字六書疏證卷十八】

乙638　745　941　2616　2662　6382　6733　6888　7348　7741　7935　佚184　323　533　913　979　續3·9·1　3·11·2　3·11·3　3·11·4　3·11·5　3·12·1　3·12·2　3·12·3　徵9·24　9·25　9·26　9·27　9·28　新1266　4254【續甲骨文編】

5·145　咸陽危【古陶文字徵】

危　日甲一四　十八例　日甲三六　日甲五三　二例【睡虎地秦簡文字編】

龐危　王孫危相　鄭毋危印　徐危【漢印文字徵】

危【汗簡】

古孝經　汗簡　古尚書　竝王存乂切韻【古文四聲韻】

◉許　慎　危在高而懼也。从产。自卪止之。凡危之屬皆从危。魚為切。【説文解字卷九】

◉林義光　(古文)亦人字。見卪字條。厂上厂下皆危地。象人在厂上在厂下形。【文源卷六】

◉馬叙倫　鈕樹玉曰。韻會引作從产。人在厓上。自卪止之也。龔橙曰。此跪之古文。本止作(古文)。後加㔾。倫按危懼之字當作䧢。䧢下曰。𢨋也。此下文。𢨋。𢨋䧢也。𢨋為危之同舌根音又聲同支類轉注字。𢨋䧢互訓者。相假借也。䧢即崎嶇之嶇異文。崎嶇為傾側不平。故引申之義為危險也。危從人在厂上。又從㔾在厂下。安得有危義。自如龔説。為跪之初文。從初文作[glyph]者而户聲。字見急就篇。【説文解字六書疏證卷十八】

◉饒宗頤　……卜，㱿貞：王比[glyph]伐下[glyph]，受又。……〔㱿〕貞：王勿比[glyph]伐下[glyph]，不受又。（粹編一一一三）

……㱿貞：……今〔[glyph]，比〕[glyph]……（屯乙三六八五）

按[glyph]方名，亦見粹編一九六、佚存九一三、鄴中三・四四・六、南北明四九九、京津四三八六。他辭又言：「在[glyph]卜。」（金璋二五）[glyph]字亦从廾，佚存三八〇：「……[glyph]，其隹庚，我受出又。其隹……」（鄴初下二五・二重）惜文殘。于省吾據古文四聲韻「危」字下引古孝經作[glyph]，定為危字。集韻：「[glyph]，古危字。」下从山。又有「郈」字，為邑名與地名。未詳所在。據山海經中山經有陸郈之山。然尋征人方卜辭，則[glyph]似在攸侯國附近。【殷代貞卜人物通考卷四】

◉黄錫全　[glyph]危　夏韻支韻列入「危」，卮當是危誤。薛本危作㞧，同此。巖本作㔾，九本作危、免，均危字隸變。《説文》「[glyph]，人在山上，从人从山」。佱義本不同危，然《一切經音義》屢云危，古文佱。鄭珍認為「蓋漢以來俗書有以人在山上會『危』意者，不知古自有『佱』字，讀『呼堅切』」。後來字書因其奇罕，録為古文，僞《尚書》及玄應竝本之，非也。又其後變佱作仙，以當神僊字，則因『佱』音與『僊』同。華岳碑仍書神仙作佱，見上人部。古今文字之遷移有如此者」。鄭説蓋是。【汗簡注釋卷四】

𢻱　[glyph]

[glyph]崎丘宜切見説文【汗簡】

◉許　慎　[glyph]𢻱匾也。从危。支聲。去其切。【説文解字卷九】

◉馬叙倫　鈕樹玉曰。韻會引匾作險。沈濤曰。一切經音義十一引作𢻱匾。傾側不安也。从危。支聲。十六引作攲匾。傾側不安也。攲即𢻱之別體。十八引作𢻱匾。傾側不安。不能久立也。不能久立。恐是注中語。文選魏都賦注引。𢻱匾也。段玉裁曰。𢻱乃複舉字之未删者。玄應所引乃以注語入正文耳。倫按從危。支聲。説見危下。字蓋出字林也。【説文解字六書疏證卷十八】

石　[glyph]

[glyph]乙一二七七　[glyph]乙四五〇五　[glyph]乙四六七八　[glyph]乙四六九三　[glyph]乙四九二五　[glyph]乙五四〇五　[glyph]乙六六九〇

[glyph]鐵一〇四・三　[glyph]鐵一三七・一　[glyph]林一・二五・一二　[glyph]京津二四六三　[glyph]明二三六八　[glyph]庫一五一六　[glyph]乙

五三二七 石甲 見合文六 乙二二七七 或从𠂤 【甲骨文編】

乙1277 2130 4505 4678 4693 4925 5405 6690 【續甲骨文編】

石 己侯貉子簋 鄭子石鼎 𧊒壺 鐘伯鼎 石沱鼎之別名 【金文編】

5・110 咸陽成石 5・375 石米余 3・44 陳石 3・45 同上 香録9・2 □衢杴里綮石 陶文編

9・66 古陶53 石門 【古陶文字徵】

〔三六〕〔二〇〕〔二五〕〔二五〕〔四四〕〔二〇〕〔三九〕〔五八〕〔三七〕

〔二二〕〔四〕〔二三〕〔四〕〔二〇〕〔二三〕〔二五〕〔五〇〕〔四〕〔三

三〕〔二〕〔六八〕【先秦貨幣文編】

布尖 藺石 晉原 布尖 藺石 冀靈 布空大 豫伊 布尖 藺石 典四五三 布圜 藺石 典四九六

仝上 典四九七 仝上 典四九八 圜 禽石 典上三二六頁 仝上 仝上 典五〇一 布圜 石藺 反

書 典五〇三 布尖 藺石 亞三・三二頁 布圜 藺石 亞四・六八頁 仝石 亞四・六九 布尖 藺石 典四五二

布圜 藺石 亞四・六八 【古幣文編】

一九四：一 宗盟類參盟人姓氏 【侯馬盟書字表】

80 203 【包山楚簡文字編】

石 效三 二十二例 效二七 三十二例 【睡虎地秦簡文字編】

1157 1159 1156 1161 1158 1154 1152 1151 1150 1155 1162

1163 1153 1160 0078 【古璽文編】

石洛侯印 京兆尹史石揚 邯鄲堅石 石音私印 田破石子 石昜之印 石乘 石立之印

石毋 石勝客 石細卿 石成 【漢印文字徵】

泰山刻石 金石刻因明白矣 天璽紀功碑 在諸石上 祀三公山碑 刊石紀焉 羣臣上醻題字 禪國山碑石室

白石神君碑領陽識 梧臺里石社碑領 東安漢里禺石 【石刻篆文編】

石 石 【汗簡】

李商隱字略 汗簡 【古文四聲韻】

◉許　慎　山石也。在厂之下。口象形。凡石之屬皆从石。常隻切。【説文解字卷九】

◉高田忠周　説文。山石也。在厂之下。口象形。而古文口或作。偶與鼻口字形相涉耳。又厂或作。與卜辭作亦皆緐文而同意也。易豫介于石。晝予擊石拊石。皆本義也。銘曰。己姜石。叚借為祏也。【古籀篇十六】

◉孫海波　甲金文作、,與篆文同,皆象石方圓不等之形。字又假為量石,十斗為石。【甲骨金文研究】

◉郭沫若　當是石之初文,此假為祏。説文「祏,宗廟主也,周禮有郊宗石室。一曰大夫以石為主。从示石,石亦聲。」【卜辭通纂】

◉馬叙倫　王筠曰。口在厂之下象形。後人誤增口字也。倫按疑本作從厂象形。校者改之。山石也亦非本訓。石之初文本作。象形。篆變為口。嫌與口舌字及周口字相掍。乃加厂以別之。厂為自之異文。則與窗同例。當為形聲字矣。或為譌。字見急就篇。己侯敢作。【説文解字六書疏證卷十八】

◉楊樹達　石　前編四卷五三葉之四云:「己亥,卜,羔,虫从雨?」又云:「貞,羔,虫从雨?戊戌,雨。」樹達按:為石字古文,此假為。藏龜百二一葉之二云:「亥,卜,設貞:南庚。」戩壽八葉二版云:「父庚。」此文羔與南庚、父庚句例同,惟字先後小異耳。即説文祏字,則之省形字也。【卜辭求義】

◉高鴻縉　石之為物。大小方圓無定形。許言口象形者。謂口為匸郭之形。象石之形也。語已不足據。況今查驗石之古文。皆从口舌之口。不為匸郭之形。則許説未可信也。考卜辭𠂇為石之初文。近人已有言之者。𠂆為岸字古文。象石岸壁立之形。兹復於𠂆之隅角着一斜畫以指明其部位。言此即石也。若不為石而為土。則此岸決無廉隅而只為土坡矣。此一斜畫即是意象。𠂆隅加斜畫。即所謂文字加意象。意象指部位而正指其處也。故石之初文𠂇為指事而非象形。名詞。甲文磬字作𣪠。實从𠂇。𠂇即石也。(明乎此。則古𣪠字後變為殸。其中𠂆者。即石之古文𠂇之後身。而後世於殸下加石為意符作磬者。為贅出矣。𣪠上亞上之屮。疑為系形非磬鼓之本體。亦非其飾也。)至於甲文𠮠字。葉洪漁釋石。似也而未得其本。竊以此字从口𠂇(石)聲。當為與石同音之動詞。疑即嘐之古文。卜辭。貞𠂤又𠮠一生豳。(林一25十二。)可釋為貞𠂤又嘐一生圂(或難)。𠂤為武丁時將領之名。字不可識。前人釋戉。不確。蓋自𠮠通叚以代𠂇(石)。乃叚食(原為名詞)字補之。如論語食夫稻是也。秦時又造嘐字。後又叚口吃字代之。要當與甲文𠮠字為同音同義之異體字也。而甲文𠮠既代𠂇。久之而𠂇廢。而𠰃亦省變為𠰃。此在周時已然。今本説文載磬字古文作殸。其偏旁石作𠰃。殆即𠮠之譌變也。又甲文有祏字作㕽(前六・3・七)作𠂤(林一・10・六)。亦可證石之古文為𠂇或𠂆也。墨子以后代祏。殆亦古𠰃或后之通叚。漢人誤抄為后耳。【中國字例三篇】

◉李孝定　説文「石。山石也。在厂之下。口象形」。契文皆从𠙴。古文偏旁𠙴口每無別。此字从𠙴無義。書者任意為之耳。辭云「貞戉㞢石。」藏・一〇四・三。「貞戉㞢石一生。」甲・一・二五・十二。與它辭「己亥卜内貞王㞢𠂇在鹿北東作邑于之。」乙・三・二一二。均偁「㞢石」或「㞢厂」辭例同。足證𠂇𠮠一字。至小篆孳乳為二。義近音殊矣。它辭又云「貞雀𠂤石人。雀不其𠂤石□。」乙・四六九三。「癸巳卜石亡禍。」乙・四六七八。石為方國之偁。它辭多言「御石」。與前言「㞢石」義並未詳。【甲骨文字集釋第九】

◉林潔明　説文。𠰃。山石也。在厂之下。口象形。是也。裛鼎裛自作飤䃾鉈字作𥑡。楊樹達疑即鼎字。按楊氏非是。鐘伯鼎銘文。大師鐘伯侵自作石沱。則知石沱為鼎之別名。䃾鉈即石沱。从鼎石聲。从鼎它聲。从鼎作蓋以其器為鼎也。此亦文字之類化耳。【金文詁林卷九】

◉李孝定　石字契文作𠂇，高鴻縉氏以為指事，似覺未安，頗疑象石磬之形，磬字作𣪠，即其確證，蓋石之大小方圓無定形，製字者遂取磬形象之，亦猶骨之大小長短無定形，製字者遂取卜用胛骨象之。或者將謂製字者何以不取他石他骨？此無他故，約定俗成使然耳。古文字於空廓處，多增「口」以為填充，「口」形又多與口耳之「口」相譌亂，故後世之石字多从口，許君謂「口」象石，高氏謂𠮠為吃，皆未安也。【金文詁林讀後記卷九】

礦 □

◉林清源　142　石買戈（邱集8289、嚴集7431）　戈胡銘文五字，云：「石買之用戈」。第一字作「□」，丁麟年（移林28）、柯昌濟（金文分域編10`11）隸定為「石」，羅振玉隸定為「左」（貞松12・2・3），羅福頤（代釋4663）、邱德修先生（邱釋8289）則隸定為「右」。然「左」、「右」字俱象指爪與手掌相連之形，未見作「□」者。案：此銘當釋為「石」，說文古文磬字作「□」，左旁所从石字與戈銘同可證。左傳襄公十八年：「夏，晉人執衛行人石買于長子。」丁麟年謂此即戈銘之「石買」也。【兩周青銅句兵銘文彙考】

◉徐中舒　□前八・六・一　□乙五四〇五　从□从□口，或省口，同。□疑為石刀形之譌變。石刀本作□形，改橫書為豎書遂作□形，而刀筆又將圓弧刻為折角作□形。或又增從□，甲骨文□形偏旁每可表示器皿，□增□形則為石器，以石器本質為石，進而表示一般之石。《說文》：「石，山石也。在厂之下，口象形。」《說文》以厂象山石之厓巖，謂象嵌空可居之形，不確。蓋上古之穴居，甲骨文以丘、京、良、亳等字象之。【甲骨文字典卷九】

◉湖北省文物考古研究所　北京大學中文系　［九二］《汗簡》「石」字古文作□，《說文》「磬」字古文「硜」所從之「石」作□，皆與簡文「石」字形近。「石」、「乇」古音相近，「東石公」當即「東邸公」之異文。【一號墓竹簡考釋　望山楚簡】

◉戴家祥　說文云「石，山石也。在厂之下，口象形。常隻切。」金文與許說相合。高鴻縉以為「許言口象形者」，「語已不足據」，金文「皆从口舌之口。」見中國字例三篇二零至二一葉。似太拘泥於字形。通觀金文，凡四方之形，大多已類化為□形。因而□不單單指嘴巴，也可指其他東西，如□字之口表示田塊，□字之口表示器物，□之口也當表示山石的形象。金文石用作人名，如奠子石鼎等，或用作形容詞，借為碩大之碩。鐘伯侵鼎「自作石沱」，沱借作匜，意為自作碩大的匜器。【金文大字典中】

□ 5・444　獨字　□ 秦454　同上　說文礦古文作卝周禮有卝人古文四聲韻引唐韻礦从金作鉱與此同類篇礦字重文作卝石 【古陶文字徵】

□ 刀弧背　卝說文古礦　冀滄　□ 布空大　典七二一　□ 仝上　典七二二　□ 布園　十二朱背　典一二二六【古幣文編】

□ 說文【古文四聲韻】

◉許　慎　□銅鐵樸石也。从石。黃聲。讀若穬。古猛切。卝古文礦。周禮有卝人。【說文解字卷九】

◉商承祚　段氏刪卝字。謂說文卯字本作卝。不作卯。五經文字曰。卝。古患反。見詩風。說文以為古卯字。九經字樣曰。卝卯。上說文。下隸變。是說文卯字作卝。唐時不誤。確然可證。後人以隸變之卯附卝下。又誤移於此。【說文中之古文考】

◉馬叙倫　沈濤曰。文選江賦注四子講德論注一切經音義二及四及廿四引皆無石字。是也。磺非即石。倫按銅鐵樸也石也二義。銅鐵樸也蓋校者加之。石音禪紐。磺從黃得聲。黃音匣紐。同為次濁摩擦音。蓋轉注字。後以剖石而得玉。因謂玉樸為磺。推而銅鐵之樸亦謂磺。其實玉之未刻者與石無殊。强而名之。則作璞字矣。字或出字林。

卝　鈕樹玉曰。玉篇重文作礦。廣韻礦下有⿰金卝。而卝字別作音義。一切經音義二。礦引說文云古文⿰石卝字。竝無卝。據此。疑此字後人增。故注中作礦也。卝疑為卵之省。五經文字云。卝。說文以為古卵字。九經字樣云。卝。卵。上說文。下隸變。段玉裁云。周禮鄭注云。卝之言礦也。賈疏云。經所云卝。是總角之卝字。此官取金玉於卝。字無所用。故轉從石邊廣之字。語甚明析。卝之言礦。卝非磺字也。凡云之言者。皆就其雙聲疊韻以得其轉注假借之用。卝本說文卵字。古音如關。亦如鯤。假借為金玉樸之磺。皆於其雙聲求之。讀周禮者徑謂卝為磺字。則非矣。至於說文卵字。本作卝。不作卵。五經文字曰。卝。古患反。見詩風。說文以為古卵字。九經字樣曰。卝。卵。上說文。下隸變。是說文卵字作卝。唐時未譌也。五經文字又云。卝。字林不見。可證卝變為卵。始於字林。今說文作卵不作卝。則五季以後據字林改說文者所為也。此古文磺淺人妄增之。嚴可均曰。此蓋後人所加。五經文字九經字樣皆引說文卝古卵字。汗簡亦以卝為卵字。則唐本卝在卵部。校者輒移此耳。卝。盧管反。𢇇從卝聲。關從𢇇聲。唐本甚塙。周禮卝人蓋借卝為之。卝篆作[篆]。[篆]磺一聲之轉。一切經音義二及廿四。礦。古文⿰石卝同。廣韻。⿰金卝。古文鑛。韻會亦作⿰金卝⿰石卝。皆取卝聲。沈濤曰。一切經音義二及四及廿四皆云。古文⿰石卝。字書作礦。疑許書重文作⿰石卝。今本作卝。淺人據周禮改耳。錢大昕曰。卝礦聲相近。故古文借作礦。姚文田曰。五經文字九經字樣皆以卝為說文卵字。疑此字偏傍殘脫。或後人據今本周禮改。王筠曰。玄應曰。磺。古文⿰石卝。疑卝是壞字。此⿰石卝字挩石。卵部遂刪卝矣。然玉篇磺下無⿰石卝。卵下亦無卝也。惟是磺下繫傳曰。周禮作卝。若下有卝篆。既說之曰周禮有卝人而猶作此言。是癡語也。是為磺下無卝之確證矣。徐灝曰。卝象形。賈公彥誤以為總角之丱。張參唐元度之徒又誤以為卵之古文。倫按唐元度謂卝卵上說文下隸變。今本書卝見此而卵自為部首。張參又謂卝字字林不見。段因謂卝變為卵始於字林。而本書部首作卵者乃五季後人所改。倫謂篆文為卝。隸變安得為卵。若卵則隸變可為卝也。然則卝卵上說文下隸變者。卝卵蓋本作卵卝。傳寫誤易邪。倫疑卝卵當作卝丱。傳寫譌丱為卵。又譌為卵。亦或徑誤為卵耳。唯其誤為丱也。故賈以為總角之丱。總角之丱即卝之借。而張謂字林不見卝字也。此字諸家竝不能言其於六書何屬。徐謂象形。取何象邪。蓋漫為之詞耳。玄應謂礦古文⿰石卝同。倫謂⿰石卝者。且己敢[篆]之變省。卝者。⿰石卝之省而[篆]之譌變。敢文為周官卝人之國語。後因以為磺字。本書重文為呂忱所加。則此字自見字林。唯為磺之重文。故不別出。而篆誤與隸變同。

故字林無丱字。【說文解字六書疏證卷十八】

◉陳夢家　銑即今字之礦，說文作磺，「銅鐵樸石也」。郭璞江賦已有礦字。說文纊之或體从光，可證廣、黄、光之相通。此銘「擇其吉金，玄礦白礦」之吉金，或包括兩種礦，即銅與錫。說文黑而有赤色者為玄，詩七月傳「玄，黑而有赤也」，詩何草不黄箋「玄，赤黑色」，玄為赤黑色，故詩書玄黄並舉，玄礦指銅，說文「銅，赤金也」。白礦指錫，爾雅釋器郭璞注錫云「白鑞」，玉篇「錫，鑞也」，中山經「讙山多白錫」，郭注云「今白鑞也」。銅與錫是青銅合金最主要的兩種原料。【壽縣蔡侯墓銅器　金文論文選】

◉葛英會　《說文》石部磺：「銅鐵樸石也，从石黄聲，讀若穬。」各本並出如圖二·3所揭之字，解云：「古文礦」。段注《說文》依《五經文字》、《九經字樣》將其移補於卵字下，解云：「古文卵」。其依據有兩條：(1)《五經文字》以其音讀為古患反；(2)《九經字樣》有「說文作丱，隸變作卵」之語，並說唐本《說文》有此字。

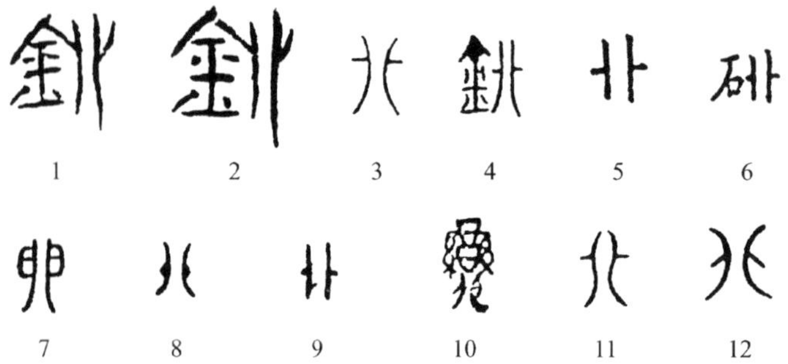

1、2.《秦代陶文》454、455　3.《說文》石部　4.《古文四聲韻》引《唐韻》　5、6.《類篇》石部　7.《說文》卵部　8.江陵望山M2簡書　9.江陵鳳凰山M168、M169簡牘　10.《睡虎地秦墓竹簡》秦律十八種　11.《汗簡》卵部　12.《古文四聲韻》引《義雲章》

從現有古文礦、古文卵以及以此二者作偏旁的古文字資料中，上述文字案已可得到解釋。《周禮·地官》有卝人，掌金玉錫石之地，為之厲禁以守之。鄭注云：「卝之言礦也。礦者，可為銅鐵而未成者也。」《秦代陶文》中篇陶文拓片454、455（圖二·1、2）所揭陶文原釋鉼，不確。按此即古礦字。从金卝聲。《古文四聲韻》引《唐韻》礦字作圖二·4所揭之形，亦從金卝聲，與陶文同。礦為銅鐵樸石，故字或從石。《類篇》石部卝、砶（圖二·5、6）與礦三體同出，可知《周禮》卝人之卝，不論其為礦之本字或為礦之借字，其讀為礦（說文讀若穬）是沒有問題的。從金、從石之礦字乃是由它孳乳的形聲字。段玉裁將古文礦從石部刪除是不對的。

《說文》卵字正篆作圖二·7所出之形，解云：「象形」。只要觀察一下孵化以前的蚕卵，即知卵字與所象之形十分逼真。兩豎筆為卵的附着物，側旁的兩半圓形曲筆乃卵之外殼，中間的點乃卵之胚胎。馬王堆漢墓遣策及江陵望山楚墓竹簡卵字作圖二·8所出之形，兩豎筆側旁各著一圓點兒，象附着在枝條上的蟲（或蠶）卵形。鳳凰山楚墓簡書卵字（圖二·9）豎筆側旁的小點稍稍向外挑出，是一種較為草率的寫法。再有，睡虎地秦墓竹簡有一從緣聲的卵字（圖二·10），其所從卵字豎筆側旁為向斜下方的彎形枝劃，亦是卵字外殼的急就。《古文四聲韻》引《義雲章》卵字（圖二·12）兩枝劃亦作同樣的筆勢。唯《汗簡》卵字（圖二·11）與之差別較大，而與古文礦字形近，不易區分。

總之，古卵字兩豎筆側旁的兩筆，或為圓點，或為向斜下方的彎筆，皆為卵的象形。古文礦字兩豎筆旁出的枝劃是斜向上方的，極可能是古時礦井坑道支架的象形。二者的區分是明顯的，不應將其混作一談，亦不應認為二者不可並立。可見，段氏在卵字下補入古文卵字是對的，但因此刪除古文礦字又顯然是錯誤的。【古陶文研習劄記　考古學研究（一）】

◉王　輝　秦陵一號坑俑T1G2:19及一號坑陶片上有陶工名[金卝]（《秦代陶文》453、454），袁仲一同志以為「近似鉼字形」。按春秋銅器鉼字作[金丱]形（喪歲𩰫鉼），此字所从丱並非「象二物並立之形」，故釋鉼似誤。此字疑當釋[金丱]，為礦字異體。夏竦《古文四聲韻》上聲迴韻收有礦字古文作[金卝]，云出《唐韻》。卝實為丱字（元部見紐），戰國文字如子禾子缶關字作[門卝]，从門卝聲，卝即丱字甚明。礦字陽部見紐。礦、丱雙聲，陽元通轉，故[金卝]殆礦之異構。【秦器銘文叢考（續）　考古與文物一九八九年第五期】

碭

碭　碭臞【漢印文字徵】

◉許　慎　碭文石也。从石。昜聲。徒浪切。【說文解字卷九】

碝 碝

砮 砮

礜 礜

◉郭沫若　兩𠪚字从厂長聲，殆是碭之古文，讀為揚。知者，以上言「令敢揚皇王宔」與下言「令敢𠪚皇王宔」，文例全同，則𠪚亦揚矣。【令毁　兩周金文辭大系考釋】

◉馬叙倫　本訓石也。文石也蓋字林文或校語。此下至碧八字皆然。或字亦有出字林者也。【説文解字六書疏證卷十八】

◉許　慎　碝石次玉者。从石。耎聲。而沇切。【説文解字卷九】

◉馬叙倫　鈕樹玉曰。韻會引無者字。玉篇注作也。沈濤曰。文選西都賦西京賦注皆引作石之次玉也。倫按。石之次玉者。見於玉部者字皆從玉。本部唯此一字為石之次玉者。疑碝或有本義。此校者據詩子衿釋文增。【説文解字六書疏證卷十八】

◉許　慎　砮石可以為矢鏃。从石。奴聲。夏書曰。梁州貢砮丹。春秋國語曰。肅慎氏貢楛矢石砮。乃都切。【説文解字卷九】

◉馬叙倫　嚴可均曰。梁丹二字必有一誤。禹貢。荆州貢砮丹。梁州貢砮磬。倫按。石下或也字。可以為矢鏃校語。夏書以下亦校語。或此字出字林。【説文解字六書疏證卷十八】

礜　左礜桃枝【漢印文字徵】

◉許　慎　礜毒石也。出漢中。从石。與聲。羊茹切。【説文解字卷九】

◉馬叙倫　鈕樹玉曰。玉篇。石出陰山。殺鼠。蠶食則肥。蓋出郭注西山經。桂馥曰。范子計然。礜石出漢中。色白者善。段玉裁曰。本艸曰。生漢中山谷及少室。倫按段玉裁謂今無此物。倫謂此蓋石硫磺也。本草圖經。漢中者。外形紫赤。内白如霜。中央有臼形。狀如齒。其塊小於白礜石。而肌粒大数倍。乃如小豆許。白礜石粒細。才若粟米耳。中國藥物標本圖影載石硫磺。正外紫赤而肌有粒。惟内為黄色耳。又有外青者。本草。礜石。一名青分石。或即以此名。硫磺蓋礜之緩言。礜音喻紐四等。流從㐬得聲。㐬為育之初文。育音亦喻四也。礜聲魚類。魚陽對轉。磺聲陽類也。字見急就篇。【説文解字六書疏證卷十八】

開母廟石闕　表碣銘功　【石刻篆文編】

碣　碣竝出義雲章　【汗簡】

義雲章　崔希裕纂古　義雲章　【古文四聲韻】

◉許　慎　特立之石。東海有碣石山。从石。曷聲。渠列切。古文。【說文解字卷九】

◉商承祚　从乃之寫失。【說文中之古文考】

◉馬叙倫　鈕樹玉曰。廣韻引東上有也又二字。倫按東海有碣石山校語。據廣韻並疑特立之石亦本訓挩失後校者之辭。特立之石蓋謂今之碑碣。碑碣表碣字朱駿聲謂字當作楬。是也。然則碣亦石名。

嚴可均曰。此從𦣻從曷。王國維曰。此文至為詭異。然孫滑鉩之滑作。牛閭鉩之交閭作。知曷當為。六國時自有此作法也。倫按古文經傳𦣻字作。然實嚴字。其所從之則𦣻也。此與同。字王謂曷之異文。倫檢汗簡引朱育異字蝎作。以此及鉩文相互參證。倫以為此非曷字。蓋會字也。宋趞亥鼎叚會為膾。强運開說。其字作。沇兒鐘。龢會百姓。即和合百姓。字作。遹為佮之轉注字。本書會之重文作佮。中盤佮字作。會合本一字。曷會音同匣紐。而合聲入談類。曷會石脂類者。夏敬觀以為談類之字皆如類之短聲。則會聲斂縮而為合耳。此為之變。為碣之轉字。此從𦣻而碣從石。疑非同字。或險為厂之轉注字。或際之轉注字。古文下挩碣字。【說文解字六書疏證卷十八】

◉許　慎　厲石也。一曰。赤色。从石。兼聲。讀若鎌。力鹽切。【說文解字卷九】

◉馬叙倫　鈕樹玉曰。韻會引作厲石赤色。承培元曰。鍇本無一曰二字。赤色二字亦疑衍。王筠曰。玉篇廣韻皆曰。赤厲石。則此一曰尤謬戾也。倫按。磏厲㢘厤竝音同來紐轉注字。赤色二字涉碬字說解而譌羨。校者因加一曰二字。【說文解字六書疏證卷十八】

碬　礫　䂬　磧

◉許　慎　碬厲石也。从石。叚聲。春秋傳曰。鄭公孫碬字子石。乎加切。【説文解字卷九】

◉馬叙倫　姚文田曰。此字當從段。詩公劉與館亂譜。左傳釋文亦音徒亂切。孫志祖曰。詩。取厲取鍛。釋文。鍛。本又作碫。説文云。碫。厲石。是陸見説文作碫。鈕樹玉曰。詩公劉釋文引作碫。字林。大喚反。左襄廿二年傳作段。釋文無音。自九經字樣始誤音碬為霞。後人承其失。玉篇碫音都亂切。礪石也。適當説文碬字之次。後又有碬字。蓋宋人增。承培元曰。鍇本當有碬碫二字。鉉誤合為一。後人遂依鉉改鍇。碬石赤色。鍇引海賦釋之。碫字子石。鍇指左傳文之誤。今注中從叚從段字尚是劃然。而赤色并入磏篆。海賦并入碫注。宜分之以存其舊。碫。礪石也。從石。段聲。春秋傳鄭公孫碫字子石。臣鍇曰。今春秋傳公孫碫作公孫段。誤也。徒亂反。碬。文石也。從石。叚聲。臣鍇按木華海賦。碬石詭光。是石之赤色者。痕加反。倫按鍇本篆亦作碬。朱翱音痕加反。説文韻譜亦收碬於十麻。證以海賦。則鍇本自有碬碫二篆如承説也。然承謂碬文石碫厲石則非。以霞瑕證知碬是赤色石。以今磨刀工所用厲石有赤色者。是碬訓厲石不誤。特叚聲誤為段聲。又誤以春秋傳十字屬之碬字下。蓋傳寫叚聲以下誤捝。而誤以碫篆説解段聲以下續之也。據釋文引。則唐初本已有然者。詩公劉釋文引字林。碫。大喚反。字林之有釋音。蓋非呂忱自為。以讀若某為忱加可證也。則六朝人為之。是其誤久矣。碫為磏之轉注字。猶蒹葭矣。【説文解字六書疏證卷十八】

◉許　慎　礫小石也。从石。樂聲。郎擊切。【説文解字卷九】

◉馬叙倫　沈濤曰。華嚴經音義引作小石曰礫。鈕樹玉曰。爾雅釋山釋文及一切經音義六引同。爾雅序釋文引作小礓石。説文無礓字。倫按。據慧苑引則本訓石也。校者注小石曰礫。唐人删之。【説文解字六書疏證卷十八】

◉許　慎　䂬水邊石。从石。巩聲。春秋傳曰。闕䂬之甲。居竦切。【説文解字卷九】

◉馬叙倫　鈕樹玉曰。繫傳䂬作鞏。倫按。此字疑出字林。【説文解字六書疏證卷十八】

◉許　慎　磧水陼有石者。从石。責聲。七跡切。【説文解字卷九】

◉馬叙倫　鈕樹玉曰。韻會引陼作渚。沈濤曰。一切經音義各卷皆引水陼有石曰磧。惟其廿五引磧下多一灘字。文選吴都賦注引作水渚有石也。乃傳寫奪一者字。倫按。晉書音義引字林。小渚有石也。則此本作小渚有石曰灘磧也。字林文。玄應

碑

一切經音義引三蒼。水中沙堆也。然許止訓石也。或以聲訓。【説文解字六書疏證卷十八】

碑 孔彪碑領 碑 魏元丕碑領 碑 華山廟碑領 碑 孫大壽碑領 碑 夏承碑領陽識 碑 孔宙碑領 碑 鄭固碑領 碑 白石神君碑領陽識 碑 尚君殘碑領 碑 樊敏碑領 碑 趙寬碑領 碑 張表碑領陽識 碑 梧臺里石社碑領 碑 孔子廟碑領 碑 三公山碑領陽識 碑 馮緄碑領 碑 朱龜碑領 碑 譙敏碑領 【石刻篆文編】

碑 碑【汗簡】

碑 義雲章 碑 華嶽碑 碑 雲臺碑【古文四聲韻】

◉許慎 碑豎石也。从石。卑聲。府眉切。【説文解字卷九】

◉馬叙倫 鈕樹玉曰。繫傳韻會作竪石紀功德。竪即豎之俗。倫按。碑之始非以紀功德。此校語。許蓋以聲訓。【説文解字六書疏證卷十八】

䃍

◉許慎 䃍陊也。从石。㒸聲。徒對切。【説文解字卷九】

◉馬叙倫 鈕樹玉曰。繫傳作憜也。譌。王筠曰。與隊同字。周雲青曰。唐寫本玉篇引作墮也。倫按。字蓋出字林。【説文解字六書疏證卷十八】

磒

◉許慎 磒落也。从石。員聲。春秋傳曰。磒石于宋五。于敏切。【説文解字卷九】

◉馬叙倫 朱駿聲曰。隕之或體。倫按。磒䃍脂真對轉轉注字。字蓋出字林。【説文解字六書疏證卷十八】

𥓌

◉許慎 𥓌碎石隕聲。从石。炙聲。所責切。【説文解字卷九】

◉馬叙倫 周雲青曰。唐寫本玉篇引説文。碎也。石墮聲也。今本碎下奪也字。倫按。隕字蓋上文磒篆下校者所注之音也。

傳寫誤入此下。轉捝也字墮字。亦或墮隕形近致譌。碎也者。硋音審紐。碎音心紐。同為次清破裂音。或硋為碎之轉注字。或古借硋為碎也。字蓋出字林。【説文解字六書疏證卷十八】

硞

◉許　慎　硞石聲。从石。告聲。苦角切。【説文解字卷九】

◉馬叙倫　硋音審紐。古讀歸透。硞音溪紐。同為次清破裂音。蓋轉注字。字蓋出字林。【説文解字六書疏證卷十八】

硠

◉許　慎　硠石聲。从石。良聲。魯當切。【説文解字卷九】

◉馬叙倫　鈕樹玉曰。韻會引作硠硠石聲。倫按。段玉裁以為硠當作硍。即周禮典同高聲硍故書作硍之硍。王筠據玉篇硠磕相次。而硍在後收字中以非段説。倫謂蓋本有硠硍二字。今捝硍耳。韻會引有硠硠二字者。一並舉篆文。一為隸書複舉字也。硠為石聲。猶瑲為玉聲矣。字蓋出字林。【説文解字六書疏證卷十八】

礐

◉許　慎　礐石聲。从石。學省聲。胡角切。【説文解字卷九】

◉馬叙倫　此硞之同舌根音亦聲同幽類轉注字。猶告礐矣。字蓋出字林。【説文解字六書疏證卷十八】

硈

◉許　慎　硈石堅也。从石。吉聲。一曰。突也。格八切。【説文解字卷九】

◉馬叙倫　鈕樹玉曰。廣韻引及玉篇注無石字。朱駿聲曰。一曰突也。假借為趌。倫按。以字次及字音求之。硈亦石聲也。堅或聲之譌。或石聲堅也二訓。堅也及一曰突也校者加之。字或出字林。【説文解字六書疏證卷十八】

磕

◉許　慎　磕石聲。从石。盇聲。口太切。又若盇切。【説文解字卷九】

◉馬叙倫　鈕樹玉曰。繫傳作盇省聲。非。王筠曰。小徐作去省聲。朱本蓋省聲。桂馥曰。一切經音義十八引作石聲也。沈乾一曰。唐寫本玉篇引説文。石聲也。一曰硠磕。倫按文選甘泉賦注引李彤字指。磕。大聲也。高唐賦注引字林。磕。大聲也。磕磕一字。蓋鍇本篆作磕。説解作蓋省聲。硈磕同舌根破裂音轉注字。一曰硠磕也者。玉篇。硠磕。石聲也。校者加之。【説文解字六書疏證卷十八】

硻 硻

◉許　慎　硻餘堅者。从石。堅省。口莖切。【說文解字卷九】

◉馬叙倫　鈕樹玉曰。廣韻集韻類篇引作餘堅也。段玉裁曰。者當作也。上文硈下當云石堅聲。此下當云餘堅聲。皆轉寫之譌。翟云升曰。文有挩譌。當作石餘聲。倫按。餘堅也餘堅聲石餘聲皆不可通。餘字或為鎮字之譌。錢坫謂硻即春秋傳賈石磌然之磌。是也。故校者注鎮字以釋其音。或鎮也以聲訓。堅也亦以聲訓。呂忱著異訓。或堅也是本訓。土為堅。石為硻。語原同也。者聲草書形近而誤。復挩石字。上文皆言石聲可證也。或謂鎮為音釋。石聲是說。堅乃涉堅省聲而譌衍。字或出字林。堅省聲當作臤聲。硻硈同舌根破裂音轉注字。今杭縣謂堅或連言堅硈。【說文解字六書疏證卷十八】

磿 磿

磿城丞印　李磿　【漢印文字徵】

◉許　慎　磿石聲也。从石。厤聲。郎擊切。【說文解字卷九】

◉馬叙倫　朱文藻曰。鍇本作磊砢也。從石。厤聲。臣鍇案。吳都賦。玉石磊砢。勒娜反。按繫傳此條全是砢字說中語。惟從石厤聲四字不誤耳。部中少砢字。唯存此說。蓋傳寫譌挩也。王筠曰。大徐本砢在碣下。小徐本磿砢相次。故爛挩合并也。倫按據此足證碬磤亦然也。硠磿音同來紐轉注字。【說文解字六書疏證卷十八】

磛 磛

◉許　慎　磛礹石也。从石。斬聲。鉏銜切。【說文解字卷九】

◉馬叙倫　段玉裁曰。磛礹二篆之解。似當依玉篇更正。磛下云。磛礹。山石皃。礹下云。磛礹也。【說文解字六書疏證卷十八】

礹 礹

◉許　慎　礹石山也。从石。嚴聲。五銜切。【說文解字卷九】

◉馬叙倫　石山也乃山石皃之譌。礹為巖之異文。詩節南山。維石巖巖。可證也。磛礹蓋竝出字林。【說文解字六書疏證卷十八】

礊 礊

◉許 慎 礊堅也。从石。毄聲。楷革切。【説文解字卷九】

◉馬叙倫 堅也疑本作堅石也。石字傳寫譌入确字説解中矣。字或出字林。通俗文。物堅硬謂之磽確。下文。磽。礊也。杭縣謂物不和諧曰礊礊确确。礊确同舌根音轉注字。【説文解字六書疏證卷十八】

确 确

◉許 慎 确礊石也。从石。角聲。臣鉉等曰。今俗作確。非是。胡角切。㱿确或从㱿。【説文解字卷九】

◉馬叙倫 礊石也當作礊也。餘見礊下。

㱿 從石㱿聲。确㱿同舌根亦聲同矦類轉注字。【説文解字六書疏證卷十八】

磽 磽

◉許 慎 磽礊石也。从石。堯聲。口交切。【説文解字卷九】

◉馬叙倫 嚴可均曰。一宋本作礊石也不誤。翟云升曰。孟子告子疏引作磽石地名也。案當作礊石地之名也。倫按蓋本作礊也石地之名也。石地之名也校語。磽确㱿礊同為舌根音轉注字。【説文解字六書疏證卷十八】

硪 硪

◉許 慎 硪石巖也。从石。我聲。五可切。【説文解字卷九】

◉馬叙倫 硪巖蓋一字。字蓋出字林。或曰。碞之音同疑紐轉注字。【説文解字六書疏證卷十八】

 掇454 外462  古2·8 【續甲骨文編】

◉董作賓 在𦎫期間，有一事最堪尋味者，為武丁逐兕墮車事，辭為癸巳卜旬，附記次日甲午一段，云：

甲午，王往逐兕，小臣叶車馬，硪馭禦王車，子央亦阤墮。二八

在癸巳卜旬之日，武丁曾親占之，謂史臣㱿曰：「乃茲亦出有咎祟，若偁稱？」言此旬亦有災禍，汝必舉出記録之也。次日甲午，王墮車，乃亟録之。云「小臣叶車馬」，言王乘之車馬，乃小臣名叶者所掌也。硪从石。我聲，當同峨，山麓之石徑嵯峨也。馭同御，此假為禦，當也。硪當「王車」，則「王車」必覆，王必墮，故同車之「子央亦墮」，言「亦」，知王墮；不言王墮，為王諱也。【殷歷譜卷九】

◉李孝定 説文。硪。石巖也。从石。我聲。栔文同。董先生讀硪為峨。馭為禦。謂峨當王車故有覆車之禍。則硪如字亦可

通。不必讀為峨也。硪如解為人名。馭如字義亦可通。惟不如董先生所説之辭義茂美耳。【甲骨文字集釋第九】

◉許　慎　磛喦也。从石品。周書曰。畏于民碞。讀與巖同。臣鉉等曰。从品與喦同意。五銜切。【説文解字卷九】

◉馬叙倫　徐鍇曰。從品。與喦同意。鈕樹玉曰。韻會引品下有聲字。畏上有顧字。蓋本今召誥增。莊有可曰。蓋俗喦字。否則重文。段玉裁曰。品象石之磛礹。品亦聲。喦當作碞。宋保曰。讀與巖同。品聲。古音侵覃兩部分用劃然。其通關之路最近。如厰讀若監。僉聲。獫讀若檻。兼聲。覞讀若鎌。兲聲。皆其類。劉秀生曰。當從小徐作品聲。品聲覃部。巖聲添部。覃添旁轉。故碞從品聲得讀若巖。書召誥。畏于民碞。釋文。碞。徐音吟。山部。喦。從山。品聲。讀若吟。釋名釋樂器。吟。巖也。吟巖以聲為訓。是其證。倫按徐段謂品象形。而徐謂象巖相連。段謂象石之磛礹。倫謂依字形當作　。正如徐説。然碞與巖實一義轉注字。巖謂石之相纍而高。詩所謂維石巖巖也。品非從三口之品。乃象衆石之形。圖畫當作　。即部末之磊字。磊下曰。衆石也。特音由疑紐而以同屬邊音轉入泥紐。磊音來紐。古讀歸泥也。徒以篆文變　為　或　。則或疑於星辰之星初文。或疑於從三口之品。乃增石以別之。如今篆當曰。從石。　聲。仍非從三口之品也。喦碞一字。此引書召誥畏于民碞。相傳無訓。惟徐邈音吟。蓋以為從三口之品。而品有吟音耳。碞吟音同疑紐也。然書自借碞為品。品為喿之初文。亦讙之初文。與吅㗊皆一字也。畏于民品。謂懼於民之讙譟。猶今言畏輿論也。説解當曰。磛也。碞字蓋隸書複舉字之譌乙者。字蓋出字林。【説文解字六書疏證卷十八】

甲一三一九　不从石　象擊磬之形　餘一二·一　前二·四三·六　前二·四三·七　前二·四四·一　前四·一〇·五　前七·四二·一　前二·四三·五　戩一〇·一　佚七一九　河七五八　存七四六　掇一·四五三　通別二·一二·四　京津一五七八【甲骨文編】

佚719　858　續4·4·5徵1·91　續4·26·2　掇453　新1578　録758【續甲骨文編】

四时嘉至磬【石刻篆文編】

□ 磬竝見説文【汗簡】

□ 説文 □ 同上【古文四聲韻】

◉許　慎　□樂石也。从石殸。象縣虡之形。殳擊之也。古者母句氏作磬。苦定切。□籀文省。□古文从巠。【説文解字卷九】

◉王國維　□　説文解字石部。磬。樂石也。从石殸。象縣虡之形。殳擊之。古者母句氏作磬。殸。籀文省。案。殷虛卜辭磬作□。與籀文略同。□即説文𡴎字。許云。𡴎。岸上見也。實則屮象磬飾。□象縣磬。與豈同意。□與殸與鼓同意。【史籀篇疏證　王國維遺書第六册】

◉羅振玉　□□□□　説文解字磬从石。象縣虡之形。籀文省作殸。古文作□。卜辭諸字从□。象虡飾。□象磬。□持□。所以擊之。形意已具。其从石者。乃後人所加。重複甚矣。【增訂殷虛書契考釋卷中】

◉商承祚　□　篆作□。而注云从巠。則當作□。从巠聲也。段氏據汗簡改作□。仍誤。小徐本作硜。是。樂記。「石聲磬。磬以立辨」。史記樂書作「石聲硜。硜以立別」。是古文磬硜互相通叚。後分為二義。而以硜為堅确字矣。甲骨文作□□。與所引籀文同。極得擊磬之形義。而皆不从石。从石為後人所加。金文窖磬作□。亦與甲骨文同。【説文中之古文考】

◉馬叙倫　鈕樹玉曰。宋本殳字缺空一字。亦作殸聲。韻會引形作下。桂馥曰。集韻類篇竝引作樂名也。西山經。小華之山。其陰多磬石。□象縣虡之形者。殸當為□。程瑤田曰。□。磬之形。屮所以縣者。綰結股上。必横厥股。斯形求惟肖焉。段玉裁曰。殳下當補所以二字。禮記明堂位。叔之縣磬。注引世本作曰。無句作磬。風俗通引世本同。阮元曰。殸之為字。□象形。殳指事。從石乃後人所加。莊有可曰。本止作□。□象形。屮即古𡴎字。縣磬山飾。籀文從殳者。擊用小椎也。磬俗字。王筠曰。從石殸。當云從石從籀文殸。小徐本作殸聲。此下有籀文□。與裘從求聲一例。六書正譌有□字。雖未詳所本。而形甚合。或説文本有□篆。□以象虡。□以象磬。籀文加殳。篆文又加石耳。又疑象縣虡之形本在籀文殸下。不然。史籀安知李斯從石乎。吴善述曰。□古磬字。本作□。象磬在虡。徐灝曰。古磬作□。如人俯首鞠躬之形。故謂之磬折。篆文作□象之。今整齊為□。左筆曳出。以與右殳相配耳。王國維曰。卜辭作□。與籀文略同。□即説文𡴎字。許云。岸上見也。實則非也。□象磬飾。□象縣磬。與豈同意。□與鼓同意。倫按磬為石名。即作磬之石也。故曰樂石。倫目驗磬色黑。琢之薄分餘。擊之成金聲。秦始皇嶧山刻石文曰。刻茲樂石。禹貢稱徐州嶧陽孤桐。

泗濱浮磬。是樂石即磬之證。字從石殸聲。其字造於殸後。以殸為聲。而語原乃厶字也。鍇本殸下有聲字是。象縣虡之形殳擊之也古者母句作磬皆當在籀文磬下。象上合有声字。殳下合有所以二字。磬亦借為殸也。今經記皆以磬為殸。由李斯用磬為殸故也。字見急就篇。樂石也蓋字林文許止當訓石也。或以聲訓。今捝。

殸　昔人不辨樂石與樂器為二事。故以從石作磬為後人所加也。此字遙殸作殸。實從殳屮聲。蓋為敔敂等字之同舌根音轉注字。猶鼓鐘之鼓當作壴。而鼓亦敂之轉注字也。既非樂石字。亦非樂器字也。樂器之字當止作厂。考工記所謂倨句一矩有半者也。𠃊其譌也。後以厂形疑於規矩之規本字作乂或作8者。乃增火或↓以別之。亦猶壴本止作𡆧。以疑於口或甘而增為壴。則象壴之在虡矣。字當入殳部。

硜　吴穎芳曰。文譌。巠從巛。不從巜。莊有可曰。𡰥。古文石。𠂆。古文厂也。倫按從石。巠聲。為磬之同舌根破裂音又聲同耕類轉注字。中白匜厲字作𠪚。其石旁與此同。【説文解字六書疏證卷十八】

◉陳夢家　殸——宮前2・43・7　殸——書前2・43・5　説文磬之籀文作殸，古文作硜。殸、巠古音同。説文「陘，山絶坎也」，「陘，谷也」，廣雅釋山「陘，阪也」，爾雅釋山「山，絶陘」。太行山首始於河内，北至幽州，凡有八陘，而在河内者謂之太行陘，元和郡縣志「懷州河内縣太行陘，在西北三十里」。左傳隱十一與鄭人向、盟、州、陘、隤、懷之陘，即此，約在今沁陽縣以北三四十里清化鎮一帶。

説文幵與井分别，金文周公子所封之邢作井，鄭井作丼。説文刑到互訓，荀子非十二子宋鈃，孟子作宋牼，可知幵與巠之相通。以上曾考證邢丘應在沁水之北太行山之南，其地實當陘南，所以邢丘也者指太行陘南的高丘。如此邢、陘、殸實是同源異作。【殷虚卜辭綜述】

礙　𥗎

◉許　慎　𥗎止也。从石。疑聲。五溉切。【説文解字卷九】

◉馬叙倫　止也者。疐字義。本義本訓蓋亡矣。【説文解字六書疏證卷十八】

硩　𥔈

◉許　慎　硩上摘山巖空青。珊瑚墮之。从石。折聲。周禮曰。有硩簇氏。丑列切。【説文解字卷七】

◉馬叙倫　吴穎芳曰。曰有二字不應竝存。此因一作而誤列者。鈕樹玉曰。繫傳墮作隨。譌。曰字衍。繫傳曰上更衍有字。沈濤曰。文選吴都賦注引。硩。擿空青。珊瑚墮之。珠玉潛伏土閒。隨四時長。今本誤奪誤衍。桂馥曰。墮當為隊。吴都賦。硩陊山谷。劉注云。硩者。言其如硩擿而陊落山谷者。李善引本書釋之云。珠玉潛伏土石閒。隨四時長。故硩毀陊落山谷之土石也。周禮秋官叙官。硩蔟氏。注。鄭司農云。硩讀為擿。玄謂硩古字從石。折聲。錢坫曰。摘即擿字。倫按鄭玄謂硩古字從石折聲者。蓋有作硩字。故云然也。其引從石折聲。必出本書。此言上擿山巖空青。珊瑚墮之。珠玉潛伏土石閒。隨四時長。雖非許文。然必有擿也一訓。或此即許文。以聲訓也。然字從石。當以石為義。賈公彥周禮疏謂以石投擲毀之。故從石折聲。則望文生義。周禮自借硩為擿耳。硩之本義亡矣。周禮有硩蔟氏亦校語。【說文解字六書疏證卷十八】

硟

◉許　慎　硟以石扞繒也。从石。延聲。尺戰切。【說文解字卷九】

◉馬叙倫　段玉裁曰。扞當作衦。衦。摩展衣也。鈕樹玉曰。玉篇。以石衦繒也。說文無衦。桂馥曰。廣韻。硟。衦繒石也。又云。展繒石。急就篇。縹綟綠紈皁紫硟。王筠曰。許説硟是動字。廣韻則以為静字。朱駿聲曰。今俗謂之砑。錢坫曰。今俗碾字應如此作。戚學標曰。廣韻十二齊有磾字。注。漢金日磾。説文。染繒黑石。出琅邪山。説文無磾。或即硟之别。染繒亦疑扞繒之訛。倫按蓋本作石也可以衦繒者也。可以六字吕忱説或校語。字見急就篇。廣韻所引蓋出字林。或此有重文作磾也。磾從單得聲。單音端紐。硟從延得聲。延音喻紐四等。古讀歸定。端定同為舌尖前破裂音。單與車一字。車音如舍。在審紐。硟音穿紐。古讀竝歸於透。是磾為硟之轉注字。【說文解字六書疏證卷十八】

碎

◉許　慎　碎䃺也。从石。卒聲。蘇對切。【說文解字卷九】

◉馬叙倫　段玉裁曰。䃺當作䊳。米部。䊳。碎也。倫按。䃺也或䊳也蓋皆非本訓。【說文解字六書疏證卷十八】

破

破姦軍馬丞

漢匈奴破虜長

梁破胡

田破石子

皃破胡印　【漢印文字徵】

古老子

汗裴光遠集綴　【古文四聲韻】

◉許　慎　破石碎也。从石。皮聲。普過切。【說文解字卷九】

◉馬叙倫　碎從石即為石碎。此説解羨石字。破音滂紐。然從皮得聲之柀。音在非紐。旇帔鮍鈹披音皆敷紐。鈹披皆有折義。

是與破同語原也。古讀破蓋如柀或如鈹披。則與碎為轉注字。心與非敷同為次清摩擦音。碎音心紐也。字見急就篇。【説文解字六書疏證卷十八】

●許　慎　礱礲也。从石。龍聲。天子之桷。椓而礱之。盧紅切。【説文解字卷九】

●馬叙倫　鈕樹玉曰。韻會引作磨也。椓作椽。倫按。天子以下見穀梁廿四年傳。此校語。或此字出字林也。【説文解字六書疏證卷十八】

研 研翁壹【漢印文字徵】

研 研 研 研 研 研【汗簡】

義雲章 竝同上【古文四聲韻】

●許　慎　研礲也。从石。幵聲。五堅切。【説文解字卷九】

●馬叙倫　礱音來紐。研音疑紐。古讀來歸泥。泥疑同為邊音。是轉注字也。急就篇以為筆硯字。【説文解字六書疏證卷十八】

●湯餘惠　燕私名璽人名有：

率加(?)□(4105)

末字為人名。左從石，右邊「兒」下增「女」為繁構，古璽裹字作□，繁構作□，顯然屬於同類現象。「硯」即「研」之或體，字見《玉篇》。春秋越王勾踐有股肱臣大夫計然，《集韻》引徐廣語云：「計然者，范蠡之師也，名研，故諺曰『研，桑心算』。」《吴越春秋·勾踐入臣外傳》作「計硯」。【略論戰國文字形體研究中的幾個問題　古文字研究第十五輯】

礲 磨出義雲切韻【汗簡】

磑　碓　碏　磻

◉許　慎　礳石磑也。从石。靡聲。模卧切。【説文解字卷九】

◉馬叙倫　石磑也羨石字。或此字林文。礳音明紐。明泥疑同為邊音。是礱研皆石磑。為礳之轉注字。名詞也。蓋礳所以礳物。其語原與破同。而即以為礳物之名。則為動詞矣。或研礱是借為礳物之詞之轉注字。然杭縣謂礳物曰牽磨。農家收新穀。磨去其穀出米為牽礱。蓋礱米之物。雖以木為之。而理似磨也。然則礱是名詞。研亦然矣。玄應一切經音義引字林。礳。忙佐反。字或出字林。【説文解字六書疏證卷十八】

◉黄錫全　磨出義雲切韻　《説文》「礳，石磑也。从石，靡聲」。此省作，今作磨。《石門頌》作，漢印作（篆隸9·21）。此從古石，類似子仲匜厲作。《説文》磬字古文作等。鄭珍認為「此隸體也，移石在左，又更从古石」。【汗簡注釋卷三】

◉許　慎　磑礳也。从石。豈聲。古者公輸班作磑。五對切。【説文解字卷九】

◉馬叙倫　研磑音同疑紐轉注字。礳也非本訓。許蓋以聲訓。古者以下亦校語或呂忱文。字見急就篇。【説文解字六書疏證卷十八】

◉許　慎　碓舂也。从石。隹聲。都隊切。【説文解字卷九】

◉馬叙倫　段玉裁曰。當作所以舂也。倫按玉篇作所以舂也。倫謂碓為舂器。周禮鼓人注。錞于圜如碓頭。大上小下。磑碓聲同脂類。蓋語同原也。字見急就篇。【説文解字六書疏證卷十八】

◉許　慎　碏舂已復擣之曰碏。从石。沓聲。徒合切。【説文解字卷九】

◉馬叙倫　舂已復擣之曰碏明是校語。本書亦無擣字也。廣雅釋詁。碏。舂也。然則此蓋本亦訓舂也。今挩。存者校語耳。然碓碏同為舌尖前破裂音。又聲同脂類。是轉注字也。【説文解字六書疏證卷十八】

磻【汗簡】

◉許　慎　磻以石箸惟繳也。从石。番聲。博禾切。【説文解字卷九】

◉馬叙倫　鈕樹玉曰。李注文選嵇叔夜詩引作以石著弋繳也。韻會箸作著。沈濤曰。文選西京賦注嵇叔夜贈秀才入軍詩引兩見皆無雉字。倫按廣韻。碆。纜繳石。集韻。磻。通作碆。碆石可以為矢鏃。然則磻止當訓石也。或如纂文作射石也。字或出字林。【說文解字六書疏證卷十八】

◉宋兆麟

圖四　成都百花潭戰國銅壺上的弋射圖

圖五　成都漢畫像磚上的弋射圖

繳即系在矢上的繩子，可能用生絲捻成。曾侯乙墓的弋射圖上繳尾分成三股，似乎有些繳是由三股合成的。在圖四、圖五上清晰可見，繳的下端墜有圓球狀物體，應是繞繳之磻。《說文》：「磻，以石著弋繳也。」亦即拴繳的石質工具，取其量重，以作墜石，射中的飛禽不致將矢繳帶走。磻的作用如此，那麼它必須易放繳又易收繳，形狀當以亞腰長圓形為宜。比較完善的繞繳設備應該是一種便於旋轉的木軸。從成都百花潭出土銅壺的弋射圖上可見到繳後有一半圓形繞繳軸，下有立木插於地。成都出土漢畫像磚上也有類似的形象，獵人身旁的木架上並排插三或四個繳軸，上有提梁。軸應套在立木上，立木插於地上或安在架上。【戰國弋射圖及弋射溯源　文物一九八一年第六期】

䃴

◉許　慎　斫也。从石。箸聲。張畧切。【説文解字卷九】

◉馬叙倫　承培元曰。䃴即爾雅釋器斫謂之鐯之鐯。木部。櫡。斫謂之櫡。櫡䃴一字。倫按古以石為耕器。亦以石斫物。䃴為斫之聲同魚類轉注字。櫡䃴一字。必有一字出字林。【説文解字六書疏證卷十八】

硯

考藏1:30【古陶文字徵】

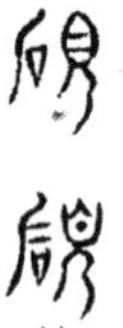
並汗簡【古文四聲韻】

◉許　慎　石滑也。从石。見聲。五甸切。【説文解字卷九】

◉馬叙倫　沈濤曰。文選江賦注引作滑石也。賦文云。緑苔鬖髿乎硯上。則當作滑石矣。王玉樹曰。九經有筆墨字。如史載筆公輸削墨之類。而無硯字。意古人用墨。以器和之。如莊子舐筆和墨是也。硯雖見於西京雜記天子以玉為硯。然字不見於經。且唐人多以瓦為硯。故昌黎毛穎傳止偁為陶泓。及宋初而硯始以譜行。端歙之石遂擅名天下。然則硯字恐亦徐氏所羼者矣。倫按釋書契。硯。研也。研墨使和濡也。是漢已以石和墨。倫見漢硯。僅長今尺三寸餘。廣寸餘。高六寸餘。其畜墨處。漸移而低。亦可為漢用石和墨之證。唯此訓滑石或石滑。似均不謂今所謂硯。豈今藥物中所謂滑石與。玉篇作石滑所以研墨。疑本説文。則或本訓石也。吕忱或校者加石滑可以研墨。或本訓研也。吕忱加石滑可以研墨。硯之為名。即得於研。字或出字林。【説文解字六書疏證卷十八】

砭

◉許　慎　以石刺病也。从石。乏聲。方髟切。又方驗切。【説文解字卷九】

◉馬叙倫　王筠曰。此動字也。素問砭石則静字也。倫按素問。砭石。注。以石為鍼也。然則以石刺病之器曰砭。鍼砭聲同侵類。是語原同也。古者石器時代。刀斧皆以石為。則鍼亦以石為。及銅器時代乃以金為。故砭字從石。鍼字從金。然則蓋轉注字。説解當曰。刺病石也。或本以聲訓。吕忱加以石刺病曰砭也。今有捝耳。然南史王僧孺所見本書已如此。慧琳一切經音義九十九引倉頡。砭。石刺也。【説文解字六書疏證卷十八】

䃒

◉許　慎　䃒石也。惡也。从石。鬲聲。下革切。【説文解字卷九】

◉馬叙倫　段玉裁曰。此與厂部之⿸厂鬲音義略同。類篇曰。䃒⿸厂鬲。石地。管子。沙土之次曰五塥。塥疑同䃒。錢坫曰。此等字皆後人加入。未必為許君原文。王筠曰。鍇本作石地惡也。玉篇作石也埆也。疑當依鍇本作地。依玉篇作埆。石地絶句。言石地謂之䃒。埆也者。通其名也。言䃒又名埆也。特説文有确塙而無埆耳。倫按⿸厂鬲䃒轉注字。疑本作石也惡地也。惡地也者。謂磽确之地也。此校語。确䃒音同匣紐轉注字。亦礊之同舌根音轉注字。本書。⿰王毄。讀若鬲。是其例證。若如今文。惡也是繫字義。字或出字林。【説文解字六書疏證卷十八】

砢

◉許　慎　砢磊砢也。从石。可聲。來可切。【説文解字卷九】

◉馬叙倫　鈕樹玉曰。韻會引磊上有衆石皃三字。倫按磊之轉注字。音同來紐。亦硪之聲同歌類轉注字。説解當作磊也。此字或出字林。韻會引者磊下説解也。【説文解字六書疏證卷十八】

磊

◉許　慎　磊衆石也。从三石。落猥切。【説文解字卷九】

◉馬叙倫　段玉裁曰。當依廣韻作衆石皃。桂馥曰。文選古詩十九首注引字林。衆石也。倫按衆石皃字林文。許當以聲訓。或止訓石皃。初文作。自明其為衆石矣。玄應一切經音義引倉頡。磊。珂也。【説文解字六書疏證卷十八】

礪

説文【古文四聲韻】

◉徐　鉉　礪礰也。从石。厲聲。經典通用厲。力制切。【説文解字卷九新附】

碏

趙碏之印【漢印文字徵】

◉徐　鉉　碏左氏傳。衛大夫石碏。唐韻云。敬也。从石。未詳。昔聲。七削切。【説文解字卷九新附】

磯 䃂

◉徐　鉉　䃂大石激水也。从石。幾聲。居衣切。【説文解字卷九新附】

磟 𥓦

◉徐　鉉　𥓦石皃。从石。彔聲。盧谷切。【説文解字卷九新附】

𥓦 古老子【古文四聲韻】

砧 𥑣

◉徐　鉉　𥑣石柎也。从石。占聲。知林切。【説文解字卷九新附】

砌 𥐻

◉徐　鉉　𥐻階甃也。从石。切聲。千計切。【説文解字卷九新附】

礩 𥗈

◉徐　鉉　𥗈柱下石也。从石。質聲。之日切。【説文解字卷九新附】

礎 𥗒

◉徐　鉉　𥗒礩也。从石。楚聲。創舉切。【説文解字卷九新附】

硾 𥔵

◉徐　鉉　𥔵擣也。从石。垂聲。直類切。【説文解字卷九新附】

後一・一九・六 林二・二六・七【甲骨文編】

甲637 2335 2457 2907 乙443 655 658 730 965 1574 2000

2156 2211 2247 4983 5222 8896 珠293 417 佚581 751 續1・

9・8 3・30・8 5・10・6 徵10・113 11・48 11・112 凡27・2 録537 摭續142

粹1155 1588 新520 乙4667 乙4415 乙4047【續甲骨文編】

長 寡長鼎 長子鼎 長日戊鼎 長由簋 長湯匜 廿年距悍 臣諫簋 長由盉 牆盤

長子□臣匿 庶長畫戈 中山王譽兆域圖 从立作長短字 屭羌鐘 入䟫城行氣玉管銘明則䟫亦如此

作少長字 中山王譽鼎 事孛女䟫 中山王譽壺 齒䟫於遑同【金文編】

5・384 瓦書「四年周天子使卿大夫……」共一百十八字 5・384 同上 文字9:35 曹長□ 雲水 1:1 □□長【古陶文字徵】

〔二三〕〔五〇〕〔五五〕〔三七〕〔五二〕〔一九〕〔三七〕〔三七〕〔三六〕

〔三七〕〔十〕〔三七〕〔四二〕〔三七〕〔五二〕〔二五〕〔五二〕〔四二〕

〔四〇〕〔二三〕〔三六〕〔三七〕〔三六〕〔二〕〔二〕〔四〕〔三五〕〔二〕

〔二三〕〔二〕〔三七〕〔一六〕〔五〇〕〔五〇〕〔五〇〕〔三五〕〔二三〕

〔三六〕〔七四〕〔四二〕〔二〇〕〔五三〕〔三三〕【先秦貨幣文編】

布方　長子　郘字省體　亞四・三四　布方　子長　反書　郘字省體　亞四・三五　【古幣文編】

54　78　230　268　【包山楚簡文字編】

長　長　雜三四　三十三例　長　日甲一〇〇　三例　長　法九五　五例　長　日甲七四背　五例　【睡虎地秦簡文字編】

姑分—（丙11：目3）【長沙子彈庫帛書文字編】

柜長之印　代郡農長　長水校尉丞　漢匈奴破虜長　新西河左佰長　新前胡小長　長壽單右廚護

即墨長印　漢保塞烏桓率衆長　漢歸義夷仟長　立節將軍長史　隗長　王長君　王長私印　長利

麋長生印　鬖長　校長　瘳長公　吳長　長樂　長樂　長利　長利　長光

長孫誤　賁長孫　變長卿　長生大富　長毋傷　顔長公　閭盧長公　長利　【漢印文字徵】

韓仁銘額　張遷碑額　泰山刻石　建設長利　祀三公山碑　長史　霍公神道闕陽識　開母廟石闕　長西河圜陽馮寶

漢壹長殘石　袁安碑　遷東海陰平長　少室石闕　王君神道闕　夏承碑額陽識　延光殘碑

詛楚文　及郄長敦　魏長字殘石　謝君神道闕陽識　【石刻篆文編】

長　長見尚書並説文　長　長出貝丘長碑　【汗簡】

古孝經　同上　並汗簡　古老子　同上　古尚書　貝丘長碑　雲臺碑

並崔希裕纂古　説文　並汗簡　【古文四聲韻】

◉許　慎　久遠也。从兀从匕。兀者。高遠意也。久則變化。亾聲。𠂆者。倒亡也。凡長之屬皆从長。臣鉉等曰。倒亡。不亡也。長久之義也。直良切。古文長。亦古文長。【説文解字卷九】

◉吳大澂　□古長字。長金之鉢。【說文古籀補第九】

◉王　襄　□古長字。【簠室殷契類纂正編第九】

◉王　襄　□疑長字。【簠室殷契類纂存疑第九】

◉林義光　兀不訓遠。見兀字條。亡與長亦不同音。秦繹山碑作□。當以生長為本義。中从一。一。地也。□象種發芽漸長育之形。一象種。從□從乙。會意。匕。變也。乙。抽也。【文源卷六】

◉丁佛言　□□長鼎。此字與古耑字篆同。義亦相近。或古為一字。當寫作象形如□。【說文古籀補補第十】

◉高田忠周　是許氏大謬也。今審。古文从兵省从老。知說文古文作□作□。並亦有轉寫之誤也。然則長字从兵與老會意。其義如何。曰書益稷。外薄四海。咸建五長。釋文。衆官之長。詩皇矣。克長克君。周禮大宰。二曰長。凡金文兵作□。或作□。又古璽文有作□者。□與此篆正合。又老作□或有作□者。考字多从此形。然下作□者。□即□之合省。又作□者。省匕。作□者。省人。而周禮大宰注。長諸侯也。周語。古之長民者。韋注。長猶君也。此為長字本義。爾雅。王公侯。君也。君人者。威武在己。以統兵權。是所以字从兵也。又君長。其德高遠。即老聖者。廣雅。長。君也。老也。爾雅。耆艾。長也。方言。艾。老也。亦所以字從老也。若不然。此為兀匕斤會意。兀元同字。詳見元下。斤亦兵省。孟子。疾視其長上之死。注。軍率也。亦可見長字固从兵。至當焉。元者。益稷傳。元首。君也。匕者。化也。傳又云。五國立賢者一人為方伯。謂之五長。詩皇矣箋。教誨不倦曰長。然元首。文武並備。德化流行。此謂之長。未能決定。存疑云爾。【古籀篇三十三】

◉余永梁　□書契卷六十六葉　□同上卷七五葉　□龜甲獸骨二十六葉

案此長字。與說文古文及六國鉥文最近。說文。「長。久遠也。从兀從匕。亡聲。兀者。高遠意也。久者變匕。□者。到亡也。□古文長。□亦古文長」。鉥文長字作□□□。與古文同。長實象形。象人髮長皃。引申為長久之義。長部肆或从髟。即長為髟長之明證。許君所解皆望篆文生訓。非朔義也。【殷虛文字續考　國學論叢一卷四號】

◉商承祚　□□　許君破碎篆體以強為之說。非也。甲骨文作□□。金文寡長鼎作□。鉥文作□□。人體各部之最長者無過於髮。故取披髮以象長義也。此二篆皆有誤處。【說文中之古文攷】

◉葉玉森　□之異體作□□。余氏謂上象髮長形。至塙。髮長之人則年長。故先哲制長字與老字構造法同。譌變作□則髮形晦矣。【殷虛書契前編集釋卷二】

◉馬叙倫　孔廣居曰。許説可疑。長當以生長為義。以直兩切為正音。古文作□。從一。象地。丫象艸木初出形。艸木初出必先兩岐也。□象地中根荄形。或作□。加□。象戴起之浮土也。小篆作□。會化育意。王筠曰。□者五字庾注。六書故引化作匕。吴善述曰。本作□。象兩物出地其一較長之形。朱駿聲曰。許説非也。字當訓髮。人毛之最長者也。□象長髮緜延之形。一以束之。從匕。久而色變也。俞樾曰。許説此字。殊為迂曲。長者。艸木滋長也。古或以萇為之。故釋名釋長幼曰。長。萇也。言體萇也。其實萇者。萇楚也。本字正當作長。從一。從□。從□。從匕。一者。地也。□者。象拙引之形。□者。象艸木萌櫱上出也。□者。象芒達也。謝彦華曰。兀者以下數句為後人加注。字當從□省。□古文永。見鼎彝文。兀猶元。元。長也。到亡之説。因□缺右一畫。譌為□。甘泉宫瓦文從亾作□可證。後人誤以□為到亡。長與永形雖異。而義同聲近。林義光曰。長當以生長為本義。繹山碑作□。中從一。一。地也。□象種芽漸長育之形。從匕。從□。匕。變也。□。抽也。高田忠周曰。從兵省。從老。會意。商承祚曰。甲骨字作□□。人體各部之最長者無過於髮。故取披髮以象長義也。倫按諸家竝疑此字。是也。金文長字寡長鼎作□。甲文作□者。與鼎文同。此古文二長字。形皆近之。篆文上體與亦古文長同。下從匕者。金器厵氏鐘長城作□。□蓋長短之長本字。從立。長聲。其□所從之□即此篆所從之匕也。然非變化之匕也。長書戈長字作□。蓋從□而增亡聲。匕實□□之譌也。□為耑之異文。耑屯則一字。屯為艸初出。故從□亡聲為長。説解久遠也當作久也遠也。皆非本訓。從兀以下十四字□者五字蓋亦校者改之。

□　李杲曰。書契作□。寡長鼎作□。古鉨作□。竝與□□二體相近。倫按□之譌也。

□　倫按□之變也。從一。象形。【説文解字六書疏證卷十八】

◉于省吾　齊刀有□字。舊釋就殊誤。按字从立从長。即⿰立長。亦即晚周古文長字。厵羌鐘長城之長作□。古玉銘⿰立長字作□。均其證也。古鉨有□字。亦即⿰立長字。舊或釋端。失之。【雙劍誃古文雜釋】

◉郭沫若　入⿰立長壄

劉云「番禺商承祚曰『⿰立長壄即長城』，甚確。長从立，緐文；藝贖所著録之玉刀柲長字从立；郘醻尹句鑃城字正與此同。長城即齊之方城。管子輕重丁曰『長城之陽魯也，長城之陰齊也。』泰山記曰『泰山西北有長城，緣河經泰山千餘里，至琅邪。』水經東汶水注曰『泰山即東小泰山也。上有長城，西接岱山，東連琅玡巨海，千有餘里。』」

案長字从立，古鉢中亦多見，古鉢有「□孫」，有「□孫退」，即複姓之長孫也，与此可為互證；舊或釋為端，非是。又水經汶水注引紀年「晉烈公十二年，王命韓景子趙烈子及翟員伐齊，入長城。」今僞本紀年此事繫於威烈王十八年，又長城改作「長垣」。該役所取路徑亦與此同，蓋三晉攻齊，必先入長城，始能及其腹心之地也。【厵芍鐘　兩周金文辭大系考釋】

◉張光裕「明則⿰立長」，[古文]，厵氏鐘有[古文]字曰：「入⿰立長城。」兩周金文辭大系考釋云：「⿰立長城即長城，古録有『⿰立長孫』及『⿰立長孫退』即複姓之長孫。」而先秦泉幣中齊刀有「齊造邦張法化」一品，⿰立長字更作[古文]、[古文]、[古文]、[古文]、[古文]等形。又方足布有「[古文][古文]」(長安)一品，是長之作「⿰立長」者，蓋為戰國年間風行時之作法也。故此銘之「⿰立長」亦即長字，斷無可疑。竊疑此「⿰立長」當讀作揚，亦與揚同意。

說文通訓定聲：

長，假借為張。

又引正韻：

長，增盛也。

素問四氣調神大論「則太陽不長。」注：

長，謂外茂也。

長、揚同屬陽韻，詩猗嗟昌、長、揚、揚、蹌、臧互叶可證。今語云「揚長而去」，亦其聲義互訓之例。令簋有[古文]字，曰：「用[古文]敢⿸厂長揚于皇王，令敢⿸厂長皇王宣。」兩周金文辭大系考釋云：「兩⿸厂長字从厂長聲，殆是碭之古文，讀為揚。知者，以上言『令敢揚皇王宣』與下言『令敢⿸厂長皇王宣』文例全同，則⿸厂長亦揚矣。」觀此，是長、揚通假之確證也。書立政：「以揚武王之大烈。」顧命：「用答揚文武之光訓。」揚俱有顯揚之意。然則「明則⿰立長揚」固通順明晰，不必若于氏之訓長為常矣！【玉刀珌銘補釋　中國文字第五十二册】

◉許學仁　[古文]繒書4・13　倀，說文(八上)訓「猨狂」，與繒書詁訓義隔。繒書：「倀曰青橝」。商氏述略云：「倀為長幼之長的異文，在兄弟行居長，故加人旁意符，說明其字非長短之長。厵羌鐘『入長城』，玉佩銘『明則長』，古璽『長均』『長逾』等皆从土作坘。狂義之訓，虎倀之讀，皆為後起。」按：商説釋「長」是也，然謂加人旁以別長短之長，則又未盡。山東臨沂銀雀山出土竹簡孫子兵法・十陣簡文曰：

(一九七簡)

火陳者，所以拔也；水陳者，所以倀固也。

倀即長，乃恆久之義，表時間之長短。長短字亦有作倀者，於此可見一斑。【楚文字考釋　中國文字第七期】

◉陳連慶　□（長）榜（榜）蕺首百，執噝（訊）卌

□字，孫詒讓釋為馬，連上文班字為句，謂「班馬猶云班師」。按卜辭長字作□，《長甶盉》長字作□，可見□確是長，孫説不確。【敔𣪘銘文淺釋　古文字研究第九輯】

◉徐中舒　□甲三四八四　字形近□長，疑為長之異體。【甲骨文字典卷八】

◉徐中舒　□陳五六　象女頭上有長髮之形，疑為□長之異體。【甲骨文字典卷十二】

◉張　頷　《古錢大辭典》（上編・二六頁，圖號二九九）著録有方足布一枚，其文為「□」（左讀）。該書下編援引《錢彙》文字云：「鄍子，左傳成公二年，公會晉師於上鄍，時當伐齊，或屬齊地。子屬通用之字，亦如郲布稱郲子，蒲布之稱蒲子也。」此解釋很不確切。地名從無稱「鄍子」者，與「蒲子」不同，「蒲子」之為縣邑由來已久。至於「鄍」地在春秋時為虞國之邑，（《左傳・僖公二年》：「晉荀息曰：冀為不道……代鄍三門。」）其地望在今山西平陸縣一帶。但也不能稱為「鄍子」。況「冥」、「□」二字其形極不相牟。若謂為齊地之「上鄍」更屬荒唐，齊國貨幣未有作方足布者。余審度之，當為「長子」即「□」方足布之別品。

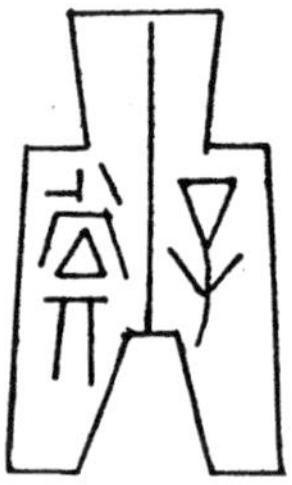

首先須從「長子」布談起。現在從古幣譜録中和新出土的「長子」方足布「長」字都增從「邑」旁而作「郾子」（如《古錢大辭典》二三頁，圖號二六五——二六九）。「長子」春秋時為晉邑，戰國時屬趙，一度為上黨郡治所在。地望在今山西省長子縣城之西。「長子」（□）又為什麽會書作（□）？從其字形應隸定為「㞙子」。「□」字上部從「尚」，「尚」在古鉨文中有「□」、「□」諸形可作印證，而此字下部所從之「六」（讀其基聲）在古文字中偶有當作半個聲符者如「其」（□）字，大多從「六」之字既不發聲也無義訓，如「莊」字古文作「□」（見《説文》），「丘」字古鉨文作「□」。《守坵刻石》和《鄂君啓節》銘文中的「丘」字皆從土從六，把「六」字施於「坵」字的中部作「□」，而不作聲符用。所以「□」字只能從上部而發「尚」之聲。在文字中的習慣讀法亦如此，如堂、棠、常、掌之例。故「尚」字亦可讀如「掌」，其音與「長子」之「長」聲同（讀長幼之長），現在山西長子縣的名稱仍保持古代的稱謂，「長」字仍讀

長幼之「長」的音讀。因此，「㒸子」即「尚子」亦即「長子」。「長子」在古代亦稱「尚子」。《竹書紀年》：梁惠王十二年「鄭取屯留、尚子、涅」。《路史・國名記》云：「長子，《紀年》之尚子也」。《竹書》所謂之「鄭」係指韓國而言。韓國滅鄭國之後，每以地名稱之為「鄭」。當時這種習慣很通行，如魏國都城由安邑徙都大梁以後，便稱謂「梁」，魏惠王也就稱之為「梁惠王」了。吴國滅邗之後，吴王亦可稱為「邗王」。當時上黨郡為韓、趙兩國犬牙相錯之地。當時有「兩上黨」之稱，所以有許多城邑時而屬韓，時而屬趙。《竹書》説「鄭」(韓)奪取了趙國的「尚子」。《史記・韓世家》又有「以上黨郡降趙」的記載。故「長子」方足布既有「郋子」又有「尚子」這種情況應該是「長子」分别在韓、趙二國佔有時各自鑄造貨幣的文字區别。

「郋子」方足布上的文字一般為順讀即「郋」字在右「子」字在左，而「㒸子」布則為逆讀「㒸」字在左「子」字在右，此乃戰國貨幣文字常有的現象。如「宅陽」、「高都」等方足布既有順讀者亦有逆讀者。

同樣一個城邑地名，在戰國時期，此國佔據時用此種文字鑄幣；在别國佔領後又用别體文字鑄幣，這種現象以往古貨幣研究者和古文字研究者没有引起注意，如果帶上這個問題再深入探索，一定還能發現類似的情況。另外，從古文獻中也有類例可稽。《左傳・襄公十年》：「晉人執衛行人石買於長子，執孫蒯於純留。」而在魏國的《竹書紀年》中「長子」便書作「㒸子」，「純留」便書作「屯留」了。【古幣文三釋　張頷學術文集】

◉戴家祥　長由盉　㛤即長字。説文九篇「長，久遠也。从兀从匕。」古文長作。从倒亡从人。長由盉作。下从女。與金文夗作嬖、孰作嬖同。【金文大字典下】

肆

肆　不从長　邵鐘　大鐘八聿　隶字重見　从金　洹子孟姜壺　鼓鐘一銉　【金文編】

陳肆之印　趙肆　王肆　竹肆　肆右賢　絳肆唯印　鄧肆奴印　張肆　田肆私印　【漢印文字徵】

◉許　慎　極陳也。从長。隶聲。息利切。或从髟。【説文解字卷九】

◉吴榮光　肆字本不從金。從金者。合鼓鐘之文以會意也。【周齊侯仲罍　筠清館金文卷二】

◉吴　雲　金當是銉之遺。後人以説文無銉字。遂去其半。直書作金。堵以二銉者。言堵以二為銉也。樂則鼓鎛應之。言大樂則鼓大鐘以應之。說文。鑮。大鐘也。此許氏之意也。段氏懋堂謂當作堵無鑮。全樂則鼓鑮應之。樂唯軒縣。有鑮為全樂。諸侯之大夫二堵。諸侯之士一堵。皆無鑮。皆不成肆。夫鑮為大鐘特縣。鄭康成云。鎛如鐘而大。許氏慎孫氏炎沈氏約亦以鑮為大鐘。而韋昭注國語。杜預釋左傳。則以鎛為小鐘。案國語伶州鳩曰。細鈞有鐘無鎛。大鈞有鎛無鐘。則鎛當是大鐘。秋濤案。說文鎛鑮義異。而周禮國語左傳皆叚鎛為鑮。故引為證。堵縣編磬編鐘言堵則無鑮已明。何必言堵無鑮。一堵不成肆。二堵何為不成肆。諸侯之大夫雖無鑮而有一肆。⊘鄭氏謂縣鐘磬二八。在一虡為一堵。杜預謂樂縣鐘十六為一肆。服虔謂一縣十九鐘。賈疏云。鄭主左傳初獻六羽。衆仲曰夫舞所以節八音。而行八風。樂縣以八為數。故倍之為十六。服主周禮鳧氏為鐘。以律起數十二辰。加以七律。為十九。其說與鄭異。然大射禮無十九縣之數。鄭君亦以周舞定周縣。若韶縣其詳更不可得聞。今案以尚書虞夏傳及陳氏晉之用之禮樂二書。知韶縣當以十二為一虡。傳曰。六律者何。黄鐘。蕤賓。無射。大蔟。夷則。姑洗是也。故天子左五鐘。右五鐘。鄭注。六律為陽。六吕為陰。凡律吕十二各一鐘。天子將出則撞黄鐘。右五鐘皆應。鄭注。黄鐘在陽。陽氣動。西五鐘在陰。陰氣静。君將出。故以動告静。静者皆和也。馬鳴中律步者。皆有文御者。皆有數步者中規折旋。中矩立則磬折。拱則抱鼓。然後太師□登車告出也。入則撞蕤賓。左五鐘皆應。鄭注。蕤賓在陰。東五鐘在陽。君人故以静告動。動者則亦皆和之也。狗吠彘鳴。及倮介立蟲。皆莫不延頸以聽。蕤賓在内者皆玉色。在外者皆金聲。然後少師□登堂就席告入也。陰陽各六是十二鐘在縣之權輿。陳氏晉之據大射儀。東西有鐘磬之縣。則天子宫縣堂上之階。笙磬頌磬各十二縣。堂下阼階而南。特鐘特鑮亦各十二縣。西階而南。編磬編鐘亦各十二縣也。陳氏用之。亦言樂以十有二律為之度數。以十有二聲為之齊量。故古者考中聲而量之。以制度律均鐘紀之。以三平之。以六成於十二。則鐘縣以十二為一堵也。大夫之縣編鐘十二為一堵。編磬十二為一堵。是一肆也。【齊侯中罍　兩罍軒彝器圖録卷五】

◉吳大澂　□古肆字。陳也。列也。凡縣鐘磬。半為堵。全為肆。左氏傳。歌鐘二肆。注。縣鐘十六為一肆。郘鐘曰。大鐘八肆。□或從金。齊侯壺曰。鼓鐘一肆。【說文古籀補第九】

◉徐同柏　肆。古文肆。樂縣全為肆。周禮小胥注。鐘磬編縣之二八十六枚而在一虡謂之堵。鐘一堵磬一堵謂之肆。【周陳垣子鈃　從古堂款識學卷十】

◉林義光　肆本訓陳。而云極陳者。以字從長也。古作□克㿝彝。作□盂鼎。不從長。從隶省。從□。說文兆下云，□古文矢字。□隶皆聲也。矢肆同音。故古亦以矢為肆。爾雅。矢。陳也。釋詁。是也。或作□縣妃彝□。豕之變。見㣇字條。亦與矢隶肆同音。□為古文矢。其形不可說。疑亦□之譌變。與矢同音。因以為矢字。說文云。□習也。從聿㣇聲。□籀文。□篆文。按古肆字作[seal]縣妃彝。作[seal]毛公敦。與肄形合。是肄與肆同字。詩伐其條肄。汝墳。傳云。肄。餘也。禮記肆束及帶。玉藻。注亦云。肆。餘也。是古亦以肆肄通用。肄習之義。亦由陳列引伸。【文源卷十二】

◉高田忠周　[seal]　此下文録字也。蓋謂説文肆。極陳也。從長隶聲。或作⿱髟隶從髟。隸變隶為聿作肆。實為誤形。朱駿聲云。按此字從長。本訓長也。詩崧高。其風肆好。傳。肆。長也。此説有理。似是。然字又從隶聲。固自有義。隶者。及也。有次之謂也。當以為次陳之意。長且有次。極陳之義也。詩行葦。或肆之筵。周禮小胥。半為堵全為肆。左襄十一年傳。歌鐘二肆。注。列也。又論語。百工居肆。老子注。肆市之類。皆字之本義也。銘意正與小胥合。肆從隶聲。故此借隶為肆。古省文叚借之恆例也。他器或從金。唯是肆堵專字。泥鐘字義。字或從金。堵亦作鍺可證。然録鍺可用此於縣鐘。不可用於他義。而隶當汎用耳。【古籀篇三十三】

◉馬叙倫　沈濤曰。左文四年傳正義。説文肆訓為陳。字從長聿聲。聿乃隶之譌。蓋古本無極字。段玉裁曰。陳當作敶。朱駿聲曰。肆字本訓長。崧高。其風肆好。傳。肆。長也。錢坫曰。當是極也陳也。國語。肆侈不違。注。極也。詩。或肆或將。傳。陳也。林義光曰。古肆字作[seal]縣妃彝。作[seal]毛公鼎。與肄形合。是肆與肄同字。詩汝墳。伐其條肄。傳。肄。餘也。禮記玉藻。肆束及帶。注。肆。餘也。是古以肄肆通用。肄習之義亦由陳列引申。倫按極也陳也皆非本訓。亦非本義。論語憲問。吾力猶能肆諸市朝。鄭注。有罪既刑。陳其尸曰肆也。此極陳之義所由立也。然極當為殛。此由有罪既刑陳其尸而引申。然論語之肆實借為攴。肆音心紐。攴音審紐。同為次清摩擦音也。攴當從又也聲。為敷之轉注字。敷為専之後起字。字亦當從又也。見攴字下矣。肆為⿱髟隶之省。⿱髟隶。從髟。隶聲。則朱説可從也。肆為髟之轉注字。髟從長得聲。長音澄紐。⿱髟隶從隶得聲。隶音定紐。同為濁破裂音。今肆音入心紐者。由定喻紐四等而轉心也。當入髟部。字見急就篇。【説文解字六書疏證卷十八】

◉許　慎　[seal]久長也。从長。爾聲。武夷切。【説文解字卷九】

◉馬叙倫　朱駿聲曰。與镾同字。倫按久長也當作久也長也。久也校者加之。此字蓋出字林。【説文解字六書疏證卷十八】

镻

◉許　慎　镻蛇惡毒長也。从長。失聲。徒結切。【說文解字卷九】

◉馬叙倫　沈濤曰。爾雅釋魚釋文引作虵毒長也。玉篇亦作虵毒長。當本許書。今本誤衍惡字。段玉裁曰。當作蝁也。蛇毒長蝁也用釋魚文。虫部。蝁。镻也。倫按段說是。蛇毒長校語。然蝁也非本義。疑長之同濁破裂音轉注字。長音澄紐。古讀歸定。镻音定紐。镻從失得聲。失音審紐。與澄亦為同舌面前音也。本訓長也。今為校語所捝耳。亦疑字出字林。【說文解字六書疏證卷十八】

勿

甲六四〇　象以耒翻土土粒箸于刃上土色黧黑故勿訓雜色　甲七七五　通物吏勿即詩三十維物之維物　甲八〇三　勿牛即物牛
甲一八三九　乙二二三九反　乙二三七三　勿牡　乙五七九〇　鐵九四·四　前四·五四·四　前
五·三九·七　前六·六〇·五　後一·一九·一〇　後二·二三·一八　戩二四·二　戩二四·五　戩
三四·二　戩四九·一　佚二〇三　佚八五九　燕六一六　粹二五三　粹三〇一　京津二八四七
鄴三下·五〇·二　賁十勿　河五一〇　摭續八〇　掇一·一三五　京津四〇五一　甲四七五　字形不可
識卜辭用為否定辭其義有近于勿今坿列于勿字下　寸勿步　甲一二八七　甲二〇二三　勿往　甲二〇二四　勿㞢于丁
甲二五〇一　乙五七七七　鐵一六·一　鐵四九·二　鐵八六·二　鐵二二二·一　拾三一〇　前
四二六四　前四·三三·一　前四·三六·二　前四·四二·二　前五·二五·四　前七·三五·二　前
八·八·一·　後一·一六·八　後二·一六·一四　戩七·一五　戩一三·六　戩三七·一四　佚六七
佚三二六　佚四一一　佚四八八背　佚七四三　福一五　燕四　燕八六　燕二三四　燕
二八八　燕三九八　粹四二四　京津四一九　京津六六一　摭續一六六　寧滬二·三七　明藏一四

五 珠九【甲骨文編】

甲49 332 1539 2123 2501 乙6273 6319 6370 6408 6684 6700

6724 6743 6750 6751 6927 6964 7017 7030 7119 7122 7201

7231 7246 7307 7337 7348 7377 7386 7476 7690 7741 7766

7767 7774 7818 7925 8077 珠4 9 34 183 277 458

575 647 1194 佚18 30 116 533 582 647 862 867 898

979 續1·45·7 1·49·6 2·30·10 3·3·2 4·28·4 4·34·5 5·12·2

徵1·24 2·48 3·1 4·39 4·58 4·67 4·70 4·84 5·20 8·35

8·98 8·108 8·109 9·9 9·11 9·14 9·15 9·16 9·26 9·28

9·42 10·9 10·11 10·64 10·125 11·48 11·56 11·139 京2·1·4

2·24·3 2·30·3 3·30·2 凡7·2 9·1 12·1 14·4 19·1 録543

天63 龜卜7 124 續存565 1370 粹1043 1044 1055 新1018 1541

2189 甲284 640 775 803 872 2476 2731 2795 2880 3623

乙5303 5790 6691 佚203 333 382 401 續1·16·2 1·30·5 1·

32·2 1·44·4 1·45·4 2·1·1 2·10·11 2·13·6 2·22·9 3·3·1 掇135

徵2·24 京1·32·4 1·36·2 録507 508 509 510 528 693 摭續272

粹540 554 【續甲骨文編】

勿 盂鼎 召伯簋 克鼎 禹鼎 師嫠簋 伯晨鼎 量侯簋 毛公厝鼎 師虎簋 師酉簋 鈴鎛 哀成弔鼎 南疆鉦 中山王嚳鼎 閈於天下之勿矣 蔡侯驪殘鐘 【金文編】

香録9·2 公勿右 簠瓦3·26 勿□□ 【古陶文字徵】

〔六八〕 〔六六〕 【先秦貨幣文編】

布空大 豫孟 布空大 亞二·一〇三 布空大 典七三四 【古幣文編】

八五：三五 二例 其它類 勿罯兄弟 【侯馬盟書字表】

80 【包山楚簡文字編】

勿 秦五四 四十八例 通忽 —見而亡 日甲五九背 法六九 四例 法一〇六 六例 為一九 十例 日甲一〇〇 九例 【睡虎地秦簡文字編】

是遊月閏之—行(甲3—23)、民—用趣趣百神(甲11—9)、土事—從(甲13—1) 【長沙子彈庫帛書文字編】

0295 【古璽文編】

王勿之印 【漢印文字徵】

石碣田車 執而勿射 【石刻篆文編】

[古文] 勿　[古文] 勿　[古文] 勿　【汗簡】

[古文] 古老子　[古文] 同上　[古文] 汗簡　【古文四聲韻】

◉許　慎　勿州里所建旗。象其柄有三游。雜帛幅半異。所以趣民。故遽稱勿勿。凡勿之屬皆从勿。文弗切。𣃦勿或从㫃。【説文解字卷九】

◉吴大澂　[古文]古勿字。盂鼎。　【説文古籀補第九】

◉王國維　卜辭云：「丁酉卜即貞后祖乙古十牛四月」，又云：「貞后祖乙古物四月」（戩三），又云：「貞尞十勿牛」（前四·五四）。前云「古十牛」，後云「古物」，則物亦牛名。其云「十勿牛」，亦即物牛之省。説文：「物，萬物也。牛為大物，天地之數起於牽牛，故从牛，勿聲。」案許君説甚迂曲。古者，謂雜帛為物，蓋曰物本雜色牛之名，後推之以名雜帛。詩小雅曰：「三十為物，爾牲則具。」傳云：「異毛色者三十也。」實則「三十維物」與「三百為羣，九十其犉」句法正同，謂雜色牛三十也。由雜色牛之名，因之以名雜帛，更因以名萬有不齊之庶物，斯文字引申之通例矣。　【釋物　觀堂集林卷六】

◉王　襄　[古文]　古物字。詩無羊「三十維物」，傳曰：「異毛色者三十也。」周禮雞人：「辨其物」，注：「毛色也。」周禮司常：「雜帛為物。」按物之本訓為異毛色之牛即雜色之牛也。引申之，凡牲之毛色皆訓為物；雜帛為物，乃借誼也。文曰：物牛，即異毛色之牛也。【簠室殷契類纂】

◉高田忠周　今按[古文]即柄形。彡以象三斿。又柄或為[古文]形。亦同。小篆作[古文]。即與此合。朱氏駿聲云。叚借重言形況字。説文。勿所以趣民。故偁勿勿。按俊人作匆匆。則用囱字。説文息下云。多遽悤悤也。則正字當作悤。疑未能定。又禮記禮器。勿勿乎欲其饗之也。注。猶勉勉也。祭義注。慤愛皃。又發聲之詞。小爾雅廣詁。勿。無也。廣雅釋詁。勿。非也。按銘意是也。　【古籀篇二十七】

◉胡光煒　[古文]或作[古文]。余緣文義。釋為「勿翦勿伐」之勿。在卜辭與[古文]異字。[古文]為物之省。其義為雜色牛。　【甲骨文例下卷】

◉朱芳圃　郭沫若曰：「[古文][古文]實犂𤘽之初文，犂，耕也。此字从刀，其點乃象起土之形。」古代銘刻彙攷續編釋勿勿二。胡厚宣曰：「勿字作[古文][古文][古文][古文]，正象以犂起土之形。惟在卜辭則皆叚為黎黑之黎字。多言勿牛，言勿馬者僅一二例。其只言勿者，當為勿牛之省稱。勿牛者，黎黑之牛，即今長江流域以南最普通之水牛也。」商史論叢二·七八。按郭、胡二説非也。字从刀、从彡會意。說文彡部：「彡，毛飾畫文也。象形。」毛飾畫文，謂以毛為飾，畫之成文也。易繫辭：「物相雜故曰文」，故引伸有雜色之義。古音讀mɣət liət或mili。卜辭假作物若犁，是其證也。【殷周文字釋叢卷下】

◉孫海波 。甲四七五。字形不可識。卜辭用為否定辭。其義有近於勿。今坿列於勿字下。勿步。【甲骨文編】

◉强運開 張德容云。說文。勿。州里所建旗。亦象形字。叚為禁止義。運開按。師酉敢作。盂鼎作。毛公鼎作。侯鼎作。均可與鼓文相印證。【石鼓釋文十四卷】

◉明義士 許訓未確，溯誼弗明。以文義繹之，與不弗亡等字同有否定及禁止之義。周易乾「潛龍勿用」，毛詩甘棠「勿翦勿伐」等勿字，義均與卜辭同。【柏根氏舊藏甲骨文考釋】

◉馬叙倫 鈕樹玉曰。廣韻引旗下有也字。游作斿。韻會引遽上有允字。沈濤曰。顏氏家訓勉學篇引。勿者。州里所建之旗也。象其柄及三游之形。所以趣民事。故忽遽者稱為勿勿。詞義較完。韻會引亦同。是小徐本尚不誤也。惟者字顏氏所足。段玉裁曰。州里當作大夫士。周禮司常。大夫士建物。帥都建旗。州里建旟。許於旗下既偁州里建旟矣。則此偁大夫必矣。王筠曰。顏氏家訓引無襍帛幅半異五字。蓋後人截取周禮襍帛二字又杜撰幅半異以為之解。郭沫若曰。卜辭勿字作。蓋笏之初文。禮記玉藻。笏。天子以球玉。諸侯以象。大夫以魚須文竹。士將本象可也。又曰。天子搢珽。方正於天下也。諸侯。荼。前詘後直。讓於天子也。大夫前詘後詘。無所不讓也。鄭注。珽荼皆為笏。則即前詘後詘之笏形。彡或彡乃笏上之文章也。倫按古之笏所以記事。猶今懷中日記簿也。禮記玉藻。受命於君前。則書於笏。是其證。笏蓋篰之同脣音轉注字。篰為簿録之簿轉注字。本書無簿。篰即簿也。篰訓⿱艹兩爰。⿱艹兩爰者。版之緩言。版為簡之轉注字。簡為竹制。版為木製而已。故笏亦謂之手版。而今所傳古象笏正象版形。亦可證也。笏之為物。自可圖畫以示。人。即有前詘後直前詘後詘之異。然以今見古象笏證之。則所謂前詘者特微屈耳。若者何有於象笏之形。即曰篆文已失圖畫之象。亦不當相遠如此。況其文章乃在球玉象竹之中。安得於象形之笏上復箸文章之形。且所謂文章者為球玉象竹自然之理。而笏以記事。必取純質。蓋用球玉象竹之時。皆用刀筆契刻。安得非純質者充之。今見古象笏亦以歲久而見裂文。其初亦必取純質無疑也。然則郭說不得成也。書堯典。平章朔易。史記五帝紀朔易作伏物。甲文易字有作者。亦或作。或即易之異文。而借為勿不之勿。易聲支類。物聲脂類。支脂近轉也。或乃本書之㐱字。㐱聲真類。以對轉脂而借為勿不之勿。甲文亦有作者。似從弓從彡。或謂即弱字之所從者。弱為㐱之茂體。弱音日紐。古讀歸泥。勿音微紐。同為邊音。亦得通也。金文勿字率作諸文。與甲文中者字同。即犁牛。物從得聲。而周禮司常。士大夫建物。

錢坫以為物當為旀。然則旀從㫃勿聲。為州里所建旗之本字。而勿乃彡之誤。實耒之初文也。說解疑皆非許文。故忽遽者偁勿勿。尤可證也。字見急就篇。

倫按說解當曰旗也。從㫃。勿聲。入㫃部。【說文解字六書疏證卷十八】

◉胡厚宣　宋鎮豪

二辭之，或釋犁的初文，或云牛不純色之專字。但从這片卜辭看，叙與其叙對文，應是勿字的或體。【蘇聯國立愛米塔什博物館所藏甲骨文字考釋　出土文獻研究續集】

◉高鴻縉　只象旗之三游從風之形。未着其柄。著之則必為形矣。後世勿字借為禁止之助動詞。如甲文。右于父甲。（鐵一・四）貞。右于祖辛。（鐵五・四・一）久而成習。乃另加（古㫃字）旁為意符作旀。【中國字例二篇】

昜

甲四五六　甲二〇七八　甲三三四三　乙六六八四　前四・三・四　前四・一〇・二　前五・一一六　前七・一四・一　後二・九・五　續二・一七・五　佚五〇九　存四九六【甲骨文編】

甲456　3343　乙2871　7246　8861　珠571　758　1182　續2・175　徵8・87　京4・17・1　新1335　佚509【續甲骨文編】

昜　昜鼎　同簋　昜𣄰簋　宅簋　昜弔盨　𧽊弔鼎　昜兒鼎　不昜戈　盜壺　敢明昜告　正昜鼎　嘉子昜伯匿　孳乳為錫　匽侯舞昜器　五年師旋簋　儕女十五昜登　孳乳為揚　貉子卣　對昜王休　蠚鼎　對昜　敔簋　對昜王休　五年師旋簋　敢昜王休　伊簋　對昜天子休　沇兒鐘　中韓叡昜

从㫃 王孫鐘 中韓虘旗 楚王酓章戈 以卲旂文武 酓章作曾侯乙鎛 寘之西旗 孳乳為陽 永盂 陰昜洛疆 鄂君啟舟節 芭昜又松昜又鄉昜均為地名 讀作考 鬲卣 鬲乍生号日辛隮彝 【金文編】

3·316 昜里人隻 3·19 陳导三蒦昜 3·20 导叁墓昜 3·306 中蒦圖里雞昜 3·56 陳☐昜北王 3·311 蒦圖昜里䍃 3·315 昜里人隻 3·314 昜里人☐ 4·135 昜☐ 5·175 北昜 【古陶文字徵】

〔八〕 〔四二〕 〔二〕 〔二〇〕 〔七〕 〔四〕 〔五六〕 〔四二〕 〔四二〕 〔四二〕 〔三六〕 〔二〇〕 〔二〕 〔二〕 〔四一〕 〔二〇〕 〔四七〕 〔三九〕 〔三二〕 〔三六〕 〔二八〕 〔四二〕 〔三六〕 〔三二〕 〔二〇〕 〔一八〕 〔三八〕 〔一九〕 〔三六〕 〔四七〕 〔四二〕 〔二〕 〔二〕 〔七〕 〔一三〕 〔三九〕 〔三六〕 〔二二〕 〔一九〕 〔一九〕 〔五二〕 〔一八〕 〔七〕 〔三八〕 〔三二〕 〔四七〕 〔四七〕 〔六七〕 〔四七〕 〔五二〕 〔二二〕 〔三六〕 〔二二〕 〔五五〕 〔二〕古幣文陽字省作昜如宅陽 〔二三〕 〔一六〕 〔二〕 〔三九〕 〔二〇〕 〔四七〕 〔四七〕 〔七四〕 〔二〇〕 〔四〕 〔二五〕 〔四七〕 〔三六〕 〔二五〕 〔三五〕 〔四七〕 〔二〕 〔三六〕 〔二〕 〔二二〕 〔五四〕 〔三六〕 〔四〕 〔三七〕 〔二〕 〔二〕 〔四七〕 〔二五〕 〔二八〕 〔五〇〕 〔三六〕 〔四七〕 〔四七〕 〔二三〕 〔二三〕 【先秦貨幣文編】

布方 安昜 遼湊 布尖 昜ㄋ 晉高 布方 乇昜 冀靈 布尖 晉昜斘 晉原 刀大 安昜之厺化 典一〇

三四 仝上 典一〇三五 仝上 典一〇三七 刀大 安昜之夻化 典一〇三八 仝上 典一〇三九 仝上 典
一〇四〇 刀大 安昜之夻化 典一〇四一 仝上 典一〇四三 仝上 典一〇四五 刀大 安昜之夻化 典一〇四六
仝上 典一〇四七 仝上 典一〇四八 刀大 安昜之夻化 典一〇五〇 仝上 典一〇五一 仝上 典一〇五
二 刀大 安昜之夻化 典一〇五三 仝上 典一〇五七 仝上 典一〇五八 刀大 齊夻化 背 典九一九
布尖 晉昜斗 反書 典四一七 布方 昜一釿 亞四・五〇 布方 平昜 反書 典七一 布方 乇昜 按宅陽字省體
晉祁 仝上 晉襄 布方 乇昜 晉洪 仝上 布尖 匕昜 反書 晉原 布尖 匕昜 反書 晉太 布
方 乇昜 晉祁 仝上 布方 乇昜 晉祁 仝上 仝上 布尖 晉昜斗 晉原 仝上 布方 乇
昜 晉原 布方 乇昜 晉原 仝上 反書 布方 乇昜 晉原 布尖 晉昜斗 晉高 布尖 匕昜 反書 晉
高 布方 乇昜 晉高 布方 乇昜 晉祁 仝上 仝上 布方 乇昜 晉祁 仝上 仝上
布方 乇昜 晉祁 布方 乇昜 反書 晉祁 布方 乇昜 晉祁 布方 乇昜 晉祁 仝上 仝上 布
方 乇昜 晉祁 布方 宅昜 晉高 刀大 安昜之夻化 魯掖 刀大 安昜之夻化 魯海 仝上 仝上
刀大 安昜之夻化 魯濟 布方 安昜 晉左 仝上 遼凌 【古幣文編】

七七：一六 宗盟類參盟人名□昜 【侯馬盟書字表】

33 111 117 177 【包山楚簡文字編】

同陽 —☑羕(?)(丙10:目1)—(丙10:1—2) 【長沙子彈庫帛書文字編】

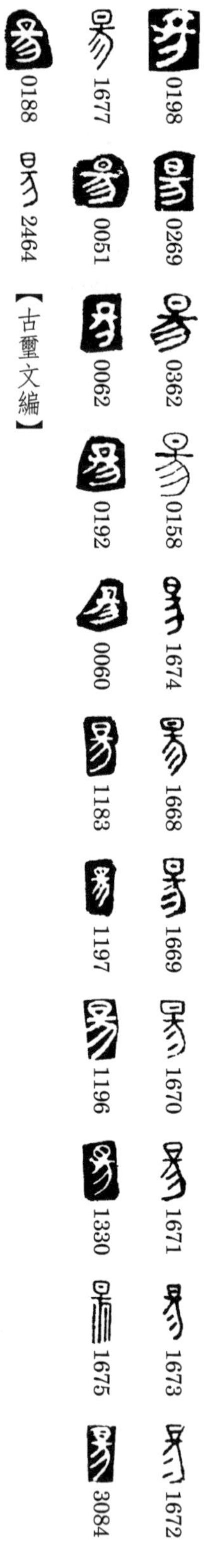

0198　0269　0362　0158　1674　1668　1669　1670　1671　1673　1672

1677　0051　0062　0192　0060　1183　1197　1196　1330　1675　3084

0188　2464　【古璽文編】

石昜之印　亢昜少孺　昜翁子印　亢昜曼印　【漢印文字徵】

◉許　慎　昜開也。从日一勿。一曰。飛揚。一曰。長也。一曰。彊者衆皃。與章切。【說文解字卷九】

◉吳大澂　古昜字省文。三家敦。【說文古籀補第九】

◉徐同柏　。古文昜。古器銘揚从昜从丮。周𠬪尊。𠬪卣。揚旁並作。通陽。春秋閔二年注。陽。國名。廣韻陽又姓。【周陽丙彝　從古堂款識學卷十二】

◉林義光　雲開日見也。古作昜叔盨。从日。一蔽之。飛也。見勿字條。雲飛而日見也。或作貉子尊彝癸。从日。从一。从丿。丿引去之象。【文源卷五】

◉王　襄　　古昜字。三家敢昜作。與此相似。【簠室殷契類纂正編第九】

◉柯昌濟　洪範庶徵有暘。卜詞有字。當即昜从人在日下。會意。後从繁文作昜。其詞曰。□丑卜昜貞立乎萬□□□。又曰。卜昜兄戊。又卜詞。己酉𣌭之庚。𣌭當即卜昜合文。祭義。夏后氏祭其闇。殷人祭其陽。周人祭日以朝及闇。注陽讀為曰雨曰暘之暘。案卜昜當即卜祭禮之時也。己酉𣌭之庚。祭庚而卜其時也。【殷虛書契補釋(內刊)】

◉高田忠周　朱氏駿聲云。按此即古暘。為侌昜字。侌者見雲不見日也。昜者雲開而見日也。从日一者雲也。蔽翳之象。勿者旗也。展開之象。或曰从旦亦通。經傳皆以山南水北之陽為之。詩湛露。匪陽不晞。傳曰日也。書禹貢。陽鳥攸居。鄭注。鴻雁之屬。隨昜氣南北。易繫辭。一陰一陽之為道。皆此昜字轉義。詩七月。我朱孔陽。傳。明也。亦此昜字。又。暘。日出也。从日昜聲。朱氏又云。按此實昜字之別體。書堯典曰。暘谷。傳。明也。淮南墜形。暘谷搏桑。在東方。注。日之所出也。按朱攷為精當也。且謂从旦。尤佳說也。今見諸篆。上形多作。日一之間。連系者與相合可證。日出即旦也。即明也。旦明即開昜也。故字从旦。勿者。旗也。睹光閃揚之象。猶倝字从旦㫃訓日始出光倝倝也。倝昜造字之意正同。唯昜會意而倝為形聲包會意者。此為異耳。【古籀篇二十四】

◉陳邦直　文曰益陽旅三字。案。益陽。楚地。□即陽字省文。班書地理志。益陽。屬長沙國。漢初之地。襲六國舊名字。體甚長。與曾侯鐘及王子申盞蓋相似。確為楚製。【周益陽鐸　夢坡室獲古叢編】

◉强運開　□　王孫鐘中□歔□。許氏說。昜。開也。从日。一勿。一曰飛揚。一曰長也。一曰彊者衆皃。運開按。勿字之或體。从㫃。此篆正从㫃。與飛揚意亦合。為古昜字無疑。【說文古籀三補第九】

◉馬叙倫　錢坫曰。韻會以一曰長也以下為徐鍇語。不及一曰飛揚四字。莊述祖曰。金文昜字從旦。從勿。王聲。或對揚之揚。從丮。從王。昜聲。兩字須斟。然後可定也。桂馥曰。當作從旦勿。旦者。開陽也。勿在日旁為冥。勿在旦下為開。王筠曰。桂説欠妥。昒從勿聲。昜從勿則聲意兩無所箸。此字似當入日部。其説字形曰。從日一勿。即不甚可解。勿者。旗也。將謂一旗展於日中邪。竊謂從一者。地也。勿非字。止象陽氣鬱勃湊地而出之形。徐灝曰。六書故引此作從日從一從勿。鄭樵曰。從旦。從勿。太昜朝生勿勿然散皃。灝按昜㫃同意。皆取義於旗。蓋日始出時。高處先得影。旗建於高處也。倫按開也上捝雲字。此蓋字林文。許當以聲訓。或訓揚也。或訓長也。或訓彊也。今説解多捝譌。不悉孰為本訓矣。昜為暘之初文。從旦。昜聲。昜音喻紐四等。故昜音亦喻四也。金文從昜王聲者。昜之轉注字。從丮昜聲者。揚之異文。昜叔簋作□。昜兒鼎作□。不昜戈作□。三家敢作□。曾伯鼎作□。王孫鐘作□。楚曾侯鐘作□者。蓋㫃之譌。或合㫃昜而一之。六國時文多詭亂也。當入旦部。【說文解字六書疏證卷十八】

◉朱芳圃　字象□庪丁上，結構與□相同。□鐙缸也，傳世西京宮鐙即其遺制。金文或增□，象鐙光之下射也。本義當訓光明。孳乳為陽，說文自部：「陽，高明也。从自，昜聲。」為暘，日部：「暘，日出也。从日，昜聲。」為瑒，玉部：「瑒，金之美者，與玉同色。从玉，湯聲。」為鍚，金部：「鍚，馬頭飾也。从金，陽聲。」為碭，石部：「碭，文石也。从石，昜聲。」光與熱相因，故又孳乳為煬，火部：「煬，炙燥也。从火，昜聲。」為湯，水部：「湯，熱水也。从水，昜聲。」【殷周文字釋叢卷上】

◉嚴一萍　晉陽幣作□。爾雅釋天：「十月為陽。」與繒書相當。淮南子時則訓，仲冬之月：「命之曰暢月。」高注：「陰氣在上，民人空閒，故命曰暢月。」呂氏春秋仲冬紀：「命之曰暢月。」高注亦曰：「陰氣在上，民人空閑，無所事作，故命之曰暢月也。」較繒書名孟冬者遲一月。禮記月令，仲冬之月：「命之曰暢月。」注：「暢猶充也，太陰用事，尤重閉藏。」暢即暘，說文：「暘从田昜聲。」與爾雅繒書之昜同。惟孟冬仲冬有異，知繒書與爾雅近，而與月令呂覽淮南有不同處。【楚繒書新考　中國文字第二十六册】

◉于省吾　甲骨文昜字習見，有的言「才昜牧」，以昜為地名。有的言「昜伯□」，是說昜方的酋長名□。此外，稱「兕方昜」者兩見，今録之於下：

一、己酉卜，穷貞，鬼方昜，亡囚(咎)。五月。(乙六六八四)

二、己酉卜，内□貞，鬼方昜，□亡囚。五月。(甲三三四三)

以上兩條都屬於第一期，語例相同。「鬼方昜」為舊所不解。按昜與揚為古今字。周代金文的揚字通常作䫻，从丮與從手古每通用。説文：「揚，飛舉也，從手昜聲。」詩沔水稱「載飛載揚」。飛舉與飛揚義相仿。揚也通作颺，書盤庚的「優賢揚歷」，漢碑揚作颺。列子黄帝的「揚于地」，張湛注謂「猶颺物從風也」。鬼方昜的昜字作動詞用，是説鬼方飛揚而去，言其逃亡之速，故下句以無咎為言。【釋「鬼方昜」　甲骨文字釋林】

◉李孝定　昜字許君訓開。金文或用為對揚字。其字惟从「日」可確知，自餘偏旁為何，難以確指。【金文詁林讀後記卷九】

◉徐中舒　遺七五八　從日從。李孝定謂疑古柯字，日在上，象日初昇之形。甲骨文字集釋卷九。其説可參。金文作貉子卣，用作揚，與甲骨文同。金文更增彡而為𦇯叔鼎，彡殆象初日之光綫。《説文》：「昜，開也。从日、一、勿。一曰飛揚；一曰長也；一曰彊者衆皃。」《説文》説形不確。段注：「此陰陽正字也，陰陽行而侌昜廢矣。」近是。【甲骨文字典卷九】

乙四五〇八　乙四五二五反　粹九一八　拾一・九　前二・三七・七　前四・三二・三　前四・四九・五　前八・一四・二　後二・九・四　後二・二四・一〇　佚六六八　佚七三六【甲骨文編】

乙4508　4525　5321　6350　7767　佚688　736　續5・24・7　徵4・92　11・86　六中146　六束28　續存1148　外103　粹918　新1503　2114【續甲骨文編】

冉　南疆鉦　庚壺　師寰簋　冉鼎【金文編】

昜【汗簡】

汗簡【古文四聲韻】

◉許 慎 冄毛冄冄也。象形。凡冄之屬皆从冄。而琰切。【説文解字卷九】

◉劉心源 冄冉字省。俗從宋人釋舉。謬。詳郘始鬲异冊匜。古器多用此字。或地名或人名也。釋冄為是。冄。今作冉。元和姓纂。冉。高辛氏之後。【冉尊 奇觚室吉金文述卷五】

◉劉心源 冄 冉。舊釋舉。此字誤于宋人。至今遂不可改。吾于古文審公史彝詳言之。然猶㠯為鬲省。今案鬲下體作冄冄冄冄冄竝古刻冄小篆。並非冄形。冉篆作冄。古刻小篆相同。吾㠯再字孜之。碻信冄為冉。小篆冓从冄。説文㠯為从冓。案冓从冉。非再所从。許誤也。戎都鼎偁作冄。用句偁魯祉。嘉禮尊再作冄。帝肇再嘉禮。仲偁父鼎作冄。是从冄从冄。與从冄一也。冄為冉何疑乎。凡冄冄冄亦冉也。【冉婦彝 奇觚室吉金文述卷十七】

◉高田忠周 冄師寰簋 説文。冄毛冄冄也。象形。衰字借用為形也。字亦作冊。見廣雅釋器。又叚借。重言形況者。離騷。老冉冉其將至兮。注行皃。又雙聲連語。悼亡詩。荏苒冬春謝。注。歲月流皃也。字亦作苒。今隸作冉。與此篆有中點者稍近矣。又按冄即古文髯字。小篆作䫇。説文。䫇。頰須也。从須从冄。冄亦聲。而為頰毛。而䫇殆同義。唯言自其形冄冄然。則謂之䫇也。䫇即頰毛冄冄然者也。作冄已足矣。後人本義即从須作䫇。其轉義即重言形況字。却用本文。遂分別為兩字。非是。要字形緐於而。此形緐而義亦增大之例。正文元當作冄。冄冄皆彡文之重緐而已。【古籀篇四十六】

◉馬叙倫 毛冄冄也非本訓。甲文作冄冄。冄鼎作冄。余冄鉦作冄。師袁敢作冄。【説文解字六書疏證卷十八】

◉楊樹達 九篇上須部云：「䫇，頰須也。从須。从冄，冄亦聲。」汝鹽切。樹達按冄字象須在人左右兩頰之形，即䫇之初文也。䫇字乃於冄字加義旁即形旁耳。今則䫇字專據有頰須之義，而冄字許君訓為毛冄冄，全為他義矣。【積微居小學述林卷五】

◉高鴻縉 冄為象形字。髯為累加字。二者實一。名詞。至段氏曰。冄冄者。柔弱下垂之皃。則疊字詞之意矣。【中國字例二篇】

◉胡若飛 冄，係古國族名，肇源於「冄」。晚商文化二期至西周早期的禮器銘文中，迭有所見。晚商文化二期的絕對年代約為祖甲、廩辛時期。據《竹書記年》、《史記·殷本紀》等參較卜辭所載殷代先公王世系，除稍有錯次外，大體相合。《元和姓纂》：「冉，高辛氏之後。」足見其國祚久長。

冉國究屬何地？後世持議紛紜，或謂汝南平輿，或謂開封府内，或謂京兆，或謂那處，那處，即今湖北省荆門縣之那口城。

清人梁玉繩於此云「未知何據」，且有質疑，主要根據是「𨚗」、「那」二字音讀不同，不能通假。後人多承其弊。

綜較諸説，那口之證，適與鄀見相近。

《史記・管蔡世家》：「武王同母弟十人……次日冉季載。」

《左傳》僖公十四年：「管、蔡、郕……毛、聃、郜……文之昭也。」《索引》：「𠕾，國也」。又按：「莊十八年楚武王克權，遷於那處。」杜預云：「那處，楚地。南郡編縣有那口城。聃與𨚗皆音奴甘反。」《正義》：「冄，奴甘反。或作『𨚗』，音同。」

那口之「那」亦作𨚗，《正字通》：「那，説本作䎃。省作𨚗，俗作那。」那與𨚗當是形近而訛。如同豳州之於幽州、汶山之於汝山等等。

𠕾的異體字較多，如冉、郍、聃、珊、𨚗、䎃、蚺、蚦等等。偏旁多從「𠕾」、「阝」與「邑」音義相通。《説文》「問」下云：「（邑）從口，象國邑。」含有封國食采之意，或為西周宗法分封制在文字上的反映。例如：鄧、鄀、鄘、郜、郕、郇等等。𨚗（䎃），所謂「冄季授土」是也。春秋之際，列國爭雄，奪邑分室，謂之去邑。隨着時代遷播，有些字去掉了「阝」的偏旁。如郜、郕西漢時演為告、成。

高辛氏即帝嚳，姬姓，「黃帝之曾孫」。史載黃帝曾征討「南國」，《國語・周語》韋昭注云即「江漢之間也」。新石器的考古發現已證實，今漢水中游一帶是仰韶文化分布的南界。據此我們可以推測，黃帝姬姓族的一個分支（𠕾），早在原始氏族社會階段，就已分布到今荊山以東、漢水以西一帶。歷夏、商、周而形成具有土著文化特點的姬姓方國。湖北江陵曾有冄器出土，可作為一個旁證。

那口之「口」，似與地理環境不無關係。殆與荊門取義相類。商周城制的一個重要特點，設址多在兩水交合處，或兩水之間。以河為池，「設險以守其國」。按《水經注》沔水即漢水流域，以口名之者，其例甚夥。舉如：堵口、會口、力口、沌口等等，皆與那口之理相同。

又按《水經注》：「沔水自荊城東南流經當陽縣之章山東……沔水又東，右會權口，水出章山東南，流經權城北。」王先謙注：「古之權國也。春秋魯公莊十八年，楚王克權。權叛，圍而殺之，遷於那處是也。東南有那口城。」

權口，因漢水流經古權國而得名，𨚗為那的正字，那口，應正作𨚗口，因漢水流經古冄國而取名，蓋不誣矣。

據史載：周文王、武王在克商前後都曾對「南國」着力經營，或武力征伐，或分封同姓諸侯。冉季載受封於冄，地在蠻夷之間，當南北交通要路，即其例。《春秋大事表・楚疆域表》顧棟高曰：「郍，一名那處，文王子郍季載所封。」《史記・管蔡世家》楊守敬曰：「周公輔成王，封……季載於冉」。「冄季載有令名，後舉為司空。」司空「掌管城郭，建都邑，主社稷宗廟，造宮室車服器械，監百工者。」冄國的青銅禮器，「計達179件」，說明當時已有了較大規模的礦石開採。經用光譜定性分析和化學分析的沉澱法定量分析，證明青銅器是銅、錫、鉛三種金屬元素鑄成的。不難推想，冉人鑄銅，當因北經古鄧國有豫西山地鉛礦之利，東沿漢水亦得今黃石西南銅綠山古銅礦之使。

成周之初，可謂內憂外患。季載「有馴行」，就是說冉季載身在要害之地，異姓侯國之間，沒有象管、蔡二監那樣有倒戈之行。西周分封制是以姬姓為主的血緣宗法制度，捍禦外侮「莫如親親」。權、谷地近古冄國，不妨以它們為例。《唐書・宰相世系》：「權為子姓，商武丁之後裔。」《通志・氏族略》：谷，嬴姓，其國殷商已有之。」

如果以上引文仍不足為據的話，那麼冉國與鄧國之間的密切聯繫，則是不容否認的事實。《左傳・桓公九年》：「……夏，楚使斗廉帥師及巴師圍鄾。鄧養甥、聃甥帥師救鄾……楚斗廉佯北覆鄧師。」或謂：「養甥、聃甥為鄧大夫。」此係憑空臆測，扞格難通。《左傳・莊公四年》：「楚武土……入告夫人鄧曼曰：『余心蕩。』」時鄧、楚亦有舅甥之禮，滅鄧者楚，豈楚甥反為鄧大夫耶！養甥之「養」，聃甥之「聃」，均係國名。養國、聃國、楚國分別與鄧國是異姓通婚的關係。「謂我舅者，吾謂之甥。」如應國與鄧國聯姻，故行甥舅之禮。又按周禮，同姓不婚，同姓諸侯稱伯父、叔父，異姓諸侯稱伯舅、叔舅。

史載鄧國為曼姓，王國維、郭沫若在考釋金文時，亦已言之鑿鑿。古鄧國的地望，石泉先生考證備詳：「今襄樊市西北的鄧城遺址是古鄧國及宋齊以前鄧縣所在。」

楚滅鄧國的時間。《史記・楚世家》：「(楚文王)十二年，伐鄧，滅之。」公元前688年楚文王伐申過鄧時，聃、騅、養作為鄧的三個附屬小國仍然存在，三國頭領請殺楚子，未經鄧侯同意，不得擅動，遂致公元前678年鄧滅國之禍。楚文王既已克鄧，冄何能獨拒強楚。故《左傳・莊公十八年》：「遷權於那處。」可知楚滅聃先於滅權。冄失國當在公元前677年。【冄考　寧夏社會科學一九八七年第三期】

◉徐中舒　後下二四・二〇　象皮毛下垂之形，與《說文》篆文略同。《說文》：「冄，毛冄冄也。象形。」【甲骨文字典卷九】

◉戴家祥　冄父癸鼎　王筠曰：釋名在頰耳旁曰髯，隨口動搖，冄冄然也。按：髯是的加旁字，从髟表示為毛髮之類，與須或作鬚同例。【金文大字典中】

而 而

乙2948 7746 續5·20·4 徵4·26 天80 粹260 新711【續甲骨文編】

而 子禾子釜 𣅈敖簋 中山王𦅫鼎 中山王𦅫壺 盗壺 蔡侯𩛹殘鐘【金文編】

3·1022 獨字【古陶文字徵】

一九四：四 三百四十一例 宗盟類 而敢不盡從嘉之盟 而敢有志復趙尼及其子孫於晉邦之地者 委質類 而敢不巫覡祝史 內室類 而尚敢或內室者 而弗執弗獻 八五：二三 十六例 九二：二六 十例 一五四：一 九八：二五 一五六：二 三百二十三例 一九五：二 十例 一：三〇 三例 一：四一 四例 一五六：一八 五例 一九八：一四【侯馬盟書字表】

2 15 95 218 220【包山楚簡文字編】

而 效一二 一百六十五例 秦一六 一百零六例 日乙一三四 八例 日甲一二一背 法一四【睡虎地秦簡文字編】

不而長印【漢印文字徵】

石碣吴人 而師 品式石經 咎繇謨 柔而立 開母廟石闕 咸來王而會朝【石刻篆文編】

而出王庶子碑 而出王庶子碑 而 而說文音乃代切【汗簡】

古孝經 汗簡 王庶子碑 汗簡 同上【古文四聲韻】

◉許 慎 而頰毛也。象毛之形。周禮曰。作其鱗之而。凡而之屬皆从而。臣鉉等曰。今俗別作髵。非是。如之切。【說文解字卷九】

◉林義光　需耎从而。皆有下垂之義。㽕屬之芝栭。禮記内則。芝栭蔆椇。屋欂櫨之芝栭。魯靈光殿賦。芝栭攢羅以戢孴。皆以仰者為芝。覆者為栭。則而者下垂也。古作□義楚鍴耑字偏旁。象下垂之形。鬚亦下垂。故引申為鬚。【文源卷三】

◉高田忠周　説文。□頰毛也。象毛之形。葢謂一為鼻下。指事也。丨者口上之阿。下文□之□同□即為頰毛下巫之形也。要。□□皆象面毛。實彡字之別出也。須之作彡。以象側視形。讓於頁以避煩也。如而冄即正視形。故如此耳。若兩分直得□□形。即知而亦出于彡系。尤顯然矣。【古籒篇四十六】

◉唐　蘭　□舊不識，余謂是而字。作□者即□之變。説文「而，頰毛也。」【天壤閣甲骨文存考釋】

◉馬叙倫　鈕樹玉曰。禮運正義引作須也。鍇本周禮上有假借為語助五字。據韻會乃徐説也。倫按唐寫本切韻殘卷七之引作頰毛而也。周禮曰。作其鱗之而。倫謂説解本作須也。象形。校者改為象頰毛之形。傳寫捝譌。而為冄之異文。須之初文也。古音蓋即如須。故需從而得聲。而音即如須。古書須需亦通用也。需之音如稬。故襄那皆得冄聲。陳子盉子釜作□。僕兒鐘作□。石鼓作□。【説文解字六書疏證卷十八】

◉高鴻縉　而之本意為兩頰下垂之毛。其可以上理之長髮則稱為鬢也。而短不能上理。故只下垂作□形。今以一為界。指其處之下言此下之毛即而也。若在此上則非而。而為鬢矣。故而為指事字。名詞。作其鱗之而。係周禮攷工記文。鄭注之。而。頰領也。領。禿也。戴東原曰。鱗屬頰側上出者曰□。下垂者曰而。此以人體之稱施於物也。皆足徵而為兩頰下垂之短毛。後世加彡(音衫。毛飾也)為意符作耏。亦加髟(髮字之初文)為意符作髵。今而借為語詞。久而不返。而頰毛之意乃專屬於耏與髵矣。【中國字例三篇】

◉白玉峥　□：金祥恒先生釋而(見續文編九・一〇。)按説文解字：「而，頰毛也，象毛之形。」蓋而字之初誼為兩頰下垂之毛也；其可以依於髮而上理者，則謂之鬢也。而字自借為語詞字，本誼漸晦，後世遂於其旁增彡為意，作耏；或增髟，作髵，以還其原。而毛之字，遂為後起之耏及髵所專矣。字於本辭，當為貞人名。據彥堂先生考證，「而」為第一期武丁時之貞人(見甲骨學六十年八〇頁)。【契文舉例校讀　中國文字第八卷第三十四册】

◉嚴一萍　□商氏未釋。諸家皆釋天，誤。此為而字。汗簡作□。【楚繒書新考　中國文字第二十六册】

◉郭沫若　「而錫魯屖敖金十鈞。」「而」字在金文中極罕見，僅于子禾子釜銘文中有一例，作為承接詞或轉接詞來使用，是入春秋後的文法。此字也表明了器的時代性。尚書臯陶謨中多而字，正足證其文之不古。【屖敖簋銘考釋　考古一九七三年第二期】

耏 耏

◉于省吾　甲骨文而字作[glyph]、[glyph]、[glyph]等形。唐蘭同志説：「余謂是而字，作[glyph]者即[glyph]之變。説文：而，頰毛也。」（天考八〇）按唐説是對的，但僅識而字的一方面，另一方面則而也即古須字。説文：「而，頰毛也，象毛之形。周禮曰，作其鱗之而。」段注：「禮運正義引説文曰，而，須也。」承培元説文引經證例謂：「[illegible]而同為頤頰之毛，今皆借為遲緩，須而聲本相近也。」按典籍每訓而為汝或女，以聲為訓，故與須通。商器句須簋，句須[illegible][glyph]，下部所从之[glyph]，和甲骨文而字形同。郭沫若同志釋須句，謂即春秋僖公二十二年之須句，甚是。但依商[illegible]水經注濟水注作須朐：「京相璠曰：須朐，一國二城兩名。」這就是須句本作句須，可以互倒的由來。

甲骨文的「而白龜」兩見（乙二九四八），以而為方國名。又「朿于而」（簠人二六）、「才而」（天八〇），以而為地名，當指而方言之。至于「隻廿出[illegible]五而」（後下二八・七）、「四而」（平津雙二一二），則是商人征伐而方所獲的俘虜。而字典籍通作陑。書湯誓序：「伊尹相湯伐桀，升自陑。」偽傳：「桀都安邑，湯升道從陑，出其不意。陑在河曲之南。」總之，而象須（鬚）形，而與須初本同文，後來加頁為須，遂分化為二。周器筍伯盨，盨从須作[glyph]，左从而，還可以見其分化的迹象。説文謂「須从頁从彡（所銜切）」，背于初文。本文對于而與須分化的原委，以及而即陑的地望，均加以簡要的闡述。【甲骨文字釋林中卷】

◉徐中舒　[glyph]戩三六・一二　字形近而，疑為而之異文。【甲骨文字典卷九】

◉戴家祥　金文而皆用作連詞。後人為彰明而字的本義，故加表示毛髮的偏旁髟作耏。【金文大字典中】

[glyph] 耐　从而从寸　耏之或体　雜三二　七例　[glyph] 法八　二十例　[glyph] 秦一五三　五例　[glyph] 法一九四　五例　[glyph] 法一二八　二例

[glyph] 日乙一四五【睡虎地秦簡文字編】

[glyph] 監耐　[glyph] 樊耐之印　[glyph] 高君耐印　[glyph] 耐段【漢印文字徵】

◉許　慎　耏罪不至髡也。从而。从彡。奴代切。[glyph]或从寸。諸法度字从寸。【説文解字卷九】

◉馬叙倫　嚴可均曰。罪當作辠。鈕樹玉曰。韻會引作從彡而聲。翟云升曰。集韻引不至誤到。王筠曰。耏字玉篇在彡部。云。如時切。頰須也。又獸多毛。案其音則而之音。兩義皆而之義。是顧氏以耏為而之重文也。且引説文罪不至髡也於耐下。將無今本耏字注脱。遂以耐下説解分割於耏耐下邪。徐灝曰。而耏古今字。因借而為語詞。加彡作耏。倫按徐説是也。

唐寫本切韻殘卷七之耏下曰。多毛。今説文作為而字。是其證。如今字當從彡而聲。如王説當為而之重文。

　嚴可均曰。此篆與説解皆非舊文。韻會十一隊引小徐曰。諸法度字皆從寸。據此則大徐欲添或體。因取小徐通釋中語羼入也。一切經音義十四引耏本作彡。杜林改從寸。韻會四支引作杜林以法度字宜從寸改為耐。細繹二本。知許書未出耐篆。只于耏之説解中及之。疊下云。亡新以三日太盛為三田。此改字不出篆之例。任大椿曰。玄應一切經音義引倉頡。耐。忍也。字本從彡。杜林改從寸。又引三倉。漢書應劭注引倉頡。杜林以為法度之字皆從寸。後改如是。史記集解引倉頡。耐音若能。沈濤曰。禮記禮運正義引。耐者。鬚也。鬚謂頤下之毛。象形也。古者犯罪。以髡其鬚謂之耐罪。故字從寸。寸為法也。以不虧形體。猶堪其事。故謂之耐。所引疑是注中語。一切經音義十四引耐本從刀。刀疑為彡之譌。杜林改從寸。當亦古本有是語。漢書高帝紀注引應劭曰。杜林以為法度之字皆從寸。劭説字往往與許合。戚學標曰。衆經音義。蒼頡篇曰。耐。忍也。本從彡。杜林改從寸。倫按罪不至髡本非耏字義。耐依六書大例。當從寸而聲。不得與耏為一字。倫謂耏為而之後起字。義本同而。故禮運正義引作鬚也。鬚蓋本作須。傳寫易之。是其本訓。罪不至髡也者。漢書高帝紀。令郎中有罪。耐以上請之。應劭曰。輕罪不至於髡。完其耏鬢。故曰耏。古耏字從彡。髮膚之義也。杜林以為法度之字皆從寸。後改如是。則耏本是須之異名。復以為刑法之名。杜林以為法度之字皆從寸。乃改刑法上字為耐。則耐字必非倉頡或訓纂所有。急就篇。完堅耐事愈比倫。此以耐為忍耐字也。急就當本作而。傳寫者易為耐。耐通用字也。蓋史游在杜林之前。不能豫有耐字而用之也。即亦本書無耐字之證。玄應引倉頡。耐。忍也。本從彡。亦可證也。此諸法度字從寸者。蓋本作杜林以為法度之字皆從寸後改為如是。用應説也。唐人删之耳。然則罪不至髡也。亦吕忱用應説加於耏下。而倫謂耏字本為而之重文。知者。禮運正義引作鬚也。正而字義。亦而字訓。且倉頡為教學童書。僅三千餘字。安得復取音義盡同之字乎。即其有復字。亦非此類名詞之字矣。倉頡以而為忍耐字。故漢人書亦以而為耐。知不復有耏字矣。或曰。倉頡録耏以為刑法字。故玄應引云。字本從彡。杜林改從寸。倫謂倉頡作而。杜林以為用於刑法合從寸。故應劭謂杜林以為法度之字皆從寸。後改如是。至晉後倉頡。則傳寫者以字林作耏者易之。玄應見一本作耐。故言然也。杜林倉頡二卷。梁世尚存。張揖吕忱何不徑引杜林倉頡。而必如應説乎。本書引林説者。因多為其説經之詞。此亦或然。【説文解字六書疏證卷十八】

◉睡虎地秦墓竹簡整理小組　耐，刑罰的一種，即剃去鬢鬚，古書或作耏。《漢書・高帝紀》注引應劭云：「輕罪不至於髡，完其耏鬢，故曰耏。」《禮記・禮運》正義：「古者犯罪以髡其鬚，謂之耐罪。」【睡虎地秦墓竹簡】

豕

佚四三　乙六六七四　乙七九八五　乙八二八一　鐵六二・一　鐵一二五・一　拾五・一四　續前四・二七・四　後一・二五・一　後二・一・四　後二・四〇・一三　林一・七・一六　粹九四七　續一・三五・九　續一・四二・三　師友二・六七　燕二七九　佚二七七　乙二二三四　乙一三八八　粹九四九　京津七五二　燕六一〇　拾一・一〇　後一・二一・三　存一六六七　貞人名　佚三八三背　佚四一四　佚八二九　存一八四二　乙七三三　乙二一九〇二　京津七七六　後二・三九・八　後二・四一・九　掇二・三四　粹一二〇　粹三三八　白豕　見合文二二　【甲骨文編】

甲216　460　733　960　1017　1218　2115　2704　2902　2928　2950　3052　3339　3362　乙155　318　764　3383　4528　4605　4925　5399　5985　6674　7889　7985　8661　8697　8734　8808　8815　8869　8897　8936　8950　珠597　790　900　ㄥ22　360　零1　佚40　43　81　144　383　414　508　791　829　835　989　續1・35・9　1・42・3　1・45・8　1・53・1　2・15・3　2・18・8　2・24・5　2・27・2　5・2・2　6・7・9　掇68　徵3・60　3・238　4・29　8・16　8・18　8・58　10・68　京1・33・2　凡10・3　21・1　外75　摭續1　91　124　粹23　27　120　430　547　924　947　949　950　1007　粹1584　新1496　新752　録724　鄴35・1　天49　79　【續甲骨

文編】

豕 肄簋 亟皇父鼎 亟皇父簋 亟皇父盤 頌鼎 貯廿豕 【金文編】

1·100 力豕 1·101 易豕 陶文編10·69 【古陶文字徵】

布空大 豫伊 古文作 亟皇父簋作 布空大 豫伊 布空大 豫伊 【古幣文編】

146 162 168 227 246 【包山楚簡文字編】

豕 日甲八〇背 三例 日乙一五八 三例 日甲一二一 二例 【睡虎地秦簡文字編】

1218 【古璽文編】

周豕 【漢印文字徵】

石碣田車 麋豕孔庶 【石刻篆文編】

【汗簡】

汗簡 説文 崔希裕纂古 【古文四聲韻】

◉許 慎 彘也。竭其尾。故謂之豕。象毛足而後有尾。讀與豨同。桉今世字誤以豕為彘。以彘為豕。何以明之。為啄琢从豕。蠡从彘。皆取其聲。以是明之。臣鉉等曰。此語未詳。或後人所加。凡豕之屬皆从豕。式視切。古文。【説文解字卷九】

◉吳大澂 古豕字。父乙觚。【説文古籀補第九】

◉劉心源 豕器文作。蓋文作。案毛公鼎家作从。辪我邦我家。即器文。説文豕作。豚作。从即蓋文。是皆豕字矣。豕鼎者。禮圖云天子諸侯之鼎。容一斛。大夫羊鼎容五斗。士豕鼎容三斗。天子諸侯之鼎即牛鼎。禮書云天

子諸侯有牛鼎。大夫有羊鼎。士豕鼎魚鼎而已。此云豕鼎。則士鼎也。【奇觚室吉金文述卷三】

◉孫詒讓　依許説，則豕象毛足尾形，而首蹏則不具，甲文別有豕字甚多，亦象形而省。如云「羊象形三、□三」，詳前羊下。又云「帝欱于□二羊口」，又云「卜丁酉𢑚韋突羊□，弗其口才。」又云「口𣎆紹羊□」，下闕。疑皆以羊豕竝舉，前兩形最簡，然首足腹尾咸具，後兩形略緐，此皆省變象形字也。金文函皇父畝、豕鼎字作□□二形，大致不甚相遠。以甲文校之，上作□，即□之變，下作□，即□之變，唯中省一横耳。篆文則又因□而變之，以就整齊。石鼓文作□，與小篆正同，則後定象形字矣。

金文父乙觚有□字，舊釋以為豕字，則與原始象形字相邇，然亦僅見。又説文宀部「家，从宀，从豭省聲。」即豕字也。金文父庚卣、立戈爵竝繢畫豕形，首尾足鬣咸具，疑原始象形字又有如是作者，與甲文不同也。【名原上卷】

◉羅振玉　□□　豕與犬之形象。其或左或右。卜辭中凡象形字弟肖其形。使人一見可別。不拘拘於筆畫間也。有从彡者。象剛鬣。或腹下加丿。未知何義。【增訂殷虛書契考釋】

◉林義光　古作□函皇父敦。作□遂尊彝遂字偏旁。横視之象豕形。【文源卷一】

◉王　襄　契文豕象形。或兼象竭尾。或兼象剛鬣。或兼脩毛。惟腹下著丨。誼有難明。或周豕産子多。象其乳形。以丨指之。與上下刃之一同。戊辰敦作□。猶象形也。而腹部加丿。殆與契文豕腹下所著之丨移置之。為錯書之例。周公敦「不敢墜」作□。彔伯敦作□。皆假豕為之。腹亦有丿與丿。與□之箸丿同例。函皇父敦作□。石鼓作□。小篆之豕。緣之孳乳。【古文流變臆説】

◉商承祚　□□□□極得豕象。犬與豕之別。一長尾體修。一厥尾碩腹也。金文戊辰毁作□，函皇父毁作□。形已失之。又或作□（㝩毁㝩字偏旁）。則與犬形無別。【甲骨文字研究下編】

◉孫海波　甲骨文□象竭尾碩腹，極肖豕形。【甲骨金文研究　中國大學講義（内刊）】

◉馬叙倫　徐鉉曰。按以是明之句未詳。或後人所加。鈕樹玉曰。繫傳通部作□。段玉裁曰。毛當作頭。王煦曰。毛當作四。四籀文作亖。因譌為毛也。王廷鼎曰。蠡即蠡也。然篆實從彖。隸變為蠡。故蠡吾侯漢書作蠡。羅振玉曰。卜辭豕字作□□□□□□□諸文。凡象形字弟肖其形。不拘拘于筆畫間也。有從彡者象剛鬣。或腹下加丨。未知何誼。劉秀生曰。豕聲没部。豨聲灰部。没灰對轉。故豕得讀若豨。左襄廿四年傳豕韋氏。莊子大宗師作豨韋氏。定四年傳。封豕長蛇。淮南本經訓作封豨脩蛇。注。封豨。大豕。楚人謂豕為豨。史記天官書。奎曰封豕。漢書天文志作封豨。方言八。豬。

關東西謂之豕。南楚謂之豨。初學記引何承天纂文。梁州以豕為豬。吴楚謂之豨。是則讀豕為豨。殆吴楚之音也。並其證。倫按説解本作獸也象形。彘也竭其尾故謂之豕象毛足而後有尾讀與豨同皆吕忱或校者所增改也。按今世以下卅二字又為後之校者所加。徐鉉徒疑以是明之一語為後人所加。蓋以世下亦有亦取其聲之語。故以皆取其聲以上為許文耳。王筠謂發端言按。便非許語。而錢大昕則謂此許辨當時俗字之謬。非後人所能加。要以王説為長。蓋許此書本以正俗謬。若復分别舉辨。豈徒此二字邪。況下有□□諸文已各明其形邪。據方言南楚謂之豨。證以淮南之封豨。明此讀若必非許文。揆之大例。亦不當有。以此亦證凡讀若皆校者以其方言為之。父乙觚作□。象巨腹揭尾。戊辰敢作□。象大耳有鬣。皆所謂畫成其物。此篆反石鼓之作□。皆政齊之。失其形矣。甲文之□□□乃豕字。急就篇。六畜番息豚彘豬。顔師古本彘作豕。急就本倉頡。倉頡作於秦代。自當作豕。

□　嚴可均曰。亥部以布為古亥字。此重出。李杲曰。段玉裁謂與亥同字。非也。此自傳寫之譌耳。石鼓作□。疑許本如此作也。倫按古文下捝豕字。餘詳亥部古文亥下。【説文解字六書疏證卷十八】

◉郭沫若　第一五八四片　□　此獸形文殆是豕字，足作雙鉤為異。【殷契粹編考釋】

◉唐　蘭　□或□即是豕字。其作□或□者倒書也。豕當作□而作□無兩足者，乃其簡形，猶□之簡形為□，□之簡形為□若□，□之簡形為□若□，□之簡形為□也。□或變為□，即小篆彑字所從出，猶□之變為□、□之變為□也。説文訓為豕之頭小，誤。古文字豕頭與犬不異，必兼狀其身尾，乃可别耳。其實説文彑讀若罽，今讀居例切，乃豕之變音。其諸從彑之字，如彖彘之屬，皆自有形象，渾然一字而非從彑，則彑只是豕之簡體耳。

卜辭用□字，若前舉二例及其用□字于某示幾□，皆其本義，以豕為牲也。其曰「王示殸二□」者，殸讀為瞉，豕子也，此用郭説。尤可證□之為豕矣。其曰今□來□者。例見上文。當借為遂及穟，穟者苗也，遂有成長之義，故殷人以此記時，若今□之類矣。□是稍之本字。其義當為穡禾。卜辭又有二例，曰「丁酉□叀來□弗其冓。才……。」鐵百三八・三。曰：「庚辰令彘隹來□曰龜二□令。」前八・八・三。來豕二字，似亦紀時之稱，則不僅作□形也。

卜辭之用□字，恆曰王其□，或曰王□于某，以今字釋之，則為逐，然卜辭自有逐字作□，而□當釋遂。王遂與王其遂者，廣雅曰：「遂，往也。」余意卜辭以豕為追逐字者，象有足在豕後也。以逐為遂往字者，殆本象豕在道中，而足形為後增也。銅器有□鼎，□舊釋為遂，不誤。□本豕聲，故金文刻作剢，隊作隊。

卜辭有□字，即豖，亦即後世追逐之逐，前已引之。又有□字，其辭曰：「辛卯卜，及出□。」曾箸録于鐵雲藏龜二七二・

一、前編六・二・一・四、續編六・一一・二，然于此字均不明晰，故甲骨文編誤摹作□附録二八，此甲今在凡將齋，余由拓本辨之，固甚分明也。□即卜辭習見之□或□字，它例曰：「壬戌卜，王貞，□虫□。」鐵一五一。句法全同，可證。□字羅氏誤釋為牝，考釋三四。學者多從之。今按當釋為剢，非牝或豝字，其作□者，乃真豝字耳。剢於卜辭當讀若遂。銅器靜段有鞞□，亦即剢字，吳大澂讀為射韝之遂是也。射韝以革製，故番生毁鞞鞢字從革。前引佚存之□字，其讀雖不詳，其字形頗有可說。蓋從□□者，□□之變體，從艸從豕，當即説文穟字重文之䅎，或又為蓫之本字也。

至若卜辭習見之□，用為紀時者，當釋為𣚍，即説文之椓字。然古文字艸與林通用，則□與□殆本一字也。□又從□作□，則多以為地名。如菁十・七。

□字從林從豕，而□字從艸從豕，疑本象豕食艸木之葉之意，故穟為禾采之皃，而「挺穟」為艸莖也。然則殷人紀時當以此為本字而□為叚借。卜辭又有□字鐵二二七・三、□字拾七・五、□字前六・三九・三，俱冠以今字，則均𣚍字之所孳乳，而為紀時之專字矣。□從日𣚍聲，□當為從日從𣡕省聲，而□為從日從椓聲，椓即椓也。

由□字所孳乳而為紀時之專字者，又有□字戩二二・二，當是從日豕聲。

然則據豩剢二字，可以為□□一字之證。據□□等字，又可為□為倒文之證。更推之於相關各字與其讀法，俱迎刃而解，是□之為豕，可無疑矣。郭氏謂武丁時豕字屢見，無一無足而倒寫者，何以此獨盡為無足倒寫而無一有足正寫者。余則謂但當考豕字之可作□形與否，其他可以不論。蓋卜辭中倒寫之例極多，又同一文字在同時期中，往往因用法之殊，書體亦隨之而異。凡此皆非片言所能詳，異日余所釋殷虛文字如能全部發表時，關于商人作書之習慣，自易考見也。至□若□字，葉董二氏釋月本不誤，惟以又一月為紀時則非是。或云又一□者，是卣字，已具前說。卣既讀為猶若幼，月亦當為豕屬之異名，故與豕數相聯繫矣。【天壤閣甲骨文存考釋】

◉陳夢家　（九）三五片四七片釋豖。此字即于豕之腹下加一點。我于考古六期曾詳論之，以為「象豕後腹下著陽具，乃牡豕之形也。豖為豕而有陽器者，故引申為陽具。孳乳為椓，謂去陰也。由陰器轉而為相交。」今細觀此文，豕下一點或接于腹，或不接，恐不必即象陽物。最近我找出中國古文字中有形態字，所謂形態字者古象形字加一符記而變其詞性，其義其音與原來的象形字並不大變。符記有多種，茲不詳述。以一點為符記者，戌字加一點而為成；衣字加一點而為卒；隹字加一點而為隼；豕字加一點而為豖；言字加一點而為音；斗字加一點而為升，月字加一點而為夕（或夕字加一字而為月），所以又以為豖字所從一點並不象形。【讀天壤閣甲骨文存】

●饒宗頤　記占候，言天現異徵。所云「夕㞢□」者，謂夕有豕也，字作大豕狀，當即天豕。他辭云：「庚，允□，□叀于天豕邙。」（拾遺五・一四）史記天官書：「奎為封豕，為溝瀆。」正義：「奎一曰天豕，亦曰封豕，主溝瀆，熒惑守之，則有水之憂。詩漸漸之石：『有豕白蹢，烝涉波矣，月離于畢，俾滂沱矣。』易林履之豫云：「封豕溝瀆，水潦空谷。」蓋古星占家，以封豕見則有水潦之憂。【殷代貞卜人物通考卷十三】

●高鴻縉　代六・22彝有□字。甲文豕字正由此簡化。豕尾有時舉而不垂。故說解豕下云竭其尾。雙引號內文句疑後人所注。鈔者又誤入正文也。當刪。甲文或加矢聲作□。省作□。（甲金或通叚以代失。用為動詞。）流為彘。後世或於豕加者聲作□。流為豬。俗譌作猪。後或又於豕加希聲作豨。流為豨。成語封豕長蛇亦作封豨脩蛇。後或又於豕加彑聲作□。流為彖（讀若弛）。式視切。王筠疑為豕之重文。是也。是故豕彘豬豨彖五字一字。【中國字例二篇】

●劉彬徽等　(312)豕，簡文作□。《說文》豕字古文作□，與簡文形近。【包山楚簡】

●金祥恆　□　豕，說文「□，彘也，竭其尾，故謂之豕」。象毛足而後有尾，讀與豨同。按今世誤以豕為豕，以彖為彖，何以明之，為啄琢从豕，蠡从彖，皆取其聲，曰是明之。□古文。簡文豕从篆文簡。居漢延簡「第廿一隊」之隊作□，其所从之豕與文同。【長沙漢簡零釋　中國文字第五十二冊】

●羅　琨　在田獵卜辭中多見「逐豕」、「隻豕」（合集一〇二二七—一〇二四六），野豬一律稱豕，⊘說文有「豕，彘也」，「彘，豕也」，可知二字原是相通的。卜辭中豕已成集合名詞，如「又㚔于父丁，百犬、百豕、百牛。」（掇二・三四）以百豕獻祭不大可能是野豬。但從語言文字的發展看，集合名詞的出現要晚於專有名詞，而彘作為會意字卻又是從獨體象形的豕字派生出來的，所以出現最早的豕字本義當為野豬的專名。【釋豕　古文字研究第十七輯】

●何琳儀　《璽彙》〇一七五著録一方齊國官璽「□母□（司）開（關）」，首字舊不識。如果視為反書，則易于辨識。□反書作□，無疑可與《璽彙》二五九九齊國私璽「□（淵）幾□」之末字比較。換言之，□省左撇筆即是□。此類省簡參見《侯馬》三〇七墜作□，或作□。準是，上揭齊璽二字均應釋豕，不過一反一正而已。私璽正文之豕為人名，可以不論。官璽反文之豕為地名，較為重要。「豕母」，疑讀「泥母」。《詩・邶風・泉水》「飲餞于禰」，《儀禮・士虞禮》注引禰作泥。《說文》獮或作𤞞。獮與禰實為一字。《說文》「獮，秋田也。」《說文繫傳》「禰，秋畋（田）也。」是其確證。禰之異文作泥。亦作𤞞。可證泥、豕音近。「泥母」亦作「寧母」，齊國地名。《春秋・僖七》「公會齊侯、宋公、陳氏子款、鄭世子華，盟于寧母。」注「高平方與縣東有泥母亭，音如寧。」《後漢書・郡國志》「泥母」作「寧母」，在今山東魚臺北。

與齊私璽豕字形體全合者，亦見趙國昌國鼎「□工帀(師)」。首字或釋㝵，或釋⿰貝豖。前釋距字形甚遠，並不可信；後釋以為从冢省，似有根據。不過筆者認為冢字的獨體在戰國文字中尚未見。目前公認的冢字均从豕(或省豕)。主聲(詳另文)。豕與冢的區別在戰國文字中暫時無法證明，故□之隸定，與其釋冢之省，不如直接釋豕。⿰貝豖字字書所無，⿰目豖字則有之。《集韻》「睫，目動。或作⿰目豖。」此字亦見趙國銀節約「□工」，首字與昌國鼎□相較，筆劃略有穿透而已。「⿰目豖工」疑讀「稽工」。豕疊加音符矢為彘，典籍往往通用(《古字通假會典》五五五)。《釋名·釋兵》「矢，指也。」此豕、稽音近之旁證。《周禮·天官·內宰》「稽其功事」，疏「稽，計也。」似可證銀節約官名「⿰目豖工」之來源(稽訓考亦可通)。至于昌國鼎「⿰目豖(稽)工帀(師)」，似為稽考之工師。《廣雅·釋言》「稽，考也。」【戰國文字形體析疑　于省吾教授百年誕辰紀念文集】

豬

 257  257【包山楚簡文字編】

 豬　法五〇　五例  秦六三　二例【睡虎地秦簡文字編】

 趙豬  訾豬私印  馬豬  長豬印  程豬子【漢印文字徵】

◉許　慎　豕而三毛叢居者。从豕。者聲。陟魚切。【説文解字卷九】

◉馬叙倫　吳穎芳曰。毛為月譌。豵字説云。一歲叢聚也。三月為豬。一歲為豵。桂馥曰。豕而三毛叢居者。蓋豥字義。錯入豬下而捝豥篆也。定二十四年左傳釋文引字林。豥。三毛聚居者。丁福保曰。慧琳音義十三引豕三毛叢生曰豬。今本誤。倫按段玉裁謂三毛叢居謂一孔生三毛也。朱駿聲謂凡豕皆一孔三毛。證以慧琳所引。則本作豕也。校者加三毛叢生者也。豕音審紐三等。豬音知紐。皆舌面前音。乃轉注字。字見急就篇。【説文解字六書疏證卷十八】

豰

 乙一九六八　卜辭用青為豰重見青下【甲骨文編】

◉許　慎　小豚也。从豕。㱿聲。步角切。【説文解字卷九】

◉馬叙倫　鈕樹玉曰。初學記引豚作肫。恐非。倫按下文。豚。小豕也。則此當是小豕也。本書。羔。羊子。羊子謂小羊。羔聲宵類。古讀歸幽。豰聲矦類。矦幽近轉。駒為馬子。狗為犬子。狗駒聲亦幽類。而從句得聲。句得聲於口。口聲亦矦

豯　豵

類。左傳晉先縠字彘子。縠當為豰。並可證也。爾雅釋獸釋文引字林。小豚也。則此字林訓。字或出字林也。豰從殸得聲。殸音溪紐。豯音匣紐。同為舌根音。轉注字也。【説文解字六書疏證卷十八】

◉温少峰　袁庭棟　(135)貞：叀(惟)□令取□宁？十三月。(《遺》二七九)

(136) 丙寅卜，㱿貞：叀(惟)引令取□宁？三月。(《存》二·二·二九)

「□」字當隸定為豙，舊無釋。此字從豕從子會意，當即訓「仔豬」之「豰」字初文。《説文》：「豰，小豚也。」「宁」本作「□」，象貯積物件之器物形。「豙宁」者，當即欄畜仔豬於分隔之欄圈中。此二辭乃卜問是否命人收聚仔豬而專門圈貯之，即分圈飼養。這是殷代畜牧業中一項重要的技術成就。【殷虚卜辭研究——科學技術篇】

◉許　慎　豯生三月豚。腹豯豯皃也。从豕。奚聲。胡雞切。【説文解字卷九】

◉馬叙倫　嚴可均曰。初學記廿九御覽九百三引豚字在生字上。倫按方言八。豬。其子謂之豚。或謂之豯。豚聲真類。奚聲脂類。脂真對轉。則豯為小豕。而古借豚為之。本書。奎。小羊也。奎奚聲同脂類。是語原同也。生三月豚非許文。或此字出字林。腹豯豯皃。當作腹奚奚皃。本書。奚。大腹也。此校語。或本作奚。吕忱或校者加生三月豚腹奚奚也。【説文解字六書疏證卷十八】

◉許　慎　豵生六月豚。从豕。從聲。一曰。一歲豵。尚叢聚也。子紅切。【説文解字卷九】

◉馬叙倫　嚴可均曰。初學記廿九御覽九百三引豚字在生字上。鈕樹玉曰。初學記引生六月豚作肫生六月也。一曰一歲豵。尚叢聚也作或曰一歲豵。倫按釋獸釋文引字林。豵。豕生六月也。一曰一歲曰豵。然則初學記引但譌豕為肫。而此誤乙為生六月豚矣。此字出字林。尚叢聚也校語。或本作叢也豕生六月曰豵尚叢聚也。豵聲東類。豰聲矦類。東矦對轉轉注字。【説文解字六書疏證卷十八】

◉劉彬徽等　(520)豕，讀如豵。《説文》：「生六月豚也」。《周禮·夏官·大司馬》：「大獸小禽」，鄭司農注：「一歲為豵，二歲為豝」。豕脯即用六個月或一歲的豬肉做成的脯。【包山楚簡】

豝

◉許　慎　豝牝豕也。从豕。巴聲。一曰。二歲能相把拏也。詩曰。一發五豝。伯加切。【說文解字卷九】

◉馬叙倫　鈕樹玉曰。玉篇牝作牡。謁。釋獸。豕牝曰豝。段玉裁曰。二歲下當補豕字。大司馬先鄭注。二歲曰豝。桂馥曰。字林。豝。牝豕也。一曰。二歲豕。朱駿聲曰。孫星衍刊宋本作一歲。倫按篆次豵豣之間。似宜以一曰為正義。豝音封紐。豰音並紐。蓋轉注字。牝豕字蓋當作豝。甲文有字。其證也。今與豝捉耳。形聲並近也。此字蓋出字林。說解本作把也。二歲豕能相把拏也。爾雅釋文引字林。豝。百麻反。【說文解字六書疏證卷十八】

豣

石碣遜車　射其⿰豕肩蜀　說文豣引詩並驅從兩豣兮案今詩作肩即⿰豕肩之省　【石刻篆文編】

◉許　慎　豣三歲豕。肩相及者。从豕。幵聲。詩曰。並驅从兩豣兮。古賢切。【說文解字卷九】

◉强運開　石鼓。射其⿰豕肩蜀。說文。豣。三歲豕。肩相及者也。从豕幵聲。詩曰並驅从兩豣兮。今詩乍肩即⿰豕肩之媘字。三歲豕。肩相及為⿰豕肩。或媘乍肩。據此則⿰豕肩為古豣字無疑。【說文古籀三補第九】

◉馬叙倫　本作肩也三歲豕肩相及者也。蓋字林文。字亦或出字林也。肩也以聲訓。據豬豯豵豝豣五文皆以聲訓。惟豬字見急就。餘蓋並出字林。則字林說解或亦為許之以聲訓。但呂忱增以疏通。兼取釋名之例也。又引異訓。則爾雅之例矣。豣豯同舌根字。轉注字。石鼓文作。肩聲。【說文解字六書疏證卷十八】

◉郭沫若　⿰豕肩，玉篇以為豣文或作，說文「豣，三歲豕，肩相及者也，詩曰並驅從兩豣兮。」今詩齊風作肩，毛傳云「獸三歲曰肩」。又邠風「獻豣于公」，傳亦云「三歲曰肩」。周禮大司馬注引作肩，先鄭云「四歲曰肩」。肩即⿰豕肩省，歲無論其三四，蓋不限于豕也。蜀叚為獨，當指離羣而獨逸者言。【石鼓文　郭沫若全集九卷考古編】

◉商承祚　石碣遜車：「射其⿰豕肩蜀」。⿰豕肩字从豕从肩聲，《說文》未收。《詩·還》「並驅从兩肩兮」，傳：「獸三歲曰肩」。《廣雅釋獸》及《後漢書·馬融傳》注同。《說文》引作豣，訓為三歲豕。《詩·七月》「獻豣于公」，傳「豣，三歲豕也」。《周禮·大司馬之職》：「大獸公之肩」，注：「四歲為肩。」案⿰豕肩為⿰豕肩豕之專字，豣肩為借字，訓大獸及三歲豕、四歲豕皆非本誼。據此辭云「麀鹿速速……射其肩蜀」，蜀，獨也。⿰豕肩為豕之兇猛者，麀鹿皆得之，則⿰豕肩亦射獲之。《爾雅·釋獸》：「鹿，絶有力麉」，《說文》同。《釋獸》：「麉，絶有力豣」，以豣義釋麉。豕絶有力者為⿰豕肩，鹿絶有力者為麉、為豣，犬之猤者為⿰犭幵，則⿰豕肩當是㒓屬矣。【石刻篆文編字說　古文字研究第五輯】

豶 豶

◉劉彬徽等 (381)豣，似為豜字異體，《說文》：「三歲豕，肩相及者」。【包山楚簡】

◉許　慎　豶，羠豕也。从豕。賁聲。符分切。【說文解字卷九】

◉馬叙倫　鈕樹玉曰。繫傳羠作犍。譌。桂馥曰。易。豶豕之牙。崔憬曰。說文。豶。劇。劇豕。今俗猶呼劇豬。是也。王筠曰。劇當作劇。然說文並無。翟云升曰。初學記引作羠也。倫按蓋本以聲訓。今捝。羠也劇豕也或字林文。字見急就篇。羠從夷得聲。夷音喻紐四等。豶從賁得聲。賁得聲於卉。卉音曉紐。同為次清摩擦音。語原同也。【說文解字六書疏證卷十八】

◉徐中舒　合集一一二三〇　從豕從腹下有短劃丨。聞一多云：「當釋為去勢之豕，故所從之丨旁列，以示去勢之誼。經傳之椓、劅、斀等，均與此音近義通。《詩・大雅・召旻》：「昏椓靡共。」傳云：「椓，夭椓也。」箋：「昏椓皆奄人也，椓，毀陰者也。」考古社刊六期釋豖。按聞說可從。殷人已知豕去勢可以催肥，是為當時牧畜業科技之進步成果。《說文》：「豶，羠豕也。从豕、賁聲。」羠豕即去勢之豕，故豶當為之後起形聲字。【甲骨文字典卷九】

豭 豭

前八・五・四　象牡豕之形而畫勢于其旁即豭字初文　乙一五五八　乙九一〇三　佚六二一　乙六九二九反　乙八五一七　粹九四八　京津六〇九　京津一〇四八　燕一一　拾一一・七【甲骨文編】

◉許　慎　豭，牡豕也。从豕。叚聲。古牙切。【說文解字卷九】

◉唐　蘭　當象牡豕之形。故並繪其勢。則作書之時小變其法。故勢不連綴於小腹。丨又變為丄。即士字勢之本字。則為豖。牡豕為豭。故當為豭之本字。凡羅振玉所謂牝牡牢牧等字或从羊豕犬之類者均誤。說文。豕也。从。下象其足。讀若瑕。」朱駿聲云「當為豭之古文」。通訓定聲豫部。其說極允。蓋之變為。即得轉為。然則即形之變。說文僅云「豕也。下象其足。」已失其義。豭則後起之形聲字。遂獨專牡豕之義矣。說文家字從豭省聲。段玉裁疑之。謂「此篆學者但見從豕而已。從豕之字多矣。安見其為豭省耶。何以不從叚而紆回至此耶。」固謂家為豕之居。余謂家固豕居。段所疑者亦正中輕說省聲之病。凡省者當本有不省之字。不然。皆誤也。然許說此字未為大誤。蓋卜辭家作前四・十五・四。象在中。以象意字聲化之例推之。當讀叟聲。其但作豕形者。可謂為叟省聲。叟即古豭字也。【天壤閣甲骨文存考釋】

◉馬叙倫　字見急就篇。鹿曰麚。豕亦曰豭。豭得聲於叚。叚得聲於。音竝紐。牡音明紐。皆雙脣音。語原同也。【説文解字六書疏證卷十八】

◉楊樹達　叚聲字多含大義。爾雅釋詁云：「嘏，大也。」又云：「假，大也。」爾雅釋魚云：「鰕大者謂之鰕。」又釋獸云：「牛絶有力，㹢。」然則麚豭之受名殆亦以其大矣。【增訂積微居小學金石論叢卷一】

◉李孝定　藏一四二·三　此字从豕。並繪其勢。即許書之夋。豭則其後起形聲字。唐説確不可易。惟謂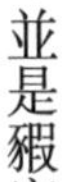並是豭字則非。當釋豕。見下。字但當隸定作⿰豕士。其義為牡。豕乃豭之同義字。从豕从士勢會意。士當亦聲。與夋豭非一字也。卜辭云「甲子卜㱿叀二夋二⿰豕士用　□□卜亡囚㱿二夋二⿰豕士。」乙·四五·四四。夋⿰豕士並見。可證。惟字既並見。其義亦不當全同。其別何在。則不可知矣。又云「叀⿰豕士羊」乙·九八三。羊而偁⿰豕士。似可為羅氏牡或羊犬豕説之佐證。惟它辭又云「乙未卜御于妣辛叀⿰豕士叀羊。」乙·五三二八。則前辭之「叀⿰豕士羊」者當仍是「叀⿰豕士叀羊」之漏刻「叀」字者。用叀多對貞之辭。非牝牡牢牧之字可从犬豕牛羊任作也。【甲骨文字集釋第九】

◉郭沫若　第六八二片前二·二七·一　⿰豕牙从豕牙聲，當是豭字之異。説文「豭，牡豕也。」【卜辭通纂】

◉羅　琨　豭，不僅表示牡豕，這個字的本義原是家豬的專名。在甲骨文裏獵獲的野生動物是不分牡牝的，只有家畜才有表示牡牝的專名。如卜辭有：

辛巳貞，其桒生于妣庚、妣丙、牡、⿰羊土、白豭。

〔辛巳〕貞，其〔桒〕生于〔妣〕庚、妣丙、〔牝〕、⿰羊匕、⿰豕匕。粹三九六

豭與牡、⿰羊土並舉，又與牝、⿰羊匕、⿰豕匕對貞，於此指牡豕無疑，但它的涵義不限於牡豕，因卜辭中也有⿰豕士字，甚至與豭並舉，如：

甲子卜，㱿二豭二⿰豕士于入乙。合集二二二七六

⿰豕士字結構與牡、⿰羊土同，亦當指牡豕。此外卜辭還有豕字，如「貞丁用百羊、百九十九豕。」（甲三五一八）其字作，聞一多考「豕，去勢豕也，故所從丨旁刻，以示去之之誼，經傳之椓、斀等均與此音近義通。」從構成看豕與⿰豕士都屬於會意，一从豕从丨表示去勢之豕，一从豕从丄特指未去勢之牡豕，當為一組相對應的用語，故豭還應另有涵義。由於卜辭曾見「庚申卜，見。庚申卜，見。」（合集二二四三六）以豭與㲋對舉，暗示出豭與⿰豕士的不同在於它最初的涵義是指與㲋——野豬相區別的家豬。【釋家　古文字研究第十七輯】

◉徐中舒　合一六二　象牡豕有勢之形，為豭之初文，豭乃後起之形聲字。《説文》：「豭，牡豕也。从豕、叚聲。」【甲骨文字

豛 豶 豤 豷

典卷九】

◉許　慎　豛上谷名豬豭。从豕。役省聲。營隻切。【說文解字卷九】

◉馬叙倫　鈕樹玉曰。五音韻譜及集韻類篇引皆作上谷名豬豛。宋本作豭。誤。沈濤曰。初學記廿九引俗名豬曰豛。俗乃上谷二字傳寫之譌。御覽九百三引亦有曰字。此誤奪。倫按豛為上谷呼豬。是豬之轉注字。則殳聲也。殳音禪紐。豬音知紐。同為舌面前音。役亦殳聲。字或出字林。失次。【說文解字六書疏證卷十八】

◉許　慎　豶豶也。从豕。隋聲。臣鉉等曰。當从隨省。以水切。【說文解字卷九】

◉馬叙倫　吴穎芳曰。豛之轉語。鈕樹玉曰。繫傳作豶豬也。玉篇。豕俗呼為豶豬也。倫按豶音奉紐。古讀歸並。豶從隋得聲。隋音定紐。同為濁破裂音。是得為轉注字。然豛從殳得聲。殳音禪紐。古讀歸定。則吴説可從。蓋豛之轉注字。亦豬之轉注字。豬音知紐。古讀知歸端。端定同為舌尖前破裂音也。今杭縣呼豬亦曰糯豬。蓋即豶豬。上海呼豬曰豬玀。蓋亦豬豶之音轉也。【說文解字六書疏證卷十八】

豤

豤　秦七四　通壄　輒以書言澍稼誘粟及豤田暘毋稼者頃數　秦一

豤　秦八　二例　【睡虎地秦簡文字編】

◉許　慎　豤齧也。从豕。皀聲。康佷切。【說文解字卷九】

◉馬叙倫　段玉裁曰。當作豕齧也。倫按齧也者。齦字義。豤之本義亡矣。【說文解字六書疏證卷十八】

◉許　慎　豷豕息也。从豕。壹聲。春秋傳曰。生敖及豷。許利切。【說文解字卷九】

◉馬叙倫　段玉裁曰。豷與屆呬音義皆同。而有人豕之别。倫按疑豕息也當為豕也息也。豷為豕名。故以為名。豷聲脂類。豤聲真類。蓋轉注字。息也乃屆字義。【說文解字六書疏證卷十八】

豧

豧 欒子嚴豧匜 【金文編】

◉許 慎 豧豕息也。从豕。甫聲。芳無切。【説文解字卷九】

◉馬叙倫 豕息也疑傳寫涉豷字説解而羨息字。亦疑本作豷也。豷音曉紐。豧音非紐。同為次清摩擦音。蓋轉注字。凡息有自然之聲。豧似不近也。【説文解字六書疏證卷十八】

豢

續5·8·6【續甲骨文編】

◉許 慎 豢以穀圈養豕也。从豕。𢍏聲。胡慣切。【説文解字卷九】

◉羅振玉 此从从𠬞。以穀飼豕。故从𠬞豕。腹有子。象孕豕也。樂記注以穀食犬豕曰豢。月令注。養犬豕曰豢。故卜辭或从犬作。此字殆即豢字。初从𠬞豕。乃會意字。許云从豕𢍏聲。則形聲字矣。【增訂殷虚書契考釋】

◉馬叙倫 鈕樹玉曰。初學記引同。後漢書蔡邕傳注引作養也。蓋略。嚴可均曰。孟子告子疏引。牛馬曰芻。犬豕曰豢。蓋一本豢。聲下有此。亦見吕氏春秋八月紀注。牛馬作牛羊。倫按孟子疏引或淮南許注。亦或字林文也。以穀圈養豕也蓋本作圈也。以聲訓。今捝。所存字林文或校語耳。【説文解字六書疏證卷十八】

◉朱歧祥 694.从豕，|| 象欄柵，隸作㘃。相當《説文》豢字：「以穀圈養豕也。从豕𢍏聲。」

《乙4543》☐卜，亡，攺二豕二牡。【殷墟甲骨文字通釋稿】

◉劉彬徽等 (366)⿰犭关，豢字。《禮記·月令》：「案芻豢」，注：「養牛羊曰芻，犬豕曰豢」。簡文的豢指豕。【包山楚簡】

◉徐中舒 合集一一二六七 從豕從 収，象抱持之以見豢養之義。《説文》：「豢，以穀圈養豕也。从豕、𢍏聲。」【甲骨文字典卷九】

豠

◉許 慎 豠豕屬。从豕。且聲。疾余切。【説文解字卷九】

◉馬叙倫 唐寫本切韻殘卷九魚引作豕屬也。倫按廣雅釋獸。豠。豕也。豕屬者。字林文。字林每言屬也。此字或出字林。豠蓋豬之聲同魚類轉注字。亦或豵之轉注字。豵音精紐。豠音從紐。同為舌尖前破裂摩擦音。豵從從得聲。從音從紐。豠

從且得聲。且音精紐也。【說文解字六書疏證卷十八】

豲

◉許　慎　豲逸也。从豕。原聲。周書曰。豲有爪而不敢以撅。讀若桓。胡官切。【說文解字卷九】

◉馬叙倫　吴穎芳曰。唐本作豕屬。其訓出自張揖。玉篇因之。而集韻引説文曰。豕之逸者。此本誤挩豕之二字。段玉裁曰。六書故引唐本作豕屬也。當依改。篇韻皆云豕屬。二徐本作逸也。蓋以下文逸周書割一字為之。韻會又增之曰。逐之逸也。更可笑矣。承培元曰。爪當作叉。劉秀生曰。原聲桓聲竝在寒部。故豲從原聲得讀若桓。水部。洡水出隴西桓道東。水經注廿作豲道。是其證。倫按爾雅釋獸。豲。如羊。釋嘼釋文引字林。羱。野羊。然則豲亦如豕者邪。山海經北山經。譙明之山有獸焉。其狀如貆而赤豪。注。貆。豪猪也。西山經。竹山毫彘。注。毫彘。貆猪也。貆蓋貆譌。貆為豲之轉注字。貆或借字。或亦貆誤。猶豬之或作猪矣。是豲為豪之音同匣紐轉注字。此字出字林。故訓豕屬。【說文解字六書疏證卷十八】

◉商承祚　第五六簡　簡足

囗遇[禱於]栽陲君肥豻西飤，遇禱北子肥𧰼西飤，遂𧢝寶之。

栽陲君，殆悊固之先君。豻，遺寫合文符號。𧰼，从豕，𠦪聲。《汗簡》卷下土部𡊤云：音完，見王存乂《切韻》。兩字聲符相同，故𧰼亦可讀為完，即豲(貆)之異體同音字。完、豲二字，《集韻》卷二桓韻、《古今韻會舉要》卷五寒部皆音桓。一說豢，即豢字，假為豲。【江陵望山一號楚墓竹簡疾病雜事劄記考釋　戰國楚竹簡彙編】

豨

◉許　慎　豨豕走豨豨。从豕。希聲。古有封豨脩虵之害。虛豈切。【說文解字卷九】

◉馬叙倫　鈕樹玉曰。韻會引作豕走豨豨聲也。倫按本訓希也。呂忱加豕走聲希希也。或本作希也一曰豕走也。豨豨為隸書複舉字及并舉篆文。而譌乙於下。聲字涉下希聲而羨。亦或豨字為隸書複舉字之譌乙。而第二豨本是希字。傳寫因譌乙之豨字而加豕旁。希聲則羨文也。韻會引字書。豨。東方名豕也。一曰。豕走也。與漢書食貨志顏師古注合。東方名豕曰豨字林文。見蕭該音義引。豨音曉紐。豕音審紐。同為次清摩擦音。故方言八曰。豬。吴楚謂之豨。豨為豕之轉注字也。字出倉頡篇。見顏氏家訓引。【說文解字六書疏證卷十八】

豖 豖

□甲2552 □乙33 □72 □2741 □5565 □6929 □8517 □8810 □8862 □9103 □佚621

□續115·1 □6·21·4 □徵4·19 □天47 □70 □續存379 □摭續83 □粹44 □47 【續甲骨文編】

◉許　慎　豖豕絆足。行豖豖。从豕繫二足。丑六切。【說文解字卷九】

◉聞一多　卜辭□□□三文諸家一概釋豖。今案□□有並見於一辭者，見下引817二例。是二字有別。至□雖未見與□並用，然以□□異字推之，則□腹下一畫，必亦非虛設。唐立菴先生曩為余言此字象豕腹下有根器之形，當釋豭。案觀家卜辭或作□前四·一五·四。金文作□枝家卣，作□小臣缶鼎，作□畺鬲，作□叔向𣪘，且有直作□者頌鼎，而許君復謂家從豭省，則唐釋殆碻，惟卜辭豟字有作□者拾四·二，如唐說則不得不委為誤刻耳。要之，釋□為豭，不為無據。今所欲論者，□□二形顯然有別，似亦不當同字。余初疑卜辭十作丨，又有合書之例，因之□即有讀「十豖」如□為十牛者之可能，三□亦有讀「十三豖」如二□為十二月者之可能。及見諸辭中有曰「十□」者，見下引425二例。曰「十白□」者，見二引1516二例。遂知合文之說不能成立。且以□或作□、□或作□之例衡之，□而果為十豖之合文，即應有作□者。然此例從未一見。此亦前說之一反證也。今案腹下一畫與腹連著者為牡豕，則不連者殆即去勢之豕，因之，此字即當釋為豖。許君謂豖為「豖絆足行豖豖，從豕繫二足」，此蓋不得其解而妄以□昴等字之義說之。實則豖之本義，當求之於經傳之椓及劅斀等字。

詩大雅召旻篇「昏椓靡共」，傳「椓，夭椓也」，箋「昏椓皆奄人也，昏，其官名也，椓，椓毀陰者也。」

書呂刑篇「爰始淫為劓刵椓黥」，鄭注「椓，破陰」，堯典正義引鄭本作劅。

說文攴部「斀，去陰之刑也」，引書作斀。（參追記二）

案椓劅斀並與豖音同義通。豖本豕去陰之稱，通之於人，故男子宮刑亦謂之豖。詩書作椓，用借字。毛訓椓為夭椓，夭者折也，椓讀為豖，故曰夭椓。鄭訓椓為椓毀陰，又曰破陰，則讀椓如字，不若毛義為長。鄭作劅，許作斀者，並後起形聲字。許君訓斀為去陰刑，固無可議，特不知豖乃其最初文耳。豖之聲轉為驐，詩周頌有客篇「敦琢其旅」，敦亦琢也。豖之轉驐猶琢之轉敦。廣韻引字林曰「驐，去畜勢也」，說文豕部「豶，羠豕也」，趙宧光云方言或讀若敦，易大畜釋文引劉表曰「豕去勢曰豶」。驐旁轉為⿰羊尃，廣雅釋嘼「吳羊犗曰⿰羊尃」，⿰羊尃為⿰羊尃之譌，⿰羊尃之言剸也，斷也。莊子說劍篇「試使士敦劍」，司馬注「敦，斷也，」⿰羊尃之訓斷亦猶敦之訓斷。⿰羊尃對轉為⿰豕爯。說文豕部

「豴，豶也。」豴之言墮也，方言十二「㯻，脱也。」豖之本義既為去陰之豖，則卜辭之□，就其字形所示，釋為豖字，最為確切。去陰之豖自無性别可言，故卜辭豟豝二字絶無從豖作者。且卜辭中所見鳥獸之名，除一部分用為人名國族名地名者外，其用為普通名詞者，要不外祭祀所用之牲與畋獵所獲之禽。卜辭此字果為去勢之豖，則必為牲而非禽，蓋田獵所獲，決無既劇之豖也。

【釋為釋豖　考古社刊第六期】

◉陳獨秀　甲骨文有□字，象矢著豕身，蓋即彘字，亦即豖字，説文謂：豕後蹏廢謂之彘；謂：豖為豕絆足行，从豕繫二足；廢蹏之豕何以从矢，豕絆二足何以能行，其説皆不可通。按从豖之字如：啄、諑、琢、瘃、豥、椓、涿等，皆有迫擊之義，而無繫足之義，以此可知丶亦象矢，豖讀如著，謂矢著豕身也。古者牛馬雞犬豕初非家畜，馴養之初，每易逃逸，故牛之有牿，馬之有馽，雞之从奚，犬之有犮，皆縶之也。豕之有豖，謂追者射而擒之也。逃者豕，追之者人也，故遯从豚，逐从豕，徐鍇謂豚走，而豕逐之，以釋逐之从豕，非也；甲文逐字或从豕，或从犬，或从兔，或从鹿，象獸逸而人追之，並不限何獸。【小學識字教本】

◉郭沫若　豖字原作□从豕，有索以絆之，即説文「豖，豕絆足行豖豖也，从豕繫二足」之豖為無疑。【大毁　兩周金文辭大系考釋】

◉陳夢家　卜辭中有□□等形之字，孫海波甲骨文編並隸豕字下，案此乃豖字也。説文解字「豖，豕絆足行豖豖，从豕繫二足」，此由許君不得其解，而以「馵，絆馬也，从馬口其足」之説説之；豖者牡豕之謂也。

卜辭豖字，象豕後腹下著陽具，乃牡豕之形也。豖為豕而有陽器者，故引伸為陽具。三國志蜀志周羣傳先主嘲張裕多須，云「諸毛繞涿居乎」，涿謂陽具也，其音轉而為州為醜：爾雅釋獸「白州驠」，注「州，竅」；北山經倫山「有獸焉其狀如麋，川在尾上」，注「川，竅也」，川乃州之譌字；禮記内則「鼈去醜」，注「醜，鼈竅也。」其音又轉而為燭，淮南子精神篇「燭營指天」，注「燭，陰華也，營其竅也。」豖孳乳為椓，謂去陰也：尚書吕刑「爰始淫為劓刵椓黥」，注「椓，破陰」；堯典正義引鄭本作斀，説文「斀，去陰之刑也，从攴蜀聲，吕刑刖劓斀黥」；詩大雅召旻「昏椓靡共」，箋云「椓，椓毁陰者也。」章氏炳麟新方言四曰「夫惟涿之為陰器，故毁陰曰椓，猶去耳曰刵，去鼻曰劓，去髕曰髕矣。」章氏之説是也。

今由卜辭，知豖之初形象豕而有陰器，是豖即牡豕，一也。由豕而有陰器，引申為一切陰器之稱，其字或作涿，或作燭，其音或作州或作醜，新方言曰：「今江南運河而東，皆謂陰器為涿，舌上音從舌頭音讀如督；山西平陽澤潞蒲絳之間，皆謂陰器為州，齒音從舌頭讀丁流切，〔原注：讀州為丁流切者所在有之，江西撫州人言撫州正作此音。〕古音亦在舌頭；楚語『日月會于龍豥』，賈侍中曰『豥，龍尾也』，玉篇作豝，音丁角切，則如今呼涿，廣韻豥音門，則如今呼州。」是以豖或其所叚假之同音字為陰器，二也。

由陰器轉而為相交，新方言曰：「以州交亦曰州，廣州謂交會曰州也，州謂丁流切也；燭營與屬同聲，故江河之域謂以燭交為屬，說文『屬，連也，從尾蜀聲，』以尾相連，正謂交尾，本之欲切，今旁池為楚欲切，皆齒音也。」夢蓮案：廣州交會曰州，其音若丢；南中曰屬，其音若觸；北地轉而為糙矣。又案說文「獨，犬相得而鬥也」，相得而鬥即相交也，雄多雌少，此得彼失，故相鬥而求獨合也；是獨者犬之相交也，而相得而鬥之鬥亦猶豵字也。是以豖為交合，三也。由陰器更轉而為去陰，猶劓刵豝之例；案周禮甸祝「禂牲禂馬，皆掌其號祝」，杜子春云「禂，禱也」，鄭玄云「禂讀如伏誅之誅」，說文禂禱二字，疑禂為州之轉音，謂去牡馬之勢而禱之也，鄭讀如誅，正同於椓。又爾雅釋獸「豬豶，幺幼，奏者豱」，奏者疑即州豖之轉音也。是以豖州或其所叚借之同音字為去陰，四也。【釋豛釋豖　考古社刊第六期】

◉馬叙倫　吳穎芳曰。丶識其繫。與馬同意。此為象事。鈕樹玉曰。廣韻引作豕絆足行豖豖也。倫按絆二足尚可行乎。今畜豕無絆其二足。惟載以之市。則絆其足。然前後竝絆也。甲文有即豖字。非絆其兩足也。蓋從豕。丨聲。丨為燭之初文。音在知紐。故豖音入徹紐。同為舌面前破裂音也。疑豬之轉注字。或豛之轉注字。若狀豖行。則與豩同語原矣。或本作足也。以聲訓。故呂忱加豕絆足行豖豖。繫二足蓋本作丨聲。忱不知丨是燭字而改之也。【說文解字六書疏證卷十八】

◉楊樹達　甲文此字作，从豕下加點，不作繫足之形。許君據形立義，形既不合，則義為無根，其不足據信明矣。余疑豖當為豕去勢之義，今通語所謂閹猪是也。古文於豕下加點，乃指其去勢之事。說文馬部云：「馵，馬後左足白也，从馬，二其足。」豖字與此字構造之意略同。蓋豖之去勢，與馬之白足，皆無形可象，故以指事表之也。此以古文字形證之，知其當爾者一也。說文三篇下攴部云：「斀，去陰之形也，从攴，蜀聲。周書曰：刖劓斀黥。」豖去勢謂之豖，引申及於人，去陰之刑謂之斀。斀字或假作觸：周禮秋官司刑注引尚書大傳云：「男女不以義交者，其刑宮觸。」是也。又或作椓：今書呂刑篇云：「爰始淫為劓刵椓黥」，是也。蓋豖與蜀古本音同，故豖孳乳為斀，而用斀字義者，又假椓為之也。此以後起之孳乳字證之，知其當爾者二也。卜辭云：「豖羊于帝既。」藏龜壹柒捌葉肆版。豖羊者，謂去勢之羊也。又云：「△酉，卜，王貞：豖女。」前編陸卷肆柒葉貳版。豖女者，謂以宮割施於女子也。有釋豖為豕者，誤也。此以甲文用字之義證之，知其當爾者三也。大抵許君於其所不能確識之字，往往以連字釋之：如者，㬎之初文也，許君不知，則釋為毛冄冄也；甬者，鐘之初文也，許君不知，則釋為艸木華甬甬然也；冘者，擔之初文也，許君不知，則釋為冘冘行貌；此字以行豖豖為訓，亦其一事矣。

淮南子精神篇云：「燭營指天。」高注云：「燭，陰華也；華疑莖之誤。營其竅也。」說文八篇下尾部云：「屬，連也。」余向疑其

[glyph]豦

泛訓，余友沈君兼士告余：「今俗謂人之構精為屬，獸之孳尾為連，非泛訓也。」余初未深信，繼讀吕氏春秋明理篇云：「犬彘乃連」，高誘訓連為合，信兼士説良審。諸書又有豚字，廣雅釋親訓臀，玉篇訓尻，廣韻四覺訓尾下竅，燭屬豚三文皆在屋部。禮記内則云：「鼈去醜。」鄭注釋醜為鼈竅。爾雅釋畜云：「馬白州，驠。」山海經北山經云：「倫山有獸焉，其州在尾上。」郭璞並釋州為竅。醜州字並在幽部，與屋部音近。蓋陰莖謂之燭，尾下竅謂之豚，又謂之醜，謂之州，交構謂之屬，豕去勢謂之豥，人去陰謂之斀，其事近，故字音皆相近也。【積微居小學述林卷二】

◉朱歧祥　682.[glyph]从豕，二足為口所圍，隸作豖。《説文》：「豖絆足行豖豖也。从豕繫二足。」卜辭或用為絪豖从祭。唯屬孤證。

《文748》貞，呼取[glyph]。【殷墟甲骨文字通釋稿】

◉戴家祥　大𣪘豦為膳夫之名。【金文大字典下】

[glyph] 豦　豦簋　[glyph] 盠駒尊　師豦　人名【金文編】

[glyph] 九二：三七　宗盟類參盟人名【侯馬盟書字表】

◉許　慎　[glyph]鬭相丮不解也。从豕虍。豕虍之鬭不解也。讀若蘮蒘草之蘮。司馬相如説豦。封豕之屬。一曰。虎兩足舉。强魚切。【説文解字卷九】

◉丁佛言　[glyph]丁子尊。見原書附録。依吴愙齋釋[glyph]為醵之例。當釋豦。孫仲容非之。以為夔。案字仍是豦。爾雅釋獸。豦迅頭。注謂大如狗似獮猴。今案字形在人獸之間。右之[glyph]象其尾也。猴似人。夔上从頁。此上作[glyph]。亦宜。篆文从虍。恐有誤。許説亦未盡可信。【説文古籀補補第九】

◉馬叙倫　鈕樹玉曰。繫傳作豕虍之鬭不相捨。嚴可均曰。廣韻九魚引作豕虍之鬭不相捨。與鍇本同。説文無蘮蒘二字。當作蘮茹艸之蘮。段玉裁曰。當作讀若蘮挐之挐。蓋本無之蘮二字。後人增之而譌耳。桂馥曰。本書無蘮蒘。見爾雅釋草。蘮非聲。當作讀若蘮蒘艸之蒘。承培元曰。蘮豦雙聲疊韻。可兩讀。王筠曰。豕虍之鬭不相捨。蓋庾注語。讀若句中草字非許例。此句當是後增。一曰虎兩足舉。則當是從虍豕聲矣。朱駿聲曰。當從豕虍聲。倫按唐寫本切韻殘卷八微豦下曰。説文從虍從豕。從原誤作征。小聲。虍豕之鬭不相舍之。小聲蓋亦聲之譌。依讀若蘮。是豕聲也。豕音審紐。蘮從㓹得聲。㓹音喻紐四等。同為次清摩擦音也。然虍音曉紐。亦次清摩擦音。則從豕虍聲亦可也。依司馬相如説。亦當虍聲。豕虍之鬥不相捨。蓋挩聲字後校者所加。豕虍安能相鬥邪。然爾雅釋獸。豦。迅頭。郭璞曰。今建平山中有豦。大如狗。似獮猴。黃黑色。多髯鬣。好奮迅其頭。能舉石擿人。玃類也。丁子尊有□篆。孫詒讓釋夔。丁佛言依吳大澂釋盂鼎無敢□之□為醵。謂□亦豦字。則字形全與此異。倫謂□□未必一字。皆是象獸之形。唯□是豦字。則有盂鼎可證。然則此篆譌耳。其物亦非豕類。如爾雅郭璞說為玃類。較近是也。司馬相如說封豕之屬。蓋且部之劇字。字本作豠邪。字或出字林。一曰六字校語。【說文解字六書疏證卷十八】

◉唐桂馨　□　此字有數義。孰為原始。孰為後起。殊難斷定。然諦觀其形。當是劇烈之本字。豕鬥相丮不解。如虎之劇烈耳。豕不能鬥虎，不待言也。鐘鼎文□□又似與封豕之説合。以造字之次第言之。劇烈之義當為原始義。其後則取豦字從而名之耳。丁佛言云爾雅釋獸豦迅頭注。謂大如狗似獮猴。案字形在人獸之間。故上作□。篆文作虍恐有誤。是丁說與司馬相如說合。【說文識小録　古學叢刊三期】

◉高鴻縉　□豦簋　字意應為虎鬥不解。从虎省。豕聲。入轉注。【中國字例六篇】

◉朱芳圃　□豦毁　戴侗曰：「桉豕虎無鬭理，相如之説是也。」六書故一七・三一。桉戴説甚諦。許君釋豦，分為三義，淩亂無次。余謂封豕之屬，一義也，鬭相丮不解，二義也，虎兩足舉，三義也。玉篇豕部：「豦，封豦，豕屬也」，與司馬相如説同，當為此字之本義。字从豕虍，蓋以虎文象徵其威猛。司馬相如上林賦云：「櫟蜚豦」今本誤作遽，即用其本義。一二兩義載籍作據。鹽鐵論擊之篇：「虎兕相據而螻蟻得志」，此鬭相丮不解之義也。史記呂太后紀：「見物如蒼犬據高后腋」，此虎兩足舉之義也。

説文虍部：「虡，鐘鼓之柎也。飾為猛獸。从虍，異象其下足。鐻，虡或从金，豦聲。虡，篆文虡省。」按鐘鼓之柎，飾為猛獸，蓋象豦形而加以誇飾。漢書郊祀志：「建章未央長樂東宮鐘虡銅人皆生毛。」顏注：「虡，神獸名也。懸鐘之木，刻飾為之，因名曰虡也。」賈山傳：「縣石鑄鐘虡。」顏注：「虡，猛獸之名。」後漢書董卓傳注引前書音義：「虡，鹿頭龍身，神獸也。」張衡西京賦：「洪鐘萬鈞，猛虡趪趪，負筍業而餘怒，乃奮翅而騰驤。」薛綜注：「當筍下為兩飛獸以背負。」虡原象豦形，自後世加以誇飾，因有神獸猛獸之名矣。

爾雅釋獸：「豦，迅頭。」郭注：「今建平山中有豦，大如狗，似獮猴，黃黑色，多髯鬣。好迅奮其頭，能舉擿人，玃類也。」郝懿行曰：「西山經云：『崇吾之山，有獸如禺而文臂，豹尾而善投，名曰舉父。』舉豦聲同，禺即獮猴之屬，郭説疑此是也。」桉豦一屬豕類，一屬玃類，同名異實。【殷周文字釋叢一卷上】

◉商承祚　豦，獸名。《爾雅・釋獸》注：「今建平山中有豦，大如狗，似獮猴，黃黑色，多髯鬣，好奮迅其頭，能舉石擿人。玃類也。」黄金與白金之虡，是指鉤面以虡為飾，證以此墓出有鐵帶鉤五件，其中三件錯金銀，二件鉤面中部平嵌玉質雲紋方塊，圍繞在鉤的邊沿，錯以金銀雲紋，極其華美，見《河南省信陽楚墓出土文物圖録》（以下簡稱《信圖》）第八二至八五圖，與簡文所述相符。【信陽長臺關一號楚墓竹簡第二組遣策考釋　戰國楚竹簡彙編】

豙 豙

豙 豙 毛公𤺌鼎　金𡾰金豙　豙 番生簋　【金文編】

◉許　慎　豙 豕怒毛豎。一曰。殘艾也。从豕辛。臣鉉等曰。从辛未詳。魚既切。【説文解字卷九】

◉吴大澂　豙　从辛从犬。當即豙字。小篆从豕。許氏説。豕怒毛豎。毅字从此。毛公鼎金𡾰金豙。徐同柏釋作金柅。【説文古籀補】

◉吴大澂　金𡾰金豙。⊘説文。豙。豕怒毛豎。徐同柏釋作金柅。謂毛豎有止義。柅為止車物。故假豙為柅。柅豙一聲之轉。【毛公鼎釋文】

◉徐同柏　豙 毛公鼎　字作豙。豙。豕怒毛豎。豎从立有止義。柅為止車物。故假豙為柅。【周毛公鼎　從古堂款識學十六】

◉林義光　古作豙 毛公鼎。强也。从豕屰逆上。【文源卷十】

◉高田忠周　豙　吴氏云。从辛从犬。當即豙字。小篆从豕。許氏説豕怒毛豎。毅字从此。徐同柏釋作金柅。按此篆下形作仌者。亦豕之省文也。辛亦辛省。説文豙豕怒毛豎也。从豕从辛。一曰殘乂也。朱氏駿聲云。按从辛。猶从𢆉。入一為干。屰犯之意。各本从辛誤。此説與此篆合。然未可遽信矣。又曰殘艾者。毅字叚借。【古籀篇八十九】

◉王國維　金豙　豙。徐明經讀為柅。易繫于金柅。疏引馬云。柅者在車之下。所以止輪令不動者也。釋名𨏥梲。猶祕齧也。在車軸上正輪之祕齧前卻也。豙柅梲皆聲相近。【毛公鼎銘考釋　王國維遺書第六册】

◉唐桂馨　豙　此字似當从辛。辛。辠也。从干二。二古文上。干上則有强項冒犯意。豕怒毛豎。正會干上意。若从辛訓為如食辛辣。未免曲解。【説文識小録　古學叢刊三期】

◉馬叙倫　宋保曰。從豕。辛聲。猶厗從辛聲。緣脂真兩部關通最近也。章敦彝曰。一曰殘艾也乃豩字説解。誤在豙下。倫按本書毅下妄怒也。忍字義。忍讀若顡。毅顡竝從豙得聲也。忍從刈得聲。艾亦從乂得聲。然則殘艾之艾當讀如乂。蓋此

豩

本作艾也。豕相殘艾也。一曰。怒也。怒也即忍字義。毛豎二字疑傳寫以虡下説解中字誤入。虡下一曰虎兩足舉。兩足二字又涉上文豕下絆二足而誤入。本作虎毛豎舉。但文仍有挩譌。蓋即如爾雅郭注謂虡好奮迅其頭也。今不能證耳。毛公鼎。金踵金。【説文解字六書疏證卷十八】

◉高鴻縉　王静安曰。豙。徐明經讀為柅。易。繫于金柅。疏引馬云。柅者在車之下。所以止輪。令不動者也。縉按。玉篇。軔。碍車輪木也。徐鍇曰。止輪之轉。其物名軔。説文。柅。木也。實如棃。从木尼聲。是止車之物。軔為正字。柅為同音之通叚字。此處豙亦通叚字。軔柅豙古同音。離騷。朝發軔於蒼梧。王逸曰。軔。支輪木也。軔之為用。插之則輪必止。抽之則輪可轉。故開車曰發軔。今汽車停車之器俗名煞車。又曰離合器。其用與古之軔同。【毛公鼎集釋】

◉朱芳圃　沈兼士曰：「二徐皆云未詳，各家於此亦多不得其解。余以為从辛與殘艾義相因，殘艾即殺也。故辟字、宰字从辛，皆有殺義。」希殺祭古語同源考。桉沈説非也。豙字結構，與妄相同。辛，薪也。豕性躁疾，故以火之猛烈象徵其怒容。孳乳為毅，説文殳部：「毅，妄怒。一曰，毅，有決也。从殳，豙聲。」為忍，説文心部：「忍，怒也。从心、刀。讀若顡。」為顡，説文頁部：「顡，癡顡，不聰明也。从頁，豙聲。」【殷周文字釋叢卷上】

鐵一〇四·一　拾一·五　甲三六三四　前一·三一·五　或从三豕　京都二六八　京都二六九　【甲骨文編】

前1·31·5　拾1·5　甲3634　【續甲骨文編】

1447　【古璽文編】

◉許　慎　豩二豕也。豳从此。闕。伯貧切。又呼關切。【説文解字卷九】

◉劉心源　亦有作者。近人釋虤。此字从丆不从虍。明是竝豕。今釋豩。説文云二豕也。豳从此闕。謂闕其音讀。案古刻墜作。實皆豕字。仍是形。而豕字亦作。竝卣皇父敲。又古刻家字从。是豕家𢑚同矣。説文。𢑚。脩豪獸。𦅾。𢑚屬。引虞書𦅾類于上帝。今書作肆。文義假為遂。古刻肆从。即。則豩即𦅾也。豩乃豪豬之屬。故銘云豩豕。余見一拓本。豕下重文作〓。是言麗豩豕二也。末一字从舟从𠧪省。當是𠧪之會意字。釋舩者謬。𦅾又詳豕韋布。

字彙補有𤞞字。与豩同。豩。説文。二豕也。豳从此。燹。豩聲。𤢺。燹聲。心源案。節義傳門文愛猶在後。莊子有門無鬼姓𩲸。引編古命氏云。周禮公卿之子入王端門之左。教曰六藝。謂之門子。後曰氏是也。𧰲既同豩即𧰲。詳王田尊。燹从豩聲。㠯雙聲得聲也。古刻肆字作𢁺静敢𢁺𧰲王盉。从燹即燹。曰知豩即𧰲。豕即㣇。後人分用。非也。徐籀莊㠯門𧰲為𨶒。引篇海類編𨶒字。亦可存參。【奇觚室吉金文述卷五】

◉羅振玉　[glyph]　説文解字豩二豕也。闕。此从三豕。疑即豩字。【增訂殷虛書契考釋卷中】

◉林義光　當與𧰲同字。燹从豩。古作𤇾。見燹字條。从𧰲。【文源卷六】

◉馬叙倫　嚴可均曰。豳從此闕疑校語。錢坫曰。此字玉篇音火類切。廣韻有燹。許位切。云。火也。字統音銑。知今讀由字統起也。沙木曰。兩豕相齧也。從二豕。猶二犬之意。章敦彝曰。以㹜𧇾等文例之。説解當曰二豕相殘艾也。從二豕。羅振玉曰。卜辭[glyph]字疑即豩也。倫按王口有[glyph]字。與甲文同。以㹜猋例之。皆豕之茂文。豩玉篇音火類切。廣韻燹音許位切。音同曉紐。豕音審紐。同為次清摩擦音。是豩音由豕而變也。金文燹尊燹字作[glyph]。蓋從又。燹聲。可互證也。【説文解字六書疏證卷十八】

續存1306　前4·53·1　甲455　806　1222　2256　2356　3016　乙902　906

1358　4065　4529　5760　5765　5803　6263　6404　6408　6664　6777

6842　6962　7096　8462　8505　8697　8898　9080　珠4　169　578

739　879　975　1182　佚74　76　923　974　續1·29·5　1·34·1

1·40·8　1·43·1　1·47·2　1·47·7　4·29·3　4·33·1　4·46·5　5·4·1　5·

5·3　5·5·6　5·8·1　掇79　380　454　549　徵2·33　2·58　3·180

3·193　4·10　4·17　4·88　5·24　8·100　11·55　11·60　11·103　11·130
京1·17·2　1·22·1　1·23·3　3·11·2　4·5·5　4·27·4　凡7·2　古2·6
2·7　2·8　2·9　録68　724　天84　外27　粹400　401　854　1141
1144　【續甲骨文編】

象　上同　㣇弋乂切　【汗簡】

竝古爾雅　説文　【古文四聲韻】

◉許　慎　脩豪獸。一曰。河内名豕也。从彑。下象毛足。凡㣇之屬皆从㣇。讀若弟。羊至切。籒文。古文。【説文解字卷九】

◉孫詒讓　為古文㣇字。説文㣇部：㣇，脩豪獸，一曰河内名豕也。从彑，下象毛足。讀若弟。古文作。此文略簡耳。【契文舉例上】

◉丁佛言　古鉥。王象。與豕同。古家字从㣇。亦从豕。【説文古籒補補第九】

◉郭沫若　　孫詒讓釋㣇。余按當以孫釋為是。字與求字有别，求迺裘之初字，卜辭作諸形，象死獸之皮，其字大抵中畫垂直而左右對稱。目此求之，百無一失。惟孫雖得其讀而未明其義，羅王之不从者或亦因此。蓋字當讀為祟。他辭如「貞甲王」林·二·二·十五，「貞妣癸」殷虚古器物圖録四四葉，「貞父乙不」林·一·二·八，即言人鬼為祟，與「貞祖辛壱我，貞祖辛不壱我」前·一·十一·五，「貞寅尹壱我，貞寅尹不壱」前·一·五二·一同例。莊子天道篇所謂「其鬼不祟」者是也。㣇祟同在脂部，又㣇爾雅釋文「本作肆」，肆祟均齒頭音。許讀若弟者蓋音之變。又説文殺部以為古殺字，與亦略有繁簡而已，殺亦猶祟，吕氏春秋仲秋紀「殺氣陰盛」，淮南天文訓「地氣不藏乃收其殺」。殺在祭部，與脂部同類。近出魏三體石經春秋殘石以為古文蔡。尚書「竄三苗于三危」，孟子引作「殺三苗」。左氏昭元年定四年傳而言「周公殺管叔蔡叔叛」，是又以蔡為竄。釋文「蔡，説文作𥝠。」自尚書以下三句採自王國維魏石經考附。是蔡殺字古本通用。蔡人以為其族名者，蓋以㣇為圖騰也。竄於説文又作𥨍，曰「𥨍，塞也。从宀，𣪌聲，讀若虞書『𥨍三苗』之𥨍」。𣪌从祟聲，是又蔡、殺、祟、㣇古本同音之證。音同義近，故㣇實為祟。𢑚之為祟者猶蛇之為它。𢑚有害於田圃，準古人艸居問蛇之例此，則問𢑚之有無化而為有祟不祟字。許書云「从示出」，段注出亦聲。又籀文作䫣云「从䫣省」。王國維以為「䫣即古禱或祝字，䫣當从䫣出聲。」史籀疏證。故䫣為形聲字。祟又䫣之省耳。形聲之字例當後於象形，故𢑚正不失為䫣祟之初字。【甲骨文字研究上册】

◉郭沫若　釋喪，甚是。然非「為」字也，字於乙器作，當是𢑚字，語辭。齊侯女名𦉢，即後文之孟姜，為陳桓子妻，甚是；然謂喪者為孟姜，且其喪行將告終，則斷然非是。下文分明言「洹子孟姜用乞嘉命，用旂眉壽，萬年無疆御爾事」，則洹子孟姜並未去世。且喪既已終，何又發生出短喪之擬議耶？即此可知孫氏之說於基本上即有未安，其不敢自信而多出以蓋然之詞者，亦固其所也。余謂孫氏之誤在不識字，此字如得其解，則全銘即可迎刃而解矣。然則此字可解乎？曰，可。【齊侯壺釋文　殷周青銅器銘文研究卷二】

◉朱芳圃　孫郭二說是也。顧其中尚有問題，即𢑚與㣇截然二字，不相混淆。𢑚，甲文金文作：

前四·五三·一　續存上一二〇六　大豐毀綠字偏旁　苘毀綠字偏旁　召卣二綠字偏旁

上象首，或作反顧形，中象軀與足，下象尾，絕不見修豪之跡。戴侗曰：「𢑚之與彖，特一字耳。」六書故一七·二五。林義光曰：「當即豕之異體。」文源一、四。按戴、林二說近是。余謂豕彖𢑚三者同物。彖為豕之重文，家豕也；𢑚為另一字，野豕也。從兩部隸屬諸字證之，即知其分別之所在矣。

㣇象修豪獸形，當即豪豬之本名。山海經西山經：「竹山……有獸焉，其狀如豚而白毛，大如笄而黑端，名曰豪彘。」郭注：「貆豬也。夾髀有麄豪，長數尺，能以脊上豪射物。亦自為牝牡。」漢書楊雄傳：「拕豪豬。」顏注：「豪豬亦名㣇，貆也。自為牝牡者也。」按顏注之𢑚，當改作㣇。

𢑚㣇二字，形義既殊，音亦遠隔，故宜析為二部，說解如下：

𢑚，野豕也。象形。讀若弟。

㣇，修豪獸。一曰，河内名豕也。象形。

庶幾名實兩符，毫無窒礙矣。【殷周文字釋叢卷上】

◉郭沫若　此銘僅見薛氏款識，近出石刻殘本有之，原題作「龙敦」。所謂龙字刻本作，此字卜辭習見，均用為祟字。說文𢑚古文作。三體石經春秋殘石蔡人之蔡古文作，又殺字說文所列古文作，此等均是一字。蓋本𢑚之象形文，因音近叚而為殺、為蔡、為祟也。左傳昭元年「周公殺管叔而蔡蔡叔」，蔡乃叚為竄，釋文云「上蔡字說文作㨘」。尚書「竄三苗」，孟子作「殺三苗」，說文竄字下引作「竄三苗」，諸字音近相通，則本一帬字可讀為祟，可讀為杀，可讀為蔡，可讀為竄矣。本銘帬字乃作器者名，當以讀蔡為宜。【蔡姞𣪘 兩周金文辭大系考釋】

◉郭沫若 帬字原作𣎳，容庚釋為蔡，云「魏三字石經古文作𣏂，故得定為蔡字」。案即帬字，叚為蔡也。【蔡𣪘 兩周金文辭大系考釋】

◉沈兼士 郭(沫若)說頗有見地。惟祇言蔡殺竄𥨍以音近同用帬字。又假為祟字。而未宣究其故。今試為證發之。國語晉語。平公有疾。韓宣子曰。寡君之疾久矣。上下神祇無不徧諭而無除。今夢黃熊入于寢門。不知人殺乎。抑厲鬼乎。韋注。人殺。主殺人。厲鬼。惡鬼也。汪遠孫國語考異引說苑殺作鬼。余以為此殺字即後世殃煞之煞。是名詞。為殺之引申義。韋注似仍以殺字動詞之本義釋之。欠審。說苑作鬼。與下文無別。亦非。蓋殺主人。為凶死者之殃煞。鬼主妖物。性質不同。下文子產占其夢。謂未舉夏郊。指鯀而言。是為人殺。非厲鬼也。祟。說文訓神禍也。疑古者祇用帬字為殺之古文。義為殺之引申。至於音讀。殺之轉為祟。猶殺之轉為𨽻也。(𨽻與遂古相通假。小爾雅廣言。肆。遂也。而遂與祟古同音。)後世學者忽於國語人殺之語。致使殺失其引申義。祟失其語根。殺祟之間失其連絡。一旦豁然。發蒙起廢。郭君聞之。當亦稱快也。

【帬殺祭古語同原考 輔仁學誌八卷二期】

◉馬叙倫 鈕樹玉曰。與彖蓋古今字。嚴可均曰。篆當作𢑚。第十五篇冣目作彖。乃舊本也。校者以多本彑部復有彖而誤仞彖帬為二字。因改此為帬。并通部改之。唯冣目濕改耳。王筠曰。嚴合彖帬為一字。是也。𧖴蠡皆從彖聲。亦是塙證。然帬從彑。非也。此字全體象形。依說解言下象毛足。則必如籒文作𢑛乃合。彑象其頭。八象其毛。即所謂脩豪者也。𣎳象其足。且兼有尾。似夢英書以𢑛為部首者是。章敢彝曰。嚴說不然。此部乃先籒後篆之例。宜正𢑛為部首。本部各文從之。出𣏂為古文。帬為篆文。從籒文省。肄𦂶各文從之。又出篆文云。或作彖。𧖴蠡諸文從之。而彑部之彖。毛本改作帬者當刪。許例凡篆作𢑚者古籒皆作𣏂也。張溶曰。帬疑從彑省。豕聲。野豕也。章炳麟曰。帬蓋與豸同物。從長脊言為帬。狐貈貍皆兼二事。豸帬古音竝如弟。倫按此篆與彑部豕走也之彖篆同。鍇本豕走也之帬作𢑚。則與鉉本彑部豕也之𢑚同。本部部首作帬。而所屬之𧰽𢑛又從籒文帬。或以為本部之𧰽訓豕屬。彑部彖訓豕也。𢑛亦訓豕也。而豪之籒文作豪。從豕。本書。燹。野火也。從火。豩聲。而項燹簋作燹。從𦂶即𦂶字。則豕帬是一字。帬彖亦一字。以音求之。彖音羊至切。在喻紐四等。豕彖音同式視切。在審紐。同為次清摩擦音。亦一聲之轉耳。且此說解言從彑。即下文部首之彑。彑訓豕頭。與𦍌虍同例。而金甲文不見彑字。本部𦂶篆。項燹鼎燹字從之。其形不從彑。本書。肄。從帬得聲。而毛公鼎作□。封敢作□。其□旁亦不從彑。而㣇乃□之譌。者減鐘有□字。與甲文□□二字雖有繁簡之異。而實一字。者減鐘文中之□。與項□簋文中之□同。而甲文文中之□。與豚作父庚敢豚字所從之□同。與甲文豕字作□及彘字所從之□其首實同。則其變遷之蹟不難索解。蓋自初文作□□□。甲文及甲文豚字所從。純為象形。變而為□□字所從□。竝甲文。再變而為□□甲文豚字所從□毛公鼎豪字所從□戊辰敢□□甬皇父敢。又變而為□石鼓□豚卣豚字所從。即為本書豕布所由來。許時拓器之術未明。傳寫又多移譌。自不能拘守本書移譌之篆。斤斤於其一二筆畫之異同。況象形文為圖畫之遺蛻。筆畫或多或少。尤不可以泥於一形。而不據事理以通之也。抑此說解曰脩豪獸。而所屬之□為豕屬。錢坫以為即爾雅釋獸豕奏者豱之豱。其豪則今所謂箭豬。蓋亦如豲之為似豕者耳。□乃蟲似野豕者。亦非豕也。此三字入㣇部。亦如狐狼之入犬部耳。然犬豕竝有其物。文象其形。㣇為修豪獸。究為何獸耶。無其物而漫擬為一形以造字。無其理也。求之本書。亦無其例也。然則㣇為豕之異文。而其讀若弟。則方音之轉注。所謂河内名豕也。倫按此說言之成理持之有故。蓋形音竝與豕近。故河内以名豕也。然爾雅釋獸。貄。脩豪。本書無貄。字蓋從豸隶聲。隶音定紐。此讀若弟。音亦定紐。今音羊至切。在喻紐四等。蓋隶弟一字。夷音在喻四也。是㣇𧳅音同也。下文。𧰨。㣇屬。引虞書曰。𧰨類于上帝。今書作肆。肆即本書之𩬩。從髟。隶聲。書多士。率惟肆矜爾。論衡雷虛引肆作夷。夷弟一字。而㣇讀若弟。𧰨從二㣇。不得為豕屬。蓋是㣇之茂文。其音息利切在心紐。㣇音喻紐四等。同為次清摩擦音。聲亦同脂類。是㣇音之轉耳。則㣇即貄也。本書無𧳅而有𦘔。然𦘔為肄之籀文。亦非本書原有。肄字左文四年傳疏引作貄。則貄即𧳅字。而肄之篆文又作肆。古書肆肆二字通用。證例甚多。則𦘔自是修毫獸之本字。蓋㣇之轉注字也。古或借𦘔為肄。爾雅作𧳅左傳疏引作貄皆從豸者。骨文豸字作□。駱卣貉字偏傍作□□。本書肄字從聿㣇聲。而克鼎作□。楷妃敢作□。戊辰敢作□。其㣇旁與甲文豸字作□者近。因而致譌耳。㣇是修毫獸。即今所謂野豬。名彘者也。㣇讀若弟。音在定紐。彘音澄紐。定澄同為濁破裂音。彘蓋亦㣇之轉注字也。㣇亦象形文。古文經傳中作□。雖失其故形。然猶略存修毫之意。倫謂㣇本作□。變為□。譌為㣇也。然圖畫性之象形文。必被體以如矢之毫也。說解本訓獸也。脩豪獸者。吕忱據爾雅加。故字不作修毫也。一曰河内謂之豕。語原本同。故得借㣇為豕。從彑下象毛足。當作象形。皆校者增改也。

□　鈕樹玉曰。玉篇廣韻無。嚴可均曰。此後人所加。大徐重文先古後籀。㣇部獨先籀後古。亦為改補之證。倫按此字王筠說為從彑。八象修毫。㣇象足尾。論謂使果有彑字。則從彑。豕聲。豕從豕得聲。蓋實豕之異文。豕音審紐。㣇音喻紐四等。皆次清摩擦音。不然。則是傳寫有譌也。籀文下當有㣇字。

□　嚴可均曰。此後人所加。倫按此亦傳寫有譌耳。古文下當有㣇字。【說文解字六書疏證卷十八】

●楊樹達　粹編三〇二片云：「丁巳，卜，行貞，王穷父丁□，十牛。」樹達按：□為殺之古文，與歲字音同，此假為歲，此知祭名亦用假字也。又按：□字連十牛二字讀，文固可通，然核之卜辭通例，字當與上文父丁二字連讀，不與下文連讀也。【卜辭求義】

●郭沫若　區下一字作□，舊未識。案此即說文「□古文殺」之殺字也。說文㣇下又出「□古文㣇」，其實一字。魏石經春秋蔡人之蔡古文作□。左傳昭元年「周公殺管叔而蔡蔡叔」，釋文云「上蔡字說文作□」，蓋以蔡若□為竄。而尚書「竄三苗于三危」，孟子引作「殺三苗」，說文𥨐字下又引作「𥨐三苗」。卜辭多見□字，或作□，即用為祟；孫詒讓釋㣇，識其字而未明其通叚之義，余曩已證知□□□□等實為一字，以脩毫獸之㣇為其本義，象形。用為祟竄蔡殺者，均其引伸若叚借之義也。此□字正叚為殺。「于其事區殺」者言分別其事之輕重而誅戮之。古人言殺，言誅戮，不盡死意，故言「區殺」。前人未解此意，竟以區為器名，誤甚。【丘關之釜考釋　金文叢考】

●饒宗頤　丙寅(卜)，亘貞：王絨多□若……　貞：王絨多□若，于下乙。(屯乙四一一九)

按他辭云：「貞：王絨多□……」(屯乙三四四二甲背)「庚申，王絨……子□二□。」(屯乙六五七九甲背)又言用多□者，如：「貞：翌甲午，用多□。貞：亡壱。貞：王不𣳭。」(屯乙七一二八整龜)背云：「癸巳卜，争：允用。」(屯乙七一二九)「于甲戌，用□。于來乙亥，用□。」(殷綴三三三巨胛骨，即庫方一一二一。)由此數辭證之，知□為牲名，舊釋「屯」或「包」，均不可通。□字異形頗多，有作□者(拾掇一九〇反)，與說文「弟」字古文之□形相近。說文：「㣇，脩豪獸。一曰，河内名豕也。讀若弟。」漢河内郡即殷之舊地，呼豕為弟，即殷人遺語。故契文牲名之□，可以㣇當之。他辭言「絨豕」(如南北師友二·五七，外編一七重)，此云「絨□」，絨余釋為繼，是「絨□」為繼牲事甚明。【殷代貞卜人物通考卷七】

●屈萬里　□　甲骨文㣇字，與《魏石經》古文蔡字形同，古者蓋為一字。

㣇，災禍之也。【殷虛文字甲編考釋】

●李裕民　中山王壺銘云：「因載所美，邵□皇工」，「明□之於壺而時觀焉」。

字亦見古印及簋銘(《商周金文録遺》117)，林義光釋友，趙誠從之。按友字，《說文》作□，從犬，金文髮字也從犬作(見《金文編》9·6)，與此從大不同。或釋達，或疑仄，亦與字形不合。于省吾釋㣇，可從。按蔡字在甲骨文、金文中有兩種字形，一作□、□。隸定為㣇，一作□(𢿥鐘、伯作蔡姬尊)，從大，像人形，與㣇本非一字，因二者形近，其後混而為一，唐蘭《殷虛文字記·釋

㬱　豪

□》指出二者字形不同，是正確的，但他讀□為虘則不可從，□仍應釋蔡，解放後大量出土的蔡國器蔡字均作□，唐蘭也釋蔡（見《五省出土重要文物展覽圖録序》），則讀□為虘之說已經放棄。中山王壺銘之□，與上舉蔡字第二形同從大，右下部作〈，略呈弧形，與□字的〃形位置和形狀相同，僅將相同的兩筆省作一筆而已。省略重複的筆畫，是古文字中常見的現象，如穆字，曶鼎作□，中山王壺作□，左下部「彡」簡省一筆作「〃」。□，從字形看，像以物斷其下肢之形，故其義與契、割相近。壺銘之蔡正通丯、栔。《說文》「丯，艸蔡也，像艸生之散亂也，讀若介。」朱駿聲按：「介畫竹木為識也，刻之為㓞，上古未有書契，刻齒於竹木以記事。丨像竹木，彡像齒形。」《楚辭》「匡機蓍蔡兮踴躍。」朱駿聲云：「疑蔡者爑契契字之假借，實即栔字，不言龜而言契，猶不言卦而言蓍也。」《說文》「栔，刻也。」《詩》「爰契我龜」，龜甲上刻字稱栔，銅器上鑄銘須在範上刻字，故亦稱蔡（契）。中山王壺銘「因載所美，卲蔡皇工」，也即「因記所美，明刻大功」。「明蔡之於壺而時觀焉」，就是「明刻之於壺而時觀焉」。

驫羌鐘有「用明則之於銘」之句，句法與中山王壺「明蔡之於壺」相同，此則字可有兩種解釋：一、從字形上考察，則字從鼎從刀，像用刀在鼎上刻銘文的形狀，其本意應為刻，「用明則之於銘」，即「用明刻之於銘」。二、從聲音通假角度考察，則字在此應讀作載。則載聲近，則可假作財、才，《荀子·勸學》「口耳之間則四寸耳」，註「則當為財，與纔同。」載從車𢦏聲，𢦏從戈才聲，故載可通則。《詩·七月》：「春日載陽」，箋「載之言則也」；《國語·周語》：「載戢干戈」，註「則也」。「用明則之於銘」即「因明載之於銘」。鐘銘大意是說驫羌立了大功，受到王公主子的讚賞，因而將這一切記載到銘辭中去。二說均可讀通。【古文字考釋四種　古文字研究第七輯】

◉李孝定　□　字當釋㣇，假為蔡，他說並非。卜辭亦有此字，假為祟。　【金文詁林讀後記卷一】

◉許　慎　㬱家屬。从㣇。曰聲。呼骨切。　【說文解字卷九】

◉馬叙倫　嚴可均曰。此及□從籀文彖。他部少此例。倫按此𠫓部毓從㐬之例也。然字當出字林。字林每言屬也。忱加籀文㣇。因次以此字。　【說文解字六書疏證卷十八】

□3·925　獨字　㬱亦作豪　【古陶文字徵】

□豪　為二七　通壕　堙—　【睡虎地秦簡文字編】

豪張子豪　豪莨豪　豪羽子豪　豪刀豪　豪張豪　豪許豪印信　豪馮豪　豪張豪之印　【漢印文字徵】

豪豪見爾雅　【汗簡】

豪古爾雅　豪古老子　【古文四聲韻】

◉許　慎　𧰲豕鬣如筆管者。出南郡。从㣇。高聲。乎刀切。豪說文从豕。【說文解字卷九】

◉楊樹達　豪　說文九篇下㣇部云：「𧰲，𧰲豕，鬣如筆管者。从㣇，高聲。」或从豕作豪，今通省作豪。按鬣如筆管，謂其剛也，豕稱剛鬣，蓋以此，引申為豪傑之豪。【增訂積微居小學金石論叢卷第一】

◉馬叙倫　鈕樹玉曰。繫傳作豪。南譌為兩。倫按此今所謂豪豬。漢書揚雄傳。拕豪豬。顔注。豪豬。一名㣇。山海經。竹山有獸焉。其狀如豚而白毛。大如笄。而黑端。名曰豪彘。注。貆豬也。夾髀有麄豪。長數尺。能以脊上豪射物。貆豬錢坫謂即上文之𧰲。𧰲音曉紐。豪音匣紐。同為舌根摩擦音。㣇音喻紐四等。是㣇以同為次清摩擦音轉注為𧰲。𧰲以同為舌根摩擦音轉注為豪也。說解本作㣇也。鬣如筆管者出南郡八字蓋吕忱說或校語。古匋作豪。

豪　鈕樹玉曰。玉篇𧰲注云。亦作豪。恐非籀文。倫按五經文字曰。說文作豪。經典相承作豪。當指此而言。則鍇本作籀文必有本也。既是籀文。當從籀文㣇作。此蓋省譌者也。【說文解字六書疏證卷十八】

◉朱歧祥　681. 豕从豕，⺀象豕身鬣毛，隸作豸；相當《說文》豪字：「豪豕，鬣如筆管者，出南郡。从㣇高聲。」或隸作豬字亦通。《說文》：「豕而三毛叢居者，从豕者聲。」卜辭為牲品。【殷墟甲骨文字通釋稿】

彙

◉許　慎　彙蟲似豪豬者。从㣇。胃省聲。于貴切。蝟或从虫。【說文解字卷九】

◉馬叙倫　鈕樹玉曰。韻會無者字。沈濤曰。廣韻八未引作蟲也。似豪豬而小。蓋古本如是。倫按彙音喻紐三等。喻三與匣同為次濁摩擦音。是以其類豪而為名也。倫目見彙形似鼠而毫如豪。胃省聲當作𡇒聲。𡇒為胃之初文也。字蓋出字林。

【說文解字六書疏證卷十八】

乙2802　7799　摭續279　新2583【續甲骨文編】

𦘫　天亡簋　子𦘫爵　萳簋　召卣　不𦘫白懋父友　从甘　召尊【金文編】

177【包山楚簡文字編】

石經多士　肆不正　説文𦘫古文作𦘫虞書曰𦘫類于上帝汗簡引同又一文作𦘫云見石經説文則寫失也𦘫即肆之古籀文復孳乳為肆為隸經典通用之【石刻篆文編】

肆見説文以為虞書肆類上帝之肆今古尚書無之　肆見石經説文音銑又音邠　肆【汗簡】

天台經幢　説文　石經　汗簡【古文四聲韻】

◉許　慎　𦘫希屬。从二希。息利切。古文𦘫。虞書曰。𦘫類于上帝。【説文解字卷九】

◉吳大澂　許氏引虞書。𦘫類于上帝。今書作肆。傳云。肆。遂也。从火从攴。當即𦘫之古文。𦘫王盉。【説文古籀補第九】

◉劉心源　令鼎肆舊釋作𦘫。云。通𦘫。篆形不協。案説文𦘫古文作。引虞書𦘫類于上帝。今書作肆。蓋叚為遂。此作。即説文用為肆。而篆作者。毛公鼎肆皇天無斁作。與此同。中𦘫卣作。甬彝作。項𦘫簋作。𦘫王盉作。静敢肆其師邦周作。𦘫省雖異。皆可互證。【古文審卷五】

◉劉心源　𦘫。作器者名。⊘古𦘫字偏旁从亦省从。矢人盤我付散氏田器可證也。此从二。即二。或釋此為橐。篆形不合。𦘫即遂。與肆同聲。故用𦘫為肆。訓肆為遂。【𦘫鼎　奇觚室吉金文述卷二】

◉孫詒讓　當為𦘫。説文希部。𦘫。希屬。从二希。古文作。引虞書𦘫類于上帝。即此字也。前項𦘫簋𦘫字作。【攈古】二之二。可證。【大豐敢　古籀餘論卷三】

◉高田忠周　朱氏駿聲云。𦘫類之𦘫。叚借為肆也。肆。説文作。極陳也。从長隶聲。或从髟作。又轉義為遂也。江聲云。尚書注。𦘫。遂也。𦘫與肆古今字也。其實為肆為𦘫。並皆叚借為遂為豙。音通耳。【古籀篇八十九】

◉馬叙倫　𢑥從二𢑚。乃雔㹜屾林之例。必非𢑚屬。𢑚屬者。彙下説解。傳寫譌入此下也。此蓋本作二𢑚也。此字以古文下校者引虞書曰。𢑥類于上帝。史記五帝紀𢑥作遂。以彖從豕得聲及上文𢑚下所舉𢑥音同證之。直是𢑚之茂文。當以𢑚𢑥為一部彖𢑚豪彙為一部。如大介人𠆢之例。

𢑥　嚴可均曰。此後人所加。虞書八字小徐在𢑥篆下。倫按據此益見本部傳寫譌捝之多。【説文解字六書疏證卷十八】

◉楊樹達　説文九篇下𢑚部𢑥字古文作𢑥。引虞書𢑥類于上帝。今書字作肆。則𢑥乃肆之古文也。爾雅釋言云。肆。力也。文選東京賦薛注云。肆。勤也。【大豐𣪕再跋　積微居金文説】

◉饒宗頤　𢑥與𢑥(屯乙三三五五)殆為一字。𢑥字形與古文𢑥略同，乃肆字也。肆遂古通。堯典：「肆類于上帝」，五帝本紀作「遂類」，故此字可讀為「遂」。春秋莊十三年「齊人滅遂」，地在山東，則𢑥其古遂國乎。【貞卜人物通考卷八】

◉劉彬徽等　(325)𢑥，簡文作𢑥。《召尊》𢑥字作𢑥，與簡文相似。【包山楚簡】

彑　彑

彑　彑己例切【汗簡】

◉許　慎　彑豕之頭。象其鋭而上見也。凡彑之屬皆从彑。讀若罽。居例切。【説文解字卷九】

◉馬叙倫　桂馥曰。廣韻。彑。彙頭。玉篇。彑。彙類也。馥謂類當作頭。罽當為𠛱。𠛱古文鋭也。徐灝曰。彑即象之頭。因彘象等字從之。遂立為部首。其實象從豕。彑象形。彘亦從象省聲。戴侗謂彑為豕首。猶牛之有屮羊之有𠔿。不得別立為字。是也。倫按此𠔿虍之例也。豕之頭篇韻皆作彙頭。然彙為𢑚誤。本作𢑚頭。象形。𢑚字爛捝為豕耳。象其鋭而上見也校語。傳寫刪象形二字。甶下曰。鬼頭也。象形。此亦當然矣。彑本是象豕頭作𢑚。或作𢑚。變譌為彑。彑音與鋭同。故曰讀若𠛱。禮記玉藻。士褖衣。褖或作税。此彑象一字之證。或以為𢑚從彑聲。非也。【説文解字六書疏證卷十八】

彘　彘

甲九〇〇　甲二四三一　前四·五一·二　前四·五一·五　林二·一五·一三　燕八四〇　粹二

二一 乙八九一五 寧滬二・三七 白彘 乙一八九 乙二二三 乙三四〇〇 鐵二一〇・二 前

四・五一・一 前四・五一・三 前五・四三・一 後一・一八・五 後二・二一六 菁一一・一九 燕

六四八 鄴三下・三四・七 京津二五三二 摭續一一七 林二・四・四 續三・八・二 乙二六八三

【甲骨文編】

甲634 900 1167 1622 2431 乙29 189 762 766 803 944

1786 2683 3218 3317 3391 3400 4300 5643 6011 6040 6565

6687 7379 8043 8710 8713 8714 8723 8804 8808 8816 8817

8818 8852 8857 8865 8869 8895 8915 8939 8941 9047 佚884

續1・2・4 1・4・1 1・45・1 3・8・2 4・14・7 5・26・7 徵1・81 3・13

凡21・2 摭26 六中83 六束60 外222 摭續117 粹221 新2329 【續甲骨文編】

彘 衛盉 裘衛廼彘 假作誓 三年瘐壺 錫彘俎 【金文編】

〔三九〕〔三六〕〔一九〕〔三六〕〔二〇〕〔二二〕〔三六〕〔四〇〕〔二〇〕

〔三六〕〔二〇〕〔三八〕〔二五〕〔二八〕〔二五〕〔三三〕〔四二〕〔二八〕

〔二五〕〔二二〕〔四二〕〔二〇〕〔四二〕〔三六〕〔二〇〕〔二〕〔一九〕

〔二八〕〔三八〕〔一九〕〔三六〕〔四〕〔二〇〕〔二〇〕〔二二〕〔四二〕〔三九〕

〔四二〕〔三六〕〔三六〕〔二〇〕〔一一〕〔一九〕〔五〇〕〔一九〕〔三七〕

〔三六〕〔一九〕〔三六〕〔三六〕【先秦貨幣文編】

布方 晉高 按在地名中通於彘，戰國銅量器有一升伞升器 仝上 晉祁 布方 晉祁 仝上 仝上 布方 晉祁

布方 晉高 仝上 布方 晉祁 仝上 仝上 布方 晉祁 布方 晉高 布方

晉祁 布方 晉高 布方 晉高 仝上 晉祁 布方 晉洪 仝上 晉祁 仝上 布方 冀靈

仝上 反書 晉祁 布方 晉祁 布方 晉祁 布方 反書 晉高 布方 典二九五 仝上 典二九六

仝上 典二九七 布方 典二九八 仝上 亞四·二二 仝上 布方 亞四·二二 仝上 亞四·二三

仝上 布方 反書 亞四·二三 【古幣文編】

一:四〇 宗盟類參盟人名史歐彘 【侯馬盟書字表】

齊瘢彘 臣彘 李彘 賈彘私印 春彘 淮彘信印 【漢印文字徵】

彘文例切見古禮記 【汗簡】

古禮記 【古文四聲韻】

◉許 慎 豕也。後蹏發謂之彘。从彑。矢聲。从二匕。彘足與鹿足同。直例切。【説文解字卷九】

◉羅振玉 从豕身箸矢。乃彘字也。彘殆野豕。非射不可得。亦猶雉之不可生得。與其貫╲者亦矢形。許君謂彘从彑矢聲。从二匕。是誤以象形為形聲矣。【增訂殷虚書契考釋卷中】

◉林義光 古作貝彘易器。中象毛。不从矢。【文源卷一】

◉王 襄 契文之彘象豕箸矢形，疑彘是野獸。後蹏發猶云疾足，是善走之謂，非躲不能得，故象箸矢之形，丨為矢之省。詩召南

騶虞：「壹發五豵」「壹發五豝」，豝、豵亦用矢射，殆與彘同類。彘邑幣作□、□，鉨文作□，近于小篆。【古文流變臆說】

◉葉玉森　□之異體作□□□□□□等形。或貫矢或置矢于側。殆亦以矢為聲。與雉同。許君未見卜辭。不能指為誤解也。【殷墟書契前編集釋卷一】

◉孫海波　甲骨文从矢貫豕身，蓋彘為野豕，其性兇猛，非射不可得也。【甲骨金文研究　中國大學講義（內刊）】

◉吴其昌　□者，彘字之渻文，其字在契文中變體滋多，而要皆從「豕」從「矢」。其矢，或將及于豕身，如□（鐵二一〇·二）；或射着于豕腹，如□（前四·五一·一）□（前·五·四三·一）□（菁·一一·一九）；或洞貫于豕體，如□（前·四·五一·一）□（前·四·五一·三）□（前·四·五一·四）□（後·一·一八·五）□（後·二·二·一六）□（林·二·四·四）。至其狀，橫注之□，渻去鏑、鋌，簡作一狀，如本片（前一·三一·四）之□字者，尤多不勝舉，以其便捷而易書故也。所以知此字為「彘」字者，羅振玉曰：「從豕身箸矢，乃彘字也。彘殆野豕，非射不可得，亦猶『雉』之不可生得與？其實／者，亦矢形。……」（釋·中·二八）羅說是也。其後小篆之彘作□，若解析之，則所从彑者，即此□形頭部之形譌，說文所謂「彑，豕之頭，象其銳而上也。」□，亦即豕形四足之轉變，說文所謂：「二□，彘足，與鹿足同」也。腹中亦箸「矢」，又正與卜辭同。故知此字之碻為「彘」字無疑也。【殷虛書契解詁】

◉馬叙倫　吴穎芳曰。廢字未詳。或是跛字。鈕樹玉曰。五音韻譜及集韻類篇釋獸釋文引同。宋本廢作發。譌。據注篆當作□。桂馥曰。謂上脱故字。說解云從二匕。左從反匕者。即後蹏廢也。徐灝曰。戴氏侗曰。彖彘特一字。彘從希而諧以矢聲。羅振玉曰。卜辭作□。從豕身箸矢。彘殆野豕。非射不可得。許誤以象形為形聲矣。葉玉森曰。□之異體作□□□□□□。或貫矢。或置矢於側。殆亦以矢為聲。倫按倫謂篆當作□。蓋□之譌。桂馥王筠均以後蹏廢謂之彘。當作彘。明廢謂其一足反也。古鉨文有作□者。似可為之佐證。然甲文皆從□箸矢作□。無所謂後蹏廢也。此作後蹏發。倫謂發亦譌字。然勝於廢字。蓋本作癶。後人少見癶字。因改為發。或發從癶得聲。即借發為癶。校者以後號發不可通。故改為廢。後蹏癶者。謂其形如癶者也。癶讀如杭縣謂癶腳狗之癶。然後蹏句非許文。爾雅釋獸釋文引字林。彘。豕後蹄廢謂之彘。此字林文也。從彑以下校者改之矣。彘足句明是校語也。彘從希。矢聲。實為希之轉注字。希音喻紐四等。矢音審紐。同為次清摩擦音也。甲文作□從豕者。豕希同為次清摩擦音。而豕彘音同審紐。故方言有呼豕為彘者。蓋其語原本同也。借彘為豕而彘遂亦從豕作矣。亦或豕希二形相近。傳寫不復別也。豕也當作希也。字見急就篇。顔師古本作豕。【說文解

字六書疏證卷十八】

◉郭沫若　對不敢⿰矢豕。

敢下一文乃彘字，卜辭每見有豕形文，腹中橫貫以矢者，羅振玉釋彘。戊辰彝「遘玗匕戊武乙奭⿰矢豕一」，亦彘一，文與此同。但此讀為豕，疑古豕彘本一字也。【周公毁釋文　金文叢考】

◉張亞初　⿰矢豕、⿰矢豕研契諸家都以為是彘字。這個字最早是由羅振玉考訂的。他説，此字「从豕身著矢，乃彘字也。彘殆野豕，非射不可得」，故于豕腹著矢，以區别豕字（《殷商貞卜文字考·正名第二》）。從字形講，説它是後來的彘字，這是對的。至于説它是野豕，非射不可得，則純係望文生義。

這個字在甲骨文中並非指野豕，它除了少數作國族人名外，大部分是作祭名，係動詞。為了避免與一般概念中的彘字相混，姑且隸定為⿰矢豕。

⿰矢豕、⿻豕一二字形近，人們往往把它們混同起來，其實二者是有顯著區别的。⿰矢豕字从矢从豕，⿻豕一字則是豕身有一横，應隸定為⿻豕一。不但字形不同，用法也有别。舉例來講：

「貞㞢⿻豕一于娥」（《續》五·二六·七）

「戊寅卜，又匕己羊、⿻豕一」（《乙》八八九五）

「兄亞束⿻豕一」（《乙》八八〇四）　以上為⿻豕一

「癸卯卜，賓貞，井方于唐宗⿰矢豕」（《後》一·一八·五）

「王㞢匚，⿰矢豕，不其⿰矢豕」（《綴》二二五）

「戊壬貞，⿰矢豕亡囚」（《前》五·四二·八）

「貞東畀（水名）⿰矢豕」（《前》四·五一·二）　以上為⿰矢豕

在上述關於⿻豕一的材料中，⿻豕一都是名詞，指犧牲。肆簋「遘于妣戊武乙奭，⿻豕一一」（《三代》六·五二·二），⿻豕一後有數量詞一，説明也是犧牲名，是指某一種豬。在西周金文中此字簡化為⿻豕一、⿻豕一（參《金文編》三九頁），假為隊（墜）。上面關於⿰矢豕的材料説明，⿰矢豕都是動詞祭名。它除了《甲》一一六七等作國族地名人名外，無一例外，都是動詞。由此可知，⿻豕一與⿰矢豕從字形到用法，判然有别。

我們所以講⿰矢豕並非野豕，是因為在成千上萬的田獵材料中，只見到獲豕、禽豕、逐豕、罝豕之卜，而從未見有獲⿰矢豕、禽⿰矢豕、逐豨、眉豨的記載。這充分説明，在商代野豬稱豕，而不稱豨(彘)，可見羅説之非。

《國語·楚語》下觀射父説：「天子禘郊之事，必自射其牲」，韋昭注：「牲，牛也」。《周禮·射人》「祭祀則贊射牲」，鄭玄注：「蒸嘗之禮有射豕者。」賈公彦疏：「若然則宗廟之祭，秋冬則射之，春夏否也。祭天則四時常射，天尊故也。是以司弓矢共王射牲之弓矢，此射人贊射牲也。」由此可知，古代祭祀有射牲的禮制，而且後來設有專職掌管其事。當然這是一種隆重的祀典。周承殷禮，這種祭禮正是從商代沿襲下來的。商代的豨祭就是後世的射豕之祭。豨字構形从矢从豕，有的作飛矢向豕形，有的作豕身着矢形，很形象生動。

楊樹達先生于《卜辭求義》射字條引《粹》三一四、《戩》九·二等，認為這些材料中的射字是指射牲，非常正確。此射泛指射牲，豨則應為射豕的專字。

總之，豨字從字形到詞例，再聯繫文獻記載，我們可以肯定它是射豕之祭，是射豕之祭的專用字。其字可以看作是彘字，但它的含意則與後世有別。【甲骨文金文零釋　古文字研究第六輯】

◉戴家祥　金文彘象矢貫豕形，矢不偉為聲，而且還是會意符號。三年瘐壺用作人名，衛盉彘通矢，爾雅釋詁曰「矢，陳也。」銘文「彘告」即陳叙的意思。【金文大字典中】

 㣇

 張彖私印【漢印文字徵】

 汗簡【古文四聲韻】

◉許　慎　豕也。从彑。从豕。讀若弛。式視切。【説文解字卷九】

◉馬叙倫　嚴可均曰。彖即上文部首彖字也。重出。鍇本作彖。與説解合。然彑象豕頭。豕上之一亦象頭。作彖則有二頭矣。桂馥曰。豕也者。居易録。彖似犀而角小。知吉凶。耳大如掌。目常含笑。馥謂篆當作彖。世俗譌為彖。錢坫曰。此與豕字同音。疑古文本是一字。翟云升曰。彖下曰。從彑從豕省。通貫切。竊謂實止一字。或彖為彖之重文。而皆有式視通貫二切也。類篇。彖。通貫切。又賞氏切。六書故。彖。丈里切。又丈遠切。稽之説文全書。偏傍皆作彖。無作彖者。可證從彖之字則各如其音切為聲。分言之。則喙惕之類皆以式視切為聲。瑑篆椽之類皆以通貫切為聲。合言之如墜為籀文地。從隊。隊徒定切而墜則徒四切也。承培元曰。阮元曰。當作豕走挩也。按褖衣之褖古音如稅。則今誤讀通貫切。王筠曰。

㣇與彖本是一字。一頭四足一尾。二篆同也。用筆小異耳。自部首作㣇。小徐改彖作彖。遂化一為二。大徐又增彖于部末。遂化二為三。即以今本彖豕也式視切。是與豕音義同也。然有兩頭如嚴氏所駁。則以竄易之文不可理解也。徐灝曰。此篆各本竝作彖。凡從彖聲之字盡同。絶無多一畫作彖者。獨鍇本為異。蓋以讀若弛而誤易之。彖音通貫切。遂加畫以別之。而以彖為易彖之彖。不知彖之聲轉入元部。凡以彖之偏傍若喙若像若蠡之類。古音之未甚變者也。若緣若篆若掾之類。則聲轉而與通貫切相近者也。豈有以多寡一畫為異者乎。黄以周曰。彖從豕彑聲。彑即牙字。劉秀生曰。朱駿聲謂彖為豕之異體。其説疑是。豕變易為彖。讀若弛。古音同在透紐也。土部。地。從土。也聲。籒文作墬。從土。隊聲。依鍇本。是彖讀若也聲之弛之證。倫按翟徐二説可從。然説解曰。從彑從豕。則此篆當依鍇本作彖。乃如黄説。從豕。牙聲。為豭之轉注字。當讀若瑕。汪刊鍇本以為彖之古文。而今下有讀若瑕可證也。唯字當入豕部耳。讀若弛者。乃㣇字鍇本作彖者之音。如桂説。則自為象形字。今亦有譌。【説文解字六書疏證卷十八】

◉朱芳圃　毛公鼎　王筠曰：「彖字疑即豕字重文，音義皆同，家之古文家，亦可證也。」桉王説是也。金文家字作左列諸形：

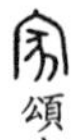頌壺　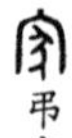弔家匡　易火毁

寡子卣　卯毁　伯家父鬲

一从豕，一从彖，是其證矣。

毛公鼎銘云：「女毋敢彖」，井侯毁銘云：「不敢彖」，邾公華鐘銘云：「不彖于𠦪身」，皆假為隊。爾雅釋詁：「隊，落也。」説文𨸏部：「隊，從高隊也。从𨸏，㒸聲。」俗作墜，廣雅釋詁：「墜，墮也。」從音言之，彖與隊，古讀定紐雙聲，歌術對轉。

廣雅釋言：「彖，捝也。」玉篇彐部：「彖，他亂切。才也。豕走捝也。」捝今本誤作悦。桉彖又讀透聲元韻，由陰聲轉為陽聲，昔人所謂「音隨義異」是也。彖善逃竄，古人名動同詞，故引伸有走捝之義。對轉術，孳乳為遂，説文辵部：「遂，亡也。从辵，㒸聲。」亡與逃義同，辵部又云：「逃，亡也。从辵，兆聲。」是也。旁轉文，孳乳為遯，辵部：「遯，逃也。从辵，豚聲。」一作遂，書微子：「我不顧，行遯」，敦煌本遯作遂，是其證。為遁，辵部：「遁，逃也。从辵，盾聲。」對轉脂，孳乳為遺，辵部：「遺，亡也。从辵，貴聲。」【殷周文字釋叢卷上】

𧰨 𧰨

◉許　慎　𧰨豕也。从彑。下象其足。讀若瑕。乎加切。【説文解字卷九】

◉林義光　朱氏駿聲云。當為豭之古文。牡豕也。説文云。彑豕之頭也。象其鋭而上見形。讀若罽。按即小篆彖𧰨等字之偏旁。不為字。【文源卷一】

◉馬叙倫　鈕樹玉曰。玉篇廣韻竝無。錢坫曰。鍇本𧰨古文象。無豕也以下文。玉篇無象𧰨二字。承培元曰。汪本繫傳以此為象古文。按篇韻皆無此文。汪或是舊本而此或後人增竄。徐灝曰。篇韻蓋以其為古文而遺之。此説解後人增竄。以從□為交加之義而讀若瑕耳。朱駿聲曰。或與豭通。王筠曰。五音韻譜云。豕也。倫按鍇本以為彖之古文蓋是。乃彖之小變者耳。□即牙字。□則□之變也。讀若瑕者。叚牙聲皆魚類。篇韻皆無者。蓋校者據異本增入。【説文解字六書疏證卷十八】

◉唐　蘭　□當象牡豕之形，故並繪其勢。□則作書之時，小變其法，故勢不連綴於小腹。丨又變為⊥，即士字勢之本字。則為豖。牡豕為豭，故□當為豭之本字。凡羅振玉所謂牝牡牢牧等字或從羊豕犬之類者均誤。説文：「𧰨豕也。從彑，下象其足，讀若瑕。」朱駿聲云：「當為豭之古文。通訓定聲豫部。其説極允。蓋□之變為□，即得轉為𧰨。然則𧰨即□形之變，而説文僅云豕也，下象其足，已失其義。豭則後起之形聲字，遂獨專牡豕之義矣。説文家字從豭省聲，段玉裁疑之，謂「此篆學者但見從豕而已，從豕之字多矣。安見其為豭省耶？何以不從叚而紆回至此耶？」因謂家為豕之居。余謂家固豕居，段所疑者，亦正中輕説省聲之病。凡省者當本有不省之字，不然皆誤也。然許説此字未為大誤。蓋卜辭家作□前四·十五·四，象𧰨在宀中。以象意字聲化之例推之，當讀𧰨聲。其但作豕形者，可謂為𧰨省聲。𧰨即古豭字也。【天壤閣甲骨文存考釋】

彖 彖

◉許　慎　彖豕走也。从彑。从豕省。通貫切。【説文解字卷九】

◉孫詒讓　説文𢑚部「𢑚，脩豪獸。一曰河内名豕也。从彑，下象毛足。」讀若弟。籀文作□，古文作□。鬼部彪，籀文作□，云：「从彖首，从尾省聲。」與𢑚小異，古文亦未見。金文戊午爵有□字，與匽侯盉字同，疑亦即「𢑚」之省。其豕首作□，與金文「疑」「肆」偏旁並同。甲文亦有𢑚字，作□、□兩形，則許書古文□之濫觴也。首从ㄔ者，甲文豕象形作□，此豕首之省變也。【名原下卷】

◉郭沫若　□字羅、王等誤釋為求，孫詒讓釋𢑚得之，而未能通其讀。契上。廿六。余謂乃假為祟。尚書「竄三苗」，説文𣪌字下引作「𣪌三苗」。左傳昭元年「周公殺管叔而蔡蔡叔」，釋文「上蔡字説文作𥝶。」今説文雖無𥝶字，而殺之古文或作□，與𢑚之古文作□者其實一字。而近出魏石經春秋蔡人字古文作□。蓋蔡殺竄𣪌古音相近，故互相通假，而同以𢑚作之。𣪌从祟聲。是

豚

知卜辭之「㞢希」字又假為祟矣。它辭每言「貞囗王」林二・二・一五、「貞父乙不」林・一・二・八、「貞妣癸允」殷虚古器物圖録・四四,與「貞祖辛壱我,貞祖辛不壱我」前一・一一・五、「貞黄尹壱我,貞黄尹不壱」前一・五二・一同例,均言人鬼為祟,莊子天道篇言「其鬼不祟」,即其義。【卜辭通纂】

◉馬叙倫　鈕樹玉曰。繫傳作從彑豕聲。錢坫曰。繫傳無此篆。豕走也本作豕走捝也。即遯字義。倫按此遂字義。本書無遂。易遯釋文。遯。本亦作遂。漢書匈奴傳。遂逃竄伏。顔注。遂。古遁字。甲文有。即遂字也。若如此篆。固與修毫獸之彖無殊。即如鍇本作象。亦無豕走之義可得也。通貫切乃遂字之音。遂遯當是轉注字。遯音徒困切在定紐。轉為通貫切。音入透紐。同為舌尖前破裂音。此字當訓豕也。讀若弛。為豕之異文。象形。然鍇本篆作象。一本鍇本並無此篆。倫疑豕彖彑三部蓋校者據各本增補。而非許吕原本。其字本一而誤為二。音切不同。亦各據所依本原切而加。今見兩唐寫殘本固各有音切也。【説文解字六書疏證卷十八】

乙八六九八　甲一八三四　甲一九四五　前三・二三・六　前三・三一・一　前四・四二・六　前五・二・二　後一・二五・二　粹二七　粹一五四〇　師友二・二〇七　坊間四・四二九　京津四二〇一　掇一・三八五　寧滬一・一二二【甲骨文編】

甲575　675　703　1945　乙4687　6867　佚81　掇385　粹27　592【續甲骨文編】

豚　臣辰卣　臣辰盉　豚鼎　豚卣　彧簋　孚戎兵豚矛戈弓備矢　借作盾【金文編】

豚　日甲八〇背　日甲一五七背【睡虎地秦簡文字編】

妾盧豚【漢印文字徵】

豚【汗簡】

汗簡【古文四聲韻】

◉許　慎　小豕也。从彖省。象形。从又持肉。以給祠祀。凡豚之屬皆从豚。徒魂切。篆文从肉豕。【説文解字卷九】

◉孫詒讓　上「」字似「」而小異，此與「美」並舉，或當為「豚」字。《説文・豚部》：「豚，小豕也。从彖省，象形。又持肉以給祠祀也。篆文作豚，从肉豕。」此象形字，左从夕即肉之省，右从十為之省，而去其又，于字例亦可通。

又別有「豚」字，較前篆形略整齊。如云：「□卜亘貝三于父乙𠭯牢□」百四十五之三。「」左从亦即肉字。金文散字盤散作。彼肉作，此省中畫，猶月之作也。右从即豕之省，與亥作正相邇。古文豕亥形略同。《説文・亥部》：「亥為豕，與豕同」。「豚三」又云「𠭯牢」，豚蓋在牢之外，猶云「百牛𠭯牢」、「三牢𠭯十牢」。並詳前。若然，𠭯或與《筭經》句股和較之和義略同與。【栔文舉例下卷】

◉羅振玉　説文解字豚从彖省。从又持肉。此从豕肉。會意字也。許書又載篆文从豕肉。與此正合。古金文有从又者。許書作豚。亦有所本矣。【增訂殷虚書契考釋卷中】

◉高田忠周　篆文从肉豕。今據此篆。古文不必从彖。小豕也。固當从豕。从彖者即異文也。【古籀篇八十九】

◉葉玉森　此字異體作等形。藏龜之上似不完。予舊説豚為小豕。从肉。小誼不顯。且牛羊虎鹿犬馬等獸亦無从肉表小誼者。卜辭从乃月字。蓋小豕以月計不以歲計。猶許書云生三月豚曰豯。生六月豚曰豵。析言之曰豯曰豵。渾言之曰豚而已。許君謂从又持肉以給祠祀。于小誼亦無關。从又加繁。古誼益晦。金文已傳譌矣。卜辭亦變从A。仍月字。卜辭之月亦多作A也。殷契鉤沈。復按卷五第四十六葉七版之鳴从A即口。乃悟豚字所从之A A並口字。小豕好鳴。故从口。予舊説仍未諦。【殷虚書契前編集釋卷三】

◉方濬益　臣辰卣　此文从又。正許書部首之所本。【綴遺齋彝器款識考釋卷十二】

◉商承祚　據下出篆文豚。則乃古文也。甲骨文作。金文豚卣作。豚鼎作。與此同。【説文中之古文考】

◉馬叙倫　段玉裁曰。從彖省象形五字當作從古文豕。桂馥曰。從又持肉以給祠祀者。本書。祀。以豚祠司命。祭。以手持肉。以當作從。王筠曰。從彖省象形。當作從豕。豚乃物也而從又持肉與祭同意。蓋古人於豕。非大不食。豕生三月而牝牡交。既交。則牝暴長。豚者。未交之豕。惟以致祭也。徐灝曰。此篆直當從豕。今作□者。空其左右以與肉字又字相配耳。象形二字衍。饒炯曰。從㣇省祭省。會意。謂以豕子祭者。其名豚。因名小豕曰豚。羅振玉曰。卜辭豚字作□□□□。與説文篆文作豚者合。金文有從又者。倫按從豕從又持肉為小豕。從豕從肉為小豕。皆不見比類合誼之恉。以為祭祀而從又持肉。肉非即豕肉邪。且小豕之名。豕部多有。皆形聲字。牛羊犬馬之子。字亦形聲。何獨豚字乃不然耶。倫謂豚實從豕有聲。有從肉得聲。故此重文作豚。甲文亦然也。肉音日紐。古讀歸泥。泥定同為舌尖前音。故豚音入定紐耳。豚為腯之轉注字。肉部腯。牛羊曰肥。豕曰腯。腯音透紐。然從盾得聲之遁入定紐。詩白駒。勉而遯思。釋文。遯。亦作遁。此遁遯聲通之證。禮記曲禮。豚曰腯肥。論語。歸孔子豚。國語越語。生女子。二壺酒。一豚。蓋古豕尚肥腯也。小豕者。豰字義。豰音竝紐。竝定同為濁破裂音。蓋古或借豚為豰。爾雅釋獸釋文引字林。豚。小豕也。則此字林文。本訓捝矣。象形以下亦校者所改也。字當入豕部。

□ 倫按玉篇及爾雅釋獸釋文皆曰。豚。籀文。則此為籀文省邪。篆文下捝豚字。從肉豕。校者加之。字蓋出石經。急就篇作豚者。傳寫者以通用字易之也。古鉨作□。【説文解字六書疏證卷十八】

◉于省吾 甲骨文豚字作□、□、□等形，从肉从豕，人所易知。甲骨文又習見□字，王襄「疑吠字」(簠類存疑三)。甲骨文的「□」，羊出□」(佚三五九)，商承祚同志謂：「余曩釋吠，非是，當是豚字。」唐蘭同志謂：「其字從口從豕，釋吠與從犬不合，釋豚又與從口不合，皆非也。余謂豚當為喙之本字。」又謂：「喙為豕喙，引伸之則鉅喙之畜或獸皆得稱喙，易曰為黔喙之屬是也。本片出喙者，疑是豕之異名。」(天考三四)按釋吠釋喙，既乖于形，又背于義。然而，甲骨文編和續甲骨文編均從唐説釋為喙。其實，商説是對的，但不知其字何以从□，故不作決定之詞，以「當是」為言。我認為，豚字所从之□，並非口字，乃肉字在偏旁中的變體。甲骨文祭字象以手持肉，作□、□、□等形，至于作□或□者也是常見的，這和豚字之从肉作□可以互證。

甲骨文稱：「叀□○弓出□」(乙四五一八)，「朿于蚰，叀羊出□」(乙四七三三)，「貞，朿羊，三犬三□」(乙二三八一)，「貞，朿于王亥母□」(乙六四〇四)。此外，甲骨文有關从□或从□的豚字習見，不備録。就以上所舉的幾個例子來看，釋為豚，無論在構形或詞義上，都是相符的。

在上述之外，甲骨文「帚□」(乙八八九六)之□，舊不識。按其字从□即肉字，應釋為妠。又甲骨文有□字(續存下三九一，原辭已殘)，从女从豚，應釋為㛎。【釋豚 甲骨文字釋林下卷】

䘅　豸

◉許　慎　䘅豚屬。从豚。衞聲。讀若罽。于歲切。【説文解字卷九】

◉馬叙倫　承培元曰。䘅即曲禮豚曰腯肥之肥。肥與䘅古以音近通借也。漢書匈奴傳衞彘通用。劍鼻玉。知䘅即彘。豚之別名也。倫按漢書王莽傳。即解其瑑。注。服虔曰。瑑音衞。瑑從彖得聲。遯之或體作遂。見彖字下。亦從彖得聲。以此相明。豚從有得聲。有䘅音同喻紐三等。是䘅為豚之轉注字。非豚屬也。使豚為小豕。豈有屬乎。蓋此字林文。字亦出字林。有音喻三。肥音奉紐。同為次濁摩擦音。承謂䘅即腯肥之肥字是也。而豚之為腯轉注字亦益明。惜承不悟此。而以䘅為牲名耳。讀若罽者。罽從㓹得聲。㓹得聲於炎。炎音喻三。䘅得聲於衞。衞得聲於口。口音亦喻三。衞罽又聲同脂類也。上文彑亦讀若罽。彑彖一字。瑑從彖得聲。而服虔音衞由此矣。【説文解字六書疏證卷十八】

前四・五三・一　人名　乙四四二　存一三〇六　天七九　唐蘭釋豸　【甲骨文編】

豸　亞形　【金文編】

豸　日甲四九背　二例　【睡虎地秦簡文字編】

豸　【汗簡】

汗簡　【古文四聲韻】

◉許　慎　豸獸長脊。行豸豸然。欲有所司殺形。凡豸之屬皆从豸。池爾切。【説文解字卷九】

◉馬叙倫　鈕樹玉曰。廣韻韻會引司作伺。非。釋獸釋文引亦作伺。形作也。沈濤曰。爾雅釋蟲釋文引作有所伺殺也。蓋古本殺下有也字。形上有象字。張文虎曰。豸即爾雅釋獸所謂威夷長脊而泥也。陳澧曰。豸本象獸形。倫按豸為部首。當有其物。若徒言長脊獸。則未知是何獸也。左宣十七年傳。庶有豸乎。言有救也。釋文。豸。本亦作鳩。然則豸音必如鳩矣。倫謂傳借豸為救或瘳。於音則瘳蓋尤近。豸當是今作貓者之初文。詩韓奕。有熊有羆。有貓有虎。熊羆與虎。竝是猛獸。則貓必與相類。毛傳曰。貓。似虎淺毛者也。爾雅釋獸。狻猊如虦貓。周書世俘。武王狩。禽虎二十有二。貓二。麋五千二百三十五。是貓即豹也。八篇皃之籀文作貌。王煦以為乃貓字。從豸。皃聲。倫以為皃之或體作䫉。從頁。豸聲。今作豹省聲者。後人不知貓即豹而豸為豹之初文也。又以豸音池爾切為不相諧。故與貌下竝言豹省聲。其實貌須竝從豸得聲也。此音之可徵者也。貓蓋從苗得聲。而苗則瞴省聲。見苗字下。瞴瘳竝得聲於翏。故左傳借豸為瘳。蓋豸音本如瞴。故轉注字作貓也。甲骨文作□。象形。又有□字。倫以為從水□聲。□亦彌象貓形也。貓是長脊之獸。故許以為部首。而統豺貙也。説解蓋本作獸也。象形。今為吕忱或校者所改矣。今音池爾切者。誤以為師子獸而以其音音之。或謂許本以為師子獸。説解作司也象形。吕忱加獸名長脊行豸豸然有所司殺也。然師子獸經傳無之。史篇倉頡何據而為名。左傳之豸何以又得作鳩邪。或謂此今家畜貓之本字也。倫謂豹本鷙獸。以被豢服後乃柔馴。而捕殺之性仍在。故善捕鼠。蓋豹之為貓。猶狼之為犬矣。甲文有□。陳邦福釋貓。是也。從虎。瞴省聲。從虎者。以似虎也。猶麞似鹿而從鹿驢似馬而從馬矣。甲文作□。【説文解字六書疏證卷十八】

◉嚴一萍　□　汗簡豹作□。正始石經春秋叔孫豹，古文作□。鄭珍汗簡箋正以為借䶂為豹，作□乃鼠之省，故商氏疑為鼠字。案豹字所从□，與□形極近，疑即豸字，傳寫譌作□。説文：「豸，獸長脊，行豸豸然，欲有所伺殺形。」徐灝曰：「豸自是猛獸，故貔貙豺豹等字皆从之。」【楚繒書新考　中國文字第二十六册】

◉徐中舒　□存一・一三〇六　象猛獸張口之形，與《説文》篆文略同。《説文》：「豸，獸長脊，行豸豸然，欲有所司殺形。」段注：「《釋蟲》曰：『有足謂之蟲，無足謂之豸。』按凡無足之蟲體多長，如蛇蚓之類，正長脊義之引伸也。」今按甲骨文豸字為有足之猛獸形，而有足之猛獸如豹、貔、豺等字皆從之，是知《爾雅・釋蟲》及段注所説皆非其本義。【甲骨文字典卷九】

◉王蘊智　□還可反寫喙部作□（《英》二二六二）、□（《乙》四四二）、□（犯象爵）。□、□與□□的關係猶如甲骨文□（欠）和□（旡，既字所从）的情況一樣，形音義相因則有別，一般不容混淆。甲骨文有字作□或□形，字从□，不从□。廩康卜辭中習見□□一語，于省吾先生釋作「豺嫠」。乙辛卜辭中□或與「祉」（延）字同辭互易，「嫠」字周代金文寫作「釐」，與籍裏訓釐為福，故于老説「豺嫠」應讀作「祉釐」，即為「延長福祉之義」。于老還認為□這個字後來又增加了巾字偏旁，於是便演變成了「豨」字。

作為反喙豸形的□、□本來並不獨立成文，它是從古表意字上裁取下來的一部分。這就象既之生「旡」、枼之生「世」、爾之生「尒」、虎之生「虍」、函之生「巳」、靁（雷）之生「畾」、衛之生「韋」、封之生「丰」、獸之生「嘼」、飲之生「酓」、猒之生「肙」、夗之生「丸」、貯之生「宁」（直吕切）、卿之生「卯」（去京切）、晳（智）之生「知」、辥之生「㠯」、毓之生「㐬」、盡之生「聿」和「夷」、謚之生「益」和「易」等字例一樣，是為了表意、表音、擴大文字符號規模等種種需要而由其母體分割派生出來的。□很可能是《説文》旡部

「无」字的所據原形，然而它又常與其他字形發生混淆。如古隸字或被隸為「肄」和「隸」，則所从之□與豸字合流，此其一。「隸」於《說文》聿部或从□（希）作，而《說文》希部還有隸字，當源於甲金文之□、□形，是知古豸字亦有被隸成「希」者，即把□與□合流於希字下，此其二。《說文》彑部另見□（「豕也」，大徐注「式視切」）、□（「豕走也」，大徐注「通貫切」）二字，併與篆文希（許釋「脩豪獸」，大徐注「羊至切」）形似，治文字者或把它們看成同源，釋為豕屬，於是又使□、□與這類字形發生糾葛，此其三。蔡字甲骨文作□（《戩》三三·九），金文作□（叡鐘），□（蔡大師鼎），魏石經古文作□；殺字《說文》古文作□，與蔡字古文同形（《侯馬盟書》殺字作□，迺殺之正字，古文殺為借字）；又彖字古文作□（《古文四聲韻》去聲二一頁）、希字古文作□（《古文四聲韻》去聲八頁）、隸字《說文》古文作□、肆字古文作□（《古文四聲韻》去聲七頁，此迺古隸字，隸、肆音近而通）；肆字古文作□（《古文四聲韻》去聲七頁），其左旁實際上也是個□形，從而構成了傳鈔古文中的同化現象，此其四。正由於此，□的源流關繫終被這錯綜的文字現象所湮沒了。

上舉諸種合流情況均存在着不同程度的譌誤，這些譌誤的出現是由多種因素造成的。其中□、□與□、□後來寫成「豸」或「希」，當屬於文字的同類合併，源流最近。如前所說，《說文》希部釋「脩豪獸」的希字屬豸類動物形，「豸」、「希」及所從出的「隸」在字形上蓋出於一系。其演化線索是：

作為反喙之豸的□及□字所从的□本與□字不混，到戰國以後被同化作「希」；但古文字一種早期的□形寫法後來則被隸成「无」；西周之後□字偶或訛作□、□，這種形體演化成《說文》的兓字。其發展線索是：

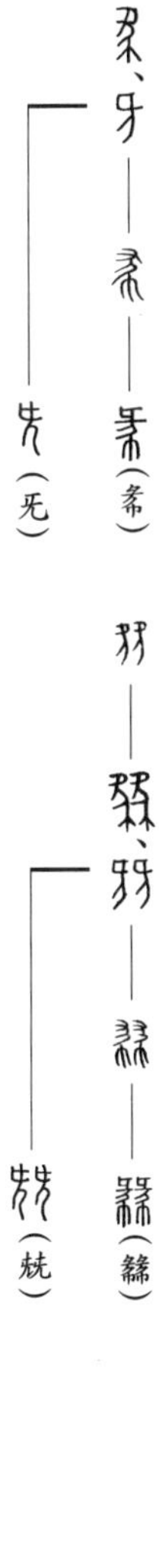

右揭豸類字形音義俱存瓜葛聯繫，然細說起來，還可再理出豸—希、□—无、隸—兓三組同源字和□□—豸（希）一組合併字。由前文分析可知，「希」是「豸」的繁文，二字因異體而分化。就讀音來說。《廣韻》蟹韻「豸」與「豸弟」同字，當从弟聲，而希字《說文》亦「讀若弟」，此與字形關繫冥合。「□」與「无」應該看成是一組古今字，其字形演變並不具分化的特點。「隸」和「兓」

的同源母體是豸,本从二豸。因受反喙豸形的影響而出現書寫上的異變,終被別為二字。【釋「豸」、「𢊁」及與其相關的幾個字 于省吾教授百年誕辰紀念文集】

豹

珠455 647 佚375 誠481 天80 續存667 743 上790 【續甲骨文編】

豹 日甲七一背 雜二六 【睡虎地秦簡文字編】

豹騎司馬 楊豹 樊豹 【漢印文字徵】

豹 【汗簡】

石經 竝籀韻 【古文四聲韻】

◉許　慎 豹似虎圜文。从豸。勺聲。北教切。【説文解字卷九】

◉王　襄 古豹字。許説「侣虎圜文。」【簠室殷契類纂九卷】

◉商承祚 似虎而身有圜斑。乃豹象也。説文以為形聲字。非是。【甲骨文字研究下編】

◉顧廷龍 豹。吳大澂釋。潘豹乍韶塤。潘豹乍塤。卩九成。【古匋文孴録九卷】

◉馬叙倫 丁福保曰。慧琳音義十六引作獸也。似虎。圜文。黑花。而小於虎。倫按當依慧琳引。獸也許文。似虎以下呂忱説也。爾雅釋獸釋文引字林。豹似虎貝文。貝蓋圓之爛文。陸節引之。字見急就篇。【説文解字六書疏證卷十八】

◉黄錫全 豹 《隸續》録石經「叔孫豹」之「豹」,古文作,此同,衹是誤為。江陵望山楚簡中人名「𧍰」,當讀「壐豹」,因簡文中从豸之字多从鼠作,如豻作鼾、貘作鼷、貍作鼲等。曾侯乙墓簡文中从豸與从鼠也無區別。【汗簡注釋卷一】

◉戴家祥 己侯鐘 虓字从虎从卜,説文所無。以聲義求之,似當釋豹。唐韻豹讀「北教切」,幫母宵部。卜讀「博木切」,幫母侯部。聲同韻近。古人名豹者多矣,如斐豹左傳襄公廿三年、胡子豹左傳定公十五年、叔孫豹左傳哀公五年,是其證。虎與豹皆獸中之兇猛者也,禮記郊特牲「虎豹之皮,示服猛也」。説文九篇豸部「豹似虎,圜文」。故先哲每以虎豹並舉,論語顏淵「虎豹之鞟,猶犬羊之鞟也」。豹之更旁作虓,亦猶晉郤豹字叔虎也。國語晉語注。徐同柏釋虓,從古堂款識學卷十第八葉。吳大澂釋虔,愙齋集

古録二册第八葉。孫詒讓釋虘，古籀餘論卷一第四葉，又見名原下第九葉。恐非是。【金文大字典下】

 貙　从攴　貙卣　【金文編】

 貙　日甲七一背　【睡虎地秦簡文字編】

◉許　慎　貙貙獌似貍者。从豸。區聲。敕俱切。【説文解字卷九】

◉高田忠周　貙卣　此上文「毆字」之緐也。即从貙聲。或云此貙字从毆聲者。然豸區合結為形。區攴相隔。知是非貙。為毆異文也。【古籀篇九十二】

◉馬叙倫　王筠曰。當作獌也。似貍者。後人以爾雅全句易之。而又不删者字。遂不可解。字林。貙。似貍而大。一名獌。倫按貙乃隸書複舉字也。獌似貍者當作虎屬似貍而大一名獌。虎屬字林文。見北堂書鈔一百五十五引。者字毛際盛以為衍文。字或出字林。【説文解字六書疏證卷十八】

◉許　慎　貚貙屬也。从豸。單聲。徒干切。【説文解字卷九】

◉馬叙倫　貙屬字林文。字或出字林也。【説文解字六書疏證卷十八】

◉許　慎　貔豹屬。出貉國。从豸。㲋聲。詩曰。獻其貔皮。周書曰。如虎如貔。貔。猛獸。房脂切。豼或从比。【説文解字卷九】

◉馬叙倫　豹屬出貉國皆字林文。或字出字林。【説文解字六書疏證卷十八】

◉丁　驌　貔　

貔，豹屬，説文有之。爾雅。白狐也。草木疏云：「似虎，或曰似熊。」方言謂貍，又別名貔。字讀如枇，異寫為豾。集韻：貍子也。古人用貔皮為征衣，當非狐皮，貔皮厚也。黄帝與炎帝戰「教熊羆貔貅貙虎」類皆猛獸，當非狐可知。貍為犬屬，不與虎豹同。惟今日美洲山貓，雖亦是貍，凶惡則不亞於虎豹。惟貍有狼尾，貔尾不同。貍穴居晝伏，殷人田獵多在日間為之，所獲當非貍也。古人或混貍子之豾為貔，蓋音同也。

豺 [seal glyph]

契文字頭上一[glyph]，具獸之身而虎尾。今以獸形之身作豸偏旁足為此，字上部之[glyph]相當於囟，猶[glyph]之為[glyph]也。知字是貔。卜辭用為獸名，獵獲之數不過二三（引例二五—二六）。唐蘭釋兔謂引例辭中，位居犷後雉前，當非巨獸。此揣想古人之意未必盡合。蓋辭中隻犷多於獲貔，二者皆獸，故依多寡而叙述之，次方及禽鳥也。今日吾人習言「鳥獸」鳥居獸前，未必獸便小，亦未必便非虎豹也。且犷可隻十，兔只獲三，亦可茲疑者也。唐氏謂逸字从㲋，金文偏旁作[glyph]與[glyph]形絶相類。故以契文此字為兔，然契文逸字偏旁之兔如李書所舉者均作[glyph]形。殆麈形獸也。許氏以逸从兔，「兔謾訑善逃」乃據非契文字而言。麈亦善逃，其速度不亞於兔，未可以逸為兔止也。李氏釋[glyph]為兔（集釋三〇八三）亦非此形。又李書引例兔字條下多有他獸在。如前六·四九·六、甲六二二一，皆所謂之獨角獸形。後上一四·一〇之[glyph]則類先公夔形，乙九一八之[glyph]則足分二歧，頭尖，亦與逸字之形不類。契文之逸果是从兔，則此字非兔字可知。如此字為兔，則契文逸字並不从兔。惟逸字雖不从兔，此字亦未必便是兔也。

契文藏四五·三辭云：「其鹿十[glyph]兀弗□」，[glyph]仍是逐字（兀應釋元，惟按釋辭意似兕字之訛），不是逸字。故契文是否有逸字，尚待研究者也。

此字又常作陽甲之別名。前人因隸為兔甲（[glyph]十」），復又改為𠔊甲。陽甲名又有作虎甲、象甲。虎、象二字均正確無誤，故同一人名而有數異稱。字皆加於一獸形文，如[glyph]、如[glyph]、如[glyph]、如[glyph]各不相同，而均指一人。陽象音轉，猶可為說，虎兔似又從一系統出，不能與陽字為音轉之説。今説此字是貔，亦難窺其又可為象為鹿為陽之故也。殷王各加大中小文武等字習見，未足為奇。惟於名甲於音聲中之三王曰戔、曰河亶、曰羌、曰沃、曰開、曰陽、虎、象、貔等，未知何故。將獸名人，或有謚法隱責之意。如武丁可謂威疆敵德，武乙則是夸志多窮，此獸名之王殆意同悼、荒、戾、醜等字矣。

卜辭用一字兼指人物，則恆加符號，既無音，亦少義。通常加口。故虘魜仍讀如虎象，加口示借用，指人名耳。【契文獸類及獸形字釋　中國文字第二十一冊】

◉唐　蘭　𢾺从能，即貔（豼）字，與能字不同。能从[glyph]，此从[glyph]。能當與𢼸字通，見《方言六》。此借為批，《廣雅·釋詁三》：「𢫬，擊也」。𢫬即批。【略論西周微史家族窖藏銅器群的重要意義　文物一九七八年第三期】

[seal glyph] 豺　日甲七七背　【睡虎地秦簡文字編】

◉許　慎　豺狼屬。狗聲。从豸。才聲。士皆切。【説文解字卷九】

◉鮑　泉　[glyph]　古籀補入附録云。張之洞釋作豺。【窓齋集古録校勘記】

◉馬叙倫　沈濤曰。史記相如傳正義引作狼爪。左閔元年傳正義引同今本。丁福保曰。慧琳音義七十六及九十五引皆作狗足。今誤足為聲。倫按史記司馬相如傳正義引杜林。豺以貊。白色。玄應一切經音義引倉頡解詁。又引作訓詁。豺似狗白色。爪牙迅快。善搏噬也。據此可證。郭璞解詁多本張揖訓詁。訓詁亦本杜林倉頡故。正義引貊字乃狗之誤。爾雅釋獸。豺。狗足。字林同。疑此説解本作獸也。狼屬。狗足。白色。爪牙迅快。善搏噬也。故史記正義引有爪字也。獸也許訓。狼屬以下字林文。字見急就篇。【説文解字六書疏證卷十八】

◉許　慎　貐猰貐。似貙。虎爪。食人。迅走。从豸。俞聲。以主切。【説文解字卷九】

◉馬叙倫　鈕樹玉曰。繫傳猰作㺢。説文竝無。玉篇。㺢貐。類貙。見爾雅。嚴可均曰。淮南本經訓作窫。翟云升曰。韻會引無迅走二字。倫按字蓋出字林。爾雅釋獸釋文引字林。貐。弋父反。迅走蓋上文豺字説解中字。傳寫譌入。走為足誤也。【説文解字六書疏證卷十八】

[glyph] 獏 从犬　卯卣　[glyph]　[glyph] 父丁鼎　[glyph] 乍册孯卣　【金文編】

[glyph] 2872　[glyph] 1309　[glyph] 3817　【古璽文編】

◉許　慎　貘似熊而黄黑色。出蜀中。从豸。莫聲。莫白切。【説文解字卷九】

◉方濬益　[glyph]　此文與後亞形父甲鼎[glyph]字同。特有緐簡之異。[glyph]从四手。非从茻也。虎形與前器鷄形並同。司尊彝凡四時之閒祀追享朝享。祼用虎彝蜼彝。是也。【亞形父丁鼎　綴遺齋彝器款識考釋】

◉高田忠周　[glyph]　从莫从犬。此當莽字異文。説文莽南昌謂犬善逐兔。艸中為莽。从犬从茻。茻亦聲。茻與莽義異。然朱氏駿聲説。按此字古亦讀如莫聲之轉也。然則字或从莽兼形聲也。【古籀篇七十九】

◉丁　山　亞。唐蘭先生嘗釋為侯亞。其説甚塙。亞中圖畫文字。从犬。從日在茻中。當是獏字。即貘之或體。説文。貘。似熊而黄黑色。出蜀中。从豸莫聲。通訓定聲曰。爾雅釋獸。貘。白豹。注。似熊。小頭庳腳。黑白駮。能舐食銅鐵及竹骨。骨節强直。中實少髓。皮辟溼。周書王會。不令支玄獏。注。獏。白狐。玄獏。黑狐。非。尸子。程。中國謂之豹。

𧳜

𧳜弋恭切見山海經　【汗簡】

山海經　【古文四聲韻】

越人謂之貘。白帖引廣志。貘。大如驢。色蒼白。字作貘。後漢西南夷傳。上貊。中山經郭注作狛。由於貘貘貊狛音同字通。知亞貘即論語所謂蠻貊之邦。貊。說文一作貉。詩大雅皇矣。貉其德音。左傳引作莫其德音。周官職方。七閩。九貉。舊史謂九貉皆北狄。如史記匈奴傳云。以臨胡貉是也。貉。緩言之。則為靺鞨。為勿吉。山謂。北史以來所常稱靺鞨族。即周官所謂九貉。王會所謂玄貘。亦即孟子所謂大貉小貉矣。玄貘。即唐書所稱黑水靺鞨。是鮮卑族也。國語晉語。昔成王盟諸侯于歧陽。楚與鮮卑守燎。故不與盟。此鮮卑者。今本一作鮮牟。按。楚辭大招。小腰秀頸。若鮮卑只。洪興祖補注。前漢匈奴傳。黃金犀毗。孟康曰。腰中大帶也。張晏曰。鮮卑。郭珞帶。瑞獸名也。東胡好服之。師古曰。犀毗。胡帶之鉤。亦曰鮮卑。魏書曰。鮮卑。東胡之餘也。保鮮卑山。因號焉。由魏書說。鮮卑族因山為名。由大招說。鮮卑族之號。殆已傳於晚周時。今本晉語所謂鮮牟。宜為鮮卑。聲形俱近而誤。即穆天子傳所謂西膜者。宜亦鮮卑之音譌。而膜之與貘。其音正同。則周代所謂鮮卑鮮牟西膜者。實皆靺鞨之祖。而商。亞貘之胄裔也。漢書地理志涿郡有鄚縣。後漢郡國志鄚縣改隸河間國。均不詳得名之由。山謂鄚之為鄚。即商亞貘氏故地。在今河北任邱縣北三十里。史記趙世家所謂。惠文王五年。與燕鄚易是也。詩大雅韓奕。王錫韓侯。其追其貊。奄受北國。商之北國遺物。出於易縣。則亞貘故土。宜在河間任城。蓋自武王克商。周公踐奄。繼之以齊桓公伐山戎。刜令支。亞貘氏遂益北徙。逮戰國中葉。燕趙崛起。北迫蠻貉。亞貘氏遂竄於荒服。一若為東北舊族。近世考鮮卑史。如白鳥庫吉博士之東胡民族考。但能溯鮮卑各詞於大招。而不知鮮卑即西膜。固已疏矣。若西膜出於亞貘。亞貘本商之侯甸。非此亞貘鼎與邲其卣之發現。殆將長夜漫漫。萬古莫白。即宋時出土亞貘鼎。又因一字譌泐。不能辯證。使此極可珍貴之古代鮮卑史料。沈淪故紙者又將千年。故不憚煩瑣。因邲其卣銘之考釋。而特表章之。【邲其卣三器銘文考釋　歷史語言所集刊三分册】

◉馬叙倫　沈濤曰。御覽九百八引無而黑二字。倫按似熊以下九字字林文。見玄應一切經音義十九及爾雅釋獸釋文引。字蓋出字林也。【說文解字六書疏證卷十八】

獿 貀 貈

◉許　慎　獿猛獸也。从豸。庸聲。余封切。【説文解字卷九】

◉馬叙倫　字蓋出字林。【説文解字六書疏證卷十八】

◉黃錫全　□ 獿弋恭切見山海經　鄭珍云：「篆獿从庸聲，此改从𩫖為異，右宜作□。獿見《上林賦》，《山海經》無之。」庸、𩫖古通。《説文》「𩫖，讀若庸同」。三體石經庸字古文作□。參見自部庸。郭取獿或𤢋字，以隸作古，右形蓋石經□形誤。夏韻鍾韻録此文作□，録郭昭卿《字指》鏞作□。【汗簡注釋卷四】

◉許　慎　獿獿也。从豸。矍聲。王縛切。【説文解字卷九】

◉馬叙倫　段玉裁曰。廣韻引㱿作㲄。王筠曰。㲄借字。張文虎曰。玉篇。九縛切。廣韻。居縛切。爾雅釋文。俱縛切。凡矍聲之字不當音王縛切。王縛切則蒦聲矣。倫按本書。㱿。犬屬。字次獿猶狙猴之下。此言㱿獿。是㱿獿一物矣。本書。玃。大母猴也。爾雅釋獸。玃父善顧。注。貑玃也。似獼猴而大。貑字本書所無。爾雅亦不箸。貑㱿聲近。蓋即㱿獿。則獿玃一字。餘詳㱿下。字或出字林。【説文解字六書疏證卷十八】

◉許　慎　貀獸無前足。从豸。出聲。漢律。能捕豺貀。購百錢。女滑切。【説文解字卷九】

◉馬叙倫　段玉裁曰。前當作歬。貀無前足。釋獸文。倫按爾雅釋文引字林作貀。獸無前足。似虎而黑。此字蓋出字林。韓詩外傳。西方有獸名曰蟨。前足鼠。後足兔。錢坫謂貀即蟨。是也。然則非無前足也。短不能見耳。無前足曰貀。猶無尾為屈。語原為出也。【説文解字六書疏證卷十八】

◉許　慎　貈似狐。善睡獸。从豸。舟聲。論語曰。狐貈之厚以居。臣鉉等曰。舟非聲。未詳。下各切。【説文解字卷九】

◉馬叙倫　惠棟曰。古貈與貉異文異音。俗廢貈作貉。而以貊代貉。江聲曰。貈字當從瀞聲。瀞即涸字。水部云。涸讀若狐貈之貈。倫按蓋從服省聲。服音奉紐。故貈音下各切入匣紐。同為次濁摩擦音也。爾雅釋獸釋文引字林。貈。似狐。善睡。蓋本作獸也。或獸名。獸也為許文。若為獸名。則此字出字林矣。【説文解字六書疏證卷十八】

◉饒宗頤　丁酉卜，争貞：□隹𡴀霾。（明義士七五八）

按□字从水从豸。《續存》下云「乙卯卜貞：今□（兹），□（泉）來？水涿？」（一五四）他辭又有𤃬字。「丙寅卜：洹其𤃬。」

(前編六·三二·五)𣶃即《説文》之䝙,通作涸。《説文》云:「涸,渴也,讀若狐貈之貈。」後起字或从鹵作𪉖。前編此辭蓋卜洹水涸竭。《續存》言:「水𣶃」,當亦謂水涸,故知𣶃與䝙乃一字繁簡之異。右辭云「𣶃,惟有𩆘。」即記災異,言水涸兼有陰曀也。《續存》云:「今兹泉來水涸」,乃分貞一事正反之例,貞問泉來抑水涸,卜辭簡質,省去此類選擇連詞之「抑」耳。【殷代貞卜人物通考卷六】

◉唐　蘭　䝙　原作「𧄍裘」。𧄍字从䝙从口,應即䝙字。《爾雅·釋獸》:「䝙子貆」,據《説文》則䝙就是貉,現在我國東北還盛產貉皮。【陝西省岐山縣董家村新出西周重要銅器銘辭的譯文和注釋　唐蘭先生金文論集】

◉于省吾　五、天子𧄍㢈文武長刺⊘按䝙字之所以從舟聲,自許氏以迄近來的文字學家均不得其解。其實,甲骨文的凡、般、舟、皿等字,有時互作無别,例如「般(盤)庚」二字合文的「般」字,省作𠀍、𠀍、𠀍、𠀍者習見,乃是「凡」或「凡」字的變形,余另有説。因此可知,䝙從凡聲才合乎音讀。《説文》:「貉,北方豸穜,從豸各聲(莫白切)。」《玉篇》、《廣韻》並謂䝙同貉。《説文》無貊字。典籍中的貉字多作貊。依據上述,則䝙字本從凡(般)聲,它和莫白切之貉與貊聲、韻並相通。《説文》:「䝙,似狐,善睡獸也」。《詩·七月》:「一之日於貉,取彼狐貍,為公子裘。」按衛鼎有「商(賞)𧄍裘」之語:這不僅證明了𧄍之即䝙,也證明了䝙為狐類,與貉通用。總之,䝙、貉、貊三字音讀相通,典籍中的䝙與貉多作貊。現在專就貊字的音與訓加以闡述,然後再解釋銘文的「𧄍㢈」。

貊字應讀為勉,貊與勉雙聲。《周禮·肆師》的「祭表貊」,鄭注謂「貊,讀十百之百」。《左傳》僖二十八年的「距躍三百,曲踊三百」,杜注:「距躍,超越也;曲踊,跳踊也。百猶勵也。」《釋文》:「百音陌。勵音邁。」孔疏:「訓勵為勉,言每跳皆勉力為之。」按「三百」之「三」,指屢次言之,並不限於三次(詳注中《述學·釋三九》)。又勵從厲聲,金文萬字作邁或厲音常見,均應讀如邁。《詩·皇矣》的「貊其德音」,毛傳訓貊為静,乖於本義。貊從百聲,應讀為勉。是説有德音令(訓善)譽,應該有所勉勵。又「貊其德音」之「貊」,韓詩作「莫」,《説文》莫作慔,訓勉。以上只是論證貊、百、慔等字均應讀為勉,訓為勉勵。至於典籍中「黽勉」謰語,也是勉(後起字)勵之義。其作「侔莫」、「茂勉」、「懋漠」、「密勿」、「蠠没」……習見繁出,都是義隨音轉,本無定字。因此可知,金文常見的𧄍字應讀為貊,訓為勉勵。毛公鼎的「貊夙夕(夜)敬念王畏(讀威)不睗(易)」,是説夙夜勉勵,敬念王威而不變易。金文的𧄍字也作緟。《説文》訓緟「增益」,增益與繼續之義訓本相因。金文的「𧄍𧄍」二字屢見,毛公鼎的「𧄍𧄍大命」承上句的「仰卲皇天」為言,則「大命」指的是「天命」。這是説,繼續勉勵以奉天命。弔向簋的「周𧄍𧄍奠保我邦我家」,是説用以繼續勉勵奠定保衛我邦我家。然則,𧄍之讀貊,訓為勉勵,音義無不適合。總之,銘文的「𧄍㢈文武長刺(烈)」,㢈即纘,通纘,訓為繼

續，已詳前文。這是説，龏王能夠勉勵繼承文王和武王的長遠功烈。【牆盤銘文十二解　古文字研究第五輯】

◉劉自讀　路毓賢　「⿰豸月（貈）」字原形為「□」。「□」字不但《説文》所無，而且就連現已發現的金文亦無。「□」，雖在金文中為首見，但其象獸形的右側「□」在金文中卻不為鮮見。如：

（一）「彔伯戜簋」銘文之「□」字，容庚、唐蘭先生均隸定為「繇」字。

（二）「䚄侯獲巢鼎」銘文之「□」字，裘錫章先生認為是「繇」字，聞一多先生將此字隸定為「繇」字，以為豫字由此訛變。

（三）「尹姞鬲」銘文之「□」字，唐蘭、陳夢家先生均將其釋為「繇」。

（四）「九年衛鼎」銘文之「□」字，唐蘭先生隸定為「貄」，釋作為「貍」字。

（五）「乖伯簋」銘文之「□」字，尚田忠周既説此為「繇」字省文，又以其音轉通定為「羔」字；朱芳圃先生以其右側象獸形，隸定為「繇」字，以其音釋為「鼬」字的初文；郭沫若先生説此為「貂字兩見，一作『□』、一作□，乃象形刀聲之字，且系于裘字上，其為貉字無疑」；唐蘭先生將此隸定為「貀」，釋為「貔」字；柯昌濟先生將此隸定為喬，疑為「僑」字，釋為「毳裘或毳毛無之裘」；白川静先生將此隸定為「豿」，釋為熊貔的「貔」；李孝定先生認為此字右側象獸形，郭沫若之説較妥。

依據以上對「□」字的隸定和解釋，本銘之「□」字，又系于裘字之上，應指一獸名為宜，雖可隸定為「繇」，以其音釋為「鼬」，但郭沫若、唐蘭、李孝定、白川静諸先生將其「□」隸定為「豸」旁更為妥帖，本銘「□」字，右側當隸定成「豸」旁，左側的「□」實為金文「月」字的反文，因此，「□」字我們認為應隸定為「⿰豸月」字。「⿰豸月」，《説文》等篆文字書雖未著録，但在明宋濂的《篇海類編》一書中認為同于南朝顧野王所著《玉篇》中的「⿰豸豦」字，《玉篇》：「貈，何各切，似狐也」。貈字條下有「貈、⿰豸豦」二字，其注曰：「並同上」。「貈」，《説文》、《爾雅·釋獸》中雖有其字，但《金文編》等卻無其形。我們認為，「⿰豸月」應是「貈」的本字，「貈」可能由此而譌變。「貈」，《説文》：「似狐，善睡獸也，從豸、舟聲。」《論語》曰：「狐貈之厚以居。」《説文通訓定聲》將貈、貉皆入藥聲。段玉裁注：「凡狐貉連文者，皆當作此字，今字乃皆假貉為貈、造貊為貉矣」。朱駿聲按：「今本狐貉字皆作貉，形近而誤也。」「貈形誤而為貉，貉聲又變而為⿰豸豦也。」因此説貈也就是貉。《正字通》：「貉，似貍，鋭頭尖鼻，斑色毛，深厚温滑可為裘。」朱芳圃引戴侗説：「貉，狐類，毛厚可為裘。」貈貉既為狐狸之屬，《詩·七月》：「十月隕擇，一之日于貉，取彼狐狸，為公子裘。」又見《詩·羔裘》：「羔裘逍遥，狐裘以朝。」此又進一步説明了狐貈之裘的名貴。【周至敔簋器蓋銘文考釋　考古與文物一九九一年第六期】

豻 豻

 豻　日甲七一背【睡虎地秦簡文字編】

 3354  2971  2043  1016【古璽文編】

◉許　慎　豻胡地野狗。从豸。干聲。五旰切。犴豻或从犬。詩曰。宜犴宜獄。【説文解字卷九】

◉馬叙倫　爾雅釋文引字林。豻。下旦反。野狗。疏引字林。似狐。黑喙。然則此及陸引各有删節矣。此字出字林。故言胡地。以此知凡言胡者皆吕忱文也。【説文解字六書疏證卷十八】

貂 貂

◉許　慎　貂鼠屬。大而黄黑。出胡丁零國。从豸。召聲。都僚切。【説文解字卷九】

◉馬叙倫　沈濤曰。後漢書東平王蒼傳注藝文類聚九十五御覽九百十二引皆無胡字。御覽黑下有色字。倫按鼠屬以下十一字皆字林文。魏書。丁零在康居北。出貂鼠皮鼲子皮。通典。丁零。魏時聞焉。蓋丁零雖兩漢書已見。而為小部落。故僅見於匈奴傳。不叙其國。知魏時始聞。且兩漢書皆作丁令。魏書乃作丁零。此非許文之證。此言胡丁零國。鼠部鼲下言出丁零胡。亦似晉以後語。字見急就篇。蓋本訓獸也。今捝。存字林文耳。【説文解字六書疏證卷十八】

◉郭沫若　貂字兩見，一作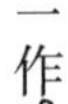，一作，乃象形刀聲之字，且繫于裘字上，其為貂字無疑。【芇伯毁　兩周金文辭大系考釋】

◉戴家祥　芇伯毁　郭沫若謂⿰刀鼠「乃象形刀聲之字，且繫于裘字上，其為貂字無疑。」見兩周金文辭大系圖録攷釋一四八葉。按郭釋至確，但無説解。⿰刀鼠乃鼦之别體，刀古音端母，召齒音照系字，召正从刀得聲，古音相通，可作聲符交换。玉篇三九九「鼦，丁幺切。古文貂字。鼠也，毛可為裘」。説文九篇「貂，鼠屬，大而黄黑，出胡丁零國，从豸召聲，都僚切。」鼦即貂字無疑，芇伯毁「⿰刀鼠裘」即「貂裘」。【金文大字典下】

◉莊淑慧　古代「豸」、「鼠」二形旁時有混用不分之情形，如書「豹」作「䶂」，見於《隸釋》所録魏三體石經《春秋・宣三年》「叔孫豹」之「豹」，其古文書作「䶂」。又「湖北荆門包山M2」262號簡「一䶂青之表」，268號簡「䶂緄」、「䶂長」，亦皆書作「緄」。此皆以「鼠」代「豸」之例。又如書「貂」作「鼦」，見於《史記・貨殖列傳》「狐鼦裘千皮」，《漢書・地理志》「鼦」作「貂」；《太玄・視・次八》「狐鼦之毛，躬之賊。」司馬光集注：「鼦與貂同。」其形旁亦「鼠」而不从「豸」。《集韻・蕭韻》所收「貂」字異體，有「鼦」、「⿰鼠刀」二形，「曾侯乙墓」簡文之「貂」之寫法，即與後者「⿰鼠刀」之寫法相同。

「鼦」、「貂」二字之異，主要在於其所从形旁有别：「鼦」字从「鼠」，而「貂」字則从「豸」。至於簡文之「⿰鼠刀」字，僅从刀而不从

召，應為「貂」字之初文。【曾侯乙墓出土竹簡考　臺灣師範大學國文研究所集刊四十號】

貉　穌貉豆　貉子卣　己侯貉子簋　伯貉卣　伯貉尊　【金文編】

3·1056　獨字　3·1057　同上　【古陶文字徵】

貉　法一九五　二例　日甲七七背　【睡虎地秦簡文字編】

2524　以説文豻字或从犬例之，知此是貉字　【古璽文編】

臣貉　韓貉　秦貉　貉宜家印　【漢印文字徵】

貉見古論語　貉古論語　【汗簡】

◉許　慎　北方豸種。从豸。各聲。孔子曰。貉之為言惡也。莫白切。【説文解字卷九】

◉朱芳圃　貉子卣　戴侗曰：「貉，狐類，毛厚，可為求。」按戴説是也。詩豳風七月：「一之日于貉」，釋文：「貉，獸名」；漢書楊惲傳：「古與今如一邱之貉」，顔注：「貉，獸名。似狐而善睡」，是其例證。許君云「北方豸種」，蓋古代漢族歧視北方異族之偁謂，非造字之朔義也。

説文鼠部：「⿰鼠各鼠，出胡地。皮可作裘。从鼠，各聲。」按⿰鼠各與貉實一字。⿰鼠各之為貉，與篆文⿰鼠益或作⿰豸益、貂俗作鼦相同。蓋先民於動物分類，原不精嚴，故作字時从豸从鼠，任意為之，此形之相合也。論語子罕篇：「與衣狐貉者立」，邢疏：「狐貉，裘之貴者」，與⿰鼠各皮可作裘之説相會。又鹽鐵論散不足篇：「中者罽衣金縷，燕⿰鼠各代黄」，燕⿰鼠各即燕貉，此義之相合也。貉與⿰鼠各皆从各聲，貉讀莫白切，⿰鼠各讀下各切，韻同聲異。考古音明匣二紐原互相諧，如每與悔，亡與巟，黑與墨，昬與顧，並其例證，此音之相合也。形音義三者皆合，其為一字明矣。【殷周文字釋叢卷上】

◉馬叙倫　鈕樹玉曰。詩韓奕禮記中庸釋文引竝作北方人也。論語衛靈公釋文引亦同。而貉譌為貌。段玉裁曰。北方下奪貉字。此與西方羌南方蠻參合觀之。貉之為言惡也。當依尚書周官音義五經文字引作貉之為言貉。貉。惡也。音義作貊。則後人改耳。王筠曰。當作北方人也。今挩二字。倫按羌蠻閩貉皆以蟲獸之名名其人種與地。蓋實其族徽也。貉字經典多作

貆 貆　貍 貍

貊。貉從各得聲。各為來往之來本字。古音在泥紐。轉入明紐讀莫白切。同為邊音也。貊從百得聲。百音封紐。封明同為雙脣音。故轉注作貊。急就篇有貊字。顏師古本作伯。顏注曰。字或作貉。然則貉字倉頡蓋無。或出字林也。貉子卣作[glyph]。己侯敔作[glyph]。周貉簋作[glyph]。然簋文似雒字。【說文解字六書疏證卷十八】

◉方濬益　貉子蓋北狄君長近王畿者。說文。貉。北方豸種。孟子。子之道。貉道也。趙注。貉。夷貉之人。在荒服者也。經典一作貊。為叚借字。中庸。施及蠻貊。詩皇矣。貊其德音。釋文皆曰本作貉。【貉子卣蓋　綴遺齋彝器款識考釋卷十】

◉戴家祥　孟子告子下「子之道，貉道也」。「夫貉五穀不生，惟黍生之。無城郭宮室宗廟祭祀之禮，無諸侯幣帛饔飧，無百官有司」。趙岐注「貉，夷貉之人，在荒服者也」。秋官序官「貉隸百有二十人」，鄭玄注「征東北夷所獲」。說文「貊，豹屬，出貉國」，然則金文所謂貉子者，殆即貉國之君長，其屬地在我國之東北嚴寒地帶，與周王室有貢職關係。【金文大字典下】

◉戴家祥　[glyph]史牆盤　古文从口與从宀混用，𡨦字从口，貈聲，字當釋𡨦。說文九篇豸部貈，似狐善睡，从豸，舟聲。論語曰「狐貈之厚以居」，今本論語鄉黨篇貈作貉。又十四篇㕯部引「爾雅曰狐貍貛貉醜，其足蹞，其迹厹」。今本爾雅釋獸貛貉作貒貈。聲符更旁，則為各聲。玉篇三八五貈貈貉同。形符更旁亦寫作鼦，亦猶貓之篆文作鼬、貂之俗體作鼦。衛鼎乙云「商𡨦裘隹𩰬矩柜卣」，𡨦裘即貉裘。說文十篇鼠部「鼦，鼠出胡地，皮可作裘。从鼠，各聲」。論語子罕「與衣狐貉者立」，釋文「貉，本作貈」。邢昺疏「狐貉，裘之貴者」。是𡨦之為貉，聲義昭昭，其他各說不攻自破。其在牆盤似應讀駱，駱義為續，俗書作絡。文選南都賦「男女姣服，駱驛繽紛」，靈光殿賦「縱橫駱驛」，李善注「駱驛，連續」。【金文大字典上】

◉許　慎　貆貉之類。从豸。亘聲。胡官切。【說文解字卷九】

◉馬叙倫　鈕樹玉曰。韻會引無之字。倫按貉之類本書言物名無此例。爾雅釋獸。貈子貆。字蓋出字林。【說文解字六書疏證卷十八】

[glyph] 5・384　瓦書「四年周天子使卿大夫……」共一百十八字【古陶文字徵】

[glyph] 貍　日甲三八背　二例　通薶　—其㚖　法二八　通埋　劾—　封六二　[glyph] 日乙六一　[glyph] 法二八　七例【睡虎地秦簡文字編】

□ 貍見尚書 【汗簡】

□ 古尚書 □ 王存乂切韻 【古文四聲韻】

◉許　慎　貍伏獸似貙。从豸。里聲。里之切。【説文解字卷九】

◉羅振玉　□　周禮大宗伯。以貍沈祭山林川澤。此字象掘地及泉。實牛於中。當為貍之本字。貍為借字。或又从犬。卜辭云。貞□三犬尞五犬五豕卯四牛。貍牛曰□。貍犬曰□。實一字也。【增訂殷虚書契考釋卷中】

◉葉玉森　類編薶字下所收卷二第四葉之□。諦督影本乃作□。原辭王卜在某。乃地名。商氏誤録。【殷墟書契前編集釋卷一】

◉郭沫若　□　此即貍字。貍者，野貓也。【甲骨學文字編補遺】

◉馬叙倫　唐蘭曰。卜辭霾字作□。從雨。□聲。□即貍之本字。倫按伏獸似貙字林文。見爾雅釋獸釋文引。貍者。今所謂貓也。□其象形文。轉注為貍。字見急就篇。【説文解字六書疏證卷十八】

◉饒宗頤　他辭云：「……水其貍丝邑。」(《屯乙》三一六二)知貍讀為埋，與此「埋王車」義同。埋于水與土中俱曰貍，《集韻十六怪》，貍薶一字。引《周禮》「貍沈山林川澤」，即瘞埋之埋。【殷代貞卜人物通考卷三】

◉白玉峥　吴其昌氏據□、□二文，釋□為貍，就其構形審之，不無可采。然就其在卜辭中之為用言，則頗有可商者。蓋□、□二文，其在卜辭中之為用，皆為祭祀之辭，釋貍，於禮可徵。而□字之見於卜辭者，率多為地名，如：

　　戊辰卜，旁貞：令泳坚田于□？　前二・三七・六

亦有用為動詞字者，但均非為祭祀之辭，如：

　　癸巳卜，㱿貞：令阜□射？　乙四二九九

　　貞：令阜□三百射？　乙二八〇三

就甲文審之，二者之用各異其趣；是必為二字，殆無疑也。吴氏釋貍之説，實不能采信矣。然則，羅氏釋□之説，於義雖長，但乏確證，亦難予采信。究當今字何字？初誼為何？闕疑可也。【契文舉例校讀　中國文字第五十二册】

◉王慎行　甲骨文有「薶」字作□(前1・32・6)、□(乙3558)、□(甲890)、□(前7・3・3)諸形，□、□為地坎之象形，故薶字象將牛羊犬等犧牲埋入坎中之狀。典籍中稱這種崇拜土地的祭法為「瘞薶(埋)」：《爾雅・釋天》「祭地曰瘞薶」；《禮記・祭法》：「瘞

貒　貒　　貛　貛　　貁　貁

埋于泰折，祭地也」；《郊特牲》孔疏云：「以天之高，故燔柴于壇；以地之深，故瘞埋于坎」，又云：「地示在下，非瘞埋不足以達之」，均其例證。先秦以後，此種祭法仍沿用不廢，《史記・封禪書》載秦祠四時用「黄犢羔各四，珪幣各有數，皆生瘞埋」；又載漢代寬舒議祭后土「……澤中圜丘為五壇，壇一黄犢太牢具，已祠盡瘞」，凡此皆以瘞埋為祭地之法。另一種崇拜土地的祭法是將祭品撒在地上或灌注于地。殷周先民認為，祭牲之血與酒類飲料，不必掘坎掩埋也會滲透于地下，為土地所吸收，故灌祭也是一種「足以達之」于地的土地崇拜形式。《周禮・春官・大宗伯》云：「以血祭祭社稷」，清人金鶚謂：「血祭，蓋以滴血于地，如郁鬯之灌地也」。【殷周社祭考　中國史研究一九八八年第三期】

◉許　慎　貒獸也。从豸。耑聲。讀若湍。他耑切。【説文解字卷九】

◉馬叙倫　鈕樹玉曰。韻會引獸也下有似豕而肥四字。釋獸釋文引作獸似豕而肥。章敢彝曰。説解與貛下互誤。倫按似豕而肥字林文。見爾雅釋文引。倫疑貒為貚之轉注字。猶觶之作觗也。貚。貙屬。貙似貍。貍與狐貉類。故爾雅釋獸曰。狐貍貒貈醜。【説文解字六書疏證卷十八】

貛 185【包山楚簡文字編】

◉許　慎　貛野豕也。从豸。雚聲。呼官切。【説文解字卷九】

◉馬叙倫　段玉裁曰。內部引爾雅狐貍貒貉醜。貒作貛。蓋貒貛本一字。倫按淮南亦以貛貈連文。貈今作貉。依桂馥説。疑段説是也。野豕者。豲字或豪字義。豲貛雙聲。豪則同舌根摩擦音也。爾雅釋獸釋文引字林。子丸反。此字蓋出字林。【説文解字六書疏證卷十八】

貁 王存乂切韻【古文四聲韻】

◉許　慎　貁鼠屬。善旋。从豸。穴聲。余救切。【説文解字卷九】

◉馬叙倫　嚴可均沈濤段玉裁鈕樹玉桂馥王筠竝主據玄應一切經音義廿一引當作禺屬也。段桂竝主改穴聲為宂聲。錢坫據音義引蒼頡篇。貁似貓。文選注引倉頡篇云。似狸。謂此即貓之本文。又謂諸書竝稱為猿狸之屬。無以為鼠屬者。未識何故。

鄭知同謂當為禺屬。而今作鼠屬者。一切經音義十六云。狖。鼠。餘繡反。似獮猴而大。蒼黑色。江東人養之捕鼠。可知類鼠。但非許義。胡玉縉鈕永建則謂貁狖為二物。貁是似貍者。狖即蜼也。嚴段據淮南覽冥訓。猨狖顛蹶而失木枝。高注。狖。猨屬。以證狖為貁之俗字。而狖為禺屬為非。倫謂類篇引字林。貁。獸名。如猴。卬鼻。長尾。則是當作禺屬。蓋字林本作獸名禺屬如猴卬鼻長尾。善游。水經注。江水僰道縣山多猶猢。似猴而短足。好遊巖樹。一騰百步。乘空若飛。則此音余救切即猶音矣。字似當從冘得聲。冘音余箴切。同為喻紐四等也。然穴宀一字。皆室之初文。室音審紐。審與喻四同為次清摩擦音。則穴聲亦得。校者誤以為即鼠部鼬之異文而改為鼠屬。此猶猢之猶本字。慧琳一切經音義十三引蒼頡。貁。似貍。能捕鼠。出河西。倫疑倉頡字蓋作狖。傳寫易之。莊子應帝王。執斄之狗來藉。呂氏春秋士容。齊有善相狗者。其鄰假以買取鼠之狗。則能捕鼠者。似貍之狗也。蓋犬豕豸三字用為偏傍每為傳寫者所亂也。【説文解字六書疏證卷十八】

◉徐　鉉　貓 貍屬。从豸。苗聲。莫交切。【説文解字卷九新附】

◉陳邦福　當釋貓。卜辭苗省从田者，正周禮大司馬「遂以苗田」之誼。説文無貓字。詩大雅韓奕篇云「有貓有虎」，毛傳「似虎淺毛者也」。禮記郊特牲云「迎貓為其食田鼠也」。又逸周書世俘解云「武王狩，禽虎二十有二，貓二，麋五千二百三十五。」是卜辭系貓之禮足與古經籍相質證者。【殷契説存】

甲六二〇　唐蘭釋兕　甲六二二　甲八四〇　甲一六三三　甲一六三五　甲一九一五　甲三五八四

甲三九三九　牛頭骨刻辭　獲白兕　乙七六四　乙八〇四九　京津四〇三〇　京津一四六六　佚四二七

佚五一八背　佚六三五　前七・三四・一　燕四一〇　粹九三七　粹九四一　粹九四二

鄴初下三八・一二　安二・三　前一・一九・六　前二・一三・四　前二・二七・一　前七・四一・一　後二・三八・五　前四・四六・六　掇一・四二一　京津四四八七　寧滬一・一九三　其鼏兕祖

丁一　寧滬一・二八三　寧滬一・三八七　寧滬二・一四五　明藏二〇五　餘五・二【甲骨文編】

乙427　3400　新1913　甲620　840　1633　1635　1915　2026　3584　3914　3916　3939　乙764　861　4509　4858　8049　8672　卜22　福8　佚24　25　265　350　427　635　續3・24・6　3・41・5　3・43・4　3・43・5　3・44・9　6・20・11　掇421　439　徵10・110　10・128　11・98　12・36　京2・31・3　凡21・3　鄴38・12　新1466　外54　456　摭續125　133　粹941　珠121　820【續甲骨文編】

兕　說文兕古文从儿作　日甲一五七背【睡虎地秦簡文字編】

兕見說文【汗簡】

古老子　說文　並崔希裕纂古【古文四聲韻】

◉許　慎　如野牛而青。象形。與禽离頭同。凡𤉡之屬皆从𤉡。徐姊切。古文从儿。【說文解字卷九】

◉薛尚功　商卣　兕卣

蓋

兕

器

兕

蓋器皆有銘作兕形。語曰。虎兕出於柙。則兕非馴獸。有害於人者。故昔人用以為罰。爵曰稱彼兕觥是也。則宜卣亦

有兕焉。【歷代鐘鼎彝器款識法帖卷三】

◉薛尚功　兕敦　□兕　□兕

上為屋室之狀。下一字曰巳。當讀曰兕。古人用字或如此。博古録云。此器蓋上各有犀兕之形。故以兕名之。作屋室之狀者。薦之宗廟之器也。【歷代鐘鼎彝器款識法帖卷十三】

◉劉心源　冢龍。人名。此二字或釋為丁亥五月。非也。案説文□如野牛而青。象形。與禽离頭同。□古文。从儿。禽离頭从□。亦象形。此从□。象口耳鼻形。尤肖龍字省。頌壺龔伯假龍為之作□。頌敲作□。龍伯戟作□。龍侯敲作□。皆與此合。知非五月二字。且篆法五亦斷無作□者。五亦不作□。【奇觚室吉金文述卷五】

◉孫詒讓　□亦象形字。説文兕部「□，如野牛青色，其皮堅厚，可製鎧，象形，與禽离頭同。古文作□从儿。」此頭作凹，與篆文同，下象足尾形。較為繁縟。【契文舉例下】

◉王　襄　□，古兕字，許説，如野牛青色，爾雅釋獸「兕似牛」。按，兕今名為水牛，殷人亦用以為祭。【簠室殷契徵文考釋卷九】

◉羅振玉　□□　此殆即許書之兕字。【增訂殷虛書契考釋卷中】

◉余永梁　□（後編卷下十四葉）　□（同上二十六葉）

此象□頭形，與傳世兕觥之兕頭形同，疑冢字。【殷虛文字考　清華研究院國學論叢一卷一號】

◉方國瑜　從「獲白□」的文意上看起來：(1)特别把「白」字指出來，知「□」不盡為白色，並且在卜辭中「白□」連書的罕見，或許白的不是常見的顏色。(2)大書曰「獲」，知「□」為野獸，在别的卜辭亦曰「逐」曰「狩」，當然是獵而後得的野獸了。(3)卜辭中關於「□」的記載不少，字形繁簡亦不一而足，則「□」在那時中原地面蕃殖得很多，是常見的動物。

從刻着「獲白□」的獸骨上看起來：(1)牠的牙，既是牛牙，則此物本為牛族，(2)頭骨，長五十四生的米達，實二十二生的米達，厚十三生的米達（見圖版説明），而尚未全形，則此物當為大獸。

所以我們於「獲白□」的本身可知道的——「□」是四足獸，牛族，體偉，有角，長尾，是野生動物，在殷世蕃殖於中原的很多；但此種形態，難與後世的獸比況而定為某一種獸。

不過，我們並不認為（牠是）不可知的動物，因為「□」的頭骨既然得到，可以從這頭骨的本身來研究是什麼骨，則可定「□」為什麼字，如果丢開「□」的本身，而就所揣測之一二點，旁徵博引的來考證，安知考證的結果能否符合於「□」的本身呢？我們固然承認先從旁證來考定也是一種方法；但至少也要拿所判斷的結果一一證明其本身，才能得到定論。至於偏重紙上空談，則董先生與鄙見已有不合，我的話，在未經實物的研究之先，不能説是對的；但董先生的話，也難於相信呢！

所以我以為既經判斷之後，應該做下列數項的研究：

1. 既知「」的牙為牛牙，而定為牛族，又定為西土牛族之「里姆」，則的頭骨和「里姆」的頭骨是不是一樣？

2. 此次所得「」的頭骨，是完整或是殘缺，就此頭骨之大小輕重，可以比例法推算其全體之容量重量，是否與「里姆」和「麟」之體量相稱？

3. 「」既斷為一角獸，則此頭骨上能否找出角礎？（據董先生説，同時得的鹿頭骨還可以找着。）一角呢？還是兩角？

諸如此類，能就此頭骨上研究的問題，要斷定「」是什麼獸，應先研究一下；這是很重要，並且是應先決的。

拉拉離離的寫了一些話，總結起來，兩言已足；——董先生作了這樣詳細的文章，而不一一證諸實物來告訴給我們，所以難於相信；若單就紙上的材料，那麼，董先生的結論是不能成立的。【「獲白麟」質疑 師大國學叢刊一卷二期】

◉唐蘭 古文字中之離字，既確為麟之本字，則字非麟也。即以甲骨中之記載觀之，殷虚書契前編云：「獲十一」四卷四十七葉之六，後編云：「逐六」上卷三十葉之十。夫以一次之田獵，而能逐六或獲十一，則其獸之多，可以想見。而麟則不然，周書王會解云：「正北方，義渠以茲白，央林以酋耳，北唐以閭，渠搜以鼩犬，樓煩以星施，卜盧以紈牛，區陽以鼈封，規規以麟。」凡此皆絕域之奇獸，王者之德威播之，乃以來貢也。故公羊傳曰：「西狩獲麟，何以書？記異也。何異爾？非中國之獸也。」穀梁傳曰，「其不言來，不外麟於中國也。不言有，不使麟不恆於中國也。」二傳同詞，以為麟非中國之獸，時無王者而忽有此，故孔子以為悲矣。殷虚時代，上起盤庚，下接周初，豈有方其時，遍於原野之獸，至周時，忽爾絕跡，乃反徵諸異域，此理之必無者也。則之非麟，亦既章章矣。

然則究為何物與？

曰，兕也。

甲骨字之變體殊多，若，若，若，若，若，並前編一卷十九葉。若二卷三十一葉。若四卷四十六葉。若，若四十七葉，若四十八葉，若七卷三十四葉，若，若四十一葉。若徵文游田十三葉，若，若，若，若，若，並安陽發掘報告三零三葉。然第緐簡不同、位置互異而已，固皆象一角之獸，而其角且特大者；金文已觚有字，殷文存下卷二十五葉。其狀尤顯箸。

說文，「𤉡如野牛而青色，象形。」蓋即卜辭之作□形，而小異耳。說文舊有校語云：「與禽离頭同」，則別本篆當作□，是又□形之異也。然則以字形論之，甲骨刻辭中此字當釋為兕，即說文之𤉡，可決然不疑者。

海內南經：「兕，其狀如牛，蒼黑一角。」爾雅：「兕似牛。」郭注云：「一角，青色，重千斤。」左傳疏引劉欣期交州記曰：「兕出九德，有一角，角長三尺餘，形如馬鞭柄。」按兕角可為酒觵，詩卷耳：「我姑酌彼兕觥。」韓詩說：「以兕角為之，容五升。」蓋兕角之巨可知。然則一角之獸，而其角又特大者，當為兕之形，亦皎然無疑者也。

殷虛所獲得之獸頭，其上刻獲白兕之文，而其牙則已確定為牛牙者也。兕為牛族，具見前載，則此頭骨確即兕骨，董君所以為獲其獸而於其骨上記其本事與本名者，亦可無疑已。（據董君近時之意見，則謂此獸頭實兩角之牛，與刻辭所記一角之獸無關，記其說，以俟更考。）

兕在後世頗罕見，在古代則不然。南山經云：「禱過之山，其下多犀兕。」（山在交廣間。）西山經云：「嶓冢之山，獸多犀兕熊羆。」（山在甘肅。）「女牀之山，其獸多虎豹犀兕。」（山當在陝西。）「底陽之山，其獸多犀兕虎犳㸲牛。」北山經：「敦薨之山，其獸多兕旄牛。」中山經云：「岷山，其獸多夔牛麢㲋犀兕。」（岷山當在四川。）雖每在四裔林菁叢密之處，乃特謂產之多者耳，中原亦頗有焉。故晉語云：「昔吾先君唐叔射兕於徒林，殪以為大甲，以封於晉。」詩吉日云：「殪此大兕。」而以兕為甲，又見於攷工記函人，以兕角為觵，數見於詩，為爵，見於左傳，可知兕為當日常見之獸也。

新得兕頭骨上，刻文云「于□田，獲白兕。」又鹿頭骨刻辭云：「己亥，王田于羌。」董君謂獲二獸之時與地，皆當相近，其說殆可信。□近於羌，則當在今之甘肅，止產兕極多之區矣。

殷人尚白，故獲白兕則書，此風至周初猶然。武王伐紂，有白魚之祥，又用大白小白之旗，穆王征犬戎，得四白狼四白鹿以歸。作册大鼎云：「王賚作册大白馬」，凡他色不特稱，而常箸白色者，殆承殷之遺風。世每以五行之說為戰國時所起，其實不然也。

獲白兕之時代，今雖不可詳考，然當在盤庚以後，周興以前，則有可斷言者。近來殷虛所發見甲骨，均用以記一切之事，無殊於後世之簡素，而此獨以記本事，誠可寶貴。蓋當時田獵得兕，以其白色也，故祭於祖先；復自矜其能也，故刻辭於骨，而寶藏以示後世。千載而下，其情況歷歷如可指數。而董君釋為麟，則於既往之史料多所扞格矣。故重為攷之，以詒世之治古史者。

貉子卣貉字之偏旁作□，丁君山商君錫永據此以為□亦𤉡字。然□即兕字，已無疑義；而□之是否𤉡字，則尚難證

實；□與□之同異，亦難遽定；故姑附記于此。【獲白兕考 史學年報一九三二年第四期】

◉商承祚 □ 云與禽離頭同。則應作□也。抑原書本不誤。而後人寫誤也。甲骨文有□□。不知與此為一字否。【説文中之古文考】

◉馬叙倫 嚴可均曰。冡目作□。新目亦作□。則篆體當作□。説解亦有捝文。左宣二年傳疏爾雅釋獸疏引作如野牛。青毛。其皮堅厚。可制鎧。論語季氏疏引作如野牛。青色。其皮堅厚。可制鎧。後漢書馬融傳注引作似野牛而青色。藝文類聚九十五引作如野牛。青。皮堅厚。可以為鎧。嶓冢之山。其獸多兕。一切經音義十七引作如野牛。青色。御覽八百九十引作如野牛。青。皮堅厚可為鎧。嶓冢之上。其獸多兕。沈濤曰。龍龕手鑑引兕狀如牛。蒼黑色。一角。重千斤也。與今本及各書所引皆不同。郭注山海經亦有一角重三千斤之語。豈所據説文有異本與。王筠曰。篆當作□。唐蘭曰。與禽离頭同。則篆當作□。由甲文之□而變。倫按爾雅釋獸。兕似牛。詩何草不黃。匪兕匪虎。傳。兕虎。野獸也。倫謂説解本作獸也。象形。餘皆校語。或字林文。與禽离頭同則後校者增也。此篆如據儀禮鄉射記大夫兕中注及郭璞爾雅注則篆當如己觚作□。或作□。見高田忠周學古發凡引。然淮南王書言。古金器之飾曰。華蟲疏鏤以相繆紾。寢兕伏虎蟠龍連組。倫目論杏白敨。兩鐶為獸形。獸口似牛口。有兩角為螺旋形。其體為蟠龍。足為伏虎。則其鐶之獸即兕。而此篆之首作□者。正象其兩角。此古文作□。其角形正似螺旋。甲文有□□。羅振玉據此古文釋為兕。顧與儀禮注爾雅注及龍龕手鑑引此注作一角者相違。尋山海經。禱過之山。其下多犀兕。左宣二年傳。犀兕尚多。皆以犀兕連文。犀兕形似。本書犀下曰。南徼外牛。一角在鼻。一角在頂。而爾雅。犀似豕。郭璞注。三角。一在頂。一在額上。一在鼻上。中國藥物標本圖影所畫犀形。似豕。蒼黑色。一角在鼻。一角在額。其一在頂者。俱耳而非角也。余又見法蘭西國人所畫犀形。似豕而青黑。亦一角在鼻。一角在額。又一在頂者與在額者為交互形。而類騾耳。蓋亦耳也。然諭兩圖。似犀止一耳。而法人所畫。其旁一犀。則止鼻上一角。據法人説。則犀有一角或二角。倫疑兕亦然。言一角者。據所見耳。以此篆及敨飾證之。則二角也。篆當依冡目作冡。字見急就篇。

□ 倫按當如甲文作□。蓋象其蹲形。猶犬之作□。其□非八篇部首之□。則此亦非從八篇部首之□也。當作古文冡。從□王筠以為後增。是也。【説文解字六書疏證卷十八】

◉丁 山 我認為犀兕一聲之轉，二獸一物，不過是方俗的殊名。甲骨文常見：

□前一・一九・六 □前二・一三・四

前七・三四・一　後下二八・五

唐蘭先生釋，其説甚碻。但貉子卣銘貉字作、其所从、自為形直接的演變，商承祚先生嘗謂即豸字（詳佚存考釋），説尤不可易。豸，蔡邕獨斷云「貔豸，獸名，蓋一角」。然則犀豸亦疑名同物，甲骨文所常見的字，於形當釋為豸，於誼當釋為兕，實皆犀牛的異名。【商周史料考證】

甲三三六四　易日易猶變也猶今言變天郭沫若讀暘日覆雲暫見也　又用為錫　乙一六一　錫屰五卣十牛　乙四八六七　錫禾　前一・一〇・二　前四・二・五　前七・四・一　前七・三一・三　前七・四〇・二　林一・二三・五　乙三四〇〇　不其易日　鐵三・二　鐵八五・一　鐵一六二・一　鐵二六二・四　拾四・一一　戩一四・五　戩二二・一四　佚三八　佚二三四　佚六六二　福二〇　京津三八一〇　存下七三三　粹一八　粹一七八　鄴三下・四二・三　天一八　後二・八・五　易用為錫錫多母虫貝朋　坊間三・八一　錫貝二朋　摭續一二五　續二・六・四　佚五一八背　掇二・一六〇　見合文二五　【甲骨文編】

甲212　257　446　487　2121　3364　3634　乙161　1665　5411　5689　5849　6385　6419　7370　7997　8653　珠160　161　448　450　454　648　678　684　772　1170　1191　佚37　38　107　413　518　佚915　續3・31・1　佚982　續5・11・1　續1・50・3　3・2・1　3・48・1　4・4・5　5・10・3　6・11・3　掇82　徵1・3　1・91　8・6　8・7　8・9　8・10　8・11　8・12

8·13　京1·26·1　凡22·2　23·3　録518　578　天18　摭20　91　六中247
六清36　六清38　外364　六清41　續存1433　摭續125　210　粹18　178　600
604　609　614　618　【續甲骨文編】

易　孳乳為錫　小臣系卣　王易小臣系易在寝　觶尊　王錫貝簋　小子射鼎　丙申角　亞盉
小子𩰫簋　大保簋　保卣　伯矩鬲　臣卿簋　宅簋　缶簋　旅鼎　⿴尊　静簋
彔伯簋　縣妃簋　克鐘　哲尊　𣪕尊　小臣邑斝　旂鼎　吕鼎　周䆁鼎　庚嬴卣
保攸母簋　舍父鼎　史䛐簋　盂鼎　井侯簋　矢方彝　𧕿簋　井鼎　小臣謰簋
過甗　刺鼎　師遽簋　趞曹鼎　同卣　卯簋　元年師旋簋　師望鼎　豆閉簋　師奎父鼎
師虎簋　師嫠簋　休盤　曶鼎　克鼎　虢弔鐘　頌鼎　頌簋　茻伯簋　䢅侯鼎
無㠱簋　大簋　元年師兑簋　追簋　買簋　㝨弔多父盤　番生簋　兮甲盤
伯晨鼎　𢦏簋　封簋　伯其父匠　伯家父簋　屖敖簋　矢簋　師酉簋　曶壺　仲
師父鼎　毛公厝鼎　不嬰簋　𩰬鎛　邿遣簋　蔡侯𨭸鐘　有虔不易　中山王譽鼎　此易言而難行
辛巳簋　沓簋　中作且癸鼎　𢍰姛鼎　師𩁹鼎　大鼎　从皿　德鼎　王錫德貝廿朋　德簋
弔德簋　【金文編】

4·168　易亭　1·101　易豕　【古陶文字徵】

〔六七〕古幣文陽省作易如晋陽文陽 〔三〕 〔二〇〕 〔二〇〕 〔二〕 〔五〇〕 〔一九〕 〔三九〕 〔三七〕 〔三六〕 〔一九〕 〔一九〕 〔五八〕 〔三六〕 〔七四〕 〔七八〕 〔七二〕 〔四〕 〔三五〕 〔三〇〕 〔四〕 〔三八〕 〔二二〕 〔二三〕 〔三八〕 〔三五〕 〔三六〕 〔二〇〕 〔三九〕 〔三六〕 〔一九〕 〔四七〕 〔二〇〕 〔二〇〕 〔一九〕 〔五八〕 〔三六〕 〔二〕 〔三六〕 〔六七〕 〔三六〕 〔一八〕 〔二五〕 〔一九〕 〔二〕 〔四〕 〔三六〕【先秦貨幣文編】

布尖 晋易伞 按陽字和易字省體陽易另見 晋高 仝上 布尖 晋易伞 晋高 布尖 晋易伞 反書 晋原 仝上 布尖 晋易伞 反書 晋原 布尖 晋易伞 反書 晋朔 仝上 布尖 晋易伞 晋原 布尖 晋易 反書 晋高 仝上 布尖 晋易伞 反書 晋交 仝上 布尖 晋易伞 晋原 布尖 晋易伞 晋原 仝上 布方 乇易 宅易易字省體 晋祁 布方 乇易 晋祁 布方 干易 晋祁 布尖 易邑 冀靈 布方 宅易 晋祁 布空大 典七三三 仝上 典七三五 布尖 易晋 亞三・一七 布尖 反書 晋易 亞三・一七 仝上 亞三・一六 仝上 布尖 晋易 反書 亞三・一六 仝上 布尖 伞晋易 反書 亞三・一五 布尖 伞晋易 反書 亞三・一五 布尖 晋易伞 反書 仝上 仝上 布尖大 晋易 亞三・一二 布尖 晋易伞 亞三・一三 仝上 布尖 晋易伞 亞三・一三 布尖 晋易 反書 亞三・一六 仝上 典四一一 布尖 晋易 典四一三 仝上 典四一四 布尖 晋易伞 典四一八 布尖 晋易伞 典四二一 【古幣文編】

易陽丞印【漢印文字徵】

禪國山碑 周易實箸 袁安碑 授易孟戹學 誤易為易 石經君奭 命不易【石刻篆文編】

易【汗簡】

古孝經 古老子 汗簡 裴光遠集綴【古文四聲韻】

◉許慎 蜥易。蝘蜓。守宮也。象形。祕書説。日月為易。象陰陽也。一曰。从勿。凡易之屬皆从易。羊益切。【説文解字卷九】

◉孫詒讓 《儀禮・特牲饋食禮》筮日云:「若不吉,則筮遠日如初儀」,《少牢禮》略同。若然,卜日不吉,則更卜矣。龜文「易日」字恆見,義蓋皆如是。其字作「」,三之二。作「」,廿二之三。作「」,百十七之三。作「」,百廿九之四。皆「易」之象形字也。《説文・易部》:「易,蜥易、蝘蜓、守宮也。象形」。舊釋為「彤日」,《敘》舉廿二葉文如是。形義並未合。今攷金文錫字多作 頌敢。作 ,公姒敢。即借易為錫。此字形與彼正同,而讀則當如字。「易日」,猶言更日也,如云:「壬申卜貝鼠甲□闕文疑是戌字。不易日」,三之二。謂壬申日卜將以甲□日獵,不易日則得吉也。又云:「乙酉卜大貝鼠丁亥易日」,廿二之三。又同版云:「不其易日」又廿三之一云:「貝鼠丁亥易日」。文竝未全。「己酉□鼠庚戌易日」,百廿九之四。「丙申卜鼠丁□闕文疑是酉字。易日」,百卅六之一。謂乙酉、己酉、丙申日卜,將以丁亥、庚戌、丁□日獵,而易日則不吉也。又云:「□闕文疑是己字丑卜戠□立三□日鼠□庚寅且易日」、八十六之三。「丙戌□易日」卅八之一。「壬辰立□□易日□步」、六十之二。「戠□鼠乙卯其且易日乙卯」、六十九之一。「易日鼠□」、八十五之一。「貝鼠丁未易曰」、百七之二。「甲寅易」、百四十四之三。「貝鼠乙□不易其□三月」、百六十二之一。末闕日字。又百七十之三亦云:「不其易日」,上文闕。「貝鼠易日」、百七十二之一。「卜出丁酉易日不雨八月」、百九十三之二。印本誤到。「貝鼠甲申不其易日」、二百六十三之二。又二百四十一之二,有「庚易」兩字。「嗀貝來甲辰酒大甲易日」、二百七十之一。「子囚易日戊辰囚」,二百七十二之四。諸文義恉略同,大較皆因獵而卜日者。唯「甲辰酒大甲易日」為祭祀卜日,與《禮經》筮日同。蓋皆吉則不易日,不吉則易日也。若釋為彤日,則于文齟齬難通矣。

又云:「易 二月」,百八十八之二。「 」疑是「歲」字。《説文・步部》:「歲,从步,戌聲」。金文曶鼎作 ,此文亦从步,但省戌之戈形。依《説文》,此非戈形,但龜文、金文竝與戈無異。又散氏盤涉字作 則步字亦有如是作者。然龜文多省簡,或即以步為

歲，亦自可通。「易歲」猶云改歲，義與「易日」正同。【栔文舉例上卷】

◉高田忠周　蓋謂曰蜥易者。元非真易。蜥其本名也。又唯曰易。此為真易。愚謂古易蟲即龍也。龍元象形文。後从肉从童省聲。作□作□。□即明易字。許氏云。肉飛形。妄矣。龍有二名。一為象形文。一為形聲。而稱呼亦異。猶薑元象形作□。又別名蝎。从虫曷聲。其稱呼亦異也。故太古庖犧氏作易。取名于易蟲。後世周文王繫辭解之。而其辭皆曰龍不曰易。此周人所謂龍者。即太古易蟲也。然則易之形狀如何。龍字作□。其□元當作□。譌為小篆之□。而此篆實亦同矣。即知其形與蜥易似而有角。其形略可察見也。又易蟲之類。不為鮮寡。而係其類者。往往冠龍名。禮記中庸。黿鼉蛟龍。黿說文以蚖為本字。許云。蚖，榮蚖蛇醫也。以注鳴者。字或作螈。爾雅。蠑螈，蜥蜴。史記周本紀。龍漦化為玄蚖。注。蚖。蜥蜴也。又鼉。許云水蟲似蜥易。長大。三蒼。鼉似蛟而大。續博物志。鼉一名土龍。又蛟。許云龍之屬也。管子形勢篇。蛟龍。水蟲之神者。此亦當證易龍同物異名也。余別有易龍考。今不詧之。說文又曰。祕書說。日月為易。一曰从勿。此為字形別說也。【古籀篇九十八】

◉顧　實　近代金石骨甲古文之學大明，可以補正許書之缺誤者不少，然獨於易字，猶尚未見有的解也。茲述愚攷查之結果如下。

一、金文易字異體不一，觀吳大澂說文古籀補、容庚金文編二書大畧可觀。吳大澂曰「彝器中□字皆讀錫。」劉心源曰「說文作□，鐘鼎文篆形不一，虢叔鐘作□，又尊作□，邿遣敢作□，箕父簠作□，與小篆近。餘或反形橫書，或上下參互，鐘鼎家知為錫，忘其為易經之易。」羅振玉曰「易，今篆作□，魏正始三體石經古文作□，與古金文作□同。」合此三家之說，畧足明金文之□即易經之易矣。顧三家猶大抵墨守許書易為蜥易象形之說，而未審其真也。劉心源謂金文變形多端，誠然。而小篆變形，尤不可曉。今幸有金文可以正之。考金文易字，或从月，或从夕，要斷為从夕，蓋金文月夕通用不分也。如毀敢，外从夕，作□，易作□。正叔盤，穸从夕，作□。寅簠，易作□。井侯尊，易作□。此以月夕作□□，詭變殊常而互通，即易當从夕之證，一也。又如叔弓鎛，月作□，易作□；夙从夕，作□；外从夕，作□，又作□。中尊，易作□。郘公敢，賜从易，作□。此以月夕作□□，正反無定而互通，即易當从夕之證，二也。且徧檢金文拓本，而知易作□作□，大抵从同。惟毛公鼎克鼎師酉敢邿遣敢無㠱敢頌敢叔弓鎛曾伯霥簠諸器銘文，特作□作□作□作□。要之，易从夕之說攷訂至明塙也。

二、甲骨文字，易作□作□，簠室殷栔類纂等書詳之，亦从夕，龜甲文月夕通用，與金文無異也。

然由上述考查之結果，其中有一外字，若特可注意者，易以明卜也，而外之造字，从夕从卜，何也？蓋又可於名之造字，从夕从口會意而見之，夕者冥也，冥不相見也。申言之，則冥不可知，而口以鳴之，此名之所以造字也。冥不可知而卜以擇之，此外之所以造字也。蓋外之為言除外也，故有擇意也。古月夕通用，外从夕，故又以外為月，月外而日內，當別論之。然則易之造字从夕，亦取冥不可知之義者，自明也。繫辭傳曰「神無方而易無體。」又曰「易無思也，無為也，寂然不動，感而遂通天下之故。」後儒謂易無體而以感為體本此。正為易之一字下正確之定義，非即與其造字从夕者冥符乎。是以周易一名詞，亦正符於「周流六虛」一語而不可搖撼。繫辭傳又曰「生生之謂易」，故老子曰「天下萬物生於有，有生於無」。惟其曰虛曰無，故能生生不已也。而易有三義，曰易簡、曰變易、曰不易，皆由此出，可知也。乾鑿度引孔子曰「有太易、有太初、有太始、有太素。太易者未見氣。太初者氣之始。太始者形之始。太素者質之始。」其解易為未見氣，真古訓之未墜者也。桓譚新論曰「宓羲氏謂之易，老子謂之道，孔子謂之元，而楊雄謂之玄。」此亦通論也。然非攷知易之造字是何意義，則淵源不明，萬不能澈底瞭解也。

由此觀之，兩漢鴻碩之儒，所以痛詆秦人廢古文而行今文者，洵有由也。李斯作篆，程邈作隸，皆今文也。如此一易字，為秦篆變形所欺，使無孔壁古文即在正始石經中與吉金古文互證，則雖千萬世之後，恐亦無人能識也。

惟是論易从夕之説，洵美矣，而又从彡者，何義乎？案金文作彡作彡無別，皆三筆，亦有省為二筆或一筆者，要以三筆為定形，而決非从勿也。考金文，除參廖皆从㐱，不在从彡之列外，試以左列諸字證之。

侃从三，見兮仲鐘、斁狄鐘。侃，剛直也，即洪範之正直，三德之首也。蓋德行雖多，略不過三，故侃从彡也。彭从彡，見己亥鼎、彭女鼎、步彭父敦。彭，鼓聲也，古者擊鼓，以三通為率，蓋鼓聲雖多，畧不過三，故彭从彡也。

穆从彡，見曶鼎、師望鼎、邿人鐘。穆从㣎得聲，㣎，細文也，蓋細文雖多，畧不過三，故㣎从彡也。

彤从彡，見石鼓、虢季子白盤。鄦惠鼎省从一筆，與易或省从一筆同例。彤，丹飾也，彡其畫也，蓋畫飾雖多，畧不過三，故彤从彡也。

陽从彡，見虢季子白盤。旟从彡，見王孫鐘。陽旟皆即昜字，證以昜从日，上三出，象放光，葢太陽光線雖多，畧不過三，故易从彡也。

由此諸字之結論，則德也聲也文也㣎彤二字光也，雖多而約之以三數，則皆可从彡也。然則易之从彡，亦豈有他意義哉。易之一字，所以代表卦象，卦三畫而成象，則易造字从彡之意義，固已大彰明較著矣。或曰古甲骨刻文俱填入丹色顔料。伏羲作易，刻畫卦形，紋痕之內，當亦填入丹色顔料，故易从彡，與彤从彡正同例也。然此蓋其餘義，可勿論也。彡與三通，見朱駿聲説文通訓定聲，兹不贅述。

總之，易字从夕，以寓其冥冥之意，而从彡，又以象其畫卦之形也。是易字乃真為易經之易而特造之專字也。冥冥之中，有天意焉，故天子賞錫字借易為之，蓋錫極於九，三三而九，九之本數仍為三，是其引伸叚借之義，亦甚與易字本義近也。惜夫千年來，經生金石家皆莫有能識此易字，必待愚至今乃始疏通而證明之，豈不晚哉。【釋易　國學輯林一九二六年第一期】

◉葉玉森　孫詒讓氏釋為易。王氏國維謂易日為祭名。竝塙。金文叚易為錫。似非裼省。【殷虛書契前編集釋卷二】

◉徐中舒　易為錫或賜之本字。古易金易貝均得曰易。曾伯霥簠從金從目作鍚。毛公鼎號季子白盤從目作睗。目亦貝之象形字。【遘敦考釋　歷史語言研究所集刊第三本】

◉郭沫若　丁亥允易日。

以上自五九九片以下均有「易日」之文，易乃暘省，卜日之陰翳否也。説文云「暘，日覆雲，暫見也。」【殷契粹編】

◉馬叙倫　孔廣居曰。易之象形當作。日月與從勿之説疑皆非。錢坫曰。此祕書今見參同契。虞翻注易亦云。字從日下月。陶方琦曰。許君自叙。易宗孟氏。此云祕書。即中祕書。劉向以中古文校易經。祕書即中古文之類。非緯書也。虞翻説易專宗孟氏。陸德明易釋文引虞氏注參同契云。易字上日下月。故參同契亦云。日月為易。孫詒讓曰。邾遣敢。用永壽。字象析易形。丁福保曰。許書之例。引書皆用曰字。引各家之説用説字。今此引祕書而用説字。疑誤。慧琳音義六引作賈祕書説。是也。目部瞋之重文賊下。祕書瞋從戌。亦為賈祕書説。而脱賈説二字。倫按金文以易為賜。其形率作毛公鼎。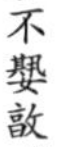不嬰敢。伯其父簠。伯家父敢。象形也。變則為周公敢。大敢。大保敢。此篆乃政齊之。説解蜥易蝘蜓守宮也蓋字林文。許當止訓蟲也。祕書説者。桂馥曰。鄭志。張逸問禮注曰。書説者。何書也。答曰。尚書緯也。當為注時。在文網中。嫌引祕書。故諸所牽圖讖皆謂之説。三蒼。讖。祕密書也。漢書藝文志有圖書祕記十七篇。百官表。蘓昌為太常。坐籍霍山書。泄祕書免。山本傳云。山坐寫祕書。後漢書楊厚傳。厚祖父春卿善圖讖學。戒子統曰。吾綈囊中有先祖所傳祕記。爾其修之。文選西京賦五臣注。祕書。道術書也。倫檢虞翻當為參同契注。此易之緯書。非今所傳魏伯陽作之偽書也。此是校者所加。亦或吕忱得見易緯。故引其説。丁據慧琳音義引作賈祕書説。以為許述其師之語。然檢後漢書逵傳。逵雖校祕書。而百官志無祕書之官。以校祕書而偁為祕書。理不可通。況其他引賈説。固皆曰賈侍中説乎。一曰從勿亦校語。慧琳音義五十一引倉頡。易。不難也。字亦見急就篇。爾雅釋魚釋文。蜴。字林作易。似本書無易字。易字出字林者。尋廣韻引字林。蝷聽似蜥蜴。則字林有蜴字也。但諸引字林字皆作蜴。爾雅釋蟲釋文引字林。蜴。音湯。則陸見字林作蝪耳。陸言字林作易者。陸以字林無蜴而有蝪。蜴字在字林即易字也。所引字林即説文而附字林。題為字林者也。

【說文解字六書疏證卷十八】

◉陳獨秀　據今動物學，蜥蜴類多生熱帶，體色多呈種種變化，以適應環境，周易即取變易之義，由掌卜官名用為書名。其體色易變，故又用為容易字。墨西哥之毒蜥蜴，全體遍佈黄褐色之粒，下顎之齒具有毒管。又有所謂角蟾者，亦産于美洲，其形似蛙而有尾，皮膚粗糙，有多數角質之鱗，尖鋭如刺，遍佈全身，在頭之後部者，尤為堅大，遇敵則直豎，目中流出血色液體，望之令人戰慄，故惕字从易。踢之从易亦由蜥蜴狀貌使人驚恐而來。廣韻：趹踢，獸名，左右有骨，出山海經。趹踢當即蜥蜴。漢書揚雄傳：河靈矍踢；注云：驚動之貌。説文有踢無踢，踢為踢之譌，説文踢跌互訓，跌踢皆驚動失足跌仆之義，今用踢為脚踢字，乃使之跌仆也。鬄，説文作鬄或髮，詩及左傳作髢。今之假髮也；鬄，後有作剔，又作鬀或剃。剃髮也；皆从易，取義于變易。甲骨文易字作□，古金文作□□□諸形，伯其父簠作□，尤似尋常守宫形，皆用為錫予字而不加金，即易字，象蜥蜴之頭角身刺及尾，字形雖多略異，而象身刺之彡則同，易之特徵也。虢季子白盤：□用弓，□用戉，義均為錫為賜。毛公鼎：不□，義為不易，皆从目，正象毒蜴之血目；説文有从目之賜篆，訓目急視，即虢盤毛鼎之易也。易遇敵則毒刺直豎，目流血水，令人驚恐，古或以為賜物，以勵戰士，猶之趙武靈王之製鶡冠也，故以為賜予字，初只作易，後加貝作賜，加金作錫。錫用為金錫字者，古時鐵不易冶，銅又脆弱，乃取易得而易冶之錫合銅而變易為青銅，以易銅鐵也，故又用為交易字。【象鳥獸蟲魚　小學識字教本上篇】

◉饒宗頤　「易日」即「錫日」，天雨求賜日也。【殷代貞卜人物通考卷三】

◉田昌五　(4)H11:174

貞王其師用胄，甶易(錫、賜)胄，乎(呼)奉受，囟不(丕)妥(綏)王。

(5) H11:237

(惟)三胄〔用〕(?)

貞王其師用胄，即商王出兵時要用頭盔。《説文》：「胄，兜鍪也。」段注：「古謂之胄，漢謂之兜鍪，今謂之盔。」商代尚無金屬鎧甲，但已有銅質頭盔。安陽殷墟曾發現「數以百計的銅盔層，就其紋飾來分，至少約在六七種以上」，足以為證。

本辭的難點是如何釋「惟易胄」。按易，原刻作□，頗難釋讀。有釋為乎者，有釋為二者，均不妥。也有干脆不加釋者。但此字相當重要，如不加釋，則本辭即不能通解。我認為此字應釋為易，賞賜也。按：易字在殷墟卜辭中作□，此字下部與之同；上部所以作丄者，蓋由于周原甲骨為微雕，字只有小米粒那麽大，無法用環筆刻出日字來，作者獨具匠心，用一點一横表

象

示，象日出于地平線之狀，就把意思表達出來了。當然此字上部也可釋為旦，但仍無害于其為日之本義。後世从易之字，有寫作易者，可以為證。【周原出土甲骨中反映的商周關係　文物一九八九年第十期】

前三·三一·三　前四·四四·二　前四·四四·三　前四·四四·四　後二·五·一一　乙六四一　乙九六〇　乙二〇〇二　乙二三二九　乙六八一九　乙七三四二　粹六一〇　于癸亥眚象　乙七六四五　乙八四二三　【甲骨文編】

甲2367　2422　2659　乙641　960　1002　2319　6819　6819　7306　7342　7645　7676　8423　摭續274　粹610　新3872　【續甲骨文編】

象　象形　且辛鼎　師湯父鼎　鄂君啟車節　象禾　今河南省有象和關　【金文編】

2·1　器蓋設遣成象王　3·1240　獨字　3·1241　同上　【古陶文字徵】

象　為一七　【睡虎地秦簡文字編】

象　象　上同竝出碧落文　象出華岳碑　【汗簡】

古老子　古孝經　古老子　碧落文　華嶽碑　碧落文　雲臺碑　南嶽碑　汗簡　竝籀韻　【古文四聲韻】

◉許　慎　象長鼻牙。南越大獸。三季一乳。象耳牙四足之形。凡象之屬皆从象。徐兩切。【說文解字卷九】

◉薛尚功　象尊

右尊銘全作象形。頭目尾足皆具象形篆也。周官司尊彝。春祠夏禴。其再獻用兩象尊。尊以象銘。蓋其宜矣。【歷代鐘鼎彝器款識法帖卷二】

◉薛尚功　象鼎

右銘一字作象形。周官司尊彝有象尊。是器鼎也。而銘之以象。何哉。博古録云。易之六十四卦。皆象也。而於鼎獨言象。蓋鼎之為卦☲☴上離下巽。以木巽火。有鼎之體。此畫象形。其亦準易而著之耶。【歷代鐘鼎彝器款識法帖卷九】

◉孫詒讓　説文象部「，南越大獸，長耳牙，三秊一乳。象耳、牙、四足、尾之形。」段若膺云「耳牙，疑當作鼻耳」，近是。此蓋以象鼻牙箸首形，以象四足尾形也。金文師湯父鼎「象弭」字作，與小篆略同。唯紅巖古刻有字，當為象形「象」字。左耒一直畫，象尾。中四直畫，象足。右兩直畫敚短，象鼻牙。上一空象首目形，極明析，可據。紅巖刻文，奇譎難識，唯此象字，塙為原始象形，與沮倉字例符合。後定古文，變衡為從，以就篆勢。而秦篆因之，遂與原文殊別矣。【名原上卷】

◉王　襄　篆文之字與許説不盡合，疑存古説，佚其古字歟。契文之象但著其長鼻，下見耳牙，為象之特徵，祖辛鼎作，鼻牙耳之形皆見，與許説合，殆象之初文，意象形文字以填實為早，鉤匡廓或為後起，如父乙敦之、、，觶作，妣辛敦之，父乙觚作，癸尊之，父癸尊作。亯父乙敦之，父癸鼎作，宅敦之，盾觶作中，約舉數字著其明例。【古文流變臆説】

◉高田忠周　今參攷下諸篆。當言象耳鼻牙四足尾之形。而古文亦往往省耳形耳。且最初古文。寫肖横形。與畫圖未遠。所謂象形，倉頡發明之迹。固當如此矣。後書法趣簡主便。横者變竪。又專省筆畫。遂與象形之指遠。又見下文。段氏云。按古書多假象為像。人部曰。像者似也。似者像也。像从人象聲。許書一曰指事。二曰象形。當作像形。全書凡言象某形者。其字皆當作像。而今本皆从省作象。則學者不能通矣。周易繫辭曰。「象也者。像也。」此謂古周易象字。即像字之假借。韓非曰。「人希見生象。而按其圖以想其生。故諸人之所以意想者。皆謂之象」。似古有象無像。然像字未製以前。想像之義已起。故周易用象為想像之義。如用易為簡易變易之義。皆於聲得義。非於字形得義也。韓非説。同俚語。而非本無其字。依聲托事之指。愚謂象像於周時為古今字。殷人無像字。又見卜辭文。殷時似象獸所在皆產者。韓非為周人。無不知殷時多象之理。其所言者。必當太古之事。南山經云。「禱過之山多象。」元是南方之物可識矣。又古文爲字。从爪从象。象所似之意。亦與像似其義相近。為字極古。而造為字時。象為像字。韓非所云。可信而不可疑矣。為字後人又从人作僞。遂以分別。亦猶象變作像。正是一例。可識者也。【古籀篇九十三】

◉羅振玉　今觀篆文。但見長鼻及足尾不見耳牙之狀。卜辭亦但象長鼻。蓋象之尤異於他畜者其鼻矣。又象為南越大獸。此後世事。古代則黄河南北亦有之。為字从手牽象。說見下。則象為尋常服御之物。今殷墟遺物有鏤象牙禮器。又有象齒甚多。非伸出口外之二長牙。乃口中之齒。卜用之骨有絶大者。殆亦象骨。又卜辭卜田獵有獲象之語。知古者中原有象。至殷世尚盛也。王氏國維曰。吕氏春秋古樂篇。商人服象為虐於東夷。周公乃以師逐之。至於江南。此殷代有象之確證矣。【增訂殷虚書契考釋卷中】

◉馬叙倫　段玉裁曰。耳牙當作耳鼻。桂馥曰。四足當作足尾。鈕樹玉曰。韻會引作南越大獸。長鼻耳。沈濤曰。初學記二十九引越下有之字。年作歲。御覽八百九十引同。白帖九十七引作五歲一乳。翟云升曰。初學記引作象身四足而大。倫按説解本作獸也。象形。今為吕忱或校者所增改矣。甲文作　。象形。【説文解字六書疏證卷十八】

◉郭沫若　「象舞」二字原作　。攈古上字釋爲，下字未釋。孫釋「爲器」。案古爲字作　，从爪象，此僅一象形，不从爪，非爲字也。【匡卣　金文叢考】

◉高鴻縉　代二·17鼎有　字及甲文一二兩形　後下·5·十一　前四·44·三。俱象長鼻豐首巨身及前後足與尾之形。狀象如繪。第三形　前三·31·三。着尾如馬尾。本不倫。但金文以下各體沿之。文字中凡四足動物均只畫側面兩足。除牛羊畫正面頭外。無不如此。凡許言象四足形者均誤。【中國字例二篇】

◉殷滌非　羅長銘　　負字，从⺈从月，古爲字从爪象，楚器為多作　，其右旁與此上半同，知此亦是象字。象禾地名，今河南泌陽縣東北有象河關。【壽縣出土的「鄂君啟金節」　文物一九五八年第四期】

◉丁　山　宋代出土之象尊，見薛氏款識二。其形象長鼻利齒，固已畢肖矣。近代又出土一象且辛鼎，形亦維妙。象字見于卜辭者曰：「今日其雨，獲象。」前・3・31・3。曰：「其來象三。」後・下・5・11。曰：「于癸亥眚象，易日。」粹・610。大抵言動物也。若云：

……卜㝉貞，象……。前・4・44・4。

……叀象……前・4・44・2。

象入。明義士・1241。

辭已殘泐，不知其為獸抑為國族也。惟翼辭有：

紀載，是即鼎銘所謂象氏乎？孟子萬章言：「父母使舜完廩，捐階，瞽瞍焚廩。使浚井，出，從而揜之；象曰，謨蓋都君，咸我績。」故萬章問曰，「象至不仁，封之有庳，仁人固如是乎？」有庳，自來注疏皆謂在湖湘以南。閻若璩四書釋地續則謂：「有庳之封，必近在帝都，而今不考爾。」則水經溱水注所謂：「邪階水側有鼻天子城，鼻天子，所未聞。」路史謂：「鼻天子，即象。」顯然影附之說也。舜弟之象不可知，今以甲骨文金文證之，知商代碻有象氏爾。漢有象氏縣，屬鉅鹿郡，約在今河北隆平縣東北，趙記指為「舜弟所居」，毋寧謂即商代象氏遺址。【殷商氏族方國志　甲骨文所見氏族及其制度】

◉徐中舒　□合集一〇二二二　象大象之形。甲骨文以長鼻巨齒為其特徵。《說文》：「象，南越大獸，長鼻牙，三年一乳。象耳牙四足之形。」《呂氏春秋・古樂篇》：「殷人服象，為虐於東夷。」又據考古發掘知殷商時代河南地區氣候尚暖，頗適於兕象之生存，其後氣候轉寒，兕象遂漸南遷矣。【甲骨文字典卷九】

◉劉彬徽等　(635)□，讀作象。簡文有□牛，象牛為牛之別稱。象虞，即象臯，以牛皮所做的甲。【包山楚簡】

◉劉　釗　象、兔二字早期形體差别較大，但發展到西周金文時，有些形體已寫得很接近，使一些研究者難于分辨。其實只要抓住關鍵，區别也極為容易，規律是象字從不帶有上翹的尾形，而兔字則一律帶有短尾。試看《金文編》兔字及从兔之字：⊘

與前邊討論的象字的區别就在尾部。由此也可以知道鄂君啟節的「□」應釋作「象」而不應釋「兔」，三體石經的「□」字也應是□，即將字，因象、兔音可通，而逸又从兔聲，故石經借□(將)為「逸」。

過去我們曾指出蔡侯器的「□」字不从爲而从象，與古璽「□」「□」「□」(《古璽彙編》551頁)為一字，从土為繁飾，並指出古璽「□」「□」(《古璽彙編》1455、3273)頁釋「象」。從古璽兔字作「□」(《古璽彙編》3072)，逸字作「□」「□」(《古璽彙編》2622、2620)來

看，象與兔在古璽中的區別是：象作全體形，而兔則只省為頭部。【金文編附録存疑字考釋　人文雜志】

5·123　咸少原豫　【古陶文字徵】

7　11　191　【包山楚簡文字編】

豫章守印　豫章太守章　廬江豫守　豫章南昌連率　王君豫宜子孫　成功豫印　【漢印文字徵】

豫貝丘長碑　豫　【汗簡】

古老子　古尚書　貝丘長碑　義雲章　【古文四聲韻】

◉許　慎　豫象之大者。賈侍中說。不害於物。从象。予聲。羊茹切。古文。【説文解字卷九】

◉徐中舒　禹貢豫州之豫，為象邑二字之合文。説文豫從象予聲，從予乃從邑之譌。予為晚出之字，不見於甲骨、銅器及較古之書籍。

(1) 訓我之予，甲骨、銅器皆作余，作余；三體石經予，古文作舍。

(2) 經典雖余、予並用，而儀禮禮記左傳皆作余，不作予。

(3) 銅器羌鼎之□，阮氏釋為序，未確；此字又見格仲尊，作□，乃寡字。

(4) 尚書中從予之字，如金縢「王不豫」，説文引作悆；多方「洪舒于民」，困學紀聞云「古文作洪荼」；顧命東序西序之序，大傳作杼，一切經音義九云「序古文阡同」，疑即除字之譌，除為階除，序為東西牆，義實相近。

邑銅器作

師酉敦　鬲攸比鼎　齊侯壺　散盤　曶鼎

兩足布則變為

安邑幣　梁邑幣

與予字形極相似。漢碑中豫作

豫郭旻碑　豫校官碑　豫陳寔殘碑　豫韓勑碑陰

郭旻校官兩碑，豫之偏旁予，直與梁邑幣之邑字無別。再徵之銅器中從邑諸字，如邦，鄙：邦陳侯午敦　邦封敦　邦晉公盦　邦齊進邦刀　鄙鄙侯戈　鄙鄙王戈　鄙鄙王詈戈　鄙古鉩文

其偏旁邑均與予形相近。蓋予字之得形，即由邑字譌變而成。其得音與義，則由舒字為之介。春秋隱三年：「徐人取舒」，舒玉篇引作⿰舍阝。說文⿰舍阝從邑舍聲，形聲至為明顯。自後人誤⿰舍阝為舒，於是此偏旁予遂成一新字，而奪其左旁舍之音義為其音義。墨子耕拄篇云：「見人之作餅，則還然竊之，曰：『舍余食』」；舍余食，即予余食，舍當讀予。銅器居道敦：「君舍余三鏞」；舍作舍，與三字石經中予之古文舍同。是其證。顏師古匡謬正俗謂予無余音，強為分別，徒增疑謬。

豫為象邑二字合文，不但予邑二字字形相同，並與古代地名從邑之例相合。說文中之邑字，如邰邠郁扈鄠鄭……十，九為地名。禹貢之徐州字亦從邑，從彳乃誤字，銅器徐作

徐沇兒鐘　徐徐王鼎　徐徐王義楚耑　徐徐瑞　徐公伐徐鼎　徐公伐徐鐘　徐冢桐盂　徐余𢦏鉦　徐郐口句鑃

其邑旁均在左，故譌為彳。禹貢豫州徐州二地，字均從邑。其命名之義，徐為國名，豫當以產象得名，與秦時之象郡以產象得名者相同。此又為古代河南產象之一證。【殷人服象及象之南遷　史學所集刊二本一分】

◉吳其昌　⿰月象𥁕鼎　⿰月象，地名，其字從象。按河南古為產象之區。詳吾友徐中舒商人服象及象之南遷。左氏襄公七年傳云「公會晉侯中略于鄬」。杜預注「鄬，鄭地」。為即象，鄬即⿰象阝也。其後隸書邑作[glyph]，與[glyph]同形，故邑旁誤為予旁，而為豫字。豫者，象邑也，故中州為豫州，實則省邑亦同，豫州實象州耳。此作⿰月象，明其地產象。蓋為鄬、⿰象阝、豫之初文，則其地實為今之河南可知。【金文厤朔證卷一】

◉郭沫若　⿰月象字从肉从象，乃國族名，殆即豫州之豫。說文云「豫，象之大者，从象予聲。」此从肉，蓋亦喻其物之大也。古豫州之野必有國名豫者，故周末傳者造擬九州，即因豫以為之名。其豫字則本作⿰月象也。員卣謂「從史旟伐會」，蓋同時事。會即鄶省，亦在豫州，可為證。【𥁕鼎　兩周金文辭大系考釋】

◉商承祚　[glyph]　據汗簡引華岳碑象作[glyph]。則此似亦當如此作。段氏改為[glyph]。近之。【說文中之古文考】

◉馬叙倫　翟云升曰。禮記曲禮疏。說文云。豫。象屬。倫按象屬者。字林文。字林每言屬也。象之大者。賈侍中說。不害於物。蓋亦字林文。或校語也。許止訓象也。豫為象之轉注字。象音邪紐。豫音喻紐四等。然從予得聲之杼序音皆邪紐。易繫詞。易之為序也。釋文。序。本作象。明象序之音同。故借序為象。儀禮鄉射禮。豫則鉤楹內。注。今文豫為序。是

古讀豫如序也。竝其證。玄應一切經音義引倉頡。豫。佚也。又引倉頡。預。安也。又先辨也。逆為之具曰預。預蓋豫之譌體。或從頁予聲而借為豫。傳寫倉頡者易之也。

□ 鈕樹玉曰。篇韻俱無。倫按古文下捝豫字。【說文解字六書疏證卷十八】

◉劉彬徽等 （19）豫，簡文作□，《鄂君啟節》此字作□，□即為□之省形。【包山楚簡】

◉何琳儀 □（蔡侯鎛）

在辨認此字左旁所从為何字以前，首先討論「野」字。《説文》「野，郊外也。从里，予聲。壄，古文野。从里省，从林。」案，古文字「野」均作「埜」，秦漢以後才出現「墅」，但並不从「里」。如「□」（《秦陶》三三五）、「□」（《相馬經》三一下）、「□」（漢石經《詩·東山》）。至于「野」的異體「□」（《睡虎》六·四五）、「□」（《隸辨》三·五二），則與《説文》古文吻合。值得注意的是，這些「野」字所从「予」作「□」、「□」、「□」等形，與「□」（予）形體有別。在早期古文字中並未發現有「予」字，戰國秦文字才出現「□」形（石鼓文「□」）；六國文字「予」尚作「□」形（《璽彙》三四五七「□」）。凡此可證，「予」本作「□」形。（「予」疑即「吕」的分化，留待後考。）其形體演變順序如次：

上表「□」或作「□」，與甲骨文「□」或作「□」屬同類現象；「□」、「□」或作「□」、「□」，與戰國文字「□」或作「□」（陳璋鎛）屬同類現象。總之，「野」本作「埜」，从「林」，从「土」會意。後加聲符「予」作「壄」，又演變為「从田从土予聲」的「墅」，小篆誤連「田」和「土」成為「里」，遂有許慎「从里」之説。「野」的聲符「予」，本作「□」，後演變為「□」。

蔡侯鎛銘奇字所从「□」，與秦陶文「野」之所从「□」形體吻合，聲符均為「□」（予）。至于鎛銘所从「八」，應是裝飾筆畫，無義。古文字「□」或作「□」、「□」或作「□」，可資佐證。然則鎛銘此字應隸定「□」，即小篆「豫」的繁化字。鎛銘「豫」凡兩見：「豫命祗祗」、「奞奞豫政」。「豫」，舊多隸定「□」，以右旁从「為」，殊誤。或讀「撝」，或讀「為」，亦尚隔一間。案，「豫」與「舍」音近可通。《書·洪範》「曰豫」，《史記·宋世家》、《漢書·五行志》引「豫」作「舒」。《爾雅·釋地》「河南曰豫州」，釋文引李巡云「豫，舒也」。《古文四聲韻》有下列古文：

舍 □ □ □（四·三三）

捨　（三・二三）

舒　（一・二二）

儘管這些傳鈔古文筆畫多有譌變，但其所从「」則應釋「象」。《古文四聲韻》三・二三「象」字作「」形，可資比照。筆者過去曾隸定此字為「⿰台肖」，應更正為「⿰台象」(豫)。《古文四聲韻》「豫」讀「舍」、「捨」、「舒」等，是鎛銘「豫」讀「舍」的佳證。鎛銘「豫命」讀「舍令」，與西周金文毛公鼎「父厝舍命」、克鼎「王命善夫舍命于成周」，適可印證。「舍命」，又見《詩・鄭風・羔裘》「舍命不渝」。「舍」、「施」音義均近。《楚辭・天問》「何三年不施」，注「施，舍也」。綜上，「舍命」猶言「施令」，有「發號施令之意」。「舍政」猶言「施政」。《論語・為政》「施于有政」，注「施，行也」。

䧹于公戈銘「」所从「象」已有省簡，但象尾下垂洞若觀火。《印徵》九・一四「豫」作「」，與戈銘形體吻合，不過所从「象」繁簡有別而已。故「」應釋「豫」。戈銘「鄗(喬)豫」為「䧹于公」之姓名。上引《印徵》「王君豫宜子孫」之「豫」亦人名。

確認鎛銘、戈銘之「豫」，上揭古壐奇字即可迎刃而解。此字左从「」，與鎛銘「豫」所从「」形體吻合，應釋「予」。此字右从「」，乃戈銘「」之變，應釋「象」。然則壐文「⿰台象」無疑亦應釋「豫」。壐文「豫」均為人名。【古壐雜識續　古文字研究第十九輯】

彖

鐵二・二　乙九〇九二　前四・四六・二　前七・五・二　後二・六・一　林一・七・一一　菁三一

佚三七八　佚九八〇　乙一九二　乙六七三八　乙八一二　京津一三七二　京津一六八六

甲三四七三　甲三六二　甲一二八六　甲一九九二　甲二二三三　甲二六九五　甲二八一〇　粹一三三五

子馬　粹一一五二　粹一一五四　粹一一五六　師友二・一五五　多馬羌　明藏七六〇　寧滬一五〇六

叀三族馬令　寧滬一・五二一　鐵一〇・二　鐵三〇四　拾一〇・四　前四・四五・五　前四・四六・一

前四・四七・五　前四・四六・三　前五・六・五　後二・四二・一〇　林一・二三・二〇

林二・一五・一四 林二・一五・一五 佚六四三 河三一二 誠四九二 先馬 續三・八・七

燕五九二 鄴三下四〇・八 掇・九三 後一・六・五 存六五 多馬亞 【甲骨文編】

甲159 300 362 696 1240 1286 1992 2233 2695 2810 3473

3913 乙2844 3381 3449 3943 4589 4718 4761 5305 5408

5521 6738 7360 7427 7647 8057 8712 8812 9092 珠121 318

1368 佚77 111 203 306 378 518 643 佚980 徵10・122 續1・29・4

2・25・11 3・8・7 3・32・4 3・40・2 5・4・5 5・6・3 5・25・9 5・34・2

掇93 447 454 徵2・44 11・97 12・13 京1・19・4 2・6・1 古2・8

録312 582 摭88 東方1702 續存66 743 2371 外83 摭續64 152 粹

135 1152 1156 129[illegible] 1554 新1458 1617 2103 3024 3817 4030

4151 4471 4541 4771 【續甲骨文編】

馬 象形 戍寅鼎 𢼄䜌鼎 宅簋 作册大鼎 𢦏馭觥 盂鼎 召卣二 揚鼎 次卣

彔伯簋 令鼎 衛簋 豆閉簋 師奎父鼎 公貿鼎 曶鼎 應侯鐘 牧馬受簋

無㠱簋 克鐘 毛公厝鼎 𢿤簋 君姞鼎 吴方彝 衛盉 五祀衛鼎 九年衛鼎

公臣簋 盠方彝 師同鼎 瘨盨 鬲簋 元年師兑簋 師兑簋 休盤 散盤

格伯簋 師寰簋 𢦏簋 趞簋 大簋 守簋 史頌簋
虢季子白盤 兮甲盤 右走馬嘉壺 孟辛父鬲 大司馬匿 薛仲赤匿 鄂君啟舟節
鄂君啟車節 白亞臣鐳 盗壺 鄽侯庫簋 司馬南弔匜 【金文編】

5·345 獨字 3·399 關里馬柉 3·400 同上 3·401 關里馬柉 3·402 同上 3·766 丹馬
3·278 杏蔞圍壽所馬 3·489 子襄子西里人馬 4·55 右宮馬伐 4·131 左𦀚都𠚤司馬鉩 5·57 咸鄜
里馬 6·5 大馬□ 6·146 獨字 9·57 司馬盰 【古陶文字徵】

〔三六〕 〔三六〕 〔一二〕 〔四七〕 〔一九〕 〔一二〕 〔一五〕 〔四〕 〔一一〕
〔四二〕 〔一〕 〔一〕 〔一九〕 〔四二〕 〔三八〕 〔三六〕 〔一八〕 〔一一〕 〔三八〕
〔三八〕 〔一二〕 〔三六〕 〔一〕 〔七〕 〔一〕 〔三五〕 〔五〕 〔一一〕 〔一二〕
〔七〕 〔三六〕 〔五〇〕 〔三六〕 〔三六〕 〔一〇〕 〔四二〕 〔三六〕 【先秦貨幣文編】

布方 馬雝 晉芮 仝上 晉高 仝上 晉襄 布方 馬雝 晉高 仝上 晉芮 仝上 晉高 布
方 馬雝 晉高 仝上 晉祁 仝上 晉高 布方 馬雝 晉祁 仝上 晉高 仝上 布方 馬雝 晉高
仝上 晉祁 仝上 布方 馬雝 晉祁 仝上 晉浮 仝上 晉祁 布方 馬雝 晉左 仝上 晉
祁 仝上 冀靈 布方 馬雝 典二三二 仝上 典二三三 仝上 典二三四 布方 雝馬 典二三五
仝上 典二三六 仝上 典二三七 布方 馬雝 亞四·三一 仝上 仝上 布方 馬雝 亞四·三一

仝上 仝上 布方 鄦馬 亞四・三一 布方 馬鄦 史第八圖6 【古幣文編】

一八五：九 宗盟類參盟人名 其它類馬□□ 八五：一四 【侯馬盟書字表】

117 133 162 206 228 249 【包山楚簡文字編】

馬 效六〇 二十五例 效四四 六例 秦一二〇 六例 雜二六 八例 封二二 八例 為三〇 三例

【睡虎地秦簡文字編】

3770 3820 3799 0024 0052 0051 0050 0058 0061 0054 0060

0059 0268 2757 1504 0048 0293 0064 3811 2758 3893 4089

2247 0042 與郾侯毁馬字同。 0038 唐蘭曰：或釋隶，即肆字，司肆官名，等於司市，是管理市場的。 0047

0031 0037 0030 0025 0035 0026 0027 3824 0062 0023 0028 【古璽文編】

左馬廐將 校司馬印 馬府 强弩司馬 定胡軍司馬 馬帶 馬適昭 司馬安 馬適高

馬調之印 乘馬道人 馬適僑印 【漢印文字徵】

石碣遊車 遊馬既同 鑾車 趍=□馬 馬薦 驕=馬薦 魏馬諸兩體殘石 說文古文同 【石刻篆文編】

馬 【汗簡】

道德經 汗簡 【古文四聲韻】

◉許 慎 [illegible]怒也。武也。象馬頭髦尾四足之形。凡馬之屬皆从馬。莫下切。[illegible]古文。[illegible]籀文。馬與影同有髦。【説文解字卷十】

◉孫詒讓 龜文「馬」有數體，亦皆象形。如云：「㝵[illegible]□綠」二之二，下有「貝」字，別為一事。「□[illegible]」卅之四。「□□隻□[illegible]□」百八十一之一。此皆是象形「馬」字。第一字有尾、有蹏、有髦，形最完葡。次亦然，而尾尤大，首形微有闕。三唯有尾、蹏而無髦，則形之省也。又有殘字二，如云：「日丁卯[illegible]當是「御」字。車[illegible]」百十四之一。此字殘闕僅存其半，首作[illegible]與前相類，亦似有鬣而與「御車」連文，其為「馬」字塙鑿無疑。又云：「□弗其我其[illegible]」二百十九之三。「壬□卜𣪊貝□[illegible]下半闕」二百四十八之二。此亦僅存首形，與前亦相類，雖筆畫不完，大抵皆一字也。

「壬辰卜立貝令侯氏[illegible]申步」六十二之一。此有蹏，有髦，唯首、尾略簡，亦「馬」字也。「令侯氏馬」者，諸侯朝覲有賜乘馬，詳前《釋禮篇》。此亦可為「馬」字之塙證。

「乍[illegible]□香□」八十三之二。此「香」字與「今香立从馬棄」字同，詳後。則象形字亦即「馬」字，但無髦而尾尤長，形與前略異。象形「馬」字形多小異，惟足皆有蹏。今以此推之，形有略簡者，如云：「癸酉卜□□亩[illegible]」卅八之三。「亥卜□[illegible]从□[illegible]東」百四之一。「𢀛人辛于□[illegible]一牛一□」二百四之二。「辛酉卜令[illegible]」二百廿一之四。下有「不壬戌之」四字，文不相屬。諸文與象形「羊」「豖」字相近，唯足與「馬」同，似皆「馬」字也。

龜文別有簡易整齊之「馬」字，如云：「貝皋弗其侶立[illegible]」一之一。「馬」字下半闕。「庚戌卜戈貝□乎[illegible]皋」十五之四。「貝参□□乎[illegible]昌」卅九之四。「[illegible]」即「馬」字之上半，下半闕。此與二百四十一之二文略同。「貝我□[illegible]」百之三。「貝[illegible]我羌」百一之四。「□[illegible]昌方出」百廿一之四，與前文亦略同。「□□卜𣪊从[illegible]大出伐下□弗其受□」百五十之三。「辛子卜立参□亩□[illegible]令□」、百七十二之二。「□似「立」字参从[illegible]棄」二百廿二之一。「貝参乎[illegible]昌方」二百四十一之二。「庚辰[illegible]下半闕大[illegible]」二百四十二之一。「貝今香乎从[illegible]棄伐□弗□□」二百四十五之二。又五十七之二云「□□亘貝立□□爵先自𦤎自」「立」下似有「从馬」二字，但筆畫模黏，附識于此。「丙戌卜戈貝今香立从[illegible]棄伐下□我受之又」二百四十九之二。以上諸文互有詳略，而皆為「馬」字。《説文·馬部》：「[illegible]，怒也，武也。象馬頭、髦尾、四足之形。古文作[illegible]，籀文作[illegible]。皆有髦。」金文毛公鼎作[illegible]、盂鼎作[illegible]，皆唯其頭、目、髦、足。此文从[illegible]或从[illegible]，亦即頭、目形，但較前全象形稍為整齊，與小篆略相近，實則此仍象形字也。無髦者亦文之省。【契文舉例下卷】

◉孫詒讓 龜甲文有象形馬字云：「㝵[illegible]口綠[illegible]」，此文有首尾蹏髦，於形最完葡。又云：「曰丁卯，□似御字半泐車[illegible]下半泐。」此甲闕，僅存獸首與前正同。而以「車馬」連屬為文，尤可塙定其為馬字。又有[illegible]字[illegible]字皆馬形，而緐簡小別，要皆原始象形字

也。【名原上卷】

◉王國維　彔伯敦蓋馬作□。與□形略似。但影从彡不能得髦形。當為轉寫之失矣。【史籀篇疏證　王國維遺書第六册】

◉羅振玉　□□□□　說文解字馬古文作□。籀文□同。象馬頭髦尾之形。卜辭諸字形雖屢變。然一見可知為馬字矣。【增訂殷虛書契考釋卷中】

◉强運開　□。張德容云。此籀文。小篆因之。非小篆始有也。說文馬下重文作□。注云。古文(二字斷句)。籀文馬與影同有髦。蓋謂籀文作□與古文作□同有髦也。故曰象馬頭髦尾四足之形。後人於籀文上重添一□篆。於是乎不可通矣。玉篇不得其說。乃別作□以為籀文。段氏遂據以改許書而謂各本為古籀無別。其實非也。運開按張氏此說甚為精塙。攷馬字見於金文者。毛公鼎作□。盂鼎作□。師奎父鼎作□。彔伯戎敦作□。叉卣作□。均與□相近。然皆从目無从日者。說文所列古文。蓋傳寫有訛誤處。又史頌敵作□。散氏盤作□。格伯敵作□。均與鼓文相似。他如齊侯鐘虢季子白盤均作□。與石鼓同。足證張氏□非小篆始有之說為可信。【甲鼓　石鼓釋文】

◉馬叙倫　沈濤曰。廣韻引頭上無馬字。倫按釋名及周禮司馬鄭注竝曰。馬。武也。玉篇亦作武獸也。怒也。武怒竝以聲訓。然疑許本作獸也象形。或作武也。象形。今本為吕忱所增改矣。凡象形者。視而可識。吕欲詳其所象。故增說之。亦以篆文漸昧。使人惑耳。虢季子白盤作□。毛公鼎作□。盂鼎作□。師奎父鼎作□。貿鼎作□。無㠱敵作□。格伯敵作□。趞敵作□。甲文作□□□□□。石鼓作□。字見急就篇。

□　李杲曰。古鉩陽馭作□。正從□。然從彡不能得髦形。當由□而譌變。倫按依大例當作影古文馬。

□　吳穎芳曰。古文當作□。此注中影字當作冐。謂與古文冐同。而此有髦也。後人將與冐同有髦一句讀。遂於冐增彡。並所列正文古文亦增彡。如此則二文無異。何必重列。嚴可均曰。篆當作□。說解當作無髦。據籀文□知無髦。今篆與古文無別。段玉裁曰。據玉篇古文作影。籀文作□。是古文從□加髦。籀文從□加髦。故云二者同有髦也。桂馥曰。古文當作□無髦。故此云籀文馬與□同有髦也。王筠曰。桂氏以□為古文。然騔之籀文從□。固無髦也。筠謂說解祇作籀文馬三字。篆體既譌之後。校者加注。謂籀文與古文同體。二篆皆有髦。彼不知小篆之連於首者即髦也。蓋□者古文。□則古文之異者。故籀文騔從□。籀文騅從□。皆是古文。故籀文從之也。特小篆盡從□。故目為小篆耳。龔橙曰。□見李登集古文。倫按金文唯公貿鼎作□無髦。餘文及鉩幣之文皆有髦。甲文亦有髦。甲文從馬之駟作□。駁作□。金文從馬之駒作□。其馬形皆有髦。獨本書籀文騔字所從之馬作□。無髦。而籀文騅又從□。然則籀文實與小篆無殊。

倉頡之文固出於史籀也。唯籀篇有異體作。傳寫譌作。故本書騶之籀文作耳。此傳寫之譌。古文或如吴桂之説。或如王筠謂此説解中與影同有髦為校語。古籀不異。【説文解字六書疏證卷十九】

◉于省吾　先馬就是後世俗語所説的頂馬。令鼎三代四·二七。令眔奮先馬走。古籍也有先馬導馬前馬。荀子正論。三公奉軶持納。諸侯持輪挾輿先馬。楊注。先馬。導馬也。國語越語。其指句踐身親為夫差前馬。韋注。前馬。前驅在馬前也。莊子徐无鬼。黄帝將見大隗乎具茨之山。方明為御。昌寓驂乘。張若謵朋前馬。昆閽滑稽後車。成疏。前馬。馬前為導也。按韋注成疏的意思是説馬前引路。但卜辭説馬其先。是就騎馬在前言之。【殷代的交通工具和馹傳制度　東北人民大學人文科學學報一九五五年第二期】

◉高鴻縉　怒也武也皆音訓。代十九·11戈文有字。原象頭嘴耳目鬣足身尾之形。馬字甲文正由此簡化。後代漸有改變。周人以目代首。並省去其肚皮。小篆又畧省。隸書變方。楷則於古意全失。【中國字例二篇】

◉饒宗頤　己丑卜，彭方貞：其羼且丁門，于砉，衣。邛彡。(屯甲二七六九)按羼為馬之繁形，讀如師祭之禡。【殷代貞卜人物通考卷五】

◉石志廉　楊桂榮　(五)商「馬永盉」

此盉是文化部文物局於1958年撥交我館的，傳河南安陽出土。⊘底内鑄有陰文「馬永」二字銘文。

商代甲骨文中已發現有相馬術、馬匹閹割術和原始的馬醫(即巫馬)的記載。西周銅器中有「鄭牧馬受毁蓋」二件。陝西扶風法門公社出土的西周「犾駿觥蓋」，其銘文中記載吴犾駿叔曾担任「遣馬」之職。按「遣馬」即「趣馬」，《尚書·立政》傳注趣馬為「掌馬之官」。《詩經·小雅·十月之交》「蹶惟趣馬」，鄭箋「掌王馬之政」。《周禮·夏官·趣馬》注：「趣馬，趣養馬者也。」西周銅器「盠駒尊」，不僅器身作馬形，且其銘文中有關於周王重視馬政親自參加執駒典禮的記載。此外1977年陝西隴縣韋家莊出土有西周銅器「牧正尊」，1959年四川彭縣竹瓦街出土有商周之際的銅器「牧正父己觶」，這些都是與古代養馬事業有關的重要銅器。「馬永盉」也是與養馬有關的商代銅器。我們初步認為銘文中的象形馬字應是氏族徽號，永是作器的人名，永可能是一位為商王養馬的貴族或官吏。這種以梁代鋬式樣俊俏的小銅盉，未見著録。从其形制、紋飾和銘文看，它是商代中期偏晚的銅器，為古銅器形態學和有關商代馬政的研究增添了新的資料。【中國歷史博物館收藏部分商代表銅器　中國歷史博物館館刊一九八二年四期】

◉許學仁　至於仰天湖第六號楚簡中之「」字，殆亦馬字。考古鉨文字中馬字省變尤劇。或省去馬目及部分鬃毛，作；或簡省下半尾毛四足，而以省文符號「一」「二」代之，作者，凡此二系，列國文字皆有徵驗，如齊國文字作古陶文舂録，尊古齋古鉨集林・一集「右聞司馬」印，簠齋古印集「聞司馬鉨」，齊魯古印攈「司馬陀」；燕國文字作郾侯載簋，遼寧北票新郾王出職戈；三晉文字作「馬雍布」，集古印譜「縈昜氏馬」印。戰國屬羌鐘屬字作，其馬字的避煩複已作，而仰天湖楚簡「」正馬字之省變，惜上字泐蝕，不能辨析，然□馬，細案文例，殆亦官名職稱也。【楚文字考釋　中國文字一九八三年第七期】

◉何琳儀　郾侯載毀銘「永台馬母」。或訓「馬」為「武」，「母」為「女性」。或釋「馬母」為「馬祖」。

按，「馬母」即中山王圓壺銘「百母」，「馬」與「百」雙聲疊韻，音近可通。《詩・小雅・吉日》「既伯既禱」，《說文》作「既禡既禂」。《周禮・春官・肆師》「祭表貉」，「貉」《爾雅・釋天》作「禡」，鄭注「貉」讀「十百之百」，是其佐證。「母」與「每」為一字分化，亦雙聲。總之「馬」和「百」、「母」和「每」都是以唇音為紐帶的一聲之轉。

中山王圓壺「百每」即典籍「勉閔」。「百」可讀「慔」。《詩・大雅・皇矣》「貊(貉)其德音」，韓詩作「莫其德音」，是其證。《說文》「慔，勉也。」朱駿聲《通訓定聲》「百假借為慔」，《左僖廿八年傳》距躍三百，曲踊三百。」注「猶勵也。」「每」可讀「敏」。天亡毀、晉姜鼎「每䵼」均讀「敏揚」。是其證。《禮記・中庸》「人道敏政」，注「敏，猶勉也。」「敏」亦通「閔」。《釋名・釋言語》「敏，閔也。」《書・君奭》「予惟用閔于天越民」，傳「閔，勉也。」

《詩・邶風・谷風》「黽勉同心」，釋文「猶勉勉也」。衆所周知，「黽勉」這類雙聲謰語本無定字，或作「密勿」、「蠠没」、「閔免」、「文莫」等，其實都是以唇音為紐帶的音轉。甚至二字還可以互倒。如「僶勉」或作「俛僶」(薛君章句)、「黽勉」或作「茂明」(《漢書・董仲舒傳》)、「密勿」或作「悗密」(《韓非子・忠孝》)。因此「百每」應讀「慔敏」或「勉閔」，即典籍之「閔勉」(《漢書・谷永傳》)的倒文。

中山王圓壺「百每竹(篤)周無疆」，意謂「黽勉于信無有止境」。郾侯載毁「永台(以)馬母」，意謂「永遠黽勉」。「百每」與「馬母」對應，「無疆」與「永」對應，辭例甚近。【戰國文字通論】

◉劉　釗　《文編》附録七十第7欄有字作「□」，按字應釋作馬。金文馬字作「□」、「□」、「□」，與璽文「□」形極近。馬字見於《古璽彙編》3318號璽，璽文為「馬府」。此璽應為管理馬匹的機構的官印。《十鐘山房印舉》2·56有「馬府」印，可以參證。【璽印文字釋叢(一)　考古與文物一九九〇年第二期】

◉戴家祥　王筠曰：鐘鼎文作□者，有頭有髦，四足一尾，與小篆同。□□則髦或二或一，□則無髦。説文古籀文蓋即此而頭小誤。□兩尾。□□皆無尾，可為石慶所藉口，不必恐獲譴也。説文釋例六七六葉按金文馬用作牲畜名，或用作官名，如「司馬」「走馬」等。【金文大字典下】

隲

□ 隲孝君　□ 隲福之印　【漢印文字徵】

◉許　慎　隲牡馬也。从馬。陟聲。讀若郅。之日切。【説文解字卷十】

◉高田忠周　□　今審此篆形。馬旁从山。與𠂤同意。古字𠂤山往往通用也。山上之□。當象馬蹏形。馬蹏在山上。所以登陟之意。爾雅。牡曰隲牝曰騇。騇是駼字。又昆駼。枝蹏。枝蹏趼。善陞甗。西京賦。巘獵騉駼。辥綜注。山之上大下小者曰巘。昆駼如馬。枝蹏。善登高。夫人登高曰陟。故从𠂤从步。步即二止也。省則止也。止象人足迹形。此篆所从。專以馬為意。故作山上之蹏迹。其意尤為切實。故知此篆亦隲字也。爾雅舍人注。騉駼者。外國之名。然昆余國所産名馬。故亦以昆余名之。不為異已。其牡曰隲。其牝曰騇。亦當有此名矣。王賜大此善馬。文義至順。【古籀篇九十二】

◉馬叙倫　劉秀生曰。小徐無讀若句。陟聲至聲古同端紐。故隲從陟聲得讀若郅。爾雅釋詁。隲。陞也。方言一。郅。登也。自部。陟。登也。隲郅竝陟音借。是其證。倫按牡音明紐。隲從陟得聲。陟步一字。步音竝紐。同為雙脣音。故步曰牡。馬曰隲。語原同也。【説文解字六書疏證卷十九】

九二：七　宗盟類參盟人名【侯馬盟書字表】

◉許　慎　馬一歲也。从馬。一絆其足。讀若弦。一曰。若環。户關切。【説文解字卷十】

◉馬叙倫　段玉裁曰。絆其足衍文。鈕樹玉曰。繫傳弦作絃。俗。王筠曰。顧本弦作紘。譌。桂馥曰。御覽引作馬一歲曰馬。纂文。馬一歲為馬。二歲為駒。八歲為馴。別作駭。玉篇。駭。馬一歲。錢坫曰。即絆字。詩傳。重足曰絆。釋名作靽。云。拘使半行不得自縱也。劉秀生曰。爾雅釋畜。玄駒褭驂。釋文。玄。字林作駭。音同。玉篇。駭。馬一歲。駭者。馬之俗。玄者。駭之省。此馬讀若弦之證。弦從玄聲在匣紐。環從瞏聲亦在匣紐。故馬讀若弦。又得讀若環。言部。訇。從言。匀省聲。讀若玄。走部。趨。獨行也。從走。匀聲。詩杕杜。獨行瞏瞏。瞏借為趨。是其證。倫按馬一歲曰馬。則當如駒字之為形聲。從馬一其足。不得一歲之義。且亦未聞馬一歲絆其足也。石鼓文。攸勒〓。與安簡旛韃遼為韻。蓋讀若環也。則此篆當如石鼓作。明馬一歲可施羈絆而已。故鼓詞曰攸勒〓也。羈絆在首。故從馬。乚其首。指事。可證非絆其足也。釋名。拘使半行。不得自縱。亦明羈絆之不使得縱逸而已。馬已一歲。可施羈絆。因名一歲馬曰耳。疑許本作環也。以聲訓。今譌為讀若之一。或環字本是校者所以釋之音。本書於隸書複舉馬字之下。後之校者改為一讀耳。依御覽引。則馬一歲曰馬為字林文。一絆其足亦吕忱就誤篆為説。亦疑此字出字林。字林更有重文作駭也。餘見馬下。【説文解字六書疏證卷十九】

駒　師奎父鼎　　　　盠駒尊　九年衛鼎　伯晨鼎　師克盨　　駒父盨　　兮甲盤　从未　戥簋【金文編】

6·70　君駒　6·71　同上【古陶文字徵】

八八：七　宗盟類參盟人名【侯馬盟書字表】

駒　日乙四二【睡虎地秦簡文字編】

□ 駒

3866 【古璽文編】

駒萬方印 【漢印文字徵】

◉許　慎　駒馬二歲曰駒。三歲曰駣。从馬。句聲。舉朱切。 【説文解字卷十】

◉孫海波　周禮「廋人教駣攻駒」，鄭注「馬三歲曰駣，二歲曰駒」，漢書劉德傳注「年齡幼少，故謂之駒」，从馬句聲。言馬子句曲未長成也。小雅「老馬反為駒」，言老馬之傴僂如童馬也。 【甲骨金文研究(中國大學講義內刊)】

◉方濬益　詩漢廣「言秣其駒」。傳「五尺以上曰駒」。株林「乘我乘駒」。箋「馬六尺以下曰駒」。周禮鄭司農注「馬二歲曰駒」。爾雅「玄駒」郭注「小馬別名」。今按馬能駕車似非小馬。當以毛鄭義為合。 【兮伯吉父盤　綴遺齋彝器考釋卷七】

◉楊樹達　句聲字皆有小義。爾雅釋畜云：「犬未成豪，狗。」郭注云：「狗子，未生榦毛者。」又釋獸云：「熊虎醜，其子狗。」晉律云：「捕虎一，購錢五千，其狗半之。」蓋犬之小者為狗，熊虎之小者亦為狗，馬之小者為駒，其義一也。 【增訂積微居小學金石論叢卷一】

◉馬叙倫　鈕樹玉曰。集韻類篇韻會引無三歲曰駣句。玉篇亦無此句。三歲曰駣。見周禮校人注。説文無駣。王筠曰。御覽引説文。馬。一歲曰馬。二歲曰駒。三歲曰駣。八歲曰馭。既連引其文。則説文有駣字也。徐灝曰。駒雖為二歲馬。渾言之則為兒馬方壯之稱。故詩廣漢毛傳曰。駒謂五尺以上。蓋五尺以上。則兒馬之長成者矣。夏小正。四月。執陟攻駒。即月令之累牛騰馬也。然則駒未可駕車。顧能生育乎。以此知為馬之方壯者。田吳炤曰。三歲曰駣。蓋後人依鄭注肊沾之也。倫按詩角弓。老馬反為駒。言其還少也。駒為馬子。猶狗為犬子。羔為羊子。犢為牛之。豰為豕子。㝅為人子。語原同也。則駒止當訓馬子。馬二歲曰駒。後人別之。此亦字林文耳。王筠謂本有駣篆。據周禮有駣字。鄭珍謂三歲句本駣篆下句。誤寫接於上文。然經有而本書無之字至多。駣字蓋出字林。馬子曰駣。猶羊子曰羜矣。駒字見急就篇。師奎父鼎作□。兮甲盤作□。𩒨侯鼎作□。 【説文解字六書疏證卷十九】

◉郭沫若　執駒當是一種典禮。古時候王者有考牧簡畜的制度。小雅無羊。毛詩序謂宣王考牧也。彼詩雖只言牛羊。但在周禮則主馬政者有校人。趣馬。巫馬。牧師。廋人。圉師。圉人等職。校人和廋人均有執駒之明文。

　校人云。春祭馬祖。執駒。鄭司農云。執駒。無令近母。猶攻駒也。二歲曰駒。三歲曰駣。鄭玄云。執猶拘也。中春通淫之時。駒弱。血氣未定。為其乘匹傷之。後鄭訓執為拘。今于盠馬尊銘文得其佳證。尊器文作執。而蓋文作□。金文

執訊折首。訊字作緐。此从句。當是聲。則緐蓋古拘字也。【文史論集】

◉王宇信　為象意字，馬旁之表示為馬之子，此字當即駒之初文。此辭是先从正面問：某西日卜，(殷王命令)角去隻駒麽？又从反面問：(殷王命令)角不去隻駒麽？這個名為角的人當為商王朝的馬官。隻駒，就是將馬駒抓獲，很可能就是「執駒」。商王關心「執駒」，可見「執駒」已成為「馬政」中一重要事項；到了周代，「執駒」成為馬政中的重典。如《駒尊》銘載「王初執駒于牧」，國王參加「執駒」典禮，說明了對馬政的重視。【商代的馬和養馬業　中國史研究一九八二年第一期】

⿰馬八

◉許　慎　⿰馬八馬八歲也。从馬。从八。博拔切。【説文解字卷十】

◉馬叙倫　段玉裁曰。初學記引何承天纂文亦作馬八歲也。桂馥曰。御覽引作八歲曰⿰馬八。倫按從馬從八。亦可謂八馬曰⿰馬八。何以必為八歲馬。況四歲乃至七歲之馬皆無專名。而獨為八歲馬造⿰馬八字乎。況八之為數名乃借字。主義之字有假借。如男女青黃之類是也。然皆形聲字從之。會意之文。固不得用假借之義也。然則此自從馬八聲。義亦非八歲馬也。或此與牬為三歲牛牭為四歲牛者。皆流俗所造。字出字林也。【説文解字六書疏證卷十九】

⿰馬閒

◉許　慎　⿰馬閒馬一目白曰⿰馬閒。二目白曰魚。从馬。閒聲。户閒切。【説文解字卷十】

◉馬叙倫　王筠曰。此字可疑。釋畜止作瞯。引説文曰。戴目也。字林作⿰馬閒。使字林果有⿰馬閒字。陸氏何不引之。而轉引字林之瞯字乎。邵瑛曰。字林作⿰馬閒。蓋即⿰馬閒字傳寫之譌。吕忱固遵用説文也。倫按馬一目白曰⿰馬閒二目白曰魚者。本爾雅釋畜文。彼⿰馬閒作瞯。借字。此下各文皆言馬之毛色。則馬一目白二目白者。謂其毛色白也。此字自出字林。故以雅文為訓。爾雅釋文引字林。⿰馬閒音閑。則陸引字林作⿰馬閒者。邵説是矣。【説文解字六書疏證卷十九】

騏

騏湧汗【漢印文字徵】

◉許　慎　騏馬青驪文如博棊也。从馬。其聲。渠之切。【説文解字卷十】

◉馬叙倫　鈕樹玉曰。韻會引作馬青驪色。文如博棊。沈濤曰。一切經音義二引。馬文如棊文。四引。馬文如綦曰騏。七引。馬有青驪文似綦也。文選七發注引。騏。馬驪文如綦也。是古本作馬青驪文如綦。今本誤綦為棊。又增博字。詩少戎傳。

騏。綦文也。可證。荀子性惡。注。騹讀為騏。謂青驪文如博棊。似唐中葉本許書已有作博棊者。故楊用之。倫按絲部。綥。帛蒼艾色。綦。綥或從其。倫於北平萬生園見一馬。白毛。而體有青黑文。如帶繫縛。自頸訖臀。約七八寸得一道。甚政齊美觀。園名之曰駁。非也。當是騏耳。驪當為驖。本書無驖。驢即驖也。然則帛蒼艾色謂之綦。馬青黑色謂之騏。語原同也。許本訓馬也。青驪色文如博棊蓋字林說。知者。驪下深黑色即字林說也。亦或青驪色為字林文。文如博棊。校者見馬文如棊局。故加之也。字見急就篇。【說文解字六書疏證卷十九】

驪

前4·47·5　佚970　徵8·63　【續甲骨文編】

晉高句驪率善邑長　晉高句驪率善佰長　驪里　【漢印文字徵】

◉許　慎　驪馬深黑色。从馬。麗聲。呂支切。【說文解字卷十】

◉羅振玉　从馬利聲。殆是許書之驪字。廣韻騼同驪。漢書西域傳。西與犂靬條支接。注。犂讀與驪同。古利麗同音。故犡字後亦从麗作與。【增訂殷虛書契考釋卷中】

◉馬叙倫　沈濤曰。詩魯頌爾雅釋畜釋文引作深黑色馬也。爾雅釋文引無也字。馬字在色字下。以本部通例證之。則今本未譌。翟云升曰。史記匈奴傳索隱引無馬深二字。非。羅振玉曰。卜辭有字。殆即驪也。廣韻。騼同驪。漢書西域傳。與犂靬條支接。注。犂讀與驪同音。故犡字後亦從麗作與。倫按黑從鹵得聲。鹵音來紐。故轉注字作驢。馬深黑色曰驪。或轉注作騼。音皆來紐。語原然也。詩駉釋文引字林。驪深黑色馬也。然則許止訓馬也。深黑色馬乃呂忱說。下文如此者同。字見急就篇。【說文解字六書疏證卷十九】

◉唐　蘭　前四·四七·五片　叀驪眔騽亡𢦏。

右驪字，舊失録。郭沫若釋騼，非是。按字從馬從，與鹿殊，當是麗字。金文𩁹毀邐字作，尹光鼎邐字作，取虘盤麗字作，與卜辭小異。

說文：「驪，馬深黑色，從馬麗聲。」卜辭以騼為馬名，義同。羅振玉以卜辭犡字當說文驪字，不知卜辭固自有騼字也。【殷虛文字記】

◉徐中舒　佚九七〇　從馬從利，利為聲符。古利麗同音，故羅振玉謂：「殆是許書之驪字。」《增訂殷虛書契考釋》。《說文》：

「驪，馬深黑色。从馬、麗聲。」卜辭用為馬名，蓋與後世以馬色為馬名者相同。【甲骨文字典卷十】

◉許　慎　駽青驪馬。从馬。肙聲。詩曰。駜彼乘駽。火玄切。【説文解字卷十】

◉馬叙倫　爾雅釋畜。青驪駽。詩有駜毛傳。青驪曰駽。然則駽騏蓋轉注字。同為舌根音也。青驪馬與本部通例不合。當作馬也。青驪色馬。青驪色馬乃字林文耳。爾雅釋文引字林。駽。呼縣反。【説文解字六書疏證卷十九】

◉許　慎　騩馬淺黑色。从馬。鬼聲。俱位切。【説文解字卷十】

◉馬叙倫　本訓馬也。淺黑色字林文。字見急就篇。【説文解字六書疏證卷十九】

騮　騂騮別丞【漢印文字徵】

◉許　慎　騮赤馬黑毛尾也。从馬。畱聲。力求切。【説文解字卷十】

◉馬叙倫　段玉裁曰。毛當依廣韻作髦。任大椿曰。釋畜釋文云。駵。字或作騮。下引説文字林。考説文有騮無駵。即知字林之亦作騮矣。然詩駉釋文引字林又作駵。或竝有二字。翟云升曰。六書故引作駵。云。鄭氏云。赤身黑鬣曰騮。説文同。案赤馬黑毛尾也是。惟毛當依詩駉釋文引字林作髦。倫按任後説是也。倫謂許作騮。吕補作駵。釋畜釋文。駵。字或作騮。以所據雅文作駵。而所見許書則作騮。曰説文字林者。所題然也。駉釋文引字林又作駵者。明駵為重文。曰字林者。所見本題字林也。鄭氏云者。見詩小戎箋。然箋同駉傳。駉釋文引字林云。赤馬黑髦尾也。不及本書。釋畜釋文引説文字林云。赤馬黑毛尾也。亦各據所題故也。許止訓馬也。赤馬黑髦尾也字林文。字見急就篇。【説文解字六書疏證卷十九】

◉許　慎　騢馬赤白雜毛。从馬。叚聲。謂色似鰕魚也。乎加切。【説文解字卷十】

◉馬叙倫　沈濤曰。爾雅釋畜釋文引作馬赤白襍色文似鰕魚也。詩魯頌釋文又引作赤白襍色文似鰕魚。今本色字誤作毛。文字誤作色。又增謂字。以從馬叚聲隔之。皆非也。王筠曰。謂色似鰕魚也庾注。倫按瑕為玉小赤。騢為馬赤白雜毛。語原同也。據此則不得謂文似鰕魚也。且魚部鰕訓魵也。而錢坫段玉裁謂鰕是長須水蟲。今所謂蝦也。蝦色白而散赤。今稱蝦青。是則校者見蝦色如此故以為説耳。且文明言謂色似蝦魚。其非許文無疑。或如王説乃庾注。並非呂説也。今隔在㕟聲之下。則傳寫之誤。言襍者。赤白相會。不能離也。此字林文。許當止訓馬也。或此字出字林。【説文解字六書疏證卷十九】

騅

騅　封二一　【睡虎地秦簡文字編】

杜騅　【漢印文字徵】

◉許　慎　騅馬蒼黑雜毛。从馬。隹聲。職追切。【説文解字卷十】

◉馬叙倫　沈濤曰。六書故云。騅。徐本説文曰。蒼黑雜毛。正謂唐本不如此也。歷考玉篇廣韻經典釋文俱云蒼白雜毛。而釋畜及毛傳皆同。黑字之譌無疑。倫按段玉裁亦謂黑當作白。且以釋言。菼。騅也。此以同色名之。觀萑葦之初生之色。則蒼白是矣。桂馥則以蒼黑為近是。以烏騅為證。王筠從桂説。謂若作蒼白。則與驄之青白無別。倫檢漢舊儀。丞相不勝任。使者奉策書。駕騩駱馬。即時步出府。免為庶人。丞相有過。使者奉策書。駕騅騩馬。即時步出府。乘棧車牝馬。歸田里。思過。桂馥謂騩淺黑。騅蒼黑。駱白色。倫謂自以馬色示義。騩為純淺黑色。騅為蒼黑相雜。駱則白馬黑鬣尾。明其罪失之輕重。則騅自不得為蒼白。且得聲於隹。隹烏一字。烏色多蒼黑也。韻會引此亦作蒼黑雜毛。而又云一曰蒼白曰騅。一曰之説與釋畜駉傳同。蓋據彼文加之。然許止訓馬也。蒼黑雜毛字林文。字見急就篇。【説文解字六書疏證卷十九】

◉戴家祥　盞　盠駒尊　説文十篇「騅，馬蒼黑雜毛。从馬，隹聲。」按此篆類騅而稍異。隹下惟多冂形，或隹之衍筆。【金文大字典下】

駱

駱　盠駒尊　【金文編】

駱猛之印

駱子功

駱瓮印信

駱當時印　【漢印文字徵】

駱又佗各切　【汗簡】

竝義雲章　【古文四聲韻】

◉許　慎　駱馬白色黑鬣尾也。从馬。各聲。盧各切。【説文解字卷十】

◉馬敘倫　沈濤曰。爾雅釋畜釋文引作白色馬黑毛尾也。毛當作髦。見詩釋文引樊孫爾雅注。今本誤髦為鬣耳。翟云升曰。集韻引鬣作髦。倫按當如驪下作白馬黑髦尾也。色亦髦尾之譌羨字。然許止訓馬也。白馬黑髦尾字林文。【説文解字六書疏證卷十九】

◉張　標　武威醫簡87甲：

治加(痂)及久(灸)創及馬□方：取□駱蘇一□，付子廿枚，蜀椒一升，乾當歸二兩，皆父且之，以駱蘇煎之，三沸，藥取以傅之，良甚。

文中駱蘇凡二見，整理者稱：「『駱蘇』即『駱酥』，用駱駝製成之酥」。

據注釋「駱」顯然是駱駝的省稱，但駱駝省作駱，故書罕見其例。駱單獨出現於古文獻指馬。《説文》：「駱，馬白色黑鬣尾也」。《爾雅・釋畜》：「白馬黑鬣，駱」。《詩・小雅・四牡》：「嘽嘽駱馬」，傳：「白馬黑鬣曰駱」。《禮記・明堂位》「夏后氏駱馬黑鬣」，注同上毛傳。《淮南子・時則訓》「乘白駱」，注：「白馬黑毛曰駱」。

駱駝，故書多以連綿詞出現。或作橐駝、橐馳、馲駝、橐他、驝駝、橐佗、橐它、馲馳、駱馳等，見於《辭通》甚夥。

駱駝不省作駱，然作「駝」者卻不少。《漢書・百官公卿表》「牧橐」，應劭曰：「橐，橐佗」。《後漢書・耿弇傳》「駝驢馬牛羊三萬七千頭」。漢樂府有「明駝」，《酉陽雜俎・毛篇》謂：「駝，性羞。木蘭篇明駝千里腳，多誤作鳴字。駝卧，腹不貼地，屈足漏明，則行千里」。《鄴中記》「二銅馳如馬形」。郭璞《山海經圖贊・橐馳贊》：「馳惟奇畜」。杜甫《自京赴奉先咏懷五百字》「勸客駝蹄羹」。《後周書・四夷傳》「其風欲至，唯老馳知之」。

竊以為駱蘇殆落蘇。駱、落古通。《史記・天官書》「大荒駱歲，歲陰在巳」，《曆書》作「大荒落」，《爾雅・釋天》亦作此。落蘇，茄之別稱。《本草綱目・菜之三》引陳藏器本草云：「茄一名落蘇，名義未詳。按《五代貽子録》作酪酥，蓋以其味如酪酥也，於義似通」。

據《本草綱目》載，茄性「甘，寒，無毒」，主治「傅腫毒」，「散血止痛，消腫寬腸」。花主「金創牙痛」，根莖主「凍瘡皴裂」，與簡

方病癥庶相吻合。【漢簡帛筆記三則 考古與文物一九八七年第五期】

◉黄錫全 [篆]駱又佗各切。 鄭珍云：「驝字也，見《前漢・百官公卿表》『牧驝昆蹏令丞』，蓋漢代文。徐鉉曰：『《史記》匈奴奇畜有橐佗，今俗譌誤謂之駱駝，非是。』按，此畜以佗負囊橐得名，俗竝增馬，作駱則取同聲字，俗又作馲。《一切經音義》卷六云『馲，字書作驝』。此更从古馬以為古文，非也。《尚書》不言駱，此及下字恐是『史書』譌為《尚書》。」鄭説當是。夏韻鐸韻録《義雲章》駱作[篆]。【汗簡注釋卷四】

駰 [篆]

◉許慎 [篆]馬陰白雜毛黑。从馬。因聲。詩曰。有駰有騢。於真切。【説文解字卷十】

◉馬叙倫 嚴可均曰。小徐作馬陰黑喙。釋畜。陰白雜毛駰。詩疏引孫炎云。陰。淺黑也。恐許亦有此語。轉寫脱落。僅存一黑字耳。承培元曰。爾雅。陰白雜毛駰。郭注。淺黑。則爾雅蓋誤黑為白。許書當作陰黑雜毛。鍇本喙字是雜毛二字之譌。王筠曰。當作馬陰白雜毛黑喙。唯陰白雜毛見四牡傳及釋畜。黑喙他無所見耳。倫按戚學標亦疑原文是馬陰白雜毛黑喙。倫謂如嚴説黑字雖有着落。而鍇本喙字必非竟無來歷。且孫炎以淺黑釋陰。疑孫以陰借為黔也。本書黔下曰。易曰為黔喙。意黑喙二字為注文之有捝譌者也。然倫謂下文。騧。黄馬黑喙。或此黑喙傳寫涉下文誤羨。陰白雜毛吕忱據雅文釋也。此字蓋出字林。釋畜釋文引字林。駰。乙巾反。從因得聲之字有黑義者。語原然也。故陰為山之北。侌為雲覆日。黔從今得聲。今亦從今得聲也。因侌則音同影紐。【説文解字六書疏證卷十九】

驄 [篆]

◉許慎 [篆]馬有白雜毛也。从馬。悤聲。倉紅切。【説文解字卷十】

◉馬叙倫 鈕樹玉曰。釋畜釋文引作青黑雜毛馬。蓋誤。倫按鍇本及玉篇廣韻並作青白雜毛。此有字譌。以此足證駰下説解傳寫之有譌矣。從悤得聲而義為青白雜者。語原然也。故蔥亦從悤得聲。【説文解字六書疏證卷十九】

驈 [篆]

◉許慎 [篆]驪馬白胯也。从馬。矞聲。詩曰。有驈有騜。食聿切。【説文解字卷十】

◉馬叙倫 鈕樹玉曰。詩駉作皇。釋畜作騜。本書無騜。騜字蓋始於字林。倫按肉部。胯。股也。鍇本作跨。非。此字蓋出字林。爾雅釋文引字林。驈作騂。于必反。則字林尚有重文作騂也。【説文解字六書疏證卷十九】

駹

◉許　慎　駹馬面顙皆白也。从馬。尨聲。莫江切。【說文解字卷十】

◉馬叙倫　爾雅釋畜。面顙皆白惟駹。似此說解本之。然面顙皆白。則其他為何色邪。玉篇。馬黑白面也。然當作黑馬白面也。或黑馬白顙也。此字林文。許當止訓馬也。字見急就篇。【說文解字六書疏證卷十九】

騧

騧 說文【古文四聲韻】

◉許　慎　騧黃馬黑喙。从馬。咼聲。古華切。騧籀文騧。【說文解字卷十】

◉馬叙倫　爾雅釋畜。釋文引說文字林皆云。黃馬黑喙曰騧。此字林文。或字出字林也。【說文解字六書疏證卷十九】

驃

驃 汗簡【古文四聲韻】

◉許　慎　驃黃馬發白色。一曰。白髦尾也。从馬。㶾聲。毗召切。【說文解字卷十】

◉楊樹達　說文十篇上馬部云：「驃，黃馬發白色，一曰：白髦尾也，从馬，票聲。」毗召切。按票聲字多含白義。十三篇上糸部云：「縹，帛白青色也，从糸，票聲。」敷沼切。釋名釋地云：「土白曰漂。」說文麃从票省聲，故麃聲字亦含白義。二篇上牛部云：「犥，牛黃白色，从牛，麃聲：」補嬌切。是其例也。【積微居小學述林卷三】

◉馬叙倫　沈濤曰。史記衛青傳正義引作黃馬𩭦白色。一曰髦尾。發與𩭦聲相近。以下文騂馬頭有發赤色者例之。則作發為是。若作𩭦便與下白髦尾無别矣。王筠曰。發某色北方常語。謂其毛本黃而末白也。倫按牛部。犥。牛黃白色。語原同也。許止訓馬也。黃馬五字字林文。一曰六字記異聞也。或此字出字林。【說文解字六書疏證卷十九】

駓

◉許　慎　駓黃馬白毛也。从馬。丕聲。敷悲切。【說文解字卷十】

◉馬叙倫　鈕樹玉曰。韻會引作黃馬白色。嚴章福曰。六書故十七引唐本作黃馬白襍毛。當作馬黃白襍毛。釋畜毛傳皆云。黃白襍毛。駓。倫按唐寫本切韻殘卷六脂。駓。桃花馬色。說文從否。是陸詞據本篆作䮆也。毛疑當作髦。或為尾譌。或如嚴說。或曰。當作黃馬發白色。為驃之同脣音轉注字。詩駉釋文引字林。駓。走也。父之反。或此字出字林。【說文解字六書疏證卷十九】

驖 驖

◉許　慎　驖馬赤黑色。从馬。𢧜聲。詩曰。四驖孔阜。他結切。【説文解字卷十】

◉馬叙倫　許止訓馬也。今存者字林文。或字出字林也。𢧜聲蓋與鐵同語原。【説文解字六書疏證卷十九】

◉戴家祥　多友鼎　字从車从戓从辵，字書所無，疑即驖字。洪武通韻驖與驖同。此銘从戓為𢧜之異。玉篇「驖，馬如鐵赤黑色。」此為本字本義。古籍中驖字皆用作駕車之馬。如詩秦風「駟驖孔阜，六轡在手。」毛傳驖訓驪，驪為駕車之雙馬。又禮・月令「冬駕鐵驪。」故此銘𨔩字从車。添加辵旁又表示行走之義，或者説是下文追字偏旁的類化。句銘「乃𨔩追至于楊家」，即指坐驖馬所駕的兵車追趕。【金文大字典下】

馯 馯

◉許　慎　馯馬頭有發赤色者。从馬。岸聲。五旰切。【説文解字卷十】

◉馬叙倫　王筠曰。當合二徐本作馬赤頭發白色。蓋設無本色。不得言發也。倫按岸聲蓋與炭同語原。則王説是。然赤頭發白色。則身是何色。或謂當作青馬赤頭也。鍇本有字為青之譌。驄字説解可證。此及鍇本之發白色皆上文駓字説解誤入。字或出字林。【説文解字六書疏證卷十九】

馰 馰

◉許　慎　馰馬白額也。从馬。的省聲。一曰。駿也。易曰。為的顙。都歷切。【説文解字卷十】

◉馬叙倫　鈕樹玉曰。繫傳韻會頟作額。非。繫傳為作馬亦譌。王筠曰。一曰駿也字林作駮。似是。下文即駮篆。的字當依韻會引作旳。倫按爾雅釋畜釋文引字林。馰。丁歷反。馬白顙也。一曰。駮。疑此字出字林。頟駿皆傳寫之譌。一曰駮也者。或借馰為駮。或馰駮為聲同宵類轉注字。【説文解字六書疏證卷十九】

駁 駁

 前四・四七・三　 甲二九八　【甲骨文編】

 甲298　 前4・47・3　【續甲骨文編】

 234　 247　【包山楚簡文字編】

◉許　慎　駁馬色不純。从馬。爻聲。臣鉉等曰。爻非聲。疑象駁文。北角切。【説文解字卷十】

駁

◉羅振玉 [glyph] 説文解字。駁。馬色不純。从馬爻聲。此殆即許書之駁。【增訂殷虛書契考釋卷中】

◉林義光 説文云。[glyph]馬色不純也。从馬。爻聲。按从馬爻。【文源卷十】

◉馬叙倫 翟云升曰。類篇引無不純二字。倫按據説解為馬色不純之通名。按之字次則不合。通俗文。黄白雜謂之駁犖。倫疑駁為馰之轉注字。駁音封紐。馰音端紐。同為清破裂音。勺爻則聲同宵類也。玄應一切經音義引倉頡。駁。不純色也。急就篇。騂騩騅駮驪騮驢。駮非本部獸如馬之駮。實為駁之俗寫。玄應音義十七但引字林者。題為字林故也。甲文作[glyph]。【説文解字六書疏證卷十九】

◉屈萬里 駁,從羅振玉釋(殷釋中二九葉),説文:「駁,馬色不純。」則駁者,雜色馬也。卜辭「叀并駁?」甲編二九八。此蓋卜問以雜色之馬二以祭,其吉否也。【殷墟文字甲編考釋】

◉李孝定 [glyph]前四・四七・三 [glyph]甲編・二九八 説文。「駁。馬色不純。从馬爻聲。」辭云。「□戌卜貞王□慶駁騳。前・四・四七・三。「叀并駁。」甲編・二九八。皆馬名。蓋即雜色馬之專名。引申以為凡不純之偁。第二文馬字偏旁與金文馬字極近。【甲骨文字集釋第十】

◉湯餘惠 [glyph]93 騋,駁 右从爻即爻,《説文》:「駁,馬色不純。从馬,爻聲。」【包山楚簡讀後記 考古與文物一九九三年第二期】

馵

[glyph] 一:七五 宗盟類參盟人名 【侯馬盟書字表】

◉許 慎 [glyph]馬後左足白也。从馬。一其足。讀若注。之戍切。【説文解字卷十】

◉林義光 説文云。[glyph]。後左足白也。从馬。二其足。讀若注。按與[glyph]朱同意。【文源卷七】

◉馬叙倫 嚴可均曰。小徐讀若下有易曰為[glyph]足。韻會引亦有。朱文藻曰。易曰上脱臣鍇曰三字。莊有可曰。既云二其足。則後左足白非本義。乃因爾雅生岐説也。當以注為本義。注同駐。謂不使妄動也。王筠曰。篆當作[glyph]。二是指事。當指其後左足。今篆則并指前二足矣。鍇本引經下有指事二字。則小徐語也。倫按上下文言毛色者。均以形聲方式作之。此獨為指事。[glyph]及甘刃二 二 諸文。皆以一筆為標幟。此獨以二筆。將無以[glyph]篆譌為[glyph]。故此增一筆為別邪。則其篆作於[glyph]篆既譌之後矣。[glyph][glyph]之形微異。而音同知紐。亦可疑也。莊謂義同於駐。使不妄動也。則將為駐之初文邪。然未聞縶馬足使不動也。倫謂當作。馬當作。馬。從馬。丨聲。猶豕從豕丨聲。丨聲故讀若注。若是。則與上下文言毛色之字皆一律為形聲矣。讀若注者。劉秀生曰。易説卦為馵足。釋文。馵。京作朱。釋名釋姿容。駐。株也。如株木不動也。馵聲如朱。朱聲如主。是其證。爾雅釋畜釋文引字林。之句反。【説文解字六書疏證卷十九】

◉楊樹達 段玉裁曰：「謂於足以二為記識，如馬以一為記識也。非一二字。」樹達按：馬為基字，二指左足白，為確定而有形之物。今字作馵。【文字形義學】

驔

◉許 慎 驪馬黄脊。从馬。覃聲。讀若簟。徒玷切。【説文解字卷十】

◉馬叙倫 段玉裁曰。爾雅釋獸。驪馬黄脊曰騽。音義。騽。説文作驔。是則爾雅之騽即驔之異體。詩魯頌。有驔有魚。毛傳。豪骭曰驔。此即驔之異説。音義引字林。驔又音覃。豪骭曰驔。是字林豪骭一義。作驔不作騽也。今説文別有騽篆。訓豪骭。前與毛傳不合。後與字林不合。蓋非許原文。許原文或驔下有一曰豪骭。或驔篆下有重文作騽。後人乃以兩義分配於兩形耳。倫按陸言騽説文作驔者。陸所據説文不坿字林者也。餘詳騽下。【説文解字六書疏證卷十九】

驠

◉許 慎 馬白州也。从馬。燕聲。於甸切。【説文解字卷十】

◉馬叙倫 惠棟曰。州當作川。山海經北山經。倫山有獸焉。其川在尾上。段玉裁曰。州字是。廣雅。州。豚。臀也。朱駿聲曰。州為尻之借。翟云升曰。類篇引作馬州也。脱。倫按許書止訓馬也。或此字出字林。【説文解字六書疏證卷十九】

騽

前二・五・七 前四・四七・五 乙一六五四 从習省 白騽【甲骨文編】

前2・5・7 4・47・5 卜730【續甲骨文編】

◉許 慎 馬豪骭也。从馬。習聲。似入切。【説文解字卷十】

◉羅振玉 説文解字。騽。馬豪骭也。卜辭有。从。古文友字。疑許譌為矣。【增訂殷虚書契考釋卷中】

◉郭沫若 馬種之名僅驔騽二字見於字書。羅氏釋為騽。甚是。疑許譌習為習亦是。然謂為古文友字則蛇足也。此字分明从羽从日。蓋謂禽鳥於晴日學飛。許之誤在譌日為白。而云「白聲」聲紐俱不合。古文友字就見於金文者。而言乃作毛公旅鼎「其用晉」若曆鼎「孝友隹井」。乃从甘友聲。殆侑之初字。毛公旅鼎文正用為侑。用為朋友字者。乃段借也。字亦省从口。如農卣「𠬝友」字作。大史友甗作。是也。說文則譌變為。羅又因此譌形而誤為友矣。【卜辭通纂】

◉馬叙倫　沈濤曰。爾雅釋文。騽。說文作驔。是唐初本有驔無騽明甚。桂馥曰。馬豪骭也者。本驔字訓。此當云。驪馬黃脊。玉篇。騽。驪馬黃脊。又馬豪骭。馥謂又云者。乃宋人據本書增入。釋畜。驪馬黃脊騽。釋文云。騽。說文作驔。今爾雅亦有作驔者。據此則驔騽二訓。唐本已譌。朱駿聲曰。疑驔騽本一字。有兩義耳。倫按骨部。骭。骹也。骹。脛也。此云豪骭者。豪借為⿰倝毛。音同匣紐。毛部。⿰倝毛。獸豪也。馬豪骭者。謂馬脛上有長毛者也。此下文⿰倝馬下別義。故下文次以馬逸足之騑。以下諸文亦均不及毛色矣。⿰倝馬音匣紐。騽音邪紐。同為次濁摩擦音。故古或借騽為⿰倝馬。騽自是驔之轉注字。驔音定紐。騽音邪紐。甲文作。羅振玉謂從古文友字。許書誤從習。倫謂習音邪紐。友音喻紐三等。邪與喻三同為次濁摩擦音。則得由喻三轉邪也。然邪紐之音多自喻紐四等轉入。而喻紐古讀歸定。覃聲侵類。習聲談類。侵談弇侈之分。則驔可轉注從習聲作騽也。蓋許書作驔。爾雅作騽。吕忱據爾雅或聲類而增此為重文。傳寫誤隔於驌字之後。校者乃以驔下一曰之文為此訓。又改或從習為從馬習聲耳。玉篇訓驪馬黃脊又馬豪骭。次在驔下。【說文解字六書疏證卷十九】

◉唐　蘭　前二·五·七片　前四·四七·五片　同片

右騽字。爾雅釋畜云:「驪馬黃脊騽」。說文作驔。魯頌:「有驔有魚」,毛傳:「豪骭曰驔」。說文則云:「騽,馬豪骭也。从馬習聲」。許說與爾雅毛傳相違。今驗卜辭云:「叀驪眔騽」,似以訓驪馬黃脊為優,覃習聲近,疑許氏顛倒其解說矣。

騽從習聲。羅振玉謂「為古文友字,疑許譌為」,是不獨忘友之作,並忘騽之為形聲字矣。【殷虛文字記】

⿰倝馬

方⿰倝馬【漢印文字徵】

◉許　慎　馬毛長也。从馬。倝聲。矦旰切。【說文解字卷十】

◉馬叙倫　段玉裁曰。當依文選長楊賦注引毛長下補者字。桂馥曰。廣韻。駭⿰倝馬。蕃中大馬。出異字苑。馥謂蕃馬毛長。故名⿰倝馬。倫按禮記檀弓。戎馬乘翰。翰當為馬名。故注謂翰白色馬。然則禮借翰為⿰倝馬。⿰倝馬當訓馬也。此訓馬毛長也者。字林文。翰為鳥之長羽。則馬之毛長者曰⿰倝馬。蓋同語原矣。倫謂詩駉毛傳。豪骭曰驔。借豪為⿰倝毛。毛部。⿰倝毛。獸豪也。亦從倝得聲。則⿰倝馬為馬之長毛者也。豪骭謂其脛之毛長者也。今諭馬有脛毛長者有脛毛短者也。則⿰倝馬為脛毛長之馬名也。禮注以翰為白色馬。易。白馬翰如。亦以翰形容白馬者。禮注實本易義。而易蓋以翰形容其毛長。翰即䩍之借也。【說文解字六書疏證卷十九】

騑 騑

◉許　慎　騑馬逸足也。从馬。从飛。司馬法曰。飛衞斯輿。甫微切。【說文解字卷十】

◉馬叙倫　鈕樹玉曰。韻會引無足字。桂馥曰。飛衞。集韻類篇引作騑衞。段玉裁曰。當作馬逸足者也。逸當作兔。玉篇。騑兔。古之駿馬也。倫按馬逸足也或馬兔足者也似皆不可通。錢坫謂即詩四牡騑騑之騑。毛傳。行不止之皃。可從。此字或出字林。若許書本有。當訓馬皃。驁下驥下駿下驍下駁下驕下騋下竝同。從飛當依鍇本作飛聲。【說文解字六書疏證卷十九】

驁 驁

驁 石碣鑾車　六轡驁□　【石刻篆文編】

驁 驁 竝古尚書　【古文四聲韻】

◉許　慎　驁駿馬以壬申日死。乘馬忌之。从馬。敖聲。五到切。【說文解字卷十】

◉强運開　驁此篆各本均已磨滅。今據安氏十鼓齋第一本橅拓如上。並當有重文。按。說文驁。駿馬以壬申日死。乘馬忌之。从馬敖聲。此云六轡驁〓。蓋亦猶樂名。驁。夏取翺翔之意也。

驁此篆右半已泐。薛趙楊俱釋作驁。有重文。按弟四鼓六轡驁〓與此同。說已見前。【石鼓釋文】

◉馬叙倫　嚴可均曰。事類賦注御覽八百九十三引作駿馬也。以壬申日死。乘馬者忌之。韻會廿號引亦有者字。倫按此字蓋出字林。驁勢蓋同語原。【說文解字六書疏證卷十九】

驥 驥

◉許　慎　驥千里馬也。孫陽所相者。从馬。冀聲。天水有驥縣。几利切。【說文解字卷十】

◉馬叙倫　沈濤曰。一切經音義七引作驥。千里馬也。孫陽所相者也。赤驥也。王筠曰。孫陽句與水部汨下屈原所沈之水句同。蓋庾注也。倫按字蓋出字林。故有天水王字。孫陽句王說可從。【說文解字六書疏證卷十九】

壺駿私印

田駿私印

張駿私印

任駿

楊駿

潘駿

楊駿

董駿

葛駿私印【漢印文字徵】

◉許　慎　駿馬之良材者。从馬。夋聲。子峻切。【說文解字卷十】

◉吳大澂　女駿嗣公族。[illegible]當即駿之異文。爾雅釋詁。駿。長也。詩清廟。駿奔走在廟。傳。駿。長也。此言啓長于公族。故命司公族。【毛公鼎釋文】

◉楊樹達　从夋聲之字皆含絶特之義。八篇上人部云：「俊，材過千人也，从人，夋聲。」子峻切。十三篇下田部云：「畯，農夫也，从田，夋聲。」子峻切。孫炎注爾雅云：「農夫，田官也。」此人中之絶特者也。四篇上鳥部云：「鵔，鵔鸃，鷩也，从鳥，夋聲。」私閏切。按爾雅云：「鷩，山雉。」按今云野雞，鳥中之絶特者也。十篇上犬部云：「狻，狻麑，如虦苗，食虎豹者，从犬，夋聲。」素官切。按狻麑即今獅子，此獸中之絶特者也。鸃古音在歌部，麑在支部，支歌二部古通。鳥曰鵔鸃，獸曰狻麑，字義異而語源無二也。十四篇下𨸏部云：「陖，陗高也，从𨸏，夋聲」私閏切。此山阜之絶特者也。九篇下山部云：「⿱山陖，高也，从山，陖聲。」私閏切。或省作峻。按⿱山陖即陖之或字，陖别加形旁山，字从𨸏復从山，於文為贅。凡會意形聲之字别加形旁者，必有駢列之文，此又其一例也。一篇下艸部云：「葰，薑屬，可以香口，从艸，俊聲。」息遺切。按北方云香菜，其臭彊烈，此艸木中之特殊者也。薑味彊，故謂之薑，葰味烈，故謂之葰矣。【積微居小學述林卷三】

◉馬叙倫　沈濤曰。一切經音義二引作馬之才良者也。廿一引作馬才良者也。廿二引作才良者也。今本才誤材。又誤倒。華嚴經音義引作謂馬之良才也。當亦傳寫誤倒。謂字慧苑所足。倫按如慧苑引。亦校語也。本訓捝矣。字或出字林。【說文解字六書疏證卷十九】

◉許　慎　驍良馬也。从馬。堯聲。古堯切。【說文解字卷十】

◉馬叙倫　詩魯頌。駉駉牡馬。毛傳。駉駉。良馬腹幹肥張也。釋文。駉。說文作驍。又作駫同。諸家據此立說。紛無定論。倫謂陸以毛釋駉為良馬腹幹肥張。而說文駉訓牧馬苑也。訓良馬者是驍字。訓馬肥盛者是駫字。故曰。說文作驍又作駫。今文意有不達。陸書多譌改故也。必非詩之駉。即說文之驍。又即說文之駫也。尋魯頌駉凡四章。皆以駉駉牡馬在坰之野薄言駉者起詞。牡字唐石經初刊作牡。後改牧。顏氏家訓謂江南本皆作牝牡之牡。河北本悉改為放牧之牧。倫謂序曰。務農重穀。牧於駉野。豈所牧盡牡而無一牝邪。自以牧字為長矣。駉駉牧馬者。駉本是牧馬之義。故以形容牧馬也。牧馬於坰。故駉從冋得聲。而詩所以總言在坰之野也。薄言駉者。駉即牧馬。言坰野所牧之馬。以起下文有驈有皇有驪有黄有騅有駓有騂有騏有驒有駱有駵有雒有駰有騢有驔有魚也。毛以駉駉形容牧馬。故概言良馬腹幹肥張。陸以駉無良馬腹幹肥張之義。故謂説文作驍作駫也。自玉篇以駉為駫之重文。而糾葛遂不可分矣。驍為良馬者。馬之高大者也。字從堯得聲。堯為高頭也。其語原為垚。驍駫蓋同舌根音聲同宵類轉注字。【説文解字六書疏證卷十九】

䮔　䮔

◉許　慎　䮔馬小皃。从馬垂聲。讀若箠。之壘切。□　籀文从乑。【説文解字卷十】

◉王國維　□　籀文騧从冡。此从馬同篆文者。篆文馬字已見於虢季子白盤及石鼓文。作史篇時已有此字。故驋字从之。其馬字作影此無論傳寫有訛者。古人作字往往任意。非可執一以説也。【史籀篇疏證　王國維遺書第六册】

◉馬叙倫　馬小皃非本訓。或字出字林也。

□　宋保曰。乑聲。王國維曰。籀文騧從□此從□。同篆文者。篆文馬字已見於虢季子白盤及石鼓文。作史篇時已有此字。故驋字從之。其馬字作□者。古人作字往往任意。非可執一説也。倫按象形之文。畫成其物。雖可任意為正側。或多筆。或省筆。然亦有大齊不能背也。若指事會意。則部位有不可任意移動者矣。□字自由傳寫漸譌。非必出於任意也。籀文下捝䮔字。從乑校語。【説文解字六書疏證卷十九】

驕　驕

□　驕　不从馬　中山王譽鼎　毋富而驕【金文編】

□　驕　日甲一〇二　□　為二五　二例【睡虎地秦簡文字編】

□　驕奴　□　華驕邪印　□　樂驕次印　□　張驕　□　孫驕君　□　孟驕君印【漢印文字徵】

□　古老子【古文四聲韻】

◉許　慎　驕馬高六尺為驕。从馬。喬聲。詩曰。我馬唯驕。一曰。野馬。舉喬切。【説文解字卷十】

◉馬叙倫　沈濤曰。御覽八百九十三引作馬六尺曰驕。七尺曰騋。八尺曰龍。桂馥曰。一曰野馬者。不受控制。故為驕縱。

倫按驕驍音同見紐聲同宵類。轉注字耳。一曰野馬者。疑駒字義。淮南脩務。夫馬之為草駒之時。夏小正。執陟攻駒。傳。攻駒也者。教之服車數舍之也。蓋馬本野畜。及以服馭。則為家乘。駒為馬之方壯而未就銜勒者。則與野畜無殊。詩皇皇者華。我馬維駒。釋文。駒。本亦作驕。蓋作駒者借字。此驕駒通借之證。四字校語。馬高六尺為驕非本訓。蓋字林文。引詩亦吕忱或校者加也。字見急就篇。【説文解字六書疏證卷十九】

◉唐　蘭　前四・四七・五片

右騺，當即驁字，舊不識。商承祚寫作騺，諸釋多從之，不知形決非失也。按當是老字，卜辭老作、，耄作，金文老作季良父壺，作中旨父鼎等，考作井人鐘等，孝作兮中鐘等，耆作華粱簠等，其偏旁作，或作等形，特小變耳。説文老部之字多從，而云從老省，不知老本作也。或作，猶或作，或作，皆象扶杖之形。凡古文扶杖之形，或變為，金文及小篆變為，故變為。此説前人未達，余始發之。見民廿一北大鏡鼎文字研究講義十三葉。後人習見字，遂誤以作者為老省耳。

字當從老高聲，蓋即説文之薹也。説文：「薹，年九十曰薹，從老蒿省聲」。此從繫傳，大徐作從蒿省，非。轉從蒿聲而省為蒿，與從高聲固無異也。説文老部之字俱從，獨薹異者，以餘字形在上，薹字獨在下，作則不整齊也。然䯧即薹字，無疑也。

卜辭騺字，從馬䯧聲，字書所無。其義為馬名，以聲推之，疑即驕之或體，説文：「馬高六尺為驕」。【殷虚文字記】

◉王宇信　也有時用表示馬匹外形的專字。上引第十辭之騺即是。「騺字舊不識，䯧即《説文》薹也，騺從馬䯧聲，字書所無，其義為馬名，以聲類推之，疑即驕之或體，《説文》：『馬高六尺為驕』」，或因此馬軀體健壯雄偉，故名之曰驕。【商代的馬和養馬業　中國史研究一九八〇年第一期】

説文【古文四聲韻】

◉許　慎　騋馬七尺為騋。八尺為龍。从馬。來聲。詩曰。騋牝驪牡。洛哀切。【説文解字卷十】

◉馬叙倫　鈕樹玉曰。繫傳作馬八尺為龍七尺為騋。騋牝驪牡者。爾雅釋畜文。此誤為詩。倫按本訓捝矣。馬七尺九字蓋字林文或校語。八尺為龍者。爾雅作駥。史記匈奴傳作駹。本書均無其字。龍來音同來紐。騋蓋馬高大之通稱。方俗依音別之而字作駥作駣耳。驍從堯得聲。堯音疑紐。古讀來歸泥。泥疑同為邊音。蓋騋驍為轉注字也。引經蓋校者所加。不然。詩自有騋牝三千也。王筠謂蓋本作詩曰騋牝三千。爾雅曰。騋。牝驪牡玄。尤可為校語之證。字或出字林。【說文解字六書疏證卷十九】

驩 驩

驩 李驩私印　驩 王驩　驩 救驩　驩 李驩之印　驩 曹驩　驩 趙常驩印　驩 田常驩印　驩 合驩　驩 董常驩印

驩 弁驩　驩 燕驩【漢印文字徵】

驩 古尚書【古文四聲韻】

◉許　慎　驩馬名。从馬。雚聲。呼官切。【說文解字卷十】

◉馬叙倫　玄應一切經音義引倉頡。驩。此古歡字。字亦見急就篇。馬名蓋字林訓。字林每言名也。許當止訓馬也。驩或為驍驗驕之轉注字。同屬舌根音也。【說文解字六書疏證卷十九】

驗 驗

驗 驗林罕集字【汗簡】

驗 石經【古文四聲韻】

◉許　慎　驗馬名。从馬。僉聲。魚窆切。【說文解字卷十】

◉馬叙倫　字見急就篇。驗驗音同疑紐。或轉注字。【說文解字六書疏證卷十九】

⿰此馬 ⿰此馬

◉許　慎　⿰此馬馬名。从馬。此聲。雌氏切。【說文解字卷十】

◉馬叙倫　鈕樹玉曰。繫傳作⿰馬此。倫按字或出字林也。【說文解字六書疏證卷十九】

駇 ⿰馬休

◉許　慎　⿰馬休馬名。从馬。休聲。許尤切。【説文解字卷十】

◉馬叙倫　疑驑之聲同幽類轉注字。字或出字林也。【説文解字六書疏證卷十九】

◉許　慎　駇馬赤鬣縞身。目若黄金。名曰媽。吉皇之乘。周文王時犬戎獻之。从馬。从文。文亦聲。春秋傳曰。媽馬百駟。畫馬也。西伯獻紂以全其身。無分切。【説文解字卷十】

◉馬叙倫　鈕樹玉曰。王應麟補注王會解引同。又云。吉。一作古。皇。一作黄。海内北經。犬戎國有文馬。縞身。朱鬣。目。若黄金。名曰。吉量之乘。注。量。一作良。博雅釋馬有吉量。博物志作古黄。嚴可均曰。小徐篆作駇。與説解中媽字合。漢書王莽傳注晉灼引作縞身金精。精即睛。西晉本如此。今作目若黄金。疑校者依王會篇及海内北經改也。名曰下衍媽字。文王。晉灼引作成王。王會乃成王事。海内北經注亦云成王。今作文王。誤。嚴章福曰。尚書大傳。散宜生之犬戎。取美馬。駮身朱鬣雞目者獻紂。據此則犬戎獻馬正文王事。校議段氏皆據王會及海内北經注謂當作成王。余謂吉皇之乘皆周書文。許引以説字義。又引文王事。西伯下八字當在從馬上。從文文亦聲但當文聲。引詩當作文馬。倫按説解襍取諸書。而諸書無一作媽者。此字亦不與駮馵驔驠諸文相次。亦不次於驪驗之前。必為後增無疑。上言文王。下言西伯。明係先後校者之詞。畫馬也亦校語之明證。【説文解字六書疏證卷十九】

駇　盠壺　駇右和同【金文編】

馶

◉許　慎　馶馬彊也。从馬。支聲。章移切。【説文解字卷十】

◉馬叙倫　此及下文駜駫騯䭾驤六文若為許書原有。當止訓馬皃。今捝。存者字林文耳。【説文解字六書疏證卷十九】

駜

◉許　慎　駜馬飽也。从馬。必聲。詩云。有駜有駜。毗必切。【説文解字卷十】

◉馬叙倫　鈕樹玉曰。小徐無詩曰六字。作臣鍇曰。詩云。駜彼乘黄。韻會引詩亦作駜彼乘馬。然則引詩疑後人增。倫按詩釋文引字林。駜。父必反。馬飽也。蓋馬皃飽也二義。飽也者。蓋飶字義。【説文解字六書疏證卷十九】

◉裘錫圭　甲骨文裏有一個从「馬」从工的字：

駫 騯 䭲 驤

乙未卜䝨鼎(貞)：自貯入赤駜，其剢，不爾，吉。後下18·8

《甲骨文編》把這個字隸定為「瑪」附於「馬」部之末(四〇〇頁)。上引卜辭屬於第三期。第三期卜辭「邲」字的乂旁有寫作工的，如《存》下七五七和《粹》三一五的「邲」字。所以上引卜辭裏的從「馬」之字可以釋為「駜」。《說文·馬部》：「駜，馬飽也。从馬，必聲。」卜辭的「駜」是一種馬的名稱，字義與《說文》有別。【釋柲　古文字研究第三輯】

駫

◉許　慎　駫馬盛肥也。从馬。光聲。詩曰。四牡駫駫。古熒切。【說文解字卷十】

騯

◉許　慎　騯馬盛也。从馬。旁聲。詩曰四牡騯騯。薄庚切。【說文解字卷十】

◉馬叙倫　駫騯聲同陽類轉注字。馬盛也不可通。蓋有挩字。【說文解字六書疏證卷十九】

䭲

䭲 涫于䭲印　䭲 宋䭲　䭲 合□䭲印　䭲 司馬䭲大利　【漢印文字徵】

◉許　慎　䭲䭲䭲。馬怒皃。从馬。卬聲。吾浪切。【說文解字卷十】

◉馬叙倫　玉篇作馬搖頭也。倫謂馬怒則舉首不服銜勒。或舉足相踶。此從卬得聲。以聲檢義。則舉首為近。疑本與驤為聲同陽類轉注字。馬搖頭者。䮰字義。䭲䮰音同疑紐。得相通假。此字蓋出字林。【說文解字六書疏證卷十九】

驤

驤 驤竝義雲章　【汗簡】

驤 義雲章　【古文四聲韻】

◉許　慎　驤馬之低仰也。从馬。襄聲。息良切。【說文解字卷十】

◉馬叙倫　嚴可均曰。韻會七陽引作低昂。當作氐卬。說文無低。倫按本訓挩耳。【說文解字六書疏證卷十九】

驀

驀 雜一〇 二例 【睡虎地秦簡文字編】

◉許 慎 驀上馬也。从馬。莫聲。莫白切。【説文解字卷十】

◉馬叙倫 字蓋出字林。【説文解字六書疏證卷十九】

騎

2512 【古璽文編】

騎千人印 騎五百將 騎司馬印 北地牧師騎丞 騎部曲將 騎樂 【漢印文字徵】

馮緄碑領 蘇君神道闕 李君碑領 【石刻篆文編】

◉許 慎 騎跨馬也。从馬。奇聲。渠羈切。【説文解字卷十】

◉馬叙倫 以下諸文皆挩本訓。古鉨作。【説文解字六書疏證卷十九】

駕

七七：一 宗盟類參盟人名 二〇〇：六 【侯馬盟書字表】

38 60 【包山楚簡文字編】

駕 秦四七 四例 通加 —罪 法一 雜三 四例 法四六 五例 法一 【睡虎地秦簡文字編】

王比駕 董比駕 徐比駕 王駕 周駕 【漢印文字徵】

石碣遊水 【石刻篆文編】

駕 【汗簡】

碧落文 並籀韻 【古文四聲韻】

◉許 慎 馬在軛中。从馬。加聲。古訝切。籒文駕。【説文解字卷十】

◉張燕昌 郭鄭音駕。籒文章云駕。上闕一字。昌按。石本下接駕字。無闕文。【石鼓文釋存】

◉強運開 薛尚功作駱。非。楊升庵釋作駕。是也。説文。駕。馬在軛中也。从馬加聲。籒文駕。段注云。駕之言以車加於馬也。運開按。此為會意字。【石鼓釋文】

◉馬叙倫 鈕樹玉曰。廣韻引作馬在軶中也。倫按非本訓。玄應一切經音義引字林。馬在軛中曰駕。則是字林文也。玄應又引三倉。馬曰駕。石鼓作。

⿰牛各 倫按加各音同見紐。故⿰牛各從各得聲。從牛者。牛亦駕車也。【説文解字六書疏證卷十九】

騑

◉許 慎 驂旁馬。从馬。非聲。甫微切。【説文解字卷十】

◉馬叙倫 沈濤曰。文選洛神賦注引作驂駕也。北征賦注陸機贈弟士龍詩注左桓三年傳正義引作驂旁馬也。則洛神賦注引駕字乃旁馬二字之譌。禮記檀弓正義引無驂字。段玉裁曰。驂下當補也字。倫按段説是也。旁馬也蓋字林文或校語。騑之於車。猶服之於舟。語原同也。【説文解字六書疏證卷十九】

駢

馮駢之印【漢印文字徵】

◉許 慎 駕二馬也。从馬。并聲。部田切。【説文解字卷十】

◉馬叙倫 沈濤曰。文選七命注引云。竝也。疑古本有一曰竝也。倫按本作竝也。以聲訓。駕二馬也蓋字林文或校語。駕數具見五經異義。惟士駕二。不得以士概天子以下。且詩小戎釋文引王肅駕兩馬者。則許自無此訓。【説文解字六書疏證卷十九】

驂

石碣田車 左驂旛= 避水 左驂馸= 【石刻篆文編】

◉許 慎 駕三馬也。从馬。參聲。倉含切。【説文解字卷十】

◉強運開 説文駕三馬也。張德容云。按左傳莊十八年傳曰。虢公晉侯朝王皆賜馬三匹。可知周時有駕三馬之制。足證

鼓為周物無疑也。【石鼓釋文】

◉馬叙倫　沈濤曰。一切經音義五引駕三馬也。下有居右而驂乘。備非常也。七及八引有旁馬曰驂。居右為驂者。備非常也。蓋庾注。翟云升曰。文選北征賦注引作旁馬也。一切經音義七引作駕四馬也。倫按以駢止訓竝也。則此亦捝本訓矣。玄應一切經音義引倉頡。驂驂。蘇南反。毛垂貌也。又一引曰。毵作驂。本書無毵驂二字。明倉頡以驂為之。石鼓作。【説文解字六書疏證卷十九】

駟　魯宰駟父鬲　伯駟父盤　庚壺【金文編】

駟　秦一七九　三例　通四　居官府公食者田子叁女子—　秦一三四　通呬　西北鄉擇髮而—　日乙一九四【睡虎地秦簡文字編】

駟忠臣　駟長翁　駟胡【漢印文字徵】

天台經幢【古文四聲韻】

◉許　慎　一乘也。从馬。四聲。息利切。【説文解字卷十】

◉馬叙倫　丁福保曰。慧琳音義廿五引作一乘駕以四馬也。倫按一乘駕以四馬也者。蓋字林文或校語。王度記。天子駕六。諸侯與卿四。大夫三。士二。庶人一。則不得獨以四馬為一乘。且驂駟之字亦如犙牭耳。坿會駕三馬四馬而作。駕止一馬或二馬。若三馬則一馬在旁。四馬則兩馬各在一旁。此論之車制而然。徵之今北方之駕而然。以其在旁。故謂之騑。猶舟之有服也。聲轉為駢。駢實騑之轉注字。引申為駢麗之義。或假駢為竝耳。實借為比。騑音非紐。古讀歸封。駢音竝紐。同為雙脣音也。倫又疑驂駟亦或騑駢之轉注字。駢從井得聲。井音精紐。驂音清紐。駟音心紐。同為舌尖前音。驂音審紐二等。騑音非紐。駟音心紐。同為次清摩擦音也。古鉨作。【説文解字六書疏證卷十九】

◉戴家祥　伯駟父盤　駟，説文十篇訓「一乘也。从馬四聲」。按玉篇「駟，四馬一乘也。」四聲兼意。金文用作人名，無釋。或以其專長職業命名。【金文大字典下】

駙　䮗　騀　駊　騊　篤

駙 駙明　駙馬都尉　駙馬都尉【漢印文字徵】

◉許　慎　駙副馬也。从馬。付聲。一曰。近也。一曰。疾也。符遇切。【説文解字卷十】

◉馬叙倫　沈濤曰。後漢書魯恭傳注引。駙馬。副馬也。初學記引。一曰。駙。近也。疾也。王筠曰。一曰近也者。本書。近。附也。一曰疾也者。少儀。毋報往。注。讀報如赴疾之赴。然則鄭謂當作毋赴往。許謂當作毋駙往。倫按駙實騑之轉注字。駙從付得聲。付音亦非紐也。本訓副也。吕忱或校者加副馬也。一曰以下皆校語。借駙為附或赴也。【説文解字六書疏證卷十九】

◉許　慎　䮗馬和也。从馬。皆聲。户皆切。【説文解字卷十】

◉馬叙倫　馬和也當作馬口也和也。和也者。龤字義。【説文解字六書疏證卷十九】

◉許　慎　騀馬搖頭也。从馬。我聲。五可切。【説文解字卷十】

◉許　慎　駊駊騀也。从馬。皮聲。普火切。【説文解字卷十】

◉馬叙倫　駊騀疊韻連緜詞。馬惡行則搖首作此聲。故廣韻曰。馬惡行。而此上文騀下曰。馬搖頭也。【説文解字六書疏證卷十九】

◉許　慎　騊馬行皃。从馬。舀聲。土刀切。【説文解字卷十】

◉馬叙倫　馬行皃者。朱駿聲曰。牛徐行謂之牧。則騊亦徐行意。語原同也。【説文解字六書疏證卷十九】

篤 篤　雜二九【睡虎地秦簡文字編】

騤

鷽

篤固里附城 周篤印信 孔篤印信 篤常私印 【漢印文字徵】

篤 篤出論語 【汗簡】

王存乂切韻 古老子 【古文四聲韻】

◉許　慎　篤馬行頓遲。从馬。竹聲。冬毒切。【說文解字卷十】

◉馬叙倫　鈕樹玉曰。韻會引作馬行遲頓也。倫按上文。騀。馬行皃。騀篤同為舌尖前破裂音。又聲同幽類。轉注字也。此亦狀其行聲而為名也。與蹈遺同語原。馬行頓遲非本訓。字見急就篇。【說文解字六書疏證卷十九】

◉柯昌濟　「凡」當為一種專詞，今尚未得其解，余疑為篤字。按《說文》：「篤，馬行頓遲，從馬竹聲。」又「篙，厚也，從亯竹聲，讀若篤。」是篤、篙義近可為一字之通用，篙字字形與甲骨文此字形亦近似，亯或為此字之變形，故疑為篤字。「凡」或為卜病情之詞，《爾雅·釋詁》：篤，厚也，或言疾疾篤重之義。《史記·蔡澤傳》：「應侯遂稱病篤」亦此意義。【殷墟卜辭綜類例證考釋　古文字研究十六輯】

◉許　慎　騤馬行威儀也。从馬。癸聲。詩曰。四牡騤騤。渠追切。【說文解字卷十】

◉馬叙倫　詩。采薇毛傳。騤騤。彊也。桑柔傳。騤騤。不息也。烝民傳。騤騤。猶彭彭也。此言威儀者。蓋本訓威也。校者加馬行威儀也。字或出字林。騤蓋駒駕騃之聲同脂類轉注字。【說文解字六書疏證卷十九】

◉許　慎　鷽馬行徐而疾也。从馬。學省聲。於角切。【說文解字卷十】

◉馬叙倫　鈕樹玉曰。類篇。鸒。引說文。馬行徐而疾。羊諸切。又羊若切。又引詩四牡鸒鸒。玉篇。鸒適當說文鷽字之次。音弋魚弋庶二切。訓馬行徐而疾。然則說文當本作鸒。後人改為鷽也。但類篇所引詩無考。玉篇又有鷽。於角切。馬腹下聲也。在後俗字中。廣韻鸒鷽二字竝收。嚴可均曰。篆當作鸒。集韻九魚引作鸒馬行徐而疾也。詩。四牡鸒鸒。王應麟詩攷亦引四牡鸒鸒。按即韓奕四牡奕奕矣。桂馥曰。本書有鸒鷽二字。傳寫挩鸒字。今以鸒之注闌入鷽下。而闕鷽字注也。錢坫曰。本書。趣。安行也。安行即徐行。論語。與與如也。皇侃疏。與與猶徐徐也。與之為徐。與鸒為徐一也。此字當從與不從學。書者誤之耳。段玉裁曰。類篇。鸒。說文。馬行徐而疾。是宋初本不誤也。玉篇廣韻皆有鷽字訓。馬腹下鳴。

不云出說文。集韻類篇皆於𩦺下云。乙角切。引說文。馬行徐而疾也。一曰。馬腹下聲。是當丁度司馬光時。說文已或舛譌。乃以為一字兩義。今本說文篆用𩦺解用𩦺。蓋本有𩦺𩦺二篆。心部。懇。趣步懇懇也。蘓林漢書注曰。懊懊。行步安舒也。是可以證𩦺字之解矣。倫按錢說是也。徐從余得聲。余音喻紐四等。𩦺從與得聲。與音亦喻四。嚴謂集韻引詩四牡𩦺𩦺即韓奕之四牡奕奕。奕音亦喻四。然則篆自當作𩦺從與矣。倫謂徐是道途之本字。故從彳也。步行安舒為徐者。借為趣也。趣為徐行。則此義為馬徐行。疾字蓋涉下文駸字說解而誤演。校者因增而字。𩦺趣同語原也。此字或出字林。【說文解字六書疏證卷十九】

駸

◉許　慎　駸馬行疾也。从馬。侵省聲。詩曰。載驟駸駸。子林切。【說文解字卷十】

◉馬叙倫　承培元曰。侵。趣進也。駸從侵得聲。兼義也。丁福保曰。慧琳音義一百引作馬行疾皃也。倫按非從侵省會意。語原然也。詩四牡釋文引字林。馬疾行也。此字出字林。【說文解字六書疏證卷十九】

馺

◉許　慎　馺馬行相及也。从馬。从及。讀若爾雅小山馺大山峘。蘇荅切。【說文解字卷十】

◉馬叙倫　嚴可均曰。韻會引作從馬及聲。馺讀若馺非例。釋山作岌。說文無岌。丁福保曰。慧琳音義卅七引作馺馺行相及也。今本馬字乃馺之壞奪其半耳。倫按慧琳所引馺馺當作及。馺為隸書複舉字。及則以聲訓。下挩也字耳。馬行相及也蓋字林文。从及。當依鍇本作及聲。從及得聲之字。多有急疾之義。語原然也。馺當為駸之轉注字。駸馺同為舌尖前音。駸聲侵類。馺聲談類。亦近轉也。讀若校者加之。或字出字林也。【說文解字六書疏證卷十九】

馮

左馮翊丞　左馮翊印章　馮尉　馮欽　馮去陽印　馮脫之印　馮桀私印　馮猜　馮龍之印

馮少公　馮欣之印　馮喜　馮秪之印　馮洛私印　馮泰　生馮私印　張馮私印　【漢印文字徵】

開母廟石闕　于兹馮君　少室石闕　長西河圜陽馮寶　祀三公山碑　隴西馮君　少室石闕　長西河圜陽馮寶　馮

緄碑頌　【石刻篆文編】

 王存乂切韻　【古文四聲韻】

◉許　慎　馬行疾也。从馬。仌聲。臣鉉等曰。本音皮冰切。經典通用為依馮之馮。今別作憑。非是。房戎切。【説文解字卷十】

◉郭沫若　姑下一字原作。舊釋為馮，人多疑之。案此字左旁从冰固無疑，右旁所从實鳳之奇文，卜辭鳳字作若，此猶存其遺意。知此則釋馮至當，蓋此字本从奇文鳳、仌聲，从鳳者取鳳鳥之馮風也。馮字从馬作者乃後來之譌變。【姑馮句鑃兩周金文辭大系考釋】

◉馬叙倫　玄應一切經音義引三倉。馮。依也。字亦見急就篇。則倉頡無凭字。以馮為之。馬行疾也非本訓。馮從仌得聲。仌凝轉注字也。凝從疑得聲。疑音疑紐。疑娘同為邊音。䮘音娘紐。蓋轉注字。【説文解字六書疏證卷十九】

◉戴家祥　説文十篇：「馮，馬行疾也。从馬仌聲。」徐鉉等曰：「本音皮冰切，經典通用為依馮之馮，今別作憑，非是。」按徐鉉所言至確。一切經音義十七引三蒼云：「憑，依也。」左傳哀公七年「馮恃其衆。」注「馮，依也。」馮、憑為古今字。晉公盞「作馮左右」，馮亦是依馮之馮。【金文大字典下】

◉許　慎　馬步疾也。从馬。耴聲。尼輒切。【説文解字卷十】

◉馬叙倫　玉篇作馬行也疾也。此字蓋出字林。䮘為馺之聲同談類轉注字。【説文解字六書疏證卷十九】

◉許　慎　馬行仡仡也。从馬。矣聲。五駭切。【説文解字卷十】

◉馬叙倫　本書。仡。勇壯也。䞈。直行也。此訓馬行仡仡也。蓋狀其疾行。然非本訓。騃音疑紐。䮘音娘紐。同為邊音。蓋轉注字。騃聲之類。馮聲蒸類。之蒸對轉。亦轉注字。玄應一切經音義引倉頡。騃。無知之貌。本書。儗。騃也。然則倉頡無儗字。以騃為之。或倉頡本作儗。傳寫以通用字易之。則此出字林。【説文解字六書疏證卷十九】

驟 驟

驟古老子　驟同上【古文四聲韻】

◉許　慎　驟馬疾步也。从馬。聚聲。鉏又切。【説文解字卷十】

◉馬叙倫　鈕樹玉曰。韻會引作馬行疾也。倫按走部。趣。疾也。驟亦得聲於取。語原同也。馬疾步也或馬行疾也非本訓。字見急就篇顔師古本。【説文解字六書疏證卷十九】

駒 駒

◉許　慎　駒馬疾走也。从馬。匃聲。古達切。【説文解字卷十】

◉馬叙倫　疑駒為駕之聲同脂類轉注字。此字蓋出字林。【説文解字六書疏證卷十九】

颿 颿

◉許　慎　颿馬疾步也。从馬。風聲。臣鉉等曰。舟船之颿本用此字。今別作帆。非是。符嚴切。【説文解字卷十】

◉馬叙倫　馮音房戎切。是與颿為音同奉紐轉注字也。颿駸聲同侵類轉注字。與颿為侵談近轉轉注字。玄應一切經音義引三倉。颿。船上張布帆也。馬疾步也非本訓。【説文解字六書疏證卷十九】

驅 驅

前2・8・3　粹119【續甲骨文編】

毆　一：四〇　宗盟類參盟人名史毆𧶠【侯馬盟書字表】

毆　毆　説文古文驅从攴　日甲一五七背【睡虎地秦簡文字編】

毆　石碣避車　避毆其特　説文古文同【石刻篆文編】

毆　説文【古文四聲韻】

◉許　慎　驅馬馳也。从馬。區聲。豈俱切。敺古文驅从攴。【説文解字卷十】

◉羅振玉　石鼓文作敺。與許書古文合。師寰敦作敺。與此畧同。【增訂殷虚書契考釋卷中】

◉强運開　毆　説文古文驅从攴。周禮以靈鼓敺之。以炮土之鼓敺之。孟子為淵敺魚為叢敺爵為湯武敺民皆用古文。可為此

敺字之證。又按後男敔敺孚士女牛羊作敺。與鼓文微異。【石鼓釋文】

◉馬叙倫　驅驟聲同矦類轉注字。玄應一切經音義引倉頡。驅。馳貌也。此蓋本訓馳也。馬為隸書複舉驅字之爛文。

敺　李杲曰。石鼓作敺。與此正同。羅振玉曰。卜辭作敺敺。師寰敔作敺敺。與此略同。倫按此敺之異文。古文經傳借以為馳驅字。從攴校者加之。【説文解字六書疏證卷十九】

◉商承祚　敺　甲骨文作敺。金文師寰𣪘「敺孚士女牛羊」作敺。石鼓文「遊敺其特」作敺。周禮夏官方相氏「以索室敺疫。」又「敺方良。」前漢鼂錯傳「敺略畜産。」易比卦「王用三驅。」鄭作敺。孟子離婁「為淵敺魚。」「為叢敺爵。」「為湯武敺民。」與此皆从攴不从馬。攴為以手執策。有駕馭之意。从馬之驅為後起。【説文中之古文考】

◉李孝定　敺前・二・八・三　敺前・二・四二・三　敺前五・四一・六　敺

説文「驅。馬馳也。从馬區聲。敺古文驅。从攴。」絜文从馬从攴。與馭字从又略異。而為會意字則同。蓋馭為使馬。故从又。敺則鞭之使前。故从攴耳。前三文从馬省。弟四文則象策馬之狀如繪字。讀區聲。其从馬省者。又與區字形近。遂有增之音符作驅者矣。字為从攴馬區聲乃會意兼聲之字。省馬則為敺敺師寰簋。為許書古文所本。其字之衍化當如下表。

駇↓驅↓敺↓驅【甲骨文字集釋第十】

◉戴家祥　驅驅卣　字从𣪊區聲，説文所無，疑為驅之異體，説文「驅，馬馳也，从馬區聲。」此字从豸，因驅馳事物的不同而異。説文驅或作敺，从攴，為以手執策，有駕馭之意，此字添加攴旁意義相同，當為繁文。驅字金文用作人名。【金文大字典中】

馳　馳

馳　雜二八【睡虎地秦簡文字編】

馳【漢印文字徵】

馳　馳石經【汗簡】

馳道德經　馳字略　馳石經【古文四聲韻】

◉許　慎　[seal]大驅也。从馬。也聲。直离切。【說文解字卷十】

◉馬叙倫　鈕樹玉曰。繫傳作[seal]。倫按大驅也非本訓。馳音澄紐。古讀歸定。駃音定紐。蓋轉注字。字見急就篇。【說文解字六書疏證卷十九】

騖 [seal]

◉許　慎　[seal]亂馳也。从馬。敄聲。亡遇切。【說文解字卷十】

◉馬叙倫　翟云升曰。敄聲是。務亦敄聲。丁福保曰。慧琳音義廿四引作馬亂足也。倫按足乃走之譌。蓋馳也亂走也二訓。今本傳寫誤捝。廣雅釋室。騖。奔也。韓非外儲説。牽馬推車則不能進。代御執轡持策則馬咸騖矣。戰國策齊策。邯鄲之中騖。穆天子傳。天子騖行。皆止馳義。騖為驅驟之聲同矦類轉注字。騖音微紐。亦馮颿之同脣齒音轉注字也。字蓋出字林。【説文解字六書疏證卷十九】

䮺 [seal]

◉許　慎　[seal]次弟馳也。从馬。𠛱聲。力制切。【説文解字卷十】

◉馬叙倫　錢坫曰。此行列字。王筠曰。次弟馳言就列不亂也。倫按廣雅釋室。䮺。奔也。倫謂次弟馳也蓋次弟也馳也二義。次弟也者。以字從列而附會行列之義。或迾字義也。䮺得聲於𡿪。𡿪得聲於歺。歺讀若櫱。音在疑紐。則與駃為轉注字。歺為死之初文。死音心紐。則與駛為轉注字。䮺駃騃駒聲同脂類。蓋相為轉注字也。字蓋出字林。【説文解字六書疏證卷十九】

◉魯實先　[seal]隸定為𩢲。當為䮺之初文。以𠛱从𡿪聲。𡿪乃从歺省聲。宜其初文為𩢲。大徐本説文川部云。「𡿪从川。𠛱省聲」。段注疑其誤。其説是也。小徐本説文作「从歺省聲」。玆从之。説文馬部云「䮺。次第馳」引申則為馳。故廣雅釋室以奔訓䮺。【殷契新詮之三】

騁 [seal]

[seal] 徐騁【漢印文字徵】

◉許　慎　[seal]直馳也。从馬。甹聲。丑郢切。【説文解字卷十】

◉馬叙倫　丁福保曰。慧琳音義十五及十六及七十六引作直驅也。倫按馳音澄紐。騁音徹紐。同為舌面前音。轉注字也。騁從甹得聲。甹從由得聲。由聲幽類。侵幽對轉。則騁與駸颿亦轉注字。直馳也非本訓。或字出字林也。【説文解字六書疏

證卷十九】

◉許　慎　駾馬行疾來皃。从馬。兑聲。詩曰。昆夷駾矣。他外切。【説文解字卷十】

◉馬叙倫　鈕樹玉曰。詩緜正義引昆作混。沈濤曰。詩緜正義引作馬行疾皃。今本誤演來字。倫按詩緜毛傳。駾。突也。箋。混夷惶怖驚走奔突入柞棫之中。倫謂突也以聲訓。此奔突之突本字。來為奔之譌字。馬行疾也奔皃二訓。傳寫並譌。駾音透紐。䭾音定紐。為同舌尖前破裂音又聲同脂類轉注字。猶挩失之轉注矣。【説文解字六書疏證卷十九】

◉許　慎　䭾馬有疾足。从馬。失聲。大結切。【説文解字卷十】

◉馬叙倫　吴穎芳曰。有字可疑。或馬能疾走之譌。段玉裁曰。此奔軼絶塵字。倫按玉篇。䭾。馬疾走也。廣韻。䭾。馬行疾皃。詩駉傳。繹繹。善走也。釋文作善足。繹即䭾之借字。䭾音定紐。而從失得聲。失音審紐。繹音喻紐四等。審與喻四同為次清摩擦音也。然則馬有疾足。謂其善走也。故篇韻皆訓疾走。左成二年傳。馬逸不能止。荀子哀公。其馬将逸。注皆謂奔。書無逸。論衡儒增作毋佚。論語夷逸。漢石經作夷佚。是左荀之逸皆借為䭾。逸䭾則語原同也。馬有疾足非本訓。或字出字林也。【説文解字六書疏證卷十九】

◉許　慎　駻馬突也。从馬。旱聲。侯旰切。【説文解字卷十】

◉馬叙倫　桂馥曰。當作突馬也。漢書刑法志。是猶以羈鞿而御駻突。如淳曰。駻突。惡馬也。淮南氾論訓。是猶無鏑銜橜策錣而御馯馬也。高注。馯馬。突馬也。倫按突馬即駾馬。駻突即駻駾。駻從旱得聲。旱得聲於干。厈為厂之轉注字。亦從干得聲。而厂音在曉紐。疑古讀駻如厂。為䭾之轉注字。䭾從失得聲。失音審紐。審曉同為次清破裂音也。馬突也非本訓。或字出字林也。【説文解字六書疏證卷十九】

◉許　慎　駧馳馬洞去也。从馬。同聲。徒弄切。【説文解字卷十】

◉馬叙倫　王筠曰。集韻類篇竝引作馳駧去也。倫按水部。洞。疾流也。洞從同得聲。同從凡得聲。凡為帆之初文。帆得風而疾行。古即借凡為風雨之風。蓋洞駧與凡同語原。駧之義為馬行疾。實颿之異文耳。駧為䭾之音同定紐轉注字。猶迭迵

矣。說解蓋本作洞也。以聲訓。吕忱或校者加馳也馬疾去也。傳寫有捝誤耳。字蓋出字林。【說文解字六書疏證卷十九】

驚 驚

郝驚　高驚印　郭驚　周驚【漢印文字徵】

開母廟石闕　下民震驚【石刻篆文編】

古老子【古文四聲韻】

◉許　慎　驚馬駭也。从馬。敬聲。舉卿切。【說文解字卷十】

◉馬叙倫　驚敬同語原也。以鞭策敬之。則馬駭而行矣。字見急就篇。馬駭也或非本訓。【說文解字六書疏證卷十九】

駭 駭

駭【汗簡】

義雲章　乎介切　竝汗簡【古文四聲韻】

◉許　慎　駭驚也。从馬。亥聲。矦楷切。【說文解字卷十】

◉馬叙倫　驚駭同舌根音轉注字。駭或轉注作駴。敬戒為轉注字。是其例證也。文選甘泉賦注引倉頡。駭。驚也。【說文解字六書疏證卷十九】

𩣡 𩣡

◉許　慎　𩣡馬奔也。从馬。巟聲。呼光切。【說文解字卷十】

◉馬叙倫　今俗言驚慌。則𩣡義當為馬駭而奔也。非馬疾走之通名。馬奔也非本義。字或出字林。驚駭𩣡同舌根音轉注字。𩣡駭又同舌根摩擦音轉注也。【說文解字六書疏證卷十九】

騫 騫

◉許　慎　騫馬腹縶也。从馬。寒省聲。去虔切。【說文解字卷十】

◉馬叙倫　鍇本作馬腹熱也不可通。段玉裁改為馬腹墊亦不可通。翟云升謂熱縶之譌。若馬腹縶為馬腹受絆。則不當廁此。

朱士端據醫書謂當依鍇本作熱。熱謂病也。然説大迂回。不可信。倫以聲及字次求之。疑當是馬行跛皃。本書。蹇。走皃。越。蹇行越越也。蹇。跛也。閔損字騫以此。詩天保傳訓騫為虧亦以此。文選西京賦注引作飛皃。乃騫字義。倫謂騫即易乘馬班如之班。或曰。腹當為足。然非本訓。字蓋出字林。【説文解字六書疏證卷十九】

駐

古老子　牧子文【古文四聲韻】

◉許　慎　駐馬立也。从馬。主聲。中句切。【説文解字卷十】

◉馬叙倫　篆蓋本作䮀。玄應一切經音義十七。駐。古文住尌侸逗四形。或從豈或從豈省。可證也。住侸則一字。本書有侸無住。馬立謂馬不行也。馬立而不行。故從豈得聲。語原同也。文選曹大家東征賦注引倉頡。駐。住也。倫謂許蓋訓侸也。馬立也字林文。【説文解字六書疏證卷十九】

馴

王存乂切韻　籀韻【古文四聲韻】

◉許　慎　馴馬順也。从馬。川聲。詳遵切。【説文解字卷十】

◉馬叙倫　嚴可均曰。一切經音義七及廿竝引養鳥獸使服習謂之馴。鈕樹玉曰。蓋誤引他書。沈濤曰。注中語。翟云升曰。類篇引作馬順行也。倫按輔行記引字林。馴。牲行調順。然則當作馬性行調順也。蓋許止作順也。以聲訓。吕忱增謂馬性行調順也。今有挩耳。字見急就篇皇象本。空海本作巡。顔師古本作訓。則此字出字林。傳寫急就者以通用字易之。馴訓巡川語原同也。【説文解字六書疏證卷十九】

◉劉樂賢　《漢印文字徵》卷十·三馮字最後一體為[glyph]。按馮從仌得聲，仌在漢印中可寫成二、[glyph]、[glyph]、[glyph]、[glyph]諸形，但絶不與川(巛)相混。故此字當釋為從馬川聲的馴字。【秦漢文字釋叢　考古與文物一九九一年第六期】

駗

◉許　慎　駗馬載重難也。从馬。㐱聲。張人切。【説文解字卷十】

◉馬叙倫　集韻類篇引及汪刊鍇本均作馬載重難行也。玉篇作馬載重難行。易屯。乘馬驙如。馬融曰。驙如。難行不進之皃。合有行字。此非本訓。或駗驙二字竝出字林。【説文解字六書疏證卷十九】

驙

◉許　慎　驙駗驙也。从馬。亶聲。易曰。乘馬驙如。張連切。【説文解字卷十】

◉馬叙倫　鈕樹玉曰。易作屯如邅如乘馬班如。此當作屯如驙如。倫按駗驙音同知紐連語。亦轉注字。【説文解字六書疏證卷十九】

驇

◉許　慎　驇馬重皃。从馬。執聲。陟利切。【説文解字卷十】

◉馬叙倫　段玉裁曰。晉世家。惠公馬騺不行。即左傳晉戎馬還濘而止。今本史記譌作騺。秦本紀作還。而馬騺不誤。𠬜部。樊。騺不行也。倫按騺謂馬載重不行也。騺音知紐。與駗驙同語原。今作馬重皃。似馬之自體重矣。蓋有捝字。此非本訓。或字出字林也。【説文解字六書疏證卷十九】

驧

◉許　慎　驧馬曲脊也。从馬。鞠聲。巨六切。【説文解字卷十】

◉馬叙倫　九篇。匊。曲脊也。驧。馬曲脊也。語原同也。然曲脊為馬病邪。何以專造此字。馬脊當人跨處亦無不曲。亦豈為此而造驧名。疑馬曲脊也本是馬口皃曲脊也二訓。曲脊也蓋匊字義。傳寫并之。曲脊也。吕忱列異義。或校者加之。字亦或出字林。【説文解字六書疏證卷十九】

騬

267【包山楚簡文字編】

◉許　慎　騬犗馬也。从馬。乘聲。食陵切。【説文解字卷十】

◉馬叙倫　廣雅。騬。⿰牛曷也。⿰牛曷為犗之轉注字。則此止當訓犗也。犗馬也或字林文。犗從害得聲。害舍一字。舍音審紐三等。騬音牀紐三等。同為舌面前音。語原同也。字或出字林。【説文解字六書疏證卷十九】

⿰馬介

◉許　慎　⿰馬介系馬尾也。从馬。介声。古拜切。【説文解字卷十】

◉馬叙倫　鈕樹玉曰。繫傳無系字。蓋捝。玉篇。結馬尾也。倫按系或即結之壞文。玉篇即本許書也。髟部。髻。結也。語原同。此字蓋出字林。【説文解字六書疏證卷十九】

騷 騷

騷 騷 法一七九 二例 【睡虎地秦簡文字編】

騷 賈騷 【漢印文字徵】

◉許 慎 騷擾也。一曰。摩馬。从馬。蚤聲。穌遭切。【説文解字卷十】

◉馬叙倫 沈濤曰。一切經音義十二引。騷。擾也。又摩馬也。亦大疾也。段玉裁曰。擾也一曰四字淺人所增。摩馬是本義。倫按擾也以聲訓。或慅字義也。摩馬者。校者記異本也。玄應引大疾也者。校者據禮記檀弓注加之。手部。搔。刮也。語原同。此字或出字林。【説文解字六書疏證卷十九】

馽 馽

□ 縶見尚書 【汗簡】

□ 古尚書 【古文四聲韻】

◉許 慎 馽絆馬也。从馬。口其足。春秋傳曰。韓厥執馽前。讀若輒。陟立切。縶馽或从糸。執聲。【説文解字卷十】

◉王 襄 □鄴三・四四・九 古縶字。象拘攣罪人之形。為縶之本誼。絆馬其借誼也。【簠室殷契類纂十】

◉馬叙倫 鈕樹玉曰。韻會引馬下有足字。恐非。又引馽下有馬字。王筠曰。當依韻會引補足字。口當依小徐作〇。即音圍之口。口本當作〇也。徐灝曰。絆馬不必專在足。作篆但就其字勢於足上箸之。段依韻會補足字。非是。韓厥執縶亦執其韁轡。非絆足之謂也。因之又為羈紲之偁。小雅曰駒。縶之維之。周頌有客。言授之縶。以縶其馬。是也。倫按徐説是也。然倫疑此與馽篆當互易。馽從馬〇聲。為一歲馬之名。馽為羈紲之義。自古亂之。讀若輒者。劉秀生曰。馽或從糸執聲作縶。執聲耴聲古同端紐。故馽得讀若輒。左昭二十年經。盜殺衛侯之兄縶。公羊縶作輒。穀梁亦作輒。是其證。

縶 倫按馬音如輒。輒執聲同談類。故馽轉注為縶。以絆馬故馽從馬。以糸絆馬故縶從糸。釋文引三倉。縶。絆也。蓋三倉本作馽。傳寫以通用字易之。【説文解字六書疏證卷十九】

◉饒宗頤 □字象繫繩于人頸，隸定當為㚔，蓋即縶本字。故亦作□(前編二・一九・一)。从糸从丮，可讀為㚔。集韻：「㚔，執事者。」故㚔有執事之義。辭云：「氐王㚔」，謂致王事也。與習見之「凵王事」語例相類。又見「雀氏石□」語(屯乙四六九三甲尾)。石讀為祏，猶言雀致祏事。祏事謂祭事，如詩「祀事孔明」之祀事。説詳卜辭義證。【殷代貞卜人物通考第五卷】

◉李孝定　契文象拘係辠人並加手梏之形。當入十三卷糸部。解云「拘係辠人也。从系从執。執亦聲。」或入㚔部。以為執之或體。或入手部。以為摯之或體。於義均較適。今許君乃以為馽之重文。事類懸隔。偏旁迴殊。失其次矣。姑从許例次之於此。請與本卷下執字條參看。【甲骨文字集釋第十】

◉李裕民　《侯馬盟書》其它類一八五：九。

盟書有（九二：七馽）、（一：七五馵），象馬絆一足、絆二足之形。此則象馬絆三足之形，當即馽字，也就是後世通行的縶字。《說文》：「馽，絆馬足也（足字，段玉裁據《韻會》補）。从馬〇其足。《春秋傳》曰：『韓厥執馽前。』讀若輒。縶，馽或从糸，執聲。」中華書局本《說文》〇寫作口，誤。段玉裁云：「〇象絆之形。」小篆馽正象以繩索絆住馬四足之形（小篆馬以三足代表四足，故絆三足即絆四足），是會意字；縶則是形聲字。漢字在形聲化過程中，有一些象形字、會意字逐漸被形聲字所取代。【侯馬盟書疑難字考　古文字研究一九八一年第五輯】

◉楊樹達　馬為基字，〇指馬之見絆，為所事。今作馽。【文字形義學】

駘

陶文編10·68　【古陶文字徵】

5535　【古璽文編】

◉許　慎　駘馬銜脫也。从馬。台聲。徒哀切。【說文解字卷十】

◉馬叙倫　段玉裁曰。脫當作捝。解也。倫按後漢書崔寔傳。御委其轡。馬駘其銜。注引作馬鈍也。鈕樹玉謂蓋誤。倫檢廣雅。駑。駘也。倫謂馬銜脫蓋非本義。馬銜非解之不脫。則豈為此而造專名。王筠以為馬之狡者多吐其銜。其實馬無不惡銜。故常作吐銜之勢。然卒不能自脫也。馬銜脫也者。借駘為捝耳。駘蓋以馬鈍為本義。【說文解字六書疏證卷十九】

駔

5·40　咸鄗里駒　【古陶文字徵】

原駔　【漢印文字徵】

◉許　慎　䮒牡馬也。从馬。且聲。一曰。馬蹲駔也。子朗切。【說文解字卷十】

◉馬叙倫　鈕樹玉曰。李注文選魏都賦注引作壯馬也。則牡乃壯譌。類篇引作馬壯也。誤倒。六書故引作奘馬也。恐因釋言文改。後漢書郭太傳注引作會也。蓋誤引他書。沈濤曰。六書故引唐本說文曰。奘馬也。文選魏都賦注廣絕交論注皆引作壯馬也。赭白馬賦注引。駔。壯也。蓋傳寫奪馬字。今本牡字乃奘之譌。奘省為壯。又誤為牡耳。爾雅釋言。奘。駔也。注。今江東呼為大駔。駔猶麤也。則駔當訓壯馬。不當訓牡馬。又後漢書郭太傳注引。駔。會也。御覽八百廿八引。儈。駔馬也。本書無儈字。此引當作駔馬會也。傳寫從俗作儈。又誤到其文耳。蓋古本作一曰馬會也。今本馬蹲駔三字義不可通。乃傳寫之誤。史記貨殖傳集解引徐廣曰。駔。馬儈也。當本許書為說。淮南氾論訓。段干木晉國之大駔。御覽八百廿引許注曰。駔。市儈。與此不同者。蓋駔本訓馬會。故字從馬。而引申之。則凡市會皆謂之駔。猶駔本壯馬之稱。而凡壯大者皆訓為駔。錢坫曰。牡馬應作牝馬。爾雅釋畜。牝曰騇。騇即駔字。唐本作奘馬也。爾雅。奘。駔也。是唐本之所本。又後漢書注引作聚也。蹲駔有聚義。翟云升曰。類篇引作馬壯也。一曰馬蹲駔也。下有一曰市會四字。倫按諸家皆謂牡是壯譌。而錢說獨異。錢據爾雅謂駔即騇。無證。郝懿行謂騇即牿俗字。倫謂騇為騬之轉注字。牿為犗之異文。廣雅。牿牸。牡雌也。則騇是牡非牝。其說自不足據。倫謂字蓋本作[illegible]。甲文牡字或作[illegible][illegible]。又有[illegible]字則牝之異文。而從馬匕聲。然則牡亦得從馬作馲矣。由丄或作[illegible]。又變為[illegible]。本書且之重文作[illegible]。故馲轉譌為駔矣。是牡馬之義不誤也。然字失次者。蓋呂忱所加。呂昧其形而姑述舊訓耳。爾雅奘駔也者。借駔為壯。魚陽對轉也。六書故引唐本作奘馬也者。或呂忱本雅文亦列奘也一訓。校者不明駔為牡馬。而以牡字為譌。因刪去也牡二字。後之校者亦疑牡馬之無據。或改牡為壯。或見唐本之作奘馬也。而改牡為壯。後漢書郭太傳注引駔會也者。沈據御覽引以為當作馬會也。檢郭傳注引。會也。謂合兩家之買賣。如今之度市也。謂字以下所以釋會字之義。蓋庾注。而類篇所引市會。即此文之節詞。會當讀如今之儈字。蓋伹字義。又疑駔馲為二字。牡馬為馲字義。駔則騶之轉注字。駔音精紐。騶音照紐二等。同為清破裂摩擦音也。段干木晉之大駔。即周禮所謂趣馬也。一曰馬蹲駔也者。當作一曰蹲也。一曰。駔。〇馬也。蹲也者。借駔為蹲。蹲音從紐。駔音精紐。同為舌尖前破裂摩擦音也。猶噂壯之為轉注字矣。口馬也者。後漢書注引有聚也一訓。倫謂聚借為趣。聚也蓋本作聚馬也。此挩聚字。彼引挩馬字。趣馬即騶也。【說文解字六書疏證卷十九】

騶

5·481 獨字 5·482 同上 5·483 同上 【古陶文字徵】

騶 為六 雜三 【睡虎地秦簡文字編】

騶之右尉 騶廣 騶忘之印 騶延 騶丙 【漢印文字徵】

◉許 慎 騶廄御也。从馬。芻聲。側鳩切。【說文解字卷十】

◉馬叙倫 廄御者非本訓。騶當訓養馬也。猶犓為養牛也。因以為養馬者之偁。字見急就篇皇象本。古匋作[glyph]。【說文解字六書疏證卷十九】

◉戴家祥 [glyph]趨鼎 趨字从馬从走，字書所無，以意求之，殆即騶之異文。唐韻芻音叉愚切，穿母侯部。走讀子苟切，精母侯部。說文「趨，走也」，「走，趨也」，騶趨同字。荀子禮論「步中武象，趨中韶濩」，正論篇作「騶中韶濩」，楊倞注「騶當為趨」。漢書晁錯傳「材官騶發」，顏師古云「蘇林謂借為驟，又為趨」。說文十篇馬部「騶，廄御也，从馬芻聲」。禮記月令季秋「天子乃教於田獵，以習五戎，班馬政，命僕及七騶咸駕」，鄭注「僕，戎僕及御夫也。七騶謂趣馬，主為諸官駕說者也」。正義引皇氏云「天子有六種，種別有騶，則六騶也。又有揔主之人，並六騶為七，故為七騶」。左傳襄公廿三年「豐點為孟氏之御騶」，孔穎達疏「成公十八年傳曰：程鄭為乘馬御，六騶屬焉，使訓群騶知禮。注云六騶，六閑之騶，則騶是掌馬之官，蓋兼掌御事，謂之御騶。」按韓非子說林篇「有欲以御見荊王者，衆騶妒之」，羣騶衆騶皆受制於御。趨亥即騶亥，趨騶注音更旁字也。郭沫若「疑趨為走馬二字之合文」，兩周金文辭大系考釋一八四頁。大誤。【金文大字典下】

驛

秦489 平陽驛 【古陶文字徵】

並崔希裕纂古 【古文四聲韻】

◉許 慎 驛置騎也。从馬。睪聲。羊益切。【說文解字卷十】

◉馬叙倫 鈕樹玉曰。繫傳騎作馹。譌。王筠曰。置字句。倫按疑本訓馹也。或以聲訓。今挩。存者字林文耳。【說文解字六書疏證卷十九】

◉許　慎　馹驛傳也。从馬。日聲。人質切。【說文解字卷十】

◉馬叙倫　驛傳也當作驛也傳也。故下篇止訓傳也。一訓校者加之。馹為驛之轉注字。馹從日得聲。日白一字。白睪聲同魚類也。左文十六年傳。楚子乘馹。釋文。本馹作驛。是其證。【說文解字六書疏證卷十九】

◉温少峰　袁庭棟　于省吾文指出：「⿺辶至是⿺辶臸的初文，⿺辶臸是馹的本字。」卜辭中第一期的□，第三期的□、□、□，第五期的□，均是⿺辶至、⿺辶臸的演變異體。《說文》：「⿺辶臸，近也，从辵，臸聲。」《廣韻》：「⿺辶至，處脂切，走貌。」《爾雅·釋言》：「馹、遽，傳也。」釋文：「馹，而實反，郭《音義》云：本或作⿺辶臸。《聲類》云：亦馹字同。」故知⿺辶臸、⿺辶至就是後世之馹字。「清代說文學家都認為馹是本字，⿺辶臸是假借字，未免本末倒置。以甲骨文驗之，⿺辶至孳乳為⿺辶臸，⿺辶至與⿺辶臸為本字，馹為後起的代字。……⿺辶至从至，至是到意。其孳乳从疊至，則表示从此至彼為遞至」(《甲骨文字釋林·釋⿺辶臸》)。

《說文》：「馹，驛傳也，从馬，日聲。」「驛，置騎也。」馹傳，亦即後世之驛傳與驛站，但馹與傳二者若分別論之也有區別。《六書故》：「以車曰傳，以騎曰馹。」《爾雅·釋言》：「馹、遽，傳也。」郭注：「皆傳車、馹馬之名。」郝懿行《義疏》曰：「《說文》云：『傳，遽也』；『遽，傳也』。互相訓，古以傳遽並稱。……《詩·江漢》釋文：『以車曰傳，以馬曰遽』。」【殷墟卜辭研究——科學技術篇】

□ 騰　語四　□ 封一四　四例　【睡虎地秦簡文字編】

□ 垣騰之印信　□ 蓋騰　□ 張騰　□ 衡騰　【漢印文字徵】

◉許　慎　騰傳也。从馬。朕聲。一曰。騰。犗馬也。徒登切。【說文解字卷十】

◉馬叙倫　嚴可均曰。廣韻十七登韻會十蒸引無一曰下騰字。沈濤曰。一切經音義十二引。騰。傳也。騰亦乘也。十八引。騰。傳也。謂傳遞郵驛。騰。乘也。謂下五字當是庾注。玄應兩引均有乘也之訓。今奪。段玉裁曰。上文犗馬謂之騬。則是騰為騬之假借字也。亦有借騰為乘者。如月令。絫牛騰馬。讀乘匹之乘。倫按騰音定紐。驛音喻紐四等。古讀歸定。則騰驛為轉注字。犗馬者。騬字義。騬音牀紐三等。古亦歸定也。騬騰又聲同蒸類。故得借為騬。亦得借為乘也。此校語。傳音澄紐。澄定同為濁破裂音。是騰驛與傳相為轉注字。以人言故從人。以騎言故從馬。【說文解字六書疏證卷十九】

◉陳邦懷　「朕遡」，即騰傳。《說文解字》：「騰，傳也。从馬，朕聲。」帛書作朕省馬，主聲不主形也。「遡」，傳之異體，又見於龍節。「騰傳」為同義連文，在此騰有上升意，傳有下遞意。《洪範・五行傳》：「天者，轉於下而運於上」。帛書「乃上下騰傳」，其義與上句「□咎天步□」正相應也。【戰國楚帛書文字考證 古文字研究一九八一年第五輯】

◉睡虎地秦墓竹簡整理小組 騰，讀為謄，《説文》：「迻書也。」《繫傳》：「謂移寫之也。」當謄，正確地寫録下來。【睡虎地秦墓竹簡】

騅

◉許 慎 騅苑名。一曰。馬白頟。从馬。隺聲。下各切。【説文解字卷十】

◉馬叙倫 王筠曰。孟子引詩白鳥鶴鶴。牛部。犨。白牛也。白部。皠。鳥之白也。是從隺聲之字多有白義。知馬白頟為騅之本義也。玉篇亦止一義。而無苑名一義。其列字也在嶋字之下。或説文本次原不在此。自增苑名一義。乃迻使與駉相屬耳。朱駿聲曰。上文。馰。馬白頟也。疑騅即馰之或體。倫按下文。駉。牧馬苑也。駉從冋得聲。冋為冂之異文。隺從冂靃聲。為冂之轉注字。然則駉亦騅之轉注字。惟以牧馬之苑而字從馬。義雖可通。然亦疑駉之為苑名。假借字也。駉為騅之轉注字。而義是馬白頟。勺隺聲同幽類。則馰騅得為轉注字也。字或出字林。【説文解字六書疏證卷十九】

駉

◉許 慎 駉牧馬苑也。从馬。冋聲。詩曰。在駉之野。古熒切。【説文解字卷十】

◉馬叙倫 牧馬苑也非本訓。亦疑非本義。詩言在駉之野者。借駉為冋。冋為郊外之地。周禮牧師。掌牧地。則牧有定地在郊外。故曰。在冋之野。辨文可知。此字蓋出字林。【説文解字六書疏證卷十九】

駪

◉許 慎 駪馬衆多皃。从馬。先聲。所臻切。【説文解字卷十】

◉馬叙倫 駪似為詩宜爾子孫莘莘兮之莘本字。皇皇者華。駪駪征夫。本書㜪下引作莘莘征夫。本韓詩也。然疑非本義。亦非本訓。字或出字林也。【説文解字六書疏證卷十九】

駮

◉許 慎 駮獸如馬。倨牙。食虎豹。从馬。交聲。北角切。【説文解字卷十】

◉馬叙倫 此下諸文從馬而實非馬。亦猶狼狐之入犬部。初文如象其形。及為篆文。不可詳別。以初文形似馬者即使從馬。形似犬者即使從犬耳。然此篆及説解疑為呂忱據爾雅釋畜加之。管子小問。桓公曰。寡人乘馬。虎望見而不敢行。何也。

管仲曰。公乘駮馬而洀桓。迎日而馳乎。公曰。然。管仲曰。此駮象也。駮食虎豹。故虎豹疑焉。周書王會義渠以茲白。茲白者。若白馬。鋸牙。食虎豹。孔晁曰。茲白一名駮。山海經西山經。中曲之山有獸焉。其狀如馬。而白身黑尾。一角。虎牙爪。音如鼓。其名曰駮。是食虎豹。可以御兵。然則駮似馬而非馬也。甲文有□。骨文有□。董作賓釋麟。葉玉森釋駮。【説文解字六書疏證卷十九】

駃

駃 雜二七【睡虎地秦簡文字編】

義雲章【古文四聲韻】

◉許　慎　駃騠。馬父驘子也。从馬。夬聲。臣鉉等曰。今俗與快同用。古穴切。【説文解字卷十】

◉馬叙倫　沈濤曰。初學記廿九引驘子作驢子。是。然子字亦誤。當作馬父驢母也。蓋驢父馬母為驘。馬父驢母為駃騠。翟云升曰。繫傳決省聲。案決亦夬聲。倫按史記鄒陽傳索隱引字林。駃騠。馬父驘子。北方之良馬也。倫謂此文若是許書原有。當訓獸也。今捝。所存者字林文。唐人又删北方六字。玄應一切經音義引倉頡。駛。疾也。華嚴經音義亦引之。竝曰。從馬。史聲。然玄應又引三倉。古文使字或作駛。同山史反。本書無駛。或使之俗。或駃之譌。本書之⿱自夬。金文作⿱臼夬。是其例證。今謂疾行為快。本字為趹。然則倉頡之駛。實即駃字。傳寫以通用字易之。【説文解字六書疏證卷十九】

騠

騠 雜二七【睡虎地秦簡文字編】

◉許　慎　騠駃騠也。从馬。是聲。杜兮切。【説文解字卷十】

◉馬叙倫　馬父驢母之子為騠。今名駃騠者。駃從叏得聲。叏從退之初文作□者得聲。退音透紐。騠音定紐。同為舌尖前破裂音也。騠當為馬行疾也。【説文解字六書疏證卷十九】

驘

驘【汗簡】

◉許　慎　驘驢父馬母。从馬。𣎆聲。洛戈切。驘或从驘。【説文解字卷十】

◉馬叙倫　鈕樹玉曰。韻會作驘省聲。翟云升曰。𣎆聲是。驘亦𣎆聲。丁福保曰。慧琳音義十七引作驢父馬母所生也。倫按鍇本作驘省聲者。蓋校者以或體作驘。因增省字。而并改驘下或從驘為或不省矣。此篆為許書原有。當訓獸也。驢父馬母所生也蓋字林文。【説文解字六書疏證卷十九】

◉黄錫全　驘《説文》「驘，驢父馬母也。从馬𣎆聲」。或體作驘。正篆作。此形从古文馬。【汗簡注釋卷四】

驢

驢【汗簡】

義雲章【古文四聲韻】

◉許　慎　驢似馬。長耳。从馬。盧聲。力居切。【説文解字卷十】

◉馬叙倫　沈濤曰。御覽九百一引作似馬長耳也。初學記廿九引作似馬而耳長。倫按本訓獸也。今捝。但存字林文耳。字見急就篇。【説文解字六書疏證卷十九】

騱

◉許　慎　騱驢子也。从馬。冡聲。莫紅切。【説文解字卷十】

驒

◉許　慎　驒驒騱。野馬也。从馬。單聲。一曰。青驪白鱗。文如鼉魚。代何切。【説文解字卷十】

◉馬叙倫　沈濤曰。詩魯頌爾雅釋獸釋文兩引曰。馬文似鼉魚也。詩魯頌釋文有青驪鱗白曰驒。五字乃在引説文之上。此陸氏用爾雅毛傳語。非出説文也。史記匈奴傳索隱驒奚下引説文。野馬屬。徐廣曰。巨虚之類。一曰。青驪驒。文如鼉。所云一曰者。乃引徐野民語。非引説文也。是古本無一曰六字。又御覽九百十三引。驒騱。野馬屬。與史記索隱同。是古本也。今本屬字作也。亦誤。鈕樹玉曰。鍇本鱗作驎。本書無驎。桂馥曰。釋畜釋文。驒。説文。馬文如鼉魚。韓詩字林皆曰白馬黑毛。倫按駮字以下皆言似馬者。非即馬也。上文亦無一字及野馬者。野馬為馬之野生者之總名。蓋亦似馬而非馬者之總名。乃此後曰野馬屬。不可通。蓋本作馬屬。校者增野馬二字傳寫如今文耳。馬屬者字林文。字林每言屬也。此字

或出字林。一曰青驪白鱗。校者據爾雅加之。蓋本在野馬下也。文如鼉魚。後校者所加。【説文解字六書疏證卷十九】

騱

◉許　慎　騱驒騱。馬也。从馬。奚聲。胡雞切。【説文解字卷十】

◉馬叙倫　鈕樹玉曰。韻會引玉篇注無馬字。嚴章福曰。下文。駼。騊駼也。亦無馬字。又此為野馬而非真馬。不得但謂之馬。倫按爾雅釋畜。前足皆白。騱。朱駿聲謂此騱之本義。倫檢史記匈奴傳索隱止偁驒奚。蓋驒騱實各為獸名。而驒或名驒騱。猶騠或名駃騠也。驒從單得聲。單音端紐。騱從奚得聲。奚從系得聲。系音見紐。端見同為清破裂音。故得連偁也。【説文解字六書疏證卷十九】

騊

◉許　慎　騊騊駼。北野之良馬。从馬。匋聲。徒刀切。【説文解字卷十】

◉强運開　　趙古則釋作皐。郭氏云恐是籀文騊。潘迪云。从馬缶聲。疑與皐音義同。正字通駣與皐通。張德容云。説文匋下云。史篇讀與缶同。此郭氏所本。運開按。大鼎取卅匹錫大鎷。當即駣字。詩車攻作皐。蓋駣為正字。皐則同音相叚借也。【石鼓釋文】

◉馬叙倫　沈濤曰。御覽八百九十三引。騊駼。北野之良馬也。九百八引作騊駼野馬之良也。蓋有挩譌。倫按爾雅釋獸。騊駼馬。野馬。山海經海外北經。此海有獸。狀如馬。名騊駼。則爾雅騊駼下演馬字。淮南主術。騎騵馬而服騊駼。高注。騊駼。野馬也。漢書司馬相如傳。軥騊駼。徐廣曰。騊駼似馬而青。周書王會。禺氏騊駼。注。騊駼。馬屬。以此相證。説解本作獸也。或作騊駼馬屬。正與驒下同例。爾雅釋言釋文不引本書而引山海經。有獸。狀如馬。青色。字林云。北方良馬也。一曰野馬也。史記匈奴傳索隱引字林。野馬。然則北野之良馬當作北方良馬也一曰野馬也。此字林説。韻會駼下引作獸名。依大例獸名當在騊下。蓋本作騊駼獸名。凡言名者亦字林文。【説文解字六書疏證卷十九】

駼

◉許　慎　駼騊駼也。从馬。余聲。同都切。【説文解字卷十】

◉馬叙倫　鈕樹玉曰。韻會引騊駼下有獸名二字。倫按騊駼疑皆出字林。【説文解字六書疏證卷十九】

驫

驫　驫銅鼎　驫銅簋　从厂　驫氏鐘　驫羌鐘　【金文編】

◉許　慎　驫衆馬也。从三馬。甫虯切。【説文解字卷十】

◉高田忠周　逸周書有驫字。三代固有驫字。故今為古文也。説文驫衆馬也。从三馬。吴都賦。驫駥颿矞。注。衆馬走皃。蓋可所原矣。【古籀篇九十二】

◉容　庚　驫羌鐘　説文。驫。衆馬也。从三馬。古彝器有驫銅鼎驫銅簋。此驫字説文所無。疑即驫之繁文。【驫羌鐘　善齋彝器圖録】

◉馬叙倫　桂馥曰。御覽引字林。驫。衆馬行也。玉篇。驫。走皃。廣韻。驫。衆馬走皃。倫按廣雅釋訓。驫驫。走皃。則决非僅謂衆馬。犬部。猋。從三犬。音甫遥切。與此音同非紐。類同幽類。而訓犬走皃。疑此二字皆即史偁驃騎之驃本字。然仍疑驫猋皆馬犬之茂文。蓋三馬三犬皆無以象行皃。此訓衆馬行。亦依附字形為義。而三鹿為麤。以麤或作塵證其為即鹿字矣。三魚為鱻。亦即魚字。則驫猋同例也。此字蓋出字林。御覽引字林音問。驫銅鼎作驫。【説文解字六書疏證卷十九】

◉郭沫若　驫之為氏，觀小鐘自銘為「驫氏之鐘」，即其證。驫之即驫，二氏所舉驫銅二器亦其佳證。然謂驫必銅姒姓，則證尚未充。蓋姒姓之女適於驫者，亦可稱驫姒，如芊姓之女適於江者稱江芊，姞姓之女適虢適蔡者稱虢姞蔡姞也。又驫姒彝，羅云「近出洛陽」，則驫若驫氏邑里必離此不遠。劉復引水經沁水注「南歷陭氏關，又南與驫驫水合，水出東北巨駿山」，疑即驫氏所邑之國。吴更坐實之，謂「驫地南及洛陽附近……北及水經注沁水注之驫水，地域頗廣。」案此亦未免求之過遠：蓋古人多以王父字為氏，氏不必因地而得，偶因一字之同，未可遽作斷案也。【驫芍鐘銘考釋　器銘考釋　金文叢考】

駛

駛出李尚隱集字【汗簡】

◉徐　鉉　駛疾也。从馬。吏聲。疏吏切。【説文解字卷十新附】

◉饒宗頤　駛字从馬从史，即駛字。亦作駛。説文新附：「駛，疾也；一曰馬行疾。」此辭駛殆指良馬。他辭云：「甫屮馬眔馬，亡災」（前編四·四七·五）。【殷代貞卜人物通考卷十七】

◉徐鉉 駥馬高八尺。从馬。戎聲。如融切。【説文解字卷十新附】

◉徐鉉 騣馬鬣也。从馬。㚇聲。子紅切。【説文解字卷十新附】

◉徐鉉 馱負物也。从馬。大聲。此俗語也。唐佐切。【説文解字卷十新附】

甲二九五 不从馬 甲七七五 甲二〇九一 前一·一〇·三 前一·一二·七 前一·一二·八 前一·一九·六 前三·二三·三 後一·二五·五 戩三·一一 戩二四·五 佚九二八 佚九八一 燕二六七 燕三六四 粹三一六 簠帝一三三 簠典七七 續一二四·六 續一·二五·七 鄴二下·四〇·一六 京津四一九三 寧滬三·一六五 明藏六八〇 鄴三下·四二·九 或从𦍒 甲八二七【甲骨文編】

甲34 78 112 775 2091 珠74 77 97 728 1105 1109 卜64 佚928 981 續1·15·6 1·24·6 1·24·7 1·24·10 1·25·7 1·26·6 1·26·7 1·27·7 2·18·3 2·18·5 徵8·55 龜卜51 摭62 續存2283 摭續68 74 新4193 5052 5255 粹334 349 佚970 徵8·63 續2·25·11 卜730 【續

甲骨文編】

騂

文物1964.7 騂說文新附經傳亦作騂【古陶文字徵】

◉徐鉉 騂馬赤色也。从馬。觲省聲。息营切。【說文解字卷十新附】

◉吳其昌 「𦍩」，羅振玉氏釋曰：「說文無『𦍩』字。角部：『觲，用角低昂便也。从牛，羊、角。詩曰：觲觲角弓。』土部：『垶，赤剛土也。从土，觲省聲。』按『觲觲角弓』，今毛詩作『騂騂』。赤剛土之『垶』，周禮草人亦作『騂』。故書作『挈』，與『𦍩』近，殆『𦍩』字之誤。知『𦍩』者，即『騂』之本字矣。注經家謂周尚赤，故用騂剛。然卜辭中用𦍩者，不止一二見。知周亦因殷禮耳。」按：羅說至確。「𦍩」之誼為赤為剛，尚可以金文證之。攻獻王皮難鐘五有「不帛不𦍩」之語。西清續鑑一七·一〇。「帛」謂白，「𦍩」謂赤也。矢段三續鑑一二·四〇有「錫芻𦍩剛，曰……用啻禘于乃考」之語，「𦍩」，謂赤色；「剛」，即「犅」，謂特牛也。然則，其牢𦍩者，謂其牲牢為赤色特牛矣。【殷墟書契解詁】

◉高鴻縉 𦍩 說文新附。騂馬赤色也。从馬觲省聲。息营切。按字原為牛羊之赤色者(白色赤末)。故从羊从牛會意。並列。名詞。或作[illegible]。見珠1108。謂赤色牛。石鼓文作[illegible]。皆專以稱牛。為形聲字。後人又以稱馬作騂(應从馬羊聲)。亦作騂(應從馬辛聲)。【中國字例四篇】

◉考古所 𦍩：商承祚認為即《說文》新附字騂之初文(《類編》10·3)。《說文》：「騂，馬赤色也」，但卜辭之𦍩不一定指馬，也可能指牛，《論語》：「犂牛之子騂且角」，正與卜辭相合。【小屯南地甲骨】

後二·三三·四 明藏四七二 明藏六三三 京津三八七六 【甲骨文編】

甲3162 乙861 989 1087 1138 1585 1734 2023 3208 3209 5329 5968 6235 6273 6374 7490 7639 7680 7837 8075 8673 珠422 724 佚24 155 續3·47·2 掇326 天79 82 新1491 【續甲骨文編】

一九四：六 宗盟類參盟人名 【侯馬盟書字表】

騂

265【包山楚簡文字編】

廌【汗簡】

汗簡【古文四聲韻】

◉許　慎　解廌獸也。似山牛。一角。古者決訟令觸不直。象形。从豸省。凡廌之屬皆从廌。宅買切。【說文解字卷十】

◉孫詒讓　「隻不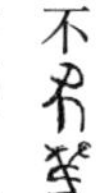三月」，四十五之四。又二百卅三之四似亦有此字。此亦象形獸。上有角似鹿，下形又與豕足同，疑當為「廌」字。《說文·廌部》：「廌，解廌獸也，似牛一角，象形。从豸省。」【絜文舉例下卷】

◉商承祚　

此字昔皆釋馬，余前承其誤，董作賓先生謂此乃一角之獸而非馬，是也；然以為麟則非。余意廌字。說文廌：「解廌獸也。似山羊(段本作『似牛』)，一角。古者決訟。令觸不直者：象形。从豸省。」異物志：「東北荒中有獸，名獬豸，一角，性忠，見人鬬則觸不直者，聞人論則咋不正者。」是廌為善獸，古習見之，故甲骨文有「獲廌」之辭。金文貉子卣作，己矦毁作(貉字偏旁)，與此五文皆近似：亦即說文之豸。第五文即廌。豸為初字，廌乃緐變。許訓豸作「獸長脊，行豸豸然，欲有所司殺形」，失其旨矣。【甲骨文字研究下編】

◉楊樹達　決訟觸不直之說，王充論衡是應篇已疑之。近世餘杭章君著《文始》，謂此殆是墨子明鬼篇所記齊春秋羊觸十里徼事之類，非蔽獄之恆制。愚謂王章之說未然。夫解廌之所觸不必為不直，而不直者或竟不為解廌所觸，此在今日，夫人知之。其在初民，未必竟知，即一二賢智知之，亦不必人人悉喻也。當兩曹爭執之會，物徵人徵之制不立，無已而假無知之物以為斷，使顓愚之民有所懾服而無辭，固古代人事之所宜有也。以文字證之，灋字从廌去，非以決訟觸不直之說釋之，斯義無所取。且以漢事言之，漢書儒林傳記轅固生得罪竇太后，太后使固入圈擊彘。景帝知太后怒而固直言無罪，假固利兵。固刺彘，正中其心，太后默然，亡以復罪。又李廣傳記李禹侵陵中貴人，中貴人愬之上，上召禹使刺虎。夫刺彘中心，則太后亡以復罪，知不中為有罪矣。此制雖刑法志所不載，然孟堅一再述之，其為事實甚明。夫能刺獸與否，豈足為有罪無罪之衡！時至漢世，文治已大進，而猶有此制者，正古人以廌觸不直之遺法矣。特古人以獸觸人，漢世以人刺獸，時差後則制亦較進耳。王章二君以晚近之事疑古人，斯為不達於理矣。夫今日俗習之所存，豈能一一悉衷諸理！【說廌　增訂積微居小學金石論叢卷二】

◉馬叙倫　沈濤曰。玉篇。解廌獸。似牛而一角。古者決訟令觸不直者。見說文。是古本無山字。牛下有而字。直下有者字。

御覽八百九十引無山字。令作命。翟云升曰。御覽引不直下有黃帝時云云廿七字。則引廌字注也。王筠曰。通體象形。非從豸省。葉玉森曰。師虎敦灋字偏傍作[glyph]。不象一角。卜辭有[glyph]。與[glyph]相似。當即廌字。或本有兩角也。倫按本作獸也象形。解字乃校者注以釋音者也。廌則隸書複舉字。似山以下十三字及從豸省皆校者所增改。既曰象形。則從豸省尤見校者之妄加矣。韻會九蟹引無此三字。是也。篆形似有三角。其實如鹿角之有枝耳。【說文解字六書疏證卷十九】

◉劉彬徽等 (583)廌，簡文作[glyph]，邵王簋銘之薦字作[glyph]，其上部與簡文相似。廌，讀作薦。《周禮·天官·庖人》注：「備品物曰薦」，薦鼎，盛食之鼎。【包山楚簡】

◉于中航 銘文第1字從牛從[glyph]。[glyph]應即《說文》中的廌字。《說文》：「廌，解廌獸也，似牛，一角。古者決訟，令觸不直者。象形，從豸省。」段注：「《神異經》曰：東北荒中有獸，見人斗則觸不直，聞人論則咋不正，名曰獬豸。」《漢書·司馬相如傳》注引張揖曰：「解廌似鹿而一角。」王充《論衡》則以為是一角羊。西周克鼎銘中有[glyph]，師酉簋銘中有[glyph]，其右旁與後者字形接近。犗字殆廌字原文。【犗雚戟小考 文物一九九四年第四期】

◉張 頷 第三行之「[glyph]」字也不像陳文中所釋的「虞」字，與古文字中「[glyph]」(虞)以及「虞」字所从的「[glyph]」字諸形皆不相牟。疑為「廌」(薦)。「邵王簋」銘文「薦」字作「[glyph]」，其上部所從之「[glyph]」與沁陽盟書此字形近。【侯馬盟書和沁陽盟書的關係 侯馬盟書叢考續 張頷學術文集】

𧰲

[glyph] 𧰲 郭沫若釋 延盨【金文編】

◉許 慎 𧰲解廌屬。从廌。𡥈聲。闕。古孝切。【說文解字卷十】

◉高田忠周 [glyph]延盨 說文。𧰲。解廌屬。从廌𡥈聲。蓋𡥈从爻聲。此从𡥈省聲。亦或𧰲為籀文。𧰲為古文。【古籀篇九十二】

◉馬叙倫 鈕樹玉曰。繫傳作孝聲。玉篇作𧰲。廣韻作𧰲。皆從孝弟之孝。倫按解字涉上文廌下説解而羨。廌屬者。字林文。字蓋出字林也。【說文解字六書疏證卷十九】

◉林潔明 金文字作𧰲。从廌爻聲。𡥈从爻聲。郭釋𧰲。可从。強運開釋薦。金文另有薦字。作[glyph]。从艸不从爻。強氏非是。又丁山以為廌。即許君所謂罵。馬絡頭也。非獨角獸。今按甲骨文亦有廌字作[glyph]藏二三〇·四[glyph]餘十三·一。正象獨角

獸之形。丁山説亦非。【金文詁林卷十】

薦 薦从茻 鄭興伯鬲 薦 弔朕匿 薦 華母壺 薦 鄁公湯鼎 薦 从皿 卲王簋 【金文編】

薦 薦 説文所無 秦一〇 二例 薦 法一五一 二例 【睡虎地秦簡文字編】

薦 薦顫 【漢印文字徵】

薦 石碣 馬薦 驕=馬薦 薦 祀三公山碑 薦牲納禮 漢禮器碑史晨碑靈臺碑薦皆作薦 【石刻篆文編】

薦 薦見古禮記 【汗簡】

薦 古禮記 薦 薦 薦 薦 竝籀韻 【古文四聲韻】

◉許 慎 薦獸之所食艸。从廌。从艸。古者神人以廌遺黃帝。帝曰。何食。何處。曰食薦。夏處水澤。冬處松柏。作甸切。【説文解字卷十】

◉張燕昌 薦 王述菴云。薦。説文。獸之所食艸也。莊子齊物。麋鹿食薦。此云馬薦。當是馬食之艸。下二字應就艸言義。故三字皆從茻。古文屮艸茻通用。【石鼓文釋存】

◉方濬益 薦弔朕簠 薦獸之所食艸。从廌从艸。此从茻為籀文。曰薦瑚者。金誠齋曰。薦者。倣乎祭禮而為之。而與祭異者也。祭必卜。日薦不卜。日祭有尸。薦則無尸。大戴禮無禄者稷饋。稷饋者無尸。稷饋謂薦也。薦無牲。故謂之稷饋。又公羊傳注云。無牲而祭謂之薦。濬益按。金説是也。【綴遺齋彝器款識考釋卷八】

◉劉心源 薦 薦字遂艸於右旁異體也。【走簋二 奇觚室吉金文述卷五】

◉劉心源 薦 薦从茻者。小徐本説文艸部後有从艹之字别从茻者皆是大篆。此薦當亦然也。嘉禮尊用薦。石鼓文馬薦蓿芃竝與此同。【鄭鄧伯鬲 奇觚室吉金文述卷八】

◉林義光 古神人語難信。薦者席也。廣雅釋器。古作薦鄭興伯鬲。从廌。象人形。上象首。下象身及臂脛。見瀌字慶字各條。从茻。象人卧草中形。省作薦陳侯因脊敦。【文源卷六】

◉丁佛言　□卲王𣪘。吳愙齋疑饛。案字从廌从皿。疑是古薦字。金文作器。恆言其用如旅筐祭器。膳敢皆是。此曰薦敢。當是祭器。【説文古籀補補附録】

◉高田忠周　□鄭登伯鬲　朱駿聲云。字亦作虆。爾雅釋艸。薦黍蓬。按蒿類也。莊子齊物論。麋鹿食薦。崔注。甘草也。葢謂經傳薦字。叚借為薦。管子問令薦者。注。草之美者。又轉為爾雅釋詁。薦。進也。陳也。廣雅釋器。薦。席也。易豫。殷薦之上帝。周禮籩人。薦羞之實。銘意亦是也。

□卲王簋　⿱廌皿葢薦字異文。⿱廌皿敦與上文薦敦正同一文例。即左傳薦彝器于王。注。獻也。是也。銘意葢同。借為進饗之義。故改字从皿。又上省艸。要依借義為形。近出古文明矣。或云。此為鑴字。説文。鑴。瓦器也。从缶薦聲。缶皿或通。然鑴即鑄甀本字。不可从皿耳。又吳大澂古籀補云。疑即詩有饛簋飧之饛。非是。説文蒙从冡。冡从冃豕。蒙與廌形全别。吳氏不深考耳。【古籀篇九十一】

◉强運開　□　薛尚功鄭漁仲均作薦。楊升庵作庶。非是。運開按。説文廌部薦篆下云。獸之所食艸。从廌艸。⊘段注云。此説从廌艸之意。初造字時因廌食艸。成字後乃用為凡獸食艸之偁。不入艸部者。重廌也。竊謂此篆作□。正是説文大篆从茻之例。按鄭□伯作叔帶薦鬲作□。叔朕匠薦字作□。均與鼓文相類。可以為證。【石鼓釋文】

◉强運開　□延盨。按説文。薦為獸所食艸。从廌艸。此篆右乍ㄨㄨ。非爻字。乃艸之變體。从廌从艸。仍為古薦字。古人乍篆所从偏旁上下左右往往變動不居。惟取配置適宜而已。【説文古籀三補卷十】

◉馬叙倫　沈濤曰。御覽八百九十引。黄帝時。有遺帝獬廌者。帝問何食何處。曰。食薦。春夏處水澤。秋冬處竹箭松筎。錢坫曰。廣韻引作夏處川澤。翟云升曰。宜入艸部。徐灝曰。從艸。廌聲。古者以下葢後人好奇而增之。倫按獸之所食艸當作艸也。獸之所食艸呂忱或校者依三倉訓詁加之。釋文引三倉。亦畜所食曰薦。從廌從艸當作從艸廌聲。易豫。殷薦之上帝。釋文。薦。本作廌。明從廌得聲。故即以為薦也。廌音澄紐。古讀歸定。薦音精紐。疑古讀在從紐。古讀從亦歸定也。又疑薦為荐之轉注字。荐音亦從紐。存從才得聲。才屯一字。屯薦聲同真類也。左傳。戎狄荐居。漢書終軍傳。隨畜薦居。是其證也。當入艸部。古者以下當如御覽所引。然本是廌下校語。廌下本作古者神人以廌遺黄帝。決訟令觸不直者。帝問何食何處云云。校者分割兩屬之耳。【説文解字六書疏證卷十九】

◉于省吾　栔文⿱廌廾字作□□□□□等形。⊘⿱廌廾即⿱廌皿之初文。以六書之義求之。从丙。丙象几案。从収□。廌省聲。此所謂省聲者。猶有省體存焉。⊘□字从□。為廌之首。故可云廌省聲。後下三三·四。廌字作□克鼎。瀍字从廌作□。陳

□ 灋

侯因資錞。薦作□卲王殷。卲王之諻之盧甗殷盧作□。鄭□伯鬲。鄭□伯作叔□薦鬲。盧薦同薦。盧𣪕薦鬲均祭器。所以薦食於鬼神也。盧从鹰从皿。廌字从丙與从皿義同。栔文薦作廌者。為薦牲首之祭之專名。⊘要之。鹰字象形。為獸名。薦同薦。薦字从艸為苴藉。盧字从皿為進獻。廌字象共牲首於几上。為祭登牲首之專名。自以苴藉之薦為薦進。而盧廢矣。周代登牲首之禮雖存。而廌祭為牲首之專名亦廢矣。【釋廌 雙劍誃殷契駢枝】

◉楊樹達 字从鹰艸，謂鹰所食之艸也。鹰為狀名，艸為本名。【文字形義學】

◉李 零 「薦」字，原銘作□，與蔡侯中基所出吴王光鑑的字薦□略同，是其時代相近之證。吴王光鑑的薦字從艸從鹰從収，此器薦字則從皿從鹰。薦是進獻的意思。【楚國銅器銘文編年彙釋 古文字研究一九八六年第十三期】

◉張 頷 敵——即薦，謂進獻祭品。《禮記·月令》：「薦鮪于寢廟。」【侯馬盟書類例釋注 張頷學術文集】

◉戴家祥 □鄭興伯鬲 古人从艸與从茻通。説文·十篇「薦，獸之所食艸，从鹰从艸。」爾雅·釋草「薦，黍蓬。」莊子齊物論「麋鹿食薦」，崔注「甘草也」。轉義為爾雅釋詁「薦，進也，陳也」，廣雅·釋器「薦，席也。」公羊傳注「無牲而祭，謂之薦。」薦也是一種祭祀，「薦壺」「薦鬲」「薦簠」即指薦祭所用之器。【金文大字典下】

□灋 説文法今文省徐鍇本無之 盂鼎 法保先王 □盂鼎又云勿法朕命經典以廢為之 □ □師酉簋 □克鼎 □師克盨 □ □恒簋 □師嫠簋 □伯晨鼎 □从户 中山王嚳壺 可法可尚 【金文編】

□5·398 秦詔版「廿六年皇帝盡并兼天下諸侯……」共四十字 □5·394 秦詔版殘存「相狀綰灋度量則不壹」九字 □秦1590 秦詔版殘存「詔丞相狀綰灋度量則」九字 【古陶文字徵】

□〔二〇〕 □〔三九〕 □〔一九〕 □〔三五〕 □〔一九〕 □〔二〕 □〔四〕 □〔一九〕 古幣文以去字為法字 □〔一三〕 □〔二〕 □〔一四〕 □〔二五〕 □〔三〇〕 □〔一三〕 □〔三五〕 □〔二〕 □〔一九〕 □〔三五〕 □〔三六〕 □〔一三〕 □〔一三〕 □〔二〕 □〔四二〕 □〔四九〕 □〔三九〕 □〔一三〕 □〔二〕

〔二〕〔一九〕〔二八〕〔二五〕【先秦貨幣文編】

16 18 102 145【包山楚簡文字編】

灋 說文法今文省 雜四 三十三例 通廢 任—官者為吏 雜一 效三五 語九【睡虎地秦簡文字編】

殘，讀為廢 —逃(乙2—23)【長沙子彈庫帛書文字編】

1301 2738 0500 3797【古璽文編】

執灋直二十二 灋左㐀尉 法惟印 法建成【漢印文字徵】

詔權 狀綰灋度量 詛楚文 求蔑灋皇天上帝【石刻篆文編】

法見石經 法 法 法見周禮及石臺孝經【汗簡】

石經 樊先生碑 古孝經 並崔希裕纂古【古文四聲韻】

◉許慎 刑也。平之如水。从水。廌所以觸不直者。去之。从去。方乏切。今文省。古文。【說文解字卷十】

◉薛尚功 此言。夙夕勿廢朕命。寅簋亦曰。夙夕勿廢朕命。晉姜鼎云。勿廢文侯顧命。齊侯鐘銘云。弗敢廢乃命。而廢皆用法。蓋法有時而廢。於古人通作廢字。猶治亂謂之亂也。【尨敦 歷代鐘鼎彝器款識法帖卷十四】

◉吴大澂 古灋字。盂鼎灋保先王與勿灋朕命之灋同。古文灋𢊁為一字也。【說文古籀補】

◉吴式芬 許印林說。⊘灋。古法字。此借作廢。齊侯鎛鐘晉姜鼎牧敦尨敦寅簋皆然。薛氏云。法有時而廢。故古人通作廢。字猶治亂謂之亂也。【虎敦 攈古録金文卷三之二】

◉劉心源 灋亦可讀薦。即濿字。借用之。如虘鐘濼為樂也。屮即止也。【史頌敢 奇觚室吉金文述卷四】

◉孫詒讓 金文盂鼎灋字作，說文廌部灋，从水，从廌去。師虎敢作，叔帶鬲薦字作，說文薦从廌艸。陳侯因資敢作，所从廌形雖遒異，而皆从横目形。唯師酉敢灋字作，偏旁與小篆略相近，而目形亦尚可辨，竝足互證。【名原上卷】

◉林義光 漢人謂臯陶以獬豸決訟。論衡以為臯陶事。說甚不經。廌去亦不成義。古作史頌敢彝。象人形。慶字薦字古从廌。

與此同意。所以圍束之。與章辟同意。从水。轉注。取其平。省作師虎敦。又从去作盂鼎。此當別為一字。从去灋聲。為廢之古文。廢泰韻法葉韻雙聲旁轉。諸彝器勿灋朕命。皆勿廢朕命也。說文云。解廌獸也。似山牛。一角。古者決訟令觸不直者。象形。从豸省。按豸字古作貉子尊彝癸貉字偏旁。與廌形近。故以廌為解豸。廌為慶字薦字灋字偏旁。古作師虎敦灋字偏旁作。史頌敦彝灋字偏旁作陳侯因資敦薦字偏旁。皆不象一角獸形。實非解豸之義。又作盂鼎灋字偏旁作召伯虎敦慶字偏旁作鄭興伯鬲薦字偏旁。上皆从首。象臂脛。下从木从大。即足形也。與夒从夂从夊同意。故廌象人形。从从即之變。【文源卷八】

◉高田忠周　蓋法有時而廢。於古人通作廢字。猶治亂謂之亂也。愚謂不然。古以法為廢。此為轉音通用。金文世枼通用。又盇法同部。而盇从大聲。大廢同部。又業與隉通。皆法廢可通之證。又會合通用。亦法廢可通之理也。⊘今文省亼止。古文蓋亼者合也。合正即法也。朱駿聲云。易蒙。利用刑人以正法也。轉義。爾雅釋詁。法。常也。按。長也。廣雅釋詁。法。合也。按即古文从亼正之意。【古籀篇九十二】

◉郭沫若　文中兩灋字均讀為廢，唯義有別。上之「灋保先王」乃「大保先王」，廢，大也。下之「勿灋朕令」即勿廢朕命。【大盂鼎　兩周金文辭大系考釋】

◉馬叙倫　鈕樹玉曰。韻會引作從廌去。宋保曰。廣雅疏證灋字注云。去聲。保按。灋字去聲。猶狂怯劫䖒從去聲也。王筠曰。廌去水三義不相連貫。又與刑法不甚符合。故分為二義說之。又不言去亦聲也。翟云升曰。從去上當有故字。倫按韻會引從去上有廌字。倫謂本作從水從廌從去。平之如水及廌所以觸不直者去之皆校語。廌獸非能知不直者而觸之也。王充已能辨之。蓋古民俗有以廌殺罪人者。以畏民也。如詩言投畀豺虎也。校者據古有是說而記之廌下。復不明灋字所以從廌而又申之於此下。廌觸不直。古有是說。故許以灋入廌部。其實灋從廌法聲。盂鼎。勿灋朕命。晉姜鼎。勿灋文侯顯命。經典皆以廢字為之。灋廢雙聲可證也。唯經典多用為刑法字。故許訓刑也。倫謂法者。氾之轉注字。從水。去聲。去從凵得聲。凵皿一字。而皿音入微紐。凵之轉注字作缶。從凵。午聲。午音疑紐。疑微同為邊音也。而缶音則入非紐。故法音亦非紐也。氾音敷紐。非敷同為脣齒次清摩擦音也。刑法者。型笵之借字也。今以灋法為一字。又不明刑法字之當作笵也。故附會於從水從廌從去。而灋之本義亡矣。或曰。灋者。灋法二字之誤合者也。金文每有此例。灋即本書之灋字。倫謂法古音如笵。笵音奉紐。古讀歸竝。廌音澄紐。竝澄同為濁破裂音。則灋或廌之轉注字。

嚴可均曰。小徐無此重文。許書無出今文例。蓋校者以灋全難識。因附記云。今文作法。後人遂添一今文耳。韻會覺其不安。臆改為古文。不知法乃隸省。非古文。然小徐無法字是也。並無㱏字則脱。倫按刑法字經典多作法。急就篇亦作法。唯周禮作灋。而金文亦尚未見法字。則倉頡訓纂中皆作灋。急就亦當作灋。傳寫者改之。諸家皆以法字為灋之隸省。倫以為古自有法字。灋字從之得聲。故灋可作法也。唯許書無重文。而此言今文。亦非吕忱所録。蓋今本許書不獨非許慎之舊本。亦不獨為説文字林和合之本。并有江式古今文字羼廁其間。式書固本於許吕者也。此字疑出古今文字。

㱏　徐鍇曰。李陽冰云。注一所以驅人之正。鍇以為上人為入字。非人字。此亼正可耳。嚴可均曰。從𤴓。入聲。王念孫曰。漢書翟方進傳。粤天輔誠。爾不得易定。定當為㱏。㱏古文法字。形與定相似而誤。大誥作爾時罔敢易法。是其證。倫按鄦子簠有𤴓。郲大宰簠有乏。𤴓即二篇正之古文。則乏即反正為正之乏。㱏字若古文經傳用以為法字。則當是從正得聲也。法律字當作笵。笵音奉紐。乏音亦奉紐。可證也。今篆從𤴓者。𤴓正一字也。唯上所從不詳。未能定其義。或即定字。古讀奉歸竝。竝定同為濁破裂音。定固從正得聲也。蓋音轉耳。古文下當有灋字。【説文解字六書疏證卷十九】

◉商承祚　灋 㱏　盂鼎「灋保先王」作灋。克鼎作灋。周禮法皆作灋。與小篆文同。鉨文作[古文]。與弟二文同。蓋灋法二字一屬周初。一屬晚周。漢時亦通用之。法下「今文省」之「今」當為古字寫誤。因許書無言「今文省」之例。韻會引作古文是也。小徐未收此字。弟二文从正。易曰「利用刑人以正法」之意與。【説文中之古文考　金陵大學學報十卷一、二期】

◉王　輝　我以為「法度量則」的「法」本應作動詞理解，意為效法。《荀子·不苟》：「畏法流俗」，楊注：「法，效也。」《吕氏春秋·情欲》：「必法天地」，高注：「象也。」《漢書·賈誼傳》：「是不法聖智也。」顔師古曰：「法謂則而效之。」馬王堆帛書《老子》甲本卷後古佚書《九主》：「故曰主不法則，乃反為物。」整理者以為：「蓋謂人主當法天地之則，若不法天地之則，必得失人主之實而同於萬物。」「法度量則」之「法」用作動詞，「則」用作名詞，與《九主》一文的例子完全相同。所謂「法度量則」，就是(提)供天下效法、參照的度量衡的標準器。【秦銅器銘文編年集釋】

◉許進雄　筆者曾寫過兩篇文章討論金字的造意：《識字有感二，金、法與晉》(《中國文字》新二期，1980年)，《再談金與法》(《中國文字》新六期，1982年)。前一文比較了鑄字的甲骨文和金文字形，認為金文的金字，全、全等，即由甲骨文鑄字中的亼形演變而來，表現範與模已套好，待澆鑄或已澆鑄之狀。《説文》對于法的解釋，其中鑄型之一義是解釋其古文字形㱏，也是範與模已套好的形狀。因為型範也像法規，是規範鑄器的準則。後一文以為戰國中山王墓所出器物以全、[古文]等字形作為百字使用，也是範與模已套好的形狀，因法的發音在某地區與百相近，故而得以借用。法的韻尾是-jwap，百的韻尾是-rwak。本是不同的韻，但

□ 鹿

諧聲中，偶而會有這種情形，或是某地區的特殊現象，如依周法高的擬音，夾的韻尾是-eap或-riap，而筴為-rek(周法高，《音彙》：57,239)，盍為-ap，而磕為-at(周法高，《音彙》：215,225)。布幣上的百字寫作仐，大半是法字的借用。割的古文作□，和釗字一樣，以金及刀會意，表現澆鑄後以刀剔剥型範取出鑄器的必要步驟，故有割、剥等意義。現在發現好幾個與金字形相似的字也都與金屬的鑄造有關，試補述於下。

江陵雨臺山21號戰國楚墓發現4支律管，其上有墨書，兩支有□字，發掘者隸為定字，但或以為是法字的古文，辭作「□新鐘之宮為濁穆」、「平皇角為□文王商」(譚維四1988：41)，它與定的字形相去較遠，隸定為「法」才是對的。從上舉數例應可確證戰國時代有些地區有使用□為法字的習慣。【談與金有關的字　殷都學刊一九九二年第二期】

◉曾憲通　□参柰𢊁逃　甲二·二二　此字因絹帛拼接傷及筆畫且造成移位，當是从去从廌的𢊁字。𢊁即灋，今通作法。選堂先生讀「𢊁逃」作法兆，為中山王兆域圖「逃乏」即兆法之倒言。【長沙楚帛書文字編】

◉戴家祥　□中山王譽方壺　張政烺認為即灋字。史記貨殖傳等書言中山國承商紂淫地餘民，習於淫樂飲酒。呂氏春秋先識覽「中山之俗，以晝為夜，以夜繼日，男女切倚，固無休息，康樂，歌謠好悲。」此言「可法可尚」，蓋王譽欲以法節制飲酒。中山王譽壺及鼎銘考釋，古文字研究第一輯。此字从户，與好蚉壺賡字从户同例，皆為中山王器銘特殊的增飾符號。【金文大字典中】

甲二六五　甲一二三三　甲一三九五　甲二四九一　甲二六四二　甲三八二二　乙二〇三　乙三〇八　乙一四四三　乙一五三四　鐵四二·一　鐵四五·四　鐵一九三·三　鐵一四一·三　拾六·一二　拾一三·四　前二·二六·四　前二·二三·二　前四·四八·二　前四·四八·四　戩四二·一　佚一四九　佚二二四　天八二　佚三八三　佚三九二　佚七〇七　金一八二背　京津一四·九一　京津一四九四　甲三一六二

象鹿側立之形

乙八六一　乙九八九　乙一七三四　乙二一一三　五　鐵二三〇·四　餘一三·一　前三·三一·三　前四·八·一　前四·四七·六　前四·四八·一

後一・三〇・一三　後二・五・一三　掇一・三二六　明藏二〇六　存下三四六　通別二・四・一二

佚一五五　【甲骨文編】

甲265　621　1233　1395　2491　2640　2763　3625　3821　乙203　308

416　1534　2908　4051　珠120　124　138　419　596　674　佚149

224　383　707　753　880　904　續3・16・10　3・22・1　3・44・3　3・44・

4　3・44・5　3・44・6　3・45・1　徵10・34　10・49　10・107　10・126　10・127

京2・9・3　誠292　鄴33・2　摭64　龜卜20　續存1968　2369　外43　書1・2・C

摭續132　135　138　粹951　952　955　1003　1018　新1470　1494

2908　4467　甲2575　乙718　990　2267　3212　5854　6882　7336　掇251

徵8・96　六中124　六清193　外401　續存616　617　新1552　【續甲骨文編】

鹿　說文象頭角四足之形是也　又云鳥鹿足相似从匕非　貉子卣　命簋　【金文編】

3・153　蒦圖南里人鹿　3・333　楚章衟蘆里鹿　3・523　鹹圖鹿　3・713　[illegible]鹿□東里　3・1274　獨字

3・101　繇衟杏匋里鹿　【古陶文字徵】

179　190　【包山楚簡文字編】

鹿　日甲七五背　【睡虎地秦簡文字編】

鉅鹿大尹章 鉅鹿太守章 五鹿良印 鹿通私印 鹿忠 鹿耆 鹿辰孟 【漢印文字徵】

霍公神道闕陽識 石碣鑾車 獸鹿如□ 吴人 【石刻篆文編】

鹿 【汗簡】

汗簡 【古文四聲韻】

◉許　慎　獸也。象頭角四足之形。鳥鹿足相似。从匕。凡鹿之屬皆从鹿。盧谷切。【説文解字卷十】

◉張燕昌　章釋鹿。昌按。石本是鹿字。【石鼓文釋存】

◉孫詒讓　「戊午未塙柙其禽□□」，四十二之一。「戊申□貝今日上半闕□卣」，百十之三。當是「鹿」字。《説文·鹿部》：「，獸也，象頭、角、四足之形，鳥鹿足相比，从比。」石鼓鹿作，此與彼略同。

「□乎」，百廿之一。「參乎□」，二百廿一之三。「壬申卜戈貝□旹立下半闕」，二百四十一之四。此三字似皆「鹿」之省文。前「鹿」字並从，此作者增益象角形也。末字筆畫未全，从與前正同。

「卜立旅上半闕」，九十之一。此亦似「鹿」之壞字，附識以竢攷。【契文舉例卷下】

◉孫詒讓　金文貉子卣鹿作，石鼓文鹿作，麋作，麀作，三文角形或緐或省，竝與小篆異。龜甲文鹿字作，又有二字亦鹿之省。甲文凡从目字，竝作四。卣文上从，鼓文上从，角形最葡，疑原始象形字如是。後省作，又省作，甲文从兩形又散異，皆省變象形字也。依甲文則是以角屬於橫目，卣文同，即象首形，古文首亦从目也。石鼓作，尚存數橫目之匡郭，小篆變作，乃與首目形不相應矣。【名原】

◉羅振玉　

或立或寢。或左或右。或回顧或側視。皆象鹿形。【增訂殷虚書契考釋卷中】

◉林義光　象足形。非比字。古作貉子尊彝癸。石鼓文有二形。麀麋从之。無角。【文源卷一】

◉高田忠周　説文。獸也。象頭角四足之形。鳥鹿足相似。从匕。此説實非。小篆以為角形。又以為四足形。非从匕者。又與鳥足不相關已。又凡古文全然象形。實建首字也。凡鹿之屬皆从鹿。詩曰。呦呦鹿鳴。其本義也。【説文古籀篇】

◉孫海波　甲骨金文皆象鹿形而岐其兩首，下其足也，許君以為从匕，非。【甲骨金文研究】

◉郭沫若　「□寅卜在⿱罒土，貞□𦎫歛美，□□受又鹿祿。」

「受又鹿」猶它辭「受又又」受有祐。鹿假為祿。从鹿之麓字，卜辭作𣝣，金文麓伯星父毁作䕅，是知鹿音與彔音古互相通用也。【征伐　卜辭通纂】

◉强運開　䴡　張德容云。鹿字上从𠙹。象兩角之形。正是籀文。觀麠麈等字可知。運開按。此篆作䴡。與籀文麋作𪊺作𪊺相類。又按。貉子卣鹿字作𢀖。蓋古文也。【石鼓釋文】

◉馬叙倫　鈕樹玉曰。繫傳脱頭字。韻會引作山獸也。相似作相比。從匕作從比。鳥當是㲋。㲋注足與鹿同也。翟云升曰。孝經序疏引作解角獸也。王筠曰。通體象形。不得又從比會意。徐灝曰。鳥鹿七字後人增也。倫按石鼓文作䴡而麀則作䴡。鹿有兩角兩耳。以𠙹象之。麀無角。故以凵象其耳而已。本書一切從𠙹。似不甚合。惟麠亦有角。而石鼓文則無角。蓋其初文亦有有角無角之殊也。甲文作𪉖。象形。説解象頭角四足之形者。校者改之。字見急就篇。【説文解字六書疏證卷十九】

◉唐　蘭　𪉖近人有釋為麢者，蓋謂鹿當具二角，而此只一角故也。實則甚誤。麢字卜辭自作𪊨，鹿字小篆作𢊁，亦只一角，可知此仍是鹿字。【天壤閣甲骨文存考釋】

◉楊樹達　拾遺六葉之十一云：「王其田敝鹿。」葉玉森云：前編十一葉云：「乙丑，貞，翼丁卯，其狩敝。」敝，地名，余釋敝彔合文，即敝麓。本辭之敝鹿，當為同地，假鹿作彔。攻十四。【屋部第八　卜辭求義】

◉魯實先　𪉖　字仍當釋鹿。卜辭方名之字下或从土。如𡆥之作𡉚。𠂤之作𡊨。蟲之作𡑿。即其明例。【卜辭姓氏通釋之一　東海學報一卷一期】

◉高鴻縉　𪉖　字全象形。頭有枝角。小篆角省不分歧。甲金文形完者及小篆均畫其腹。隸楷省之。且前後各只一足。隸楷形變。【中國字例二篇】

◉李孝定　契文鹿字象其兩角多歧。其作一角者乃麢字。説見前足形。或作从象有懸蹏之形。為小篆作𠤎𠤎之所自昉。許君乃以「鳥鹿足相似」解之。此與「虎足象人足」同屬不經之論。下云「从匕」亦不辭。字為全體象形。不得以會意説之也。字在卜辭為獸名。或云「受又鹿」者。郭説是也。甲・二・一三・九。字作𪉖。略浸漶。是否鹿字尚待考。

契文自有鹿字作𪉖。吾人治契文首當就契文本身作比較研究。不能謂小篆鹿只一角。遂謂契文一角者亦鹿字也。

麚

【甲骨文字集釋第十】

◉金祥恒　第四簡 ⊘簡文隸變其頭角似草頭。居延漢簡「纍舉逢鹿盧」，其鹿作，與簡文近似。【長沙漢簡零釋（四）中國文字第五十二册】

◉考古所 ：以往異說，有釋為鹿，有釋為廌。孫海波曾釋為廌，云：「《說文》廌，解廌獸也，似山牛一角，古者決訟者令觸不直，象形，此正象一角之形。」(見《甲文編》十卷二葉，1934年版)。李孝定、張秉權均從之。而唐蘭在孫說發表後就指出，此「實甚誤。廌字卜辭自作，鹿字小篆作，亦只一角，可知此乃是鹿字」(《天考》59頁)。我們認為唐蘭的意見是對的。卜辭中某些象形字有正視與側視的區別，正視二角，側視則是一角。但不管是二角或一角，其主要特徵應當保存。此字，角是分叉的，這正是鹿角的主要特徵。所以，此字仍應釋為鹿字。【釋文　小屯南地甲骨】

◉湯餘惠　246　罤・鹿　注486：「罤借作繹，酓繹即熊繹。」今按此批簡中，罤和从罤的字屢見，均與此形迥別，知非一字。179簡鹿字作，與此大同小異，因疑此是鹿字，假為熊繹之「繹」。古音鹿在來紐，屋部，而从罤得聲之字(如「斁」)在端紐，鐸部，聲紐並屬舌頭，韻部關係密切(段玉裁《六書音韻表》同屬第三類)，例可通借。

順便說一下傳世古文字書裏的澤字。《汗簡》「澤」寫作，《古文四聲韻》引《義雲章》作，過去我們弄不清字上所從，現在看應是變體的鹿旁。字均應是「漉」，假借為「澤」。【包山楚簡讀後記　考古與文物一九九三年第二期】

◉許　慎　牡鹿。从鹿。叚聲。以夏至解角。古牙切。【說文解字卷十】

◉馬叙倫　翟云升曰。一切經音義十一引作牝鹿也。非。倫按豭為牡豕。麚為牡鹿。語原同也。牡鹿似非本訓。以夏至解角亦校者加之。麋下冬至解其角同。或此字出字林也。【說文解字六書疏證卷十九】

◉戴家祥　師害𣪘　字从鹿苿聲，字當讀麚，聲符更旁字也。說文・六篇「苿，兩刃臿也。从木，象形。宋魏曰苿也。」唐韻互瓜切。變為形聲則寫作釫，从金亏聲。集韻九麻苿、釫、鋘、鏵同字，音胡瓜切。麚玉篇三七二音古瑕切。集韻麚、⿸鹿咢同字。音居牙切。叚、加聲同，故从叚得聲者亦可借用加聲。詩・大雅「假樂君子」，禮記、中庸引作「嘉樂君子。」苿、叚韻位都在魚部，苿讀喉音匣母，叚讀牙音見母，古音見母每有諧作匣母者，例如胡从古聲是也。是叚之於苿，不但同部而且同母。爾雅・釋詁「假，犬也。」故獸之牡者名焉。釋獸：鹿牡，麚，說文九篇「豭，牡豕也」，釋魚「鯢大者謂之鰕」，其義一也。徐同柏釋茱，从古堂款識學卷十五周師害𣪘。殊誤。【金文大字典下】

麟

 拾13·2【續甲骨文編】

 麟【汗簡】

◉許　慎　麟大牝鹿也。从鹿。粦聲。力珍切。【說文解字卷十】

◉商承祚　鐵雲藏龜拾遺第十三頁第二版有字。葉玉森先生疑古麟字。是也。其形似鹿而冠角不同。頸甚長。說文訓麟為「大牝(段作牡。是)鹿」。則麟為鹿屬。疑即近世之長頸鹿。且此形亦極肖之。【甲骨文字研究下編】

◉馬叙倫　鈕樹玉曰。鍇本牝作牡。是也。玉篇。麟。大麢也。釋獸。鹿。牡麚。牝麀。王筠曰。玉篇廣韻皆麟麐為一字。麐既是牝麒。則麟當是牝鹿。故未敢定之。徐灝曰。麐為牝麒。與麟異物同名。麐則麟之異文耳。倫按麀為牝鹿。與牝從牛聲同。牝音並紐。麀則轉入影紐者。由麀或作麤。而麤實為麤之誤也。麤誤為麤而麀聲從之誤矣。或匕音封紐。古讀牝麀音皆如妣。妣音亦封紐。封影皆清破裂音。故麀音入影紐也。謂人之牝者曰妣。謂牛之母者曰牝。鹿之妣曰麀。語原一也。匕聲脂類。麟聲真類。脂真對轉。則麟為麀之轉注字。義自當為牝鹿。且麎為牝麋。麐為牝麒。聲皆真類。尤可證也。然則鍇本作牡為譌。韻會引同鉉本。則彼時鍇未譌。大牝鹿也蓋字林文。【說文解字六書疏證卷十九】

◉李孝定　拾・十三・二

孫海波文編十卷三葉上收此作麟。

按。說文「麟。大牝鹿也。从鹿。粦聲。」契文此字為動物之象形字無疑。惟究為何獸。實未可確指。姑从孫說收之於此。

【甲骨文字集釋第十】

䴡

◉許　慎　䴡鹿麛也。从鹿。耎聲。讀若偄弱之偄。奴亂切。【說文解字卷十】

◉馬叙倫　沈濤曰。文選吳都賦注引作麛也。是古本無鹿字。麛為鹿子。言麛即不必更言鹿矣。翟云升曰。集韻作麌。麛也。倫按字蓋出字林。䴡音泥紐。麛音明紐。同為鼻音轉注字也。【說文解字六書疏證卷十九】

䴥

◉許　慎　䴥鹿迹也。从鹿。速聲。桑谷切。【説文解字卷十】

◉馬叙倫　桂馥曰。速聲當為速聲。本書。迹。籀文作速。釋獸。其迹速。速亦為速。倫按段玉裁以爾雅釋文曰。䴥。本又作速。字林云。鹿迹。不引説文。明本書無此字。嚴章福亦以為䴥字不當次於麢麛之間。疑此為後人加。王筠曰。獸蹄鳥迹多矣。爾雅為麋鹿麇兔别其名者。表其異也。迹為通語。故每句言其迹而後舉其迹之名也。倫謂釋獸舉其迹者凡五。獨鹿迹䴥從鹿。而本亦作速。則與兔迹亢不作邋同矣。然則此字自是讀爾雅者於速上加鹿。其作速者為故書也。此則吕忱據誤本爾雅加之。石鼓文麀鹿速速麀鹿趚趚同見於一石。然均不作速。桂依籀篇迹字作速。謂鹿跡之速當作速。不悟速是步處。而雅言鹿迹速。謂其行之狀。如兔。其迹迒。謂兔行之狀為迒。迒為逈之轉注字。逈下曰。過也。過為跨之轉注字。兔之行如跨。言不循階級也。則鹿迹速。亦狀其行矣。本書。速。疾也。謂行之疾也。然行速不獨鹿然。蓋借為遣。同為舌尖前音。遣謂其行如这遣也。廣雅。䠞。踈。解。亢。迹也。即本爾雅。而字作踈。本書無踈。古書以為親疏字。蓋速之異文。則又可證字當從束不從束也。【説文解字六書疏證卷十九】

麛

◉許　慎　麛鹿子也。从鹿。弭聲。莫兮切。【説文解字卷十】

　麛　秦四　二例　【睡虎地秦簡文字編】

◉商承祚　　説文麛，「鹿子也。从鹿。弭聲。」麛為鹿子。故甲骨文以有角者為鹿母，無角者為鹿子，麛為後起字。【甲骨文字研究(下編)】

◉楊樹達　説文十篇上鹿部云：「麛，鹿子也，从鹿，弭聲。」莫兮切。按十二篇下弓部弭訓弓無緣可以解轡紛，無子字義，而麛从弭聲，訓為鹿子者，弭字从耳聲，耳與兒同聲，从弭猶从兒也。知者：説文弭或作从兒作⿰弓兒，此耳兒通作之證也。論語鄉黨篇云：「素衣麑裘。」國語魯語云：「獸長麑麌。」麛字皆作麑。弭與兒通作，故知麛之从弭猶从兒矣。説文十二篇下女部云：「婗，嫛倪也。」釋名釋長幼云：「嬰兒或曰嫛婗。」禮記雜記鄭注云：「嬰兒，嬰猶鷖彌也。」嫛婗或作鷖彌，婗彌二字通作，猶麛或从兒作麑，以兒與弭為通作也。彌从爾聲，爾與兒為雙聲。十一篇下魚部云：「鮞，魚子也，从魚，而聲。」如之切。按鮞从而聲，而訓為魚子者，从而猶从兒也。而與耳古音同，而耳並泥母咍部字。耳與兒通作，故知而與兒亦可通作也。

説文六篇上木部云：「栭，屋枅上標也，从木，而聲。」爾雅釋宮云：「栭謂之楶。」李巡注云：「栭今榑櫨也。」樹達按：栭亦受義於兒，謂柱之小者也。又釋木云：「栵，栭。」舍人注云：「江淮之間呼小栗為栭。」廣韻十七薛云：「栵，細栗。」爾雅云：「栵，栭。今江東呼為栭栗，楚呼為茅栗也。」樹達按：今長沙有茅栗，形如栗而小。人之小者謂之兒，鹿子謂之麛，魚子謂之鮞，柱之小者謂之栭，栗之小者亦謂之栭，其義一也。

大抵咍支二部音近，古多通合。其止二字皆咍部也，斯从其聲，徙从止聲，皆轉入支部，此與弭从耳或从兒作弫為例正同。段氏分析古音咍微支三部，其識卓矣，乃以此堅執微支二部必不與咍通，則惑之甚者也。【釋麛　積微居小學述林卷一】

◉戴家祥　𧆣　𧆣爵　𧆣字从虎从耳。前人未釋。以形聲求之，殆即麛之或體，形聲更旁字也。說文十二篇弓部弭「从弓，耳聲」，古文作弫，兒聲同弭，故麑亦作麛，左傳宣公二年傳「使鉏麑賊之。」漢書古今人表作鉏麛。禮記·曲禮下「士不取麛卵」。孔穎達正義云：「麛乃是鹿子之稱，而凡獸子亦得通名也。」集韻上平十二齊「說文狻麑，獸也。一曰鹿子。或从犬、从豸。」按麛為形聲字，麑為會意兼形聲字，許書誤分為二，誤矣。鹿子曰麑，犬子曰猊，豸子曰貎，虎子亦得曰𧆣。作器者取名曰𧆣，猶凌統之二子被孫權呼之為虎子云。【金文大字典下】

麉　麉

◉許　慎　麉鹿之絕有力者。从鹿。幵聲。古賢切。【說文解字卷十】

◉馬叙倫　沈濤曰。御覽九百六引作鹿之絕有力也。疑奪者字。此則奪也字。倫按字蓋出字林。【說文解字六書疏證卷十九】

◉戴家祥　麉　師旋毁　說文十篇「麉，鹿之絕有力者。从鹿幵聲。」師旋毁「麉般」，麉正作此形。【金文大字典下】

麒　麒

麒　麒見爾雅【汗簡】

麒　崔希裕纂古【古文四聲韻】

◉許　慎　麒仁獸也。麇身。牛尾。一角。从鹿。其聲。渠之切。【說文解字卷十】

◉馬叙倫　鈕樹玉曰。麇當是麇。傳寫譌也。宋本不能辨。沈濤曰。初學記廿九引麒麟仁獸麇身尾肉角。御覽八八九引同。惟麇誤為馬。一切經音義二及四引麕身牛尾一角。廿二引。麟。麕身牛尾一角。開元占經一百十六引。麟。仁獸也。麇身牛尾狼蹄一角。據此則仁獸云云宜在麐字下。麒下當云牡麐也。翟云升曰。一切經音義廿二引作麟一角。下有角頭有肉。不履生

麐 □

蟲。不折生艸。音中鐘呂。行中規矩。不入陷罔。文章彬彬焉。亦靈獸也。王筠曰。仁獸也乃後人以公羊傳羼入。玄應書先云仁獸也而後引說文麕身云云可證。倫按鍇本麋作麃。是。爾雅釋獸。麠。大麃。牛尾。一角。郭注。漢武帝郊雍。得一角獸。若麃然。謂之麟者。此是也。麃即麞黑色耳。史記武帝紀索隱引韋昭曰。體若麕而一角。春秋所謂有麕而角者是也。尋麟為牝鹿。麐為麒麟之麟本字。麐一角。其初文當作□□。均見甲文。今人皆釋為鹿矣。蓋鹿族而有三類。二角者□。一角者□。無角者□。今小篆竝作一角。而籀文竝作二角。皆譌也。仁獸也以下九字及初學記一切經音義者皆呂忱文或校語。本訓止作獸也。或此字出字林。【說文解字六書疏證卷十九】

□ 前四・四七・三　說文麐牝麒也从鹿吝聲　□ 存下九一五　此从文即吝之省　【甲骨文編】

◉許　慎　麐牝麒也。从鹿。吝聲。力珍切。【說文解字卷十】

◉羅振玉　□卷四第四十七葉

說文解字。麐。牝麒也。从鹿吝聲。此字从□。似鹿而角異。从吝省聲。殆即麐字。鹿為歧角。麐角未聞。似鹿。故此字角無歧。許从鹿。殆失之矣。【增訂殷虛書契考釋中】

◉高田忠周　□　舊釋作慶。非是。此□明从鹿从文。但鹿部無文聲字。唯有麐字。小篆作□。許解曰牝麒也。从鹿吝聲。吝元从文聲。即知慶為麐省無疑矣。要銘意非獸名。此必叚借為彣字。論語彣質彬彬。注。華也。廣雅釋詁二。文。飾也。是也。又按經傳麐字皆以麟為之。已見麟下。詩麟之趾。傳麟信而應禮。公羊哀十四年傳。麟者仁獸也。注一角戴肉。設武備而不為害。所以為仁也。廣雅釋獸。麐不履生蟲。不折生草。不羣居。不旅行。不入陷穽。不羅罘罔。文章彬彬然。麐从吝聲。即文實彣聲之叚借。故古文从文聲。慶亦與彣固可通耳。【古籀篇九十三】

◉强運開　□秦公敦。畯疐在天。高弘有慶。說文無此字。盄龢鐘亦云。畯疐在位。高弘有慶。句法相同。薛尚功釋慶。非是。正字通云。同麐。似為得之。古同音俱可通叚。蓋叚為靈字也。□伯其父匩。按从鹿。从文。與上一篆相同。亦古麐字也。【說文古籀三補第十】

◉唐　蘭　說文。「麟。大牝鹿也。」「麒。仁獸也。麕身。牛尾。一角。」「麐。牡麒也。」是麟字本當作麐。殷虛卜辭有□字。又秦公𣪘云。「以受屯魯多釐釁壽無疆畯疐在立高弘又□竈囿四方。」秦公鐘銘略同。宋人釋□為慶。容庚金文編云。「慶。

説文所無。」董作賓則申容紬羅而以「麌為从鹿从文會意。象鹿皮之有斑文也。」欲論麌之是否為麟。不能僅以从鹿从文會意之一假定為滿足也。先當審□字所从之□為何字乎。卜辭有□字及覤字。羅氏並釋為麑。其説云。「象鹿子隨母形。殆即許書之麑字。説文訓麑為狻麑而别有麛字。訓鹿子。然麑之為字明明从鹿會合鹿兒之誼。正是鹿子矣。卜辭以有角無角别鹿母子。故卜辭中之□字似鹿無角。緣是亦得知為麑字矣。」羅氏誤認从見之字以為兒字。故有此説。所謂卜辭以有角無角别鹿母子亦其所臆測也。卜辭又有麇慶二字。並从□。羅氏於麇下則云。「麇殆似鹿而無角者。」是其自為矛盾之證也。□當即□字之變體。此以金文慶字之从□可以證知之。爾雅釋獸曰。「麋。牡麔。牝麎。其子麌。」又曰。「鹿。牡麚。牝麀。其子麛。」又曰。「麕。牡麌牝麜其子麆。」此麇鹿暨麕者之三大族也。卜辭數見□字。舊不之識。故商氏列於待問編。又有□字。且屢見偏旁。又有□字。亦均在待問編。余謂當釋為眉或覓。蓋惟古文麇眉形相近。故經傳眉壽多作麇壽也。鹿字見卜辭甚多。亦見金文。皆象歧角之形。則麇鹿並象形字也。説文以麇為从鹿囷省聲。籀文作麕。詩「野有死麕。」釋文作麏。云「本亦作麕又作麇。」囷與君皆聲。固無可疑。然説文以从禾為囷省聲。則失之。殷世已有麇字。而麕麏之字發生尚在其後。又安得因而省之哉。余謂麇字實从禾□聲。稛或穛之本字也。春秋公羊哀十四年傳云。「有麏而角者。」則麇本無角。其證甚明。説文「麇。麞也。」「麞。麇本誤麋。依諸家注訂屬也。」考工記注云。「齊人謂麕為獐。」則麞即獐。而今之獐固無角也。則麇之本字以麇鹿例之。實當作□。以無角别於鹿。亦象形字也。麞為麕屬。故公羊記有麕而角者。而春秋記為獲麟。此一證也。爾雅等書並言麕身。此二證也。爾雅釋獸。「麠。大麃牛尾一角。」郭璞注云。「漢武帝郊雍。得一角獸若麃然。謂之麟者。此是也。麃即麞。黑色耳。」史記孝武紀。「獲一角獸若麃然。」索隱引韋昭云。「體若麕而一角。春秋所謂『有麕而角』是也。」楚人謂麇為麃。此三證也。麕即麒麐之合音。麒麟猶吉量二字。為一名。漢人乃歧為二名。此四證也。鐵雲藏龜拾遺第十一葉有□字。葉玉森疑為麟字。其形頗似麕之或體□而首有角。揆以龍鳳字卜辭並以▽為角。則葉説庸或可信也。説文以麐為从鹿吝聲。則轉為形聲字。卜辭鳳字亦象形與形聲並存也。其从鹿者。□之誤也。吝字又从文聲。形聲之初無轉輾取聲之理。則卜辭金文从文聲者乃具夙初。或从吝聲當為後起。蓋從文聲者兼取其義。説文有媽字。即文馬也。即麌之从文亦謂麕之有文者。故京房偁其有五采。廣雅謂之文質彬彬也。羅氏謂从吝省聲。董氏謂鹿之文者。皆失之矣。惟麌从文聲。故亦語轉為麠。爾雅之「麠大麃牛尾一角」與「麐麕身牛尾一角」所異者。一為大麃一為麕身耳。然楚人謂麇為麃。郭璞以麃為麞。而説文以麕為麞。是麃麕乃同物而異名。則麐之與麠本亦同物。皆麕字一聲之轉為方俗之殊名。爾雅非一人所集。故並録之耳。説文「媽。馬赤鬣縞身。目若黃金。名曰吉黃之乘。犬戎獻之。」周書王會解作吉黃。海內北經。「犬戎有文馬。名曰吉量。」凡此吉黄吉量。其合音正與䴥同。文馬名曰吉量。而文䴥謂之䴥。則慶或讀䴥。故秦公毁假為慶字。以與疆方為韻也。【獲白兕考　史學年報第四期】

◉郭沫若　□字舊或釋䴢，許瀚云「薛氏書盄和鐘『高弘有慶』作□，與此文正同，疑此亦慶字也。鐘銘慶字上與煌啚疆韻，下與方韻，薛氏斷非誤釋。又此銘蓋慶名而伯其字，其祺之假借，故與慶應。」擄古・二之三。十五葉所引。今案許説至確。近出秦公毁，銘與盄和鐘大同小異。「高弘有慶」字亦正作□，亦與疆方為韻，从鹿从文。余謂此乃慶之正字，慶乃譌字也。古人文字或从心作□師酉毁。稍省則作□豆閉毁。此慶字所从即文中之心之稍省者也。字或省作□召伯虎毁。若□戈叔慶父鬲。似从鹿省，亦似从㚇省，即小篆□字之所从出，故許書説之以「从心夊，从鹿省」也。古文㚇字多誤為寧，如書之「前寧人」實「前文人」、「寧王」實文王，「寧武」實文武，此慶之誤為慶與彼正同出一轍。又此慶字亦見於卜辭，一曰「□戌、卜貞、王□缺□媽䴢」前編卷四第四十七葉第三片。又一曰「壬寅、卜貞、今日□至」後編下卷第三十五葉第八片。前一例羅振玉釋為䴢，後一例商承祚收為麋類編十卷四葉。均未諦。前一例與媽䴢竝舉，當是獸名，以聲類求之，殆即䴥字。爾雅為䴢，麟據説文實「大牡鹿」也。段注云「牡各本及集韻類篇皆譌為牝。今正。玉篇曰『麟大麚也』，是也。」今从段。周南之麟之趾，春秋哀十四年之「西狩獲麟」，均言大牡鹿耳，漢人傅會之以為䴢。説文之䴢䴥竝出，因不知二者之為一。爾雅亦竝出者，爾雅中本多漢人語，蓋為後人所竄入也。又攷工記「畫繢之事……山以章，水以龍」。馬融讀章為獐，謂「獐，山獸，畫山者並畫獐、龍、水物，畫水者並畫龍。」見賈疏所引。鄭玄从之。俞樾云「山莫尊於虎，故『澤國用龍節，山國用虎節』，若水必以龍，則山必以虎，何取於獐而畫之乎？」孫詒讓云「俞駁馬鄭不當破章為獐，是也。竊謂此章即上文『赤與白謂之章』。」今案孫説非。釋獸「䴥，大麃，牛尾一角」，郭璞注云「漢武帝郊雍，得一角獸，若麃然，謂之麟者，事見史記『今上本紀』。此是也。麃即麞，黑色耳。」今本奪「黑色耳」三字，據「一切經音義」所引補。説文説䴥與爾雅同，云䴥或从京作麖，又「麃，麞屬。」段玉裁云「鉉本作䴥屬，鍇本作麋屬。今依韻會本。」今從段改。逸周書王會篇「發人麃，麃者若鹿，迅走。」由此等記載，再揆以今之麒麟(Giraffe)，則䴥與麟是一非二。麒麟之麟爾雅及説文作䴢，説文云「䴢，牝麒也，从鹿吝聲。」爾雅云「䴢，麕身，牛尾一角。」此與䴥之説解竝無二致。宷此，尤足證慶䴥之為一。蓋漢人既譌慶之作慶者為慶，又誤讀慶从文聲，別造一从吝聲之䴢字以代之。又因䴢麟音近，故又誤麟是「山以章、水以龍」。既為對文，則章必是動物，馬鄭求之於獐已近是，余意章實指慶若䴥也。蓋古人以慶為麞屬，別言之為慶，共言之則為麞矣。故「山以章」者乃以麒麟也。至俞偶因「山國用虎節」遂謂「山莫尊於虎」，事不必然。要之慶慶䴥麖為一字。其物即是䴢。䴢與麟乃音之譌，慶與慶乃形之譌。古人以慶若䴢為祥獸，故以為山物之章表。慶為仁獸，故孳孔為慶，亦猶龍為靈物，故孳乳為寵也。知此，於伯其父慶之名字亦可別得一解，

即其讀為麒，名慶，故字麒也。此與許瀚説可以並行，二者必居一焉。【彝銘名字解詁 金文叢考】

◉馬叙倫 鈕樹玉曰。五經文字云。經典皆作麟。唯爾雅作此麐字。不知説文作麐也。倫按張參蓋謂經典中唯爾雅作麐餘經皆作麟也。自不兼説文。甲文有□字。羅振玉以為即麐字。從吝省聲。董作賓以為從鹿文會意。為鹿皮之文章。唐蘭以甲文麠字作□。謂□所從之□即□之變體。□為麇之本字。麇即麒麟之合音。□之從文。亦謂麇之有文者。猶馮之為文馬。而京房所由偁麐有五彩。廣雅謂之文質彬彬也。麇謂之麠。則慶或讀為麠。故秦公敢。高弘有□。借為慶字。郭沫若則謂伯其父匿作□。從文之茂文。古文文字多從心作□師酉敦。若□師害敢。故慶字亦有省變。召伯虎敢作□。戈叔慶父鬲作□。由此再變。則為小篆之□。説文説為從心從夊從鹿省。乃沿譌字為説也。倫謂伯其父匿□字。許翰釋慶。孫詒讓釋麐。謂□麐即麒麟字。字與文亦相應也。倫檢石鼓文麀鹿作□□。其別在角之有無。蓋皆象形為文也。後以牝牡不分而皆作鹿。乃從鹿而安匕作麀。麐訓牝麒。甲文□字所從之□與石鼓□字所從之□同為象兩耳而無角。是一字也。皆麀之初文。秦公敢及秦公鐘皆作□。不從□或□。亦明從麀之初文也。然則□自是麐字。麐從吝得聲。吝從文得聲。□蓋先作於麐矣。唐以馮字為比。檢馮下説解謂赤鬣縞身金精。亦非文義。郭謂慶即慶字。已詳慶下。爾雅釋文引字林。力人反。疑此字出字林。【説文解字六書疏證卷十九】

◉李孝定 □ 字當釋麐。秦公毀假為慶。非即慶字也。栔文自有从鹿从心之慶字作□後・上・十一・二。與此从鹿从文者有別也。【甲骨文字集釋第十】

◉戴家祥 □伯其父簠 字从鹿从文，字應釋麐，説文三篇「吝，从口文聲。」唐韻良刃切，來母文部。集韻十七真「麐或作麟，通作麟。」音力真切，真文韻近，古人通用。毀銘「唯伯其父慶作旅簠」，其當讀麒。玉篇三七二「麐，麒麟也。」孟子・公孫丑上「麒麟之於走獸，類也。」古人名字，義必相應，故伯麒父字麐。郭沫若釋慶，兩周金文辭大系攷釋一二一葉。非是。

薛尚功歷代鐘鼎彝器款識法帖釋盄和鐘「高弘有慶」為「有慶」。呂大臨考古圖翟耆年籀史因之。近世出土秦公毀銘與鐘同。按「有慶」為古成語，周書呂刑「一人有慶，非民賴之。」小雅楚茨「孝孫有慶，報以介福。」國語周語「有慶未嘗不怡。」孟子告子下「俊傑在位，則有慶」，與器銘「畯疐在立，高弘有慶」可以互證。「有慶」一詞見諸周易坤、履、大畜、頤、晉、睽、益、升、困、豐、兑諸卦者共十一處，是「有慶」之為「有慶」，從辭義觀之有餘徵矣。器銘以鍠、亯、疆、慶、方為韻，古音「文」在十一，「陽」在十二，「真」在第十，真、文韻近，文、陽韻亦相近。字之从文得聲者可以諧「真」，亦可諧「陽」。故慶字可假為麐，亦可假為慶。【金文大字典下】

甲三一八〇 卜辭麋从眉得聲 乙五三三八 鐵一二〇・一 鐵二二一・三 後二・二六・一〇 林二・一四・一〇 林二・一四・一一 林二・一四・一二 戩一五・一 京津一四七二 京津一四七四 餘一二・三 寧滬一・四〇一 金六八七 庫一七九九 佚四三 佚五〇 佚四一四 佚九三〇 甲八八二 粹九五九 燕四一〇 福五 鄴初下・三三・三 京津四五〇二 拾一三・五 戩四一・一一 師友一・一六六 甲一五五一 甲一八九五 甲一九七〇 甲二〇七 九 甲二六九五 京津四五〇六 續三・三一・六 珠一一一 拾六・一一 前二・二六・七 前二・三二・四 前四五六 【甲骨文編】

甲882 1042 1551 1559 1895 1970 2079 2487 2695 2766 3180 3538 3918 乙4390 4808 5338 8672 珠111 919 卜22 福5 佚5・8 414 930 995 續2・24・3 3・31・6 3・45・3 4・5・5 5・4・6 5・35・3 掇381 507 京3・20・2 鄴31・1 鄴32・3 新4504 續存762 767 摭續128 粹935 957 959 976 980 新1473 1474 4506 【續甲骨文編】

麋 封五二 二例 通眉 須― 法八一 法八一 【睡虎地秦簡文字編】

0360 【古璽文編】

隃麋集掾田宏 隃麋侯相 麋長生印 麋小青 麋壽王 【漢印文字徵】

石碣田車 麋豖孔庶 石經無逸 迷字重文 【石刻篆文編】

王存乂切韻 【古文四聲韻】

◉許 慎 鹿屬。从鹿。米聲。麋冬至解其角。武悲切。【說文解字卷十】

◉吳大澂 古麋字。石鼓。古鉢文。【說文古籀補第十】

◉高田忠周 銘再云余告。蓋人名也。舊皆釋作慶。孫詒讓頗通金文。亦云。阮釋為愛。孫釋為慶。此字上从。與說文慶从鹿省之說合。孫釋是也。然孫氏亦未察篆形也。今審上作。即廌字省文。而廌鹿混用已久。此廌實為鹿省。諸家說稍近是。然與自別。亦與迥殊。此斷非从心慶字也。因謂亦禾米象形字。叔家父簠稻字作。即之異。以象米。要米字元从禾省而為形者。實亦米字。稻作。陳公子甗作。同意耳。然則如此篆亦當為麋字。【古籀篇九十三】

◉丁佛言 鼄君簠。原書入附録。疑麋之異文。案。字當釋麋。三體石經麋古文作。此下是从米省。【說文古籀補補第十】

◉唐 蘭 爾雅釋獸曰,「麋,牡麔,牝麎,其子䴠。」又曰,「鹿,牡麚,牝鹿,其子麛。」又曰,「麕,牡麌,牝麜,其子麆。」此麋鹿暨麕者,鹿族之三大族也。卜辭數見字,舊不之識,故商氏列於待問編。余謂此乃麋字,又有字,且屢見偏旁,又有字,亦均在待問編,余謂當釋為眉或覓,蓋惟古文麋眉形相近,故經傳眉壽多作麋壽也。鹿字見卜辭甚多,亦見金文,皆象歧角之形,則麋鹿並象形字也。【獲白兕考 史學年報第四期】

◉瞿潤緡 非鹿字。後編卷上第十五葉「王田于𢿫麓徃缺幺獲六鹿九」之角與鹿不同。苟釋為一字。則云「獲鹿六鹿九」而不云獲鹿十五。亦為不辭也。【殷虛卜辭考釋】

◉孫海波 藏·一一〇·三 古麋字从眉。【甲骨文編十卷】

◉强運開 米字小篆作米。此作。正象米形。金文从米之字多作。蓋古文米字如此。【石鼓釋文】

◉馬叙倫 沈濤曰。一切經音義四引鹿屬也冬山解角者也。八引鹿屬也。九引。麋。冬至解角也。十一引。麋。鹿屬也。以冬至時而解其角也。十三及十七引有者而無時而兩字。十三又一引云。以冬至解角者也。說文。鹿屬也。古本當如十一引而尚奪者字。唐蘭曰。甲骨文作。倫按甲文作。蓋從鹿省聲。顏師古急就篇注。麋似鹿而大。目上有眉。因以為名也。此為麋之轉注字。古書眉壽或作麋壽。是其例證。□字即本書之眉。余永梁説是也。芇伯敢作□。本書變譌為□耳。知□非即麋之初文者。角可象。若麋之眉不復可象矣。麋有角豈能不象其角而轉象其眉乎。□侯鐘之□。倫謂即麋字。從有角之鹿。若石鼓作□。古鉩作□。從鹿之初文。亦不復象其眉也。鹿屬也及麋冬至解其角皆字林文。見爾雅釋文及玄應一切經音義八引。玄應又引倉頡。麋以冬至解角者也。則冬至解其角。吕忱據倉頡訓詁加也。字見急就篇。【説文解字六書疏證卷十九】

◉李孝定　説文。「麋。鹿屬。从鹿。米聲。麋冬至解其角」。契文此字大體為象形。然麋角斷無作「□」形者。孫説為从眉。亦未安。蓋□形明明與軀體相連也。字於六書不知居於何等。亦惟闕之以俟高明耳。唐氏謂「古麋眉形近。故眉壽多作麋壽。」見前麐字注。説亦有可商。桉眉壽為殷周嘏辭習語。金文作釁壽。經籍或作麋壽微壽。壽上一字眉釁麋微無定者。以其音近。非關形似也。

字作□者尚可解為首具二角而不歧出。惟於作□形者則無以為解。急就篇「貍兔飛鼯狼麋麆。」顔注。「麋似鹿而大。冬至則解角。目上有眉。因以為名也。」小顔此説與契文字形亦近。蓋它獸無眉而麋獨有。故作字象之耳。顔説當是。【甲骨文字集釋第十】

◉于省吾　説文:「麋,鹿屬,从鹿米聲。麋冬至解其角。」急就篇的「貍兔飛鼯狼麋麆」,顔注:「麋似鹿而大,冬至則角解。目上有眉,因以為名也。」甲骨文麋字作□或□,其頭部作□或□和人的眉目之眉同形。後世代之以从鹿米聲之麋,於是麋行而兎廢。總之,皀本為獨體象形字,但其頭部作曲,也表示着皀字的音讀。【釋具有部分表音的獨體象形字　甲骨文字釋林】

◉姚孝遂　肖　丁　「皀」即「麋」。急就篇顔注:「麋似鹿而大,目上有眉,因以為名也」。卜辭「皀」字从「曲」即「眉」,突出其目上有眉的形狀。實則麋的目上有白斑,看上去似眉。或以為「麋」即「麞」,今謂之「四不象」,未知孰是。【小屯南地甲骨考釋】

◉饒宗頤　卜辭記天象。有一占辭云:

⊘王固曰:之□,勿雨。乙卯,允[雨]。⊘

□字上半為□,即眉字,下半如□帶尾形;此應為麋的異構。□是湄日之「湄」的異形。他辭如「⊘日戊,旦□至昏不雨。」(京3838)「旦」、「□」連言「旦□」,猶言昧旦,《詩·雞鳴》:「士曰昧旦」。「□日」亦作「湄日」(掇447),「之麋」即「之昧」,指是日上午時間的昧爽。此借麋為□,湄,説詳于省吾先生《釋□日》一文。【釋紀時之奇字:□㬥與□(埶)　第二屆國際中國文字學研討會論文集】

麎　麔

◉戴家祥 猸 猸鐘 字从犬从眉，說文所無。集韻上平六脂「猸，獸名」，音「旻悲切」，明母脂部，殆即麋之別構，形聲變易字也。說文十篇「麋，鹿屬。从鹿，米聲，麋冬至解其角。」唐韻麋讀「武悲切」，不但與猸同部而且同母。麋即動物學家所謂麋鹿，俗名「四不象」，其角似鹿非鹿，頭似馬非馬，身似驢非驢，蹄似牛非牛。唐韻米讀「莫禮切」，眉讀「武悲切」，同部而又同母，故麋亦通眉。儀禮士冠禮「眉壽萬年」，鄭注「古文眉作麋」。漢書王莽傳下「赤麋聞之」，集注「麋、眉古字通用。」北海相景君碑「不永麋壽」，麋壽即眉壽。荀子非相篇「伊尹之狀，而無須麋」，楊倞注「麋與眉同」。方言十二「麋，老也。」郭璞注「麋猶眉也。」麋眉聲同，故字之从眉得聲者亦得通麋。小雅巧言「居河之麋」，釋文「麋本作湄」。左傳僖公廿八年「余賜女孟諸之麋」，孔穎達正義「釋水云：水草交為湄，李巡曰：水中有草木交會曰湄，古字皆得通用，故此作麋」。玉篇二八五湄、麋同字。㦴者鼎「用妥眉彔」，牆盤銘文「裹猸彔黃耇彌生」，猸彔，猶眉壽也。鐘銘「猸其萬年子孫永寶。」猸為人名或氏族名。通志氏族略云：麋氏，楚大夫受封于南陽麋亭，因以為氏。或云工尹麋之後。【金文大字典中】

◉許　慎 麎牝麋也。从鹿。辰聲。植鄰切。【說文解字卷十】

◉馬叙倫 鈕樹玉曰。繫本牝作牡。譌。倫按爾雅釋獸釋文引字林。麎。上刃反。此字蓋出字林。【說文解字六書疏證卷十九】

◉許　慎 麔大麋也。狗足。从鹿。旨聲。居履切。麂。或从几。【說文解字卷十】

◉馬叙倫 沈濤曰。一切經音義十三引作麂。似麞而大。猥毛狗足也。蓋古本如此。爾雅釋獸。麔。大麕。旄毛狗足。郭注。旄毛者。猥毛也。本書。猥訓犬惡毛。此獸似犬。故許以猥毛狗足狀之。今本脱猥毛二字。又以爾雅大麕改似麞。因譌麕為麋矣。山海經注。麂似麞而大。猥毛狗脚。郭正用許語。倫按下文。麋。麞也。麞。麋屬也。然則麋為麋譌。大麋也似麞而大猥毛狗足蓋皆字林文。本訓捝矣。字見急就篇。

麂 段玉裁曰。几聲。宋保曰。旨几同部聲相近。倫按旨音照紐三等。古讀歸端。几音見紐。同為清破裂音。亦聲同脂類。故麔轉注為麂。【說文解字六書疏證卷十九】

前四・四八・八 从毘 前七・二八・四 京津一三四五 【甲骨文編】

佚43 前7・28・4 【續甲骨文編】

麇 从木 師害簋 【金文編】

3・864 獨字 【古陶文字徵】

説文 【古文四聲韻】

◉許　慎　麇麞也。从鹿。囷省聲。居筠切。籀文不省。【説文解字卷十】

◉劉心源　麇或釋麋。路史國名紀。麇在楚之房縣。左傳楚子敗麇師于房諸是也。後曰氏。此云麇生。猶史記矦生酈生賈生董生也。【師害敨　奇觚室吉金文述卷三】

◉羅振玉　説文解字。麇从鹿囷省聲。籀文从囷不省。今卜辭从不从鹿。然則麇殆似鹿而無角者與。【增訂殷虛書契考釋卷中】

◉王國維　殷虛卜辭有字。㮚婦觚有字。均與篆文略同。【史籀篇疏證　王國維遺書第六册】

◉商承祚　卷四第四十八葉　卷七第二十八葉　後編下第三十五葉今卜辭从。不从鹿。然則麇殆似鹿而無角者。其从者殆亦麇字。其文與卷七同。故推知之。【殷虛文字類編第十】

◉丁佛言　師舍敨。原書入附録。吳荷屋釋麇。徐籀莊釋菓。均非。【説文古籀補補第十】

◉葉玉森　(前・四・四八・八)从與異,至象持卜擊無角鹿,似與麇並非一字。【殷虛書契前編集釋卷四】

◉唐　蘭　説文以麇為從鹿囷省聲,籀文作麕,詩・野有死麕釋文作麏,云「本亦作麕,又作麇,」囷與君皆聲,固無可疑,然説文以從禾為囷省聲則失之。殷世已有麇字,而麕麏之字發生尚在其後,又安得因而省之哉。余謂麇字實從禾聲,稛或穮之本字也。春秋公羊哀十四傳云「有麏而角者,」則麇本無角,其證甚明;説文「麇,麞也。」「麞,麇本誤麋依諸家注訂屬也。」考工記注云,「齊人謂麕為獐。」則麇即獐,而今之獐固無角也。則麇之本字,以麇鹿例之,實當作,以無角別於鹿,亦象形字也。(編者按:詳參「麐」字條。)【獲白兕考　史學年報第四期】

◉馬叙倫　唐蘭曰。甲骨文作[glyph]。實從禾[glyph]聲。稛或穮之本字。[glyph]為麇之本字。以無角別於鹿。亦象形字也。倫按麞也者。字林文。見爾雅釋獸釋文引。公羊哀十四年傳。有麇而角者。明麇無角。唐説是也。但以麇為稛或穮字。則[glyph]為麕之象形文。而石鼓作[glyph]矣。字見急就篇。師會敢作[glyph]。

[glyph]　倫按石鼓文鹿字作[glyph]。由甲文之[glyph]而變。此取從之[glyph]。又由[glyph]而譌。甲文麇字作[glyph]。羅振玉以為似鹿而無角者。則此誤從鹿也。籀文不省當作籀文麇。校者改之。【説文解字六書疏證卷十九】

◉戴家祥　[glyph]卣　[glyph]日乙觚　説文十篇「麇，麞也。从鹿囷省聲。」籀文不省，作麕。金文作麇，省囷為禾，如説文。金文作人名。

【金文大字典下】

麞 [glyph]

◉許　慎　[glyph]麇屬。从鹿。章聲。諸良切。【説文解字卷十】

◉馬叙倫　爾雅釋獸以鹿與麇麞為三類。此上文。麇。麞也。且麇無角而今見麞亦無角。是此麇屬當作麇屬。傳寫之譌。玉篇作鹿屬。或本説文。則本作鹿屬。傳寫以上文即麇字而譌為麇。又誤為麇也。然鹿屬字林文。許當止訓獸也或麇也。麇音見紐。麞音照紐三等。古讀歸端。則麇麞同為清破裂音。蓋實轉注字。周禮考工記績人。山以章。鄭注。齊人謂麇為獐。公羊哀十四年傳。有麕而角者。釋文。麕。本又作麇。亦作麏。是麏轉注為麕。復轉注為麞。字蓋出字林。【説文解字六書疏證卷十九】

麔 [glyph]

◉許　慎　[glyph]麇牡者。从鹿。咎聲。其久切。【説文解字卷十】

◉馬叙倫　嚴章福曰。當次麚上。倫按麇牡者。非本書大例。蓋字林文而又有挩譌。字或出字林也。鍇本及韻會引及玉篇注作牝麇。牝字譌。然詞例則符也。牡鹿為麚。牡麇為麔。音皆見紐。聲皆魚類。語原同也。麔從咎得聲。咎從各得聲。假格為轉注字。是其例證也。【説文解字六書疏證卷十九】

麠 [glyph]

◉許　慎　[glyph]大鹿也。牛尾。一角。从鹿。畺聲。舉卿切。[glyph]或从京。【説文解字卷十】

◉馬叙倫　鈕樹玉曰。鹿當是麃。蓋本釋獸。玉篇注。大麃。是也。倫按重文作麖。玄應一切經音義引字林。麖。似鹿而大。一角也。則麖字為吕忱所增。而此本訓獸也。似鹿而大牛尾一角吕忱所增。字見急就篇。曾大保麠叔盆作[glyph]。

麠 宋保曰。京古若畺。故㹁諒涼椋等字皆從京聲。猶鱷字重文作鯨。京聲也。倫按京畺音同見紐。聲同陽類。故麠轉注為麖。或上當有麠字。【説文解字六書疏證卷十九】

◉郭沫若　曾大保盆「曾大保麠叔霝用其吉金，自作旅盆。下畧」麠，麠之異，从鹿畕聲。段玉裁讀畕如陳，此足證其非。

⊘麖、麠、麠、麖為一字，其物即是麐。麐與麟乃音之譌，麖與麠乃形之譌。（編者按：詳參「麐」字條。）【彝銘名字解詁　金文叢考】

麃

麃　九年衛鼎　【金文編】

麃　语一二　【睡虎地秦簡文字編】

麃鳳私印　麃剛私印　【漢印文字徵】

魯王墓石人題字　【石刻篆文編】

◉許　慎　麃麠屬。从鹿。𤋎省聲。薄交切。【説文解字卷十】

◉孫詒讓　字上形亦與鹿同，而下从凵。前烝煙二字从火皆作半圓形，則此當亦从火，蓋是麃字。説文麃，麠屬。从鹿，𤋎省聲。即此字也。【契文舉例下】

◉馬叙倫　嚴章福曰。韻會引作麞屬。非。段玉裁曰。當依韻會作麞屬。麞者。麋屬也。韋昭曰。楚人謂麋為麃。倫按麋麃同為脣音。故楚謂麋為麃。非麃即麋也。廣韻引倉頡。麃。鳥毛變色。爾雅釋獸釋文引字林。麃。麖屬。麖為麠之重文。呂忱所加。然則麠屬亦字林文。本訓挩矣。餘詳麈下。【説文解字六書疏證卷十九】

麈

◉許　慎　麈麋屬。从鹿。主聲。之庾切。【説文解字卷十】

◉馬叙倫　嚴可均曰。麋屬下有挩文。御覽九百六引作鹿屬也。大而一角。六書故十八引唐本作大力一角。釋獸。絶有力。狄。麈即狄也。沈濤曰。御覽所引是也。麋亦鹿屬。不應別出麋屬。本部。麞。麋屬。玉篇亦作鹿屬。則知今本麋字皆譌。六書故引力字為而之譌。嚴章福曰。當作麃屬。形近而譌。御覽引作鹿屬。盖麃之爛文。鹿部麋麎麐皆有角。麐麋麞皆無角。麤麈麃皆一角。故以類相次。惟麢篆誤間之耳。今人所謂麈。即說文之麋。今人所謂麋。即說文之麈。偁名互異。相沿已久。今時憲書十一月作麈角解。此乾隆卅一年改。舊本憲書及今總成堂洪氏所刊通書皆作麋角解。與月令夏小正合。王筠曰。當依御覽引改補。字林。麈。似鹿而大。一角也。張揖顏師古皆曰。麈。似鹿而大。倫按嚴析三類。是也。沈謂麐及此下皆當作鹿屬亦通。蓋屬鹿部皆鹿屬。麃下亦當為鹿屬。然說解凡言屬者皆字林文。字見急就篇。【說文解字六書疏證卷十九】

麑

甲二四一八　卜辭麑不从兒　無角　象形　鐵三八·三　乙五一六一　菁一〇·一三　前四·四七·七　續三·一六·一〇　鄴二下·四一·一　掇一·一三九　佚四三　珠一〇七　京都二八七四　【甲骨文編】

甲1459　乙2908　珠107　佚43　990　佚995　新5283　續3·43·6　掇139　天62　76　摭續47　新1221　【續甲骨文編】

◉許　慎　麑狻麑。獸也。从鹿。兒聲。五雞切。【說文解字卷十】

◉羅振玉　象鹿子隨母形。殆即許書之麑字。說文解字訓麑為狻麑。而別有麛字訓鹿子。然麑之為字明明从鹿。會合鹿兒之誼正是鹿子矣。卜辭以有角無角別鹿母子。故卜辭中之字。似鹿無角。緣是亦得知為麑字矣。【增訂殷虛書契考釋卷中】

◉王　襄　古麑字。許書麑訓狻麑。麛訓鹿子。論語素衣麑裘。音義。麑。鹿子也。麑从鹿从兒。形誼均塙。殆為麑之本訓。弭兒一聲之轉。故麛借訓為鹿子。後三文似鹿而無角。象鹿子未生角之形。【簠室殷契類纂正編第十】

◉馬叙倫　鈕樹玉曰。鍇本麑作猊。俗。王筠曰。段玉裁疑此字後人增。筠按論語釋文云。鹿子。爾雅釋文出麛字云。音迷。本亦作麑。音同。是麑即麛之重文。然釋文又出狻麑。云。字又作猊。牛奚反。則又與麛音義竝異。或後人分之。尚未可決。羅振玉曰。卜辭有。象鹿子隨母形。殆即許書之麑字。許訓麑為狻麑。而別有麛字訓鹿子。然麑之為字。明明從鹿會合鹿兒之誼。正是鹿子矣。卜辭以有角無角別母子。故亦得為麑字。倫按甲文諸字。唐蘭以為從兒。則兒聲。然覞字何義。豈覞之異文邪。倫謂實從兒。甲文兒字有作者。蓋兒從人。從囟得聲。囟即腦之初文。以金文鼠字甲文兒字所從之囟觀之。蓋無定形。故甲文之兕亦得作[glyph][glyph][glyph]從人而[glyph]從儿耳。然羅以為鹿兒會意。則非也。蓋鹿是獸。兒從人。乃孺之轉注字。且為形聲字。自不得與鹿會意。即然。亦是動詞。乃幼鹿從長鹿。非鹿子之義矣。或謂[glyph][glyph]象小鹿。此亦望文為說。小鹿何以從人。即然。亦幼鹿從長鹿也。凡禽獸之子之名。見於本書者。皆為形聲字。麛為鹿子亦然。麑何以獨異乎。兒為人之幼者。則麑為鹿子。語原正同。而轉注字作麛。同為邊音。本書弭之重文作䛅。國語晉語。使狙麑賦之。漢書古今人表作鉏麛。則麛麑為轉注字之例證也。論語。素衣麑裘。亦謂鹿屬之皮。非借狻麑字為鹿子字也。穆天子傳有狻猊。野馬。走五百里。注。獅子。食虎豹。爾雅釋獸。狻麑如虦貓。食虎豹。本書狻下說同。麑得聲於腦。腦狻聲同真類。則狻麑為連語而或作狻猊。倫目見北平萬生園所畜獅子及清故宮所藏郎世寧畫狻猊形色無異。皆無鹿形而類虎豹。是知麑決非狻猊。蓋本訓獸也一曰狻麑。或如鍇本作狻猊。傳寫捝誤。字或出字林。【說文解字六書疏證卷十九】

麙

◉許　慎　[seal]山羊而大者。細角。从鹿。咸聲。胡毚切。【說文解字卷十】

◉馬叙倫　段玉裁曰。疑當作山羊而大角者。倫按爾雅釋畜。羊六尺為羬。釋文。羬本亦作麙。山海經西山經。錢來之山有獸焉。其狀如羊。而馬尾。名曰羬羊。然則此山字蓋當作似。或曰。說解當作似羊而大尾者。細角乃涉下文麢字說解而羨。倫謂本作獸也。今捝。所存者字林文或校語。字或出字林也。【說文解字六書疏證卷十九】

麢

◉許　慎　[seal]大羊而細角。从鹿。霝聲。郎丁切。【說文解字卷十】

◉馬叙倫　麢大羊。釋獸文。然是大羊。不當從鹿。郭注謂似羊而大。山海經西山經郭注亦曰。麢。似羊而大。角細。然則此當作似羊而大細角。蓋字林文。此字或出字林也。【說文解字六書疏證卷十九】

◉曹定雲　殷墟卜辭中有「[glyph]」字，其形體和用途列舉如下：

1. 貞：㞢于蔑，十[glyph]𦍋？　《續》1·51·4
2. 乙卯，㞢于來，[glyph]羊？　《合》273反
3. 雔芻于[glyph]？二。
　雔芻勿于[glyph]？一。　《合》108

4. 貞：雖𢀛于[glyph]。《乙》7173

5. 丙子卜：[glyph]㠯□丩于祊，卯牢？《屯南》3565

上述卜辭中，該字共有[glyph]、[glyph]、[glyph]、[glyph]四種形體，四體大同小異。

「[glyph]」字從形體觀察，是指某種動物。可是，在第1、2辭中，該字和「羘」(公羊)、「羊」連用，構成一個名詞，尤其是第1辭共用一個數量詞「十」，證明「[glyph]羊」是指一種動物，而非兩種動物。

「[glyph]」在卜辭中有三種用法：一、動物名，如第1、2辭，在此二辭中，該動物是祭祀中的犧牲。二、地名，如第3、4辭。三、人名，如第5辭所示。這三種用法當有某種内在的聯係。甲骨卜辭中，人名與地名相同是常見現象，其「人名」通常是該地所封之奴隸主貴族的氏族名。過去由於「[glyph]」字不識，上述卜辭得不到正確的解釋，其地名亦無從考證。

[glyph]，從形象上看，應是《説文》中的「麢」字，其俗體作「羚」。《説文》云：「麢，大羊而細角，從鹿霝聲。」《爾雅·釋獸》：「麢，大羊。」郭注：「麢羊，似羊而大，角員鋭，好在山崖間。」邢疏：「西山經云：翠山其陰多麢麝。……本草又作羚羊角。陶注：羚羊，今出建平、宜都諸蠻中及西域，多兩角，有一角者為勝，角甚多節，蹙蹙圓繞。」《玉篇》云：「麢，麢羊也，角入藥。」《山川記》：「九真有麢羊，大如[⿰牛秦]牛，俗作羚。」根據上述文獻記載：麢是一種頭似羊頭，身軀比一般羊為大，似「鹿」或似「[⿰牛秦]牛」，其角向下環繞的動物。據此，「[glyph]」應是「麢」字：

第一、該字之形象酷似，頭是羊頭，其角向下環繞，而身軀似「鹿」或似「[⿰牛秦]牛」；

第二、它與「羊」字連用，構成一動物名，而「麢羊」之稱自古有之。

「[glyph]」釋為「麢」很耐人尋味。因為，它不像有的甲骨文字，如山、川、日、月、牛、羊等，與以後的大篆、隸書在字形結構上有直接的聯係，以後這些字是從甲骨文直接衍化而來，只是在筆劃形體上發生了變化。「麢」、「羚」二字與「[glyph]」在形體結構上没有直接聯係，不是由「[glyph]」直接衍化。但「[glyph]」與「麢」、「羚」有着間接的聯係：因「[glyph]」是一種似「鹿」非鹿、似「羊」非羊的動物。「[glyph]」釋「麢」是以「鹿身」為形，以「霝」為聲；釋「羚」是以「羊頭」為形，以「令」為聲。「霝」、「令」聲同，故「麢」、「羚」二字不但音讀一致，而且是指同一動物。

⊘卜辭中的「羚羊」究竟屬何種，很難從卜辭本身進行判斷。若依地域推測，似以扭角羚和斑羚中的北方亞種最為可能。因為，它們的生活區域正是殷王朝的有效控制範圍。⊘

現再論及卜辭中的「麢」地。前引《合》108之卜辭，後來張秉權先生等將它與《乙編》1972、2101、2596、7137、7168等相綴合(見《丙編》圖三九六)。現將該版中有關卜辭録述如下：

雝芻于麢？二。

雝芻勿于麢？一。

貞：雝芻于蘁？一。

雝芻勿于蘁？一。

貞：雝芻于麢？一、二。

雝芻于雇？一。

勿于雇？上吉。一。

此版為武丁「賓組」卜辭。「雝」在此是「人名」，其封地即《左・僖二十四年》「郜雍曹滕，文之昭也」之「雍」，地在今河南省沁陽縣之東北。卜辭中的「麢」、「蘁」、「雇」是雝將芻(放牧)之地。此三地應相近。關於「雇」地，過去存有二説。一是以王國維為首。他説：「雇字古書多作扈，《詩・爾雅・桑扈》、《左傳》及《爾雅》之九扈，皆借雇為扈。然則《春秋》莊二十三年『盟扈』之扈殆本作雇。杜預云：『滎陽卷縣北有扈亭』——今懷慶府原武縣。」王國維：《殷墟卜辭中所見地名考》，見《觀堂集林・別集》卷一。以後，陳夢家據《甲》第56片敦、雇同版及《卜通》743片雇、勤相近，進一步支持王説。陳夢家：《殷墟卜辭綜述》，第305—306頁。二是以郭沫若為首。他據《卜通》569、570片言「征夷(人)方在雇」，及《卜通》573片言「在齊餗，佳王來征夷(人)方」，推斷此「雇」是《左傳》哀公二十一年「公及齊侯、邾子盟于顧」之「顧」，即今山東范縣東南三十里之顧城。郭沫若：《卜辭通纂考釋》，第160頁。董作賓亦附此説。董作賓：《甲骨文斷代研究例》，見《慶祝蔡元培先生六十五歲論文集》(上册)，第372頁。

以上二説在論證上均欠嚴密。正如張秉權先生所指出，郭説忽略了在雇是在九月，而去齊却是二月，中間相隔了好幾個月，不能證明雇、齊之間一定很近；而陳氏所據《卜通》743片兩條卜辭，一為癸卯所卜，一為己酉所卜，中間至少相隔七天，亦難證明雇、勤一定相近。故張秉權先生認為：「雇的地望的確定，似乎還得等待更多的材料和更堅實的證據。」張秉權：《殷墟文字丙編》中輯(二)，考釋465—466頁。因此，「麢」地之考證，目前還不能借助於「雇」；相反，「麢」地之解決倒是有助於「雇」地的解決。

「麢」地究竟在何處？古文獻並無直接的記載，然「麢」通「靈」。《後漢書・西南夷傳》：「有靈羊可療毒」，此「靈羊」即「麢羊」，是「麢」通「靈」之證。「麢」(羚)通常生活在高山之中，故「靈」地當以「靈山」之稱為宜。「靈山」之稱頗多，其中有名者如河南淇縣西北三十里之「靈山」，山東臨朐縣東北之「靈山」等。卜辭中的「麢」地當具備兩個重要條件：一、此地必須近雝，亦當近雇；二、此地或附近當產羚羊。

根據上述條件，卜辭之「麠」地當以河南淇縣西北之「靈山」最為合宜。第一、它離雎不遠，距王國維所說之「雇」也很近，都在今之豫北；第二、它位於太行山東麓，而太行山殷時確有羚羊。所以，河南淇縣西北之「靈山」極可能是卜辭中的「麠」地。當年殷人進山捕羚，途經於此，或以此作為休息地、轉運站。山東臨朐縣東北之「靈山」距雎很遠，距郭說之「顧」城亦較遠，且此處及附近均不產羚，故不是卜辭中的「麠」地。至於他處之「靈山」，均不合或不全合此二條件，可以排除。

「麠」地既然是河南淇縣西北之「靈山」，那末，與「麠」地相近之「雇」必是河南原武縣之「扈亭」，而非山東范縣之「顧」城。如此，長期存在的關於卜辭「雇」地的爭論亦可得到解決，有關卜辭所載之事亦可得到合理的解釋。【釋麠　考古與文物一九九一年第五期】

⿸鹿圭

◉許　慎　⿸鹿圭鹿屬。从鹿。圭聲。古攜切。【說文解字卷十】

◉馬叙倫　鹿屬字林文。此字蓋出字林。【說文解字六書疏證卷十九】

麝

◉許　慎　麝如小麋。臍有香。从鹿。䠶聲。神夜切。【說文解字卷十】

◉馬叙倫　桂馥曰。麋當為麇。御覽引云。黑色麞。如小麇。臍有香。沈濤曰。御覽九百八十一引射聲下有黑色麞也四字。當是庾注。王筠曰。如小麋似當作足如麋。釋獸。麝父麕足。翟云升曰。韻會引如字上有獸字。倫按如韻會引則本訓獸也。或獸屬。如小鹿臍有香。爾雅釋文引字林。麝音射。如小鹿有香。此字蓋出字林。麋有角。麇無角。麝似鹿無角。則此麋字必誤矣。【說文解字六書疏證卷十九】

⿸鹿與

◉許　慎　⿸鹿與似鹿而大也。从鹿。與聲。羊茹切。【說文解字卷十】

◉馬叙倫　本訓獸名似鹿而大也。今捝。此字蓋出字林。【說文解字六書疏證卷十九】

甲615 1301 1303 1762 2148 續3·25·1 3·40·4 天81 鄴三36·6
粹927 972 973 新4464 【續甲骨文編】

麗 元年師旋簋 取盧匜 【金文編】

5·190 左 麗山飤宮 5·188 麗山食官 右 5·191 大麗向 5·193 麗山飤宮 右 5·194 麗邑五斗
崔 5·195 麗邑二升 秦1310 麗器 秦1315 麗亭 【古陶文字徵】

麗 日乙二〇〇 五例 日甲一一五背 【睡虎地秦簡文字編】

麗茲則宰印 韓子麗印 張莫麗 【漢印文字徵】

麗出王庶子碑 麗 上同 上同 麗 上同 【汗簡】

王庶子碑 並說文 義雲章 並同上 並汗簡 【古文四聲韻】

◉許　慎　旅行也。鹿之性。見食急則必旅行。从鹿。丽聲。禮。麗皮納聘。蓋鹿皮也。郎計切。古文。篆文麗字。

【說文解字卷十】

◉吳大澂　古麗字。說文。麗古文作。篆文作。皆與此相似。陳丽戈。【說文古籀補第十】

◉劉心源　亦有作者。或釋龍。或釋龖。或釋龘。或釋二犬形。皆非。此即古文麗字。說文麗古文作丽。即。汗簡引王庶子碑作。麗戈作。取盧盤麗姪作。正从。知此銘碻是麗字。易麗澤注。麗猶連也。即此銘所用義。

【王田尊　奇觚室吉金文述卷五】

◉劉心源　麗妸。女名。說文麗古文作。汗簡引王庶子碑作。麗戈作。即此所从之。亦即丽。石鼓文麋鹿字皆从。即此所从之。或釋此麗為龔。非也。【孖商盤　奇觚室吉金文述卷八】

◉孫詒讓　說文鹿部「，旅行也。鹿之性，見食急則必旅行，从鹿丽聲。」古文作，篆文作。依許說則古文先有「丽」字「𠀡」字，而「麗」則後來孳益字也。然丽、𠀡兩文之象義，許氏亦無說。攷金文陳丽戈「丽」作□，與𠀡字形近。又取虘子商盤有□妃字，當即麗之古文，舊釋為櫜，誤。蓋下从鹿省，上从□即丽字也。說文比部比，古文作□，又入部「从，二入也。㒳从此。闕。」以金文麗偏旁□校之，古文丽蓋从「比」从「从」會意，取㒳㒳相比，與旅行之義正合。大戴禮記虞戴德篇云：「天事日明，地事日昌，人事日比兩以慶。」即比从之義。陳□戈則从二人駢列，與比从義亦相邇。後人以鹿性喜旅行，又增鹿為麗，而□□字罕用。傳寫譌變為丽𠀡，違失本形，其象義遂無可推繹。許君蓋亦不得其說，故以附屬麗字為重文，非金文有此兩字，幾不辨古文為何形矣。【名原下】

◉林義光　古作□郳虘匜麗字偏旁。作□陳丽子戈。象兩兩相附之形。方言。丽。耦也。此當為丽之本義。與麗不同字。【文源卷三】

◉林義光　麗為旅行。其說未聞。本義當為華麗。从鹿者。取其毛色麗爾也。古作□郳虘盤。□即鹿字。象鹿形。丽聲。【文源卷十二】

◉葉玉森　□　予於殷契鉤沈中。釋□為麗。地名。象二鹿旅行。如許君說。復按說文。麗下出古文丽。篆文𠀡。孫籀高謂丽从比从二入會意。取㒳㒳相比。與旅行義合。後人以鹿性喜旅行。乃增鹿為麗。竝引陳□戈，取虘子盤□字所从之□為證。森意丽𠀡竝二鹿形之譌變。契文象形鹿字。亦簡作□。與□□形近。初文本象二鹿。譌作丽𠀡。僅象鹿腹與足。而首角形失。增鹿乃更譌矣。【說契　學衡第三十一期】

◉丁佛言　□古鉥麗昌。形似古文比。象兩人並肩而立。古伉儷字應作此。【說文古籀補補第十】

◉徐中舒　丽或麗甲骨文作上揭諸形。古金文作□車飾□曶鼎□□父丁尊□盄龢鐘□□齊侯鎛。丽从㒳耒，麗从㒳耒㒳犬。金文从三犬，齊侯鎛鐘又變从䖏。其所从耒形與甲骨金文耤字合。小篆作𠀡，古文作丽。即耒形筆誤。麗屬來母，即从耒聲。薛書盄龢鐘云：「麗龢萬民」，齊侯鎛鐘云「龢麗而九事」，麗龢、龢麗即堯典之協和，借麗為協與劦音轉為協例同。丽象兩耒並耕形。古者偶耕，故丽有耦意，故儷得訓為伉儷。說文「丽，兩耦也，象兩兩相附之形。」其義則是，其形則非。【耒耜考　歷史語言研究所集刊二本一分】

◉葉玉森　□　予舊釋丽。象二鹿旅行。說文麗下出古文丽。篆文𠀡。孫詒讓氏謂丽从比从二入會意。取㒳㒳相比。與旅行誼合。後人以鹿性喜旅行乃增鹿為麗。予意丽𠀡竝二鹿形之譌變。卜辭象形鹿字亦簡作□。與□□形近。初文本象二鹿。譌作丽𠀡。僅象鹿腹與足。而首角形失。增鹿乃更譌矣。殷契鉤沈說契。【殷虛書契前編集釋卷八】

◉馬叙倫　蓋本訓旅也。吕忱或校者增旅行以下十三字及禮麗以下九字。旅行也者。丽字義。本書無丽。即古文經傳作丽之變。麗為鹿之音同來紐轉注字。故鹿皮謂之麗皮。字見急就篇。

丽　桂馥曰。汗簡引作丽。鈕樹玉曰。玉篇作丽。注。篆文。五經文字。丽。古麗字。從鹿省。章敦彝曰。從二几。置鹿皮其上也。李杲曰。古鉨作□。象兩人竝肩而立。古伉儷字應作此。丁佛言説。倫按下文篆文麗字作丽。此及丽字皆其變誤。古文下捝麗字。

丽　桂馥曰。汗簡引作丽。孔廣居曰。從二元。元。首也。以二首相竝為意。即伉儷也。吴大澂曰。陳麗戈作丽。倫按玉篇有丽丽。竝古文。其丽即從二元也。元兀一字。元人大亦一字。此即旅字所從得聲之□。即伴侣之侣伉儷之儷初文也。麗字從此得聲。而非即麗字。□與比扶一字。比扶即伴侣之伴本字。丽聲歌類。伴聲元類。歌元對轉。故扶聲轉如丽。丽從二元。聲蓋即得於元。元人一字。人音日紐。古讀歸泥。丽音來紐。古亦歸泥。鄭玄禮記注人讀如相人偶之人。蓋相人偶之人即丽字。鍇本無麗字二字。依大例當有麗字。字字則演。【説文解字六書疏證卷十九】

◉商承祚　丽　鹿好竝行。故竝駕謂之麗。詩干旄。疑引王肅漢書揚雄傳上注。配偶謂之麗。昏禮用以為聘也。汗簡引作丽。此寫捝。【説文中之古文考】

◉魯實先　卜辭一見□字。其辭曰。「戊戌卜出貞其出㔾于□于□室𦉥。」文録三七九。或疑□與□為一字。並隸定為兢。又疑□為僉之初文。説並非是。以愚考之。□乃麗之初文。案説文鹿部載麗之籀文作丽。汗簡引作丽。並為□之省變。其文从吅者。吅即鄰之古文。漢孫根碑云。「至于東吅犬虐戕仁。」見隸釋卷十。漢衡立碑云。「宜亨難老彭祖為吅。」隸釋卷十二。孫根碑之東吅即漢書叙傳所載幽通賦之東厸。師古曰。「厸。古鄰字。」是其證也。惟東吅之吅字乃从訓回之二口以示二室相鄰之義。非説文訓驚呼之吅也。夫象二室相鄰而從口者。是猶舍高倉向之從口也。迻録者誤以所从之口即人所言食之口。而口之古文多作□。隸變則為厶。是以漢書遂譌吅為厸。□所從之□乃「从」之或體。所以從「从」者。以示二人相儷之義。據此則□之為字乃從从從吅。吅亦聲。鄰麗俱為來紐。故以古文之鄰為麗之聲符。是□乃形聲而兼會意。其據以會意者為二室相鄰二人相儷。是以其本義為兩為耦。即麗與儷之初文。説文以旅行訓麗者。乃其引申義也。以棽儷訓儷者則失之形義不符矣。□省之則作□。審是。則□即丽□之正體。亦即麗之初文。非特形體脗合。亦且聲義密符。無可致疑也。言故訓者乃謂「丽从二元。元。首也。以二首相並為意。」見孔廣居説文疑疑。是據省變之字以溯初義。非其怡矣。所謂麗室者。謂二室相耦。中介一堂。即禮記雜記下之夾室。亦即國策燕策之歷室與史記樂毅傳之磿室。夫室不相鄰而曰麗者。是猶先民畫卦以兩陽介一陰而名之曰離。亦取附麗為義也。其曰歷或磿者。以歷磿與麗聲同來紐。故假歷磿為麗。小雅魚麗。毛傳曰。「麗。歷也。」是即以雙聲為訓。可為二字聲同義通之證。【殷契新詮之一】

◉秦永龍　《甲骨文編》卷八兀後有□字和□字,編者把它們隸定為□,並説「从二兀,《説文》所無。」其實,此字就是麗字的初文,即伉儷本字。

現行大徐本《説文》引古文麗作□、篆文麗作□(段注本□作麗,毛晉本「篆文」作「籀文」,《玉篇》、《集韻》、《類篇》並以篆文為古文,《汗簡》引作□)。自來《説文》學家多不知許書篆文所从為何字。有的説「从二卜」(朱駿聲《説文通訓定聲》);有的則把它隸定作卝,以為从二卜字(李从周《字通》、章太炎《文始》等)。五花八門,都是無據的臆測。惟有孔廣居獨具卓識,他在《説文疑疑》中説:「□,耦也。从二元;元,首也。以二首相並為意,即伉儷字也。」孔氏的析形釋義是正確的。元,甲骨文作□或□,象人側立之形。上著二畫,意在强調人頭,於六書為指事。金文元字多寫作□(《容庚《金文編》),與説文篆文所从不差絲毫。□从二元,確信無疑。在古文中,兀和元是同一個字,《説文》髡字重文从元作髡、甲骨文□从元也从兀作□、金文元字的或體也作□、□可證。所以甲骨文□、□从二兀也就是从二元,與《説文》所引篆文相合,當為麗字的初文。

甲骨文中還有個□字也是兓的異體。《甲骨文編》收入附録。魯實先先生曾將此字釋為丽字(李孝定《甲骨文字集釋》卷十),其結論是對的,但是他認為「吅即粼之古文,……□乃『从』之或體……□之為字,乃从『从』从吅,吅亦聲,粼麗俱為來紐,故以古文之粼為麗之聲符」,這樣的論斷則頗值得商榷。首先,斷定□字上端的吅就是粼字,證據不足。魯先生説漢孫根碑有「至于東吅」,其東吅「即《漢書・叙傳》所載《幽通賦》之『東厸』」。師古曰:『厸,古粼字。』」於是斷定吅「即粼之古文」。可是甲骨文自有一個吅字,均作地名,魯先生没有論及。金恆祥先生《續甲骨文編》收在吅下,認為即是《説文》「从雙口」、訓「驚評」、「讀若讙」的吅字,李孝定先生从之。由於甲骨文从□與从□雖有相通而多有區别,釋□為吅,時人猶未盡許,魯先生僅據一漢碑而證商代契文,又安能令人首肯?甲骨文又有□和□,誠如魯言,也應該是从粼並以之為聲符的形聲字了,可惜現在還得不出這樣的結論。其次,□字下部的□也不是「从之或體」。从字在甲骨文中習見,从某人、从某方(東西南北)、从雨等辭例也多至數百,尚未見過一個从字寫作□的,可見□與□形近而有别,並非一字。其實,□為□的或體是很明顯的。古文字的點畫往往空實無别,其例所在皆是。另外,古文字最上邊的横畫也往往或一或二無别,天、元、帝、正、示等字,頭上作一畫也作兩畫可證。所以□即是□即是□,也是兓的異體。魯先生不知□就是麗字的初文,而把它混同於从字,又誤將□字上端兩畫當作鄰字，所以有千慮之失。

為了減少考釋古文字的錯誤，徹底弄清一個字形體演變的過程是很有必要的。現在我們就來對麗字的「形變史」作點調查和整理。麗字的古文形體，除前文已引之外，尚有吳大澂《説文古籀補》引陳麗戈作〓，丁佛言《説文古籀補補》引古匋作〓、古鉩作〓，容庚先生《金文編》引取膚匜作〓，此外還有三體石經古文作〓，《説文》小篆作〓。綜合麗字這諸多形體，若以形近為次，可列表如下：

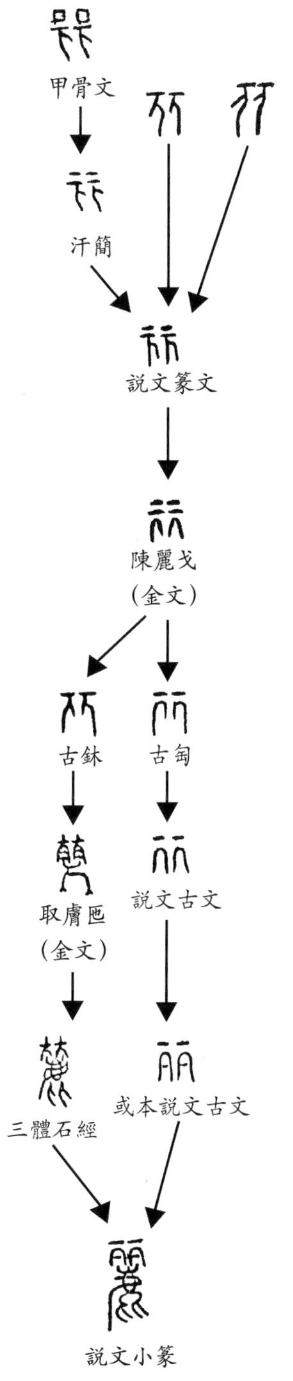

从這個表上我們可以清楚地看到，《説文》所引古文麗，乃是由篆文訛變的結果；麗字的聲符丽，从甲骨文到小篆，儘管前後面目迥異，但那是在形體演進的每個階段都稍有訛變的結果，其漸變之跡，是歷歷可鑒的。這就説明，表中前後諸字所反映的過程，確是麗字發展的客觀事實。漢字在它的發展過程中，許多甲骨時代的象形和會意，逐漸被後起的形聲所取代，這是漢字形體演變的一大規律。〓之為麗，正如〓之為蛇、〓之為征、〓之為齒，是完全符合漢字發展的這一規律的。

以上談的主要是麗字的形體及其演變，下面再談談有關麗的釋義問題。

《説文》：「麗，旅行也。鹿之性，見食急則必旅行。从鹿丽聲。禮『麗皮納聘』，蓋鹿皮也。」麗旅雙聲，許慎以旅行訓麗，从聲音上説，正合《説文》的聲訓條例。旅行何謂？《廣雅·釋詁》：「旅，从行也。」甲骨文旅作〓，从㫃从从。从為從的本字，《説文》：「從，隨行也。」旅正象二人相隨於旌旗之下。旅又與侶通。《説苑》「麒麟不旅行」，陸璣《草木疏》作「麒麟不侶行」。《康熙字典》於侶下引《集韻》、《韻會》、《正韻》：「兩舉切，並音旅，徒伴也。」徒伴即步行的侶伴。所以，許書所謂旅行，就是結侶从行的意思，與今義不同。麗訓旅行，與甲骨文麗字構形之義十分吻合。甲骨文麗字从二元（兀）作〓、〓、〓，於六書為象形兼會意：象二人齊首比肩同步之形，會雙雙結侶相隨之誼。可見許慎以旅行訓麗最得古人造字本旨，實在是再確切不過了。⊘

甲骨文中麗(丽)字雖不為罕見，但多已殘泐，比較完整的辭例有：

① 丙寅卜，大庚歲，麗于后祖乙　(屯南3629)

② 小丁丩丨〔歲〕，麗于☐　(南明600即明後2215)

③ ☐麗于高☐　(屯南2103)

④ 戊戌卜，出貞，其㞢匚于保，于麗室彡？　(文379)

⑤ 貞，王其麗，不隹囗　(庫533)

⑥ 弜麗　(甲642、京4167等)

除第四例外，麗字均為動詞，但詞義不完全一樣，前三例麗字為附連、附麗之義：例①是說歲祭大庚，附連於后祖乙，即請后祖乙與大庚同享歲祭；例②是說丩丨歲小丁，附連於某先王，即請某先王與小丁同享丩丨歲之祭；例③類同前二例。這大概與卜辭習見的「祭某先公先王至于某先公先王」、「祭某先公王眘某先公先王」等類似，同為商人合祭之禮。例④麗字作[glyph](孫海波《釋文》摹為[glyph]，誤)，僅此一見，這裏作室名。魯實先先生說：「所謂麗室者，謂二室相耦中介一室，即《禮記・雜記下》之夾室，亦即《國策・燕策》之歷室與《史記・樂毅傳》之磿室……取附麗之義也。歷、磿與麗聲同來紐，故假為麗。」其說甚確。所謂麗室，即是正室左右所附連的側室，意思極明白；後世不用本字而以歷、磿假借，意思遂變得隱晦了。這條卜辭是貞問：在保地舉行㞢匚(讀為侑報)之祭，在麗室舉行彡祭，好不好？後二例的麗字可能是假借為「施」字，《玉篇》、《集韻》並謂：「麗，施也。」《書・多方》「不克開于民之麗」注：「麗，施也。」例⑤以卜辭習見的「王其某(動詞)，不隹禍」例之，所殘缺的應當是一個災禍字。該辭大概是說，時王施行某事，不至於會有災禍吧？例⑥弜字一般認為用與勿字同，「弜麗」是說不可施行某事。

說⑤⑥兩例中的麗字之所以可能是施的假借，是因為麗字在這裏還很有可能是用於描寫時王外出活動的動詞。在卜辭中用來描寫時王外出活動的動詞很多，除了用得最頻繁的征、伐、田、狩等字外，又常用步、過、省、循、旅、從、出、涉等等。用這些字眼表述的活動，有的與征伐有關，有的與田獵有關，有的與什麼有關現在還不大清楚，但是時王外出除了征伐與田獵外，無非是游樂之類的事了。後二例中的麗字很有可能也是屬於這一類的動詞。目前由於辭例不足，⑤⑥二例中的麗究竟應作何解，尚難論定。附此志之，以待將來。【釋「麗」　北京師範大學學報一九八四年第六期】

◉徐中舒　[glyph]前一・五一・二從吅從[glyph]，所會意不明，疑為[glyph]麗之省形。【甲骨文字典卷二】

◉徐中舒　[glyph]從二[glyph]耒從二[glyph]犬。从二耒象並耕之形，古代偶耕，故麗有耦意；從二犬相附亦會偶意。《周禮・夏官・校

麀

人》：「麗馬一圉，八麗一師。」注：「麗，耦也。」故麗得訓為伉儷。金文作盄龢鐘、齊侯鎛。盄龢鐘云：「麗龢萬民。」齊侯鎛云：「龢麗而九事。」「麗龢」、「龢麗」即《堯典》之「協和」，借麗為協，與劦音轉為協例同。上揭諸形當為麗之初文。周甲有字，乃以鹿之特飾雙角為麗之異構，即金文之所本。物有偶可收對稱平衡和諧之美。《國策·中山策》：「佳麗人之所出也。」注：「麗，美也。」故訓「耦也」之儷與訓「美也」之麗典籍雖有區別，二者實則同源。《説文》：「麗，旅行也。鹿之性見食急則必旅行。从鹿、丽聲。《禮》：『麗皮納聘。』蓋鹿皮也。丽古文。丽篆文麗字。」《爾雅·釋詁》：「旅，衆也。」故《説文》訓麗為「旅行」實為儷義之引伸。甲骨文又有從二耒之，為《説文》麗字古文所本。又，《説文》篆文丽，魯實先謂乃甲骨文之省變，所從之二ㅁ示二室相鄰之義，為从之或體，所以從从者以示二人相儷之義。《殷契新詮之一》。可參。【甲骨文字典卷十】

◉黄錫全 麗 《説文》鉉本古文一形作丽，此形蓋其寫譌。

上同 夏韻霽韻録作，與貉子卣鹿作，三體石經古文字所从之形類似，蓋麗字省誤。鄭珍誤以為薑字。

上同 周原甲骨文麗作，師旋毁作，曾侯乙墓竹簡作，此形類似，應是古麗形譌變。鄭珍又誤以為薑字。

【汗簡注釋卷六】

◉黄錫全 當隸定作叕，釋為麗，示二亥並列而行，鄰(吅)聲。《説文》麗，「旅行也。從鹿，丽聲」。古文作丽，《汗簡》作。為會意，麗、叕為形聲。卜辭「叕室」當從魯釋，讀為「麗室」，即《國策·燕策》「故鼎反乎歷室」之「歷室」。《史記·樂毅傳》作「磿室」。【甲骨文字釋叢 考古與文物一九九二年第六期】

石碣遊車 麀鹿速= 田車 麀鹿雉兔 【石刻篆文編】

麀于求切見石經 【汗簡】

石經 【古文四聲韻】

◉許慎 牝鹿也。从鹿。从牝省。於虯切。或从幽聲。【説文解字卷十】

◉羅振玉 麀。箋曰。説文。麀。牝鹿也。从鹿牝。不言其聲。後世讀呦。案。麀即牝字。古文牝字見商人卜辭者。或从牛作牝。或从羊作羓。或从犬作犯。或从豕作豝。或从馬作駝。牝為畜母。本不限以何畜。此麀字从鹿。蓋與从牛从羊等同例。其字从匕鹿。匕亦聲。段先生謂牝本从匕聲。麀音蓋本同。其説甚確。尚不知麀即牝之異文也。【石鼓文考釋】

◉强運開　麀　説文。麀。牝鹿也。从鹿牝省。運開按。説文鹿字作鹿。麀篆从之。此麀字之首僅作凵形。象牝鹿之無角。鹿字之首作凹形。象牡鹿之有角。足見古人製字之精義。説文麀鹿兩篆之首均作凵。似已失其真矣。【石鼓釋文】

◉馬叙倫　從鹿。匕聲。初文止一匕字。匕為也之異文。也為女陰。因物類之異。而各從其類以安偏傍為之別。故牝則安牛麀則安鹿矣。左襄四年傳。忘其國恤而思其麀牡。麀牡即牝牡。是古讀麀與牝同。今音於虯切者。涉轉注字作麢而誤。詳麢字下。石鼓文作麀。

麢　沈濤曰。一切經音義九引。麀。古文麢。同。是麢乃麀之古文。非或體也。倫按麀從匕得聲。匕音封紐。以同清破裂音轉影紐。得為於虯切。故轉注字作麢。從鹿。幽聲。然倫謂麢實麢之譌。豳為邠之重文。邠音正在封紐。豳從豩得聲。豩音亦封紐也。然則麢誤為麢。而麀牝乃異音矣。或曰。幽得聲於丝。丝絲一字。絲音心紐。麀得聲於匕。匕也一字。也音喻紐四等。心與喻四同為次清摩擦音。故得轉注。非紐亦次清摩擦音。由心轉非而入封。此也音之所由轉為匕也。玄應一切經音義引古文官書。麀麢同於牛反。則此字自為古文。乃吕忱依官書加之。麀麢二文汪刊繫傳無之。循義亦不當次此。蓋鉉本亦原闕。校者據異本補之部末耳。【説文解字六書疏證卷十九】

◉李孝定　麀乙・一九四三　説文「麀。牝鹿也。从鹿。从牝省。麢或从幽聲。」此从麀。與鹿近。當即麀之初文。【甲骨文字集釋第十】

◉何琳儀　「麀」,《中山》五〇隸定為「麀」,未識。其實此字應隸定為「鹿」,其所从「厂」乃鹿身之省形。「鹿」讀「鏕」。《説文》「鏕」温器也,从金鹿聲。一曰金器。」段注「一曰金器則非炊物器也。」《淮南子・本經》「木工不斲,金器不鏤。」所謂「金器」應指黄金鑄造之器。

總之,《中山》諸銘「牀鹿」可讀「藏鏕」,應是中山國掌管温器或黄金器的特殊職官。【戰國文字通論】

麤 麤

前八・一〇・一　卜辭麤从二鹿

林二・二六・九　【甲骨文編】

珠112　【續甲骨文編】

麤千胡切　【汗簡】

汗簡　【古文四聲韻】

◉許　慎　麤行超遠也。从三鹿。凡麤之屬皆从麤。倉胡切。　【說文解字卷十】

◉王　襄　古麤字，从二鹿。　【簠室殷契類纂正編十卷】

◉商承祚　卷八第十葉　从二鹿與三鹿同。　【殷虛文字類編第十】

◉孫海波　前八・一〇・一・卜辭麤从二鹿。　【甲骨文編】

◉馬叙倫　沈濤曰。公羊隱元年傳釋文引作大也。是古本有一曰大也。玉篇亦云麤。大也。鐃炯曰。麤從三鹿。仍是鹿義。當為鹿之重文。如猋𠄎為芔乃之重文也。倫按蓋本作超也。以聲訓。吕忱或校者增行超遠也。麤為鹿之茂文。麤聲今在魚類。鹿聲矦類。魚矦聲近。故可通轉。然倫謂鹿音古讀如路。今北平音猶然。則鹿聲本在魚類。音轉為倉胡切。入清紐。釋文引大也者。借麤為壯。蓋由清以同次清破裂摩擦音轉入穿紐二等。又由穿二而轉照紐二等。同為舌尖後破裂摩擦音也。聲則魚陽對轉。壯聲陽類也。古書麤粗通假。而禮記樂記。其聲粗以厲。說苑修文粗作壯。其例證矣。粗壯語原同。亦得借麤為粗也。此校語。字見急就篇顔師古本。以為麤字。王海引皇象本作麁。黄庭堅本作麄。譌。甲文作。　【說文解字六書疏證卷十九】

◉李孝定　說文「麤。行超遠也。从三鹿」。古文會意字从二體或三體四體不拘。並狀其多。王說可从。字有偶耕意。惟未必是麗字。本書入存疑。此象二鹿旅行。其意雖與許書麗字意義近。惟其形仍是麤字。故从王說。辭云「丁亥。子卜貞。我田麤。」前八・十・一。餘二辭為一片之重出者。僅餘殘文。為地名。　【甲骨文字集釋第十】

◉朱德熙　「考釋」262號簡釋文作「接婁一兩」。簡文第二字初看很象是从三個「女」字，但仔細觀察一下，就可以發現所謂「女」字實際是「鹿」字頂端的一部分，只要把它跟32、35號二簡的「鹿」字比較一下就可以明白。此字從三個「鹿」字省體，就是「麤」字。《說文・麤部》「塵」字籀文以三個「鹿」頭代表三「鹿」，與此同例。鹿字本身就很複雜，三個鹿字疊在一起，更是臃腫不堪，所以古人為它造了簡化字，這是很可以理解的（參看《文物》1972年9期70頁）。馬王堆三號墓帛書出土後，我們發現乙本《老子》「和其光，同其塵」的「塵」字也是以三個「鹿」字頭代表三個「鹿」字，「鹿」字頭的寫法與遺策「麤」字相同。這就完全證實了我們的看法（參看《文物》1974年9期52頁）。

《方言》四「屝、屨、麤，履也」，又云：「絲作之者謂之履，麻作之者謂之不借，粗者謂之屨，東北朝鮮洌水之間謂之鞠角，南楚江沔之間總謂之麤。」《釋名・釋衣服》：「屨，拘也，所以拘足也……荆州人曰麤，絲（絲字據畢沅校增）、麻、韋、草皆同名也。」《説文・艸部》：「蘪，艸履也。」《急就篇》「屐屩絜麤羸窶貧」，顔注：「麤者，麻枲雜履之名也。」遣策之「麤」疑指草履。「接」字疑當讀「靸」。《釋名・釋衣服》：「靸，韋履深頭者之名也。靸，襲也，以其深襲覆足也。」接麤可能是形制如靸的草鞋。古代稱鞋一雙為一兩。此簡所記物品數量為一兩，而麤正好是鞋的名稱，這也可以證明把這個字釋作「麤」是正確的。【馬王堆一號漢墓遣策考釋補正　文史第十輯】

𪋻

塵見説文【汗簡】

古老子　說文　王存乂切韻　説文【古文四聲韻】

◉許　慎　𪋻鹿行揚土也。从麤。从土。直珍切。籀文。【説文解字卷十】

◉王國維　殷虚卜辭𪋻作塵。與今隸同。卜辭塵與篆文𪋻皆鹿上土下。籀文土在上者。許君所謂揚土也。【史籀篇疏證　王國維遺書第六册】

◉王　襄　古塵字，从鹿从土。【簠室殷契類纂正編十卷】

◉馬叙倫　王國維曰。卜辭作塵與今隸同。倫按甲文有。王襄釋塵。而王與羅振玉竝釋牡。倫謂人獸疾行皆能揚土。何必鹿也。王以麀之從鹿而證塵為牝之異文。義自極成。牡音明紐。古讀歸明。則塵得借為塺。土部塺坋皆訓塵也。塺音微紐。古讀歸明。坋音奉紐。古讀歸竝。竝明同為雙脣音。今塺音直珍切在澄紐。竝澄同為濁破裂音。則借塵為坋。而音轉入澄紐耳。坋塺聲同真類。尤可證也。然籀文作從二土。從三鹿。豈以鹿取茂文。故土亦重之。且二土在上。正以為書之茂觀邪。抑或牡之異文與塵土字不嫌同形。或造塵土字時麀塵之塵字已失耶。是則無由定矣。若為塵土字。則從土鹿聲。當入土部。鹿音來紐。古讀歸泥。塵音澄紐。古讀歸定。定泥同為舌尖前音。蓋聲轉耳。鹿婁音同來紐。則塺為塿之轉注字。亦坋之轉注字。字見急就篇。

王筠曰。朱文藻本繫傳篆與大徐同。顧本三皆作。恐非。倫按此從三。籀文下當有𪋻字。【説文解字六書疏證卷十九】

㲋

◉李孝定　羅振玉曰。鹿行而塵揚。从鹿从土。厥誼已明。説文解字作𪋻。从三鹿一土。籀文从三鹿二土。視古文為繁矣。此字正與今隸同。今隸有與古文同與小篆轉異者。此其一也。見殷考二十二葉。按。增考未收此字。蓋已自悟其非矣。

塵从鹿从土。説文所無。字非从土。釋塵非是。王國維氏釋塵。其説是也。契文畜父之字即於畜名之字旁着士字以示之。説見二卷牡下。辭云「□永貞翌丁酉□俎于塵□固曰其出有□」。塵在此辭為地名。【甲骨文字集釋第十】

㲋丑硏切【汗簡】

◉許　慎　獸也。似兔。青色而大。象形。頭與兔同。足與鹿同。凡㲋之屬皆从㲋。丑略切。篆文。【説文解字卷十】

◉王國維　古从㲋之字。井季卣㚟字从。殷虚卜辭字从。略同。篆文石鼓文㚟字从。則與籀文略同。【史籀篇疏證　王國維遺書第六册】

◉林義光　古熊字作號叔鐘。其偏旁即㲋字。【文源卷一】

◉王　襄　古㲋字。許説獸也，似兔，青色而大，頭與兔同，足與鹿同。【簠室殷契類纂正編第十】

◉馬叙倫　王筠曰。篆當依石鼓文作。高田忠周曰。㲋即今之囊鼠。兔首。鼠身。足節頗與鹿似。腹内有色。皮内有乳。以裹育兒子。宗周鐘字象其形。倫按動物本可各象其形。唯形似者在純粹圖畫中原易識别。及漸就格律。變為篆文。則往往變異為同。觀本書龜部諸文可證也。㲋為似兔亦似鼠之類。如高田説。尤有異徵。自益可圖。今篆與兔篆之别。僅在一足。知必為傳寫漸就格律所致。唯高田以宗周鐘之為㲋。則唐蘭郭沫若據井季敢之井季卣之井季觶之皆從。與鐘文字所從之同。而泉字金文中或作。㲋爵之㲋作。子㲋觶之㲋作。以證與鐘文同字。從泉。㲋聲。唐蘭因謂即㲋字。似校高田説為塙。似兔六字蓋字林文或校語。頭與八字校語也。

王國維曰。古從㲋之字。井季卣㚟字從。卜辭字從。略同篆文。石鼓文㚟字從。則與籀文略同。章炳麟曰。説文無兔。有從兔聲之字。錢大昕以為兔字之别。不如云即㲋也。㲋籀文作。少變則為兔。又變乃成兔。倫按鍇本篆文作籀文。籀篇蓋如宗周鐘字所從之作。傳寫譌如此文。殊謬象形矣。【説文解字六書疏證卷十九】

◉陳夢家　㲋字疑是説文之㚟，許慎以為㲋，「似兔青色而大」，玉篇、廣韻並以㚟為「獸似貍」。廣雅釋獸「㚟，㹤也」，爾雅釋獸郭注云「今江東呼貉為㹤㹤」，所謂㹤即金文之㚟，人名，説文所無。【殷虚卜辭綜述】

◉胡平生 龟 見於武丁卜辭：

(1) 前6·48·7：甲申卜，争貞，龟其出𡆥？貞，龟亡𡆥？

(2) 乙3381：貞，龟以卅馬，允其幸(執)羌？

(3) 綴244：貞，乎龟生于林？勿乎龟生于林？

(4) 合7634：乙亥：殻貞，龟既正(征)？王固曰，龟甾既正(征)。

(5) 佚535：……令☐眔龟示……

(5)是一條「歷組卜辭」。龟顯然是商王的臣僚，受商王指揮，為商王服務。而商王亦關心其休咎禍福。從地位與身份看，他可能就是「龟医」：

(6) 南師1·80：貞，龟医乎宅……

「医」亦有稱「亞」者，商末周初銅器銘文有(嚴上8)、「」(激14)、「医」、「亞」並行不悖。由此推知，「亞龟」亦可具有「医」的身份。

龟的銅器今只一見：

i. 鴞尊A671，R125 尊以兩爪與尾翼立地，通體毛羽飾，兩翼為夔龍紋，蓋為鴞首，尖喙鼓目，憨狀可掬，有扉稜。這種鴞尊是殷墟早期形制，HPKM1001出土一白石鴞，形態與之相近，僅胸、翼紋飾不同。婦好墓鴞尊784蓋下另鑄有一鴞首為紋飾，尖喙大眼，與此尊鴞首全同。又温縣小南張殷墓出土一斝，腹部也有這樣的尖喙大眼的鴞首紋飾。温縣墓出土銅器亦與婦好墓銅器較接近。鄒衡認為都當歸入殷墟文化第三期第5組(《夏商周考古論文集》第73頁)，而我們則認為都屬於大司空村第二期。

【對部分殷商「記名銘文」銅器時代的考察 古文字論集(一)】

毚

毚 法一二 通纔 —到 【睡虎地秦簡文字編】

◉許 慎 毚狡兔也。兔之駿者。从龟兔。士咸切。【説文解字卷十】

◉馬叙倫 鈕樹玉曰。韻會引作從兔龟聲。桂馥曰。狡當為訬。王筠曰。兔之駿者蓋庾注也。沈乾一曰。毚古音崇。倫按龟兔異物。自不得並龟兔而為狡兔之名。當依韻會有聲字。然從龟兔聲。字在龟部而兔音正在牀紐二等。故此音士咸切。其證一也。狡字自如桂説。然訬字乃校者所以釋㕙字之音者。言部。訬。讀若㕙。可證也。訬音穿紐二等。穿二牀二同為舌尖後破裂摩擦音。其證二也。玉篇嘖字下引國策。驥㝹而嘖。今楚策作俛而噴。鈕樹玉謂㝹為俛誤。倫謂㝹易省誤為俛。俛不致轉譌為㝹。自是㝹從㕙得聲。㕙從兔得聲。方音㝹近於俛。故借㝹為俛耳。其證三也。然則今本直挩聲字耳。韻會作從兔㲋聲者。由校者見説解狡兔也兔之駿者。故改乙之。不悟兔也兔之駿者皆先後校者之詞。非本義本訓矣。觀上下文皆訓獸也。知此不得訓兔也。況非兔屬乎。字在㲋部。或本作㲋也。傳寫譌耳。詩巧言正義引蒼頡解詁。㕙。大兔也。

【説文解字六書疏證卷十九】

◉吴　匡　蔡哲茂　金文中有「□」字，見於亯皇父鼎：「亯皇父乍琱娟隮□鼎」，又有「□」字，見於叔□方彝、尊、毁三器，為人名，及盂鼎「女勿□余乃辟一人」，又有「□」字，見於向□毁，為人名，及繁卣「易宗彝一□」為計算宗彝之單位，又有「□」字，見於卯毁「宗彝一□寶」及多友鼎「湯鐘一□」，為宗彝及湯鐘之單位。根據字形來分析，「□」象兔形，「□」加刀作聲符，「□」再加上肉作繁文，而「□」則去刀再加上□作為聲符，諸字所表達的事實上是同一個意義。也就是説兔善跳，故孳乳為超，而《方言》「釗、超，遠也，燕之北郊曰釗，東齊曰超。」又《説文》「劖」字云「斷也，从刀，㕙聲，一曰剽也，釗也。」《爾雅釋詁》又有「亹亹、蠠没、孟、敦、勗、釗、茂、劭、勔，勉也。」《方言》又有「自關而東周鄭之間曰勔釗」，因此盂鼎的「勿劖」應可讀作「勔釗」，而叔劖三器的「叔劖」由其與王姒的關係可能即母子，因此「叔劖」可能即康王釗。又説文「訬」字讀若「㕙」，可知□、□和金文中表示一套的「造」字聲義相同，而「隮□鼎」也就是「隮造鼎」即一套鼎，「宗彝一□」、「宗彝一□寶」及「湯鐘一□」指的也是宗彝一套、湯鐘一套。

《左傳》昭公三年晉叔向引「讒鼎之銘」，所謂讒鼎即《禮記·明堂位》之「崇鼎」，由金文的「□鼎」即造鼎來看，讒从㕙聲，㕙讀與訬同，可知「讒鼎」事實上就是造鼎，也就是一套鼎的意思。

⊘因此要把盂鼎的「□」釋成「逸」是有問題的，李裕民氏把「□」的左旁「□」釋成兔是非常正確的，但右旁所从的「□」由前舉的圖二、三、四的叔□三器來看，釋成匕仍有問題。「□」仍應釋成「刀」，「□」是刀字的倒置，如湖南出土的兵器，一戈正反面皆有銘文，見《古文字研究》第十輯周世榮氏「湖南出土戰國以前青銅器銘文考」一文266頁，圖十三，三代之摹本見四版《金文編》附録上491。同樣的銘文見於三代吉金文存17卷3頁圖十正面的刀字，反面作□，可知「□」字右旁為刀，那麼此字可隸定作「劖」，《説文》未見此字，但有「劖」字，云：

「斷也，从刀，㕙聲，一曰剽也，釗也。」

⿱㲋吾

《說文》中對兔、㲋、毚三字的解釋如下：

□兔獸也，象兔踞，後其尾形，兔頭與㲋頭同。

□㲋獸也，似兔，青色而大，象形，頭與兔同，足與鹿同，□籀文。

□毚狡兔也，兔之駿者，从㲋兔。

章炳麟氏在《文始》上《文始》卷九陰聲宵部甲頁四，臺灣中華書局影印本167頁認為兔、㲋、毚為同一字。⊘

由以上所述可知金文的代表一套的「造」字，最初是假借「兔」(讀釗)，後來為了和表示兔子的兔字有別，又再加上聲符刀作「㓝」，後來又為了和表示超、遠的意義不同，又加上肉作「𦞦」，最後聲符又被爿所替代，而成為「牑」如下：

□→□→□→□

⊘古代在造兔字時，最初大概以「□」為兔的象形字，但由於兔善跳，故又以「兔」表示遠，而孳乳出「超」、「逃」，今猶言「兔脫」代表逃，後來為了有所區別，超字又加上刀聲作「㓝」，至於兔、㲋、毚事實上都是同一字，古人在表示一套的套字，最初大概即拿「□」假借其音讀超，後來有从刀聲的「㓝」，再為了區別於超、遠之意的釗，又加上肉，成「𦞦」，至於「□」字从「爿」，爿疑作為聲符，同時為了文字方正的緣故，把「刀」省去了，變成「牑」，後來又另造了表示一套的造、䢾、艁、竈等字，而使从兔的諸字反不可識，章炳麟氏在《文始》上對㲋兔諸字的分析非常卓越，符合戴震在《轉語》二十二章序所提出的「疑於義者，以聲求之；疑於聲者，以義正之」的原則。而左傳所言讒鼎，禮記明堂位所言的崇鼎，由金文分析可知讒崇均讀為造，也就是「一套鼎」的意義也可論定，盂鼎銘所謂「女勿㓝余乃辟一人」猶《詩·大雅·棫樸》所謂「勉勉我王」，叔㓝三器的叔㓝疑即康王之名，康王之稱「叔㓝」，如此說正確，由周人的「伯、仲、叔、季」之稱謂可知康王非嫡長子，而恐為第三子，此則為史實上人所不知。【釋金文「□」「□」「□」「□」等字兼解《左傳》的「讒鼎」 歷史語言研究所集刊五九本一至四分】

□⿱㲋吾 說文所無 遺小子簋 □丙申角 ⿱㲋吾泉二字合文 【金文編】

◉許 慎 ⿱㲋吾獸名。从㲋吾聲。讀若寫。司夜切。【說文解字卷十】

◉吳大澂 □从㲋从五从酉。疑即⿱㲋吾字古文。許氏說⿱㲋吾獸名讀若寫。小篆从吾。省文也。阮相國釋作招。非是。遣小子敦。【說文古籀補附録】

◎徐同柏　𩿲字从酉。古文酉口同字。説文讀若寫。寫音近吾。故字又通吾。此為男爵之國。當讀若許。石鼓文吾作䱷。字从午。吾午許一聲之轉。【周𩿲敦　从古堂款識學卷十二】

◎孫詒讓　阮釋為招。攷字書招字無作此形者。惟本書招觚招字作。阮釋云。薛氏款識己酉戌命彝招父丁爵招字並與此同。此即阮氏所據。今攷薛書招字己酉戌命彝作。招父丁爵作。其字别見晉姜鼎作。歗堂集古録作。下似从田。又本書留君簠作。雖字形互有省變。皆不甚相遠。與此敔字並不類。且彼數器字皆从召。後召伯虎敔召作。與薛書諸招字亦相似。此亦無之。其非招字明矣。總審此字。上半實从㲋。即説文㲋部所謂頭與兔同足與鹿同者也。下从五从酉。字書無此字。以聲類求之。當即説文之𩿲字。説文。𩿲。獸名。从㲋吾聲。讀若寫。此省吾為五。又增酉形。遂不可識耳。【遺小子敔　古籀拾遺中卷】

◎王　襄　古𩿲字，許書所無，吴窓齋先生云疑𩿲字古文，許説獸名。从㲋吾聲，讀若寫。【簠室殷契類纂正編十卷】

◎商承祚　卷二第十三葉　第十四葉　同上　同上　同上　第三葉　第四葉　同上　同上

祚案。遺小子敔作。丙申角作。與此略同。吴中丞謂疑即許書𩿲字之古文。【殷虚文字類編第十】

◎周慶雲　周𩿲公鬲　𩿲舊釋為魯。按字从㲋从五从酉省。絶不與魯字相近。決非魯之變文。遺小子敦與丙申角皆有此字。丙申角微異。遺小子敦云。以其友作𩿲男王姬彝。彼之𩿲男即此𩿲公。阮文達釋為招。殆誤認為字。吴窓齋中丞則據説文㲋部𩿲下云獸名讀若寫。疑即此。然从酉从口似不可通。丙申角在㲋。或釋地名。有其地乃有封其地者。其爵則男。自其國稱之則曰公。三器蓋一耳。不能定其音。惟釋為招則斷然不合。【周𩿲公鬲　夢坡室獲古叢編】

◎郭沫若　季𩿲簋　𩿲當是𩿲之省。遺小子段及卜辭均有𩿲字。孫詒讓云當即説文之𩿲字。説文。𩿲。獸也。从㲋吾聲。讀若寫。吾聲與寫聲亦同在魚部。而吾聲與薄聲尤近。蓋𩿲古本讀如吾。更因形近遂譌成从吾聲作𩿲。讀若寫者。又後來之音變也。【季𩿲段　金文叢考】

◎郭沫若　第五九五片前二·五·三　𩿲字亦見於金文。遺小子段「遺小子䵣以其友作𩿲男王姬彝」，積古·六·八。又丙申角「丙申王易錫𦬊亞奚貝，在𩿲用作父癸彝」。攈·二之二·二六。孫詒讓云「當即説文之𩿲字，説文「𩿲，獸名，从㲋吾聲，讀若寫」。此省吾為五，又增酉形，遂不可識耳。」案説「省吾為五，又增酉形」不如説𩿲為𩿲之譌較為切近也。上𩿲當是國名，其地距殷京頗遠，由下片推之，相距之路程在四十日以上，當在三千里内外。以聲類求之，疑即上虞。上虞之名頗古，據水經注漸江水下「江水東逕上虞縣南。王莽之會稽也，本司鹽都尉治。地名虞賓。晉太康地記曰『舜避丹朱于此，故以名縣。百官從之，故縣北有百官橋。』亦云『禹與諸侯會事訖，因相虞樂，故曰上虞。』二說不同，未詳孰是。」余案二說均係傳說，然漢書地理志已有上虞，屬會稽郡，蓋沿秦之舊；則上虞之名當自殷周以來所舊有矣。【卜辭通纂】

◉葉玉森　⿱酉㲋　孫詒讓氏據左傳甘讒與甘扈同地定⿱吾㲋為扈之正字。其說甚辯。有長跋。載籀高述林。卷六第三十九葉有⿱酉㲋字。即⿱酉㲋所从之偏旁。古當別有⿱酉㲋字。孫氏謂⿱酉㲋即扈字則未敢从。考甘後上第十二葉之四扈同卷第四葉之八後上第十三葉之二一地竝見卜辭。惟扈作雇。說文。雇。九雇。農桑候鳥。扈民不婬者也。从隹户聲。左昭十七年傳作九扈。知雇為扈之正字。雇地當即有扈。⿱酉㲋與上⿱酉㲋乃別一地名。丙申角為⿱酉㲋泉二字合文。商氏謂與敦文同。亦非。殷契鉤沈。【殷虛書契前編集釋卷二】

◉强運開　⿱吾㲋　古鉢。王⿱吾㲋。說文⿱吾㲋。獸名。从㲋吾聲。讀若寫。㲋之籀文作⿱吾㲋。與⿱吾㲋近似。五乃吾之省。蓋即古⿱吾㲋字也。【說文古籀三補第十】

◉馬叙倫　王念孫曰。寫古讀若湑。詩蓼蕭裳裳者華車舝三篇與湑語處為韻。說文御從卸聲。卸從午聲。讀若汝南人寫書之寫。是則寫卸午吾竝相近也。劉秀生曰。小徐無讀若句。吾聲寫聲竝在模部。故⿱吾㲋從吾聲得讀若寫。周禮壺涿氏。則以牡橭午貫象齒而沈之。注。故書午為五。左成十七年傳夷羊五。國語晉語作夷陽午。卩部。卸。從卩止。午聲。讀若汝南人寫書之寫。是其證。倫按甲文有⿱酉㲋。遣小子敔有⿱酉㲋。孫詒讓釋敔文為⿱吾㲋。本書無⿱酉㲋字。甲文有⿱酉㲋。蓋從酉五聲。此作吾者由⿱酉㲋或作⿱酉㲋而譌。商尊有⿱酉㲋字。蓋即⿱酉㲋字。則此非從吾也。五㲋之聲同魚類。或為㲋之轉注字。然宗周鐘之⿱魚㲋。唐蘭以為從泉㲋聲。聲當若臬。讀若薄。郭沫若以季⿱魚㲋敔之⿱酉㲋井季⿱㲋卣之⿱㲋亦皆從㲋得聲。故井季⿱酉㲋亦得偁井季⿱㲋。⿱酉㲋譌為⿱吾㲋。然則⿱酉㲋非獸名。而字從西㲋聲。㲋聲亦在魚類。得讀若寫。然則獸名者。借以為㲋邪。凡言名者。字林文。此字蓋出字林。古鉨王⿱吾㲋。强運開釋。【說文解字六書疏證卷十九】

◉李孝定　諸家說為⿱吾㲋之古文或是。然金文⿱魚㲋⿱泉㲋⿱㲋義近通用者。蓋諸字並以㲋為聲。故音近通假。徐氏說為一字恐非。然則⿱酉㲋乃从酉㲋聲。與許訓⿱吾㲋為从㲋吾聲者異趣。今仍收為說文所無字。亦慎之也。【甲骨文字集釋第十】

◉徐中舒　⿱酉㲋乙三三八〇　象兔首、短尾、鹿足之獸，即㲋。下從⿱酉㲋，或從⿱酉㲋。《說文》：「㲋，獸也。似兔，青色而大，象形。頭與兔同，足與鹿同。㲋籀文。」㲋字下所從之⿱酉㲋形，疑即⿱酉㲋之譌。金文之⿱酉㲋遣小子簋或作⿱酉㲋。可知甲骨文⿱酉㲋與從㲋從⿱酉㲋之⿱酉㲋二字亦當相同。⿱酉㲋之省作⿱吾㲋。【甲骨文字典卷十】

⿱㲋史

⿱㲋史　說文所無玉篇有之方濬益曰說文之⿱㲋夬為⿱㲋史之譌字而玉篇有⿱㲋史無⿱㲋夬又可知顧野王當時所見之說文尚不誤也　井季⿱㲋史卣　井季⿱㲋史尊

季⿱㲋史簋　【金文編】

石碣汧殹　䌛之⿱㲋叏=　說文⿱㲋叏从叏當為史譌　【石刻篆文編】

◉許　慎　獸也。似狌狌。从㲋。叏聲。古穴切。【說文解字卷十】

◉吳大澂　許書⿱㲋叏字疑即石鼓⿱㲋叏字。後人傳寫之誤。井季⿱㲋叏卣。【說文古籀補第十】

◉趙烈文　⿱㲋叏。潘云丑若反。相如大人賦。休⿱㲋叏奔走。或音使。烈按。大人賦云。蜩蟉偃寋怵⿱㲋夬以梁倚。⿱㲋夬。漢書諸本皆从大不从史。說文㲋部有⿱㲋夬字。从㲋夬聲。云。獸也。似狌狌。既非此字。惟玉篇㲋部有⿱㲋史字云。生冀切，獸似貍。又與賦義相乖。潘說恐譌。其所引乃張揖司馬相如傳注。攷揖所作廣雅專崇詁訓。何以不收此義。殊不可解。近王念孫作廣雅疏證。亦未葺存。於義似覺缺然。【石鼓文纂釋】

◉方濬益　說文無⿱㲋史字。㲋部有⿱㲋夬。云。獸也。似狌狌。从㲋夬聲。玉篇無⿱㲋夬有⿱㲋史。云。生冀切。音試。獸似貍。廣韻同。石鼓文䌛之⿱㲋史⿱㲋史。潘迪音訓⿱㲋史丑若反。相如大人賦。休⿱㲋史奔走。或音使。濬益按。潘氏此語引漢書司馬相如傳張揖注之言也。惟漢書大人賦作怵⿱㲋夬。潘氏以為休⿱㲋史。與今本漢書殊異。然此字从㲋从史。自是以史為聲。何以顏師古注云丑若反。其是師古所據之本與今本正同。並不作休⿱㲋史，而潘氏既引師古音切。是所見漢書即顏注之本。而此二字獨殊異。甚不可解。其云或音使。則又與玉篇之音試合。今以此銘及石鼓文證之。是玉篇之⿱㲋史即說文之⿱㲋夬。蓋說文歷代傳鈔。寫官難免筆誤。此銘與石鼓文皆二千年以前之真迹。鑄刻分明。可決定說文之⿱㲋夬為⿱㲋史之譌字。而玉篇有⿱㲋史無⿱㲋夬。又可知顧野王當時所見說文尚不誤也。濬益嘗得王懷祖觀察與桂未谷大令手劄。亦言說文之⿱㲋夬字恐即石鼓文之⿱㲋史字。特未引玉篇為證。段若膺大令說文注。謂玉篇廣韻皆曰⿱㲋夬似貍。疑似狌狌三字當作似貍二字。是知說解之有譌誤。而不知篆文之已先譌誤也。段以篇韻為⿱㲋夬。亦欠精覈。若乃集韻又有⿱㲋史字。云疏吏切。音駛。江東呼貉為⿰犭史。⿰犭史或作⿱㲋史。是又由⿱㲋夬而誤為⿱㲋史矣。

又漢書地理志雩婁下曰。決水北至蓼入淮。又有灌水亦北至蓼入決。水經注決水。自安豐縣故城西北逕蓼縣故城東。又西北灌水注之。方輿紀要曰。決水即今史河。灌水今自河南固始縣東流經霍邱縣西。合史水入淮。濬益按。顧氏謂決水即史河是也。今人皆書為⿰氵夬。此亦因夬史二字形近與⿱㲋史之誤⿱㲋夬正同。【井季⿱㲋史卣　綴遺齋彝器款識考釋卷十二】

◉劉心源　⿱㲋史石鼓文作[illegible]。與此同。説文作[illegible]。傳寫譌耳。積古齋有[illegible]簋。亦此字。釋燕釋克皆非。【井季⿱㲋史卣　奇觚室吉金文述卷六】

◉羅振玉　⿱㲋史音訓丑若反。相如大人賦。休⿱㲋史奔走。箋曰。古金之傳世者有井季⿱㲋史卣。字作[illegible]。亦从史。許書有⿱㲋大字。疑⿱㲋史之譌。【石鼓文考釋】

◉强運開　[illegible]薛尚功作麀。楊升庵作⿱㲋大。均誤。趙古則潘迪均作⿱㲋史。音丑若反。張德容云。此字石刻下从攴。舊釋作史。誤。説文。獸也。似狌狌。从㲋攴聲。運開按。阮摹天乙閣及安桂坡藏本塙係从史。即張氏金石聚雙句本亦係从史。而獨注云石刻从攴。殊不可解。吴愙齋説文古籀補云。許書⿱㲋大字疑即石鼓⿱㲋史字。後人傳寫之誤。其説是也。又按井季⿱㲋史卣作[illegible]。古鉢作[illegible]。均與此同。玉篇云⿱㲋史生冀切音試。獸似貍。然此篆有重文。似非獸名。其義姑从蓋闕可也。【石鼓釋文】

◉郭沫若　⿱㲋史當如「集从木㲋聲，讀若薄。」士父鐘「⿱㲋史⿱㲋史數數」，它器多作「⿱㲋泉⿱㲋泉數數」，均从㲋聲之字，與數字當為雙聲聯語，猶勃勃蓬蓬、礴礴磅磅也。【石鼓文研究】

◉馬叙倫　鈕樹玉曰。玉篇⿱㲋曰上有⿱㲋大。古穴切。獸似貍。⿱㲋曰下又有⿱㲋史。生冀切。獸似貍。石鼓文有⿱㲋史。疑説文是⿱㲋史。又説文有猩無狌。恐注亦經後人改。王筠曰。廣韻。⿱㲋大。⿰犭央也。曹憲音⿱㲋大為決。⿰犭央。烏郎反。郭璞云。今江東呼貉為⿰犭央⿰犭史。徐灝曰。似狌狌衍一狌字。此貍狌之狌。莊子秋水。捕鼠不如貍狌。是也。非猩猩。吴大澂曰。石鼓有⿱㲋史。井季卣亦作⿱㲋史。皆從史。許書作⿱㲋大。乃後人傳寫之譌。倫按宗周鐘之⿱㲋泉。唐蘭謂從泉㲋聲。郭沫若以⿱㲋曰⿱㲋史亦皆從㲋得聲。見⿱㲋曰字下。則⿱㲋史亦非獸名。而字從史㲋聲。史為書之初文。書者。今言寫字。卩部。卸讀若汝南人寫書之寫。是古讀書亦或如寫。聲亦魚類。則⿱㲋曰⿱㲋史蓋轉注字。故井季[illegible]亦得為井季⿱㲋史。玉篇以為⿱㲋史獸似貍。郭璞謂江東呼貉為⿰犭央⿰犭史。吏事一字。事亦史之轉注字。史聲古如在魚類。則⿰犭央⿰犭史即⿰犭央⿰犭史。為魚陽對轉之連緜詞。亦貉之緩言矣。廣雅以⿱㲋大為⿰犭央。則⿱㲋大塙為⿱㲋史譌。然㲋貉異類。如⿰犭央⿰犭史即貉。⿱㲋史亦即貉。安得從㲋乎。豈如狐狼之從犬。後造之字每然。或方言借音。⿱㲋史自為似貍之獸。此則未詳實物。不能斷矣。似狌徐説是。此蓋字林文。或字出字林也。【説文解字六書疏證卷十九】

甲二七〇　乙五五　乙八二四反　乙九一八　乙九三五　乙三七六三　乙三七六七　乙四〇四四　乙四〇四八　乙五六二三　前四·五二·六　掇一·一四六　京津二三四四　京津二八〇八　前一·一六·三　京都二二九七　【甲骨文編】

甲622　乙918　續6·21·2　徵12·37　録750　新2344　【續甲骨文編】

兔　日甲七二背　二例　【睡虎地秦簡文字編】

玄兔太守章　董兔印　孟兔　孟兔之印　【漢印文字徵】

石碣田車　麀鹿雉兔　禪國山碑　白兔　【石刻篆文編】

兔湯古切　【汗簡】

汗簡　崔希裕纂古　【古文四聲韻】

◉許　慎　獸名。象踞後其尾形。兔頭與㲋頭同。凡兔之屬皆从兔。湯故切。【説文解字卷十】

◉吳大澂　古兔字。石鼓。【説文古籀補第十】

◉孫詒讓　「□子卜甫獲隻」，二百卅之四。此當即「兔」字。《説文·兔部》：「，獸也，象兔踞後其尾形。兔頭與㲋頭同。」石鼓兔作。此與彼略同。【契文舉例下】

◉羅振玉　　長耳而厥尾。象兔形。【增訂殷虚書契考釋卷中】

◉商承祚　　長耳而厥尾。其性喜立，兔之象也。金文作（齊陳曼簠逸字偏旁）。不得其形。【甲骨文字研究下編】

◉馬叙倫　王筠曰。兔頭六字非許文。于鬯曰。兔蓋從㲋省。實無屬形。許謂後其尾。乃屬附會。饒炯曰。象踞後其尾形似誤。當象側視形。倫按甲文有。羅振玉釋兔。又有。釋為兔网之罝。字高田忠周亦釋罝。倫謂是七篇之罠。罠字譌耳。見罠字下。則兔之初文固不作也。倫謂㲋兔雖形相似。要非一物。初文如象其形。視而可識。兔自非從㲋省也。

㲋兔皆有尾。然變為篆文。乃似無尾。而説者乃為穿鑿之談。不可與論古矣。此篆乃象兔側視蹲踞之形。為頭耳。象背腹及足也。此説解本作獸也象形。獸名者。字林文。象踞以下六字。吕忱所改。兔頭六字校語。字見急就篇。【説文解字六書疏證卷十九】

◉銀雀山漢墓竹簡整理小組　[四九]兔，當讀為斥候之「斥」，二字古音相近。簡文云「暮必置斥者城外」，與《號令》篇「候者曹無過三百人，日暮出之」及《雜守》篇「候無過五十……日暮出之」相合。又簡文下文云「視敵進退變態情僞」(原文有誤，見注五〇)，亦確為斥候之事。《釋名·釋船》：「五百斛以上還有小屋曰斥候，以視敵進退也」，《備城門》：「……候適(敵)，視其能(態)狀與其進[退]左右所移處」，所言斥候職責皆與此相同。【銀雀山漢墓竹簡(壹)】

逸

逸　秦子矛　　齊陳曼匿　不敢逸康　【金文編】

李逸印信　【漢印文字徵】

石經多士　誕淫厥逸　今本作泆　【石刻篆文編】

逸出蘇文昌奇字集　【汗簡】

◉許　慎　失也。从辵兔。兔謾訑善逃也。夷質切。【説文解字卷十】

◉高田忠周　（齊陳曼簠）銘曰。齊陳曼。不敢康。肇堇經德。作皇考獻叔饙盤永保用簠。當偁獻叔簠也。且銘文有錯誤。元作四行。弟一行敢下有字。弟二行德下有乍字。弟三行饙下有般字。而般乍及此篆唯作左文。此元當為右正文。乃敢下有般。饙下有。而簠字即居饙下。如此而文義初得順當耳。古鑑亦載此別器。文曰齊陳曼。不敢般康。肇堇經德。作考皇獻叔饙永保用簠。此可以為證。然尚簠字失處。蓋脱字後補者耳。因謂此字从辵明晳。亦犬字緐文。然則逐永寶用。抑為何義。曰晉語。厭邇逐遠。注。求也。求逐古音同部。又逐與攸通。易頤。其欲逐逐。子夏傳作攸攸。劉作跾跾。注。遠也。此二義當用解銘意。謂為攸永稍近。云攸永猶云攸久。永久保用之謂也。或云。逐。人名。陳曼之子孫。猶他器云子子孫孫永保用之意耳。吴氏元引許印林説。云此逸字。蓋是古文兔。象形。甚可玩索。誤謬尤甚。吴大澂釋為遂。稍近而未矣。如古鑑見下。釋為從字。又不考篆形者。今並辨正云。【古籀篇六十六】

◉吴承仕　新出三體石經。多士。誕淫厥逸。無逸。于逸。古文並作□。以其形聲難説。故玉篇切韻汗簡古文四聲韻等悉闕不載也。謹案。□從□□聲。説文。𣦼。古文作□。從𣦼與從水同意。古文從水之字。水皆横作。如滅海等字是。□疑肙之古文。□字之義當與溢泆二文相近。訓皆為過。多士上文。大淫泆有辭。釋文云。泆又作佾。馬本作肙。盤庚。予亦拙謀作乃逸。唐寫卷子殘本佾。其發有逸口。作佾。從人之字。北朝石刻及唐人手寫本或改作彳。隨意為之。無義例也。唐寫尚書殘本。楊守敬舊藏。羅振玉轉寫。皆即佾字。右旁作备不作肙者。正以舊本右體有異。故變形以擬之。亦容先師寫古為隸者。知小篆作肙。古文自作□。故仍而不改也。集韻佾。古文作徻。正據舊本。壁中古文難識。漢魏經師授受各以聲義比近之字易之。故馬本作肙。釋文或本作佾。孔本作泆作逸。熹平今文石經作劮。毋逸殘石。其本字並當為□也。説文肙從肉八聲。林義光曰。肙八不同音。肙之本義為碎。即儀禮醢醢肙𦉥之肙。從肉八。八。分也。文源卷十。古文右上作□。與八異形。或與從八同意。或由寫刻有譌。或由石質漫漶。今亦不得妄説。然以聲類求之。以各家異文校之。要為肙之古文。無可疑也。集韻類篇。逸。古文作𨔾。蓋據摹本或傳寫隸古本為之。唯誤肉為力耳。餘形並與新出真本同。【釋□　華國月刊第二卷四期】

◉馬叙倫　翟云升曰。當入辵部。倫按從辵。兔聲。兔音古如俛。俛音非紐。故逸音夷質切入喻紐四等。而訓失也。失音審紐。非審喻四同為次清摩擦音。語原同也。失也以聲訓。逸義為逃。逃音定紐。古讀喻四歸定。逃從兆得聲。兆音澄紐。古讀歸定。兔音牀紐二等。古亦歸定。故逃轉注為定。兔下當補聲字。兔謾訑善逃也校語。字蓋出字林。齊陳曼簠。不敢□康。容庚釋。【説文解字六書疏證卷十九】

◉唐　蘭　以偏旁考之，則□字昔人所誤釋為逐者，當釋為逸，逸本象逐兔，引伸為兔之奔逸。【天壤閣甲骨文存考釋】

◉白玉峥　□：籀廎先生釋逐本段。羅振玉氏曰：「説文解字：『逐，追也；从辵从豚省』。此从豕，或从犬，或从兔，或从鹿；从止。象獸走壙而人追之，故不限何獸。許云：『从豚省』，失之矣。」考釋中七〇頁。唐蘭氏釋逸，曰：「以偏旁考之，則□字昔人所誤釋為逐者，當釋逸。逸本象逐兔，引申為兔之奔逸。」天考二九。楊樹達氏曰：「説文追、逐二字互訓，認二字為同義。余考之卜辭，則二字用法劃然不紊。蓋追必用於人，逐必用於獸也。追字从𠂤，𠂤，説文訓小𨸏。𠂤字甲文恆見，羅振玉謂即師字，良是。説文官下云：『𠂤，猶衆也』。師字通訓衆，許君或知𠂤、師為一字也。甲文追字作□，象師在前而人追逐之，蓋追字用於戰陳，見追者必為人也。甲文逐字作□，象豕在前而後有逐之者。別有从犬、从兔與从鹿者，或云與逐為一字，未知信否。逐字本專用於狩獵，見逐者乃禽獸，與追為追人者不同。然則二字用法之殊，由於二字構造之本異也」甲文説十五頁。峥按：唐氏釋逸，是也；然於本義之説解則非。楊氏就逐、追二字構造之異，及於卜辭用法之殊，説解為義之不同，頗有創見；然亦未的，茲就愚見略申之：蓋逸字造字之初義，為兔之奔逸。兔為名詞，增止而變為動詞；類此之字例頗多，舉不勝舉。蓋造字之初，為全畫物象之象形字，所造之字必為名詞。人類思想情意日漸發達後，此等名詞字已不能適應其生活環境及情意之表達，必得再予造字以適應之。最簡之法，莫若增加意符。因此，原始之象形字，日後率多成為聲符。逸字亦產生於此種情景下者也。蓋兔性善奔逸，故增止為意符而為動詞。嚴格言之，與兔乃一字；惟兔為靜態之名詞，而逸則為動態之動詞而已。至楊氏謂追、逐二字用法之殊，乃由二字構造之異，亦未為的也。蓋追之對象在甲文中固皆為人，逐之對象為獸；其所以有此嚴格之劃分者，迺追為主動之動詞，逐為被動之動詞。故逐字从豕，緣豕性遲滯，非人逐之而不動也。於此，楊氏謂「豕性喜奔突，故逐字从之」甲文說十六頁，實乃對實物不善觀察、比較之謬說。考其所以然者，蓋為牽就其說，遂不惜出之以改變獸性。然獸之賦性，楊氏豈能以十數之文字所能改變歟？逐之所以為被動之動詞者，蓋凡一切獸類，為人所獵之目的物，因之，獸類遇人必趨而避之，而獵者必予追之。此行為就主動之人言，為逐；就被動之獸言，即為逃。蓋獸非被人逐，則將不生奔逃之行動。至逸字在卜辭中之為用，以辭殘有間，遽難肯定。【契文舉例校讀(二二) 中國文字第五十二册】

◉商承祚 魏三體石經多士：「誕淫厥逸」。逸古文作□，《集韻》逸古文作□，自以此為近，然亦訛舛過甚。王國維謂「《尚書》逸、泆諸字古多作屑或作佾……考屑、佾一字，《說文》無佾，蓋以為屑之俗字，从□从□在古並無區別……此字蓋从水从屑轉訛。」祚案日本唐《尚書》寫本逸作佾，此从□乃□訛，右旁與此極近，多兩筆作□而易其部位，上則不知所从矣。郭沫若《卜辭通纂考釋》謂乃泆字之異。【《石刻篆文編》字說 古文字研究第五輯】

◉黃錫全 □逸出蘇文昌奇字集 《說文》「兔，獸也，象兔踞，後其尾形。兔頭與㲋頭同」。「㲋，獸也。似兔，青色而大，象形，頭與兔同，足與鹿同」(據段注本)。石鼓文兔作□。秦子矛逸作□，其兔形特徵是尾巴上翹。兔與㲋頭同，从㲋之□古作□(後上9·4)、□作□(季□毁)，□作□(李□毁)等。大盂鼎□字所从之□尾上翹，頭與古㲋形同，應是兔字無疑。左旁□是人形，如佊字古作□(弔佊父毁)、化字作□(中子化盤)、□字作□(才□父鼎)等。人旁在左在右每不別，如侄作□(莽伯毁)、佃作□(柳鼎)、似作□(朐毁)等。因此□就是俛字，依此應讀為逸，當是逸之古形。古璽从辵變作□、□(璽文附録13，从劉釗說)。這種變化如同使字作□(詛楚文)，也作□(中山王鼎)，傳字作□(傳尊)，也作□(龍節)。李學勤先生讀□為逸無疑是正確的(《人文雜志》1981.6)。逸字典籍通作佚。字書有逸無俛，賴有此書保存了這一古體。鄭珍認為「此改逸字从人依佚字」，非也。【汗簡注釋卷四】

◉戴家祥 □齊陳曼簠 「不敢□康」，容庚金文編釋「不敢逸康」。按卜辭兔作□，小篆作□，與□□皆不類。虢季子白盤獻作□，六國古鉨狗作□，犷作□。其偏旁犬，與□□形似。此从辵从犬，字書不見。以文義求之，説文十篇兔部「逸，失也，从辵兔，兔謾訑善逃也」。在六書為會意。會意字在殷虚卜辭中牝牡等字，牛羊任安，牢牧諸文亦同斯例。國語晉語「馬逸不能止」。漢書外戚傳下「熊佚出圈」。佚逸同字。可見善逃能走之獸，不限于兔。史記越王句踐世家「狡兔死，走狗烹」。犬亦獸中之善走，「狡兔有三窟，僅得免其死耳」。是逸字以兔表義，未始不可以更旁从犬。容氏之説，可以信服。林潔明謂逸字作□，□蓋象兔之側視形，兔走如飛，故但見兔耳及足也。金文詁林卷十第五九三六葉。大誤。

同聲通假，字亦同佚，小雅魚麗叙「始于憂勤，終于逸樂」，釋文「逸，本或作佚」。論語季氏「樂佚遊」，釋文「佚，本亦作逸」。孟子盡心上「以佚道使民」，三國志諸葛亮傳作「以兔道使民」。廣雅釋詁一「佚，樂也」。逸、佚皆讀「夷質切」，喻母至部。簠銘「不敢逸康」，猶周書康誥云「不敢自暇自逸」。

□ 舒盗壺　

㒵即逸之省體。辵，金文作□；彳，金文作□。彳實乃辵之省，故金文从辵字往往可省作从彳。如追之作䢔、遣之作𢕇等，皆屬此例，詳見辵部逸字。【金文大字典下】

□冤

□ 史冤之印【漢印文字徵】

◉許　慎　□屈也。从兔。从冂。兔在冂下。不得走。益屈折也。於袁切。【説文解字卷十】

◉陳邦懷　□前編卷一第十一業　象兔在罝中。箋曰。此冤字也。説文解字。冤。屈也。從冂。從兔。兔在冂下。不得走。益屈折也。考网下出古文冈。從冂亡聲。以此例之。則從网之字亦可省作冂。然則説文冤字從冂。猶從网也。卜辭罬字從网不省作冂從兔。蓋為冤之古文。説文解字。罟。兔罟也。罝。兔网也。廣韻。罜。兔網。是知捕兔非网不可。卜辭之罬。象兔在网下。以校許書從冂。其誼尤顯明矣。【殷虚書契前編集釋卷一】

◉葉玉森　□後下·十七·八　依字形當象兔在网罟下。釋罝較適。卜辭為地名。【殷虚書契考釋小箋】

◉羅振玉　□後下·十七·八　象兔在罟下。王氏國維謂即爾雅釋器「兔罟謂之罝」之罝。【增訂殷虚書契考釋卷中】

◉馬叙倫　鈕樹玉曰。韻會引但無在字。沈濤曰。益字九經字樣作善。一切經音義十九云。冤。煩也。屈也。字從冂從兔。兔為冂覆。不得走。善屈折也。雖不明引説文而實本之。亦作善字。翟云升曰。當入冂部。倫按屈也者。□字義。本書。

娩

夭。屈也。夭冤音同影紐。故得借冤為夭。冤字如從冂下兔。直是罠罝之異文。蓋冂為网省。或從兔。冂聲。冂音明紐。娩從女得聲。女音娘紐。明娘同為邊音。蓋娩之轉注字。字見急就篇皇象本。顏師古本作法。【說文解字六書疏證卷十九】

◉李孝定　說文「冤。屈也。从兔。从冂。兔在冂下。不得走。益屈折也。」契文从网。从兔。王氏釋罝。似有可商。蓋兔罟曰罟。或謂之罝。此方言殊語。遂各為專字。且冤為會意。罟罝則為形聲。倘但以義求之。又安知其非罟字乎。陳氏釋冤。說較可信。网字雖未必有或體作冂。然由网譌變作冂則極有可能。且冂字許書訓覆。以网捕兔。亦有覆義。至冤字許君訓屈。則覆之引申義也。字在卜辭為地名。【甲骨文字集釋第十】

 娩匹萬切出牧子文　【汗簡】

◉許　慎　。兔子也。娩疾也。从女兔。芳萬切。【說文解字卷十】

◉林義光　从女非義。廣雅。嬔。兔子也。娩當與嬔同字。从兔女聲。女模韻嬔遇韻雙聲旁轉。【文源卷十一】

◉馬叙倫　莊有可曰。兔免本一字。此免聲也。王筠曰。娩疾也上當有一曰二字。疾也乃𠑟字義。謂娩通𠑟也。故爾雅釋文有兩音。匹萬反兔子義之音。匹附反則疾也義之音。林義光曰。廣雅嬔。兔子也。娩當與嬔同。從兔。女聲。女需雙聲旁轉。倫按兔子也者。本爾雅釋獸。郭注。俗呼曰嬔。嬔為娩之轉注字。林以此證知娩從兔女聲。是也。桂馥據盧文弨說。謂當兔聲。戚學標據文選思玄賦注引說文曰。生子二人俱出為娩。謂字本作娩。因注云兔子。誤作娩。入兔部。皆非也。蓋由今音芳萬切而誤解耳。使娩從女兔聲。則非兔子義。是桂說不得成也。朱駿聲以為會意。女兔安得會意乎。生子二人俱出為娩者。字本作孿。本書。孿。一乳兩子也。本書復有嬔字。生子均齊也。實孿之俗字。詳嬔字下。娩疾也者。徐灝謂疑後人所增。【說文解字六書疏證卷十九】

◉黃錫全　娩匹萬切出牧子文　从古女，與吳王光鑑姬作、簪侯毀妃作、妣作《說文》古文奴作類似。【汗簡注釋卷四】

毚　毚

⿰兔夋　⿰兔夋　萈　萈

◉許　愼　毚疾也。从三兔。闕。芳遇切。【說文解字卷十】

◉馬叙倫　嚴可均曰。此無所闕。或舊本闕反切。段玉裁曰。今作趕。少儀曰。毋拔來。毋報往。注。報讀為赴疾之赴。拔赴皆疾也。按赴趕皆即毚字。闕者謂闕讀若。倫按少儀之拔借為奔。報或借為赴。或借為尥。尥為今言跑跳之跑本字。今失其字。趕蓋從走孚聲。為尥之轉注字。然與毚皆無涉也。毚為兔之茂文。由兔音轉如俛。得與赴或奔通。然非本義。或謂兔行超疾。故有疾義。不悟兔為物名。自無疾義。假令兔得疾義。不必三也。【說文解字六書疏證卷十九】

◉朱歧祥　724. 从兔由口穴突出。隸作⿱兔口。讀如毚，疾也；赴也。俗作趕。《一切經音義》引《廣雅》：「趕，行也。」卜辭亦有出行意。

《乙7490》王逐⿱兔口，不其⿱兔口。

字有作人名，稱「子⿱兔口」。

《庫1165》壬寅㞢子⿱兔口。

又作地名。殷王曾狩獵於此。

《七S90》辛巳卜，☐甲申叀☐于⿱兔口。

《乙6374》王田⿱兔口⿱兔口。【殷虚甲骨文字通釋稿】

◉許　愼　⿰兔夋狡兔也。从兔。夋聲。七句切。【說文解字卷十】

萈　萈【汗簡】

萈汗簡【古文四聲韻】

◉許　愼　萈山羊細角者。从兔足。苜聲。凡萈之屬皆从萈。讀若丸。寬字从此。臣鉉等曰。苜。徒結切。非聲。疑象形。胡官切。【說文解字卷十】

◉孫詒讓「戊申卜萈☐」，九十九之二。此似變而小異，上从苜。攷《說文·萈部》：「萈，山羊細角者。从兔足。苜聲。讀若丸。

寬字从此。」似即此字也。金文亞舟爵有[glyph]字，舊釋兕觥形，未塙。與此亦相類。【契文舉例】

◉林義光　苜非聲。此象形字。[glyph]象角。[glyph]象首。[glyph]象尾足之形。【文源卷二】

◉强運開　[glyph][glyph][glyph][glyph][glyph][glyph]均散氏盤文。舊釋為竟。未塙。丁書釋為雈。以為即湄之叚字。亦未塙。運開按。是人名。詳寀篆形。當為莧之古文。歸夆敨。王命益公征[glyph]敨。[glyph]字與此篆上半相同。下半乍[glyph]。即[glyph]之變體。〓非重文。吳愙齋釋[glyph]為苜。謂苜敨當即莫敖之古文。亦可為證。【說文古籀三補第十】

◉馬叙倫　徐鉉曰。苜非聲。疑象形。錢坫曰。此爾雅羱如羊字也。王筠曰。通體象形。寬字從此非許文。蠶亦從此也。劉秀生曰。苜讀若末。在曷部。丸聲在寒部。曷寒對轉。故莧從苜聲得讀若丸。易夬。莧陸夬陸。虞注。莧讀夫子莧爾而笑之莧。釋文。莧。一本作莞。論語陽貨。莞爾而笑。釋文本作莧。周禮考工記冶氏。重三垸。注。鄭司農云。垸讀為丸。莧丸聲竝如完。是其證。倫按莧蓋本作[glyph]。依唐蘭說。象形。其音本如丸。故爾雅作羱。聲同元類。轉注也。說解本作獸也象形。山羊以下十字蓋皆字林文或校語。倫疑此部亦或吕忱所加也。【說文解字六書疏證卷十九】

◉朱芳圃　[glyph]續一・五一・四　[glyph]屯乙八〇八　[glyph]屯乙一六六八

說文莧部：「莧，山羊細角者。从兔足，苜聲。」徐鉉曰：「苜，徒結切，非聲，疑象形。」徐鍇曰：「按本草注，莧羊似麢羊，角有文。」俗作羱，爾雅釋獸：「羱如羊。」郭注：「似吴羊而大角，角橢，出西方。」郝懿行曰：「按今羱羊出甘肅，有二種：大者重百斤，角大，盤環，郭注所說是也；小者角細長，說文所說是也。」一作羦，廣韻二十六桓：「羦，山羊細角而形大也。」按莧甲文作上揭形，[glyph]其角也，[glyph]其首也，[glyph]其軀也。篆文作[glyph]，示足與尾，蓋省形也。許說「从兔足，苜聲，」非是，徐鉉云「疑象形」，得之。【殷周文字釋叢卷上】

◉于省吾　第一期甲骨文的蒙字作[glyph]、[glyph]、[glyph]或[glyph]等形。甲骨文編既把莧字列入正編，以為「說文所無」，又把蒙字列入附録。甲骨文象形字帶有[glyph]或[glyph]形者截然不同，前者象獸角或鳥冠形，後者象眉形。甲骨文的蒙字均从[glyph]或[glyph]，無从[glyph]者。周代金文蔑字習見，有的已由从[glyph]譌變為[glyph]或[glyph]。[glyph]和莧字說文作[glyph]，並謂：「莧，山羊細角者，从兔足，苜聲，讀若丸。寬字从此。」按許氏把一個獨體字割裂為兩截，以下截為兔足，以上截的苜為聲符，顯然是乖謬的。自來說文學家多阿附許說。其不从許說者，如徐鉉「疑象形」，說文句讀謂「似通體象形」，都是對的。今將有關蒙和莧的甲骨文擇録數條於下：

一、貞，出于[glyph]十蒙羊（續一・五一・四，又「蒙羊」見綴合一七三反）。

二、貞，方弓于蒙〇貞，方于蒙（乙六七〇五）。

三、隹（雍）芻于蒙〇隹芻弓于蒙（綴合一〇八）。

四、貞，隹芻于莧（乙七一三七）。

五、……入于莧（前四・二九・五）。

六、……呂方囚于莧亦𢦏（續存下二九七）。

以上所列第二條至第六條，蒙與莧均作地名用，故第三、四條雍芻于蒙和雍芻于莧的詞例完全相同。因此可見，莧乃蒙的省化字。這和說文冢之古文也作兕同例。

莧字與說文莧菜字「从艸見聲」判然有別。說文繫傳謂莧「俗作羱」。按典籍以羱為莧。爾雅釋獸的「羱如羊」郭注：「羱羊似吴羊而大角，角橢，出西方。」郝懿行爾雅義疏：「今羱羊出甘肅，有二種，大者重百斤，角大盤環，郭注所說是也；小者角細長，說文所說是也。」至于前引第一條的出于𩿡十蒙羊，𩿡是被祭的對象，十蒙羊即十羱羊。總之，說文謂莧「讀若丸」，與羱音近字通。這和甲骨文祭祀之羊一般就家畜為言者有別。

在此附帶說明，本文寫成後，見朱芳圃殷周文字釋叢對莧字也有解說，但是，一，他不知甲骨文蒙莧互用無別，把莧誤釋為芍。二，他不知甲骨文𥌖（夢）字本从𦣞聲，與莧字迥然不同。三，他並未說明甲骨文用蒙羊為祭牲。【釋蒙　甲骨文字釋林下卷】

甲四〇二　甲六一二　甲一〇二三　甲一五〇三　甲二九二八　乙五八一　乙三五七四　乙三八五三　乙四一〇二　乙六一四一　燕五三　燕二三四　燕八一三　佚八一　佚一九四　佚六三五　福八　福二六　鐵四四・一　鐵七六・三　鐵一四二・二　餘五・一　前一・二六・六　前二・二三・一　前三・二三・六　前五・四六・三　前七・一・二　前七・二五・四　前八・四・一　後一・五・一〇　後二・二三・一　後二・三四・七　後二・四一・一四　菁九・一三　林二・一五・一三　戩四一・六　戩四五三　寧滬一・四六　寧滬一・七六　京津四五五七　明藏二五九

明藏四八七 粹二四〇 後二・三六・八 通別二・一二・二 【甲骨文編】

甲397 402 536 575 611 692 1023 1388 1450 1503 1549

1618 1811 2079 2384 2928 3622 乙96 126 581 3803 4516

4544 4810 5317 5325 6141 6402 6700 6743 6915 7054 珠419

898 899 935 卜348 398 福8 26 佚14 23 194 277 635

718 783 續1・52・6 1・53・1 2・15・3 2・16・7 2・241 2・244 2・27・3

2・27・5 3・12・5 4・34・2 5・1・2 5・12・5 5・33・5 徵3・199 4・69

8・16 8・17 8・18 8・21 8・87 11・58 11・84 11・85 11・118 京

1・35・3 2・22・4 3・30・4 4・12・2 4・35・3 凡10・3 錄152 543 608

748 天84 六曾5 續存241 1130 摭續1 124 粹74 462 592 883

925 935 新904 1098 4203 4444 4777 4877 【續甲骨文編】

犬 戍覃鼎 員鼎 【金文編】

1・103 豕它犬 3・65 繇衢杏匋里犬 秦1306 犬亭 【古陶文字徵】

一：五五 宗盟類參盟人名 【侯馬盟書字表】

6 233 【包山楚簡文字編】

犬 日甲二七背　十二例　法一八九　秦七　三例　【睡虎地秦簡文字編】

王犬私印　田犬　尹犬　【漢印文字徵】

犬　【汗簡】

汗簡　【古文四聲韻】

◉許　慎　狗之有縣蹏者也。象形。孔子曰。視犬之字如畫狗也。凡犬之屬皆从犬。苦泫切。　【説文解字卷十】

◉吳大澂　古犬字。員鼎。【説文古籀補第十】

◉孫詒讓　説文犬部「，狗之有縣蹏者也。象形。孔子曰：『視犬之字如畫狗也。』」石鼓猷字偏旁从，與小篆同，此後定象形字也。犬，原始象形字無可攷。

金文从犬字或作，鼄公牼鐘器字偏旁。作，毛公鼎猷字、猒字偏旁。作，召伯虎敦獻字偏旁。作，伯姜甗獻字偏旁。作，睘卣器字偏旁。作，𨚒鼎器字偏旁。作，伯貞甗獻字偏旁。作，虢季子白盤獻字偏旁。諸形，多與古文豕字相近。惟作為小篆之濫觴，而作，象有縣蹏，形尤較葡。蓋皆省變象形犬字也。【名原】

◉葉玉森　此為犬之最簡象形文。郭沫若氏謂卜辭中犬字均上拳其尾。甲骨文字研究釋繇。其説未信。本辭犬字即象垂尾。又如他辭云：「☑帝寅三。」卷六第二十一葉。「戊戌☑帝寅二。」同上。「丙戌卜貞𠂤之豕禘」卷七第一葉。三辭中之犬字亦竝象垂尾。又有象直尾者。如「☑𩞁。」同卷第四十五葉。「貞之于娥卯㲋。」前四第五十二葉。「之于王矢□二。」後下第四葉。「己巳卜㱿貞征其。」又第三十七葉。「癸卯卜酌乙巳自上甲廿示一牛二示羊𡧊三示㲋牢四示。」殷虛文字第一葉。五辭中之犬字竝象直尾。不盡作拳尾形也。【殷墟書契前編集釋卷一】

◉馬叙倫　鈕樹玉曰。韻會引縣作懸。俗。孔廣居曰。犬之象形當作。徐灝曰。犬為凡犬之通名。小者謂之狗。周禮小宗伯注。司寇主犬。蓋犬用於獵。故司寇主焉。而庖人六牲亦謂之犬。故知犬為通名。爾雅釋畜。未成豪。狗。是小者乃謂之狗也。渾言則狗亦通名矣。縣蹏蓋指獵犬言。曾氏釗曰。相犬之法。必先諭其蹏。凡犬蹏四趾。唯獵犬足上有一趾不履地。倫按古匋作。甲文作。金文虢季子白盤獻字偏旁作。皆象側視形。斁狄鐘狄字偏旁作。毛公鼎猷字偏旁作。此又其變。象側踞形。説解本作獸也。今捝。狗之七字及孔子十一字皆校語或字林文。今通呼狗者。犬音溪紐。

狗音見紐。同為舌根破裂音。故借狗為犬也。字見急就篇。皇象本顏師古本作狗。【説文解字六書疏證卷十九】

◉陳夢家　郭沫若考釋粹九三五云「犬中蓋犬人之官名中者。周禮秋官有犬人職。」西周金文師晨鼎「官犬」次於小臣、善夫之後，郭氏亦釋作犬人之官。這是正確的。我們以為武丁卜辭的多犬和乙辛卜辭的犬某都是犬人之官。多犬與犬是司犬之官，猶多馬與馬乃司馬之官。又有犬征：

令犬征田于京。　燕五二

犬征其工。　下三九・三

犬征以羌用于大甲。　劍一八七

此「犬征」與「犬中」「犬⊕」同一結構，征、中、⊕可以是私名亦可以是族邦之名。但犬征既出現於武丁卜辭，又出現於武文卜辭，則征不可能是私名。因此犬征與「犬侯」大族無關。【殷墟卜辭綜述】

◉楊樹達　卜辭云：「令犬方。」後編下卷陸葉壹壹版。按殷周間稱國曰方。戰國趙策載紂醢鬼侯，而卜辭及易既濟未濟、詩大雅蕩並稱鬼方，鬼方即鬼侯國也。故干寶注既濟云：「方，國也」，是也。犬方或省稱犬，卜辭云：「己酉卜，貞雀往正犬，弗其禽？十月。」藏龜壹捌壹葉叁版。是也。鬼方之君為鬼侯，故犬方之君亦名犬侯。卜辭云：「貞令多子族眔犬侯寇周，叶王事？」前編伍卷柒葉柒版，與陸卷伍壹葉柒版合。又云：「己卯卜，率貞，令多子族从犬侯寇周，叶王事？五月。」續編伍卷貳葉貳版。是其事也。然則犬方究為何國乎？余謂殆即昆夷也。孟子梁惠王下篇曰：「文王事昆夷」，是也。昆夷或作混夷，詩大雅緜云：「混夷駾矣，維其喙矣。」是也。又或作串夷，大雅皇矣云：「串夷載路。」鄭箋云：「串夷即昆夷。」是也。又或作畎夷，史記匈奴傳云：「周西伯昌伐畎夷氏。」是也。又或作犬戎，國語周語記穆王伐犬戎，是也。顏師古注漢書匈奴傳云：「畎夷即畎戎也。又曰昆夷，昆字或作混，又作緄，昆緄畎聲相近，亦曰犬戎也。」今按顏説是也。尋昆夷世為周禍，至於穆王之世，猶勞征伐。據卜辭觀之，其寇周也，實殷人助使為之，亦古史中一新資料也。【釋犬方　積微居甲文説】

◉楊樹達　殷契粹編玖叁伍片云：「戊辰卜，在潢，犬中告麋，王其射，亾𢦏？禽？」郭沫若云：「犬中蓋謂犬人之官名中者，周禮秋官有犬人職。」考釋壹貳貳葉。樹達按：郭君釋犬為官名，中為人名，是也。辭云：「犬中告麋，王其射。」知此犬職官司狩獵，而周禮犬人職掌犬牲，與狩獵無涉，知名偶同而實則異也。余謂殷人犬職蓋與周禮地官之迹人相當。迹人職云：「掌邦田之地政，為之厲禁而守之。凡田獵者受令焉。禁麛卵者與其毒矢射者。」據此知迹人與犬名號雖異，職掌實同，其證一也。鄭注地官序官迹人云：「迹之言跡，知禽獸處。」説文十篇上犬部云：「臭，禽走，臭此動字而知其迹者，犬也。」犬知禽獸之迹，故狩必以犬，狩初文之獸，後起之狩，字皆从犬，是其義也。犬知禽獸之迹，司犬之人亦因犬而知禽獸之迹，故能有告麇之舉，此與鄭注「迹之言跡，知禽獸處」正相合，其證二也。左傳哀公十四年云：「迹人來告，曰：逢澤有介麇焉。公曰：雖魋未來，得左師，吾與之田，若何？」據此知諸侯之宋亦有迹人，與周禮同。犬告有麇而殷王卜射，迹人告有麇而宋君召田，其人雖殷周異代，其事則先後同符，從知殷人之犬與周宋之迹人是一非二，其證三也。按殷王傳國多兄弟相及，宋宣公舍其子與夷而立其弟穆公，穆公亦舍其子馮而立其兄子殤公，此傳國之制宋用殷禮也。殷人有告麇之犬，宋人有告麇之迹人，此設官之制宋用殷禮也。孔子自謂能言殷禮而歎宋之不足徵，或者殆不盡然乎！【釋犬　積微居甲文説】

◉丁　山　犬侯　亞犬

犬廿，竝氏。院·4·0·0021。

此犬氏，當為犬侯省文。犬侯，見於卜辭者亦有稱犬云：

貞，勿退犬。燕大·234。

戊戌貞，令犬征田，若。通纂·别二、内藤·2。

貞，犬𢍰，其㞢不若。續·4·34·2。

辛卯貞，犬受年，十月。粹·885。

貞，令多子族从犬眔亩苪，古王事。通纂·538。

貞，令多子族眔犬侯𡕎周，古王事。同上版。

己卯卜，允貞，令多子族从犬侯𡕎周，古王事。五月。續·5·2·2。

由「令犬侯𡕎周」及「令犬古王事」測之，犬侯與商王朝的關係至為親切，宜為「内服的侯亞」。銅器中有亞犬鼎，當是犬侯的遺物。

鼎，續存上·17.

犬侯為商朝内服的侯亞，在周人文獻裏當稱之曰「犬夷」。詩大雅緜頌古公亶父之功烈曰：「混夷駾矣，維其喙矣。」混夷，説文馬部引作「昆夷」，口部又引作「犬夷呬矣」。説經者僉謂「犬夷」即「混夷」，以為是齊詩與魯詩的異文。按，史記匈奴傳：「亶父亡走岐下，作周。其後百有餘歲，周西伯昌伐畎夷氏。」索隱：「韋昭曰，春秋以為畎戎。按，畎音犬，大顔云，即昆夷也。山海經云，黄帝生苗龍，苗龍生融吾，融吾生并明，并明生白犬，白犬有二牡，是為犬戎。説文，赤狄本犬種，字从犬。又山海經云，有人面獸身，名曰犬夷。賈逵云，犬夷，戎之別種也。」山按，索隱所引山海經，俱見大荒北經，今本亦作「人面獸身，名曰犬戎」，不作「犬夷」也。由禮記王制「東夷，南蠻，西戎，北狄」説，畎夷與犬戎顯然有別。犬戎，即國語周語所謂「穆王將征犬戎」，是西戎也；若西伯昌所伐「畎夷」，當即尚書大傳所謂「文王受命四年，伐犬夷」，是東夷也。即大雅緜所謂「犬夷」，正當以卜辭的「犬侯」解之。卜辭所謂「犬侯□周」，唐蘭先生讀為「犬侯戭周」，足證武丁伐周實以犬侯為主力。自武丁至于帝辛，二百有餘歲，較之匈奴傳所謂「亶父百有餘歲」而至周西伯昌略前百年；卜辭的「犬侯戭周」，雖不能直接牽傳大雅緜的「犬夷呬矣」為一事。要此犬夷，為商之犬侯，不能如向來經師比附犬戎，則斷然可知。即文王所伐犬夷，亦為商之犬侯，史記比附為匈奴，其失尤遠。

左傳襄公元年：「鄭子然侵宋，取犬丘。」杜注：「譙國酇縣東北有犬丘城，迂迴，疑。」大事表辨之曰：「是時，楚方侵宋，取吕留，鄭蓋為楚取也。今歸德府永城縣西北三十里有太丘集。」太丘，後漢縣名，郡國志云屬沛國。後漢集解：「惠棟曰，樂史云，地理志敬丘，明帝更名。按前志，當作犬丘。」今本漢地理志沛郡敬丘縣注引應劭曰：「春秋，遇于犬丘。」此犬丘也，春秋隱公八年書云：「遇于垂。」水經瓠子河注亦謂垂即犬丘，以別于睢水注所引漢志之敬丘。敬有狗音，然而狗非犬也。漢明帝蓋徇犬丘人之請，移犬右之點于大下，而為太丘。今之太丘集，宜即周人所謂「犬夷」，商代犬侯的故居。此地距離陳留的鉼鄉甚近；所以甲翼刻辭有在「□氏」而「犬侯」入夕的紀載。【甲骨文所見氏族及其制度】

◉高鴻縉　代二·48鼎有□字。又代二·21鼎有□字。又代二·16鼎有□字。又代二·38鼎有□字。俱前期金文。而甲文正由此簡化。並正反不拘。周金文始又省去其肚皮。後世(或在周末)加句為聲符作狗。犬與狗並非二字。孔子曰云云。乃緯書臆託。説文另出狗字。解曰。孔子曰。狗。叩也。叩氣吠以守。从犬。句聲。古厚切。當併。【中國字例二篇】

◉李學勤　商王狩獵的場所可分兩種：一種是行途所經適於行獵之地，一種是特殊設定的苑囿。在後者，設有職司獵物的人員稱為犬。【殷代地理簡論六】

◉饒宗頤　「多犬」官名，即犬人，周禮秋官之屬，掌犬牲。他辭云：「戊辰卜，在湊，犬中告麋。王其射。亡𢦏罕。」犬中之犬亦官

 狗

名。楊遇夫謂：殷代犬人職，與地官之迹人相當。鄭注「迹之言跡知禽獸處。」説文「禽走，臭而知其迹者，犬也。」右辭呼「多犬網鹿。」可申楊説。【殷代貞卜人物通考卷三】

◉沈　壽　圖42犬恳：原題「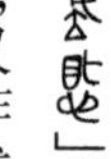」（蚰悲）。蚰，串夷之串，古音慣。《詩・大雅・皇矣》：「串夷載略」。箋注：「串夷，即混夷，西戎國名也。」串夷一作犬戎，又作犬夷、畎夷或昆夷、混夷，皆音轉。可見蚰字即犬字的異體古寫。悲當為恳字。恳，懇省文，从艮从心；艮，从目从匕。《文字蒙求》：「艮（），很也，从匕目，目相比，不相下也。」此式仿效犬之以後肢站立，翹首注目恳望，若有求于人。圖中人前平舉的兩手一俯一仰，表示連續緩慢地轉腕旋膀；同時睜目向前平視，兼顧兩手動作。兼練腕力和目力。【西漢帛畫《導引圖》解析　文物一九八〇年第九期】

 存陶4:9　□□□□匋狗　【古陶文字徵】

 二〇〇：四〇　二例　宗盟類參盟人名　【侯馬盟書字表】

 176　【包山楚簡文字編】

 狗　日甲四八背　通拘　室鬼欲—　日乙一七六　 日乙一七六　二例　【睡虎地秦簡文字編】

 3496　 1158　【古璽文編】

 弄狗廚印　 左狗私印　 狗未央印　 張厭狗　【漢印文字徵】

 古老子　 同上　【古文四聲韻】

◉許　慎　孔子曰。狗。叩也。叩气。吠以守。从犬。句聲。古厚切。【説文解字卷十】

◉郭沫若　芍非羌字，乃狗之初文，象狗善人立而垂其兩耳。此字卜辭習見，多用為祭牲，又沃甲作芍甲，其音可知。周初金文則多用為敬字，如大保𣪕「克敬亡遣」作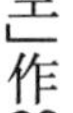，大盂鼎「敬雝德巠」作。蓋敬者警也，用狗以警夜，故以芍為敬，猶婦執箕帚之役，而卜辭即習以帚為婦也。芍非羌字，則劉昊羌戎氏之説，自是了無根據。【厲芍鐘　器銘考釋　金文叢考】

◉郭沫若　芳字舊均釋羌。案乃説文苟之重文作者之省。殷周古文多省口作。此字有兩讀。卜辭用為祭牲與羊牢同例，又用為沃甲之沃，乃狗之初文，音近沃，羚字即由此而譌，形失而音存。金文大盂鼎大保𣪘等用為敬，義出孳乳。敬之本義為警，狗之職在警衛，故用芍為警；猶箕帚乃婦職，而卜辭用帚為婦也。狗字在古並無惡意，入後其義始褻，然今人對於幼子亦每以狗為愛稱，故殷王芍甲不諱狗。此屬芳讀狗讀敬均可。唯金文中用芍為敬之器均在周初，入後多見敬字均作敬，則此屬芳當直是屬狗。嫌此名不雅馴者，亦不妨讀之為考為昫為雊為玽也。【屬氏鐘補遺　金文續考　金文叢考】

◉郭沫若　知芍為狗字，則芍甲之為沃甲，斷無可易。狗沃之音相近。以聲而言，狗為牙音，沃為喉音，而牙喉每相轉變，如公之轉為翁，軍之轉為運。匍即古𨔤字，象人輦車之形。是也。以韻而言，狗屬侯部。沃屬宵部。而侯宵可相通假，如駒之通作驕，説文馬部。藪之借作棷，攷工記輪人。是也。狗之為名，後世史家蓋稍嫌其褻，故以沃字易之耳。

甲，羅釋羊甲，謂即陽甲。今案陽甲卜辭作象甲若喙甲，此字乃芍字，非羊字也。芍乃狗之象形文，亦即小篆苟字。又譌變為从艸句聲之苟。其實一字也。説文謂「苟自急敕也。从羊省，从包省，从口，口猶慎言也。从羊與義善美同意」殊迂曲，當云从芍口聲。舊音「己力切」。不知何所據。金文多用為敬字。大盂鼎「詔焚雝德巠」，又「克乃正」，大保𣪘「克亡遣」，均是。師虎𣪘「夙夜勿灋朕命」，亦用苟為敬。蓋敬者警也，自來用狗以警夜，故假狗形之文以為敬，就其物類而言謂之狗，就其業務而言謂之敬。敬字後起，其文从苟从支，與牧同意。蓋謂敺狗以警夜也。今舉金文敬字數例如次：

師嫠𣪘　儠兒鐘　師酉𣪘　秦公𣪘　克鼎　邾公釛鐘

儠兒鐘文。所从芍字，正與卜辭同。芍甲乃沃甲，上第一一八片已得其證。更由聲類而言，小雅常棣六章以豆飫具孺為韻，以夭聲之飫與侯部字為韻，沃亦从夭聲，故亦通假為侯部之芍字也。【卜辭通纂】

◉郭沫若　「丙卜，翌甲寅酒，卓钔于大甲，芍百芍，卯十牢。」(右行)

「芍百芍」與「卯十牢」對文，則上芍字當是用牲之法，以聲求之，殆即疈辜之辜。周禮春官宗伯「以疈辜祭四方百物」，二鄭均訓辜為磔，説文則訓磔為辜，是則芍芍即磔狗矣。

「己丑卜大貞：于五示告，丁、祖乙、祖丁、芍甲、祖辛。」

此片余于卜辭通纂中已箸録之。殷契佚存亦有收録。五三六。然因關係重要，故今重出之。五示之次乃追遡，丁者武丁，祖乙者小乙，祖丁與祖辛之間殷王之號甲者為沃甲。則芍甲自當為沃甲。芍字多用為牲，與牛羊同列。羅振玉釋為羊，説苟甲為「羊甲」，即陽甲。孫詒讓舊釋為羌，近人多從之，説苟甲為「羌甲」，亦即陽甲。然如為陽甲則與此片之世次不合，因陽甲當在小乙與祖丁之間也。且余於東京帝大考古學教室發現一片，其文為「庚寅卜（貞）其又𢀛（于）芍甲南庚彖甲（般庚）小辛」通别二。芍甲在南庚之上，其下復有彖甲，在南庚與小辛之間。可證陽甲實作彖甲，而芍甲非沃甲莫屬。此外卜辭中尚有一通例為余所發見者，即于甲日卜祭某甲而合祭某甲時，二甲必相次，所祭者在後，所合祭者在前。有第三甲時，更推而上之。綜合多數例證，得一號甲之先公先王之次第為

上𤰔　大甲　小甲　戔甲　芍甲　彖甲　祖甲

與歷來文獻中之

上甲　大甲　小甲　河亶甲　沃甲　陽甲　祖甲

適相比次，尤足證知戔甲為河亶甲，芍甲為沃甲，彖甲為陽甲。得此數項鐵證，更由文字學上考覈之，余乃決釋芍為狗之象形文，象貼耳人立之形，此乃狗之慣態。其或作　者示狗之項有帗巾，又或作　者示有索練以繫之。古敬字从此作者，敬乃警之初文，正宜从狗，其字形與馭牧斆等同意。芍或亘「己力切」讀若亟者，乃後人之誤會。其从艸句聲之苟字乃形誤，形失而音尚存。其从犬句聲之狗字乃後起之形聲字。象形文失其本義本音，别刱形聲之字起而代之之事，至多有，此其一例耳。唯其為狗，故常用為牲，與牛羊同例。唯其為狗，故有用以从事田獵之事。狗音與沃音相近，故芍甲後人易之為沃甲。爾雅釋獸「熊虎醜，其子狗」，又釋畜「犬未成豪，狗」，是狗本有勇意和愛意，故殷王以為號而不嫌其褻。後世易之者，蓋亦嫌其褻而為古帝王諱。由此諱忌，亦足以反證芍之必為狗。【殷契粹編考釋】

◉馬叙倫　段玉裁曰。吠以當作以吠。釋獸云。未成豪。狗。狗與馬二歲曰駒熊虎之子曰豿同義。皆謂稚也。鈕樹玉曰。本書無叩。乃叩之借譌。王筠曰。字林。狗。家獸也。未必不本之説文。無解説而突引孔子曰。亦非許例。倫按説解蓋本作守也。校者或吕忱加家獸也。孔子曰。狗。叩也。叩氣以吠守。爾雅未成豪。狗。明狗是犬子。猶馬子曰駒。豕子為㺃。人子為㝅。句㱿聲同侯類。語原然也。字見急就篇顔師古本。倫疑急就故書作犬。傳寫以通用字易之。此字或出字林。

【説文解字六書疏證卷十九】

◉徐中舒　狗，甲骨文作　、　，金文作　（大保簋）、　（盂鼎），从苟之敬作　（師𩛥簋）、　（余義鐘）。甲骨文及早期金文只以兩筆鈎勒狗的兩耳上聳、前後肢踞地有所伺察之形。甲骨文用為地名，讀狗讀敬，還不能肯定，金文則已分化為敬的專用字。狗為人守夜，又隨獵人追捕猛獸，經常要作儆戒或警惕的準備，有時還要發生警恐，敬就是從這些意義引申出來的。原始的狗字用筆太簡，師𩛥簋增口攴兩個偏旁。口象狗頸上所繫鈴形，　象持杖牧畜之形，从口从　就説明狗是家畜。在文字行用中，

犬作為狗的專名，敬就可以分化為恭敬之敬而不至于與犬相混淆了。作為狗的原始象形字，其形音義在文字中就保存在狗的形聲字中。狗，隸書作狥，楷書作狗。犬、茍、句、敬都是見系(喉音)的雙聲字，犬、狗的讀音都是其叫號的吠聲。犬、句、茍古韻幽部，敬耕部，狗敬雖同象狗形，但語源在殷周之際就早已不同了。【怎樣考釋古文字　古文字學論集初編】

狻

◉許　慎　南越名犬獿狻。从犬。夋聲。所鳩切。【説文解字卷十】

◉馬叙倫　鈕樹玉曰。繫傳獿作獶。俗。桂馥曰。六書故引作犬名。段玉裁曰。南越人名犬獶狻今江浙尚有此語。倫按犬音溪紐。狻音審紐。古讀歸透。溪透同為次清破裂音。故犬轉注為狻。然南越人名犬獿狻。明是校語。六書故引作犬名。則此字出字林也。【説文解字六書疏證卷十九】

尨

前四・五二・三　佚九四六　甲一五九【甲骨文編】

佚946【續甲骨文編】

0373　2848　0407　1526　1150【古璽文編】

◉許　慎　犬之多毛者。从犬。从彡。詩曰。無使尨也吠。莫江切。【説文解字卷十】

◉吴大澂　即尨。厖尨古通。周禮牧人注。故書尨作厖。杜子春云。厖當為尨。左氏襄四年傳尨圉。漢書古今人表作厖圉。詩長發傳。厖。厚也。【虘鐘　愙齋集古録第二册】

◉劉心源　尨姑。尨國姑姓婦人也。國名紀。古有尨國。莒邑有大尨。左昭元年。蓋其墟也。【尨姑彝　奇觚室吉金文述卷五】

◉方濬益　與厖同。爾雅釋詁。厖。大也。【叡鐘　綴遺齋彝器款識考釋卷一】

◉羅振玉　象犬腹下脩毛垂狀。當為尨字。今篆彡在背上。犬非剛鬣。若在背。則彡狀不可見矣。【增訂殷虚書契考釋卷中】

◉高田忠周　吴大澂云龐字也。非。此明尨字也。犬字古文。作為正形。或亦作。此篆从犬顯然矣。説文。

狡

尨犬之多毛者。从犬从彡。詩野有死麕。無使尨也吠。【古籀篇九十】

◉馬叙倫　段玉裁曰。釋獸毛傳皆曰。尨。狗也。此渾言之。許就字分别言之也。翟云升曰。鍇本或曰五字後人所加。丁福保曰。慧琳音義六十三六十四引作犬之多毛襍色不純者曰尨。倫按牻下曰。白黑襍色牛。駹下曰。馬面顙皆白也。面顙皆白。明餘非白。亦襍色者也。牻駹竝從尨得聲。則似慧琳所引襍色不純四字當有。然彡毛一字。從犬從彡。止會犬毛之意。無襍義也。疑從犬。彡聲。故音入明紐。毛聲宵類。古讀歸幽。幽侵對轉。故彭從彡得聲而入侵類。唯如慧琳所引詞頗冗餘。且駹下曰。馬色不純。言不純即襍矣。此言襍色。又言不純。蓋本作犬之毛色不純者曰尨。或作犬之多毛襍色者曰尨。爾雅釋畜釋文引説文云。犬之多毛。字林同。蓋此字林文。題説文者亦然也。陸引蓋節文。然下文。獿。犬惡毛也。錢坫云。字林以為多毛犬。獿音娘紐。明娘同為邊音。疑二字之訓當互易。尨當為犬惡毛。惡毛言其色襍也。獿當訓犬多毛。傳寫誤耳。駹牻尨同語原。此字或出字林。甲文有。羅振玉釋尨。【説文解字六書疏證卷十九】

◉饒宗頤　丙午卜，㱿：卯于(䝁)十牛。(七集天津三)

按此疑「尨」字，殷人祀龍星，故他辭有「龍宗」(續存上二二四一)，與此稱宗相類。尨即䝁。楚語：「日月會于龍䝁。國于是乎蒸嘗，家于是乎蒸祀。」亦見張衡東京賦。䝁即尾星。左僖五年傳：「龍尾伏辰」是矣。卜辭有祀尾之文：「王固曰：其隹丙戌幸。㞢(侑)。」(屯乙四二九三，見丁卜人𡆥條。)即尾字，可定為尾星。此字見于七集者，其上从「豕」，灼然甚明。則以尨宗為䝁，自無不可也。【殷代貞卜人物通考卷三】

◉李孝定　前四·五二·三　説文。「尨。犬之多毛者。从犬。从彡。詩曰。『無使尨也吠。』」契文與小篆形近。惟一在腹下。一在背上。略異。篆文蓋求結體勻稱耳。羅説可从。辭云「令尨」前四·五二·三。似為人名。【甲骨文字集釋第十】

◉楊樹達　此犬以多毛著，故从犬，从彡。犬為總名，彡訓毛，特名。【文字形義學】

狡　法一八九　二例【睡虎地秦簡文字編】

狡穉孺　狡吏　攸狡【漢印文字徵】

狡出孫强集字【汗簡】

獪 獿 猲 獢

狡 孫彊集 狡 崔希裕纂古 【古文四聲韻】

◉許 慎 狡少狗也。从犬。交聲。匈奴地有狡犬。巨口而黑身。古巧切。【說文解字卷十】

◉馬叙倫 沈濤曰。廣韻卅一巧引無而字。御覽九百四引無地字。段玉裁曰。狗當依急就篇注事類賦作犬。倫按少當作訬。傳寫誤捝言旁。此校者注以釋音者也。狗也當如段說。匈奴以下校語。知非字林文者。字林多言胡而此言匈奴。或呂忱據周書王會文。今有捝也。字見急就篇。【說文解字六書疏證卷十九】

◉黄錫全 狡狡出孫强集字 鄭珍云：「《玉篇》奻，古文狡。是孫强增加也。蓋俗因三女為姦，遂以二女為狡。」【汗簡注釋卷五】

◉許 慎 獪狡獪也。从犬。會聲。古外切。【說文解字卷十】

◉馬叙倫 狡獪也者。獪乃隸書複舉字之誤乙者也。狡獪音同見紐轉注字。此即狡猾之猾本字。本書無猾。然見玄應一切經音義引三倉。則為獪之音見紐聲同脂類轉注字。今捝。【說文解字六書疏證卷十九】

◉許 慎 獿犬惡毛也。从犬。農聲。奴刀切。【說文解字卷十】

◉馬叙倫 錢坫曰。今之狨字。字林以為多毛犬。倫按此字蓋出字林。【說文解字六書疏證卷十九】

◉許 慎 猲短喙犬也。从犬。曷聲。詩曰。載獫猲獢。爾雅曰。短喙犬謂之猲獢。許謁切。【說文解字卷十】

◉馬叙倫 猲獢二字蓋出字林。爾雅釋文引字林。猲。犬遏反。爾雅以下蓋校者增也。【說文解字六書疏證卷十九】

獢 笵獢印 【漢印文字徵】

◉許 慎 獢猲獢也。从犬。喬聲。許嬌切。【說文解字卷十】

獫

◉許　慎　長喙犬。一曰。黑犬黃頭。从犬。僉聲。虛檢切。【說文解字卷十】

◉馬叙倫　沈濤曰。初學記廿九引頭作頤。御覽九百四引作黃頭。倫按長喙犬蓋字林文。或字出字林也。爾雅釋畜釋文引字林。力劒反。一曰之義未知當屬何字。疑當作黃犬黑頭。即下文狂字說解。傳寫譌入。又倒誤耳。校者據一本作黃犬黑頭。因記之也。獦獢獫同舌根音轉注字。【說文解字六書疏證卷十九】

狌

◉許　慎　黃犬黑頭。从犬。主聲。讀若注。之戍切。【說文解字卷十】

◉馬叙倫　本部字無涉及毛色者。唯尨下總言之耳。此字蓋出字林。古鉨作。【說文解字六書疏證卷十九】

猈

◉許　慎　短脛狗。从犬。卑聲。薄蟹切。【說文解字卷十】

◉馬叙倫　段玉裁曰。狗當作犬。桂馥曰。玉篇注。狗短脰。廣韻注。犬短頸。疑脛當作頸或脰。王筠曰。小徐韻譜作頸。與廣韻合。今仍之者。猈即今之巴狗也。字又從卑。或亦一證。倫按今杭縣謂犬之足短者曰哈巴狗。猈即巴之本字。本書。竨。短人立竨竨皃。字亦從卑得聲。語原然也。短脛狗非本訓。或字出字林也。【說文解字六書疏證卷十九】

猗

2522　0826　1382　3467【古璽文編】

◉許　慎　犗犬也。从犬。奇聲。於离切。【說文解字卷十】

◉丁佛言　古鉨。許氏說猗。犗犬也。段氏曰。猗。歎詞。古又叚為兮字。【說文古籀補補第十】

◉馬叙倫　王筠曰。廣韻引為字林。丁福保曰。五音集韻引說文舉脛有渡。今本無此句。倫按犗音見猗音影紐。同為清破裂音。猗從奇得聲。奇音羣紐。古讀歸見。此猗犗語原同也。豕曰豶。羊曰羠曰羯。羯羠豶犗聲同脂類。馬曰騬。騬音牀紐三等。犗從害得聲。害舍一字。舍音審紐三等。審三牀三同為舌面前音。是其音雖轉變。語原仍同也。舉脛有渡者倚字義。誤引耳。古璽作。【說文解字六書疏證卷十九】

狊

◉許　慎　狊犬視皃。从犬目。古闃切。【説文解字卷十】

◉馬叙倫　沈濤曰。廣韻廿三錫引。犬視皃。亦獸名。猨屬。脣厚而碧色。蓋古本有一曰獸名云云。一切經音義十三引作犬視也。嚴可均曰。鍇本作目聲。狊目聲之轉。夏敬觀曰。會意。繫傳聲字當為傳寫所衍。倫按本書從狊得聲者。唯鵙郥二字。音皆古闃切。與此同。鵙字爾雅釋鳥詩豳風禮記月令竝作鵙。郥字左昭十九年傳作郥。竝從貝得聲。鳥部。鵙。伯勞者。鵙之俗名。即鵙之長言。然則爾雅詩禮之作鵙左傳之作郥。竝非形近而誤。實由狊從貝得聲。故彼作鵙郥。亦從貝得聲。貝伯音同封紐。故鵙之俗名為伯勞也。此蓋本作[篆形]。傳寫誤為狊。今音古闃切在見紐者。封見同為清破裂音。是由貝聲轉之證。三篇具從貝得聲。音其遇切。在羣紐。古讀羣歸見。又其例證也。鍇本目聲亦[篆形]聲之譌。犬視也蓋附會篆文為之説解。廣韻引作獸名猨屬者。蓋字林文。字或出字林也。【説文解字六書疏證卷十九】

⿰犬音

◉許　慎　⿰犬音竇中犬聲。从犬。从音。音亦聲。乙咸切。【説文解字卷十】

◉强運開　[篆形]古鉢。[篆形]猒。按从犬从音。當即古猎字。説文。竇中犬聲。【説文古籀三補第十】

◉馬叙倫　猥狺猩皆訓犬吠聲。則猎為犬在竇中吠聲。從音不能見竇中義也。且竇中犬聲亦吠耳。自是犬聲。從音音亦聲當作音聲。此字蓋出字林。古鉩作[篆形]。【説文解字六書疏證卷十九】

默

◉許　慎　默犬暫逐人也。从犬。黑聲。讀若墨。莫北切。【説文解字卷十】

◉馬叙倫　沈濤曰。六書故引犬濳逐人也。是今本暫字乃濳字之譌。倫按犬濳逐人非本訓。【説文解字六書疏證卷十九】

猝

◉許　慎　猝犬从艸暴出逐人也。从犬。卒聲。麤没切。【説文解字卷十】

◉馬叙倫　鈕樹玉曰。六書故引艸下有中字。玉篇注。犬從艸中暴出也。倫按逐人二字涉上文默下説解而譌羨。犬從艸中暴出也。蓋字林文。然默下犬濳逐人疑是此下一曰之文。【説文解字六書疏證卷十九】

猩 猩　㺌 㺌　㺝 㺝　猥 猥

◉許　慎　猩猩猩。犬吠聲。从犬。星聲。桑經切。【說文解字卷十】

◉馬叙倫　鈕樹玉曰。玉篇。猩猩如狗。面似人也。又音星。犬吠聲。此犬吠上當有一曰二字。倫按玄應一切經音義引字林。猩猩能言鳥也。鳥當依十誦律音義引作獸。形如豕。知人名也。頭如黃雞。今交阯封溪有之。聲如小兒啼。字從犬星也。然則本訓犬聲。猩猩以下今有捝文。乃字林中呂説或校語。唐人删并如此耳。吠字蓋涉㺌下説解而譌衍。【說文解字六書疏證卷十九】

◉許　慎　㺌犬吠不止也。从犬。兼聲。讀若檻。一曰。兩犬爭也。胡黯切。【說文解字卷十】

◉馬叙倫　鈕樹玉曰。初學記引同。韻會止作正。玉篇注。犬吠不出也。劉秀生曰。兼聲監聲竝在見紐添部。故㺌從兼聲得讀若檻。淮南説林訓。礛諸之工。注。礛讀一曰廉氏之廉。是其證。倫按上文猩訓犬聲。然爾雅釋獸。猩猩小而好啼。周書王會解字作生生。若黃狗。人面能言。後漢書哀牢傳。猩猩形若狗。音聲妙麗如婦人。玉篇猩猩如狗。面似人也。所庚切。又音星。犬吠聲。似當以若狗之獸為本義。犬聲蓋即㺌字義。傳寫以猩字誤入㺌字之上。以㺌字之訓誤入猩下。轉捝其本義耳。㺌次猝下。則玉篇作犬吠不出可從也。然本訓亦當止作犬聲。或以聲訓。一曰兩犬争也蓋狋字義。漢書東方朔傳。狋吽牙者。兩犬争也。㺌狋同舌根音也。蓋校者加之。【說文解字六書疏證卷十九】

◉許　慎　㺝小犬吠。从犬。敢聲。南陽新亭有㺝鄉。荒檻切。【說文解字卷十】

◉馬叙倫　桂馥曰。廣韻。㺝。小犬聲。倫按㺌㺝聲同談類。疑轉注字。説解當曰犬聲。南陽以下蓋字林文。嚴可均據地理志南陽有新野新都。無新亭。郡國志新野有東鄉。故新都。疑亭當作都。錢坫謂亭當是野譌。此字或出字林。【說文解字六書疏證卷十九】

猥 折衝猥千人　猥 猥司馬之印　猥 軍猥司馬　【漢印文字徵】

◉許　慎　猥犬吠聲。从犬。畏聲。烏賄切。【說文解字卷十】

◉馬叙倫　當曰犬聲。或以聲訓。玄應一切經音義引字林。猥。衆也。字見急就篇。猥音影紐。然畏鬼一字。鬼音見紐。㺌

獿　⿰犭翏　⿰犭參　獎

音匣紐。獿音曉紐。同為舌根音。是轉注字。鳥獸之鳴。固往往為雙聲也。慧琳一切經音義二引倉頡。襍也。十五引。頓也。九十六引。揔凡也。【說文解字六書疏證卷十九】

◉許　慎　獿獿⿰犭翏也。从犬夒。女交切。【說文解字卷十】

◉馬叙倫　段玉裁曰。獿乃複舉字之未刪者。倫按鍇本作夒聲。是。【說文解字六書疏證卷十九】

5524【古璽文編】

◉許　慎　⿰犭翏犬獿⿰犭翏咳吠也。从犬。翏聲。火包切。【說文解字卷十】

◉馬叙倫　獿⿰犭翏聲同幽類。轉注字也。本作犬聲或獿也。犬獿⿰犭翏咳吠也蓋字林文。或字出字林也。【說文解字六書疏證卷十九】

◉許　慎　⿰犭參犬容頭進也。从犬。參聲。一曰。賊疾也。山檻切。【說文解字卷十】

◉馬叙倫　段玉裁曰。也當作皃。此字集韻類篇皆云疏簪切。犬容頭進皃。不言出說文。賊疾疑有誤。小徐無此篆。鈕樹玉曰。舊本繫傳有之。玉篇注。犬容頭進也賊也。當本說文。則疾字後人加。倫按犬容頭進也。豈為此而造⿰犭參字邪。⿰犭參從參得聲。⿰犭翏從翏得聲。參翏竝從㐱得聲。參寥古亦連文。⿰犭參⿰犭翏實一字異文。聲轉耳。犬容頭進也方言或有此聲。假借⿰犭參字為之。此蓋字林文。或字出字林也。一曰賊也者。蓋猜字義。猜從青得聲。⿰犭參從參得聲。青參音同清紐也。下文。猜。賊也。此校語。疾也者。借為疌。疌音從紐。參音清紐。同為舌尖前破裂摩擦音。從疌得聲之萐。音亦審紐二等可證也。亦校語。【說文解字六書疏證卷十九】

◉許　慎　獎嗾犬厲之也。从犬。將省聲。即兩切。【說文解字卷十】

◉馬叙倫　翟云升曰。牆省聲。將亦牆省聲。不必將省。倫按此字蓋出字林。嗾犬厲之非本義。餘詳⿰犭戔下。將省聲是。將從肘爿聲。牆從將省聲也。【說文解字六書疏證卷十九】

𤞤

◉許　慎　𤞤齧也。从犬。戔聲。初版切。【說文解字卷十】

◉馬叙倫　齧也者。謂齧聲也。𤞤從戔得聲。戔音從紐。噍從集得聲。集音亦從紐。噍訓齧也。是語原同也。噍之重文作嚼。從爵得聲。爵音精紐。獎音亦精紐。則獎𤞤為轉注字。上文獎訓嗾犬厲之也。嗾犬使齧。引申義耳。【說文解字六書疏證卷十九】

狦

◉許　慎　狦惡健犬也。从犬。删省聲。所晏切。【說文解字卷十】

◉馬叙倫　段玉裁曰。廣雅。狦。狼也。倫按册聲。册非書册字。乃欄之初文。亦栅之初文。實侖之異文也。侖狼音同來紐。故或謂狼為狦。或為狼之轉注字。如此說解當作惡也健犬也。或作健。惡犬也。健為校者注以釋音者也。狦有健音。猶闌為門遮。而楗為限門。蓋轉注字。闌建聲同元類也。惡犬或即狼字義。狦㺑音同審紐二等。𤞤音穿紐二等。同為舌尖後音。獥㺒音同曉紐。審曉同為次清摩擦音。然則狦㺑與𤞤為轉注字。狦與獥㺒亦轉注字。【說文解字六書疏證卷十九】

狠

◉許　慎　狠吠鬭聲。从犬。艮聲。五還切。【說文解字卷十】

◉馬叙倫　吳穎芳曰。𤝃之轉呼。段玉裁曰。吠當依宋本及集韻作犬。鈕樹玉曰。玉篇吠作犬。嚴可均曰。下即𤢻篆。亦犬鬭聲。則犬字是。倫按犬鬭聲蓋字林文。𤢻下同。狠𤝃音同疑紐聲同真類轉注字。【說文解字六書疏證卷十九】

𤢻

◉許　慎　𤢻犬鬭聲。从犬。番聲。附袁切。【說文解字卷十】

狋

◉許　慎　狋犬怒皃。从犬。示聲。一曰。犬難得。代郡有狋氏縣。讀又若銀。語其切。【說文解字卷十】

◉馬叙倫　段玉裁曰。得字當依集韻類篇作附。讀若銀者。或曰當在𤝃下。劉秀生曰。讀又若銀者。小徐無又字。段玉裁謂當在𤝃下。按土部。垠。從土。艮聲。或從土斤聲作圻。似可為段說之證。然示聲在灰部。艮聲在痕部。灰痕對轉。則狋從示聲亦得讀若銀。漢書東方朔傳。狋吽牙者。兩犬争也。應劭曰。狋。音銀。是其證。漢書地理志狋氏縣。孟康曰。狋音權。三畧上。奪在位權。與是為根韻。亦其證。倫按犬怒皃當作犬怒聲。此字林文耳。一曰犬難附者。蓋猲字義。狋從

犷 

示得聲。示音牀紐三等。猲音審紐三等。同為舌面前音。或借狋為猲耳。讀若銀者。劉説是。示聲脂類。讀若對轉真類之銀。則狋狠為轉注字。示之轉注字為祈。則狋犷亦轉注字。段説亦可從。【説文解字六書疏證卷十九】

 簠帝四【甲骨文編】

 2521  2520  2519  2518  4048【古璽文編】

◉許　慎　犬吠聲。从犬。斤聲。語斤切。【説文解字卷十】

◉馬叙倫　沈濤曰。初學記廿九引作壯犬也。疑一曰以下文也。倫按壯犬也者。蓋獒字義。獒音亦疑紐。爾雅釋畜。狗四尺為獒。明其壯矣。此校語。犬吠聲當作犬聲。或以聲訓。此字蓋出字林。古鉨作。【説文解字六書疏證卷十九】

◉饒宗頤　壬戌卜，争貞：既出犷，求于土，宰。貞：求于土，一牛，圂宰。（簠室帝系四，續編一・一・五重。）

按犷即狺字，此為地名。説文艸部菦下云：「江夏平春有菦亭。」見郡國志。卜辭所見，未必此地，殆偶同名耳。【殷代貞卜人物通考卷六】

◉李孝定　 簠徵・帝系・四　字從犬斤聲。當即許書犷字。王氏簠考未釋。辭云「壬戌卜争貞既出犷求于土宰。」其義未詳。本文應補入十卷犬部。次尨下戾上。【甲骨文字集釋補遺】

猲 

◉許　慎　犬猲猲不附人也。从犬。舄聲。南楚謂相驚曰猲。讀若愬。式略切。【説文解字卷十】

◉馬叙倫　鈕樹玉曰。五音韻譜不作而。譌。翟云升曰。繫傳讀若二字當作一曰。劉秀生曰。舄如讀寫聲則在心紐。愬為謭之或體亦在心紐。故猲從舄聲得讀若愬。書禹貢。海濱廣斥。史記夏本紀斥作瀉。文選海賦。襄陵廣舄。注。尚書曰。海濱廣斥。是其證。倫按犬猲猲不附人也蓋字林文。下文獷犬獷獷不可附也同。猲聲魚類。獷聲陽類。魚陽對轉。是轉注字也。猲獷皆犬見人而吠聲耳。南楚謂相驚曰猲者。廣雅。猲。驚也。南楚凡相驚曰猲。朱駿聲謂借為䛩。倫謂䛩為厝置字無驚義。口部唶。大聲也。唶從昔得聲。昔音心紐。猲音審紐三等。同為次清摩擦音。舄之重文為䧿。是其例證。則驚義字為唶。立部䛩下曰。驚皃。即唶之引申義。唶猲語原實同。此蓋呂忱或校者所加。字或出字林。【説文解字六書疏證卷十九】

獷

◉許　慎　獷犬獷獷不可附也。从犬。廣聲。漁陽有獷平縣。古猛切。【説文解字卷十】

◉馬叙倫　沈濤曰。一切經音義二引作犬不可附也。文選吳都賦注引作犬獷不可附也。劇秦美新注引作獷犬不可親附也。辨命論注引作不可附也。倫按字蓋出字林。【説文解字六書疏證卷十九】

狀

5·394　秦詔版殘存「相狀綰灋度量則不壹」九字　5·398　秦詔版「廿六年皇帝盡并兼天下諸侯……」共四十字　秦1245　頻陽

狀【古陶文字徵】

狀　秦八七　法一六二　八例　日甲三六背【睡虎地秦簡文字編】

3128【古璽文編】

狀不侵印　狀舍人【漢印文字徵】

詔權　狀綰灋度量【石刻篆文編】

古老子【古文四聲韻】

◉許　慎　狀犬形也。从犬。爿聲。鉏亮切。【説文解字卷十】

◉馬叙倫　鈕樹玉曰。韻會引作壯省聲。非。倫按犬形即犬字象其形者也。今言狀皃形狀者。狀借為像耳。狀則奘之異文也。犬形也非本訓。字見急就篇。【説文解字六書疏證卷十九】

◉睡虎地秦墓竹簡整理小組　〔四〇〕狀，讀為戕，《國語·晉語》注：「猶傷也。」【睡虎地秦墓竹簡】

奘

◉許　慎　奘妄彊犬也。从犬。从壯。壯亦聲。徂朗切。【説文解字卷十】

◉馬叙倫　鄧廷楨曰。奘妄奘彊疊韻。倫按鍇本從犬壯聲。是也。妄彊犬也者。當作妄也。彊犬也。妄也以聲訓。彊犬也蓋字林文。字亦或出字林。奘蓋為犬壯大之偁。故從壯得聲。語原然也。或為猛犺之轉注字。亦或獷之轉注字。【説文解字

六書疏證卷十九】

獒 [seal]

◉許　慎　[seal]犬如人心可使者。从犬。敖聲。春秋傳曰。公嗾夫獒。五牢切。【説文解字卷十】

◉馬叙倫　鈕樹玉曰。韻會夫作乎。獒作獒。竝非。沈濤曰。左宣二年傳及爾雅釋畜釋文兩。引皆作犬知人心使者。是古本作知不作如。御覽九百四引作如。據誤本也。倫按爾雅釋畜。狗四尺為獒。左宣二年傳注。獒。猛犬也。倫謂獒是猛犬。蓋猛之轉注字。猛音明紐。獒音疑紐。同為邊音也。勢為豪桀之豪本字。驐為駿馬。則獒為猛犬。語原同也。犬皆知人心可使。晉靈公所嗾正以其猛犬耳。犬知人心可使者乃字林説。見釋畜釋文引。此字或出字林。【説文解字六書疏證卷十九】

獳 [seal]

[seal] 籀韻【古文四聲韻】

◉許　慎　[seal]怒犬皃。从犬。需聲。讀若槈。奴豆切。又乃矦切。【説文解字卷十】

◉馬叙倫　桂馥曰。讀若耨者。易需卦。歸藏作溽。劉秀生曰。需聲之字古多入泥紐。槈從辱聲。亦在泥紐。故獳從需聲得讀若槈。左隱二年傳。紀履繻來逆女。公羊穀梁竝作紀履緰。桓六年傳申繻。管子大匡作申俞。片部。牏。從片，俞聲。讀若俞。一曰若紐。釋名釋言語。辱。衄也。言折衄也。辱衄以聲訓。需聲如俞。俞聲如丑。丑聲如辱。是其證。倫按獳為犬怒皃。未得其證。獳從需得聲。需音心紐。則得與猲為轉注字。需從而得聲。而音日紐。古讀歸泥。泥疑同為邊音。亦得為獒之轉注字。從需得聲之字如儒孺皆有柔義。此為犬怒。未能詳也。此字或出字林。【説文解字六書疏證卷十九】

狧 [seal]

◉許　慎　[seal]犬食也。从犬。从舌。讀若比目魚鰈之鰈。他合切。【説文解字卷十】

◉馬叙倫　嚴可均曰。説文無鰈。當作鰨。釋地釋文。鰈。本或作鯤。玉篇。鰈。比目魚。以鰨為重文。鰨即鰨。魚部。鰨。虛鰨也。漢書相如傳。禺之魼鰨。魼虛聲相近。郭璞云。魼。比目魚。鰨。鯢魚也。則分魼鰨為二。劉秀生曰。當依小徐舌聲。舌聲古在定紐。枼從世聲。古在透紐。透定皆舌音。故狧從舌聲得讀若鰈。左哀二年傳吴洩庸。國語吴語作舌庸。漢書董仲舒傳作泄庸。文選四子講德論作渫庸。釋名釋形體。舌。泄也。是其證。倫按犬食以舌舐。豈為犬食而造狧邪。

狎 狃 犯

自是象其食聲。舌為舓之初文也。此字蓋出字林。故讀若鰈。【說文解字六書疏證卷十九】

◉楊樹達　犬吠以口，視以目，臭以鼻，食以舌，故諸字从口从目从自从舌，皆官名。犬為主名。【文字形義學】

◉許　慎　狎犬可習也。从犬。甲聲。胡甲切。【說文解字卷十】

◉馬叙倫　玄應一切經音義引字林。狎。習也。近也。惕也。然則本訓習也。以聲訓。吕忱或校者加犬可習也。近也惕也。倫謂習也即習字義。古借狎為習。聲同談類。狎蓋狧之聲同談類轉注字。與呷同語原也。【說文解字六書疏證卷十九】

2526【古璽文編】

◉許　慎　狃犬性驕也。从犬。丑聲。女久切。【說文解字卷十】

◉郭沫若　狃與戰連文，殆叚為鴇。詩大叔于田「乘乘鴇」，傳云「驪白雜色曰鴇」。爾雅釋畜亦云。【沈子簋銘考釋　金文叢考】

◉馬叙倫　鈕樹玉曰。韻會驕作忕。說文無忕。嚴可均曰。左桓十三年傳疏引作狎也。小徐韻會引作犬性忕也。按當作狎也。一曰。犬性忕也。沈濤曰。狎也蓋一曰以下文。桂馥曰。廣韻。狃。習也相狎也。詩太叔于田。將叔無忸。傳。狃。習也。桓十三年左傳。莫敖狃于蒲騷之役。注。狃。忕也。翟云升曰。爾雅釋言疏引作狎也。倫按驕也以聲訓。吕忱或校者加犬性驕也。又加忕也狎也。本書無忕字。詩蕩釋文及四月疏左桓十三年傳疏爾雅釋言疏引皆有之。蓋字林文。可證也。忕蓋怈之轉注字。心部。洩。習也。則習也者。忕字義。忕音定紐。狃音娘紐。同為舌尖前音。得相假也。狎也者。即以古或借狎為習也。以音求之。狃當是犬柔馴之義。疑與獳為轉注字。爾雅釋文。凡。字林或作狃。【說文解字六書疏證卷十九】

犯　法一四二　五例
雜二六　二例
為一六　二例
語五　二例
秦一九一
日乙一四二
秦五

七【睡虎地秦簡文字編】

冢犯之印　成犯【古陶文字徵】

詛楚文　敢數楚王熊相之倍盟犯詛【石刻篆文編】

◉許　慎　侵也。从犬。㔾聲。防險切。【説文解字卷十】

◉馬叙倫　侵也以聲訓。爾雅釋詁。犯。勝也。小爾雅廣言。犯。突也。廣雅釋詁。犯。屻也。屻即本書之衄。從血。丑聲。然則屻也者。借衄為狃。犯為狃之幽侵對轉轉注字。犯音奉紐。狃音匣紐。同為次濁摩擦音亦轉注字。侵犯之義。字當為干。字見急就篇。秦詛楚文作。【説文解字六書疏證卷十九】

猜　猜

張猜私印　王史長猜　閔猜私印　馮猜　尹臣猜　馮猜　莊猜之印　張長猜印　王高之印字為□猜　原猜　吕少猜印【漢印文字徵】

◉許　慎　恨賊也。从犬。青聲。倉才切。【説文解字卷十】

◉馬叙倫　鈕樹玉曰。韻會引無恨字。玉篇。疑也。恨也。懼也。徐灝曰。廣雅。猜。疑也。懼也。方言。猜。恨也。賊字疑衍。倫按恨賊也當作恨也賊也。然似皆非本義。亦非本訓。恨也者。蓋借為忮。忮聲支類。猜聲耕類。支耕對轉也。本書。忮。很也。很蓋恨之誤。或借為悜。心部。悜。恨也。悜聲亦耕類。賊也者。或借為殘。猜音清紐。殘音從紐。同為舌尖前破裂摩擦音。本書。殘。賊也。今言猜忌即猜忮。猜疑之字當為僭。僭音精紐。亦舌尖前破裂摩擦音。古或借慊為之。本書。慊。疑也。【説文解字六書疏證卷十九】

猛　猛

轅猛　王猛　曼猛信印　柔猛私印　昭猛之印　堂猛友印　吴猛　猛朝家印　武猛教尉　武猛都尉　崔猛私印　李猛士【漢印文字徵】

少室石闕　廟佐向猛趙始【石刻篆文編】

[seal]古老子 [glyph] 崔希裕纂古【古文四聲韻】

◉許　慎　猛健犬也。从犬。孟聲。莫杏切。【說文解字卷十】

◉馬叙倫　健犬也非本訓。廣雅釋詁。猛。健也。犺。健也。許蓋以聲訓。或作犬皃。字見急就篇。【說文解字六書疏證卷十九】

[seal] 犺 日甲五五　三例　通亢　十二月須女斗牽牛大凶角—致死　日甲四九 [seal] 日甲五二【睡虎地秦簡文字編】

◉許　慎　犺健犬也。从犬。亢聲。苦浪切。【說文解字卷十】

◉馬叙倫　健犬也蓋字林文。猛犺聲同陽類轉注字。【說文解字六書疏證卷十九】

◉許　慎　㹤多畏也。从犬。去聲。去劫切。[seal]杜林說。㹤从心。【說文解字卷十】

◉馬叙倫　㹤聲當在魚類。疑為猛犺之魚陽對轉轉注字。多畏也者。怯字義。此非本訓。

[seal] 怯為畏懼之義。蓋懼之聲同魚類轉注字。杜林說者。蓋見其經說或倉頡故中。倉頡無怯。而以㹤為之。林見其義當為怯字。故謂畏怯字從心也。【說文解字六書疏證卷十九】

◉許　慎　獜健也。从犬。粦聲。詩曰。盧獜獜。力珍切。【說文解字卷十】

◉馬叙倫　鈕樹玉曰。廣韻注。獜獜。犬健也。出說文。翟云升曰。類篇引作健犬也。周雲青曰。五音集韻引作獜獜犬健也。倫按獜音來紐。古讀歸泥。猛音明紐。明泥同為邊音。蓋轉注字。類篇引作健犬也與上文猛犺說解同。當從之。然非本訓。或字出字林也。【說文解字六書疏證卷十九】

◉許　慎　獧疾跳也。一曰。急也。从犬。瞏聲。古縣切。【說文解字卷十】

◉馬叙倫　玉篇。跳也。廣韻。獧。躍也。然則疾跳也當作疾也跳也。一本曰疾也作急也。故校者注一曰急也。急也者。朱駿聲謂借為懁。倫檢本書。趮。疾也。當為疾走也。則此為犬疾走義。與狟為同舌根音又聲同元類轉注字。跳也者。列子

湯問。跳往助之。蓋疾走而往助之也。蓋跳借為奔跑之跑。其本字作夭。夭是疾行也。此字蓋出字林。【説文解字六書疏證卷十九】

倏

◉許　慎　走也。从犬。攸聲。讀若叔。式竹切。【説文解字卷十】

◉馬叙倫　鈕樹玉曰。韻會引作犬走疾也。段玉裁曰。當依韻會。劉秀生曰。攸聲之字。如篴絛儵古皆在透紐。叔從尗得聲亦在透紐。故倏從攸聲得讀若叔。爾雅釋訓。儵儵嘒嘒。陳奐曰。儵儵即踧踧周道之異文。莊子大宗師。翛然而往。釋文。翛。本又作儵。徐音叔。是其證。倫按犬走疾也蓋字林文。此為唐人删節矣。攸音喻紐四等。叔音審紐。同為次清摩擦音。故倏讀若叔。慧琳音義一百引三倉。倏。忽也。【説文解字六書疏證卷十九】

狟

◉許　慎　犬行也。从犬。亘聲。周書曰。尚狟狟。胡官切。【説文解字卷十】

石經　汗簡　【古文四聲韻】

◉阮　元　狟同桓。書牧誓尚桓桓。説文引作尚狟狟。左莊二十二年傳。及陳之初亡也。陳桓子始大於齊。杜注。桓子敬仲五世孫陳無宇。銘云。陳狟子之裔孫。著其始大之祖也。【陳逆簠　積古齋鐘鼎彝器款識卷七】

◉馬叙倫　沈濤曰。廣韻廿六桓。狟狟。大大也。周書曰。尚狟狟。是廣韻所據本作大犬也。雖未云出説文。然連引周書尚狟狟可證皆許語。倫按今書牧誓作尚桓桓。古書桓桓皆訓威勇。金文陳侯因資敨。孝武趄公。虢季子白盤。先行趄趄。則是趄為疾行。趨之轉注字。此亦當作犬疾走義。犬行也當作犬行皃。字蓋出字林。【説文解字六書疏證卷十九】

犻

◉許　慎　過弗取也。从犬。市聲。讀若孛。蒲没切。【説文解字卷十】

◉馬叙倫　鈕樹玉曰。玉篇。犬怒皃。又犬過。又字作𢄼。訓弗取。疑此當作犬過也拂取也。段玉裁曰。疑當合之曰。犬過拂取也。倫按過弗取也詞雖可通。從犬於義不可過。過下自挩也字。然弗取或作拂取亦不可通。本書。拂。過擊也。説解中適有過字。拂犻聲近。蓋拂為校者注以釋音者也。後校者因加過也。取也者。疑拔字義。犻拔聲亦相近。吕氏春秋慎行。圍朱方。拔之。高注。覆取之曰拔。戰國策秦策。拔燕酸棗。注。拔。取也。上文狟為犬行皃。二篇。迷。前頓也。迷為

猲 猲　　猌 猌

顛沛之沛本字。前頓亦行皃也。此下文。犮。犬走皃。此讀若孛。史記齊世家茀星將出。即春秋有星孛於大辰之孛。韓詩外傳。沛然平世之俗起。荀子非十一子作佛然。論語色勃如也。本書艴下引作艴如。以此相證。狘蓋犮之轉注字。音同竝紐。聲同真類也。狘從朮得聲。朮音滂紐。孛音竝紐。朮孛聲同脂類。故狘讀若孛。此字蓋出字林。復捝本訓。【說文解字六書疏證卷十九】

◉許　慎　猲犬張耳皃。从犬。易聲。陟革切。【說文解字卷十】

◉馬叙倫　承培元曰。猲即詩無羊其耳溼溼之溼。毛傳。溼中齝動耳皃。繫傳開字按廣韻疑當作怒。于鬯曰。耳疑當作牙。形近而誤。犬耳本張。不必言張耳也。下文。猌。犬張齗怒也。張齗與張牙正類次。小徐本張上有開字。朱文藻謂開當作鬭。是也。犬鬭以牙不以耳。益知耳為牙之譌也。倫按于說為長。易聲支類。來聲之類。聲得旁轉。則猲猌為轉注字。然倫疑猲為狧之轉注字。猶舌轉注為舓也。古或借為猌。又或傳寫此字誤捝。隔列於此。失其本訓。今說解即猌字義。【說文解字六書疏證卷十九】

◉許　慎　猌犬張齗怒也。从犬。來聲。讀又若銀。魚僅切。【說文解字卷十】

◉丁佛言　□南公鼎。許氏說猌。犬張齗怒也。案齗為齒本。猌从齒。與許說正合。【說文古籀補補第十】

◉馬叙倫　段玉裁曰。從犬來會意。聲字又字衍。徐灝犬來無以見張齗怒意。來聲而又讀若銀者。古音之轉也。倫按本訓犬皃。犬張齗怒也者字林文耳。玉篇廣韻也皆作皃。是。疑字林亦本作犬鬥怒張齗皃。然犬怒開口露牙。不必見齗。齗蓋本作牙。牙或譌為耳。如上文猲下是也。此爛譌為斤。校者因增齒旁。上文狋下曰。讀又若銀。此亦曰讀又若銀。皆校者加也。蓋本讀如從其得聲字之音。校者以應劭讀狋為銀。而左昭十一年傳會於厥憖。公羊作屈銀。故此及狋下各加讀又若銀也。凡本書讀若上有又字蓋皆然矣。猌從來得聲。來音來紐。古讀歸泥。銀音疑紐。泥疑皆邊音。故猌得讀若銀。南宮鼎□字。林義光以為即憖字。而憖從心為從臼。齒象犬張齒之形。丁佛言亦謂從齒與許說合。不悟犬自有齒。安得復於犬外增齒乎。況六書會意之文無兼聲之例也。自即憖字。六國時文字多譌變。故寫心成□耳。【說文解字六書疏證卷十九】

◉饒宗頤　癸未卜，争貞：王在兹猌，咸狩。（天壤八一）

按猌為殷王畋獵地名。他辭云：「王往田，㴚（彌）日，不冓大風。弜田猌，王其每（悔）。」（屯甲六一五）「庚辰貞：日又戠。其告于父丁，用牛九在⿱林犬。」(粹編五五)「王叀⿱林犬田，湄日亡𢦔。」(京都大學四五三)此字唐蘭釋「𤞞」。竊謂非也。字從二耒二犬，耒與來聲義俱通。釋名：「耒，來也。」故地名之⿱林犬，應是猌字。(說文：猌，犬張齗怒也。)借為憖。左昭十一年：「會于厥憖」，即此。疑本名猌，加語詞則曰「厥憖」，如宋地有厥貉，亦加厥字，是其比。(秦公鐘：「𢘄龢萬民。」又者減鐘：「𢘄于我霝龠。」此字並用作語詞之憖，可證我說。)【殷代貞卜人物通考卷六】

◉戴家祥 憖卣 憖，从犬，从心，从來，來或聲。字書不載。說文十篇有猌字。許氏云：「犬張齗怒也。从犬來聲。」憖或猌之別構。加心，謂描述一種憤怒的心理狀態。金文作人名，無義可說。【金文大字典中】

犮

◉許慎 犮 走犬皃。从犬而丿之。曳其足則刺犮也。蒲撥切。【說文解字卷十】

◉林義光 爾雅。跋。躐也。此當為犮之本義。古印有作𡗜二字者。𡗜當即犮。象人文象人形足下有物越而過之之形。古有犮尊彝癸字。亦當為犮。从犬乃形之譌。【文源卷五】

◉馬叙倫 嚴可均曰。一切經音義十五引作相跋躐也。沈濤曰。九經字樣作犬走皃。今本誤倒。倫按說解當從鍇本作從犬而丿之曳其足則刺犮也。然非許文。倫謂從犬。從十二篇部首余制切之𠂆得聲。故音入竝紐聲在脂類。𠂆音喻紐四等。古讀歸定。竝定同為濁破裂音也。亦或從自之異文作𠂆者得聲。自音奉紐。古讀歸竝也。犬走皃蓋亦字林文。【說文解字六書疏證卷十九】

◉嚴一萍 犮 此與祓字所从之犮同，當即犮字。犮猶拔也。周禮赤犮氏注：「猶言捇拔也。」易乾：「確乎其不可拔。」鄭注：「移也。」老子：「善建者不拔。」「毋犮」猶言不拔不移也。商釋「戈」讀「忒」。【楚繒書新考 中國文字第二十六冊】

◉楊樹達 犬為基字，丿指犬之見曳，為所事。【文字形義學】

戾

後下42·8【續甲骨文編】

戾 為三 二例【睡虎地秦簡文字編】

韓戾【漢印文字徵】

□戾 石經多士 即于殷大戾 【石刻篆文編】

□戾 【汗簡】

□古史記 【古文四聲韻】

◉許 慎 戾曲也。从犬。出户下。戾者。身曲戾也。郎計切。 【説文解字卷十】

◉王 襄 □□□ 古戾字。 【簠室殷契類纂正編第十】

◉陳邦懷 □龜甲獸骨卷二弟四十二葉 箋曰。此字不見説文解字。三體石經尚書君奭殘石癸亥歲洛陽新出土者古文戾作□。與此正同。知為古文戾字也。此條新補。當附考釋亖字條後。 【殷墟書契考釋小箋】

◉葉玉森 □ 柯昌濟氏謂从悔从豕。殆即悔吝字。補釋。郭沫若氏謂與□為一字。卜辭中□猶字與□字所从之□□均非犬形。以為古之猶字實即从鼠由聲之鼬卜辭之別體。从由作者。即是此字。説文云。鼬如鼦。赤黄色。尾大食鼠者。今人稱為黄鼠狼。而□字乃从□鼬聲。或□省聲。□為象形字。而□為形聲字。周人叚□為□□字而改从犬作。而□□更分而為二。甲骨文字研究釋繇。森桉郭氏認卜辭之□□□□為一字。均釋為繇。故立説如是。予曩者亦疑□為□省。讀郭氏説。玄思妙證絡繹于篇。而予懷疑好奇之念亦油然而起。欲證明郭説。第一須證明□字塙為□省。第二須證明□字所从之□塙為鼠形。非犬形。予乃先就卜辭中所見之□字異體最録如干。以供研究。如□同卷第四十一葉□卷二第四葉□又第六葉□又第十四葉□卷四第一葉□後上第十葉□後下第二葉□徵文雜事第十版□□□又第十一版□又第十四版□又第二十五版。其偏旁作□□□□□□□□□□□等形。變態極多。卜辭中百數十見之。□字乃無一作此諸形者。又其下横。十九向右斜上。而□之下横乃一致平行。是□非□省。可以斷定。否則偏旁既繁變不已。而正字乃異體絶稀。無此理也。又所从之□為犬形鼠形。欲得塙證。仍求之卜辭。桉先哲造犬字。象其削腹拳尾。固為特徵。而搜集異體覺削腹則同。尾則或垂或直。予前已言之矣。是尾雖不拳。仍不能謂之非犬。又麗字下半如□卷五第四十七葉之二□藏龜第百四葉之一。則一作拳尾。一作自尾。犾字如□卷六第六十三葉之五。所从之二犬則一作直尾。一作翹尾。至狩字从犬尾更拳否不一。不能謂不拳者為栔誤也。郭氏有此説。且□字所从之犬。十九繫爪形。卜辭中犬字繫爪形者如□卷三第二十三葉之六□卷七第二十五葉之四□卷八第四葉之七。从犬之字如□後下第三十六葉之七。胥是説文云犬狗之有縣蹏者也。故先哲造犬字。殆亦以繫爪為特徵。至若鼠字則惟象其尖喙細腹脩尾及旁有食物却顧懷疑之狀。如[glyph]。固無一繫爪形者。鼠之正字且不繫爪形。用作偏旁十九繫爪。恐亦無此理。是[glyph]字所从之[glyph]壞為犬形。非鼠形。亦可以斷定矣。至予釋[glyph]為戾。已于舊著殷契鉤沈中言之。茲請更申其説。卜辭中未見户字。从户之字如雇。卜辭作[glyph]卷二第四葉之八[glyph]又第六葉之六[glyph]甲骨文字一第九葉。如戾卜辭作[glyph]同卷第四十三葉之五[glyph]卷六第九葉之一。其户形作[glyph][glyph][glyph]。與[glyph]之偏旁有相似者。且下横亦向右斜上。尤為顯著。犬以雙足抵户。則露很戾之狀。故為古文戾字。言亡戾猶言亡尤也。【殷虚書契前編集釋卷二】

◉馬叙倫　魏石經戾字古文作犾。甲文亦有[glyph]。又有[glyph]字。從馬。[glyph]聲。犾蓋從犬。立聲。立譌為户耳。曲也非本訓。亦非本義。玄應一切經音義引字林。戾力計反。又引乖戾也。又引曲也。又引字從犬從户。又引字從犬出户而身曲戾也。戾之本義亡矣。【説文解字六書疏證卷十九】

◉唐　蘭　[glyph]當釋犾。卜辭犾字極多。舊不識。今按即犾字。犾字説文闕。三體石經為戾字古文。【古文字學導論下】

◉伍仕謙　盄和鐘銘文有「[glyph]和萬民」；秦公鐘有「敹和胤士」及「康奠[glyph]朕國」二句；[glyph]即戾字，從耒得聲。其上之夕，鐘文作[glyph]，夕乃宋人誤摹。[glyph]即耒之象形字。篆文戾從户，户乃夕之形譌。説文弦部有盭字，讀若戾。金文師訇簋有「盭龢雩政」一語，牆盤作「敹龢于政」，盭及敹皆盭之省文。《詩·大雅·柔桑》：「民之未戾」，《傳》：「戾，定也」，即安定之意。故「戾和萬民」即安定和協萬民之意，「戾和胤士」即安和胤士之意。「康奠戾朕國」，奠亦訓定，此句即安定我國之意。【秦公鐘考釋　四川大學學報一九八〇年第二期】

◉黄錫全　[glyph]戾　此即上盭字，左下乃[glyph]寫誤。夏韻霽韻録作[glyph]，屑韻録作[glyph]，並注「古史記」。《説文》「盭，讀若戾」。牆盤「[glyph]龢于政」，㾜鐘「[glyph]龢于政」之敹、盭即通戾。《詩·桑柔》「民之未戾」，「雲漢」「以戾庶士」，傳「戾，定也」。「戾和」即安定和協。《史記·司馬相如傳》「盭夫為之垂涕」，索隱引張揖注「盭，古戾字」。郭采盭字，以隸作古。【汗簡注釋卷五】

[glyph] 獨　日甲五八背　五例　[glyph] 秦一二三　四例　[glyph] 封六九　[glyph] 秦一九五　【睡虎地秦簡文字編】

[glyph] 石碣避車　射其豬蜀　古文不从犬　蜀字重文　【石刻篆文編】

𤞞

獨出王存乂切韻　獨　上同竝出義雲章　【汗簡】

◉許　慎　犬相得而鬭也。从犬。蜀聲。羊為羣。犬為獨也。一曰。北嚻山有獨𤞞獸。如虎。白身。豕鬣。尾如馬。徒谷切。　【説文解字卷十】

古老子　義雲章　王存乂切韻　雲臺碑　【古文四聲韻】

◉馬叙倫　沈濤曰。北嚻山以下後人以山海經竄改。古本不如是。廣韻一屋。獨。説文曰。犬相得而鬥也。羊為羣。犬為獨。一曰。獨𤞞。獸名。如虎。白身。豕鬣。馬尾。出北嚻山。可證。玉篇作犬相得而鬥也。故羊為羣犬為獨也。又獨𤞞。獸名。出山海經。此顧氏據説文而自以己意删節。其云出山海經者。謂許書一曰以下之訓本諸山海經也。後人不知。妄以山海經改説文矣。倫按牛鬥為觸。則犬鬥為獨。語原同也。蜀鬥聲皆矦類。蓋本訓鬥也。吕忱或校者加犬相得而鬥也。羊為羣以下亦然。然倫謂犬鬥為獨。即觸字義。獨是獸名。故次𤞞上。字見急就篇。【説文解字六書疏證卷十九】

◉黄錫全　獨　蜀字古本作(明2330)，後从虫作(周甲)、(石鼓文)。涪陵小田溪銅戈蜀字變作，曾侯乙墓出土石磬之獨字作，鐘銘作(中層一組5號反③)。此字所从之當由形譌變。參見虫部蜀。此形來源有據。

上同竝出義雲章　左旁應是譌，从罒从虫，與上形稍別。參見虫部蜀。

獨出王存乂切韻　夏韻屋韻録此文作(羅本)，右下从是，此形乃寫誤。林罕《集綴》蜀作，説見虫部蜀。馬王堆漢墓帛書《戰國縱横家書》獨字作，與此形類似。【汗簡注釋卷四】

◉許　慎　獨𤞞獸也。从犬。谷聲。余蜀切。【説文解字卷十】

◉馬叙倫　段玉裁曰。依全書之例當次於狻玃之下。倫按石鼓文。射其[豕肙]蜀。蜀即獨省。則獨是獸名。與[豕肙]並舉。當是常獸。石鼓所田所漁均無異物。非北嚻山之獨𤞞也。倫疑獸名本無正字。獨𤞞疊韻連緜為名。蓋借字也。或本止作谷。以獨字而加犬旁。要之此字必出字林。吕忱據山海經加也。【説文解字六書疏證卷十九】

獮 獮

甲672 粹991 粹992 粹993 新3883 【續甲骨文編】

◉許　慎　獮秋田也。从犬。壐聲。息淺切。⿰礻豕獮或从豕。宗廟之田也。故从豕示。【說文解字卷十】

◉郭沫若　史記魯世家「伯禽即位之後，有管蔡等反也，淮夷徐戎亦並與反，於是伯禽率師伐之，於肸作肸誓」，集解引徐廣云「一作鮮，一作獮」，又引尚書作粊，孔安國云「魯東郊之地名」。今本尚書作費，乃衛包所改也。本銘才字下一文，上半右旁作犬當是犬字，召伯虎段有獄字作獄，所从犬字形左右均與此同。左旁當是尒字，古璽文尒字或作介，與此形近，此當畧有剝損處。獃即說文獮字重文之⿰礻豕字，字形稍譌，許以為「从豕示」，乃沿譌形以為說。古璽尒字亦作爪，與古文示字全同。下半所从是邑字。鄨即肸粊等之本字也。徐廣以為一作獮者為近實，肸粊鮮均叚借字。【明公段　兩周金文辭大系考釋】

◉馬叙倫　鈕樹玉曰。釋詁釋文云。獮。說文或作獮。釋天釋文云。獮。說文從薾。或作⿰礻薾。從示。左隱元年傳釋文云。獮。說文作獮。云。殺也。所引竝非說文。玉篇正作獮。注云。秋曰獮。殺也。亦作禰。重文作獼。廣韻作獮。⿰礻豕為獼之重文。注云。見說文。嚴可均曰。蓋六朝舊本篆體作獮。說解作薾聲。或本作獮。獮獮小異。嚴章福曰。釋詁釋文引或作獮。或者謂⿰犭薾下重文。非或本。別有一重文作⿰礻薾。非從示從豕也。沈濤曰。同為陸氏所據之本何以不同若是。蓋古本作獮不作獮。訓解當云殺也。秋田為獮。爾雅釋詁。獮。殺也。正許君所本。周禮大司馬注國語周語注文選西京賦辭綜注皆云。獼。殺也。亦與許合。惟獼之從薾經典所無。他書亦罕見也。疑傳寫之譌。當為說文從壐。或作⿰礻壐從示。今本誤奪⿰礻壐篆耳。壐為璽之正字。釋詁釋文或字亦屬譌衍。王筠曰。玉篇作獮者。璽為薾之俗字也。倫按據釋文引則正文從獼。重文作獮。或又作⿰礻薾。無⿰礻豕字也。玉篇作獮。亦可為本書原本作⿰犭薾之證。釋詁釋文左隱元年傳釋文皆引作獮。而此從壐。璽壐一字。獮獮固猶一字也。玉篇所據即此本。而字又作獮。倫謂璽壐篆隸相似。轉可以證從璽之本為誤。以音言之。固當從壐。然倫疑陸見本作⿰犭薾者。蓋是從薾之誤。所引重文作⿰礻薾者。亦本作⿰礻薾也。故玉篇作禰矣。然則今本捝正文⿰犭薾篆。而倫疑此正重三篆皆出字林。夫四時之田。春蒐夏苗秋獮冬狩。蒐狩音同審紐。獮音心紐。皆次清摩擦音。苗從瞗得聲。見苗字下。瞗狩聲同幽類。苗音微紐。獮從壐得聲。壐從爾得聲。爾音日紐。古讀歸泥。微泥同為邊音。然則本止一字。或借苗蒐為之。或為轉注之字。獮狩是也。獵以犬從。故字從犬。因時空之故而異名茲起。遂以配之四時。亦或獵時因方俗而異也。獮為秋田。而爾雅釋天。春獵為蒐。公羊桓四年傳。秋曰蒐。尚書四時之巡狩皆曰狩。則四時之獵本無定名矣。

⿰礻豕　段玉裁曰。此篆文及解疑皆有誤。王筠曰。獮隸犬部。故先言從豕。又言宗廟之田也。故從豕示。豕字因與示音近而衍。此二句為祄從示解也。倫按依大例。則𤞞或從豕下不當有宗廟云云。鍇本作𤞞或從豕作。亦明下無餘文也。宗廟之田也。亦明為校者據傳記田獵以共宗廟為說。倫謂重文蓋本如爾雅釋天釋文引作禰。實當為禰。省寫為祢或祢。說解本作禰或從茶或尒。唯篆文仍從犬字。故說解不及示字。及篆譌為祄。於是校者欲明從示從豕之義而有宗廟云云矣。玉篇作禰。則僅犬旁誤耳。至廣韻所據本乃同今本矣。夫從示豕不能見為祭祀而田獵之意。故從字譌也。或曰。從示。豕聲。豕音審紐。以同次清摩擦音轉入心紐也。則僅以見祭祀之意。亦知其不然也。或曰。從犬。豕聲。【說文解字六書疏證卷十九】

獵 

 獵 盗壺 茅蒐狃獵 【金文編】

 獵 雜二七 【睡虎地秦簡文字編】

 古老子 【古文四聲韻】

◉許 慎 放獵逐禽也。从犬。巤聲。良涉切。【說文解字卷十】

◉羅振玉 邋 箋曰。說文解字。邋。擠也。荀子議兵。不獵禾稼。注。獵與躐同。踐也。詩南山疏。獵是行步踐履之名。是古獵躐同字。古文从辵从足亦無別。獵躐邋一字。許君訓邋為擠。非本誼。字本从辵。不从手也。薛氏釋獵。是。【石鼓文考釋】

◉强運開 石鼓。君子鼎〓邋〓鼎斿。叚邋為獵。【說文古籀三補第十】

◉馬叙倫 鈕樹玉曰。類篇引放作校。集韻引作效。繫傳作畋獵也。韻會引作效獵也。玉篇注。犬取獸也。嚴章福曰。放效皆畋之譌。段玉裁曰。畋。平田也。非許義。韻會作效。放疑校之譌。校獵二字逗。以逐禽釋之。錢坫曰。爾雅放作畋。倫按朱駿聲謂畋為田獵之田本字。是也。畋獵蓋轉注字。以攴獸言。故畋從攴。今俗稱打獵也。以犬從獵。故獵從犬。田音定紐。而男從田得聲。音入泥紐。獵音來紐。古讀歸泥也。說解本作畋也。獵則隸書複舉字之誤乙者也。呂忱或校者加逐禽也。今本畋譌為放。獵下又捝也字。字見急就篇。【說文解字六書疏證卷十九】

獠 獠

𤡾崔希裕纂古 獠籀韻 獠汗簡【古文四聲韻】

◉許 慎 獠獵也。从犬。尞聲。力照切。【説文解字卷十】

◉馬叙倫 吴穎芳曰。獵之轉語。倫按獠獵音同來紐轉注字。爾雅釋天。宵田為獠。郭注。管子曰。獠獵畢弋。今江東亦呼獵為獠。倫謂獠獵亦玀之轉注字。玀得聲於爾。爾音日紐。古讀來日竝歸於泥也。由此益證本無四時之别矣。獠蓋即夏苗之本字。【説文解字六書疏證卷十九】

狩 狩

□ 鐵一〇・三 卜辭用獸為狩 重見獸下【甲骨文編】

□ 狩定私印【漢印文字徵】

□ 石經僖公 狩通獸【石刻篆文編】

□ 籀韻【古文四聲韻】

◉許 慎 狩犬田也。从犬。守聲。易曰。明夷于南。狩。書究切。【説文解字卷十】

◉羅振玉 説文解字：「獸，守備者。从嘼，从犬。」又：「狩，犬田也。从犬，守聲。」案古獸狩實一字。左氏襄四年傳：「獸臣司原。」注：「獸臣，虞人。」周禮獸人之職所掌，皆王田之事。詩車攻：「搏獸于敖。」後漢書安帝紀注引作「薄狩于敖。」漢張遷碑：「帝游上林，問禽狩所有。」石門頌：「惡蟲𤜣狩。」皆獸狩通用。其文先獸鼎作□，員鼎作□。此从丫从Y。並與从單同。古者以田狩習戰陳，故字从戰省。从犬助田狩，故字从犬。禽與獸初誼皆訓田獵，此獸狩一字之證。引申之而二足而羽為禽，四足而毛為獸。許君訓獸為守備者，非初誼矣。【殷虚書契考釋卷中】

◉王 襄 契文獸从單，从犬。單即戰之省，假為狩。卜辭云：「我其獸□」，「我獸下乙」，「王獸于入」。古者于田狩時，習戎備，檢軍實，故从戰省，春秋隱公五年左氏傳：「冬狩」，注「狩，守也，冬物畢成，獲則取之。」周禮大司馬：「中冬教大閲，遂以狩田。」許説：「狩，犬田也」，犬以助田獵，故又从犬。獸之簡體作丫、Y，皆由單之蜕變，遺蹟尚可尋。【古文流變臆説】

◉葉玉森 □之異體作□□□等形。予疑从丫象捕獸器。其形似叉有榦。Y象叉上附著之銛鋒，似是。○在叉下，蓋以繫捕獲之雞兔者。从□Y Y者乃省變。金文譌作□（邵鐘）□（師寰敦）□（王母鬲），篆文復譌作□□，則形誼並晦矣。

【殷虚書契前編集釋卷二】

◉李孝定　獸从Y Y□□，並即單字，單干古為一字，並盾之象形。田狩者以單自蔽，以犬自隨，故字从單从犬會意，亦猶戰字从單从戈會意也。□金文或作□獸爵獸字偏旁，象單下有鐏之形，或作□友鼎嘼字，下从□，亦鐏形。其从▽者或譌為○為ㅂ則為師寰簋之□若□，是為小篆嘼字矣。獸之初誼謂田獵。本為動詞。繼謂獸所獲為獸，其生獲者或加蓄養，此許書獸訓犍也一義之所自來也。

【甲骨文字集釋第十】

◉吴其昌　「獸」即「狩」也。後起引申之義。斯以畋獵所獲得之生物，即以獸名之矣。溯其源，則「獸」為動詞，不為名詞也。羅振玉曰：「古『獸』『狩』實一字。」⊘（考釋二·六九）按：羅以獸狩為一字，極是，「獸」本字，「狩」實後起字耳。以「禽」「獸」本皆為田獵之名，尤是。以田狩習戰陣，故从「戰」省，亦是。然以為犬助田狩，故从「犬」，則非也。其實「獸」「戰」字皆从「單」，「單」為兵器，可以田狩，亦可以戰争，故金文中「獸」與「戰」且得通假，師寰毁：「嘼：曰□、曰斄、曰鈴、曰達。……」猶言戰將，戰士曰□、斄、鈴、達也，可證，吾先民以此□狀兵器，田獵而獲兕、虎、狼、犬……之屬，則欲總名此兕、虎、狼、犬之屬，必將以為此屬乃以□狀兵器田獵而獲得者，故中繪一□狀兵器，而旁繪所獲得之兕、虎、狼、犬之屬於左右，即以此繪畫之意象名之，而呼其聲曰「狩」，此「獸」字形、聲、義之來源也。故金文中有子（且甲鼎，陶齋一·二三）、丑（父辛鼎，積古一）、寅（父癸器，續殷二附六）、卯（父辛鼎，貞松二，二六）、辰（父辛鼎二，小枝二·一九）、巳（父辛鼎三，小校二·二〇）、午（父癸爵，殷文二·一九）、未（父辛鼎，擴古一三·八）、申（宰峀毁，窓齋一一·二七）等九狀，皆直繪田獵獲獸之意像，亦即「獸」「狩」字之最初文也，如下狀：

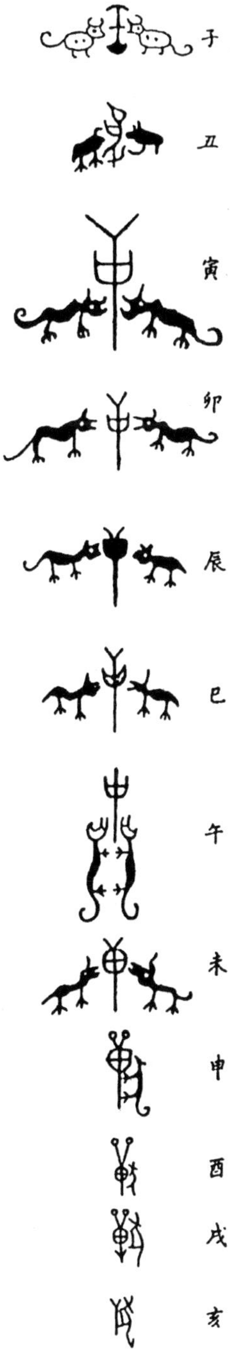

其後此九狀者，逐漸趨簡易化，兩旁衡列之獸，改易直立，則遂成「午」狀矣。从「午」狀而更簡之，兩旁之獸，省其左旁，但存右旁，則遂呈「申」狀，而「獸」字成矣。故其文曰：「王來獸（狩）自豆录（鄧麓）」也。「申」狀又即為「未」狀之省，昭然可見，則「獸」字

之來源及本義，亦昭然可見矣，由「申」狀而更簡易化，則遞減為「酉」(拾遺六・八)、戌(拾遺六・三)、亥(前一・二九・四)三狀，遂為卜辭中「獸」之正字矣。其所獵獲之物，多頭戴巨角，乃係兕、犀之類，其漸趨簡易化也，則以為此兕犀虎狼之屬，緐重難繪，惟「犬」字最簡，故遂悉數採用「犬」字以代表一切獸類耳，是故卜辭「獸」字所以从「犬」者，犬實為狃獲物之一種，絶非養犬以助獵，所以定从「犬」者，實為其字最簡省而易寫之故，非狃獵所獲得者惟有犬而已也。故「獸」字之本義徹底明，則羅之說可以不攻而自隕矣，且鼎鼎明云：「王狩於昏敝，……鼎執犬，休善。」(悆六・八)是因狩而縶犬，非豢犬以縱狩，其證更明白矣。【殷虚書契解詁】

◉馬叙倫　嚴可均曰。韻會廿六宥引作火田也。釋天。火田為狩。此作犬田。誤。倫按犬田自譌。然止訓火田。雖本爾雅。彼文孫炎注云。放火燒艸。守其下風。禮記王制。昆蟲未蟄。不以火田。定元年左傳。田於大陸焚焉。然必如爾雅冬獵為狩而後可通。周禮春秋三傳詩毛傳夏小正亦皆謂冬獵為狩。今僅載火田而又於從犬之義不明。蓋非許文。或字林説而尚有捝也。尚書四時之獵皆偁狩。蓋狩固非獨在冬。則此訓火田。燎字爾雅釋為宵田。宵田蓋附會燎柴之義。其實亦火田。皆冬狩之一法耳。羅振玉謂狩獸一字。則此蓋獸之轉注字。音同審紐三等也。魏石經古文狩徑作[glyph]。【説文解字六書疏證卷十九】

◉馬叙倫　[glyph]獸爵　説文。獸。守備者。然非本訓。羅振玉以為獸狩一字。古以田狩習戰陳。故從戰省。以犬助田狩。故從犬。禽與獸初誼皆訓田獵。倫謂羅以為獸狩一字。是也。謂從戰省。非也。金文先獸鼎作[glyph]。員鼎作[glyph]。甲文作[glyph][glyph][glyph]。皆從犬單。單聲也。唯此與説文合。然單嘼皆車之異文。車古讀如舍。舍音審紐。故獸音亦審紐。而轉注字作狩。音亦審三。狩為田犬。今説文狩下曰犬田者。田犬之譌。田犬即獵犬。畋獵以犬。故狩之引申為田獵。以犬獲四足之動物。故因謂四足曰獸。禽本擒之初文。以畢禽二足之動物。因謂二足曰禽。其實皆非本義也。此獸為作器者之名。【讀金器刻詞卷中】

◉李學勤　卜辭中大致相當于「狩獵」的動詞主要有「狩」、「苗」、「田」、「弋」等，例如：

狩：乙未卜，今日王狩(獸)光，擒？(天七九)

苗：庚申卜，翼辛酉苗，有啓？十一月，狩，允啓。(乙一〇九)

田：戊申卜貞，王田鷄，往來亡災？[glyph]曰：「吉，兹御。」獲犷二。(前二・三六・七)

弋：己丑卜貞，王弋(弋)于邵，往來亡災？在九月。兹御。獲鹿一。(前二・二三・二)

由乙二〇九可知「苗」和「狩」是相近的。「狩」、「田」、「弋」三者有區別，如：

壬王叀田省，亡𢦏？吉。

其狩。亡𢦏？大吉，　（佚二一三）

王其弋于噩，洮狩？　（佚五二三）

戊寅卜貞。王弋，往來亡災？

壬午卜貞，王田，往來亡災？

丁亥卜貞，王弋，往來亡災？　（金六八九）

在某些地點衹行弋而不行田，如邵；有些地點則多行田而罕行弋，如盂。在武丁、祖庚、廩辛、武乙、文武丁諸王卜辭和帝乙時代的非王卜辭中，多用「狩」、「田」和「苗」；在康丁、帝乙、帝辛諸王卜辭中，則多用「田」和「弋」。【殷代地理簡編】

◉白玉崢　庚午，子卜貞：狩□徃？在我。　鐵七六·二

□：……當為□之或體。……按：□字之書法頗為繁雜；約言之：第一期武丁時，及第二期祖庚時，作□或□；祖甲時作□或□。其所从之犬，即不畫腹。第四期文武丁時，則增繁作□或□，所从之犬，其頭部亦增繁，而與豕或虎頭近似矣。然文武丁時諸事復古，史官之「自由精神」亦為其一，故狩字之書法，除前舉外，尚有作□、□、□、□、□諸形者，可謂集狩字書法之大成矣。雖然，卻于第三、五期之卜辭中未能發現狩字……

□：……葉玉森氏曰：「卜辭之獸即古狩字，从犬从□，象捕獸器形；□象□上附著之銛鋒，□在□下；蓋以繫捕獲之物者。从丫、丫，乃省變也」。□即單字；丫即干字。是單、干同字。【契文舉例校讀　中國文字第三十四册】

◉唐　蘭　□从□，未詳。此讀為狩。【略論兩周微史家族窖藏銅器群的重要意義　文物一九七八年第三期】

◉徐中舒　□一期　鐵一〇·三　□三期　佚一四九

從犬從丫干，丫為狩獵工具。犬善逐獸，故干犬會狩獵之意。田獵為□，田獵所獲亦為□，後世遂分為狩獸二字。或從犬從□單。單乃丫之繁體。金文作□員鼎，與甲骨文同，是為《說文》獸字篆文所本。而從犬守聲之狩字乃後起之形聲字。《說文》：「狩，犬田也。从犬，守聲。」【甲骨文字典卷十】

臭

鐵一九六・三 前五・四七・四 明二三五四 【甲骨文編】

前5・47・4 【續甲骨文編】

臭 臭 日甲八二 二例 【睡虎地秦簡文字編】

籀韻 【古文四聲韻】

◉許　慎　禽走。臭而知其迹者。犬也。从犬。从自。臣鉉等曰。自。古鼻字。犬走以鼻知臭。故从自。尺救切。【説文解字卷十】

◉馬叙倫　鈕樹玉曰。韻會從犬上有故字。王筠曰。許君蓋誤。臭為腥臊羶香之總名。作嗅字用者，乃齅之省借也。説云。臭而知其迹。是直以為齅字矣。齅下説云。以鼻就臭也。臭齅音義皆別。蓋許以臭從犬。不得其由。故委曲説之。獻下説羹獻亦是。類下説亦可見。章敦彝曰。自聲。倫按臭為齅之初文。從自。從狩或狻或獸省得聲。狩狻獸音皆審紐三等。故臭音入穿紐三等。同為舌面前音也。狩狻聲同幽類。故臭聲亦在幽類。齅下本作臭也。校者加以鼻就臭耳。犬行遺尿以記其迹。歸則臭之。故徑遠不迷。其於物氣。亦能臭而覺之。然使從犬從自。止以會犬鼻之意。不見臭迹之義。故孔廣居以齅復從鼻為疑矣。香臭字蓋借為臊。然以鍇本及韻會引從犬上有故字。則本訓捝矣。甲文作。當入自部。字見急就篇。【説文解字六書疏證卷十九】

◉饒宗頤　甲申卜，亘貞：臭氏尸。(鐵一九六・三)同版另一辭為「貞：于河𠦪年。」　按臭殆即溴。左襄十六年：「會于溴梁。」阮氏注疏本作「溴」。校勘記云：「石經宋本岳本作『溴』，陸氏公羊釋文作『狊』，云本又作『溴』。」考爾雅釋地：「梁莫大于溴梁。」陸氏釋文又作「溴」。經傳「臭」「狊」常混。然卜辭明从自从犬，則以作「溴」為是。杜注：「溴水出河内軹縣東南，至温入河。」續漢郡國志：「河内郡軹有溴梁。」一統志：「故城今濟源縣南十三里。」殷時地名之臭，當即春秋之溴。辭云「氐尸」，與他辭言「氐羌」例同，謂以尸地之夷來獻。尸在偃師，與溴地正相邇。【殷代貞卜人物通考卷七】

甲九〇 卜辭用隻為獲 重見隻下 【甲骨文編】

隻之重文 【續甲骨文編】

獲 作隻从又持隹不从犬 䍇忎鼎 隻字重見 【金文編】

獲 日甲七五背 日乙一九 三例 日甲一一八 【睡虎地秦簡文字編】

王獲 衛獲 公孫獲 史獲私印 王獲私印 趙獲印信 【漢印文字徵】

石碣而師鑾車 避蔓允異 古文不从犬甲骨文作 石經微子 乃罔恆獲 【石刻篆文編】

獲義雲章 【汗簡】

義雲章 【古文四聲韻】

◉許 慎 獲獵所獲也。从犬。蒦聲。胡伯切。【説文解字卷十】

◉孫詒讓 「□丑卜𣪊貝□十禽从□三月」，六十之四。此文亦从隹、从艹，而形較緐，右下似有又形，疑「護」、「獲」諸字之省。以下云「十禽」，推之似「獲」義尤近。前雖多以「」為「獲」，然龜文變易無方，不能槪若畫一也。【契文舉例】

◉羅振玉

説文解字。獲。獵所獲也。从犬。蒦聲。此从隹从又。象捕鳥在手之形。與許書訓鳥一枚之隻字同形。得鳥曰隻。失鳥曰奪。奪。从大从隻。謂鳥已隻而飛去。隻象鳥初持在手形。象鳥逸後飛至空際之形。非大小之大字。許君云从又从奞。失之矣。玆因釋隻字而附及之。【增訂殷虛書契考釋卷中】

◉王 襄 古獲字。許説「獵所獲也」。又訓隻云「鳥一枚也。从又持隹。」又持隹有捕獲之誼。殷契故叚為獲字。【簠室殷契類纂正編十卷】

◉馬叙倫 隻之後起字，見雙字下。獵所獲也非本訓。【説文解字六書疏證卷十九】

◉林潔明 金文用隻為獲。从又持隹。不从犬。會意。與导字从寸持貝。有字从又持肉。造字之法正同。獲為隻之後起形聲

字也。【金文詁林卷十】

◉孫稚雛　𡎜方鼎是記載周公東征的一件重要銅器，其銘為：

「隹周公于征伐東
尸，豐白、尃古咸𢦏。公
歸，𩰫于周廟。戊
辰，酓秦酓，公賁𡎜
貝百朋，用乍𡚱鼎。」

按：是器銘拓，僅著録於吴其昌《金文歷朔疏證》卷一，九頁。陳夢家《西周銅器斷代》一。圖版玖（《考古學報》第九册），流傳頗少。考釋者除上述二書外，尚有吴闓生、于省吾、譚戒甫及日本學者白川静（《金文通釋》第三輯119頁）等。

銘文第三行歸下一字頗難識。吴其昌釋薦，無説。吴闓生《吉金文録》卷一·十一頁謂「即祭字」，于省吾《雙劍誃吉金文選》卷上之二·一頁謂「㽙當係祭義。」陳夢家、白川静皆以為「祭名」。譚戒甫《西周「𡎜鼎銘」研究》于此字考釋較詳，他説：

「𩰫字形象奇異，甲骨文亦有此字，上從『収隹』倒置，下從示正寫。『隹』是短尾禽，此或當釋為鷄。字象在神前殺鷄薦血，與『祭』字從右手持肉在示前相似。考《説文》『血，祭所薦牲血也』。又『釁，血祭也，從爨省，從酉（酒），分聲。』按隹屬『微部』，分屬『痕部』，二字陰陽對轉，那麽，𩰫當從隹聲，是會義兼形聲的本字，而釁當是後制的字，引申之，凡在神前殺以薦血皆謂之釁。《逸周書·世俘》『薦俘殷王士百人；……燎于周廟』。此釁于周廟也是殺俘薦血以燎于周廟的同一事實。」（《考古》一九六三年十二期六七二頁）

按「𩰫于周廟」的「𩰫」，確如于省吾先生所説，「係祭義」，但這究竟是一個什麽字呢？愚意以為字當隸定作𥜿（從収與從又同），讀如獲。

金文中寫作「隻」而讀如獲的有：

楚王酓忎鼎、盤：「戰隻（獲）兵銅」（《三代》四·一七，一六）

禹鼎：「隻（獲）氒君駭方」（《青銅器圖釋》圖七八）

「隻」也可以用作器名「鑊」

𣪘鼎：「𣪘乍且丁盟隻」（《三代》三·一）

嘉鼎：「乍鑄飤器黃鑊」（拓本，未著録）

凌廷堪《禮經釋例》說：「凡亨（烹）牲體之器曰鑊，升牲體之器曰鼎。」鼎與鑊是同一類的器物，其功用雖略有不同，但同為祭祀、盟會等所使用之禮器。祭祀之器以「鑊」名之者，「鑊」字加金旁；因戰功有所斬馘、獻祭宗廟而名「禚」者，「禚」字則從示旁。所以鑊、禚皆讀「隻」（獲）聲，不應從「隹」聲。「隻」是一個會意字，也不從「隹」聲。嘉鼎「鑊」從蒦，對照叡鼎銘文，可知蒦是隻的異體，如果「隹」是聲符的話，它就不能隨意改作音讀不同的「雀」了。

綜上所述，禚是一個形聲字，從示隻聲，讀如獲，乃獲俘獻祭之專字。【金文釋讀中一些問題的探討（續） 古文字研究第九輯】

◉黃錫全 [glyph]獲義雲章 鄭珍云：「此蠖字，左从古虫，郭誤認為从午，又誤釋。」按三體石經《微子》獲字古文作[glyph]，即蠖字，假為獲，左形應以此正从午。獲字古作[glyph]（甲90）[glyph]（禽忎鼎）、[glyph]（中山王鼎）等。此形與石經省又，與前鑊、臒字皆省又作同，參見前。【汗簡注釋卷六】

◉劉彬徽等 （237）韄，從隻從専，讀如獲。【包山楚簡】

獘

[glyph]前6·11·5【續甲骨文編】

◉許 慎 [glyph]頓仆也。从犬。敝聲。春秋傳曰。與犬。犬獘。毗祭切。[glyph]獘或从死。【說文解字卷十】

◉商承祚 其文曰。乙丑貞。翌□卯干其[glyph]畢。又曰。貞。□卯王其[glyph]畢。又曰。乙丑貞。翌丁卯其狩[glyph]弗畢。以誼考之。殆為周禮獸人弊田之弊矣。

祚案。說文解字。獘。頓仆也。从犬。敝聲。或从死作斃。段先生曰。俗又引申為利弊字。遂改為弊。則獘為弊之本字。而[glyph]又獘之初字也。【殷虛文字類編第十】

◉馬叙倫 沈濤曰。廣韻十三祭一切經音義十三引同今本。惟四引作仆也踣也。廿引作仆也頓也。倫按仆也蓋以聲訓。頓也校語。然踣仆為斃字義。或踣字義。周禮獸人及獘田。大司馬。獘旗。誅後至者。然則獘之本義必關畋獵。故字次獲下。甲文有[glyph]字。其辭曰。王其[glyph]畢。其狩[glyph]弗畢。從敝。從[glyph]。[glyph]與彔字所從之[glyph]。為轆轤之轆初文。蓋從[glyph]敝聲。畢為獵器。則[glyph]畢與獘旗義蓋同。皆有關獵事也。然或獘[glyph]皆以聲借。而獘從犬敝從[glyph]。各自有其本義也。或獘為[glyph]

之譌。慧琳一切經音義三及五引倉頡。獘。極也。

𣨙 王筠曰。經典斃字有死有不死。如鞌之戰。射其右。斃於車中。又曰。韓厥俛定其右。若其已死。何定之云。京二年傳。鄭人擊簡子中肩。斃於車中。下文固曉然不死也。從死偏枯。故以為或體。倫按獘斃必異字。斃當入死部。為死之聲同脂類轉注字。經言斃而不死者。踣或仆之借耳。【說文解字六書疏證卷十九】

獻

前八·一一·二 【甲骨文編】

前8·11·2 【續甲骨文編】

獻 獻侯鼎 㭘伯簋 史獸鼎 𦬕伯簋 𩐧簋 克盨 善夫山鼎 召伯簋 召伯簋二

虢季子白盤 不嬰簋 不嬰簋二 多友鼎 諫季獻盨 屖敖簋 齊陳曼簠 陳侯午錞

鬲屬說文作鬳經典作甗 作父癸甗 作寶甗 仲甗 伯甗 遇甗 比甗 解子甗 子邦父甗

仲伐父甗 穀父甗 陳公子甗 興仲雩父甗 弔碩父甗 封仲甗 伯真甗 強伯甗 強

伯作井姬甗 鄭伯筍父甗 𧆨甗 弔㡀甗 莫大師甗 【金文編】

六七：二一 二例 內室類 而弗執弗獻 六七：三〇 六七：六 六七：二 六七：四 六七：一

六七：一六 六七：四五 【侯馬盟書字表】

93 【包山楚簡文字編】

獻 秦六四 三例 日甲一一二 【睡虎地秦簡文字編】

3088 與齊陳曼簠獻字同 【古璽文編】

獻 獻耿里附城 【漢印文字徵】

禪國山碑 日惟重光大淵獻 【石刻篆文編】

◉許　慎　獻宗廟犬名羹獻。犬肥者以獻之。从犬。鬳聲。許建切。【説文解字卷十】

◉阮　元　甗字从鼎者。甗亦鼎屬也。爾雅釋器以鼎之款足者為鬲。説文云。鬲。鼎屬。鬳。鬲屬。甑。甗也。甗。甑也。一曰穿也。案鬳以金冶而成者。甗以陶旊而成者。鬳是鼎屬。甗是甑屬也。【敦父甗　積古齋鐘鼎彝器款識卷七】

◉吴大澂　古獻字。虢季子白盤。古文獻甗為一字。伯貞甗。【説文古籀補第十】

◉徐同柏　陳公子甗　古甗字作鬳。从鬲虍聲。此从鼎。从犬。鼎鬲同物。故字或从鼎。鬳所㠯獻䵼。故字又从犬。鬳从虍得聲。獻又从鬳得聲。獻犧娑虍一聲之轉。【周陳公子甗　從古堂款識學卷九】

◉吴式芬　伯貞甗　許印林説。甗字左从貞。其下不知所從。案爨字曰。𦥑。象持甑。冂為竈門口。廾，推林内火。此从𦥑。从倒火。火之八即借𦥑之上兩筆為之。蓋象鼎鬲受火處。如爨之有冂。至其字為鼎之異文抑鬲之異文。則未能定也。右从虎。非犬。是即鬳字耳。【伯貞甗　攈古録金文卷一之三】

◉吴式芬　齊陳曼簠　許印林説。獻字虎犬分明。虍下左畔則鬲之變體。从目與鼎同意。从木而歧其下。或即析木以炊之意也。又案。即是鼎。並非鬲之別體。薛氏阮氏所録款識甗下从鼎者甚衆。且皆从虍。从犬。借獻為甗也。蓋鬳字从鬲。从虍。於義已足。鬲旁加瓦。鬲之別體。鬳旁加瓦。當是从虍从鬲。非从鬳从瓦。説文鬲部既有鬳。瓦部又有甗。義例疏舛。恐非許氏之舊觀。古器物銘皆借从犬之獻。則甗為後起字無疑。疑唐時合併説文字林以便肄習。誤以字林字羼入説文也。左氏成二年傳釋文爾雅釋畜釋文並引字林獻字。【齊陳曼簠　攈古録金文卷二之三】

◉吴式芬　許印林説。。鬳形。加犬即獻字矣。意甚簡古。【陳侯午錞　攈古録金文卷三之一】

◉劉心源　獻从。即鼎。説文鼎下云。象析木形。即此从木之義。此又从人。則合火字會意也。古刻獻為甗。多从鼎。如壼甗作。敦父甗作。陳公子甗作。又召伯虎敢云。今余既一名典。从貞。説文所謂古文㠯貞為鼎也。獻从鼎與鬲同意。獻叔為謚號。逸書謚法解。聰明叡哲曰獻是也。【陳曼簠　奇觚室吉金文述卷五】

◉林義光　鬳字經傳未見。虍亦非聲。六書故引説文虔省聲。虔與鬳古音不合。獻本義為宗廟犬名。理復難信。獻古作陳公子甗。為甗之古文。諸彝器甗字皆作獻。从鼎。獻省聲。獻為爾雅贙有力之贙。義見本條。亦作召伯虎敦。省从貝。作弘弗生

甗。从鬲。作師麻孝叔甗。借鬳字為之。鬳即獻之偏旁。不為字。【文源卷十一】

●王　襄　前八・十一・二　古獻字。从犬。从鬳省。【簠室殷契類纂正編十】

●高田忠周　鬳訓鬲屬。从鬲虍聲。獻字形聲而會意也。然則盛犬羹于鬳鬲。以亯宗廟。謂之獻也。因其所用肥犬。亦偁曰獻。一轉為凡進獻之偁。周禮大司馬。獻禽以祭社。注。猶致也。銘意近此。【古籀篇九十】

●商承祚　即獻。金文衰父甗作。與此近似。即鼎省。獻本作𩰪或𩰫。从虎从鼎。或从虎从鬲。見金文。後求其便于結構。將虍移于鼎或鬲之上。而以虎字之下體寫為犬形。遂成獻與獻矣。金文十之八九皆如是。以傳世古甗證之。三足之股皆作虎目。即此字之取義。復以字形言。从鼎者。取器之上象。从鬲者。取器之下形也。甗上為鼎。下為鬲。乃合二器而成。𩰪即獻字本體。後寫誤作獻。乃用為進獻字。復別構甗為器名。非其朔矣。【殷契佚存】

●于省吾　大夫始鼎亦有始獻工之語。詩瓠葉。酌言獻之。傳。獻。奏也。左莊三十一年經。齊侯來獻戎捷。注。獻。奉上之詞。獻工于尹。言奏其事于尹。獻猶今人言呈報也。【史獸鼎　雙劍誃吉金文選】

●强運開　此古獻字也。六書分類云。大篆作。與鼓文同。【癸鼓　石鼓釋文】

●徐中舒　獻。銅器多从鼎作𩰪。（據金文編。惟虢季子白盤從鬲作獻。仲𡚬父甗乃偽器。）𩰪甗又省虍作獻。與此器同。古貝鼎字形易致混淆。說文鼎部說云。古文以貝為鼎。籀文以鼎為貝。觀金文編載羌伯簋𢦏伯簋召伯簋。諸獻字偏旁鼎皆與貝字形近。與此並可互證。【陳侯四器考釋　歷史語言研究所集刊第三本四分】

●馬叙倫　鈕樹玉曰。韻會無之字。王筠曰。此字從犬。似涉偏枯。故引羹獻而復解之曰。犬肥者以獻之。朱駿聲曰。從犬從鬳會意。鬳亦聲。禮記曲禮。犬曰羹獻。按禮凡薦腥謂之獻。獻從鬳。則盉羹為本義。薦腥為轉注也。按朱謂轉注即假借。林義光曰。獻為宗廟犬名。理復難信。蓋是甗之古文。倫按宗廟犬名羹獻非本義。蓋非本訓。曲禮。羊曰肥。豕曰腯。皆不從羊豕。且肥腯皆謂其肉肥也。何以犬曰羹獻獨從犬作獻乎。倫謂羹獻字當為腆之借。獻從鬳得聲。鬳從虍得聲。虍典聲同真類也。肉部腆次腯上。訓設膳腆腆也。經傳言腆皆謂豐盛。是腆為腯之音同透紐聲同真類轉注字。論語文獻不足徵也。獻或借為儀。亦或借為典也。卜詞。王其射。又王乃射。葉玉森謂借鬳為獻。是也。則獻為犬名。當是豣獟之轉注字。獻從鬳得聲。鬳豣獟音同疑紐也。【說文解字六書疏證卷十九】

●馬叙倫　白貞甗　自是鬳之異文。乃由古貝字象形。而鼎之異文類之。故金文鼎字每有如貝之象形文者。此又其詭變之甚者。以說文有籀文以鼎為貞之說證之。則此上作者。正貞之異文也。其下作又與貝之象形文作者相類。其實此當釋為鼎之異文。此器蓋六國時造。

弗生甗 實獻字而借為鬳。鬳即甗之初文也。【讀金器刻詞卷中】

◉屈萬里 即鬳字。於此當讀為獻。乃獻俘之義。鬳髟謂所獻之髟人也。【殷墟文字甲編考釋】

◉李孝定 說文。「獻。宗廟犬名羹獻。犬肥者以獻之。从犬鬳聲。」契文从犬从鬲。或又叚鬳為之。辭云。「乙卯卜狄貞鬳羌其用匕辛必。」甲編・二八二。屈氏之説是也。金文作 虢季子白盤 不嬰簋 召伯簋 召伯虎簋 史獸鼎 𠭯甗 見甗。从鼎與从鬲同意。或但作鬳。與甲編一文同。或从犬从鼎。與前編一文同。竊疑从犬从鼎為會意。以犬為鼎實羹獻之意也。或作 伯貞甗 陳公子甗。其形已有譌變矣。【甲骨文字集釋第十】

◉伍仕謙 甲骨文有 字，從前許多金文家都釋為説文之𢦚字，蓋字形略似也。《説文》「𢦚，擊踝也，从丮从戈，讀若踝。」我們研究古代文字的演變，或解釋古文字，都離不開《説文》，但也不能膠守《説文》，此字如依説文解釋，則在甲文金文的例句中都很難講通。

甲骨文例句：

①貞 其 （佚七七九）（ ，方國名）

②貞 方不其 。貞 方 （前五・一二・五）

③丙申卜㱿……方 （京一二一〇）

④癸卯卜王曰渫（沚、不）其 （前四・四二・二）

⑤其 戈一斧九（粹一〇〇〇）

⑥貞 以有取。貞 弗其以有取（合一九九）

⑦辛巳卜王勿 （鐵八九・二）

⑧□亥卜王貞乙酉 （後下二六・一七）

金文例句：（人名除外）

①侯易者（諸） 臣二百家（麥尊）

②方蠻（蠻）亾不 見。（牆盤）

③即 亍上下帝（邙卣）

④ 全龏(恭)𢦏追大鼎(鼎)于段(段簋)

⑤ 易汝婦爵𢦏之弋(戈)周(琱)玉黄□(懸妃簋)

如果膠守「擊踝」之意，或釋為伐，義均不可通。徐中舒老師在牆盤考釋中釋為獻字，他說「此字作跽而兩手舉戈投獻之形，應為獻之本字。古代席地而坐，坐即跽，跽而雙手上舉其戈以獻，其為戰敗而繳械投降之意，至為明顯。」今就以上例句證之。甲文①、②、③、④皆為降義。尤以第四句，「祉不其𢦏」，跽而獻戈之形很清楚，可以「察而見意」。金文例句①、②亦有降意。所謂𢦏臣，即降臣。方鑾無不𢦏見，即無不降見。按《尚書・大誥》謂「民獻有十夫，予翼。」即謂降民中有十夫為我輔翼。《洛誥》「典殷獻民」，即主管殷之降民。《酒誥》「汝劼毖獻臣」。《周書・作雒》俘殷獻民。殷獻民皆指獻戈而降順之民，所以别于頑民也。周滅商後，也用殷降人參加政治活動，這些人逐漸成為周王朝統治階級的一部分。故獻之本義為降，即繳械投誠。引申之則為獻納。除武器外，一切都得進獻，《廣雅・釋詁》「獻，進也」。《儀禮・鄉禮》注：「凡進物曰獻」。甲骨文例句⑤、⑥、⑦、⑧與金文例句③、④、⑤意義相同，均為獻納之意。《詩・泮水》「憬彼淮夷，來獻其琛」，即貢獻其寶玉之意也。

【甲骨文考釋六則(二)　古文字研究論文集(四川大學)】

◉徐中舒　[glyph]甲二〇八二　[glyph]佚二七三　[glyph]甲三五八四　從犬從[glyph]鬲，或從犬從[glyph]，[glyph]為鼎省，或從[glyph]虎從[glyph]鬲，皆為獻之初字。所從之虎或有移至鬲上而作[glyph]者，金文復於其旁增從犬而作[glyph]克盨[glyph]㝬簋，是為《說文》篆文所本。《說文》：「獻，宗廟犬名羹獻，犬肥者以獻之。从犬，鬳聲。」自甲骨文觀之，從犬虎從鼎鬲皆會意為鼎實，非僅謂犬肥者也。【甲骨文字典卷十】

◉劉彬徽等　(274)獻，似為獻字異體。【包山楚簡】

◉戴家祥　[glyph]大師小子甗　獻即獻之省體。从虎，从犬，略去「鬲」。金文通常作鼎。大師小子甗「獻」用法同「甗」，是其證。

[glyph]陳侯午敦　[貝犬]，獻之省體。金文獻通常从鼎。鼎、貝金文往往混用，从鼎之字間或从貝。陳侯午敦「[貝犬]金」之[貝犬]用作獻，从貝即从鼎，為从鬳之省。

[glyph]白貞甗　獻，獻之異文。从貞从鬲从犬。貞、鼎金文不分。此篆从鬲省虍，複加貞旁。銘義用作甗同。參見獻字條。

【金文大字典中】

◉高　智　三、包山楚簡有字作「[glyph]」(105)形，《包山楚簡》釋為「獻」字。按此字上從「虍」右下從「犬」十分明顯，左下是什麼是非常關鍵的。我以為左下之「[glyph]」當是《說文》「櫨」之古文「[glyph]」及《古文四聲韻》「櫨」作「[glyph]」等之所從，與侯馬盟書中「鬲」作「[glyph]」(200:15)形同。侯馬盟書中「獻」字作「[glyph]」(67:21)形，楚簡作「[glyph]」(天星觀M1)，當與包山楚簡105此字為一字無疑。故此字

犴 獟 狾

當釋為「獻」字。原包山楚簡「□」當是「□」之形誤。

四、包山楚簡有字作「□」(147)形，原《包山楚簡》作者隸釋為「獻」。其實「鬳」本為「甗」，篆本作「□」(《壽甗王子》)，因「鼎」、「鬲」義同，故可又作「□」(《見甗》)形，又因「鼎」作「□」(《盂鼎》)形、「□」(《頌鼎》)形，與「貝」字形體相近，故又作「□」形，這也就是「甗」字《古文四聲韻》作「□」形又作「□」形的原因，故此字當釋為「獻」字。【包山楚簡文字校釋十四則　于省吾教授百年誕辰紀念文集】

◉許　慎　犴　獟犬也。从犬。干聲。一曰。逐虎犬也。五旬切。【說文解字卷十】

◉馬叙倫　初學記廿九引字林。犴。逐虎犬也。則此一曰云云。即字林文。蓋本作獟也。逐虎犬也。傳寫挩也逐虎三字。校者記異本。加一曰六字。【說文解字六書疏證卷十九】

獟 雲臺碑【古文四聲韻】

◉許　慎　獟　犴犬也。从犬。堯聲。五弔切。【說文解字卷十】

◉馬叙倫　段玉裁曰。獟犴二篆為轉注。倫按蓋本訓犴也。或此字林文。驍獟同語原。【說文解字六書疏證卷十九】

◉許　慎　狾　狂犬也。从犬。折聲。春秋傳曰。狾犬入華臣氏之門。征例切。【說文解字卷十】

◉馬叙倫　王筠曰。今左襄十七年傳作瘈狗入於華臣氏。古人之呼某氏。即今人之呼某家。論語季氏即季家。三家即三氏。孟子之景丑氏宿同此。左傳爇僖負羈氏。乃焚其家。非焚僖負羈一人也。火部爇下引之。少氏字。與此多之門二字。皆乃不解氏字者所為。非許書本然。倫按左襄十七年傳釋文。瘈。字林作狾。狂犬也。陸不引說文者。彼題為字林也。然亦自出字林。今傳作瘈狗。本書無瘈。蓋即瘛字。瘛狗乃今所謂瘋狗。左襄十二年傳。國狗之瘈。無不噬也。亦謂狗瘛則無不噬矣。瘈狗即狂字義。今言瘋疾亦謂發狂也。狂狾轉注字。猶廷逝之轉注矣。論衡感類。瘈狗入華臣之門。彼言之門。以不言氏。此作狾犬入華臣氏之門呂忱或校者自為詞也。古人引書。每不對本。記憶有誤耳。【說文解字六書疏證卷十九】

㤮　㤮

後二一四・八　狂卜辭用往來之往　王狂田湽日　甲六一五　王狂田湽日不冓雨　【甲骨文編】

後上14・8【續甲骨文編】

一五二：二　宗盟類敢有志復趙狂及子孫　【侯馬盟書字表】

狂　日甲一一九　二例　【睡虎地秦簡文字編】

0827　0829　0828　1012　1013　0530　1817　3012【古璽文編】

狂【汗簡】

古老子　古尚書　並崔希裕纂古【古文四聲韻】

◉許　慎　狂狾犬也。从犬。㞷聲。巨王切。㤮古文从心。【說文解字卷十】

◉吳大澂　塞中卣。陳介祺釋作狂。【說文古籀補第十】

◉馬叙倫　葉玉森曰。甲文有。即狂字。倫按狾字出字林。則此作狾犬也亦字林文。本訓捝矣。字見急就篇。

㤮　此蓋恇之異文。古文經傳借為狂耳。說解當作古文狂。【說文解字六書疏證卷十九】

◉商承祚　說文「狂。狾犬也。从犬㞷聲。㤮。古文从心。」案鉢文作。皆从犬。與篆文同。此从心。乃之形寫誤。【說文中之古文考】

◉楊樹達　後編上卷一四葉之八云：「王狂田，湄日，不遘大鳳？亾𢦏？」郭沫若云：狂字假為往。通纂三之八三下。【卜辭求義】

◉李孝定　後上・十四・八　契文與篆文同。葉氏謂字作。諦審影本原片。雖略漫漶。字仍作。辭云。「王狴田。湄日。不遘□大風。」狴似當讀為往。非地名。湄日者。竟日也。湄讀為瀰。【甲骨文字集釋第十】

◉黃錫全　狂　鄭珍云：「薛本《微子》、《多方》作㤮，《洪範》作狴，是兼用《說文》狴篆㤮古，郭氏誤記从心為从火，右更从古文㞷，當作，非偽本文。」按三體石經《多方》狂字古文作，與此形全同，火當是犬誤，郭記不誤。狂字古作（後上14・8）、

(侯盟),古璽變作、等(璽文10・3)。【汗簡注釋卷四】

類 封七六 四例　封八〇 二例　封五七 【睡虎地秦簡文字編】

陳類　孟類非　類廣　趙類　蒲類子羽 【漢印文字徵】

類 【汗簡】

◉許　慎　類種類相似。惟犬為甚。从犬。頪聲。力遂切。【説文解字卷十】

◉馬叙倫　鈕樹玉曰。韻會從犬上有故字。王筠曰。説解迂曲。自類以下皆似犬非犬之物。或類亦其一種也。莊子天運。類自為雌雄。釋文。山海經云。亶爰之山有獸焉。其狀如貍而有髮。其名為師類。帶山有鳥。其狀如鳳。五采文。其名曰奇類。皆自牝牡也。按莊子呼為類。則類一字即為名。陸氏所舉師類。於犬近似。云其狀如貍。亦猶獀似狸而字從犬也。或許本如莊子之説。今本乃爛脱之後後人杜撰乎。南山經作其名曰類。無師字。郭注。類或作沛。沛師形近。沛類聲近訛而又衍。倫按本部説解多譌。鍇本從上有故字。亦校者所加之證。則王説可成。玉篇。類。獸名。種類也。法也。蓋本許書。但為字林文。種類字當為倫。法也者。或借為笵。【説文解字六書疏證卷十九】

◉黄錫全　類《尚書・舜典》「肆類于上帝」之類,敦釋作胃,内本作胃胃,武本作胃,神本作陏,薛本作胃。《説文》胃字或體作膟,正篆作。此與上列幾形均為字寫誤。此類即頪。與胃同屬來母微部,膟屬來母物部,三字音同假借。鄭珍云胃,「《類篇》有類一音,造偽《尚書》者采此為『類上帝』字,不詳本何書。《説文》頪字訓『以事類祭天神』,係真古《尚書》字,乃不知而置之」。【汗簡注釋卷二】

狄 牆盤　戰狄鐘　曹伯狄簋　曾伯霥匿　克狄淮夷與詩抑用遏蠻方之遏同説文作逖 【金文編】

3・759 狄尹 【古陶文字徵】

三:一八 宗盟類參盟人名　九八:一五 【侯馬盟書字表】

狄 0836　2087　2088　2089 魏三字石經作，與此同，璽文加邑旁。【古璽文編】

平狄中司馬　狄丞　狄廣之印　狄安國印　狄忠　狄齊之印　狄少孺　狄宣印信　狄農之印【漢印文字徵】

石經僖公　狄侵齊　汗簡引石經作【石刻篆文編】

狄　狄竝見石經【汗簡】

義雲章　石經【古文四聲韻】

◉許慎　赤狄。本犬種。狄之為言淫辟也。从犬。亦省聲。徒歷切。【說文解字卷十】

◉吳大澂　古狄字。斁狄鐘。曾伯霥簠。【說文古籀補第十】

◉徐同柏　說文从犬。从亦省聲。此从犬从亦。不省。【周曾伯霥簠　從古堂款識學卷二】

◉方濬益　說文。狄。赤狄。本犬種。狄之為言淫辟也。从犬。亦省聲。此从亦。是古文。不㫪。【曾伯霥簠　綴遺齋彝器款識考釋卷八】

◉劉心源　狄。阮釋彼。非。說文。狄。从犬。亦省聲。此从亦。不省。詩泮水。狄彼東南。箋。狄當作剔。剔。治也。東南斥淮夷。即此所謂克狄淮夷也。釋文。狄王。他歷反。遠也。孫毓同鄭作剔。案王孫音訓狄即逖。說文。逖。遠也。古文作。即剔。諸說皆通。抑用逷蠻方。箋亦云當作剔。【曾伯霥簠　奇觚室吉金文述卷五】

◉林義光　火古作毛公鼎耿作。沇兒鐘庶作。與形近。譌為。遂省為火。古作曾伯霥匠。又作畢狄鐘。亦模韻狄蟹韻雙聲旁轉。迹古與狄同音。亦從亦聲。【文源卷十一】

◉高田忠周　阮氏元釋作彼。云。訓分也。見說文。非。此明夷狄字也。吳氏引張石匏說。彼當作狄。說文。从犬亦省聲。此从犬从亦。詩泮水箋。狄當作剔。治也。又引徐籀莊說同。且云。左僖十六年傳。會于淮。謀鄫且東畧也。注。鄫為淮夷。病故。又鄭氏詩譜魯頌。僖十六年冬。會諸矦于淮上。謀東畧。公遂伐淮夷。泮水。狄彼東南。箋。狄當作剔。治也。東南斥淮夷。克狄淮夷。與狄彼東南。事正相合。此攷至詳。可據以定也。【古籀篇九十】

◉馬叙倫　沈濤曰。此字説解。今本多誤奪。合諸書同證可見。史記匈奴傳索隱引。赤狄本犬戎種。故多從犬。史記周本紀正義漢書匈奴傳注引。赤狄本犬種也。故字從犬。初學記引。狄。赤犬也。御覽七百九十九引。狄。犬種。字從犬。狄之言淫辟也。九百四引。狄。亦犬也。通典一百九十四引。狄本犬種。故從犬。若依御覽。則諸書所引脱亦犬也三字。而初學記赤字為亦字之誤。依索隱。則諸書皆犬戎種之誤。依漢書注。則犬種下尚有也字。古本當作狄亦犬也。赤狄本犬戎種也。故字從犬。狄之為言淫辟也。從犬。亦省聲。方為完具。王煦曰。亦省聲不合。古狄杕同聲。火當為大之譌。詩杕杜釋文。杕。本或作狄。顔氏家訓云。河北本以杕為狄。火大形近而易誤。狄當從犬大聲。王筠曰。當依初學記作赤犬也。補赤狄上。惟狄為犬名。故在此。若以赤狄為本義。則羌夷之類皆在部末矣。亦省聲當依九經字樣作赤省聲。苗夔曰。亦非聲。狄音近翟。春秋狄泉穀梁作翟泉。漢書匈奴傳凡狄皆作翟。從翟得聲之字有糴。而糴糶又從翟聲。公羊廿四年傳。昭公噭然而哭。噭古弔反。一音古狄反。是狄古音弔也。孟子無遏糴。無有封而不告。亦韻語也。平聲音條。集韻糴收六豪。左傳糴茷。釋文音杜敖反。知狄不得以亦為聲。當從奭省聲。張文虎曰。狄。犬種。火。赤色。從火會意。倫按曾伯霥簠狄字作[illegible]。似亦省聲。可從。然晉姜鼎揚乃[illegible]烈。即揚乃光烈也。是[illegible]非亦字。為火之異文。骨文有[illegible]字。從犬。[illegible]聲。[illegible]即本書之奭。奭赫赤皆一字。則[illegible]可作[illegible]。王謂當從九經字樣作赤省聲是也。王煦謂大聲亦通。甲文有[illegible][illegible]。倫謂即狄字。從犬。大聲。或謂從豕非從犬。倫謂甲文猶字作[illegible]。其犬尾不翹者。蓋牝犬尾垂也。故此是從犬非豕。狄從大得聲。猶從赤得聲。赤亦從大得聲也。説解本以聲訓。蓋本作辟也。故呂忱或校者加狄之為言淫辟也。狄亦犬也。赤狄本犬戎種也。斁狄鐘作[illegible]。【説文解字六書疏證卷十九】

◉楊樹達　詩魯頌泮水曰。桓桓于征。狄彼東南。鄭箋讀狄為剔。訓為治。此狄字與彼用法同。又狄字亦可讀為逖。説文二篇下辵部云。逖。遠也。从辵。狄聲。或作逷。斁狄不龏。謂盡逐遠不恭之人也。詩大雅抑云。修爾車馬。弓矢戎兵。用戒戎作。用逷蠻方。毛傳云。逷。遠也。鄭箋亦讀為剔。要之。銘文云狄不龏。與詩云狄彼東南。用逷蠻方。狄逷皆是動詞。其義訓毛鄭二説皆可通。如吴説如字讀之。則於文法不可通矣。【猶鐘跋　積微居金文説】

◉饒宗頤　⿰犭大字从犬从大，字書所無。第三次小屯發掘，於大連坑中所得⿰犭大之卜辭為多，又侯家莊所得大都為⿰犭大所貞卜者，董氏均有詳細統計，見田野考古報告(第一期)。

與⿰犭大同版者，有口(屯甲三九一七，又二四三九。)卬(屯甲一九九八)何(殷綴三八)彭(殷綴五〇，即綴合編三五六，屯甲二八五三，佚存二七八。)

狄字从犬从大，董氏釋狄，謂説文狄从亦省聲，金文曾伯霥簠狄字正作狄，亦與大形近易訛。【殷代貞卜人物通考卷十七】

◉屈萬里　狄从犬大聲。疑是古狄字。説文謂「狄从犬亦省聲」者。蓋非是。此字古蓋从大。不从火。亦非亦省。按。説文。「杕。从木。大聲。」而音讀與狄近。則是狄殆即狄之訛也。此處狄乃第三期貞人名。【殷墟文字甲編考釋】

◉屈萬里　狄狄。積古誤釋為敓。後來諸家都釋作狄。是不錯的。詩魯頌泮水。桓桓于征。狄彼東南。鄭箋説狄當作剔。剔。治也。古代从狄的字和从易的字常常相通。譬如史記殷本記。毋曰簡狄。索隱説。狄。舊本作易。又作逿。説文。惕。敬也。从心。易聲。惖。或从狄。由此看來。泮水的狄。也就是抑的逿。治也。大雅抑。用逿蠻方。鄭箋也説逿當作剔。剔。治也。它們是同音通義。鄭康成又拿同音的剔字來解釋它們。而説是治也。這治字應該是懲治的意思。高本漢的詩經注釋。董同龢譯本説鄭氏的治分明就是治罪懲處擊破的意思。這解釋是很對的。【曾伯霥簠考　書傭論學集】

◉李孝定　説文。「狄。赤狄本犬種。狄之為言淫辟也。从犬。亦省聲。」大與火篆體形近。契文作狄。篆譌為狄耳。屈説可從。車部軑从車大聲。其音讀亦與狄近。卜辭狄為貞人名。唐蘭釋此與犾並為戾字。導論下五三葉下。非是。此从大不从立也。唐説見前戾字條下引。【甲骨文字集釋第十】

◉裘錫圭　狄虘完伐尸童　這兩句是對文。「狄」與「伐」相對，應該跟曾伯霥簠「克狄淮夷」的「狄」字一樣，讀為「逖」，是驅除的意思。【史牆盤銘解釋　文物一九七八年第三期】

◉陳邦懷　曹伯狄不見于經傳。狄字，許慎《説文解字》云：「从犬，亦省聲。」曾伯霥簠狄字作「狄」，从犬，亦聲。可證許説篆文狄字亦省聲是正確的。戰狄鐘狄字作「狄」，此銘作「狄」，根據曾伯霥簠狄字及許慎之説，鐘文及此銘的狄字皆是亦省聲。

亦聲與赤聲相通。《説文解字》云：「赦，……从攴，赤聲。赦，赦或从亦。」亦聲字、赤聲字古韻同在魚部，故可通用。因知此銘的曹伯狄即是文獻記載春秋時的曹伯赤。

古人名字見于不同文獻，其用字有音同字異者，有聲近假借者。金文中的人名，用文獻來考證，有音同字異者，也有聲近假借者。此銘的曹伯狄，文獻作曹伯赤，屬于聲近假借。

《春秋》莊公二十四年云：「冬，戎侵曹，曹羈出奔陳，赤歸于曹。」杜注云：「赤，曹僖公也，蓋為戎所納，故曰歸。」《公羊》、《穀梁》二傳于「赤」之歷史並有異説，今不引用。【曹伯狄簋考釋　文物一九八〇年第五期】

◉黄錫全　□狄　夏韻錫韻録《義雲章》狄作□。侯馬盟書狄作□，古璽作□（璽彙5560），三體石經狄字古文作□。此乃□字譌誤，左上□為□誤，□為□譌，□與衣上左撇連筆便成□，原當作□或□。古从衣與从卒每不別，如萃作□（郾王戠

□ 狻

戈），也作□（郾王戢戟），信陽楚簡衣作□，裍作□、□（類編253）等。

□狄並見石經　侯馬盟書狄作□，古璽作□（璽彙5560），三體石經僖公古文作□，此形同。鄭珍誤以為□是犬之古文，右从□。【汗簡注釋卷三】

◉戴家祥　説文十篇犬部「狄，赤狄，本犬種。狄之為言淫辟也。从犬，亦省聲。」十篇「亦，人之臂亦也。象兩亦腋之形。」字不从火，焉得以狄从亦省為聲？段玉裁以二篇辵部迹之籀文作速，遂謂狄之古文或籀文當作狭，从犬束聲。説文解字注。然金文曾伯霥簠「克狄淮夷」狄作□，从大，不从朿。畢狄鐘「斁狄不龏」狄作□，牆盤「永不恐惕」作永不巩□，字均从火。段氏臆説不足據。古人狄易通用，易聲同亦，故狄或體作狄。論語述而「子曰：加我數年，五十以學易」，鄭玄云「魯讀易為亦，今从古」。素問骨空論「易髓無空」，王冰注「易，亦也。」易、亦均喉音喻母字，喻四歸定，已為曾君運乾證實。易亦之聲有逖，亦猶㠯聲有台、弋聲有代也。以此例推，古本説文當作「狄，从炎省聲。猕或从亦。」九經字樣作「赤省聲」。御覽九百四獸部引説文「狄亦犬也」並誤。炎訓火光上也。从重火。加旁从臽，炎、臽皆聲，炎亦喻母字，从口為啖，从言為談，从水為淡，从邑為郯。均由喻母轉為定母。故狄得以炎省為聲也。劉心源曰：「狄，阮釋攸，非。説文『狄，从犬，亦省聲。』此从亦不省。詩泮水『狄彼東南。』箋：『狄當作剔。』剔，治也。東南斥淮夷即此所謂『克狄淮㞡』也。釋文『狄，他歷反。遠也。』孫毓同鄭作剔。案王、孫音訓狄，即逖。説文『逖，遠也。古文作□』。即剔。諸説皆通。『抑用逿蠻方。』箋：亦云當作剔。」奇觚室吉金文述卷五，二八葉，曾伯霥簠。按説文十篇「狄，赤狄，本犬種。狄之為言淫辟也。」是狄之本意當為犬種。古人蔑視少數民族，故借來稱之為狄。如猶鐘之狄皆為方國名。因少數民族的方國皆在邊遠，故狄字又引申為遠，如曾伯霥簠之狄字。後人為了在字形上加以區别，添辵旁作逖。

【金文大字典中】

◉許　慎　□狻麑。如虦貓。食虎豹者。从犬。夋聲。見爾雅。素官切。【説文解字卷十】

◉馬叙倫　鈕樹玉曰。韻會引麑作猊。桂馥曰。御覽引云。狻。小狗也。馥謂是狻字本義。狻麑又一義。廣韻。狻猊。師子。猛獸。見爾雅者。後人加之。本書無此文例。嚴可均曰。説文無貓。字當作苗。虎部云。虎竊毛謂之虦苗。倫按字蓋出字林也。師子即狻麑之轉音。【説文解字六書疏證卷十九】

◉商承祚　□

王國維先生釋夋。亦即後起之狻。説文狻。「狻麑。如虦貓。食虎豹。」此形不似猛獸。而象猿狙。狻麑之訓非其朔也。

玃　猶

【甲骨文字研究下編】

玃【汗簡】

◉許　慎　玃母猴也。从犬。矍聲。爾雅云。玃父善顧。攫持人也。俱縛切。【説文解字卷十】

◉馬叙倫　沈濤曰。爾雅釋獸釋文廣韻十八藥一切經音義各卷皆引作大母猴也。音義五及十八引大母猴也。善攫持人好顧盼也。四及九引作善顧盼攫持人也。十六引大母猴之下善攫持人之上。尚有似獮猴而大色蒼黑八字。丁福保曰。慧琳音義卅一及四十六引皆作大母猴也。倫按爾雅釋獸。玃父善顧。郭注。似獮猴而大。色蒼黑。能攫持人。善顧盼。然則爾雅以下校者據爾雅及郭注加。文本如玄應引。今為唐人所删矣。字蓋出字林。【説文解字六書疏證卷十九】

存下七三一　方國名　从酉【甲骨文編】

甲3401　乙2331　4770　5011　5303　6671　7751　珠481　卜563　續3·13·4　徵9·33　卜564　佚456　517　779　續5·29·8　徵9·31　掇117　録632　鄴44·16

摭92　六清111外235　續存1948　粹1164　新1312　1313　3138【續甲骨文編】

猷　説文作猶　牆盤　遠猷腹心　㝬簋　宇慕遠猷　㝬鐘　朕猷又成亡競　克鼎　宖静于猷　毛公厝鼎

中山王譽鼎　王孫鐘　陳猷釜【金文編】

猶　語一二　法一二五【睡虎地秦簡文字編】

1827　3143　1089　1993【古璽文編】

猶湯私印　猶鄉　邑猶長公　皋猷左尉　孫邁猷印【漢印文字徵】

石碣乍邍 石經僖公 猶三望 【石刻篆文編】

猶弋周切見尚書 【汗簡】

古孝經 古老子 古尚書 雲臺碑 【古文四聲韻】

◉許 慎 猶 玃屬。从犬。酋聲。一曰。隴西謂犬子為猷。以周切。 【説文解字卷十】

◉吳大澂 古猶字。石鼓。【説文古籀補第十】

◉羅振玉

説文解字有猶無猷。當為一字。石鼓文毛公鼎均有猷。石鼓作。毛公鼎作。此从犬从。象酒盈尊。殆即許書之酋字。卜辭中亦有酋字。作藏龜之餘。與猷字所从同。古金文猷字則从。與許書同矣。【增訂殷虛書契考釋卷中】

◉王 襄 古猶字。【簠室殷契類纂正編第十】

◉商承祚 下第三十六葉 其从由作。疑亦猶字之省。【殷虛文字類編第十】

◉丁佛言 大克鼎。古鉢。邾猷。爾雅釋詁。猷。謀也。又言也。故从口。【説文古籀補補第十】

◉郭沫若 卜辭亦有猷字。作諸形。案酒國名。或从甾作。後人猷字自周以來均从犬作。彝器之在周初者如毛公鼎克鼎宗周鐘之猷字均已从犬。而卜辭諸猷字之所从則決非犬形。凡卜辭犬字及从犬之字如獸臭等。其作為犬之特徵者大抵均在尾之上拳。卜辭中㠯犬豕對文。肥腹垂尾者為豕。削腹拳尾者為犬。幾決無例外。而猷字所从之獸形則尾均下垂。亦決無例外。猷為獸名。古亦無定説。爾雅釋獸「猶如麂。善登木。」又云「麔。大麢。旄毛狗足。」麔即是麂。見説文。由麂之从鹿而有狗足旄毛。則知其物似鹿而非鹿。余以為當即鼶犬之一種而有斑文者。學名稱為Hyaena crocuta(斑紋鼶犬)。此物正狗足旄毛而與鹿相似也。猶既善於登木。其物當不甚犬。猶之如麂。當如其有狗足旄毛。不當如其大小。或如其似鹿。説文則云「猶。玃屬。从犬酋聲。一曰隴西謂犬子為猶。」玃迺猩猩之屬。釋獸云「玃父善顧」。郭注「貑。玃也。似獮猴而大。」呂覽察傳「犬似玃。玃似母猴。」高注亦云「玃。猳玃」。母猴獮猴一音之譯。玃似獮猴而大。故説文亦云「玃。大母猴」。此與善登木之性雖相合。而與如麂之形則迥異。且許言玃而屬之。已是不定之辭。又並舉異説。云為犬子。則於猶之為物實未深識也。余由卜辭之字形與爾雅之字訓以比驗之。以為古之猶字其實即从鼠由聲之鼬。卜辭之別體从甾作者即是此字。説文云「鼬如鼦。赤黃色。尾大。食鼠者。」今人稱為黃鼠郎。此物正善登木而亦狗足旄毛。與爾雅釋猶之形性均合。其行動最審慎而多疑。故古人有「猶豫而狐疑」之成語。是則猶之為鼬殊可斷言矣。余意卜辭中□國之名□者。準它國有馬方羊方金文有虎方之例。當是□人以鼬為其圖騰。【釋繇　甲骨文字研究】

◉徐協貞　□。古猷字。與猶為一字。爾雅釋言。猷。若也。引詩寔命不猷。今詩作猶。揚子方言。猷。詐也。注。猶者言故為詐。此為方名。姓氏尋源先零大豪有猶氏。其領域應在西南蜀。亦多猶姓。見漢宋恩題名碑。宋有猶道明。亦蜀人。其為猶方後可知。【殷契通釋】

◉强運開　□　説文。玃屬。从犬酋聲。一曰隴西謂犬子為猶。釋獸曰。猶如麂。善登木。是猶本為獸名。引申之義為猶豫。為猶謀。為猷圖。釋詁又曰。猷。道也。詩秩秩大猷可證。段玉裁云。今字分猷謀字犬在右。語助字犬在左。經典絕無此例。是猶猷實為一字也。按此上闕三字。【石鼓釋文】

◉馬叙倫　嚴可均曰。韻會十一尤引作猷。云本作猷。又引徐曰。今作猶。據此則□體大徐校改。而説解中犬子為猷。則改之未盡也。沈濤曰。廣韻十八尤引此於猷字注下。又出猶字。云。上同。是古本作猷不作猶。史記吕后記索隱引。猶。獸名。多疑。禮記曲禮正義引。猶。獸名。玃屬。一切經音義六及九及十八及廿二凡四引作隴西謂犬子曰猶。猶性多疑預。在人前。故凡不決者謂之猶豫也。蓋古本多獸名二字。玃屬下尚有性多疑三字。至玄應所引猶性多疑云云當是注中語。止觀輔行傳宏決四之四引西作右。玃上有亦字。桂馥曰。一曰隴西謂犬子為猷者。初學記引何承天纂文同。郭沫若曰。卜辭作□□。所從之□□決非犬形。凡犬字尾皆上舉也。猶鼬一字。爾雅釋獸。猶如麂。善登木。又曰。麐。大麢。旄毛狗足。麐即麂也。鼬即今人所謂黄鼠狼。正善登木而亦狗足旄毛。與爾雅釋獸合。倫按今所謂黄鼠狼與玃異。尤與麂大異。正鼠部之鼬。而非此也。顏氏家訓引尸子曰。五尺犬為猶。此乃所謂如麂者矣。鼠狼豈有如此大者乎。猶鼬自是二字。説解蓋本作獸名。玃屬涉下文狙字説解而誤演。一曰隴西謂犬子為猷者。校者據纂文加之。犬子即狗。狗猶聲同幽類。故隴西謂之猶耳。甲文作□者。從犬。由聲。□編鐘作□。從犬。首聲。皆聲同幽類。轉注字也。爾雅釋文引字林。弋又反。字見急就篇。作猶。蓋傳寫易之。毛公鼎作□。王孫鐘作□。以奠從酋也。譌書耳。石鼓作□。【説文解字六書疏證卷十九】

◉唐　蘭　在第五期中，則以亡畎代亡囚，亡徭才畎代亡徭才囚，其讀當與囚同，其字當从犬囚聲。然後世既無畎字，亦無从犬卟聲之字。余謂畎實周以後之猷字也。小篆無卣字，然卣與酉之關係，確至密切。蓋酉卣之龜形本最相近，其音又同，其字形之作□□者，與酉之作□者又相似。則於以鹵代卣，而卣字亡佚之後，其用卣字為偏旁之字失其據依，除卟咕之類變從口者

狙 

外，若猷字之類，必以其一家眷屬之酉字代之，可無疑也。猷變從酉，酉酋一字，斯以猷為猷矣。【天壤閣甲骨文存考釋】

◉黃錫全 猶弋周切 見尚書 鄭珍云：「《盤庚》『由蘖』，《說文》甹、櫱兩字下竝引作『甹』，薛本依采。此形誤上體似『東楚名缶曰甾』之，釋『猶』亦誤。」《易・豫》「由豫」，釋文「由，馬本作猶」。《左傳》莊公十四年「猶有妖乎」，疏：「由、猶二字義得通用。」【汗簡注釋卷三】

◉戴家祥 說文十篇「猶，玃屬，从犬酋聲。一曰隴西謂犬子為猷」。按說文字頭有猶無猷，猶猷應為一字，屬偏旁左右移位之例。金文猷或作猶是其證。猶的本義是犬類動物，然金文與經典多用作謀猷之義。詩小雅「克壯其猶」，傳「猶，道也。」箋「猶，謀也，兵謀也。」疏「能光大其運謀之道」。又「謀猶回遹」，箋「謀為政之道」。又大雅「王猶允塞」，箋「猶，謀也」。金文史牆盤、㝬毁等猷皆訓謀。經典猶或訓似，如詩召南「寔命不猶」，傳「猶，若也」。中山王譽鼎猶亦訓若。【金文大字典中】

◉許 慎 玃屬。从犬。且聲。一曰。狙犬也。暫齧人者。一曰。犬不齧人也。親去切。【說文解字卷十】

◉馬叙倫 鈕樹玉曰。玉篇。且余切。玃屬也。犬暫齧人也。犬不絜也。疑本說文。後人譌絜為齧。又加人字耳。嚴章福曰。文選劇秦美新注引。狙犬下無也字。不誤。史漢狙擊秦皇帝。伏虔應劭徐廣皆云。狙。伺也。按默下云。犬暫逐人也。六書故引唐本暫作潛。則此亦當作潛。說解當以一曰狙為句。犬潛齧人也為句。倫按唐寫本切韻殘卷九魚引。一曰狙犬暫齧人一曰不潔人。蓋校者記一本犬暫齧人也作犬不齧人也。切韻引作不潔人。玉篇作不絜人。皆不可通。自是齧誤。倫疑犬潛齧人者。蓋猝字義。猝狙音同清紐也。此呂忱列異義。或校者所加也。狙擊秦皇帝者玄應一切經音義引三倉。狙。擊也。然倫謂狙無伺義。狙擊亦非伺擊也。狙以聲同魚類借為劫耳。狙自為獸名。文選西征賦注引倉頡。獮猴也。七豫切。莊子齊物論。猿。猵狙以為雌。是狙是猿類。【說文解字六書疏證卷十九】

猴 

佚886 藏216・1【續甲骨文編】

◉許 慎 夒也。从犬。矦聲。乎溝切。【說文解字卷十】

◉商承祚  此獸巨頯鋭口而長臂。乃猴也。說文猴「夒也。从犬。矦聲。」案猴乃後起字。其本體疑即說文訓「母猴屬」之禺。今篆作者。整齊失其形也。【甲骨文字研究下篇】

㲉

◉馬叙倫　夒聲幽類。猴聲矦類。幽矦近轉轉注字也。甲文有字。倫謂乃猴之初文。象形者也。首與人同。頷廣而長。箕居而前足如手能舉也。【說文解字六書疏證卷十九】

◉孫海波　十六・九　後下・三一・九　說文云：「夒也，从犬，矦聲。」按甲骨文象巨頟銳口而長臂，乃猴也。說文猴字乃後起。【甲骨金文研究（中國大學講義）】

◉李孝定　　金祥恒續文編十卷八葉下收作猴。是辭云「貞求季于九牛」。乃殷先公。非獸名。商氏釋夒。是也。夒猴聲韻並近。義亦相類。猴蓋夒之後起字。本書依許例分收為夒猴二字。實則當為一字也。以夒之音讀求之。此字當為許書之猴。非猿字也。夒字已見五卷。請參看拾・六・九。云「獲猴」則獸名也。【甲骨文字集釋第十】

◉許　慎　犬屬。胃已上黃。胃已下黑。食母猴。从犬。㱿聲。讀若構。或曰。㲉似牂羊。出蜀北嚻山中。犬首而馬尾。火屋切。【說文解字卷十】

◉馬叙倫　嚴可均曰。犬屬小徐御覽九百十三引作犬類。文選南都賦注初學記廿九引作類犬。北嚻山見北山經。無緣在蜀。上文北嚻山有獨𤞞獸。水部滄水出北嚻山。皆不言蜀。此蓋校者加也。沈濤曰。當作類犬。猶下文言狼之似犬狛之如狼耳。翟云升曰。韻會引作猨屬。類犬。腰以上黃以下黑。王筠曰。山海經無㲉似牂羊云云。北山經曰。北嚻之山有獸焉。其狀如虎而白身。犬首馬尾彘鬣。名曰獨𤞞。上文獨篆下引之而少犬首二字。蓋錯簡在此也。承培元曰。此字上林南都二賦譌作㲉。爾雅譌作豦。文選李注與此合。而字皆為㲉。爾雅。豦。迅頭。豦為㲉之譌。㲉又㲉之譌。郭注。今建平山中有豦。大如狗。似獼猴。黃黑色。多髯鬣。好奮迅其頭。貜類也。正與許說同。而食獼猴之食又譌作似。上既云如犬。不得更言似猴也。倫按㝅為孺子。豰為小豕。則㲉當是小犬。為狗之轉注字。今曰犬屬。或曰類犬。以類犬為長。鍇本作犬類。許書無此例。間有之者。譌也。而字次貜狙猴之下。豸部。貜。㲉貜也。貜貜一字。見貜字下。則㲉即貜矣。此說解曰。胃已上黃。胃已下黑。食母猴。與爾雅釋獸。豦。迅頭。郭注。大如犬。似獼猴。黃黑者合。郭注又曰。貜類也。則㲉又即爾雅之豦矣。承謂爾雅之豦當為㲉。檢豦從虍得聲。虍㲉音同曉紐。是古或借㲉為豦也。本書以豦從豕。故不以為迅頭之獸。由不悟豦訓封豕之屬者。字從豕虍聲。豦迅頭者。字當如盂鼎無敢之所從作者也。形似獼猴。獼猴似人。故其形人立而前後足似人手足也。然則此說解中食獼猴當依雅注作似獼猴。承謂郭注上既言如犬下不得更言似獼猴。非也。郭言如犬者。狀其大也。似獼猴者。狀其形也。至此說解本如韻會引作猨屬。胃以上黃胃以下黑。食母猴。从犬。㱿聲。食字正為似之

狼

音近而誤。字蓋出於字林。或曰以下則校者加耳。郭璞上林賦注曰。麬。似鼬而大。䝢以後黃。一名黃䝢。段玉裁謂當作䝢以前黃䝢以後黑。食獮猴。則郭已不知麬𪊑䖑□之異。䖑為玃類。爾雅釋獸。玃父善顧。郭注。玃似獮猴而大。蒼黑色。玃從矍得聲。矍得聲於䀠。本書。矍。一曰。遽視皃。文選東京賦注引作驚視皃。莊子齊物論。俄然覺。則蘧蘧然周也。御覽九四五引作瞿瞿然周也。本書。界。目驚界界然也。界亦從䀠得聲。蓋遽視皃本作遽驚視皃。遽字為校者注以釋音者也。古讀玃亦如蘧。則䖑玃或為轉注字。或同類而所以名之者音亦同類。足證大如狗而似獮猴黃黑者。字當作□。𪊑為借字。今失□字。形譌如䖑。故爾雅徑作䖑矣。此字當出字林。讀為構者。劉秀生曰。𣪊聲之字。多在見紐。構聲亦在見紐。故𪊑從𣪊聲得讀若構。子部。𪊑。乳子也。從子。𣪊聲。一曰。𪊑。瞀也。荀子儒效。其愚陋溝瞀。非十二子。世俗之溝猶瞀儒。溝瞀即𪊑瞀。左宣四年傳。楚人謂乳𪊑。漢書叙傳。楚人謂乳𪊑。如淳曰。𪊑音構。是其證。倫謂構𪊑亦聲同矦類。【說文解字六書疏證卷十九】

甲1282　乙2908　珠121　佚547　785　續3·27·6　3·31·6　龜卜20　粹924

新3221　5319【續甲骨文編】

狼　日甲三三背【睡虎地秦簡文字編】

狼邪令印　狼信　狼宜印　狼翁伯　狼詹私印　狼奉印【漢印文字徵】

◉許　慎　□似犬。鋭頭。白頰。高前廣後。从犬。良聲。魯當切。【說文解字卷十】

◉羅振玉　□□□　季良父盉良作□。卜辭作□。殆與□同。从犬从良即狼字。或有从亾者。殆□之䆗。許君謂良从亾聲。故知亦狼字。【增訂殷虛書契考釋卷中】

◉王　襄　□　古狼字。此从犬从□。□。古良字。又說「良。善也。从畐省。亾聲。」良亡一聲之轉。故古狼字或从亡。或曰从良省。【簠室殷契類纂正編十】

◉商承祚　□卷六第四十八葉　□卷二第二十七葉　卜辭中曰獲馬獲鹿獲麑獲雉之文屢見。以誼考之。此當為狼字。曰獲狼十有三。卷二第二十七葉。曰獲狼廿五。卷二第三十四葉。曰獲鹿狼。卷二第三十五葉。此狼字之確證也。良亾音相近。故叚亾為

良。【殷虛文字類編第十】

◉馬叙倫 沈濤曰。廣韻十一唐及御覽九百九皆引作鋭後而白頰。倫按爾雅釋獸詩還毛傳皆無及鋭頭云云。蓋似犬十字皆字林文。本訓獸也。爾雅釋文引字林。獸似犬。甲文有。葉玉森釋狼。字見急就篇。【説文解字六書疏證卷十九】

◉李孝定 前六·四八·四 説文「狼。似犬。鋭頭。白頰。高前廣後。從犬。良聲。」此正从犬良聲。釋狼是也。葉氏謂右似从豕。説非。契文犬豕之别已前見引王國維氏所説。惟偏旁中犬豕每形近。此字右旁尾雖不拳。然仍是削腹。當是犬字。至契文另有从犬亡聲之犺。羅商王諸氏亦並釋狼。使契文無从犬良聲之狼。則謂亡良聲近从亡者當釋為狼或尚可信。而今狼犺並見。同一狼也。何以或从亡聲。或从良聲。此為犺不當釋狼之確證。卜辭亡皆讀無聲。與狐近。此又犺當釋狐之確證。葉氏之言是也。字今作狐。乃易亡無聲為瓜聲耳。非有二物也。犺狐為古今字。故其聲符可省變易主。犺狼二字同時並見。因不當有不同之聲符也。且亡既讀無聲。則與良聲相遠。故知犺之不當釋狼也。又金氏續文編收乙·六二九八作狐。此文形雖近狐。然其音固不可知。似以存疑為是。又諸家之説犺字者本當收入狐字條下。以羅王諸家並釋狼犺為狼。故於此並引之。

【甲骨文字集釋第十】

狛 狛

◉許 慎 狛如狼。善驅羊。从犬。白聲。讀若蘗。甯嚴讀之若淺泊。匹各切。【説文解字卷十】

◉馬叙倫 鈕樹玉曰。蘗當作檗。泊當作洦。段玉裁曰。甯嚴蓋博訪通人之一也。劉秀生曰。淺泊本書作洦。段玉裁嚴可均竝謂泊當為洦之正篆。從水。白聲。白聲在竝紐。蘗即檗之隸增。檗從辟聲。辟聲在邦紐。邦竝皆脣音。故狛從白聲得讀若泊。又得讀若檗。周禮醢人。豚拍魚醢。注。鄭司農云。鄭大夫杜子春皆以拍為膊。廣韻十九鐸。博。又姓。古有博勞。善相馬也。博勞即伯樂。拍伯竝從白聲。膊博竝從尃聲。广部。庫。從广。卑聲。讀若逋。尃逋竝從甫聲。禮記玉藻。素帶終辟。注。辟讀如裨冕之裨。裨亦從卑聲。白聲如甫。甫聲如卑。卑聲如辟。是其證。倫按本訓捝矣。字蓋出字林。甯嚴無考。然讀若為吕忱或校者加。則非所謂博問通人者也。錢坫以為狛即貊字。【説文解字六書疏證卷十九】

獌 獌

◉許 慎 獌狼屬。从犬。曼聲。爾雅曰。貙獌似貍。舞販切。【説文解字卷十】

◉馬叙倫 爾雅釋獸。貙獌似貍。謂貙似貍也。貙獌者俗名。故郭注曰。今山民呼貙虎大者曰貙豻。本書。豻。胡狗。豻獌聲同元類。故亦呼貙豻。倫疑獌即蠻貊之邦之蠻。故此與狛為次。左成十六年經。楚子誘戎蠻子殺之。公羊作戎曼。是其

狐

證。爾雅釋獸釋文引字林。音幔。狼屬。一曰。貙也。此字蓋出字林。【説文解字六書疏證卷十九】

乙6298 【續甲骨文編】

狐 不从犬 命狐君壺 瓜字重見 【金文編】

0646 3986 3987 【古璽文編】

令狐舜印 令狐昌印 狐冬古 鉅平狐古 狐舍 令狐長印 【漢印文字徵】

◉許　慎　祆獸也。鬼所乘之。有三德。其色中和。小前大後。死則丘首。从犬。瓜聲。户吴切。【説文解字卷十】

◉葉玉森　王襄氏釋狼。謂良亡一聲之轉。古狼字或从亡。類纂第十第四十六葉。商承祚氏亦釋狼。謂良亡音相近。故叚亡為良。字或从良。或从亡。後世遂無从亡之犷矣。類編。森桉。卜辭之亡均讀若無。如亡囏亡祐亡戾亡尤亡𡆥亡不若可證。則从犬从亡疑即古文狐字。狐。祆獸也。鬼所乘之。有時而亡。故古人謂之犷。其音讀無。後世始循弧瓠之例制狐字。音仍近犷。易解九二。田獲三狐。古人田游固以獲狐為貴。以其皮可製裘也。殷契鉤沈。柯昌濟氏亦釋狐。與予説合。補箋。

【殷虚書契前編集釋卷三】

◉郭沫若　第五八五片。(上)前二·一七·三,(下)前二·一七·五。

犷字商承祚釋狼,云「良亡音相近」。類編十·七。王國維讚其「極精確」。類編·王序。葉玉森「疑即初文狐字」。鉤沈·乙·八。案以葉釋為是。它辭有言「獲犷鹿」者,自是狐鹿,狼與鹿不能同時獲得也。亡音古讀無,與瓜音同在魚部。即讀陽部音,亦與瓜為對轉也。【卜辭通纂】

◉馬叙倫　鈕樹玉曰。廣韻韻會引祆作妖。釋獸釋文引作祅。祅即祆省。妖非。繫傳廣韻引大作豐。沈濤曰。爾雅釋獸釋文一切經音義八及十二引乘下無之字。音義八類聚九十五引獸下無也字。御覽九百九初學記廿九類聚引乘之作乘也。蓋古本作狐祆獸。鬼所乘也。丘首御覽初學記一切經音義九及十二廣韻十一模引皆作首邱。又有謂之三德四字。白帖九十七引邱首上有正字。亦有謂之三德四字。倫按易。小狐汔濟。干寶注。狐野獸之妖者。抱樸子玉策記有狐滿三百歲暫變為人形之説。蓋本於莊子庚桑楚孽狐之詞。本書。蠥。衣服歌謠艸木之怪謂之祆。禽獸蟲蝗之怪謂之蠥。然鬼憑於狐之説。桂馥謂鬼所乘猶左傳石不能言或馮焉。漢世未聞。蓋茯字及鬼所以下至丘首皆字林文。或校語也。字見急就篇。甲文有。葉玉森釋狐。蓋從犬亡聲。為狐之魚陽對轉轉注字。或為狼之轉注字。或別有獸名犾。【説文解字六書疏證卷十九】

◉陳夢家　狐或釋狼或釋狐，由於出土骨骼没有狼，故暫定為狐。【殷墟卜辭綜述】

◉劉彬徽等　⿰鼠瓜，狐字。楚簡文字中從「豸」往往以從「鼠」代之，從豸又與從犭相通。【包山楚簡】

獺

◉許　慎　獺如小狗也。水居。食魚。从犬。賴聲。他達切。【説文解字卷十】

◉馬叙倫　鈕樹玉曰。繫傳作小狗食魚蓋脱。韻會引作獸名。如小狗。水居。食魚。沈濤曰。御覽九百十二引。獺如小狗。水居食魚。猵屬也。一切經音義十四及十五引説文形如小犬水居食魚者也。十六引無者字。小犬下亦無也字。據此古本當作小狗水居食魚猵屬也。倫按説解本作獸名。猵屬也。如小狗。水居食魚。然猵訓獺屬。獺不得訓猵屬。蓋此字出字林。【説文解字六書疏證卷十九】

猵

◉許　慎　猵獺屬。从犬。扁聲。布玄切。獱或从賓。【説文解字卷十】

◉馬叙倫　獺屬字林文。或此字出字林。

獱　扁賓聲同真類亦同脣音也。故猵轉注為獱。文選注引倉頡解詁。似狐青色居水中食魚。【説文解字六書疏證卷十九】

猋

猋　王占尊【金文編】

◉許　慎　猋犬走皃。从三犬。甫遥切。【説文解字卷十】

◉葉玉森　此字三象形文。竝脩尾削腹。象犬。疑古猋字。羅氏考釋。故疑从三豕即豩之繁文。本辭猋為地名。【殷虚書契前編集釋卷一】

◉高田忠周　劉（心源）攷非。緐省文作。又𣪠所从緐亦作。無如此長尾形者。而師晨鼎犬字作。又獻字所从犬作。猷字所从犬作。皆與此篆相合。此从三犬下有重＝。明知猋猋也。説文。猋。犬走皃。从三犬。轉為凡

狘 ⿰犭軍 猏 猰 犾

獸禽走皃。銘意蓋為多禽之義。亦重言形況字。又按𪚺。疾也。从三兔。𪚺猋二字。造意同。即知非合一與二為會意。如芔森之例。犾下曰。兩犬相齧也。雖从二犬。非相合相衆之意。不得以此為猋字之意也。或云。此篆疑虯龍字。蓋謂虯字龍字象形者亦有稍似者。然自與此別。且説文無三虯三龍合文者。此篆斷非虯龍字也。【古籀篇九十】

◉商承祚  説文有从二犬之犾。訓「兩犬相齧」。然形不類。殆即「犬走皃」之猋字也。本一字。後世分為二。【甲骨文字研究下編】

◉馬叙倫 此犬之茂文。犬走當以形聲字狀之。從三犬不能得走皃也。甲文有。葉玉森釋猋。【説文解字六書疏證卷十九】

◉徐鉉 獸走皃。从犬。戉聲。許月切。【説文解字卷十新附】

◉徐鉉 獸名。从犬。軍聲。許韋切。【説文解字卷十新附】

◉徐鉉 褊急也。从犬。肙聲。古縣切。【説文解字卷十新附】

◉徐鉉 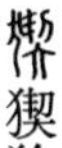猰貐。獸名。从犬。契聲。烏黠切。【説文解字卷十新附】

 藏104·1【續甲骨文編】

 齊魯4:80 丘犾□□【古陶文字徵】

㹜 𤞞

犾牛巾切【汗簡】

◉許　慎　犾兩犬相齧也。从二犬。凡犾之屬皆从犾。語斤切。【説文解字卷十】

◉王　襄　古犾字。【簠室殷契類纂正編十】

前4·15·2【續甲骨文編】

獄　獄父丁卣　𩰲盤　亞獄逗簋　魯侯獄鬲　史記魯世家作熙【金文編】

◉許　慎　𤞞司空也。从犾。𦣞聲。復説獄司空。息兹切。【説文解字卷十】

◉王　襄　前·二·三·七　古𤞞字。【殷虛卜辭類纂正編十】

◉馬叙倫　吴穎芳曰。復説者。漢書藝文志臣復説十三章。鈕樹玉曰。復上恐有脱字。嚴可均曰。復上疑脱其姓。獄司空者。續漢書百官志一注引應劭漢官儀。綏和元年。法周制初置司空。議者又以縣道官有獄司空。故復加大為大司空。是漢有獄司空之官矣。經史無𤞞字。疑後人用士字或理字代之。咎繇為士為大理即𤞞也。段玉裁曰。空字衍。司者。今之伺字。司𤞞疊韻也。玉篇。𤞞。察也。今作伺覗。席世昌曰。唐中嶽體玄先生碣文。司馬承禎書作𤞞馬□□。廣韻𤞞亦司字。王紹蘭曰。後漢書賈逵傳。永平中。時有神雀集宮殿宮府。冠羽有五采色。帝異之。以問臨邑侯劉復。復不能對。薦逵博物多識。考齊武王縯傳。子北海静王興。建武三十年。封興子復為臨邑侯。又云。臨邑侯復好學能文章。永平中。每有講學事。輒令復典掌焉。與班固賈逵共述漢史。傅毅等皆宗事之。然則復説者。蓋劉復説也。倫按吴王之説是也。然犾為犬之茂文。即為兩犬相齧。而𤞞從犾𦣞聲為司察義。不可通。如為獄司空專字。則是從獄省也。然獄實從言犾聲。為辯之轉注字。辡犾聲同元類。禮大司徒淮南氾論皆以訟獄獄訟連文。本書辡下曰。辠人相與訟也。左襄十年傳。坐獄於王庭。謂坐而辡訟於王庭。庭廷一字。朝中道也。國語周語。君臣無獄。謂君臣無訟。以君出令而臣奉之也。周禮大司寇。以兩劑禁民獄。獄亦謂辯争。大司徒。而有獄訟者。鄭玄曰。争罪曰獄。鄭駁異義亦曰。從言者。謂以言相争也。蓋獄之本義如此。囹圄為獄始於漢。見獨斷。乃借獄為囹圄。獄圄音同疑紐也。俗偁監牢。牢亦借字。然語原同。是從犾𦣞聲。義亦不得為司察。特司𦣞同為次清摩擦音。又聲同之類。得以聲訓。獄之本義亡矣。劉復以字形與獄近而漢有獄司空。因説𤞞司空。校者因增空字於司下。不然。説解當作𤞞司空也從犾𦣞聲劉復説矣。此字疑出字林。吕忱猶及見劉復十三章。而彼書題為臣復説。

獄

或止侮復説。故此亦不著姓。怵未考知是劉復也。甲文作。【説文解字六書疏證卷十九】

◉陳夢家　魯侯獄鬲　字从臣而左右各一犬。説文有之，解曰：「獄，司空也，从㹜，臣聲。」與獄字結構相似。玉篇以為伺字。今以為乃魯煬公熙之名，熙與此同一聲符。【魯侯熙鬲　西周銅器斷代金文論文選】

◉于省吾　獄父丁卣。獄字蓋作。器作。舊不識。金文編入於坿録。按中从臣。左右从犬。即獄字。説文。獄。司空也。从㹜臣聲。栔文地名有獄字。作等形。姬尊姬字从臣作。季宮父簠姬字从臣作。然則獄字中从。其為臣字。灼然明矣。【釋獄　雙劍誃古文雜釋】

◉裘錫圭　亟獄⿺辶亘慕　「獄」似當讀為「熙」，是發揚光大的意思。【史墻盤銘解釋　文物一九七八年第三期】

◉唐　蘭　獄通熙，魯侯獄鬲即《史記》魯煬公熙。《書·堯典》：「熙帝之載」，《史記·五帝本紀》作「美堯之事」。【略論西周微史家族窖藏銅器羣的重要意義　文物一九七八年第三期】

◉陳世輝　「亟獄⿺辶亘慕，昊⿱召羽亡⿱罒吴」(第八行)，亟同極。獄讀為伺。《説文》：「獄，司空也。」《段注》：「此空字衍，司者今伺字。」段説是對的。《玉篇》：「獄，察也。」伺、察的意思相近，譯成現代漢語，是注視的意思。⿺辶亘通桓，當大講。慕讀謨。桓謨指天子的雄才大略。昊通皓，⿱召羽同昭，昊昭是疊韻連綿字，和皓皓或昭昭相同。亡⿱罒吴即無斁。這兩句的意思是：都特别注視天子的桓謨，彰明昭著毫不衰敗。【墻盤銘文解説　考古一九八〇年第五期】

獄　召伯簋　【金文編】

84反　【包山楚簡文字編】

獄　為四四　四例　法三三　二例　【睡虎地秦簡文字編】

長安獄丞　有秩獄史富納　【漢印文字徵】

獄出郭顯卿字指　【汗簡】

郭昭卿字指　崔希裕纂古　【古文四聲韻】

◉許　慎　獄确也。从㹜。从言。二犬所以守也。魚欲切。【説文解字卷十】

◉孫詒讓　獄字中从言。左右皆為犬。亦塙是獄字。説文獄从㹜。而㹜訓兩犬相齧。此篆作兩犬反正相對之形。與今本説文作獄者微異。而于形尤精。薛款識寅簋从獄。獄字作獄。漢西嶽華山廟碑篆頟嶽字作嶽。並為作犬相對之形。與此敢可互證。【召伯虎敢　古籀拾遺中】

◉林義光　説文云。獄从㹜从言。二犬所以守也。按古作獄召伯虎敦。从二犬守言。言實辛之譌變。辛。罪人也。僕字史僕壺作僕。从辛。諆田鼎作僕。从言。【文源卷八】

◉馬叙倫　鈕樹玉曰。繫傳作從㹜從言聲。譌。韻會引作從言亦脱。王筠曰。此言二犬與疊下言三日同。此別例也。獄獄二字但以形附。皆取伺察之義。非復兩犬相齧之義。翟云升曰。言亦聲。御覽引作獄謂之牢。別義。王宗涑曰。獨斷云。周曰囹圄。漢曰獄。釋名。獄者。确也。言實埆人情偽也。竝是今誼。周禮大司徒。而有獄訟者。注。争罪曰獄。周語云。夫君臣無獄。是古誼。徐灝曰。戴侗云。從言。訟也。按獄之引申為罪為訟。鄭語。褎人有獄。韋注。獄。罪也。周語。夫君臣無獄。注。獄。訟也。倫按王筠疑從㹜非義。由不悟㹜乃獄所從得聲者也。徐以訟罪為引申義。由不悟獄之本義非囹圄也。使獄為囹圄。而以犬守之。猶今之置警犬也。雖勉强可通。然觀衛字而知囹圄置守。亦必不徒以犬矣。況於字形。二犬守言。已不可通。若如鍇本作從㹜言聲。應劭風俗通義。易。噬嗑為獄。十月之卦。從犬言聲。二犬所以守也。是鍇本與應見本同。但今本應書從㹜譌作從犬耳。是則許已不明獄字之冓造矣。且據應書。則二犬所以守也亦許説。凡若此者。亦皆許舊文也。倫謂二犬所以守也蓋許氏字指之文。觀應引。圃。補也。從口甫聲。園。援也。從口袁聲。可證許書體例。然其於園字袁聲下有四皓園公亦本園者。而於闕字則曰魯昭公設兩觀於門是謂之闕。從門欮聲。説亭字則曰。謹案。春秋國語畺有寓望謂今亭也。民所安定也。亭有樓。從高省。丁聲也。説辠字曰。自辛為辠。令其辛苦憂之也。秦皇謂辠字似皇。故改為罪。説𠔁字曰。説文解字二口為讙。州。其聲也。讀若祝。比類而詳之。知不本於字指。必其自為下説也。後人轉取其説。附於本書矣。如此下之二犬所以守也及𠔁下辠下之文為許例所不當有者。是也。倫且疑許書獄字本在言部。作從言㹜聲。應書亦本引作從言㹜聲。讀者不達其詁。而泥於囹圄為獄之義。因增二犬亦所以守也。觀一亦字。可知取其説入本書。既移字於㹜部。則不得不删亦一字。今本應書作從犬言聲。蓋後人以鍇所據之本改之。韻會但引從言。鈕樹玉以為挩。倫謂蓋疑㹜聲之不近而闕之。則鍇原本或本作從言㹜聲邪。則僅二犬何以見其為囹圄邪。故知必為從言㹜聲。㹜音疑紐。故獄音亦在疑紐。鍇本從㹜言聲。确也以聲訓。御覽所引校語。當入言部。字見急就篇。召伯虎敢作獄。【説

◉楊樹達　說文十篇上犾部云：「獄，确也。从犾，从言。二犬，所以守也。」按从言之義許君不及。二犬守言，義不相會，自來小學家未有言之者。惟亡友林君義光著文源，謂言當為辛之譌變，辛，罪人也。按林君立意善矣，謂言為辛之譌變，苦無文證，頗嫌專斷。愚謂林君求之於形，故為失之。今按說文三篇上言部，言从辛聲，辛部辛訓辠，則獄字所从之言，實假為辛。从二犬从言，謂以二犬守罪人爾。

說文十篇上㚔部云：「圉，囹圄，所以拘罪人。从㚔，从口。」按㚔部有睪執報𥷚諸文，字皆从㚔，許皆以罪人為訓。又㚔下云：「俗語以盜不止為㚔」，盜竊者固罪人也。以口拘㚔，以二犬守辛，二文之構造正同爾。

稽之經傳，獄字恆指獄訟為言，不必指繫囚之地。周禮大司寇云：「以兩劑禁民獄。」鄭注云：「獄，謂相告以罪名者。」大司徒云：「凡萬民之不服教而有獄訟者。」鄭注云：「爭罪曰獄。」左傳襄公十年云：「坐獄於王廷。」周語云：「夫君臣無獄。」韋注云：「獄，訟也。」鄭語云：「褒人有獄。」韋注云：「獄，罪也。」晉語云：「梗陽人有獄。」詩召南行露篇以「速我獄」與「速我訟」對言。由此言之，獄文从犾，說文犾訓二犬相齧，蓋以二犬相齧喻獄訟者兩造之相爭，相爭以言，故文从言。獄訟義同，獄之从言，猶訟訓爭亦从言矣。蔡邕獨斷云：「唐虞曰士官，夏曰均臺，殷曰牖里，周曰囹圄，漢曰獄。」然則許君二犬守之訓，乃以漢制推說古文，故與經傳獄字之義不合歟。【增訂積微居小學金石論叢卷第一】

◉戴家祥　周官地官大司徒「凡萬民之不服教而有獄訟者」，鄭注「爭罪曰獄」。又秋官大司寇「以兩劑禁民獄」，鄭注「獄謂相告以罪名者」。說文「犾，兩犬相齧」，蓋以兩犬相齧喻獄訟兩造之爭，爭者必以言，文故从言。唐韻犾音「語斤切」，疑母文部。獄音「魚欲切」，疑母侯部，當云：从言从犾，犾亦聲。【金文大字典下】

鼠 

 佚619　藏208·3  徵11·100  鄴40·5  新2005  2006  3016  4749【續甲骨文編】

 鼠　秦四二　六例　通予　七人以上—車牛　秦七三  日乙五九  日甲四〇　二例  日甲二六背　四例  日甲一二〇背　二例  法一四〇　三例  日乙六四　二例  法一五二　四例【睡虎地秦簡文字編】

 商承祚釋鼠　讀為爽　乃又—☐(甲4—30)、四興—(甲8—30)、是則—至(甲12—15)【長沙子彈庫帛書文字編】

鼶　□

□鼠【汗簡】

◉許　慎　□穴蟲之總名也。象形。凡鼠之屬皆从鼠。書吕切。【説文解字卷十】

□汗簡【古文四聲韻】

◉葉玉森　帚鼠　羅振玉氏謂⺌象鼠穴形。加⺌者為竄字。殷商貞卜文字考十八葉。森桉。□之異體作□□□等形。⺌⺌竝象米粒。鼠善疑。將食米。仍却顧疑怯。古人造字。既狀其形。竝狀其性。加小點仍為鼠。猶加帶索形仍為羊也。殷契鉤沈。惟卜辭云帚歸鼠。頗難索解。考他辭云「亞突歸鼠苗。」藏龜拾遺第五葉之五。「歸鼠□俘」徵文雜事第百版。似鼠即來歸之鼠苗。殷人或囚或俘之也。又有「之父戊鼠」一辭。後上第五葉之十。曰之鼠。誼同之俘。即獻鼠苗之俘也。【殷虚書契前編集釋卷一】

◉馬叙倫　孔廣居曰。鼠本作□。鼠好齧。故象其齒。龔橙曰。□見李登集古文。徐灝曰。當作□。横體象形。倫按本作□。從後正視之形。與牛羊同。傳寫誤耳。或如龔引作□也。甲文有□。羅振玉釋□為鼠。然鼠為動物。若隨體詰詘。則作□已足。何有於⺌。以為鼠好竊米。故為米以見意。則背象形之指。郭沫若釋貍。則據甲文霾字作□也。倫謂□亦霾字。甲文雨亦或作□可證也。甲文有□。倫謂此鼠之象形文。高耳。鋭口。長尾。皆其徵也。穴蟲之總名也字林文。字林每言總名也。本訓挩矣。【説文解字六書疏證卷十九】

◉商承祚　「寅歲西鄰有吝，如月日既亂，乃有□」(四′17—29)：

□字又見八行、十二行，疑為鼠字。《詩·無正》：「鼠思泣血。」箋訓憂，此意同。【戰國楚帛書述略　文物一九六四年第九期】

□鼶符袁切出趙琬璋古字【汗簡】

□趙琬璋古字略【古文四聲韻】

◉許　慎　鼶鼠也。从鼠。番聲。讀若樊。或曰。鼠婦。附袁切。【説文解字卷十】

◉馬叙倫　段玉裁曰。或曰鼠婦者。釋蟲。蟠。鼠負。蟠即鼶字。負即婦字。今之瓮底蟲也。虫部又云。蛜威。委黍。委黍。

⿰鼠各　鼢　⿰鼠平　鼶

鼠婦也。桂馥曰。本書。蟠。鼠婦。馥謂⿰鼠番之於蟠。猶鼢作蚡也。倫按玉篇。⿰鼠番。一名瓮底蟲。瓮底蟲其形頗似於鼠之篆文。故俗以鼠婦為名邪。本書。蟠。鼠婦也。則鼠婦乃蟠字義。瓮底蟲非鼠類。不得從鼠也。此四字校者加之。玉篇。⿰鼠番。白鼠也。以音术之。是也。讀若樊者。劉秀生曰。詳六篇播下矣。【說文解字六書疏證卷十九】

⿰鼠各

87　227【包山楚簡文字編】

◉許　慎　⿰鼠各鼠出胡地。皮可作裘。从鼠。各聲。下各切。【說文解字卷十】

鼢

◉許　慎　鼢地行鼠。伯勞所作也。一曰。偃鼠。从鼠。分聲。芳吻切。蚡或从虫分。【說文解字卷十】

◉馬叙倫　鈕樹玉曰。釋獸釋文引地下有中字。初學記引作鼢鼠伯勞之所化也。玉篇注。地中行者。廣韻引字林云。地中行鼠。百勞所化。則初學記誤以字林為說文。沈濤曰。御覽九百十一引。鼢鼠。土行。伯勞之所化也。是古本皆作化。作作者譌。郭注爾雅。地中行者正本許書。古本地下合有中字。段玉裁曰。此一曰猶一名也。倫按本訓鼠也。地中行鼠伯勞所化也。字林文。字或出字林。

蚡　鈕樹玉曰。繫傳作或作虫分。【說文解字六書疏證卷十九】

⿰鼠平

◉許　慎　⿰鼠平⿰鼠平令鼠。从鼠。平聲。薄經切。【說文解字卷十】

◉馬叙倫　鈕樹玉曰。五音韻譜及廣韻集韻類篇引作鼮令鼠。此作⿰鼠平。譌。初學記引作鼮鼠今鼠者也。亦非。沈濤曰。御覽九百十一引。鼮鼠。今鼠也。倫按蓋本作鼮鼠也。今鼠者也。今鼠下有挩文。鼮則隸書複舉字也。此字蓋出字林。【說文解字六書疏證卷十九】

鼶

鼶息兹切【汗簡】

義雲章【古文四聲韻】

䶉　鼫　鼨

◉許慎　鼶鼠也。从鼠。虒聲。息移切。【説文解字卷十】

◉黄錫全　鼶鼶息兹切。《説文》正篆作鼶，此从古文虎。【汗簡注釋卷四】

◉許慎　䶉竹鼠也。如犬。从鼠。畱省聲。力求切。【説文解字卷十】

◉馬叙倫　鈕樹玉曰。繫傳作丣聲。廣雅玉篇竝作䶉。倫按莊子天地。執畱之狗。畱即䶉也。則古或作鼺。不省也。竹鼠也如犬蓋字林文。或字出字林也。【説文解字六書疏證卷十九】

◉許慎　鼫五技鼠也。能飛不能過屋。能緣不能窮木。能游不能渡谷。能穴不能掩身。能走不能先人。从鼠。石聲。常隻切。【説文解字卷十】

◉馬叙倫　嚴可均曰。藝文類聚九十五引游作浮。乃汓之誤。釋獸釋文作能泅。本書。汓或作泅。浮行水上也。沈濤曰。爾雅釋獸釋文。案蔡伯喈勸學篇云。五技者。能飛不能上屋。能緣不能窮木。能泅不能渡瀆。能走不能絶人。能藏不能覆身。是也。許氏説文亦云然。據此與今本不同。然藝文類聚九十五引同今本。是陸所謂亦云然者。謂其説相似。非謂其字句之同也。惟過屋類聚作上屋。則今本誤。毛詩艸木蟲魚疏引云。鼫鼠。五技鼠也。是古本鼫下有鼠字。詩碩鼠正義引許慎云。碩鼠五技。能飛不能上屋。能游不能渡谷。能緣不能窮木。能走不能先人。能穴不能覆身。此之謂五技。是古本尚有末句。今奪。其碩鼠下五句中字亦與今本小異。翟云升曰。事類賦引過屋作上屋。渡谷作渡水。汪文臺曰。釋文詩疏引過作上。倫按説解本作鼠也。五技鼠也以下當如詩碩鼠正義引。乃字林文。爾雅釋獸釋文引字林。五技鼠也。又引蔡邕勸學篇而謂許氏説文亦云然。蓋字林而題為説文者也。詩正義引有此之謂五技一句。與御覽引狐下説有此之謂三德同。使是許文。上已言三德五技。不須重申。況作本書與傳注異體。許作本書雖體異三蒼。要主簡明。觀其大體。固朗然也。狐下既非許文。此與同類。亦可決矣。【説文解字六書疏證卷十九】

◉許慎　鼨豹文鼠也。从鼠。冬聲。職戎切。𪕮籀文省。【説文解字卷十】

◉馬叙倫　錢坫。爾雅鼨鼠豹文相連屬。故許云爾。郭注則鼨鼠屬上鼣鼠為類。豹文屬下鼮鼠為類。兩家不同也。翟云升曰。韻會引文作皮。非。倫按沈濤據唐書盧若虛傳曰。此許慎所謂鼨鼠。豹文而形小。疑盧所見古本鼠字在豹文上。文下並有而形小三字。倫謂爾雅釋獸釋文引字林。鼨。豹文鼠也。則本作鼠也豹文而形小。豹文五字字林文。或豹文鼠也豹文而形小皆字林文。字出字林也。爾雅釋獸記鼠屬八。唯鼨鼠上鼮鼠上有豹文。故呂郭異讀。然以上文豻狗足羆如熊黄白文例之。則呂讀是。御覽引爾雅鼮鼠音⿰鼠平。王筠謂説文不收鼮字。蓋許所據爾雅作⿰鼠平鼠也。尋平廷聲同耕類。是鼮鼠即⿰鼠平鼠。蓋轉注字。本書⿰鼠平已列上文。則此讀更分明。

本作籀文鼨。校者改之。故鍇本作從𠬞作。校者不同也。【説文解字六書疏證卷十九】

⿰鼠益於革切竝出義雲章【汗簡】

義雲章【古文四聲韻】

◉許　慎　⿰鼠益鼠屬。从鼠。益聲。於革切。貖或从豸。【説文解字卷十】

◉馬叙倫　貖蓋鼸之譌耳。豸為豹之初文。鼠屬安得從豸邪。【説文解字六書疏證卷十九】

91【包山楚簡文字編】

鼷　日甲六九背　法一五二　四例【睡虎地秦簡文字編】

◉許　慎　鼷小鼠也。从鼠。奚聲。胡雞切。【説文解字卷十】

◉許　慎　鼩精鼩鼠也。从鼠。句聲。其俱切。【説文解字卷十】

◉馬叙倫　沈濤曰。御覽九百十一引作鼩。精鼩。胡地風鼠也。胡地風鼠乃下文⿰鼠勺字之訓。然玉篇⿰鼠勺字但訓鼠屬。而御覽引如此。疑胡地風三字古本在精鼩之下。因鼩⿰鼠勺字形相近。後人誤竄於彼耳。王筠曰。釋獸。鼩鼠。郭注。小鼱鼩也。亦名⿰鼠從鼩。李巡曰。一名鼷鼠。釋文。字林曰。鼱鼩。然則古但名鼩。後漢則名精鼩。晉又作鼱為專字。孳育浸多。時代為之矣。朱駿聲曰。鼱⿰鼠從一聲之轉。李巡謂一名鼷鼠。按上文別有鼷鼠。非是。倫按精鼩鼱鼩初止作從鼩。以東侯對轉連緜為名。其實止作鼩耳。以同為舌尖前破裂摩擦音。從轉為青。又轉為精。字林作鼱。疑亦傳寫作鼠旁。此精鼩也即字林文。

亦本作青。校者以方音增米旁耳。漢書東方朔傳如湻注。鼱鼩。小鼠也。小鼠為鼩。猶小犬為狗小馬為駒。則鼩為鼠子。字蓋出字林。【説文解字六書疏證卷十九】

鼸

◉許　慎　鼸䶄也。从鼠。兼聲。丘檢切。【説文解字卷十】

◉馬叙倫　爾雅釋獸釋文引字林。鼸。即鼢鼠也。桂馥謂鼢為䶄誤。王筠謂爾雅寓鼠曰嗛。嗛即鼸之古字。夏小正傳。田鼠者。鼸鼠也。可證。【説文解字六書疏證卷十九】

䶄

◉許　慎　䶄鼠屬。从鼠。今聲。讀若含。胡男切。【説文解字卷十】

◉馬叙倫　朱駿聲曰。夏小正。田鼠出。傳曰。田鼠者。嗛鼠也。釋名釋形體。頤。或曰。鼸車。鼸鼠之食積於頰。人食似之。故取名也。按鼠以嗛得名。非嗛以鼠得名也。倫按爾雅釋獸。鼸鼠。郭注。以頰裹藏食也。然則此似鼠者。故曰鼠屬。鼠屬字林文。疑鼸䶄二字竝出字林。鼸䶄竝舌根音。兼聲談類。今聲侵類。侵談近轉轉注字也。【説文解字六書疏證卷十九】

鼬

◉許　慎　鼬如鼠。赤黄而大。食鼠者。从鼠。由聲。余救切。【説文解字卷十】

◉馬叙倫　錢坫曰。今鼠狼也。鈕樹玉曰。韻會作如鼦赤黄色尾大。蓋本郭注釋獸改。鼦即貂之俗體。翟云升曰。如貂是。田吴炤曰。爾雅釋文引字林。鼬。如鼠。赤黄而大。是當作鼠之證。倫按玄應一切經音義十一引字林。鼬。似鼠。赤黄而大。此字蓋出字林。然目論今所謂黄鼠狼者。似貂。赤黄色。尾大。蓋説解本作鼠屬似貂赤黄色尾大。傳寫有捝譌。【説文解字六書疏證卷十九】

鼢

 262  268  268  277 【包山楚簡文字編】

 籀韻 【古文四聲韻】

◉許　慎　鼩胡地風鼠。从鼠。勺聲。之若切。【説文解字卷十】

◉馬叙倫　錢坫曰。唐本鼩鼠。鼫鼠也。爾雅注。關西呼鼫鼠為鼩鼠。毛際盛曰。風疑當作飛。倫按郭注爾雅合鼩鼫為一。蓋由雅無鼩字。而方語有呼鼩為鼫者。廣韻曰。鼩。鼠屬。能飛。食虎豹。出胡地。是此説解風字為飛之譌也。鼫鼠能飛不能上屋。豈得食虎豹。周書王會。渠叟以鼩犬。鼩犬者。露犬也。能飛。食虎豹。然則能飛食虎豹者。鼩犬而非鼩鼠。渠叟正胡地也。郭注爾雅。鼫鼠。形大如鼠。頭似兔。尾有毛。青黃色。好在田中食粟豆。關西呼為鼫鼠。蓋雅之鼫即此鼩。而郭注其狀無論為有所據或其所目驗。要皆非胡地飛鼠也。爾雅釋獸釋文引字林。鼩鼠出胡地。任大椿朱駿聲引作塞地。則此字出字林。蓋本作鼠屬。一曰。飛鼠也。食虎豹。出胡地。今本或為傳寫所譌。或為校者所改。要之非胡地飛鼠。郭注爾雅謂鼩鼠好在田中食粟豆。可證。【説文解字六書疏證卷十九】

◉商承祚　☐逿鼩占之曰吉，疾，酉丁又朔口☐有編組刻口。

《廣雅·釋獸》：「鼩鼠，鼫鼠。」《爾雅·釋獸》有鼫鼠。郭璞注：「形大如鼠，頭似兔，尾有毛，青黃色。好在田中食粟豆。關西呼為鼩鼠。」逿鼩，貞人名。【江陵望山一號楚墓竹簡疾病雜事劄記考釋　戰國楚竹簡彙編】

𪕞

◉許　慎　𪕞鼠屬。从鼠。宂聲。而隴切。【説文解字卷十】

◉馬叙倫　鈕樹玉曰。毛本作𪕞。從穴譌。王筠曰。篆當作𪕞。各本從穴。誤。沈濤曰。御覽九百十三引。狖。鼠屬。善旋。狖即𪕞之别。倫按爾雅釋獸有鼤鼠。郭注未詳。鼤。從鼠。文聲。無疑也。文音微紐。𪕞音日紐。古讀歸泥。同為邊音。而文宂篆亦易亂。疑鼤𪕞一字一物。鼠屬字林文。此字蓋出字林。御覽引者狖下文。本書捝狖字。或此之譌體。【説文解字六書疏證卷十九】

鼭

◉許　慎　鼭鼠似雞。鼠尾。从鼠。此聲。即移切。【説文解字卷十】

◉馬叙倫　錢桂森曰。鼭。東山經作䖪。云。狀如雞而鼠毛。見則其邑大旱。吾鄉張氏耳夢録言。親見此禽。大如麻雀。而鼠毛。玉篇亦作鼠毛。然則本書尾字。恐係傳寫之譌。倫按本作鼠屬。今捝屬字。此字蓋出字林。【説文解字六書疏證卷十九】

鼲

◉許　慎　鼲鼠出丁零胡。皮可作裘。从鼠。軍聲。乎昆切。【說文解字卷十】

◉馬叙倫　桂馥曰。丁零鍇本作先零。誤。先零。羌也。沈濤曰。御覽九百十二引作出丁令胡以作裘。段玉裁曰。今通言灰鼠。聲之轉注。如揮翬本皆軍聲。倫按。鼠下捝也字或屬字。丁零胡非漢人語。詳貂字下。則此字為呂忱所加矣。【說文解字六書疏證卷十九】

䶂

◉許　慎　䶂斬䶂鼠。黑身。白腰若帶。手有長白毛。似握版之狀。類蝯蜼之屬。从鼠。胡聲。戶吴切。【說文解字卷十】

◉馬叙倫　嚴可均曰。史記相如傳索隱引作似握版也。此作之狀。誤。沈濤曰。相如傳索隱。獑胡鼠。黑身。白要若帶。手有長白毛似握版。握為掘譌。斬獑古今字。倫按玉篇。䶂。鼸䶂鼠也。黑身白腰鼸。獑。獑猢。獸名。似猨。然則此說解必非許文。亦恐非呂忱原文。似合鼸䶂獑猢為一字。類蝯蜼之屬一句尤為校語之證。字則出字林耳。【說文解字六書疏證卷十九】

能

能　說文云足似鹿从肉㠯聲非徐鉉曰㠯非聲疑皆象形是也　沈子它簋　能匋尊　禹比簋　毛公厝鼎　番生簋　哀成弔鼎　縣改簋　我不能不眔縣伯萬年保　中山王嚳鼎　中山王嚳壺　盜壺　从羽　鄂君啟舟節　歲能返【金文編】

156【包山楚簡文字編】

能　秦一一一　三十八例　法一五〇　日甲一五八背【睡虎地秦簡文字編】

戎能私印　侯能始　邯丘能始　王能【漢印文字徵】

能　能見史書【汗簡】

能汗簡 能並古孝 能古老子【古文四聲韻】

◉許　慎　能熊屬。足似鹿。从肉。㠯聲。能獸堅中。故稱賢能。而彊壯稱能傑也。凡能之屬皆从能。臣鉉等曰。㠯非聲。疑皆象形。奴登切。【說文解字卷十】

◉林義光　爾雅。鼈三足能。釋魚。此當為能之本義。古作能毛公鼎。正象三足形。漢書天文志。魁下六星兩兩相比者曰三能。能亦取三足之象。小篆能與古文能形近。故誤以能為熊屬也。【文源卷一】

◉葉玉森　前編卷六第二十六葉「弗其□□」之□乃國名。其字極奇。按从田疑象鼈形。契文龜作□。□字偏旁。見後編卷上第十九葉。鼈伏不見足尾。則去□之足尾作□。倒置之即與田同。从三□象三足。當即古文能字。爾雅論衡並載鼈三足能之文。小篆能作能。从二□象二足。从□象首。从□即田之譌。古之能國不可攷。疑其國多產能。如山經之從水。【說契】

◉高田忠周　□阮氏以扜求二字為烏來。非是。劉氏心源駁之云。按毛公鼎康能四國俗作能。叔弓鐘女康能乃九事作能。並與此肖。是能字也。□即□之省。亦釋求為禾為龢亦非。今審此□明又字。又與手通用。又□即烏字。說文烏古文作□是也。□即□省。□亦□省耳。說文。烏。盱呼也。盱呼即吁呼。實亦烏乎也。烏于通用。即知叚亦搗。實扜字異文。方言。扜。揚也。扜求者。謂揚言而自請也。銘義云。已賜我壽。豈敢有所自誇張而求于他耶。【古籀篇五十五】

◉馬叙倫　徐鉉曰。㠯非聲。疑皆象形。錢坫曰。能獸以下疑後人所加。翟云升曰。集韻引能傑作賢傑。王筠曰。動物之象形而兼意與聲者。能與龍是也。蓋獸類象形者多。不能一一畢肖。故有所兼以成之也。顧能字即就意聲以為形。非如他字截然為二為三也。從能之字皆截然為之。其作能者近是。部首作能。善矣。惜少一畫。惟嶧山碑作能。無可議。張文虎曰。從肉無義。凡能熊羆龍之字。□皆象其首。如豸篆之例。徐灝曰。能古熊字。夏小正曰。能羆則穴。即熊羆也。羆古文作□。亦其證。假借為賢能之能。後為借義所專。遂以火光之熊為獸名之熊矣。阮氏鐘鼎款識宗周鐘銘有能字。乃古象形。小篆由此而變。又以㠯為聲。鼎臣不知音。故云㠯非聲。能古音奴怡切。聲轉為奴來切。又轉為奴登切。春秋宣八年。葬我小君敬嬴。公羊穀梁並作頃熊。左昭七年傳正義引張叔皮論鯀化為熊。與騰繩韻。是周秦以來已讀入蒸部矣。饒炯曰。此篆象形。與莧同意。㠯象能頭。肉象能身。匕匕象能足。皆借字形為物形。而不畫尾者。從前面視之。尾自不能見也。林義光曰。爾雅釋魚。鼈。三足能。當為能之本義。毛公鼎作能。正象三足形。漢書天文志。魁下六星兩兩相比者曰三能。亦取三足之義。小篆能與古文能形近。故誤以能為熊屬也。倫按王蓋亦有疑於能之形而未能為合理之決定。故姑演舊説以為有所兼。其曰能字即就意聲以為形。理不可通。獸有實體可象。豈可憑意聲虛擬而為其形乎。若謂此乃文字非繪事。則文皆象形即繪事也。徐以為能即熊羆之熊本字。而熊為火光之熊本字。理極可成。而以宗周鐘之□為能之古象形字。則又非是。蓋□為從泉㿝聲之形聲字。熊不得從□也。能為象形字。可以龍字為例證。饒謂象形是已。而以㠯字象頭。肉字象身。比字象足。借字形為物形。又適與王同誤。林謂能是三足鼈。以毛公鼎作□為證。其説言之成理。持之有故。然左昭七年傳。晉侯夢黃熊入於寢門。子產曰。昔堯殛鯀于羽山。其神化為黃熊。以入于羽淵。國語晉語禮記王制注引作黃能。左昭七年傳釋文。熊。音雄。獸名。亦作能。如字。一音奴來反。三足鼈也。解者云。獸非入水之物。故是鼈也。一曰。既為神何妨是獸。案説文及字林皆云。能。熊屬。足似鹿。然則能既熊屬。入為鼈類。今本作能者勝也。東海人祭禹廟不用熊白及鼈為膳。斯豈鯀化為二物乎。正義曰。張衡東京賦云。能鼈三趾。梁王云。鯀之所化。是能鼈也。若是熊獸。何以能入羽淵。但以神之所化不可以常而言之。若是化鼈。何以得入寢門。汲冢瑣語云。晉平公夢見赤熊窺屏。惡之而有疾。使問子產。言窺屏必是獸也。倫謂子產言化為黃熊入于羽淵。必為水族無疑。一本熊字作能。明熊從能得聲。故能可作熊耳。然則能即爾雅之三足鼈也。正義謂若是能鼈何以得入寢門。言窺屏必是獸也。倫謂此類神話。誠無不可。然莊子載宋元君夢龜窺門。則蓋與晉平公事皆屬一事演化。而龜鼈因類似。則作能鼈者是也。尋本部唯此一字。説解曰。熊屬。而不入熊部。而熊下轉言從能。不亦傎乎。夫言屬者。固字林文。能字見急就篇。則許書當有。而挩其本訓矣。説解本作象形。今文亦蓋為呂忱或校者所改。其曰足似鹿者。若即説篆中之□。既不言象。亦不言從。則尤有挩文矣。倫謂能是三足鼈。篆當依毛公鼎作□。象形。番生敢亦作□。古鉨作□□。下文羆之古文作㚇。而其所從之能作□。其㠯頭正與龜頭同。本書鼃鼉黿鼈皆在黽部。甲文鼉字作□。別有□字。蓋即黽也。黽鼈與黽象形之文相似。□為正視形。□則側視形。特今篆作□既昧象形。亦非形聲。於六書無所歸麗。左傳釋文音奴來切。音當如胎。故史記天官書。三能。注即三台。台從㠯得聲。㠯為巳之到文。而實一音之轉。㠯音喻紐四等。喻四之音每轉入邪。如羊之為祥。是其證也。故㠯音入邪為巳。巳即胎之初文也。此説解曰㠯聲。亦由校者知能之為三足鼈字而古音如台。故雖昧其形。而從音以釋其所從之㠯。今音轉為奴登切者。由之對轉入蒸耳。能獸以下呂忱或校者所記。以説熊羆之能也。能獸上當有一曰二字。獸下當有也字或名字。或能獸上挩一曰能獸名五字。古謂賢能當作堅忍。今俗言忍如耐。穀梁成七年傳。非人之所能也。釋文。能。本作耐。禮記禮運。故聖人耐以天下為一家。注。耐。古能字。廣雅釋言。忍。耐也。本書。忍。能也。是其證。能傑者。當作雄傑。左昭七年傳。釋文。能。音雄。能聲之類。對轉蒸。得借為雄也。然實借為勇。莊子德充符。勇士一人雄入于九軍。大宗師。不雄成。洪頤煊引墨子修身。雄而不修者。其後必惰。證雄即勇之借字。餘詳態下。左傳釋文引字林。能。熊屬。足似鹿。【説文解字六書疏證卷十九】

◉饒宗頤　能乃古熊字，其證如下：

黄　能(左昭七年)　　能　罷(夏小正)

＝　　＝

黄　熊(同書釋文)　　熊　羆

＝

黄　熊(夏本紀正義束皙發蒙記)

熊與嬴亦通，左傳敬嬴，公穀作頃熊。【楚繒書疏證　歷史語言研究所集刊四十本上】

◉郭沫若　沈子其顛褱緬懷多公能福。

能福猶言宏福，《釋名》：「能，該也，無物不兼該也。」【沈子簋銘考釋　器銘考釋　金文叢考】

◉高鴻縉　能之為獸。即許書熊下所云似豕。山居。冬蟄。蟄用舐掌。名曰蹯。味中最美。煑之難熟者也。以其足掌特異。故其字先繪其足掌。以其似豕多肉。故又从肉。但⿰夕⿱匕匕非文字。㠯聲。此獸名也。

至於熊乃火光耀盛之形容詞。从火。能聲。西山經。其光熊熊。注。光氣炎盛相焜燿之貌。是也。後世借獸名之能以為賢能能傑(狀詞或名詞)能穀(助動詞)等義。乃通叚。火盛之熊以為山居冬蟄之獸名。久叚不歸。數典忘祖。許君説字亦沿經典習用而未能辨之矣。【中國字例五篇】

◉嚴一萍　[illegible]　商氏釋嬴，説：「□嬴為神名，結構似『能』而與能有別。楚辭遠游：『召黔嬴而見之兮，為余先乎平路。』嬴上不知缺去何字。」案此乃能字，毛公鼎作[illegible]，與繒書形近。徐灝説文箋曰：「能即古熊字。夏小正能羆則穴，即熊羆也。」【楚繒書新考　中國文字第二十六册】

◉朱芳圃　説文能部：「能，熊屬。足似鹿。从肉，㠯聲。能獸堅中，故稱賢能，而彊壯稱能傑也。」徐鉉曰：「㠯非聲，疑皆象形」。按象形之字有兼聲者，如甲文之麋、金文之能是也。蓋獸類象形者多，不能一一畢肖，故必兼聲以成之。能从㠯聲，故古音讀如台。周禮春官大宗伯：「以槱燎祀司中司命」，鄭注：「司中，三能，三階也」，釋文：「能，他來反」；史記天官書：「魁下六星兩兩相比者曰三能」，集解：「蘇林曰：能音台」，是其例也。

徐灝曰：「能，古熊字。夏小正曰：『能羆則穴』，即熊羆也。羆古文作㲋，从能，亦其證。假借為賢能之能，後為借義所專，遂以火光之熊為獸名之能而昧其本義矣」。按徐説是也。

爾雅釋魚：「鼈三足，能」。按左傳昭公七年：「鄭子産聘于晉。晉侯疾，韓宣子逆客，私焉。曰：『寡君寢疾，於今三月矣，並走群望，有加而無瘳。今夢黄能入于寢門，其何厲鬼也？』對曰：『以君之明，子為大政，其何厲之有？昔堯殛鯀于羽山，其神化為黄能以入于羽淵，實為夏郊，三代祀之。晉為盟主，其或者未之祀也乎？』韓子祀夏郊。晉侯有間」。釋文：「能，如字。一音奴來反。亦作熊，音雄，獸名。能，三足鼈也。解者云：『獸非入水之物，故是鼈也。』一曰：『既為神，何妨是獸。』」案説文及字林皆云『能，熊屬。足似鹿。』然則能既熊屬，又為鼈類，今本作能者勝也。」考黄能入夢，乃鯀之神，神狀似能，非真能獸也。獸非入水之物，而神則可以入水。山海經中山經：「驕山，……神𧈅圍處之。其狀如人而羊角，虎爪。恒遊于睢漳之淵。出入有光。」海外東經：「朝陽之谷，神曰天吴，是為水伯。在𧈢𧈢北，兩水間。其為獸也，八首人面，八足八尾，皆青黄。」是神之獸形者，未嘗不入於水也，何得以入淵之文而疑其非獸乎？釋文載一説曰：「既為神，何妨是獸」，此説是也。若以為鼈，則黄字義不可通。爾雅釋魚：「鼈三足，能」。不云色黄。逸周書王會篇：「東胡獻黄能」，白帖卷九七熊下引。今本逸周書作黄羆，蓋後人所改。六韜：「散宜生得黄熊而獻之紂」，文選南都賦李注引。則能固有色黄者。黄能，蓋即羆也。爾雅釋獸：「羆如熊，黄白文」。詩大雅韓奕曰：「赤豹黄羆。」傳言黄能，當是獸而非鼈甚明。

山海經中山經：「從山……從水出于其上，潛于其下。其中多三足鼈。枝尾。食之無蠱疫。」漢代釋左傳者，疑能非入水之物，乃附會神話中之三足鼈，加以能名，以證明能為水物，故可入水。成帝時撰爾雅者，漫不加察，即據之以載入書中，遂成為千古之故實矣。又史記夏本紀：「乃殛鯀於羽山以死」，正義：「鯀之羽山，化為黄熊，入于羽淵。熊，音乃來反，下三點為三足也。束皙曰：『發蒙紀云，鼈三足曰熊。』」根據爾雅之謬説，妄造能下三點之熊字，是又附會中之附會矣。【殷周文字釋叢卷上】

◉戴家祥 「能攴」當釋「能」。《楢妃毁》「我不能不眔楢伯萬年保」，「能」作「能攴」。《説文》「能，熊屬，足似鹿，从肉㠯聲」，徐灝曰：「能，古熊字，《夏小正》曰『能羆則穴』，即熊羆也，『羆』，古文作『㲋』，从『能』。亦其證。假為賢能之能，後為借義所專，遂以火光之能為獸名之能，而昧其本義矣」（《説文段注箋》卷十）。按徐説是也，此从「能」，象四足形，从「攴」，示被鞭撲之意。古者謂「相善」為「相能」。《左傳·昭公元年》：「昔高辛氏有二子，伯曰閼伯，季曰實沈，居于曠林，不相能也，日尋干戈，以相征討。」「能」，善也。《大雅·民勞》：「柔遠能邇」，言其安遠而善近也。

荆楚為我國南方古老部落，商初有朝貢關係，後又中斷，「高宗武丁奮揚威武，踰方城之隘，克其軍率而俘虜其士衆」（《商頌·般武》鄭箋)。武王伐紂,佔有大邑商,成王平三監,征服淮夷徐戎,昭王穩定政局,矛頭指向南國。《𫞩馭毁》:「𫞩馭从王南征,又有得,用作父戊寶隮彝」;《壐毁》:「壐从王伐荆,孚,用乍饋毁」。足證當年戰爭性質為掠奪,而其政治辭令則曰「廣能」。《易·系辭上》「廣大配天地」。【牆盤銘文通釋 上海師範大學學報一九七九年第二期】

◉于省吾 能字初見于商器能匋尊,作[glyph],周器番生簋作[glyph],史牆盤作[glyph](右从攴),毛公鼎作[glyph],齊侯鎛作[glyph],又《說文》作[glyph]。以上所列諸能字前後時期的構形,並無較大的變化。《說文》:「能,熊屬,足似鹿,从肉㠯(以)聲。能獸堅中,故稱賢能,而彊壯稱能傑也。」段注:「《左傳》、《國語》皆云晉侯夢黃能入于寢門,韋注曰,能似熊,凡《左傳》、《國語》能作熊者,皆淺人所改也。」王紹蘭《說文段注訂補》:「《左傳》、《國語》皆載此事,其字竝作能羆之能,舊本無不如是。」徐灝《說文解字注箋》:「能,古熊字,《夏小正》曰,能羆則穴,即熊羆也。羆,古文作㲿,从能,亦其證。……《春秋》宣八年,葬我小君敬嬴,《公羊》、《穀梁》傳竝作頃熊。」王筠《說文句讀》:「㠯以象其頭,肉以象其胷。此字與身字一類,兼會意形聲以為形,乃象形之別一類。」按古文字能、熊有別,詛楚文「熊相」之「熊」作[glyph]。古文字中的熊字只此一見。前引各家之說,唯獨王筠說猶有想像力,但王氏誤依《說文》「身,從人,[glyph](申)省聲」為例,而不知古文身字本作[glyph],乃象形字。以前文所引能字初文作[glyph]來看,則以[glyph]為首,以肉為身,以[glyph]為足,其象獸形是無疑的。《說文》能作[glyph],並謂「熊屬」,「㠯聲」,但是,既象熊屬,則為獨體象形字,㠯象頭部,為什麼還用之為聲符呢?因此,徐鉉謂:「㠯非聲,疑皆象形。」我認為,「能」是個獨體象形字而用「㠯」為音符。獨體象形字而具有部分表音,乃是一種新的發現。例如:甲骨文的羌字,初形本作[glyph],而其上部為羊省聲;甲骨文的麋字本作[glyph],而其上部从[glyph](眉)聲;甲骨文小麥的棶字本作[glyph],既从禾又从來聲。這些都是「能」為獨體象形字而用「㠯」為音符的例證,詳《甲骨文字釋林·釋具有部分表音的獨體象形字》。

《周禮·大宗伯》的「司中」,鄭注謂「司中,三能三階也」。孫詒讓《周禮正義》引宋均注,謂「能,今之台字也」。《史記·天官書》的「魁下六星,兩兩相比者曰三能」,蘇林注謂「能音台」。按「以」字為隸變,《說文》作[glyph],誤以為「从反已」。其實,「以」之古文本作[glyph],晚周金文孳乳為从口之台。「以」屬喻紐四等字,古歸透紐,透、定相為清濁,詳曾運乾《喻母古讀考》。又「能」與「以」為疊韻,故知二字聲與韻並相通。根據上述,則「能」為具有部分表音的獨體象形字是可以肯定的。【釋「能」和「嬴」以及「从嬴」的字 古文字研究第八輯】

◉黃錫全 [glyph]能見史書 《說文》耏字或體作[glyph]。《漢書》耐字多作「能」,如《食貨志》「能風與旱」,《鼂錯傳》「其性能寒」,《趙充國傳》「漢馬不能冬」等「能」字,注並云「能讀曰耐」。又《高帝紀》「令郎中有罪耐以上請之」,如淳曰「耐,猶任也」。《文帝紀》「耐以上」，蘇林曰「耐，能任其罪也」。王先謙《補注》「按，古者能字皆作耐，字亦取堪任其事之意」。《禮記・禮運》「聖人耐以天下為一家」，鄭注「耐，古能字」。敦、觀本《尚書》能字並作耐。郭認史書「耐」為「能」，取之仿《說文》作古。【汗簡注釋卷四】

◉戴家祥　[能+阝]季彝　[能+阝]疑即能字。从能从邑省，金文有關國邑的地名，每每从邑以區別之。徐王義楚盤徐作郐，秦詛楚文「商於」之於作㫃，三體石經僖公殘石温作「鄎」。能作為國邑名，故从邑省。能古與熊通，左傳昭公七年「今夢黃能入于寢門」，經典釋文「能，本作熊」。[能+阝]季即以地為姓，即楚國熊姓。【金文大字典上】

熊

後上94【續甲骨文編】

熊樂私印　熊禄私印　王熊　熊深將印　臣熊　劉熊印信【漢印文字徵】

詛楚文　吕底楚王熊相之多辠【石刻篆文編】

熊見說文　熊【汗簡】

牧子文　竝汗簡　碧落文　王存乂切韻【古文四聲韻】

◉許　慎　獸似豕。山居。冬蟄。从能。炎省聲。凡熊之屬皆从熊。羽弓切。【說文解字卷十】

◉吴大澂　古熊字。象形。虢叔鐘。𢿭𢿭熊熊。戰狄鐘。宗周鐘。【說文古籀補】

◉吴大澂　古熊字。山海經。其光熊熊。注。熊熊。光氣炎盛相焜燿之貌。【愙齋集古録第二册】

◉羅振玉　古金文熊字有虢叔鐘戰狄鐘宗周鐘諸形。與卜辭同。【增訂殷虚書契考釋卷中】

◉馬叙倫　說文疑曰。炎非聲。當從黃省聲。古文元有從黃作[能+黃]者。則炎定傳寫之誤也。此字當胡弓切。胡黃同屬匣母。羽字或傳寫之誤。沈濤曰。一切經音義二及廿四引冬蟄下有其掌似人掌名曰蹯。今奪。又兩引皆奪獸字。苗夔曰。㕣聲。炎乃㕣之誤。翟云升曰。韻會引獸下有名字。丁福保曰。慧琳音義廿五引說文。獸。似豕。山居。冬蟄。蟄用䑛掌。似人掌肉名蹯。味中最美。煮之難熟。校今本多十八字。倫按徐灝以為此火光熊熊之熊字。可從。從火。能聲。能聲之類。對轉入蒸。故周秦以來音入蒸類。熊為楚姓。而亦姓鬻或作芉者。芉音微紐。鬻從米得聲。米音亦微紐。熊從能得聲。能音來紐。古讀歸泥。微泥同為邊音也。倫謂本書熊次於能部之後者。以篆形相似。所謂據形系聯也。其實能自為三足鼈。非熊屬也。熊屬二字疑本作能屬。乃本在此文説解獸也或獸名以下。傳寫誤入能下。或本在能獸下。傳寫誤乙於足似鹿以上。亦或捝本訓後校者所乙也。要之篆文三足鼈之能與似豕之能。形音竝近。而似豕之能與火光熊熊之熊古音亦近。故既失似豕之熊本字。即以火光之熊為似豕之能。其來既久。倉訓已然。許亦從之。故今熊為部首也。其實能熊異物。且非一類。安得似豕之能而從三足鼈之能乎。或曰。熊從似豕之能而炎聲。為能之轉注字。能古音如[古文]。音在邪紐。炎音喻紐三等。同為次濁摩擦音。音轉如已。則入喻紐四等。炎炎一字。亦入喻四。已巳聲同之類。對轉蒸為胡弓切。倫謂依篆則徐篆為長。當入火部。字見急就篇。秦詛楚文作[古文]。【説文解字六書疏證卷十九】

◉衛聚賢　函皇父鼎的鼎上一字為「[古文]」，郭沫若先生以為「疑笵損」，余意為「熊」字，即熊鼎，與豕鼎等同例。但此熊字與其他金文上熊字稍異，一以[古文]為聲，一以勹為聲，或係不是同一系統所造之字。【函皇父諸器考釋　説文月刊第二卷第三期】

[古文] 羆出説文【汗簡】

[古文] 説文【古文四聲韻】

◉許　慎　[篆文]如熊。黄白文。从熊。罷省聲。彼為切。[古文]古文从皮。【説文解字卷十】

◉林義光　古熊作[古文]。不从能火。此後出字。疑無本字。借罷字為之。後因加火耳。【文源卷五】

◉馬叙倫　翟云升曰。韻會引文作皮。非。倫按説解本爾雅釋獸。然倫疑本作熊屬如熊黄白文。罷實罷之後起字。罷從能。即似豕之能。此從熊。由後人以能為三足鼈而作此字也。字蓋出字林。急就篇。陶熊羆。孫星衍據本作罷。

[古文] 网音微紐。古讀歸明。皮音竝紐。竝明同為雙脣音。故罷轉注為羆。【説文解字六書疏證卷十九】

◉商承祚　[古文]古文从皮聲也。皮之古文作[古文]。此寫誤。汗簡卷上之一[古文]云。羆。見説文。卷中之二[古文]云。罷。出説文。今説文羆下無此字。當是羆之古文。郭氏誤析為二。而寫譌其一。【説文中之古文考】

火

甲一〇七四　甲一二五九　甲一九三七　甲二三一六　乙二四六三　前四・一九・七　前五・一四・六　前五・一四・七　前六・四九・三　後二・九・一　後二・三九・九　明藏五九九　其告火自毓祖丁　林二・二一・三　戩二一・八　戩三九・八　粹七二　侑于五火　粹九三四　寧滬一・九〇　寧滬一・三九五　掇一・三七六　佚六七　京津四六三四　鄴三下・四〇・一〇　粹一四二八　癸酉貞旬亡火疑亡𡆥之刻譌【甲骨文編】

甲1259　1937　2130　乙4100　7859　8852　珠922　佚67　佚793　藏89・4　續4・28・3　徵8・122　徵11・71　掇431　録797　鄴三40・12　粹1428　粹1540　後下399　新2522　4409　4634【續甲骨文編】

火　法一五九　四十三例　日乙二五一【睡虎地秦簡文字編】

3364【古璽文編】

鐘官火丞　別火丞印【漢印文字徵】

石經火字殘石　石經堯典　日永星火　禪國山碑　明月火珠【石刻篆文編】

火【汗簡】

汗簡【古文四聲韻】

◉許　慎　火燬也。南方之行。炎而上。象形。凡火之屬皆从火。呼果切。【說文解字卷十】

◉孫詒讓　說文火部「火。焜也。南方之行。炎而上。象形。」此唯象其炎上之形。而下足岐出。無義可說。金文从火之字亦多與小篆同。其異文有作[字形]。曶鼎、伯淮父敢烄字偏旁。作[字形]。麥鼎烄字偏旁。作[字形]。伯晨鼎烄字偏旁。或省作[字形]。墓伯彝、臤罽鼎墓字偏旁。又烄虎敢烄字偏旁，亦似縢字。不寀孰為正字也。

龜甲文从火字則皆作[字形]。如云。「癸丑。卜亘貝貞。又有[字形]子□□不□。」此烄字與曶鼎同。又云。「[字形]父乙弗酉酒。」此上从「収」从「卩」。下从「火」省。當為烝字。謂冬祭於父乙也。又云。「辛酉。卜戈貝貞[字形][字形]乎評□于壴鼠獵。隹唯□□雨。」此似亦烝字。而文較緐。火又作[字形]小異。又云。「庚戌，卜口禾和于[字形]。」此上从鹵。下从[字形]。即火形。疑當為「㷉」。即煙之省。義或與禋同。又云。「戊申。□貝貞今日[字形]鹿□占。」此上从鹿。而半闕。下亦从[字形]。似是「麃」字。說文麃，从鹿㷉省聲。以上諸文。唯[字形]為正。其[字形][字形]皆變體。[字形]則省體。而其為半圜形則同。

金文母辛鬲有[字形]字。木鼎有[字形]字。下从[字形]。亦古文火也。其字又見癸亥父己鼎。作[字形]。下从[字形]。三字並从火。从束。从鬻省。鬲文又从米。與陳公子甗羹字作[字形]相近。疑是鬻字。舊皆釋為鼎。或為鬲。未塙。或釋為盉。尤非。亦箸四點。甲文作[字形]略同。甲文又有羔字作[字形]。則以火為[字形]。蓋又[字形]之省變。與烝㷉字皆可互證也。【名原卷上】

◉羅振玉　[字形][字形]　象火形。古金文从火之字皆如此作。【增訂殷虛書契考釋卷中】

◉商承祚　[字形][字形][字形][字形][字形]　說文。火。燬也。南方之形。炎而上。象形。此作[字形]。象火勢熊熊蔓延之狀。作[字形]則失之簡。金文从火之字多作[字形]。又作[字形]。省而為[字形]。變而為[字形]。則與篆文同。失之。【甲骨文字研究卷十】

◉馬叙倫　王筠曰。燬也者。後人既增燬字。因改此字也。玉篇。火。焜也。蓋本之說文。焜下出燬字。云同上。方言。煤。火也。楚轉語也。猶齊言焜火也。郭注。煤。呼隗反。焜音毀。釋言。燬。火也。郭注。詩曰。王室如燬。燬。齊人語。夫方言言焜。即不復出燬。釋言言燬。即不復出焜。其為一字兩體。已曉然可見。且方言於焜之外增一煤。而不用釋言所出之燬。則所據爾雅作焜不作燬。亦可見矣。且郭注曰。燬。齊人語。本之方言。廣雅。焜。齊人言火。亦本之方言。何以唐人所據方言與晉人不同邪。乃周南釋文曰。齊人謂火曰燬。字書作焜。說文同。或云。楚人名火曰煤。齊人曰燬。吴人曰焜。夫用方言之義。而又曰字書作焜。說文同。則焜燬非兩字可知。而說文有焜無燬亦可知。乃又引或說橫增吴人而分焜燬為二。則陸氏之不善抉擇矣。徐灝曰。古火字作[字形]。象火之華焰。故先鄭注考工記火以圜云。為圜形。似火。後鄭云。形如半環。倫按鄭志。高辛氏火正祝融謂火當為此。漢書律歷志。火正黎司地。注。古文火字與此相似。蓋火篆本如今之繪火者。其形如徐說也。金甲文火字類作[字形][字形][字形][字形][字形][字形]。甲文爽字所從之火形更多。甲文烄字熹字所從之火又作[字形][字形]。[字形][字形]則俗所謂火星。故甲文尞字作[字形]。正從[字形]。火星即下文之燹。正與火為轉注字。鄭燾父鼎燾字作[字形]。其

火字作火。與毛公鼎光字所從之火作火者。形皆與此近。此又政齊之耳。説解本作燬也。象形。南方之行炎而上蓋字林
文。或校語。字見急就篇。【説文解字六書疏證卷十九】

◉馬叙倫　火丁爵□□舊釋山丁。倫疑是火非山。古有出火内火之事。必有司之者。作器者蓋有事於火者也。不然。
則以丁日舉火時生因而為名也。或丁乃發明用火者之族。火為其族徽。蓋燧人之後與。

父壬尊　舊釋□為山。倫謂此亦火之異文。甲文火字異形最多。有作□形者。此其類也。有作□□形。則與火丁鼎
同。或謂此舟之異文。□象帆也。則造舟者之族徽矣。【讀金器刻詞卷上】

◉楊樹達　火毀尾三字古音同在微部。燬焜與火音同，又皆訓火，故知其為火加聲旁字。許分為三字，誤也。【文字形義學】

◉饒宗頤　「癸丑貞：旬亡囚。祭酉貞：旬亡火。癸卯貞：旬亡囚。癸酉貞：旬亡囚。」（粹編一四二八）火亦指災害，故「亡禍」可
變文作「亡火」。知此處「旬」字，自指旬日言之。【殷代貞卜人物通考卷十五】

◉屈萬里　卜辭：「丙寅卜。㱿貞：其㞢火？」甲編三〇八三卜辭火、山兩字常不易分。本辭□字，於火形為肖。且卜辭祭山，皆
舉山之專名，無泛言祭山者。則此當是火字無疑。疑此乃詩「七月流火」之火，星名。【殷墟文字甲編考釋】

◉嚴一萍　火星，當是經傳所記之大火，殷曆譜下編卷三交食譜又曰：

火即大火，亦即大辰，東方七宿之心宿也。此火者，亦即堯典「日永星火」之火星矣。古者以星象覘節候之序，心三星，其中
者大而且明，尤易惹人之注意。相傳「商王大火」，春秋襄公九年左氏傳云：「陶唐氏之火正閼伯居商丘，祀大火而火紀時焉，相
土因之，故商主大火。」左氏傳言火星者，如昭公十七年：「火出於夏為三月，於商為四月，於周為五月。」又「火出而見，今茲火出
而章，必火入而伏，其居火也，久矣。」三年「譬如火焉，火中，寒暑乃退。」四年：「火出而畢賦。」六年：「火見，鄭其火乎？」十八
年：「夏五月，火始昏見。」哀公十二年：「火伏而後蟄者畢。今火猶西流，司曆過也」。是火星在春秋時代，已為普通之常識，其
上承殷商，固無足疑矣。

堯典之天象，比約(BIOT,E.)及新城新藏兩氏均以為西元前二千三百年前之真實天象。則唐堯之時，已知有大火之星矣。
夏小正所記，據今人研究，其年代不能晚於西元前二千年之天象。故其本文四百六十三字，直可以夏代之舊典視之。如曰：
「五月初昏，大火中。」傳曰：「大火者，心也。」又曰：「九月内火。」傳曰：「内火者，大火。大火也者，心也。」詩稱：「七月流火」，
已及西周。案心宿在房宿之東，尾宿之西，心星居中，為一等大星，其色極紅，故謂之大火。唐堯夏代與西周，均已認識大火，則
殷商知有大火之星，必然之事也。春秋左傳襄公九年經：「春宋災。」杜注：「天火曰災。」傳曰：

炟 炟

晉侯問於士弱曰：吾聞之，宋災於是乎知有天道。何故？對曰：古之火正，或食於心，或食於咮，以出內火。是故咮為鶉火，心為大火。陶唐氏之火正閼伯，居商丘祀大火，而火紀時焉。相土因之，故商主大火。商人閱其禍敗之釁，必始於火，是以曰：知其天道也。公曰：可必乎？對曰：在道，國亂無象，不可知也。

春秋時之士弱，指商人知天道，而以火為禍敗之釁，則商人知有火星也。是否為禍敗之釁，則不可知。故卜辭曰：

己巳卜，争貞：火，今一月其雨？

火，今一月不其雨？

(火，今一月)不其雨？　圖七　乙二七六三加三八〇七加四一〇〇又合集一二四八八

有與「新大星」並言者，辭曰：

七日己巳夕亜，㞢新大星並火。　圖八後下九·一

(七日己巳夕亜)㞢新(大星並火)。　圖九　北京四·二七·四　南師二一三二

此為庚午日追記。

史記天官書以火星主旱，今卜辭一月火見，而問雨不雨？其旱可知。【殷商天文志　中國文字一九八〇年新第二期】

◉曾憲通　〼不火得　丙二·四　帛文〼、〼所從之火概作〼，此亦當是火字。選堂先生據《元命包》「火之為言委隨也」，謂「不火得」猶言不委隨而得。意指取臣妾如不委隨而得，則不成。【長沙楚帛書文字編】

◉許　慎　炟上諱。臣鉉等曰。漢章帝名也。唐韻曰。火起也。从火。旦聲。當割切。【說文解字卷十】

◉馬叙倫　從旦得聲。其義同旦。語原然也。【說文解字六書疏證卷十九】

◉王樹明　〼字陶尊，發現于莒縣陵陽河，諸城前寨，係采集品。〼字上部○顯然是日之象形，中間的〼形似火焰升騰，應釋火。下部的〼是山的象形。陵陽河遺址東面為一丘陵起伏的山區，正東五華里，有山五峰並聯，中間一峰突起，名叫寺堌山。春、秋兩季，早晨八、九點鐘，太陽從正東升起。高懸于主峰之上。由日、火、五個山峰組成的陶尊文字〼，應是人們長期觀察到的這一景象的摹畫。文字起源于圖畫。「發展較高的圖畫文字是由寫實地或示意地表現物體、動作或事件的個別圖畫或一組複合畫組成的。」結合陵陽河遺址的地理形勢分析，將〼釋為「炟」字是較為恰當的。《唐韻》曰：「炟，火起也，從火，旦聲。」

變為圖畫「炟」應作□，亦即□。□下之一，應是□的簡化。

陶尊文字炟，在陵陽河這一特定的地理環境中，為二月、八月日出正東的具體形象。《論衡・說日篇》：「歲二月、八月時，日出正東，日入正西。」所以，這一炟字的確切含義，應是春秋兩季，即二月、八月的早晨；似也有春天秋天之意。在星象曆法發明之前，我國原始社會有以山頭紀曆的習慣。《山海經・大荒東經》、《大荒西經》各紀日月所出、所入山凡六，就是這種古老紀曆習慣的反映。陶尊文字炟，實際是一以山頭紀曆的圖畫文字。【論陶尊文字「炟」與「炅」　古文字論集卷一】

㷄

◉許　慎　㷄火也。从火。尾聲。詩曰。王室如㷄。許偉切。【說文解字卷十】

◉馬叙倫　沈濤曰。九經字樣云。㷄。音毁。火也。詩曰。王室如㷄。今經典相承作燬。是㷄燬本一字。古本說文有㷄無燬矣。詩周南釋文曰。燬音毁。齊人謂火曰燬。郭璞又音貨。字書作㷄。音燬。說文同。一音火尾反。爾雅釋言曰。燬。火也。注云。詩曰。王室如燬。燬。齊人語。方言。煤。火也。楚轉語也。猶齊言㷄火也。揚雄言齊言㷄。郭璞言齊言燬。足徵㷄燬為一字。玉篇。火。㷄也。當本許書。是古本說文作㷄也不作燬也。一切經音義廿二曰。燬又作㷄𤈦二形。同。玉篇㷄下亦云𤈦燬同上。是唐人皆以㷄燬為一字。汪獻玕曰。意古本說文列燬為㷄之重文。而春秋傳故書㷄作燬。因竝引之以證或從毁之恉。當云。㷄或從毁。春秋傳曰。衛矦燬。二徐不明此義。遂妄有增改耳。鈕樹玉曰。即非後增亦當為重文。倫按㷄燬聲同脂類轉注字。此引詩作㷄。而毛傳曰。燬。火也。惟韓詩辥君章句。㷄。烈火也。是此引詩乃韓非毛。諸家以為㷄燬一字。非也。乃一義耳。至或謂許書無燬字。或謂㷄正燬重。倫謂此二字蓋竝出字林。許本以聲同之字訓火。字林兼列㷄燬二訓。故此訓燬也而釋文則引作㷄字也。玉篇則以㷄訓火。沈謂蓋本說文或然也。陸言字書作㷄者。隋書經籍志有字書次字林下。陸又言說文同者。說文即字林而題以說文者也。【說文解字六書疏證卷十九】

燬

◉許　慎　燬火也。从火。毁聲。春秋傳曰。衛矦燬。許偉切。【說文解字卷十】

◉馬叙倫　王筠曰。玉篇㷄下收𤈦燬二文。竝云同上。段玉裁謂燬篆後人增。信而有徵。燬字殆出於字林乎。玉篇先出㷄後出燬者。蓋本今本許書。實即字林之次。倫按燬為火之雙聲兼疊韻轉注字。春秋七字疑校語。蓋以㷄下引詩作㷄故此避之而引春秋。衛矦燬見經。而反引傳。何也。賈誼書審徵。衛矦更其名燬。又有異文也。【說文解字六書疏證卷十九】

◉曾憲通　□不〔可〕燬事　丙一〇・二　選堂先生云：「《說文》：『毁，缺也；从土穀省聲，□古文毁从壬。』帛書此字正从壬，而

燹 燹

益火旁，為燬字無疑。燬事即毀事。《周禮・牧人》云：『凡外祭毀事，用尨可也。』鄭註引杜子春：『毀謂副辜候禳，毀除殃咎之屬。』」【長沙楚帛書文字編】

燹 燹 衛盉　燹 五祀衛鼎　燹 楊樹達釋燹云豩與𧰨為一字　項燹盨　燹 善鼎　監燹師戍　⿰燹攴 从攴　⿰燹攴王盉　⿰燹攴 趞簋　命女作⿰燹攴師冢司馬　⿰燹攴 靜簋　【金文編】

◉許　慎　燹火也。从火。豩聲。穌典切。【說文解字卷十】

◉劉心源　燹　燹。舊釋𧰨。此字下又从人。乃火省。當釋燹。【項燹簋　奇觚室吉金文述卷十七】

◉高田忠周　燹　金文又多見⿰燹攴字。彼即𤑔字。而此為燹字也。說文。燹。火也。从火豩聲。字林。燹逆燒也。後世所謂兵燹是也。但此篆上从𧰨。與許說不合。然豩从二豕。𧰨从二彖。𢑚古文豕字。說文彖下曰。脩豪獸。一曰河内名豕也。知彖豕形義相近。豩𧰨亦不相遠。而古音即相通。由是觀之。燹為古文燹字無疑。【古籀篇十三】

◉馬叙倫　桂馥曰。廣韻引字統。野火也。玉篇同。五音集韻引字林。逆燒也。倫按廣韻許位切。倫謂燹從豩得聲。豩音呼關切。玉篇。燹音火類切。音在曉紐。是燹為火之音同曉紐聲同脂類轉注字。嚴可均以火入脂類。豕豩一字。豕聲亦脂類也。今音穌典切者。由字統音銑也。音入心紐。心曉同為次清摩擦音也。今言火星杭縣謂火㸋者當作燹字。項燹盨作燹。【說文解字六書疏證卷十九】

◉馬叙倫　⿰燹攴王盉　舊釋燹為⿰燹攴。孫詒讓謂當作⿰燹攴。然二字皆說文所無。說文有豩字。音伯貧切。又呼關切。豳字從此。玉篇音火類切。說文有燹。從火豩聲。說文又有𧰨𧰨字。從二彖。即此所從之𧰨。項燹簋燹字從之。燹即此燹字也。廣韻之燹即此及項燹簋所從之燹。特一從豩一從𧰨耳。者減鐘有𧰨字。與甲文𧰨𧰨二字蓋一字。而者減鐘從𧰨。甲文從豩。豩即豩。𧰨即𧰨也。說文訓彖為脩豪獸。一曰河内名豕也。皆非許慎本文。然彖豕實異字。彖為㣇之初文。說文彖之古文作𢑚。雖非初文。尚存脩豪之意。甲文有𢑚。蓋其初文。㣇即今所謂豪豬。一名箭豬。其形與豕似。而豕音審紐。彖說文謂讀若弟。弟音定紐。夷弟一字。而夷音入喻四。喻四與審同為次清摩擦音。蓋語原同也。形音相似。故金甲文每互書之。若野火之燹。從豩從𧰨亦皆無嫌。唯此自如孫說當作⿰燹攴。依篆釋也。字從攴燹聲。疑為說文攽之轉注字。知者。詩之豳風。字當作邠。說文以豳為邠之重文。可證也。【讀金器刻詞卷中】

◉楊樹達　□字吳榮光釋緜。吳式芬釋豩。方氏釋燹。劉心源云。字下从㕚。乃火省。當釋燹。奇觚室拾柒卷叁弍葉。今按劉說是也。□字所从之□即說文之帬。九篇下帬部云。帬。脩豪獸。一曰河内名豕也。从彑。下象毛足。讀若弟。尋河内名豕曰帬。从帬之字□訓豕屬。豪訓豕鬣如筆管。帬與豕字形雖為二。然古韻同在微部。聲亦相近。帬與豕本為一字。說文分為二字。殆失之矣。豕與帬為一字。豩與緜自當為一字。此從字形推論之者也。然从字音求之。亦有可言者。十篇上火部云。燹。火也。从火。豩聲。音穌典切。按豕部豩下許君云闕。謂闕其音。燹从豩聲。音為穌典切。則豩音似當屬心母。說文帬部緜下大徐音息利切。亦心母字也。緜與燹既為雙聲。又為對轉。緜微部。燹痕部。二部對轉。則豩緜為一字又可知矣。【頊燹盨跋　積微居金文説】

◉丁　山　火古文作□殷契卷五第十四葉。□殷契卷八第三葉。□滕虎敢滕字偏傍。形如半環。所謂畫績之事火以圜也。但在秦篆則往往誤之為山。如密字高密戈從火作□。秦篆誤為□。幽本從□。今亦誤從山作□。是。豳篆從山。其在古文自可作火。從火豩聲為燹。燹之為言燧也。積薪寒上燔之以告寇警也。史記周本紀。幽王為熢燧大鼓。有寇至。則舉熢火。諸侯悉至。司馬相如傳。邊郡之士。聞熢舉燧燔。皆攝弓而馳。荷兵而走。是燹之初誼也。……攈古録載一簋銘曰。頊□作旅簋。□上從□。與侯成碑豳字所從之豩同。下從∧。火之形渤。字從火豩。當即熢燧之燹。而燹之見于古銅器者。字或從口作□嚳作祖丁鼎。或從又作□静敢。王以吳朿呂剛卿□以邦周射于大沱。或省火從攴作□中□作寶尊卣。或從攴作□。其辭或曰。燹王作姬□盉。見攀古樓彝器欵識。□形雖未易識。當是作器者名。姬蓋作器者姓。燹王連文。當是殷周間諸侯。諸侯稱王見于古銅器銘識者不一而足。若楚王矢王羌王遐裔諸侯。在其國中。本有稱王之俗。詳觀堂集林補遺古諸侯稱王說。周崛起戎狄。僻在西土。尊古公曰太王。尊季歷曰王季。尊西伯昌曰文王。時未克商。已上王號。則此姬姓之王非周之先祖莫屬。而此燹王尤非豳字莫解。豳之從攴。蓋猶鬼方之作魃方。梁伯戈。一作魃方。小盂鼎。明其好大武功。王國維鬼方昆夷玁狁考。公劉所謂弓矢斯張。干戈戚揚者也。豳。許君云在右扶風美陽。右扶風約當今之陝西中部。燹五盉最先箸于長安獲古編。則其出土正在陝西境。燹王之即豳王。豳即燹字篆變之譌也。斯其明驗矣。

燹許君曰。火也。從火。豩聲。從豩聲字甚少。無由測其聲義。然尚書古文既借以為肆。其義亦必與肆通。詩大明。肆伐大商。皇矣。是伐是肆。傳皆謂疾也。箋則云突犯也。禮記表記。安肆日偷。鄭玄亦曰。肆猶放恣也。二虎相争謂之虤。二犬相齧謂之㹜。三鹿超行謂之麤。三馬並馳謂之驫。凡重疊獸名之字為字者。皆寓有行動意。聚數豕于一圈。豕門恒不解。出之則豨豨而走。豕豕而突。薦食無饜。肆其踐毀。放恣也者。殆即豩之本義。引而申之則為縱。文選琴賦。放肆大川。注。肆。縱也。為伸。廣雅釋詁。肆。伸也。為直。易繫辭傳。其事肆而隱。虞翻注。肆。直也。烽燧之烟。直上霄漢。𤈦諧豩聲。蓋有取乎直上之意矣。【説文闕義箋卷四】

焌 焌

◉許　慎　焌然火也。从火。夋聲。周禮曰。遂龡其焌。焌火在前。以焞焯龜。子寸切。又倉聿切。【説文解字卷十】

◉馬叙倫　桂馥曰。韻會作然也。王筠曰。或無火字。焌無物名。而謂之然。似誤。然下文云。以焞焯龜。則是謂焞為焌。與鄭注合。此因字從火。周禮言龡。故謂之然火耳。倫按鍇本無火字。是也。焌為爇之轉注字。爇聲脂類。焌聲真類。脂真對轉也。此字蓋出字林。焌火以下或校語也。【説文解字六書疏證卷十九】

◉曾憲通　江陵望山楚簡有代月名「𥎦月」，我們曾據秦簡日書「秦楚月名對照表」考釋其音義，認為楚簡的「𥎦月」，就是秦簡的「爨月」。今按𥎦、爨二字音近義屬，古代同源當没有問題。但就𥎦字的結構而言，更準確地説，它應該是後代的焌字。楚簡的「𥎦月」在秦簡中寫作「爨月」，與楚簡的「冬柰」、「屈柰」、「遠柰」、「夏柰」在秦簡中分别寫作「冬夕」、「屈夕」、「援夕」、「夏夕」，楚簡的「亯月」在秦簡中寫作「紡月」，屬于同類現象。它們之間的關係，或則同音，或則同源，但未必是同字。

望山楚簡所記之𥎦月凡四見，其中簡47从艸作蓌。𥎦、蓌皆不見于字書，从結構分析，當與焌為一字。焌字从火夋聲，夋又从允得聲，晙字金文作旽可證。望山簡文𥎦字从炅允聲，則𥎦焌同聲可知。𥎦所从之炅，《説文・火部》訓為「見也」。桂馥謂「見當為光之誤。《廣韻》炅，光也，《類編》作炚，云火光，即此字之譌。」王筠《句讀》謂「作光則當在熱篆之前。」徐鍇《繫傳》云：「炅，从火日聲。」按炅从火日，當是熱的或體。《素問・舉痛論》：「卒然而痛，得炅則痛立止」；《調經論》：「乃為炅中疏」；《五過論》：「膿積寒炅」，王冰注皆訓炅為熱。馬王堆帛書《老子》甲本「趮勝寒，靚勝炅」，傅奕本《老子》第45章作「燥勝寒，静勝熱」，足證上引諸家之卓識。望山一號楚墓竹簡之「𥎦月」，包山二號楚墓竹簡多省變為「𠬝月」。𥎦字之聲旁允在此省略為厶（即㠯字，《説文》允字从儿㠯聲）；義旁炅之聲符日則訛變為田：天星觀一號楚墓竹簡作「𤇾月」，炅之聲符不但訛日為田，且移位在上。又古璽有「𠬝」（3269、2480）「畟」（1152、2742）二文，前者與包山楚簡構形相同，後者則為天星觀簡之省變。包山簡有一𤇾字，右旁更省作夋，為𥎦字最簡略的形態，已開後世焌字之先河。以上各例均為一字之異體，其演變軌迹大致如下頁表。

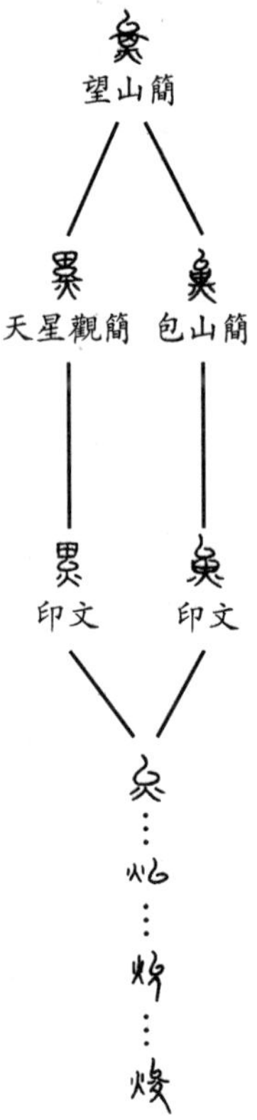

從以上的材料分析，貟字是個上聲下形的形聲字，聲旁(允)和形旁(炅)本身又都是上聲下形的形聲結構。這種重床疊架式的結體在演變過程中一定要求簡化。于是，做聲旁用的形聲結構由于形符不起表音作用而容易脱落(如允—厶)；同一道理，做形旁用的形聲結構由于聲符不起表義作用而産生訛變和移位(如炅—炅—炅)。而上下結構進一步省變的結果，便成為上舉最簡單的夋字。夋變上下為左右結構的㶣，再演化而為炈和焌，遂成為後代的焌字。這個例子在古文字形體演變中有着相當的代表性。是很值得探究的。

《説文・火部》：「焌，然火也，从火夋聲。《周禮》曰：『遂籥其焌』。焌火在前，以焞焯龜。」「遂籥其焌」語出《周禮・春官・華氏》：「華氏掌共燋契，以待卜事。凡卜，以明火爇燋，遂歓其為焌契(引者注：此為鄭玄讀法，許慎从杜子春以契字屬下讀)，以授卜師，遂役之。」根據杜、鄭讀法，焌字的解釋有二：一是杜子春讀焌為英俊之俊，意取荆樵中之英俊者為楚焞，用之灼龜。二是鄭玄讀焌為戈鐏之鐏，意取鋭頭以灼龜。杜、鄭讀焌雖有小異，而其用以灼龜則一。按照鄭氏的讀法，「遂歓其焌契」即以契樵火而吹之使熾，以授卜師。由此觀之，《説文》訓焌為然火者，其旨在于灼龜，與《士喪禮》之楚焞用意正同。

《説文・火部》：「焞，明也，从火享聲，《春秋傳》曰：『焞燿天地』。」《儀禮・士喪禮》：「楚焞置于燋，在龜東。」段注云：「《士喪禮》楚焞，所以鑽灼龜者，楚，荆也；焞，蓋取明火之意。」按照段注的意思，訓明之焞乃指楚焞，明者蓋取楚焞明火之意。其主旨亦在于灼龜。

更有進者，焌、焞二字不但意義非常接近，其所指之實物也十分類同。王筠《説文句讀》對此有詳細論述。王氏于焌字下解釋説：「焌是名物，下文『以焞焯龜』則是謂焞為焌。」又云：「《周禮》有焌契及燋，《儀禮》有楚焞及契，則焌契為名物可知。」並總括言之：「以焞焯龜即以焌灼龜也。以焞代焌，猶鄭君謂契為焞矣。《集韻》以焞為焌之或體，似即本自許、鄭兩君。」考《集韻・根韻》在「徂悶切」的小韻中，列有焌焞二字，注「然火以灼龜，焌或作焞」，説明焌、焞二字音義完全相同。聶崇義《三禮圖》于「楚焞」下注云：「焞即焌，俱音鐏。」聶氏引《周禮・華氏》文後指出：「然則焌、焞、契，三字二名，具是一物，皆用楚為之。楚，荆也。

賁

當灼龜之時，其華氏以荆之焞契柱燋火之炬以吹之，其契既然，乃授卜師，灼龜開兆也。」可見焌即焞契，義同楚焞，其物由荆木或麻葦製成。朱駿聲云：「楚焞謂之契，如今之麻骨，以荆為之。炬謂之燋，如今之火把，以葦為之。」故望山楚簡貟字或益艸旁以足義，正可印證。要之，焌與焞同字同物，用以灼龜開兆，均與龜卜有關。

焌與焞既是同字同物，其與爨字之關係亦有線索可尋。上古焌字屬精紐文部，爨字在清紐元部，精清同為齒頭，文元旁轉，古音十分接近。《集韻・桓韻》在「七丸切」的小韻中收有爨字，注「炊也，《周禮》『以火爨鼎水也』」。同一小韻又有鋑字，與爨完全同音。鋑、焌均从夋得聲，可見爨與焌（貟）讀音也應相同。古籍中並不乏爨與夋聲通假的例證，如《説文・革部》：「韇，讀若鑽，或作韇。」《集韻》：「躦、蹲」同字，《山海經・大荒東經》「有一人踆其上」，郭注：「踆或作俊，皆古蹲字。」與上引鄭注《周禮》「韇讀如戈鐏之鐏」正可互證。以形義言，焌、爨二字皆从火取義。《説文》：「焌，然火也。」王筠謂「别本無火字。」《禮記・喪大記》：「甸人取所徹廟之西北厞，薪用爨之。」孔疏：「爨，然也。」是則焌、爨二字同訓為「然」。《文選・七命》注引《漢書》韋昭注：「爨，灼也。」李善注《琴賦》引《説文》：「灼，明也。」按李善引文乃「焯」字之訓（焯灼古通）。《説文・火部》：焯、灼二字相鄰，皆訓「明也」，又與「焞」字同訓。由此足證焞、焌、爨三字義正相屬。綜上所述，楚簡中的代月名「貟月」實即「焌月」，同于秦簡的「爨月」，據包山楚簡楚曆的月序，貟月所指代的具體月份，當為楚曆十一月。

貟（焌）月之貟，旨在灼龜開兆，于江陵楚簡中又可得一佳證。據初步整理所得，望山一號楚墓出土的竹簡中，在「貟月」内多次出現「黄靁占」語，其中唯一得以拼復之一整簡言之尤詳。簡文云：

辛未之日埜齋，以其古（故）（敚）之，無佗。占之曰吉。䋎以黄靁習之，尚祱。聖王、恕王既賽禱。己未之日賽禱王孫巢。

這一簡記載辛未、己未兩天的祭禱活動。辛未賽禱聖（聲）王、恕（悼）王；己未賽禱王孫巢。内容十分重要。賽禱之前，先野齋，次占，再次卜。「黄靁」之靁从黽霝聲。為靁之異構。《集韻・青韻》有靁字，音靈，注：「黄靁，龜名。」《廣韻・青部》作靁。龜卜之法，複卜為習。《周禮・龜人》：「祭祀先卜，若有祭事，則奉龜以往。」簡文于貟月之内記「以黄靁習之」，正可與焌契、楚華灼龜以卜相印證。【楚文字釋叢（五則）　中山大學學報一九九六年第三期】

甲一〇

甲一四四

甲八〇三

甲二一二一

甲二三三四

甲二四七六

乙二五九六

乙二五九七反

乙二八五六反

鐵四三・一

鐵二二二・二

拾一・三

拾七・三

前四・八・一

前

五・三・一 前六・六四・四 後一・五・九 後一・二二・三 後一・二三・四 後一・二三・五 後
一・二四・一 後一・二四・二 後一・二四・三 後一・二四・七 後一・二四・八 後一・二四・九
後一・二五・二 後二・四〇・一五 林二・九・九 戩一・一 戩九・七 戩一一・九
戩二一・八 戩二一・九 戩二一・一〇 戩二一・一二 佚一九九 佚二三四 佚二四三 佚二
四七 佚八四一 佚五七九 佚七〇八 佚九二八 福一八 燕一四 明藏四四 明
藏八〇 明藏四一九 粹四三三 京津五八四 京津四一七四 掇一・七九 掇一・三七六
掇二・四六二 寧滬一・八九 金一八九 金三五四 【甲骨文編】

甲10 49 387 519 551 562 665 690 729 733 785 903
1147 2029 2352 2617 2905 3660 乙6738 6966 7061 7119
7295 7445 7762 7779 8517 8642 8683 8896 9031 9066 9103
珠1 3 338 340 343 464 623 654 667 707 834 1036
1038 福33 零1 佚9 65 146 153 199 226 234 243 247
336 708 841 849 855 876 884 928 續1・1・5 1・15・1 1・
37・2 1・49・3 1・50・1 1・51・5 1・52・5 1・52・6 1・53・1 1・53・2 2・
4・9 2・5・3 2・8・6 2・23・4 2・26・11 4・16・3 掇376 385 407 409

461　462　550　徵3·2　3·4　3·8　3·219　3·221　4·19　4·24

8·17　8·18　8·19　8·20　8·21　8·50　8·51　8·106　12·69　京1·17·2

1·22·1　1·33·2　1·33·4　2·26·1　3·26·4　凡24·4　誠349　天39　40

41　42　43　東方1324　六中48　六束53　六曾4　續存22·1　382　442

外49　57　192　書1·3·D　1·8·G　摭續2　3　13　19　22　75

95　粹4　6　10　26　27　30　35　68　192　366　433

785　902　新899　1072　4184　甲636　佚48　續4·12·6　徵1·11　佚369　粹520

984　1001　新4541　4546　4547　4594　甲827　1984　乙3171　3417

8895　佚52　續4·5·1　徵1·66　11·56　粹654　【續甲骨文編】

尞　經典作燎燒柴祭天也說文古文旅字論語季氏旅于泰山疑即此字之譌　鄘伯馭簋　尞于宗周　【金文編】

竝銀牀頌　【古文四聲韻】

◉許　慎　尞柴祭天也。从火。从昚。昚。古文慎字。祭天所以慎也。力照切。【說文解字卷十】

◉羅振玉　今此字實從木在火上。木旁諸點象火燄上騰之狀。卜辭又有大史寮。卿事寮。寮字一作。一作。毛公鼎大史寮卿事寮寮字作。均从从火。許君云从昚者。非也。漢韓勑碑陰遼作遼。史晨後碑作遺。並从木。衡方魯峻兩碑尞字亦然。是隸書尚存古文遺意矣。卜辭或又省火作。作者多不勝舉。姑舉其一。凡字數見或數十見者亦但舉其一。不悉注。或更省作。古金文中韋伯馭敢有字。與卜辭同。【增訂殷虛書契考釋卷中】

◉林義光　古作毛公鼎寮字偏旁。不从昚。象物投火中。【文源卷四】

◉葉玉森　之異體作等形。羅氏釋寮。至塙。惟桉卷五第三十九葉八版之辭云「☐王初令☐寮其唯☐大史事☐改寮令☐」。大史乃祭名之大事。卜辭屢見之。寮疑寮之繁文。增∩。示寮于屋中。其辭四行上下竝有缺文。不能讀為大史寮。即分兩辭讀之。如「☐王初☐寮☐改☐」。「☐利令☐其唯☐大史☐寮令☐」。亦不能讀為大史寮。又卷四第二十一葉七版辭云「☐鄉。即饗史事于寮北宗不□大雨。」鄉事即饗事。非卿事。寮上有一于字更不能讀為卿事寮。似羅氏偶未照也。【殷虛書契前編集釋卷一】

◉商承祚　卜辭中又有作米者。亦寮字。文曰。庚午米于羌。曰。丁卯貞于庚午酒米于兕。故知其為寮。【殷虛文字類編第十】

◉吳其昌　「寮」者，與「寮」為一字。甲骨文字作（前編卷一頁二）、（卷六頁六十四）、（後編卷上頁二十四）、（龜甲獸骨卷二頁三十）等形，象火在下以燔木，火燄上騰，所以祡祭天也。其「太史寮」之「寮」字則作，象燔寮于屋下之形。毛公鼎作，番生敢作，此銘作則字並從「宮，」象于宮下燔寮之形。宮下燔寮之形，其後何以而引申為同官之義，此必有一種典禮制度為之轉鍵，而非今日吾儕之智所能詳也。至其引申之義，則為同官。經典多作「僚」。【矢彝考釋　燕京學報一九三一年第九期】

◉陳夢家　羅振玉說是也。然省火之說，似有未諦，卜辭寮字本象木在火中，諸點象火燄，更從火作者其發生較晚，實為重疊的孳乳字，若許書之燎更為重疊矣。【古文字中之商周祭祀　燕京學報一九三六年第十九期】

◉馬叙倫　鈕樹玉曰。柴為祡譌。嚴可均曰。昚古文慎字蓋校語。沈濤曰。詩旱麓釋文云。所燎說文作寮。一云。祡祭天也。一云。燎。放火也。是元朗所據本柴作祡。又有一曰放火也五字。而本部別無燎字。今本別出燎字。訓放火也。乃淺人妄為增字移訓。孔廣居曰。寮即燎之古文。王筠曰。祡字句。吳大澂曰。伯寮尊寮字作。從㫃下燒柴形。火光炎炎。小篆省火為屮。猶之變為叀也。羅振玉曰。卜辭作。從木在火上。木旁諸點象火燄上騰之象。卜辭又有大史寮卿事寮。寮字一作。一作。毛公鼎。大史寮。卿事寮。寮字作。均從從火。許云從昚。非也。漢韓勑碑陰遼作遼。史晨後碑作遼。衡方魯峻兩碑亦然。皆從木。金文中章伯𣪘敢有字。與卜辭同。倫按毛公鼎寮字作從宮。聲。此蓋之譌。從聲。吕為宮之異文。依此說解。篆當作。為燎之初文。而然之轉注字也。音來紐。然音日紐。古讀竝歸於泥。下文燎訓放火也。雖係後人妄釋。其義即然燒也。今作柴祭天也。當依鍇本及釋文引作祡祭天也。由後人以經典燎多為祡燎。似祭天之專名也。其實祡是祭名。寮是借字。此以祡訓寮。吕忱增祭天也以釋之。見詩旱麓釋文引。許蓋以聲訓。今挩。沈據釋文以為本書無燎字。然審陸語則以所燎之字說文作寮。

訓祡祭天者也。若燎則訓放火。義不同矣。非謂本書止有寮字也。然寮之字為木下火。會意。本書無其字。蓋倉頡已以𡨋為□矣。餘詳祡下燎下爇下。王筠據鍇本柴字同此。當入吕部。本書無吕部。則依育字毓字之例入宮部。【説文解字六書疏證卷十九】

◉董作賓　祖甲帝乙帝辛時祭祀皆有「㕙」之一種，而不見「尞」字。尞在一期作□，四期作□、□，象燎木之形。㕙，當即尞之新字，从又持木於神示前，仍為尞祭之義。此㕙祭必與他種祀典相伴舉行，如上即「㕙」與「㞢」並祭，即其一例。其與彡翌相伴者，例如：「丙午卜𡆥貞：王賓匚丙，彡。亡尤？在正月。」「丙午卜行貞：王賓㕙。亡尤？」（卜·一五八）「癸酉卜，行貞：王賓中丁奭妣癸，翌日。亡尤？在三月。」「癸酉卜，行貞：王賓㕙。亡尤？𡆥三月。」（金·六）由此知「㕙」祭每與五種祀典相伴，且祖妣皆有此祭也。【殷曆譜上編卷三】

◉嚴一萍　□　商氏从姚説釋𡩡。案毛公鼎有□字，與繒書之□甚近，金文一口有重疊作雙口者，如公稣公簋作□。故就字形結構而論，疑即説文訓「祡祭天」之𡩡字。【楚繒書新考　中國文字第二十六册】

◉金祥恆　卜辭有□⊘。

郭氏隸定為祭，無説明。

王國維釋為㕙，亦無考釋。

屈翼鵬先生考釋云：「□，王國維釋㕙，商承祚釋示，王襄釋祐，郭釋祭，似均未諦，以諸辭按之，乃祭名也。」其字向未論定，以字形考之，殆即尞也。説文解字：「寮，祡祭天也。从昚，昚，古文慎字，祭天所以慎也。」其俗體作燎。説文：「燎，放火也。」（詳見俞樾兒笘録。）甲骨文尞作□、□、□、□、□諸形。羅振玉云：「此字實从木在火上，木旁諸點象火燄上騰之狀。」甲骨文祡作□，嚴一萍先生釋□云：「契文□（木）形加○者，正象散材之需要束縛，然則絜束小木散材，置于示前而燔燒之，正□字之所取象，其為祡與柴之初文，可無疑也。其後加此聲，省示作柴，省木作祡，遂衍分為二。」（中國文字第十二册。）甲骨文㕙作□、□，羅振玉曰：「从手持木於示前，古者卜用燋火，其木以荆，此字似有卜問之誼。許書有㪙字，注：『楚人謂卜問吉凶曰㪙，从又持祟。』祟非可持之物，出殆木之譌，㕙即許書之㪙。然此字卜辭中皆為祭名，豈卜祭謂之㪙與。」（殷虚文字考釋中一八頁。）尞、祡、㪙三字形體雖顯然不同，然甲骨文祡與㪙則形較近，□與□，一从手持木於示前，一从束木置於示前。

殷虚書契後編上第七頁第十二片：

王□(禱)叀□兄癸？ 馭

其□，象雙手持束薪供奉於示前。金文禦父己鼎「□二母」其形正與此同，不過省一手而已，「□兄癸」與「□二母」文例亦相同，殆為一字無疑。殷虛書契前編第八卷第六頁第三片：

癸巳卜，□(于)□，夕又昏？

第八卷第五頁第六片：

己卯卜，我貞：□，夕又史？

其□，象雙手持薪供奉於示前，此字雖無束薪之「○」，亦為祡尞之字。小屯甲編第五〇九片：

王宜□？

其□或作□，如殷虛書契後編下第十六頁第八片：

弜宜□？

小屯乙編第二〇〇一片十二〇一九片：

貞：乎□雨？

勿□，不其雨？

戰後京津新獲甲骨集第四三六二片：

叀□？

其字皆从手或雙手持木燎於示前，示旁之點，象火燒木，木為火掩，不見木，僅見其火，故作□或□形。燎為「放火也」，叙為「手持木於示前」，祡為「束薪於示前」，均係古代表示燔燎以祭神、祭天或祭祖先也。段注說文尞云：「示部祡下曰：燒柴尞祭天也，是祡尞二篆為轉注也。燒柴而祭謂之祡，亦謂之尞，亦謂之槱。木部曰：槱，柴祭天神。周禮槱、燎字當作槱、尞，凡祡作柴燎者皆誤字。」由是言之，甲骨文□□之尞，□之叙，□、□之祡及□、□之尞皆一字之繁衍。董師彦堂云：「舊派以□為祭名，原象焚木之形，文武丁時亦作□或□，卜祀多用之。新派自祖甲改作叙(□)，从又持木焚於示前，尞祭之義乃益顯。」(詳殷曆譜上編第一卷四頁。)甲骨文「王宜□」，乃王宜尞，卜辭恆語。「貞：乎□，雨？勿□，不其雨？」(乙編二〇〇一十二〇一九)尞祭卜問雨、勿雨也。卜辭中亦常見之(詳許進雄說尞。中國文字第十三冊)，不再贅述。

殷契粹編第二三七片：

癸丑貞：王又歲于且乙？

于父丁又歲？

甲寅貞：自且乙至毓？

丁巳小雨。不征？

貞：[glyph]多子𠂤𠨘，自報甲？

殷契佚存第一四〇片：

甲寅……自……乙……母

戊午貞：[glyph]多子𠂤𠨘，自報甲？

□丑，報甲、大乙、大……

小屯乙編八八一五片：

于匕巳[glyph]

第八八六〇片：

于匕巳[glyph]？酉(酒)

其尞或作[glyph]或作[glyph][glyph]，體無定形，乃第三期文武丁卜辭之特色也。

小屯甲編第五五三片：

□亥貞：咸既[glyph]，王其坒田，亡它？

王入，酒各(格)□，于[glyph]？亞歲？

「咸既尞，王往田，亡它？」乃尞祭咸畢後，王乃田獵，亡災害耶？殷虛書契續編第二卷第二頁第四片：

「王入，酒格……于尞」于尞之「于」，而也，乃語詞。

綜上所述，甲骨文之[glyph]、[glyph]、[glyph]、[glyph]殆為尞字，象以手持木燔尞于神前也。【釋[glyph] 中國文字第十七册】

◉王　輝　卜辭有[glyph]、[glyph]、[glyph]、[glyph]、[glyph]、[glyph]、[glyph]、前人或釋𣪊。陳邦懷先生謂𣪊、叙一字(《殷虛書契考釋小箋》十一頁)，董作賓亦釋叙，其說云：「舊派以[glyph]為祭名。象焚木之形。文武丁時亦作[glyph]或[glyph]，卜辭多用之，新派自祖甲作叙，從又持木焚于示前，𡧍祭之義乃遂顯。」(《殷曆譜》上編第一卷四頁。)又曰：「祖甲帝乙帝辛時祭祀皆有叙之一種而不見𡧍字，𡧍在一期作[glyph]，四期作[glyph]

□,象尞木之形。叙當即尞之新字,從又持木于神示前,仍為尞祭之義。此叙祭必與他種祀典相伴舉行……」(《殷曆譜》上編卷三第十三頁。)董先生的看法大體是正確的。雖然他的祖甲改制説和文武丁復古説今人承認的很少,但遍查有關稱謂和貞人,足證叙祭確實行于祖甲之後,而尞祭確實行于武丁及祖丁時期,叙大多數情況下確是尞祭之義。

當然,從本質意義上看,尞祭柴祭是没有區别的,都是焚柴而祭。但尞或從火作□,或於木旁加數點表示火星作□、□、□、□諸形,强調的是火;叙祭猶如木祭、束祭,强調的是燃燒的東西——木。而且,從某些例子看,它們之間也不是毫無區别。庫一九八七:「庚戌卜,貞,木于西,□一犬一青,尞四豕四羊青二,卯十牛青一。」木尞同見一辭,並行兩種祭祀,必然有細微的差别。只是限于條件,我們不能具體指出它們的差别是什麽。從這個意義上説,我們仍把叙當作柴祭的一種。有關叙祭的例子很多,我們不一一列舉。

⊘事實上,尞字下從火,上從夾,夾乃□之譌變。尞字中間的日,並非日月之日,也非予曰之曰,而是吕形的譌變。甲文有寮字作□,用為地名(粹一二一二)。金文矢方彝作□,所從之尞上從□,正是甲文□之譌變;其下從□。毛公鼎把□移到中間作□,小篆作□,足見「曰」乃吕之譌變。所謂吕,徐中舒老師説就是火塘。先民每于屋中掘地為火塘,燒火其中,多人圍坐取食。夜則用以取暖,故先民對火塘是很重視的。這個習俗現在少數民族中有不少地方保留着。⊘

商周雖是階級社會,但其時去古未遠,必然保留着一些古老風俗。那時一個家庭有幾個火塘,火塘周圍是人們食宿活動的場所,保存了古代的遺俗,則是完全可能的。寮的後代引申義也能説明這一點。後代每稱多人共居之屋曰寮。如稱僧屋曰僧寮,稱官舍曰寮寀。今閩粵一帶尚有呼住地曰寮者。如火燒寮、寮步墟、寮竹關等,又屋中圍火塘取暖之同伴曰寮,後引申同官曰同寮(亦作僚);車輻聚之于轂,如人聚向火塘取煖,故車輻曰轑。又《陳風·月出》:「佼人僚兮」亦作「佼人燎兮」,僚、燎皆好貌,蓋以火之明亮喻所悦女子服飾之鮮艷、肌膚之紅潤。現在關中一帶尚呼人及物之美好者曰僚,大概也是古義的遺留。

【殷人火祭説　四川大學學報叢刊古文字研究論文集】

◉戴家祥　孫詒讓謂□麥鼎上从古文旅,下从土,當為堵之省,其讀當為諸。用饗多諸友,猶詩六月云:「飲御諸友」。金文弡中簠薛尚功歷代鐘鼎彝器款識法帖卷十五稱張仲簠「諸友飲食具飽」。彼諸字作□,亦以者為諸,但不从土耳。籀廎述林卷七第三十頁。按唐韻者讀「章也切」照母魚部,諸讀「章魚切」,不但同母,而且同部,故古器物銘恒以者代諸。堵讀「當古切」,聲在端母,金文與經傳絶無叚用為「諸」者。諦審鼎銘下文从火,字當釋尞,□伯毁「尞于宗周」,尞作□。説文十篇「尞,祡祭天也。」吕氏春秋十二紀季冬之月「乃命四監收秩薪柴以共郊廟及百祀之薪燎」,高誘注「燎者,積聚薪置壁與牲於上而燎之,升其煙氣」。其禮亦

然

稱禋祀，春官大宗伯「以禋祀祀昊天上帝」。鄭玄注「禋之言煙，周人尚臭，煙氣之臭聞也。」卜辭作殷墟書契前編第五卷第三頁，或作同書六卷第六十四頁，加旁从火，象燃木形。又作同書六卷第六十四頁，加旁从宀，象屋下燃木，當為庭燎之本字。詩序「庭燎美宣王也」。陸德明釋文「鄭玄云：在地曰尞，執之曰燭。又云：樹之門外曰大燭，於內曰庭燎，皆照衆為明。」是寮之本義為焚木照衆，加旁从宀，即鄭義所謂燃于內也。引申為晨昏議大事所聚之館舍，爾雅釋詁「寮，官館也」。更旁从人，則為館舍中治事者之尊稱。説文八篇「僚，好也」。性別更旁，字亦作嫽，陳風月出「佼人僚兮」，釋文「僚本作嫽」。廣雅釋詁二「嫽，好也」。方言二「釥、嫽，好也。青徐海岱之間曰釥，或謂之嫽」。集韻上聲二十九篠嫽僚同字。僚嫽義皆訓好，故同館舍治事者得稱「同寮」左傳文公七年荀林父語，或稱「僚友」。禮記曲禮上「僚友稱其弟也，執友稱其仁也。」鄭注「僚友，官同也；執友，志同也。」儀禮士冠禮「賓禮辭，許。」鄭注「賓，主人之僚友。古者有吉事，則與賢者歡成之；有凶事，則欲與賢者哀戚之。」又士喪禮「有賓，則拜之。」鄭注「賓，僚友羣士也。」鼎銘「多寮友」即周書酒誥「百僚庶尹」之義，若釋「諸友」，則其上則不應有「多」字。説文七篇「多，重也」。玉篇九十「諸，非一也」。爾雅釋詁「多，衆也」。衆、重、非一，皆多數詞。周誥稱國之庶邦曰多方，不云多諸方；王制稱王之列侯曰諸侯，不云多諸侯，商周器銘辭約恉明，語近詩禮，絕無繁曲蕪纍之病句。籀公釋「諸」殆為智者千慮之一失，劉子植繁徵博引，護先哲之所短，古史考存三五四至三五五頁麥氏四器考。何其不思之甚也。

古彝器有夫甗，貞松堂集古遺文四補遺上第十八頁。銘曰「夫作祖丁尊彝」。字前賢缺釋，今以卜辭尞字例之，當釋尞夫。國語周語中「火師監燎」，韋昭注「火師，司火；燎，庭燎也。」按秋官司烜氏「下士六人，徒十有六人」。「凡邦之大事，共墳燭庭燎，中春以木鐸修火禁于國中，軍旅修火禁，邦若屋誅，則為明竁焉。」是火師尞夫皆司烜氏之屬官。尞夫主管庭燎火，師掌修火禁，監燎乃其兼職，故國語特書其事云。【金文大字典中】

然　汗簡淮南子漢書均作𤎩説文或从艸難作蘸非　者減鐘　工𠪚王皮然之子者減　中山王譽鼎　【金文編】

然　秦一七〇　十五例　效二九　三例　日乙二三八　秦一三八　【睡虎地秦簡文字編】

綦母然　和然　公孫空然　【漢印文字徵】

天璽紀功碑　【石刻篆文編】

然碧落文 然 然出林罕集字 然華岳碑 然【汗簡】

古孝經 古老子 古老子又林罕集 古老子 同上 碧落文 王庶子碑 林罕集 古尚書 雲臺碑 同上 同上 王庶子碑【古文四聲韻】

◉許　慎　然燒也。从火。肰聲。臣鉉等曰。今俗別作燃。蓋後人增加。如延切。⿱艹難或从艸難。臣鉉等案。艸部有⿱艹難。注云。艸也。此重出。【說文解字卷十】

◉吳大澂　古然字。然虎敦。【說文古籀補】

◉郭沫若　「皮⿱難灬」，王云：「無考。以聲類求之，當即史記吳泰伯世家之『頗高』，乃吳子壽夢之曾祖。史記載頗高子句卑，與晉獻公同時，則皮⿱難灬王吳，當在春秋之初葉矣。」案王依「聲類」以「皮⿱難灬」為「頗高」，則是認⿱難灬字為從黃焦聲之字。然此說非也。⿱難灬即⿱難灬字(今作然)，乃從火難聲。難，古難字也。金文如歸父盤「魯命難老」作[字形]，殳季良父壺「霝終難老」作[字形]，均從黃作，故此斷為⿱難灬字無疑。漢書五行志「巢⿱難灬墮地」，又地理志「高奴有洧水可⿱難灬」，顏師古注云：「⿱難灬，古然火字。」此即許書「然」字重文「⿱艹難或从艸難」之「⿱艹難」字也，段注云：「篆當作⿱難灬，或古本作⿱難灬，轉寫奪火耳。」

「皮然」則不得為「頗高」，然與高之音遠隔也。余謂此乃頗高之父「柯轉」。吳太伯世家云：「禽處卒，子轉立。轉卒，子頗高立。頗高卒，子句卑立，是時晉獻公滅周北虞公，以開晉伐虢也。」索隱引譙周古史考，轉作柯轉，頗高作頗夢，句卑作華軫。吳越春秋吳太伯傳作「(禽)處子專，專子頗高，高子句畢立」，注云：「史記專作轉，譙周古史考作柯轉，畢作卑。」譙周之作「柯轉」當必有所本，且吳之先世自太伯仲雍以至於王僚，如季簡、叔達、周章、熊遂、柯相、彊鳩夷、餘橋疑吾、柯盧、周繇、屈羽、夷吾、禽處、頗高、句卑，去齊，壽夢，諸樊，餘祭，餘昧，與中原文化相去日遠，其人名日益奇詭，其後漸與中原相接，則又漸進華化；然均為複音，且有多至四音者。視彼國名之吳猶稱為句吳、攻吳、攻敔、工⿰虞攵，均作複音，則人名柯轉較單作轉或專者為近理。且古書傳寫，偶然之奪落甚易，偶然之增益則較難。本此種種，余謂譙周之書較為可信。以聲類言之，柯轉則與皮⿱難灬為近矣。蓋皮柯同在歌部，⿱難灬轉同在元部也。

晉獻公滅虞在魯僖公五年，周惠王二十二年，句卑與之同時。句卑乃皮⿱難灬之孫，者減乃皮⿱難灬之子，後者可早前者三二十年，則者減諸鐘蓋作於魯莊公年代也(公元前七世紀)。【者減鐘韻讀　殷周青銅器銘文研究卷二】

◉馬叙倫　嚴可均曰。篆當作⿱難灬。從火。難聲。漢地理志。上郡高奴有洧水。可⿱難灬。師古曰。⿱難灬。古然火字。汗簡以⿱難灬為史

爇 爇

書也。今作䕼則與艸部䕼同。席世昌曰。此注艸難二字當合為䕼字。云。或從䕼。而篆當作䕼。今脱去火字耳。倫按汗簡以為𤎩出史書邪。史書謂史篇邪。則為籀文矣。或此捝一重文邪。難音泥紐。然音日紐。古讀歸泥。故然或轉注作𤎩。書也。【說文解字六書疏證卷十九】

◉朱德熙　裘錫圭　95號簡「离然一資」。「考釋」讀「离」為「黐」，讀「然」為「橪」，認為离然「應是以枣和黍米做的黏飯」(138頁)。此說似可商榷。與离然同組的鮏(鮎)、脂(鮨)、醬、糖(餳)都是帶有調味品性質的食物，離然也應該是這類食物，而不會是一種黏飯。

我們懷疑簡文「然」字應該讀為「臡」。「難」、「然」古音極近，《說文》「然」字或體作「䕼」，可證。《爾雅・釋器》：「肉謂之醢，有骨者謂之臡。」《周禮・天官・醢人》「朝事之豆」有「麋臡」、「鹿臡」、「麇臡」，鄭注：「三臡亦醢也。作醢及臡者，必先膊乾其肉，乃後莝之，雜以粱麴及鹽，漬以美酒，涂置甀中，百日則成矣。」「离」字之義未詳。也許臡有大塊的和切碎的兩種，离臡屬於後一種(參看「离雟」條)。【馬王堆一號漢墓遣策考釋補正　文史一九八〇年第十輯】

◉戴家祥　說文十篇：「然，燒也。从火肰聲。」按然或燃之本字。說文四篇「肰，犬肉也。讀若然。」然初義或為燃火炙燒犬肉，又引申為一般物質的燃燒。徐鉉等曰：「今俗別作燃，蓋後人增加。」此說不明然、燃本古今字。「然」後借為語詞，又復加火旁，以還其初義。「然」另有或體為「䕼。」从艸从難，難亦聲，草為燃燒的主要物質。故从艸。漢書地理志下集注：「𤎩，古然火字。」均可證然為燃之初字。【金文大字典中】

 爇  上同【汗簡】

  竝裴光遠集綴【古文四聲韻】

◉許　慎　爇燒也。从火。蓺聲。春秋傳曰。爇僖負羈。臣鉉等曰。說文無蓺字。當从火从艸熱省聲。如劣切。【說文解字卷十】

◉葉玉森　从丮从火炬。疑古爇字。許書訓燒也。【殷虛書契前編集釋卷二】

◉馬叙倫　徐鉉曰。說文無蓺字。當作從火從艸熱省聲。吴穎芳曰。負羈下似捝氏字。鈕樹玉曰。繫傳春秋上有臣鍇按三字。則非許說。蓺字說文本有。詳木部。倫按伯寮尊之字即爇也。爇燎古讀同在泥紐。爇為譌。從丮木於焱上。所以為然燒也。木部槸字從此。唯本書無蓺篆。而此言蓺聲。或此後造之形聲字。玄應一切經音義引倉頡。爇。燒然也。【說

文解字六書疏證卷十九】

唐蘭釋爇。見天壤文釋四十五葉下至四十六葉下。

◉李孝定 後・下・三七・五

按説文。爇。燒也。从火蓺聲。春秋傳曰。「爇僖負羈」。契文从火埶省聲。其字本象秉苣之形。以苣形之「」與埶字作者所从之「」形近。故唐氏合二者並釋為爇耳。字在契文本為會意。當解云：「燒也。象秉苣之形。从丮持苣。」以象意字聲化之例推之。當為「从火埶聲」。小篆作爇聲。但微異耳。字在卜辭為人名。辭云「丁酉□㱿貞杞侯爇囚」是也。字與作者辭例亦異。彼當釋埶。【甲骨文字集釋第十】

燔

燔 法一五九 五例 秦八八 日甲一背 日甲五一背 日甲五一背 六例【睡虎地秦簡文字編】

燔慶 燔氏唯印【漢印文字徵】

燔夫爰切古爾雅【汗簡】

◉許 慎 燔爇也。从火。番聲。附袁切。【説文解字卷十】

◉吴大澂 燔。从火从省。古番字。吴東發説。執膰以祭謂之燔。無惠鼎。【説文古籀補】

◉馬叙倫 沈濤曰。一切經音義十三引。燔。燒也。加火曰燔。蓋古本不作爇。玉篇亦云。燒也。當本許書。加火曰燔四字或許書原有。或庾注也。倫按燔然聲同元類轉注字也。無叀鼎作。從火。聲。【説文解字六書疏證卷十九】

燒

186【包山楚簡文字編】

籀韻 崔希裕纂古【古文四聲韻】

◉許 慎 燒爇也。从火。堯聲。式昭切。【説文解字卷十】

◉馬叙倫 燒從堯得聲。堯音疑紐。疑泥同為邊音。是燒爽然爇相為轉注字也。【説文解字六書疏證卷十九】

□ 祝烈印信 【漢印文字徵】

□ 詛楚文　光列威神　古文不从火　列字重文　【石刻篆文編】

□ 籒韻 【古文四聲韻】

◉許　慎　□火猛也。从火。𠛱聲。良辥切。【説文解字卷十】

◉馬叙倫　翟云升曰。一切經音義廿二引作猛盛也。倫按烈音來紐。古讀歸泥。則亦燒燎然之轉注字。神農偁烈山氏。孟子。益烈山澤而焚之。可證。火猛也非本訓。玄應引猛盛也者。當是猛也盛也二訓。【説文解字六書疏證卷十九】

◉劉　釗　甲骨文有字作「□」，从兩𣎆从火，或省作「□」，从虍从火。這與「□」又省作「□」同。「□」字又省作「□」，這與「□」又省作「□」同。

按甲文「□」乃列字初文。甲骨文洌字作「□」、鴷字作「□」可證。又小屯南地甲骨二四〇五片有字作「□」，以往不見。字从列从井，當隸定為「⿱列廾」。⿱列廾字金文作「□」（師同鼎）。于省吾先生認為「□」即列字初文，又謂「卢與⿱卢火乃烈字的初文」。雖然謂「卢」為「烈」字初文與其謂「卢」為「列」之初文未免矛盾，但釋「□」為烈字初文則是對的。實際上甲骨文「□」、「□」、「□」字皆應釋作「烈」。「烈」字於卜辭用作地名，其辭例如：

(1) 叀虞田亡𢦏」。（《金》三七一）

(2)「叀戊省虞田亡𢦏，不雨」。（《存》二・八・七）

(3)「……翌日戊，王其田虞，剿丁河，王受又」。（《屯南》六二六）

(4)「王于辛田虞……亡𢦏」。（《屯南》二七四一）【甲骨文字考釋　古文字研究十九輯】

◉許　慎　□火光也。从火。出聲。商書曰。予亦炪謀。讀若巧拙之拙。職悅切。【説文解字卷十】

◉馬叙倫　鈕樹玉曰。類篇引作火不光也。恐非。玉篇。火光也。倫按炪音照紐。下文焯照皆訓明也。音皆照紐三等。是轉注字。字蓋出字林。【説文解字六書疏證卷十九】

熚

◉許　慎　熚熚𤇯。火皃。从火。畢聲。卑吉切。【說文解字卷十】

◉馬叙倫　鈕樹玉曰。繫傳𤇯作炥。翟云升曰。類篇引無𤇯字。倫按熚為隸書複舉字也。合無𤇯字。【說文解字六書疏證卷十九】

𤇯

◉許　慎　𤇯熚𤇯也。从火。𢧐聲。𢧐。籀文悖字。敷勿切。【說文解字卷十】

◉馬叙倫　鈕樹玉曰。鍇本籀作古。非。悖乃誖之譌。嚴可均曰。𢧐籀文悖字校語也。言部云。籀文。角部云。古文。其岐出如此。倫按角部觱音卑吉切。與熚同音。則此音亦同。說解曰火皃者。倫謂火於煙鬱之中忽出。其聲正如熚𤇯。此言火皃。蓋火本無聲耳。熚𤇯二字蓋皆出字林也。【說文解字六書疏證卷十九】

烝

□烝　金文與𤼷為一字　段簋　王貞畢烝　𤼷字重見【金文編】

□汗簡【古文四聲韻】

◉許　慎　烝火气上行也。从火。丞聲。煑仍切。【說文解字卷十】

◉吳大澂　□古烝字从米在豆。兩手持之以獻也。小篆作烝。失造字之本義矣。【說文古籀補】

◉吳大澂　□疑古烝字从米在豆。與□同意。烝嘗之烝从𠬞。取進獻之義。此不从𠬞。詩文王烝哉傳。烝。君也。盂鼎。夙夕紹我一人烝四方。猶言君四方也。【說文古籀補附録】

◉劉心源　□烝舊釋作糦。此从米从豆。太師虘豆云作□尊豆。攷說文登籀文作𤼷。知□為籀文登省也。再省則成豆。畢段敢王貞畢□亦从豆。皆□字也。汗簡米部引義雲章蒸作□。知此豋亦烝也。古籀補釋盂鼎□為烝。而未㠯汗簡證之。今為申言於此。禮記祭統。冬祭曰蒸。此云歆豋。即淮南時則訓大歆蒸也。【古文審八卷】

◉劉心源　烝　字或省□。𤠿卣。王歆西宮□。畢段敢。王貞畢□。亦烝祭字。此銘下文夙夜昭我一人□四方。亦烝字。與詩文王烝哉同義。毛傳。烝。君也。是也。或釋豊。非。【盂鼎　奇觚室吉金文述卷二】

◉羅振玉　□□□□□

說文解字。烝。火氣上行也。段先生曰。此烝之本誼。今卜辭从禾从米在豆中。廾以進之。盂鼎與此同而省禾。春秋繁露四祭。冬曰烝。烝者。以十月進初稻也。與卜辭从禾之旨正符。此為烝之初誼。引申之而為進。許君訓火氣上行。亦引申之誼。段君以為本誼殆失之矣。【增訂殷虛書契考釋卷中】

◉羅振玉　右言烝者曰。按。指前・四・二十・數辭。皆不言王賓之名意。凡卜辭中不舉王賓之名者。皆合祭也。烝為時祭。固非專祭一祖者矣。【殷商貞卜文字考】

◉羅振玉　烝　音訓與烝通。箋曰。烝即烝字。下从。即古文火。許君以為从山。誤。小篆烝字作。下从兩火形。已失矣。許書蒸下别出菉字云。或省火。尚存古文之初形也。又鼓文於沔下烝下並有重文。由其文觀之。沔下合有重文。烝下重文則誤衍也。【石鼓文考釋】

◉高田忠周　說文烝作。云。火氣上行也。从火丞聲。周語。陽氣俱烝。荀子性惡。枸木。必將待檃栝烝矯然後直。此義古多以麻蒸之蒸為之。而為蒸為烝。與祭名義相隔。而爾雅釋詁。烝。祭也。一本亦作蒸。郝氏義疏云。詩信南山及賓之初筵傳箋並云。烝。進也。載芟箋。進予祖妣。謂祭先祖先妣也。然則烝訓進。進訓為祭。如是正謂登字轉義。要借烝為登之說也。或用升字亦同。其實此篆為烝祭本字也。今審篆形。从米从禾。从登省。登籀文作。故此亦从。从米从禾。黍稷進供之物。从登。所以進之意。而登亦聲也。其會意形聲。顯然可知矣。【古籀篇八十三】

◉陳邦懷　前編卷四弟二十葉　同上　此字從禾從米從廾。讀若登。盂爵。廾白。金文家釋為鄧伯。借廾為鄧也。羅參事云從禾從米在豆中廾以進之。僅解字形而未知古烝字從廾得聲也。盂鼎烝祀之烝作。從米從廾亦從廾得聲。吳中丞大澂以為從米在豆。兩手持之以獻也。亦僅說字形而已。考陳侯因資敦烝嘗之烝作。即說文籀文𢍵。吳中丞釋為從登從廾。偶未照耳。敦文叚𢍵為烝。蓋以音近。亦可證古烝字從廾得聲。卜辭又有字。參事謂即爾雅瓦豆謂之登之登字。極是。盂爵廾字可互證。又謂由其文觀之。乃用為烝祀字。說詳考釋文字篇。卜辭叚廾為烝。更可證字塙從廾得聲也。而參事乃於說烝字。失之。【殷虛書契考釋小箋】

◉吳其昌　烝者。爾雅釋天。冬祭曰烝。春秋繁露四祭篇同。此敔在十一月。是冬祭也。洛誥。王在新邑。烝。惟十有二月。亦冬祭也。其字甲骨文字作前編卷四頁二十。仝上。仝上。並仝上。大盂鼎在成王時。去殷未遠。其二烝字作。第四行第七字。作第十三行第四字。初但省禾。繼又省耳。此敔烝作。與大盂鼎同。知此敔與大盂鼎同時。其後鼎之烝作。陳侯因資敔以烝以嘗之烝作。則顯然較後變化之字。與大盂鼎不同時。去殷甲骨文時代久遠矣。【畢敔　金文厤朔疏證】

烰

◉郭沫若　陳公子甗「用征用行，用⿱𦥑羔稻粱。」稻粱上一字舊均釋鬻。蓋亦以下體⿱𦍌火字為羔而云然也。今案此與上䰞字同意。乃从䰞省从火。並不从羔。且甗甑非調羹之器。稻粱非作羹之材。釋羹者蓋未深加思索也。余謂當是烝之異。从米从匕。匕聲。匕與烝，之烝陰陽對轉也。【金文餘釋之餘　金文叢考】

◉郭沫若　段毁「唯王十又三祀十又一月丁卯，王鼒在畢烝。」舊以烝為冬祭，此在十一月，恐係偶合。大盂鼎「有祡烝祀無敢醻。」則用為通汎之祭名。【金文叢考】

烰　日甲五一背　二例　通炮　―而食之　日甲四九【睡虎地秦簡文字編】

◉許　慎　烰烝也。从火。孚聲。詩曰。烝之烰烰。縛牟切。【説文解字卷十】

◉馬叙倫　爾雅釋訓。烰烰。烝也。烰音奉紐。烝音照紐三等。然從丞得聲。丞音禪紐。禪與奉紐同為次濁摩擦音。轉注字也。然倫疑烰為炮之轉注字。猶捊抱之轉注矣。此字蓋出字林。烝也即本釋訓。釋訓之烝也。乃今俗謂烝飯烝菜義。乃𤇾之假借也。【説文解字六書疏證卷十九】

煦

◉許　慎　煦烝也。一曰。赤皃。一曰。温潤也。从火。昫聲。香句切。【説文解字卷十】

◉馬叙倫　沈濤曰。廣韻十遇引説文。曰。出温也。北地有昫衍縣。下連列煦字云。上同。然則陸法言所據本殆為日部昫之重文。玉篇日部昫注云。亦煦同。火部煦注云。亦作昫。蓋昫煦本一字。六朝本皆如此。故顧陸所據同也。段玉裁曰。一曰赤皃者。日部。昫。日光出温也。昫煦古同用。一曰温潤也者。首一義是兼之。朱駿聲曰。一曰赤皃一曰温潤也者。皆昫字義。倫按烰從孚得聲。孚音敷紐。煦音曉紐。同為次清摩擦音。豈轉注字邪。倫謂烝也或涉上文烰下説解而誤衍。煦本為火皃。一曰赤也者。蓋火皃之譌。校者記異本也。一曰温潤也者。昫之引申義。篇韻自以昫煦為一字。非本書為正重文也。但語原同耳。字蓋出字林。【説文解字六書疏證卷十九】

熯

甲3913　續存1467　新2300　4394【續甲骨文編】

◉許　慎　熯乾皃。从火。漢省聲。詩曰。我孔熯矣。人善切。【說文解字卷十】

◉馬叙倫　沈濤曰。初學記廿五引。熯。蒸。火也。蓋古本如此。日部。暵。乾也。今本乃涉日部而譌。嚴可均曰。乾皃當作乾也。初學記引作烝火也。蓋烝字誤分為二。上有烝篆。烰煦皆烝也。明此亦烝也。乾皃與暵溷字相涉。或校者依他書改耳。漢省聲小徐作𦰩聲。按暵鷬皆堇聲。明此亦堇聲。倫按本作火皃。乾也。烝也。火皃是本義。詩楚茨音義。熯。人善呼旦二反。呼旦反音在曉紐。是熯為煦之雙聲轉注字。乾也者。暵字義。蒸也者。借烝為𤋮。此𤋮字義。𤋮熯音同曉紐。故得借熯為𤋮。今杭縣以火温食曰烝。謂以火温食使微熱曰哈一哈。即熯一熯。實為𤋮一𤋮也。慧琳一切經音義九十六引倉頡。熯。火乾也。釋文引倉頡。熯音罕。【說文解字六書疏證卷十九】

◉唐　蘭　□後下二四·二片　……酉十亡……𦰩……　□劉晦之藏骨　其用𦰩牛。　□梨二九片　……大，貞來丁亥𦰩。　□後下十八·一片　……丁亥𦰩。丁甫畐亦……

右𦰩，即熯字。舊釋𦰩，非是。𦰩象莫在火上，與灸、烄、烎等字同意，以象意聲化字之例求之，則從火莫聲。卜辭𦰫從莫，金文作𦰫，則從𦰩，小篆作囏，從𦰩，後人遂誤以𦰩𡏳為一字矣。古從莫之字，小篆悉變從𦰩，故𦰩變為𤎅。

說文：「𤎅，乾貌。從火，漢省聲」。初學記廿五引作「烝，火也」。非是。凡云「漢省聲」、「難省聲」、「歎省聲」者，皆不知音者所為，此當依小徐本作「堇聲」為是。說文從𦰩得聲之字，亦即古文從𦰩得聲之字。或入真類，如謹、瑾、堇、饉、僅、勤之屬，隸變作堇；或入元類，如暵、嘆、歎、難、𪇔、熯、漢之屬，隸變作莫；乃以聲轉而分，其實一也。真元相近，故音得相轉，昔人論之頗詳。然古韻家必分置二類而不併之者，則以詩之叶韻，已分為二，與諧聲系統不合也。難字詩音又轉入歌類。是則今之所謂古音，僅易詩而後之音，其中頗多流變，其變之近者，如真之與元，猶易推跡，若其輾轉遞變，迷失本原，舍諧聲系統外，固無以正之。學者間有迷信古韻，欲持之以衡量周以前音者，其可廢然知返矣。

說文然重文作𦽒，艸部重出，古書多作爇，殆即熯之繁文。【殷虛文字記】

◉馬叙倫　熯白彝　□是熯字。從火。從黄得聲。熯之初文也。說文。𡏳。黏土也。從土從黄省。饒炯謂土之黏者其色必黄。故從黄土會意。古者塗車用堇。蓋取性黏。倫謂黄說文訓為地之色非本義。亦非本訓。黄為𡏳之初文。倫親譣黏土色正黄。玄土不黏。次於黄土者。其黏性亦如之。黄本黏土。以其色黄。假借為黄色之偁。黄為假借之義所專。故增土為𡏳。後復增土為墐。此今杭縣謂柔而黏箸不易解者為吝之吝本字。黄音匣紐。轉群為𡏳。同為舌根音也。金文齊侯壺作□。齊陳曼簠作□。召白虎敢作□。帥皆作□。餘皆從火。倫謂本有□□二體。說文止録其一。由二字形聲竝近。故倉頡訓

炥 炥　熮 熮　閃 閃

纂均不録𦰩字。而從𦰩得聲之字亦皆從𦰩矣。宗周鐘。王肇遹省文武勤疆土。勤字作𦰩。蓋自古已亂。毛公鼎之𦰩頌敢之𦰩。亦從火也。【讀金器刻詞卷下】

◉許　慎　炥火皃。从火。弗聲。普活切。【説文解字卷十】

◉馬叙倫　疑炥為熚㷔之合音。字蓋出字林。【説文解字六書疏證卷十九】

◉許　慎　熮火皃。从火。翏聲。逸周書曰。味辛而不熮。洛蕭切。【説文解字卷十】

◉馬叙倫　承培元曰。今逸周書無此文。段玉裁曰。逸字當删。九經字樣引無逸字可證。周書蓋七十一篇之周書。今本未見此句。吕覽本味篇。辛而不烈。倫按熮蓋烈之音同來紐轉注字。字或出字林。【説文解字六書疏證卷十九】

後二·四一·一五　粹一九二　金一八九【甲骨文編】

粹192　後下47·13　41·13【續甲骨文編】

季木1:14　獨字【古陶文字徵】

布尖　閃斗　按通于闔藺　晉原　仝上　布尖　閃斗　晉高　仝上　晉原　仝上　布尖　閃斗　晉原　仝上　仝上　晉高　布方　晉高　布方　晉芮　仝上　晉交　布方　京朝　仝上　晉高　仝上　布方　京朝　仝上　晉高　仝上　晉交　布方　晉高　仝上　晉浮　仝上　京朝　布方　晉芮　仝上　晉朔　布尖　閃斗　晉原　布方　晉浮　布方　晉朔　布方　典三三〇　仝上　典三三一　仝上　典三三二　布園　典五一一　仝上　典五一〇　布園大　典五一三　布園大　典五一二　仝上　典五一四

布圜大　史第十侖4　仝上　史第十侖3　布圜　亞四・七〇　布圜大　亞四・七〇　布方　亞四・四六

仝上　仝上　布尖　典四七七　布尖　典四七八　布尖　閔斗　典四七九　布尖　閔斗　典四八〇　仝上

典四八一　仝上　典四八二　布尖　閔斗　典四八三　布尖大　典四八五　圜　典三六一頁　布尖　閔斗　典四

八四　圜　典三六一頁　仝上　刀直　典補一二三一　刀尖　典補一二三二　刀直　亞五・六八　布尖大

亞三・三〇　布尖　亞三・三一　布尖大　亞三・三〇　布尖　亞三・三〇　【古幣文編】

一五六：二一　三十六例　委質類被誅討人姓氏　一八五：三　一五六：二四　四例　一五六：二〇　五例　【侯馬盟書字表】

2655　2658　2659　2657　2656　【古璽文編】

◉許　慎　閔火皃。从火。㒼省聲。讀若粦。良刃切。【説文解字卷十】

◉王　襄　古閔字。【簠室殷契類纂正編第十】

◉商承祚　後編下第四十一葉　同上

説文解字。閔。火皃。从火。㒼婿聲。今卜辭亦有此字。不知與許書同誼否。【殷墟文字考】

◉郭沫若　閔與大甲同例。所祭之神名。【殷契粹編考釋】

◉馬叙倫　劉秀生曰。門部。㒼。讀若軍敶之敶。古在定紐。先部。粦聲在來紐先部。定來皆舌音。故閔從㒼省聲得讀若粦。隹部。閵。從㒼省聲。淮南説山訓。牛車絶轔。注。轔讀近㒼。急舌言之乃得也。是其證。倫按粦音來紐。古讀歸泥。門音明紐。同為邊音。則閔從火門聲可也。況㒼亦從門得聲也。詳㒼字下。熮閔音同來紐轉注字。或為粦之轉注字。字或出字林。甲文作。【説文解字六書疏證卷十九】

◉丁福保　圜足布有及者，古泉匯釋作閼，吉金所見録釋作黄，或釋作魯，又作魚，又作郲，均非是。説文云，閔從㒼省聲，讀若憐，徐音良刃切；又曰，閵从㒼省聲，徐亦音良刃切。攷集韻，閔或不省作𤎼，音吝，是閔之與閵及藺皆同音，可通借。攷藺

㷳　熲

在戰國，屬趙邑。史記趙世家，武靈王十三年，秦拔我藺；又國策，蘇厲謂周章曰，攻趙取藺離石祁者皆白起。藺在今山西離石縣西，此布又有方足與尖足者，劉青園曰，此種與長子等布同出山右，且甚夥，當是晉幣云云，今據此布之文字制作，與離石布完全相同，又戰國策有取藺離石之文，又攷今之地理，藺在山西離石縣西，又此布之出土，皆在山右，劉青園定為晉幣，凡此皆可為閔藺同音通借之旁證。【古泉學綱要　說文月刊二卷一期】

◉屈萬里　「其求閔，又大雨？」(甲編一二五九)　粹編一九二辭：「[glyph]尞叀小宰？」粹釋隸定[glyph]字作閔。云：「閔……所祭之神名。」本辭之[glyph]，當與[glyph]為一字，綜述(五七七葉)云：「閔，當是與雷雨有關的神。」按：說文有閔字，云：「火皃……讀若粦。」其義與卜辭不同。【殷墟文字甲編考釋】

◉朱德熙　「閔芰」以下是第三段。

閔氏已見第一段，地名及氏族之藺，戰國貨幣及璽印皆作閔。「閔」與「閵」皆見《說文》，並非一字，「閔」與「藺」更非一字，它們之間是同音通借的關係。「芰」也見於古印(《徵》2、3上)，就是《說文》的「芰」字，「發」字以之為聲符。此人之名，2號、4號、8號作「伐」。「伐」「芰」音近通借。【朱德熙古文字論集　關於侯馬盟書的幾點補釋】

◉許　慎　[seal]火色也。从火。雁聲。讀若鴈。五晏切。【說文解字卷十】

◉馬叙倫　劉秀生曰。鴈即雁籀文。倫按火色是赤字義。赤從大得聲。大聲脂類。䧹從雁得聲。雁從所得聲。所斤一字。聲在真類。脂真對轉。豈赤之轉注字邪。然本部唯此一字涉火色。疑色為皃譌。㷳音疑紐。上文熮閔古讀皆在泥紐。同為邊音。斤門又聲同真類。蓋轉注字。字或出字林。【說文解字六書疏證卷十九】

◉許　慎　[seal]火光也。从火。頃聲。古迥切。【說文解字卷十】

◉馬叙倫　熲為烱之轉注字。音同見紐。聲同耕類。今音同為古迥切也。高部高或作顧。其例證也。火光也蓋字林文。爾雅釋詁。熲。光也。光字從火。不必復言火矣。烱下亦止曰光也。字或出字林。【說文解字六書疏證卷十九】

爚 爚

熛 熛

熇 熇

◉許　慎　爚火飛也。从火。龠聲。一曰。爇也。以灼切。【説文解字卷十】

◉馬叙倫　沈濤曰。文選景福殿賦琴賦注一切經音義八及九及十一皆引作火光也。今本涉下熛字而誤。初學記廿五引。熲。爚。火光也。亦可證古本作火光也。倫按火光也字林文。蓋字出字林也。一曰爇也者。校語。廣雅釋詁。灼。爇也。古書龠勺聲相通借。易。不如西隣之禴祭。本書作礿。是其例證也。下文。灼。炙也。則爇也蓋灼字義。或灼爚並以聲同幽類借為熇。下文。熇。大爇也。餘詳熇下。【説文解字六書疏證卷十九】

䙴 義雲章　㶾 崔希裕纂古【古文四聲韻】

◉許　慎　熛火飛也。从火。䙴聲。讀若摽。甫遙切。【説文解字卷十】

◉馬叙倫　鈕樹玉曰。繫傳作讀若瘭。説文無瘭。嚴可均曰。下有熛篆。云。火飛也。熛復加火。疑後人加之。倫按文選嘯賦注引字林。熛。飛火也。蓋傳寫誤到。玄應一切經音義。熛。古文作㶾。又引三倉。迸火曰熛也。疑本書本㶾為熛之重文。㶾下作古文熛。唐寫本説文重文皆别行起。故傳寫誤隔於燎後。後人又補説解也。不然。則三倉字本作㶾。傳寫以通用字易之。而此字出字林。【説文解字六書疏證卷十九】

◉許　慎　熇火熱也。从火。高聲。詩曰。多將熇熇。臣鉉等曰。高非聲。當从嗃省。火屋切。【説文解字卷十】

◉馬叙倫　桂馥曰。火熱也者。當作大熱。一切經音義二十。埤蒼。熇。熱貌也。倫按下文。熱。温也。然則言熱不必後箸火字。桂謂當作大熱是也。然此訓大熱及下文㶿訓小熱。何以不與熱字相次。且熇㶿之間箸一烄字。訓交木然也。㶿下燋炭諸文亦指爇事。是此二字為失次乎。倫謂火熱當作大爇。㶿下小熱亦當作小爇。大爇為熇。故詩板傳。熇熇然熾盛也。易家人。家人嗃嗃。劉表本作熇熇。鄭玄訓苦熱之意。蓋熾盛是大爇之形容。若熱乃大爇之引申也。熇灼聲同宵類。廣雅。灼。爇也。即借灼為熇。亦可為熇為大爇之證。廣韻引字林。㶿。小熱也。則此大爇也亦字林文。或字出字林。字林本埤蒼也。【説文解字六書疏證卷十九】

烄

拾八・二　前五・三三・二　前六・二七・一　後二・一五・二　戩四七・三　甲四二四
甲八九五　甲三五八九　粹六五三　粹六五四　粹六五五　寧滬一・一一六　佚九三二　佚九三六
鄴三下・四五・一三　鄴三下・四八・三　京津四三二　京津三八七〇　【甲骨文編】

甲424　乙1228　3449　4450　5351　5644　5836　6319　8466　佚932
936　1000　續4・18・1　5・14・2　掇421　徵1・44　3・1　11・67　鄴三45・13
48・3　誠69　續存109　1886　粹653　654　655　656　657　658　【續甲骨文編】

◉許　慎　烄交木然也。从火。交聲。古巧切。【說文解字卷十】

◉羅振玉　說文解字。烄。交木然也。玉篇。交木然之。以尞柴天也。此字从交下火。當即許書之烄字。【增訂殷虛書契考釋卷中】

◉王　襄　烄疑郊天之本字。从火與尞之从火同誼。說文解字。烄。交木然也。段注引玉篇曰交木然之以尞柴天也之說可證。後世因祭于郊。叚用郊而烄廢。【簠室殷契徵文考釋】

◉葉玉森　尸子曰。湯之救旱也。素車白馬布衣身嬰白茅。以身為牲。是殷初祈雨以人代犧之證。後世變而加厲。乃投罪人于火示驅魃意。本辭云。烄奴之从。象投交脛人于火上。丷象火燄。【研契枝譚】

◉葉玉森　象一交脛人索繫其頸投之火上形。疑烄之繁變。【殷虛書契前編集釋卷六】

◉郭沫若　以上六片均有烄字。與烄自是一字。說文云「烄，交木然也」。玉篇以為「交木然之以尞柴天也。」余意以為當即郊祀之郊之本字。但在卜辭乃是求雨之祭。【殷契粹編】

◉馬叙倫　王鳴盛曰。交木然當作火未然。迮鶴壽曰。火既交矣。豈有未然者。玉篇。烄。交木然之以尞祡天也。倫按王說固未然。迮意交木會意亦非。玉篇之說亦望文生義。於古無徵。倫謂交林乃校字之誤分為二者也。校也以聲訓。呂忱或校者乃增交木然之以尞祡天也。今則殘挩甚矣。烄為熇之同舌根音又聲同宵類轉注字。甲文作。【說文解字六書疏證】

卷十九】

◉楊樹達　粹編十片云：「乙未，卜，于禼㚇，旅雨。」郭沫若云：㚇殆假為郊祀之郊。考釋四下。樹達按：㚇說文訓交木然，然則㚇與卜辭之尞同，或言尞，或言㚇，用字異耳。【卜辭求義】

◉許　慎　□小熱也。从火。干聲。詩曰。憂心灮灮。臣鉉等曰。干聲。未詳。直廉切。【說文解字卷十】

◉馬叙倫　段玉裁曰。熱當作爇。熱字譌。詩節南山正義引作𤆍。亦譌。節南山曰。憂心如惔。古本毛詩作灮。故毛傳曰。灮。燔也。上文。燔。爇也。倫按段說是也。廣韻引字林。灮。小熱也。則此字蓋出字林。灮從干得聲。干羊屰一字。羊音日紐。古讀歸泥。屰音疑紐。泥疑同為邊音。燒從堯得聲。堯音疑紐。燎音來紐。古讀歸泥。是轉注字也。干音見紐。熇㚇音同見紐。亦轉注字。【說文解字六書疏證卷十九】

◉朱芳圃　□字从□。一作□□，省作□、□。从□。□象□燃燒時火光四射之形，當為灮之初文。說文火部：「灮，小爇也。从火，干聲。」考干為□之形誤，火為□之演變。□為附加之形符。字之結構與□□同。孳乳為⿰炎舌，說文炎部：「⿰炎舌，火光也，从言，舌聲。」為燂，說文火部：「燂，火爇也。从火，覃聲。」為煔，說文炎部：「煔，火行也。从炎，占聲。」為燄，說文炎部：「燄，火行微燄燄也。从炎，臽聲。」一作爓，說文火部：「爓，火爓爓也，今本作火門也，兹依六書故引唐本說文改正。从火，閻聲。」玉篇火部：「爓，火焰也。」焰即爓之俗字。對轉盍孳乳為爚，說文火部：「爚，火光也。今本作火飛，兹依賦注文選景福殿賦琴引改。從火，龠聲。一曰，爇也。」為燿，說文火部：「燿，照也。从火，翟聲。」

又按□在卜辭中用為祭名，如「庚辰卜□母庚」前一·二九·三，「貞王□父乙」殷綴八一四，是其證。从聲類求之，當為禴之本字。灮與禴，古讀定紐雙聲，侵緝對轉。易萃六二：「孚乃利用禴。」虞注「禴，夏祭也。」王注：「禴，殷春祭名也。四時祭之省者也。」釋文：「禴，殷春祭名。馬、王肅同。鄭云夏祭名。蜀才作躍，劉作爚。」又既濟九五：「東鄰殺牛，不如西鄰之禴祭，實受其福。」虞注：「禴，夏祭也。」王注：「牛，祭之盛者也。禴，祭之薄者也。」一作礿。爾雅釋詁：「禴，祭也。」釋文：「禴字又作礿，同。夏祭名。」釋天：「夏祭曰礿」。釋文：「礿，本或作禴，字同。」說文示部：「礿，夏祭名也，从示，勺聲。」【殷周文字釋叢卷上】

燋

季木2:16【古陶文字徵】

◉許　慎　燋所以然持火也。从火。焦聲。周禮曰。以明火爇燋也。即消切。【説文解字卷十】

◉馬叙倫　鈕樹玉曰。周禮文見菙氏職。無也字。韻會引作周禮共其燋契。非。玉篇。炬火也。所以然火也。廣韻平聲引説文。又收入聲藥。注。火未然也。段玉裁曰。少儀。執燭抱燋。凡執之曰燭。未爇曰燋。士喪禮注曰。燎。大燋。大燋即大燭也。錢坫曰。士喪禮。楚焞置于燋。注。炬也。所以然火者也。王筠曰。莊子釋文。爝。本亦作燋。司馬云。然也。向云。人所然火也。字林云。爝。炬火也。燋。所以然持火者。按字林分爝燋為二。正同説文。持字兩書同。然疑是衍文。鄭注士喪禮無之。苟謂持火為人所持之火。則是炬矣。燋固即炬也。蓋鑽燧出火。必有燋以傳之於薪。如今之火寸。以粲楷蘸石流黄作之者。下引周禮始是炬矣。倫按字蓋出字林。所以然持火也有捝譌。燋為名詞。當如王説。【説文解字六書疏證卷十九】

◉朱芳圃　後上一四·一一　金三七五　屯甲七七〇　拾掇二·二一二　南明五〇三

按上揭奇字，象兩手奉苣，或一手持之，當為燋之初文。儀禮士喪禮：「楚惇置于燋，在龜東」，鄭注：「燋，炬也，所以然火者也。」説文火部：「燋，所以然火也。然下衍持字，兹依士喪禮鄭注删。从火，焦聲」。炬言其體，所以然火言其用。禮記少儀：「執燭抱燋」，此正其形象矣。對轉冬，孳乳為熜，説文火部：「熜，然麻蒸也。从火，悤聲。」一作爞，廣雅釋器：「爞，炬也。」

説文火部：「爝，苣火也。今本火下衍祓字，兹依字林删。从火，爵聲。」按爝即燋之異文，莊子逍遥遊：「日月出矣，而爝火不息」，釋文：「爝，本亦作燋，音爵」，是其證。【殷周文字釋叢卷上】

炭

◉許　慎　炭燒木餘也。从火。岸省聲。他案切。【説文解字卷十】

◉馬叙倫　鈕樹玉曰。繫傳作燒木木灰也。韻會引作燒木未灰也。嚴可均曰。韻會十五翰引作屵聲。此云岸省聲。蓋校者忘有屵字改耳。沈濤曰。御覽八百七十一引作燒木也。小徐作燒木未灰也。未灰二字淺人妄增。訓燒木於義已明。倫按御覽引捝餘字耳。無餘字安得為炭邪。然非本訓。字見急就篇。【説文解字六書疏證卷十九】

◉商承祚　萿炭盌，炭即炭字。盌，从皿，炬聲。《玉篇》卷二十一：「烜，然也。」然即燃。燃炭之器名曰盌。左後室有一銅盤，左右有短鍊，可以懸掛，盤内置有木炭數段。萿炭盌，當指此器。【信陽長臺關一號楚墓竹簡第二組遣策考釋　戰國楚竹簡

彙編】

㷄

[seal] 南疆鉦　[seal] 王孫真鐘　【金文編】

◉許　慎　[seal]束炭也。从火。差省聲。讀若齹。楚宜切。【說文解字卷十】

◉馬叙倫　段玉裁曰。齹。齒部作齹。桂馥曰。束炭也未詳其義。倫按炭音透紐。羗音穿紐。古讀歸透。蓋轉注字。束炭也當作炭也。束字蓋校者注以釋羗字之音者。束音審紐。古讀亦歸透也。余冄鉦作[seal]。【說文解字六書疏證卷十九】

𤎩

◉許　慎　[seal]交灼木也。从火。教省聲。讀若狡。古巧切。【說文解字卷十】

◉馬叙倫　嚴可均曰。此篆疑校者所加。玉篇烄敎為重文。此分為二而義則同。效古教字見教部。此得從效聲。而云教省聲。必可疑也。段玉裁曰。玉篇廣韻皆曰。敎同烄。必本諸說文。不知今本說文何以析為二。交灼之語亦不可通。上文炭下曰。燒木未灰。則灰篆必上連炭羗。閒以效烄必非古本。翟云升曰。效聲。倫按王筠謂此亦重文之跳出者。是也。於此益明票寮之亦重文跳出者而本部篆與說解傳寫之捝譌及經校者改竄者之多矣。此烄之音同見紐聲同宵類轉注字。交灼木也本作校灼也。校乃校者所注以釋音者也。灼也則吕忱列異義。此皆烄下說解。讀若狡亦然。此下止當作或从效。校者益改之。【說文解字六書疏證卷十九】

炦

◉許　慎　[seal]火气也。从火。犮聲。蒲撥切。【說文解字卷十】

灰

[seal] 灰　秦四　四例　[seal] 日甲六二背　二例　【睡虎地秦簡文字編】

[seal] 灰橑　【漢印文字徵】

◉許　慎　[seal]死火餘㶳也。从火。从又。又。手也。火既滅可以執持。呼恢切。【說文解字卷十】

炱

◉林義光 古作[古文]無叀鼎。[古文]象灰形。又持之。無叀鼎。王格于周廟。灰于圖室。灰蓋借為賚字。賚與釐同音通用。釐音又如禧。禧古與灰同音。灰音亦或如里。故詼調説文作悝啁。里亦與賚釐同音。【文源卷六】

◉馬叙倫 鈕樹玉曰。韻會引無也字。沈濤曰。九經字林廣韻十五灰皆引。灰。死火也。無餘夷二字。死火為灰見釋名釋天。死火謂火之既滅。不得再有餘夷。本部。夷。火之餘木也。據一切經音義引。與灰不同。玉篇亦云。灰。死火也。宋保曰。王先生曰。灰蓋從火又聲。説文。盇。從皿。有聲。讀若灰。一曰若賄。管子地員灰與落韻。莊子應帝王與怪韻。知北遊與骸持晦哉韻。庚桑楚與來災韻。徐無鬼與尤骸韻。淮南本經與時財韻。吕氏春秋君守與識事備疑來韻。是其證。保按盇賄皆從有聲。有亦從又聲。是灰從又聲固無疑也。倫按死灰也亦不似許文。鍇本作從火又。但捝聲字。今本為校者所改。又手以下校語。【説文解字六書疏證卷十九】

◉陳世輝 「用肈㪰周邦」(第四行)，肈通肇。《爾雅·釋言》：「肇，敏也。」肇敏都是奮勉的意思。㪰字大多數同志都釋徹，這很有商量的餘地。金文有徹字，作㪿(見砢尊銘文)，从鬲又。而盤銘的㪰，从㪿，从火，顯然不能説它們就是一字。此字當隸定作䵻，是灰本字。《説文》：「灰，死火餘夷也，从又。又，手也。火既滅可以執持。」灰字為什麼要从火又？它的造字之義，自來不得其解。由于盤銘䵻字的出現，才使這個疑問渙然冰釋。䵻字象用手在火上撤去食器(鬲)，用來表示火已灰燼，而小篆省去了鬲，只作灰。在古文字中，還可以舉出省去「鬲」的例子。鬻字从米鬻，後省去鬲只作粥。「鑄」字也是如此，晚期的省去「鬲」。盤銘的䵻字要讀作恢。是恢弘、光大的意思。《左傳·襄公四年》：「用不恢于夏家。」杜注：「雖有夏家而不能恢大之。」夏家的家，也是邦國的意思。盤銘的用詞與句法跟《左傳》完全一樣。【墻盤銘文解説 考古一九八〇年第五期】

[篆文]石碣 避車 𧾴= 𤏶= 【石刻篆文編】

◉許 慎 炱灰。炱煤也。从火。台聲。徒哀切。【説文解字卷十】

◉趙烈文 𤏶。潘云。𤏶作炱。有重文。吳東發石鼓讀云。𤏶作炱。猶䊵省作臬。玉篇。炱。煤烟塵也。【石鼓文纂釋】

◉强運開 [篆文]張德容云。説文。炱。灰。炱煤也。木部枱。籀文从辝作辞。朩部枲。籀文从辝作𣟴。知𤏶為籀文炱無疑。𤏶=當是塵起之皃。洪頤煊以為古業字。非是。運開按。張氏此説甚為精塙。定為籀文炱字。可以無疑矣。【石鼓釋文】

◉馬叙倫 嚴可均曰。説文無煤字。王廷鼎曰。煤實墨之後出字。倫按説解本作炱。灰也。一曰。煤也。炱乃隸書複舉字誤乙者也。或本作灰也。一曰。㶡。煤也。今挩也及一曰三字。一曰五字校語。㶡為灰之聲同之類轉注字。今作煤耳。惟今以灰通為死火。煤屬煙塵。墨則然石也。灰即今言粉末之末本字。石鼓文作。從炎。辝聲。【說文解字六書疏證卷十九】

煨

◉許　慎　煨盆中火。从火。畏聲。烏灰切。【說文解字卷十】

◉馬敘倫　盆中火似有挩文。玉篇作盆中火熾。本書無熾。通俗文。熱灰謂之塘煨。本書亦無塘字。今杭縣於灰中畜火以物入之令孰曰煨。蓋灰中畜火為煨。因謂於煨中孰物曰煨耳。下文。熄。畜火也。則此蓋本作盆中畜火也。此蓋字林文。今本有挩字。戰國策秦策。蹈煨炭。正與杭縣語意合。字蓋出字林。【說文解字六書疏證卷十九】

熄

◉許　慎　熄畜火也。从火。息聲。亦曰滅火。相即切。【說文解字卷十】

◉馬敘倫　承培元曰。繫傳。臣鍇按史多用為息字。下當有亦曰滅火四字。鉉采羼入許書。倫按息煨聲同脂類。為轉注字。亦曰滅火者。乃烕字義。宋祁漢書序傳校本引字林。熄音息。字或出字林。【說文解字六書疏證卷十九】

烓

◉許　慎　烓行竈也。从火。圭聲。讀若冋。口迥切。【說文解字卷十】

◉馬敘倫　劉秀生曰。葉德輝曰。耳部。耿。從耳。烓省聲。詩鄭風丰。衣錦褧衣。列女傳母儀禮記玉藻鄭注皆引作絅衣。又邶風。耿耿不寐。楚詞王逸注引作炯炯。則烓讀若冋。冋耿音近也。按圭聲在見紐齊部。冋聲在見紐青部。齊青對轉。故烓從圭得聲讀若冋。禮記祭義。故君子頃步而弗敢忘孝也。注。頃讀為跬。聲之譌也。中庸。衣錦尚絅。釋文。絅。本又作潁。莊子讓王。乃自投洞水而死。呂氏春秋離俗作潁水。圭聲如頃。頃聲如冋。亦其證。倫按爾雅釋言釋文引字林。口穎反。字蓋出字林。【說文解字六書疏證卷十九】

煁

◉許　慎　煁烓也。从火。甚聲。氏任切。【說文解字卷十】

◉馬敘倫　煁從甚得聲。甚從匹得聲。匹音滂紐。烓音溪紐。同為清破裂音。是烓煁為轉注字。【說文解字六書疏證卷十九】

燀

◉許　慎　燀炊也。从火。單聲。春秋傳曰。燀之以薪。充善切。【説文解字卷十】

◉馬叙倫　後漢書泗水王歙傳注引字林。燀。灼也。音充善反。灼疑炊之譌。字或出字林。【説文解字六書疏證卷十九】

◉徐中舒　拾一二·一〇　從丫單從火，與《説文》燀字篆文略同。【甲骨文字典卷十】

炊

炊　雜二八【睡虎地秦簡文字編】

右炊【漢印文字徵】

炊竝出義雲章【汗簡】

竝義雲章【古文四聲韻】

◉許　慎　炊爨也。从火。吹省聲。昌垂切。【説文解字卷十】

◉馬叙倫　蓋從吹之初文形近於欠者得聲也。炊燀音同穿紐三等轉注字。燀炊與爨竝同次清破裂摩擦音轉注字。爨音清紐也。燀爨又聲同元類。字見急就篇。餘見吹下。【説文解字六書疏證卷十九】

◉睡虎地秦墓竹簡整理小組　炊，疑讀為箠。箠飭，對馬鞭打。【睡虎地秦墓竹簡】

烘

◉許　慎　烘尞也。从火。共聲。詩曰。卬烘于煁。呼東切。【説文解字卷十】

◉馬叙倫　桂馥曰。尞當為燎。倫按爾雅釋言。烘。燎也。彼舍人注曰。烘。以火燎也。與燎義同。廣韻引字林。燎也。爾雅釋文引字林巨凶甘凶二反。詩釋文引説文巨凶甘凶二反。是字林而題為説文之證也。字蓋出字林。今杭縣謂以火乾物為烘。【説文解字六書疏證卷十九】

齋

齋尊　齋宗　齋高私印　汨齋　陳嬰齋印　齋就私印　張嬰齋印　戕齋私印　夏齋私印

張嬰齋印【漢印文字徵】

◉許　慎　齎炊餔疾也。从火。齊聲。在詣切。【説文解字卷十】

◉馬叙倫　桂馥曰。餔當為釜。玉篇作釜。倫按炊釜疾也者。蓋謂釜中無水而疾加火令熾使釜熱以乾物也。疑為煎之轉注字。煎音精紐。然從前得聲。前從歬得聲。歬齊音同從紐。本書。前。齊斷也。爾雅釋言。劑。剪齊也。注。南方人呼剪刀為劑刀。本書。㓷。齊也。實前之轉注字。見劑字下。則齎煎亦同也。炊釜疾也非本訓。或字出字林也。【説文解字六書疏證卷十九】

熹

前五・八・五　从喜省　于丁宗熹　後二・四一七　粹二三二　粹五三九　簠雜一二七　寧滬一・三一五
叀萑熹用　存三九八　京都二二八六　【甲骨文編】

續6・19・12　徵11・127　粹232　539　【續甲骨文編】

祀三公山碑　神熹其位　開母廟石闕　胙日新而累熹　【石刻篆文編】

◉許　慎　熹炙也。从火。喜聲。許其切。【説文解字卷十】

◉王國維　疑即熹字。【觀堂書劄　中國歷史文獻研究集刊第一集】

◉王　襄　疑熹字。【簠室殷契類纂存疑第十】

◉商承祚　卷五第八葉　後編下第四十一葉　第三十七葉

此从喜省聲。∴象火上然。作者又疑之省。【殷虚文字類編第十】

◉葉玉森　己卯卜貞彈人征於丁宗。

説文。熹。炙也。从火。喜聲。卜辭如釋熹似不可解。予意此字从亘省从火。投亘於火。猶字。象投交脛人於火。亘與交脛人竝俘虜也。卷六第二十一葉五版之。象一交脛人帶索投火上。與烜、烄二字構造同例。竝象焚俘。古當別有烜烄字。【殷虚書契前編集釋卷五】

◉郭沫若　「事喜上帝」。喜當是熹省。卜辭「𨑒于丁宗熹」。當與祡尞同意。【大豐𣪘　兩周金文辭大系圖録攷釋】

◉郭沫若　熹與豊為同例語，則熹又當讀為饎。小雅天保「吉蠲為饎，是用孝享。」𠧟乃宜字，「𠧟熹」與「新豊」「舊豊」等同例，蓋

煎　熬

是饎之一種。【殷契粹編】

◉唐　蘭　熹前五・八・五片　熹簠雜一二七片　續六・一九・一二片　熹後下四一七片

右熹，即熹字，商承祚謂從喜省聲，非是，古從壴之字，後世多從喜，非先從喜而後省為壴也。說文「熹，炙也，從火喜聲」。卜辭云：「祉於丁宗熹」，蓋以熹為饎也，呂覽仲冬「湛饎必潔」，淮南時則作熹。詩玄鳥：「大糦是承」，韓詩：「糦，大祭也」。【殷虛文字記】

◉馬敘倫　唐寫本切韻殘卷七之引炙也。同此。熹為烘之音同曉紐轉注字。甲文作熹熹。【說文解字六書疏證卷十九】

◉李孝定　卜辭熹為祭時品物之名。除唐引一辭外。它如「乙酉卜叀祖乙熹用」粹・二三二。辭例均同。唐郭均讀為饎。說文饎訓酒食。以讀卜辭義固可通。即讀如字意謂以炙肉為祭。於義亦安。固不須讀作饎也。【甲骨文字集釋第十】

煎 古老子　煎 籀韻【古文四聲韻】

◉許　慎　煎熬也。从火。前聲。子仙切。【說文解字卷十】

熬 熬　兮熬壺【金文編】

◉許　慎　熬乾煎也。从火。敖聲。五牢切。鏊熬或从麥。【說文解字卷十】

◉高田忠周　熬兮熬壺　說文。熬乾煎也。从火敖聲。或从麥作鏊。禮記內則。淳熬。古文唯當借敖為之。荀子富國篇。天下敖然。若燒若焦。可證矣。【古籀篇十三】

◉馬敘倫　乾煎也當作从火乾也煎也。方言七。熬。火乾也。是其證。以火乾也蓋字林文。齊出聲同脂類。則齎熬為轉注字。熬從敖得聲。敖從出得聲也。熬音疑紐。亦爒之轉注字。爒音來紐。古讀歸疑。泥疑同為邊音也。又聲同宵類。

鏊　桂馥曰。本書。糗。熬米麥也。廣雅從黍作𪐴。云。乾也。倫按鏊蓋麥或糗之轉注字。麥為來往之來本字。來音古在泥紐。泥疑同為邊音也。熬糗聲同幽類。熬聲宵類。古讀歸幽也。【說文解字六書疏證卷十九】

炮

◉許　慎　炮毛炙肉也。从火。包聲。薄交切。【說文解字卷十】

◉馬叙倫　徐灝曰。詩閟宮傳曰。毛炮豚也。瓠葉傳曰。毛曰炮。内則曰。取豚若將封之刲之。實棗於其腹中。編萑以苴之。塗之以堇。炮之。塗皆乾。擘之。即毛炮之法也。倫按毛炙肉也非本訓。字或出字林。【說文解字六書疏證卷十九】

衮

餘一五・三【甲骨文編】

餘15・3【續甲骨文編】

◉許　慎　衮炮肉。以微火温肉也。从火。衣聲。烏痕切。【說文解字卷十】

◉馬叙倫　沈濤曰。廣韻引作炮炙也。以微火温肉。玉篇同。今本肉字誤。段玉裁曰。當依廣韻。今俗語曰烏。或曰煨。或曰燜。皆此字之雙聲疊韻耳。朱駿聲曰。或曰。衮省聲。倫按今杭縣以微火孰肉謂之燉。上海謂之管。本部有焞無燉。焞訓明也。五篇。𦎫。孰也。即燉也。此其轉注字。𦎫之初為亯。音在曉紐。古讀歸影。衮音影紐。衮聲脂類。𦎫聲真類。脂真對轉也。𦎫以微火。炮以烈火。今皆迥然不同。五音集韻。衮。䴺物灰中令其熱則與今杭縣所謂煨者相同。煨衮音同影紐。蓋或借衮為煨。今亦有以煨為燉者。亦借煨為衮也。肉為大胾。因未聞以胾䴺入灰中孰之也。或曰。衮次炮下熷上。如非失次。則衮是炮義。廣韻引作炮炙也。即炮也炙也二義。衮為炮之轉注字。炮從包得聲。包音封紐。封影皆清破裂音也。以微火温肉也者𦎫字義。炙也以微火温肉也均校語。倫謂炮炙二字均涉炮字説解而誤演。炮為炮下隸書複舉字也。此本訓温也。故吕忱或校者加以微火温肉也。今作炮肉者。王筠謂肉乃炙之壞文。倫謂亦或涉下文而演。【説文解字六書疏證卷十九】

◉李孝定　餘・十五・三　以契閔从火作火。炎字作𤆍例之。孫氏收此作衮可从。本辭僅餘殘文。不詳其義。【甲骨文字集釋第十】

熷

◉許　慎　熷置魚筩中炙也。从火。曾聲。作滕切。【說文解字卷十】

◉馬叙倫　鈕樹玉曰。繫傳筩作筩炙作灸。錢坫曰。今用蒸字代之。倫按今通言蒸物者。置物器中。置器釜中。使釜中水沸。以其烝气熟之也。未聞獨為炙魚言熷也。廣韻。熷。蜀人取生肉於竹中炙。則恐是今所謂熏法。與熷大異。今有熏魚。熏

近於炙。蓋此本有炙也一訓。故校者增置魚竹箣中炙也。然本訓亡矣。此字或出字林。【說文解字六書疏證卷十九】

㷉 㷉

珠25　徵12·71　後下22·16　藏55·1　【續甲骨文編】

◉許　慎　㷉以火乾肉。从火。稫聲。臣鉉等案。說文無稫字。當从𩱧省。疑傳寫之誤。符逼切。𤎅籀文不省。【說文解字卷十】

◉褚德彝　疑㷉字。說文㷉。以火乾肉。籀文作𤎅。與此正同。【周者減鐘　樂器二　夢坡室獲古叢編】

◉余永梁　書契後編下二十二葉　鐵雲藏龜五十五葉

案此㷉字。从火葡聲。說文。「㷉。以火乾肉也。从火。稫聲。」方言字作𤒎。與此正合。後作葡。故此字後書作𤒎葡也。葡備稫古音同。故篆或作稫也。何以知葡古作也。葡篆文作。毛公鼎作。番生敦作。形極相近。說文。「葡。具也。从用苟省。」箙下云。「弩矢箙也。周禮仲秋獻矢箙。」字亦从用，與葡形音義均同。用篆文作。古文作。古金文及殷虛文並有此形。用象器形。卜辭作。均象插矢于用中形。用部「庸。用也。从用庚。」蓋从兩手奉干於用中也。故用字象形。本義當為用具之用。盛物器也。引申為一切資用及行施義。衞宏說「用可施行也」。是引申之義矣。謂从卜中則誤矣。然則葡古作殆無可疑。而此㷉字作𤒎葡。亦葡箙一字之佳證也。箙乃形聲字。蓋後起之字。猶此字篆文作㷉也。【清華學校研究院國學論叢一卷四號】

◉馬叙倫　徐鉉曰。說文無稫字。當作𩱧省。吳穎芳曰。籀文作𤎅。足知此應作𩱧省聲。文有脱譌耳。鈕樹玉曰。繫傳韻會乾作焙。說文無焙。說文亦無稫字。周禮籩人注。鮑者於稫室中糗乾之。疑是從火稫聲。徐灝曰。玉篇。煏。火乾也。無肉字。是也。余永梁曰。甲文有。即㷉字。亦即方言之𤒎字。𤒎葡與稫古音相同。倫按方言七。𤒎。火乾也。凡以火而乾五穀之類。自山東齊楚以往謂之熬。關西隴冀以往謂之𤒎。𤒎為㷉之轉注字。𤒎𩱧音同竝紐聲同之類也。此即今所謂焙也。今杭縣謂以脂肪物入釜而以火㷉出其脂肪成汁謂之熬。以有汁之物入釜而以火㷉之。使汁出而為釜吸收以盡。物乾為焙。二者稍異而實同。故齊楚謂之熬。隴冀謂之𤒎。㷉從𩱧得聲。𩱧從畐得聲。從畐得聲之复當在幽類。熬聲宵類。古讀歸幽。是轉注字也。以火乾肉非本訓。與鬻同語原也。翟從隹得聲。敖從出得聲。隹出聲同脂類。翟敖則聲同宵類。亦語原同之證也。

𤎅　鈕樹玉曰。韻會無。廣韻無。玉篇有。一切經音義以為古文。不引說文。疑此為後人所加。注云。籀文不省。則稱注當言𩞄省聲。大徐亦不當致疑矣。倫按玄應一切經音義引古文官書。㷆𩞄二形。又作㷭。同扶福反。然則字固不出籀篇邪。徐鉉知𩞄省者。正以籀文作𩞄而言然耳。【説文解字六書疏證卷十九】

◉李孝定　段注𤑶下謂字即周禮籩人之𤇶。漢書貨殖傳注引周禮籩人之𤇶。方言之㷆。玉篇之𤇶。今字或作焙。其説極是。葡服𤇶古音相同。此从火葡聲。余氏以為即許書之𤑶。其説可从。【甲骨文字集釋第十】

爆

◉許　慎　爆灼也。从火。暴聲。蒲木切。臣鉉等曰。今俗音豹。火裂也。【説文解字卷十】

◉馬叙倫　今用為爆裂義。故廣韻曰。火裂也。爾雅釋詁。毗劉。暴樂也。今杭縣有毗裂罷剌之語。義亦謂裂散。但狀其聲耳。蓋爆亦狀火灼之聲而為名。此訓灼也。下文。灼。灸也。本書。卜。灼龜也。象灸龜之形。尋灼龜以裂為兆。卜象兆形。白虎通蓍龜。卜。赴也。爆見兆也。卜爆同為雙脣音。以爆釋卜。明爆亦裂義。卜之轉注字為𠁁。從兆得聲。兆音澄紐。爆音竝紐。同為濁破裂音。亦聲同宵類。明其語原同。或卜本是以火灼物為爆之象形文。實爆之初文也。下文。灸。灼也。醫家以艾灸體。必灼至膚欲裂為準。然則爆灸灼之本義。皆謂以火使物裂也。爆當從玉篇音布角切或北教切。為灸之轉注字。布角切或北教切音在封紐。灸音見紐。灼音明紐三等。古讀歸端。同為清破裂音。則亦灼之轉注字。爆灼又聲同宵類也。【説文解字六書疏證卷十九】

煬

◉許　慎　煬炙燥也。从火。昜聲。余亮切。【説文解字卷十】

◉馬叙倫　鈕樹玉曰。宋本及繫傳韻會作灸。蓋炙之譌。玉篇。炙也。對火也。熱也。桂馥曰。集韻。煬。燥也。方言。煬。炙也。注。今江東謂火熾猛盛為煬。王筠曰。炙燥也者。言炙之令燥也。方言。煬。炙也。集韻。煬。燥也。皆適得一偏。郭注方言。今江東謂火熾猛為煬。則又一義。倫按莊子韓非均言煬竈。故廣雅釋詁曰。煬。爇也。然字不次爇然之間。而此又訓炙燥也。以方言玉篇證之。則炙是一義。燥又一義。疑説解本作炙也。燥也。然炙是炮肉。煬為炮肉。於古無徵。燥也之義。與玉篇對火相近。煬為對火。亦無徵於古。方言郭注。今江東呼火熾猛為煬。今上海語猶然。音同揚。則是王之轉注字。今杭縣言王也。音如王天下之王。或此王字義。煬為借字。玉篇熱也者。今杭縣謂大熱曰火煬。音如蕩之上聲。疑字當為湯。方言。煬爆也者。今杭縣謂為水火之熱所傷者曰煬。音亦如火煬之煬。亦謂之爆。音如今言槍砲之砲。倫以字次求之。疑炙燥也本作灸爆也。傳寫之譌。灸下又捝也字。爆從㬥得聲。㬥實得聲於昔。昔聲魚類。煬聲陽類。是魚陽

熩 爤 爢 㷉

對轉轉注字也。【說文解字六書疏證卷十九】

◉許 慎 熩灼也。从火。隺聲。胡沃切。【說文解字卷十】

◉馬叙倫 沈濤曰。一切經音義五曰。經文從火作燿。說文云。燿。灼也。是古本此字從霍。不從隺。倫按熩音匣紐。灸音見紐。皆舌根音。熩聲幽類。勺聲宵類。古讀歸幽。是轉注字。【說文解字六書疏證卷十九】

◉許 慎 爤孰也。从火。蘭聲。郎旰切。燗或从閒。【說文解字卷十】

◉馬叙倫 沈濤曰。詩節南山生民正義引。爤。火熟也。今奪火字。倫按今言爤者。謂以火孰物使爢爤也。此及下文爢㷉二字皆當次爆字上。【說文解字六書疏證卷十九】

◉許 慎 爢爛也。从火。靡聲。靡為切。【說文解字卷十】

◉馬叙倫 爢音微紐。爤音來紐。古讀歸泥。微泥同為鼻音次濁音。轉注字也。【說文解字六書疏證卷十九】

尉 雜二 三例 同尉 效五四 六例 雜三九 秦一五九 二例【睡虎地秦簡文字編】

校尉之印 勮右尉印 喪尉 瀘右丘尉 邦尉之印 桐過左尉【漢印文字徵】

袁敬殘碑 捧步兵校尉 西部校尉 天璽紀功碑 孔宙碑領 鄭季宣碑陰領 禪國山碑 大尉璆 楊震碑領【石刻篆文編】

雲臺碑【古文四聲韻】

◉許 慎 㷉从上案下也。从㞋又持火。以尉申繒也。臣鉉等曰。今俗別作熨。非是。於胃切。【說文解字卷十】

◉劉心源 从㞋之意未說。叚字篆亦从㞋。叚有藉之義。見叚字條。古作曾伯簠匠。㞋即石省。石。藉也。見石字條。尉必

有藉。从石省。轉注。从又持火。俗作熨。下復从火。非是。【文源卷六】

◉馬叙倫　沈濤曰。一切經音義十四引從上案下也。所以熨伸繒也。廣韻八未八物兩行皆有所字。孔廣居曰。從二。從又。從火。尸聲。二古文上字。凡火之用俱在物下。唯尉則火在上也。翟云升曰。當作從𡰥。𡰥亦聲。以尉申繒也當作所以申繒也。倫按朱駿聲亦謂汗簡。夷。古文作𡰥。見尚書。疑尉從𡰥聲。𡰥尉聲同脂類。然從上按下之義。不顯也。且為會意兼聲字。而𡰥又形聲字。則無此例也。疑篆本作。從又。從。從火。之象形文本作。即尉物之器。漢書王莽傳所謂威斗也。篆變為。今失其字。而此從又者。以形掍於匕勺之象形文。故俗加手以別。猶升之亦加也。後以復掍於升字。乃增火耳。此則其轉注字。從聲。聲同脂類。或曰。金文斗字作。譌為耳。從火。斗聲。斗音端紐。故熨音入影紐。同為清破裂音也。此則從聲。為之轉注字。亦通。案當依鍇本作按。從上按下即印字義。此非本義本訓。今説解蓋盡非許文矣。倫又疑字從火印聲。傳寫譌耳。熨為煨熅煙等字之音同轉注字。説解本作按也。故呂忱增從上按下也。字見急就篇。【説文解字六書疏證卷十九】

◉楊樹達　𡰥為古文仁字。仁與人古音同，蓋假仁為人。人又持火，猶侵之人又持帚也。人又為能名，火為所名。【文字形義學】

𤒅

乙四七四一　後二・三三・一　乙八八一八　掇一・四三五　粹一一五一　佚七八〇　京都二一五二九【甲骨文編】

𤒅子遥切石經【汗簡】

汗簡【古文四聲韻】

◉許　慎　𤒅灼龜不兆也。从火。从龜。春秋傳曰。龜𤒅不兆。讀若焦。即消切。【説文解字卷十】

◉馬叙倫　王筠曰。龜𤒅不兆乃合傳注引之。原文當不止此。為習明字科者所删耳。凡説解中詞旨局促似後世字書者皆以此推之。唐蘭曰。亞𪚴爵之字。又一器作。卜辭作諸形。説文無𪚴字。萬象名義廿五龜部有𪚴字。出原本玉篇。奇樛反。虬也。龍無角也。此出廣雅。今廣雅誤作𪚴。原本玉篇有龝字。思條反。蒼頡篇。龝韶九成也。字書。或簫字

灸　灼

也。可見小篆本有龜聲之字。卜辭又有□字。或作□。卜辭常曰。今□或作今□。則□即說文之龝。今龝即今秋也。漢燕然銘楊箸碑秋字皆作□可證。劉秀生曰。當依小徐作從火龜聲。龜聲在咍部。焦即𩁺或省。𩁺從雥聲在蕭部。咍蕭旁轉。故龜從龜聲得讀若焦。鬥部。鬮。從鬥。龜聲。讀若三合繩糾。目部。䀏。從目。攸聲。或從目丩聲作𥄂。老子。猶兮其貴言。王弼本猶作悠。韋部。韢。從韋。糕聲。讀若酋。糕亦從焦聲。是其證。又龜龝。左定九年哀二年傳竝作龜焦。焦即龝聲借。亦其證。倫按從火。龜聲。龜為虬之初文。虬焦聲同幽類。故讀若焦。說解灼龜不兆者。校者依左定哀二傳。龜焦。杜注皆云兆不成。加此文。其實此為灼之同清破裂摩擦音及古聲同幽類轉注字。故訓灼也。虬從丩得聲。丩久音同見紐。則亦灸之轉注字。此字或出字林。【說文解字六書疏證卷十九】

◉唐　蘭　□後・下・三三・一　□佚・七八〇

右𪛆字。舊不釋。今按當是從火從龜。象以火熟龜。據余所定象意字聲化例。則龜乃聲也。故卜辭以龜𪛆同叚為秋。說文。「龜。灼龜不兆也。从火。从龜。春秋傳曰。『龜𪛆不兆。』讀若焦。」爂即𪛆字之誤。疑傳文本作「龜𪛆」。𪛆焦音近。得相通假。而讀者誤認𪛆為龜焦之專字。遂改从龜耳。董作賓乃謂𪛆字不見於說文。何其疏也。龜字孫詒讓釋夒。舉例下・四二。亦誤。新撰字鏡九卷龜部出龜字云。「奇樛反。虬字。無角龍。」又出龜字云。「奇樛反。字書亦虬字也。虬龍之無角者也。在部。」當云在虫部。後條似出原本玉篇。【殷虛文字記】

◉許　慎　灸灼也。从火。久聲。舉友切。【說文解字卷十】

灼竝見書經【汗簡】

古尚書【古文四聲韻】

◉許　慎　灼炙也。从火。勺聲。之若切。【說文解字卷十】

◉馬叙倫　沈濤曰。詩節南山正義引。灼。炙燒也。文選琴賦注引。灼。明也。是孔李所據本與今本異。又各不同。玉篇云。熱也。明也。廣韻十八藥云。燒也。炙也。熱也。然則燒炙明三訓皆有所本或作炙也一曰燒也一曰明也。李孔各有節取。

灸也與孔所引炙字皆當作灸。七諫汁。灼。灸也。可證。上文。灸。灼也。正互訓之例。鈕樹玉曰。繫傳韻會引作炙也。據上文當作灸。倫按沈説是也。選注引明也者。的字義。慧琳音義十一引倉頡。灼。爆也。【説文解字六書疏證卷十九】

◉許　慎　鑠治金也。从火。柬聲。郎電切。【説文解字卷十】

◉馬叙倫　鈕樹玉曰。李注文選七命引作冶金也。治當作冶。嚴章福曰。金部鍊下亦作冶金。王筠曰。金部。鑠。銷金也。鍊。冶金也。此治字當作冶也。倫按鑠下捝也字。冶金也呂忱説或校語。冶金也者。鍊字義。王筠謂鍊煉一字。【説文解字六書疏證卷十九】

燭寬印【漢印文字徵】

燭並出義雲章【汗簡】

義雲章【古文四聲韻】

◉許　慎　庭燎火燭也。从火。蜀聲。之欲切。【説文解字卷十】

◉馬叙倫　鈕樹玉曰。韻會引無火字。嚴可均曰。藝文類聚十八引作庭燎大燭也。此作火。譌。御覽八百七十一引作火炬。蓋申説之。燕禮。甸人執大燭。詩傳。庭燎大燭。周禮司烜氏注。樹於門外曰大燭。於門内曰庭燎。倫按玄應一切經音義引倉頡。然火為照也。字亦見急就篇。燭為丨之轉注字。庭燎大燭也非本訓。【説文解字六書疏證卷十九】

◉陳漢平　安陽殷墟甲骨文有字作（《掇》1·437），舊不識，《甲骨文編》收入附録。

按此字从即从蜀省。舊多釋甲骨文字為蜀，甚誤。字从目从旬省，即《説文》旬、眴字，而非蜀字。陝西周原甲骨蜀字作，字不从旬作，可以為證。

字从象燈炷火炬之形，从火，蜀省聲，當釋為燭。《説文》：「燭，庭燎火燭也。从火蜀聲。」甲骨卜辭曰：

其將燭□又月……　《粹》1194

弜將燭師　《粹》1194

其將燭于 《粹》1194

……將燭…… 《粹》1194

……寅卜方其至于燭師 《掇》1·437

燭字在卜辭中為地名，師𠂤名。《春秋》經傳有人名燭之武，即以此地名為姓氏者。【古文字釋叢 出土文獻研究】

◉湯餘惠 63 熘·燭 曾侯乙墓編磬銘濁字从蜀作（參看《曾侯乙墓》第580至581頁），與此形近。262簡亦有此字，原釋「燭」是。又129簡有字，應即「燭」。古璽有未識字作：

3346

今按當釋「鐲」。【包山楚簡讀後記 考古與文物一九九三年第二期】

◉黃錫全 燭並出義雲章 蜀乃蜀省，如楚簡蜀作（天星觀）、燭作（仰天湖）、鐲作（望山M2）等，參見虫部蜀。夏韻燭韻録此文作是。【汗簡注釋卷四】

熜

◉許 慎 然麻蒸也。从火。悤聲。作孔切。【說文解字卷十】

◉馬叙倫 儀禮既夕禮。二燭俟于殯門外。注。燭用蒸。燭音照紐。熜音精紐。同為清破裂摩擦音轉注字也。【說文解字六書疏證卷十九】

灺

◉許 慎 燭妻也。从火。也聲。徐野切。【說文解字卷十】

◉馬叙倫 灺妻音同邪紐。轉注字也。燭字疑演。或此校語。字或出字林也。【說文解字六書疏證卷十九】

㶳

前五·三三·一 从聿省 【甲骨文編】

前1·33·1 【續甲骨文編】

㶳 日甲一二五 通殔 必以—死人 【睡虎地秦簡文字編】

焠 煣

◉許　慎　𤈦火餘也。从火。聿聲。一曰。薪也。臣鉉等曰。聿非聲。疑从𦘒省。今俗別作燼。非是。徐刃切。【説文解字卷十】

◉羅振玉　[glyph]　此从又持丨。以撥餘火。象形。非形聲也。【增訂殷虚書契考釋卷上】

◉劉心源　聿非聲。𤈦象薪有餘火。手持之。[glyph]象薪。與灰同意。今字作燼。【文源卷六】

◉馬叙倫　徐鍇曰。聿非聲。疑從𦘒省聲。鈕樹玉曰。一切經音義二引作火之餘木。九引作火之餘木也。廿二引火之餘木曰燼。玉篇注。火餘木也。蓋本説文。王筠曰。火餘也似當作燭餘也。火為燭之殘字。玉篇。炧也。廣韻。燭餘也。若作火餘。則與前文炭灰相似。玄應音義廿一引作謂火之餘木也。蓋庾據本已作火。故如此説之。玉篇亦曰。火餘木。然則是炭矣。誤也。翟云升曰。六書故及韻會竝作𦘒省聲。火餘也當作燒木之餘也。羅振玉曰。卜辭作[glyph]。從又持丨以撥餘火。倫按火餘疑當作餘火。一本火譌作木而餘木不可通。校者因加火字。火餘木與炭無殊。𤈦者。燒木已失木而火猶未威。蓋在炭與灰之間者也。甲文仍從火聿聲。聿音喻紐四等。轉邪為𤈦。亦由脂入真矣。六書及韻會作𦘒省聲者。蓋以鍇説輒改也。一曰薪也者。薪𤈦聲同真類假借。蓋校語。【説文解字六書疏證卷十九】

◉李孝定　[glyph]前五·三三·一　契文象以手持箸撥火之形。箸之下端與火焰形相交作「[glyph]」。與聿形混。篆體遂譌从聿。許君不得其解。因謬謂「聿聲」。字實不从聿也。此辭僅餘殘文。不詳其義。【甲骨文字集釋第十】

◉睡虎地秦墓竹簡整理小組　𤈦,讀為殣,《吕氏春秋·先識》:「威公薨,殣九月不得葬。」注:「下棺置地中謂之殣。」據簡文及《先識》原文,應為陳屍之意。【睡虎地秦墓竹簡】

◉許　慎　焠堅刀刃也。从火。卒聲。七内切。【説文解字卷十】

◉馬叙倫　王筠曰。焠與水部淬蓋同◦焠。堅刀刃也。淬。威火器也。似不同者。正謂刀甫出火。即投之水。故兩從也。倫按堅刀刃也非本訓。文選聖主得賢臣頌注引三倉。焠。作刀鋻也。子妹切。【説文解字六書疏證卷十九】

◉許　慎　煣屈申木也。从火柔。柔亦聲。人久切。【説文解字卷十】

◉馬叙倫　桂馥曰。申當作曲。玉篇◦煣以火屈曲木。倫按非本訓。韻會廿一厚引作從火柔聲。是。【説文解字六書疏證卷十九】

◉唐　蘭　[glyph]衛鼎　𤎩卒　原作「𤎩萃貣」,𤎩是煣字,等于夒就是猱字。此處當通鞣,是製成的柔軟的皮革,車具中賁鞃都聯起來

説，這裏的賁字疑只是裝飾的意思。【陝西省岐山縣董家村新出西周重要銅器銘辭的譯文和注釋　文物一九七六年第五期】

㸋　㸋

鐵八七·一　卜辭焚不从楙象以火燒林　後二·九·二　後二·九·三　乙四九九五　乙五五九四　寧滬二·二九　簠雜六八　存二〇〇五　後二·四·五　或从木　簠帝一四六　摭續一二一　或从収　象兩手舉火焚林之形　王其焚迺彔王于東立逐皐　金二一一　甲五·九八　乙二一九　乙四七　乙一一二三　誠四八八　乙五五〇〇　或从艸　京津一四三七　前一·三三·一　明藏七〇一　或从中【甲骨文編】

乙2507　3560　4723　4995　5500　5594　5824　佚983　續5·3·1　續3·29·3　續存2005　新1437　3465【續甲骨文編】

㸋　説文从火楙聲段玉裁云㸋即焚之譌　多友鼎　衣焚　鄂君啟車節　酉焚　地名【金文編】

焚　説文㸋段注乃焚之譌　日甲四〇背【睡虎地秦簡文字編】

◉許　慎　㸋燒田也。从火楙。楙亦聲。附袁切。【説文解字卷十】

◉羅振玉　説文解字。㸋。燒田也。从火楙。楙亦聲。段先生改篆文㸋為焚。改注从楙楙亦聲為从火林。謂玉篇廣韻有焚無㸋。焚。符分切。至集韻類篇乃合焚㸋為一字。而集韻廿二元固單出㸋字。符袁切。竊謂楙聲在十四部。焚聲在十三部。份古文作彬。解曰焚省聲。是許書當有焚字。況經傳焚字不可枚舉而未見有㸋。知火部之㸋即焚之譌。元應書引説文。焚。燒田也。字从火燒林意也。凡四見。然則唐初本有焚無㸋不獨篇韻可證也云云。今證之卜辭。亦从林不从楙。可為段説左證。或又从草。於燒田之誼更明。【增訂殷虛書契考釋卷中】

◉劉心源　經傳皆作焚。玄應書引説文。焚。燒田也。字从火。燒林意也。則篆當訂作焚。【文源卷六】

◉郭沫若　第一二四八片

「叀來乙巳入……焚……」(右行)

燓蓋焚之緐。爨字从此作。【殷契粹編】

◉馬叙倫　沈濤曰。本書無焚字。玉篇廣韻有焚字而無燓字。而一切經音義六及廿二及廿四引作燒田也。字從火燒林意也。段先生曰。份。古文作彬。解云。焚省聲。是許書當有焚字。唐初本有焚無燓。案詩雲漢釋文。焚。本又作燓。是唐初本有燓字。翟云升曰。作燓是。當作楙聲。汪獻玗曰。焚燓二文古本說文皆有之。但未定何者為重文耳。倫按燒田非本義。亦非本訓。廣雅釋詁。燓。燒也。燓為燔之音同奉紐轉注字。字當作焚。楙從焚省聲。燓不得轉從楙聲。蓋校者不得其聲而增爻也。或如汪說。焚正而燓重也。焚從林得聲。故甲文作□。林聲侵類。今有梵字。實焚之譌俗。其字從凡得聲。凡聲正侵類也。可證。玄應謂字從火燒林意也者。乃玄應不得從林之故而妄説也。或謂甲文或作□。與禮記郊特牲季春出火為焚也注謂焚萊也者合。故此訓燒田。倫謂□為□省。甲文此類例證多有。而禮言為焚猶為燔耳。爾雅釋天釋文。燔猶焚也。莊子盜跖。抱木而燔之。燔即焚也。説解燒田也疑燔也之譌。此字或出字林。【說文解字六書疏證卷十九】

◉吴其昌　羅振玉以卜辭佐成段玉裁之特識，甚是。然説文「燒田也」之訓，意不為野燒于田中，若後世所謂「火耕水耨」者之比，「田」乃「畋獵」之本字。「燒田」之義，蓋謂烈山澤而焚之，以駭百獸，乃從而驅獲之也。或从「□」者，長林豐草，同叢茂于深山大澤，故遂等視之而不別，匪可據為燒于田中之證也。【殷虛書契解詁】

◉陳夢家　焚，即火田，爾雅釋天「火田曰狩」。春秋桓七杜注云「焚，火田也」。胡厚宣殷代焚田説始發其義(參歷史研究一九五五·一·九八——九九)。【殷虛卜辭綜述】

◉屈萬里　□　萃釋(一二四八)謂是焚字之繁體。是也。□，疑是山名。彔，殆假為麓。……焚山麓，為田獵也。詩鄭風大叔于田言：「火烈具舉」；孟子滕文公言：「益烈山澤而焚之，禽獸逃匿。」皆其證也。【殷虛文字甲編考釋】

◉魯實先　焚於卜辭作□□，説者俱無異詮。其作□者，或疑為爨孫海波文編附録六二，或疑為樵李亞農摭佚續六六，其作□□者，或釋為苣見金祥恒續甲骨文編第一第一三葉，説並非是。以愚考之，皆焚之異體。其作□者，乃从焚尹聲。其作□者，蓋从尹之繁文或為从君之省體。其作□者，所从之□乃串之繁文。説文無串字，即患所从之串，為毌之或體，亦即貫之初文。串貫與昆古同聲通用，是則□之从串與从昆相同，猶現之作瑻也。尹君昆焚於古音同為昷攝，串貫於古音同為安攝，與昷攝旁轉相通，故以尹君或串為焚之聲符。夫焚為會意，□□與□並為形聲。案説文云「焚，燒田也」，所謂燒田者，謂燒其叢林艸萊以事田獵也。凡卜辭之焚並同此義，蓋以上世榛莽叢生禽獸繁衍，故卜辭屢見焚田之文。管子國准篇云，「夏后之王燒增藪焚沛澤禽獸衆也。」周禮夏官大司馬云，「中春蒐田火弊。」牧師云，「凡田事贊焚萊。」是焚田之事肇於先世而承襲于姬周下迨春秋，則魯桓公焚於咸丘，魏獻子焚於大陸，並見史傳。足徵雖踵舊制已非恒典，蓋以山林多闢為田疇都邑，禽獸非如昔日之孳生，制因時異。此禮記王制所以有「昆蟲未蟄不以火田」之説也。秦漢以來則焚田之事截然未見矣。【殷栔新詮之三】

◉李孝定　説文。「樊。燒田也。从火棥。棥亦聲。」契文从火林。或从火屮。乃會意非形聲。段氏注據説文彬古文份説解及後世字書所引改樊篆作焚。極具卓見。契文異體作若。仍衹是形體之繁衍。蓋下象一手或二手秉苣之形。許書苣訓束葦燒。正象束葦之屬。丨則其省體耳。魯氏謂是从尹君若串毌之異體讀。與昆同為聲符。似有未安也。知若為焚之異體者。甲編五九八辭云「□寅卜王叀辛彔亡𢦏衍王。」屈氏釋為焚麓以事田狩。是也。金祥恒氏續文編收作諸形者作苣。蓋未察其辭例。且其字形於苣亦相遠也。卜辭言焚皆田獵之事。魯氏所説甚是。胡厚宣氏商史論叢亦有此説。辭云「其焚禽癸卯允焚獲兕十一豕十五兔廿」乙・二・五〇七。可證。它辭焚字亦有但當訓燒者。辭云「☐征我奠旬𢦏四□邑亦焚亩三」佚・九八三。此蓋紀某方入侵於𢦏四邑外復焚其倉廩三處也。【甲骨文字集釋第十】

◉白玉崢　：籀廎先生釋為豐之省文。本段。羅振玉氏釋焚。⊘崢按：釋焚，是也。除羅氏所舉二形見於第一期外，或有从木作後下四・五版者，亦見於第一期。或有从一南明七〇一版者，見於第四期。或有作綜圖二一・二者，見於第五期。又其下所从之火，雖見於同期，其構形亦有作、作之差異；而至第五期時則簡作，而為今楷火之所本矣。【契文舉例校讀　中國文字第五十二册】

◉饒宗頤　管子揆度篇：「燒山林，破增藪，焚沛澤，逐禽獸，實以益人。」孟子：「益烈山澤而焚之。」周禮大司馬：「春蒐火弊，獻禽以祭社。」禮記郊特牲：「季春出火，為焚也。」焚即焚田，爾雅釋天：「火田為狩。」郭注：「放火燒草獵亦以為狩。」【殷代貞卜人物通考卷五】

◉陳世輝　湯餘惠　丙編二八四：

翼戊午，？

，焚字的異體。古文字从艸與从林往往無別。，同擒。焚。古時狩獵方法之一種，應即禮記王制「昆蟲未蟄，不以火田」之火田。左傳定公元年：「魏獻子屬役于韓簡子，及原壽過而田于大陸，焚焉。」大概是一種縱火燒林，乘禽獸驚恐逃竄之機，布設網羅擒獸的方法。【古文字學概要】

◉徐中舒　前八・五・二　從從從，所會意不明。疑為焚之異構。【甲骨文字典卷三】

◉徐中舒　後下四・五　南明七〇一　從中從火，或作木。《説文》所無。疑為焚之異文。【甲骨文字典卷十】

◉戴家祥 多友鼎 鄂君啓節 焚，説文不載。古文作「燔」。説文十篇「燔，爇也」。又同篇「爇，燒也」。焚，从林从火，字屬會意。禮記·月令「仲春毋焚山林」，蓋為焚之本意。燔从火番聲，為形聲字。【金文大字典中】

◉許　慎　燫火煣車網絶也。从火。兼聲。周禮曰。煣牙外不燫。力鹽切。【説文解字卷十】

◉馬叙倫　周禮考工記輪人。凡揉牙外不廉而内不挫。旁不腫。謂之用火之善。注。廉。絶也。廉為燫之借字。然則此當作火煣車網也。絶也。絶也乃校者據周禮注加之。燫音來紐。煣音日紐。同為邊音。蓋轉注字。火煣車網也。蓋本訓煣也。校者加車煣車網也。字或出字林。【説文解字六書疏證卷十九】

尞之重文【續甲骨文編】

燎【汗簡】

説文【古文四聲韻】

◉許　慎　爒放火也。从火。尞聲。力小切。【説文解字卷十】

◉馬叙倫　俞樾曰。尞燎一字。燎乃尞之俗體。師古注漢書禮樂志郊祀志竝曰。尞古燎字。是其明證。倫按放火非雅訓。玄應一切經音義八引作放火也。又火田為燎。其廿三引作放火也。火田為燎也。廿四又云。燎。放火也。火田為燎也。説文。燒田也。徐灝因以為燎之本義為燒田。王筠謂玄應誤引焚字義。是也。放火也字林文。見詩釋文引。餘見尞下。【説文解字六書疏證卷十九】

◉饒宗頤　……卜，㱿貞：尞于……（遺珠一〇三八）

按尞，燎也。燎牲者，吕氏春秋季冬紀：「收秩薪柴，以供寢廟及百祀之薪燎。」高誘注：「燎者，積聚柴薪，置壁與牲于上而燎之，升其烟氣。」尞亦作燎。【殷代貞卜人物通考卷三】

㶾

□ 㶾 日甲八○背 通飄 是—風之氣 日甲五二 通剽 盜者大鼻而—行 日甲八○背 □ 日甲六四背 三例 同票 【睡虎地秦簡文字編】

□ 票軍庫丞 □ 李票 【漢印文字徵】

◉許 慎 㶾火飛也。从火。𡈼。與䙴同意。方昭切。【說文解字卷十】

◉劉心源 从火从䙴省。䙴。升也。□ 亦古火字。見曾伯霥匿燮字偏旁。票今字或作熛。說文云麃麠屬。从鹿㶾省聲。按火為㶾省不顯。麃當與票同字。隸書多以形近轉變㶾上从西从□。□變為□為比。遂成□字。鹿又與借義麠屬相應。故譌从鹿也。不當制篆。【文源卷六】

◉馬叙倫 戴侗曰。從火。要聲。倫按戴說是也。篆當作㶾。□與曾伯霥簠狄字作□晉姜鼎光字作□所從之□同也。㶾為熛之初文。王筠謂熛乃隸變之後。不知票本從火。因加火耳。要為後起字也。甲文有□字。倫謂即票字。從火。要聲。其要字從大幺聲也。餘見熛下。【說文解字六書疏證卷十九】

◉金祥恆 十幾年前，在湖北省江陵縣望山一楚墓發見之竹簡，計有十三；其中一簡，依據文物摹本摹録於後：

茲將其文隸定為：

一牛票(膘)，豕票，一羊票，一龍票，一大𠙶(㽄，段為鬲)，四皇俎，四皇豆，二行(桁)二☐

其中票字四見，一作□，或作□；按其字从火从□，即說文火部㶾字。許訓：「火飛也；从火从𡈼，𡈼與䙴同意」。今簡文票所从之𡈼，非从臼从囟，乃从臼从角。甲骨文解作□(後下廿一·五)，象兩手解牛角。說文譌手為刀，訓「从刀判牛角」，其□正如是。說文古文要作□，所从□與票同。金文伯要毀(三代七·十二·六)之要作□，與之相合。林義光文源以為要从卣聲，云：「卣幽韻，要宵韻，雙聲旁轉。詩七月篇以葽與蜩為韻，則要音轉如卣」。以形言之，从角，非从卣。角，古侯部；要，古宵部，音近相通。从要之字，如散氏盤「厥左執縷史正仲農」之縷作□。从糸要聲，□與古文同。阮芸臺、吳清卿釋為釁，阮氏謂：「執釁史，主釁器之史也」（積古齋鐘鼎彝器款識卷八）；吳説與之同（攈古録三卷之三）。郭鼎堂謂：「縷叚為契要之要」（兩周金文辭大系考釋頁一三一）。齊侯壺「齊侯既遳洹子孟姜喪其人民都邑，堇宴（宴）無（舞）用，從爾大樂」之宴作□，从宀要聲，其要亦然。無論□、□、□，所从□□□乃□之形譌。至如段玉裁據漢書地理志：「北地大□縣注，一遥文，上黨沾縣大□谷，清漳水所出，説文水經注作大要谷，今志誤為𪓐字。」徑改説文□為□，更非其朔意。徐灝説文解字注箋云：「段改篆作□，尤為大謬。漢志□字乃隸之變體，不得援以改篆文」。

簡文之票，即説文膘，許訓「牛脅後髀前合革肉也」，三倉「膘，少腹兩邊肉也」。如今之言後腿也。儀禮既夕禮：「苞牲取下體」，鄭注云：「取下體者，即前體折取臂臑，後脛折取骼」。戰國墓中及安陽大司空村之殷代墓葬中均曾發見整個豬及羊腿（詳一九五三安陽大司空村發掘報告）。簡文豕票、一羊票即其證。故簡文「一牛票，豕票，一羊票，一龍票」，即一牛腿，豕腿，一羊腿，一龍腿。牛羊豕為太牢，禮記王制：「天子社稷皆太牢，諸侯社稷皆少牢」。公羊傳桓公八年：「冬曰烝」，注：「禮，天子諸侯卿大夫，牛羊豕凡三牲曰大牢，天子元士諸侯之卿大夫，羊豕凡二牲曰少牢」。由是言之，望山二號之墓主，必為卿大夫以上之貴族無疑。如以儀禮少牢饋食禮言之，必為天子之卿大夫，賈疏少牢饋食禮目録云：

諸侯之卿大夫，祭其祖禰於廟之禮，羊豕曰少牢。

又云：

鄭知諸侯之卿大夫者，曲禮下云，大夫以索牛，用大牢，是天子卿，明此用少牢為諸侯之卿大夫。

今簡文具「牛羊豕」，知為天子之卿大夫矣。惟簡文「龍票」為何牲？以字言之，疑龍為犬類，朱駿聲説文通訓定聲云：「龍借為尨」。尨，説文：「犬之多毛者」。詩召南：「野有死麕，無使尨也吠」。爾雅釋畜：「尨，狗也」。狗古時亦為食物。⊘由是言之，簡文「牛、豕、羊、龍（尨）票（膘）」，正是家語所謂「體其犬豕牛羊」也。禮王肅注「解其牲體而薦也」，其不用全牲亦明矣。【釋票　中國文字第三十四册】

◉戴家祥　□晉公盦　剕興㮋㑴　此銘殘泐過甚，字蹟不清。郭沫若隸作㒷，曰㒷今作票，叚為暴。兩周金文辭大系考釋二三一葉晉公盦。句銘「剕興㮋㑴」，剕，擊也，㮋即㪟字，㑴當是迮迫字之本字，暴者擊之，受迮迫者舒之，猶言弔民伐罪或除暴安良矣。此説可供參考。【金文大字典中】

𤏩

◉許　慎　𤏩焦也。从火。曹聲。作曹切。【説文解字卷十】

◉馬叙倫　吴穎芳曰。焦之轉語。倫按此焦之音同精紐轉注字。玄應一切經音義引倉頡。𤏩。燒木餘也。然與炭下訓同。炭必是燒木餘而焦不必燒木也。玄應又引字林。𤏩。燒木焦也。吕忱當本倉頡故或倉頡訓詁。則餘乃焦之譌。【説文解字六書疏證卷十九】

𤒞

雥　説文焦或省　酈侯簋　【金文編】

焦　説文𤒞从火雥聲　隻或省　日甲五五　【睡虎地秦簡文字編】

3153　【古璽文編】

焦奉意印　焦博　焦可　焦奉侍　焦嬰齊　焦千金　焦武之印　焦穉文印　焦細卿印

焦未央印　【漢印文字徵】

◉許　慎　𤒞火所傷也。从火。雥聲。即消切。焦或省。【説文解字卷十】

◉高田忠周　酈侯簋　舊無釋。為粗扁。此明从火从隹。説文𤒞。火所傷也。从火雥聲。或从省作焦。此篆是也。雧古文已从一隹作集。雥亦从隹作焦。正同一例。故焦亦古文耳。【古籀篇十三】

◉馬叙倫　丁福保曰。慧琳音義一及卅及五十一六十二引皆作火所燒也。今本燒誤傷。倫按傷字是。燒傷同次清摩擦音而譌。疑本作傷也。吕忱加火所燒傷也。或本訓燒也。吕忱加火所燒傷也。明焦非燒也。

焦　字見急就篇。蓋傳寫者省之。故書自作𤒞也。焦蘇壺作焦。【説文解字六書疏證卷十九】

烖

乙九五九　从宀火與説文烖字或體同　誠明二　後二・八・一八　从才火與説文烖字古文同　【甲骨文編】

0747　【古璽文編】

□災　□災　□烖　【汗簡】

□古尚書　□同上　□王存乂切韻　【古文四聲韻】

◉許　慎　烖天火曰烖。从火。𢦏聲。祖才切。灾或从宀火。㷊古文从才。災籀文从巛。【説文解字卷十】

◉余永梁　□書契後編下八葉　案此烖字。與説文古文同。説文。「烖。天火曰烖。从火𢦏聲。灾。或从宀火。災。籀文从巛。㷊。古文从才。」殷虚古文才與在同一字。此是其證。玉藻鄭注「古文緇字或从糸旁才。」又周禮媒氏注「古緇以才為聲。」然則緇字古文當是紂字。與此災古文从才止同也。許於緇下遺古文紂字。【殷虚文字續考】

◉馬叙倫　天火曰烖疑非本義。亦非本訓。今凡言災者。皆傷害之義。倫謂烖為焦之音同精紐轉注字。火曰𢦏。水曰巛。皆從才得聲。而𢦏亦訓傷。語原同也。

灾　朱駿聲曰。此丙之古文。倫按丙兩一字。朱説疑誤。災蓋俗字。謂火宀為灾。或曰。从火。害省聲。今言灾害。即連緜用之。字見急就篇顔師古本。疑故書作烖。傳寫以通用字易之。

㷊　倫按當作古文烖。校者改之。

災　周兆沅曰。巛聲。余永梁曰。甲文有□。即災字。倫按巛從才得聲。故烖或從巛得聲。甲文則從才得聲。説解當作籀文烖。校者改之。【説文解字六書疏證卷十九】

◉饒宗頤　戊子卜大貞㞢□……（後編下二九・二）

按□字又作□字，从宀从火。他辭云：「……𢦏𠀠眔□希……用。……于河，于岳。」（拾掇一・四一〇，寧滬一・一三五重。）説文火部烖或从宀火作灾即此字。「㞢□」即有烖也。【殷代貞卜人物通考卷五】

◉李孝定　説文。「烖。天火曰烖。从火。𢦏聲。灾。或从宀火。㷊。古文。从才。災。籀文。从巛。」余商兩氏説烖字諸體衍變之故是也。契文亦有灾字。兩氏當時均未及見灾字。所見一辭雖僅餘殘文。然與許書作灾者正合。可無疑也。【甲骨文字集釋第十】

◉嚴一萍　□23灾　商釋「夷」。説：「金文柳鼎夷作□，此作□，夷有平義，平則安於行。」案此亦灾字。

□15灾　此字李棪齋先生釋「宎」。

□2灾　商氏釋「龍」，誤。【楚繒書新考】

◉白玉峥 巛：籀廎先生釋昔。本篇後段。羅振玉氏釋巛，曰：「象水壅之形，川壅則為巛也。其作巛、巛等狀者，象橫流汎濫也。」考釋中十。葉玉森氏曰：「古代洪水為巛，故契文巛象洪水。巛、巛、巛三形尤顯浩浩滔天之勢。」見文字篇十一・六。商承祚氏曰：「甲骨文有巛、𢦏、𠁥、災，从水、从戈、从火；以其義言之：水災曰巛，兵災曰𢦏，火災曰災。其後，結構任意，體多誤合矣。」福考二頁。彥堂先生曰：「卜辭中，先後用字不同，最常見者為巛字。如卜田之辭，在武丁祖庚之世用巛，祖甲之世，把巛字直書作巛；這字一直用到廩辛、康丁之世。到了武乙時代，田遊卜辭，一律改用𢦏字；同時，也用一個从巛在聲作𢦔的字。從此字又過渡到巛字。第五期帝乙、帝辛之世便完全改用巛字了。這個系統很顯明，列表如下：

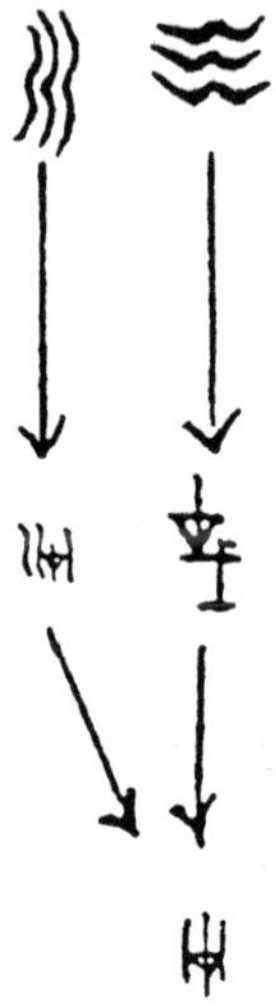

巛象橫流汎濫，為水災之本字。𢦏，从戈才聲，為兵災之本字。」見斷代例四一〇頁。峥按：商氏以巛為水災字，𢦏為兵災字，非是。甲文中之水災本字及兵災本字已如上揭；而火災之本字，實當為災乙九五九及南誠二，字蓋从宀从火，示以火焚屋之意；準之六書，應為會意，當即火災之本字。以今隸書之，當作灾，為說文烖之或體。𤆎則為从火才聲之形聲字，例當後起。且審之甲文，𤆎後下八・一八字之結構，上下之間距頗長摹録如圖，𤆎，究否為一字，實有待慎考。殆此一災字之各用，亦可覘知，殷人于事物之析理，至為周密；絕非今世之粗率，不問何災，概以災字當之。然則，文字演進之踪跡，於此得其證例矣。【契文舉例校讀】

◉張政烺 「弜巳災」的𡿧字，从川，才聲。原是水災，應寫作汷，今無其字，寫為通行的災字。此字卜辭常見。與𢦏、巛無別。

【殷契𦅫田解 甲骨文與殷商史】

◉商承祚 𢦏，即災，第四二簡作𢦏，義同。甲骨文有災作災、𤆎，《說文》「𢦏，傷也。从戈，才聲。」又烖：「天火曰烖。从火，𢦏聲。灾，或从宀火。𤆎，古文从才。災，籀文从巛。」【信陽長臺關一號楚墓竹簡第一組文章考釋 戰國楚竹簡彙編】

熅 熅

𡨦𠋰 竝説文 𡨦𠋰 竝崔希裕纂古 【古文四聲韻】

◉許　慎　熅火气也。从火。垔聲。烏前切。烟或从因。𡨦古文。𠋰籀文从宀。【説文解字卷十】

◉孫詒讓　「庚戌卜□父禾于𡆥」二百四十之三。此字亦類鹵字，然下作半圜形内箸四點在鹵外，與三「鹵」字小異，以文義諦案之亦殊不合。今綜校炗、烎、庚諸文，乃知从凵為火之變形。金文墓伯彝、臤朋鼎墓字，焚虎敢然字，下从火並作凵。文父丁鼎、木鼎鬻字下从火並作凵，舊釋為「鼎」，誤。詳《古籀餘論》。火皆近半圜形可證，但此圜形尤弧曲耳。《考工記》「畫繢之事火以圜」，鄭注云「形如半環然。」若然，古者畫火作半環形。文字權輿出於圖畫，故古文作火字亦為半圜，此其義甚精切。此从鹵、从火，當為「煙」之省，其讀則為禋。《説文·火部》：「禋，火气也，从火，垔聲。」《示部》：「禋，絜祀也。一曰精意以亯為禋，从示、垔聲。」二字同以鹵為聲母，垔从土鹵聲。古多通用。《書·堯典》「禋於六宗」，《尚書大傳》「禋」作「煙」，是其證。此省垔為鹵，於字例無啎。「禾于禋」謂和于禋祀，猶云「禾于方」也。詳《釋鬼神篇》。若作鹵字則義不可通矣。【契文舉例卷下】

◉商承祚　𡨦　土部𡍮之古文作𡋤則此冢小篆之𡍮而誤。【説文中之古文考】

◉丁佛言　𡨦　古鉥煙侑。煙古文作𡨦。籀文作𠋰。此从窗。下象以手執火而然之。與籀文極相似。【説文古籀補補卷十】

◉馬叙倫　文選注引倉頡。煙。明也。慧琳音義六十三引倉頡。煙。熅也。餘見熏下焆下。火氣也非本訓。

烟　垔因音同影紐。故煙轉注為烟。

𡨦　篆當依鍇本作𡨦。示部古文禋從𡨦可證。從宀。垔聲。其義亡矣。或曰。此因諸之本字。古文下捝烟字。玄應一切經音義引古文官書。垔𡨦二形今作咽。同於仁反。倫謂咽蓋煙之譌。

𠋰　鈕樹玉曰。從宀二字疑後人加。倫按從火。𡨦聲。示部籀文禋從示𡨦聲。可證也。説解當作籀文煙。校者改之。【説文解字六書疏證卷十九】

焆 焆

焆 焆樂成　【漢印文字徵】

◉許　慎　焆焆焆。煙皃。从火。肙聲。因悦切。【説文解字卷十】

◉馬叙倫　嚴可均曰。藝文類聚八十御覽八百七十一引作焆焆然也。按上下皆煙。徐本是。倫按玉篇作火光也。廣韻。煙气。倫謂説解本作煙也。焆乃隸書複舉字。傳寫者見他字無複舉者。則以為此重言以相形況。而捝一字。因增一焆而改也為皃。

或本作煙也。吕忱加焆焆然烟皃。焆蓋煙之音同影紐轉注字。文選江賦注引倉頡。焆。明也。玄應一切經音義引同。倫謂煙焆皆不得有明義。煙為火气。壅明者也。日部晻暗二字音皆影紐。義皆不明。蓋同語原。可證也。疑訓明者。借為景或暉字。【説文解字六書疏證卷十九】

熅

◉許慎 熅鬱煙也。从火。𥁕聲。於云切。【説文解字卷十】

◉郭沫若 以上二片(編者按，指萃一一九四、一一九五)均有頿字，象一人以手於爐火上取煖之形，疑即熅之古字。字乃地名，蓋殷邑也。丂乃殷之仇國，常見，言「丂伐頿」，則頿為殷邑可知。【殷契粹編】

◉馬叙倫 詩雲漢。蘊隆蟲蟲。釋文。蘊。本作熅。韓詩作鬱。然則此鬱字乃校者注以釋音者也。或鬱下捝下字。鬱也以聲訓。煙也吕忱加之。熅為煙焆之音同影紐轉注字。熅煙又聲同脂類也。【説文解字六書疏證卷十九】

◉李孝定 粹·一一九四 郭(沫若)隸定作頿。略有可商。蓋以屬於人體之手形離而為𠂇也。不如隸定作頿。於字形較近。郭疑熅之古字。近之。熅字契文作。此字羅振玉釋浴。非是。見十卷。象人於皿中盤中浴身之形。浴者身必溫煖也。此字如易頁為人則為熅字矣。熅許訓鬱煙。亦與向火取煖之義相因。今仍从其隸定之形。廁之於此。【甲骨文字集釋卷九】

⿰火皀

5·210 宮⿰火皀 【古陶文字徵】

⿰火皀□ 【漢印文字徵】

◉許慎 望火皃。从火。皀聲。讀若馰顙之馰。都歷切。【説文解字卷十】

◉馬叙倫 玉篇作望見火。廣韻望見火皃。段玉裁依葉鈔宋本及五音韻譜改篆為。謂從火皀聲。而桂馥謂玉篇。皀。方立切。廣韻居立切。則從皀聲不譌。王筠兩從之。朱駿聲苗夔從段。劉秀生謂讀若馰者。當從皀聲。皀讀若窈窕之窕。聲在豪部。馰聲亦在豪部。故⿰火皀從皀聲得讀若馰。部。。從。聲。讀若燿。易萃。乃利用禴。釋文。禴。蜀才作躍。詩天保。禴祠烝嘗。釋文。禴。本又作礿。皀聲如翟。翟聲如龠。龠聲如勺。是其證。倫謂皀有旳音。已見皀下。然日部。皀。望遠合也。此訓望見火皃。望遠合也不可通。而皀乃當訓冥。已見皀下。此訓望火皃。詞雖無窒。義未可證。倫謂若從皀得聲。則從語原言之。亦當為火不明之義。説解曰。望火。乃遠視之義。遠視火。止見煙。此字次熅下。而音

燂 燂　焞 焞　炳 炳

在端紐。端影同為清破裂音。若從𣆪得聲。則音亦影紐。然則亦煙焆熅之轉注字也。望火皃非本訓。亦非本義。玉篇作望見火。蓋望火皃之乙譌。字或出字林。【說文解字六書疏證卷十九】

◉許　慎　燂火熱也。从火。覃聲。火甘切。又徐鹽切。【說文解字卷十】

◉馬叙倫　桂馥曰。火當為大。廣雅。燂。爓也。王筠曰。火熱也謂以火熱之也。五日則燂湯請浴。注。燂。溫也。倫按火熱也非本訓。或此字出字林。燂蓋燅之音同曉紐轉注字。徐鹽切與燅同音。或為燅之轉注字。【說文解字六書疏證卷十九】

◉許　慎　焞明也。从火。享聲。春秋傳曰。焞燿天地。他昆切。【說文解字卷十】

◉馬叙倫　嚴可均曰。左氏無此文。鄭語。淳燿。敦大天明地德。或即此。承培元曰。當作春秋傳曰。天策焞焞。國語曰。焞燿天地。蓋兩引也。為後人所刪。倫按焞從享得聲。享音禪紐。與照焯音同照紐三等者。皆為舌面前音。轉注字也。春秋以下校語。或此字出字林。【說文解字六書疏證卷十九】

天璽紀功碑　炳朖天□　【石刻篆文編】

炳出義雲章　【汗簡】

義雲章　【古文四聲韻】

◉許　慎　炳明也。从火。丙聲。兵永切。【說文解字卷十】

◉馬叙倫　丙兩一字。炳即俗言火亮之亮本字。月為朖。日為昌。火為炳。語原同也。亦照之同清破裂音轉注字。炳音封紐。照音照紐。古讀歸端也。亦光之聲同陽類轉注字。文選兩都賦序注引倉頡。炳。著明也。彼皿切。玄應一切經音義引同。華嚴音義引作明著也。【說文解字六書疏證卷十九】

焯 　照 

◉許　慎　焯明也。从火。卓聲。周書曰。焯見三有俊心。之若切。【説文解字卷十】

◉馬叙倫　焯者音同照紐三等。焯從卓得聲。卓音知紐。睹從者得聲。睹音端紐。古讀知歸端。是睹焯同語原也。此字蓋出字林。【説文解字六書疏證卷十九】

照　从攴　牆盤　昊照亡哭　【金文編】

照武將軍長史　【漢印文字徵】

照　【汗簡】

竝籀韻　【古文四聲韻】

◉許　慎　明也。从火。昭聲。之少切。【説文解字卷十】

◉馬叙倫　鍇本及韻會均作從昭從火。苗夔謂當依此作昭聲。是也。蓋校者以昭亦明義而妄改。不悟語原同也。觀焯從卓得聲。而卓從早得聲。可以知矣。照焯音同照紐三等聲同宵類轉注字。【説文解字六書疏證卷十九】

◉于豪亮　𥿑字左偏旁象手執火炬之形，右偏旁召聲，當係照之異體字。【牆盤銘文考釋　于豪亮學術文存】

◉黄錫全　照　此以𤎅為照之古文。【汗簡注釋卷四】

◉戴家祥　史牆盤字从攴，从炤，即爾雅釋蟲「熒火即炤」之炤。古字每有加旁从攴者，玉篇二七零「敟今作典」，「敶亦作陳」，「斅與學同」，夏書禹貢「禹敷土」魏三體石經古文敷作，是其證。説文十篇火部無炤字，而七篇日部「昭，日明也。从日，召聲。」古字从日表義者每多更旁从火。許書「暵，乾也。耕暴田曰暵，从日，𦰩聲。易曰，熯萬物者莫暵于離。」今周易説卦「暵」作熯，更旁从火。玉篇三零四「暉或煇字」「曜亦作燿」，又三一三「烯亦晞字」「焟亦晿同」。荀子儒效篇「炤炤兮其用知之明也。」又王霸篇「兼炤之，以觀其盛者也。」炤炤即昭昭。楚辭雲中君「爛昭昭兮未央。」王逸注「昭昭，明也。」禮記中庸「斯昭昭之多」，釋文「昭，本亦作炤。」小雅正月「亦孔之炤」，中庸引作「亦孔之昭」。集韻下平三蕭昭炤同字。表義加旁昭又作照，説文「照，明也。从火，昭聲。」老子「俗俗昭昭」，釋文「昭，一本作照。」荀卿賦「函晦登昭」，注「昭，或為照」。玉篇三一三炤同照。唐韻昭讀「止遥切」，照母宵部。照讀「之少切」，陸德明中庸釋文炤讀「章遥反」，不但同部，而且同母。顔氏家訓風操篇云：「劉緩兄弟其父名昭，一生不為照字，唯依爾雅火旁作炤。」由是而知炤、昭、照三字不但聲同、韻同，而且義同，其為一字明矣。炤之為昭，表義更旁字也。加旁作照者形義重複字也。許氏分隸兩部，失之。【金文大字典中】

煒

◉許　慎　煒盛赤也。从火。韋聲。詩曰。彤管有煒。于鬼切。【說文解字卷十】

◉馬叙倫　沈濤曰。一切經音義一及十三皆引作盛明皃也。十八引作盛明皃也。亦赤也。今本盛赤也不可通。鈕樹玉曰。玉篇作明也亦盛皃。倫按詩静女毛傳。煒。赤皃。合而訂之。說解蓋本作明也盛火也赤皃。明也乃上文照字之訓誤入。或引申義。亦校者所注也。盛火與赤皃同義。玄應一切經音義引三倉。煒爗。光華也。煒爗音同喻紐三等。轉注字也。亦炎之轉注字。炎音亦喻三也。本訓捝矣。【說文解字六書疏證卷十九】

㶴

◉許　慎　㶴盛火也。从火。从多。昌氏切。【說文解字卷十】

◉馬叙倫　翟云升曰。當依鍇傳作從火多聲。倫按盛火也非本訓。或字出字林也。【說文解字六書疏證卷十九】

熠

◉許　慎　熠盛光也。从火。習聲。詩曰。熠熠宵行。羊入切。【說文解字卷十】

◉馬叙倫　吴穎芳曰。熠煜燿爚爗皆轉語。嚴章福曰。毛本作熠燿宵行。段氏引葉鈔本同宋本。作熠熠。王應麟詩攷異字異義條舉引說文熠熠宵行。文選張華勵志詩注引毛傳。熠熠。粦也。今詩傳及釋文皆作熠燿。按詩下文。熠燿其羽。箋。羽鮮明也。據此知此當作熠熠。作熠燿者誤。鈕樹玉曰。韻會作熠燿。無宵行二字。倫按熠從習得聲。習音邪紐。邪與喻紐三等同為次濁摩擦音。則熠為煒爗之轉注字。玄應一切經音義引字林。熠燿。盛光照也。又引。燿。光盛也。照也。則此字出字林。其照也之訓。乃燿字義。熠為照之宵談對轉轉注字。【說文解字六書疏證卷十九】

煜

◉許　慎　煜熠也。从火。昱聲。余六切。【說文解字卷十】

◉馬叙倫　鈕樹玉曰。韻會引作燿也。集韻類篇同。沈濤曰。一切經音義四及五及八及十一及十五皆引作燿也。唯九引作光燿也。倫按熠燿形近義同。或本有兩訓也。玄應引作光燿也者。蓋當作盛光也燿也。蕭該漢書音義引字林。煜。音弋叔反。又于立反。此字或出字林。煜燿音同喻紐四等。聲則宵談對轉。轉注字也。煜熠音同喻四聲同談類轉注字。【說文解字六

書疏證卷十九】

燿

丁燿印信 趙曜印信 【漢印文字徵】

開母廟石闕 則文燿以消搖 【石刻篆文編】

燿竝出李尚隱集字 【汗簡】

古老子 李商隱字略 汗簡 【古文四聲韻】

◉許慎 燿照也。从火。翟聲。弋笑切。【説文解字卷十】

◉馬叙倫 燿照聲同宵類。轉注字也。亦爚之轉注字。爚聲亦宵類。易萃。乃利用瀹。釋文。瀹。蜀才作躍。此龠翟通用之證。【説文解字六書疏證卷十九】

◉黄錫全 燿並出李尚隱集字 夏韻笑韻録此文作是，此寫脱一畫。侯馬盟書狄作，三體石經《僖公》古文作，古璽翟作(類編439)，前日部録曜字作，此形類同。本裼字初文，因音近假為狄或翟，參見走部趯。燿即燿俗字。【汗簡注釋卷四】

◉黄錫全 耀 見夏韻笑韻。耀同燿。《後漢書·張衡傳》「燿靈忽其西藏」之燿，《文選·張衡賦》作耀。耀字又見于《左傳》和《國語》，義為「明」。【汗簡注釋補遺】

煇

煇竝出碧落文 輝 輝 【汗簡】

李商隱字略 碧落文 同上 雲臺碑 【古文四聲韻】

◉許慎 煇光也。从火。軍聲。況韋切。【説文解字卷十】

◉葉玉森 羅振玉氏釋晝。謂象日光輝四射之狀。後世篆文將此字所从之引長之而作。上又增聿形。誼全晦。於是許君遂以隸晝部而為與夜為界之説矣。增訂書契考釋之五。森按。之異體作。周禮眡祲掌十煇之煇乃暈之古文。日光炁也。□竝象日旁雲氣四面旋卷若軍營圍守者。然似當釋煇。殷契鉤沈。本辭煇下有月字。即風。殆占煇而驗風歟。後下第二葉之一有「☐王固曰其□☐」文。與同卷第二十五葉「王固曰其雨」辭例同。尤可作證。【殷墟書契前編集釋卷四】

◉馬叙倫　煇光同舌根音轉注字。煇炫焜皆聲同真類轉注字。【說文解字六書疏證卷十九】

◉楊樹達　□葉玉森釋是也。本辭云煇風者，古人云月暈知風，礎潤知雨。開元占經日占篇引石氏云：「有氣青赤，立在日上，名為冠。日兩旁有氣短小，中赤外青，名為珥。」月占篇引黃帝占云：「月珥而冠者，天子大喜，或大風。」唐孟浩然詩云：「太虛生月暈，舟子知天風。」蓋月暈為大風之兆，故卜辭言煇風，此可反證字之必當釋煇矣。殷契粹編八二二片亦以葉說為是。【卜辭瑣記】

◉白玉峥　□：籀廎先生釋皀，又或為豆省。本段。孫海波氏文編入于附録十二。李孝定先生集釋列為待考之字四五九九。高笏之先生釋煇，曰：「甲文有煇字，人多不識。□，全象燭光形，應是託形寄意之字。託光煇之形，以寄光煇之義。光為形，故為名詞；煇為態，故為狀詞。卜辭：『今日日煇』林二・四・一七片；日煇，猶日明也，正用為狀詞。由□變煇，由象形變為形聲。由甲文至小篆，雖可徵諸他字之例而合，惟此字金文無覩，中缺八百餘年演變之跡，殊為可惜。然吾篤信不疑者，以更有吉字證明也。吉字。甲文變形甚多，而其最多最完之形，則為□。此从口□會意也。煇，猶謂善言也。」中國字例二，二〇五頁。峥按：笏之先生釋煇之說可从。且□字見於第一期武丁時代之卜辭，而他形之吉字，則為後期之衍變。□與□之所从同，且均見於同時，而同時期之□字既可釋主，即今炷字，則□之釋煇，殆無可疑也。【契文舉例校讀　中國文字第五十二册】

◉黃錫全　甲骨文有□、□、□等字，《甲骨文編》將它們一並列入正編火部，隸作灲，並謂「从火从勹，《說文》所無」。郭老曾將□釋為峋，而李孝定隸作焁，並指出「郭沫若粹考136葉下隸定作峋，未知孰是」。李又將□字列入《待考》字内。可見，對這幾個字不但隸定有分歧，而且也不知如何釋讀。

按甲骨文中火、山形近易混，有時難以區分，但一般情況下還是可以分辨的。如島邦男的《綜類》以□為山，以□、□為火是有道理的。那麽上揭諸字應該从火。□與□在甲骨文中雖有互用之例，如「六□」即六旬(存下956)、「四□」即四旬(庫972)等，但就字形結構而言，則是有别的。□、□是旬，而□是雲。上揭□字是熉，而不是焁或匀。

檢《汗簡》補遺運字作□，以《古文四聲韻・微韻》録雲臺碑煇(煇)作□例此，《汗簡》□字所从之□與雲臺□同字，从火从勹。□或□實□之形譌。如訇字，禹鼎作□，小篆作□；甲骨文旬字作□、王來奠新邑鼎作□，王孫鐘作□。《說文》古文作□；匀𣪘匀作□，古璽作□(《彙編》一五六五)，小篆作□。因此，甲骨文的□□應該隸作匀或灼、焁，為从火，匀(旬)

煌 煌　焜 焜

聲的形聲字，與《汗簡》迿字所从之旬、雲臺碑旬同字。

字書不見旬或灼、焒，唯《尚書·周官》「統百官均四海」之「均」，日本古寫本《尚書》嚴崎本作灼。軍字古作[古文字形]（郾右軍矛）、[古文字形]（庚壺）、[古文字形]（中山王鼎），从力或勻聲，《說文》誤以為「从包省。」軍旬並从勻聲，二字音近可通。如方足布「土勻」以及「土勻」錍之「土勻」，即「土均」，亦即典籍之「土軍」。因此，灼當是煇字古體。

《說文》：「煇，光也，从火軍聲。」《易·大畜》：「剛健篤實煇光。」《周禮·春官·眂祲》：「掌十煇之法」，鄭注：「煇謂日光氣也。」釋文「煇，音運。」雲臺碑是假旬為運，《汗簡》又增从辵。

有灼的卜辭文例殘缺，文義不清，但[古文字形]、[古文字形]應該隸作旬或灼，是可以肯定的。依《汗簡》、《古文四聲韻》以及勻、軍可通之證，灼應是煇字古體，因音近假為運或軍。【利用《汗簡》考釋古文字　古文字研究第十五輯】

煌 敦煌太守章　【漢印文字徵】

◉許　慎　煌煌煇也。从火。皇聲。胡光切。【說文解字卷十】

◉馬叙倫　鈕樹玉曰。繫傳煇作煌。韻會引作煌煌煇也。沈濤曰。一切經音義十二引。煌。煇也。蓋古本不重煌字。倫按煌是隸書複舉字也。鍇本作煌煌煇也。乃校者復增一煌字。煇煌同舌根摩擦音轉注字。煌光同舌根音又聲同陽類轉注字。文選閒居賦注及玄應一切經音義引倉頡。煌煌。光明也。字亦見急就篇。【說文解字六書疏證卷十九】

◉許　慎　焜煌也。从火。昆聲。孤本切。【說文解字卷十】

◉馬叙倫　吴穎芳曰。煌之語轉。倫按文選甘泉賦。樵蒸焜上。李善引字書。焜煌。火皃。急就篇。靳靷韗鞊色焜煌。顔注。色焜煌。言其光采盛也。左昭三年傳。焜燿寡人之望服。注。明也。皆以光明為義。方言十二。焜。晠也。晠字本書無之。莊子大宗師。成然寐。釋文。成。本作戌。又作眓。亦作俄。然則晠當是眓字之譌。本書。眓。視高皃。則疑焜為火高皃。與煌為同舌根音轉注字。與焞為聲同真類轉注字。然文選古辭長歌行。焜黄花葉衰。注。色衰貌。以昆音一字言之。焜或為火衰之義。與昆同語原。煌也者。即借為煌字。其焜煌連文者。以聲相綴也。【說文解字六書疏證卷十九】

烱 烱

◉許　慎　烱光也。从火。冋聲。古迥切。【説文解字卷十】

◉馬叙倫　煇煌焜烱同舌根音。焜烱又音同見紐。皆轉注字。然凡言光者皆是火華。則熲烱亦轉注字。文選顏延年登巴陵城樓詩注及慧琳一切經音義七十一引倉頡。烱。明也。【説文解字六書疏證卷十九】

爗 爗

爗 爗上同出諸家集【汗簡】

爗部昭卿字指　爗雲臺碑【古文四聲韻】

◉許　慎　爗盛也。从火。𣌭聲。詩曰。爗爗震電。筠輒切。【説文解字卷十】

◉馬叙倫　盛也者。當作火盛皃或光盛也。此字蓋出字林。【説文解字六書疏證卷十九】

爓 爓

◉許　慎　爓火門也。从火。閻聲。余廉切。【説文解字卷十】

◉馬叙倫　吴穎芳曰。火門可疑。或是火行之譌。嚴可均曰。文選蜀都賦注引作火爓也。一切經音義一及九引六書故引唐本皆作火爓爓也。火門當作火爓爓。沈濤曰。門為爓之壞文。王筠曰。爓餤一字。餤下曰。火行微餤餤也。此當作火爓爓也。倫按文選西都賦注引字林。火貌也。此火門二字乃爓爓爤譌為二者也。爓則隸書複舉字也。本訓捝矣。爓餤一字。此字蓋出字林。玄應音義引三倉。爤作焰。本書無焰。蓋即燄之省寫。然則此字出字林。【説文解字六書疏證卷十九】

炫 炫

◉許　慎　炫燿燿也。从火。玄聲。胡畎切。【説文解字卷十】

◉馬叙倫　鈕樹玉曰。集韻類篇引作爤燿也。爤為爓之譌。沈濤曰。一切經音義三引作炫燿也。是古本無爓字。倫按鍇本作爓燿也者。爓字乃傳寫以上文爓下隸書複舉字誤入。一本則壞爤為火門二字也。校者合二本而一之。而傳寫又譌爓為燿者此本也。炫蓋煌之音同匣紐轉注字。亦煇之同舌根摩擦音又聲同真類轉注字。【説文解字六書疏證卷十九】

光

明藏二五八 粹二三八 粹四二七 前三・三三・五 前四・四一・六 前五・三三・七 前五・三三・八 林二・二一・五 甲三九一 乙六四 乙二〇〇七 乙二〇九四反 簠雜六二 掇二・七八 掇二・二三二 京津二九二二 燕五九七 寧滬三・四〇 【甲骨文編】

甲391 乙64 1469 4692 續3・42・6 續4・29・1 徵11・62 續5・7・7 珠620 卜530 摭續141 天79 粹238 427 新624 2321 2964 【續甲骨文編】

光 畬卣 㪤伯簋 矢方彝 啟尊 麥盉 召尊 召卣二 害鼎 牆盤 癲鐘 通彔鐘 毛公㾓鼎 禹鼎 虢季子白盤 攻敔王光戈 攻敔王光劍 吴王光逗戈 吴王光鑑 中山王嚳鼎 中山王嚳壺 楊樹達釋光从女與从儿同 宰峀簋 王光宰峀具五朋 【金文編】

秦下表 9 【古陶文字徵】

207 268 277 【包山楚簡文字編】

光 日乙一九六 五例 日甲一二三 日乙二四 日甲一二 日甲三二 日甲一一九 【睡虎地秦簡文字編】

東光采空丞 光符子家丞 臣光 徐光私印 鴋與光印 滕光 彭光 莊光 日光 張光 日光 蘂始光 暑光 桓光 窒中光 王武光印 成光之印 燕子光 曹光 趙路光印 日光 益光 畢光之印 臣光 鄒光 許光私印 【漢印文字徵】

開母廟石闕　延光二年　延光殘碑　延光四年　詛楚文　光列威神　禪國山碑　日惟重光大淵獻【石刻篆文編】

光　光　光【汗簡】

古孝經又古尚書　古老子又石經　碧落文

光 炗

並崔希裕纂古【古文四聲韻】

◉許　慎　光明也。从火在人上。光明意也。古皇切。炗古文。灮古文。【説文解字卷十】

◉吴大澂　叔家父簠。悊德不亡孫子之。疑古光字。古文四聲韻光作。【説文古籀補附録】

◉羅振玉　説文解字光从火在人上。光明意也。古文作炗灮二形。【增訂殷虚書契考釋卷中】

◉林義光　説文云。光明也。从火在人上。光明意也。按古者執燭以人。从人持火。古作楷伯器乙作毛公鼎。【文源卷六】

◉丁佛言　叔家父簠。孫子之光。許氏説黄从炗。炗古文光。觀此似光。亦从黄。蓋光黄二字古無分別。黄亦光之色耳。不徒从田象地色也。【説文古籀補補卷十】

◉高田忠周　説文。光明也。从火在人上。古文从炎从芖作灮。又从廿从火作炗。蓋廿者二十併也。廿火即衆明之意也。又按黄字从田光。訓地之色也。亦土色光采也。鐘鼎古文黄字所从芖形。从廿大火三文。或省作芖作芖。然則許氏所引灮當作灮。作炗者其省文也。因謂訓明光字。作灮者為正篆。而大人同形同意。故變芖作尧。尧之後出可識矣。又此篆及下數文。並皆从火卩。从卩與色字同意。光亦猶色。尚書中候。榮光出河。注。五色也。是也。或謂古文人卩兩字形近通用。例多見卩部。是亦其一例而已。【古籀篇十四】

◉商承祚　金文楷伯毁作。害鼎作。虢季子白盤作。毛公鼎作。又作。與説文之古文作炗者近似。【甲骨文字研究下編】

◉葉玉森　羅振玉氏釋光。謂从火在人上。如許君説。書契考釋。森按。予曩者稽之辭例。悟光亦國名。路史國名紀引春秋圖光國。今光州。又謂光國為黄帝後結姓分。卜辭之光或即古光國。殷契鉤沈。【殷墟書契前編集釋卷三】

◉强運開　叔家父匡。悊德不亡。孫子之䖒。與匡梁兄彊亡為韻。當是古文光字。【説文古籀三補卷十三】

◉馬叙倫　翟云升曰。韻會引無明也光明意也六字。倫按通彔編鐘。用寫光我家。字作。與此同。楷伯敢作。害鼎作

□。所從之火與甲文火字或作𤆍者同。然火在人上為光。不可通。號季子白盤光字作□。證以此古文作炗。明光從火。羊聲。蓋羊或作□或作𦍌也。從火在人上。蓋非許文。光明意也。明是校語。字見急就篇。甲文作□□□。

𤐫　從炎從古文光得聲。此後起字。古文下捝光字。

炗　李杲曰。庶下云。炗古文光字。毛公鼎庶作□。又有作□之光字。則□非光字。予以為鼎之□。從火。石聲。火有盛意。引申為衆。許訓屋下衆。蓋誤以石為广。倫按毛公鼎之□。或可如李説為從火石聲。然朱公華鐘庶字作□。子仲匜作□。則似非從石矣。石下亦不得作ㅂ作也。然金文庶字無不從□作。則□非炗字。蓋羊字亦不得作ㅂ也。此是從火。羊聲。餘見庶下。【説文解字六書疏證卷十九】

◉商承祚　𤐫炗　甲骨文作□□。金文作□□楇伯𣪘毛公鼎。皆與篆文同。毛公鼎又作□。則與弟二文同。【説文中之古文考　金陵大學學報十卷第一、二期】

◉楊樹達　余謂其字上从火。下从女。即光字也。説文十篇上火部云。光。明也。从火在儿上。儿為古人字。銘文从女。與从人同。古文从人从女之字多通作。説文八篇上人部侒字从人。或从女作姲。十二篇下女部姷字从女。或从人作侑。金文齊䪞紷鎛云。保𪊨子佳。即保吾子姓也。佳字从人不从女。此皆古字人女通作之證也。光當讀為貺。詩小雅彤弓云。中心貺之。毛傳云。貺。賜也。凡賞賜之字金文皆作商作錫。𢦚叔𣪘作益。仍錫字之通假也。獨此銘假光作貺字。於彝器中為特異矣。【宰峀𣪘跋　積微居金文説】

◉楊樹達　光當讀為貺。詩小雅彤弓云。中心貺之。毛傳云。貺。賜也。⊘守宫尊云。周師光守宫事。光亦當讀為貺。宰峀𣪘云。王娄宰峀貝五朋。娄字从火从女。與光从火从人同。娄亦貺也。叔夷鐘云。敢再拜䭫首應受君公之錫光。錫光即賜貺也。䜌卣云。子光𧶠貝二朋。光𧶠即貺賞也。【麥盉跋　積微居金文説】

◉高鴻縉　光應从火□聲。□古跪字。【中國字例五篇】

◉李孝定　契文與篆文同。字在卜辭為國族之名。火在人上取光明照耀之意。⊘毛公鼎第二文與許書古文一體同。早期金文作□鼎文□光作母辛觶□光父爵□光簋。其結體亦與契文全同。【甲骨文字集釋第十】

◉嚴一萍　□　禹鼎作□，號季子白盤作□，與此形近，疑即光字。【楚繒書新考　中國文字第二十六册】

◉張亞初　劉　雨　(1)□字舊釋冏(㬥)、景、北等，都不確切。《善齋吉金録》1.19釋光，可從。青銅器是子子孫孫永寶用的一種藝術品，因此從形制花紋到文字本身都刻意求精、求美。婦好之好作□，左右各從一女，就是證明。□字上從火，下從對稱之二人形(古文字單線與雙鈎無别)。一般説來，如果對稱的話，應作□。此字上部□字假借筆劃重合而為□，是比較特殊的對稱例子。所以，這個字上從火，下從人，應即光字。這種對稱裝飾，在金文、甲骨文中都不乏其例。特别是在族氏名的銘文中，為數更多，甚至可以説是這類銘文字體的重要特點之一。

單獨的光字，在商末，上部所從之火多以填實為主，西周則以虚廓為其特徵。

(2) 光在甲骨文中作地名、國族名。「貞，光隻羌」(前5·32·7)，「光來羌」(京津1287)，可證。梁上椿云：「光銘之彝器近屢見，均出安陽，意為一族之符號歟」(嚴窟上22)，梁氏的意見是可取的。

(3) 有八件器銘為「單光」，成組地出土於河南河清(孟津)，當為同一族氏所作器。應該指出，在西單條中，我們已經提到西單光方鼎(嘯堂12、博古2·32，周單父乙鼎)、西單光觚(冠斝中11)，由「西」「單」「光」三字組成族氏名。光字也如上述，諸器作對稱繁體形，頗具特徵，為它器所未見。因此，我們有理由把單光看成是西單光之省。也就是説，河南河清(孟津)之單光族應與西單光族和西單族有極為密切的關係。

(4) 與光相關聯的族氏名還有册等，册或係職官名。【商周族氏銘文考釋舉例　古文字研究第七輯】

◉王慎行　王漢珍　「子妿商姰丁貝」

銘第六行起首一字，上半部未能拓全，審驗原器，實應作□形。「光」字，金文有作□(《畬卣》)、□(《啟尊》)、□(《寚鼎》)形者，其上部所從之「火」與本銘□字上部所從形同。故此字上從火、下從女，隸定作「妿」，當釋為「光」。⊘金文「光」字，有從女作□(《宰甫簋》)形者，更其佳證。【乙卯尊銘文通釋譯論　古文字研究第十三輯】

◉于省吾　《説文》光字作□，並謂：「光，明也，从火在人上，光明意也。」甲骨文光字作□或□。商代金文的光字，光簋作□，光鼎作□。商器觚文的□字中从□，為舊所不識，據古文字从大从人互作之例，則□字乃光之初文，是可以肯定的。又商器觚文一的光字作□，觚文二的光字作□(《殷文存》卷下十五頁)。唐蘭釋□為光之或體，但既誤釋□為「從丘」，又誤謂「□字或作□」(《導論》下五七頁)，未免荒謬。容庚先生釋□為光(《善圖》一五五考釋四二二頁)，但《金文編》又入於附録。再以商代金文的𢇛字从光驗之，則𢇛卣从光作□，父庚鼎从光作□，𢇛簋从光作□，𢇛觶从光作□。因此可知，前引觚文二的□形，其為光字的省文，是顯而易見的。【釋从大从犬从人的一些古文字　古文字研究第十五輯】

◉湯餘惠　望山二號墓出土的遣策常見「□(靈)□」一詞，從語法地位看，都是隨葬品名稱之前的形容詞語。「□」後一字，舊釋為「桼」，無異辭，或以為「□桼」即「令桼」，「當屬優質絲織品名。」

按桼字《說文》作，秦高奴銅權从水作，由此可知「桼」本从木，加點以象木汁。《說文》云：「桼，木汁，可以髹物。象形，桼如水滴而下」。楚簡此字不从木，釋「桼」可議。

諦審此形，字上从火，字下从人（鄂君啟節見字作），加八為飾筆，應是「光」之繁文。吳王光戈作、吳王光劍作、吳王光鑑作，中山王鼎作，可證，字下人旁兩側不加飾筆、加八形或)(形飾笔，都是一回事。

過去我們不明白為什麼金文胤字作（秦公簋）而中山圓壺卻寫作，現在這個問題可以迎刃而解了。《說文》解說胤字構形：「从肉、从八，象其長也。从幺，象重纍也。」現在看來，胤字當是从幺、从肉會意，)(或八皆為飾筆，許說殆不可據。

回過頭來再探討「靈光」一詞的涵義。《汲冢周書》卷五《皇門解》：

王用奄有四鄰，遠土丕承，萬子孫用末被先王之靈光。

這是一句頌贊祖先的話，「靈」有美善之義，「靈光」借指留給子孫的福蔭，不是本義。《三國志·蜀書·先主傳》：

又前關羽圍樊、襄陽。襄陽男子張嘉、王休獻玉璽，璽潛漢水，伏於淵泉，暉景燭耀，靈光徹天。

「靈光」指玉璽發出的光芒。梁元帝《安寺銘》：

似靈光之金扇，類景福之銀鋪。

這裏「靈光」意為「美好光澤」，句中用作「金扇」的修飾語，與楚簡「霝光之純」（望山8·19等簡）句例正同。簡文此語所指，大概是一種用閃光織物制作的鑲邊，望山楚簡「霝光之某」、「霝光之某某」數見，「霝光」似均當如是解。【略論戰國文字形體研究中的幾個問題　古文字研究第十五輯】

◉朱歧祥　从人从火，隸作光。《說文》：「明也。」為殷王田狩區地名，又作，下增从土，與又作、又作例同。

《甲3593》☐戌王其田叀，亡𢦏。

《天79》乙未卜，今丁王。擒。允獲二、一麏、二十豕、二兔、百廿十☐☐。

即獸字，通作狩。謂殷王於丁酉日狩獵，果捕獲獸類若干。

又作；从人从卩無別。此反映中國文字處於偏旁時結體保守性較弱，容易與相類形構混同。

从人从火，隸作光。《說文》作：「明也。」卜辭用為殷西邊附庸名，在此屢次擒獲羌人。

《遺620》甲辰卜，亘貞：今三月呼來。王固曰：其呼來，乞至唯乙。旬㞢二日乙卯允㞢來自，至羌芻五十。

《前3·33·5》☐，不其獲羌。

《綴129》甲午卜，賓貞：[glyph]其出禍。二月。

字又作[glyph]，偏旁从人从卩無别；參[glyph]字條。【殷墟甲骨文字通釋稿】

◉黄錫全　[glyph]光　《隸續》載石經光字古文作[glyph]。此同。是借黄為光。甲骨文黄作[glyph]（前1·52）、[glyph]（京津637）、[glyph]（前232·3），金文變作[glyph]（免卣）、[glyph]（趙曹鼎），再變作[glyph]（禹邗王壺）、[glyph]（陳侯因資敦）、[glyph]（璽文13·13），此又其再變形。今本《説文》黄字古文作[glyph]，當以此正。【汗簡注釋卷一】

◉黄錫全　[glyph]光　夏韻唐韻録「古孝經又古尚書」光作[glyph]，與今本《説文》古文[glyph]同，此寫譌。觀本光作灮，薛本作芡。郭見本作芡，仿《説文》作古。

[glyph]光　光字古作[glyph]（粹427）、[glyph]（啟尊），變作[glyph]（禹鼎）、[glyph]（吴王光鑑）、[glyph]（中山王鼎），《説文》古文再變作炗。今存碑文作[glyph]。【汗簡注釋卷四】

◉戴家祥　許慎由字形會意訓義，不無道理。林義光謂「从人持火」，於字形不合。[glyph]下人均垂手形，並無以手持火形。金文用作人名，如吴王光戈等；或作光明義，如史牆盤、瘐鐘「㮣角戴光」句均是。或作榮耀、光華義，如毛公鼎、禹鼎之「耿光」，中山王譽鼎「社稷之光」等句。【金文大字典中】

熱

[glyph]熱　日乙二〇　通爇　—以寺之　日甲六六背　[glyph]日甲六六背　【睡虎地秦簡文字編】

[glyph]周熱己　【漢印文字徵】

[glyph]熱　【汗簡】

[glyph]古老子　[glyph]義雲章　[glyph]籀韻　【古文四聲韻】

◉許　慎　[glyph]温也。从火。埶聲。如列切。【説文解字卷十】

◉馬叙倫　段玉裁曰。温當作昷。倫按温煖字當作㬎靃。見㬎字下。或温也非本訓。字見急就篇。【説文解字六書疏證卷十九】

◉于豪亮　19B云：

第卅七卒蘇賞三月旦病兩胠箭急，少愈；第卅三卒公孫譚三月廿日病兩胠箭急，未愈；第卅一隧卒尚武四月八日病頭瘟寒炅，飲藥五齊未愈。⊘

「病頭瘟寒炅」。炅為熱之異體字。今本《老子》第四十五章「静勝熱」，馬王堆帛書之《老子》甲本作「靚勝炅」，可證。炅字在《素問》中多次出現，《舉痛論》「得炅則痛立止」，《長刺節論》「盡炅病已」，《調經論》「乃為炅中」，《疏五過論》「膿積寒炅」，王冰注並云「炅，熱也」，或「炅，猶熱也」。這是正確的。但是他並没有指出炅是熱的異體字，他知道炅字的正確涵義不過是從上下文推測得來的而已。其實，炅是熱字早已不為人所知，不僅王冰不知道，比王冰早得多的人也不知道。《説文・火部》：「炅，見也。」音古迥切。《玉篇・火部》炅字有古惠、七迴二切。《五音集韻》又音於警切，云：「烟出貌」。《廣韻・去聲・霽韻》桂字下云：「後漢太尉陳球碑有城陽炅横，漢末被誅。有四子：一守墳墓，姓炅；一子避難居徐州，姓香；一子居幽州，姓桂；一子居華陽，姓炔。此四字皆九劃。」桂字下列香、炅、炔等字，則炅音桂。《玉篇》炅字的古惠切一音當亦來源於陳球碑及《姓苑》。《集韻》炅字下引《炅氏譜》云：「桂貞為秦博士，始皇坑儒，改姓香；其孫溢避地朱虚，改為炅；第四子居齊，改為炔；今江東名桂姓。」亦讀炅為桂，但其説小異。

以上諸書都没有炅字即是熱字的音訓，《説文》、《玉篇》均在王冰之前。如果没有馬王堆帛書《老子》，我們將無法知道《素問》和居延漢簡中的炅字就是熱字。

炅是熱字，當係从火从日會意。炅字和熱字可能在相當長的時期内一直並行使用着，在秦和西漢時，炅字似乎比熱字用得更為普遍。大約在東漢初，熱字取代了炅字，炅字也有了其它的讀音和涵義，炅是熱字也就不為人所知了。【居延漢簡釋粲　于豪亮學術文存】

◉黄錫全　熱　《説文》「熱，温也。从火，埶聲」。埶字古或作（毛公鼎）、（蔡侯鐘），此形所从之應是埶譌。鄭珍認為「左上當作」，乃是據《説文》正篆，「熱」宜作熱。【汗簡注釋卷五】

熾

盛熾里附城　【漢印文字徵】

熾出説文　【汗簡】

戠 說文【古文四聲韻】

◉許慎 熾盛也。从火。戠聲。昌志切。㦺古文熾。【說文解字卷十】

◉強運開 𢧢 趙古則楊升庵俱作熾。施云。說文古文熾字與此相類。羅振玉云。此字从言从大从戈。諸本誤將音大二字中畫通連。誤也。以今隸寫定之。則作𢧢。其訓讀不可知也。又此字从戈作戈。古文戈作戈。篆文作戈。商人卜辭作戈作戈。狀至殊異。此則與今篆形近者也。運開按。說文。熾。盛也。從火戠聲。㦺古文熾。从火訓盛。此篆从大亦有盛意。鼓言滔＝。是戴作盛。大訓於義亦通。舊釋為熾。是也。又按。其中畫實係通連。足正羅說諸本摹誤之失。按此下當有闕文。【石鼓釋文】

◉商承祚 㦺汗簡㦺下云。「殖。說文亦作熾。」同聲借字。猶之敦煌本尚書禹貢埴作𢧢从戠聲也。今本殖下無此字。疑是後人因見於熾下而删之。鍇本作㦺。段本作㦺。據金文戠字趩尊作戠。免簠作戠。則此當作㦺。【說文中之古文考 金陵大學學報十卷第一、二期】

◉馬叙倫 盛也當作火盛也。此非本訓。熾為炵之音同穿紐三等轉注字。亦或爓之聲同侵類轉注字。趩尊作戠。格伯𣪕作戠。所從之八或火皆火字。火為火之變也。石鼓作𢧢。

㦺 鈕樹玉曰。繫傳作㦺。嚴可均曰。汗簡中之二引作㦺。韻會引作㦺。今此作㦺。疑皆小譌。王筠曰。說文韻譜作㦺。是也。移火於音下耳。倫按古文下挩熾字。汗簡引演說文殖作㦺。曰。說文作熾。然則此及鍇本作㦺韻會引作㦺者。皆譌。即作㦺者亦譌。或從火。𢧢聲。𢧢為戠之別體。或從我非從𢦔。【說文解字六書疏證卷十九】

◉戴家祥 䵻史牆盤 䵻，从異从戠，戠亦聲，似熾字。史牆盤「櫅角䵻光」，猶云並耀光芒。【金文大字典下】

燠

燠 燠於六切【汗簡】

燠古尚書 燠 燠 燠 燠 燠 燠 竝古尚書【古文四聲韻】

◉許慎 燠熱在中也。从火。奥聲。烏到切。【說文解字卷十】

◉馬叙倫 書洪範燠與寒對文。詩小明。日月方奥。傳。奥。煖也。奥為燠之省借。爾雅釋言。燠。煖也。是燠為煖之聲同元類轉注字。此言熱在中者。今杭縣謂熱而不透气曰燠悶。字蓋出字林。【說文解字六書疏證卷十九】

煖　煗　炅

◉黄錫全　炨燠於六切　夏韻屋韻燠下録《古尚書》作炨、炨、墺等形。鄭珍云：「薛本同，右當作奥，仿古文墺作墺為之。」奥字古本作奥，譌變作奥、奥，說見于部奥。郭見本作炨，以隸作古。【汗簡注釋卷四】

◉許　慎　煖温也。从火。爰聲。況袁切。【說文解字卷十】

煖 趙煖 【漢印文字徵】

◉許　慎　煗温也。从火。耎聲。乃管切。【說文解字卷十】

◉馬叙倫　煗音泥紐。熱音日紐。古讀歸泥。然則煗為熱之轉注字。今上海言熱亦連言煗熱。以襦今作襖例之。煗亦燠之轉注字。【說文解字六書疏證卷十九】

炅 9·69 炅偃　【古陶文字徵】

炅 1978 【古璽文編】

炅 炅宮之印　炅 炅小仲　炅 炅信　炅 皇炅　炅 炅霸私印　炅 徐炅之印　炅 炅寬　【漢印文字徵】

◉許　慎　炅見也。从火日。古迥切。【說文解字卷十】

◉馬叙倫　段玉裁曰。此篆義不可知。廣韻作光也。似近之。從日火亦不可曉。況祥麟曰。從火。景省聲。姚文田曰。鍇本作日聲。鍇以為會意。聲字譌。莊述祖曰。從日從古文熒省。熒亦聲。日光也。翟云升曰。景省聲。倫按見為日光二字之譌。或為炅之譌。隸書複舉字。上下文皆非火光義。疑從火日聲。為煗熱之轉注字。音轉入見紐而為古迥切。猶廉濫音在來紐。兼監音在見紐矣。或如況莊說。則當入日部。【說文解字六書疏證卷十九】

◉陳　槃　居延簡：

□陶宜私里謝冠，酒已百痛□廣□炅，不能。（一五一）四九・一八

□當遠里公乘王同，即日病頭痛寒炅。……（二二二）五二・一二

九月己丑，病寒炅，盡庚寅□二日，已偷。（二二二）三四・二五

第卅一隊卒尚武，四月八日病頭痛塞呈，飲藥五齊，未愈。（三九五）四・四（背）

□亭隊□□里□□□□□頭痛寒炭，不能飲。（五三〇）二七・一

□酒□戊辰病頭痛□昊，不能。（五二三）一一四・一九（面）

按「炅」字九畫。俞樾曰：「廣韻十二霽桂字下注云，『後漢太尉陳球碑，有城陽炅横，漢末被誅。有四子，一守墳墓，姓炅；一子避難居徐州，姓香；一子居幽州，姓桂；一子居華陽，姓炔。此四字皆九畫』。今數之，『炅』『香』『炔』皆八畫；『桂』十畫，無九畫者；可知漢人作字，『日』字作五筆，竟是中作三畫，旁作二豎也」。（續五九枝譚頁八。）驗簡文，俞說不誤。說文火部，「炅」，見也。从火日。繫傳，從火，日聲。徐鉉删聲字。居迥反。玉篇火部，炔，古惠切，煙出皃。炅，同上。又七迥切。（日部又云，香，古惠、古迴二切。見也。亦作炅。）類篇七上十四部，畎迥切。或作香，引桂氏譜云云。又俱永切。光也。段氏說文注，古迥切。

按簡文此處當訓熱，曰「頭痛寒炅」者，時寒時熱，内經太素云，「病風，且寒且炅，一日數過」（雜刺）；素問云，「病風，且寒且熱炅，汗出，一日數過。」（長刺節論）。是其類也。按曰「且寒且炅」，寒熱對稱；又曰「熱炅」「汗出」，是「炅」之為熱，義故甚明。然則簡文「寒炅」，「炅」或作「昊」，或作「呈」；或作「炭」；「寒」或作「塞」者：並誤。

病熱曰「炅」，蓋漢人恆辭矣。顧許慎譔集說文，竟遺此義。玉篇以下，更無論矣。蓋居延漢簡者，漢武以至東京初期之物。「炅」字之習慣使用，則不知此其間應屬何世？熟語之使用，有時而變。許氏箸書已值東漢中葉，其不知「炅」之復當訓熱，不足為異。古籍中唯素問猶保存此義于不墜，（如長刺節論，文已前見。又舉痛論、調經論、五過論——此三篇說文通訓定聲「别義」下亦引用。）與素問出于同一淵原之太素亦然。（卷二虛實所生，二七邪客。又二三雜刺，文已前見。）然則素問太素為書，至少可以與上引簡文之時代相接，其書雖後出，（素問著録，始見隋志。太素，隋楊上善注，見舊唐志。）而其書說則自漢以來流傳有緒，斷可知矣。【漢晉遺簡偶述　歷史語言研究所集刊第十六本】

◉楊樹達　段玉裁曰：「此篆文不可知，廣韻作光也，似近之。」樹達按：炅蓋光之形近誤字。人類晝受光於日，夜取光於火，故炅訓光而字从日从火。段氏謂義不可知，非也。第火光非日光可比，故為輕重不相等耳。【文字形義學】

◉李學勤　關於「炅」字應略作解釋。《說文》云：「炅，見也。」段注以為《廣韻》作「光也」為是，古音在耕部。長沙馬王堆帛書有這個字，係「熱」字别體，但阜陽雙古堆竹簡《詩經》「薨薨」作「炅炅」，看來「炅」字古代有兩種音讀，《說文》並没有錯。這个字在大

汶口文化符號中出現最多，有意思的是它又見于一些玉器，而玉器上還有另外幾種符號，這就使我們研究的範圍擴大了。

這批玉器有臂圈一件、璧三件，解放前流到海外，現藏于美國華盛頓的弗利爾美術館。據了解，四件玉器不是同時入藏，可能各有來源。薩孟尼和林巳奈夫曾發表過這些玉器的照片和符號摹本。A. 薩孟尼：《中國魏朝以前玉器》（英文）圖版Ⅶ，1963年。林巳奈夫：《論良渚文化玉器等問題》（日文），《博物館》360號，1981年。一九七九年，我訪問該館，對這批材料作過觀察。

21

22

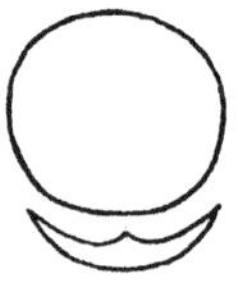

23

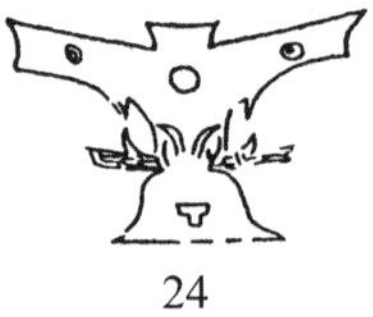

24

25

玉臂圈特別重要，其直徑為6.2釐米，圈壁較薄。在臂圈外面偏上的位置，刻有一個和大汶口文化陶尊相似的「炅」字（圖23），另一側還有一個結構複雜的刻劃符號（圖24）。

三件玉璧都相當大而厚重，如其中一件的尺寸是直徑23.5，厚1.1，孔徑4.7釐米。這件璧據薩孟尼描寫，「呈緑、棕相雜的顔色，有藍灰色斑點和紋理」。在璧面上刻有一處符號（圖25），是兩個符號的複合。符號的下部也是「炅」字，為與上部相區别，特別填刻了云紋和線條。上部作鳥立于山上之形，其「山」作五峰狀，同大汶口文化陶尊圖21下部的「山」相仿，不過峰頂是平的。鳥立山上，可釋為「島」字。李學勤：《重新估價中國古代文明》，《人文雜志》專刊《先秦史論文集》，1982年。

從這裏我們可以知道，圖21的符號實際不是「炅」的繁體，而是「炅」、「山」的複合。【考古發現與中國文字起源　中國文化研究集刊第二輯】

◉王　輝　戰國、秦漢人姓炅、名炅者習見。《古璽彙編》1978為「鄙炅」私璽；秦陶文有「宮⿰日火」（《秦代陶文》拓片號919，另該書拓片932、933、935、937、938、948、949、938等原亦隸作炅，但字作炏似與炅字有别）；漢有「徐炅」私印（《漢印文字徵》1010）；漢又有「炅靈」、「炅宮」、「炅信」等私印（同上）。

从炅之字有⿰金炅。傳世秦公毁銘文：「⿺走盍⿺走盍文武，⿰金炅静不廷，虔敬朕祀。」傳世秦公、鎛鐘銘文：「⿺走盍（藹）⿺走盍文武，⿰金炅静不廷，⿰酉夒（柔）燮百邦，于秦執事」；秦公大墓石磬殘銘：「[(不)]廷⿰金炅静，上帝是□」。

《説文》：「炅，見也，从火日」。段玉裁注：「按此篆義不可知，《廣韻》作『光也』，近似之。从日火，亦不可曉，蓋後人羼入，如西部有壐之比。《廣韻》十二霽曰，後漢太尉陳球碑有城陽炅横，漢末被誅，有四子，一姓炅，一姓香，一姓桂，一姓炔，四字皆九畫。《集韻》桂氏譜曰，桂貞為秦博士，始皇坑儒，改姓香，其孫改為炅，第四子改為炔。是則有臆制炅為姓者，耻其不古，羼入許書，非無證也」。段氏説炅姓為後人臆制，字乃後人羼入許書，實在出于他自己的臆測，並不符合古文字的實際。但他承認「此篆義不可知，……从日火，亦不可曉」，卻説明後人對此字的本義及造字緣由已不甚了了。王筠《説文句讀》對此字加以「闕疑」，是比較審慎的。《廣韻》：「炅，光也」。段玉裁説《廣韻》之訓「近似之」，未加肯定。桂馥《説文義證》因此説《説文》「見」字當為「光」字之訛，也未必有據。

炅字的出現應該很早。山東莒縣凌陽河大汶口陶尊上有五個刻畫符號，其中三個作、兩個作，唐蘭先生釋為炅，王樹明釋前一字為炅，後一字為炟，于省吾先生則二字俱釋為旦。陶文僅有單字，没有語言環境，其確切含義不盡可知，但揆諸字形，則以唐説為近似。

漢代帛書、竹簡有炅字，多用如熱字。馬王堆帛書《老子·德經》甲本：「趮勝寒，靚勝炅」，乙本已殘，今傳世通行本作「燥勝寒，静勝熱。」又帛書甲本《道經》：「或炅或吹」。乙本炅作熱通行本則此處有佚文。影本注謂：「(此字)从火日聲，當即熱之異體字，不讀古迥切或古惠切(見《廣韻》)」。其説是。炅用作熱，又見《居延漢簡乙編》52·12簡：「當遠里公乘王同即日病頭恿(痛)寒炅」。同類例子見于傳世文獻。《素問·長刺節論》：「刺而多之，盡炅病已。」唐王冰注：「炅，熱也。」熱字出現較晚，今所見最早的例子是馬王堆帛書《足臂十一脈灸經》及漢印中，是一個後起的形聲字，炅字則是會意兼形聲字，从日下有火會意，日亦聲。漢以後多用熱字少用炅字，今本《素問》中炅字僅是個別孑遺，餘皆用熱。後世學者不知其本義，良有以也。

炅既為熱，引申之，有光明義，有曝曬義，《説文》有炟字，大概是炅之訛字，東漢章帝名炟。《玉篇》：「炟，曝也。」宋太宗原名趙匡義，即位之後改為炅，字光義，名字取義相關，可見其時認為炅為光明義。至于炅後代讀古迥切古惠切(guì)，無法解釋，熱字則上古音月部(jiong)日紐。

前人因炅字《廣韻》有「古迥切」一音，古為上古見紐字，迥為耕部字，而鎮字上古音真部照紐，真耕通轉，「⿰金炅静」讀為「鎮静」。但炅之「古迥切」一音，並無根據。⿰金炅字从炅得聲，與鎮古音接近，照日旁紐，真月旁對轉，故⿰金炅可能為鎮之異構。【秦器銘文叢考　考古與文物一九八九年第五期】

◉尤仁德　炅鄙(圖一，4)。

銅質，鼻鈕。璽面長1.3釐米，寬1.4釐米。《彙編》著録。

炕 炕

4

圖一　印文

4.炅郾

璽文炅字火旁加一横畫，與王孫鐘銘羨字作□、鄂君啟節銘焚字作□的寫法相同。《説文解字・火部》「炅，見也。从火日」。段玉裁注：「按此篆義不可知。《廣韻》作光也，似近之。从日从火，亦不可曉，蓋後人羼入。……《廣韻・十二霽》曰：『後漢太尉陳球碑，有城陽炅横，漢末被誅，有四子，一姓炅，一姓香，一姓桂，一姓炔……』《集韻》桂氏譜曰：『桂貞為秦博士，始皇坑儒，改姓香，其孫改為炅。……』」，是則有臆制炅為姓者，耻其不古，羼入許書，非無證也」。今以璽文為證，段説可商。

首先，由璽文得知，炅字至遲在戰國已有，並以為姓氏。從時代上講，已超過秦，許氏收入書中，無可懷疑；城陽（地名）炅横及其子皆炅姓，桂貞孫改姓為炅，想必不屬臆造；再者，如果追溯炅的起源，更是五千五百年前的事情。山東省莒縣陵陽河大汶口文化遺址出土的陶尊上劃有□字，象太陽及其火焰形。唐蘭先生認為，它就是最早的炅字（《从大汶口文化的陶器文字看我國最早文化的年代》，《大汶口文化討論文集》，齊魯書社，1979年）。《説文解字》、《廣韻》訓炅字分别為「見」、「光」，《正字通》曰：「从日从火，光明在上」，均與漢代日光銅鏡銘文「見日之光，天下大明」的意思正相吻合。據此，段注中「不可知」、「不可曉」之謎，即可豁然冰釋了。【館藏戰國六璽考釋　考古與文物一九九〇年第三期】

◉許　慎　炕乾也。从火。亢聲。苦浪切。【説文解字卷十】

◉馬叙倫　乾為水涸。此以聲訓。炕乃今言乾燥之乾本字。玄應一切經音義引倉頡。炕。乾極也。【説文解字六書疏證卷十九】

燥臨【漢印文字徵】

◉許　慎　乾也。从火。喿聲。穌到切。【説文解字卷十】

◉馬叙倫　沈濤曰。一切經音義廿二引同。其六引乾下有之字。倫按乾也非本訓。或字出字林也。【説文解字六書疏證卷十九】

後下18·9　後下16·4【續甲骨文編】

烕　日甲一四六背　通滅　入室必ー【睡虎地秦簡文字編】

烕解私印【漢印文字徵】

烕出義雲章　烕火劣切演説文【汗簡】

演説文【古文四聲韻】

◉許　慎　滅也。从火戌。火死於戌。陽氣至戌而盡。詩曰。赫赫宗周。褒似滅之。許劣切。【説文解字卷十】

◉唐桂馨　戌有不用義。有鎮壓義。戌下从火則火烕之義自見。許拘於漢儒五行之説。其失與説戌字同。【説文識小録　古學叢刊第一期】

◉馬叙倫　鈕樹玉曰。繫傳似作姒。本書無姒。沈濤曰。詩正月釋文引。從火。戌聲。是古本有聲字。章敦彝曰。戌聲。倫按戌音心紐。故烕音入曉紐。同為次清摩擦音也。戌下捝聲字耳。火死以下校者加也。詩正月釋文引字林。烕。武劣反。【説文解字六書疏證卷十九】

◉于省吾　後下十八·九。貞。不。當係人名。舊不識。甲骨文編入於坿録。按卜辭戌字作。字从火从戌。當即説文烕之初文。説文。烕。滅也。从火戌。火死於戌。陽氣至戌而盡。詩曰。赫赫宗周。褒似烕之。又。滅。盡也。从水烕聲。王筠句讀謂烕蓋義兼聲字。徐灝段注箋亦謂戌聲。按詩正月。褒姒烕之。毛傳。烕。滅也。釋文。烕本或作滅。詛楚文。伐烕我百姓。滅作烕。滅為後起字。烕古韻在脂部。戌在真部。是烕諧戌聲。未可據也。梨文烕字从火戌聲。戉威並脂部字。要之。威字自東周以後。譌戉為戌。説文遂有火死於戌之誤解。考之初文。方知其為从火戉聲。如依舊説。以威為會意字既誤。以為形聲字亦無當矣。【雙劍誃殷契駢枝續編】

◉李孝定 許氏云云實為五行之説。既行以後之臆解必非造字之本誼。威之本誼為火之滅。引申以為凡滅之偁。戉之古文為兵器之象形。於火滅之義無與。然則許君謂為「从火戌」。以會意解之者實為無據。謂為形聲又不如戉聲為近。今契文正有从火戉聲之字。于氏謂是威之古文者是也。字在卜辭為人名。【甲骨文字集釋第十】

◉嚴一萍 㷄 21.威 説文:「威,滅也。」詩小雅正月:「赫赫宗周,褒姒滅之。」傳:「滅也。」李棪齋先生抄示稿釋「成」。上段所引商氏考釋,推其語氣,似亦釋「成」。【楚繒書新考 中國文字第二十六册】

◉黄錫全 㷄威並義雲章 此形似从戌从木。子禾子釜有㷄字,郭沫若先生釋為威(大系考釋221頁),此形類同。从火變从木,與樂字作𣡕(𤼈鐘),𣡕(令瓜君壺),又作𣡕(王孫鐘)。𣡕(子璋鐘)類似。

㷄威火劣切演説文 詛楚文作威,《説文》正篆作㷄,此形少一劃。

㷄威出義雲章 鄭珍云:「已見戌部,上釋『滅』是。滅威音義俱異,形則宜从此,上从『戊』非。」三體石經古文作㷄,此形脱火。【汗簡注釋卷六】

焅 焅

◉許 慎 焅旱气也。从火。告聲。苦沃切。【説文解字卷十】

◉馬叙倫 炕焅音同溪紐。轉注字耳。旱气也非本義。字或出字林。【説文解字六書疏證卷十九】

燾 燾

燾 燾大到切竝石經 【汗簡】

燾 石經 燾 同上 【古文四聲韻】

◉許 慎 燾溥覆照也。从火。壽聲。徒到切。【説文解字卷十】

◉馬叙倫 鈕樹玉曰。玉篇作覆照也。朱駿聲曰。字從火當訓溥照也。覆者。幬字之訓。倫按此字經典皆借為幬。倫謂説解本作溥覆也照也。溥覆也即幬字義。照也蓋以聲訓。燾為燥之轉注字。古聲皆幽類也。字蓋出字林。鄭燾父鼎作燾。【説文解字六書疏證卷十九】

爟　爟

◉黄錫全　□燾火到切並石經　馮本作□，夏韻号韻録作□，均有誤。原應作□，□乃□寫誤。壽字變化詳見老部。「火」乃「大」寫誤。【汗簡注釋卷四】

◉許　慎　爟取火於日。官名。舉火曰爟。周禮曰。司爟掌行火之政令。从火。雚聲。古玩切。烜或从亘。【説文解字卷十】

◉馬叙倫　鈕樹玉曰。廣韻引同。韻會從火雚聲在官名下。舉火曰爟在政令下。丁福保曰。慧琳音義九十四引。火舉也。从火。雚聲。倫按慧琳所據蓋故書。唯舉火到為火舉耳。玉篇。爟。舉火也。蓋本本書。廣韻。爟。炬也。周禮司爟。鄭衆以爟為私火。鄭玄以為熱火。賈公彦疏謂熱火者。對秋官司烜氏以夫燧取火於日中為明者為冷火也。然則爟之本義先後鄭皆不能質説。檢司爟氏。季春出火。季秋内火。則舉火不能賅也。倫謂爟為㸑之轉注字。取火於日官名六字皆烜字説解中語。舉火曰爟非本訓。字或出字林也。餘詳烜下㸑下。

烜　徐鍇曰。臣鍇按説文烜字在爟字下。注曰。或從亘。今此特出。而注云。或與爟同。又別無切音。疑傳寫之譌。鈕樹玉曰。周禮司爟屬司馬。掌行火之政令。四時變國火以救時疾。司烜屬司寇。掌以夫遂取明火於日。以鑒取明水於月。二職各異。故玉篇爟音古玩切。舉火也。烜音況遠切。火盛也。廣韻爟收去聲換。全引説文。烜收上聲阮。注。光明。並不作重文。則説文烜注蓋為後人改。故繫傳尚有特出之字。則是許之原文。其重文則後人誤增。江聲曰。周禮司爟司烜異職。許君何至牽混如此。説文爟下必云。舉火曰爟。周禮曰。司爟掌行火之政令。從火。雚聲。烜下必云。取火於日。官名。從火。亘聲。後來轉寫舛錯。挩去烜字。而以烜下之注并於爟下。校者因又妄增或從亘三字。席世昌曰。繫傳臣鍇以下云云。必非徐鍇之説也。鍇所傳之説文。即鉉所解之説文也。鉉所解之本。悉本於鍇。凡鍇意所疑。鉉即改古本以從鍇。今以兩書相校。其跡顯然。然繫傳徐氏之舊本也。校定本徐鉉因鍇意而多所更改之本也。鍇本烜或與爟同在火部之末。乃是説文原本。但挩去烜字正解。單存別説四字耳。徐鉉不察其意。竟以烜字移置爟字之下。而改注云。或從亘。於是爟烜二字竟合為一矣。今繫傳之本乃臣次立又據鉉本以校鍇本也。此臣鍇字乃臣次立字之譌。王筠曰。爟字説解中取火於日官名六字。蓋烜字篆説皆殘闕。但存取火於日四字。校者妄附於此。又以其不成句也。故加官名二字。不思許書無此例也。前人既以取火于日入於爟下。後有校者知取火於日四字。乃司烜氏之文。然誤謂許書原本如此也。乃附烜字於部末而説之曰。或與爟同。或之者疑之也。大徐改收於爟下。説曰。或從亘。倫按桂馥亦謂繫傳臣鍇以下為張次立語。錢坫王鳴盛李賡芸翟云升王宗涑諸家皆以爟烜為二字。倫謂爟。玉篇作舉火也。慧琳音義引作火舉也。從火。藋聲。廣韻去聲爟下全引說文。而烜收上聲。不作重文。鍇本烜字特出。云。或與爟同。言特出者。蓋鍇本原本每字正文皆提行特出。與今見唐寫兩殘本同。是許書舊式也。鉉本則重文在正文之下。故曰。說文烜字在爟字下注曰或從亘。明謂鉉校定本矣。然則慧琳所據即玄應書。玄應與顧野王所見本皆未譌也。隋唐間蓋有誤并爟烜說解為一。而所本者復有爛捝。故烜字說解僅存取火於日官名六字。唐本說文烜字猶未譌為爟之重文。故六書故引唐本而不及此。然則以烜為爟之重文。直是徐鉉因鍇本烜字特出而注云或與爟同。因以為重文而改或與爟同為或從亘。然鍇本烜篆雖特出而注曰。或與爟同。則烜字說解已譌入爟字下矣。故校者加此注也。烜字本義今不可定。司烜氏以取明火與取明水竝列。烜字從火。豈兼水義。蓋取義於明。故廣雅釋詁曰。烜。明也。爾雅釋訓。赫兮烜兮。釋文。光明。則烜當為焜炫煌等字之轉注字。同是舌根音也。爟烜二字蓋皆出字林。字林每言名。亦可證也。【說文解字六書疏證卷十九】

◉吴洪清　《弟叟鼎》有「𤔲戓」一辭，研究者均未有確解。𤔲即司也，為治理、掌管之義。戓字說文所無，甲骨、金文亦不見。《報告》釋為「戓」，《意義》釋為「戓」，字形均不類，且義亦難明。殆「𤔲戓」即《周禮》之司爟是也，職司「國火」，《周禮・夏官》：「司爟掌行火之政令，四時變國火，以救時疾。」

古人觀候大火昏見以定農時。他們在農業實踐中發現，大火(即大火星，二十八宿心宿二，亦即西方天文學所稱「天蝎座」)於春季黄昏時分首次出現在東方地平線時刻，就是春分。這是農業上的一件大事，古為一年之中的大典，從此時起，人們便開始了一年的農作。在原始部落進而在國家機構中遂設專職觀候火星昏見。《左傳・昭公廿九年》：「火正，曰祝融。」《史記・曆書》：「少皞氏之衰也，九黎亂德，民神雜擾，不可放物，禍災薦至，莫盡其氣。顓頊受之，乃命南正重司天以屬神，火正黎司地以屬民。」《漢書・五行志》云：「古之火正，謂火官也，掌祭火星，行火政。」在周代則設置「司爟」一職掌其事。司爟職責有二。其一，觀候火星。《周禮》疏引「孔安國以觀為視。」鄭注：「若觀火之觀。」又云：「以三月本時昏心星見于辰上，使民出火。九月本黄昏心星戌上，使民內(納)火。」其二，舉燃烽火。舉火一則祭火星，二則傳報天下。《吕氏春秋・本味篇》高誘注：「周禮司爟，掌行火之政令，所以袚除其不祥。置火于桔槔，燭以照之。」古人認為如此觀天象，授民時，國家與百姓方能發展生産以及免除災害疾疫。以其重要，故謂之國火。所謂「四時變國火」，據鄭司農引鄹子書曰，即「春取榆柳之火，夏取棗杏之火，季夏取桑柘之火，秋取柞楢之火，冬取槐檀之火」。四時舉火「以木為變」，「以取五方之色」(《周禮注疏》)。

至此，戓字訓讀昭然可明。字从火从或省聲。或、國古音義皆通。《說文》「或，邦也」，又云：「國，邦也。」段注：「古或、國

㷭 㷭

同用。古惑切。」「或火」亦即「國火」。爟字《說文》：「从火，雚聲。」段注：「古玩切。」或、爟同聲紐，二字屬一聲之轉，「𣪕或」為「司爟」應無疑問。曩侯錫弟叟𣪕或，弟叟作器以記其事，例同《大盂鼎》：王「易女邦𣪕四伯」、「易尸𣪕王臣十又三伯」等。【芝罘曩國銅器銘文補釋　山東古文字研究】

◉許　慎　㷭燧候表也。邊有警則舉火。从火。逢聲。敷容切。【說文解字卷十】

◉馬叙倫　段玉裁曰。燧當作𤏡。本書無燧。𤏡上當依文選注補㷭字。翟云升曰。韻會引作候表也。沈濤曰。文選張景陽襍詩注引無火字。蓋奪。王筠曰。燧字句絶。倫按史記封禪書。通權火。集解。張晏曰。權火。㷭火也。狀若井挈皐。其法類稱。故謂之權。漢祀五畤於雍。五里一㷭火。如淳曰。權。舉也。司馬相如傳集解引孟康曰。㷭如覆米䉛。縣箸挈皐頭。有寇則舉之。然則爟即㷭也。爟古讀如權。故史漢皆作權。其語原蓋出於銓。銓即權衡本字也。然則爟或校為初文。權音羣紐。㷭從逢得聲。逢音竝紐。竝羣同為濁破裂音。是爟㷭為轉注字。上文爟字說解中舉火曰爟。舉火也者。即此說解所謂邊有警則舉火也。彼文或尚有挩耳。此蓋本作𤏡也。候表二字當在𤏡下。詳𤏡字下。校者所加。邊有六字亦校語。或此字出字林。【說文解字六書疏證卷十九】

◉勞　榦　對於烽燧的解釋，應當以許慎說文解字為最早，並且也算最為正確，在以上所引的史書注釋，都認為烽和燧是平行的兩種通訊方式，一種是在白天用，另一種是晚上用。只有說文解字却和史書各家注釋不同，認為烽和燧是兩種不同的事物，烽是通信用具，燧是烽臺建築。這和漢簡中記載的完全符合。因此需要解釋漢簡的烽燧制度，說文和漢簡應當算是最重要的材料。⊘

從說文上得到的指示，是「蓬」（烽）和「隊」（燧）完全是在兩種全不相同的事物上，「蓬」所代表的是塞上（即所謂「隊候」）也就是漢簡常見到的「亭隊」所用的一種訊號（也就是所謂的「表」）而隊是塞上的「亭」也就是烽火臺這種建築。在漢簡上時常看到「亭隊」連稱，至於「蓬隊」連稱，那只限於泛稱，却不用在實際上的事物。

⊘既然是塞上亭的建築物，蓬却與建築物無關。依照漢簡所記，蓬只是一種作為通訊用的工具。例如：

右夆（居延簡三四五・五）

下索長四丈三尺（居延簡三五四・四）

□百　八月甲子買赤白繒蓬一完（居延簡三八四・三四）

蓬承索八（居延簡四九・三）

⊘從以上舉出的例證中顯示「蓬」只是亭隧上主要的通訊工具，却不是行政上一個階層，也不是邊塞上一種建築。雖然在習慣上偶而也「蓬隧」連用，但「蓬隧」却不能認為是一種事物，因此在説文中的「蓬」，隧候（照漢簡寫法候字當寫作「堠」）表也。只能依照説文向例認為「蓬」是隧候的表，卻不可以認為「蓬隧」是一種「候表」。只有照這樣斷句，才能和漢簡相應，也只有這樣，才能在説文中的「蓬」和「隧」兩個字的解釋不相矛盾。

其次，就是對於「蓬」和「表」二字在漢代邊塞上的用法，如何解釋，以及「蓬」和「表」是一是二的一個問題。依照説文的解釋，顯然蓬即是表。但在漢簡中又發現了在一個簡中，並列蓬表二種物件。這的確引起了疑團，也就是説塞上的通訊方式或工具，除去蓬、煙、積薪、苣火以外並在蓬以外加上一個「表」，將四種改為五種？這就要費相當的考慮。

在居延簡及敦煌許多有關蓬品及傳蓬以及器物上的文字，都只提到蓬，而不曾提到「表」。可見：⑴在一般的規格上，表未曾列入等次之中。⑵在亭燧中實際應用的時候，蓬比表更為常用，結果蓬常見於記録，而表則出現次數較為稀少。所以表應當是一種非「主要的」或者是一種「補助的」訊號。

除去上引居延簡五〇六・一和新居延簡三七・一五三七—三八有蓬表並列的情形以外，還有見於新居延簡的，如：

匈奴人晝入甲渠河南道上塞，舉二蓬，塢上大表一。（EPF一六・三）

匈奴人渡三十井懸索關門外道上燧，天田失亡，舉一蓬，塢上大表一。（EPF一六・六）

在各條中提到舉蓬的十二次，只有這兩次提到表，可見表的重要性比蓬的重要性差得多。所以蓬表不是並列的，而是表的用處只是蓬的補注。看來表只是一種小型的蓬，其作用是「半蓬」。所以被稱為「表」的，應當是原來蓬也是一種表，但蓬已有正式的一個「蓬」的名稱。這種小型的「蓬」未有特殊的名稱，為方便起見，只好用一個通用名稱，也叫做表。實際上對後代的人來説，是引起混亂的。為了正名起見，作了下列圖解：

表（補助的）

……表………

蓬（主要的）

照以上的解釋，前列「表三」中的「勞説」把烽表認為是一件事，應當是對的，不必再把蓬表分而為二。⊘

漢簡中的蓬，都是指不燃燒的蓬，但蓬字从火，似乎問題不怎樣的簡單。所以蓬字原義，應當指塞上通訊的表記，包括燃燒

爝　熭　熙

與不燃燒兩種表記的。但演變結果却專指不燃燒的表記，而在這種表記中，又再分出了大型的薰和小型的表。表本來同指大型的薰和小型的薰，但大型的常用，就專用了薰的名稱，而小型的没有專有特指的名稱，就用泛稱的表來指小型的表記了。但薰仍為表的主要部分，説文述作時並未遺忘，所以説文就用表來解釋薰字了。【釋漢簡中的「烽」　中國文字新十二期】

◉許　慎　爝苣火袚也。从火。爵聲。吕不韋曰。湯得伊尹。爝以爟火。釁以犧豭。子肖切。【説文解字卷十】

◉馬叙倫　莊子逍遥遊。日月出矣而爝火不息。吕氏春秋舉難。桓公郊迎客。夜開門。爝火甚盛。淮南道應。爝火甚盛。是爝即苣火。故字林。爝。炬火也。然字以苣為正。此字林文。袚則傳寫涉下文吕不韋語而譌演。吕語見吕氏春秋本味及贊能。本味作爝以爟火。贊能作袚以爟火。倫謂袚與釁對。作袚者是。蓋校者據贊能作袚者注於爝下。傳寫誤入苣火下耳。然則爝即燋。為燋之轉注字。猶噍或作嚼也。此字當出字林。故引吕語乃至三句。【説文解字六書疏證卷十九】

◉許　慎　熭暴乾火也。从火。彗聲。于歲切。【説文解字卷十】

◉馬叙倫　鈕樹玉曰。繫傳及玉篇注無火字。當非脱。段玉裁曰。火字衍。賈誼書曰。日中必熭。顔之推曰。六韜云。日中不熭。是謂失時。言日中時必須暴曬。不爾者。失其時也。倫按暴乾也當作㬥也乾也。㬥當作曝。熭音喻紐三等。古讀歸定。曝音竝紐。竝定同為濁破裂音。語原同也。曝得聲於昔。昔音心紐。熙音曉紐。心曉同為次清摩擦音。則熭熙亦轉注字。字或出字林。【説文解字六書疏證卷十九】

熙　不从火　齊侯𩰫　巸字重見【金文編】

弦熙【漢印文字徵】

熙出尚書　熙【汗簡】

道德經　古尚書　籀韻　汗簡　古尚書【古文四聲韻】

◉許　慎　熙燥也。从火。巸聲。許其切。【説文解字卷十】

◉孫詒讓 當為𦣞字。亦即㜯之省。金素周徐王子龢鐘。諻＝㜯＝。㜯作。正與此同。𦣞為㜯之聲母。故此匜及徐王子鐘並省㜯為𦣞。左襄二十九年傳。季札曰。廣哉熙熙乎。杜注。熙熙。咊樂聲。逸周書太子晉篇。萬物熙熙。孔晁注。咊盛也。荀子儒效。熙熙兮其樂人之臧也。楊注。咊樂之貌。沱＝㜯＝。言其德之美而盛也。【孟姜匜 古籀拾遺上】

◉方濬益 𤋮即熙。左襄公二十九年傳曰。廣哉熙熙乎。按皇有大誼。皇皇熙熙。言聲之大且廣也【郤王子沇兒鐘 綴遺齋彝器款識考釋卷二】

◉劉心源 𦣞＝即熙＝。荀子儒效注。熙＝。和樂之貌。薛氏款識孟姜匜𦣞公匜亦云。它＝𦣞＝。彼釋沍＝越＝。謬甚。【奇觚室吉金文述卷三】

◉强運開 王孫鐘𤋮𤋮趣趣。說文無此字。當即熙之藉字。【說文古籀三補卷二】

◉馬叙倫 沈濤曰。華嚴經音義引。熙。悦也。蓋一曰下文。文選潘岳關中詩注引。熙。與。悦也。與字疑衍。一切經音義三及廿五皆引熙怡和悦。乃傳寫有譌。當作熙悦怡和。怡之訓和見心部也。倫按唐寫本切韻殘卷七之熙下曰。和也。說文又燥也。燥也。燥音心紐。熙音曉紐。同為次清摩擦音。轉注字也。今杭縣猶有熙燥之語。和也者。娶字義。本書無悦字。列子力命注引字林。熙。歡笑也。亦娶字義。此字蓋出字林。【說文解字六書疏證卷十九】

◉于豪亮 「[戠異]光」的[戠異]字从戠得聲，當讀為熙。《禮記·月令》：「湛熾必潔」。《周禮·酒正》注引作「湛饎必潔」，知熾與饎通，而𩞄為饎的異體字，則熾得讀為𩞄，因此[戠異]可以讀為熙。《爾雅·釋詁》：「熙，光也。」故[戠異]光即熙光，義為光明。因此「率角[戠異]光」意思是莊嚴恭敬而光明。【墻盤銘文考釋 古文字研究第七輯】

◉黄錫全 熙 敦釋、内、豐本熙作㜯，从𦣞字古文，九本作熙，與此同。高奴權𦣞作，《說文》熙字正篆作，郭見本作熙或㜯，仿《說文》作古。【汗簡注釋卷四】

◉黄錫全 熙出尚書 𦣞熙古同字。前户部已録𦣞，誤作，此重出。說見前𦣞及火部熙。【汗簡注釋卷五】

◉黄錫全 熙 夏韻之韻録《古尚書》㜯作，録《汗簡》熙作。今本《汗簡》無後者。熙字變化說見火部。【汗簡注釋補遺】

爞

◉徐鉉 爞旱气也。从火。蟲聲。直弓切。【説文解字卷十新附】

煽

◉徐鉉 煽熾盛也。从火。扇聲。式戰切。【説文解字卷十新附】

烙

◉徐鉉 烙灼也。从火。各聲。盧各切。【説文解字卷十新附】

爍

◉徐鉉 爍灼爍。光也。从火。樂聲。書藥切。【説文解字卷十新附】

燦

◉徐鉉 燦燦爛。明瀞皃。从火。粲聲。倉案切。【説文解字卷十新附】

煥

◉徐鉉 煥火光也。从火。奐聲。呼貫切。【説文解字卷十新附】

炎

後一·一三·五 後二·九四 粹一一九〇【甲骨文編】

後下9·4【續甲骨文編】

炎 孳乳為郯郭沫若謂當即春秋時郯國之故稱 令簋 在炎 召尊 在炎自【金文編】

102 【包山楚簡文字編】

炎 法一七九 三例 【睡虎地秦簡文字編】

炎 【汗簡】

汗簡 【古文四聲韻】

◉許 慎 炎火光上也。从重火。凡炎之屬皆从炎。于廉切。【說文解字卷十】

◉羅振玉 卜辭中从火之字作。古金文文亦然。然亦有从火者。故知炎即炎矣。【增訂殷虛書契考釋中】

◉郭沫若 炎當即春秋時郯國之故稱，漢屬東海郡，今為山東(濟寧道)郯城縣，縣西南百里許有故郯城云。【令毁 兩周金文辭大系考釋】

◉馬叙倫 翟云升曰。文選答賓戲注引作火也。謂光照也。王筠曰。字林。炎。火光也。蓋本之說文。炎與上異義。疑今文乃合選注所引而一之。又譌照為上。選注所引乃許注及庾注也。朱駿聲曰。與爓略同。徐灝曰。炎燄古今字。左莊十四年傳。其氣燄以取之。漢書五行志藝文志注竝引作炎。章炳麟曰。炎有二音。一在喉如燚。一在舌如談。變易為燚。火華也。為燄。火行微燄燄也。為爓。火爓也。為煔。火行也。為銛。炎光也。對轉宵為爚。火飛也。沈乾一曰。炎。本音熊。變音淫。倫按火炎燚一字。燄從火。臽聲。與燚同音以冉切。莊子天運。有燚氏為之頌。釋文。燚。本亦作炎。是其證。火音曉紐。燚音喻紐四等。同為次清摩擦音。中白匜庶字作。從炎。本書光之古文作炗。亦從炎。又其證。文選班孟堅答賓戲注引字林。火光也。蓋捝上字。選注又引本書。火也。蓋火本象燄形。或多燄。或少燄。不必定也。是火炎燚猶屮艸芔矣。則火也是本訓。吕忱不明火炎一字。乃以書言火曰炎上。故訓火光上也。【說文解字六書疏證卷十九】

◉曾憲通 炎帝乃命祝融 甲六·一 《禮記·月令》以祝融為炎帝帝位，與帛文言「炎帝乃命祝融」正合。【長沙楚帛書文字編】

◉楊善群 銘文中的「炎」，《大系》釋云：「炎當即春秋時郯國的故稱，今為山東郯城縣。」《斷代》則認為：西周初之郯(一作譚)，「在今(山東)歷城縣東七十五里龍山鎮」。但楚國一向在殷畿的南方。祭祀殷王武丁的《詩·商頌·殷武》說：「撻彼殷武，奮伐荊楚。……維女荊楚，居國南鄉。」《左傳·昭公九年》記周室詹桓伯曰：「乃武王克商，……巴、濮、楚、鄧，吾南土也。」征伐在

燄

「南鄉」、「南土」的楚國，卻跑到今山東境内，這實在是不可能的。近來有的學者主張：《令簋》的「炎」即在今河南許（昌）、郟（縣）一帶」。陳昌遠：《「周公奔楚」考》，《史學月刊》一九八五年第五期。這一意見糾正了過去把「炎」定在今山東境内的錯誤，然許昌、郟縣離楚國所在的丹淅地區仍覺太遠。從地域和音韻上來觀察，《令簋》的「炎」很可能是「鄢」的借字，古音雖「鄢」屬影紐無韻，「炎」屬喻紐談韻，但發音部位和音值都很接近。其地在今湖北宜城縣。《左傳·桓公十三年》記：楚伐羅，「及鄢，亂次以濟」。杜注：「鄢水，在襄陽宜城縣入漢。」《史記·楚世家》集解引服虔云：「鄢，楚別都也。」《水經·沔水注》又説：「（鄢）城，故鄢郢之舊都，……楚昭王為吴所迫，自紀郢徙都之。」《説文》釋「鄢」曰：「南郡縣，孝惠三年改名宜城，從邑，焉聲。」《漢書·地理志》「南郡宜城」下自注謂：「故鄢，惠帝三年更名。」可知鄢是楚國的重要城市，作過楚的別都，在楚昭王時還曾遷都于此。鄢地到漢惠帝時始改成今名。周公的東征軍很可能追擊在丹淅地區的楚國叛亂者，把他們趕到漢水以南，然後停駐于炎（鄢）。在鎬京的成王風聞伐楚的勝利，就與王姜（應是成王之母邑姜）一起，沿着丹水、漢水順流而下，來祝賀這次大捷。《左傳·昭公十三年》載：「（楚靈）王沿夏，將欲入鄢。」杜注：「夏，漢別名，順流為沿，順漢水南至鄀。」足見沿漢水而下，抵炎（鄢）是很便捷的。【周公東征時間和路線的考察　中國史研究一九八六年第三期】

◉戴家祥　説文十篇「炎，火光上也。从重火。」據漢字結構特點，凡獨體字重複，均有加重本義的作用。如雙木謂林、二水謂𣲖等，炎當是火之烈也。金文用作地名，如郭氏所釋。【金文大字典中】

◉許　慎　燄火行微燄燄也。从炎。臽聲。以冉切。【説文解字卷十】

◉馬叙倫　沈濤曰。一切經音義七引作炎微燄燄然也。是古本多一然字。玉篇。燄。火行皃。徐灝曰。燄。即爓也。沈乾一曰。燄。古音庸。周書。毋若火始燄燄。漢書梅福傳引作庸庸。倫按燄從臽聲。臽音匣紐。炎音喻紐三等。同為次濁摩擦音。故炎轉注為燄。微字乃行燄二字傳寫誤羨。玄應引無行字。已譌為微也。燄燄然即不微矣。故知微是行譌。玉篇作火行皃。亦可證。説解本作火行也。燄字乃隸書複舉字之譌乙於下者。校者又增一燄字耳。玄應一切經音義引三倉。爓作焰。焰即此燄。【説文解字六書疏證卷十九】

⿰炎舌

◉許　慎　⿰炎舌火光也。从炎。舌聲。臣鉉等曰。舌非聲。當从甜省。以冉切。【說文解字卷十】

◉馬叙倫　戴侗曰。餤別作⿰炎舌。王筠曰。⿰炎舌。以冉切。下文。⿰炎占。火行也。舒贍切。玉篇。⿰炎占。胡甘切。又天念切。火光也。無⿰炎舌字而有甜字。胡甘切。火行皃。其訓釋正與⿰炎占互易。疑說文之⿰炎舌即甜之譌。然⿰炎舌甜二字廣韻皆不收。其五十闞。舕。吐濫切。⿰舌詹舕舌出。則從舌炎聲。然則說文之⿰炎舌或為衍文。倫按⿰炎舌音亦以冉切。或本餤之或體也。⿰炎舌從舌得聲。舌為甜之本字。見舌字下。舌從干得聲。干羊一字。羊臽聲同侵類。故餤得轉注為⿰炎舌。或此字出字林。【說文解字六書疏證卷十九】

⿱炎㐭

◉許　慎　⿱炎㐭侵火也。从炎。㐭聲。讀若桑葚之葚。力荏切。【說文解字卷十】

◉馬叙倫　鈕樹玉曰。繫傳無火字。葚脱。玉篇注。火皃。劉秀生曰。小徐葚作椹。詩氓。無食桑葚。釋文。葚本作椹。椹蓋葚之或體。㐭甚聲同覃部。故⿱炎㐭從㐭聲得讀若葚。邑部。鄙。從邑。⿱炎㐭聲。讀若淫。周禮考工記㡆氏。淫之以蜃。注。杜子春云。淫。書亦或作湛。湛亦或從甚聲。是其證。倫按諸家謂未詳其義。蓋由不悟侵字乃校者旁注以釋⿱炎㐭字之音者也。火也當依玉篇作火皃。本書皃也二字互譌者多矣。火皃即炎字義。此亦炎之轉注字。古讀炎如淫。而鄙從⿱炎㐭得聲讀若淫。炎聲談類。⿱炎㐭聲侵類。侵談斂侈之分耳。亦⿰炎占之轉注字。⿰炎舌聲談類。而從舌得聲。舌從干得聲。干羊一字。羊聲亦侵類也。讀若桑葚之葚。鍇本作讀若桑椹字。本書無椹字。【說文解字六書疏證卷十九】

⿰炎占

炶弋漸切出開元文字【汗簡】

◉許　慎　⿰炎占火行也。从炎。占聲。舒贍切。【說文解字卷十】

◉馬叙倫　⿰炎占為餤之同次清摩擦音亦聲同侵類轉注字。⿰炎占音審紐。餤音喻紐四等也。【說文解字六書疏證卷十九】

◉黄錫全　炶弋漸切出開元文字　夏韻豔韻録此文作「⿰炎舌」,注「⿰火舌」是「炶」寫誤。《說文》⿰炎占字正篆作⿰炎占。【汗簡注釋卷四】

燅

◉許　慎　燅於湯中爓肉。从炎。从熱省。徐鹽切。⿰炙延或从炙。【說文解字卷十】

◉馬叙倫　鈕樹玉曰。廣韻引作湯中爓肉也。韻會引爓作瀹。一切經音義四引作熱湯中瀹肉也。玉篇注。湯中瀹肉也。沈濤曰。一切經音義九引熱湯中爚肉也。蓋古本如是。段玉裁曰。爚當作鬻。王筠曰。當作瀹。倫按水部。湯。熱水也。是湯上不須熱字。瀹者。漬也。湯中瀹肉。如今冬季用火鍋。於水沸時。以生肉入之。甫熟即出而食之也。段説亦通。然此非本訓。亦是燅字義。廣韻燅下有錴字。注。説文。同上。玉篇亦有㷗字。注。湯瀹肉。王筠謂炗。小熱也。炙。熱也。㷗兼從之。則重複。意不可會。聲又不諧。後人湊合之字。於六書無當也。倫謂㷗。從炙。炗聲。炗。從火。干聲。舌亦從干得聲。舓舌一義轉注耳。今杭縣言試嘗曰忝忝看。音如丙。他念切。湯中瀹肉欲其不大熟也。蓋其語原由於試探。而試探字當作舌也。干羊一字。羊音日紐。古讀歸泥。燅從圭得聲。圭音來紐。古亦歸泥。羊聲侵類。圭聲幽類。幽侵對轉。故燅聲入侵類。然則㷗蓋燅之轉注字。而與燅異義。今以燅為燅之重文。而挩燅之重文錴。蓋後人誤并。亦以燅之本義本訓挩失故也。燅音邪紐。與餤所從得聲之臽音在匣紐者為同次濁摩擦音。臽聲侵類。圭聲幽類。幽侵對轉。此餤之轉注字。玄應一切經音義引古今字詁。古文餤。今作燅。是其證。圭音來紐。則亦畬之轉注字也。今鍇本作熱省聲。熱音日紐。古日來竝歸於泥。是則不必熱省聲也。此作從熱省。從炎復從熱益謬矣。然今音徐鹽切。似以為從炎得聲者。故朱駿聲以為炎亦聲。韻會十四鹽引正作從圭炎聲。則坿會於此也。韻會據鍇本蓋本作從炎圭聲也。

錴　倫按此湯中瀹肉義本字也。當入炙部。玄應一切經音義引古今字詁。古文燅𤑏二形。同詳廉反。則魏時燅燅二字已亂。此豈吕忱據字詁加之邪。據儀禮有司徹釋文引及廣韻引似尚有重文作㷗。【説文解字六書疏證卷十九】

燮

 前5·33·4【續甲骨文編】

 燮　卣文　 燮簋　 曾伯霥匿　 晉公𥂴【金文編】

◉許　慎　燮大熟也。从又持炎辛。辛者。物熟味也。蘇侠切。【説文解字卷十】

◉徐同柏　燮讀若溼。幽溼也。【周曾伯霥簠　從古堂款識學】

◉羅振玉　 此字从又持炬。从三火。象炎炎之形。殆即許書之燮字。許从辛。殆炬形之譌。此字又疑為許書訓火華之𤇾字。附此俟考。【增訂殷虚書契考釋中】

◉林義光　古作燮曾伯霥匿。象手持火熟物。丅熟物器底。鬻字古作𩰲𧥢戉器鬻字偏旁。象熟飪五味形。亦與𣦼形近。説文云。燮和也。从言又。炎聲。按古从辛之字或譌从言。見獄字條。燮訓為和。亦熟飪五味之義。燮燮當同字。【文源卷六】

◉高田忠周　今本説文。燮大孰也。从又持炎辛。辛者物孰味也。又又部。燮和也。从言从又炎。籒文作[字形]。燮燮古音同部。段氏云。燮亦燮字是。説見燮下。愚謂籒文省言為辛言从辛聲故也。古文辛辛通用。而辛有作[字形]者。一省得丅形。此篆从丅是也。又卜辭辛字作[字形]又作[字形]。説文籒文作[字形]亦从辛耳。然則燮燮同字。不容疑矣。大熟亦大和也。和熟一義轉通。又持炎辛之説。後人附會淫造耳。【古籒篇十四】

◉馬叙倫　鈕樹玉曰。玉篇無。廣韻燮下引説文。燮下引文字指歸。則非説文所有明矣。倫按甲文有[字形]字。羅振玉謂從又持炬。許云從辛。殆炬形之譌。又疑[字形]為焱字。倫謂燮燮燮皆一字。而為[字形]之譌變。[字形]從又從[字形]。[字形]蓋燭之初文。即炬之初文。亦丨之異文。或據禮記檀弓。童子隅坐而執燭。管子弟子職。昏將舉火。執燭隅坐。以此為宵之初文。倫謂宵從月安省聲。為夜之轉注字。宵夜者。從時間言。故字從月。若從又持燭。止是執燭之義。不見為夜。以此為宵。必由引申而得義。其非本義可知。其實[字形]父是一字。父音今在奉紐。然從父得聲之甫在非紐。或古音父亦在非紐。父母之本字為伯。音在封紐。可證也。封端知同為清破裂音。父從丨得聲。丨音知紐。燭音照紐三等。古讀知照竝歸於端。由封轉非。與心為同次清摩擦音。故燮音入心紐。而父又由非轉奉耳。傳寫形變為[字形]。因譌為燮。後人以為羊聲。故燮下曰。籒文燮從羊。羊音飪。飪為大孰。故此訓大孰。大孰引申有調和之義。今北平謂煮物爤孰者曰耎和。實即孰和飪和也。故燮下曰。和也。辛字從羊。言從辛得聲。本書。啇。從口。辛聲。讀若櫱。櫱從辥得聲。辥音心紐。辛辛一字。辛音亦心紐。此形音譌變之蹟較然而明也。餘見燮下。曾伯匿作[字形]。【説文解字六書疏證卷十九】

◉于省吾　絜文燮字作[字形][字形][字形]等形。金文燮卣作[字形]。燮段作[字形]。曾伯簠作[字形]。説文。燮。大孰也。从又持炎辛。辛者物孰味也。又。燮。和也。从言从又炎。籒文燮从羊。讀若溼。按清儒多以籒文燮从羊讀若溼移於燮下。羅振玉云。此字从又持炬。从三火。象炎炎之形。殆即許書之燮字。許从辛。殆炬形之譌。增考中五二。按羅謂从又持炬。可備一説。戴侗謂燮燮燮實一字。羊之譌為辛。辛之譌為言。是也。前五・三三・四。癸亥卜。兄貞。旬亡□囚。夕燮。大再[字形]。簠雜一一六。癸亥卜。吏貞。旬亡囚。一日象。甲覍夕燮。大再至于相。明一五五二。夕燮。以文義揆之。絜文言某日象者。均為不吉之兆。其言夕燮或夕盟者。亦均為不吉之義。燮應讀為溼。字亦作濕。説文。燮讀若溼。錢大昭謂説文異讀即用本字。是也。左襄八年傳。獲蔡司馬公子燮。穀梁作獲蔡公子濕。方言一。溼。憂也。陳楚或曰溼。自關而西。秦晉之閒。或曰惄。或曰溼。自關而西。秦晉之閒。凡志而不得。欲而不獲。高而有墜。得而中亡。謂之溼。或謂之惄。注。溼者失意潛沮之名。錢繹箋疏云。溼訓為幽溼。故聲之卑小者謂之溼。情性之鄙陋者謂之溼。行誼之污下者。意念之潛沮者。皆謂之

粦 粦

瀅。其義一也。按錢釋瀅憂之義至為明塙。廣雅釋詁。瀅。憂也。王念孫疏證云。荀子不苟篇。小人通則驕而偏。窮則棄而儑。楊倞注云。儑當為濕。引方言。濕。憂也。濕與瀅通。按王說是也。絜文言夕燮即夕瀅。謂夕有憂患也。其言大再至于相者。相。地名。意謂某方來侵大舉至于相也。【釋燮　雙劍誃殷契駢枝三編】

◉高鴻縉　燮和猶調和。原从又(手)持棍疏火使燃之形。故曰燮理。字倚又畫其持棍入火中疏之使燃之形。由文又生意。故託以寄燮理之意。動詞。周文火亦作火。字之構造仍不異。秦時棍變為言聲。(唐蘭古文字學導論所謂象意聲化。)與其他聲化字同例。隸楷本之。故為今形。疏水使流曰治(理)。疏火使燃曰燮。【中國字例二篇】

◉李孝定　燮字金文从帀,後省作「丅」,不从辛,亦非从言,說文有燮字,訓和;又有燮字,訓大熟;形義並近,諸家以為同字,是也,二者當即此字之形變,至何以有和、孰之訓,實未易明,高鴻縉氏持棍疏火之說,似未安。【金文詁林讀後記卷十】

粦　尹姞鼎　【金文編】

◉許　慎　粦兵死及牛馬之血為粦。粦。鬼火也。从炎舛。良刃切。徐鍇曰。案博物志。戰鬬死亡之處。有人馬血。積中為粦。著地入艸木如霜露不可見。有觸者。著人體後有光。拂拭即散無數。又有吒聲如鬻豆。舛者。人足也。言光行著人。【說文解字卷十】

◉吳大澂　粦子粦作文父乙觥是粦字。即炎省其一足。【愙齋集古録第二十一册】

◉林義光　舛象二足迹形。鬼火宵行逐人。故从夊夂。【文源卷八】

◉馬叙倫　鈕樹玉曰。玉篇引作鬼火也。兵死及牛馬血為粦。當不誤。韻會引亦同。而血上有之字。廣韻引作兵死及牛馬血為粦。恐非。嚴章福曰。鍇本作舛聲。聲字宜補。韻會引作𡕢省聲。非。𡕢亦從舛聲也。吴楚曰。許以粦為鬼火誣矣。炎。火光上也。炎取盛熾之義。曾謂可以鬼火屬之乎。倫按久血為燐。說見淮南氾論。許注曰。兵死之士。粦為鬼火。是此說解當如玉篇引。今本為傳寫到誤矣。鬼火也上之粦字。隸書複舉字也。然此字蓋出字林。吕忱據許淮南注為說解耳。鬼火非粦本義。粦𠫤音同來紐轉注字。或此下有重文作燐。乃鬼火義字。今失之。列子天瑞釋文。鄰說文作粦。又作燐。皆鬼火也。沈濤謂古本有重文燐篆。【說文解字六書疏證卷十九】

◉杜忠誥　今觀甲骨文中,有一从「大」(大,象正面人形,「鬼」字亦从人形)、而於兩臂之上下各加一小點之「炎大」字數見,當即為「粦」之初文。其後,或於字下增「口」為繁文;或唯於兩臂上方加點;或於兩足處增「舛」為意符。

「[古文字形]」字所从之「大」，其兩臂上下之點究何所示？關於此點，白川靜認為係「表示鮮血淋漓之象」，見該書頁八九〇。拙見認為仍以說文所訓之「鬼火」較為近理。

《淮南子·氾論訓》有「久血為燐」之說。見《淮南鴻烈解》卷十三。載《百子全書》第十一冊，頁六五九八。一九六三年九月，台北，古今文化出版社出版。張華《博物志》亦云：「戰鬥死亡之處，其人馬血，積年化為粦，粦著地及草木，皆如霜露不可見。有觸者，著人體便有光。拂拭便散無數，又有吒聲如煼按即今「炒」字。《宋本玉篇》作「⿱芻灬」，列在火部「炒」字上，於「炒」字下注云：「同上」。（見該書，頁三九二，一九八三年九月，北京，中國書店出版。）豆。舛者，人足也，言光行著人。」見徐鍇《說文解字繫傳》注所引，頁二〇二。一九八七年十月，北京，中華書局出版。蓋燐血隨風飄動，猶人之有足，能行動也，故字下或从舛。

甲骨文中，有一从水之「潾」字，其聲符「粦」旁下面，於「大」之兩足處已增「舛」為形符。見《殷墟甲骨刻辭類纂》上冊，頁四九八。故知早在殷商時代，「[古文字形]」與「[古文字形]」兩種形體均已行用於世。依漢字發展演變之規律看來，从舛之「[古文字形]」應是「[古文字形]」之後起字，此亦前人所謂形聲字必以聲符為初文者也。

古文字中，凡是从人或从與人有關偏旁之字，往往在人形之足部增加「夊」符，既不影響字義，而其表意效果則更加顯豁。如為側面人形，則只加一「夊」符（以只見一足故）；若為正面人形（如「大」），則於兩足處各加一「夊」符而為「舛」，這幾乎已成古文字發展之通例。表六之「允」、「埶」、「揚」等字，字下或似从女，實為从夊之譌。吾人由「[古文字形]」之增「舛」為形符，更可以反證「粦」之本形為「从大」，而非如說文所釋之「从炎」。

羅振玉在《殷墟書契考釋》中釋「[古文字形]」為炎，見該書卷中，頁五十一。一九六九年十二月，台北，藝文印書館出版。後出的孫海波《甲骨文編》、金祥恆《續甲骨文編》、高明《古文字類編》等與甲骨文有關之字書，幾乎都從羅說，將「[古文字形]」字與「[古文字形]」字同釋作「炎」。實則，甲骨文「火」字，唯「[古文字形]」（與「山」同形）、「[古文字形]」、「[古文字形]」（「閔字」所从）等幾種形體，此「[古文字形]」字明與「火」字無涉。

李孝定《甲骨文字集釋》書中，雖已對此字之形義起疑，然因不明其即為「粦」之初文，卒仍從羅說，將兩個「[古文字形]」字收列在「炎」字條下。見該書第十，頁三一八九。一九七四年十月，台北，中央研究院歷史語言研究所出版。

「粦」字所从之點既為鬼火，从兩點與从四點應當無別。金文「𠈑匜」與「駒父盨」蓋之銘文中，另有「粦」字作「[古文字形]」。過去，此字常被認為是「小大」二字之合文，恐非是。金文如「趞鼎」及「毛公鼎」別有「小大合文」之「[古文字形]」字，上下字間分離，未有接合，其構形與「[古文字形]」字相近而實不同，明非一字也。見《金文編》增訂第四版，頁四三。

金文或於「粦」之左旁增加形符「阜」而為「隣」字，此與《說文解字》鄰字「从邑」之說法異。實則从邑之「鄰」字，早在許書成書前三百餘年之睡虎地秦簡中便已出現，知許説亦有所本。至於漢碑文字，从邑之「鄰」與从阜之「隣」已混用無別矣。

《金文詁林附録》收有「趞鼎」之「□」字。「趞鼎」，《金文詁林附録》與《金文編》均誤作「趞簋」。實則，青銅器中並無「趞簋」其物。郭沫若釋作「隣」，白川静《金文通釋》第二冊所釋同。李孝定謂此字「不从粦」，否定郭説而隸定作「陪」。見《金文詁林附録》，第二四二七欄，編碼三五〇二。事實上，原器銘文雖因鏽蝕而稍欠明晰，然諦審拓本，其右旁上方，「□」的兩臂之上各有一點，仍隱約可見。作「□」，不作「□」。見《商周青銅器銘文選》(一)頁八十。與「牆盤」及「中甗」等字例同形。就文例講，「趞鼎」之「大小右隣」也與「牧簋」之「右粦毋敢不明不中不井(刑)」之用法相同。又，从口从舛，均為「□」之繁文。故仍以郭氏與白川氏之釋「隣」為確。增訂四版之《金文編》卷十四亦收録此字，容庚原本《金文編》無此字。與《金文詁林附録》同據誤摹之字形而隸定作「陪」，並非。

此外，《金文詁林附録》尚收録「㝨簋」之「□」字。見該書，第二四二九欄，編碼三五〇三。此引録自丁佛言《説文古籀補補》。此器銘文拓本雖未見，然由前述理推，此字恐與「陪」字同屬誤摹之形體。丁佛言釋作「鄰」，李孝定仍以此字「非从炎」，駁開其説而隸定為「隣」。「鄰」字，説文从邑，金文从阜，今既不別，丁氏之釋是也。

「石鼓文」「吴人鼓」有一从粦之「憐」(憐)字，原石拓本，此字上部从「大」之形體清晰可辨。《漢語古文字字形表》收録此字時，則誤摹作从炎之「□」。見該書，頁四一七。徐中舒主編，漢語古文字字形表編寫組編。一九八七年七月，四川辭書出版社出版。同樣的例子，又見宋薛尚功《歷代鐘鼎彝器款識》收録懿王時代之「牧簋」銘文中，兩處「右□」之「□」(粦)的上部，亦被摹寫作「□」。見《商周青銅器銘文選》(三)，頁一八七所引録。又見唐蘭《西周青銅器銘文分代史徵》附件一，頁四一六。惟其作器時代，唐氏認為是在共王時代。凡此皆受《説文解字》篆文之影響而然，其字下所从之「□」，上面兩個「□」，拙見亦疑其為从「□」(舛)之誤摹。惟此不過僅據古文字之構形原理而加以揣測，其真象為何，仍須俟見原器或銘文拓本方能分曉。

實則，「粦」之上部，早在戰國晚期的睡虎地秦簡中，如「鄰」、「鄰」等字之所从，已譌為从炎。其譌變之由來，則與前述之「黑」字略同。漢代帛書與印文，寫法大致同於秦簡，或从炎，或如帛書「老子甲本」之簡省作「□」，只从一火。漢代碑刻文字多譌作「□」或「粦」，其从米之形體，則為後來之楷書所承用，迄於今日。

然而，在篆、隸書均已步下實用之文字舞台的唐代，李陽冰「謙卦銘」的「鄰」字左旁寫法，其形體結構仍存古形之真貌，當非一時偶合，想必別有所據。【古文字形體研究五則　國文學報第二十期】

◉裘錫圭　𤎪明　師訇鼎：「用刑乃聖祖考𤎪明⿰令闢前王」(《文物》1975年8期61頁)，尹姞鼎：「……穆公聖粦明□事先王」(《録遺》97)。「𤎪」、「𨼆」、「粦」是同一個詞的不同寫法。陳夢家認為「粦」指耳目聰明(《考古學報》1956年3期119頁)。【史牆盤銘解釋　文

物一九七八年第三期】

◉李孝定　粦為鬼火，蓋十口相傳之古誼，至今猶然。其字从炎，猶有義可説，惟炎舛則無義；金文从，象人形，从，蓋粦火着人身之象，非从炎舛也。陳夢家讀粦為轔，可从。【金文詁林讀後記卷十】

◉于豪亮　「咨明」即「粦明」。師訇鼎：「用刑乃祖考隣明給辟前王。」粦讀為靈，《詩靈臺》：「經始靈臺」。傳：「神之精明者稱靈。」《離騷》：「夫為靈修之故也。」注：「靈謂神也。」故「咨明」即精明。【牆盤銘文考釋　古文字研究第七輯】

黑

黑　郾伯馭簋　鑄子弔黑臣匜　【金文編】

4·8　匋攻黑　3·1288　獨字　【古陶文字徵】

九八：二三　宗盟類參盟人名　【侯馬盟書字表】

黑　日乙一五八　十五例　封二三　【睡虎地秦簡文字編】

0737　3967　2842　3934　【古璽文編】

呂黑　趙黑　馬大黑印　李黑　結黑私印　龐黑私印　【漢印文字徵】

黑　【汗簡】

古老子　汗簡　【古文四聲韻】

◉許　慎　火所熏之色也。从炎上出囱。囱。古窻字。凡黑之屬皆从黑。呼北切。【説文解字卷十】

◉林義光　古作滔媒敦媒字偏旁。象火自窗上出形。象窗。煙窗也。或省作多父盤媒字偏旁。【文源卷四】

◉高田忠周　云炎上出囮者。於字形。未見其意。而熏作云。火煙上出也。从中从黑。中。黑熏象也。是字从中而炎上出囮之意始可見矣。然熏而後黑色有焉。字黑為先出。而義熏為先矣。可知黑字夙受意于熏字。此亦考老轉注之謂也。當互相證而已。故愚謂許氏收熏于中部非熏之从中。此謂叚借。即象形之叚借。不可以為熏之建首也。【古籀篇十四】

◉商承祚　囱象竈突延密孔。【說文中之古文考】

◉馬叙倫　鈕樹玉曰。繫傳囨古窗字上有臣鍇曰。在皆從黑下。沈濤曰。九經字樣云。黑。説文作𪐗。象火煙上出也。是今本從炎下捝象火煙三字。倫按鑄子叔黑臣簠黑字作黑。古鉩作黑黑黑。證以九經字樣。則形變之跡可知也。字以作黑為正。從炎。囱聲。囱即鹵字。見者字下。故齊謂黑為黸。今北方猶有謂黑謂盧者。黸鹵聲皆魚類。聲蓋如烏。今杭縣謂黑曰烏黑。謂柹心黑木曰烏木。烏音影紐。古讀曉影。則今黑音入曉紐者。其轉變之故明矣。盧從虍得聲。虍音亦曉紐也。虍虎一字。楚人謂虎於菟。亦可證也。然則黑從鹵得聲無疑。火所熏之色也校語。從炎象火煙上出囨吕忱或校者改之。字見急就篇。【説文解字六書疏證卷十九】

◉楊樹達　此謂炎熏窗而為黑色也。炎為能名，罒為所名。【文字形義學】

◉高鴻縉　字初倚火或炎畫其上束艸有煙跡形。由物形煙跡生意。故託以寄黑白之黑之意。狀詞。古形則更明顯。小篆束上煙跡變為罒。徐鍇誤釋為窗。説文囟下有罒古文。嚴章福曰。罒此校者由黑下移補。議删。今知黑字所从之罒亦非窗字。乃束上煙跡也。小徐誤。【中國字例二篇】

◉李孝定　金文黑字，其下似亦从「大」，不从炎，字形難以索解。【金文詁林讀後記卷十】

◉于省吾　甲骨文黑字作黑黑或黑黑等形。其作黑黑者，郭沫若同志釋黄（粹考七八六）。按甲骨文潢字（前二·五·七）从黄作黃，與黑字迥别。唐蘭同志釋黑為英，並謂「英字或作央者，舊不識，今以鶧字偏旁證之，知亦英字」（殷記六三）。按鶧字（鄴初三九·三）偏旁本作黑，非从黑。其實，黑字上部本不从口，黑與英的構形判然有别。甲骨文言黑牛黑羊黑豕者均作黑。又甲骨文黑字的異構也作黑黑，為舊所不識。這和周器師害簋的文字作黑，買簋的黄字作黃，下部兩叉變為三叉，其例正同。周器嬬嫼簋的嫼字从黑作黑，鑄子簠的黑字作黑，較甲骨文只增加數點，説文則譌變作𪐗，並謂「从炎上出囨」。黑字的本義雖須待考，但許説臆測無據。

甲骨文黑字有兩種用法，今分别舉例，並予以闡述。

甲，黑指用牲的毛色言之。例如：

一、叀黑牛（拾一·四）。

二、弜用黑羊，亡雨○叀白羊用（原漏刻横劃作三），于之又大雨（寧滬一一三）。

三、庚寅卜，貞，其黑豕（金五六九）。

四、叀黑犬，□王受又(粹五四七)。

五、叀黑牛○□叀羊(南北明七一四)。

六、叀黑○叀羊(京津四一九三)。

七、叀白犬○□叀黑□犬(京津四二○○)。

以上所引第三條的其黑豖，如果訓黑為黃，不僅于字形不符，也于豖實有的毛色不符。第六條以叀黑與叀羊對貞，自當指牛言之。

乙，黑指日氣晦冥的晝盲言之。例如：

一、丙申卜，穷貞，商其□黑○貞，商黑(乙三三三一)。

二、辛卯卜，殻貞，其黑○辛卯卜，殻貞，不黑(乙六六九八)。

三、戊申卜，争貞，帝其降我黑○戊申卜，□争貞，帝不我降黑(丙六七)。

四、辛卯卜，殻貞，帝其黑我(續存下一五六)。

五、羽，巽隹其亡(黑)，𢼄(南北明四一八)。

周禮眡祲：「掌十煇之灋，以觀妖祥，辨吉凶。」鄭注：「妖祥，善惡之徵。鄭司農云，煇謂日光炁也。」按十煇是指十種日光氣言之。其中「五曰闇」，闇與暗古通用。說文訓暗為「日無光」。釋名釋采帛：「黑，晦也，如晦冥時色也。」俞樾周禮平議：「周禮所謂闇，即春秋所謂晦也，僖十五年己卯晦，成十六年甲午晦，公羊傳並曰，晦者何，冥也，是其事也。」孫詒讓周禮正義：「呂氏春秋明理篇云，其日有不光，有晝盲，高注云，盲，冥也。此闇即所謂晝盲。」按晝盲指的是白日黑暗，可以和甲骨文言黑相印證。

上文所引各條的黑字都指晝盲言之。第四條的帝其黑我，黑作動詞用。是說上帝加我以晝盲的災害。第五條的羽為地名，甲骨文的「于羽受年」(粹八六三)和「羽不其受年」(前七·四三·一)，是其證。巽隹其亡黑，𢼄(啓)，巽與翌甲骨文每通用。啓之通詁訓為開明。這一條是說，羽地翌日無黑暗的晝盲而天氣開明。這不僅說明了亡黑是就天氣之無晝盲而言，而且，下言啓應該是指天氣開明，與一般陰雨的啓晴是有區別的。無黑暗的晝盲恰好和啓訓開明之義相脗合。這就足以證明釋黑為黑暗的晝盲以及前文釋黑為用牲的毛色，都是可以肯定的。【釋黑　甲骨文字釋林】

◉夏　淥　烟囱為烟熏黑：黑、墨古本一字，圓圈代表烟囱，囱、窗本一字，後加穴旁，作窗户字，囱專作烟突。炎從囱冒出，表示灶的烟囱被火烟所熏黑，留下烟墨。《説文》：「火所熏之色也，从炎上出囪，囪，古窗字。」這一種形義來源的「黑」字，金文也有殘餘跡象，無疑《説文》許説是符合實際的。【造字形義來源非一説　武漢大學學報（社科版）一九八七年第二期】

◉杜忠誥　依甲骨文及金文，「黑」之初形，當是象顏面被墨刑之人的正面形。參唐蘭《西周青銅器銘文分代史徵》，頁五一一，注釋第十四條。一九八六年十二月，北京，中華書局出版。既不从炎，也非从説文所謂「古窗字」的「囪」。

甲骨文「黑」字，唯在顏部加一豎畫。到了金文，或於顏面及兩臂之上下加點。孫海波《甲骨文編》將「□」與「□」兩字均釋作「𦰩」，見《甲骨文編》改訂本，頁五二〇至五二一。一九八二年九月，京都，中文出版社出版。而新近出版之《殷墟甲骨刻辭類纂》一書，則將有「口」的「□」字釋作「𦰩」，將一部分無「口」的「□」字依卜辭的上下文意釋作「黑」。見該書上册，頁一〇四至一〇五。此書為吉林大學古籍研究所叢刊之六，姚孝遂氏主編，一九八九年一月，北京，中華書局出版。

一九七五年二月，「倗匜」在陝西省岐山縣董家村出土，銘文中出現了作為墨刑的「黷」、「黷」、「黜」等字。銘文拓本見馬承源主編之《商周青銅器銘文選》第一册，頁一五一至一五二。釋文見同書第三册，頁一八五至一八六。第一册一九八六年八月，第三册一九八八年四月，北京，文物出版社出版。又見唐蘭《西周青銅器銘文分代史徵》，頁五〇八至五〇九。其所从之「黑」旁只作「□」或「□」，由於這些字的出土，大致可以證知將表二的兩個甲骨文例釋作「黑」是正確的。此字構形側重的主要部位在被墨刑之顏面，故於兩臂之上下加點（以示污物）與否，對於字義並無影響。其後，在顏面及兩臂上下加點的字卻被廣泛承用下來。

進入春秋、戰國時代以後，所謂「諸侯力征，不統于王」，王官失守，教育普及民間，一般民衆使用文字的機會也急劇增加，為了書寫上的迅捷與便利，各式各樣簡率的寫法一一出籠。這種出於廣土衆民所共同的需求與實際的文字書寫活動，同時也為漢字之從篆書演化成隸、草等書體，漸次醖蓄而形成一股沛然莫之能禦的强大動力。

根據筆者初步的觀察，在漢字長時期波瀾壯闊的隸變過程中，寫來便捷、左右揮灑的「人」字符之運用，實在扮演著極重要的角色。其中凡遇原本象站立之正面人形的「大」字，以及與「大」相關或類似的字形，往往寫作「□」，甚至上下被割成兩截而作「□」。「黑」字所从之「大」被分離為兩截後，又各與旁點組合，字的下部遂成「□」（炎）形，表二第六例「黔」字之第三個字例為秦始皇二十六年詔版上文字，其左旁下部即已譌作此形。然後知《説文解字》之釋「黑」為「从炎」，其所由來久矣。如將所从「□」之上截兩臂部分筆勢向左右展平，其上面的兩筆（點）又向中間緊靠寫連，則成「□」形，而為後來隸、楷書形體之所承。

《金文詁林附録》所收「魰尊」之「□」字，于省吾釋作「黑」，李孝定則篤守説文之訓解，以其字下為「不从炎」而否定于説。見周法高等《金文詁林附録》，第二一七四欄，編碼三三八四。一九七七年四月，香港中文大學出版。今依「黑」字之早期形體演變情況看來，仍當以于說為是。

《金文編》卷十一收有「湨伯卣」的兩個「𤊽」字,均被釋作「濕」。見容庚編著、張振林及馬國權補摹之《金文編》增訂第四版,頁七四一。一九八五年七月,北京,中華書局出版。實則,此兩字下部明是从火,非从大,釋「濕」未確。其構形之本義為何雖不能確知,拙見以為仍當如《商周青銅器銘文選》之依原拓銘文隸寫作「湨」為妥。見第三冊,頁一〇一。【古文字形體研究五則 國文學報第二十期】

黸

◉許　慎　黸齊謂黑為黸。从黑。盧聲。洛乎切。【說文解字卷十】

◉馬叙倫　黸為黑之轉注字。説解本作黑也。今捝。或此字出字林。【說文解字六書疏證卷十九】

䵳

䵳 3·297　東蔓鄙里公孫䵳　古文四聲韻引張揖集字䵳作䵳與此形近似　【古陶文字徵】

䵳 䵳乙夬切出張揖集古文　【汗簡】

䵳 張揖集　【古文四聲韻】

◉許　慎　䵳沃黑色。从黑。會聲。惡外切。【說文解字卷十】

◉馬叙倫　鈕樹玉曰。玉篇。淺黑色。廣韻。淺黑色。則沃疑淺之譌。沃。説文作涹。倫按草書淺字似涹。故譌也。色字當依下文黯字説解例。亦當作也。然非本訓。或字出字林也。【說文解字六書疏證卷十九】

◉黄錫全　䵳䵳乙夬切出張揖集古文　从黑从芇,芇即古會字,説見前會部芇。鄭珍誤以為从古文旅。【汗簡注釋卷四】

黯

◉許　慎　黯深黑也。从黑。音聲。乙減切。【說文解字卷十】

◉馬叙倫　鈕樹玉曰。韻會引作深慘色。恐非。倫按玄應一切經音義引倉頡。黤黯。深黑不明也。又引聲類。黯。深黑也。言形色黯黑也。又引字林。深黑也。然則深黑也吕忱據聲類加之。本訓捝矣。與暗同語原。【說文解字六書疏證卷十九】

黶

◉許　慎　黶中黑也。从黑。厭聲。於琰切。【説文解字卷十】

◉馬叙倫　鈕樹玉曰。一切經音義一及九及十一及廿二引並作面中黑子也。當不誤。玉篇注。黑子也。鄭知同曰。音義引者初唐本。不誤。然凡身有黑子皆得名黶。不必在面。許君明其本義耳。倫按廣雅釋器。黶。黑也。黶黯音同影紐。聲則侵談侈掩之分。則是轉注字也。面中黑子乃黡字義。本書無黡。今於字形無面義。知其非也。中字當删。然疑此字出字林。【説文解字六書疏證卷十九】

黳

◉許　慎　黳小黑子。从黑。殹聲。烏雞切。【説文解字卷十】

◉馬叙倫　小黑子非本義。黳音亦影紐。為黯黶之轉注字。字蓋出字林。【説文解字六書疏證卷十九】

⿰黑旦

◉許　慎　⿰黑旦白而有黑也。从黑。旦聲。五原有莫⿰黑旦縣。當割切。【説文解字卷十】

◉馬叙倫　周雲青曰。唐寫本唐韻引作色白而黑也。倫按玉篇。白而黑也。字或出字林。故有五原六字。【説文解字六書疏證卷十九】

黬

◉許　慎　黬雖皙而黑也。从黑。箴聲。古人名黬字皙。古咸切。【説文解字卷十】

◉馬叙倫　沈濤曰。玉篇引作古人名黬字子皙。倫按雖皙而白也明非本訓。字或出字林。【説文解字六書疏證卷十九】

䵘

◉許　慎　䵘赤黑也。从黑。昜聲。讀若煬。餘亮切。【説文解字卷十】

◉馬叙倫　此今杭縣所謂醬色之醬本字也。赤黑也或非本訓。或字出字林也。【説文解字六書疏證卷十九】

黲

◉許　慎　黲淺青黑也。从黑。參聲。七感切。【説文解字卷十】

◉馬叙倫　鈕樹玉曰。韻會也作色。倫按字或出字林。【説文解字六書疏證卷十九】

黤 黤

◉許　慎　黤青黑也。从黑。奄聲。於檻切。【説文解字卷十】

◉馬叙倫　沈濤曰。六書故曰。於敢切。陰黑也。亦作黭。徐本説文曰。青黑也。唐本曰。果實黭黮也。是戴氏所見大徐本説文黭即黤之重文。廣韻四十八感二字皆音為感切。黭訓黭黤則與唐本説文同。今本黭黯乃傳寫之誤。然一切經音義十三引同今本。則徐本亦不譌。蓋唐時本有不同也。荀子强國注引黭黑色。乃節引。翟云升曰。果實黭黯黑也。黭字義。六書故譌引。倫按下文。黭。果實黭黯黑也。如六書故引唐本但作果實黭黮。則專屬果實言矣。如廣韻但訓黭黯。則黭為黮之轉注字。侵談聲近也。黮下曰。桑甚之黑。故黭下曰。果實黭黮。然言果實。不當獨舉桑葚之黑。蓋皆校者因黮從甚得聲而妄改之。黮止訓黑也。實黯之聲同侵類轉注字。莊子齊物論。則人固受其黮闇。闇借為黯。正黮黯連文。黭下亦本止訓黑也。為黶之音同影紐聲同談類轉注字。如戴侗所見徐本唐本均以黭為黤之重文。特説解徐本作青黑也。唐本作果實黭黮耳。今本黭下據唐本多黑也二字。或原本黤下作青黑也。果實黭黮也。或唐本黭為正文黤為重文。未可定也。黭黤音同影紐聲同談類。古書奄弇二聲互通。則黭黤為轉注字。本部黜字以下説解多非本義。本篇火部以下到亂挩譌。十居其五。然則戴説未可忽也。然本訓或挩。存者字林文或校語。若是許訓。蓋止作黑皃。玄應一切經音義引倉頡。黤黯。深黑不明也。【説文解字六書疏證卷十九】

黝 黝

◉許　慎　黝微青黑色。从黑。幼聲。爾雅曰。地謂之黝。於糾切。【説文解字卷十】

◉馬叙倫　爾雅釋器。黑謂之黝。詩隰桑有阿毛傳周禮牧人禮記玉藻注小爾雅廣詁。黝。黑也。然則黝亦黤黭黯黶之音同影紐轉注字。黝黯又幽侵對轉也。字蓋出字林。【説文解字六書疏證卷十九】

黗 黗

◉許　慎　黗黄濁黑。从黑。屯聲。他衮切。【説文解字卷十】

◉馬叙倫　承培元曰。汪本繫傳作黄濁黷。倫按本訓挩矣。或字出字林也。【説文解字六書疏證卷十九】

點 點

點 説文【古文四聲韻】

◉許　慎　點小黑也。从黑。占聲。多忝切。【説文解字卷十】

黚 (seal)

◉馬叙倫　點音端紐。黶音影紐。同為清破裂音。占聲侵類。黶聲談類。侵談聲近。疑點為黶之轉注字。老部。耇老人面如點也。雖非許語。然老人面多黑子。而玄應音義引本書。黶。面中黑子也。亦未必是許語。然以此相證。點或為黶之轉注字。黵音見紐。點音端紐。端見同為清破裂音。亦轉注字。曾點即曾黵可證也。【說文解字六書疏證卷十九】

◉許　慎　黚淺黃黑也。从黑。甘聲。讀若染繒中束緅黚。巨淹切。【說文解字卷十】

◉馬叙倫　鈕樹玉曰。六書故引黑下有色字。玉篇。淺黃色。又黑也。束字恐譌。緅。古通作纔。本書無緅。黚當是紺。朱駿聲曰。中束二字疑帛之譌。承培元曰。鍇本黚注與黔下鍇說同。當是黔重文。王筠曰。鍇本黚注與鉉本黔注同。惟黎作黧耳。蓋鍇本黚黔相連。而黚挩注黔挩篆遂合為一。倫按廣雅黚止訓黑也。玉篇訓淺黃色。又黑也。其黑也一訓與廣雅同。六書故引黑下有色字。或色字本在黑上。即玉篇所本也。然淺黃與黑異色。何以一字而訓。且本書。紺。染青而揚赤也。黚紺同從甘得聲。又同言色。當是同語原。或竟是一字。以屬色言故從黑。屬質言故從糸耳。黚字從黑。當是黑為主體。深青而揚赤者。青與黑近。赤與黃近。合之當為黃黑。此言淺黃黑與上文黇為黃濁黑義近。蓋淺與濁猶清與濁耳。然則此訓不誤。蓋字林文耳。讀若句校者加之。或此字出字林。【說文解字六書疏證卷十九】

黅 (seal)

◉許　慎　黅黃黑也。从黑。金聲。古咸切。【說文解字卷十】

◉馬叙倫　黃黑也非本訓。或字出字林也。【說文解字六書疏證卷十九】

黦 (seal)

◉許　慎　黦黑有文也。从黑。冤聲。讀若飴盌字。於月切。【說文解字卷十】

◉馬叙倫　吳穎芳曰。黝之轉語。段玉裁曰。字亦作黦。周禮染人。夏纁。注。故書纁作𧺴。𧺴即黦也。王念孫曰。淮南時則訓。天子衣苑黃。高注。苑讀盌飴之盌。春秋繁露。民病心腹宛黃。皆字異而義同。王筠曰。飴盌當作盌飴。高注淮南既云盌飴。太平御覽引蒼頡解詁。䬴。飴中箸豆屑也。䬴即盌。此物以盌為主。故飴不可在盌上。承培元曰。周處風土記。梅雨霑衣服皆敗黦。即徐鍇所謂色經溽暑而變斑色也。劉秀生曰。夗聲冤聲竝在影紐寒部。故黦從冤聲得讀若盌。革部。𩋃。從革。冤聲。或從宛聲作𩊱。女部。㛄。婉也。從女。夗聲。婉。順也。從女。宛聲。婉。宴婉也。從女。冤聲。詩新臺。燕婉之求。毛傳。燕。安婉。順也。燕婉即宴婉。是㛄婉婉三字轉注。實即一字。竝其證。倫按字蓋出字林。【說

䵵 䵵

◉許　慎　䵵黃黑而白也。从黑。算聲。一曰。短黑。讀若以芥為齏名曰芥荃也。初刮切。【說文解字卷十】

◉馬叙倫　鈕樹玉曰。玉篇。黃黑而白也。一曰短皃。蓋本説文。桂馥曰。廣韻。䵵。短黑皃也。劉秀生曰。算聲荃聲竝在寒部。故䵵從算聲得讀若荃。易繫辭。若夫襍物撰德。釋文。撰。鄭作算。周禮大司馬。撰車徒。注。撰讀曰算。食部。籑。從食。算聲。或從巽聲作饌。車部。輇。從車。全聲。讀若饌。是其證。倫按本書。纂。似組而赤黑也。纂亦從算得聲。疑其色當與䵵同。黃黑而白也非本訓。一曰短黑。未詳。疑短為豋之譌。豋黑即黦黑。黦算聲同元類。則黦䵵或轉注字。䵵色當是黑中有赤者。周禮之纁玄。纁為淺絳。絳為大赤。若謂纁字故書作黴。黴是梅雨著衣服敗變為斑色者。古人必無取於此。經記固班然可考也。纁玄正是黑中有赤者耳。上文。黦。黑有文也。文蓋赤字之譌。此黃黑而白。亦疑有譌。黑中有赤正與纂下説解相應。字蓋出字林。【說文解字六書疏證卷十九】

䵟 䵟

◉許　慎　䵟黑皴也。从黑。幵聲。古典切。【說文解字卷十】

◉馬叙倫　嚴可均曰。説文無皴。疑當作踙。小徐作皵。説文亦無。沈濤曰。文選百辟勸進上牋。注引作黑皵也。倫按廣雅。䵟。黑也。廣韻。䵟。黑皃。是䵟止是黑也。皴皵皆後人以為是爾字而加之。或黑也皴也二訓。傳寫誤并也。䵟黠同舌根音。又聲同脂類。蓋轉注字也。字或出字林。【說文解字六書疏證卷十九】

黠 黠

黠 乇黠私印【漢印文字徵】

◉許　慎　黠堅黑也。从黑。吉聲。胡八切。【說文解字卷十】

◉馬叙倫　翟云升曰。集韻引作堅固也。倫按玉篇。堅也。黑也。本書硈。堅也。是堅也乃硈字義。此校語。或呂忱增異訓。玄應一切經音義引三倉。猾。黠。惡也。【說文解字六書疏證卷十九】

5・389 秦詔版殘存「天□諸矦黔首大安」七字　5・398 秦詔版「廿六年皇帝盡并兼天下諸矦……」共四十字　秦1550 秦詔版殘存「黔首大安立號為皇帝」九字　秦1532 秦詔版殘存「諸矦黔」三字【古陶文字徵】

黔陬長印　石黔　黔塈石【漢印文字徵】

詔權 黔首大安【石刻篆文編】

◉許　慎　黔黎也。从黑。今聲。秦謂民為黔首。謂黑色也。周謂之黎民。易曰。為黔喙。巨淹切。【説文解字卷十】

◉馬叙倫　鈕樹玉曰。韻會作黧也。丁福保曰。慧琳音義八十九引作黑黎也。倫按鍇本黎作黧。本書無黧。蕭該漢書音義引字林。黧。黑也。則此字出字林。慧琳引作黑黎也。蓋本黑也黧也二訓。黧也字林文。秦謂以下校語。黎民見書。不始於周。黧黚黔皆同舌根音轉注字。黔字出倉頡篇。見顏氏家訓引。黔黬疑為一字異文。或此篆本在黚下。為正篆。黬是重文。今黬下訓黃黑也。乃傳寫涉黚字説解而譌衍。或此篆訛移於此。而重文未迻。校者謬為説解耳。【説文解字六書疏證卷十九】

◉王　輝　秦始皇二十六年詔版：「廿六年皇帝盡并兼天下諸侯，黔首大安。」琅邪臺刻石：「上農除末，黔首是富……憂恤黔首，朝夕不懈……黔首安寧，不用兵革。」繹山刻石：「熘害滅除，黔首康定，利澤長久。」會稽刻石：「遂登會稽，宣省習俗，黔首齊莊……黔首修潔，人樂同則，嘉保泰平。」

黔首一詞，又見《吕氏春秋》之《振亂》、《懷寵》、《大樂》諸篇及李斯《諫逐客書》，這説明在秦統一之先，這一詞語已出現了，只是其時或稱民，或稱黔首，並未統一。睡虎地秦墓竹簡《語書》、《為吏之道》多次出現民字。如《語書》：「古者民各有鄉俗，其所利或好惡不同，或不便于民，害于邦。是以聖王作為法度，以矯端民心。」《為吏之道》：「審智(知)民能，善度民力」；「吏有五失……一曰見民渠(倨)敖(傲)……三曰興事不當，興事不當則民傷指。」《語書》發布于秦始皇廿年(公元前227年)，《為吏之道》抄寫時間可能也較早。

《史記・秦始皇本紀》始皇二十六年：「更名民曰黔首」，此後民即完全代以黔首。《睡虎地秦墓竹簡》中抄寫較晚的各篇(據《編年紀》，晚者可至始皇三十年，即公元前217年)再未出現民字。

黔首的含義，《史記》集解引應劭曰：「黔亦黎黑也。」《禮記・祭義》：「以為黔首則。」孔穎達疏：「黔謂黑也，凡人(人即民，唐人避太宗李世民諱）以黑巾覆頭，故謂之黔首。」兩種説法，大概以前説近是。泰山刻石：「親輣遠黎，登茲泰山，周覽東極。」《史記・秦始皇本紀》引作「親巡遠方黎民」。司馬遷認為，黎就是黎民，也就是黔首。

秦人崇尚水德，「衣服旄旌節旗皆上黑」（《秦始皇本紀》），正式更名民曰黔首，可能同這種理論有關，與「更名河曰德水」，用意相近。

在秦簡中，民與吏經常連用。如《語書》：「今法律令已具矣，而吏民莫用。」「今法律令已布，聞吏民犯法為閒私者不止。」可見民或黔首與隸、臣、妾有別，大致相當于中、小地主及一般農民、商人。這些人的態度如何，在很大程度上決定秦的統治是否穩固，故皇帝對他們還是關心的，希望他們「康定」、「安寧」、「憂恤」他們，以至「朝夕不懈」。至于秦代大量存在的隸、臣、妾一類奴隸，皇帝並不關心。【秦器銘文叢考　考古與文物一九八九年第五期】

黕

黕訢私印【漢印文字徵】

◉許　慎　滓垢也。从黑。冘聲。都感切。【説文解字卷十】

◉馬叙倫　吴穎芳曰。玉篇曰。黕點汙濁。案今俗衣染汗生黑點即黕也。俗呼章荏切。倫按此似今醫家言沈澱之沈本字。然沈澱者未必皆黑。此從黑義當為黑。蓋本訓挩矣。或為點之音同端紐轉注字。古鉩作。字或出字林。【説文解字六書疏證卷十九】

黨

黨　封六九　二例　通倘　甲|有當封守而某等脱弗　占書　封一〇【睡虎地秦簡文字編】

陸黨　張黨　胡黨私印　桂黨私印　黨彊【漢印文字徵】

黨【汗簡】

王庶子碑　籀韻【古文四聲韻】

◉許　慎　不鮮也。从黑。尚聲。多朗切。【説文解字卷十】

◉馬叙倫　不鮮也非本義。亦非本訓。疑黨為點黕之音同端紐轉注字。字見急就篇。【説文解字六書疏證卷十九】

◉楊樹達　黨　説文十二篇上手部云：「攩，朋羣也。从手，黨聲。」按朋黨鄉黨里黨皆當作此字。【增訂積微居小學金石論叢卷第一】

◉黄錫全　[古文]黨　古璽傷作[古文]（璽彙2548），雲夢秦簡作[古文]（與易作[古文]有别），《説文》失收。《法言·淵騫》：「魯仲連傷而不𠜂，藺相如𠜂而不傷。」注：「傷，古蕩字。𠜂，古制字。」傷、蕩、儻、黨古韻同屬陽部，此假傷為黨。阜陽漢簡《詩經》假傷、湯為蕩，馬王堆漢墓帛書《戰國縱横家書》假常為黨，與此類同。鄭珍認為「釋黨，蓋以為『倜儻』字也，『倜儻』古無正字」。夏韻蕩韻注出《王庶子碑》。【汗簡注釋卷三】

黷 [篆文]

◉許　慎　[篆文]握持垢也。从黑。賣聲。易曰。再三黷。徒谷切。【説文解字卷十】

◉馬叙倫　握持詞複。持垢為黷。義亦未安。文選頭陀寺碑文注引字林。黷。持垢也。則握也持垢也為二訓。握也以聲訓。持垢也吕忱因握字而加此訓。左思吴都賦林木為之潤黷。劉淵林釋黷為黑茂。與從黑之義合。黷從𧶠得聲。𧶠從𡍬得聲。𡍬從𡿺得聲。𡿺鹵音同來紐。黑音曉紐。𧶠讀若育。育音喻紐四等。曉與喻四同為次清摩擦音，則黷為黑之轉注字。黷聲幽類。點黕聲同侵類。幽侵對轉。亦轉注字。與黝亦聲同幽類轉注字也。文選北山移文注引倉頡。黷。垢也。【説文解字六書疏證卷十九】

黵 [篆文]

◉許　慎　[篆文]大污也。从黑。詹聲。當敢切。【説文解字卷十】

◉馬叙倫　吴穎芳曰。亦黕之轉語。翟云升曰。類篇引無大字。倫按此字不見經記。通典。梁制。劫身皆斬。遇赦降死者黵面為劫字。黵音端紐。蓋亦點黕之音同端紐聲則侵談近轉之轉注字。本書玷黵為轉注字。亦可證也。如通典説。或為黥之轉注字。黥從京得聲。京音見紐。端見同為清破裂音也。黵面即黥面。或借黵為黥也。字或出字林。【説文解字六書疏證卷十九】

黴

◉許　慎　黴中久雨青黑。从黑。微省聲。武悲切。【説文解字卷十】

◉馬叙倫　鈕樹玉曰。韻會引中上有物字。倫按廣雅。黴。黑也。是黴之本義。止是黑也。今説解蓋字林文。黴音微紐。黸音來紐。古讀歸泥。同為邊音。轉注字也。從微得聲之黴微音皆曉紐。而黑從囪得聲。音亦曉紐。亦可證也。今杭縣謂物敗發黑曰發黴。【説文解字六書疏證卷十九】

黜

黜亦默字出義雲章王庶子碑　黜牧子文【汗簡】

義雲章　牧子文【古文四聲韻】

◉許　慎　黜貶下也。从黑。出聲。丑律切。【説文解字卷十】

◉馬叙倫　王筠曰。貶字句。倫按貶下也玉篇作貶也下也。合是二義。然均非本義本訓也。本書。絀。絳也。倫以音求之。絀或黑中有絳者也。點之於絀。猶黚之於紺矣。古言黜陟者。借黜為退。退音透紐。黜音徹紐。古讀歸透也。下也者。退之引申義。此字或出字林。【説文解字六書疏證卷十九】

◉唐　蘭　[一一五]原作「⿰黑⿱止虫⿰⿱士黑殳」。⿰黑⿱止虫字从黑从⿱止虫(音騁，與蚩字不同)。⿱止虫字甲骨文作⿱止乙，上半與止字同，下像蟲身。《説文》誤為从中，作蚩。古書無⿰黑⿱止虫字，當即黜字。⿱止虫和出聲近，形亦相類(出字本亦从足形的止，《説文》也誤从屮)。黜字《説文》：「貶下也」，是廢逐、罷免的意思。過去對于黜字為什麼从黑是講不出道理來的，現在知道黜也是墨刑就好懂了。黜黜只是罷免官職，比黵黜要輕。【陝西省岐山縣董家村新出西周重要銅器銘辭的譯文和注釋　唐蘭先生金文論集】

䵘

◉許　慎　䵘䵘姍下哂。从黑。般聲。薄官切。【説文解字卷十】

◉馬叙倫　承培元曰。下哂鍇本作一色。毛本作下色。按鍇本當作下色。無䵘姍二字。下色猶言惡色也。鉉本當作䵘姍小弢皃。此改易增竄之譌。倫按玉篇作䵘姍下色皃。然非本義。字或出字林。【説文解字六書疏證卷十九】

黱黛出說文【汗簡】

黱說文 黱同上【古文四聲韻】

◉許　慎　黱畫眉也。从黑。朕聲。徒耐切。【說文解字卷十】

◉馬叙倫　鈕樹玉曰。韻會引眉下有墨字。沈濤曰。六書故引唐本曰。或從代。是古本有重文黛字。玉篇。黱。畫眉墨也。黛。同上。當本說文。墨字亦不可少。倫按戰國策楚策。彼周鄭之女。粉白墨黑。墨。一本作黱。倫謂黱是黑色。古人以墨畫眉。故此訓畫眉墨。然蓋字林文。黛音竝紐。黱音定紐。同為濁破裂音。是轉注字也。黱黷音同定紐。亦轉注字。字蓋出字林。【說文解字六書疏證卷十九】

◉許　慎　儵青黑繒縫白色也。从黑。攸聲。式竹切。【說文解字卷十】

◉强運開　儵倏乍解。說文所無。集韻式竹切。音菽。光動皃。運開按。此與黑部之黛同音。黛篆下段注云。古亦叚為倏忽字。黑為火所熏色。从黑與从火其義一也。疑倏即古黛字。又按。犬部倏字。犬走疾也。从犬攸聲。讀若叔。段注云。引申為凡忽然之詞。或叚黛字為之。是二字同音。義亦相近。故古多通叚也。【說文古籀三補卷十】

◉馬叙倫　廣雅釋器。儵。黑也。玉篇。青黑繒也。倫疑儵為黝之聲同幽類轉注字。亦或黱之轉注字。黱從艭得聲。艭音澄紐。儵音審紐三等。同為舌面前音也。字蓋出字林。【說文解字六書疏證卷十九】

黬汗簡【古文四聲韻】

◉許　慎　黬羔文之縫。从黑。或聲。于逼切。【說文解字卷十】

◉馬叙倫　鈕樹玉曰。宋本裘作文。譌。徐灝曰。黬字疑附會羔裘之色而為之。倫按從黑而曰羔裘之縫不可通。上文儵下青黑繒縫白色之縫。鍇本作發。然於此亦不可通。未能詳也。字或出字林。【說文解字六書疏證卷十九】

◉黃錫全　黬緎音域出裴光遠集綴　《說文》「黬，羔裘之縫也。」今《詩·召南·羔羊》作緎。此从古或。如毛公鼎作或，黺鎛作或，侯馬盟書作或等。【汗簡注釋卷四】

黰

◉許　慎　黰黰謂之垽。垽。滓也。从黑。殿省聲。堂練切。【説文解字卷十】

◉馬叙倫　段玉裁曰。當作屍聲。土部。垽。澱也。水部。滓。澱也。澱。滓垽也。是澱黰二篆異部而實一字。故爾雅釋器。澱謂之垽。沙木曰。澱黰一字。錢坫曰。此字今作淀。倫按黰從黑而音在定紐。或黱黷之轉注字。字或出字林。【説文解字六書疏證卷十九】

黮

黮　張黮私印【漢印文字徵】

◉許　慎　黮桑葚之黑也。从黑。甚聲。他感切。【説文解字卷十】

◉馬叙倫　吴穎芳曰。黲之轉語。鈕樹玉曰。一切經音義六及十三引黑下有色字。王筠曰。當依玄應音義引作桑葚之色黑也。色字為句。徐灝曰。此當以黑為本義。倫按桑葚之色校語也。以諶訦轉注例之。黮黕亦轉注字。黰音定紐。䵘音竝紐。黮從甚得聲。古讀甚音在定紐。然則相為轉注字也。黱從朕得聲。朕音澄紐。甚音禪紐。同為舌面前音。亦轉注字。玄應音義引字林。黮黑黄也。字蓋出字林。【説文解字六書疏證卷十九】

黭

黭　左黭【漢印文字徵】

◉許　慎　黭果實黭黯黑也。从黑。弇聲。烏感切。【説文解字卷十】

◉馬叙倫　鈕樹玉曰。荀子彊國注引作黑也。翟云升曰。類篇引無果實二字。汪文臺曰。荀子富國注引也作色。倫按果實黭黯校者加之。或字出字林也。餘見黤下。【説文解字六書疏證卷十九】

黥

黥　黥　法五　六例　黥　法七八　十例【睡虎地秦簡文字編】

◉許　慎　黥墨刑在面也。从黑。京聲。渠京切。剠黥或从刀。【説文解字卷十】

◉馬叙倫　王筠曰。墨字句。倫按墨刑在面也非本義。或本作黑也刑在面也。校者不知黥之本義亦黑。而以書傳言墨刑。乃增土為墨字。黥為黔之音同羣紐轉注字。刑在面也重文剠字義。

剠　姚文田曰。易睽釋文引。剠。説文或作黥字。蓋黥或去黑從刀。傳寫誤去京從刀。當以釋文為正。沈濤曰。廣韻十二庚黥字亦列重文剽剠。是陸法言據本亦有剠字。倫按此墨刑字。從刀。京聲。京音見紐。而從京得聲之涼音在來紐。則黥古音或如涼。亦黑之轉注字也。剠為墨刑。而墨亦從黑得聲。則剠之語原與黑同。則亦可從刀黑聲為墨刑字。剽剠為轉注字。今挩一重文剠字。【説文解字六書疏證卷十九】

⿰黑敢

◉許　慎　⿰黑敢⿰黑敢者。忘而息也。从黑。敢聲。於檻切。【説文解字卷十】

◉馬叙倫　朱駿聲曰。字從黑。當自有本義。方言十三。⿰黑敢。忘也。廣雅釋詁同。玉篇。⿰黑敢。⿰黑敢然忘也。必是假借字。倫按忘也者。譀字義。彼之重文作誌。忘當作誌也。本義亦當為黑。敢聲當在談類。則為黶黚之轉注字。字或出字林。今説解為校語所亂。譌不可訂矣。【説文解字六書疏證卷十九】

◉李裕民　一、[glyph]《侯馬盟書》宗盟類二之一：七六。

字左旁為黑，西周金文作[glyph]（《鄘伯馭毁》）、[glyph]（《鑄子弔黑臣簠》），古璽作[glyph]、[glyph]（《古璽文字徵》十・三，下引此書簡稱《徵》）。盟書有黑字作[glyph]（《侯馬盟書》宗盟類四之九八：二三），與古璽第一形同。此字左旁與古璽第二形同，是黑字較簡的寫法；右旁為敢，與盟書之一：七六、一：七七的敢字寫法相同。字應作⿰黑敢。《説文》：「⿰黑敢者，忘而息也。从黑，敢聲。」這裏是參盟人名。【侯馬盟書疑難字考　古文字研究第五輯】

黟

◉許　慎　黟黑木也。从黑。多聲。丹陽有黟縣。烏雞切。【説文解字卷十】

◉馬叙倫　段玉裁曰。地理志今本作黝縣。顔師古注。黝。音伊。字本作黟。其音同。然則本作黟。顔所據譌本耳。桂馥曰。漢志郡作丹揚。縣作丹陽。後漢書郡國志郡縣皆作丹陽。晉書地理志作丹楊。注云。丹楊山多赤柳。在西。九域志。歙州歙縣有黟山。圖經。新安貢柹心黑木。黝之名縣。職此之由。元和郡縣志。黝縣貢柹心木。縣由此得名。按顔注漢志。黝音伊。字與黟同。説文黟字從黑旁多。後傳寫遂誤為黝字。倫按黟縣有柹心黑木。故縣以黟名。然黟字無木義。本義止當為黑耳。黟從多得聲。多言端紐。則與黵黕為轉注字。端影同為清破裂音。故黟音轉入影紐為烏雞切。則與黝黯黶黭黤⿰黑鬼亦相為轉注字。與黳同音烏雞切。亦轉注字。今挩本訓。丹陽有黟縣者。依大例出吕忱所加。然晉書丹楊郡無黟縣。亦無黝縣。兩漢志皆作黝。圖經元和郡縣志皆作黝。疑未必顔據本是誤也。自是一本作黟而音同耳。草書黝黟二字極近。古書多黝而黟少。或黟為黝之譌字。其來已久。故吕忱收此字於部末。其所據漢志則正作黟之本。而丹揚字亦作丹陽字也。前後志同作丹陽。今前書郡作丹揚。蓋後人譌改。【説文解字六書疏證卷十九】

囱

粹1178【續甲骨文編】

窗出説文　上同出郭顯卿字指　囱口江切【汗簡】

◉許　慎　在牆曰牖。在屋曰囱。象形。凡囱之屬皆从囱。楚江切。或从穴。古文。【説文解字卷十】

◉林義光　古作毛公鼎囱黄即蔥衡。作克鼎彝。不象窗形。吴氏大澂以為蔥之古文。是也。象蔥本之形。【文源卷一】

◉王國維　《説文》囱下古文，與之相似。【觀堂書劄　中國歷史文獻研究集刊第一集】

◉馬叙倫　翟云升曰。廣韻引作通孔也。當補入在牆上。吴善述曰。本作。象窗櫺開之形。饒炯曰。囱形外廓當與古文同。不當上出。惟其中之櫺。古文直箸。篆文斜交有異耳。倫按唐寫本切韻殘卷四江窓下曰。説文作此囱。又從穴作此窻。然則此篆本作或體本作也。囧囱一字。其中櫺或交疏或直箸。本無定形。許蓋从囱有屬字。故别為部。説解捝本訓。存者或字林文耳。廣韻所引亦然也。

徐鍇曰。會意。徐灝曰。囱窗古今字。倫按此之後起字。從穴。囱聲。汗簡引褉字指。窗作。字指蓋本古文官書者為多。此或吕忱據官書加也。玄應一切經音義引倉頡有窗牖。解詁曰。窗。正牖也。牖。旁窗也。所以助明者也。蓋倉頡本作囱。傳寫者以通用字易之。

吴善述曰。本作。倫按今南北鄉村中每於牆上為形以通光气。古文似之。古文下捝囱字。【説文解字六書疏證卷二十】

◉郭沫若　此外霝雨石「舫舟逮」句字舊多釋西，余以與吴人石「䢅西䢅北」之作者迥異，改釋為囱，謂當讀為悤遽之悤。馬氏謂不然，以甲骨文有作者為證，云「之與，一畫之異，象形之文不爭此也。且今言悤遽者古言倉卒，字本有趚，古書多言倉卒造次，無言悤者，以為囱而讀為悤，殆未可也。至於同器異文本不為異，如勇字从力而本章「流迄湧湧」作，下文「□□自廓」廓字所从之力仍作，正其例證。」

案此甲骨文字，其原片見殷虚書契後編上・二三・四，今轉揭之於次：

羅振玉因田字與南字相連，遂釋為西，並舉為祀五方帝之例。實則此即說文訓為「鬼頭」之由字，以下辭「𡗗于沔河」例之，知是地名，辭與「貞于𠱠東𡗗」前一・五一・三同例，並非西字也。羅書尚收有作⊗者二例，原片前編四・三六・五與六辭殘，義不明，所據乃圅子鼎國名⊗方舊釋「西方」也。實則當是囟字，說文訓為「頭會䐉蓋」者，舊釋無據，不足據。陳伯元匜有「囟孟嬀」，羅氏集古遺文已釋為囟，甚是。

悤遽即倉卒造次，良如馬氏所言。然造次可省言造，玉藻「造受命於君前則書于笏」，廣雅釋詁「造，猝也」。猝亦即倉卒之促音，而倉卒又可縮為迒字，說文「迒，倉卒也」。悤遽亦可促為遽字，說文「遽稱匆匆」。凡此均因語勢有緩急使然，何獨於悤而「未可」耶？悤猝造迒均一聲之轉，疊言之則為悤悤、為草草，音變而為倉卒、為造次、為悤遽、為征伀，然詩乃四言，用疊言則為字數所限，用猝造迒遽諸字則音不和諧，特選一囱字而成「方舟囱逮」句，音調瑲鏘而辭意暢達，正見詩人用字之巧。馬氏以為「未可」，余誠不知其何以未可也。【石鼓文　郭沫若全集考古編卷九】

◉商承祚　囧 㒟字从此。古鉨从囧。金文鑄子叔㒟臣盙从囧。象竈突延密孔。不皆囱形也。汗簡引作囱。【說文中之古文考】

◉楊樹達　囧古文。在屋，謂在屋頂，今云天窗是也。【文字形義學】

◉白玉崢　⊙：甲骨文編釋囧七卷六頁，校正甲骨文編七卷七頁、續甲骨文編七卷七頁、甲骨文字集釋二二七一均同。殷契佚存考釋僅迻寫原文，無說。殷契粹編考釋隸定為囧，三七七頁。無說。鐵雲藏龜拾遺考釋亦定為囧，謂為地名。二十八頁。殷虛書契前編集釋同。五・二三。殷契駢枝謂：「囧為祭名，契文亦作盟，通盟，即周禮詛祝、盟詛之盟。」三・十三。殷虛文字甲編考釋云：「姑从粹編考釋，由他辭證之，似倉廩之名。」四十五頁。又云：「當為倉廩一類之物，故此指甲九〇三片之辭則作動詞用。謂新米已入倉也。」一四〇頁。

檢金文亦有此文，惟僅見於戈父辛鼎銘，其銘曰：

作父辛寶隣彝

其拓本著録於貞松堂集古遺文補遺上九、三代吉金文存三·三〇·三、小校經閣金石文字三·五三·二、金文總集三九八頁等書。小校經閣釋文作囧，無說。金文編釋囧七·一一，亦無說。

小篆作形，書體已變，隷作囧，俗作冏或囧，說文：「囧，窗牖麗廔闓明也，象形。讀若獷。賈侍中說：讀與朙同。」段氏注曰：「麗廔雙聲，讀如離婁，謂交延玲瓏也。闓明、謂開明也。象形、謂象窗牖玲瓏形。」說文句讀謂：「指事字。」說文徐箋謂：「囧，象窗牖交延形，廣雅曰：明也，乃引申義。」說文約注云：「以造字次第言：必先有囧而後有朙。囧、蓋朙之初文。」說文詁林注云：「囧，象窗牖之形。」說文釋例云：「囧字之形與囱相似，皆是外匡内櫺。」一切經音義引說文箋明字箋云：「卷二十九引作从囧。囧象窗。又卷四十一引作囧，象窗也。」約齋字源云：「等都是窗格子的象形。」一五五頁。文字新詮云：「囧、囱，篆文作。說文云：在牆曰牖，在屋曰窗，囧、囱與甲文之，均象已有窗櫺之窗。古者複穴，開其上以取明曰向，如今之屋頂天窗。窗，初亦當在屋頂。」一六三頁。

審段氏以玲瓏說許書之麗廔，許書以麗廔說解囧之製作精巧，均非字之初意。句讀認定為指事字，殊非。說文約注認定為明之初文，亦非。明乃囧義之引申。說文釋例謂囧與囱相似，頗有見地。文字新詮謂囧與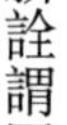均象已有櫺之窗，甚是。所據甲文乃鈔自殷虚文字類編第七卷五頁者。據類編注，字見後下二十頁，未能注明見於該頁之何拓本。考該形，見於該頁之第四片拓本字之偏旁，類編作者蓋刺取其偏旁定為者，與是否相同，未敢斷，故本文未予采録。新詮之作者未能察其誤也，其所从是否與同，有俟研究。

就其結體推察，疑即今字窗之初文，說文：「，古文作。」，蓋即契文之譌變。說文無窗有窻字，「窻，从穴悤聲」。段氏注曰：「此篆淺人所增，古本所無。當刪。古只有囱字，窗已為或體，何取乎更取悤聲作窻。」至小篆，字歧分為二，篆隷作囧，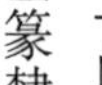篆隷作囱，淪為後起形聲字窗之聲符。段氏謂窗為或體，未當。蓋為从穴囱聲之窗，形義均未流失。茲就契辭察之，字宜作囧，即朙，然則，此文在殷時已歧分為二歟？【不因說　中國文字新十七期】

悤 

悤　从丨在心上示心之多遽悤悤也說文云从心囱囱當是丨之變形又云囱亦聲乃由指事而變為形聲矣　克鼎　悤氒心又云錫女叔市參同茻

悤孳乳為蔥再孳乳為繱說文帛青色也

毛公層鼎　赤市悤黃即禮記玉藻三命赤韍蔥衡

番生簋　錫朱市悤黃

又孳乳為鏓　猒

 悤 説文所無 日甲一五八背 通聰 令耳|目明 【睡虎地秦簡文字編】

 1108 與䵼鐘悤字形近。 【古璽文編】

 悤出孫强集字 【汗簡】

 竝王存乂切韻 孫彊集 【古文四聲韻】

◉許 慎 多遽悤悤也。从心囱。囱亦聲。倉紅切。 【説文解字卷十】

◉吴大澂 古蔥字。象形。禮三命赤韍蔥衡。青謂之蔥也。許氏説繱。帛青色。从糸。後人所加。毛公鼎。 【説文古籀補卷十】

◉吴大澂 古鏓字。不从金。與毛公鼎字同。乃蔥之象形字也。蔥衡从艸。鎗鏓从金。皆後人所加。宗周鐘。 【説文古籀補卷十】

◉方濬益 為蔥之古文。此叚為聰。前段以為聰。此為蔥珩。詩六月有瑲蔥珩。毛傳曰。蔥。蒼也。三命蔥珩。 【𦎫夫克鼎 綴遺齋彝器款識考釋卷四】

◉孫詒讓 此鼎字兩見。亦見毛公鼎。其文曰。赤市黃。舊釋為蔥之象形字。以其與玉藻三命赤韍蔥衡文巧合也。又見宗周鐘。其文曰。倉〓〓。費峐褒吉士釋為蔥。而讀為鏓。以其與説文鏓字説解鎗鏓文亦巧合也。然金文奇古。不能據孤文決定。必綜合諸器參互㪷覈而後可議其是非。周鐘倉〓〓。薛款識窖磬作鎗〓〓。其字从金它聲。字畫皭晢。又曩公匜云。它〓㐌〓。齊姜匜云。沱〓㐌〓。馮氏金索徐王子鐘亦有諻〓㐌〓之文。知匜銘它〓沱〓即鐘銘之它〓鉈〓也。其字作作。亦堶是它沱字。彼此互證。阮釋周鐘為它不可易也。薛釋窖磬為鉈不誤。而釋冈匜為越則繆。李仲約詹事釋為㲋。甚墒。它㲋乃心者。它當讀為施。古它聲也聲字多互通。詩何人斯。我心易也。釋文引韓詩易作施。云善也……它當讀為祂。祂隸變作袘。士昏禮主人爵弁服纁裳纁袘注。袘謂緣以緇緣裳。此莽它即爵弁服之緇袘也。蓋以涅染黑。則謂之緇。以草斗染黑。則謂之草。其色正同。故古書緇草亦或互稱。廣雅釋器云。緇謂之皁。史記秦本紀之皁斿。即九旗之緇旐。爾雅釋天。緇廣充幅長尋曰旐。是其證。凡冕弁服皆用石染。不用艸染。石染艸染義。見鄭周禮染人論語鄉黨注。則爵弁服之袘。當以緇為正。此云萛它實則緇也。毛公鼎之它黄亦到文。蓋冕服之裳。以黄為袘。與爵弁服緇袘異。若釋為蔥衡。則古無草蔥之佩。不能通於此鼎矣。【克鼎釋文 籀廎述林卷七】

◉張之綱 徐同柏釋玄。攈古釋蔥。愙齋仍之。云市即韍。□即蔥。象形字。禮玉藻三命赤韍蔥衡。孫詒讓釋它。⊘據此跋釋□為它。義據精覈。而世猶泥守攈古釋蔥之説。故備録之以諗來者。【毛公鼎斠釋】

◉强運開 □番生敢。朱市□黄。説文。繱。青白色也。段注云。爾雅青謂之蔥。蔥即繱也。謂其色蔥蔥淺青也。市部曰。大夫赤市蔥衡。金文凡言蔥衡多乍□黄。是□黄即蔥衡之藉字也。【説文古籀三補卷十三】

◉馬叙倫 嚴可均曰。韻會引直作囱聲。況祥麟曰。從心。囱聲。倫按多遽悤悤謂倉猝也。乃趚字義。囱趚音同清紐。故漢後皆借悤為趚。毛公鼎。赤市□黄。即禮記玉藻三命赤韍蔥衡。克鼎番生敢皆止作□。則悤蓋從囱心聲。故得借心為蔥也。悤為囱之轉注字。囱音穿紐。悤音清紐。同為次清破裂摩擦音。心清同為舌尖前音。故悤從心得聲音入清紐也。今説解乃挩本訓後校者所加。或此字出字林。【説文解字六書疏證卷二十】

◉高鴻縉 □為蔥之象形文。象蔥之地下肥莖(俗曰蔥白)。此處用為青緑色。【毛公鼎集釋】

◉于省吾 甲骨文有□字(菁一一・四,辭已殘),只一見,舊不識。按即悤字之初文。周器克鼎作□,番生簋作□,宗周鐘作□,蔡侯盤作□。説文古籀補釋鏓,並謂「乃蔥之象形字」。金文編謂:「從丨在心上,示心之多遽悤悤也。説文云,从心囱,囱當是丨之變形。」這是對的。【釋心 甲骨文字釋林】

◉周名煇 囱部□克鼎悤□氏心。又云。錫女叔市韍參同芇悤。蓋假□為繱。説文。繱。帛青色也。容庚云。从丨在心上。示心之多遽悤悤也。説文云。从心囱。囱當是丨之變形。又云囱亦聲。是由指事而變為形聲矣。□毛公鼎□宗周鐘强氏定為悤字。今考定乃心字。强氏定為悤在囱部。故居本部前。今以為心字。改次本部後。

名煇案。容説非也。齊仲姜鎛銘。余彌心畏誋。心字作□。散氏盤銘。余有散氏心賊。心字作□。師望鼎銘。不顯皇考寬公。□=克盟明□厥心。心字作□。吴書已徵録。皆可為質證。倘如容説。讀為悤。皆不可通。又如伯懋父壺銘。懋字作□。陳侯午敨銘。忘字作□。从□。皆心字也。克鼎銘悤作□者。以別于㝹心之心字。蓋稍示異讀之音符。一字重音前人論之極詳。廣韻中尤多遺跡。不煩縷舉。錢竹汀説見十駕齋養新録卷五。章炳麟説見國故論衡。非兩字也。悤古音在東部。心古音在侵部。東侵近旁轉。古人字少。故讀心為悤。容氏謂囱當是丨之變形。尤謬。【新定説文古籀考卷下】

◉裘錫圭 《説文・十下・囱部》:「悤,多遽悤悤也。从心、囱,囱亦聲。」金文悤字作□□等形(《金文編》692頁),不從「囱」聲。⊘

 㷋

古「悤」字在「心」形的上口加點或短豎，比照「本」「末」「亦」等一般所謂指事字的構造方法來看，其本義似應與心之孔竅有關。「囱」「悤」「聰」同音，蓋由一語分化。「囱」指房屋與外界相通之孔。「悤」和「聰」本來大概指心和耳的孔竅，引申而指心和耳的通徹；也有可能一開始就是指心和耳的通徹的，但由于通徹的意思比較虛，「悤」字初文的字形只能通過强調心有孔竅來表意。古人以心為思想器官。《春秋繁露·五行五事》：「聰者能聞事而審其意也」。「聞事」靠耳之聰，「審其意」就要靠心之「悤」了。大概由于「悤」「聰」同音，在語言中無法區別，「悤」義遂為「聰」所吞并。後來，「悤」只用來表示悤遽等義，其本來意義就不為人所知了。⊘

最後，簡單談談「悤」字字形的演變。秦簡、漢印和西漢前期簡帛上的「悤」字（多見于「蔥」「聰」等字偏旁），猶多襲周人之舊，作「心」上加點形（《秦漢魏晉篆隸字形表》721頁「悤」字，56頁「蔥」字，925頁「聰」字。參看拙文《〈居延漢簡甲乙編〉釋文商榷（續二）》，《人文雜志》1984年4期87頁），較晚的漢簡和漢碑的隸書多變點為「Δ」（參看上引拙文），有時還在中間空白處加交叉線而成形（如逢盛碑「聰」字和仲秋下旬碑「摠」字的「悤」旁），這跟漢代人寫（山）字有時也作等形同例（「山」字見《金文續編》9·3下、《漢印文字徵》9·6下）。从「囱」聲的「摠」雖然已見于《説文》，但是其出現很可能在「悤」字的上述那些寫法之後。把「忩」「」改作从「囱」聲的「悤」，就跟把改為「琴」、把「絃」改為「弦」一樣，是把表意字字形的一部分改為形近的音符，使表意字轉化為形聲字的一種現象（關于這種現象，請參看拙文《釋「勿」「發」》，《中國語文研究》第2期43頁）。

漢隸「悤」旁又有寫作「忩」的（如郙訢碑「蔥」字和鄭烈碑、夏堪碑「聰」字的偏旁，夏堪碑「聰」字从「蔥」聲）。這大概是由于「公」「悤」二字韻部相同，所以改「Δ」為「公」以就「悤」聲。但是「公」「悤」二字聲母不相近，「忩」長期以來被視為俗體。今天所用的簡化字「总」，就是「忩」的變形。【説文小記　北京師范學院學報一九八八年第二期】

 乙八六九一　 乙八八五二　 乙八八八〇　【甲骨文編】

 乙8691　 8852　 8880　【續甲骨文編】

 㷋弋口切　【汗簡】

 汗簡　【古文四聲韻】

◉許　慎　焱火華也。从三火。凡焱之屬皆从焱。以冉切。【説文解字卷十】

◉馬叙倫　龔橙曰。焱即炎字。詩釋文節南山。如惔。韓詩作炎。字書作焱。饒炯曰。火華猶言火光盛也。即炎之引申義。炎焱義分而音仍相平入。蓋一字。二火三火皆謂盛也。倫按火華即焰。而餤字從炎。為炎之轉注字。此炎焱一字之證。莊子天運。有炎氏為之頌。釋文。炎本作焱。本書欻字。文選赭白馬賦注引作歘。亦其證也。炎音喻紐三等。而餤音轉入喻紐四等。古讀同歸於定。此下文𤇾為焱之轉注字。而音在匣紐。匣與喻三同為次濁摩擦音也。其實炎焱之音皆原於火。而火炎焱亦一字。火本象火華形為文也。火音曉紐。以同舌根摩擦音轉匣為𤇾。由匣而轉喻三為炎。以同次清摩擦音則入喻四為焱。而餤𦧇音亦皆在喻四。或以同次清摩擦音轉入審紐。故𦧇音入審紐三等。燊音入審紐二等。爾雅釋文引字林。焱。弋劍反。火花也。則火華也乃字林訓。唯桂馥據文選甘泉賦李注引字林作火光也。光蓋花之譌。楚詞九章注。焱。火華也。【説文解字六書疏證卷二十】

◉王　輝　焱從三火，《集韻》：「焱……亦同爓」，爓是燒的意思。乙八八五二：「妣……魚焱用羌」，同前舉後下三七·五的句例正同。【殷人火祭説　古文字研究論文集　四川大學學報叢刊第十輯】

◉朱歧祥　焱从三火，示焚燒。隸作焱。《説文》：「火華也。」卜辭習言「焱羌」，即焚羌人以祭。

《乙8852》妣庚用焱羌。

《乙8691》妣庚，叀焱用羌。

用，即獻用意。【殷虚甲骨文字通釋稿】

◉姚孝遂　卜辭焱似為地名。殷王之部屬常貢致所俘獲之羌人，或言於某地俘獲若干羌人。殺戮羌人以祭神祖，每言用某人所貢納之羌，如佚八七五「用望乘以羌自上甲」，謂殺戮「望乘」所貢納之羌祭於上甲；丙四二「興方以羌用自上甲至下乙」，謂殺戮興方貢納之羌人祭於上甲至下乙歷代先祖。存二·二六六「其用竹[illegible]羌，叀酌彡用」，與乙八八五二「用焱羌」同例。【甲骨文字詁林第二册】

𤇾

𤇾 6·57　𤇾市　【古陶文字徵】

◉許　慎　𤇾屋下燈燭之光。从焱冂。户扃切。【説文解字卷十】

◉林義光　冂象屋形。屋上二火象其光。【文源卷六】

燊 燊

◉馬叙倫　桂馥曰。本書勞下云。熒。火燒冂。宋保曰。從焱。冂聲。鈕樹玉曰。冂下當有聲字。燈當作鐙。燈俗。王筠曰。熒字不甚可解。說曰屋下燈燭之光。冖非屋也。何不從宀。言屋下則焱當在冖下矣。乃二火在上。一火在下。焱為火華。下火壯而後上有華。上華必小於下火。上一下二宜也。熒乃二上一下。華安能壯於火。勞從熒。而說曰。熒。火燒冂。用力者勞。直難通曉。六書故引作從冂從焱。一說冂聲。倫按從焱。冂聲。焱本止是三火。或作[glyph]。或作[glyph]。故熒從之。遂二火在上。亦從小篆更政齊之也。此熲之轉注字。亦焱之轉注字也。然倫以勞從此得聲。疑熒即封敦卯敦盂鼎之[glyph]。孫詒讓以[glyph]為熒省。其實非省也。火炎焱一字也。然[glyph]為[glyph]之省。而誤者。[glyph]即爇字。亦即燎之初文也。今說解捝本訓。但存校語。故與勞下說解復不合也。彼亦校語。文選答賓戲注引字林。熒。火光也。餘見尞下爇下。【說文解字六書疏證卷二十】

◉李孝定　[glyph]　以字形言當釋「𤇾」，而字書無此字，說文有「熒」字，於此文最近，當收此作「熒」，至「榮」乃从木，𤇾聲，非此字也。【金文詁林讀後記卷六】

◉羅福頤　熒陽丞印（《續》卷三，頁四）（圖版伍：21）

《漢書》卷二八上《地理志》河南郡屬有滎陽縣。《後漢書》卷二九《郡國志》河南尹下有滎陽。《晉書》卷一四《地理志》司州有滎陽郡，屬有滎陽縣。注：地名敖，秦置敖倉者。《魏書》卷一〇六《地形志》北豫州有滎陽郡，屬有滎陽縣。注：二漢屬河南，晉屬滎陽，有滎陽山、滎陽城、敖倉。案今見熒陽丞封泥，熒字从火不从水。考《說文解字》焱部有熒字，注：屋下燈燭之光，从焱冂。户扃切。又水部滎：絶小水也，从水，熒省聲。户扃切。查顧氏《隸辨》，韓勑後碑、劉寬碑陰均有河南熒陽句。段氏注《說文解字》說：熒澤、熒陽，古無作滎者，《史記》、《漢書》、《水經注》皆宋開寶後淺人妄為竄改。頤案：今得熒陽丞封泥，更得鐵證，可佐證段氏之說矣。【封泥證史録舉隅　文物一九八二年第三期】

[glyph] 說文　【古文四聲韻】

◉許　慎　燊盛皃。从焱在木上。讀若詩曰莘莘征夫。一曰。役也。所臻切。【說文解字卷十】

◉葉玉森　[glyph]　王襄氏釋主。類纂。陳邦懷氏釋朱。謂上从[glyph]。或从[glyph]。蓋皆為[glyph]字之省。从木主省聲。當為朱字。主朱古音同在四部也。小箋。商承祚氏亦釋主。謂从木。象燔木為火。類編。森桉。火在木上。疑即許書燊字。此从一火乃焱省。

炙

惟似非火象。疑與非一字。本辭之為地名。【殷虛書契前編集釋卷二】

◉馬叙倫　段玉裁曰。小徐征夫下有古文伷一曰嶷六字。譌誤不可通。桂馥曰。嶷當為薿。盛也。役者。征夫行役也。承培元曰。征夫下當有之莘二字。小徐征夫下有莘古文伷一曰嶷七字。脱之字也。然此許引三家詩以證異文。後人未解三家詩有作燊者。因以燊形似之莘易之。又增讀若二字於上。不知莘字許書所無也。古文伷疑當作古文以為㐰字。王筠曰。古文伷一曰嶷者。謂燊字古文以為伷字。又以為嶷字。嶷當作薿。一曰役也似是校者之詞。謂嶷字一本作役也。龔橙曰。當是從木為形。夏敬觀曰。亦取焱聲。左襄元年傳。公孫剽。漢書古今人表剽作焱。衛世家作秋。小徐燊古文伷。當從由聲。燊由同類聲也。矗取矗聲。由蕭入真。與燊同讀。正其例也。倫按燊音審紐二等。是從森省得聲。為焱之轉注字。焱音喻紐四等。同為次清摩擦音也。若龔夏之説。則從木焱聲。當入木部。盛皃當為木盛之皃。讀若詩曰莘莘征夫之莘者。今詩皇皇者華作駪駪征夫。駪音所臻切也。駪從先得聲。先音心紐。心與喻四同為次清摩擦音。國語齊語列女傳引詩皆作莘莘。蓋三家異文。本書無莘。字從艸辛聲。辛音亦心紐也。古文伷者。承説是也。㐰從囟得聲。囟音亦心紐。囟辛則聲同真類。囟或作脺。脺得聲於辛。燊讀若莘。故古文以為㐰字。一曰嶷者。桂説是。薿聲脂類。脂真對轉。燊讀若莘。當在真類。故古書或以燊為薿。薿為草盛。燊為木盛。語同原矣。一曰役也者。役謂行役。附會詩征夫之意。王謂校詞是也。或曰。一曰嶷一曰役皆謂讀又若嶷或若役也。役音喻四也。此字蓋出字林。【説文解字六書疏證卷二十】

◉黄錫全　伷出説文　夏韻臻韻録《説文》作是，此寫誤。徐鉉本與鍇本「燊」注有别。鉉本云：「盛貌，从焱在木上。讀若《詩》『莘莘征夫』。一曰役也。」鍇本云：「盛貌，从焱在木上。讀若《詩》『莘莘征夫』。莘，古文伷，一曰嶷，一曰役。」此同鍇本。段玉裁據鍇本去掉「夫」下「莘」字。鄭珍認為「鍇本當原是『或以為古文伷，一曰嶷，一曰役』。與『疋』下『囟』下注文法正同。言此燊字或以為伷字及嶷字、役字也，郭氏所見《説文》與鍇本同。惟鍇本傳寫譌脱，遂不可解。然賴有鍇本及此注，可推知許君之舊。鉉本『一曰役也』竟作字義，非是。『伷』在許君元當是『胄』，傳本从俗書之」。【汗簡注釋卷四】

3·1100　獨字　古璽文炙或作與此相近　【古陶文字徵】

炙　日甲二一背　【睡虎地秦簡文字編】

1516 5303 【古璽文編】

 炙之液切 【汗簡】

汗簡 汗簡 【古文四聲韻】

◉許　慎　炙炮肉也。从肉在火上。凡炙之屬皆从炙。之石切。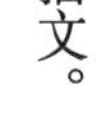籀文。【説文解字卷十】

◉馬叙倫　炮從包得聲。包音封紐。炙音照紐三等。古讀歸端。封端皆清破裂音。是炙從肉在火上會意。轉注為炮。許當止訓炮也。炮肉也蓋字林文。從肉在火上。蓋本作從火從肉。字見急就篇。

張文虎曰。詩瓠葉傳。炕火曰炙。正義。炕。舉也。謂以物貫之而於火上以炙之。今燔炙者。以叉貫肉炙於火上。籀文右旁正象叉形。象肉弗貫之形。左旁之肉。疑涉篆文而衍。倫按如張説為指事。然倫謂此實燔之轉注字。燔音奉紐。此從炙柬聲。柬音匣紐。奉匣同為次濁摩擦音也。籀篇炮肉用煉。而倉頡易之以炙。吕忱見其詞同而以為同字異文。故以為炙之重文。此例本書多有矣。【説文解字六書疏證卷二十】

◉金祥恆　炙，説文「炙，炙肉也，从肉在火上」。詩小雅楚茨「或燔或炙」，傳「炙肉也」。瓠葉「燔之炙之」，傳「炕火曰炙」。疏「炕，舉也，謂以物貫之而舉於火上以炙之」。段注「炕者俗字，古當作抗。手部曰抗，扞也；方言曰，抗，縣也是也」。故炙必備器具。

儀禮公食大夫禮「鮨南羊炙，以東，羊胾、醢、豕炙」。羊炙豕炙，以豕羊之肉，以物貫而懸炙之。鄭注「凡炙無醬，已有鹹和之也」。簡文「豕劦(脅)炙」者，蓋以豕肋肉炙之也。

簡文「牛劦(脅)炙」。儀禮公食大夫禮「膷，以東臐、膮、牛炙」。禮記内則「膳，膷、臐、膮、醢、牛炙」。牛炙與豕羊炙同。簡文以劦(脅)炙之，蓋肉較薄，炙之易熟也。【長沙漢簡零釋　中國文字第五十三册】

◉曹錦炎　炙，原作煛，上從兩肉，古文字偏旁往往單雙無别，如敗字南疆鉦作贁，敔字攻敔王光戈作敔，即是其例。炙，本是烹飪法的一種，義同烤。《詩·小雅·瓠葉》：「有兔斯首，燔之炙之。」其引申意為熏、灼。【紹興坡塘出土徐器銘文及其相關問題　文物一九八四年第一期】

鐇　鐼　赤

◉許　慎　鐇宗廟火孰肉。从炙。番聲。春秋傳曰。天子有事鐇焉。以饋同姓諸侯。附袁切。【説文解字卷十】

◉馬叙倫　鈕樹玉曰。韻會引作宗廟祭祀肉。沈濤曰。初學記廿六引作宗廟孰肉也。蓋古本無火字。倫按宗廟火孰肉非本義。辭亦陋。此與獻下曰宗廟犬名羹獻。皆本義捝失。校者所為也。鐇為炮之同雙脣濁破裂音轉注字。鐇音奉紐。古讀歸竝也。此字或出字林。【説文解字六書疏證卷二十】

◉許　慎　鐼炙也。从炙。尞聲。讀若䅅燎。力照切。【説文解字卷十】

◉馬叙倫　鈕樹玉曰。一切經音義十三引作火炙之也。倫按玄應一切經音義引字林。鐼。炙也。疑此字出字林。此今言燒烤之烤字也。亦炮之轉注字。鐼聲宵類。古讀歸幽。包聲幽類也。【説文解字六書疏證卷二十】

鐵一〇・二　後二・一八・八　菁九・五　乙二九〇八　鄴三下・三六・四　摭續二九一　明二七五　乙一六二【甲骨文編】

乙162　2908　鄴三36・4【續甲骨文編】

赤　麥鼎　彔簋　𢦏赤尊　元年師旋簋　呂鼎　元年師兑簋　柳鼎　免簋　師虎簋　師酉簋　師𧻚鼎　伯晨鼎　休盤　趩簋　輔師嫠簋　弭伯簋　薛仲赤匠　胸簋　吳方彝　寰盤　師嫠簋　師克盨　此鼎　此簋　頌鼎　頌簋　善夫山鼎　邾公華鐘【金文編】

3・822　赤國　3・943　獨字　説文赤古文作【古陶文字徵】

〔二四〕〔七八〕〔五三〕〔五三〕〔三九〕〔六〕〔四〕【先秦貨幣文編】

圖 共屯赤金 典上編二四一頁 仝上 仝上 圖共屯赤金 展肆壹 仝上 亞六・二三 【古幣文編】

168 276 【包山楚簡文字編】

赤 日乙一三四 十二例 日甲五〇背 九例 日乙一七〇 【睡虎地秦簡文字編】

玫敫之青木—木黄木白木墨木之精(乙5—26) 【長沙子彈庫帛書文字編】

1098 2651 2420 2986 2624 3226 0892 5291 【古璽文編】

赤泉邑丞 恆赤 右師赤 涫于赤印 星赤 趙赤 公治赤 大史赤印 【漢印文字徵】

禪國山碑 赤雀赤烏 【石刻篆文編】

赤 赤出王存乂切韻 赤出義雲章 赤 【汗簡】

王存乂切韻 義雲章 汗簡 古尚書 王惟恭黄庭經 【古文四聲韻】

◉許慎 南方色也。从大。从火。凡赤之屬皆从赤。昌石切。古文从炎土。【説文解字卷十】

◉孫詒讓 「癸丑卜亘兂此字文義不屬,或當别屬下段。未能定也。貝又子□□不□」,十之二。「」當為「炎」字。《説文・赤部》:「赤,南方色也,从大火。」此下从凵即火形圜也。金文曶鼎赤字作,與此正同。【契文舉例卷下】

◉王襄 古赤字。許説南方色也,从大从火。曶鼎赤亦作。相同。【簠室殷契類纂正編第十】

◉孫海波 説文:「赤,南方色也,从大从火。」卜辭屢見赤字作,从大从火,與説文同。然亦有从天作者,廬江劉晦之藏契有一版文云:「其用牛」(見予與商錫永先生合編之續殷契佚存),字正从从火,以文義揆之,確是赤字無疑。蓋古文天大同用,史記大戊卜辭作天戊,大邑商卜辭作天邑商,湯名天乙,卜辭作大乙,此皆天大互用之證。説文訓「天大地大人亦大」,故天大同取象于人之形,乃可通用,是知赤字亦可从天作也。【卜辭文字小記續 考古社刊一九三六年第五期】

◉馬叙倫 鈕樹玉曰。繫傳挩從大二字。倫按黑下不言北方色。或謂挩之。倫謂南方色也非本義。亦非本訓。赤者。火色。

從火。大聲。大音定紐。以同舌尖前破裂音轉入透紐。今音昌石切。在穿紐。古讀穿歸透也。又疑古讀如澤。故詩載芟。其耕澤澤。爾雅釋訓作郝郝耕也。澤音澄紐。定澄同為濁破裂音。故赤從大得聲也。由澄轉入穿紐三等。故今音昌石切。澄與穿三。同為舌面前音也。㫚鼎作。師虎敢作。頌鼎作。甲文作。

　鈕樹玉曰。玉篇無。廣韻有。李杲曰。邾公華鐘作。此蓋移上於下耳。猶奄應公鼎作也。倫按苗夔謂土聲。可從。土音透紐也。然倫疑土為大譌。蓋從炎大聲。邾公華鐘之。上不從土。非移土於上也。古文下捝赤字。從炎土者。校語。【說文解字六書疏證卷二十】

◉商承祚　　甲骨文作。金文古鉨同篆文。此从土者。土經重火無不赤也。【說文中之古文考】

◉高鴻縉　字从大火會意。順成結合。外命。狀詞。應入火部。南方色為緯學家言。从炎土之字金文未見。【中國字例四篇】

◉李孝定　契文亦从大从火。古文作者。蓋形之譌。契文有作者。增之二點則作。其上有似篆文之。下从。與古文土作者形近。或則為後起會意字。从炎从土不可確知矣。金文邾公華鐘作。已似从炎。它器則與契文小篆並同。如㫚鼎趞亥鼎頌鼎頌簋麥簋免簋。是卜辭赤為顏色之名。辭云「癸丑卜貺貞左赤馬其利不□」藏・十・二。「乙未卜貺貞𠂤賡入赤𩦕其利不束言」後・下・十八・八。均言牲色是也。【甲骨文字集釋第十】

◉金祥恆　南方色也自非赤之本義。赤者，火色也，大火之色赤，幺火之色黝，故赤从大火與幽同為會意。而馬氏六書疏證謂从火，大聲，為形聲，則非是。赤為朱色之深者。易說卦「乾為大火，離為火困，困于赤紱。」鄭注「朱深曰赤」。【釋赤與幽　中國文字第八册】

◉白玉峥　：羅振玉氏釋赤，曰：「从大火，與許書同。」考釋中二五頁。王襄氏曰：「㫚鼎作，與此同。」類纂一〇。峥按：說文解字：「赤，南方色也；从大从火。」自甲文至小篆，結體未變，就字之構形審之，說文之訓釋殆非造字之初義。竊疑：造字之初義，蓋取以火燒人之象，殆為古時刑罰之一歟？否則，何以从大从火？且大在火上。總之，「南方之色」之說絶非造字之初誼，此可以必之。【契文舉例校讀文字篇　中國文字第五十二册】

◉王　輝　赤字從大從火，大在甲文中象大人形，故赤的本義為焚人，摭續二九一：「貞，勿赤」，赤用為動詞，可能為焚人以祭。鐵一〇・二：「癸卯卜，貞，又赤馬……」所謂赤馬，也就是焚馬以祭，這是赤的引申義。《說文》說赤為「南方色也」，顯然是錯誤的。【殷人火祭說　古文字研究論文集　四川大學學報叢刊第十輯】

赨　䞤　赧

◉朱歧祥　489.[?]从大置於火上，隸作赤，即烄字。焚人以祭，與[?]字同。《説文》：「交木然也。」

《鄴3·364》☐寅貞：☐射，从[?]☐。

《乙2908》戊午卜，㱿貞：我狩𩰬，擒。此日狩，允擒，獲虎一，鹿四十，犷(狼)百六十四，麑百五十九。[?][?]㞢友三[?]。[?]，為殷部屬名。武丁狩獵得諸獸，遂令[?]祭以謝天，祭品為三人牲。「雈烄㞢友三烄」，前一烄為動詞，即用火焚人祭；後一烄屬名詞。【殷墟甲骨文字通釋稿】

◉黄錫全　[?]赤出王存乂切韻　赤字本从大从火作[?](麥鼎)、[?](此鼎)，變作[?](邾公華鐘)，譌作[?](《隸續》録石經赤字古文)。衛盉赤作[?]，古陶作[?](陶10·69)，《説文》古文變作[?]，此形同。[?]蓋大增加飾筆而譌，土乃[?]變。

[?]赤出義雲章　《説文》赤字古文作[?]，其變化見上赤字。此又增火从炎。夏韻音韻録「王維恭黄庭經」赤亦作[?]。【汗簡注釋卷四】

◉許慎　赨赤色也。从赤。蟲省聲。徒冬切。【説文解字卷十】

◉馬叙倫　虫蚰蟲一字。則不必蟲省也。管子地員。其種大苗細苗赨莖黑秀。是赨即赤也。赨為赤之轉注字。於此益明赤之從大得聲矣。大音定紐。蟲音澄紐。古讀澄歸定也。赨彤蓋同語原。此字當出字林。【説文解字六書疏證卷二十】

◉許慎　䞤日出之赤。从赤。穀省聲。火沃切。【説文解字卷十】

◉馬叙倫　孔廣居曰。㱿亦可諧。何必穀省。王筠曰。從㱿得聲字凡十餘。穀亦在其中。此忽作穀省聲。豈有許君如此謬妄者乎。倫按日出之赤非本義。亦非木訓。字形無涉於日也。穀從㱿得聲。㱿從肯得聲。肯音溪紐。溪透同為次清破裂音。赤音穿紐。古讀歸透。蓋轉注字。字當出字林也。【説文解字六書疏證卷二十】

◉許慎　赧面慙赤也。从赤。𠬝聲。周失天下於赧王。女版切。【説文解字卷十】

◉馬叙倫　鈕樹玉曰。繫傳韻會篆作[?]。玉篇亦作赧。𠬝本當是𠬝。韻會引慙下有而字。沈濤曰。文選曹子建上責躬應詔詩注引作面慙也。倫按本作赤也。校者或吕忱加面慙而赤也。方言二。凡愧而見上謂之赧。然非赧之本義。凡愧赧字當作恧也。赧音娘紐。蓋亦赤之同舌尖前音轉注字。周失七字校語。【説文解字六書疏證卷二十】

䞓

◉䞓音赬出石經【汗簡】

◉許　慎　䞓赤色也。从赤。巠聲。詩曰。魴魚䞓尾。敕貞切。赬䞓或从貞。𧹞或从丁。【説文解字卷十】

◉馬叙倫　䞓音徹紐。徹與穿紐三等同為舌面前音。則䞓亦赤之轉注字也。字蓋出字林。

赬　段玉裁曰。貞聲。倫按巠貞聲同耕類。則䞓赬為轉注字。貞音知紐。知亦舌面前音。則赬亦赤之轉注字也。

𧹞　段玉裁曰。丁聲。倫按丁音端紐。端知見同為清破裂音。丁貞巠聲同耕類。是䞓赬𧹞相為轉注字也。或從上當有䞓字。今此字誤入浾下。【説文解字六書疏證卷二十】

浾

◉許　慎　浾䞓。棠棗之汁。或从水。泟浾或从正。【説文解字卷十】

◉馬叙倫　段玉裁曰。當作棠棗之汁也從赤水。轉寫譌耳。浾与䞓音雖同而義異。別為一字。鈕樹玉曰。玉篇浾收水部。側加切。浾。滓也。又棠木汁。廣韻收麻。注。棠汁。則棗當是木之譌。疑此非重文。桂馥曰二字自為一義。本書誤為䞓之重文。承培元曰。説解舛誤。當作或從水。一曰。浾。棠棗之汁。王筠曰。此與劦部文一重五而恊勰協各自為義叶叶則但承協同例。此例本少。故玉篇廣韻皆別浾泟于䞓。倫按疑從赤水聲。水音審紐三等。亦舌面前音。則赤䞓赬皆得轉注為浾。然以泟字證之。則不然矣。此二字或出新字林。或出字林而呂忱誤入此部也。

泟　倫按泟之於浾。猶赬之於赤矣。轉注字也。【説文解字六書疏證卷二十】

赭

◉許　慎　赭赤土也。从赤。者聲。之也切。【説文解字卷十】

◉馬叙倫　赤土也衍土字。赭赤聲同魚類。又赭音照紐三等。赤音穿紐三等。皆舌面前音。是轉注字也。玄應一切經音義引三倉。赭。赤土也。然則此訓呂忱據倉頡故或倉頡訓詁加之。彼依詞誤解。此不得然。【説文解字六書疏證卷二十】

◉湖北省文物考古研究所　北京大學中文系　此二字亦見本墓一一號簡及信陽二一五號簡。信陽簡此字作，上半是楚國文字中常見的一個偏旁，當為「者」字。下半當為「色」字，信陽一〇一號簡「周公戜然作色」句「色」字作，可證。此字當指一種顏色，即「赭」之異體。【二號墓竹簡考釋　望山楚簡】

䞓 䞓

◉許　慎　䞓赤色也。从赤。倝聲。讀若浣。胡玩切。【說文解字卷十】

◉馬叙倫　嚴可均曰。說文無浣字。小徐有澣從此。知浣即俗澣字。此校語。承培元曰。繫傳澣從此上當有臣鍇曰三字。倫按鍇本作赤也是也。䞓從倝得聲。倝音見紐。赬從巠得聲。巠音亦見紐。是轉注字也。讀若浣者。浣倝聲同元類也。【說文解字六書疏證卷二十】

赫 赫

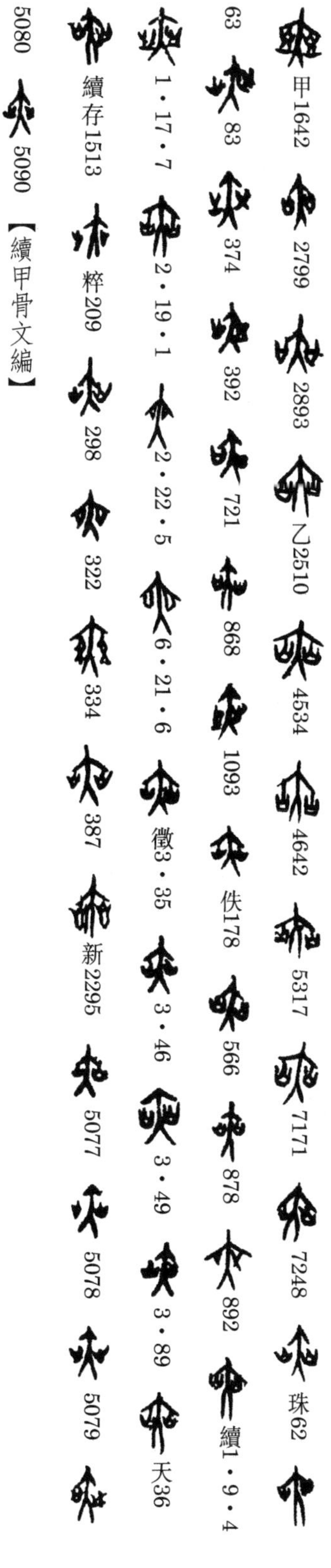
甲1642　2799　2893　乙2510　4534　4642　5317　7171　7248　珠62
63　83　374　392　721　868　1093　佚178　566　878　892　續1·9·4
1·17·7　2·19·1　2·22·5　6·21·6　徵3·35　3·46　3·49　3·89　天36
續存1513　粹209　298　322　334　387　新2295　5077　5078　5079
5080　5090　【續甲骨文編】

赫均信印　薛赫　貫赫　赫令之印【漢印文字徵】

◉許　慎　赫火赤皃。从二赤。呼格切。【說文解字卷十】

◉羅振玉　

說文解字赫从二赤。此从大从火火即二火字者。省二大為一。誼已明也。石鼓文奔作𧺆。从三夭。盂鼎作𡗳。省三夭為一。卜辭中彗字或从二又持二帚。或从一又持一帚。是其例矣。此字即召公名之奭。爾雅釋訓。奭奭。釋文。本作赫赫。說文。奭。从皕从大。盛也。詩出車傳。赫赫。盛貌。常武傳兩云。赫赫然。盛也。節南山傳。赫赫。顯盛也。赫从二火。故言盛。从皕則無從得盛意。知从皕者乃从火火之譌。奭乃爽之譌字。卜辭从火火。或變作𠙵𠙵等。皆為火之變形。許書又變从百。愈變而愈失其初矣。卜辭中凡王賓之以妣配食者。則二名間必間以爽字。戊辰彝遘于妣戊武乙爽。作𤆍。亦炏之變形。爽字雖在二名之下。義亦相同。卜辭又云。有爽。猶言有妃也。是爽有妃之誼。許書奭字注召公名。又引史篇召公名醜。二說不同。疑召公或名奭而字醜。古人名字誼多相應。醜訓比。卜辭對父言稱匕。即妣字。言與父相比也。意爽亦有

赩

妃誼。此古誼之僅存者。雖不能盡曉。然可得其概矣。又方言。㶕。赫也。赫舊本作赤。即赫之別構。戴氏改赫是也。廣雅釋器。㶕。赤也。㶕即爽。寫法畧異爾。是漢魏間尚有爽。但已不能知為即赫字矣。【增訂殷虚書契考釋卷中】

◉陳邦懷　羅參事謂説文解字奭字從皕乃從炏之譌。爽即召公名之奭。其説至塙。考詩采芑瞻彼洛矣兩傳皆云。奭。赤貌。此古文奭字從炏不從皕之明證。參事既釋為奭。又釋為赫者。蓋因奭赫同有盛大之訓。而不知奭有赤貌之訓。奭赫古雖同誼通叚。似不可以為一字。至謂説文解字赫從二赤。此省二大為二云云。尤未允也。【殷虚書契考釋小箋】

◉王　襄　殷契中赫之異體甚多。然皆从大从二火。或从二火之變體。與許書从赤之誼同。段氏云「奭即赫之叚借字」。奭許説「燕召公名。史篇名醜。」醜下段云。「凡云醜類也者皆謂醜。即𠷎之叚借字。𠷎者今俗之儔類字也。」按召公名奭為赫之叚字。又曰名醜。疑奭赫醜古均同誼。故相通叚。赫有儔類之誼。猶後世之妃匹也。【帝系　簠室殷契徵文考釋】

◉馬叙倫　丁福保曰。慧琳音義八希麟音義二引作大赤皃也。羅振玉曰。赫字金文卜辭從大從[古文字形]作[古文字形]。[古文字形]即火之變形。此字即召公名奭之奭。奭乃爽之譌。倫按當訓火皃。赤蓋校者注以釋赫字之音者。轉寫譌乙於下耳。或火皃赤也二訓。傳寫并之。赫從二赤。即赤之茂體。猶艸從二屮也。國策楚策之馮郝。漢書古今人表作馮赫。明赤赫一字也。今音呼格切音入曉紐者。猶赤轉為赧。音亦曉紐也。詩。其視我如毒螫。釋文。螫。矢石反。何呼洛反。玄應一切經音義二。螫。舒赤反。關西行此音。又呼洛反。山東行此音。亦可證⿱艹赤赤為一字而聲轉耳。餘見奭下。【説文解字六書疏證卷二十】

◉徐　鉉　[古文字形]大赤也。从赤色。色亦聲。許力切。【説文解字卷十新附】

◉黄錫全　[古文字形]赩喜力切　鄭珍云：「赩从赤色，係漢時赫字。《文選·甘泉賦》翕赫，《琴賦》本之作翕赩。亦即奭字。《詩》韎韐有奭，《白虎通·爵篇》引奭作赩。《説文》赫訓大赤，奭訓盛，音同義近。而《詩》赫如渥赭、韎韐有奭，毛傳赫奭並訓赤貌。《文選》李注又屢引毛傳作赩。《爾雅》釋文云赫，舍人本作奭。是三文為古今字。䵱亦係赫奭別體，《方言》有之，云䵱，色也。郭璞注赤色貌，音奭。蓋揚雄好奇字，䵱乃六國時異文，故列之别國方言。然字形从黑與赫从赤殊乖舛，許君是以不録其字。《方言》又有㶕，赫也。郭注音閲。亦即赫字，省赤旁作火，亦是六國異文。《義雲切韻》以䵱為古文，尚屬有本。」鄭説當是。夏韻職韻録《義雲章》作[古文字形]，此形寫譌。【汗簡注釋卷二】

◉徐鉉 赮赤色也。从赤。叚聲。乎加切。【説文解字卷十新附】

甲三八七 乙二四九四 乙二六五三反 鐵二三·一 鐵一一五·一 鐵一五一·二 鐵一七五·四 鐵二四二·一 拾七·一三 前一·六·一 前一·四六·四 前四·三五·一 前四·四五·四 前七·二八·一 後一·五·一 林一·九·六 甲一二七五 甲二〇一五 甲二六四四 貞人名 後一·一·二 後一·四·一七 後一·二二·七 後一·二八·三 後一·二八·八 後二·一三·一二 戩二·六 戩一六·一〇 佚三九三 佚四九八 粹一二 寧滬一·二 寧滬一·六三 鄴初下·三〇·一 鄴初下·三三·一二 珠二一 福二六 京津三八五七 甲二四一六 前三·二八·一 前四·七·一 佚七三 佚二四七 京津四九九〇 存二四四九 存二六八九 燕一三九 燕七一九 後一·一九·八 大壬見合文五 甲五〇四 大甲見合文三 甲一八七 大乙見合文四 甲二四八 大丁見合文四 甲一五八一 大戊見合文四 甲一五八一 大庚見合文四 後一·八·五 大子見合文一一 甲四〇六 大吉見合文二四 【甲骨文編】

甲219 387 1218 2278 2397 2416 2428 2814 2905 乙317 1155

1604 2601 3422 3843 4495 6291 6664 6681 7258 4508 7280

7390 7402 7511 7617 7808 7889 8862 9092 珠311 385 393

394 450 633 642 654 661 687 693 760 864 957 1055

1229 乙749 福3 零1 18 24 佚10 32 71 72 115 131

149 243 247 276 308 322 388 393 399 407 412 506

534 536 561 570 650 653 857 873 880 881 887 901

911 917 920 921 940 945 970 986 987 續1·1·5 1·6·5

1·7·7 1·8·8 1·9·8 1·10·1 1·10·4 1·10·5 1·10·8 1·11·7

1·13·2 1·17·5 1·19·4 1·32·3 1·46·4 1·50·5 2·6·2 2·6·4

2·7·6 2·18·1 2·25·11 2·28·5 2·29·2 3·25·1 3·29·1 3·34·5

3·35·1 4·11·3 4·16·3 4·48·2 4·49·5 5·5·5 5·31·1 5·32·1

6·11·3 6·21·10 掇82 395 428 549 徵17 193 2·8 2·27

3·25 3·26 3·33 3·34 3·35 3·37 3·38 3·39 3·40 3·41

3·201 4·3 4·48 4·53 5·5 7·2 8·4 8·6 8·23 8·63

10·7 11·116 11·120 京4·8·3 4·20·4 凡2·4 5·4 13·3 22·2

録285 326 343 345 373 405 429 443 444 478 528

544 551 645 646 719 767 908 鄴三48·10 天102 105 誠5

78　111　311　416　摭13　龜卜75　六中86　165　248　254　六清162

六清171　外201　六清172　外368　續存504　634　1192　1434　1531　1563　1565

1603　1604　1607　1672　外29　156　422　書1·8·13　摭續7　20　64

粹12　77　125　192　250　251　513　515　651　798　801　809

825　899　931　949　955　999　1043　1138　1142　1152　1220

1297　1431　新1200　2915　4613　4339　4615　5311　【續甲骨文編】

大　象人正立之形為一字說文分二部金文只作段玉裁曰大下云古文下云籀文此以古文籀文互釋明祇一字而體稍異後來小篆偏旁或从古或从籀故不得不殊為二部亦猶从从必分系二部也經典又以泰太為之　大禾方鼎　戍嗣子鼎　兄日戈　者女觥

者姛罍　大保鼎　𣴎鼎　缶鼎　大祝禽鼎　盂鼎　令鼎　作册大鼎　牆盤

師訊鼎　㝬簋　禹鼎　𠑇匜　頌鼎　散盤　毛公㾓鼎　不𡢁簋　伯公父匜　伯大師盞銘作立　師同鼎　大車廿　歸父盤　子仲匜　邾公華鐘　𦅫鎛　大司馬匿　鄀嫛簋　邵鐘　嘉賓鐘　申鼎　蔡侯𩞁盤　曾侯乙鐘　大族　史記律書作泰簇　中山王𡔞鼎　中山王𡔞壺　盗壺　中山王𡔞兆域圖　鄂君啟舟節　大府簋　大府鎬　大子鎬　大子鼎　鑄客鼎　卲卣　大乙

二字合文　辛巳簋　大子二字合文　芮大子伯壺　【金文編】

1·7　獨字　1·44　同上　秦814　大水　秦834　同上　秦799　大顛　秦792　大水　5·318　大

匠 5·319 同上 5·320 大匠 5·321 同上 秦802 大水 秦794 大□ 秦795 大羥 秦788 獨字 秦816 大水 秦822 同上 5·389 秦詔版殘存「天□諸侯黔首大安……」七字 5·384 瓦書「四年周天子使卿大夫……」共一百十八字 5·398 秦詔版「廿六年皇帝盡并兼天下諸侯……」共四十字 5·74 咸郿大□ 6·5 大馬𠬝 6·218 獨字 3·95 繇衢杏匋里萸 杏大字別體 3·655 杏坤區鋻 3·620 丘齊辛里郕杏心 3·261 杏蒦圖里匋化 3·469 杏匋里忞 3·280 杏蒦圖匋者或 3·258 杏蒦圖里匋㠯 3·264 杏蒦圖里匋逌 3·65 繇衢杏匋里犬 【古陶文字徵】

〔五〇〕〔二八〕〔一九〕〔五〇〕〔一九〕〔一九〕〔四七〕〔二二〕〔六七〕〔二八〕〔六七〕〔四〕〔二〇〕〔四〕〔二〇〕〔六七〕〔三六〕〔三六〕〔四七〕〔三九〕〔二一〕〔二〇〕〔三九〕〔八三〕〔六七〕〔六七〕〔六七〕【先秦貨幣文編】

布大 大陰 晉原 布尖 大陰半 晉原 布尖 大陰半 晉朔 布大 大陰 晉原 布方 大陰 晉原 布尖 大陰 晉原 刀大 齊厺化背 十大 魯廣 布尖 大陰 晉原 仝上 仝右 仝上 布尖 大陰 晉原 仝上 晉朔 仝上 晉太 布尖 大陰 京朝 刀弧背 左大 晉原 刀弧背 左大 京德 刀弧背 魯肥 布尖 大陰半 晉盂 刀大 節鄴之厺化背 大行 魯海 布尖 大陰 晉高 刀弧背 大左乙 冀靈 仝上 左大三 刀弧背 左大 冀靈 仝上 ㄠ大 仝上 右大 仝上 右大工 刀弧背 冀滄

刀弧背 右大二 冀靈 刀弧背 冀滄 仝上 仝上 倒書 刀弧背 左大一 冀靈 仝上 背
布大 大陰 典三五八 布尖 大陰 亞三・二七 布尖 大𠆢 亞三・三五 【古幣文編】

六七：一 二十三例 內室類丕顯晉公大冢 宗盟類參盟人名大心 六七：一一 二〇〇：二 【侯馬盟書字表】

55 248 267 【包山楚簡文字編】

大 法七八 九十二例 通太 卌四年攻—行 編四四 通泰 二曰貴以— 為一五 效三五 十五例 秦一七 六十五例
秦二〇 二例 【睡虎地秦簡文字編】

非九天之— 峌（乙6—25）、不可𣅀乍— 事（丙4:1—7）、— 不訓于邦（丙7:1—8）、亓邦又— 𧾁（丙8:3—3） 【長沙子彈庫帛書文字編】

4123 3368 0222 4866 4533 4534 0401 5216 5217 0400 0102
0127 與鑄客鼎大字同。 0023 【古璽文編】

李右大印 大史錯 長生大富 天下大明 天下大明 出入大吉 【漢印文字徵】

泰山刻石 大義箸明 天璽紀功碑 帝曰大吴 孫大壽碑領 郛休碑領 石碣吴人 祀三公山碑 國界大豐 景君銘領 詔權 黔首大安 孔彪碑領 范式碑領 禪國山碑 日惟重光大淵獻 宜報大命 石碣遊車 其來大□ 石經君奭 在大甲 袁安碑 捧大僕 【石刻篆文編】

古孝經 汗簡 竝古老子 王庶子碑 古孝經 籀韻 【古文四聲韻】

◉許 慎 大天大地大人亦大。故大象人形。古文大他達切也。凡大之屬皆从大。徒蓋切。【說文解字卷十】

◉薛尚功 太室者。廟中之室。言太以別其次者。如魯有世室是也。戠敦云。王格於太室。牧敦云。格太室。蓋周之時。受

四方諸侯之朝。必于其廟。示不敢專耳。詩言嗣王朝于廟者。此也。是廟皆謂之室也。【師毛父敦　歷代鐘鼎彝器款識法帖卷十四】

◉林義光　𠆢象側立。大象正立。古作大太保鑄器作大番生敦。亦象軀體碩大形。古今相承以為大小之大。惟為偏旁或與人同義。詳見各條。說文云。亣籀文大。改古文。亦象人形。按說文从亣之字與从大不容相混。而古無別。如奚字說文从亣。古作□南亞彝癸。从大。【文源卷一】

◉高田忠周　部中收奎夾奄夸查奃奯戴奍会衣夰奄奔奄契夷十七字。又別設亣部云。籀文大改古文。亦象人形。凡亣之屬皆从亣。部中收奕奘臭奚耎奰奱七字。許氏以小篆立部門故如此。而古固無此分別。今省亣部云。但天之大地之大。無可象者。故借人形為之。此段借之真面目也。大即象人體完正視形也。𠆢即人。象側視形。故𠆢字加一手一足。直得大形耳。然大者。大人大丈夫之謂也。轉為凡物大事大之偁。大或作夰。重緐文也。省作太。亦疊文之例。又省作太。說文誤認太為泰字古文。俗亦以太為極大尊偁。皆非。【古籀篇三十九】

◉郭沫若　第七九八片「大令二月，不其雨。」(右行)

大假為達，達从羍聲，羍从大聲。又達或作达，正从大聲。【殷契粹編】

◉明義士　大正象人正立之形。商人於最初先王之不同名者，尊之曰大，如大乙、大丁、大甲等。大乙於史記則稱天乙；大丁、大甲等，史記則稱太，大太天，固易譌也。大之初義，為先祖之最尊者，用之於直系，故曰大宗。又假為大小之義。【柏根氏舊藏甲骨文字考釋】

◉馬叙倫　吳穎芳曰。大本人字。象形。借為大小字。鈕樹玉曰。繫傳故大二字作為。韻會引徐曰本古文人字。則古文大也當作古文人也。然乃許說。非鍇說。鉉改為大。又加音他達切。非。嚴可均曰。古文大者。所以別於籀文亣。小徐作古文人也。通釋云。古文亦以為人字也。按大象人正形。籀文亣象人側形。大即人。小徐部敘篇以亣為古文。故此云古文人也。徐灝曰。古文大也當作古文亣也。小徐作人。誤。人儿大亣皆有兩字。儿為古文奇字人。大象人形而不同聲。如直以為人字。許當云亦古文人。且亣為籀文大改古文。則大為古文亣明矣。高田忠周曰。大小之大不可為象。故借人形之大為之。李杲曰。古文大也者。書契作大。簷鼎作大。均與此同。石經作亣。與此略異。倫按說解曰。天大地大人亦大。則乃釋大為大小之大也。然大固人之正視形。大小之大乃借字。本部所屬。有從人為義者。有從大小之大為義者。不得但釋大小之大義也。倫謂說解捝本訓。觀故大象人形句。許書無此例。鍇本無故大二字。而上文作天大地大人亦大焉。則襲老子文為之。此皆為校者改移之證。蓋許本作人也象形。吕忱或校者欲説明其象形。故引老子文而説之曰。故大象人形。又曰古文大也者。吕忱或校者見魏石經古文作大。而篆文則作大。此與大近。故注之曰古文大也。或見古文官書中大字如此而云然。字見急就篇。大保鼎作大。盂鼎作大。遘鼎作大。毛公鼎作大。歸父盤作大。甲文作大大大大大。

【説文解字六書疏證卷二十】

◉馬叙倫　父癸尊大　舊釋亞形中了。然大是大字。金器此文屢見。古有大姓。大庭氏之後。見風俗通。然則此為大家。猶今言某宅也。

大廟爵大廟　舊釋京作天廟彝。孫詒讓謂大是大字。倫謂孫説是。大廟即太廟也。古之太廟。殆不為王室所專有之名。【讀金器刻詞卷中】

◉楊樹達　殷契粹編柒玖捌片云：「大今二月不其雨？」郭沫若云：「大假為達，達从羍聲，羍从大聲。又達或作达，正从大聲。」考釋壹零柒。又捌零玖片云：「貞大今三月雨？」郭云：「大假為達，逮也，及也。」考釋壹零捌。樹達按：郭君釋大為逮及，是也，讀大為達，恐非是，以達字無逮及之訓也。余謂大與逮音近，大假為逮耳。説文二篇下辵部云：「逮，唐逮，及也，从辵，隶聲。」又三篇下隶部云：「隶，及也。」書契前編壹卷肆拾伍葉陸版云：「貞，及十三月雨？」又叁卷拾玖葉貳版云：「乙酉卜，大貞：及茲二月有大雨？」此云「大今二月」、「大今三月」，猶彼云「及十三月」、「及茲二月」也。

考大字逮字並屬定母，其為雙聲，不待論矣。大字古韻屬月部，逮字屬没部，二部音亦最近，故古多相通。齊景公臣有裔欵，見昭公二十年左傳，晏子春秋諫下篇作艾孔，又作會譴，裔从向聲，没部字，艾會並月部字也。金文匜銘多云頮沬字古文盤頮匜，而蔡子旅匜作會，不作頮，沬頮在没部，會在月部也。微没月三部今日劃分，而段茂堂曾合為一部者，段氏十五部。以其音近通假頻繁故也。【釋大　積微居甲文説】

◉高鴻縉　代二·1鼎有大字。與甲文大字俱象正面人形。甲文猶見兩膝。應是人之初文。如大大等字所从之大俱是人意。後借為大小之大。如夾奕奄等字所从之大。俱是大意。本意為人。其所以借用為大小之大者。即所謂天大地大人亦大也。此字久而為借意所專。乃另造側面人。【中國字例二篇】

◉斯維至　金文家以大師大保大傅為三公。但金文唯見大師大保。無大傅。此蓋古代政教合一之制度也。疑此制始創於殷。周成王以前亦一度實行之。書君奭所言最能將此實情道出。茲引之於下。我聞在昔。成湯既受命。時則有若伊尹。格於皇天。在太甲。時則有若保衡。在大戊。時則有若伊陟臣扈。格於上帝。巫咸乂王家。在祖乙。時則有若甘盤。率惟茲有陳。保乂有殷。以君奭後文觀之。周召二公。號叔。閎夭。散宜生。泰顛。南宮括等亦是此等身份。蓋掌宗教與政治者也。卜辭中已見𠂤般。即甘盤也。又黃尹。即阿衡。巫咸伊尹尤為多見。
師望鼎云。大師小子師望。郭沫若云。蓋一人兼三職。曰大師曰小子曰師。余案鄭大師小子甗。亦以大師小子兼職。其説近是。但郭氏以此大師為周禮掌樂之大師。考釋八〇頁。則未必然。彼鼎明云。夙夜出納王命。不敢不分不規。似掌政治者始得當此語也。詩小雅云。尹氏大師。維周之底。秉國之均。四方是維。俾民不迷。毛傳。大師。周之三公也。此詩情調與銘亦合。準此。余謂此大師非春官之大師也。其餘各器。因但著職名。其詳殆難徵矣。

考大保之器多屬周初。旅鼎云隹公大保伐東方之年。大保𣪘云。王降征命于大保。當在周公平淮夷之時也。郭氏且謂大保即召公奭。殆亦可能。【兩周金文所見職官考　中國文化研究彙刊卷七】

◉嚴一萍　大象人正面立形。傳世殷商銅器圖象銘文中作□，象正面人形者自來均釋為天。然以丁爵之屰作□，曰父癸爵之屰作□，而甲骨文之屰皆作□，若□正為大之倒文，知釋天之□亦即大之初文，故卜辭之大邑商亦作天邑商，其原本一字也。説文以古文作□籀文作□，別分兩部，段氏謂起於「小篆之偏旁或从古或从籀，故不得不殊為二部。」王玉樹以為「居上為大，處下為□。」（説文拈字）然「契」字之大處下，説文入居上之大部，知亦不盡然。甲骨文處下之大仍作□，如奚作□（甲七八三）□（續三・三〇・一）。又有□（粹九八六）□（乙九〇七三）□（鄴三・三四・九）諸字雖不識，未有以處下而作□形者，蓋並無「居上」「處下」之別異也。五期甲骨卜辭所見之大體或小有殊異，其兩臂皆向下弛張，並無二致。惟有乙編七四〇二版所契之大兩肘上舉作□形最為特異。其辭曰

乙未卜，至，大御。

據書體風格，此版為第四期文武丁時代卜辭辭例書體，最多詭變。「大御」一辭多見於武乙卜辭，故知此變形之□確為大，續甲骨文編入大字可信也。

西周初如大保鼎作□，大祝禽鼎作□，皆宛肖人形。惟□尊之□，其大字已訛變作□，知□□之異，周初已有，然未定形。故如縣妃簋之□，伯侯父盤之□，仍作□形。石鼓作□，至晚周則漸趨奇詭，如齊刀文之「□化」即「大貨」，當由□（太）字譌變而來，然與甲骨之去作□者結體無殊。又如古鉨作□，兩臂彎曲，猶存人形。若太子鎬作□，大子鼎作□，鑄客鼎作□，則僅餘兩手兩足，已非完人。雖然此等譌變，或即上承□字一系之訛，實啟小篆「處下」作□之先河也。又如蔡侯鐘「大夫」作□以夫字作重文；秦刻石漢印皆同之。

秦以後，作□作□，漸多紛歧。王筠曰：「案六字，鐘鼎文皆作□，秦器猶然。新莽權乃有□字，蓋漢人改之以與□字

相避也。筠清館周父癸角[glyph]即奚字，平安館𡢁彝作[glyph]，又金文立位二字皆作[glyph]，均從大而不從亣，唯從亣之[glyph]，繹山碑同，又是小篆而非籀文也。」（說文句讀）案泰山刻石作亣，繹山碑瑯琊臺刻石天作[glyph]，大夫作[glyph]，固皆從亣作。然二十六年詔權天作[glyph]，大作[glyph]，並皆小篆而不必从亣。立之作[glyph]，則又不從大。前引𡚸尊之大作亣，則籀文亦有。故知秦相統一文字、定小篆之際，作[glyph]作亣，視同一律，並未嚴分，無關乎籀文小篆之殊也。魏三體石經古文作[glyph]，小篆作[glyph]，隸書作大。吴之寶鼎甎作[glyph]，形在篆隸之間。晉之大吉千秋甎作[glyph]，略與亣同。⊘

案大象人形，小徐謂「亣亦人形」者甚是，特不知亣為[glyph]之訛變耳。

由隸而楷，自唐宋以來，「大」形已漸固定，未有作亣形者。【釋大　中國文字第五册】

◉李孝定　「大」字象人正面之形，文字偏旁从「大」者亦多用此意，而獨立之「大」字則悉為「小大」義，高田忠周、高鴻縉兩氏均以此為假借，然則「大」之音讀當與「小大」之「大」之語音相近始能成立，今人習知「大」之讀法，習焉不察，以為自古已然，而實無佐證；考「大」字古有作[glyph]者，雙勾寫之則為[glyph]，是為古「文」字，「文」之音讀，與「人」相近，則「大」字特「人」之異構，其音讀固當與「人」不異，用為「小大」字，蓋為文字衍變中之特異現象，似不能以假借説之，龍宇純氏解釋此類現象，以為「形、聲、義三，皆無取焉」，因謂之約定俗成字，見中國雜誌，題目及書頁偶忘之。其説較為通達。【金文詁林讀後記卷六】

◉金祥恆　甲骨文有大、伏、达三字，大字如粹編七九八片（合集一五九二正、甲骨學一〇〇頁）。

大今二月不其雨？

粹編八〇九片（合集一二五二八、甲骨學一〇一頁、京三九二）：

貞：大今三月雨？

伏字如佚四二九（合集二二三〇三、京三〇四二、鄴一·四三·二）

丙辰卜□伏一月至？

达字如續存一·二〇一一

达坒于象，哉？

达从辵大聲；伏从彳大聲。从辵从彳甲骨文相同，猶冓之于𢓊、遘；屰之于𢓐、逆；至之於𢓜、遷；用之於徜、逌等皆是。达，説文謂達之或體，而達从辵羍聲，羍，一曰从大聲。則甲骨之達，即説文之达，其由來遠矣。至於其意義，説文云：「行不相遇也。」鈕樹玉云：「詩子衿『挑兮達兮』，毛傳：『挑達，往來相見貌。』，此云不相遇，與傳正相反，竊疑行不二字為往來之譌」。而朱駿聲說文通訓定聲謂：「許所云行不相遇者，如爾雅釋宮之九達，旁歧逶遣，行路者不相遇，大通之道也。」其說是也。按甲骨文达者，及也，如上列「丙辰卜，□𠬝一月至」、「达生于象」，皆謂及也。而最明顯較著者，如上例：「大今二月不其雨」、「貞：大今三月雨」，猶合集一二五三〇正：

乙丑卜，宂貞：及今三月雨？王固曰：其雨，隹□。

合集一二五一〇：

貞：弗其及今二月雨？

合集一二六一七正：

庚戌卜，弗其及今九月雨？

其意義正同，借大為达(逹)。而詩車攻傳：「金舄達履也」，正借達為大。亦至也，如國語晉語：「奔而易達」郭注：「達，至也。」禮記表記：「事君不下達」，注：「達謂天子至于庶人」。故甲骨文大、𠬝、达，即今語至也、及也。

嚴一萍先生云：「大今二月不其雨」、「大今三月雨」，謂大與犬方相同，都是方國地名，是貞問大的地方在二月、三月中雨不雨。(甲骨學第七章，斷代一二二七頁。)雖然合集二八一一八八：

自𣲵至于大亡𢦏？

自𣲵至于膏亡𢦏？

大與𣲵為地名，然以甲骨卜辭卜雨例言之，嚴先生之說可商也。【釋大𠬝达　中國文字新十四期】

◉譚戒甫　「大」字寫作「大」則為人形；寫作「大」則為蓋形。凡物蓋在上面，必大于下。《周髀》謂「笠以象天」，因為笠戴在人頭，必可蓋其全部；天覆地上，必可全蓋。這和莊子所說的郛包在城外一樣意思了。以上是「小」、「大」二字見于中國文字而含有哲學理想者。【中國古代文字的哲學觀　中國哲學第二輯】

奎　奎

奎　奎　永盂　奎父人名　奎　中山王䁿兆域圖　正奎宮　【金文編】

奎　奎　日甲一　八例　奎　日甲一五二　三例　奎　日乙九七　【睡虎地秦簡文字編】

◉許　慎　奎兩髀之間。从大。圭聲。苦圭切。【説文解字卷十】

◉柯昌濟　奎字从大从玉。或即古奎字。【師奎父鼎　韡華閣集古録跋尾】

◉馬叙倫　徐灝曰。大為古文人。故奎夾等字從之。用其本義也。奄夸等字從之。則取强大之義。用其引申義也。奎非因寬闊而從大也。倫按廣雅。胯。奎也。莊子徐無鬼。豕蝨擇奎蹄曲隈乳閒腰腳自以為安室利處。奎蓋胯之初文。從象形之大。【説文解字六書疏證卷二十】

◉徐中舒　伍仕謙　奎，同魁，奎魁支微合韻。魁，首也，北斗星之首（《漢書·天文志》注）。魁魏並从鬼聲。魏，人或以鬼為諱，故省魏為莍（説見方壺銘釋文）。正奎宮，當為中山朝會之所，政令所自出，故曰正奎。【中山三器釋文及宮圖説明　中國史研究一九七九年第四期】

夾

河六六九　地名　在夾卜　河六七〇　河六七一　河六七二　河六七三　河六七四　佚七九二

摭續一六九　【甲骨文編】

録669　670　671　672　673　674　摭續169　【續甲骨文編】

夾　盂鼎　夾卣　夾壺蓋　禹鼎　【金文編】

陶文編　10·70　獨字　【古陶文字徵】

夾　日甲一五一　【睡虎地秦簡文字編】

古尚書　【古文四聲韻】

◉許　慎　夾持也。从大俠二人。古狎切。【説文解字卷十】

◉林義光　説文云。夾持也。从大夾二人。按大。象人正立。古作夾盂鼎。象二人相向夾一人之形。【文源卷六】

◉高田忠周　吴氏大澂云。夾死謂夾輔其主也。在左右曰夾。見周禮既夕注。按説文。夾持也。从大挾二人。與夾迥別。蒼頡篇。夾輔也。書多方。爾曷不夾介乂我周王。然則夾字从大。从二人在亦下。大者大人君王也。與介字作□。人為賓。八為介。人蓋亦同意耳。【古籀篇三十九】

◉葉玉森　□之異體孔多。或从□□□□□□□□□□□□□等形。除□一形外無象火者。除□□□三形外無象乳者。即此三形可象之物甚多。羅氏之説固紆曲有加。郭氏之説亦新奇太過。卜辭中母字凡數十見。無一書作□者。何以王賓某下之母字必書作□。又何以王妣必狀其大乳。戊辰彝亦殷器。其言遘于妣戊武乙爽。似舉行妣戊之遘祭。而武乙妃祭之。殷末禮制或畧有變更。其辭例與「甲辰卜貞王賓示癸爽脅亡尤」龜甲獸骨文字二第二十五葉之一後省言甲骨文字……畧同。如讀為武乙母。似覺未適。余舊釋夾。謂从大。象人形兩腋下所夾之物。可任意狀之而夾誼自顯。故變態獨多。夾輔也倉頡篇。在旁也。釋名。竝有妃意。説詳殷契鉤沈。新出夨彝有辭曰。爽左右于乃寮。以乃友事。爽字正當釋夾。謂夾輔左右也。郭氏謂叚作敏。殷周青銅器銘文研究。似非。往見張鳳氏與聞宥氏書見語言歷史學研究所週刊第百四期。略云。近見英人霍伯金氏有獸骨一片。載英文亞西亞雜志。骨字狄作□。可為葉君添一佐證。而狄字之得聲亦因以可知云云。張氏藏有骨文鈎本。惜未之見。如霍氏之骨非贋製。則从犬从夾又安知非狹字。【殷墟書契前編集釋卷一】

◉郭沫若　夹殆夾之異，夾二人為夾。夹一人亦為夾也。【卜辭通纂】

◉馬叙倫　王筠曰。俠借為挾。然從大俠二人似當作從二人持大。蓋許君特據字形兩人字在大字掖下。故謂大俠之。竊以周召夾輔成王推之。持之義當屬二人。不當屬大。倫按王説校長。然夾亦實一字。從大俠二人者。蓋許本訓俠也。從大從二人。吕忱改之如此耳。字見急就篇。盂鼎作□。【説文解字六書疏證卷二十】

◉魯實先　卜辭之夾與篆文同體作。作□。亦作□。其作□者。乃其媘體也。孫詒讓釋為夷。羅振玉疑為伏。葉玉森疑為仁之初文。説並非是。郭沫若疑為夾之異文。其説倖中矣。而亦未塙信其然。是皆未知卜辭文字有省體之例也。夾於卜辭有二義。其一義同尚書多方「爾曷不夾介乂我周王」之夾。如云「丁卯卜角其□。庚午卜角其□」藏・七一・三。「□寅卜□其□」後・下・二八・一五。是也。夫夾義為輔為近。介義為助為因。是多方之「夾介」義即左傳之「夾輔」。卜辭之「其夾」例猶它辭之「其因」。皆卜諸方是否親附王朝之辭。其云「王固曰邑甲介」後・上・七・十三者。甲与夾音同義通。甲介即尚書多方之夾介。乃卜邑方之是否親附也。其義塙然。是可證卜辭之□即夾之省文。夾之第二義為方名。如云「☐允㞢來鼓自西□告曰☐□□杲四邑」通纂四九八。「甶犬□令」甲編三五三六。「甲申卜王在□卜」佚存七九・二。「丁丑卜主在□卜」文録六七〇。「丁亥卜㱿貞乎㠯从韋取□臣」乙編三一〇八是也。金文有□乍父辛卣三代十三卷廿六葉□乍彝壺三代十二卷四葉。是乃夾方或

 奄

夾氏所作之器。方域之以夾為名者。則宋有朝郟。見左傳成十八年。其地望無考。周之郟邑。見左傳桓七年。即今河南洛陽。楚之郟邑。見左傳昭元年。即今河南郟縣。周之郟邑。乃因郟山而名。郟山與鄏地相鄰。故兼舉二名則曰郟鄏。左傳宣三年云。「成王定鼎於郟鄏」是也。其在卜辭曰。「比田蓐其兩」外編六五。「辛未□貞今日□蓐田〼」甲編一九七八。蓐當即郟鄏之鄏。據此是郟鄏之間固殷王游田之所。則卜辭之夾方其為周之郟邑無疑矣。徵之姓氏。則春秋有夾氏傳。見漢書藝文志。是當受氏於夾方。若鄭之郟張。見左傳哀九年。蓋受氏於楚之郟邑。以楚之郟邑初本鄭地也。【釋夾　殷契新詮之一】

◉高鴻縉　王筠曰。似當作从二人持大（大即人）……竊以周召夾輔成王推之。大者君也。二人者左輔右弼也。持之意。當屬二人。不當屬大。是也。應从二人持大（人）會意。並列。動詞。【中國字例四篇】

◉李孝定　說文。「夾。持也。从大俠二人。」契文亦从大俠二人。或俠一人。意同。孫釋夷。非是。契文金文夷並作。契文夷字又有異體作。新寫一五〇。說見後夷字條下。足證此非夷字。葉釋仁。亦非。甲骨及早期金文均無仁字。仁古殆祇作人。蓋仁者。人道也。仁从二人會意當為後起字。葉氏舉山海經「人羿」古文當作「羿」。夷古今字也。今本作「仁者乃「人」之譌。與形近。故譌。尸為人也。非仁夷古通也。羅氏疑伏。更屬肊說。郭沫若疑為夾之異文。見下補。魯氏从之。並明其義蘊。其說甚是。字象　人或二人在大亦下。有夾持之意。金文作盂鼎夾卣夾壺蓋。與此一體同。【甲骨文字集釋第十】

◉李孝定　夾下引高鴻縉氏說二條，一為夾，一為夾，夾、夾有別，不當並列。此从大夾二人，當為訓持之夾，銘或言「夾死司戎」，似非以「夾死」連文，他銘有：「追虔夙夕卹厥死事」追簋，「死司畢王家」望簋。其他「死司」連文者尚多見，蓋有矢志靡他之意；「死事」或有「死王事」之意；「夾」自訓夾輔，似不得與「死」連文也。【金文詁林讀後記卷十】

◉黃錫全　夾出尚書　夾字古作（河674）、（盂鼎）、（禹鼎）等，象人腋下夾二人形，此誤變从。薛本作夾。郭見本似作㚒。三體石經刺（剌）字古文作，郭蓋誤認。【汗簡注釋卷四】

 奄　从申在大上　應公鼎【金文編】

 奄　秦一八一【睡虎地秦簡文字編】

楊奄【漢印文字徵】

奄　奄竝見尚書【汗簡】

古尚書　義雲章【古文四聲韻】

◉許　慎　奄覆也。大有餘也。又欠也。从大。从申。申。展也。依檢切。【說文解字卷十】

◉徐同柏　从从大。乃古文奄。奄。覆也。鼎鼏之謂。凡鼎鼏蓋以茅為之。長則束本。短則編其中央。見儀禮公食大夫禮鼏若束若編注。【周應公鼎　從古堂款識學卷八】

◉高田忠周　徐籀莊以為从申从大。乃古文奄。奄。覆也。鼎鼏之謂。瀚疑寅字。按徐說字形是。解字義甚非。瀚者許印林也。釋寅殊非。今審奄下作。以字。亦非巳字。又劉心源云。舊釋作申。以大為羨文。此字从古文申从大。實奄之變。而謂巳為祀亦非。又或云。周禮序官奄人。注。精氣閉藏者。今謂之官人。又晉語。令奄楚刺重耳。注。士也。此義即可解銘意矣。要說文。奄覆也。大有餘也。从大从申。申。展也。又人部。俺大也。从人奄聲。奄俺同字。大為大人。从大又从人。為重複者。亦猶夸侉當為同字矣。奄本義為人長大也。轉為姿容閒雅緩綽有餘裕義。又為凡大有義。故又復轉為覆也。或云訓覆義者叚借為弇。亦通。爾雅釋言。蒙荒奄也。詩皇矣。奄有四方。傳。大也。執競傳。同也。閟宮。奄有下國。箋。猶覆也。實亦弇覆合同之謂也。【古籀篇三十九】

◉馬叙倫　沈濤曰。廣韻引無又欠也三字。錢坫曰。欠疑當作久。詩。奄觀銍艾。傳。久也。倫按奄公鼎作。從大。從。即申字。亦電之初文也。奄從大申聲。鍇本作從大申者。下捝聲字耳。電之短音。故入談類。電音定紐而聲真類。則奄為大之音同定紐及脂真對轉轉注字。然從假借為大小之大。故訓大也。玉篇首訓大也。次覆也。次大省餘也。大也之訓蓋本於本書。今本書轉捝此訓。僅存吕忱或校者之詞。後之校者復增又久也一義。久又譌為欠耳。覆也乃盇字義。大有餘也爲覆之引申義。久也者。爾雅釋詁。淹。留。久也。申展也校語。此字或出字林。【說文解字六書疏證卷二十】

◉聞一多　銅器中有銘識作者，宋人釋「子孫」，其妄不足辯。近時羅振玉釋「子黽」，郭沫若釋「天黿」，孫海波釋「大黽」。羅氏無說。郭說曰：

天黿即軒轅也。周語「我姬姓出自天黿」，猶言出自黃帝。十二歲之單閼即十二次之天黿，近年據余考知實當於十二宮之獅子座軒轅。由姓氏演為星名者與商星同。兩周金文辭大系考釋三一獻侯鼎。

孫説曰：

上作當是天或大字。下實鼁形，且已有壺底飾文及泉屋清賞所載蛙形虺龍文盤之飾文二鼁形，與此並合。果族徽也，當釋「大鼁」，地志有大鼁谷可證也。古文聲系自序。

案説文「黿，大鼈也」，欲知郭説信否，當一詳審此文下半所象是否鼈形。考彝銘中原始圖形文字與此近似者約有四類：

（一）弟龜鼎（代二，一二）　弟龜爵（續殷下二〇）　弟龜父丙段（續殷上四二）　弟龜父丙鐙（夢坡二，二二）

（二）鼈父丙鼎（代二，二一）

（三）？父巳觶（續殷下五七）

（四）鼉父辛卣（攈一，四）　鼉父丁鼎二（代二，二一）　鼉父辛鼎一（代二，二一）　鼉且乙角（續殷下四三）

圖（一）大都四足向前，有尾，確象龜形。圖（二）與圖（一）同，惟喙加長，殆即鼈也。圖（三）二足向前，二足向後且無尾，疑是昆蟲而非水族，其名不可確指。圖（四）亦無尾，惟後二足特長，或反拱於後，或迴抱於前，其為鼃鼁之屬，一望而知。銘識之，就余所檢獲之四十九例觀之，其下半之蟲形，無一有尾者，而就中其後二足迴抱於前者纔兩見，餘則悉反拱於後，此於鼃鼁之形，尤為逼肖。然則此字郭氏所釋不如羅孫為長明矣。至孫釋為大，得之。惟讀為「大鼁」二字，則非，蓋字實從大從鼁之奄也。⊘

雖然，奄字别無所見，何以知古必有此字乎？欲釋此疑，請先讀秦公段：

……乍作讄宗彝，目邵皇且，嬰嚴徵各；目受屯魯多釐，覺壽無疆；畯疐才在天，高弘又有慶慶，竈囿有四方。案「以邵皇祖，嬰嚴徵各」，與「以受屯魯多釐，覺壽無疆」語勢平列，「邵」與「受」之主格皆秦公也。下文「畯疐在天」之上不别出主格，明其主格仍是秦公。然秦公以作器之生人，而言在天，揆之恆情，必不可能。因悟古天大同字，而立從大一，此天字實當讀為立，立古位字，「畯疐在天」即「畯疐在位」也。井人妄鐘「疐處宗室，」疐亦處也。師俞段「天子其萬年眉壽黄耇，畯在立位」，伯㯱虘段「萬年眉壽，畯在立位」，與此語意不殊，而秦公鐘全篇與段文大同，彼正作「畯疐在立位」，尤其確證。

知「畯疐在天」，在天即在位，且屬秦公言，則下文「高弘有慶，竈囿四方」亦當屬秦公，蓋二句之上仍未别出主格也。「竈囿四方」之竈，自宋薛尚功釋奄，相沿無異説，近儒王國維始改讀為造。⊘

余意「竈囿四方」宋人讀為「奄有四方」，詞意順適，實不可易。秦公鐘「畯疐在位，高弘有慶，匍有四方」之語與段文全同，惟變竈為匍，蓋因竈讀為奄，匍讀為撫，奄撫一義，詩韓奕傳「奄，撫也。」故字得互易耳。

⊘秦公鐘又云：

不顯皇祖受天命，竈有下國。

「寵有下國」亦即閟宮篇之「奄有下國」也。

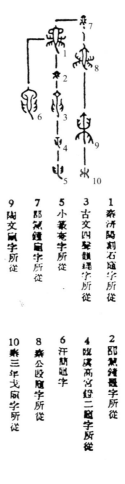

然則竈曷為而得讀為奄？將謂詩書是而誤在金文耶？曰：金文與詩書皆是也。說文大部「奄，覆也，大有餘也，又欠也，錢坫、朱駿聲、朱珔並疑欠為久之譌，近是。從大從申，申，展也。」案申古電字，奄字從申，無由見義，許說殆不足據。余謂奄即金文竈字，從电為黽之省變，其證有三。試觀下圖：

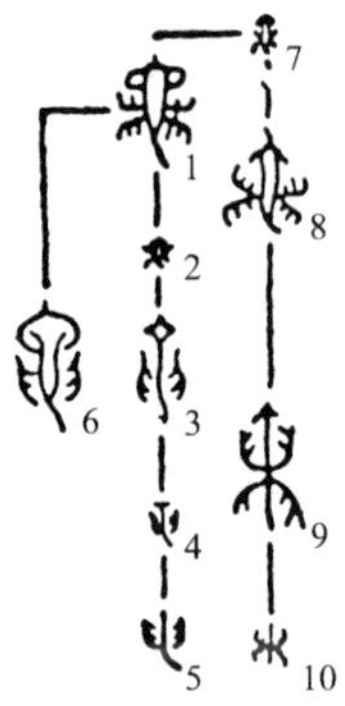

1 秦沂陽刻石竈字所從
2 郘黛鐘竈字所從
3 古文四聲韻繩字所從
4 陳侯高宮鐙二竈字所從
5 小篆奄字所從
6 汗簡竈字
7 郘黛鐘竈字所從
8 秦公毁竈字所從
9 陶文竈字所從
10 秦三年戈竈字所從

黽得變為电，則竈亦可變為奄，此奄從黽省，驗諸字形而有據者一也。明母古與影母通，杳窈窅今音或讀作m-，冤當從兔聲，說文「冤，屈也」，「俛，低頭也」，楚辭懷沙「冤屈而自抑」，史記作俛詘，是冤從兔為免之譌。毒於改切而梅莫亥切，嬰於盈切而瀴莫迥切，殳莫勃切而頞烏没切，鼻武延切而邊於蹇切，以上並廣韻。冥忙經切而幎娟營切，集韻。並其例證。觀諧黽聲之蠅音余陵切，鱦黽並音以證切，以上並據廣韻。繩或借為揚，左傳莊十四年「繩息嬀以語楚子」，吕氏春秋古樂篇「乃作詩以繩文王之德」，錢繹云，二繩字並借為揚。⊘案繩古蓋如蠅，故得轉為揚，猶方言十一云「蠅，東齊謂之羊」也。知黽古音亦讀影母。黽之聲母既為影，其韻母復由蒸轉侵，即與奄同。此奄從黽省，核諸字音而益信者二也。老子十四章「繩繩不可名，」釋文引簡文注「繩繩，無涯際之貌。」說文大部「奄，大有餘也。」廣雅釋器「黽，黑也，」說文黑部「黽，青黑也。」說文黽部「黽，冥也，」廣雅釋詁四「晻，冥也。」太玄五沈「好婳惡粥」，注「婳，懷也。」左傳文十八年「掩賊為藏」，注「掩，匿也。」懷匿義近。奄及從奄之字與從黽之字往往同訓，此奄從黽省，衡諸字義而仍合者三也。奄從黽省，既如上述，而竈亦從黽，是奄竈二字，例得通用。金文之「竈有四方」、「竈有下國」，經典作「奄有四方」、「奄有下國」，其故在此。

雖然，謂竈奄二字通用則可，謂竈即奄字則不可。金文竈字從穴，而義復為函蓋，以意逆之，當為庵之別構，經典作奄，則庵之省。説文無庵字，許君蓋以奄為庵，故訓覆，引申為大，為久。至奄字本作竈，從大從黽，大即人，乃國族名，省變為奄，又加邑作郁，説文邑部「郁，周公所誅郁國，在魯」是矣。郭氏知竈為氏族，此其特識，突過前人，至讀為「天黿」二字，則尚無確證。孫氏讀為「大黽」，古國族未見有稱大黽者，引谷名為證，亦近牽合，故亦不敢苟同。【釋竈　中國文字第四十九册】

◉荆三林　殷和奄都是起家于殷水流域。金文中的奄是一只鳥，是「燕」的本字，而在周代的銅器中，如「匽侯旨鼎」、「匽公匜」、「郾侯旨毁」這些西周初期的器物，和「郾王詈戈」、「郾王朡戈」、「郾侯腰戈」等銘文中，則燕國一律寫作「匽」或「郾」，這就非常清楚，奄、燕、匽、郾原是一個字。「商奄」即是「商郾」。郾地即今河南的郾城縣。【試論殷商源流　鄭州大學學報一九八六年第二期】

◉黄錫全　奄並見尚書　九、武、豐、内本作弇，九、武本又作奄、奄。薛本作奄、弇、寏。古璽弇作(璽彙4682)，曾侯乙墓竹簡作、，《説文》古文變作，此形同。鄭珍云：「奄與弇原異字，而『弇蓋』、『奄覆』義相通，音亦近，故僞書以弇、寏作奄。」【汗簡注釋卷三】

◉黄錫全　奄　鄭珍云：「从盇从刀，蓋闔割字，諸字書皆無。形編中每誤如此。」按，望山楚簡盇作，古陶作，禽志鼎蓋作。三體石經皿或血旁作。夏韻琰韻録此文作是。盇又作(侯盟)、(信陽楚簡)、(璽彙2739)。盇即蓋，與盍古本同字，音義皆通(參見《金文詁林》卷五盇字)。為刀變。此形應是剖或劃字。盇(蓋)奄音近通假。盇屬匣母葉部，奄屬影母談部。《左傳》昭公廿七年的「吴公子掩餘」，《史記·吴世家·刺客列傳》作「蓋餘」。《墨子·耕柱篇》、《韓非子·説林篇上》的「商蓋」，《左傳》昭公九年作「商奄」。禽毁的「楚(蓋)侯」，陳夢家認為即《孟子》所謂的「奄君」。此假剖或劃為奄。【汗簡注釋卷四】

夸

粹一〇二七　方國名　叀册夸册用　【甲骨文編】

夸　甗文　爵文　伯夸父盨　戈文　【金文編】

3·1285　獨字　3·1286　同上　3·1287　同上　5·33　咸鄗里夸　5·34　咸鄗里夸　【古陶文字徵】

夸　為一四　通誇　一曰一以迣　【睡虎地秦簡文字編】

夸古老子　夸古老子　【古文四聲韻】

◉許　慎　夸奢也。从大。于聲。苦瓜切。【説文解字卷十】

◉馬叙倫　嚴可均曰。五經文字上。胯。胯。上説文。下隸省。下。胯。胯。上説文。下隸省。蓋唐本説文夸篆作夳。從大。干聲。凡從夸聲者均夳聲也。與徐本不同。倫按奢訓張也。音在審紐。古讀歸透。夸音溪紐。透溪同為次清破裂音。是轉注字也。然疑夸為胯之初文。夸奎音同溪紐轉注字。奢也以聲訓。或涉下文奃字説解而譌。或奢之為張亦引申義。此從象形之大。【説文解字六書疏證卷二十】

◉楊樹達　十二家吉金圖録上册貯拾捌載大于爵，銘文大下作丂，原釋作大于，説為大雩，余疑是夸字，蓋制器人之名也。説文十篇下大部云：「夸，奢也，从大，于聲。」銘文作丂，即古文于字也。今改題為夸爵云。

又同卷貯廿五、貯廿六載大于句兵二，銘文與爵文同。求雨而行雩祭，似無銘於兵器之理，可知著者前説之未諦矣。【夸爵跋　積微居金石説】

◉李孝定　商承祚氏釋丂為于，是也；而謂是「雩」之本字，則非。竊疑丂為竽之象形，竽為管樂，字即象其曲管，商氏謂「丂」象雲气迂曲，殊疏。字上从「大」，楊樹達氏釋「夸」，是也。【金文詁林讀後記卷十】

◉朱歧祥　夸象人跨欄凥，即夸之本字。俗作跨，渡也。見於第四期卜辭，用為人名：「子夸」。

《乙8696》乙卯卜貞：子夸囚。

《乙8814》乙卯卜貞：子夸囚。【殷墟甲骨文字通釋稿】

◉曾憲通　夸共攻夸步　甲七·七　選堂先生謂此字似从大从亐，可能為夸字。《説文》：「夸，奢也，从大亐聲。」《廣雅·釋詁》：「夸，大也。」夸步釋為大步，義亦通。【長沙楚帛書文字編】

◉臧克和　「夸父」得名于「規矩」，或者説，「夸父」就是「規矩」的轉語。人名來自工具之號，《説文解字》揭示了這一神話命名原則。

「夸父」特徵之一是與「規矩」一詞存在着相同的語源。

「夸父」一詞最早見于《山海經》，一般認為《山海經》一書大約成書于戰國時代，秦漢時又有增删。「規矩」作為合成詞使用，也是在周秦之際的文獻裏就已經出現，《禮·經解》：「規矩誠設，不可欺以方圓。」《孟子·離婁上》：「離婁之明，公輸子之巧，不以規矩，不能成方員。」可為例證。「夸父」、「規矩」皆屬連綿詞。「夸父」古音系統裏屬于溪母魚部和並母魚部，「規矩」則分别系于見母支部和見母魚部，二者讀音極為相近。

「夸父」特徵之二是「夸」字所指對應于「規」。

《説文・大》：「夸，奢也。从大，亏聲。」

《説文・奢》：「奢，張也。从大，者聲。」

在《説文解字》「大部」也就是「夸」字同一部類中，从大取類，即有「大」義：

奃，大也。

奃，大也。

奄，大也。

奄，大也。

……

實際上就是「同訓系列」。所賴以區分具體的「大」義，就是該字類各自所从得之聲，因此，《説文解字・大部》關于「夸」字結構分析值得我們注意。先來看「夸」字結體的歷史演變情形：

從金文來看，從「大」取類，即以人體的張大體示一般抽象之大。而聲符「于」其初寫則比較複雜，「夸」正是從此符得聲兼表義以傳遞「具體之大」的。這樣，關鍵是要弄清「于」形的本義。「于」字在甲骨文即已習見常用，兹考察其形體傳承：

徐中舒先生考釋説：「于从干从丂，十象大圓規，上一横畫象定點，下一横畫可以移動，从丂表示移動之意。或作干，為于之省。」

這樣分析下來，「夸」字的結體構形意義可以説似乎是一「大圓規」，由此而引申出「夸（跨）度」、「夸張」等義，至于「夸奢」之義，已屬虚泛化的後起義。我們再從語音聯繫來看：

竽，竹三十六簧也。按管樂也。……

衧，諸衧也。从衣，于聲。按大掖衣如婦人褂衣也。

扜，指麾也。从手，于聲。《方言》十二：扜，揚也。

弙，滿弓有所向也。从弓，于聲。《廣雅・釋詁一》：弙，張也。

紆，詘也。从糸，于聲。

跨，渡也。从足，夸聲。張兩股越渡。

胯，股也。从肉，夸聲。按兩股之間也。

刳，判也。从刀，夸聲。……《易・系辭傳》：刳木為舟。

瓠，匏也。从瓜，夸聲。有甘苦二種，……今蘇俗謂之壺盧。瓠即壺盧之合音。

絝，脛衣也。从糸，夸聲。字亦作袴。今蘇俗謂之套褲。古又名襗，若滿襠褲，古曰幝曰幒。

和「夸」字同衍一個聲符的上列字群，除了各具「具體之大」外，差不多皆含「曲度」之義，而這正是「規」的功能意義。亦堪聯類共參。

「夸父」特點之三是「父」字一端所指對應于「矩」。

「父」字作為男子名號美稱尚屬後起，原初所指自有較為實在的內涵，《説文》字類聯繫保存了這方面的文化意藴。《説文・又部》：「父，矩也。家長率教者。从又舉杖。」⊘

「夸」字所指對應于「規」，「父」字一邊對應于「矩」，「夸父」便是「規矩」。看來「夸父」作為人格化的名稱，當首先來自作為「規矩」的工具。這如同「昆吾」和「壺」、「羿」和「射弓」、「椎」和「鐘葵」等等並無二致，《説文》所揭示的，是一條極普遍的神話命名原則。神話思維規律之一，就是「從人一開始使用工具，他就從來未把工具看作是人造的東西；相反，工具被當作一種因其自身而在的存在，賦有着自身的力量；工具不受人的意志支配，反倒成為人受其意志支配的神或鬼——人感到自身依賴于它，于是就以種種具有宗教崇拜性質的禮儀崇拜它。在原始時代，斧頭和錘子似乎尤其獲得過這種宗教意藴；對其它工具，諸如鋤頭、魚鈎、矛或劍的崇拜至今尚可在未開化部族中發見。在依韋部族中，鐵匠使用的錘子被看作是一位强有力的神，依韋人崇拜它並向它奉獻犧牲。工具从未被看成是人製造的東西、某種想到而後製造出來的東西；相反，工具被視為某種『天賜之物』。工具並非起源於人自身，而是起源於某種『文化英雄』；這個英雄要麼是神，要麼是獸。……神話概念趨于將全部自發性活動都看作是接受性活動，把人類的全部成就都看作是賜來之物」。《説文》中的「夸父」意象，亦堪聯類。在中國《世本》等文獻所載工具的發創，大要須作如此解會。【《説文》中的「夸父」　學術研究一九九五年第五期】

⿱大亘

◉許慎　⿱大亘奢⿱大亘也。从大。亘聲。胡官切。【說文解字卷十】

◉馬叙倫　吳穎芳曰。奢華之轉語。干筠曰。奢⿱大亘蓋連語。秦詛楚文。宣奓競縱。宣非⿱大亘之借字即⿱大亘之譌字。倫按⿱大亘蓋隸書複舉字之譌乙於下者也。王說亦通。字蓋出字林。⿱大亘夸為同舌根音轉注字。⿱大亘奢亦轉注字。猶垣堵之為轉注字矣。從象形之大。【說文解字六書疏證卷二十】

夵

◉許慎　夵夵大也。从大。瓜聲。烏瓜切。【說文解字卷十】

◉馬叙倫　吳穎芳曰。夸之語轉。倫按夵乃隸書複舉字也。夵為奄之音同影紐轉注字。亦奢之聲同魚類轉注字。亦⿱大亘之轉注字。猶呱之與咺矣。從象形之大。如訓大也則從假借為大小之大。【說文解字六書疏證卷二十】

奯

◉許慎　奯空大也。从大。歲聲。讀若詩施罟⿰氵奯⿰氵奯。呼括切。【說文解字卷十】

◉馬叙倫　嚴可均曰。說文無⿰氵奯字。宋本作⿱艹⿰氵歲⿱艹⿰氵歲。一宋本及小徐類篇引作施罟泧泧。按目部。眓。讀若詩施罛泧泧。网部。罛。引詩施罟濊濊。水部濊引詩施罟濊濊。以諸部本字議之。當作濊濊。段玉裁曰。周氏宋本葉本皆作泧泧。王氏宋本作濊濊。趙本五音韻譜及毛本作⿰氵奯⿰氵奯。水部濊下引詩施罟濊濊。說文所偁經傳再舉而文異者多矣。不得言濊是泧非也。劉秀生曰。讀若詩施罟⿰氵奯⿰氵奯者。證詳四篇眓下。倫按奯音曉紐。古讀歸影。是亦奄夵之轉注字。夵從瓜得聲。瓜音見紐。見曉同為舌根音也。奄從申得聲。申聲真類。奯聲脂類。脂真對轉。奄奯為轉注字。尤無疑也。空大也者。玉篇作空也大目也。倫謂此皆由詩施罟濊濊而引申之義。蓋施罟濊濊字當作奯。馬融以為大魚網。目大豁豁。故奯有空及大目之義。其實奯止是大義。⿰氵奯字本書所無。迮鶴壽以為本作濊。傳寫誤加大字。此字或出字林。從假借為大小之大。【說文解字六書疏證卷二十】

⿹𢦏大

◉許慎　⿹𢦏大大也。从大。⿰𠮛大聲。讀若詩⿹𢦏大⿹𢦏大大猷。直質切。【說文解字卷十】

◉馬叙倫　嚴可均曰。⿹𢦏大讀若⿹𢦏大非例。疑衍讀若字。否則當依今詩作秩秩。倫按⿹𢦏大音澄紐。古讀歸定。⿹𢦏大亦從假借為大小之大之轉注字也。【說文解字六書疏證卷二十】

奅 奅

奅 李商隱字略 【古文四聲韻】

◉許　慎　奅大也。从大。卯聲。匹貌切。【說文解字卷十】

◉馬叙倫　史記建元以來矦者年表索隱音延孝反。玉篇作普教切。廣韻乃音匹貌切。如廣韻音在滂紐。滂溪同為次清破裂音。則奅為奎之轉注字。史記衛將軍傳索隱引字林。奅。大下卯。與穴下卯並音匹孝反。【說文解字六書疏證卷二十】

会 会

◉許　慎　会大也。从大。云聲。魚吻切。【說文解字卷十】

◉馬叙倫　鈕樹玉曰。繫傳有讀若齬三字。說文無齬。疑齳之譌。齳亦魚吻切。段玉裁曰。齬當作齫。即俗齳字。嚴可均曰。小徐云聲下有讀若齗。錢坫曰。齬似當作齗。寫者誤也。倫按会從云得聲。云音匣紐。故会音轉入疑紐。並舌根音。会蓋奆之轉注字。奆音匣紐也。讀若齬者。段說是。云君軍聲同真類。或作齗。齗聲亦真類也。字蓋出字林。【說文解字六書疏證卷二十】

奃 奃

◉許　慎　奃大也。从大。氐聲。讀若氐。都兮切。【說文解字卷十】

◉馬叙倫　嚴可均曰。讀若氐疑校者所加。倫按奃音端紐。蓋奢之轉注字。奢從者得聲。者音照紐。古讀歸端也。端影同為清破裂音。是亦奄奃之轉注字也。與大為同舌尖前破裂音轉注字。從假借為大小之大。【說文解字六書疏證卷二十】

𡗝 𡗝

◉許　慎　𡗝大也。从大。介聲。讀若蓋。古拜切。【說文解字卷十】

◉馬叙倫　劉秀生曰。介蓋聲皆見紐。故𡗝從介聲得讀若蓋。丯部。丯。讀若介。宀部。害。從宀。從口。丯聲。爾雅釋言。蓋。割。裂也。釋文。蓋。舍人本作害。是其證。倫按方言。𡗝。大也。東齊海岱之閒曰𡗝。或曰。幠。爾雅釋詁。幠。大也。注引詩遂幠大東。今魯頌作遂荒大東。爾雅釋言。蒙。荒。奄也。以此相證。𡗝奄為轉注字。𡗝音見紐。奄音影紐。同為清破裂音。亦聲同脂真對轉也。與奯為聲同脂類轉注字。從假借為大小之大。【說文解字六書疏證卷二十】

⿱大此 ⿱大此

◉許　慎　⿱大此瞋大也。从大。此聲。火戒切。【説文解字卷十】

◉馬叙倫　段玉裁謂瞋大史所謂目眥盡裂也。玉篇廣韻引瞋下有聲字。然則瞋大乃附會目眥盡裂之義。蓋以為與眥字同義。其實眥為目匡。亦無瞋大義。如篇韻有聲字。則大聲也乃嗔字義。蓋皆校者所加。或吕忱列異訓。瞋大也當作瞋也大也。⿱大此𡘍音同曉紐。轉注字。⿱大此從此得聲。此從匕得聲。匕介聲同脂類。是⿱大此乔亦轉注字。從假借為小大之大。【説文解字六書疏證卷二十】

⿱大弗 ⿱大弗

◉許　慎　⿱大弗大也。从大。弗聲。讀若予違汝弼。房密切。【説文解字卷十】

◉馬叙倫　鈕樹玉曰。讀若下當有聲字。此書臯陶謨文。錢大昕曰。經典不見⿱大弗字。詩。佛時仔肩。毛傳。佛。大也。佛⿱大弗古今字。劉秀生曰。弼為弻之隸變。弜部。弻。古文作㢸。此以與弼古文同從得聲為讀若也。弗聲古在封紐。弼聲古在並紐。封並皆脣音也。故⿱大弗從弗聲得讀若弼。詩周頌敬之。佛時仔肩。釋文。佛。鄭音弼。荀子臣道。功伐足以成國之大利謂之拂。注。拂讀若弼。大戴禮保傅。弼者。拂天子之過者也。弼拂以聲訓。是其證。倫按⿱大弗佛一字。⿱大弗音奉紐。古讀歸並。是與大戴為同濁破裂音轉注字。弗聲亦脂類。則與𡘍乔⿱大此亦轉注字。今杭縣猶有大弼弼之語。從假借為大小之大。【説文解字六書疏證卷二十】

⿱大屯 ⿱大屯

◉許　慎　⿱大屯大也。从大。屯聲。讀若鶉。常倫切。【説文解字卷十】

◉馬叙倫　嚴可均曰。説文無鶉字。當作雗。劉秀生曰。讀若鶉詳三篇諄下。倫按⿱大屯音禪紐。古讀歸定。是與大戴⿱大弗為轉注字也。屯聲真類。脂真對轉。則與𡘍乔⿱大此亦為轉注字也。讀若鶉校者加之。或字出字林也。從假借為大小之大。【説文解字六書疏證卷二十】

契 契

4·127　契止【古陶文字徵】

契　日甲三五背　通潔　喜一清【睡虎地秦簡文字編】

契先列切　上同竝尚書　【汗簡】

古老子　碧落文　【古文四聲韻】

◉許　慎　契大約也。从大。从㓞。易曰。後代聖人易之以書契。苦計切。【説文解字卷十】

◉馬叙倫　吴穎芳曰。亦偰字。沈濤曰。文選歎逝賦注引。契。約也。無大字。孫楚征西官屬送於陟陽候作詩盧諶贈劉琨詩注引皆有大字。鈕樹玉曰。代本是世。唐人避諱改。倫按鍇本作從大㓞聲。然從大從㓞或從大㓞聲。並無大約義。倫謂本作大也約也。約也乃絜字義。吕忱或校者列異訓。傳寫捝一也字。或唐人删之也。契從大㓞聲。乃夰奃之同舌根音並聲同脂類轉注字。從假借為大小之大。然倫以為大也恐非本義。蓋借為夰耳。契得聲於丯。本書。丯。讀若介。此得借契為夰之例證也。契本從大或大㓞聲。為偰顙之初文。字或出字林。廣韻引字林。契丹。國名。此校者所記。吕忱時無契丹也。【説文解字六書疏證卷二十】

◉郭沫若　「金[㓞火]」二字拓本甚明，梅原氏摹本金字亦甚明晰。[㓞火]即契字，此假為[㓞瓦]。廣雅釋器「[㓞瓦]，瓶也」，玉篇「[㓞瓦]，瓶受一斗者」，集韻「北燕謂瓶為[㓞瓦]」。【杕氏壺　金文叢考】

夷

甲3058　3536　乙6276　珠1182　續5·20·10　6·17·8　新520　續5·35·3　掇507　【續甲骨文編】

夷　金文如此尚書泰誓受有億兆夷人敦煌本作𡰥　兮甲盤　王令甲政嗣成周四方責至于南淮夷　尸字重見　柳鼎　鄭子蒷夷鼎

【金文編】

夷　日甲六七　三例　日甲六五　【睡虎地秦簡文字編】

3901　與鄭子蒷夷鼎夷字略同。【古璽文編】

夷道長印　金國辛千夷槐佰右小長　漢歸義夷仟長　賈夷吾　王夷　賈夷　夷譚　【漢印文字徵】

𡰥 夷見尚書尉字从此【汗簡】

𡰥道德經 𡰥古尚書 夷 王存乂切韻【古文四聲韻】

◉許　慎　夷平也。从大。从弓。東方之人也。以脂切。【説文解字卷十】

◉吴大澂　古夷字作尸。即今之尸字也。古尸字作𣦵。即今之死字也。師寰敦。□。又云。□。曾伯霥簠。□。兮田盤。□。當讀至于南淮夷。淮夷舊我員畝。淮夷二字重文。非夷字作𡰥也。睘卣。□。當讀睘安夷伯夷伯賂睘貝布。夷伯二字亦重文。夷為東方之人。尸字與人字相似。象人曲躬蹲居形。白虎通。夷者僔夷無禮義。論語。原壤夷俟。集解引馬注。夷。踞也。東夷之民。蹲居無禮義。别其非中國之人。故尸與人相類而不同。大澂釋□為卬笮之笮。象西夷椎結之狀。亦此意也。尸為蹲居。□為傾頭。皆賤之之詞。疑古者从尸之字皆當从夷。許書解尾字為西南夷所飾系尾。此从夷之證也。孝經仲尼居釋文。𡰥古夷字也。經文居字不當作𡰥。疑𡰥字之誤。漢書樊噲傳注。𡰥讀與夷同。漢儒或見故書夷字重文作𡰥誤以為古夷字本作𡰥。許書又以𡰥為仁字古文。更不可解也。自後人以尸為陳屍之屍。而尸與夷相混。周禮淩人大喪共夷槃冰注。夷之言尸也。實冰于槃中。置之尸牀之下。所以寒尸。尸之槃曰夷槃。牀曰夷牀。衾曰夷衾。移尸曰夷于堂。皆依尸而為言者也。儀禮士喪禮。士有冰用夷槃可也。注夷槃承尸之槃。又牀第夷衾注。夷衾覆尸之衾。凡此夷字皆當讀尸。或故書本作尸。而漢儒誤釋為夷。或當時尸夷二字通用。古文尸字隸書皆改作夷。均未可知。然則漢初去古未遠。必有知尸字即夷字者。故改尸為夷也。使夷敦夷字與小篆夷字相近。是晚周已有變尸為夷者。不自漢人始矣。【夷字説　字説】

◉劉心源　漢淮夷。淮夷之在漢上者。宣王伐淮夷之詩多言江漢。詩地理考引陳氏説。㠯為淮南之夷是也。夷舊釋作人。此作尸。乃尸字。古文夷作𡰥。从尸从二。此省二。蓋㠯尸為𡰥。正如衣為卒、雨為霸、禾為季、金為銖、聿為書之例。所謂同形叚借也。余初釋敔敔南淮尸為人。又因其下文俘人三百作人。而疑尸非人。及讀曾伯霥簠淮尸。阮釋作人。仲偁父鼎伐南淮尸。師酉敦西門尸及下四篆。宗周鐘南尸東尸。阮又皆讀節。益疑之。及覽古籀補釋此敔尸為夷。證之文意極合。遂从之説。又詳𡰥伯卣。又案今本説文古文仁作𡰥。與夷之古文𡰥。則寫者譌耳。復古編仁作𡰥是也。蓋仁所从之人。説文部首作儿。所謂古文奇字人也。見頁等字从之。與𡰥从尸為尸者迥别。世俗誤㠯𡰥之尸為人。其下體二為重出省筆。遂仿子子孫孫之例而變从重人。李陽冰謙卦人道惡盈之人作□。汗簡引華岳碑人作□。皆仁之古文誤變而用為人者也。碧落文誼越夷倫之夷作。則夷之古文誤變。而鄭承規又誤釋作人者也。【古文審卷六】

◉林義光　說文云。東方之人也。从大从弓。按大弓非義。古作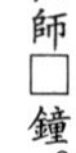師□鐘。作京𩔐仲尊彝𩔐字偏旁。即遲之本字。从大象人形。絆之。與後退久同意。變作守敦。夷遲古同音。故詩周道倭遲。四牡。韓詩作威夷。【文源卷八】

◉高田忠周　說文。夷。平也。从大从弓。東方之人也。又羌字解曰。唯東夷从大。大人也。夷俗仁。仁者壽。有君子不死之國。孔子曰。道不行。欲之九夷。乘桴浮於海。有以也。但以下文證之。字元从大从尸。尸即𡰥省。𡰥亦仁字。从大仁會意。所謂夷俗仁是也。說文云。从弓。漢人不曉古文可知矣。若不然。許氏原本作尸。後人轉寫誤之耳。【古籀篇三十九】

◉吳其昌　　小臣守𣪘器　愙齋册十頁九

　小臣守𣪘蓋　周金卷三頁四十四

　京𩔐中僕尊　愙齋册十三頁十　（「𩔐」字所從）

　師𩔐鐘　周金册四補遺卷一頁三

以上皆「夷」字也。所以碻知其為「夷」字者，第四字在師𩔐鐘銘于鐘之右鼓，文為「夷則」二字。按「夷則」乃鐘律之名。又「師𩔐」即「鄭井叔𢧁父」，而又有奠井叔鐘愙齋册一頁十七者，其鐘之右鼓亦正銘有「妥賓」二字；「妥賓」即「綏賓」，亦即「蕤賓」，亦鐘律之名也。此二鐘乃鄭井叔師𩔐父一人一時所鑄，故花紋與字體乃一笵所成，一中𧆨賓律，一中夷則律也。以此可以決證第四字之碻為「夷」字矣。

此「夷」字與蠻夷戎狄之「夷」字截然兩字，絕不相同。此「夷」字與「弟」字為一字；而蠻夷之「夷」字，與「尸」字為一字。蠻夷之「夷」字，實當為「尸」字，鄭康成周禮凌人注許叔重儿字下訓東夷及漢晉人皆知之。燉煌寫本書泰誓夷作𡰥。金文無不作者，故凡稍有金文、詁訓、校勘常識者類能詳實道之。餘詳彼疏。至于此「夷」字之與「弟」字互通，亦有數證焉。第一，以校勘證之：易明夷「夷于左股」，釋文：「子夏本作睇，又作胰。」又易渙：「匪夷所思」，釋文：「夷，荀本作弟。」此形體上之明證也。第二，以諧聲證之：書堯典：「宅嵎夷」，史記五帝本紀引作「宅禺鐵」，說文嵎字下亦引作「宅嵎銕」，釋文引尚書考靈耀亦引作「宅禺銕」。而史記索隱引今文尚書作「宅禺鐵」。又引尚書帝命驗亦作「宅禺鐵」。書疏引二夏侯等書作「宅嵎鐵」。按「銕」即「鐵」之古文，從「夷」得聲，而讀為「他結反」，則古時「夷」之讀聲與「弟」字正復近似耳。又徐灝說文解字注箋云：「隸體夷亦作『夷』，正由『弟』而變。鳥部：『鵜』或作『鴺』，又：『荑』讀如『稊』，『涕』或為『洟』，皆其明證。」按徐說是甚，此又形、聲各方面之二證也。

又以訓詁言之，則「弟」「夷」並皆訓「易」。詩蓼蕭「孔燕兄弟」，毛傳：「弟，易也。」爾雅釋詁同。詩旱麓「豈弟君子」，釋文同。詩青蠅「豈弟君子」，鄭箋同。而詩節南山「君子如夷」，毛傳「夷，易也。」天作「有夷之行」，毛傳同。有客「降福孔夷」，毛傳同。爾雅釋詁同。其明證矣。是故，「弟」「夷」之為一字，揆之于形聲義三者而決無疑矣。

「弟」「夷」既為一字則知「夷」之本義，而「弟」之本義亦得矣。「夷」之本義為何？則小臣守𣪘「夷」字之形所昭示于吾儕者明甚，乃一矢形，象有繳韋之屬縛束之也。說文于「弟」字云：「韋束之次弟也。」韋所束者為何物乎？則「矢」是也。「銕」字從「夷」從「金」，「夷」「金」為「銕」，則「銕」為鑄「夷」之金。蓋古初銅造百物，所謂「金」也。「鐵」之發現甚後，目為「惡金」。此類惡金之「鐵」，最初不過取以鑄「夷矢」之類耳。故管子小匡篇曰：「惡金以鑄斤、斧、鉏、夷、鋸、欘。」又國語齊語亦云：「惡金，以鑄鉏、夷、斤、欘。」其明證也。然則「夷」之本義，在宗周時為韋束矢形，在先秦時，為「銕」鑄之矢矣。「夷」為鐵鑄之矢，其形作，故凡矛之鋒刃作，近似者亦得名之曰「夷矛」矣。故考工記廬人有「夷矛」，是其證矣。

「夷」為鐵鑄之矢，故其義得引申為傷。此其曲折，揚雄蓋知之矣。故太玄經夷曰：「夷其牙。」又晦曰：「夷其右目。」目受矢傷，則視之而不見矣，故老子曰「視之不見名曰夷」，則其消息，蓋亦不難窺矣。【金文名象疏證】

◉馬叙倫　鈕樹玉曰。廣韻引作從大弓。龔橙曰。金器銘作。用為東夷字而有別。平也非本形。倫按唐寫本切韻殘卷六脂曰。說文作此夷。從弓聲。倫謂平也者。侇字義。夷即論語弋不射宿之弋本字。與弟一字。字見急就篇。使夷敨作。甲文作。餘見弟下。【說文解字六書疏證卷二十】

◉馬叙倫　弟鼎　吳式芬曰。許印林說。字當是弔。弔。至也。猶善也。與淑通。說文作𢎘。倫按說文弔篆作。然實即頌鼎之叔尊之。叔龜尊作。與篆文似矣。金文此字。近人釋弔。謂借為叔。倫觀金文此字皆不從弓。說文雉之古文作。甲文有諸文。羅振玉釋雉。倫謂即雉字。餘三字皆從隹夷聲。夷弟則一字。夷為雉之初文。雉為弋不射宿弋人何篡之弋本字。夷音喻四。叔音審紐。同為次清摩擦音。故得與叔通用也。此即夷字。亦即弟字。弟音定紐。古讀喻四歸定。明其音轉耳。皇侃論語義疏曰。鄭注司弓矢云。結繳於矢謂之矰。矰。高也。矰。矢不在箙者。為其相繞亂。將用乃共之也。侃案鄭意。則繳射是細繩系箭而射也。倫幼時見取鳥者以繩繞竿。繩之一耑有若矢鏃者。正與此文形同。是乃取鳥之具。其音本與弋同。故後起字從隹弋聲作雉。弋聲之類。對轉蒸。轉注為矰。鼎文作此者。蓋制器者以作取鳥之具為業。或以取鳥為業者也。【讀金器刻詞卷上】

◉郭沫若　𠭯徂考克淵克夷。

淵，夷與衣對文，亦當為國族之名。魯世家「煬公築茅闕門」，集解引徐廣曰「一作第，又作夷。」案當以作夷者為是。夷訛為第，第又訛為茅也。夷即此「克淵克夷」之夷，蓋煬公克夷，築闕門以紀功也。【沈子簋　金文叢考】

◉嚴一萍　夷，據腹甲西方風曰「夷」，知胛骨之□，實為夷之反寫，蓋一象人之側面，一象人之正面。【卜辭四方風新義　甲骨古文字研究第一輯】

◉商承祚　金文柳鼎夷作□，此作□，夷有平義，平則安于行。【戰國楚帛書述略　文物一九六四年第九期】

◉田倩君　山海經、海外南經載：

羿與鑿齒戰於壽之野，羿射殺之，在崑崙虛東，羿持弓矢，鑿持盾。

這戰場上的兩個人所持兵器，使我聯想到那個戴着頭盔、執着弓的東夷之人后羿，必定是人執弓形彝(見前)。那個夷，那是殷金文中的象形夷。□、□這兩個是甲文中近似形的夷。□是周金文中的夷，固然甲骨文中多用人(人)代夷，周金文中大多是以□代夷，雖然形體有所改變，卻沒有變更其意義，只是化簡而已。人字是從大字來，夷去掉弓即是大。甲文的簡體夷字如下：□甲二七七、□續一三三七、□粹四一二、□一一八七，此數夷字下部略呈彎曲狀如弓形，以示和人字區別，含有弓的意象，當我們在處理一些繁雜事務時，為求工作上的條理化，自己暗自規定一些記號，這暗號也許很合理，也許很可笑。但是自己一望即知它們所代表的意義，別人猛一看不會瞭解，若稍加思索，則會發出會心的一笑。可以說誰都會有過這等經驗。先民造字時，決沒有打算用垂永久，留給後人作為研究古代文化的依據，只不過是用來記錄事務上的一種應用符號罷了。

一個「人」字，只能代表人，若使其代表兩個或兩個以上性質相近而意義不同的事物，當然要取其特徵以示區別，不管是古人或今人，心理一同，若不是專為某一事物，而是一般性的事物，這樁事物必定是代表一般性的。象「人執弓形」頭戴盔，當然是身着甲，手中拿的彎曲物，一定是弓，不會是一條繩子或一條蟲。

尸，也是人。如果使其代表死尸，就應該寫成挺臥着，沒有一個死尸會蹺着足坐着的。但是這個尸不盡代表死尸，可能代表活尸，活尸在古時候恐怕比死尸更為重要，在神權時代，祭祀時，皆以尸為所祀的神，那時沒有繪畫或雕塑的神象，而是用男童或女童作為尸。如詩經·采蘋篇云：「誰其尸之，有齊季女。」這是指主祭的人，還有「尸臣」，主事的臣；「尸盟」，是主盟者；「尸祝」，是主讀祝者。尸因為可以代表活的也代表死的，所以這個字寫起來可坐、可臥，也可以立。總之尸也是人，和本文中的夷只是任務不同的「人」罷了。夷是持弓或負弓的人。殷乙、辛征人方的經過在董師的殷曆譜上佔了相當篇幅，征人方的卜辭有「……隹王來正(征)人方。」(見前)傅孟真先生說「人方」似不如釋作「夷方」。人方的「人」原是由夷簡化來的，我同意傅先生的話，還是釋作夷方好些。

東夷人憑着他們輕便而可及遠的武器——弓矢，征服四方，所以有「四夷」之稱。夷字從先殷金文、甲骨文、周金文，以及今日的楷書，都離不開弓，凡是離開弓的夷字，那是簡化了的（如甲文[illegible]周金文[illegible]）。所以説文謂夷，从大从弓，東夷之人也。

夷字之演變，試觀下列圖表：

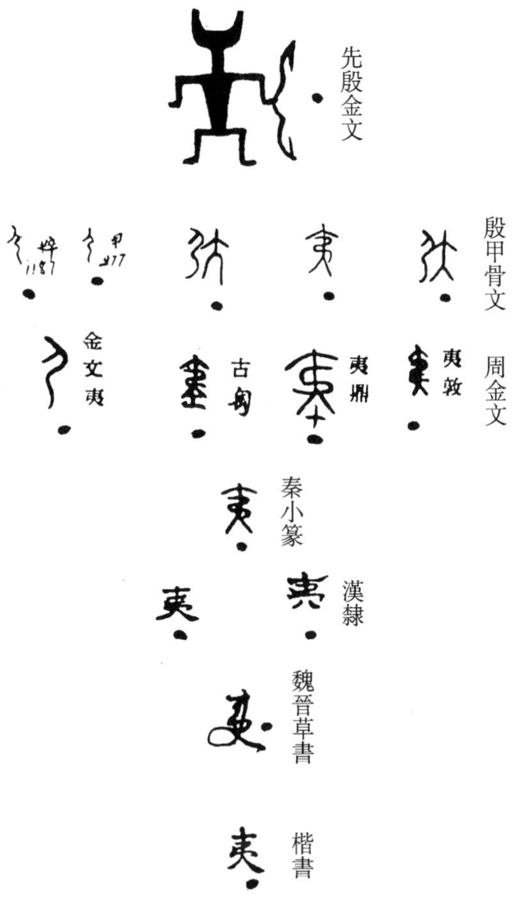

【釋夷 中國文字第二十期】

◉李濟 跪坐的象形字雖容易認出，但蹲居與箕踞的象形卻甚難鑒別。以吳大澂所舉的金文中之夷字例證以及容庚《金文編》蒐羅的夷字看，從仰身高臥（曾伯簠）到俯伏在地（無員敦）的姿態都包括進去了，遠不如甲骨文中象跪形各字之明瞭。《甲骨文編》所收的夷字，從大從人，是一個人立在中間，一個在旁作鞠躬的樣子，又遠不如金文之尚帶有若干象形的意味。近代文字學家漸漸感覺到，在商朝的時候，人的寫法與夷字的寫法沒有什麼分別，故甲骨文登記的征人方的刻辭中所認的人方也可認作夷方。到了周代，把夷字寫作俯伏乞憐或箕踞放肆的形象，也就等於把玁狁猣狄等字加上犬字旁一樣的意思。【跪坐蹲居與箕踞 歷史語言研究集刊第二十四本】

◉周海清 春秋以來，化外之民的禮俗，為夏族所不齒，孟子説：「吾聞用夏變夷者，未聞變於夷者也。」夷夏之爭，想是相當激烈的。論語裡有一段有趣的記載：

「原壤夷俟。子曰：『幼而不孫弟，長而無述焉，老而不死，是為賊』。以杖叩其脛。」

集解引馬注：「夷，踞也。」吳大澂字說頁五十九：「東夷之民，蹲踞無禮義，別其非中國之人。」「夷」和「尸」是一字，所以「夷俟」就是蹲着等孔子。這種做法，與夏民族□跪坐的習慣完全不同，難怪主張夏禮的孔子，也要被激怒得忘了「温柔敦厚」，痛罵之餘，還要「以杖叩其脛」。

「尸」字後來多被假借作「屍」，本義遂晦。左傳隱公元年傳：「贈死不及尸」，注說「尸，未葬之通稱。」論語說：「寢不尸」，就是說不要睡得像個死屍。

說文對「尸」和「夷」的解說，都有些問題。「尸」字下許慎說：「陳也，象臥之形。」訓「尸」為「陳」，不是本義，而是「尸」假借作「屍」以後的引申義。至於「象臥之形」，就全無根據了。

「夷」字篆文作□，說文訓：「平也，从大从弓，東方之人也。」是一個會意字。大概因為「東方之人」尚武，行必以弓相隨，所以制字以象之。段玉裁的注說：「出車、節南山、桑柔、召旻傳皆曰：『夷，平也』。此與君子如夷，有夷之行，降福孔夷，傳：『夷，平也』同意。夷即易之假借也。易亦訓平，故假夷為易也。」以為「夷」有「平」的意思，是假借作「易」而來的。這樣的解釋，我們不能同意。我們以為，「夷」有「平」的意思，應該是「夷」被假借作「屍」以後的引申義，正如「尸」假借作「屍」，引申為「陳」。

周禮凌人：「大喪共夷槃冰」，注：「夷之言尸也。實冰于槃中，置之尸牀之下，所以寒尸，尸之槃曰夷槃，牀曰夷牀，衾曰夷衾，移尸曰夷于堂，皆依尸而為言者也。」儀禮士喪禮：「士有冰用夷槃可也」，注：「夷槃，承尸之槃。」又：「牀笫夷衾」，注：「夷衾，覆尸之衾也」。所有的「夷」字，皆假借作「屍」。典籍上的「夷三族」、「夷九族」，也就是「屍三族」、「屍九族」。由「屍」再引申為平的意思。字或又作「遲」，漢書成常紀：「帝王之道，日以陵遲」，詩品序：「後陵遲衰微」，「陵遲」猶「陵夷」也，顏師古注：「言其頹替若丘陵之漸平也」，蓋假「遲」作「夷」，所以「遲」有平的意思。【古文字的考釋與經典的訓讀 中國文字第三十九册】

◉李孝定 「□」象人高坐之形，古人用此為「夷狄」字，蓋謂其高坐，與中土殊也；古「尸」字絶無屍體義，祭祀之尸，亦為生人，吳大澂氏說尸、夷、屍之關係，其說似辨而實混，其誤即在「古尸字作□，即今之死字」一語，古「死」、「屍」同字，及漢猶然，「尸」則別是一義，與「死」、「屍」無涉。至周禮「夷槃」之文，蓋後世尸字已與屍字相混，又以尸夷古今字，傳抄者或注「夷」字於「尸」字下，遂羼入正文耳。吳其昌氏謂古文夷、弟一字，其說蓋是；以其音近於尸，後世遂以夷為尸矣。【金文詁林讀後記卷十】

◉周名煇　人部𡰥兮甲盤嗣成周四方責。至于南淮＝尸舊我貟晦𠂆。吳書釋𡰥為夷。並云。古文夷作尸。又云尸下重文。運開按。説文夷篆下不載𡰥為古文。亦非叚尸為夷。竊謂𡰥𠂆兩篆。形雖小異。實皆人字。當讀為至于南淮人。淮人舊我貟晦人。師寰𣪘𢦚淮𡰥。𢑠我貟晦臣。曾伯霥匿克狄淮𡰥。亦均同此例。皆人字也。强氏定為人字。今考定當從吳清卿説。以為古文夷字。

名煇案。尸人二字有别。吳氏夷字説。尤精碻不可易。詳見字説弟三十葉。强氏混為一字。非也。今更以金文墨本。兩字同見于一器。而形義相别者。參以經典。列證于次焉。尋窻齋集古録弟九册十二葉至十四葉。載師酉𣪘銘墨本四紙。其云𢍃人𡰥夷。則人尸二字並見。人字作𠂆作𠃌。而夷字作𡰥或作𡰥。兩字迥異。若以𡰥讀人。則為𢍃人人。語詞不通矣。𢍃人夷。釋見周金文正讀師酉之命篇疏。此一事也。又弟十六册十三葉下版至十四葉上版，載兮伯般銘墨本云。至于南淮＝尸＝舊我貟晦人。亦人尸二字並見。人字作𠂆。夷字作𡰥。作尸者。＝表重文。吳氏字説已明之。兩字迥異。有目共覩。不煩口筆争者。此二事也。徵之故籍。書費誓篇云。徂兹淮夷徐戎並興。禹貢篇云淮夷蠙珠暨魚。詩江漢篇云。匪安匪舒。淮夷來鋪。又泮水篇云。既作泮宫。淮夷攸服。又云。既克淮夷。孔淑不逆。式固爾猶。淮夷卒獲。又閟宫篇云。至于海邦。淮夷來同。又云。至于海邦。淮夷蠻貊。史記周本紀云。召公為保。周公為師。東伐淮夷。是淮夷之稱。與兮甲盤銘淮𡰥師寰𣪘銘淮𡰥相合。而𡰥之讀夷。亦由以上所舉淮夷專名可為質證。若讀淮人。則與經傳淮夷之稱不相應。此三事也。【新定説文古籀考卷下】

◉李　義　第一期𠂤組卜辭中夷和人字不相混用，夷寫作𡰥，人寫作𠂆，二期以後及歷組卜辭中，𡰥寫法的夷没有出現，夷、人一律寫作𠂆，五期卜辭中的人方即一期卜辭中的夷方。

卜辭中的夷除了表示方國名稱外，還有未被揭示的一義。

翊丁巳貯其夷，有戋(?)。(4712)

叀光呼夷又祖，若。(《小屯南地甲骨》2311下簡為《屯南》)

第二辭為三期卜辭。

由4712可知，夷前能加「其」字修飾，為動詞無疑，由《屯南》2311可知，夷之後能支配間接賓語「又祖」，當為祭祀名。

1981年陜西周原出土一夷伯簋，銘文有「夷伯夷于西宫」之語，夷字在句中用為動詞，用法和卜辭相同。以甲、金文參互驗證，夷為祭名是可以肯定的。

夷的意義具體指什麼？卜辭中有祭名彝，和夷不同，顯然是兩種不同的祭祀。由于缺乏更多的資料，其内容尚不明。所可知者，夷祭早在殷代就有了，一直延續到西周中晚期。這種祭祀似乎很少舉行，可能到西周中晚期以後就絶迹了。典籍中缺少夷祭的記載，恐怕與此不無關係吧。【甲骨文字補釋四則　文物與考古一九九〇年第三期】

甲八九六　甲二四〇六　甲二四一六　乙二一〇〇　鐵五・三　鐵二五八・三　前七・四・二

前七・三五・二　後二・一八・一　菁一・一　菁六・一　林一・九・八　林二・二三・一四　戩

三三・六　粹一〇〇〇　佚六〇　佚四七五　佚五〇五　佚九四九　京津一七五　京津四一七

寧滬一・七七　寧滬二・二九　鄴二下・三五・六　燕二七八背　【甲骨文編】

甲896　2406　3066　3467　乙32　500　753　1787　4572　6263　6529

7845　7909　7998　8816　珠837　985　1193　1628　佚6　60　123

474　505　792　950　980　983　續1・10・6　3・6・5　3・7・7　3・40・2

4・7・1　4・14・1　4・14・6　4・16・5　4・32・5　5・3・1　5・9・2　5・10・5

5・18・9　6・7・8　掇128　徵1・5　1・34　2・33　3・41　4・109　4・111

8・100　8・101　9・41　11・68　11・120　京3・13・4　古2・6　2・8　2・9　凡

18・2　録456　593　598　天19　六中23　47　續存156　509　粹1000　1599

【續甲骨文編】

亦 毛公旅鼎 井姬鼎 效卣 效尊 芇伯簋 卯簋 師𩛥鼎 䊷匜 召伯簋

窒弔簋 白公父匠 禹鼎 兮甲盤 哀成弔鼎 者沪鐘 【金文編】

秦373 獨字 【古陶文字徵】

亦 秦六四 十七例 為三四 秦一 十例 【睡虎地秦簡文字編】

李亦 徐亦世印 【漢印文字徵】

石經無逸 厥亦惟我有周 【石刻篆文編】

竝古老子 華嶽碑 雲臺碑 古文 汗簡 崔希裕纂古 【古文四聲韻】

◉許　慎　人之臂亦也。从大。象兩亦之形。凡亦之屬皆从亦。臣鉉等曰。今别作腋。非是。羊益切。【説文解字卷十】

◉高田忠周　借亦為奕也。説文。人也。从大亦聲。而詩豐年亦有高廩。箋云大也。經傳亦亦奕通用也。又按依此銘義。奕元謂人有大德。从大。由轉義以會意。又如下文凡訓大義者。所从大字。即轉義之轉耳。説文。詩曰奕奕梁山。引韓奕文。以證轉義。即證其字之例。實亦重言形況字。詩巧言。奕奕寢廟。傳。大也。閟宫。新廟奕奕。箋。姣美也。又頍弁。憂心奕奕。傳。奕奕然無所薄也。廣雅釋訓。奕奕行也。又單辭形況者。詩那。萬舞有奕。傳。奕奕然閑也。蓋謂奕奕元高大義。轉為盛大。為美大為優美為閒舒也。

字或變作腋。釋名釋形體。腋繹也。言可張翕尋繹也。腋又見廣雅埤蒼。蓋亦漢末俗字也。若夫尋轉訛之迹。初借掖為亦。説文。掖。以手持人臂投地也。一曰臂下也。臂下即亦字義也。因亦訛作腋。改手作肉者。猶掔字變作捥又變作腕。皆一例耳。後世亦字本義以掖字行而亦字專用為語詞耳。【古籀篇三十九】

◉商承祚　金文作(毛公𪔰鼎)(召伯毁)。後變為(者沪編鐘)。失其旨矣。【甲骨文字研究下編】

◉馬叙倫　王筠曰。亦固有形而形不可象。乃於兩臂下點記其處。手部。掖。臂下也。即亦之孳育字。倫按亦夾一字。亦音喻紐四等。夾音審紐。同為次清摩擦音。今杭縣謂腋下曰辣夾子下。上海語亦然。夾音略如杭縣上海呼諸葛之葛。上海謂單夾之夾亦如此音也。蓋即玉篇夾胡頰切之音而稍變。杭縣亦或作胡頰切音也。是其證。夾之初文當作□。金文寅字彔伯𢦏作□。克鐘作□。皆從夾。亦即從亦。可證也。故曰。從大象兩亦之形。□其省變也。然許蓋以聲訓。從大象兩亦之形。亦但作從大象形。呂忱或校者加人之臂下也。又改為從大象兩亦之形。今下字譌為亦。或亦為隸書複舉字。譌乙於下。轉捝下字也。餘詳夾下。者汈編鐘作□。毛公鼎作□。甲文作□。指事。【說文解字六書疏證卷二十】

◉楊樹達　龜甲獸骨文字卷貳壹玖之伍云：「貞𢀛方其亦出？」又見續編叁卷。捌之叁。鐵雲藏龜拾之叁云：「貞𢀛方不亦出？」又有以亦出與不亦出同占者：如北大藏片云：「貞𢀛方不亦出？𢀛方其亦出？」龜甲獸骨文字卷貳叁之壹伍云：「貞𢀛方不亦出？其亦出？」是其例也。亦字王襄讀為夜。見簠室殷契徵文考釋天象叁肆。按說文夜从亦聲，核之音理，王說固為可通。然余有疑者：𢀛方地理，今日固不能質言，然書契菁華第壹葉云：「癸巳，卜，㱿貞，旬亡囚？王占曰：有殺祟，其有來鼓。乞至五日丁酉，允有來鼓，自西。洗戛告曰：土方正于我東啚，𢦏二邑；𢀛方亦侵我西啚田。」又云：「王占曰：有殺，其有來鼓。乞至七日己巳，允有來鼓，自西。長友角告曰：𢀛方出侵我示𥼶田。」又一卜辭云：「癸未，卜，㱿貞，旬亡△？△△△殺，其有來鼓。乞至△△△，允有來鼓，自西。𢀜戈告曰：𢀛方正于我奠。」續編叁卷肆拾之貳與肆卷叁叁之壹與伍卷拾之壹合。合勘諸辭，則𢀛方雖與殷壤地相接，其出而見侵者，西鄙之田也，示𥼶之田也，殷屬邑之鄭也，其于殷都，固未能朝發而夕至，何至王室之占貞其夜出與否乎！此事理之不可通者。然則王襄讀亦為夜，非確詁也。愚謂：亦者，又也，又者，一事而再見之辭也。故卜辭云：貞𢀛方其亦出者，貞𢀛方之又出也。貞𢀛方不亦出者，貞其不又出也。不又出猶今人言不再出也。蓋𢀛方寇擾于殷，其事屢見不一見，明見于卜辭。當貞卜之時，早已有𢀛方寇擾之事，殷人慮其復出，故為此類之貞也。知亦可訓又者，卜辭云：「辛亥，王夢我大𩫖。辛亥，□。壬子，王亦夢尹。」上云辛亥王夢，故云王亦夢也。卜辭又云：「癸丑，卜，𠬝貞，旬亡囚？三日乙卯，有鼓。單邑登爭人于彔。丁巳，□子登爭人，鬼亦𢓊疾。四日庚申，亦有來鼓，自北。子𡠗告曰：昔甲辰，方正征于蚁，俘人十有五人。五日戊申，方亦正，俘人十有六人。六月，在𩫖。」菁華伍與陸合。四日庚申亦有來鼓者，四日庚申又有來鼓也。上文云，三日乙卯允有來鼓，故此云亦有也。五日戊申方亦正者，五日戊申方又征也。上文云甲辰方正於蚁，故此云戊申方亦正也。卜辭又云：「丙申，卜，㱿貞，來乙巳，酒下乙。王占曰：酒隹有殺，其有酘。乙巳，酒。明，雨，伐，既雨，咸伐，亦雨，□卯味星。」十三次。亦雨者，又雨也。上文云明雨，故此云亦雨也。以卜辭證卜辭，亦字之義躍然如見矣。【釋亦　積微居甲文說】

◉李孝定　字从大从八。大象人正立之形。八者示兩亦之所在也。於六書為指事。許云象形失之。其用為重累之辭者。叚借也。段玉裁云。人臂兩垂臂與身之間則謂之臂亦。臂與身有重疊之意。故引申為重累之詈。其說未免牽附矣。卜辭用亦皆為重累之辭。簠考天象三十四「☐貞其☐亦雨。」上言某日貞其雨下言又一日亦雨也。王氏讀亦為夜者固可通。而於事理辭例則未覈。楊說是也。金文作亦毛公鼎亦毛公旅鼎亦召伯簋亦者沪鐘。與契文小篆並同。【甲骨文字集釋第十】

◉林清源　銘在戈內，作「[glyph]」形，初載於貞松11・23・1，編者羅振玉註云：銘有二字，並隸定為「□車」，其後羅氏復以之著録於貞圖中55.及三代19・25・1，並註明銘僅一字。然由「亦車矛一」(邱集8491—8492，註一；附圖279:1)，銘文「[glyph]」、「[glyph]」皆分鑄於矛盾箭正背兩面以觀，戈銘疑為二字，「[glyph]」殆「亦」字或體也。【兩周青銅句兵銘文彙考】

◉楊樹達　徐鍇曰：「人之腋也。八其處也。」王筠曰：「以點記兩臂之下。謂亦在是耳。」樹達按：大為基字，八指腋，為確定有形之物。【文字形義學】

◉朱歧祥　亦从大，兩點示人之二腋，即亦字。《說文》：「人之臂亦也。」今作腋。唯卜辭亦字屬語詞，所用已非本義。

《前7・35・2》☐雨。七日壬申雷。辛巳雨，壬午亦雨。

言辛巳雨，次日亦雨。

《乙2691》☐旬，壬寅雨，甲辰亦雨。

卜辭多用作「亦雨」、「亦出」、「亦圍」、「亦有來艱」、「亦祟」、「亦不吉」。諸辭例的亦字，均有又、復之意。

亦从大从、，示人腋；指事。隸作亦。第二期卜辭用為祭祀時貞卜地。

《文456》己未卜，行貞：王賓歲二牛，亡尤。在十二月在亦卜。

亦从大，腋間夾持二倒人，有不順意。字讀為亦，借為叛逆字。卜辭有言「逆臣」。

《乙3108》丁亥卜，㱿貞：呼叩从韋取亦臣。

叩，即奴字；辭謂殷人呼召奴僕从韋攻取逆臣，乃武丁時事。

亦从大，仍隸作亦。諸點屬區別義。卜辭用為殷王武丁時人名。

《乙7751》甲寅卜，㱿：呼子亦酌缶于[glyph]。

壬申卜，㱿：翌乙亥子亦其來。

其父為小乙，祖為祖丁。

《前6・19・5》癸卯卜，叶钟子亦于父乙☐月。

《佚704》☐亦豐于祖丁父乙。

夾 夾

子亦，又作子亦。

《京2069》☐卬子亦☐八月。

子亦與祭祖丁同辭，可證與子亦屬同一人。

《京717》☐寅卜王☐亦女☐㞢祖丁。 【殷虚甲骨文字通釋稿】

◉高 明 亦 亦戈（録遺548），僅此一字，當為該戈主人的名字，甲骨文寫作「亦」，即「亦」字古體。用作語助詞，如「旬壬寅雨，甲辰亦雨。」（乙2691）「庚申亦有來艱」（菁上）。也是商王先祖的名字，稱「亦」或「亦尹」。如「貞亦弗祟王，貞亦尹祟王。」（乙6263），「丙午卜貞，束于大甲，于亦、于丁三牢。」（續1·10·5）「貞勿告于亦尹，八月。」（卜377）從銅戈銘文與卜辭内容分析，亦當是商王一位先祖的名字。 【「圖形文字」即漢字古體説 第二屆國際中國文字學研討會論文集】

夾 6·55 夾亭 【古陶文字徵】

夾 夾榮 【漢印文字徵】

夾 祀三公山碑 雙闕夾門 【石刻篆文編】

◉許 慎 夾盜竊褱物也。从亦。有所持。俗謂蔽人俾夾是也。弘農陝字从此。失拜切。 【説文解字卷十】

◉馬叙倫 鈕樹玉曰。玉篇引作盜竊懷物亦持也。嚴可均曰。弘農下校語。倫按盜竊懷物豈必置之亦下。即然。豈因此而造夾字。又何必以从象有所持。且何以不曰從亦有所褱。而乃曰從亦有所持。若然。則亦夾二字當互易。於形為更安。盜竊褱物為夾。義亦無徵於他書。俗謂蔽人俾夾是也明似校語。手部。挾。俾持也。從手。夾聲。大部。夾。持也。蓋俾夾猶俾挾。非此從亦有所持之夾。以之説夾。理不相應。凡此皆可致疑者也。玉篇。夾。胡頰切。引説文云。盜竊懷物亦持也。又音閃。尋胡頰切與挾同音。持也與夾同訓。是玉篇合夾夾為一字。倫謂亦夾夾實一字異文。今夾音如閃。聲入談類。夾聲亦談類也。夾如玉篇音胡頰切。在匣紐。以同舌根音轉入見紐。故夾音古狎切。此其音聲轉變之迹甚明也。盜竊褱物與蔽人俾夾皆挾之引申義。或本訓捝失後校者所加。或夾本為亦之重文。説解捝失。校者補之如此。甲文有夾夾。倫謂夾從大冂聲。夾從亦冂聲。冂即内字。内從重入。實與入一字。入宀一字。室之初文也。室音審紐。則此從从得聲。故音失拜切。為亦之轉注字。入部从下曰。兩從此。今音良獎切。即兩字音。其實从仍是入字。兩之初文作。形相近耳。餘見㒳下。【說文解字六書疏證卷二十】

乙五三一七　人名　貞干王矢　前一・四五・三　前一・四八・三　前四・三三・五　後二・四・一四　戩三三・三　戩二一・八　師友一・三六　金六七九　庫六六一　陳二四【甲骨文編】

乙5317　卜332　續6・22・5　戩33・3【續甲骨文編】

矢　國名疑吳字省口猶周之省口作𠮚也　矢王尊　同卣　矢王　矢王鼎蓋　矢方彝　矢簋　矢尊　令簋　能匋尊　散伯簋　矢姬　散盤　用矢𢦏散邑　鼎文　說文矢傾頭也夭屈也一左傾一右傾金文从走之字所从之夭皆作或蓋矢象頭之動作夭象手之動作故定此為矢字　矢戈【金文編】

◉許　慎　矢傾頭也。从大。象形。凡矢之屬皆从矢。阻力切。【說文解字卷十】

◉吳式芬　許印林說。案銘作。當是夭。矢篆作。仄篆作。籀文作。阮氏有矢父戊爵作。皆與此異。【仄鼎　攈古録金文卷一之二】

◉方濬益　舊釋為仄。按說文。仄。側傾也。从人在厂下。籀文作。从矢。矢亦聲。此文作。自是夭字。說文。夭屈也。从大。象形。論語。夭夭如也。集解引馬注曰。申申夭夭。和舒之貌。皇侃疏亦曰。貌舒也。朱子集注獨云。夭夭其色愉也。夭為象形字。似與色無涉。【夭鼎　綴遺齋彝器款識考釋卷五】

◉吳大澂　楊沂孫釋為矢。許氏說。矢。傾頭也。散氏盤矢人有嗣。唯人有嗣。散有嗣大。唯散皆地名。漢書西南夷傳。有邛都莋都。矢莋音相近。疑即莋字。矢象西夷椎結之狀。【說文古籀補附録】

◉劉心源　矢或釋大。非。大不得从入。說文矢作。即此後文言矢人。知矢非地即姓也。【矢人盤　奇觚室吉金文述卷八】

◉高田忠周　說文。傾頭也。从大象形。即當作之略也。經傳皆以側以仄為之。矢字遂廢矣。【古籀篇三十九】

◉羅振玉　□□□□　說文解字。夨。傾頭也。此象傾頭形。【增訂殷虛書契考釋卷上】

◉葉玉森　□□疑即夭字。詩桃夭。桃之夭夭傳。夭夭。少壯也。又萇楚。夭之沃沃。傳。沃沃。壯佼也。知夭沃古訓通。夭即古文沃字。曰王夭或夭者。殆沃丁或沃甲歟。【殷契鉤沈】

◉王國維　用夨𤰈散邑

夨散二國名。南陵徐氏藏一敦。銘曰。散伯作夨姬寶敦。其萬年永用。蓋散伯嫁女於夨所作之媵器。知夨散二國相為婚姻。又此盤出土之地雖不可考。然器中所見之土地名。頗與大克鼎所見者同。又克之名亦見於此器。而克鼎出寶雞縣南之渭水南岸。則此盤出土之地亦必不遠。知散國即水經渭水注大散關汚水注大散嶺之散。又據器中所紀地理。夨在散東。則夨國當即自漢以來之盩厔縣。盩厔二字均與夨音相近。二國壤地相接。故世為昏姻。又時有疆場之事。【毛公鼎銘考釋　王國維遺書第六册】

◉林義光　說文云。□傾頭也。从大。象形。按大象人形。古作□散氏器。【文源卷四】

◉柳詒徵　殷契有□字一作□。又有□□二字。釋者謂即吳字。蓋吳之初文本作□。即大字。象人形。次演而為□。次又演而為□□。【說吳　史學與地學第二期】

◉陳夢家　□此字羅振玉釋夨。說文分別頭之左傾者為夨。右傾者為夭。前者訓傾頭也。後者訓屈也。其實夨夭是無別的。都象人頭傾側之貌。所以乙·五三一七。王夭。雖右傾者為多。也有作左傾的。今因右傾者居多。故定為夭字。【殷虛卜辭綜述】

◉郭沫若　□羅釋夨。余謂乃說文□古文吳字。下第三三三片亦正作□。王吳者當即糧圉，史記殷本紀云「相土卒子昌若立，昌若卒子曹圉立」，索隱云「系本作糧圉也。」糧王圉吳各為疊韻字。曹字古作𣍘與糧形近。故譌也。天問篇。吳獲迄古。南嶽是止。孰期去斯。得兩男子。舊解為太伯仲雍竄吳之事。案其事叙在舜次。在該恆等之前。舜即帝俈。則所謂吳者蓋指此王吳矣。矧吳越之吳金文作攻獻攻吳等。虞號之虞乃作吳。說為太伯仲雍事未必合也。【卜辭通纂】

◉馬叙倫　王筠曰。兩朱氏本篆皆作□。夢英作□。孫本作□。自可。鮑本作□。非。倫按金文夨字。夨王尊作□。同卣作□。散盤作□。甲文作□□□□□。小篆政齊之也。指事。頭傾側也當依𡗜下作頭頃也。頭頃謂頭側不正者。乃病態也。非動詞。疑頭傾側也字林文。本訓捝矣。或本訓側也。【說文解字六書疏證卷二十】

◉馬叙倫　□鼎　吳式芬曰。許印林說按銘作□。當是夭。夨篆作□。仄篆作□。籀文作□。阮氏有大父戊爵。作□。

皆與此異。倫按說文夭夨為二字。於義實無殊。皆從大而頃其首。但一向左一向右。此在金甲文中了不為異。尋夭音影紐。夨音照紐。古讀歸端。同為清破裂音。蓋以方土殊音而異讀。其實一字。【讀金器刻詞卷中】

◉高鴻縉 王筠曰。夨是左右傾側。非謂頭傾於左。

按字从大(人)而傾其頭。故有傾側之意。夨。仄也。此亦變文。虛實相比。會意。非象形狀詞。【中國字例四篇】

◉李孝定 夨 說文。夨。傾頭也。从大象形。此正象傾頭之形。羅氏釋夨可从。柳葉郭諸氏並以為吳之古文。郭氏且謂「王吳」即糧囷。按契文自有吳字作吳甲編・一三六一。明作夨夨自象傾頭之形而非吳字。郭氏謂卜通三三三片有吳字作吳。諦審影本字祇作夨。其左肩形紋乃蝕痕。非从口也。陳氏釋夭。按契文夭字作夭。象人走時兩臂擺動之形。古金文走字从之取象。兩臂擺動必屈。故許書夭字引申訓屈也。於文夨夭形近易混。然夨象傾頭。夭象屈臂。固有別也。金文作夭夨王尊夭同卣夭散氏盤夨夨王鼎蓋夨夨鼎夨夨戈。頭之左右傾不拘。非左傾者為夨右傾者為夭也。容庚曰。說文。夨。傾頭也。夭。屈也。一左傾一右傾。金文奔走二字所从之夨皆作夭。甲骨文亦有此字。蓋夨象頭之動作。夭象手之動作。故定此為夨字。見金文編十卷八葉上夨字條下。其說是也。【甲骨文字集釋第十】

◉嚴一萍 (甲)最古之夨字

說文：「夨，傾頭也。从大，象形。」早期商器有觚文作夨，正象人傾頭之形，當即夨之初文，朱駿聲曰：「指事，與夭同誼，夭者屈也。夭折于右，夨傾於左。」饒炯亦以為指事，文始以為合體象形。金文編容氏曰：「說文夨傾頭也。夭屈也。一左傾，一右傾。金文从走之字，所从之夨皆作夭。蓋夨象頭之動作，夭象手之動作。」此說得之，故甲骨金文之夨，左傾右傾均有。夨觚文。

(乙)殷商甲骨文中之夨字

甲骨文之夨，作夨夨同見於一版，故知傾頭於左或右無別，確為一字。在卜辭為先王名「王夨」或為地名。如：

㞢王夨伐一，卯牢。

㞢王夨伐三，卯牢。

貞：于王夨乎雀用慘二牛。

㞢王夨伐五，卯牢。

壬辰卜㱿貞于王夨 乙五三 七

貞□于王夨罕。　前一四五三

貞勿□于王夨三罕。　後下四十四

☒屮于王夨二犬。

又為地名如：

辛酉卜，𠱾貞：于夨先冕一月。　前一・四八・三

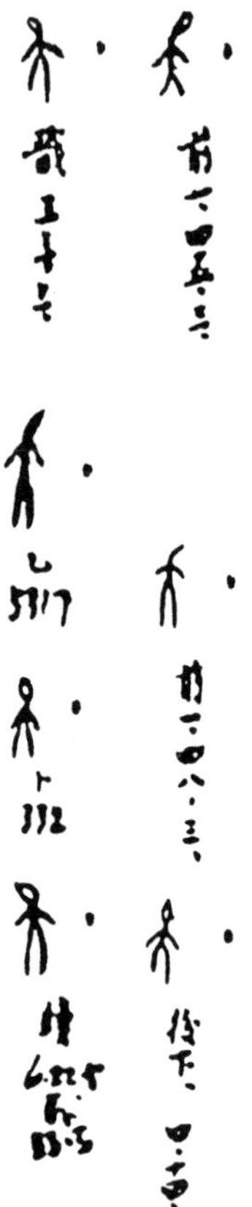

容氏於金文之矢，「疑吳字省口，猶周之省口作𠁩也。」案甲骨文之「王夨」或亦釋「王吳」，惟是否省口，尚乏確證。

（丙）兩周金文中之矢字

金文之矢，其傾頭亦左右皆有，與甲骨同。或為國名，或為地名，亦與甲骨文同。容氏以為「吳」字省口，以舊稱散盤之矢人，地近散關，在今陝西境，當非吳越之吳。玉篇曰：「矢，今竝作側。」饒炯曰：「矢與厂部仄本一字重文，籀文𠩺亦矢篆之譌，知者，汗簡作夨，李氏摭古遺文作𠩺，又如昃，从日仄聲，古文作𣅳，六書精蘊作𣅳，从日矢聲，皆可為矢仄同字之證。」（部首訂）案昃字所从之仄，其初文□，乃象人影之□所譌變，與傾頭之矢並非一字。自經傳以側代矢，以仄訓側傾，於是矢之本字替矣。

【釋矢　中國文字一九六一年第五期】

◉林潔明　說文。夨。傾頭也。从大。象形。鼎文夨。頭右傾。吳式芬方濬益等並从說文釋為夭。說文。夭。不屈也。容

庚訂為矢字。曰。金文从走之字所从之夭皆作□或□。蓋矢象頭之動作。夭象手之動作。故正此為矢字。按容説至確不可易。金文往往左右不别。矢字同象傾頭。非謂傾頭於左也。吳方諸家蓋拘于説文而未達耳。至馬叙倫謂夭矢其實一字。以方土殊音而異讀。按夭字上古音在宵部影紐。矢字在職部精紐。據周法高師擬音。韻部與聲紐皆不可通。其説非是。【金文詁林卷三十一】

◉徐中舒　伍仕謙　□，當釋為矢。矢，甲骨文作□（乙·18），像大人在日下側影。鉨文作□，此作□，皆指其側影。在六書中為指事。矢、則、刻、勒，同在職部，古通。此處作「則」字解。【中山三器釋文及宫室圖説明　中國史研究一九七九年第四期】

◉彭静中　□　此字見于《三代吉金文存》十一·二十四。李孝定云：「字不可識。」周法高隸作夭字。今謂此乃矢字。《矢王尊》、《同卣》之矢均作□，與此字一致。此字之特徵，在頭部之傾仄，若夭字則為手之上下、前後相反枝出。《説文解字》第十篇下：「矢，傾頭也。从大，象形。」此字與《説文》密合，故可知為矢字。【金文新釋（九則）　四川大學學報一九八三年第一期】

◉尹盛平　宜侯矢簋銘文説明：宜侯矢本來叫虞侯矢，他的父親稱虞公。虞侯矢後來被改封在宜地，遂又稱為宜侯矢。宜地是宜侯矢的始封地，以銅器發現在江蘇丹徒縣的西周墓葬證之，丹徒古為宜地是没有多大問題的。宜侯矢簋是康王時代的標準器，可知他被改封為宜侯，是在康王時。宜侯作為西周一個重要的諸侯封在東南一帶，當是《左傳》昭公二十六年所説的「康王息民，並建母弟，以藩屏周」時分封的一個姬姓諸侯。可是宜侯矢原來的封地在哪里呢？他既然是虞侯，其地就有綫索可尋。虞與吳通，字皆从矢，從字形上説，虞地與矢地有關，當是矢地的一個小地名。例如棫字金文作□，在周原附近，可證虞或吳在矢地附近。矢地在汧隴一帶，這個問題矢字本身也可證之。矢字甲骨文作□或□，金文作□或□，是一個象形字，《説文》解作「傾首也」。之所以造出此字，當是因為矢地之人多患癭瓜瓜病。自古以來汧隴山中癭瓜瓜患者甚多，當地流傳的民謡曰：「咸宜、固關，癭瓜拉四千，如若不信，東埈、西埈為證。」東埈、西埈在咸宜川内，隴縣南坡村矢國墓地與之緊鄰，這一帶可能是矢國宗室矢仲一支的「采地」。癭瓜瓜有在左頸下，有在右頸下，矢字作左傾首或右傾首，正是癭瓜瓜病者之象形。虞侯矢原來的封地在矢地南部的吳山，也就是虞山一帶，所以稱虞侯，其父稱虞公。然而虞侯矢與西周的矢人不是一回事。虞侯矢康王時封到宜地為宜侯，是後來南方吳國的祖先，是姬姓，而由前述散伯簋、散伯匜知矢人與姬姓的散氏通婚，那麽矢人不是姬姓。另外，虞侯矢康王時就改封到南方的宜地去了，矢國直到西周晚期尚存在于寶鷄汧水流域，自稱為矢王，而吳國直到春秋時才稱王。《史記·吳太伯世家》説：「壽夢立而吳始益大，稱王。」可見矢國不是吳國。【西周的彊國與太伯、仲雍奔「荆蠻」　西周微氏家族青銅器群研究】

◉盧連成　尹盛平　古夨國是一個不見于經籍記載的小國，然而傳世周代器銘中，夨國器多次出現。看來在西周中、晚期，夨國是一個比較活躍的小國。關於它的地望及歷史狀況，學者多有論述。但由于夨國器確切的出土地點不明，問題始終沒有得到很好解決。有人推測夨國在今咸陽地區的興平一帶。夨國或夨部族見於傳世器銘者，我們所見有以下材料：

(1) 同卣，記載夨王賜同金車、弓矢事。

(2) 夨王卣，夨王自作器，器銘簡單，約屬西周早期成康之際。原器藏上海博物館。

(3) 夨王方鼎，器身失，僅存一蓋。蓋四周飾鳳鳥紋，雲雷紋襯底。器銘：「夨王乍寶障鼎」。也應屬西周早期。

(4) 夨王尊，1917年(丁巳)陝西鳳翔府出土。器蓋同銘：「夨王乍寶彝」。從銘文字體、體例審看，也應屬西周早期。

(5) 散氏盤，或名夨人盤，西周晚期器。銘文記載夨、散兩國土地糾紛事。此盤出土已逾百年，學者多有所論述，其中所涉地名，莫衷一是。

(6) 散伯簋，銘文記載散伯為其妻夨姬作器事。傳世散伯簋可能有八件，一件存上海博物館，其餘皆流散國外。

(7) 夨戈，傳世器，出土情況不明。內部有二「夨」字銘。為西周早期兵器。

(8) 傳世兵器戣，內部銘二「夨」字，西周早期兵器。

(9) 隴縣南坡西周墓地出土「夨中」戈及帶「夨」字當盧三件，屬西周早期。

(10) 寶鷄縣上官村出土的「夨王」簋蓋以及靈隴村出土的帶「夨」字的銅泡，屬西周晚期。

(11) 寶鷄鬬鷄臺溝東區墓葬B3出土銅當盧兩件，內壁均有一陽文「夨」字。蘇秉琦先生以此墓所出陶鬲判斷為瓦鬲墓中期第一期墓葬。同墓同出柱足深腹銅鼎一件，應屬西周早期。鬬鷄臺距賈村、上官等地不過10里，是賈村塬向南延伸到渭水岸邊的一片坡形臺地。清末及民國初年，此地古墓多被盜掘，許多西周銅器出在此地。

(12) 傳世所見車馬器鑾鈴鋬座壁上有銘「夨□乍寶」四字，出土情況不明。

(13) 著録夨鼎一件，有二「夨」字銘，無圖象，時代及出土情況均不明。

此外，西周器中有夨令方彝、夨令簋、宜侯夨簋諸器，一些研究者認為也是屬於夨氏器或夨國器。夨令諸器銘末都有「鳥形冊」族銘，這種現象很值得注意。本文對此組材料暫不排比研究。【古夨國遺址墓地調查記　文物一九八二年第二期】

◉朱德熙　下文言「明夨之于壺」，與屬羌鐘「用明則之于銘」語相當，疑「夨」是「夨」字異體，假借為「則」。此處「卲夨」疑當讀為「紹則」或「昭則」。【平山中山王墓銅器銘文的初步研究　朱德熙古文字論集】

◉許　慎　𡗞頭傾也。从夨。吉聲。讀若子。古屑切。【説文解字卷十】

◉馬叙倫　吳穎芳曰。夨之語轉。劉秀生曰。吉孑聲皆見紐。故𡗞從吉聲得讀若孑。爾雅釋魚。蜎。蠉。注。井中小蛣蟩。赤蟲。一名孑孓。廣雅云。淮南説林訓。孑孓為䖵。注。孑孓。結蟨。水上倒跂蟲。是其證。倫按𡗞為夨之轉注字。𡗞音見紐。夨音照紐。古讀歸端。端見同為清破裂音也。頭傾也。字林文。本訓挩矣。玄應一切經音義引倉頡。𡗞。仡仡也。【説文解字六書疏證卷二十】

奊　日甲八背　通謑　—詢　日甲九背　【睡虎地秦簡文字編】

◉許　慎　奊頭衺骫奊態也。从夨。圭聲。胡結切。【説文解字卷十】

◉馬叙倫　鈕樹玉曰。韻會衺作斜。倫按奊𡗞同舌根音。又吉聲脂類。圭聲支類。支脂近轉。故相轉注。説解蓋失本訓後經校者據骫下説解改之。字或出字林。【説文解字六書疏證卷二十】

前四・二九・四　【甲骨文編】

甲1631　甲1351　2097　2668　3337　乙1245　2148　2597　3005　5046　5689　6669　7127　7438　8033　珠179　187　443　1041　佚669　續1・19・4　1・33・7　1・44・6　2・29・5　4・28・4　5・4・3　6・19・6　徵3・210　4・55　京2・28・1　4・15・1　4・35・2　録622　天42　外3　摭續143　318　粹34　430　1168　新1961　2146　【續甲骨文編】

吳　國名姬姓子爵仲雍之後武王克商因封之吳傳至夫差為越所滅金文或稱攻吳攻敔工𫊸　師酉簋　王在吳　大簋　静簋

免簋二 班簋 師虎簋 伯殺父簋 伯頵父鼎 吳方彝 𦵏簋 同簋 尹氏弔

𦂶匜 吳王御士 𣪘弔匜 伯吳盨 吳彡父簋 吳盤 吳王姬鼎 从大 吳姬匜 吳王光鑑

蔡侯𩰫盤 攻吳王鑑 吳王夫差鑑 吳王孫無土鼎 中山王䜌鼎 吳人并雩 吳季子之子劍 吳王光逗戈

吳王夫差矛 【金文編】

陶文編10・70 【古陶文字徵】

〔六八〕 〔一六〕 〔三六〕 【先秦貨幣文編】

98 169 【包山楚簡文字編】

1183 1184 1165 1170 1172 1175 1176 1185 1166 1181 1174

1169 1179 1167 1168 1173 【古璽文編】

吳長 吳左尉印 周吳 吳荊 吳申私印 吳聲 桼吳人 吳福 賁邪吳人 吳

私印 吳安定印 吳遂 吳農 吳橫之印 【漢印文字徵】

石碣吳人 吳人㦔亟 天璽紀功碑 帝曰大吳 祀三公山碑 丞吳音 禪國山碑 文曰吳真□帝 【石刻篆文編】

竝義雲章 竝王存乂切韻 【古文四聲韻】

◉許 慎 吳姓也。亦郡也。一曰。吳。大言也。从矢口。五乎切。徐鍇曰。大言故矢口以出聲。詩曰。不吳不揚。今寫詩者改吳作吴。又音乎化切。其謬甚矣。古文如此。【説文解字卷十】

◉阮 元 古籍周王無適吳事。此吳古虞字也。詩周頌。不吳不敖。史記孝武紀引作不虞不驁。左僖五年傳虞仲。吳越春秋作吳仲。漢書地理志云。武王封周章弟中於河北。是為北吳。後世謂之虞。又史記吳世家每以中國之虞夷蠻之吳分別言之者。亦以吳虞同字也。蕭山王進士宗炎云。左氏傳曰。太伯虞仲。太王之昭。又曰。宋祖帝乙。鄭祖厲王。謂諸侯始封得立出王廟。然則虞太廟當是太王廟也。古者天子適諸侯必舍其祖廟。莊二十一年傳言王巡虢守。其時虢云方為王卿士也。虞與虢皆稱公。疑虞先君亦有為王卿士者。故王巡其守。知是虞非吳者。穆天子傳載天子南登于薄山寘軨之隥。宿于虞。當即其事。吳則無文以應之。【師酉敦　積古齋鐘鼎彝器款識卷六】

◉强運開　吴　石鼓虞人絲亟乍吳。吳人即虞人。詩周頌。不吳不敖。史記引作不虞不驁。是虞吳古相通叚之證。吴免敢眔吳眔孜。亦叚吳為虞。【古籀三補卷五】

◉林義光　夨象人傾頭形。哆口矯首。讙呼之象。古作吴大鬻彝。變作吴王子吳鼎。讙譁之譁。歡娛之娛。並與吳同音。實皆以吳為古文。歡取義於讙。則娛自亦取義於譁。經傳或以虞為之。孟子驩虞如也。詩不吳不敖絲衣。不吳不揚泮水。史記作不虞不驁武帝紀。漢衡方碑作不虞不揚。【文源卷五】

◉高田忠周　說文。吴姓也。亦郡也。一曰。吳。大言也。从夨口。古文作𡗿。此解誤甚。且元收于夨部。今改。此字當大言為本義。大言者。所謂荒唐不稽之言。其言不正。故从口从夨。會意。其為人姓為郡名。即叚借託名幖識者也。詩絲衣。不吳不敖。泮水。不吳不揚。傳箋。譁也。此當以證本義矣。又說文。誤。謬也。从言吳聲。誤亦吳字異文。荒唐不稽之言。固誤謬耳。已从口又从言。此為重複。亦猶同詷合詥咸諴周調之例矣。朱駿聲云。叚借為芋。廣雅釋詁。吳。本也。又為俁。方言。吳。大也。【古籀篇四十九】

◉馬叙倫　鈕樹玉曰。韻會引作大言也。玉篇引作姓也。誤也。亦郡也。又大言也。誤蓋譁之譌。詩絲衣。不吳不敖。釋文。吳。說文作吴。吴。大言也。又引何承天云。吳字誤。當為吴。從口下大。故魚之大口者名吴。胡化反。按韻會引與釋文合。當非挩。今二徐本竝為後人改。釋文作吴。蓋譌。其引何說非。故鍇云。今寫詩改吳作吴。又音乎化切。其謬甚矣。嚴可均曰。舊本篆作吳。說解作吴。今重文作𡗿。據汗簡所引。則𡗿舊作𡗿。即吴。故何承天據以為說。鼎彝器銘吳亦從大。小徐詆為謬甚。非也。段玉裁曰。當以大言也為本義。如本作姓也亦郡也乃妄人所增。檢韻會本正如是。桂馥曰。李君威曰。說文惟女部解人姓。邑部解郡名。凡假借字皆不解。一曰吳大言也者。一曰吳三字亦後人加之。方言。吳。大也。莊有可曰。吳古話字。錢坫曰。據詩釋文則本書應有吴字。與吳為二字。詩自作吴。今借吳耳。俞樾曰。吳之為姓為郡。非其本義。惟段以大言為吳字本義。亦非。吳為大言。何取而從夨乎。夨部所屬奊㚖二字義皆為頭傾側。皆與夨同意。如吳為大言。則不倫矣。樾謂吴者。口相就也。欠部㰺下一曰口相就。即吴字義。相就則頭必傾。此吴所以從夨也。口部有噳。說解曰。麌鹿羣口相聚皃。從口。虞聲。引詩曰。麀鹿噳噳。今此字亦作麌。蓋噳麌竝吳之後起字也。疑吳篆說解本闕。今所列三說竝非許意。倫按金文吳字師酉敢作。靜敦作。大敦吳尊伯頵父鼎元簠吳王姬鼎吳字竝從口從矢。惟攻吳監作。空首幣作。幣鉨陶器之文多從大。然則從大口者。乃晚出變譌之文。大言之訓。蓋附會大口為之。本書唐訓大言。唐聲陽類。吳聲魚類。魚陽對轉。則吳果有大言之訓。亦唐之假借耳。蓋從大口亦止明其為大口耳。不然。則是從口大聲。為唐之音同定紐轉注字。自為一字矣。吳從矢。自以頭傾為義。俞先生說為口相就。雖本於欹下有此說解。然彼文是校語。不足據也。倫謂吳從矢口聲。今捝去聲字耳。口音溪紐。聲在矦類。魚矦聲近。溪疑同為舌根音。故吳音入疑紐魚類。實奊㚔之轉注字。今說解捝本訓。存者盡字林文及校語也。又疑吳乃甲文亦作之譌。甲文之即虞字可證也。後乃別構音讀。字見急就篇。

　嚴可均曰。從夰疑譌。汗簡引作。從口。從大。即詩釋文及史記補武帝紀李隱所引之吳也。李杲曰。古鉨作。匋文亦作。又作。皆與此近。倫按鍇篆作。似從夫。說解曰。古文如此。蓋古文下捝吳字。如此二字後人加之。【說文解字六書疏證卷二十】

◉郭沫若　第三三一片後下・四・一四。

「屮于王吳□二犬。」

羅釋矢，余謂乃說文古文吳字，下第三三三片亦正作。王吳者，當即糧圉。史記殷本紀云「相土卒子昌若立，昌若卒子曹圉立」，索隱云「系本作糧圉也。」糧王圉吳各為疊韻字。曹字古作曹與糧形近，故譌也。天問篇「吳獲迄古，南嶽是止，孰期去斯，得兩男子。」舊解為太伯仲雍竄吳之事。案其事叙在舜次，在該恆等之前，舜即帝俈，說見上。則所謂吳者蓋指此王吳矣。矧吳越之吳金文作攻敔、攻吳等，虞虢之虞乃作吳。說為太伯仲雍事未必合也。【卜辭通纂】

◉楊樹達　說文十篇下夨部云：「吳，大言也，从夨口。」按字从口，故訓為言，夨訓傾頭，無大義，而訓為大者，徐鍇云：「大言，故夨口以出聲。」段氏云：「大言非正理也，故从夨口。」樹達按徐段二說皆强傅無理，非碻詁也。愚謂夨字从大而傾其頭，故制字者即假夨為大，與頃夨之義不相涉也。徐段皆以夨口為說，不知古人造字時有假借也。吳重文作，字从口大。金文攻吳王夫差監吳字作，字亦从大，見貞松堂集古遺文拾壹之肆。此皆可為吾說之證者也。

形聲聲類之字，恆以同音相假借，如慈从茲聲，假茲為子，詩从寺聲，假寺為志，余已屢言之矣。不惟形聲之聲旁有假借也，形聲之形旁亦然。五篇下韋部云：「韓，井垣也，从韋，倝聲，韋取其帀。」此明假韋為口也。此皆以音同相通用者也。去年三月余撰釋卥篇，謂需从而，而與須同義，即以須字之音為音；卥从旦，旦與朝同義，即以朝字之音為音。此以二字義同而通用也。十篇上鹿部云：「麙，山羊而大者，細角，从鹿，咸聲。」「麢，大羊而細角，从鹿，霝聲。」夫鹿與羊非同類也，義為羊而字从鹿者，鹿羊同為四足之獸耳，此以二字義近而假用者也。十四篇下𠫓部云：「育，養子使作善也，从𠫓，肉聲。」按𠫓下云：「不順忽出也，从到子。」按育訓養子而字从𠫓，以𠫓从倒子，即用𠫓為子也。此與吳从矢以矢為大者為例正同，皆以二字形近而通用者也。文字有形音義三事，界劃本截然不相紊者也，而古人制字，往往互相通用如此，蓋方以智之中，又時有圓而神者在也。【釋吳　積微居小學述林卷三】

◉商承祚　𡗕　金文與篆文同。古鉨作□□。此當就正。以不應从籀文大也。【説文中之古文考】

◉李孝定　□甲編・一六三一

金祥恒續文編十卷十九葉下收此作吳。無説。

按説文。吳。姓也。亦郡也。一曰。吳。大言也。从矢口。𡗕古文如此。段氏注改吳下説解為。吳。大言也。从矢口。𡗕古文如此。謂各本姓至吳八字為妄人所增。殊為有見。蓋字訓大言故从矢口。用為郡名乃叚借。其為姓則緣郡名以得氏也。許書之例。説解但以本誼。為間有説叚借者。亦當在本誼之下。契文吳字與許書古文同。金説可从。屈翼鵬氏甲編考釋釋此為大丁。蓋偶未審耳。本片僅殘餘「叀吳」二字。其義未詳。金文作□師酉簋□大簋□静簋□𫊣簋□攻吳王監□吳王姬鼎□吳姬匜□吳盤。所从矢字均其頭亦左右傾不拘。與契文矢字同。或亦从大。大矢同象人形。故偏旁得通也。从口。口形均與矢形分離。無一相連者。明此乃口字而非矢字之頭。柳氏謂□為吳之初文。見前矢字條。按□字之○為頭形。象其頭之欹側。○形均與大字相連。無一分離者。明□□異字也。【甲骨文字集釋第十】

◉李孝定　高田忠周氏謂吳訓大言，大言者，荒唐不經之言也，故从矢口，謂其言不正也，高田氏此説，殊有精義，高田氏又引「誤」字證之，其説可从。按段玉裁氏謂「大言非正理也」，蓋即高田氏所本。【金文詁林讀後記卷十】

◉黄錫全　□吳義雲章　馮本「義」作「乂」。此與上形無別，原當作□。古璽吳字也作□、□(璽文10・6)，吴乃其隸古定形。典籍中吳有作吴者不誤，鄭説是。【汗簡注釋卷四】

◉嚴一萍　從宋代以來，「吳人」就有兩種説法。一説是吳山的人，創自鄭樵。一説吳通作虞，即是掌管山澤園囿的虞人。此説創自王厚之。按照吳人篇的内容看來，讀作「虞人」是對的。公羊定公四年「伐鮮虞」，釋文云：「虞本或作吳，音虞。」所以經典吳與虞都通用。左僖五年傳：「太伯虞仲」。吳越春秋作「吳仲」。詩魯頌泮水：「不吳不揚」。漢衛尉衡方碑作「不虞不揚」。絲衣：「不吳不敖」。史記武帝紀作「不虞不驚」。封禪書引作：「不吳不驚」，而索隱仍作虞。這些都是吳虞相通的明證。所以讀「吳人」為「虞人」是正確的。

詩召南：「于嗟乎騶虞。」五經異義說：「今詩韓魯說：騶虞，天子掌鳥獸官。」又賈誼書禮篇：「虞者，囿之司獸者也。」周禮地官小司徒有山虞、澤虞。是在大田獵時萊山田之野與澤野的官。然而最足以比證吳人篇的，當推左傳襄公四年的虞人之箴：

芒芒禹迹，畫為九州，經啓九道。民有寢廟，獸有茂草，各有攸處，德用不擾。在帝夷羿，冒于原獸，亡其國恤，而思其麀牡。武不可重，用不恢于夏家。獸臣司原，敢告僕夫。

吳人

據左傳說，這是周太史辛甲「命百官，官箴王闕」時，虞人所上的箴辭。劉文淇春秋左氏傳舊注疏證說：「傳稱官箴王闕，則意主舉職掌以諷諫也。」可知虞人之箴所說的即是虞人的職掌，他最主要的工作在「經啓九道。民有寢廟，獸有茂草，各有攸處，德用不擾。」杜氏注「攸處」說：「人神各有所歸，故德不亂。」朱駿聲以為「神者獸之誤」是對的。使人與獸各有所歸，這意義決不是山虞為大田獵而萊山田之野與澤虞的萊澤野所能範圍；因為虞人是負起拓土以後使「人」與「獸」「各有攸處」的治理工作。這一點，從現存石鼓文的殘字中去推敲吳人篇的內容，是相當符合的。【吳人——讀石鼓文小記　中國文字第四十八冊】

◉林清源　□□戈（邱集8166、嚴集7334）

例151至153三器，皆1954年山西長治分水嶺14號墓出土，原報告謂此為韓國早期墓。

本戈內銘二字，作「□□」形，黃盛璋隸定為「吳它」，並謂斯乃「物勒主名」之例。徐中舒上字亦隸定為「吳」，下字闕釋，復名此曰「虞戈」，蓋謂假吳為虞也。

吳越之吳，金文習見，或从夨从口作「□」（吳王姬鼎），或从大从口作「□」（吳王光鑑），上悉从口，與說文「大言也。从夨口」之解合，戈銘「□」字，上不从口，疑非吳字。戈銘「□」字，上从宀，與它字作「□」（伯吉父匜）迥殊，斷非一字。【兩周青銅句兵銘文彙考】

◉朱歧祥　□象爬蟲之形，隸作吳。《方言》：「大也。」卜辭用為殷武丁時征西將領名，或族稱。曾攻伐羌人、龍方諸族。

《存1・46》☐戌卜，㱿貞：□弋羌、龍。

《鐵105・3》☐貞：□弗其弋羌、龍。

《拾5・5》☐貞：吳戋羌、龍。十三月。

並助殷拘執寇盜，平定西邊治安。

《南明90》癸丑卜，賓貞：叀吳令執寇。

《金475》☐吳令執寇。七月。

為殷王親信，主宰大小王事。

《文621》乙未卜☐貞：吳𠙵王事。不死。十二月。

《陳125》庚申卜，㱿貞：吳𠙵王事。

𠙵，又作由，即叶字，通作協。吳主宰王事，助殷王出令。復推為小臣，外掌耤耕及僕役。

《前6・17・6》己亥卜貞：令吳小耤臣。

《存2・476》☐貞：叀吳呼小衆人臣

並納貢龜冊，

《丙61》吳入二在䍜。

《乙7127》吳入五十。

《存2・2》吳入廿。

又助殷王主祭，奠于外地。

《後下34・3》辛丑貞：王令吳以子方奠于并。

後吳見用為祭地名。

《綴153》☐貞：今丙辰夕至吳，钔于祊。

《京2146》☐㞢至，自吳。

吳與吳、吳形似而用法實異，島邦男《綜類》頁卅一混而不分。唯吳字只用作第五期帝乙卜辭時人名。

《人2283》乙巳貞：吳以南于父丁。

南，讀如㱿，小豖也。卜辭用為祭牲。所祭父丁為文武丁。可見與第一、二期卜辭的吳絶非一人。【殷虛甲骨文字通釋稿】

夭

後二・四・一三 甲二八一〇 乙七六八 【甲骨文編】

甲2810 乙768 【續甲骨文編】

夭 亞毀爵 【金文編】

夭 日甲三二背 通妖 鳥獸能言是丨也 日甲五九背 日甲五九背 【睡虎地秦簡文字編】

石經君奭 有若閎夭 夭余磬 【石刻篆文編】

夭 【汗簡】

汗簡 【古文四聲韻】

◉許　慎　屈也。从大。象形。凡夭之屬皆从夭。於兆切。【説文解字卷十】

◉羅振玉　夭屈之夭。許書作。與古文傾頭之矢形頗相混。此作。石鼓文从𧺆諸字皆作。與此正同。古金文亦然。無作者。【增訂殷虚書契考釋中】

◉林義光　象首大屈之形。奔走字篆从夭。古从。見各條。當亦夭字。象兩手搖曳形。【文源卷四】

◉高田忠周　夭字亦元以屈頭為形。但與矢左右相反耳。然夭義不主于頭。故或屈手作。或頭手並屈作。夭矢兩字雖形近相似。造字之意。自別異矣。【古籀篇三十九】

◉商承祚　説文矢訓「傾頭」。夭訓「夭屈」。僅以頭之左右向區分。所別至微。若以古人作字左右向背任意所施之例例之。則一字也。金文矢。散伯毀作。是與篆文合矣。然吴字篆文从矢。而吴王姬鼎从。矢夭同用，是一字之證。然則古文無夭乎。考金文𧺆與𡘍皆从。殆象人走與奔時其手一上一下夭屈之勢。是夭之別于矢者。在手不在頭也。篆文走奔皆从。于形誼固不符。不見甲金文。又安能正其形而糾其誤哉。【甲骨文字研究下編】

◉馬叙倫　鈕樹玉曰。韻會引大下有丿字。一切經音義廿一引形下有不申二字。恐非。羅振玉曰。許書夭屈之夭。與古文傾頭之矢形誠相混。卜辭作。石鼓文從走之字皆作。與此正同。古金文亦然。無作者。倫按本書艸部芺篆作。而示部之祅從芺得聲。篆文作夭。走部走篆作走。與金文似同。然金文作走。頭不傾也。倫謂夭夨異字。夭為夭折字。芺字從之得聲。夭為走之初文。見走字下。此即夭之異體。左傾右傾。於義無別。故金文多作夭。甲文多作夭。【說文解字六書疏證卷二十】

◉馬叙倫　夭鼎　夭　吳式芬曰。許印林說。按銘作夭。當是夭。夨篆作夨。仄篆作仄。籀文作仄。阮氏有夨父戊爵。作夨。皆與此異。倫按說文夭夨為二字。然義寔無殊。皆從大而頃其首。但一向左一向右。此在金甲文中了不為異。尋夭音影紐。夨音照紐。古讀歸端。同為清破裂音。蓋以方土殊音而異讀。其寔一字。此文唯一夭字。必非以頭頃為義。貞松堂集古遺文有令夭彝。詳銘夭是人名。而周有閎夭。是古不諱夭夨而以為名也。此豈作器者之名與。【讀金器刻詞卷中】

◉高鴻縉　王筠曰。屈謂前後。字無前後。故向右屈之。然非反夨為夭。

按字从大(人)而屈其首。故有夭屈之意。變文。虛實相比。會意。非象形。狀詞。但由夨字周文作夨亦作夨例之。則古文反正不拘。夨夭古蓋同形。依上下文辨之。秦時始為分別。偏左者曰夨。偏右者曰夭也。【中國字例四篇】

◉李孝定　契文夭象走時兩臂擺動之形。羅說是也。金文从夭之字如走作走盂鼎走令鼎走師兑簋走休盤走食仲𨓸走走大鼎走延𨓸走周公簋。奔作奔盂鼎奔克鼎奔周公簋奔效卣。均作夭。與契文同。無作夭者。小篆乃形譌也。字在卜辭為人名。辭云。「庚申貞其令亞夭馬[illegible]乚隻。」甲編・二八一〇。亞馬為職官之偁。夭[illegible]則其私名也。或為地名。辭云。「貞王往夭戈至于方圻。」乙・七六八是也。後下一辭僅餘殘文。夭字未詳其誼。餘詳前夨字條下。【甲骨文字集釋第十】

◉吳九龍　長沙子彈庫戰國帛書中數見夭字。例如：

「□夭之行」

「隹天作夭，神則惠之。」

以上二例的夭字，過去有人釋作「灾」字，也有人釋作「叀」字，饒宗頤釋作「祅」字，各家所釋很不一致。

夭字也見于戰國古璽文字中，例如：

鮮于夭　《鐵雲藏印》

侯夭　(同上)

司馬夭　《伏盧藏印》

肖(趙)夭　《徐氏印譜》

史夭　《浙江省博物館藏印》

以上五例有人釋作「矢」字。

銀雀山漢簡有夭字。例如：

「秋三月：一不時，多夭言。」　《不時之應篇》

「此古之亡德之夭也。」　《占書篇》

「夭恙(祥)見于天。」　(同上)

此字又見于馬王堆漢墓帛書，例如：

「如文王之它(施)者(諸)弘夭、散宜生也。」　《老子甲本及卷後古佚書》

「言所它(施)之者，不得如散宜生、弘夭者也。」　(同上)

《尚書・君奭》曰：「惟文王尚克修和我有夏，亦惟有若虢叔、有若閎夭、有若散宜生、有若泰顛、有若南宮括。」《史記・周本紀》也記載着閎夭、散宜生歸附文王的故事。參照文獻證明夭即夭字。銀雀山漢簡的夭字，讀為「妖」，其舉例從文義上也都講得通順。

長沙子彈庫戰國帛書和古璽文字的夭字與銀雀山漢簡、馬王堆漢墓帛書的夭字結構相同。根據後者可以確定前者也是夭字。當戰國文字夭字轉化為早期隸書夭字時，弧形的筆劃被拉直，正中一筆直寫，兩端彎曲的斜筆也寫成一斜劃。這些變化在古璽文字中是有所反映的，如古璽「侯夭」，夭字原來兩端彎曲的斜筆已經拉直，與早期隸書夭字寫法很接近了。

夭字在甲骨文中寫作：

夭　《殷虛書契後編》二・四・一三

夭　《殷虛文字甲編》二八一〇

夭　《殷虛文字乙編》七六八

在金文中寫作：

夭　《金文編》

戰國文字的夭字从「大」，是夭字的繁體。《說文》夭字寫作「夭」，與甲骨文、金文、古璽和漢簡的夭字寫法都不同，可能

《説文》夭字是傳寫走樣了。

通過對銀雀山漢簡、馬王堆帛書夭字的認識,並與甲骨文、金文、戰國文字比較,使我們了解夭字的發展演變過程,大致如下:

夭→夭→夭

認識了夭字,我們就容易釋出早期隸書中帶有夭字偏旁的字,從而進一步讀通句子,明瞭文義。例如:「不殺殀台,不膾不成之財」(《銀雀山漢簡·尉繚子》)。殀即殀字,殀台即是夭胎。「當殺蒼芺、薺、亭磨(歷)三時。」(《銀雀山漢簡·三十時》)芺即芺字,《爾雅·釋草》有鉤芺,是一種「似薊,初生可食」的植物。「以水沃之則已矣。」(《雲夢秦簡·甲種日書》)沃即沃字,《説文》有洖字,溉灌也,从水芺聲。【簡牘帛書中的「夭」字　出土文獻第七十五期】

◉吴秋輝　夭,古文本作「夭」,散氏盤、同鼎皆然(二器皆見《集古録》)。其與他文相配則作「夭」,吴字是也(吴字古器中甚多。静敦、吴彝皆是)。雖其左右不同,要皆為从大而側其首。大者人之正視形。其首特側向一方,以會意之例求之,實即為今文之「歪」字(歪乃俗字,實則今文並無其字也)。即此可知,《書》之「厥草惟夭」、《易》之「其人夭且劓」(今夭誤天)、《論語》之「夭夭如也」,其義皆當釋作「歪」字。白香山詩:「錢塘蘇小小,人道最夭斜。」自注云:「夭音歪,收入九佳。」則是唐人尚知其即為「歪」字也。而古人之以是命名如「閎夭」、「崔夭」之類(古之名「夭」者尚不止此),皆係特即其賦形之殊異言之,一如「大顛」(在今文則當作「大頂」,即今俗所謂大頭也。「夭」即今人之所謂歪脖,俗又稱之曰歪歪)、「重耳」、「黑臀」(臀音「定」,俗讀豚,謬)之例。此乃夭之本義,亦即夭之第一義也。【桃之夭夭解　文史哲一九八五年第五期】

◉沈長雲　夭　過去古文字學家們對此字一向説解紛紜,未得統一。黄盛璋同志説前人對此字只有兩種釋讀法,少數人釋為「大」,多數人釋為「夭」。其實人們對此字的識讀分歧並不如黄説,而主要表現在釋「夭」或是釋「夨」的争論上。吴式芬引許印林説:「案銘作夭,當是『夭』。」方濬益説:「此文作夭,自是夭字。」《説文》:「夭,屈也,从大象形。」我認為,吴、方二人將此字釋為「夭」是正確的。

夭不能釋為夨,从音讀上説,夨讀照母,與「走」音近,夨應是走字的初文夭形之訛。《説文》夨作夭,訓「傾頭也,从大象形」;夭作夭,訓「屈也」,亦「从大象形」。這裏,許慎是將一字硬分為二字,因為古文字夭、夭表現傾頭,頭向左向右無别。王筠就曾謂「反夨為夭」,似乎體會到夨夭二字從字形構造上没有區别的特點。《説文》在將同一字形的夭(或夭)區分為二以後,又進一步將向左傾頭的夭與由古文走訛變來的夭混為一談,新生出夨字,而别于夭字形以外。這樣,就給以後的古文字學家們解釋這兩個字及相關聯的其它文字造成了困難。

然而許慎的錯誤並不止于此，他既將夭(或夭)字一分為二，以頭向左傾的夭字定為矢字，却反而把頭向右傾的夭當作了走字的初形。《説文》：「走，从夭止」，凡許書小篆中的「走」及从「走」之字的走旁，一概寫作走，奔字寫作奔，事實上，西周金文、春秋石鼓以及戰國竹簡上的走字皆作走，奔字皆作奔或奔，从走之字，走旁亦多作走，無一作走者，作走是許書明確的錯誤。但某些迷信許慎的人却强為其辯護。古文夭字明明是頭偏曲形，絲毫不表現手的動作，他們偏説許慎「夭，屈也」的解釋是指手臂的彎曲形。這顯然是不可取的。夭不得訓走，因疾趨的姿式，無論頭或腰背，都是不能彎曲的。疾趨時除雙腿奔跑外，只要求雙臂擺動。故大才是「走」的象形，而且表現的是人體在跑動時的側身的形狀。一般人説夭从大象形也不完全準確，因為「大」表現的是正面的人形。只有夭才可以説是「从大象形」，它表現了一個頭作偏曲狀的正面人形。

所以，銘文夭(夭)應定為夭字。它的造形與甲骨文中的夭(夭)相襲。陳夢家《殷虚卜辭綜述》就以此為夭字。《説文》：「夭，屈也」，徐鍇曰：「夭，矯其頭頸也。」段注：「象首夭屈之形。」引申為屈抑不申之義，《漢書·五行志》：「德不試，空言祿，茲謂主窳臣夭。」《詩·周南·桃夭》：「桃之夭夭」，舊釋為美盛貌，實則狀桃樹果實纍纍，枝條彎曲之形(聞一多《古典新義》)。又《詩·凱風》：「棘心夭夭，母氏劬勞」，「棘心」即棘杺，舊亦釋夭夭為美盛貌，按此句上接「凱風自南，吹彼棘心」，故「棘心夭夭」者，亦形容棘杺為風吹而彎曲之狀，以喻母氏鞠躬劬勞之苦也。凡此，皆由夭字表人首偏屈之義引申而來。銅器銘文中的夭(夭)應讀為夭，「夭王」應是夭王，毫無可疑。【談銅器銘文中的「夭王」及相關歷史問題　考古與文物一九八六年第六期】

喬 喬

一五六：二一　八例　委質類被誅討人名　趙喬　一五六：二〇　四例　探八㊁：二　八八：一三　嶠　一五六：一九　五例　勳　同宗盟類參盟人名　一五六：二五　一五六：二三　三例　【侯馬盟書字表】

49　141　【包山楚簡文字編】

1234　郘鐘喬字與此同。　1242　1224　1225　1222　1232　1248　4094　1228

【古璽文編】

公孫喬　山喬印信　潘喬之印　【漢印文字徵】

古尚書【古文四聲韻】

◉許慎　喬高而曲也。从夭。从高省。詩曰。南有喬木。巨嬌切。【説文解字卷十】

◉方濬益　　嵩上从中。尚書（按張之洞）釋喬。以為驕之湝。按此與前喬喬字同而異者。釋木槐棘醜喬注。枝皆翹竦。與从中意合。是喬字之誼不僅上句。詩漢廣南有喬木傳亦曰。喬。上竦也。古書於重文往往前後變體。【邵黛鐘　綴遺齋彝器款識考釋卷二】

◉吳大澂　即喬。从高上曲。説文。喬。高而曲也。喬喬即蹻蹻之省。詩酌。我龍受之。蹻蹻王之造。傳云。龍。和也。蹻蹻。武貌。【愙齋集古録第一册】

◉高田忠周　　説文。喬高而曲也。从夭从高。如此夭高皆聲也。然依此篆。實从高。即指事。高曲之意。察而可見矣。古文固如此作。後誤為夭。下不得不謂从高省。故一本作高省聲。要皆非是。書禹貢。厥木惟喬。傳。高也。詩漢廣。南有喬木。傳。上竦也。爾雅。上句曰喬。皆字之本義也。轉為詩時邁及河喬嶽。字亦作嶠。爾雅。鋭而高嶠。是也。又轉為莊子達生方虛憍而恃氣。司馬注。憍。高仰頭也。字亦作嶠。又或禮記樂記。敖辟喬志。坊記。富斯喬之類皆是也。但銘云。喬喬其龍。喬即蹻字假借。詩泮水其馬蹻蹻。傳言强盛也。葢亦重言形況字。作喬喬同意耳。銘下文。有余不敢為句。吳大澂亦釋喬。非。今攷彼即歊字異文。詳見欠部。又按。此字若果从夭。莊子憍字為本義。仰頭亦側矣。【古籀篇三十九】

◉商承祚　即喬。鉢文作。此用作鐈。説文。鐈似鼎而長足。此鼎足高于常鼎。則鐈乃長足之鼎也。【楚王酓忎鼎　十二家吉金圖録第一卷】

◉馬叙倫　嚴可均曰。宋本作高省聲。一宋本脱聲字。嚴章福曰。高省下脱聲字。鈕樹玉曰。鍇本高省下有臣鍇曰。按爾雅木上句曰喬。上曲也。故詩曰。南有喬木。不可休息。則引詩非許説。倫按爾雅釋詁。喬。高也。則喬當從高省夭聲。然釋木又曰。上句曰喬。則當從夭高省聲。尋書禹貢。厥木惟喬。詩廣漢。南有喬木。傳。喬。上竦也。爾雅釋山。鋭而高。嶠。是喬有高誼。然本書。朻。喬木也。是喬木專字。書傳喬字訓高者。蓋皆借為高。喬從高省聲也。喬者。夭之聲同宵類轉注字。故蹻字從之。語原同也。郘鐘。余不敢為喬。强運開釋喬。然疑是蕎字。【説文解字六書疏證卷二十】

◉朱德熙　趙喬的喬字形體不一：

喬1號　喬2號、3號、6號、7號　喬4號　喬5號

金文有：

喬《金文編》961

林義光《文源》釋作「就」，並以為與「喬」形聲義俱近，當即同字(7卷5頁)。盟書4號、5號从尤，即「尤」字，字實當釋「就」，可證林氏「喬」、「就」同字之説是正確的。戰國文字又有：

喬《贍》上30　喬《季》104

字从高或喬，九聲。「九」、「就」皆幽部字，疑亦當釋「就」。「尤」古音屬之部，之幽音近，「就」字實从尤聲。1號「喬」字似从「又」，「又」、「尤」皆之部字，音極近。所以此字亦可釋「就」。總之，「喬」和「就」是從一個字分化出來的。【關於侯馬盟書的幾點補釋　朱德熙古文字論集】

◉嚴一萍　(甲)最古之夭字

説文：「夭，屈也，从大象形。」繫傳：「臣鍇曰：夭矯其頭頸也。」段氏以為「象首夭屈之形。」皆據小篆作夭形為説，非其朔也。林義光謂：「象人走搖兩手形。」案商器圖象文字中有作夭形者，正象兩手左右高下，如人行走時之自然動作，當即夭之初文。故奔走字所从之夭，金文石鼓皆作夭，而不作夭也。

(乙)甲骨文中之夭字

甲骨文有夭字，羅振玉曰：

夭屈之夭，許書作夭，與古文傾頭之矢形頗相混，此作夭，石鼓文从走，諸字皆作走，與此正同，古金文亦然，無作

夭者。

案夭字在一期卜辭中為地名：

貞：王往夭戋至于㝉𢀛。　乙七八六

至三期卜辭中則為服務王朝之官名：

庚申貞：其命亞夭馬。　甲二八一〇

後編下四・十三，則為單字，其義未詳。

(丙)兩周金石文中之夭字

夭於金文僅亞毀爵一見，而从夭之走與奔則頗多，皆作夭與夭形，石鼓諸偏旁走及奔字所从之夭，亦皆作夭。

(丁)秦漢魏晉唐宋以來之夭字

魏石經君奭有若閎夭之夭作夭，說文之走作走，猶存夭形。而夭字作夭，則已變甲骨金文古籀之形而啟隸楷之譌。夏承碑作夭。與鄭固碑石門頌皆有譌誤，武氏石闕銘則譌變更甚。至熹平石經奔字之夭已隸變作大，走字之夭已譌作土，晉太公吕望表作夭，上承小篆，至今為楷書之正。然去造字之原意遠矣。

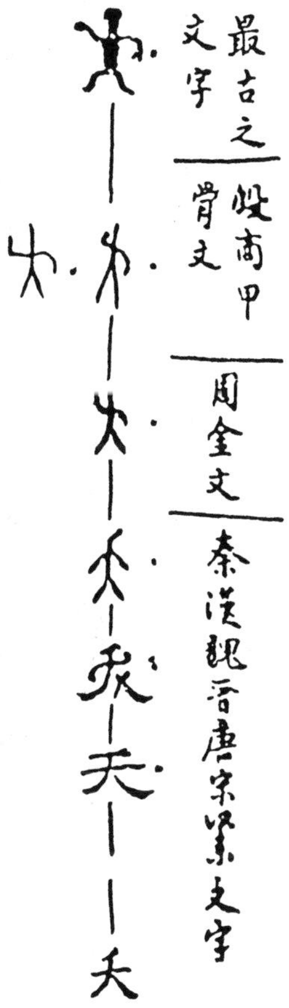

【釋夭　中國文字一九六一年第五期】

㚔

周幸私印 袁幸私印 王幸置印 臣幸臣 矦幸之印 王賜幸 長幸 常幸 常幸

常幸 日幸 諸幸 大幸 大幸 張幸之 日幸 日幸 燕幸 長幸未央

常幸 長幸 長幸 臣幸 鳴幸 常幸 常幸 常幸 日利大幸 奚幸

常幸 常幸 大幸 【漢印文字徵】

◉許　慎　㚔吉而免凶也。从屰从夭。夭。死之事。故死謂之不㚔。胡耿切。【説文解字卷十】

◉馬叙倫　鈕樹玉曰。韻會引無故字。倫按夭為頭傾。屰為到大。從夭從屰而訓吉而免凶。不見會意之指。王煦以為從夭屰聲。逆音魚戟切。聲轉為幸。倫謂吉而免凶之字。決不能以會意方法冓造之。而從夭屰聲亦不能得吉而免凶之義。蓋形聲字以義所從生者為主體。以夭為主體。則夭是頭傾。本為病態。安得有吉而免凶之義從之生邪。且自從人尚可强為主體外。亦竟無有可以為之主體者。然則幸不幸之字。直是假借其聲耳。幸蓋從夭辛省聲。十二篇。婞。很也。以很訓婞者。婞從幸得聲。幸從辛得聲。辛很聲皆脂類。是以聲訓也。疑吉而免凶者。左襄廿八年傳。善人富。請之賞。後漢書折像傳注引賞作幸。賞從尚得聲。尚音禪紐。幸音匣紐。禪匣皆次濁摩擦音。故通假耳。史言幸之。猶曰賞識。吉而免凶蓋賞之引申義。幸義仍待證也。或為𡗜之音同匣紐轉注字。或從大乃從夨之譌。從夨。辛省聲。為奔之脂真對轉轉注字。夨為奔之初文。非人之異文作大者也。吉而免凶也者。字林文。見文選長門賦注引。【説文解字六書疏證卷二十】

奔

奔　从夭从三止奔之意也　盂鼎　井侯簋　效卣　克鼎　中山王𰯌鼎　奔走不耶命　从彳　戜簋　奔追鄉戎于鹹林　【金文編】

6【包山楚簡文字編】

奔　日甲一五二　為二八　二例　法一三二　【睡虎地秦簡文字編】

石碣霝雨　其奔其敔田車　其□趚□石經僖公　衛元咺出奔晉　【石刻篆文編】

奔出朱育集字　【汗簡】

朱育集字朱育集字　【古文四聲韻】

◉許　慎　奔走也。从夭。賁省聲。與走同意。俱从夭。博昆切。【說文解字卷十】

◉張燕昌　鄭音奔。又云作走字。吾邱氏曰。以為奔字通。二人曰从三人众。此三走為會意也。既是走字。又何必三。若如此字。則从众皆人字也。昌按。中秀及顧氏本俱有重文。【石鼓文釋存】

◉吴大澂　奔。疾走也。从三⿱夭止省。小篆从夭从卉。義不可通。盂鼎。效卣。从三止。石鼓文。類小篆。變止為中自此始。【說文古籀補卷十】

◉劉心源　疑奔之異文。內則。聘則為妻。奔則為妾。【陳孖匜　奇觚室吉金文述卷八】

◉林義光　說文云。走也。从夭。冉聲。與走同意。俱从夭。按冉非聲。古作盂鼎。从。與走同意。象足跡。疾走故跡多。變作克彝。【文源卷四】

◉羅振玉　奔。箋曰。說文奔。⿱夭止也。从夭卉。其文作。此从。盂鼎奔走字皆从。古金文从⿱夭止。諸皆从不作。象人疾走時揚臂疾趨。則象人側首。二形截然不同。許書殆傳繕失之。

𩣡今作奔。箋曰。𩣡。即奔字。从三⿱夭止。象衆奔之形。盂鼎奔字作。即省𩣡之三夭為一夭。由𩣡省作⿱夭⿰止止。又由三止變為三。古文形最相近。易致混也。然戉鼓奔字已作。克鼎亦然。知之變。固已古矣。【石鼓文考釋】

◉高田忠周　許意謂奔與⿱夭止字均皆从夭。然⿱夭止从止从夭。屈足意可見。而奔唯从夭。會意之恉不可見也。蓋奔元从⿱夭止。賁省聲。故克奔戈作𡙁。齊侯鐘作𡚌。許氏唯依小篆。亦未見古文从走之𧼱。故收字于夭部。而仍謂與⿱夭止同意耳。又謂奔之从卉。或當桒省會意。桒。疾也。从夲卉聲。又或以卉為桒。上林賦。藰莅卉歙。漢書注。走。相追也。故奔从卉。又夲。進取也。夲桒與奔義近。【古籀篇三十九】

◉高田忠周　古籀補為奔字。非是。凡奔字皆从卉。而此明从三止。稍似而自別字。即為𧼧字省文也。蓋疾行曰趨。疾趨曰走。故禮記玉藻。走而不趨。二義分別。曲禮曰。帷薄之外不趨。爾雅釋宮。門外謂之趨。趨走。即宮庭進退之禮也。故銘云㠯趨走。若夫奔走。屬于外事。爾雅釋宮。中庭謂之走。大路謂之奔。昭三十一年左傳。將奔走之。注。猶赴趨也。春秋釋例。奔者。窘迫而去逃。死四鄰不以禮出也。此其轉義也。此等字義不當以解銘意也。吴釋斷非。【古籀篇六十三】

◉强運開　張德容云。按歪部承哭部。本从犬。犬。善歪也。此奔字石刻从犬。與从夭不同。蓋亦籀文。吴愙齋説盂鼎。篆云疾歪也。从三歪省。小篆从夭从卉。義不可通。又云石鼓文頪小篆。變為自此始。羅振玉云。説文。奔。歪也。从夭卉。其文作。此从。盂鼎奔歪字皆从。古金文从歪諸字皆从。不作。象人疾走時揚臂疾趨。則象人側首。二形截然不同。許書殆傳繕失之。運開按。羅氏此説甚精。蓋奔走等字从。似犬而實非犬。形亦各別。據此並可正張氏从犬之説矣。又按克鼎作。周公敢效卣俱作。皆與鼓文同。可以為證。【石鼓釋文】

◉葉玉森　契文之乃地名。變體作。予始疑為許書升之篆文。本誼為登進。故繁文作从步。繼見江寧劉嗇公所藏夔叔劍銘。末三字為。乃悟為古文奔。劍文言戎翟奔也。象一人揚臂放足狂奔形。為梏形。狀逸囚一臂猶着梏也。盂鼎奔作。即由譌變。【説契　學衡一九二四年卷三十一】

◉馬叙倫　嚴可均曰。小徐作卉聲。通釋云。卉非聲。大徐輒改為賁省聲。不知賁亦卉聲也。倶從夭三字校語。鈕樹玉曰。繫傳脱與字。韻會引無與走以下七字。當非脱。吴大澂曰。奔。疾走也。盂鼎作。從三走省。小篆作。從。義不可通。林義光曰。盂鼎作。從。與走同意。象足趾。疾走故跡多。變作。克口彝。倫按效卣作。克鼎作。周公敢作。皆從。唯龍伯戟作。與此同從夭。倫謂夭為頭傾。從夭決不能得疾走義。疾走者。今言跑也。跑之本字。本書作。夲實從夲之初文作者。非從人之異文作大者也。奔亦當然。克口彝作。大亦之變也。石鼓文奔字作。奏字作。皆從芔。證以效卣周公敢克口彝。則盂鼎從三止為譌。自有足。不必復從止。况三其止乎。蓋走之初文作。增止為俗。若謂疑於大。故復增止以為別。亦不必增三止也。故倫謂卉聲是。卉音曉紐。以同次清摩擦音轉入非紐。由非轉封。故今音博昆切入封紐也。古書奔奏連文者。奏實皋之譌體。石鼓文可證也。皋從夲芔聲。實與奔為異文。皋從夲而奔從夲之初文。皋字芔在上而奔字芔在下耳。搼從皋得聲。搼音今在封紐。可證也。古書亦以奔走連文者。走奏音同精紐。借走為奏。或奔奏為連語。而奔走謂或奔或走也。至克鼎作從卌者。卌為芔之譌。然倫亦疑從卌。卌音實與十同。則鼎文即夲字。【説文解字六書疏證卷二十】

◉郭沫若　「旌徙」當即奔走，旌即奔之異文無疑。古文奔字作𡙇，象人奔軼絶塵之狀。止即趾之初文，足跡也。此从㫃从止，意亦相應、蓋旌旗之類所以進士衆者，故从㫃也。召卣亦有此字，云「召啓進事旌徒事」，亦捨奔走字無以為解。【麥盉　兩周金文辭大系圖録考釋】

◉郭沫若　奔字大盂鼎作。乃象形文。象人蝅軼絶塵之狀。下从三止。止。趾之初文也。本器作。下體所从似止非止。已稍譌變。效卣作。大克鼎作。三止譌變而為屮。説文遂謂奔从卉聲矣。石鼓文作𧼱乃䌛文。从止尚未失古意。【周公殷釋文　器銘考釋　金文叢考】

◉孫常叙　我們根據下列材料，可以説「」是「奔」的或體字，从止旂聲。

《左傳》僖公五年，卜偃引童謡云：「丙之晨，龍尾伏辰，均服振振，取虢之旂。鶉之賁賁，天策焞焞，火中成軍，虢公其奔。」這首童謡通篇句句叶韻。古韻在文部。「奔」與「旂」和晨、辰、振、賁、焞、軍相押，可見「奔」和「旂」是收韻相同的。

但是「奔」「旂」兩字不是同聲的。在古音，前者為脣音，後者為牙音(舌根音)，發音部位不同。看來，它們雖然同收一韻，可是並不同音，作為同一詞的不同書寫形式是不可能的。這是就一般情況説的。如果考慮到古今方國語音流變，同一時代還有方音，情況就不完全是這樣的了。⊘

一個形聲字讀音和它所從得聲的聲符字之間的語音差異，反映着一部分語音變化。⊘

一組或體字共同地書寫一個詞，它們之間的語音差異，也是在反映着一定的語音變易。⊘

麥尊字和「奔」也是這種關係，從金文習語和字在銘文中依存關係，可以説是「奔」的或體字。是从止旂聲的字。它的聲符在麥尊銘文「王射」、「大龏(公)禽、侯乘赤旂舟从」的句子裏已經見過。它和「奔」古韻都在文部。在聲紐上，「奔」屬脣音邦紐，而「旂」則屬牙音見紐。這種音變關係，和「𡘲」从「𣐽」聲、「兵」或从「庚」得聲作「」是一樣的。

我們不僅從形聲關係所反映的語音變化説明是的或體，而且還可以從古書異文裏看到用「㫌」字寫「奔」的痕迹，例如《禮記·内則》説「女子……十有五年而笄，二十而嫁，有故，二十三年而嫁。聘則為妻，奔則為妾。」鄭注：「『奔』或為『衒』。」《釋文》又為鄭注作補充，説「『衒』，古『縣』字。本又作『御』。」「奔」或寫作「衒」，或寫作「御」，這兩個異文反映古本《内則》「奔」字是曾經寫作「㫌」的。由于這個「奔」字或體使用頻率很低，有些人不認識，把它誤認為「旋」，誤寫為「御」。

一、古本《内則》寫作「㫌則為妾」，誤「㫌」為「旋」，而字與文意不相應，遂以「旋」與「還」音近，而當時真元合韻，改「旋」為「衒」。後人竟以衒賣繹之，與上文言女嫁之年、女嫁之禮、經聘而嫁為妻、「不以禮出」為「奔」、不經聘而嫁則為妾的語意不相應。賣女為妾並不是从女嫁之事立説的。「衒」和「奔」不是同義詞，這異文是可疑的。

二、「御」與「奔」與「銜」音義都不相通。「御」更不是女嫁之事，上下文也難取得對立統一。

三、「銜」和「御」有因不識「⿸㫃止」字而致誤的可能。⊘

從這種形近而訛的關係，可以說《內則》「奔則為妾」的兩個異文，反映古本《禮記》這「奔」字，有的是寫作「⿸㫃止」的。「御」是它的形誤，而「銜」有兩個可能：或者誤「⿴行止」為「旋」，由「旋」而「銜」；或者是誤「⿸㫃止」為「御」，誤「御」為「銜」。這些異文實際上是□字的殘餘影子。

至于□之為「走」，只是「□」字下身鏽掩兩股，比較容易辨認。它並不是什麼从「申」得聲之字。

把上面所說的各種情況綜合在一起，可以說麥尊□□兩字確是「奔走」。

⊘可見之侯兩韻合用，並不是偶然的個別事例。從這種語音關係看，麥尊最末三小句「用窋德，綏多友，亯奔走」是以「德」「友」「走」三字，按職、之、侯合韻相叶的麥尊銘文「亯奔走」三字成句。盂鼎「亯奔走，畏天威」金文中自有其例。

一、麥尊銘文「亯奔走」三字成句，而與「用窋」德，綏多友」叶成韻語，則銘文「走」字之下，也就是全銘最後一個字——「令」字，和「亯奔走」三句韻語沒有關係，是一個游離于句外的多餘的字，而它又正是銘文末行上句「其永亡終」下所缺的「命」字。

二、古金文，制范造模時，銘文也有脱誤補字等現象。這一事實，學者早已發現。

麥尊銘文最末一小段，原稿當是

孫=子=其永亡終命，用窋」德，綏多友，亯奔走。

製范造模時，「其永亡終命」的「□」字造形不清，不便補製，遂于文末附注了一個「□」字，《西清古鑑》銘文摹本「□」下重文可能是鏽花誤摹，其空處正是「令」字應佔位置。【麥尊銘文句讀試解　遼松學刊一九八三年第二期】

◉李孝定　奔从三止，止作□，稍譌遂為□，許君遂以為賁省聲；三止者，多趾也，三者極言之，郭沫若氏說是也。【金文詁林讀後記卷十】

交

甲八〇六　存一四六一　甲九六一　簠雜一二七　掇二·六六【甲骨文編】

交　交鼎　交君匜　函交仲匜　琱伐父簋【金文編】

秦1181　獨字　【古陶文字徵】

146　【包山楚簡文字編】

交　法七四　三例　日甲四　【睡虎地秦簡文字編】

0592　0310　0669　【古璽文編】

桓交　費交　交忘之印　交□之印　【漢印文字徵】

石經堯典　宅南交　【石刻篆文編】

交　交　交諸家別體亦作此　【汗簡】

古老子　義雲章　【古文四聲韻】

◉許　慎　交脛也。从大。象交形。凡交之屬皆从交。古爻切。【説文解字卷十】

◉王　襄　古交字。文見本編五虞字第二。【簠室殷契類纂正編】

◉葉玉森　契文亦作。蓋象人。象之脛交。顯然可見。惟从之字。諸家每誤作矢。籀篆遞嬗。習為故常。苟一諦督契文矢交之別。則譌舛自明。桉契文矢作。偏旁从矢之字。如之作。之作。之作。之作。之作。之作。之作。之作。之作。竝象鏑幹括形。或兼象羽。或省括。或竝省鏑。契文中之矢形。繁簡不同。畧盡於是。與形迥別。及从之字。自應釋交。如為效。為郊。諸家無異釋。則觀後之説族疾医諸條。當亦不以為乖誕矣。【説契　學衡一九二四年第三十一期】

◉高田忠周　秦策。交足而待。此為本義。轉為凡交互義也。又辵部。迒。會也。从辵交聲。儀禮特牲饋食禮。交錯以辯。注。猶言東西。以交為之。實迒亦交字轉義異文。元皆同字無疑矣。【古籀篇三十九】

◉吳其昌

7　6　5　4　3　2　1

1　交尊　周金卷五頁十一
2　效尊　攈古卷三之一頁六十六（效字所从）
3　效卣　愙齋册十九頁四（效字所从）
4　曶鼎　周金卷二頁六（效字所从）
5　效父彝　攈古卷二之二頁四（效字所从）
6　交君子叕簠　周金卷三頁一百三十九
7　交君子叕鼎　貞松卷三頁三

此「交」字也。亦即「校」之本字也。「交」譌為矢，顯白昭露，今試籀繹其證。

第一，以形象觀之：「交」字之象，鏑，笴，羽，括，畢具宛肖為一矢形，無可掩遁。且此所舉七例中，第一字交尊之「交」，第二三、四、五字「效」字所從之「交」，其字皆與前章矢形例所舉第十、第十一、第十二字三「医」字所從之「矢」字毫釐絶同：亦足以證「交」「矢」二字在金文中實無毫釐之別也。

第二，以聲類求之：「交」「郊」「茭」之聲，與「高」「稿」「藁」之聲，其聲紐在廣韻時代，尚同為見母；其韻部在廣韻時代，雖一在肴，一在豪，然肴之與豪，其別甚微。今即以珂而倔倫氏所著之廣韻標準音符讀之，則在廣韻時代，「交」「郊」「茭」讀為Kau，「高」「稿」「藁」讀為kâu，其音別之微可見。而在廣韻以前，則並此甚微之別而亦無之，直一聲而已。何以證之，京相璠春秋土地名曰：「今廪邱東北有故高魚城，俗謂交魚城。」水經注二十四引。詩商頌玄鳥毛傳「祈于郊禖」，釋文「本亦作高禖」。又吕覽仲春紀亦作「以太牢祀于高禖」，而高誘注云：「郊與高音相近，故或言高禖。」周禮地官載師「……任近郊之地」，鄭注「故書郊或為蒿」。皆足以證古「交」「郊」「茭」與「高」「稿」「藁」直為一聲。吾人既已知鄭司農周禮矢人注云「笴，讀為稿，謂矢榦。」稾人注云：「箭榦謂之藁」之訓，則「稿」「藁」及其同聲之「交」之義為箭榦矢笴，亦已明矣。

第三，由此而引用之于經典：書費誓「時乃芻茭」，此「芻茭」即周禮藁人鄭司農注「槀讀為芻藁之藁，箭幹謂之藁」之「芻藁」。繩以上「交」「高」一聲之律，知「芻茭」「芻藁」亦絕對為一詞。知「芻藁」又即為箭幹矣。故費誓之「峙乃芻茭」與上文「備乃弓矢」文相麐矣。故知「交」之亦即為矢矣。

第四，更以校勘及詁訓推之，則「交」「校」實為一字，又「交」為本字，「校」為後起之字也。小爾雅廣言：「校，交也。」淮南子時則訓「虎始交」，高誘注：「交，讀為將校之校。」皆「交」「校」一字之證也。「交」既為「校」之本字，而「校」字之本義為校射，故「射獵」古稱「校獵」，如漢書成帝本紀云：「從胡客大校獵。」又漢書司馬相如傳上云：「天子校獵。」是皆其證也。「校獵」亦作「獵較」，如孟子萬章上云：「魯人獵較，孔子亦獵較。」其證也。故「校」之本義為射，射者皆兩偶相比，射畢，獲者又須釋算以計勝負，故引申之義，始為「校量」「比校」。校射皆在鄉學，故第二引申之義，「校」又為庠序學校。「校」之本字，則為「交」。其本義則為射。則亦「交」之本義為射也。則亦可以證「交」形為矢之故矣。

更由「校」字之義引而申之，「校」又通「效」，莊子列禦寇：「而效我以功」，釋文：「效，本作校。」可證。廣雅釋詁三：「學，效也。」校射之事，必效學而始能也。故靜毀即記靜「學射」之事，可為證矣。又「交」為矢，「午」亦為矢，「御」為使馬之官，而「御」從「午」，故「校人」亦為使馬之官。春秋成公十八年左氏傳「校正屬焉」，杜預注：「校正，主馬官。」又哀公三年左氏傳「校人乘馬」，注：「校人，掌馬。」又荀子哀公：「……校來謁」，楊倞注「校人，掌養馬之官也。」皆可為證。此皆「校」字引申之義，而間接悉從「交」為矢形一義所孳蔓者也。【金文名象疏證　武漢大學文哲季刊六卷一期】

◉孫海波　交君簠　交尊　說文云：「交脛也，从大，象交形。」按秦策：「待足而待」，此象人交股而立之形也。【甲骨金文研究】

◉馬叙倫　丁福保曰。慧琳音義四十．引作合也平也。蓋一曰以下之奪文。倫按交脛也非本訓。象交形當作象形。蓋呂忱改之。指事。篆當依交尊作。然交君簠作。倫疑交義非交脛。字亦不從大。蓋為絞之初文。從玄省象形。交糾音同見紐轉注字。或謂皆象絞形。交自為交脛也。字見急就篇。【說文解字六書疏證卷二十】

◉商承祚　與十二辰之寅形無別。金文交尊作。交君簠作。皆象人二股相交之形。【甲骨文字研究卷十】

◉嚴一萍　（甲）殷商甲骨文中之交字

說文曰：「交，交脛也，从大象交形。」段氏曰：「从大而象其交脛之形也。」山海經：「交脛國人脚脛曲，長相交所以謂之交趾。」案，矢夭變大字之首，交變大字之足也，皆象人正面立形。引申之，凡相併相合相錯相接皆曰交。慧琳一切經音義卷四十一交下注引說文曰：「合也平也。」廣雅釋詁二楚辭思美人注禮記月令：「虎始交」，鄭注皆訓「合也」，訓平者經籍無考。蓋慧琳所據說文古本或有二訓也。甲骨文有交字，惟諸家字書未收。商錫永於殷虛文字曾據前編四卷三十葉六版之入交字曰：

祚案：卜辭干支之寅多作，與許書之交字同，此字上文斷缺，莫由知其為交入此，聊備一格。

今案此版下為壬戌卜所存之為甲寅卜之寅，非交字也。甲骨文編、續甲骨文編均付闕如。其字最早見於戩壽堂所藏殷虛文字四九葉之三一作一作，王先生皆釋寅，或諸家之失收，由此故歟！

戩四九·三

其次見於著錄者為小屯甲編八〇六片，凡五文。

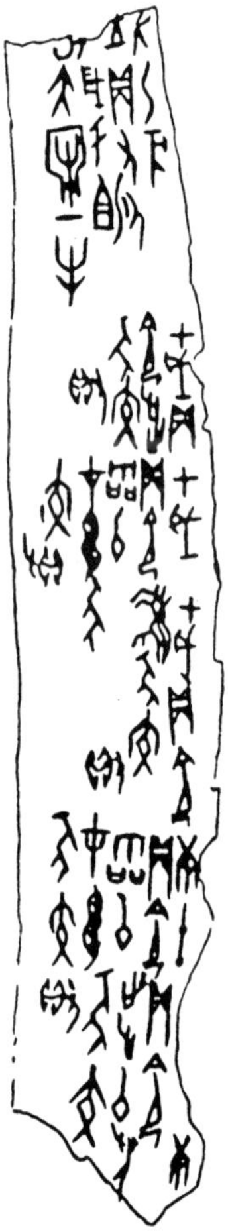

右兩版皆武乙時卜辭，且為同時事，雖不能密接，可能為一骨所折。其辭曰：

乙丑貞：（叀□命）交（得）。

乙丑貞叀奚命交（得）。　戩四九三

（案乙丑五日為庚午卜辭銜接）

庚（午貞：命□旨□交得）。

庚午貞命步旨交得。

庚午貞：命需旨，才交得。

甲戌貞命鳥交得。

甲戌貞：命霝㠯才鼉〼交得。

甲戌貞：命步〼交得。

乙亥貞：又升歲于且乙大牢一牛

□丑貞：☒王☒

案甲骨烄字作〼，效字作〼，以此證右辭之〼，皆交字無疑。其義殆如荀子王制：「諸侯莫不懷交接怨而不忘其敵。」故諸辭皆以王命某起而以「交得」作結也。

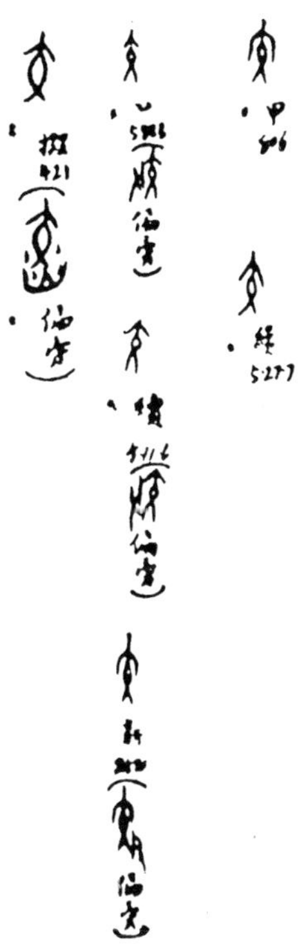

(乙)兩周金文中之交字

兩周金文之交，承甲骨形體，無大變化。古鉨王交作〼。兩臂上平，已啟隸楷之漸。

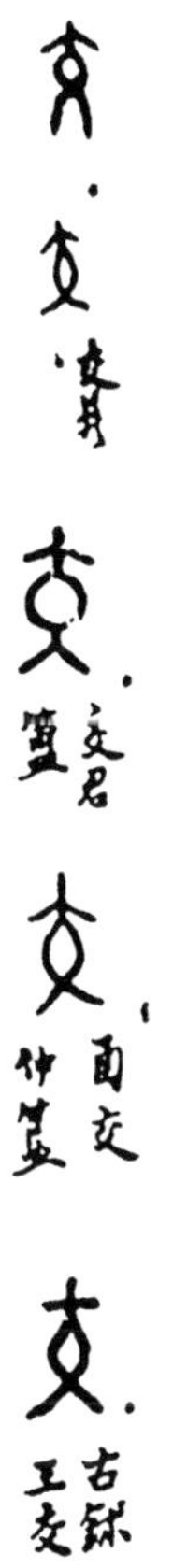

【釋交　中國文字一九六二年第九期】

◉陳槃　古器有交君子鼎貞松三・三。交君子壺善齋禮器三・五一。交君子簠貞松六・二八。蓋紋古文作交。

楊樹達齊大宰歸父盤跋。按此銘字體。頗多詭異。與他器銘往往殊異……說文壽字从老省。从𠷎。而此銘壽字作〼。亦與他器壽字殊異。从𠷎之形極不明。惟从老省作〼形。則他器頗多相似者。如……杞伯每亾壺作〼……魯大宰邍父𣪘……白勇父簠並作〼……齊侯盂作〼……交君子簠作〼……鑄公簠作〼……叔夷鐘原題齊侯鎛鐘作〼……薛侯匜……魯大司徒子中白匜並作〼……夆叔匜作〼……魯伯俞父簠作〼……𪉲鎛原題齊鎛作〼考字。說文說从老省。𪉲鎛作

𩎟

……高克尊作……陳盟。杜解。絞。邾邑。地名攷略絞在今滕縣北。卷十二葉十下。是此絞在魯邾之間。如楊氏説。交君子簠亦東土所制器。則滕縣北之絞當侯午鐘有孝字。字作。所从老省之字形皆與此器齊大宰歸父盤文同也。……按壽、考、孝諸字見於彝銘者。多至不可勝數。而老省作形者。僅局限於山東諸國。然則伯勇父簠、交君子簠、夆叔匜、高克尊諸不記國名之器為何國所製亦可推概得之矣。又曰。杞伯每亾壺為杞器。杞在今河南境。亦鄰近地也。詳金文説增訂本葉二四三。案杞初居在今河南杞縣。春秋以前已遷東土。參上壹肆杞都。是杞亦可云山東之國矣。楊氏謂東土器銘。壽字从老省作形者。唯山東諸國為然。交君子簠壽字亦如此作。故可推知此簠亦出東土。是則然矣。然謂交非國名則無據。蓋絞亦嘗為東方之國。哀二年左傳。春。伐邾。將伐絞。邾人愛其土。故賂以漷、沂之田而受是矣。【春秋大事年表列國爵姓及存滅譔異三冊】

◉李孝定　古文「交」、「矢」形近易混，似仍以許訓交脛為長。吳其昌氏以「交」、「高」音義並近為證，按詁訓蒿為箭幹，非謂全矢，不能謂蒿即矢也。【金文詁林讀後記卷十】

◉朱歧祥　象人垂手交脛之形，示從屬，隸作交。卜辭習言「及交」，即追及交人；又謂「帚交，得。」即言降禍交人，而有所獲。交字用為殷人奴隸一種。由焚人牲以祭的烄字从交作，可證。甲文與奚、僕字同辭。

《戩49・3》乙丑貞：叀奚令帚。

《甲807》戍及于又衣兕。

《甲806》甲戌貞：令嗚帚。得。【殷虚甲骨文字通釋稿】

此謂派遣戍卒追捕交人於兕地，並用彼等作祭牲。

◉許　慎　衺也。从交。韋聲。羽非切。【説文解字卷十】

◉馬叙倫　鈕樹玉曰。繫傳衺作衮。譌。倫按交為絞之初文。故𩎟從交訓衺也。亦疑此字本從衣為衺之同次濁摩擦音轉注字。𩎟音喻紐三等。衺音邪紐。篆譌從交耳。如今篆則為交之轉注字。效從交得聲。音入匣紐。今杭縣謂脛相交音亦在匣紐也。匣紐亦次濁摩擦音也。此字或出字林。【説文解字六書疏證卷二十】

絞孫强古字　【汗簡】

◉許　慎　縊也。从交。从糸。古巧切。【説文解字卷十】

◉馬叙倫　鈕樹玉曰。繫傳作糸聲。誤。韻會引作從交糸。段玉裁曰。古曰絞曰縊。謂兩繩相交。非獨謂經死。禮喪服。絞帶者。繩帶也。兩繩相交而緊謂之絞。王筠曰。縊也者。左哀二年傳。絞縊以戮。許欲其詞之簡。故曰縊也。其實絞乃糾結之通詞也。士喪禮。緖絞。注。絞所以收束衣服。為堅急者也。釋言。綯。絞也。詩。宵爾索綯。是茅亦謂之絞。不但糸也。翟云升曰。當作交聲。入糸部。徐灝曰。繫傳作從交糸聲。蓋誤到耳。許以此字入交部。則不以為從糸交聲。蓋謂交絞同義。故附於此耳。丁福保曰。慧琳音義十七及卅三引作從糸交聲。倫按絞音見紐。縊音影紐。同為清破裂音。蓋轉注字。然當入糸部。字見急就篇。【説文解字六書疏證卷二十】

九　牆盤　【金文編】

尣烏光切　尪烏光切出説文　【汗簡】

説文　同上　【古文四聲韻】

◉許　慎　𡯁曲脛也。从大。象偏曲之形。凡尣之屬皆从尣。烏光切。古文从𡳿。【説文解字卷十】

◉馬叙倫　段玉裁曰。當作𡯁也曲脛人也。人字依九經字樣補。朱駿聲曰。指事。倫按偏當作𨇤。本書。𨇤。足不正也。此𡯁之初文。從大。象形。説解當作𡯁也曲脛也。𡯁也者。以今釋古。曲脛也者。字林文或校語。象偏曲之形本作象形。亦吕忱或校者改之。夭音同影紐。蓋語原同也。【説文解字六書疏證卷二十】

◉商承祚　段氏改以為篆文。謂「尢者古文象形字。尪者小篆形聲字。此亦古文二篆文丄之例。必取古文為部首者。以其屬皆从古文也。」【説文中之古文考】

◉楊樹達　尢𡳿古音同在唐部。為象形，尪於純形外加聲旁𡳿耳。以上初字及加旁字並存者。【文字形義學】

◉唐　蘭　尢字古文作尪，見《説文》尢保是巫保。總稱為巫，分別説，女的稱巫，男的是尪。楚人稱巫為靈。《楚辭・九歌》：「思靈保兮賢姱。」洪興祖補注：「古人云：『詔靈保，召方相』，説者云：『靈保，神巫也。』」《史記・封禪書》：「秦巫祠社主、巫保、族纍之屬」。索隱：「巫保、族纍，二神名。」秦國地域原是西周時就有的。【略論西周微史家族窖藏銅器群的重要意義　唐蘭先生金文論集】

尳　𡰭

◉許　慎　𡰭𩨨病也。从尣。从骨。骨亦聲。户骨切。【説文解字卷十】

◉馬叙倫　段玉裁曰。此字當是本在部末。與㞀為類。而尢。𡯌也。𡯌。蹇也。乃正相屬。嚴章福曰。當作從尣骨聲。倫按𩨨病也非本訓。或此字出字林。此即莊子滑介之滑本字。實尬之聲同脂類轉注字。【説文解字六書疏證卷二十】

𡯌　𡯌

◉許　慎　𡯌蹇也。从尣。皮聲。布火切。【説文解字卷十】

◉方濬益　𡰣旭伯卣字从尣从比。説文。尣。彼曲脛也。从大。象偏曲之形。【綴遺齋彝器款識考釋卷十二】

◉馬叙倫　尣音影紐。𡯌音封紐。皆清破裂音。是轉注字也。尣之或體作𡯋。從㞢得聲。㞢音匣紐。𡯌從皮得聲。皮音奉紐。奉匣皆次濁摩擦音。亦轉注字也。𡯌蹇也者。以轉注字為釋。𡯌聲歌類。蹇聲元類。歌元對轉也。𡯌跛一字。蓋跛字出字林耳。【説文解字六書疏證卷二十】

尮　尮

◉許　慎　尮尮尮。行不正。从尣。左聲。則箇切。【説文解字卷十】

◉馬叙倫　鈕樹玉曰。宋本及五音韻譜作尮尮行不正也。倫按尮為𡯌之聲同歌類轉注字。尮㚉䡵同語原。尮尮鍇本作𡯌𡯌。𡯌蓋𡯌下隸書複舉字傳寫誤入。尮則此下隸書複舉字也。行不正非本訓。字或出字林。【説文解字六書疏證卷二十】

𡯨　𡯨

𡯨籀韻【古文四聲韻】

◉許　慎　𡯨行不正也。从尣。𠬝聲。讀若燿。弋笑切。【説文解字卷十】

◉馬叙倫　鈕樹玉曰。繫傳燿作曜。俗。廣韻無。錢坫曰。今吴語行燿燿然。此字也。劉秀生曰。日部。皀。讀若窈窕。在豪部。燿聲亦在豪部。故𡯨從皀得聲讀若燿。詩大東。佻佻公子。釋文。佻佻。韓詩作嬥嬥。並音挑。或作窕。周官守祧。注。故書祧作濯。爾雅釋魚。蜃小者珧。釋文。珧。衆家本作濯。皀聲如兆。兆聲如翟。是其證。倫按𡯨從皀得聲。皀音

尲 尬 尥 𡰪 𡲳

影紐。是尪為尢之轉注字也。行不正也非本訓。或字出字林也。今杭縣謂行立不穩曰曜臨臨。蓋當作此字。【説文解字六書疏證卷二十】

◉許　慎　尲不正也。从尢。兼聲。古咸切。【説文解字卷十】

◉馬叙倫　鈕樹玉曰。玉篇。尲尬。行不正。倫按不正也非本訓。或字出字林也。【説文解字六書疏證卷二十】

◉許　慎　尬尲尬也。从尢。介聲。公八切。又古拜切。【説文解字卷十】

◉馬叙倫　尲尬音同見紐連語。尬為尲之轉注字。介圭同舌根音也。字蓋出字林。【説文解字六書疏證卷二十】

尥【古文四聲韻】

◉許　慎　尥行脛相交也。从尢。勺聲。牛行腳相交為尥。力弔切。【説文解字卷十】

◉馬叙倫　吴穎芳曰。牛行句上似應有一曰二字。嚴可均曰。小徐無牛行七字。上文已云行脛相交也。無者是。倫按此今杭縣所謂弔腳字也。其實尲之轉注字也。從兼得聲之字如廉溓音皆來紐。尥音亦來紐也。行脛相交也當作某也牛行脛相交為尥。傳寫捝譌。校者據一本記之曰一曰牛行脛相交為尥。此字蓋出字林。【説文解字六書疏證卷二十】

◉許　慎　𡰪彼不能行。為人所引曰𡰪𡲳。从尢。从爪。是聲。都兮切。【説文解字卷十】

◉馬叙倫　本訓捝矣。所存校語或字林文也。從尢。是聲。下文。𡲳。從尢。巂聲。是巂者。提攜之異文。𡰪𡲳即莊子之支離。支離謂有足病者。是音禪紐。巂音匣紐。同為次濁摩擦音。尢之轉注字為𡯸。從圭得聲。圭音亦匣紐。彼從皮得聲。皮音奉紐。奉匣禪同為次濁摩擦音。則相為轉注字。𡰪𡲳又為連語耳。二字蓋皆出字林。【説文解字六書疏證卷二十】

◉許　慎　𡲳𡰪𡲳也。从尢。从爪。巂聲。户圭切。【説文解字卷十】

尪　𡰝　壺

◉許　慎　股尪也。从尢。于聲。乙于切。【説文解字卷十】

◉馬叙倫　徐鍇曰。股曲也。倫按股尪也當作尪。股曲也。尪為隸書複舉字。股曲也非本訓。或字出字林也。老子曰。胯者不立。當作此字。尪音影紐。則亦尢之轉注字也。【説文解字六書疏證卷二十】

◉許　慎　𡰝𨈇中病也。从尢。从羸。郎果切。【説文解字卷十】

◉馬叙倫　翟云升曰。鍇本作從尢羸聲。是也。倫按𡰝聲歌類。實亦尳蹇之轉注字。𡰝音來紐。則與尥亦轉注字。𨈇中病也非本訓。【説文解字六書疏證卷二十】

乙二一四四　乙二九二四　前五・五・五　後二・二八・一二　存一二三九　燕八五背　庫二〇三　庫四七五背【甲骨文編】

乙2144　2924　3864　續存1239　外441【續甲骨文編】

壺　佳壺爵　嬀壺　事从壺　孟𢦏父壺　史懋壺　史僕壺　師望壺　殷句壺　頌壺

殳季良父壺　周𡩜壺　虞司寇壺　虞侯政壺　鄧孟壺　鄭楙弔壺　保𠈌母壺

伯公父壺　曾伯陭壺　陳侯壺　伯壺　首𧡧壺　吕壺　𦫀壺　皆壺　散車父壺

伯魚父壺　番匊生壺　中伯壺　内大子伯壺　芮公壺　鰥仲多壺　吕王壺　右走馬嘉壺

魯侯壺　洹子孟姜壺　公子土斧壺　薛侯壺　杞伯壺　陳喜壺　樊夫人龍嬴壺

命瓜君壺　盜弔壺　兮敖壺　孟上壺　嬴霝德壺　司寇良父壺　𨋫車父壺

伯多壺　夨姬壺　曾姬無卹壺　東周左師壺　中山王譽壺　子𡢁壺　盛季壺　華母壺　或从金

函皇父簋 函皇父鼎 函皇父盤 或从殳 伯壺 員中壺 伯戜壺 或从廾 員壺 司壺 【金文編】

3·836 祭壺 【古陶文字徵】

壺 秦四七 二例 秦一三 【睡虎地秦簡文字編】

壺駿私印 壺廣之印 壺循私印 壺齊 壺讓私印 壺環印信 【漢印文字徵】

壺户姑切 【汗簡】

王存乂切韻 汗簡 【古文四聲韻】

◉許　慎　壺昆吾圜器也。象形。从大。象其蓋也。凡壺之屬皆从壺。户吴切。【説文解字卷十】

◉薛尚功　小篆壺作。上為蓋。中為耳。下為底。象形篆也。而此文更奇。古躰類大篆。年已加千。周宣以後物也。【歷代鐘鼎彝器款識法帖卷十一】

◉徐同柏　壺字見齊侯鈃。或釋作壇。此當如字讀。象壺形。其蓋也。【周杞伯壺　從古堂款識學卷八】

◉羅振玉　上有蓋。旁有耳。壺之象也。古金文中而姬壺壺字作。其蓋形與此畧同。【增訂殷虚書契考釋卷中】

◉郭沫若　「寢氏以壺告」者壺蓋叚為符，蓋寢氏所傳者為君氏之命，不能無所符憑。或者古人之符即以壺為之，壺者，插籌之具也。壺又稱中，叏字从又持中者即持壺也。秦之陽陵兵符新郪兵符作虎形，余意當即虎中之轉變，其稱為符者，則猶存壺之遺音也。或讀「余獻寢氏以壺」為句，語法雖現成，而于前後文義不可通。【召伯虎毁其一　兩周金文辭大系圖録考釋】

◉商承祚　上有蓋。旁有兩耳。壺之象也。金文作(鄧孟壺虞師寇壺等)(番匊生壺)(齊侯壺)(右走馬嘉壺)。與甲骨文近似。或从金作(函皇父毁)。又或从攴作(伯壺)。則其變也。【甲骨文字研究下編】

◉孫海波　前五·五·五　番匊生壺　曶　兮敖壺　鄧孟壺　周䜌壺　右走馬嘉壺　杞伯壺　函皇父毁

伯壺。説文云：「昆吾圜器也，象形，从大，象其蓋也。」按甲骨文壺字象上有蓋旁有兩耳之形，非从大也，金文或从金，或从

殳。【甲骨金文研究】

◉馬叙倫　鈕樹玉曰。一切經音義十四及十七引無昆吾二字。段玉裁曰。缶部曰。古者昆吾作匋。壺者。昆吾始為之。王筠曰。吾始意亦同段氏。今思得之。昆吾者。壺之别名。昆讀如渾。與壺雙聲。吾與壺疊韻。正與蒺藜為茨之于為諸者焉為旃一例。龔橙曰。古文當作□。倫按王説是也。然説解本作器也。或以聲訓。吕忱或校者加昆吾圜器也。從大象其蓋者。校者不悟據形系聯但就其篆形中部分相似而相連附。不必竟蒙其字。遂妄加此説耳。甲文作□。金文虞司寇壺作□。魯侯壺作□。皆純象形。非從大也。古器有□即金甲文之所取象。字見急就篇。【説文解字六書疏證卷二十】

◉高鴻縉　朱駿聲曰。昆吾。雙聲連語。壺之别名。

按玉篇壺。盛飲器也。禮注曰。壺。酒尊也。字原象器形。上為其蓋。非从大。今日之酒壺。有鋬有流。實類古代之盉。有時並有提梁。又類古代之卣。至古代之壺。則極類胡蘆。而附有裙足。頸旁並有兩耳。【中國字例二篇】

◉李家浩　盱眙銅壺(以下稱廿二壺)口沿有刻銘十一字，釋寫如下：

廿二，重金絡壺，受一壴(觳)五𣪕(鴇)。

「壺」字原文作□，吴蒙同志釋為「壺」，甚是。此「壺」字寫法特别，與古文字中常見的「壺」很不一樣，因此有必要説明一下。古文字「壺」作

□　頌壺　《金文編》五五五頁
□　齊侯壺　同上五五六頁
□　子姳壺　同上
□　東周左官壺　同上
□　華母壺　同上五五七頁

從上録文字可以看出，「壺」本來是壺的象形字，到了春秋戰國已把壺身部分變為从「豆」了；華母壺則省去了象徵壺蓋的「大」，字形變化更甚。根據有關古文字參互比較，廿二壺銘文「壺」當是由華母壺銘文「壺」這種寫法演變而成的。華母壺銘文「壺」的上部與古文字「嗀」的上部相似，而燕國从「嗀」之字作：

□　「纕平」布　《戰國古代貨幣的起源和發展》圖版貳拾·一。
□　「襄平右丞」印　《古璽彙編》21·0125。

這兩個字所从「𢿎」旁的上部與廿二壺銘文「壺」的上部相同。華母壺銘文「壺」的下部从「豆」，而燕國文字从「豆」之字或作：

喜　郾王喜劍　《金文編》二六二頁。

登　「匋攻登」陶文　《古陶文舂録》附一六頁上。

這兩個字所从「豆」旁與廿二壺銘文「壺」的下部相同。所以説廿二壺銘文「壺」是由華母壺銘文「壺」這種寫法演變而成的。

【盱眙銅壺芻議　古文字研究一九八五年第十二期】

◉郭子直　「冬十壹月」兩見，借「壺」為「壹」。甲文、金文的「壺」字都象壺形，只作器名，未見假借用例，西周晚期金文的壺，有作師望壺、史僕壺等形的，戰國陶文有作的舂録十一，漢金文有作平陽子家壺的，則與瓦書寫法極近，但仍是名詞。借「壺」為「壹」似屬秦文習慣，本名之外，見于篆書的如詛楚文「兩邦若壹」之壹，巫咸、大沈和亞駝三石均作古石刻零拾；秦簡隸書有字倉律十五條「有益禾之」，圖版四七，十二頁下、字工律三條「毋過歲」，圖版一四〇，十五頁下，釋文均作「壺(壹)」，即以「壺」是錯字，正字應作「壹」處理的，可是統一文字後的秦權兩詔中的「壹」字，也有省減為、、、等形的。其中那種較規整的、等，則是《説文》所載止篆的前身。那麽，在秦簡中兩處「壹」字給「錯」寫成「壺」，當有可能；要把詛楚文三石以及詔版幾處的「壺」都解釋為「壹」的錯字，就難講通，「壺」「壹」兩字，在音、義上並無聯繫，只取外形相似從而借用，臨時權代，此後未見通行。

【戰國秦封宗邑瓦書銘文新釋　古文字研究一九八六年第十四期】

氳於云切出古周易　【汗簡】

◉許　慎　壹壺也。从凶。从壺。不得泄凶也。易曰。天地壹壺。於云切。　【説文解字卷十】

◉馬叙倫　雷浚曰。易曰。天地壹壺者。此許所據孟易也。壺字不見於他經傳。其本義已不傳。故許即以壹壺為本義而引易以證之。實則易之壹壺當為烟煴之假借字。承培元曰。不得泄凶也五字。乃壹下徐鍇語。鉉采之羼入於此。倫按今易作絪緼。釋文。本又作氤氳。班固典引作烟煴。此引作壹壺。以自叙言易孟氏。故雷以為據孟易也。然壹壺二字皆從壺。必從壺得義。此從凶得聲。凶音曉紐。壺音匣紐。同為舌根摩擦音。蓋壺之轉注字。然壹字数見經傳。而壺字自許引易外他不復見。倫檢盛季壺壺字作。子姞壺作。其中頗似凶字。或乃傳寫之譌。後人乃以凶音坿會云耳。疑此字出字林。

【説文解字六書疏證卷二十】

壹

5·398　秦詔版「廿六年皇帝盡并兼天下諸矦……」共四十字　5·395　秦詔版殘存「皆明壹之」四字　5·384　瓦書「四年周天子使卿大夫……」共一百十八字　5·384　同上【古陶文字徵】

壹　日甲五九背　日甲一一一背【睡虎地秦簡文字編】

壹陽里附城　潘翁壹　王翁壹　龔翁壹　戴翁壹　吴翁壹　蔡翁壹【漢印文字徵】

壹長殘石　詛楚文　兩邦旨壹　詔權　皆明壹之【石刻篆文編】

【汗簡】

◉許　慎　專壹也。从壺。吉聲。凡壹之屬皆从壹。於悉切。【説文解字卷十】

◉馬叙倫　林義光曰。壺古無專壹之義。倫按專壹也非本訓。從壺。吉聲。義必生於壺。不得為專壹也。且與上文壺訓壹壺義亦不合。壹壺二字一從吉得聲。一從凶得聲。又何其巧。然壹壺二字音皆影紐。則为轉注字。金甲文中不見此二字。唯秦始皇廿六年詔權等有字。骨文有。文曰。。從壺而似人形。亦似魚形。若是魚字。則為壺之聲同魚類轉注字。壹豈之譌邪。古鉩。壹心慎事。壹字作。實之省矣。禾敦。皇母懿恭姬。懿字作。其所從之。與芮公壺之觴仲多壺之中伯壺之亦同。徒省其蓋耳。然則固無壹字邪。【説文解字六書疏證卷二十】

◉楊樹達　説文十篇下壹部云：「壹，專壹也，从壺，吉聲。」按壹訓專壹而字形从壺，形與義不相比附，頗為可疑。同篇壺部有壺字，云：「壹也，从凶，从壺，壺不得泄，凶也。易曰：天地壹壺。」壹壺今易作絪緼。徐鍇曰：「壹从壺，取其不泄也。」按楚金取許君壺下壺不得泄之説以説壹字，似矣，然形義之不相附自若也。段玉裁於壺字下注云：「虞翻以否之閉塞釋絪緼，趙岐亦以閉塞釋志壹氣壹，壹壺之轉語為抑鬱。」按段説當矣，而於壹下專壹之訓絶不致疑，猶為未達也。近人徐灝撰段注箋，始云：「壹之本義為壹壺，聲轉為抑鬱，閉塞之義也。孟子公孫丑篇：志壹則動氣，氣壹則動志也。趙注云：志氣閉而為壹。左氏昭元年傳：節宣其氣，勿使有所壅塞湫底以露其體，今無乃壹之，則生疾矣。壹皆謂抑鬱閉塞也。」樹達按徐氏承段氏壹字注之説，證以左氏傳之文，直説壹當以壹壺為本義，可謂直截了當，必如此而後壹字从壺之義始明。余今更取从壹得聲之噎饐曀壇四字證明壹之初義焉。説文二篇上口部云：「噎，飯窒也，从口，壹聲。」此謂飲食塞喉，氣不得通也。詩王風黍離云：中心如噎。毛傳云：

曀，憂不能息也。此謂憂鬱之至不能喘息，有如飯之塞喉也。五篇下食部云：「饐，飯傷濕也，从食，壹聲。」論語鄉黨篇云：「食饐而餲。」孔安國云：「饐餲，臭味變也。」爾雅釋器云：「食饐謂之餲。」郭璞云：「飯饖臭。」按餲之言阻遏也，與饐之言壹閉義同，義近故語源亦相近也。饐與餲皆謂飯含水氣，未能宣散，鬱蒸致敗也。七篇上日部云：「曀，陰而風也，从日，壹聲。詩曰：終風且曀。」十三篇下土部云：「壇，天陰塵也，詩曰：壇壇其陰。从土，壹聲。」此謂大地之氣鬱塞晦霾，或發風，或揚塵也。據本字从壺之形，會以易繫左氏孟子之義，徵之壹聲聲類之字，許之壹下誤訓，殆無疑矣。【釋壹　積微居小學述林】

◉饒宗頤　乙巳卜，㱿貞：乎子室㞢于……㞢且宰。　壬辰卜，〔㱿〕貞：乎子室钔，㞢母于父乙。[glyph]宰，𠕋𠬝三埜，五宰。（屯乙六七三二）

按卜辭言[glyph]羊、[glyph]宰，[glyph]本壹字，此為用牲名。壹讀為殪；殪，殺也。（文選李善注。）殪通作「瘞」，覲禮：「祭地，瘞。」鄭注：「古文瘞作殪。」是為瘞薶之禮。

□丑卜，㱿貞：……夕[glyph]丁丑……（續編五·一九·十二，佚存二五背，及遺珠九八〇重。「夕」商釋「月」。）

按「[glyph]」與金文壺字下體相同，當是「壹」之本字。氤氳篆文作壹壺，二字即从此。[glyph]即壹，卜辭用於天象，恆見「夕[glyph]」之文。此壹當讀為曀。開元占經一〇一引竹書：「帝辛時天大曀」是也。說文「曀，天陰沈也。」詩：「終風且曀。」舊釋亞及㟶，未確。【殷代貞卜人物通考卷三】

◉商承祚　秦權：「皆明壹之」。《説文》：「壹，專壹也。从壺，吉聲。」又「壺，壹壺也。从凶，从壺，不得泄，凶也，《易》曰：『天地壹壺』。」案凡一字禮經皆以一為之，《禮儀·士相見禮》「主人答壹拜」。注：「古文壹為一」，又「君答一拜」，《公食大夫禮》：「公壹揖壹讓升」注：「古文壹作一」。史漢書亦多以壹為一。其實壹壺乃晚周道家字，與氣之作炁同，而為吉凶字之別文》所據周易及經典之壹皆是借字，壺閉則氣藴結，故壹鬱字用之（《漢書·賈誼傳》注）。道家貴養氣，説吉凶，故壹壺字从吉凶在壺中，譬元氣渾然而吉凶未分也。秦并天下，防奸易，故以壹為一，後世相承。【石刻篆文編字説】

◉陳昭容　壹字：小篆作[glyph]，《説文》曰：「專壹也，从壺吉聲。」但在秦文字資料中卻多作[glyph]，如秦封宗邑瓦書兩見「十壹月」皆作[glyph]，商鞅方升「積十六尊（寸）五分尊壹為升」之「壹」亦作[glyph]，《睡虎地秦簡·秦律十八種·工律》「毋過歲壹」也作[glyph]，《倉律》「駕縣馬勞，又益壹禾之」（再加餵一次糧食）亦同。這個寫法與「壺」字的省體相同，如東周盛季壺作[glyph]，秦簡「賜田嗇夫壺酒束脯」之「壺」字亦作[glyph]。壹與壺寫法無別。始皇詔中的「皆明壹之」之「壹」，有作規整小篆的，也有簡率作[glyph]者，但與[glyph]字有別。小篆以後，這種壹壺同形的情況就不見了。商承祚認為小篆从壺吉聲的「[glyph]」字與从壺从凶的「[glyph]」字同是晚周道家字，

懿 □

為吉凶之別構，作為壹貳之「壹」是借字。但這仍無法解釋戰國中晚期秦文字中「壹」、「壺」同形的現象。「壹」「壺」音義並無關係，有人認為只因二字外形相似而臨時權代。李孝定先生認為從壺吉聲的「□」字作為「壹」用可能是假借，後壺字因形體過繁，有省為「□」之體，而假借的「□」字在省減之時，除了省壺為□之外，也同時把聲符省略了。這種情況不符合文字演變的一般規律，對溝通實有不便，通常在一段時間後就會被淘汰。壹壺的關係待考，而《詛楚文》「兩邦若壹」的壹字正作「□」，與戰國時期秦系文字之其他材料寫法正同，這無疑是很具有時代及地域特色的。

由以上這些例子，可以看到有些字在秦文字材料中一步一步地進行簡化；有的是僅見於周代金文及《詛楚文》，小篆以後未見者；也有僅見於戰國秦文字材料而春秋以前漢以後皆未見者。如此看來，《詛楚文》的字體是具有相當多時代特徵的，把《詛楚文》的時代放在戰國中晚期之秦，至為恰當。【從秦系文字演變的觀點論《詛楚文》的真偽及其相關問題　歷史語言研究所集刊第六十二本】

□ 懿 不从心 䍑父鼎　□ 沈子它簋　□ 班簋　□ 匡卣 懿王在射盧　□ 師訊鼎　□ 牆盤　□ 癲鐘　□ 禹鼎

□ 㠱中壺　□ 單伯鐘　□ □ 禾簋【金文編】

◉許　慎　□專久而美也。从壹。从恣省聲。乙冀切。【說文解字卷十】

◉孫詒讓　□字从心。舊無釋。疑當為懿。說文壹部。懿。嫥久而美也。从壹。从恣省聲。此右从□。即欠字。左从□。即壹之省。前衛姬壺壺作□。壹本从□。說文壹从壺吉亦聲。此即从□彖畫漫闕耳。懿本从□。此从壺省。猶說文卢部殪古文作□。亦省吉。从壺仍諧壹聲也。【單伯鐘　古籀餘論卷二】

◉強運開　□單伯鐘。帥井朕皇祖考懿德。□禾敢。禾肇乍皇母懿龏孟姬餗彝。□匡彝懿王省去心字。集韻懿古文乍懿。又乍歖。與此合。【說文古籀三補卷十】

◉高田忠周　□　今審篆形。从心从欠甚明。□即□之省文。即知說文懿字也。許云。□嫥久而美也。从壹恣聲。易象傳曰。君子以懿文德。詩烝民。好是懿德。皆與銘意合。【古籀篇七十六】

◉馬叙倫　鈕樹玉曰。一切經音義廿引作懿。不省。玉篇廣韻亦作懿。則作省者。疑後人改。朱駿聲曰。或曰。噎篆當有重文作歖。此從心歖聲也。龔橙曰。心形。歖聲。歖即歐。倫按懿字見於金文者。單伯鐘。帥井朕皇祖考□德。禾敦。禾肇乍皇母□龔孟姬餗彝。匡彝。□王。匡彝蓋以歖為懿。明懿從心歖聲矣。壹義為壺。而懿訓嫥久而美。此雖明非許文。然從心歖聲。亦不得專久而美之義。爾雅釋詁詩烝民傳皆曰。懿。美也。則專久者。由校者以壹訓專壹而附會之。不知專壹非壹字本義也。即美也亦疑非本義。【說文解字六書疏證卷二十】

◉郭沫若　銘中之懿王，即恭王之子懿土堅也。懿字原銘作□，攈古未釋。孫詒讓云「疑當為嗣之異文」。「古籀餘論」三卷七葉。余案孫説非是。單伯鐘「懿德」字作□。攈古、從古、愙齋、周金文存均有箸録。禾段「皇母懿龔孟姬」字作□。「周金文存」三・一〇九。均从□省恣省聲，此更省心作耳。新出沈子段「懿父迺是子」，字作□，亦省心作，與此同。此欠之作□者，緐冗文，猶□之或作□毛公旅鼎文也。【謚法之起源　金文叢考】

◉郭沫若　歅古懿字。金文懿多作懿。單伯鐘禾段番壺均其例。又或省心，匡卣「懿王在射盧」，即是懿王。本銘與彼同。【沈子簋銘考釋　器銘考釋　金文叢考】

◉于省吾　金文懿字。毛伯班段作□。沈子它段作□。穆父鼎作□。此均時期較早者。稍晚則字皆增心。𢍰□壺作□。單伯鐘作□。禾段作□□。唐蘭謂内大子白壺壺字作□。以證懿字本从壺从欠作歖。導論下六二。按唐説是也。説文。懿嫥久而美也。从壹从恣省聲。段玉裁注謂當作从心从欠壹亦聲。均不可據。懿字初文从壺从欠。本為會意字。説文。欠。張口气悟也。象气从人上出之形。按許説未盡然。古文欠字但象人之張口形。壺以貯酒。是歖字本義。象人張口就飲於壺側。而歖美之義自見。自小篆譌壺為壹。許以為从恣省聲。段改為壹亦聲。易會意為形聲。殊誤。蓋古文本義之湮久矣。不獨懿字然也。【釋懿　雙劍誃古文雜識】

◉杜迺松　「□(懿)哲康王」：「□」字金文未見。從全句上下文義和字的結構來看，應是「懿」的省體字。「懿哲」可解釋為懿美而英明。【史牆盤銘文幾個字詞的解釋　文物一九七八年第七期】

◉白玉峥　□□□　葉玉森氏釋娭。曰：「从女从食，殷人俘食之婦女，因係女旁，而為識别。食乃國名」(見前釋四・二)。峥按：葉説非是。字从女从□；□象壺形，即今楷壹之初文；字當作嬑。嬑，疑即懿字。婦懿，武丁時諸婦之一。【契文舉例校讀十八　中國文字第五十二册】

㚔

甲二八〇九 象刑具以梏人兩手 弗其幸羌 甲三四七七 乙六七一〇 乙七〇四〇 乙五五九〇反 鐵一〇一・一 拾一〇・一五 前四・三一・五 前六・四六・五 前八・一二・一 前八・一二・五 後二・二六・一三 後二・三八・一 林二・一三・二 戩四七・五 佚三四 佚三二三 佚八六五 【甲骨文編】

甲2809 3477 乙524 1394 2093 2503 4135 5826 6710 7040 7438 7732 珠171 419 559 佚34 323 865 續2・6・5 5・28・6 6・24・12 徵11・49 11・97 11・97 京2・28・4 凡21・4 録839 鄴三34・3 六中91 171 續存601 638 713 717 739 1131 書1・3・C 鄴24・15 摭續142 粹1163 1165 1169 【續甲骨文編】

㚔 中山王嚳壺 身蒙㚔胄 義如虢如甲 【金文編】

二〇〇：一五 宗盟類參盟人名 【侯馬盟書字表】

㚔 秦五 【睡虎地秦簡文字編】

0393 【古璽文編】

㚔出義雲章 㚔女涉切 【汗簡】

汗簡 義雲章 【古文四聲韻】

◉許　慎　㚔所以驚人也。从大。从羊。一曰。大聲也。凡㚔之屬皆从㚔。一曰。讀若瓠。一曰。俗語以盜不止為㚔。㚔讀若籋。尼輒切。【説文解字卷十】

◉王　襄　[glyph][glyph]　古㚔字。【簠室殷契類纂正編第十】

◉郭沫若　「己巳貞執井方。弗㚔。」

[glyph]即小篆㚔字，當是器物之象形文，其物兩端有鋒，可執以事操作。説文解㚔字云「所以驚人也，从大从羊，一曰大聲也」，字形字義均非其朔。又云「一曰讀若瓠，一曰俗語以盜不止為㚔，讀若籋。」段玉裁謂「一曰讀若瓠」「疑當作一曰讀若執，在『讀若籋』之下」。今據此片，以「執」及「弗㚔」為對貞，則是執㚔必音同，故乃通用。段説為得其證矣。由字音及字形觀之，余意當是鑷之初文，鑷執同紐，而音為對轉。又十辰之壬字亦由此蜕變，壬籋亦同紐而對轉也。「大聲」之別義殆是古有假為喊字用者。【殷契粹編】

◉顧廷龍　[glyph]㚔。吴大澂云。説文。㚔。所以驚人也。从大从羊。一曰大聲也。一曰讀若瓠。一曰俗語以盜不止為㚔。讀若籋。此从大从[glyph]。疑即㚔字。潘。【古匋文舂録】

◉郭沫若　工作廼與人類俱來之事，人文之濫觴時期事雖簡，焉能無工？余讀卜辭，見羅王諸家之考釋均無此字，頗㠯為異，惟於羅氏待問編中列有[glyph][glyph][glyph]諸字。余就其字形與辭意考核之，疑即工若攻之初字也。今述其例如下。「貞[glyph]啓王[glyph]方□月」林・二・八・十二。「乙酉卜㱿貞往復从臬[glyph]方一月」前・五・十三・六。此二例廼與隣敵征伐之事，[glyph]人名，[glyph]方廼殷人西北之大敵，此與土方二族常為殷之邊患，故此二[glyph]字疑即是工。古工、功、攻本係一字，如詩「我車既攻」石鼓文作「避車既工」，詩「肇敏戎功」，齊侯鎛鐘作「肇敏于戎攻」，不㝨敦作「肇敏于戎工」，虢季子白盤作「庸武于戎工」。又古司空官於古器中均作「嗣工」，而齊子仲姜鎛有「大[glyph]」从手，當即功字，亦即是攻。許書工之古文作[glyph]，近出魏三體石經無逸篇「即康功田功」，功字古文亦作[glyph]，此从彡者當係[glyph]形之譌變。作[glyph]者辭例多殘缺不明。有一例曰「☐貞令龔[glyph][glyph]」前・七・三一・四。與釋寇篇「貞令旃从[glyph]侯寇周」並列於一片，彼言寇攘，則此所言者當亦攻伐。龔[glyph]廼人名。作[glyph]者與[glyph]同意。曰「乎呼[glyph]不其獲羊」鐵・四四四・一。羊廼國名。它辭言「癸卯卜賓貞叀圃乎呼令沚[glyph]羊方」前・六・六十・六。獲當即魯頌「淮夷卒獲」之獲。又曰「大王[glyph]羊」後・下・十二・十六。例正同。作[glyph]者與[glyph]同意。曰「卜王乎[glyph]羊其☐」前・八・八・二。[glyph]羊即[glyph]羊。曰「卜大貞其[glyph]室之八月」前・六・十七　四。此於字下繫以室當即攻作之攻。又「貞告[glyph]于南室三宰」明・二三九。為例亦同。有从□作者，曰「五日丁未在𦎫[glyph]羊」前・七・十九・二。㠯辭例案之當係一字。金文之「子[glyph]圖」卣亦然，前人或釋廟或釋廞者皆非也。案此猶舼許書古文造，亦見羊子戈之作□頌鼎若□頌壺，家之作圂毛公鼎若豕頌鼎，弦之作□毛公鼎。亦有从手作者，其一作□前·六二九·五。又其一作□後下·廿三·九。辭意雖不明，要當為一字。此□若□字，予意當即許書之巩若𢀜。凡部云「巩裦也。从凡，工聲。𢀜，巩或加手。」又於手部別出𢀜字曰「𢀜，擁也。」裦擁義同。許蓋依轉注為訓，由工得雝聲故訓𢀜為擁，由擁得裦義故訓巩為裦。然古文巩字義不若是陜隘也，毛公鼎有此凡二見，曰「肄皇天亡射臨保我有周不巩先王配命」。不巩，孫詒讓讀為丕鞏。曰「余小子家湛于艱永巩先王」，孫云未詳。案此本即攻字，攻自有鞏義。詩「我車既攻」，傳「攻，堅也」，「不巩」即是「丕堅」。又周禮春官大祝「掌六祈以通鬼神示，五曰攻，六曰說」，鄭注「攻說則㠯辭責之」。「永巩先王」猶金縢言「若爾三王是有丕子王國維讀為不慈之責于天」。齊侯鎛鐘亦有此字，曰「汝□巩古或作□勞朕行師」，此則爾雅釋詁「攻，善也」之義，亦即工巧之工。由上所述，可知卜辭□若□字及其从攴从収从丮諸形均於釋工無礙。則周㠯後人之作工者當即□若□形之變，此事與壬字之變遷恰成互異。卜辭及殷彝壬字作工，與周金之工字形近。而周金壬字通作□，鬲攸从鼎更作□，此與□形則僅在空筆作與肥筆作之差異而已。㠯午字作□亦作□、天字作□亦作□、土字作□亦作□例之，則工壬古當為一字，字廼器物之象形，蓋古錐鑽之類而端着鏃而付柄於中㠯備運作。使為之柄者必易朽之物，則此器除於此圖形文字外，其原物恐已無再見於世之日。又史記扁鵲倉公列傳「鑱石橋引」索隱云「鑱謂石針也」。鑱壬同在侵部，疑是古今字。以聲類而言，侵部之壬與東部之工雖頗隔閡，然同字亦不妨異音。蓋壬本工作之器，而工廼工作之事，形上之事必藉形下之器以為表徵，故工之初字必像□□等形尚未脫圖畫之畛域。逮後壬器廢而□□等省作□，或竟省作□，故讀為工音而原義俱失，因而巩攻諸字化而為形聲。而許書又謂工廼「象人有規矩」，殆以工字形為規矩之變，不知工作之興更遠在知用規矩之前也。壬器在殷代似猶未廢，殷彝中有□爵□父己爵□父癸爵，又有爵以□為銘者㠯二壬器夾一矢箙形，與它器㠯戈戉弓矢為銘者相似，𠤳尊亦有此字，文曰「𠤳作父辛尊彝□」亦當是殷器，□形與上語不屬。从収作者有□彝及甲□爵，从丮作者於上舉子□圖卣外別有□圖觶。見周金文存。又洛于宮尊積古卷一原作刊宮尊有「錫四聿二□」語，聿廼古筆字，古人之筆廼曲刀之類。此□字則係器物名，蓋又假□為壬鑱巩或加手作𢀜者，可知與□同意矣。周人工若攻字有別作異形者，如史獸鼎三工字第三字作工，新出矢彝「百工」字作□，公伐郘鐘「攻戰裦敵」字作□，□鼎之「攻戰無敵」作□積古卷四，字與□形有異，當係周人所改變之字。或㠯為□殆象斧鑿之形，則與作□者亦屬同意也。要之，工壬在殷代本為一字，壬廼工作之器，工廼工作之事，用為攻戰字者廼其引申之義。【釋工　甲骨文字研究】

◉董作賓　㚔，卜辭作□，象手械，即拲字，蓋加於俘虜之刑具也。【殷曆譜下編卷九】

◉孫海波　説文「㚔,所以驚人也,从大从𢆉。」契文作[glyph],象刑具。㚔人所以梏兩手,執圉等字皆从此。【甲骨文編卷十】

◉朱芳圃　上揭奇字,王襄釋㚔。葉玉森謂「象梏形」。按王説非,葉説是也。説文木部:「梏,手械也,所以告天。从木。告聲。」殷虚出土匋俑有作左揭形者。

象人械其兩手。[glyph]為正面形,其側面當作[glyph]。中有二孔。以容兩手。上下用繩束之。上繩繫於頸,下繩繫於腰。字形與實物恰如形影相應。【殷周文字釋叢卷下】

◉馬叙倫　吴穎芳曰。從㚔下一曰二字疑衍文。鈕樹玉曰。繫傳籋作𦶿。玉篇。盜不止也。引説文曰。所以驚人也。一曰。大聲也。廣韻引同玉篇。則一曰俗語以下恐後人增。瓠字上下恐有捝字。嚴可均曰。大聲謂從大得聲。鷙暬等字皆音至。是大聲也。讀若瓠者。姚文田云。瓠疑當作執。地理志。北海郡瓡縣。師古曰。瓡即執字。如姚此説。漢志當作瓡。從爪。爪。執也。故瓡即執之變。然許書㣛讀若細。暱或作昵。豦讀若藘。閼從於聲。則大聲之字得讀若瓠。未敢徑定也。沈濤曰。五經文字云。説文從大從𢆉。𢆉音干。今依石經作㚔。是古本説文從𢆉不從羊矣。五經文字又云。㚔所以犯驚人也。當本説文。古本有犯字。所以犯絶句。干部。干。犯也。此説從干之義。一曰讀若瓠者。祁寯藻云。一曰二字衍。漢志。河東郡狐讘縣。集韻引作瓠讘。史漢矦表作瓡讘。狐瓠瓡蓋皆㚔之譌。㚔音讀如瓠。後人不知㚔可讀瓠。加以瓜聲。故轉譌為瓡狐耳。段玉裁曰。一曰讀若瓠。未詳。疑瓠當作執。在讀若籋之下。一曰俗語以下十字恐後人所沾。桂馥曰。大聲也之大當為𢆉。集韻引作笑。即𢆉之譌。一曰讀若瓠者。當作讀若瓠讘。謂㚔聲如讘也。本書讘下云。河東有狐讘縣。漢書功臣表瓡讘矦。顔注。瓡讀與狐同。王子矦表瓡矦。顔注。瓡即瓠也。是瓠讘即狐讘。王筠曰。㚔字下有三一曰。至紛錯矣。一曰大聲也玉篇引之。一曰俗語以盜不止㚔。玉篇雖有而在引説文之前。則是後人羼入。其一曰讀若瓠。段氏以為瓠當作執。按執從㚔聲。是其證也。而譌為瓠者。地理志。瓡縣。顔注。瓡即執字。而前漢王子矦表瓡矦。顔注。瓡即瓠字。是其證也。然説文無瓡字。此語正不知何人所記。不必曲為之解。苗夔曰。一曰大聲。應𢆉亦聲三字之譌。鐃炯曰。驚當為警。倫按唐寫玉篇引作俗以盜不送為口也。一曰所以犯驚人也。讀若瓠。本部所屬字凡六。其五皆與犯㚔之義有關。

圉為所以拘罪人。報為當罪人。尤可據以證明㚔之本義。本義明而三一曰之説亦渙然如冰解矣。㚔從大從丫。丫羊一字。故今篆作。從羊。㚔從大從羊而為犯辠之義者。會意之文亦为圖畫性。㚔字以圖畫作之。直是一人立而一人卧於地。會一人被一人毆県死傷之意。金文有字。蓋即㚔字。其一即地之初文。正明一人立而一人県於地也。今篆似兩大足相抵者。由取書寫之便。政齊之故也。其實卧於地者。在立者之側或其前。固未可刻定也。且以圖畫作之。則立者必有很鬥之狀。卧者必有死傷之形。今演變如。則俱不可得見。徒以訓所以警人。而執圉諸文從之得義。可以明其必然耳。鬥而致人於死傷偃仆。所以警人而為辠也。然所以警人也仍是校者釋本訓之詞。而本訓挩矣。本義既得。則其聲可定。一曰讀若瓡者。以桂説讀若狐讘之讘段説當在讀若籋下為長。㚔音尼輒切。與聶同音。聶籋音同。然讘從聶得聲音之涉切入照紐。故讀若籋一曰讀若讘也。本書。囟。讀若聶。鍇本作讀若籋字。正與此同。其證也。鬥部。鬭。從鬥。爾聲。鬭㚔義相因。辛部。辥。辠也。音私列切。而子部。孼。從子。辥聲。音魚列切。則入疑紐。㚔音娘紐。同為邊音。則㚔鬭辥語原同。是讀若籋為更近。㚔或鬭之初文。鬥之異文。鬥音端紐。㚔一讀若讘音在照紐。古讀照歸端也。一曰大聲也者。桂謂大為羊譌。從羊得聲。尹桐陽謂讀若籋為一曰大聲也之音。謂借為呶。㚔籋泥母雙聲。呶音女交切。倫謂羊即䇂字。辛字金甲文每作平。平蓋㚔之省文。平實得聲於屰。故辛之轉注字為辥。而孼糵皆從辥得聲。音入疑紐也。然則桂説可從。或謂大聲也者。乃咅字義。口部。咅。語相訶歫也。讀若糵。蓋同語原矣。一曰俗語以下十字校語。然未詳。玉篇引及五經文字驚人上有犯字者。或從大從羊一曰大聲也本當從大羊聲一曰羊犯也。傳寫挩譌。羊干一字。本書。干。犯也。説解挩本訓。存者蓋字林文。【説文解字六書疏證卷二十】

◉屈萬里　孫海波釋㚔。按：卜辭㚔字。多作動詞用，其義與執同。⊘卜辭「庚子卜□⊠八日丁未㚔？」甲編四一七。本辭㚔字，亦當讀為執。【殷墟文字甲編考釋】

◉李孝定　許書於㚔下並列衆説。無所取捨。足證昧其本義耳。契文作。象手梏之形。殷墟出土陶俑有兩手加梏者。與此文形近。可為旁證。郭氏釋此為工。按契文自有工字。作。與篆文工字形近。郭氏之誤可無深辨。董先生釋此為㚔。是也。然謂即𢍏字。則似有未安。董先生蓋謂。即𢍏字按實之異構。𢍏。許訓兩手同械。而則象手械。義實有別也。字篆形與形相近。其一訓「所以驚人也」亦與手械之義相因。蓋手械之引申義也。作者。當釋執。執許訓「捕辠人也」。猶是本義。字正象捕繫辠人兩手加梏之形。其旁从正是此字。亦足證此為㚔字無疑也。金文執字从。已與篆文相同。然與字相較。其嬗變之迹猶可尋也。又許書㚔部之字。如睪訓「令吏將目捕辠人也」。執訓「捕辠人也」。圉訓「所以拘辠人」。盩訓「引擊也」。報訓「當辠人也」。鞫訓「窮理辠人」。均與拘繫辠人之義有關。則部首之㚔必為刑具之象形字可無疑也。【甲骨文字集釋第十】

◉白玉峥　字之構造，約有如左之五形：

乙二七四四　乙五五九〇　乙七七

乙四九二一　南無二五一

諸字均見於舊派之卜辭。其用，多為動詞，義為執。茲姑隸作㚔。【契文舉例校讀十四　中國文字第五十二册】

◉金祥恆　段注「今依漢石經作㚔」。其字與同時出土漆耳杯，中有「君幸食」與「君幸酒」之結禮相同，从大从屰。簡文「㚔酒」者好酒也。漢書成帝本紀「帝為太子，好經書，寬博謹慎，其後幸酒，樂燕樂」，晉灼曰「幸酒，好酒也」。【長沙漢簡零釋三　中國文字第五十一册】

◉胡厚宣　卜辭㚔字象拲手刑具，从口者象拲手刑具連有項枷之形。所以知者，卜辭執字或作𡠗(續一·三六·三)𡠗(契八〇七)可證。圉字或作圉者，亦猶卜辭執字亦作𡠗(乙1943+2181+2273+2396+7121+7142)，从口者，表示奴隸受刑，而且被拘于牢獄之中。卜辭執字从幸，幸亦作睪，知睪字即是㚔字。圉睪義同。是圉字亦即是㚔字。㚔即執，義為追捕之稱。

㚔，說文「所以驚人也。一曰讀若瓠。」徐灝說「讀若瓠，當是瓡之譌，即執字。」饒炯說「㚔即執之古文，執為㚔之轉注，經典皆以執為之。」㚔即執，卜辭㚔字象拲手刑具，用為動詞，則以㚔執人，有追撲之義。【甲骨文所見殷代奴隸的反壓迫鬥争　考古學報一九六六年第一期】

◉于省吾　甲骨文習見的㚔字，作、、、等形。郭沫若同志以為十辰之壬字，即「若字之轉變」(甲研釋干支)。按郭說非是。㚔字本象施于手腕的械形，驗之于實物而後知之。依據殷虛出土的陶俑，女俑的腕械在胸前，男俑的腕械在背後。形中剖為兩半作形，將人的兩腕納入械中，然後用繩縛其兩端(中國青銅器時代二一六頁和圖版貳伍)。郭寶鈞同志並不知其為㚔字構形所本。說文：「㚔，所以驚人也，从大从羊。一曰，大聲也。一曰，讀若瓠。一曰，俗語以盜不止為㚔，讀若籋。」按許氏謂㚔从大从羊，不知其為獨體字。又對于㚔字有三種訓釋，無一是處。至于謂㚔讀若瓠或籋，也未能確定其讀音，實則以讀若籋為是。說文籋與箝互訓，又謂：「籋，箝也，从竹爾聲。」「箝，籋也，从竹拑聲。」段注：籋箝「二字雙聲。夾取之器曰籋，今人以銅鐵作之謂之鑷子。」本諸上述，則說文謂㚔讀若籋，㚔即籋的本字。凡說文謂某讀若某，有的謂二字可以通借，詳釋𥁕雨。)㚔為腕械，兩半相合，用以夾持人的兩腕，正合乎籋箝之義。說文訓梏為手械，又訓拲為兩手同械，都係後起字。㚔為籋的本字，籋為後起的代字。㚔的引申義為箝制、脅迫、夾擊或夾取。甲骨文的「不□㚔多臣坐羌」(粹一一六九)，是說不脅迫多臣去羌方；「坐复从臬㚔呂方」(前五・一三・五)，是說往來從臬地以箝制呂方；「㚔羌十人」(林二・一三・二)，是說夾取羌十人。又「㚔鹿○弗㚔」(庫二七一)，是說田獵是否能夾取野鹿。總之，讀㚔為籋，既合乎音讀，也符于詞義。

⊘概括上述，本文對于㚔、執兩字分析的結果，㚔即籋的本字。籋箝兩腕的刑具叫作㚔。㚔作㚔，本象腕械形，說文割裂獨體字為从大从羊，顯然是紕謬的。【釋㚔、執　甲骨文字釋林】

◉朱德熙　「㚔」象梏形，即「梏」之表意初文，古音與「皋」字相近。「睪」、「皋」古通。跟「皋」字相通的「睪」就是從「㚔」演變出來的。小盂鼎銘以「畫虢一」與「貝胄一」並舉，孫詒讓謂「虢」為「皋」之古文，「皋胄」猶言「甲胄」，甚是(參看《兩周金文辭大系》38頁)。但孫以「皋胄」之「皋」為包甲之「櫜」則非，「皋」字本當有「甲」義。【平山中山王墓銅器銘文的初步研究　朱德熙古文字論集】

◉趙　誠　甲骨文的㚔寫作㚔，像一種刑具之形。用時將人的兩腕納入此種刑具之中，然後用繩子將刑具的兩端綑住，可以說是原始的手銬，本為木製。或寫作㚔、㚔，乃是文字向線條化發展的現象，發展到後來寫成了幸。作為名詞，就是這種刑具的名稱。作為動詞，本義當為用這種刑具將人的雙腕扼住，用現在的話來講就是給人帶上木手銬。卜辭的幸作為動詞，有一種意義是指强制性地將俘虜或奴隸帶來或綑着領來，如「幸羌」(京一二八三)，當是本義之引申。還有一種意義是表示對敵方加以鉗制或進行夾擊，如：

乙酉卜，争貞，往復從臬幸呂方，二月(前三・一三・五)。

則是進一步之引申。這個動詞幸在卜辭裏還有一種用法，即表示强迫的意思，如：

幸多臣往羌(粹一一六九)。

這種用法，和「幸羌」近似，當是出於類似性。【甲骨文行為動詞探索　殷都學刊一九八七年第三期】

◉李　零　西周金文講古代册賞，所述賞賜之物有時會涉及弓矢、干戈(即盾戈)、甲胄等戎器，如：

(1)小盂鼎：「王令(命)賞盂……弓一矢百，畫虢一，貝胄一，金干一，戚戈一……」(《三代》4・44—45)〔案：金文常見「戈琱(雕)戚」，從這一銘例看，「戚」似與「琱」含義相近，而並非戈上的某個部位〕

(2)伯晨鼎：「王命䡅侯白(伯)晨曰：『𤔲(嗣)乃且(祖)考，侯于䡅。易(賜)女(汝)……旂五旂，弜(彤弓)矤(彤矢)，旅弓旅矢，𠂤戈虢胄……』」(《三代》4・36・1)

(3)豦簋：「豦䪻(拜)䭬首，休朕匋君公白(伯)易(賜)氒臣弟豦井五量(糧)，易裨(甲)胄干戈……」(《三代》6・52・3)〔案：「裨」

原作〔⿰彳亍〕

這三個例子中標有圓圈的字是與弓矢、干戈並列，而與冑有關，顯然應指甲，但學者衹把最後一例的「神」釋為「甲」，而把前兩例中的「虩」和「虩」釋為「皋」。

案上述釋讀，追溯起來，都是受清代學者孫詒讓影響。在《名原》和《古籀餘論》中，孫詒讓説：「審校文義，甲、冑二物相將，不宜偏舉，白晨鼎以⿰糸乁與冑同錫，盂鼎以畫虩與貝冑同錫，則亦與甲同物矣。」這是很有見地的。但他在分析這個與「甲」相當的字時卻拐了一個彎。盂鼎中的這個字，他未做隸定。而伯晨鼎中的這個字，他隸定作「虩」，以為左半是皋字之誤，右半是虎，讀為「皋比」之「皋」或「建皋」之「皋」。同樣，在《古籀拾遺》中，從文義推求，他把例(3)中標有圓圈的字也釋為「神」，讀為「甲」。學者對孫氏考釋的第三字倒還有人懷疑，但對他考釋的前兩字卻並無異辭，看來孫氏之説似乎已成定論。

現在，在古文字材料中，比上述銘文年代晚，我們還碰到下述三個例子：

(1) 中山王譽方壺：「氏(是)吕身蒙㚔冑，吕栽(誅)不巡(順)。」

(2) 望山楚簡：「……虩占之曰吉。」(M1：簡95)

(3) 包山楚簡：「周賜訟郊之兵虘𢦏(執)事人宫(邑)司馬競丁，吕亓政(征)亓田。」(簡81)〔案：「郊」字从邑从夕，後者是安字的省體，不是女字。〕

這三個例子中標有圓圈的字，除例(2)是人名，其他兩例是類似銘例。學者把這幾個字也讀為皋，没人懷疑。其實這一考釋是值得重新考慮的。

首先，從字形看，上述㚔、虩、虘和虩四字用法相同，並且都含有㚔旁或逕以㚔出之。經典从㚔之字皆作幸，與「不幸」之「幸」(《説文》作「㚔」)無別，其實是兩個字。孫氏所釋，小盂鼎銘中模糊不清的那個字，從好的拓本看，顯然是从虎从㚔，郭沫若、陳夢家都已指出這一點。而伯晨鼎銘中孫氏隸定為「虩」的那個字其實也與皋字無關，對比史牆盤的「盩」字，我們認為，牠的正確隸定應作「虩」。所有這些字都不从皋。

其次，從讀音看，《説文》卷十下：「㚔，所以驚人也，从大从羊。一曰大聲也。凡㚔之屬皆从㚔。一曰讀若瓠。一曰俗語以盜不止為㚔。㚔讀若籋。」鉉音「尼輒切」。我們無論從許氏「讀若」還是該字的唐代切音，都得不出㚔讀皋音的結論。雖然《説文》㚔部所隸六字，其中盩、報是幽部字，籋是覺部字，與皋音近，郭沫若曾把虩字解釋成「从虎報省聲」，但現在我們知道，虩字在中山王譽方壺的銘文中是寫成「㚔」，而㚔字的讀音從唐代切音看，上古音應屬泥母葉部，可見「報省聲」一類説法也是不足為據的。

最後，從文義看，古書雖有「皋比」，是指虎皮，也有「建皋」（亦作「鍵櫜」），是指用虎皮包裹的弓韜戈櫜一類東西。但虎皮可以示武，却不是鎧甲；弓韜戈櫜可以容兵，却非護身之物，恐無相代之理。况且「皋冑」或「兵皋」這樣的辭例，我們在古書中也從未發現。關於孫氏之説在辭例上的破綻，日本學者白川静似有所覺察。他指出，𩋂字見於盂鼎還有弓衣、甲衣兩屬的可能（因為是一物一句），但在伯晨鼎的銘文中却「難以之屬諸弓矢，又不能是戈之櫜，故或應為屬於甲冑之物」，這是對的。但可惜的是，他仍把這個字當成皋字。

對學者公認為皋的上述各字，現在我們的看法是，牠們根本就不是皋字，而是甲字，即「甲冑」之「甲」的本來寫法（有别於干支之甲）。卒字，甲骨文作□、□、□、□等形，學者以為桎梏之形。讀音，于省吾先生以為許氏諸説應「以讀若籋為是」，「《説文》籋與鉗互訓」，「卒為籋的本字」。周法高先生也引桂馥《義證》，指出《説文》「讀若瓠」乃「讀若瓠讘」之誤，其音如讘，卒、甲同屬古葉部字，唯前者為泥母，後者為見母，聲紐不近，「不知『卒』是否可讀為『甲』」。籋、讘都是古葉部字，可見即使按漢代讀音，牠與甲字也是比較接近的。《説文》从卒之字皆與刑獄拘禁之事有關，如「睪」是監視犯人，「執」是拘捕犯人，「圉」是關押犯人，「盩」是抽打犯人，「報」是論罪定刑，「籥」是審訊犯人。我們懷疑，卒字古音原同於甲，乃關押之押的本字；𩋂字從之，則是柙的本字。《説文》卷六上：「柙，檻也，以藏虎兕。」《論語·季氏》：「虎兕出於柙。」柙是老虎籠子，所以从虎从卒。虖、𩋂皆其變形。早期的「甲冑」之「甲」本來就是假古押字或柙字為之（案：殮尸玉衣古稱「玉柙」，正像甲）。

另外，順便説一句，古文字中的「卒」字雖象桎梏之形，但本身並不是梏字。【古文字雜識　于省吾教授百年誕辰紀念文集】

◉張桂光　□（或作□）字甲骨文屢見，對它的考釋，除了早期較多歧見外，近年已基本統一釋幸（□），謂象手銬之形，無多大争議了。但從□的一些字，如□（或作□）、□、□等的釋定，則至今仍頗見分歧。一般只依樣隸定為𡙡、睪、𡗝，至于它們在卜辭中的用法，則多連□也一並讀「執」。這種籠統讀法自然是不能令人滿意的，比如「己卯卜，古貞……幸𡙡芻自穽？」（《合集》136正）一辭，幸與𡙡顯然各有用意，實在是不宜混淆的。

其實，□字王襄釋幸已得字形，葉玉森釋梏已得字義，只是前者説義未明，後者釋形未安，故未被採納而已。朱德熙、裘錫圭先生指出「幸像梏形，即梏之表意初文」，就將這對矛盾統一起來了，這是很有見地的。雖然幸、梏在構形方面有象形與形聲之别，但字義方面則同表手銬之意。字音方面，梏屬溪紐、覺韻，幸屬溪紐、魚韻，兩字聲紐相同，韻部魚覺旁對轉，是音亦相近，幸為象形初文，梏為後起形聲字，應該是可信的。考諸文例，《左傳》成公十六年：「執而梏之」，襄公六年：「子蕩怒，以弓梏華弱于朝」的梏與「王其幸呂方？」(《合集》632)「方幸井方？」(6796)的幸的用法是一脈相承的。卜辭幸字例近二百而典籍一例全無，原因即在梏字的取代。【古文字考釋六則　于省吾教授百年誕辰紀念文集】

◉朱歧祥　象枷鎖手扣之形，由執字作可互證，隸作㚔。《説文》：「所以驚人也。从大从干。」卜辭習言「㚔某方」，引申用為拘執意。

《遺171》貞：我弗其呂方。

《存1·638》辛亥貞：雀亘，受又(佑)。

《乙3381》貞：虎致卅馬，允其羌。【殷虚甲骨文字通釋稿】

9·60　奠蒿王睪　【古陶文字徵】

218【包山楚簡文字編】

3184　1065　1858【古璽文編】

解睪　張庶睪【漢印文字徵】

睪夷益切【汗簡】

◉許　慎　睪司視也。从横目。从㚔。令吏將目捕罪人也。羊益切。【説文解字卷十】

◉馬叙倫　徐鍇曰。會意。沈濤曰。廣韻廿二昔引無横字。是也。本書眔蜀等字皆止云從目。可證。鈕樹玉曰。廣韻引罪作辠。韻會引無吏字。司作伺。桂馥曰。令字五音集韻引作今。蓋舉當時所見也。凡吏出捕。輒收兩人。一通信息謂之線。一能識認謂之眼。徐灝曰。六書故引無横字。王筠曰。廣韻引令亦作今。倫按玉篇作伺人也捕罪也。此作司視也蓋譌司人也。義亦不完。當作司捕罪人也。然非本訓。令當依廣韻五音集韻作今。此校者增之。尋此篆作目下㚔。斁字從之得聲。毛公鼎。肆皇天亡。臨保我有周。詩思齊。不顯亦臨。無射亦保。故斁射通借。詩雲漢。耗斁下土。春秋繁露郊祀斁作射。清廟。無射於人斯。禮記大傳注射作斁。是其例證也。毛詩於思齊無射與其下文古之人無斁。皆讀亦音。而訓為厭。是鼎之無□。即詩之無斁也。是鼎之□。即本書之睪也。三篇篆文隸作肄。從矣得聲。音入喻紐四等。禮記曲禮。斂髮毋髢。注。髢。或作肄。髢從也得聲。也音喻四。借肄為髢。明矣音亦喻四。睪音正喻四。是又於音可證也。然睪為□之轉注字而非即□字。□從目下夫。不從矢。古書夫矢相亂。見桀字下矣。大夫一字。故金甲文或作□□。骨文有□。與□□一字。其所從之□。象人持投有司察。□則在道中也。於六書為指事。於爵之□。以於鐘之□於方鼎之□相證。即□□□。而□□□乃□之省。今本書無□篆。然𩰫字實從之□。𩰫讀若伏。其形艾伯鬲作□。倫以為此伏甲之伏本字。蓋□之茂文。伏聲之類。𩰫從矣得聲。亦在之類。可證也。斁從睪得聲而訓敗。見斁字下。為敗之轉注字。即由斁從罢得聲。罢讀若伏。伏音奉紐。古讀歸竝。敗音正竝紐也。睪音喻四。古讀歸定。故鐸音入定紐。而澤擇音在禪紐。古讀禪亦歸定也。亦可明睪為罢之轉注字。睪從罢羊聲。羊誤為羊耳。羊音喻四。故睪音亦喻四也。羊聲陽類。魚陽對轉。故睪聲入魚類。古鉩有□□。丁佛言釋。【說文解字六書疏證卷二十】

◉楊樹達　目今言眼線，仍不失目字之義，即偵探也。幸謂辠人。字之構造，謂眼線搜索辠人，故訓為司視。司即今伺字也。目主視，為能名。幸被視，為所名。【文字形義學】

◉銀雀山漢墓竹簡整理小組　簡文「睪」字當讀為「櫜」。「睪」字古有「皋」音，或作「睾」。「皋」、「櫜」古通。《禮記·樂記》：「名之曰建櫜」，鄭注：「兵甲之衣曰櫜」。《尉繚子·兵教下》：「國車不出於閫，組甲不出於櫜，而威服天下矣」，文義與《兵談》此句全同，可證「睪」確為「櫜」之借字。《治要》及宋本皆誤「睪」為「暴」，宋本又誤「甲」為「車」，並將「出暴」二字顛倒。【銀雀山漢墓竹簡】

◉黃錫全　□睪夷益切　郘王義楚盤睪作□，攻敔臧孫鐘作□，古璽作□（璽文10·7），三體石經《君奭》釋字古文作□（假澤為釋，石篆2·5），此形類同，原當作□。夏韻陌韻録《王庶子碑》澤作□。【汗簡注釋卷四】

◉戴家祥　□曾侯乙鐘　鐘銘「無睪」即傳統九月樂律之「無射」，睪射聲同，廣韻入聲二十二昔射讀「羊益切」喻母支部，凡字从睪得聲者皆與射通。周南葛覃「服之無斁」，禮記緇衣作「服之無射」。大雅雲漢「耗斁下土」，春秋繁露郊祀篇作「耗射下土」。周頌清廟「無射于人斯」，禮記大學引作「無斁于人斯」。又振鷺「在此無斁」，韓詩作「在此無射」。魯頌泮水「徒御無斁」，釋文「斁，本作射。」【金文大字典下】

甲一二六八 甲三八〇五 甲三九一三 乙一〇三 前四・一九・七 前四・五六・二 前五・三六・四 前六・一七・三 前六・一七・四 前八・八・二 後二・四二・九 佚五〇〇 粹九四七 京津一四七二 京津二一一八 明藏九〇 師友二・一〇八 鄴三下・三六・一〇 存七一六 存一六四八 河一五五 簠人五六 簠人一〇九 掇二・一三〇 掇二・四六八 摭續二九三 粹一一六三 續三・三六・二 戩一六・二 佚一一四 佚六八一 河六一八 【甲骨文編】

甲225 1166 2909 3913 乙135 4693 6404 8607 8878 珠459 1023 零1 外34 續3・36・2 續3・36・5 徵4・109 續3・42・6 6・24・16 天90 徵4・56 12・20 京2・25・3 録112 155 續存525 716 1648 1795 鄴三36・10 44・9 摭續2・93 297 粹941 1160 1163 新1469 4139 【續甲骨文編】

執 戜簋 師同鼎 瞏生盨 兮甲盤 員鼎 散盤 虢季子白盤 或从廾 師寰簋 或从婁 不𡢁簋 不𡢁簋二 多友鼎 中山王嚳兆域圖 執皀宮 【金文編】

六七：六 九例 内室類而弗執弗獻丕顯晉公大冢明亟覗之 六七：四 二例 六七：五四 【侯馬盟書字表】

122 【包山楚簡文字編】

執 封五一 十四例 法一〇二 【睡虎地秦簡文字編】

中壘左執姦 執法直二十二 鄿睦子則執姦 南執姦印 執席 【漢印文字徵】

石碣田車　執而勿射　禪國山碑　執金吾脩　【石刻篆文編】

竝古老子　王庶子碑　崔希裕纂古　【古文四聲韻】

◉許　慎　捕罪人也。从丮。从㚔。㚔亦聲。之入切。　【説文解字卷十】

◉吳大澂　粵朕褻事。褻即執之異文。又通暬。詩。曾我暬御。傳。暬御。侍御也。此曰褻事。即執事也。　【毛公鼎釋文】

◉孫詒讓　「令乎」，又云「貝乎帚好」，又云「貝乎帚」，又云「乎」，二百四十四之一。「乎」兩見。又有「乎帚」三字。此从㚔、从収。攷《説文·収部》：「羍，引繒也。从収，睪聲。」金文借為擇字，弡中簠作，又師寰卣執字作，亦从㚔収，刊宮尊易二秉二執執作左形與此正相似。舊釋為埶，誤。此與彼相近。「帚好弈」葢言為歸子羍吉也。又云：「申卜戈□司」，百四十一之一。此葢「」之壞字。「□羌豖之収」，七十六之一。「庚申卜内貝立□□」，百十一之三。此兩殘字並與「」字相似，但不从収，則疑當為「㚔」或「睪」字之省。《説文·㚔部》：「㚔，所以驚人也。从大、从羊。」「睪，司視也。从横目，从㚔。」兩字經典竝希見，竊疑或為「執」之借字。《説文》：「執，捕辠人也。从丮、从㚔，㚔亦聲。」「㚔羌豖之奴」，謂執捕羌衆之為奴者也。詳前。　【栔文舉例下卷】

◉林義光　説文云。捕辠人也。从丮㚔。㚔亦聲。按丮象兩手捕形。古作善鼎彝甲。或作師寰敦。　【文源卷八】

◉丁佛言　父甲鼎。不嬰敨。女多折首執訊。右下非从女。乃之譌。金文屢見。不嬰敨。重文。女多禽折首執訊。　【説文古籀補補卷十】

◉商承祚　書契卷五第三十六葉卷六第十六葉第十七葉同上第二十九葉卷八第八葉後編下第三十一葉第四十二葉

此字疑即執字。篆文作。而與形頗近。又象刑具形。有罪而執之也。从又者為一字。即今之摰字矣。　【殷虚文字考　國學叢刊第二卷第四期】

◉商承祚

象有物梏人兩手。乃執字也。又或繫之以索(後世之縶)。或牽之以手(後世之摯)。誼益顯著。説文。執。「捕辠人也。从丮㚔。㚔亦聲。」今證以甲骨文。知篆文丮為譌。㚔為譌。乃象形。非形聲也。　【殷虚文字類編待問編卷四】

◉葉玉森　孫詒讓氏釋為羍。又謂説文飴之籀文𩛥从異省。與此亦相似。或亦即此字。其作者。孫氏則釋為㚔或睪省。契文舉例。森桉。予舊釋為執。謂象梏。揅契枝譚。殷虚卜辭第二百三十九版後下第十六葉之一竝為異體。其字作側視形。本辭之異體作卷六第六十一葉之二。竝正視形。亦執字省變作。卜辭囯字，有圝囯二體。故知幸即執省。从孫氏說。縶變作卷六第二十九葉之五後下第三十一葉之八。增又非摯也。作類纂。增糸亦非縶也。王氏類纂釋摯及縶。似誤。又有譌變作者。辭曰「乙酉卜甾允泥」。甲骨文字一第三十葉之九。泥國名。蓋言甾必執泥人也。郭沫若氏謂幸執㲋摯竝為工字。叚作攻。甲骨文字研究釋工。不知卜辭固自有工字也。見後釋工冊。又郭氏謂圝為一字。亦誤。他辭云「壬戌卜□貞執于圝囯」。卷四第四葉之一。執圝明為二字。【殷虛書契前編集釋卷二】

◉孫海波　前四・十九・七四・五六・二戩三四・九兮甲盤不娶𣪘　說文云：「捕辠人也，从丮卒，卒亦聲。」按甲骨文象有物梏人兩手之形，金文或从女作，蓋捕辠女也，許君譌為卒，以為从丮幸聲，誤矣。【甲骨金文研究】

◉强運開　說文。捕辠人也。从丮卒。卒亦聲。段注云。手部曰。捕者取也。引申為凡持守之偁。攷兮甲盤作。父甲鼎作。散氏盤作。虢季子白盤作。均與鼓文可資印證。【石鼓釋文】

◉于省吾　執即縶省。禮記月令。則執騰駒。釋文。蔡本作縶。【員鼎　雙劍誃吉金文選下一】

◉馬叙倫　鈕樹玉曰。韻會作從丮卒。沈濤曰。五經文字云。执。執。上說文。下經典相承。是古本從卒之字皆當從卒。倫按許以執屬卒部。則當先言從卒。下文圉為拘罪人之所。亦先言從卒。可證也。但圉當入囗部。執亦當入丮部。蓋圉義在囗而執義在丮也。然圉為會意字。尚可入卒部。而執實為丮之轉注字。從丮。卒聲。鍇本作從丮卒者。本作從丮卒聲。校者以卒為義而增卒亦二字。鉉本因大例而於卒上復增從字。卒讀若籋。又讀丮譝。籋譝執聲同談類。譝執又音同照紐三等。可證也。然以甲文作。五經文字引本書作执證之。乃從桎梏之桎初文作者得聲。桎音照三。故執音亦照三也。或謂說解言捕罪人。則從丮卒會意也。倫謂此字蓋本在丮部。後人迻之此部。因加捕罪人也之訓而本訓挩矣。捕罪人必不特造一字。丮音今在見紐。執音照三。古讀歸端。端見同為清破裂音。故丮轉注為執。據五經文字則執為𠃧之重文。或本作𠃧。傳寫字林者誤作執也。字見急就篇。兮甲盤作。虢季子白盤作。散氏盤作。石鼓作。【說文解字六書疏證卷二十】

◉朱芳圃　兮甲盤員鼎散盤虢季子白盤不娶𣪘師寰𣪘

執象人兩手持卒；或从女，或从廾，皆別構也。說文卒部：「卒，所以驚人也。从大，从羊。」卒為驚人之物，其形不詳。兩手持之，所以驚人，使之恐懼也。釋名釋姿容：「執，攝也，使畏攝己也」，是其義矣。孳乳為慹，說文心部：「慹，悑也。从心，執聲。」漢書陳萬年傳：「豪彊執服」，顏注：「執讀曰慹」，謂畏威攝服也。

執象人兩手持㚔，故引申有持義，詩周頌執競：「執競武王」，釋文：「執，持也。」大戴禮記夏小正：「執養宮事。執，操也。」禮記檀弓下：「則將肆諸市朝而妻妾執」，鄭注：「執，拘也。」吕氏春秋慎行篇：「使執連尹」，高注：「執，囚也。」【殷周文字釋叢卷下】

◉屈萬里　一一六六片　執作□。頗奇詭。後・下・三一・八執作□形。亦詭異。執字於此當作名詞用。謂被執之人也。【殷墟文字甲編考釋】

◉李孝定　執字甲骨文作□，象人着手梏之形；金文作□，分為左右對稱，凡古文之整體會意者，其後多左右分立，以與居多數之形聲字相配合，此文字衍變類化現象之一例。【金文詁林讀後記卷十】

◉沈文倬　駒已解釋明白，然後探索「執」作何解？執與「縶」通。《切韻》云：「縶，繫馬也。」縶在《説文》裏是「馽」的或體字。《馬部》云：「馽，絆馬也。」承培元《説文引經證例》云：「絆馬當作馬絆。」證之《糸部》云「絆，馬縶也」，馽、絆互訓，其義當相同，而「䍜」字下正作「馽，馬絆也」；再證之《春秋》哀十五年《公羊傳》何休注云：「縶，馬絆也」；是則錯倒之説，確鑿可據。《禮記・檀弓》「則執羈靮而从」，《韓詩外傳》引作「羈縶」，則「縶」又與「靮」通。《廣雅・釋器》云：「靮謂之繮。」《説文・糸部》云：「繮，馬紲也。」《一切經音義・正法華經》云：「紲，馬繮也。」據此可知，縶(馽)、絆、靮、繮、紲是一物異名。《説文・糸部》云：「紲，系也。」《詩・小戎》正義引此文「系」作「繫」。《漢書・王莽傳》顔師古注云：「紲，繫也。」然則系實與繫通，而紲訓系、繫，馬紲即馬系、馬繫。由此可證，《説文》「馽」之「絆馬」固是「馬絆」之誤倒，而《切韻》「縶」之「繫馬」亦當作「馬繫」。《説文・网部》云：「䍜，馬絡頭也。从网从馽。馽，馬絆也。䩭，或从革。」《廣雅・釋器》云：「羈，勒也。」《釋名・釋車》云：「勒，絡也。絡其頭而引之。」先在馬頭上用繩子套成一個絡頭，然後把縶結在絡頭上，此即《檀弓》所謂「羈靮」(《韓詩外傳》作「羈縶」)。事實上从「䍜」字之从馽來看，絡頭是包括縶的。縶是絡頭的一部分，單稱絡頭自包括縶在内；反之，縶是結在絡頭上的(没有絡頭縶就無法結上)，單稱縶也可代表絡頭。絡頭今稱籠頭，絡籠一聲之轉。古時亦有稱「櫳頭」的，《玉篇・有部》云：「櫳，馬櫳頭也。」今農區套籠頭，是用繩子套在馬頭上，另用一繩，一端結在龍頭上，一端可以拴，可以牽，當即古之「執駒」。以縶繫駒，以名詞當動詞用，稱為「縶(執)駒」。後來，縶(執)字只當作動詞用了，當名詞用的意義逐漸不為人所理解(系、繫、絆等字也是如此)，遂有改「馬繫」為「繫馬」，「馬絆」為「絆馬」。鄭玄訓執為拘，亦僅作動詞用，不了解「執」(縶)為絡頭的原義，遂使解釋陷于片面。

執駒是給駒套上籠頭，很自然會產生為什麽一定要在二歲為駒時套的疑問？《夏小正》云：「四月，……執陟攻駒。」陟，升也。就是執駒、升駒、攻駒。攻駒是馬的去勢，非本文範圍，不贅述。而執駒、升駒戴德傳云：「執也者，始執駒也。執駒也者，離之去母也」；執而升之君也。」很明顯，依戴德之意，執駒有二個内容，執和升；有二個目的，「離之去母」和「執而升之君」。何謂「離之去母」？第一，幼馬出生之後，在哺乳時間，無疑是跟隨其母不需人去管束的。到二歲為駒時，其母「游牝于牧」，又已孕妊，駒必須斷乳，離開其母，才開始套上籠頭，便于管束。⊘

「離之去馬」是從養馬法方面着眼的目的。而「執而升之君」這個目的，則從經濟價值方面着眼的，更為重要。

何謂「執而升之君」？孔穎達《詩・無羊》疏云：「唯馬是國之大用」，它非但用于朝聘、燕饗，更重要的在用于交通、軍事，自當成為王的一項重要財産。因此，每年馬羣有幼馬産生，都應視作財産的增殖。不過，馬的用處在于役使，幼馬一定要到相當的年齡，編入王的馬羣之後，才能算正式增加了王的財産。這應該就是執駒的時候。戴德解釋執駒的另一個目的是「執而升之君」，就是這個意思。【「執駒」補釋　考古一九六一年第六期】

◉胡厚宣　宋鎮豪　□寅卜，……啚……。七月。

這是四期武乙、文丁時卜骨。又見《合集》41530。

字新見，或即（《乙》103）的别構，乃今之執字，有枷執、捕獲之義。啚，族名或人名，武丁時甲骨文有「啚弗其獲……」（《掇》1・94），亦用作人名或族名。這條卜辭已殘，意義不明。【蘇聯國立愛米塔什博物館所藏甲骨文字考釋　出土文獻研究續集】

◉唐　蘭　執王应　執讀若藝，《廣雅・釋詁》三：「藝，治也。」《書・禹貢》：「岷嶓既藝。」執王应就是建立周王的臨時住處。下文「秇於寶彝」是治於寶彝的意思。【論周昭王時代的青銅器銘刻　唐蘭先生金文論集】

◉姚孝遂　甲骨文「執」字的異體很多，其基本形體作「」，簡化作「」。還有一種形體作「」，簡化作「」，其所从之「二」當是簡略符號。【説「二」　第二届國際中國文字學研討會論文集】

◉朱歧祥　1300.　从攴幸，幸亦聲，隸作𢻰。即執字。《説文》：「捕辠人也。」卜辭用本義。

「執嬖」，即搜捕女奴。

《甲2433》辛亥卜貞：嬖☐。

《掇2・11・2》貞：勿令☐。

字復用為名詞，地名。

《存1・719》☐𢼄致芻于。

羖，殷西北方國名，始見第一期卜辭。

1301.□□□□　从雙手係於㚔，示雙手被扣，亦執字異體。卜辭用為拘捕，俘虜意。

《續1・40・6》乙丑卜，㱿貞：于保，㖨方□

「㖨方執」，即「執㖨方」之倒文。

《粹1074》辛酉卜，争貞，勿□多寇，呼望㖨方其□。

晚期卜辭中，字又用為殷人名。

《人269》丁卯卜，令□致人田𧒒。

《鄴3・40・6》甲辰貞：□以㽙，用于父丁。

1303.□□□　从丮㚔，㚔亦聲，隸作執。象人膝跪受枷鎖之形。《説文》：「捕辠人也。」卜辭主要用為動詞。作拘捕、活捉解。字後多接方國、賊寇。

《乙4693》己亥卜，争，令弗其□亘。

《南明90》癸丑卜，賓貞：叀吳令□寇。

《掇2・130》叀戌呼旋□于止(此)。擒。王受又。

《粹1163》己巳貞：□井方。

有用作名詞：罪犯。殷多用為人牲，與奴僕字對文。

《存2・268》用□？用奴？

《存1・1795》□其用自中宗祖乙。王受☒。

《乙4030》壬午☒争貞：其來□？不其來□？四月。

「來執」，即來獻罪囚作祭牲之意。

1306.□□　从手从執，為執字繁體。卜辭習言「執寇」，字用□，亦用□；可證。增手，示上位壓抑所拘之罪囚。

《前6・29・5》丁酉卜，𠱼貞：冗□寇，㸚。

1309.□　从執上增口。由□、□、□、□一系字的關連，當知□亦當用為執字。卜辭習稱「告執」，有用□《續1・36・3》；亦有用□，可見二字實通用。

圉 圉

《明239》貞：告于南室：三宰。

1310. 从丮㚔，唯人首增繫繩索，與雙手受縛意同。其義可參奚、𡗜字，當仍隸作執。乃殷人囚犯，字見第三期以後的卜辭，有用作人牲。

《甲1268》丙辰卜，狄貞：以，先用。

《甲1166》癸卯卜貞：翌辛亥☒其擒，不。

卜辭復習言「逆執」，即追捕犯人。

《鄴3·44·10》翌己巳貞：王逆，又若。 【殷虚甲骨文字通釋稿】

甲二四一五 乙九〇五七 前四·四·一 前六·一·八 乙一九三五 後二·四一·一 菁一·一 林二·二五·一〇 存下三二三 鐵七六·一 或从執象拘人于囹圄之中 前六·五二·五 前六·五三·一 前七·一九·二 林二·二〇·一五 河六一九 明二二三四 簠雜六〇 簠雜七八 珠一〇〇七 乙七一四二 中大三五 京都三六九 乙二二七三 或从婞 乙二三九六 【甲骨文編】

乙2273 2396 7142 珠1007 佚45藏76·1 續5·35·7徵11·78 録619 631 徵11·60 六中35 【續甲骨文編】

圉 牆盤 䵼圉武王 【金文編】

張圉私印 【漢印文字徵】

詛楚文 拘圉其叔父 【石刻篆文編】

◉許 慎 圉囹圄。所以拘罪人。从㚔。从口。一曰。圉。垂也。一曰。圉人。掌馬者。魚舉切。 【説文解字卷十】

◉孫海波 說文。圉。囹圄。所以拘罪人。此从執。从口。象拘罪人於囹圄中之形。【甲骨文編卷十】

◉王 襄 古圉字。許說「囹圄。所以拘罪人。从㚔。从口。」此从執。从口。執。許說「捕罪人也。」口。古圍字。捕罪人而拘于圍中。圉之誼尤塙。【簠室殷契類纂正編卷十】

◉商承祚 書契卷六第五十二葉。第五十三葉。同上。

說文解字。圄。守之也。从口。吾聲。段先生曰。韻會云。圄。說文本作圉。蓋小徐本有圉無圄。此正象拘罪人于闌中之形。圄為後起字。說文不應奪圉。【殷虛文字考卷二】

◉孫海波 藏七六・一 前六・五三・一 七・十九・二 說文云。「囹圄。所以拘辠人。从口㚔」。按甲骨文象梏人而納之囚闌。此為本字。圉乃其省。今人以圉為圉人。圄為囹圄。非是。【甲骨金文研究】

◉馬叙倫 徐鍇曰。會意。鈕樹玉曰。繫傳及集韻類篇引作囹圉。繫傳韻會從㚔從口作從口從㚔。翟云升曰。當入口部。田吴炤曰。小徐無一曰以下十二字。然韻會引有。承培元以為鍇語。鉉取以羼入。亦通。倫按圉為圄之初文。甲文有。即圉字也。又有字。疑亦圉也。甲文有字。葉玉森釋圉是也。從口。從㚔。囹圄所以拘罪人及一曰以下蓋字林文或校語。本訓捝矣。垂也是宇字義。圉人掌馬者。乃馭字義。蓋校者據詩桑柔傳及左莊卅二年傳注加之。【說文解字六書疏證卷二十】

◉馬叙倫 圖卣 舊作子廟卣。見同上。

舊釋子廟圖。然決非廟字。倫以其從從。即說文之广。為庵之初文。亦今房屋以軒名者之本字。詳疏證。說文之家為亞之後起轉注字。而毛公鼎作。祖己觶云□為亞之異文。子爵字所從之□亦亞字。說文寓或作庽。而為械人兩手。則與說文之圉是一字。【讀金器刻詞卷上】

◉楊樹達 說文十篇上㚔部云：「圉，囹圄，所以拘罪人。从㚔，从口。」按㚔下云：「俗語以盜不止為㚔。」㚔部又云：「睪，司視也。从橫目，从㚔，令吏將目捕罪人也。」「執，捕罪人也。从丮，从㚔，㚔亦聲。」「報，當罪人也。从㚔，从𠬝。𠬝，服罪也。」「𥷚，窮理罪人也。从㚔，从人，从言，竹聲。」凡从㚔之字皆訓為罪人。口之者，拘之也。二犬守辛為獄，口拘㚔為圉，文字之組織正

同。【增訂積微居小學金石論叢卷第一】

◉朱芳圃　前四・四・一　前六・一・八　後下四一・一　菁一・一　林二・二五・一〇　續存下三二三

上揭奇字，象在口中。，刑具；口，獄室也。卜辭云：「辛卯、王□小臣皢，其作于東對。王囚曰：大啚。」林二・二五・一〇。玩其辭意，當是獄名，蓋即圉字。説文幸部：「圉，囹圄，所以拘辠人。从口、㚔」。此正其形象矣。又按此字有時作動詞用，卜辭云：「癸卯卜㱿貞旬亡尤。王囚曰：『㞢𡆥，其㞢來𡆥。』五日丁未，允㞢來𡆥。㱃𡆥□自𡆥。六人。」菁一。爾雅釋言：「圉，禁也。」圉六人，猶言拘禁六人。一作圄，左傳宣公四年：「圄伯嬴于轑陽而殺之」，杜注：「圄，囚也。」【殷周文字釋叢卷下】

◉姚孝遂　　字从「幸」、从「口」，乃「圉」之異構，合集一三八辭云：「……㞢己未　　𡆥往自文圉」，辭例與合集一三九正同。而一三九正則作「幸」，是「圉」和「幸」亦可通用。

字从「宀」、从「執」，从「止」，隸可作「𡪏」。當是「𡆥」之異構。合集五九九〇辭云：「隹辛𡪏」，乃動詞，當與「𡆥」同。

字从「宀」、从「執」，隸可作「𡨦」。當為「𡆥」之異構，與「𡪏」同。【甲骨文字詁林第三册】

◉齊文心　甲骨刻辭是研究殷代社會歷史最重要的史料，而一個甲骨文字，也往往在一定程度上反映了當時的社會生活。甲骨文中表示監獄的字作（前6・53・1）、（乙7142）、（文録631）、（前4・4・1）、（甲2415）、（前6・1・8）等形。這些甲骨文字形象地刻畫出殷代殘酷的階級壓迫的歷史，給我們留下了奴隸在牢獄中慘遭迫害的真實寫照。

，葉玉森隸定作𡆥，釋作圉；王襄亦釋圉。諸家從之。《説文》「圉，囹圄所以拘罪人」，作監獄解。𡆥，从口从㚔从丮。口象土牢。㚔甲骨文作，是一種桊手刑具，文獻中稱作「梏」。《吕氏春秋・仲春紀》「去桎梏」，高誘注「在足曰桎，在手曰梏」。《周禮・掌囚》鄭玄注「在手曰梏，在足曰桎」。一九三七年第十五次發掘殷墟時所得戴手梏的奴隸陶俑，女俑兩手桊在身前，男俑兩手桊在背後，所使用的刑具和甲骨文字的形狀完全相同，從這裏可以得到最好的印證。這種桊手奴隸的形象反映在甲骨文中便是「」，隸定為「執」，而「執」被囚禁在「口」中，用甲骨文表現就是字。

圉又作，應隸定為𡇢，是𡆥字的或體，象戴手梏的女奴隸作跽形被囚禁在監獄裏的象形。字更在桊手奴隸的背後加以「攴」，象手持棍棒作打擊狀。

圉又作从口从，隸定為圛。，朱芳圃釋「枷」。胡厚宣先生釋「幸」，認為「象桊手刑具連有項枷之形」。圛字正象在牢獄中放置這種刑具。從甲骨文「執」字的或體（山東博物館藏）可以看到使用這種刑具的殘酷性。奴隸的頭被夾在項枷內，手被桊在手梏中，引頸躬身，受盡折磨。【殷代的奴隸監獄和奴隸暴動　中國史研究一九七九年第一期】

盩　盩

◉朱歧祥　1296.□　从幸从口，隸作圉。《説文》：「囹圉，所以拘辠人。」卜辭用為動詞，捕捉也。

《卜124》☐旬亡禍☐秋芻，圉自爻，□六人。八月。

由《卜124》與《後下41・1》文例互較，知□與□是同字。

《後下41・1》☐㽙。己未寇秋芻，往自爻，□☐。

1298.□　从口从幸，示囚禁罪犯之所，隸作圉。《説文》：「囹圉，所以拘辠人。」卜辭用囚所本義，屬名詞。

《前4・4・1》壬辰卜貞：執于□。

1299.□□　从口从幸从口，亦隸作圉。與□字同。卜辭用為動詞，有拘執意。

《合36》☐疾，□羌，戋。

《庫276》☐□得。

《乙1935》☐□十☐。

《菁2》癸卯卜，㱿貞：旬亡禍，☐五日丁未允出來艱。飲卬，自弓□。

1307.□　从執从口。口示囚室。字有囚禁罪犯之意。隸作圉。當即《説文》圉字：「囹圉，所以拘罪人。」與□、□、□字同。

卜辭用本義，屬動詞。

《京1402》☐□二人。

《前7・19・2》☐五日丁未在章，□羌。

《續5・35・6》貞：□弓。二月。

字或增攴作□；例僅一見。

《文631》庚午卜，賓貞：旁方其□，作戋。【殷墟甲骨文通釋稿】

◉戴家祥　金文圉或作人名，如圉甗、圉卣等。【金文大字典上】

□盩　从皿　盩司土卣　□盩司土尊　□旅鼎　在盩師　□　□孳乳為盭讀若戾爾雅釋詁戾至也　史頌簋　盩于成周鼎文作

敎不从皿　□㪤簋　再盩先王　【金文編】

盩厔右尉【漢印文字徵】

石碣乍邍　□□盩衜【石刻篆文編】

◉許　慎　盩引擊也。从㚔。攴見血也。扶風有盩厔縣。張流切。【說文解字卷十】

◉趙烈文　□盩衜二日尌。盩。孫薛作籃。郭作盭。烈按。均譌。說文。盩。引擊也。从㚔。攴見血。扶風有盩厔縣。張流切。又按長安志。盩厔。漢舊縣。後漢省。晉復。後魏并武功縣入焉。後周天和二年。徙今鄠縣西北二十五里。是盩厔地居鄠東鄠西。亦適岐陽之所經。可與丁戊二鼓之䴥相印証。此云盩道。盩厔之道也。【石鼓文纂釋】

◉徐同柏　盩即抽字。引也。公也。【周史頌敦　從古堂款識學卷二】

◉林義光　古作。史頌𣪘彝。从攴治㚔。又作史頌𣪘彝。从血自㚔出。【文源卷八】

◉高田忠周　劉氏心源云。舊釋作戾。吕為盭字。不知盩音周。說文云。引擊也。此叚為糾為鳩。實為勼。說文。勼。聚也。此說卻似迂遠。愚謂此盩為盭省文。猶霸字以雨為之季字以禾為之。如此之類。不在音通而為形近叚借也。盭戾音通。經傳恆見。而戾隸通用。亦所恆見。爾雅釋詁。戾。至也。又止也。詩泮水。魯侯戾止。傳。來也。皆是也。然則盭亦當叚借為隸至字。愚竊謂戾之訓至者。實亦盭字轉義。盭訓弼戾也。雖弼正而反戾也。故从弦从盩會意。然引弓張弦。放之忽反歸原。盭之訓戾。固有反歸義。故轉義為戾至。為戾來。銘意亦與此合。【古籀篇四十】

◉强運開　　薛尚功釋作籃。非是。說文。盩。引擊也。从㚔。攴見血也。扶風有盩厔縣。段注云。說者曰。山曲曰盩。水曲曰厔。按即周旋折旋字之叚借也。運開按。从段說則盩即周字。厔即折字。鼓言盩衜。即周道也。詩唐風。生于道周。傳云。周。曲也。周有曲義。是盩周不特同音相叚。義亦相通矣。按此上闕三字。【石鼓釋文】

◉馬叙倫　　倫按雋釋為盩。孫詒讓謂當作盩。據說文也。說文㚔部。盩。引擊也。從㚔。攴見血也。倫謂說文此字蓋出吕忱所增。篆文從血。故有攴見血之說。然玉篇作盩從皿。史頌敢一作盩。從皿。一作盩。似從血。然實泐文耳。石鼓文亦從皿。倫謂從敉皿聲也。說文盭字從盩得聲。讀若戾。爾雅釋詁。戾。至也。史頌敢。盩于成周。即戾于成周。可證也。然則盩音即如戾。戾音來紐。古讀歸泥。皿音微紐。微泥同為鼻音次濁音也。說文引擊也當作引也擊也。引也乃擂字義。擂從畱得聲。畱音亦來紐也。擊也者。由盩為敉之轉注字也。敉字說文所無。甲文作。玄應一切經音義引古文官書。㨗敉同。他達反。箠也。敉為盩之初文。蓋從攴㚔聲。㚔說文讀若籋。籋音泥紐也。此人名。【讀金器

刻詞卷中】

◉馬叙倫 鈕樹玉曰。繫傳擊作繫。桂馥曰。擊當為繫。本書。盭。徐鉉曰。盭者。繫罪人見血。倫按玉篇作盩。從皿。史頌敢一作[illegible]。一作[illegible]。石鼓作[illegible]。倫謂從𢽊皿聲也。盭從盩得聲。讀若戾。爾雅釋詁。戾。至也。史頌敦。盩于成周。即戾于成周。可證也。然則盩音即如戾。戾音來紐。古讀歸泥。皿音微紐。微泥同為邊音也。甲文有[illegible]字。玄應一切經音義引古文官書。撻𢽊同。他達反。箠也。𢽊即盩之初文。蓋從[illegible]㚔聲。㚔讀若籋。籋音泥紐也。此盩之轉注字。引擊也當作引也擊也。引也乃擂字義。擂音徹紐。盩音知紐。同為破裂舌面前音。今杭縣謂擊小兒不服者擂你。北平謂擊人則曰奏你。蓋即盩也。盩音如戾。古讀在泥紐。擂從畱得聲。畱音古讀亦在泥紐。故古或借盩為擂。攴見血也非許文。扶風六字字林文。此字蓋出字林。當立𢽊部而盩屬之。【説文解字六書疏證卷二十】

◉唐 蘭 𢽊與盩同,《説文》誤為从弦省,从盩,實應从皿𢽊聲。古書多與戾通,《爾雅·釋詁》:「戾,至也」,至與致同。戾和即致和。《書·君奭》:「唯文王尚克修和我有夏」,致和、修和,意義相近。師酌簋:「用夾紹厥辟奠大命,盩龢于政。」此當是周時慣語。【略論西周微史家族窖藏銅器羣的重要意義 文物一九七八年第三期】

◉張亞初 「盩」訓至。史頌簋「里君百生(姓)帥䩹盩于成周」,此「盩」就訓至。在㝬簋銘文中,「盩」引申為偏或遍意。「再盩先王宗室」,即並舉遍祀先王宗廟,此示虔敬孝順之意。「再盩」與《尚書·堯典》「徧于羣神」之「徧」相近,此「徧」即偏祭于羣神之省。【周厲王所作祭器㝬簋考 古文字研究一九八〇年第五輯】

◉何琳儀 石鼓《作原》「盩𢕉二日」。

按:「盩」與「抽」雙聲疊韻,音同。《呂氏春秋·節喪》「蹈白刃涉血盩肝」,注「盩,古抽字。」「𢕉」从「行」,與「導」从「辵」相同,故「𢕉」乃「導」之異文。

「盩𢕉」讀「抽導」,《晉書·戴邈傳》「抽導幽滯,啟廣才思。」所謂「抽導」即「引導」。【戰國文字通論】

◉戴家祥 説文十篇:「盩,引擊也。从㚔,攴見血也,扶風有盩厔縣。」按金文有用作地名,如旅鼎「盩𠂤」;用作人名,如盩司土幽尊。史頌鼎「帥䩹盩于成周」,郭沫若謂「盩音張流切,䩹盩似當連為動詞。以兩字聯列之聲類求之,蓋叚為遨遊也」。兩周金文辭大系考釋第七十二葉。可備一説。【金文大字典中】

報 令簋 召伯簋 召伯簋二 【金文編】

報 秦一八四 三例 封七 二例 【睡虎地秦簡文字編】

田報德印 異報 【漢印文字徵】

祀三公山碑 報如景響 禪國山碑 夫大德宜報 【石刻篆文編】

報 【汗簡】

古老子 竝籀韻 【古文四聲韻】

◉許 慎 報當罪人也。从㚔。从𠬝。𠬝。服罪也。博耗切。【説文解字卷十】

◉孫詒讓 藏・二七・一 此疑是報字。右从。即𠬝字。左从。即㚔之省。又疑為設之省。右為殳。左从或言字之省。兩讀未知孰是。姑並存之。【契文舉例卷下】

◉林義光 説文云。報當辠人也。从㚔从𠬝。𠬝。服辠也。按。𠬝。治也。从𠬝㚔。古作召伯虎敦。【文源卷十】

◉高田忠周 與詩云報我以瓊瑤之報同。説文。報當罪人也。从㚔从𠬝。𠬝。服罪也。段氏説文凡㚔字皆改作。云。訓所以驚人也。从大从𢆉。各本作从𢆉。五經文字曰。説文从大从𢆉。𢆉音干。今依漢石經作幸又引執報云。張氏所據説文是。其人有大干犯而觸罪。所以驚人。此説似是而未矣。凡鐘鼎古文執報皆从。不作。且𢆉訓撥也。言刺撥也。㚔字从𢆉。猶𢆉字意也。【古籀篇四十】

◉郭沫若 「丁公文報」與「皇王室」為同例語。同為揚字之賓格。報當讀為保。文報猶言福蔭也。下「隹丁公報」則是報祭之報，猶國語魯語有虞氏報幕，夏后氏報杼，商人報上甲微，周人報高圉。【令毁 兩周金文辭大系考釋】

◉陳夢家 𠬝 121，乙卯卜賓貞乎帚好出𠬝于妣癸。卜通別2中村獸骨

122，辛未卜其𠬝己，十月。下7・11

123，□酉卜出□祖甲，用𠬝。拾1・12

124，乙丑卜□丁，用二𠬝。拾1・13

125，御于高妣己□二牡。𠕋㞋□。前1·34·6

㞋象以又按跽人（即俘獲之人），謂用俘虜為祭也。有稱𠕋㞋一人𠕋㞋二人三人者。佚218。又𠕋卌㞋者見（一六）下，而受祭者以妣為多。㞋報諧聲，疑此即報字。【古文字中之商周祭祀　燕京學報一九三六年第十九期】

𥷜 □

◉馬叙倫　翟云升曰。急就篇注。報者。處當罪人也。徐灝曰。繫傳本無人字。是。倫按當罪人也非本訓。顏注急就篇。報者。處當罪人也。必有所本。疑字林之義。今存字林之義而失本訓矣。甲文有□字。從又。從□。□者。從□而加□其手。□為桎之初文。象形者也。見梏字下。□為械人之兩手。則義為有罪者。今本書無其字。而手部𢪒訓兩手同械。重文作桊。從木。其實𢪒為拱杷之拱字。桊為兩手同械字。詳桊字下。桊即□之轉注字也。報者。□字傳寫之譌。由金甲文之□與所以警人之㚔篆文作□者相混也。□為㞋之初文。㞋為□之省。許誤以為從㚔從㞋。校者加㞋服罪也。□從又從□會意。金文圖卣有□字。沈樹鏞釋𢈪。甲文有□字。陳邦懷釋𣶃。引山海經中山經𣶃水為證。倫謂□□決非射字。於形甚明。□□鼎之□即□字。尤可證也。𣶃字自以形近而譌。或自有□字也。□字或作□者。□為人首戴械。父己盤□字。蓋即□字。亦可證也。字見急就篇。召伯敦作□。【説文解字六書疏證卷二十】

◉黄錫全　□報　今存碑文作□，與此小異。鄭珍云：「鄭承規《碧落文》釋文作『報』，郭氏因之。按此形與上體微異，碧落蓋本顯卿《字指》減變耳。孫星衍釋為『復』，得之。」此與上形均當由三體石經古文□變。中山王鼎「五年復吴」，張頜先生引此例讀為「五年報吴」，復、報雙聲，義也相近（詳張守中《中山王𰯼器文字編·序》）。【汗簡注釋卷一】

◉許　慎　□窮理罪人也。从㚔。从人。从言。竹聲。居六切。□或省言。【説文解字卷十】

◉馬叙倫　吴穎芳曰。𥷜。問之。玉篇引此作窮治罪人也。唐代諱治。故改作理。嚴可均曰。理字沿唐避諱。廣韻一屋引作窮治辠人也。𨐨壽曰。此即今以詞定讞為供之供。𥷜轉為供。猶鞫轉為窮也。倫按𥷜為𥶨之後起字。從言。𥶨聲。本書唯蘜從此得聲。然重文仍作𦺋。從艸。𦺋省聲也。𥷜鞫匔鞫𥷜竅皆從𥶨得聲。可知𥶨實初文。今鞫匔鞫下皆曰。𥷜省聲。乃後人以此列為正𥶨列為重艸部亦蘜為正𦺋為重故也。然𥷜下竅下仍曰𥶨聲。然則𥷜匔鞫三字。何不可言𥶨省聲。從其多者斷之。知僅蘜從𥷜省聲。其重文既作𦺋。則蘜或亦後人加之。本書會意字無以形聲字會意者。言形聲字也。其不得從言會意明矣。説解窮字乃校者注以釋𥷜字之音者也。理罪人也非本訓。𨐨謂此即口供之供。是也。𥶨從執。執即甲文之□□之轉注字為桊。則音正與供同。𥶨為執之轉注字。桊音見紐。竹音知紐。同為清破裂音。從執。竹聲。然倫謂𥶨報一字。

奢

㪅當作𢧛。從兩手不從竹也。形譌為㪅耳。𢧛與甲文之𢦏是一字。報音封紐。㪅音見紐。亦同為清破裂音也。【說文解字六書疏證卷二十】

奢 奢虒匜 【金文編】

5·88 咸鄗里奢 【古陶文字徵】

徐奢 丁奢 王奢 馮奢 張奢 案奢 公孫奢 顧奢之印 【漢印文字徵】

奢 【汗簡】

古老子 汗簡 說文 【古文四聲韻】

◉許慎 奢張也。从大。者聲。凡奢之屬皆从奢。式車切。奓籒文。臣鉉等曰。今俗作陟加切。以為奓厚之奓。非是。【說文解字卷十】

◉馬叙倫 此從大小之大。為大之轉注字。古讀奢蓋如堵或如都。古以都為奢。是其證。都音端紐。大音定紐。同為舌尖前破裂音也。張也以聲訓。或非本訓。字見急就篇。奢虎簠作[glyph]。【說文解字六書疏證卷二十】

◉商承祚 秦詛楚文：「宣奓競从」。《說文》奢之籒文作奓，與此同。大者人也，亦即侈字。奢訓張，侈訓大，同義。故經傳亦多以侈為奢。《左傳》昭公三年「于臣侈矣」，注：「侈，奢也」；《荀子·正論》：「然而暴國獨侈，安能誅之」，注：「侈謂奢汰放縱」；《論語·八佾》「與其奢也」，疏：「奢，侈也」；《西京賦》：「紛瑰麗以奢靡」，又「心奓體泰」，注引《聲類》：「奓，侈字。」《說文》侈，「一曰奢也」，《集韻》侈或作奓，是奓為古文侈，而奢通侈也。【石刻篆文編字說 古文字研究一九八〇年第五輯】

◉黃錫全 [glyph]奢 奢虒匜作[glyph][glyph]，《說文》正篆作奢。此者形同三體石經古文[glyph]（假者為諸）。鄭珍認為「更篆」。

[glyph] 夏韻紙韻録《李商隱字略》侈作[glyph]，此脫注。此形蓋奓譌，如詛楚文奓作[glyph]。大、人偏旁義同，如𠦪伯𣪘幾作[glyph]，而幾父壺作[glyph]。《說文》奢字籒文作奓，商承祚先生認為「奓」為古文「侈」，而「奢」通「侈」（古研5·221）。馮本注侈。【汗簡注釋卷四】

◉戴家祥 奢作父乙彝 說文十篇「奢，張也。从大者聲。奓，籀文」。金文用作人名。【金文大字典上】

奲

◉許慎 奲 富奲奲皃。从奢。單聲。丁可切。【說文解字卷十】

◉馬叙倫 鈕樹玉曰。繫傳富作當。譌。段玉裁曰。當作奲奲富皃。龔橙曰。原書未必有此字。倫按此即詩天保俾爾單厚之單。為奢之轉注字。奲音亦端紐也。說解奲奲本止一字。乃隸書複舉字譌乙於下。校者重之也。【說文解字六書疏證卷二十】

亢

佚四三 佚九五四 存一一三九 乙三三三四 乙六八一九 京都三〇九九A【甲骨文編】

亢 亢簋 爵文 矢尊 亢僕父己簋 矢方彝 趞簋 赤市幽亢 盠方彝 从金 弭伯簋 鈦市金鈧【金文編】

亢 日乙九七 二例 日乙一二九【睡虎地秦簡文字編】

亢易曼印 亢過之印 亢博印 亢易少孺【漢印文字徵】

亢古湯切 亢出古周易【汗簡】

汗簡【古文四聲韻】

◉許慎 亢人頸也。从大省。象頸脈形。凡亢之屬皆从亢。古郎切。頏亢或从頁。【說文解字卷十】

◉郭沫若 亢字原作，卜辭有此字，「殷栔佚存」四三片及九五四片。唐蘭釋為亢。以本銘證之，其說至確。蓋此與它器言「赤市幽黄」者同例。亢乃黄之叚字，古音同在陽部也。何𣪘之「赤市朱亢」亦然。黄本古佩玉之象形文，叚為黄色字而失其本義，典籍中以衡若珩代替之，漢儒解為佩玉之横，失其義。説詳釋黄「金文叢攷」三及釋亢黄「銘刻彙攷續篇」。又所謂黄。圖録末附。【趞鼎 兩周金文辭大系考釋】

◉顧廷龍　六亢。陳介祺云。亢。地名。或曰似六貨之六。而此不同。周節墨之亢之鉢。六潘。六潘。【古匋文孴録】

◉馬叙倫　鈕樹玉曰。韻會引無人字。繫傳韻會脈作脉。王筠曰。此篆當依前目作亢。今篆依楷作之也。又此字似通體象形。人非大省。頸上承首。首大於頸。故以人象之。冂之外則頸形。中加一者。象頸中間之高骨也。今謂之結喉。吴協心曰。冂聲。倫按頸不可獨立而象形。必有所坿。然從大則宜如亦之加八於臂下。以為標識可也。今言從大而以⺆或冂象形。無論⺆或冂不足以象形。而大之臂下作⺆或冂以為象形。不可通矣。此王筠所以有不從大而通體象形之説也。且以人象人首。首豈有如此者邪。亦不可通也。倫謂從大省。冂聲。故前目作亢。從冂。冂為冂界字甚明也。冂音見紐。故亢音古郎切。唐蘭郭沫若均據金文有赤市朱亢及赤市幽亢以為亢即亢字。唐謂小篆之亢即由亢出。郭謂亢人立於高處之形。當以高為本義。許訓人頸非初義。倫謂亢亢是夏之異文。以音借為珩。高田忠周據金文伉字所從之亢以為亢字。倫未詳其詞。未審其是否合釋伉字。即其形求之。與嗌之籀文作亢者相似。亦或為褢之異文。晚周文字多詭變不合義理者。不能盡據也。亢項音同見紐轉注。玄應一切經音義引倉頡。亢。咽也。古匋作亢。【説文解字六書疏證卷二十】

◉郭沫若　金文何段「王易錫何赤市朱亢」嘯堂下九七。趞鼎「易錫女汝赤市幽亢」窓齋五·十。余初誤釋為太字，苦難索解。近見卜辭亦有此字。殷契佚存四三片。唐蘭釋為亢，云「小篆之亢即由此出。」佚存攷釋十葉所引。乃悟金文二例均是亢字，乃叚為黄，與它器言「赤市朱黄」及「赤市幽黄」者正同。

卜辭亢字尚有一例，其文為「丙申卜□貞：余□匕亢□」佚存九五四片。字多殘泐，義亦不明；唯就其字形觀之，乃象人立於高處之形，則亢似當以高為其本義，説文謂「人頸也，从大省，象頸脈形」。字形既譌，説亦非其朔。【釋亢黄　金文餘釋之餘　金文叢考】

◉楊樹達　亢象頸脈理，本形。人象人首，示所在之他形。蓋亢之為頸脈，不必確然人皆知之。示其在人首之下，則頸脈之象顯白無疑矣。【文字形義學】

◉唐　蘭　亢字作亢，舊並釋太，非也。亢《説文》作亢，凡小篆从介者，古咸从大，故知亢即亢字也。趞簋云：「赤市幽亢」，𠭯簋云：「赤市朱亢」，並當讀為亢。「幽亢」、「朱亢」，即「幽衡」、「朱衡」，是其確證也。（詳見余所撰《釋亢》。馬叔平先生謂漢隸亢多作亢，中畫斜上，亦余説之一證焉。）【作册令尊及作册令彝銘文考釋　唐蘭先生金文論集】

䢭

◉許　慎　䢭直項莽䢭皃。从亢。从夋。夋。倨也。亢亦聲。岡朗切。又胡朗切。【説文解字卷十】

◉馬叙倫　鈕樹玉曰。玉篇作䟘。引説文云。直頸莽䟘。段玉裁曰。當作莽䢭直項皃。桂馥曰。莽亢以聲為義。本書。沆。莽沆。大水也。倫按夋為夂之轉注字。見夋字下。與亢不得會意。䢭音岡朗切。而沆亦訓莽沆。明從亢得聲也。其義亡矣。然倫疑岡朗胡朗二切皆譌。䢭當從亢夋聲。夋領聲同真類。蓋領之轉注字。説解本作項也。從亢。夋聲。讀音既譌。校者因有改竄。夋倨也明是校語。【説文解字六書疏證卷二十】

夲

夲 汗簡　【古文四聲韻】

◉許　慎　夲進趣也。从大。从十。大十猶兼十人也。凡夲之屬皆从夲。讀若滔。土刀切。【説文解字卷十】

◉馬叙倫　鈕樹玉曰。廣韻韻會引皆作從大十。廣韻十下有者字。韻會引作十猶人也。龔橙曰。篆譌。當作夲。後加十以為別。倫按從夭。十聲。夭為夲之初文。夲即今言奔跑之跑本字。亦奔之轉注字。詩緜。予曰有夲走。釋文。夲走。或作奔走。是其證。今字譌為本末之本。夲音當在竝紐。十音禪紐。古讀歸定。竝定同為濁破裂音。故夭得從十聲轉注為夲。讀若滔者。滔音透紐。透定皆舌尖前破裂音也。淮南訓。滔乎莫知其所止息。即借滔為夲。滔為水漫漫大皃。書堯典。蕩蕩洪水滔天。滔蓋為水疾至。語原同也。進趣也當作進也趣也。進也或字林文。【説文解字六書疏證卷二十】

𠦪

甲一六九　祈求之祭　甲二六七　甲一一〇五　甲一二五九　乙一七〇四　乙三三一六　佚三二

佚二五九　佚八九一　佚八九二　佚八九四　佚九二八　鐵五四·二　鐵九〇·三　鐵一九

六·三　鐵二一六·一　拾三·二　前一·五〇·一　前三·二二·七　後一·二·一四　後一·二六·

六　後一·二八·八　後二·二九·八　後二·三三·五　林一·八·一四　戩一·七　戩二·六

戩二二·六　戩二二·一一　京津五七六　京津六四四　京津六七一　明藏四二〇　明藏四二五

明藏四四八　明藏四五〇　寧滬一・五四　寧滬一・七六　寧滬一・一一四　鄴初下・三三・八　鄴初
下・三八・二　粹一五　粹二四　掇一・一七七　掇一・一八二　燕三〇　佚五一九　福一
京都七一〇　京都二三〇〇　【甲骨文編】

甲143　169　267　361　377　392　551　568　690　753　785
1167　1259　167　1885　2812　2905　2907　3512　3587　3592　3600
3640　乙107　1544　1704　2202　2768　2769　4548　4812　5061　5085
6310　6533　6881　7284　7448　7779　7814　8406　8670　8671　8689
珠8　30　346　393　401　515　667　668　789　878　923　1092
卜460　零1　佚46　76　126　169　375　376　519　645　884
886　892　894　986　續1・1・4　1・4・1　1・35・4　1・35・9　1・44・4　1・
45・4　1・49・1　1・50・4　2・19・4　4・17・6　6・20・5　掇177　182　420
458　550　徵2・38　3・5　3・8　3・11　3・13　5・18　8・30　京1・22・1
1・32・4　1・36・2　3・10・4　3・17・4　4・23・2　4・24・2　凡6・1　7・4　22・1
26・1　26・4　録119　428　531　544　545　摭17　天30　龜卜22　續存
1467　外46　書1・8・G　摭續2　3　104　116　粹5　15　45　96　121

195　335　396　480　482　834　850【續甲骨文編】

𠦪　徐灝段注箋曰𠦪當讀若賁卦之賁故捧以為聲食部餴或作饙即其明證　叔卣　隹王𠦪于宗周　圉甗　盂爵　獻侯鼎

季𢀛尊　用𠦪福　静簋　吳𠦪人名　伯梡簋　衛鼎　杜伯盨　王臣簋　朱黄𠦪親

彔伯簋　金車𠦪壽較　衛盉　麀𠦪兩𠦪韐一　九年衛鼎　害車軛𠦪䩛　吳方彝　𠦪䩛又𠦪較　番生簋　𠦪縟較

師克盨　駒車𠦪較　師兌簋　𠦪較　毛公𢈔鼎　金車𠦪縟較　幾父壺　𠦪六　善夫山鼎　史𠦪人名

从示　矢尊　用　矢方彝【金文編】

𠦪　日甲六一背　通賁　乃𦎫—屨以紙【睡虎地秦簡文字編】

0614【古璽文編】

石碣鑾車　𠦪敕真□【石刻篆文編】

◉許　慎　𠦪疾也。从夲。卉聲。拜从此。呼骨切。【説文解字卷十】

◉吳式芬　許印林説。款識多借𠦪為賁。賁古斑字。見易賁釋文。斑班頒攽般古皆通用。布也。【盂爵　攈古録金文卷二之三】

◉劉心源　𠦪舊竝釋作華。非。此即説文𠦪字。疾也。叔夜鼎鑄其餴鼎作。右旁即此字之碻證。豈華字乎。觀説文餴重文作饙餴。知此𠦪即賁即奔。所謂虎賁旅賁是也。孟子釋文云。虎賁。先儒言如猛虎之奔。是亦𠦪訓疾之義。牧敢較。寅簋較。亦賁字。讀為賁飾之賁。彼亦釋為華。若非吕叔夜鼎餴字證之。孰知其謬哉。【古文審卷七】

◉羅振玉　𠦪。音訓。施氏云疾也。鄭氏云即拜字。箋曰。説文。𠦪。疾也。从夲卉聲。拜从此。鄭釋拜。殆因許君云拜从此而傅會也。古金文中毛公鼎之。吳尊之均即此字而義不可知。【石鼓文考釋】

◉强運開　。周明公敢。明公錫太師鬯金小牛曰用。又錫令鬯金小牛曰用。从示从。字書所無。就金文求之。中義父鼎。其子孫永寶用[glyph]。杜伯盨。用[glyph]壽匄永命。邾太宰匠。其𩁹壽用[glyph]萬年無期。容庚云。𠦪當讀作賁。𠦪从𦬸。賁亦从𦬸聲。說文饙或从賁作餴。自可通叚。又毛公鼎金車[glyph]縟較。彔伯𢕔金車[glyph]𠬝較。吳尊金車[glyph]均與此篆右半相近。雖緐簡各異。要皆為𠦪之變體可以無疑。至偏旁或从食。或从示。亦皆同字。詩可以饙饎。今詩作餴。鄭箋云。酌取行潦投大器之中。又挹之注之於此小器而可以沃酒食之餴者。以有忠信之德齊絜之誠以薦之故也。孔疏云。以此祭祀則天饗之。是可以饙饎。乃指祭祀而言。[glyph]篆从示。亦言祭祀。可知曰用[glyph]者。蓋謂用鬯金小牛以供祭祀也。【古籀三補卷一】

◉强運開 [glyph]杜伯盨。用𠦪壽匄永命。當讀作賁。𠦪从𦬸聲。賁亦从𦬸聲。說文饙或从賁作餴。𠦪賁自可通假。廣雅釋詁。賁。美也。容庚說如此。精塙可從。[glyph]盂鼎。隹王初𠦪于成周與易賁于邱園句法正同。[glyph]毛公鼎。金車𠦪縟較。亦當讀作賁。說文。賁。飾也。吳書釋作華。誤。[glyph]彔伯𢕔。金車𠦪𠬝較。【古籀三補卷十】

◉高田忠周 說文。[glyph]疾也。从夲卉聲。拜字从此。又奔从賁省聲。賁从卉聲。奔𠦪聲義近矣。然則𠦪字从夲。字義之本也。又从𦬸。中者艸木初生。从丨。丨古進退之進。中字有上進義尤顯然矣。艸从二中。亦有進出義可識。況𦬸从三中。進出之疾必矣。此雖言形聲。亦兼會意明矣。又如下篆从[glyph]者夲之省略。以便運筆。从艸與从𦬸同意。上从[glyph]。明是[glyph]字。亦疑[glyph]字省文。玩文意。已叚借為賁飾之賁。故字亦从[glyph]以寓意。此為𠦪異文亦以為賁異文也。因謂𣗥字解曰。从夲从中允聲。此亦誤也。𠦪是𠦪之省。从𠦪允聲也。又拜字。許云从𠦪。而金文手旁以外作[glyph][glyph][glyph][glyph][glyph]。其作[glyph]者。亦與許書之𣗥字所从相合。𣗥下所謂从夲从中之非甚顯矣。若夫[glyph]下作[glyph]作[glyph]。或出變形。或為重形。非形之正者也。【古籀篇四十】

◉孫海波 𠦪當讀若賁。廣雅釋詁「賁。美也」。說文饙或从賁。是𠦪賁自可通假。金文皆以𠦪為之。【甲骨文編卷十】

◉强運開 [glyph]薛尚功趙古則作華。鄭作拜。皆誤。施云疾也。楊升庵作忽。蓋皆本說文。洪氏頤煊云。說文饙或从賁。或从奔。𠦪即奔字。翁覃谿是之。張德容云。按鼓文自有奔字。此从說文疾訓甚通。不必更為曲說也。運開按。說文𠦪。疾也。从夲卉聲。段注云。上林賦。藰莅卉歙又卉然興道而遷義。郭璞曰。卉猶勃也。西京賦。奮隼歸鳧沸卉軿訇。薛綜曰。奮迅聲也。卉皆𠦪之叚借。【石鼓釋文】

◉郭沫若 第五片「𠦪年」猶祈年。【殷契粹編】

◉容 庚 𥚁。祭名。有祈求之意。𠦪年。𠦪雨。𠦪于某祖某妣。卜辭習見。盂爵隹王初𠦪于成周。杜伯盨其用享孝于皇申

且考。于好朋友。用𠦪壽匄永命。𠦪皆不从示。【令尊　善齋彝器圖録】

◉楊樹達　後編上卷廿葉之五云：「甲辰，卜，貞，王宾𠦪祖乙、祖丁、祖甲、康祖丁、武乙，衣，亡尤？」郭沫若云：𠦪字作□，與金文𠦪字及从𠦪之字相同。盂爵：「隹王初𠦪于成周。」杜伯盨：「用𠦪壽匄永命」，明用為祈祀之義。矢令方彝：「錫鬯金小牛，曰：用𥛱」，从示，𠦪蓋𥛱之省也。通釋一册之廿一。

後編上卷廿六葉之六云：「△辰，貞其𠦪生于祖丁母妣己」，𠦪作□。郭沫若云：□乃□之省，周公毁捧字作□，吳尊作□，所从𠦪字均與此同。𠦪生猶大雅生民「克禋克祀，以弗祓無子」也。通釋一之三四。

粹編五片云：「其𠦪年于岳，五五，王受又？」郭沫若云：𠦪年猶祈年。五五當是五牛之誤。考釋三。【𠦪　卜辭求義】

◉馬叙倫　□從示□聲。□即𠦪字。諸金器𠦪字異體最多。或簡或緐。此其最緐者耳。杜伯盨用□壽匄永命。亦用□連文。□為𥛱省。壽為禱省。𥛱者。祓之雙聲轉注字（見余宋夫人鼎釋）。祭名也（吳其昌謂饗名）。史記周世家。周公乃祓齋。自為質。欲代武王。說文。齋。戒潔也。𪊧。籀文齋。從𩟗省。𩟗。籀文禱。籀文齋從禱。則古齋皆所以為禱也。說文祈禱正次祓下。皆訓求福。祓訓除惡祭也。詩生民。以弗無子。借弗為祓。祓無子即求有子。是祓禱義實相成。則周世家之祓齋。即杜伯盨之𥛱禱矣。此𥛱為祭名之證也。【令矢彝　國學叢刊卷四第一期】

◉馬叙倫　吳穎芳曰。饙。府文切。從𠦪聲。則𠦪疑同奔走之疾也。倫按卉中一字。中音徹紐。古讀歸透。捧從𠦪得聲。捧音今在封紐。然周明公彝𥛱字即祓也。詩甘棠。勿翦勿拜。箋。拜之言拔也。蓋拜即拔之轉注字。拜古音如拔。拔音竝紐。是𠦪為夲之轉注字。夲從十得聲。十音古在定紐。竝定同為濁破裂音也。奔捧音同封紐。是奔𠦪實異文也。疾也當作疾走也。蓋字林文。拜從此校語。【說文解字六書疏證卷二十】

◉李孝定　𠦪有祓義，龍宇純氏說是也，故金文𠦪匄對文，旂𠦪連言，祓必有所祈匄也。𠦪壽即祈壽，馬叙倫氏讀壽為禱，說非。龍宇純氏說𠦪、祓、奏、奥諸字之關係，辨析微眇，可从。【金文詁林讀後記卷十】

◉唐　蘭　用𠦪壽，匄永福　𠦪當讀如乞。《廣韻・入物》：「𠦪許勿切，疾也。」乞字在《九迄》，從乞聲的字如：迄、仡、紇、忔、艺、汔等，並許訖切，可見𠦪乞音相近。啟卣說：「用匄魯福」，杜伯盨說「用𠦪壽匄永命」，與此相近。【論周昭王時代的青銅器銘刻　古文字研究一九八一年】

◉張政烺　𠦪，讀為賁，《周易》有賁卦：《釋文》引傅氏曰：「賁，古斑字。」李賡芸曰：「《吕氏春秋・壹行篇》：『孔子卜易得賁，曰：不吉。子貢曰：夫賁亦好矣，何謂不吉？孔子曰：夫白而白，黑而黑，又何好乎？』注：『賁，色不純也。』《說苑・反質篇》

載此事則曰:『賁非正色也,白當正白,黑當正黑』,較吕覽文尤明顯。蓋賁固色之不一者,故亦讀為斑,所謂斑駁是也。」【王臣簋釋文　古文字研究論文集】

◉蔡運章　甲骨文中的字,作

《合集》五五七

《合集》八九四〇

《合集》一〇五〇九

諸形,《甲骨文編》失録。因其結構奇特,前人未識。我們認為它當是桒字的初文。

此字的結構象百草的花卉蓬松開放,成熟後隨風飛轉的樣子。周初金文史遽角和史遽鼎銘中,尚保留其原始踪迹:

史遽角　史遽鼎

史遽角遽字所從的桒旁,與此字的構形完全相同。同時,史遽鼎遽字所從之桒旁,下半部中間的豎筆和左右兩撇的頂端,都已省去堵擋的横畫,已産生省變的端倪。因這兩件銅器文中的史遽顯為一人,足以證明這兩個遽字所從的桒旁當為同一個字的異體。金文遽和桒字習見,作:

何尊　静簋　叔卣　單伯鐘　杜伯盨

諸形,我們從這些金文的結構中,可以清楚地看出字的演變序列:

史遽角　史遽鼎　何尊　單伯鐘　静簋　杜伯盨　叔卣

由此觀之,史遽角銘遽字所從的桒旁,保留了甲骨文桒字的原始形體;史遽鼎銘遽字所從的桒旁,則保留了桒字原始形體開始演變的端倪;何尊、單伯鐘、静簋等器銘中的遽和桒字,都保留了桒字形體演變的歷史痕迹。這些金文資料,為我們判定甲骨文即桒字初文的論斷,提供了可靠的依據。

甲骨文桒字習見,但均為晚期的構形。《甲骨文簡明辭典》謂「構形不明」。從金文桒字的構形看,它的原始形體象百草的花卉,而晚期的構形則上部象百草的花朵,下部象百草的莖葉。《説文・本部》:「桒,疾也,從夲、卉聲。」卉,《爾雅・釋草》:「卉,草。」郭璞注:「百草總名。」《説文・草部》:「卉,草之總名也。」《尚書・禹貢》:「島夷卉服。」《正義》引舍人注:「凡百草一名卉。」這是説卉乃百草的總名。本,《廣雅・釋木》:「本,榦也」。《禮記・昏義》:「本于昏」,鄭注:「本,猶榦也」。這是説本

乃草木的枝榦。可見，㯻的本義當是百草的象形，許氏《説文》根據已經變化了的小篆立論，未必準確。

現將甲骨文中有關此字的卜辭，摘要略加解説：

1 丁卯卜，𣪊貞，㯻婠有子？　《合集》一〇三一五

2 ……呼㯻永共牛？　《合集》八九四〇

3 貞，王……㯻于京？　《南無》四七七

4 于鹿㯻有正？　《英》二三二七

這是商王進行㯻祭的卜辭。甲骨文㯻字多用作祭名，有祈求之義。第一條中，婠為武丁婦名。「婠」同息，國族名，在今河南息縣。婠是息國之女嫁于武丁為婦者的稱呼。這條是祈求婦婠懷孕生子的卜辭。第二條中，「永」為武丁前期卜官的私名。「共」同供，為奉獻之義。這條卜辭的大意是：命令祈禱卜官永的祭祀，奉獻牛可以吧？第三條中，「京」，地名。這條卜辭的大意是：問，商王在京地舉行㯻祭可以吧？第四條中，「于鹿」，與《合集》二〇七二一中的「在鹿」辭例相同。這裏的「鹿」似為地名。「正」，同征，在甲骨文中用于田獵時有「擊伐」之義，可引申為「獲得」的意思。這條卜辭的大意是：在鹿地田獵會有收獲吧？

6 癸未卜，貞，翌戊子，王往逐㯻？　《合集》五五五七

5 辛……王……㯻？　《合集》一〇五〇七

7 ……令……敹……㯻？　《合集》一〇五〇九

這是商王田獵捕獲鶓鳥的卜辭。第五條中，「王往逐㯻」與《合集》九五七二「王往逐鶓于𣎳」的句例相同，故這裏的「㯻」當讀如「鶓」，即鶓鳥（詳《釋鶓》篇）。這條卜辭的大意是：癸亥這天占卜，問，到戊子那天（第六天），商王前往捕捉鶓鳥可以吧？

總之，我們認為，甲骨文中的𣎳字當是㯻字的初文。㯻字的本義是百草之象形，《説文·本部》謂「疾也」，實不可取。它在卜辭中有兩種用法：一是祭名，有祈求之義；二是借作鶓，為鳥名。【釋𣎳、鶓　甲骨金文與古史研究】

◉林潔明　説文「㯻，疾也。从夲卉聲。拜从此。」按此字在甲金文並作𣎳或𣎳不从夲。説文殆就小篆强為説解耳。金文𣎳主要有三種用法：一是祭名。相當於説文之祓。金文中用為動詞，除惡祭也。如盂爵獻侯鼎銘。二是與匄為對文，或與祈連用，亦用為動詞。如杜伯盨衛鼎銘。三是用同賁，飾也。往往作𣎳或𣎳，而不作𣎳。如彔伯簋毛公鼎銘。高田忠周則囿於説文强為牽附，其説非是。𣎳字徐同柏、吴大澂並釋𠂢，蓋單从字形立説，揆之銘文，扞格難通。其説自非。劉心源、容庚釋㯻讀若賁。强運開、張之綱諸家並同。林義光、高鴻縉則逕以𣎳為賁字古文。按金文中𣎳字往往用同賁，是也。然以𣎳為賁之古文，

暴 㬥

⿰𣎵允 ⿰𣎵允

則於字形無據。丁佛言釋為來，賚之省，按金文自有來字。从無作𣎵者，其說顯誤。周名煇則定為柬字古文，則於字形字音並無確據，求之銘文亦不適切。龍宇純師謂𣎵是茇字初文，草根也。𣎵即象草根之形。金文𣎵用當說文「祓」字，除惡祭也。故在金文𣎵用作名詞，其義為求福之祭；用作動詞，其義為祭祀求福，故有祈求義。又謂𣎵𣎵本為一字，然在金文中已分化為二字。𣎵假借為賁，用為𣎵字，本身不含文采雜色之義。語言中的賁，在金文時尚未制成專字，遂借𣎵為之，且習慣上不寫無艸的𣎵而寫加艸的𣎵，起初或是强為分別。後來則分化為二字。見甲骨文金文𣎵字及其相關問題。其說博洽精審，確不可易。【金文詁林第十二册】

◉戴家祥 𢍜 彔伯𢦚毀 彔伯𢦚毀「𣎵畐」「金車𣎵幬較」，為金文通語。𢍜即𣎵之繁飾，加雙手以示恭敬鄭重之意。【金文大字典下】

◉許　慎 㬥疾有所趣也。从日出夲廾之。薄報切。【說文解字卷十】

◉馬叙倫 嚴可均曰。當作從夲。暴省聲。鈕樹玉曰。繫傳作從夲日出廾之。承培元曰。小徐作從夲。下闕文。當補從暴省三字。鉉用暴注作從日出夲廾之。按暴乃収米出就日。此収何物耶。翟云升曰。六書故引作夲聲。當作暴省聲。倫按暴省聲。或從夲㬎聲。㬎音與暴同也。見暴字下。今本說解為校者所改矣。此夲之轉注字。音當與今之跑字同也。疾有所趣也字林文。或此字出字林。【說文解字六書疏證卷二十】

⿰𣎵允 ⿰𣎵允 从𣎵說文云从夲从屮誤 虢季子白盤 厥⿰𣎵允詩采薇作玁狁 ⿰𣎵允 兮甲盤 ⿰𣎵允 从婁 多友鼎 嚴𡚽 【金文編】

◉許　慎 ⿰𣎵允進也。从夲。从屮。允聲。易曰。⿰𣎵允升大吉。余準切。【說文解字卷十】

◉吳式芬 張石匏說。……說文。⿰𣎵允。進也。从夲从屮允聲。易曰。⿰𣎵允升大吉。其為玁狁字無疑。

陳壽卿說。……⿰𣎵允即狁。从允加埀。蓋厜㕒之意。與玁之从敢加厂同也。說文。阸。高也。陙。磊也。任昉彈曹景宗文。玁猃侵軼暫擾疆陲。郵。說文从邑从埀。埀。邊也。均可互證。【虢季子盤　攈古録金文卷三之二】

◉高田忠周 說文。⿰𣎵允進也。从夲从屮允聲。易曰。允升大吉。允疑⿰𣎵允字省文。升也進也。皆一義也。⿰𣎵允允通用。蓋許氏字形說有誤。⿰𣎵允字元从𣎵允聲。或省作⿰𣎵允也。𣎵者疾也。進趨之謂。⿰𣎵允字从𣎵。其意顯明。又說文拜字作𢪞。而金文作𢪞

□。即知粇从𠌶省明矣。然則此篆與上文奏字皆明从𠌶。許氏之誤皆同。今正。文義厰粇。叚借託名幖識字也。詩采薇。玁狁之故。傳。北狄也。字亦作狁。厰允。獫允。其正字也。【古籀篇四十】

◉馬叙倫 虢季子白盤玁狁字作□。兮甲盤作□。以周叔夜鼎之□。宋夫人鼎作□互證。則此從𠌶省允聲。為𠌶之轉注字。粇音喻紐四等。𠌶音曉紐。同為次清摩擦音。當立𠌶為部首而粇屬之。此字或出字林。【說文解字六書疏證卷二十】

□ 奏

□ 奏 語一三 【睡虎地秦簡文字編】

□ 上尊號碑額陽識 【石刻篆文編】

□ 奏 □ 上同 □ 奏 【汗簡】

□ □ 並古尚書 □ 同上 □ □ □ □ □ 並籀韻 【古文四聲韻】

◉許 慎 □奏進也。从夲。从廾。从屮。屮。上進之義。則候切。□古文。□亦古文。【說文解字卷十】

◉張燕昌 □ 施氏曰。說文。疾也。从夲。□聲。𢷎字从此。呼骨切。鄭氏釋𢷎。錢云當是奏字。見說文。【石鼓文釋存】

◉羅振玉 □ 說文解字有拲無□。拲注。「兩手同械也。从手从共。共亦聲。或从木作桊。」此作□。象兩手絜木形。當是許書之桊字。孟子「拱把之桐梓」。拱字當如此作。訓兩手同械者。殆引申之義矣。【殷墟書契考釋卷中】

◉陳邦懷 羅參事謂許君訓兩手同械為引申誼。其說至塙。按尚書大傳。「湯之後武丁之前。王道不振。桑穀俱生于朝。七日而大拱。」鄭注。「兩手搤之曰拱。」(據雅雨堂本。)此當為拱之本誼。卜辭□字。正象兩手搤木形。【殷虛書契考釋小箋】

◉馬叙倫 鈕樹玉曰。韻會引作進也。段玉裁曰。奏字為複舉字之未删者。倫按此字為□之譌體。音轉為則候切。水部湊從奏得聲。音入清紐。𠌶從廾得聲。廾艸一字。艸音正清紐也。由清轉精耳。字見急就篇。疑倉頡本止𠌶字。復字異文作奔。奏字則出字林。急就故書當作𠌶也。

□ 中義父鼎。其子孫永寶用□。則此字從攴□聲。古文經傳中以為奏字。又疑即搼之異文。傳寫以攴易又。猶敊數敍敷諸文亦本皆從又。本書皆從攴作矣。古文下當有奏字。□伯鼎作□。【說文解字六書疏證卷二十】

 皋

◉屈萬里　奏，當从莽釋（七四四）説，諸家从羅振玉釋桒，以卜辭核之，非是。説文謂：「登謌曰奏。」卜辭奏字，多用為樂舞之義；與説文合。

，當是之省，即奏字。説者謂卜辭奏字有奏樂之義，此或是也。【殷虚文字甲編考釋】

◉李孝定　契文作，與篆文近。篆从屮者乃之譌。契文求字，象兩手奉求奏進之義也。契文奏舞每連文。字又作从，與舞字作所从之同。疑象舞時所用之道具兩手奉之以獻神，故有進義也。二説未知孰是。羅釋桒，而契文實不从木，且以拱讀卜辭。諸辭多不可通。辭云「乙囗貞今奏㠯」餘十四・一。㠯象兩手奉尊形，或即尊之異構。奏㠯者，進尊也。「貞奏岳」拾・二・十。奏岳者。進于岳也。「戊申卜今日奏舞有从雨」拾・七・十六。「乙未卜今夕奏舞㞢从雨」前・三・廿・四。此所謂舞乃舞雩之事。獻舞于神以祈雨，奏舞猶今言奏樂也。「王作般奏」前・四・十六・六。即今盤字，言王作盤進之于某也。「翌己酉奏三牛」後・上・二六・十四。進三牛也。「魚奏」後・下・十五・九。進魚也。「叀商奏」戩・三七・七。進于商也。「叀小乙美奏」戩・三七・八。進于小乙及美也。「甲午王卜貞其于西宗奏示王乩曰弘吉」前・四・十八・一。示神主也。言其奉主於西宗也。西宗猶言西廟。凡此諸辭。以「拱」讀之均扞格難通，釋奏訓進若奉，則罔不洽適。羅説之誤至明矣。【甲骨文字集釋第十】

◉饒宗頤　為字增益収旁。余釋為祓。丘乃祭山之禮。爾雅所謂「祭山曰庪縣」是也。【殷代貞卜人物通考卷十】

 皋　日甲一二背　 日甲一三背　【睡虎地秦簡文字編】

 皋猶左尉　 皋青私印　 睪人之印　 皋遂　 皋外人　 王皋私印　 皋畺私印　【漢印文字徵】

 天璽紀功碑　典校皋儀　【石刻篆文編】

 皋出尚書　【汗簡】

 古尚書　【古文四聲韻】

◉許　慎　皋气皋白之進也。从夲。从白。禮。祝曰皋。登謌曰奏。故皋奏皆从夲。周禮曰。詔來鼓皋舞。皋。告之也。古勞切。【説文解字卷十】

◉孫詒讓　金文紀錫兵器有甲胄，虘彝云：「易錫宎甲之異文𠷎胄之異文。詳古籀拾遺干戈」是也。伯晨鼎則云：「□戈□𠷎𠷎之省」，盂鼎又云：「矢百畫□一貝𠷎二」，宷校文義，甲胄二物相埒，不宜偏舉。伯晨鼎以□與胄同錫，盂鼎以畫□與貝胄同錫，則亦必與甲同物矣。攷□字从「虎」从「幺」从「夲」，古字書未見，以形聲推之，葢當讀為「皋」。舊釋為綏或為虢，並誤。其義則為虎皮弢甲，亦即莊十一年左傳之「皋比」，杜預注云：「皋比，虎皮」。孔疏引服虔注據樂記「倒載干戈，包之以虎皮」名之曰「建皋」為釋，今禮記作建櫜，鄭注讀鍵櫜，云：「兵甲之衣曰櫜。二字古多通用。管子兵法篇有韓章，疑亦即䝞之變體。說文夲部皋，从白夲會意。實兼齝夲聲。此䝞从夲，與彼聲類同，葢實虎皮包甲之正字，而櫜則櫜韜之通名，皋則同聲之叚字爾。因其用虎皮，故从虎。其从幺者，疑从糸省，甲衣亦以線縷縫綴之也。又疑8當為白，拓本模黏，誤仞為幺形。古葢本有此字，而字書挩之。盂鼎□字亦當即此字，右从虎甚明，唯左夲形摩滅不甚可辨，要以伯晨鼎證之，必是一字。少儀說獻甲云：（甲）「若無以前之，則袒櫜奉胄」。是甲必有櫜與胄同獻。凡賜予亦必三者相兼，故兩鼎竝以皋、胄同錫，明說皋可以晐甲，互相證覈，足以決定矣。【名原卷下】

◉孫詒讓　「貝□弗其𠤎立馬」，一之一，馬字闕，存上半。「貝□㝵之牛」，三之三。「己卯卜立□來□伐□貝」，四之四。「庚戌卜𢦏貝□乎馬□」，十五之四。「貝乎□尹□牛」，廿六之二。「貝□羌父」，七十之四。「貝□弗其𢦏羌□□」，百五之三。「□豕」，百九十六之四。「之貝立□」，二百十一之三。「□」字不可識。攷《說文・夲部》：「皋，氣白之進也。从白夲。《禮》『祝曰皋』。」「《周禮》曰：『詔來鼓皋舞。』」此疑即「皋」字省白為◊，變夲為天也。金文無皋鼎□字與此相近，舊釋為斁，未塙。《周禮・樂師》「詔來瞽皋舞」注，鄭司農云：「瞽當為鼓，皋當為告呼擊鼓者，又告當舞者持鼓與舞俱來也。」鄭康成云：「皋之言號告國子當舞者。」舞據後鄭義，「皋」與評義略同，故多與乎同舉矣。

「皋」又有兩形，如云：「己□□不其𠤎」，百八十七之三。「立□𠤎□」，二百七十二之一。此變夲為□與前小異。又有變白為□者，如云「□未卜𡆥□□□□□尹壬」，九十四之二。「申□□允」，百六十三之四。下半闕。皆「皋」之異文也。【栔文舉例卷上】

◉孫詒讓　畫□與貝胄同錫。當亦戎衣之名。攷伯晨鼎亦以□胄同錫。兩文互勘。此□與□皆从虎。必是一字。伯晨鼎□字舊無釋。吳榮光釋為綏。吳大澂釋為虢。云鞹之借字。說並不塙。審校篆文□字从虎从幺。又疑當从白。撫拓不審。遂成8形。惜未見拓本也。从本形甚明析。竊疑當為皋之古文。說文皋从夲从白。葢兼諧夲聲。左傳莊十一年。蒙皋比而先犯之。杜注云。皋比。虎皮。孔疏引服虔注。舉樂記倒載干戈包之以虎皮名之曰建皋為釋。今禮記作建櫜。鄭注讀為鍵櫜。云。兵甲之衣曰鞬櫜。伯晨鼎之虢蓋即皋字。謂以虎皮包甲。虢冑即甲冑也。此𨩿左从夲字。畫不全。似亦夲之壞字。畫皋蓋以虎皮為皋。又加以畫。與彼鼎正同。少儀云。甲若無以前之則衵櫜奉冑。是以甲與人必有櫜以包之。明鍚皋則必兼有甲。故與貝冑同舉。伯晨鼎之鍚虢冑。亦猶虘彝云鍚甲冑矣。【孟鼎　古籀餘論卷三】

◉馬叙倫　鈕樹玉曰。韻會引無气皋二字。從夲從白作從白從夲。嚴可均曰。說文無詔字。段玉裁曰。禮字絶句。謂禮經也。祝曰皋絶句。承培元曰。禮祝鍇本作禮記。是也。此引禮運文也。禮記曰皋下當接周禮曰詔來鼓皋舞。此兩引書也。鍇本下有臣鍇曰。皋猶睪也。謂告曰皋。登歌曰奏。故皋奏皆從夲。鉉本因將鍇語羼入。王筠曰。一鍇本作從白從夲聲。顧本少聲字。翟云升曰。六書故引進作道。韻會引無气字。倫按從白。夲聲。故音古勞切也。為睪之初文。當入白部。字見急就篇。疑許以聲訓。今說解為呂忱所改矣。【說文解字六書疏證卷二十】

◉黄然偉　𩏂（虢），孫詒讓謂皋之古文，左莊十一年傳：「蒙皋比而先犯之」，杜注云：「皋比，虎皮。」伯晨鼎之虢，蓋即皋字，謂以虎皮包甲，虢冑即甲冑也；畫虢蓋以虎皮為皋，又加畫也（餘論三：五四）。準此，銘文之金虢，蓋即皮甲而有銅飾者。【殷周青銅器賞賜銘文研究】

◉饒宗頤　四川涪陵小田溪1972年出土一柄銅戈，文云：

「武二十六年皋月武造，東工師宦，丞業，工箎。」

此據《文物考古工作三十年》頁352所記録，原物未見。但據《文物》1974年第5期頁68簡報，該銅戈釋文作「武，廿六年蜀月武造，東工師宦，丞業，工□」。並説是秦昭王二十六年所製。近年徐中舒先生在《古代楚蜀的關係》（《文物》1981年第6期頁24）一文中，引用這一材料，亦釋作「武二十六年蜀月武造」，但未加以説明。細審該戈影本（見上引簡報頁74），字形作〔字形〕，應是從白（《説文》古文白作〔字形〕，中作二横，秦戈此字上半作〔字形〕，以釋白為是）從夲，夲即《説文》從大從十讀若滔之夲，故知蜀月的「蜀」字，恐有訛誤。我認為必須讀為皋月，才講得通，因為皋月是用《爾雅》所記的月名。

今本《爾雅·釋天》：「五月為皋。」在長沙楚帛書四周圖繪十二月所代表的神像，五月作三首豎髮手足如牛蹄形狀的人物，其側記着「𣢟出睹」三字。𣢟字聲旁作「㕣」，與「皋」同音。敦煌寫本原列伯希和編號4024與4042為唐月令，我在法京時，曾將它綴合為一紙，其中所記五月月名亦作皋。又《周禮·硩蔟氏》賈公彦疏亦作皋月。惟《經典釋文》卷二十九《爾雅》「皋」下注云：「或作『高』，同。」高與皋、𣢟皆同音，和涪陵秦戈月名作皋，正是一樣。【從秦戈皋月談《爾雅》月名問題　文物一九八三年第一期】

余見《天津文物簡訊》刊載天津文物收藏家周叔弢先生將一大批多年收藏的珍貴文物捐獻給國家。在捐獻品物中有古璽印三百多方，其中有漢印「成皋丞印」一方，引起了我的注意。⊘

我所以對此印特別注意的原因，是因為它曾涉及到歷史上有關古印文字方面的一段史話。同時這方印章又能反過來為這段史話提供有趣的印證。據《後漢書・馬援傳》記載，光武帝建武一七年（公元四一年）馬援出兵交趾時「璽書拜馬援伏波將軍」。李賢注引《東觀記》載當時馬援曾上書云：「臣所假伏波將軍印，書伏字犬外嚮（向）。成皐令印，皐字為白下羊；丞印四下羊；尉印白下人，人下羊。即一縣長吏印文不同，恐天下不正者多。符印所以為信也，所宜齊同。薦曉古文字者，事下大司空，正郡國印章。」此上書得到了皇帝的批准，「奏可」。這段歷史記載說明，東漢建武一七年以前的成皋丞印的「皋」字為「」，即所謂「四下羊」者。而成皋縣令印的「皋」字為「」，即所謂「白下羊」；尉印為「」即「白下人，人下羊」者。馬援當時所見到成皋縣長吏三印中「皋」字篆法非常混亂，所以作為一個典型的例子提了出來从而建議選當時通曉古文字的人，由朝廷統一領導來訂正「郡國印章」上的文字。從《東觀記》中可知當時皇帝已批準了馬援的建議，但對印章上混亂的文字究竟如何「齊同」是不得而知的。從周叔弢先生所捐獻的這方「成皋丞印」來看其為「」形，乃「皋」字的正體，它對馬援所指成皋縣其它令、尉兩印中的「皋」字不但「齊同」而已，而且得到了徹底的糾正。這方印章當為公元四一年以後所製，同時我們可以想象東漢建武初對當時的郡國印章文字根據馬援的建議曾進行過一次劃一的措施。

成皋縣為西漢所置。是否西漢時的官印文字比較正規統一而不象東漢時馬援所說的那樣混亂呢？也就是說周叔弢先生所捐獻的這方「成皋丞印」是建武一七年以後所「正」的遺物呢，還是西漢時期的遺物？我認為是屬于前者，因為直至現在所見到的漢印中還沒有發現象今天所見到的這方印文中如此正體的「皋」字。《漢印文字徵》所著録「皋」字字形中就沒有一個正規

◉張頷

的「皋」字。官印中「皋猶左尉」的「皋」字作「𦤎」為「自」下「夲」；私印中「皋青私印」作「睪」為「目」下「夲」；「皋大之印」作「𦤎」為「自」下「羊」；「皋遂」作「睪」為「貝」下「羊」；「王皋私印」作「皐」為「白」下「手」；「皋畺私印」作「皐」為「白」下「丰」。在《漢印文字徵》條目用篆文正體的「皋」字，而在隸定之釋文中卻有的書作「皐」有的書作「睪」，此可見其混亂影響至深。

「皋」字在篆文中的正體應該就是象這枚「成皋丞印」中的「皋」，上從「白」下從「夲」。而「夲」字則是上部從「大」，下部從「十」。《說文》「皋，气皋白之進也，從夲從白。禮祝曰皋，登謌曰奏，故皋奏皆從夲(夲)」云云。「夲」從「大」。戰國文字中往往把「大」字書作「大」，《說文》「夲」。進趣之也。從大從十……讀若滔」。「皋」為「气皋白之進」，「夲」亦為進之義，皋滔二字古韻同，「皋」字以「夲」得音，故「皋」字當從「白」「夲」為正。但在漢印中所以混亂的原因，一方面是在字形上把「夲」字所從的「大」字沿襲了戰國時古文混亂的「大」的寫法，又把「白」字衍筆為「自」，故產生了另一種「臯」便作為「皋」字的別構而出現了。另一方面由于「皋」字和「澤」字在字義上有着密切的關係，所以便和「澤」字所從的「睪」字也混同起來了。《離騷》：「步餘馬於蘭皋兮」，王注：「澤之曲曰皋」。《詩・小雅》：「鶴鳴於九臯」，毛傳「臯，澤也」，釋文引韓詩：「九臯，九折之澤」。《史記・封禪書》云：「祠澤山用牛」，注引徐廣曰：「澤一作皋」。因之有的把「澤」字又書為滜字，如《史記・封禪書》：「秭鳺先滜」，索隱：「謂子鳺鳥春氣發動則先出野澤而鳴也」。正因上述原因，所以有的干脆把「澤」字右旁所從的「睪」字在字音上也混而為一了。《水經注》：「潁水逕睪城北」，注：「睪城即古成臯亭」。《荀子・解蔽》：「皋皋廣廣」，注：「讀皞字，或作睪」。《左傳・哀公二十六年》之「越臯如」在《春秋繁露》作「大夫𦤎」。《漢書・地理志》之「成臯」，《後漢書・郡國志》便作「成睪」。《列女傳》：「睪子生五歲而贊禹」，曹大家注：「皋陶之子伯益也」。所以這種訛誤一直沿襲為用。《字通》：「孫叔敖碑」：收九澤之利，「澤」即省為「睪」。《讀說文證疑》引「范鎮碑」「皋陶」作「睪陶」。「韓勑碑陰」成皋之字作「睪」。漢印中「睪」字多作「睪」，朱駿聲以為「睪」(睪)俗作「睾」(睾)，假借為「澤」，又為「臯」。但没說清楚相互的關係所在。「澤」右旁「睪」字「從橫目從幸」《說文》謂：「令吏將目捕罪人也」，其聲為「羊益切」，下部「幸」，《說文》謂「大聲也」「讀若瓠」，一曰俗語以盜不止為幸，讀若籋。其聲為「尼輒切」。從上述情況看，「睪」、「幸」二字和「皋」字音義均遠，其所以能相混不清者，除了上面指出「皋」「澤」二字於義有關外，還有和「皋」字有關係的一個「臭」字，其音同于「皋」之聲部，《說文》謂「大白澤也，古文以為澤字」，實際上這是「皋」字的省體。《說文》不應專出字目。關於「皋」「睪」二字的混同，由於「澤」字的媒介關係外，主要的原因還在於字形的譌變。「皋」與「睪」字形相近，上部所從之「白」、「自」、「目」、「罒」出於在東周時期之古文字形書法隨便，没有統一標準，往往相為錯雜，故「皋」字出現了本文上述舉例中的各種字形，計有皋(皋)、睪(睪)、睪(睪)、臯(臯)、睪(睪)、皋(皋)、睪(睪)、臯(臯)、睪(睪)、皐(皐)多種。特別是《說文》

中「睪」字下部所從之「羍」字《説文》「讀若達」，與「睪」聲近而義為「小羊也」，《廣雅》：「羍，羔也」。與「皋」字所從「夲」字形相混，且與「皋」同聲音，難怪馬援説，「皋」字為「白下羊」、「白下人，人下羊」，可知當時成皋長吏官印之治出于一人之手，治印者着眼於僞形之「羊」也。現在還有一個字形「睪」字亦為「皋」之俗體。知道上述「皋」字的譌變歷史，也就無怪乎馬援上書中所指出的混亂現象了。【成皋丞印跋　張頷學術文集】

夰　界

夰 夰工老切【汗簡】

◉許　慎　夰放也。从大而八分也。凡夰之屬皆从夰。古老切。【説文解字卷十】

◉馬叙倫　龔橙曰。篆當作夰。誤説從大而八分也。倫按放為搒之初文。凡言收放者字當作發。此訓放也亦放蕩意。然非本義本訓。夰蓋傲慢之傲初文。從大。八聲。八音封紐。封見同為清破裂音。故夰音古老切。【説文解字六書疏證卷二十】

◉許　慎　界舉目驚界然也。从夰。从䀠。䀠亦聲。九遇切。【説文解字卷十】

◉阮　元　界散盤　界或即界字。【散氏盤　積古齋鐘鼎彝器款識卷八】

◉馬叙倫　錢坫曰。廣韻引埤蒼。目驚界界然。此舉字蓋後人校釋此音。無知者連屬寫之也。廣韻一讀苦礦切。倫按目驚界界然。蓋呂忱本埤蒼為訓。非本義。莊子齊物論。遽遽然周也。御覽九百四十五引蘧蘧作瞿瞿。本書瞿從䀠得聲。矍亦從䀠得聲。矍下一曰。視遽皃。文選東京賦注引作驚視皃。史記吳王濞傳索隱引作遠視皃。玉篇引作遽視皃。王筠謂遠視為遽視之譌。遽視謂急遽之視。即有所驚而視。然則此訓目驚界界然。亦以界從䀠而附會之。而驚視之義。其字本書有瞏。界音見紐。瞏音羣紐。古讀羣歸見。是目驚界然為瞏字義。古書或借界瞿矍為之。然由此可證界從夰䀠聲。故音九遇切。廣韻一讀苦礦切。與矍讀若穬彼淮夷之穬同。尤可證也。界為夰之音同見紐轉注字。此字蓋出字林。【説文解字六書疏證卷二十】

◉李孝定　説文。「界。舉目驚界然也。从夰。从䀠。䀠亦聲。」又「䀠。左右視也。从二目。讀若拘。又若『良士瞿瞿』」。又「瞿。鷹隼之視也」。驚則左右顧。鷹隼亦善左右顧。是从䀠之字皆有左右顧之義。瞿字从隹。故謂鷹隼之視耳。界則人之驚顧。䀠則人之左右視。䀠界二字音同義亦極近。當本是一字。契文作[䀠/卩]。省卩則為䀠。易卩為大則為界。篆又譌大為夰耳。本書前已於四卷收此作䀠。今復收此作界。䀠字重文。請參看四卷䀠字條。契文此字所見各辭均僅餘殘文。其義不明。【甲骨文字集釋第十】

石經文公　說文㚖嫚也虞書曰若丹朱㚖讀若傲論語曰㚖盪舟汗簡引尚書傲作誤此借㚖為敖敖傲㚖同聲通叚敖字重文　運𨟻石　【石刻篆文編】

◉許　慎　㚖嫚也。从百。从夰。夰亦聲。虞書曰。若丹朱㚖。讀若傲。論語。㚖湯舟。五到切。【說文解字卷十】

◉馬叙倫　朱駿聲曰。當作從夰百聲。唐蘭曰。許訓嫚也。非是。當是人首的意義。變作。和大字變作天同。字變為。又變為。和大字變作。又變作也同。元與天同義。可見㚖也訓人首。與頁字同義。劉秀生曰。朱說是也。百首一字。首聲蕭部。傲聲豪部。蕭豪旁轉。故㚖從百聲得讀若傲。左成五年經。會晉荀首於穀。公羊作荀秀。艸部莠。從艸。秀聲。讀若酉。木部。梄。從木。丣聲。丣。古文酉。糸部。綹。從糸。咎聲。讀若柳。書序。臯陶謨。釋文。臯。本作咎。釋名釋言語。翱。敖也。言敖游也。翱敖以聲訓。首聲如秀。秀聲如酉。酉聲如梄。梄聲如咎。咎聲如臯。臯聲如敖。是其證。又丹朱㚖。今書益稷作丹朱傲。亦其證。倫按㚖為夰之同舌根音轉注字。此字蓋出字林。【說文解字六書疏證卷二十】

秦404　獨字　牆盤有昊字作此匋文與之近似　【古陶文字徵】

0965　與單伯昦生鐘昦字同。【古璽文編】

裴光遠集綴　【古文四聲韻】

◉許　慎　昦春為昦天。元气昦昦。从日夰。夰亦聲。胡老切。【說文解字卷十】

◉方濬益　單伯昦生鐘　說文。昦。春為昦天。元气昦昦。从日夰。夰亦聲。此下从矢。小異。【單伯鐘　綴遺齋彝器款識考釋卷二】

臩

◉吳大澂 當即昦。説文昦下云。春為昦天。元气昦昦。从日夰。夰亦聲。【愙齋積古録第二册】

◉馬叙倫 翟云升曰。當入日部。倫按春為昦天非本義。昦從日。夰聲。為晧之音同匣紐轉注字。亦皋之同舌根音轉注字。皡為皋之後起字。故與此同音胡老切。此字蓋出字林。【説文解字六書疏證卷二十】

◉唐 蘭 昊指昊天，本作昊，此與隸書同。《説文》變作昦，與爽又作奭同。【略論西周微史家族窖藏銅器群的重要意義 唐蘭先生金文論集】

◉戴家祥 史牆盤 史牆盤「昊照亡斁」。第一字似昦字。説文「春為昦天從日夰。夰亦聲。」隸作昊从天。書傳訓昦為天。昊昭亡斁。猶云明察無失也。【金文大字典中】

◉許 慎 臩驚走也。一曰。往來也。从夰䀠。周書曰。伯臩。古文䀠。古文冏字。臣鉉等曰。䀠。居況切。䀠猶乖也。䀠亦聲。言古冏字未詳。具往切。【説文解字卷十】

◉阮 元 伯戻父盤 臩字从 。从大。省卄。説文云。臩。驚走也。一曰往來也。从夰䀠。周書曰伯臩。古文䀠。古文冏字。徐鉉等曰。䀠。居況切。䀠猶乖也。䀠亦聲。言古冏字未詳。案四字薛書父乙鼎作 。單从鼎作 。四从京得聲故上从 。山也。絶高謂之京。下从 者。兩張弓相背之形。義同於弜。蓋冏義為闓明。故从 。取其明辨也。此臩字从 。是也。説文从䀠。當是後世繁文。【伯侯父盤 積古齋鐘鼎彝器款識卷八】

◉强運開 白戻父媵叔□ 母盤。説文。臩。驚走也。一曰往來皃。从夰䀠聲。周書曰。伯臩。䀠古文冏字。按釋文冏亦乍臦。運開竊謂臩訓驚走从䀠於義無取。䀠為兩臣相違。 則兩耳相對。耳有所聞乃始驚走。小篆乍臩。蓋由 形近致譌。且䏯从耿。耿从耳从火。臩冏臦同字。與䏯同音。細宷拓本 之兩旁隱有二筆。似係乍 未經剔清。證以毛公鼎耿乍 。蓋亦从火。是 當即為臩之古文。可以無疑矣。 尊。尚書冏命釋文云。冏亦乍臦。此篆與臦形極相近。當亦臩之古文也。【説文古籀三補卷十】

◉馬叙倫 鈕樹玉曰。廣韻引作往來皃。繫傳冏作囧。鍇曰。今文尚書作囧。鉉曰。䀠。居況切。䀠猶乖也。䀠亦聲。言古冏字。未詳。按當是周書曰伯臩臩古文冏字。蓋傳寫誤羨古文二字。冏即讀若獷之囧。賈侍中説。讀與明同。嚴可均曰。從夰䀠當作䀠聲。古文七字校語也。王鳴盛曰。書伯臩周本記及古今人表俱作臩。又見玉篇。作冏者衛包改也。釋文。囧。亦作臦。臦即臩之譌。陸在唐初。尚見古書作臩也。宋保曰。䀠聲也。强運開曰。臩訓驚走。從䀠於義無取。䀠為兩臣相

背也。白㑃父滕叔□𦖋母盤𦖋字從兩耳相對。耳有所聞。乃始驚走。小篆作𡚁。蓋聑聑形近致譌。且聝從耿。耿從耳從火。𡚁冏臭同字。與聝同音。宋拓本盤文大之兩旁隱有二筆。似係作大未經剔清。證以毛公鼎耿作耿。蓋亦從火。是𡚁之古文當為𦖋也。倫按史記周本紀。乃命伯𡚁。孔安國曰。伯冏也。則書古文自作𡚁。孔安國以今文讀之。知其為伯冏也。然是冏非冏。本書䀠讀若詿。䀠䀠實一字。見䀠字下。矍從䀠得聲而讀若穬彼淮夷之穬。冏讀若穬。是䀠冏音同。然䀠非即冏字。冏為明之初文。音在明紐。目䀠一字。目音亦明紐。故古文尚書得以𡚁為冏。𡚁𡚁實一字。傳寫不同。猶䀠䀠亦譌為二字耳。且此訓驚走也。驚義與𡚁下訓目驚𡚁然同。然亦非本義。一曰往來皃也者。蓋遽字義。𡚁從䀠得聲。瞿亦從䀠得聲。莊子齊物論。蘧蘧然。御覽九百四十五引作瞿瞿然。此遽䀠聲通之證。遽為傳也。傳遽往來。故引申為往來皃耳。此校者所加。或此字出字林。【說文解字六書疏證卷二十】

趙大子丞

大將長史

大行丞印

會稽大守

齊大匠丞

大司空印章

大司軍壘壁前和門丞

大芊家印

大利

齊大祝印

大徐

大利

大史杜

大史延印

大利棖敞

大吉日

【漢印文字徵】

◉許　慎　亣籀文大。改古文。亦象人形。凡大之屬皆从大。他蓋切。【說文解字卷十】

◉王國維　亣　說文解字大部。大象人形。古文大也。亣部。亣籀文大。改古文。亦象人形。【史籀篇疏證　王國維遺書第六冊】

◉馬叙倫　嚴可均曰。小徐部叙云。亣。古文大也。亣亦人形。按小徐以大為古文人。故以亣為古文大。今通釋與部叙不符。蓋後人以大徐改之也。强運開曰。許以大為古文。是也。以亣為籀文。不知何據。凡大字見於金文者。盂鼎作大。大保敢作大。大保鼎作大。散盤作大。作亣者。唯會稽石刻及漢官壺耳。倫按篆當依鍇本作亣。魏石經篆文亦作亣。蓋有所承。此言籀文大改古文者。蓋吕忱及見籀篇大字如此作也。然則此所謂倉頡中復字邪。說解皆字林文。【說文解字六書疏證卷二十】

奕

◉許　慎　奕大也。从大。亦聲。詩曰。奕奕梁山。羊益切。【説文解字卷十】

◉薛尚功　奕車觚

奕車

銘上一字曰奕。古無以奕受氏者。殆亦作器者之名耳。下一字作挽車之形。蓋車軼則致敗。而酒至於流足以敗德。亦示飲之戒云。【歷代鐘鼎彝器款識法帖卷五】

◉馬叙倫　奕音喻紐四等。蓋奃奯之同次清摩擦音轉注字。聲在魚類。則亦奢奓之轉注字也。從假借為大小之大。然亦疑大也非本義。實亦之後起字。字疑出字林。【説文解字六書疏證卷二十】

◉郭沫若　奕从示亦聲，字書所無，殆是奕之古文，在此假為狄（从犬亦省聲）。「屈奕」二字連文作為動詞。屈即如詩泮水「屈此羣醜」之屈，狄如同詩「狄彼東南」，與剔通。原文當讀為「屈奕晉人，救戎於楚竟」，竟讀為境。【信陽墓的年代與國別　文物一九五八年第一期】

奘

◉許　慎　奘駔大也。从大。从壯。壯亦聲。徂朗切。【説文解字卷十】

◉馬叙倫　周雲青曰。唐寫本唐韻引作大駔也。嚴章福曰。當作從亣壯聲。倫按此壯之後起字。駔大也當作駔也大也。駔也者。猶今言粗也。蓋奘粗同語原。魚陽對轉也。此校語。字或出字林。【説文解字六書疏證卷二十】

臭

3·262　夻蒦圖里匋臭　【古陶文字徵】

◉許　慎　臭大白澤也。从大。从白。古文以為澤字。古老切。【説文解字卷十】

◉張燕昌　臭薛作畀。鄭云疑即思字。碧落碑思作。郭云恐是臭。古老反。昌按。諸家模本有作臭作臭作臭者。未詳孰是。【石鼓文釋存】

◉孫詒讓　臭　臭　臭　説文亣部「臭，大白澤段校刪此字也。从大白，古文以為澤字」。金文則以為斁字，如無臭鼎云：「無臭之饋鼎。」又毛公鼎云：「肄皇天亾臭，臨保我有周。」皆當讀為斁。斁、澤同从睪得聲，古可通用。無臭鼎上从白，與許書正合。毛公鼎「白」作者，字之省變。下並从矢者，又大之變也。又單伯鐘云：「單白臭生。」吳生鐘云：「王若曰臭生。」舊釋為吳非。二人蓋同名。白變為⊙，又省為○，亦一字也。單鐘下亦从矢，與兩鼎文同。

石鼓文有臭字，似亦臭之異文，而其義殘闕未詳。舊或釋㚖，未塙。龜甲文亦有云：「貝，臭弗其似立馬」，又云：「貝，臭𠬝之牛」，又云：「庚戌，卜㦰貝，□平訏馬臭」，又云：「貝乎臭尹□牛」，又云：「臭豕」。又變从𡗜，云：「臭不其侶」，又云：「立貝侶臭。」又變从⊖，云：「□未，卜殸□□臭□□尹□壬。」綜覈諸文，侶皆臭字，而義亦難通。以「馬臭」「臭豕」及「乎臭尹□牛」推之，侶有畜牧之義。說文夰部㚖「从日夰，夰亦聲」。日部昦「从日文聲」。知非彼二字者，形義皆不類也。然莫能詳也。金文師克戈「睪」字作臭，下半闕。與臭形相近，彼「睪」上半為「罒」字，與說文以臭為澤說相應，疑甲文諸字亦當為睪，讀為澤，古者澤藪為牧地，或即衡牧之義與！

說文夰部云：「奰，壯大也。从三大三目，二目為䀠，三目為奰，益大也。一曰迫也。讀若易虙羲氏。詩曰：『不醉而怒謂之奰。』」金文艾伯鬲有此字作奰，吳大澂以為地名。上从三目，即橫目之變體也。

金文別有臭字，从目大，疑即奰之省。㸓妃彝云：「臭琴䣃瑟」，以聲義求之，疑當讀為「服」。蓋奰讀若虙羲氏之虙，字亦作「伏」。莊子人間世篇。「服」「伏」古音同，故此又借為「服」，「服琴瑟」，猶云琴瑟在御也。

金文又有㬥字，如多父盤云：「㬥又右父母。」或又作㬥，如召伯虎敦云：「余以邑㬥俾有辭司，余典弗敢封，今余既㬥有辭曰㬥令。」又弟二敦云：「召白虎曰，余既㬥㬥我考我母令，余弗敢辭。」通校諸文从厂从臭，說文無此字，唯疒部有㾬字云「滿也。从疒，奰聲」。金文从「厂」「疒」字多省从「厂」，如瘖作𢈪，癧作𢉺，並見毛公鼎。是其例也。㬥疑即㾬之省，臭作臭者，目之省變，與兩鐘文同。

多父盤㬥字，召伯敦㬥字，蓋亦當讀為服。「㬥又父母」，猶服右父母，謂順服右助父母也。㬥令者，服從命令也。書康誥云：「明乃服命。」又召誥云：「越厥後王後民，茲服厥命。」即㬥命之義證也。「㬥㬥我考我母令」者，㬥讀為拼，與俾亦一聲之轉，可以通用。爾雅釋詁云：「俾、拼、抨，使也。」「俾、拼、抨、使，從也。」㬥拼同聲叚借字，亦謂使從服我父母之命令。書無逸云：「文王卑服，即康功田功。」釋文引馬融本卑作俾。云：「使也。」書云「俾服」，亦即敦文㬥服之義證也。

綜校諸文，奰本从三目三大，而鬲文作三目，當即橫目之變文，毛公鼎「臭」字从目，與鬲文略同，而篆勢與橫目尤相近。以是證之，奰从三目三大，實即从三臭。說文有臭字，而無臭字，疑臭即臭之變體。許君偶未見臭字，遂有大白澤之說，象義既詭異難通，而奰字又失其母文，殆未足馮。依許說臭，古文或以為澤字。澤从睪聲，上亦當从目，不當从白，以許義自相證，亦足見臭臭之必為一字矣。

㚖字以櫝改彝作，上从象形「目」字為最完備，一變為毛公鼎，為艾伯鬲彝字。再變為石鼓昊字，單伯鐘昊字，多父盤㚖字，為無昊鼎。三變為昊生鐘昊字，召伯敢㚖字，實皆目之省變也。甲文从，與目形亦相近，其从亦即之變，甲文目象形作，其省作，猶金文省作，皆象牟子形也。瑑畫小異爾，校覈諸形，亦「㚖」當从目之義證也。

古文目字，亦有變為者，如曶鼎「眔」作是也。金文馬字作，亦象目髦形，説文載古文作籀文作，亦變目為，皆其比例。其从目字變為白者則罕見，唯金文覞字从見，史頌敢、虢季子白盤。或作䚋，追敢、井人鐘。變从「見」為从「皃」。雖皃字不从白，而形則相近，詳後奇字發微。亦可互證也。【名原下卷】

◉柯昌濟　卜詞曰。令以矛方人奠于并。字或作等形。案此字與毛公鼎肆皇天無斁斁字作同。即古臭字。説文。臭。大白澤也。从大白。孫仲容先生釋臭字曰。無臭鼎云。無之饙鼎。又毛公鼎亡字。皆當讀為斁。古之以為澤字。斁澤同从睪得聲。古可通用。無臭鼎上从白。與許書正合。毛鼎白作者。字之省變。案孫説精甚。【殷虚書契補釋】

◉馬叙倫　鈕樹玉曰。古文以為澤字之澤當作皋。皋俗作皐。與睪相近。漢時已掍。故馬援上書辯城皐令即有白下羊皿下羊之異。段玉裁曰。大白澤也當作大白也。白下有澤字。不知始於何時。獸名白澤。故非經典。即有此物。孰別其大小乎。古文以為澤字之澤當作皐。古澤睪皐三字相亂。章炳麟曰。大白澤非後人妄改。乃古文借臭為虩。叔重誤認臭為本字耳。皋澤二字古多掍殽。説文言臭古文以為澤字。本草廣雅澤蘭兼得虎蘭之名。疑本亦作皋。借為虩也。倫按此字蓋與師父敢之及石鼓文之同。從白從日無異也。此從白。大聲。大音定紐。澤音澄紐。同為濁破裂音。故古文以為澤字。今音古老切。與介同音。蓋古書以昦臭形近。譌以臭為昦。昦皋形音並近。又譌以昦為皋。皋變為皐。隸書與睪形近。馬援所謂皿下羊白下羊也。故左襄十七年傳澤門。詩正義引作皋門。詩。鶴鳴於九皋。辥君章句以皋為澤。莊子知北遊。皋壤即澤壤也。大白澤也或大白也均非本義本訓。澤字蓋因古文以為澤字而羨。或澤也以聲訓。或本是校者注以釋音者也。廣韻音昌石切。是其證。後之校者不明其音。乙於白下。大白又以本義無考。依字形補之。或本是臭澤二字。傳寫譌臭為白大二字。復㬎為大白耳。臭蓋為光澤之澤本字。本書。澤。光潤也。光潤是二義。光也即臭字義。當入白部。

【説文解字六書疏證卷二十】

◉朱芳圃　鄦臭鼎　毛公鼎　臭象人頭上蒙倛；倛，方相也，漢人謂之魌頭。大，人也。中一横畫為羨文。當為禓之初文。説文示部：「禓，逐强鬼也。四字依篆隸萬象名義及韻會引補。道上祭也。从示，昜聲」。逐强鬼即索室毆疫，周禮夏官：「方相氏掌蒙熊皮，黄金四目，玄衣朱裳，執戈揚盾，帥百隸而時難，以索室毆疫。」鄭注：「蒙，冒也。冒熊皮者，以驚毆疫癘之鬼，如今魌頭也。時難，四時作方相氏。以難卻凶惡也。月令『季冬命國難。』索，廋也。」考逐强鬼為古代一種感致巫術，即以鬼攻鬼，幻想用虛假之動作以招致實際之效果也。道上祭即衍祭，周禮春官：「大祝……辨九祭，……二曰衍祭」，鄭注：「鄭司農云，『衍祭，祭羨之道中，(依孫校增祭字。)如今祭殤，無所主命。』」從字之結構考之，逐强鬼為本義，道上祭為引申義。古音臭讀透聲鐸韻，暘讀定聲陽韻。旁紐雙聲，陽入對轉。是臭為暘之初文，不僅形義相符，音亦切合無間。

傳世銅器有無臭鼎，無臭人名，義取壓勝，與無夒同。史記太史公自序有司馬無澤，秦始皇本紀有馮毋擇。無澤，毋擇，即無臭也。許君云臭「古文以為澤字」，此即其確證矣。

亡臭為古代習用之成語，師訇𣪕銘：「肆皇帝亡臭」，毛公鼎銘：「肆皇天亡臭」，亡臭即無臭。一作無⿱罒⿱幸廾，静𣪕銘：「静學無⿱罒幵」。(⿱罒幵即⿱罒⿱幸廾之省形。)經傳皆作無斁，書雒誥：「我惟無斁」，詩周南葛覃：「服之無斁」，大雅思齊：「古之人無斁」，周頌振鷺：「在此無斁」，魯頌駉：「思無斁」，泮水：「徒御無斁」。一作無射，大雅思齊：「無射亦保」，周頌清廟：「無射於人斯」。桉臭為本字，⿱罒⿱幸廾、斁、射皆同音假借。

臭與皋形近，皋一作臯，形與睪近，故古籍中常互混淆，如詩小雅鶴鳴：「鶴鳴于九皋」，毛傳：「臯，澤也。」桉臯當作臭，毛公訓為澤，以本字釋借字也。荀子大略篇：「望其壙皋如也」，皋如，家語困誓篇作睪如，列子天瑞篇同。皋亦臭之形誤，睪為同音假借。臭，唐韻音古老切，説文繫傳音姦皓反，蓋誤以皋字之音為臭字之音。廣韻二十二昔音昌石切，集韻二十陌音直格切，乃其本音。許君云「古文以為澤字」，是其確證。玉篇大部臭音公老切，又昌石切，兩音並存。蓋其混淆，在六朝時已然。吳大澂釋□為斁。(説文古籀補三·一一。)林義光謂臭即⿱罒⿱幸廾、睪之省變。(文源八·八。)唐蘭謂□為□之形誤，臭為昊之異文。(古文字學導論下五一。)容庚析□□為二，一、釋斁，與臭同。(金文編三·三五。)一釋臭，云「説文所無」。(同上五·三二。)桉諸説紛紜，誤不待辯。【殷周文字釋叢卷下】

◉于豪亮　「天不臭其有忑(愿)，」臭疑即《説文·大部》之臭字，臭或為臭字之訛誤。《説文》云：「古文以為澤字」，臭既為澤之古文，當以音近讀為逆(古同為魚部入聲字)。有讀為於，《易·萃》：「王假有廟」，馬王堆帛書本作「王叚於廟」，此有讀為於之證。這句的意思是，天不違背他的愿望。【中山三器銘文考釋　于豪亮學術文存】

奚

甲七八三　地名　叀奚田　乙一二一六反　前二・四二・三　續三・三〇・一　金五八〇　戩四九・三

京津四五三五【甲骨文編】

甲783　乙7741　續3・30・1　新4535　前6・19・1　6・19・2　甲2278　續1・19・3　徵3・71　續6・27・4　凡29・2　摭續155　乙896　4606　5502　續2・18・7　徵11・59　掇121

乙1703　甲1134　佚705　甲2876　乙770　937　2594　3442　4119　4502

珠997　掇136　摭續273【續甲骨文編】

奚　卣文　卣文　丙申角　亞中奚簋　遡盂【金文編】

虎奚長印　奚輔私印　奚聽私印　奚子公印　提奚丞印　提奚長印　奚令印　奚意之印

奚長公　奚仁之印　肜奚傷【漢印文字徵】

奚出楊大夫碑【汗簡】

道德經　楊大夫集　王存乂切韻【古文四聲韻】

◉許　慎　奚大腹也。从大。𦃃省聲。𦃃籀文系字。胡雞切。【說文解字卷十】

◉吳榮光　丙申角　龔定盦說。幼之異文从大者。古者字義以相反而相成也。幼本从幺。幺貝最小。幼貝次之。王莽時嘗行之。吳子苾釋綏。青地綠文曰綏。【周父癸角　筠清館金文卷二】

◉吳大澂　周禮春官序官奚四人注。奚。女奴也。又禁暴氏凡奚隸聚而出入者則司牧之。注。奚隸。女奴男奴也。又天官序官奚三百人。注。古者從坐男女没入縣官為奴。其少才知以為奚。今之侍史宮婢或曰奚宦女。許氏說文解字訓奚為大腹。而女部別出㜎字。訓為女奴。此非造字之本意也。奚字最古者作奚。見潘伯寅師所藏拓本。卣文象人載寠數形。今朝鮮民俗負戴于道者。男子多負婦人多戴。童僕亦有戴者。猶有三代之遺風。故女奴為奚。童僕亦稱奚。余所得拓本觚文。筠清館金文所載爵文。潘伯寅師所藏丙申角文。皆奚之象形字。許書皿部。㼱盨負戴器也。漢書東方朔傳。盆下為寠數。顏注。寠數戴器也。以盆盛物戴於頭者。則以寠數薦之，今賣白團餅人所用者是也。楊惲傳。鼠不容穴銜寠數也。㼱盨寠數皆漢時通稱語。大澂謂婁字从女从串。串疑即象戴器之形。中空而重疊者謂之婁。後人加宀為寠。加穴為窶。加竹為簍，取中空之義也。加尸為屢。加广為廔。从木為樓。从攴為數，取重疊之義也。許書穴部無窶字。尸部無屢字。古通作婁也。婁數盨三字與奚字雙聲。皆一語之轉。【奚字說　字說】

◉羅振玉

說文解字。奚。大腹也。予意罪隸為奚之本誼。故从手持索以拘罪人。其从女者。與从大同。周官有女奚。猶奴之從女矣。【增訂殷虛書契考釋卷中】

◉劉心源　奚或釋周。亦非。古老子奚作。攈古遺文作。與此合。【矢人盤　奇觚室吉金文述卷八】

◉孫詒讓　从大从爪。絲省聲。塙是奚字。龔自珍釋為幼。吳式芬釋為綏，並未允。【周父癸角　古籀拾遺卷下】

◉林義光　大象人形。此象糸繫人頸。爪持之。即係纍之係本字。周禮天官序官奚三百人。注。古者從坐男女沒入縣官為奴。其少才智以為奚。淮南子傒人之子女。以傒為之。古作南亞彝癸。【文源卷六】

◉高田忠周　龔定盦云。幼之異文。从大者。古者字義以相反而相成也。按龔說妄誕殊甚。今審篆形。明是奚字也。說文。大腹也。从大从籀文系省。即从省也。如下篆作者。亦其省略耳。說文豯下曰。腹奚奚皃。但謂縣系而大皃也。【古籀篇三十九】

◉葉玉森　小母矢奚。森桉。小母之稱罕見。或稱庶母。矢奚殆其名也。殷虛卜辭第二千九十七版云「貞于」。辭內之奚疑奚之繁文。矢奚或省稱奚。【殷虛書契前編集釋卷一】

◉商承祚　卷一第十六葉。卷六第二十三葉。藏龜第二百五十三葉。第九十五葉。龜甲獸骨卷二第五葉。同上。祚疑奚字之異體。【殷虛文字類編卷十】

◉商承祚

此作以手持索拘辠人。當為奚之本誼。从女與从大同。周官有女奚猶奴之从女也。金文丙申角作。奚卣作。雖省手。誼已明白。吳大澂(清卿)曰。「漢書東方朔傳注。顏師古曰。寠數。戴器也。以盆或物戴於頭者。則以寠數薦之。

今賣白團餅人所用者也。」（說文古籀補奚注。）以索為婁形。亦非。【甲骨文字研究下編】

◉陳邦懷　說文解字女部。媄。女隸也。從女奚聲。段注云。「周禮作奚。叚借字也。」桉卜辭第二字从女奚省聲。當是媄之初字。羅參事隸媄於奚下。恐不然矣。【殷虛書契考釋小箋】

◉郭沫若　二奚字均呈縲絏之象。⊘以字形而言，乃所拘者跪地反翦二手之形。實非从女。然謂當以罪隸為本義。則固明白如畫也。此字足徵奴隸之來源。【卜辭通纂】

◉郭沫若　即要字。小篆作。說文又引古文作。从幺與小篆同。从女與彼古文同。疑彼之⊗實8之譌也。「要帝吉」者。要殆假為郊。吉讀為嗀，謂郊祀上帝以嗀也。【殷契粹編考釋】

◉馬叙倫　奚爵舊作方奚爵。見攈古録金文一之二。吴釋方奚。說文車下言。夏后時奚仲作車。此吕忱或校者據系本記之也。然則此奚豈即奚仲與。從大幺聲。幺系一字也。詳疏證。說文之奚。從大䌛省聲。䌛籀文系字。實即祖乙卣之甲文之也。系本是治繭為絲而絞之。非蠶所吐之本義。詳疏證。奚為媄之初文。而係之異文也。亦奴隸之隸本字。吴大澂據卣文作。觚文作及此文。謂象人戴婁數形。吴隸之役也。羅振玉據甲文作。謂從手持索以拘罪人。林義光謂象系繫人頸爪持之。倫謂吴所舉觚文之。與舊釋孫觚之蓋一字。貞松堂集古遺文四幺父丁鬲之。蓋亦此字。乃賣婁數者之圖語。卣文之與此實是奚字。甲文作者。從奴之初文。即女之異文。而則之異文也。奴隸之義一也。從奴不必復從爪而系其首。林謂象系繫人頸。然古之圖畫性象形文。直象其事物之形。此系皆在首上不在頸也。故倫還從說文䌛省聲之說。以金文證之。直從系得聲耳【讀金器刻詞卷中】

◉馬叙倫　鈕樹玉曰。繫傳籀作古。非。龔橙曰。字見李登集古文。篆誤。大腹也非本形。吴大澂曰。奚即周禮春官奚四人之奚。注。奚。女奴也。奚字最古作。象人戴婁數形。今朝鮮俗。男子多負。女子多戴。羅振玉曰。奚象手索以繫人。蓋奚為俘奴。卜辭作。古俘奴殆男女均有之。周禮有女奚。故或從女。象索也。林義光曰。大象人形。此象糸繫人頸。爪持之。即係纍之係本字。倫按大腹也者。非本訓。本書豯下曰。腹豯豯皃也。鼷下曰。水蟲也。桂馥以為皆大腹者也。豈大腹為鼷字義邪。奚從大䌛省聲。然丙申角作。父乙觚作。甲文作。明從大或從女兹聲或玄聲。為異文。不必省聲也。爵文作。卣文作。則但從系聲。系一字。玄䌛系亦一字也。甲文從女者。女為奴之初文也。奚為媄之初文。本書無傒字。莊述祖謂係即傒字。淮南本經。傒人之子女。高注。傒。繫囚之。讀若雞。然則奚係一字。以從系得聲。故得借為繫字。此從象形之大。玄應一切經音義引倉頡。奚。何也。字見急就篇。【說文解字

六書疏證卷二十】

●于省吾　甲骨文奚字作或形。金文奚卣作，亞中奚簋作，丙申角作。羅氏謂為「从手持索以拘罪人」，殊不足據。如為索形，則不應在頭上中部。甲骨文係字作，乃象項部繫索之形。余曩時見商人盧雨亭自安陽買來玉人頭一枚，高約一寸五分，其頭下連頸，頸圍約如拇指，頭上象清人鬍髮留辮形。余審視頗久，其頂部留髮處作圜形，髮文歷歷可數。唯其與清人髮辮不同者有二：一，清人髮辮自頸部編起，此則自頂之中間編起。二，清人髮辮甚長，此則由頂部起，僅垂至頸部。又近來在安陽婦好墓出土之玉人，亦有數枚帶髮辮者。尚書大傳高宗肜日：「編髮重譯來朝者六國。」可見與商代同時之其他方國已有編髮之制。史記西南夷傳：「皆編髮隨畜遷徙。」漢書終軍傳：「殆將有解編髮，削左衽，襲冠帶，要衣裳而蒙化者焉。」今以安陽出土編髮之玉人證之，則編髮之制非始于漢，遠在三千年以前之商代已有之。【釋奚　甲骨文字釋林卷上】

●唐桂馨　此字形無大腹意義。商承祚殷虛文類釋甲骨文奚。謂从爪糸女。以糸繫女使為奴。故有所謂奚奴。其證甚是。竊謂甲骨文女字似與大字相混。大即人也。以糸繫大使為奴曰奚。不必定為女也。【說文識小録　古學叢刊一九三九年第四期】

●高鴻縉　亞中奚簋　此奚奴之奚。象爪牽人髮而命事之形。字倚倚爪而畫其髮辮。由文(人)生意。故為奚奴。名詞。亦用為動詞。後世或加人旁作傒。或加女旁作㜎。意同。徐灝曰。周官。酒漿醯醢之事用奚。鄭氏曰古者從坐男女沒入為奴。其少才智者以為奚。今以侍史官婢。或曰奚宦女。說文別有㜎字。女隸也。又叚借之用與何同。奚何胡曷一聲之轉。其義一也。是也。【中國字例二篇】

●馬國權　，說者謂象以手持索拘人之形。則「奚貝」者，余謂乃拘擄所得之貝。卜辭有「囚貝」。郭沫若先生曾考釋云：

「『戊甲卜，殸貞，□㞢有其囚貝』。

此例可徵貝之來源。凡古貝朋之貝乃海產，殷人地域不濱海，則貝之來必得自濱海民族。其得之之方，非由實物交易，則由擄掠也。周彝銘中多言『孚貝』事，此言『有其囚貝』，亦是『孚貝』之意矣。」(見《卜辭通纂》470片考釋。)

由是觀之，則「奚貝」與「囚貝」當同意。【罍角新釋　學術研究一九六二年第六期】

●李孝定　奚字，古圖畫文字象縲絏加人頭，蓋繫其頸；辠人皆械係之，此其象意字也。吳大澂氏謂象人戴寠數形，殊誤，寠數又名盨，其形圜，所以薦盆，此明象縲絏形，與圜形之盨絕遠。【金文詁林讀後記卷十】

●劉　釗　《漢徵補》十三·三第3欄有字作「、」，《漢徵補》隸作系，以不識字列糸部後。按字應釋作「奚」。漢印奚字作「」，又作「□」。提奚長印奚字作「□」，提奚丞印奚字作「□」，可證奚字可作「系」。【璽印文字釋叢 考古與文物一九九〇年第二期】

◉戴家祥 說文「系，繫也。从糸，丿聲」。籀文作𦃃从爪持絲，此从𢆶與篆文系同。蓋奴隸起源於戰俘。戰鬬之中，强者殺之，馴服者役焉，其後罪犯奴隸，亦課以苦役，成羣結隊，相互聯繫。墨子尚賢中「傳說被褐帶索，庸築乎傅巖」，荀子儒效篇「鄉也胥靡之人」，楊倞注「胥靡，刑徒人也。胥，相。靡，繫也」。唐韻靡讀「文彼切」，明母歌部，縻讀「靡為切」，不但同部而且同母。同聲必然同義。易中孚九二「吾與爾靡之」，釋文「靡，本又作縻」。莊子胠篋篇「伍員靡」，釋文司馬注「靡，縻也」。說文「縻，牛轡也」。孟子梁惠王下「係纍其子弟」，趙岐注「係纍，猶縛結也」。史記言秦王子嬰降于漢高祖時，係頸以組，亦表示接受係纍之義。羅氏釋奚為罪隸之本誼，形義可據。唐韻奚媄俱讀「胡鷄切」匣母支部，奚本象形，作媄者，性別加旁字也。【金文大字典中】

耎 耎

耎 耎 封五七 【睡虎地秦簡文字編】

◉許 慎 耎稍前大也。从大。而聲。讀若畏偄。而沇切。【說文解字卷十】

◉馬叙倫 丁福保曰。慧琳音義七引前稍韋也耎弱也。與二徐本異。倫按稍前大也不可通。朱駿聲以為稍當為梢。從大從耑省。所謂本不勝末也。亦强為之辭耳。慧琳引作前稍韋也亦不可能。然可證稍前與大本不相連。大乃耎字之爛捝而字者也。蓋此説解捝譌甚矣。倫謂稍前或前稍二字中必有一譌。稍或本作削。削前二字篆隸形均相近。今本乃轉寫譌捝後為校者所改如此。然前韋仍不可通。如以前為剪之初文。則剪韋為耎。於古無徵。削韋亦然。耎音與甏同。甏下曰。柔皮也。則前或削或稍皆柔之譌。而柔韋乃甏字義矣。慧琳引耎弱也者。蓋一曰下文。弱也是耎字本義。耎為偄之初文。故讀亦若偄。玉篇。耎。柔也。或本許書。此從象形之大。玄應一切經音義引三倉。耎。柔弱也。【說文解字六書疏證卷二十】

◉睡虎地秦墓竹簡整理小組 耎（音軟），讀為濡，《廣雅・釋詁二》：「漬也。」【睡虎地秦墓竹簡】

𡚁 𡚁

◉許 慎 𡚁大皃。从大。𡿺聲。或曰。拳勇字。一曰。讀若傿。乙獻切。【說文解字卷十】

◉馬叙倫 王筠曰。集韻引或作一。劉秀生曰。䀠部。𡿺。讀若書卷之卷。在寒部。傿聲亦在寒部。故𡚁從𡿺聲得讀若傿。齒部。齤。從齒。𢍏聲。讀若權。走部。𧾌。從走。瞏聲。讀若灌。左襄十四年傳。齊靈公名環。公羊作瑗。文選南京賦。

垂條嬋媛。注。嬋媛。枝相連引也。揚雄反離騷。有周氏之嬋嫣兮。應劭曰。嬋嫣。連也。䀠聲如爰。爰聲如藋。藋聲如睘。睘聲如爰。爰聲如嫣。是其證。倫按此蓋顯之初文。猶契為類之初文也。或曰。拳勇字一曰讀若傿。當作讀若拳勇之拳一曰讀若傿。傳寫譌耳。此從象形之大。【説文解字六書疏證卷二十】

◉林潔明 𡘲字从大从目。説文所無。容庚謂説文有奰从三大三目。則必有从目从大之字。是也。郭沫若以為字从目从矢。定為瞬之古文。按字顯然从大从目。非从矢。郭説殆非。孫詒讓釋為臭。於銘文義無所適。亦非。説文奰奰並訓大。目从大。已見大之意。不必二目。余謂𡘲殆奰奰之初文。本義當指人目之大。引申為壯大。𡘲訓大於銘文亦可通。縣改簋。𡘲𠙵體卹檜白室。意謂大大體卹檜白之室。室。內助也。縣改蓋犀白之女。嫁於縣白者也。【金文詁林卷十】

◉許慎 奰壯大也。从三大三目。二目為䀠。三目為奰。益大也。一曰。迫也。讀若易虙羲氏。詩曰。不醉而怒謂之奰。平祕切。【説文解字卷十】

◉馬叙倫 莊有可曰。詩曰下脱内奰於中國句。鈕樹玉曰。繫傳迫作通。譌。韻會引詩曰下有内奰于中國五字。恐妄增。詩曰二字亦疑後人加之。不醉句乃毛傳也。嚴可均曰。䀠當作𥄕。錢大昕曰。古音伏與偪同。故轉音如奰。林義光曰。三目三大無壯大義。艾伯鬲作𡗕。象三人壯大形。倫按以艾伯鬲作𡗕證之。知從三大耳。本書無𡘲字。櫝妃彝作𡘲。即毛公鼎之𡘲。亦即甲文之𡘲。此其茂文。壯大也非本義。此字蓋出字林。故説解迂回穿鑿。一曰迫也者。或校者記本訓。迫也以聲訓。讀若易虙羲氏者。劉秀生曰。疒部。𤺺。滿也。奰聲古蓋如偪。故𤺺從奰聲得有滿義。畐讀若伏。古在滂紐。虙音並紐。滂並皆脣音。故奰音如畐。得讀若虙。虙義氏今易繫辭作包義。包聲在邦紐。亦脣音也。倫檢書序。伏犧氏之王天下也。釋文。伏犧。古作包犧。易繫辭。古者包犧氏之王天下也。釋文引孟京。伏。服也。是孟京易作伏也。伏音奉紐。古讀歸並。然則奰亦得讀若伏矣。詩蕩。內奰于中國。釋文。奰。皮品切。舊音備。倫謂古音備如伏。則舊音是也。以音同伏。而艾伯鬲作𡗕之形求之。奰即伏甲之伏本字。當立𡘲部而奰為其重文。或自為部。説解曰。從三𡘲。【説文解字六書疏證卷二十】

夫

乙一八七四 乙二二六七 乙三三三四 往夫 地名 鐵七七・三 鐵一九六・四 前四・七・六 與大
通用夫甲即大甲 前四・二五・四 前五・二・四 前五・三二・一 前六・八・四 後一・一一・一六
戩三八・二 戩四二・八 夫妣兹用 佚一八五 佚八〇五背 續五・三〇・一四 續六・二四・五
鄴初下四二・二〇 乙六三二三 京津三八七〇 無想四三三 庫三五〇 庫一五四八 明一九二三
明二〇九六 【甲骨文編】

甲571 乙1185 2267 3334 6313 佚185 960 續5・29・12 6・24・5 掇
256 京3・30・1 鄴42・20 龜卜29 【續甲骨文編】

夫 盂鼎 舀鼎 克鼎 善夫克鼎 克盨 散盤 善夫吉父鬲 鄧公簋 嘉賓鐘
邾公華鐘 曾姬無卹壺 聖趄之夫人 中山王譽鼎 中山王譽壺 蛮壺 嗇夫 善夫吉父匿 大簋
善夫 邾公牼鐘 台叜大夫 伯晨鼎 幽夫赤舃即禮記玉藻之幽衡趞簋作幽亢 君夫人鼎 大鼎 善夫夫字作大
攻吳王大差監 春秋作夫差 蔡侯麣鐘 大夫二字合文 中山王譽壺 忨從士大夫 中山王譽兆域圖 大夫人堂
十一年惪鼎 【金文編】

5・87 咸郚里夫 5・384 瓦書「四年周天子使卿大夫……」共一百十八字 叢刊1980:3・61 【古陶文字徵】

一九四：四 宗盟類參盟人名 痓夫 【侯馬盟書字表】

4 188 【包山楚簡文字編】

夫 效二七 九十四例 夫 雜二〇 十六例 夫 日乙二五九 十五例 夫 法一六七 十三例 夫 日甲一四四背 【睡虎地秦簡文字編】

0112 0108 0109 3733 【古璽文編】

御史大夫 師尉大夫丞 夫祖丞印 孫子夫 尹夫 梁相夫印 杜少夫千万 魯巷夫印 臣相夫 高信夫 杜惡夫 齊御史夫= 【漢印文字徵】

素下殘石 禪國山碑 夫大德宜報 石經僖公 楚殺其大夫得臣 文公 晉人殺其大夫先都 遷鄏石 【石刻篆文編】

夫 【汗簡】

王存乂切韻 古孝經 汗簡 道德經 同上 【古文四聲韻】

◉許 慎 丈夫也。从大。一以象簪也。周制以八寸為尺。十尺為丈。人長八尺。故曰丈夫。凡夫之屬皆从夫。甫無切。

【說文解字卷十】

◉王 襄 古夫字。【簠室殷契類纂正編第十】

◉林義光 古作邾公華鐘。或以為之。大鼎善大即膳夫。秦刻石大夫作夫=。蓋夫與大初皆作。象人正立形。其後分為兩音兩義。乃加一為以別於大。古女或作父乙器婦字偏旁。母或作母父丁器。則一非象大夫之簪也。【文源卷一】

◉馬叙倫 鈕樹玉曰。玉篇引作丈夫。從一。從大。一以象簪。玉篇韻會引周制下無以字。沈濤曰。御覽三百八十二引夫從一大。象人形也。一象簪形。冠而既簪。人二十而冠。成人也。故成人曰丈夫。蓋古本如此。冠而既簪。當作既冠而簪。周制云云十五字疑是說文注中語。龔橙曰。夫字金器名作。篆省首作一。秦二世刻琅邪臺五夫=。史記作五大夫。可知大本夫省。此誤說從大一以象簪。倫按曶鼎。賚兹五用百寽。以夫為人。大鼎善大即膳夫。吳王夫差鑑夫作。甲文夫甲即大甲。是人大夫一字。大字古音蓋在定紐。故淮南以大典下韻。而今江蘇浙江方言亦多讀如度或杜。則大夫古聲皆在魚類。由定轉泥為人。人音日紐。古讀歸泥也。泥微同為邊音。由泥轉微而入非。則為夫。古官有大夫。猶匈奴烏桓之有大人矣。秦刻石夫＝即大夫。皆一字之證也。今作□者。實□之變。丈夫也非本義。亦非本訓。説解蓋經校者改竄。周制以下明為校語也。字見急就篇。盂鼎作□。散盤作□。克簋作□。甲文作□□。【説文解字六書疏證卷二十】

◉孫海波　與大通用。夫甲即大甲。【甲骨文編卷十】

◉陳夢家　前五・二・四的夫示小示即大示小示。【殷墟卜辭綜述】

◉楊樹達　前編四卷七葉之六云：「辛亥，卜，貞，㞢來甲翊甲寅，□用于夫甲。十三月。」羅振玉云：夫甲即大甲。秦刻辭大夫作夫夫，知二字古通用。考釋下二十。【卜辭求義】

◉周谷城　説文云。□丈夫也。周制以八寸為尺。十尺為丈。人長八尺。故曰丈夫。凡夫之屬皆從夫。照這個意思看。夫衹是長人。衹是大個子。或如上海話所謂大塊頭。農夫云云。衹是農場上的大個子或大塊頭。【農夫田民兩級考　古史零證】

◉高鴻縉　夫。成人也。童子披髮。成人束髮。故成人戴簪。字倚大（人）。畫其首髮戴簪形。由丈大（人）生意。故為成人意之夫。童子長五尺故曰五尺之童。成人長一丈（周尺）故曰丈夫。偉人曰大丈夫。許言漢八寸為周一尺。人長漢八尺也。至妻之對曰夫或丈夫。皆是借用。【中國字例二篇】

◉郭沫若　□「夫」字張釋為「不」，屬下讀，殆非是。【侯馬盟書試探　文物一九六六年第二期】

◉周法高　白川静謂。伯晨鼎「幽亢、赤舄」。郭氏大系據孫詒讓釋為黼黻文章之「黼」。周禮典絲「凡祭祀。共黼畫組就之物」。孫説引詩「玄衮及黼」。箋云。「黼。黼黻。絺衣也。」金文無幽黼之語。此夫字形之字釋為黼。頗有問題。文録釋為絲弁。頗有疑問。白川氏並比較列於玄衮衣與赤舄之間見於他器之例如下。

大盂鼎	冂衣			市舄		輚馬
趞鼎		赤市	幽元		緣旂	
吴方彝	玄衮衣			赤舄		金車
本器	玄衮衣		幽亢	赤舄		駒輚
師俞㲃		赤市	朱黄		旂	
舀壺	玄衮衣	赤市	幽黄	赤舄	緣旂	
寰盤	玄衣黹屯	赤市	朱黄		緣旂	

本器之字應作幽亢。同趞鼎之幽亢。近於「夫」之字形乃亢之異文。相當於他器之黄。文獻之珩衡。金文編列此字於

「夫」字條。註云。「幽夫赤舃。即禮記玉藻之幽衡」。此字應作「亢」之異文。金文通釋一二五。師晨鼎。白鶴美術館誌第二二輯三二、三三頁。法高案。吳闓生吉金文録謂「郭云當讀幽黃」。蓋據初版本大系。增訂本頁一一六則據孫詒讓説。孫氏引詩小雅采菽。不為無據。白川氏據銘文通例。亦殊可信。【金文詁林卷十】

◉徐錫臺 (H4:37)，其字與殷虚卜辭(《鐵》773)和西周金文《㫚鼎》之「」;《六書通》「陰夫人」之「」等字相似，故當釋為「夫」字。【西周陶文試釋 人文雜誌一九八五年第三期】

◉李孝定 契文同。孫氏謂通大。是也。孫又引前・五・二・四辭云。「壬午卜貞龔自甲夫示□隹牛□□叀▨」。夫甲即大甲。夫示即大示也。許云。「人長八尺故曰丈夫」。古者尺短。常人身長當於一丈。漢制之八尺。栔文尋字作。象兩臂伸張之狀。常人伸其兩臂約與身長相當。故後世尋為八尺也。金文作盂鼎善夫克鼎散盤䡞医鼎大簋克簋大鼎「膳夫」以大為之攻吴王夫差監「夫善」之夫作大。與契文同。【甲骨文字集釋第十】

殷規 敬規印信【漢印文字徵】

規 規【汗簡】

義雲章 同上【古文四聲韻】

◉許 慎 規有法度也。从夫。从見。居隨切。【説文解字卷十】

◉郭沫若 師望鼎 妻字當是規之古文，彝銘畫字从此作𦘦，蓋謂用規以畫圓，周即圓周也。説文周匝字作匑，此字古未見。「不分不妻」分當讀去聲，謂不敢不守本分不守規矩也。【師望鼎 兩周金文辭大系考釋】

◉馬叙倫 鈕樹玉曰。繫傳作有也。翟云升曰。當入見部。朱駿聲曰。從夫非誼。當從矢。與短及或體榘字同。相承誤耳。龔橙曰。有法度也非本形。徐灝曰。鍇本作見聲為優。鄭注周禮蜡氏引小雅吉蠲為饎作吉圭。蓋圭之聲轉如涓。故規從見聲也。倫按矩從夫不從矢。見矩字下矣。規音見紐。則自或從見得聲。宋保舉覴覩皆從見得聲。以為由支佳合元寒桓山仙部內之聲。蓋迂遠矣。然從夫而訓有法度。必如玄應謂言大夫之見必合規矩。不悟大夫一字。其說不得而立。龔謂非本形之義是也。倫謂規為窺之初文。從見。夫聲。夫大一字。大聲脂類。故規聲轉入支類。又支音非紐。古讀歸封。封見同為清破裂音。是規得聲於夫。而音轉入見紐也。有法度也者。謂正圓之器。其字作㐅。今失其字而借規為之。【説文解字六書疏證卷二十】

◉張日昇 師望鼎 从聿从㐅。説文所無。郭沫若謂當是規之古文。其説是也。字所从㐅。非即説文訓芟艸之㐅。芟艸之農具㐅作／＼相交。象剪刀之形。與正圓之規形狀相近易混。必當加義符以為區別。剪艸之㐅或从刀作刈。正圓之規乃从聿作叏。畫金文作畵。从周从叏。郭説周即圓周。非是。詳0384畫字條。叏亦聲。規畫古音並在佳部合口。規Kiweg畫ɣwek。再簋云。「用乍季日乙叏」。叏叚作鬹也。説文云。「三足釜也。有柄喙」。古鬹之形制不必如許書所云。然叏借作食器名稱則絶無可疑。師望鼎云。「不敢不家不叏」。容庚謂義與㐅同。郭沫若釋作「不敢不分不叏規」。按第四字原作分。郭釋分於字形不合。容釋家似亦未當。蓋不家或不敢家雖為金文成語。然不敢不家則於誼不通。不敢不一詞亦見於金文。乃反言懼辭。沈子段。「不敢不緻休同公」。番生段。「番生不敢弗帥型皇祖考不㶣之德」。兮甲盤。「毋敢不出其貟」。並皆可證。至於郭説分字雖當存疑。而不敢……不規於義亦可通。【金文詁林卷三】

㚘 扶

明二二四九 庫一八〇七 佚二二二或从二大 簠帝二五 掇一·四一六 掇二·七六 摭續八五 京津一三八【甲骨文編】

◉許慎 㚘竝行也。从二夫。輦字从此。讀若伴侶之伴。薄旱切。【説文解字卷十】

◉王襄 古㚘字。許説並行也。从二夫。輦字从此。讀若伴侶之伴。【簠室殷契類纂正編卷十】

◉馬叙倫 徐鍇曰。會意。鈕樹玉曰。廣韻引二作兩。嚴章福曰。輦字從此校語。㚘即伴侶正字。伴訓大也。王筠曰。本書無侶字。蓋讀若句後人加。倫按竝行非本訓。輦字以下校語。或字出字林也。㚘比㳄一字。【説文解字六書疏證卷二十】

立

甲八二〇 甲一六〇三 甲二六四七 甲二七八一 乙六二七四反 乙六六九六 乙六九六四 立黍弗其受年 鐵八八·四 鐵二四一·四 前二·三七·七 前四一·七 前六·五一·二 前七·一

六・一　貞來甲辰立中　前七・二二・一　王叀立中若十二月　後二・九・六　林二・一二・一　佚二五二　燕
一五三　鄴二下・三五・五　明藏二二一　叀中立若　明藏五二四　卜立中　續四・四・五　立中允亡風　金五
○三　粹一二一八　王勿立中　京津一八四一　粹一一六二　京津二三四六　存下八○三　方大出立中于北土

【甲骨文編】

甲1219　1603　2647　2781　乙2407　6150　6696　6964　7741　7851
佚252　續4・4・5　徵1・9　續6・15・8　徵11・73　續6・20・2　掇526　京2・20・3　2・30・3
3・31・4　4・11・1　天95　續存22　摭續121　粹4　144　398　1162　1218
1292　新977　1607　2346　2477　【續甲骨文編】

立　立鼒父丁卣　立鼎　史獸鼎　尹令史　獸立工于成周　國差𦉜　國差立事歲　中山王嚳壺　與盧君並立於殲
陳章壺　陳旻再立事歲　孳乳為位周禮故書小宗伯掌建國之神立注古者立位同字古文春秋經公即位為公即立　頌鼎　王各大室即立
吳方彝　趞曹鼎　同簋　元年師兑簋　諫簋　寰盤　克鼎　師嫠簋　師酉簋　休
盤　㝬簋　格伯簋　毛公㾓鼎　番生簋　秦公鎛　㪴在立　中山王嚳壺　臣宗𨿅立　又从立胃聲
遂定君臣之䏡　孫弔師父壺　邛立宰孫弔具立宰意為大宰　【金文編】

3・1　陳楠三立事歲右廩釜　3・4　陳楠立事☐☐　3・39　陳☐立事歲平陵廩釜　3・2　陳闠立事歲安邑亳釜
3・5　陳向立事歲𠧟之王釜　3・18　陳导立事歲　3・30　陳𦉢立左☐☐　3・42　陳䕫立事歲　3・32　立事歲

3·21 平陵陳尋立事歲𧗿公　3·58 陳子立□　3·36 誾陳齎參立事左里敀亳豆　4·89 匋攻立　9·47 左杋立木　5·390 秦詔版殘存「黔首大安立號為皇帝」九字　5·398 秦詔版「廿六年皇帝盡并兼天下諸侯……」共四十字　秦1550 秦詔版殘存「黔首大安立號為皇帝」九字　【古陶文字徵】

〔三六〕　〔三六〕　〔三六〕　【先秦貨幣文編】

刀大齊厺化背　與齊刀齊造邦𢔁厺化𢔁字所从者字形同或通于土字說見𢔁字條　典九六〇　刀大齊厺化背　典九五九　【古幣文編】

202　250　【包山楚簡文字編】

立　為六　五例　通位　鬼—　法一六一　日甲二六背　二例　法一六一　日乙二三七　二例　【睡虎地秦簡文字編】

1438　4278　0289　【古璽文編】

立降右尉　立節將軍長史　任立　石立之印　【漢印文字徵】

漢安殘碑　詔權　立號為皇帝　【石刻篆文編】

立石經　【汗簡】

竝古孝經　汗簡　【古文四聲韻】

◉許　慎　住也。从大立一之上。臣鉉等曰。大。人也。一。地也。會意。凡立之屬皆从立。力入切。【說文解字卷十】

◉阮　元　子立一上。一者。祭位也。立乎其位。所以承祭也。立。古位字。从大。立一之上。說文以大為象人形。此銘一上作人形。即古立字也。【子立敦　積古齋鐘鼎彝器款識卷二】

◉王　筠　積古齋頌鼎頌壺頌敦皆曰。王各大室即。是位字。又曰頌入門中廷是立字。一器而兩義皆見焉。蓋人不行

謂之立。因而所立之處亦謂之立。以動字為静字也。後乃讀于備切以別其音。遂加人旁以別其形耳。【説文釋例】

◉吴式芬　許印林説。……立涖通。説文作竦。臨也。【齊國差甔　攈古録金文卷三之一】

◉林義光　象人正立地上形。古作伊刜彝。變作格伯敦。【文源卷六】

◉高田忠周　管子心術篇。位者謂其所立。立位義近。古唯作立。後人加人以作位耳。位元謂立于廷。轉為爵位禄位義。又轉為凡齒列之意。又為坐席之偁矣。【古籀篇三十一】

◉高田忠周　易恆君子以立不易方。此字之本義也。説文篆文从籀文大。故上形作。古文當从如此篆。大字元象人之正視形。人作者。其側視形也。人大元皆作。後省略作。未失其本形也。如籀文大作。與六字稍近似。非正者也。【古籀篇三十九】

◉商承祚　　金文毛公鼎寰盤作。休盤作。【甲骨文字研究下編】

◉孫海波　前七·十六·一。甲二·十二·一。毛公鼎。休盤。甲骨金文象人立地上之形。【甲骨金文研究】

◉郭沫若　第一九四片　又于十立伊又九。義頗難解。疑是「又于伊十立又九」之倒文。立當讀為位。蓋謂為壇位也。【殷契粹編考釋】

◉强運開　　此篆上半已泐。各本俱釋作立。説文。立。佢也。从在一之上。段注云。佢各本作住。今正。人部曰。佢者。立也。與此為互訓。徐鉉曰。大。人也。一。地也。會意。古金文立字多作。頌鼎。王各大室即。則叚立為位字也。又頌入門立中廷。則作立字解矣。按此下有闕文。【石鼓釋文】

◉馬叙倫　徐鉉曰。大。人也。一。地也。會意。席世昌曰。立古位字。周禮小宗伯。建邦之神位。注。故書位作立。鄭司農云。立讀為位。古者立位同字。古文春秋經公即位為公即立。倫按住當為佢。本書無住。立為位之初文。從大在一上。會意。【説文解字六書疏證卷二十】

◉連劭名　《H一一：二四》二五·一：「乍天立……」

「立」當讀為「位」。「天位」一辭見於古代文獻。《逸周書·世俘》：「若翼日辛亥祀於位，用籥於天位。」「位」指封土為壇，《周禮·小宗伯》：「成葬而祭墓為位。」鄭玄注：「位，壇位也。」當然，「天位」究竟是指什麼？位於何處？衆説紛紜，仍須研究。周原甲骨還有《H一一·九六》一六·一：「□告于天，由亡□☒。」告天還見於銅器銘文和文獻，《𣇃尊》：「隹武王克大邑商，則庭告于天。」《逸周書·世俘》：「辛亥，薦俘殷王鼎，武王乃翼矢珪矢憲告天宗上帝，王不格服格於廟。」有可能「告天」的儀式就是在天位進行。「天位」疑指郊祭天神的圜丘。《漢書·郊祀志》下：「右將軍王商、博士師丹、議郎翟方進等五人以為禮記曰：『燔柴於太壇，祭天地，瘞薶於大折，祭地也。』兆於南郊，所以定天位也。祭地於大折，在北郊，就陰位也。」【讀周原出土的甲骨刻辭 古文字研究一九八六年第十三期】

⿰立隶

◉許 慎 ⿰立隶臨也。从立。从隶。力至切。【説文解字卷十】

◉馬叙倫 吴穎芳曰。立之轉語。今作涖。嚴可均曰。韻會引作隶聲。翟云升曰。隶聲。倫按此立之音同來紐聲同脂類轉注字。古立位同字。位聲脂類也。臨也以聲訓。或非許文。此字或出字林。【説文解字六書疏證卷二十】

◉金祥恆 □：陳氏説為動詞是也。其結體當从□、从□、从□聲。□，疑為説文尾也，説文尾：「从倒毛在尸後，古人或飾系尾，西南夷亦然。」王筠説文釋例云：「以尸象臥形推之，知尸當作□，以□从□推之，知尾當从□，蓋皮之省文，非尸也」。非尸，王説是也。尾，蓋象犛牛之尾。□，甲文作□(乙四二九三)，古鉥□(尾生)从□，□乃獸生之尾部，形與人近，因誤為人也，又誤為倒人，而為尸也。隶，象人執犛牛之尾，即説文云：「及也，从又尾省，又持尾者，從後及之也。」金文隶，从□不省，□，即説文⿰立隶。⿰立隶，説文云：「臨也，从立，隶聲。」即今之莅或涖或蒞字。段注云：「道德釋文云：古無莅字，説文作⿰立隶。」⿰立隶為正字，莅、蒞非古，以金文考之，是也。【小臣䪙鼎銘文⿰立隶字考釋 中國文字新十四期】

䇏

□4·44 左宫䇏【古陶文字徵】

◉許 慎 䇏磊䇏。重聚也。从立。𦎫聲。丁罪切。【説文解字卷十】

◉馬叙倫 磊䇏蓋古方言。重聚也者。似為重疊聚立之意。然非本義。亦非本訓。或字出字林也。以音求之。為⿰立隶之轉注字。隶音定紐。𦎫音禪紐。古讀禪歸定。隶聲脂類。𦎫聲真類。脂真對轉也。此今杭縣謂立為篤之本字。【説文解字六書疏證卷二十】

端

□端 法九三 六例 □法三六 五例【睡虎地秦簡文字編】

段端 端鄉 矦端私印 楊端 【漢印文字徵】

端出陽氏阡銘碧落文作口 端 【汗簡】

碧落文 汗簡 楊氏阡銘 王存乂切韻 【古文四聲韻】

◉許　慎　端直也。从立。耑聲。多官切。【説文解字卷十】

◉馬叙倫　直也謂直立也。直立即正立。廣雅釋詁。端。直。正也。則直也蓋吕忱依廣雅加之。端竫音皆見紐。實轉注字。蓋立固皆正者也。字見急就篇。古鉨作。【説文解字六書疏證卷二十】

◉睡虎地秦墓竹簡整理小組　端，故意，《墨子·號令》：「其端失火以為亂事者，車裂。」畢沅注：「言因事端以害人，若今律故犯。」【睡虎地秦墓竹簡】

竱

◉許　慎　竱等也。从立。專聲。春秋傳曰。竱本肇末。旨兖切。【説文解字卷十】

◉馬叙倫　嚴章福曰。竱本肇末乃國語齊語文。倫按竱為端之轉注字。端音端紐。竱音照紐。古讀歸端也。端竱又聲同元類也。等也或以聲訓。或等謂等齊。乃正立之引申義。此字或出字林。【説文解字六書疏證卷二十】

竦

◉許　慎　竦敬也。从立。从束。束。自申束也。息拱切。【説文解字卷十】

◉馬叙倫　鈕樹玉曰。繫傳作從立束自申束也亦聲。嚴章福曰。從立。束聲。倫按嚴説是也。校者以周書言申之束之。妄增束自申束也亦六字。敬也當作敬皃。此蓋悚字義。竦竫為轉注字。竦音心紐。竫音從紐。同為舌尖前音也。字或出字林。【説文解字六書疏證卷二十】

竫

◉許　慎　竫亭安也。从立。爭聲。疾郢切。【説文解字卷十】

◉馬叙倫　亭安也當作亭也安也。亭也以聲訓。或亭字乃校者注以釋音者也。此今杭縣謂鳥立木上曰亭之字。安也引申義。字或出字林。【説文解字六書疏證卷二十】

竫

◉許　慎　竫立竫也。从立。青聲。一曰。細皃。疾郢切。【說文解字卷十】

◉馬叙倫　靖竫同音疾郢切。青爭聲同耕類。轉注字也。立竫也當作立也竫也。立也字林文。文選思玄賦注又引字林。靖。審也。清也。一曰細皃當作一曰細文皃。此彭字義。【說文解字六書疏證卷二十】

竢

◉許　慎　竢待也。从立。矣聲。牀史切。䇞或从巳。【說文解字卷十】

◉馬叙倫　今杭縣謂待一回來曰唉息來。即此字。音讀如唉。杭縣又謂使人行而不行者曰竢拉哈。音轉如懈。亦竢字也。此字或出字林。【說文解字六書疏證卷二十】

竘

◉許　慎　竘健也。一曰。匠也。从立。句聲。讀若齲。逸周書有竘匠。丘羽切。【說文解字卷十】

◉馬叙倫　嚴可均曰。周書文酌篇。九柯十匠。柯即竘之誤。王煦曰。小爾雅。匠。治也。與方言竘治也合。王筠曰。一曰匠也而下文又云逸周書有竘匠。如引書為原文。即後人因加一曰句也。如一曰句為原文。則後人引書以證之也。故閒隔三句。文不相屬。劉秀生曰。句聲見紐。齲從禹聲在溪紐。見溪皆牙音。故竘從句聲得讀若齲。左襄廿六年傳。越皋如。新序耳痺作渠如。吴越春秋歸國外傳作句如。莊子達生。工倕旋而蓋矩。矩借為倨句之句。邑部。鄅。從邑。禹聲。讀若規矩。矩聲如禹。句聲如矩。是其證。倫按健也非本義。竘從句得聲。從句得聲之字多有曲義。竘蓋與竵一字。或為竵之同舌根音轉注字。一曰匠也者。蓋借竘為匠。此吕忱記異訓。或校者加也。此字或出字林。陳矦因資敦作。古鉨作。【說文解字六書疏證卷二十】

竵

◉許　慎　竵不正也。从立。𥏻聲。火鼃切。【說文解字卷十】

◉馬叙倫　段玉裁曰。今俗字作歪。倫按不正也當作立不正也。然非本訓。【說文解字六書疏證卷二十】

竭

0182【古璽文編】

古老子

崔希裕纂古【古文四聲韻】

䇓 䇓　𥫔 𥫔　竣 竣　𥩘 𥩘

◉許　慎　竭負舉也。从立。曷聲。渠列切。【説文解字卷十】

◉馬叙倫　翟云升曰。一切經音義四引作揭也。倫按負舉也非本訓。許蓋作揭也。以聲訓。竭之本義亡矣。或今所謂歇力歇後之歇本字。負舉也者。揭字義。【説文解字六書疏證卷二十】

◉許　慎　䇓待也。从立。須聲。相俞切。𥫃或从芻聲。【説文解字卷十】

◉馬叙倫　䇓音心紐。竢音牀紐二等。然竢從矣得聲。矣從㠯得聲。㠯音喻紐四等。心與喻四同為次清摩擦音。蓋轉注字。漢高彪碑。竢期朝莫。竢即䇓竢二字之誤合。明其音通矣。

𥫃　段玉裁曰。須聲芻聲同在四部。倫按䇓𥫃轉注字。今杭縣謂遲遲亦曰等等。等等即待待也。亦曰鋤鋤。疑當作𥫃𥫃。【説文解字六書疏證卷二十】

◉許　慎　𥫔痿也。从立。羸聲。力卧切。【説文解字卷十】

◉許　慎　竣偓竣也。从立。夋聲。國語曰。有司已事而竣。七倫切。【説文解字卷十】

◉馬叙倫　諸家疑偓字為譌。非也。見偓字下矣。偓竣也當作竣偓也。竣為隸書複舉字也。偓竣轉注字。偓從屋得聲。屋室一字。室聲脂類。竣聲真類。脂真對轉也。亦蹲之聲同真類轉注字。字蓋出字林。國語上當有春秋二字。字或出字林也。【説文解字六書疏證卷二十】

◉許　慎　𥩘見鬼彪皃。从立。从彔。彔。籀文彪字。讀若虙羲氏之虙。房六切。【説文解字卷十】

◉馬叙倫　嚴可均曰。彔籀文彪字校語。戚學標曰。繫傳之虙有音伏二字。鉉删之。是。仍用房六切。非。王筠曰。朱筠本作𥩘。唐韻房六切。誤認彔為彔也。翟云升曰。古文彪作彔。籀文作彔。繫傳篆作𥩘者。牽合而為之。倫按鍇篆作𥩘。説解作彔聲。此篆作𥩘。説解作從彔。有彔籀文彪四字。鍇本則有臣鍇曰。彔音禄。倫謂從立從彔而訓見鬼彪皃。鬼彪俗言異物。彪為老物精。蓋猩狒之類。立而見彪。乃造𥩘字。恐無此理。然如鍇本作從立彔聲而訓見鬼彪皃。更不可通。且此亦非許文甚明。倫謂篆解皆誤。䇤當從立從刻木彔彔也之彔得聲。此立之音同來紐轉注字。今上海謂立音正如祿。廣韻盧谷切。亦為彔聲作音也。鍇注彔音禄。蓋鉉鍇兩本篆自不同。故鍇以為從彔。而鉉則所據本作䇤。而説解又作見鬼彪皃。故注彔籀文彪字。然則篆之誤已久。且并説解挩之。校者以從彔而補見鬼彪皃以訓之。尋玉篇作見鬼皃。摩筆扶。福二切。則彪字或傳寫涉下籀文彪字而誤演。摩筆切為虙字作音。亦即為彔字作音。則顧時篆已譌矣。倫謂讀若虙羲氏之虙後人加之。故與上文䇤下讀若易虙羲氏不同。然則加此者時篆已如此。而廣韻則盧谷房六二切。盧谷切為彔聲作音。房六切為虙字作音。而虙則讀若伏也。即玉篇扶福切之音亦為伏字作音也。豈隋唐間一本讀若句或作伏邪。以廣韻盧谷切可以證知彼時一本篆作䇤也。或曰。若然。則篆誤自廣韻始。許自為䇤。倫以為不然。知者。從立之字不應訓見鬼也。故幸廣韻有盧谷切之音。鍇有音禄之語。可以證知字本從彔得聲。或鍇原本篆亦不譌也。【説文解字六書疏證卷二十】

䇦

◉許　慎　䇦驚皃。从立。昔聲。七雀切。【説文解字卷十】

◉馬叙倫　集韻。䇦。竦也。則䇦竦為轉注字。竦音心紐。䇦音清紐。同為舌尖前音。又昔音亦心紐也。驚皃當作敬皃。論語鄉黨。踧䇦如也。鄭玄注。恭敬皃。彼以踖字為之。然非本義。然倫疑䇦為措置之措本字。故從立也。手部。措。置也。廣雅釋詁。置。立也。吕氏春秋恃君。莫如置天子也。注。置。立也。論語子路。則民無所措手足。皇疏。措猶立也。或謂漢書文三王傳集注晉灼引許慎。措置字借以為笮耳。是許以措置字借為笮也。然檢傳則彼措字借以為笮。猶作借之轉注也。非凡措置字皆當為笮也。字或出字林。【説文解字六書疏證卷二十】

䇢

◉許　慎　䇢短人立䇢䇢皃。从立。卑聲。傍下切。【説文解字卷十】

◉馬叙倫　鈕樹玉曰。玉篇。行不正也。又引説文。但䇢䇢作𨁈𨁈。説文無𨁈。段玉裁曰。䇢䇢。短皃。字或作罷。周禮典同注。陂讀為人短罷之罷。司弓矢。庳矢。注。鄭司農讀为人罷短之罷。或作矲。方言。矲。短也。桂林之中謂之短矲。倫按此尊卑之卑本字。亦即短罷之罷本字。字蓋出字林。【説文解字六書疏證卷二十】

◉許　慎　竲北地高樓無屋者。从立。曾聲。七耕切。【説文解字卷十】

◉馬叙倫　龔橙曰。竲即層。倫按從立曾聲。不得訓北地高樓無屋者。禮記禮運。夏則居曾巢。晏子春秋。古者嘗有處橧巢窟穴而不惡者。然則高樓無屋者。為橧字義。亦或層字義也。竲之本義亡矣。或曰。竲為增之譌字。甲文土字作。因誤為立也。字出字林。故在部末。【説文解字六書疏證卷二十】

甲六〇七　甲八六八　甲一二一〇　甲三四八一　前四・二五・六　前六・五〇・五　後二・九・一　後二・九・七　林一・二〇・二　佚一九〇　佚三八九　佚八七八　燕一四四　燕一四一　寧滬一四三一　寧滬二・六　粹九一五　鄴二下・四一・一　京津八八三　金五二一　零四五　乙三四〇六反　河七八六背　存二二一七　【甲骨文編】

甲609　727　1110　3481　3748　乙3406　零45　佚57徵11・81　佚190　222　878　續1・43・1　掇416　徵4・88　11・81　録361　785　天94　續存1945　摭續85　粹1025　1213　1285　1535　新138　725　883　2456　4416　【續甲骨文編】

竝　竝爵　辛伯鼎　中山王譽壺　𨟭與盧君竝立於𣦼　郯並　⿱罒木戈　【金文編】

一五六：三　宗盟類參盟人名　【侯馬盟書字表】

竝　雜三九　秦一三七　【睡虎地秦簡文字編】

同竝尉印　五威將焦掾竝印　江竝私印　鳿竝　高竝私印　趙並印　玊並之印　【漢印文字徵】

天璽紀功碑　竝共觀視　【石刻篆文編】

竝林罕集字　竝出林罕集綴　竝　【汗簡】

古老子　汗簡　【古文四聲韻】

●許　慎　竝併也。从二立。凡竝之屬皆从竝。蒲迥切。【説文解字卷十】

●高田忠周　並爵　此最古象形文。但人戴笠而立。【古籀篇三十九】

●商承祚　此與从幵同字同誼。許君分為二部。非也。【甲骨文字研究下編】

●馬叙倫　鈕樹玉曰。韻會二作兩。龔橙曰。當作。誤説從兩立。倫按比為二人同行。即竝行竝立之竝本字。竝則比校之比本字。故普字從之。篆當作。從二人一長一短立於一地。傳寫譌為竝耳。會意。字見急就篇。【説文解字六書疏證卷二十】

●丁　山　甲翼刻辭常見竝氏云：

竝入十。院・十三次。

竝氏。善齋藏片。

犬廿。竝氏。院・4・0・0021。

由説文云：「竝，併也。」又云：「併，竝也。」互訓為證，我認為竝幷本是一字，竝象二人併立，幷則象二人側立形。但詩言「普天之下」，孟子引作「溥天之下」，漢嵩山石闕銘則作「竝天四海」，可見，竝普古今字，竝字亦有溥音。竝氏遺物重見于今日者，有爵、斝、卣等。（續殷文存上卷39葉所録「亞㚸父己」𣪘，器未見，銘文偽。）

爵、殷存下'2.

爵、續存下'19.

斝、殷存下'30.

卣、殷存上'27.
續存上'69.重出

雖不盡武丁時代所製，謂皆商代竝氏之徽識，則無疑也。

竝氏事跡，見于卜辭者，有：

辛巳卜，古貞，令竝葡。○竝甾。燕大·141。

……卜，古貞，令竝……○貞，竝亡𡆥，不喪衆。後·下·35·1。

貞，二示斋王，遣竝，十月。續·1·43·1。

庚申卜，出貞，令邑竝酒河。文録·362。

叀竝令省冬。粹·915。

丙寅卜貞，翌丁卯，邑竝其𡳿于丁，宰𡳿二牛，五月。前·5·25·1。

有時令竝氏代表去祭祀，如酒河之類。有時問竝氏的安全，如貞竝亡𡆥。有時遣竝返國，其事皆甚親切，竝氏也該是武丁的親屬。再從「出貞」和「𡳿于丁」看，竝氏可能出于武丁，至祖甲時尚在。

竝并既為一字，竝自可讀為郱。春秋莊公元年：「齊師遷紀郱鄑郚。」杜注：「郱在東莞臨朐縣東南。」漢書地理志齊郡臨朐縣，注：「應劭曰，臨朐山，有伯氏駢邑。」齊乘亦曰：「臨朐，古駢邑，齊大夫伯氏所封。今故城西七里許有伯氏冢。」此論語所謂「管仲奪伯氏駢邑三百」也。距河遼遠，無以解于卜辭「令竝酒河」也。水經汳水注：「汳水又東，逕陳留縣之鉼鄉亭北，陳留風俗傳所謂縣有鉼鄉亭，即斯亭也。」睢水注亦謂：「陳留縣有鉼亭、鉼鄉，建武一年，世祖封王常為侯國。」鉼鄉命名之由，史跡莫考，以意測之，鉼當為竝，即殷竝氏故地矣。【竝氏　甲骨文所見氏族及其制度】

◉金祥恆　殷虛書契後編下第十九頁第四片有□字，孫海波甲骨文編入於附録，不知其為何字。就其字形而言，从□□，皆象人正面端立之狀，後者多繪一手耳。今檢商周彝器文字，其竝，有作□者(見三代吉金文存十五卷第一頁第五並爵)，有作□者(見三代吉金文存十五卷二十七頁第四己爵)，並从兩□竝立攜手之形，後者亦繪手而作□，則與甲骨文同。維甲骨文作空首形而已。空首與填實，其形異，其義同。猶丁之作□與■。說文解字「竝，併也，从二立。」而立又云「位也，从大，立一之上。」徐鍇曰：「大，人也，一，地也。」立象人正面立於地上之形。而竝亦象正面比肩並立之狀，甲骨文或作□。如殷契摭續第八五片，竝酒之竝作□，从二大，或作□，如殷契佚存八七八，竝酒之竝作□从二立，與說文解字同。說文解字比之古文作□，段玉裁注云：「按蓋从二大也，二大者二人也。」則□與甲骨金文之□□同矣。比，許氏訓「密也，二人為从，反从為比。」而从訓「相聽也，从二人。」段注「按从者今之從字，從行而从廢矣。」而從許氏訓「隨行也，从从辵。」象人一前一後，前後隨行，維繪側面之形，比亦如此。故許訓从，相聽也，比，密也。而比之古文作𠦂疑為並之古文，恐後人誤入耳。

卜辭中之竝，一作𠈇𠀤，或作𠈇，其義一為人名。如甲編六〇九「王令竝」，一為併也，俱也。如殷契拾掇四一六「丙午卜中丁歲竝酒」？（詳嚴一萍先生釋竝，中國文字第四冊）而殷虚書契後編下第十九頁第四片：

戊子其冪，叀竝用？十月。

後下一九・四

日人池田末利殷虚書契後編釋文云：「𠈇象二人繫手之形，魯實先釋為競（新詮一、一八—一九頁）在本片不知釋為何字，恐為以人身為犧牲之義。」按此斷簡殘片，卜辭不全，然尚可通讀，其意為戊子日以酉（冪）祭，維竝用也。猶殷契粹編一〇〇〇片：

又

其㚔戈一，坒九？

大食，其亦用九牛？

粹一〇〇〇

「大食，其亦用九牛」，亦用與竝用，其意相似。酉（冪）从酉，或从酒，酉或酒，新鬯也。新酒初成，或自尊溢出，酉旁之點是也，上以巾冪之。故周禮冪人掌共巾冪，祭祀以疏布巾冪八尊。殷虚書契後編下第九頁第七片：

庚子于丁

今日竝新𠱵　後下九·七

雖其辭殘缺，然「今日並新𠱵」之竝，與「叀竝用」之竝用同義。【釋林　中國文字一九六五年第十五期】

◉王永波　並字的釋文，學界尚有不同的見解，羅振玉先生將甲骨文、金文中雙大並比、下有橫畫亦即兩人比肩端立於地的𠌳字釋作並。金祥恆和唐蘭先生進而認為𠌳也是並字，社科院考古所編著的《甲骨文編》則隸定為𠌳字。按兩人比肩端立，無論有無象徵大地的橫畫均應理解為並立於地。參以並簋（金文編1063）和壽光己並器雙人並立、下無橫畫的並字（圖一，15、1、2），知唐、金之說不誤。甲骨文尚有幷字，丁山先生認為「並、幷本為一字，並象二人併立，幷則象二人側立之形」。今從其說。

並字見於甲骨、金文者，形體上尚有着諸多詭異的變化：如甲骨文之並有雙矢（圖一，4）和雙大並比而立；金文之並除雙矢（圖二，並1、2）和雙大並立之外，更多的則為雙天，即兩人正面並立（圖二，並5）。並立的雙人除常規人體寫實外，人形的頭部尚有呈三角形（並爵。圖二，並3）和菱形者（並斝。圖二，並4），竟是箭矢的形態。同一個字，在不同的時期由不同的單元組成，甚至同一時期也表現出不同的組合要素，而同一要素單元又形態各異，這是耐人尋味的。《説文》：「竝，併也。从二立」。甲骨、金文中的立字也有从矢、从大、从天三種形體。《説文》：「天……，从一大」。「立……，从大立一之上」。知天與立皆由大字滋乳而來，故从大之立應早於从天之立。大與矢字的情形較為複雜。從形體上説，矢字最基本的形態為一帶笴的箭鏃，如射字所从之矢（圖二，矢1）發展成為帶尾羽的整箭（圖二，矢2、3）。此類矢字與略呈人形、中間豎筆出頭之大字（圖二，大3、4）最顯著的區別是上部保持鏃的形態。較晚的矢字上部雖有出頭豎筆，但笴部無一例外地添加一個與箭矢毫無關係的圓點或橫畫（圖二，矢4、5）以與大字相區別。有意義的是，相當數量的大字並不具備人體的主要特徵而與矢字相同（圖二，大1、2），有些矢字若脱離了特定的詞序或伴體，則更應視為大字（圖1，3、5）。古之造字，依類象形，其繪人體必具頭、臂、腿三種基本要素。今大字無首，矢字鏑非，決不是偶然的誤筆，而應有其內在的原因，也就是説，大與矢應有某種親緣或訛承關係。矢字添加圓點和橫畫則是兩者分衍過程的反映。《説文》：「交，交脛也，从大象交形」。「夷，東方之人也，从弓从大」。甲骨、金文中的交和夷字皆有从矢之體（圖一，13、14）便是有力的佐證。

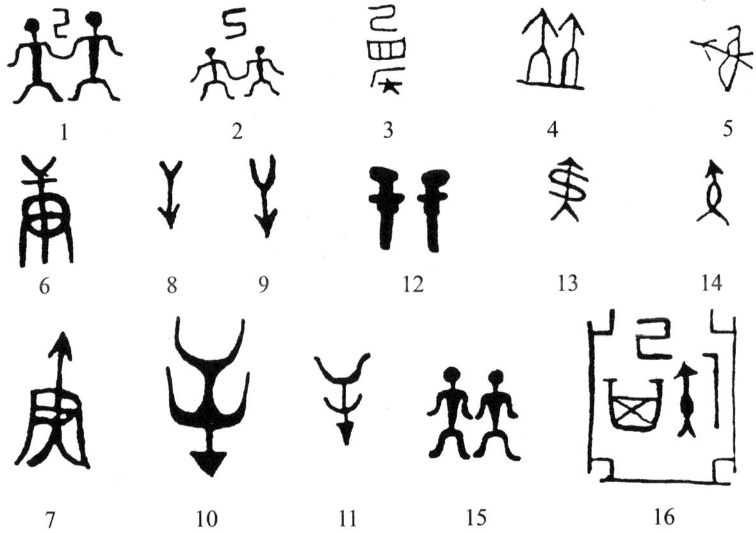

圖一

1、2. 己並（鼎） 3. 己其厌（作父丁盤） 4. 射（存1070） 6、7. 庚（子卣、㝵庚簋） 8—11. 弟（甲2805、輔仁94、亞弟卣、父丁爵） 12. 幵（並幵戈） 13. 夷（鼎） 14. 交（柳鼎） 15. 並（並簋） 16. 己其厌（父己簋）

立字所从之矢（圖二，立1），形體同於矢字發展序列的第二階段，與無首之大字相同；有首，即豎筆出頭之大，在時代上應與矢字發展的第三階段相近，故从矢之立應早於从大之立，無首之大也應早於略呈人形之大字。

並字各要素單元的相互關係大致確定之後，上文提出的問題就容易理解了。為便於觀覽，茲將上述各字綜列一圖，用以表示各字的對應關係和並字的演化過程。由于所選字例要考慮其表意典型性，加上資料的限制，圖中各字的排列不一定均按時代順序，而只反映各字發展過程的大致邏輯序列（圖二）。

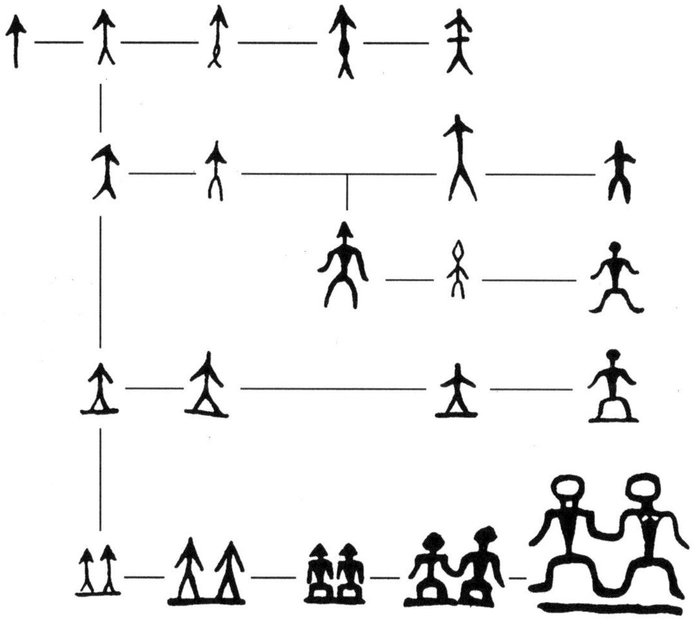

矢（射女方鑒，前七・一八・一，掇一・二〇四，盂鼎，伯晨鼎）
大（辛己簋，珠二一，者女觥，令鼎）
天（天觚，拾一〇・一八，天父乙觶）
立（立鼎，格伯簋，同簋，立甾父丁卣）
並（辛伯鼎，並戈，並爵，竝斝，並卣）

圖二　矢、大、天、立、並字演變示意圖

由矢與大、大與立、立與天字的相互關係證知立字三種形體的早晚關係；立字从矢、从大、从天的演化規律又證明並字的原始摹畫物為並立的雙箭。

弓箭是上古時期最先進的兵器之一。恩格斯指出：「弓箭對於蒙昧時代，正如鐵器對於野蠻時代和火器對於文明時代一樣，乃是決定性的武器」。由于弓箭能利用機械儲存的方式，將人體逐漸釋放的、勁力相對較弱的能量積聚起來。然後通過弓體的急速伸張，以極大的勁力按需要的方向，准確、迅猛、疾速地釋放出去，達到遠距離殺傷的目的。而操弓者則可隱蔽自己以減少危險。這些優點是當時任何其他兵器均難與之相比的。民俗學的研究表明，世界各原始民族都存在着不同程度的拜物習俗。他們在狩獵和戰争前，常常舉行包括祭兵儀式在内的各種祭祀活動。弓箭以其特有的性能給人們帶來了空前的物質利益和勝利的榮耀，自然會受到人們的喜愛和崇敬。但是，先民們雖然成功地發明、使用了弓箭，卻無法用科學的理論來解釋弓箭所具有的特殊性能，遂使這一有劃時代的發明蒙上了一層難以理解的神秘色彩。隨着原始宗教的發展，這種不可言喻的神秘性與喜愛、崇敬的自然情感揉合在一起，逐步昇華為一種宗教意念。我國古代的箭神、射神崇拜就是在這種心理作用下逐步形成的。因此並字從雙矢、雙大、雙天的演化過程，決非僅為一種形體訛變現象，而應與宗教意識的發展密切相關，即反映了一種物象神化的基本過程。由此推想，並氏或即為尚箭崇武之民族；並立的雙矢可能為並氏族人出獵和征戰時舉行祭祀活動的一種物象，在宗教意念的作用下，逐步取得「靈性」而成為一種宗教表象，並衍變為該族的徽徵。並爵、並斝的矢狀人首則應是這一神化過程在文字形體發展中的反映。

並氏徽識的神化，亦即人格化過程，使大與矢在字體構形上發生了交叉現象，從而影響了以大字為主體的立和天字的形體結構。立字的从矢，天字的矢狀人首(圖二，天1、2)，可作為這種影響的直接見證，同時亦可作為並氏徽識人格化過程的側證。

並氏既為尚箭之民族，其族源歸屬便可緣此而定。衆所周知，在我國歷史傳説中，東夷族團素以崇武尚箭而聞名於世。王樹明先生認為尚箭民族的中心區域在今魯北地區，亦即齊地域内。他指出：「齊地之所以以齊字為名，原因齊地先民有尚箭之風，或為尚箭崇東夷諸部所立邦國最為密集的地區而緣起」。並根據「羿作弓矢」、「昔在帝羿……弧矢是尚」、「羿左臂修而善射」等記載推定，東夷尚箭諸部的代表人物就是神話傳説中的射神、夏初「因夏民以代夏政」的東夷首領有窮后羿。誠如其言，則並氏應為東夷尚箭諸部之成員。下文關於並氏地望的討論與此可為互證。【並氏探略　考古與文物一九九二年第二期】

㬱 㬱 今俗作替 番生簋 虔夙夜尃求不㬱德 㬱說文替廢一偏下也此作一上一下更替之形 中山王譽鼎 毋替氒邦 【金文編】

㬱 王㬱印信 㬱 臣㬱 【漢印文字徵】

㬱 㬱出石經 㬱 替 【汗簡】

㬱 石經 【古文四聲韻】

◉許 慎 㬱廢。一偏下也。从竝。白聲。他計切。㬱或从曰。朁或从兟。从曰。臣鉉等曰。今俗作替。非是。【說文解字卷十】

◉林義光 古作㬱番生敦。不从竝亦不从白。替廢也。从甘即从口。古魯字曾字或从口或从甘。从二欠。欠。張口蘇气也。口二欠者倦極也。俗謂代為替。亦由倦極思廢之義引伸。【文源卷十】

◉高田忠周 說文。㬱。廢。一偏下也。从竝白聲。六書故引作廢也。一曰偏下也。又或从曰作㬱。或从兟从曰作朁。而漢毋廟石闕銘。杞鄫漸㬱。字亦作朁。殆與訓曾也从曰兟聲朁字同。然朁兟聲遠。此朁朁相近而誤乎。書大誥。不敢替其命。替亦朁之俗變。而漢書翟方傳作僭。即知古人亦多此過矣。又說文日部。普。日無色也。从日从竝。㬱普形近而音義劃然分別也。……按此銘稍有疑者也。然果是非㬱器耶。此篆當經傳替字。漢人作㚘。亦或㚘之變。而作㚘㚘皆㚘之省略者。緐字金文多用為家。家㬱古音同部。然㬱或作譖。从緐聲也。因謂今隸作替。即朁之譌。而朁者㬱之誤也。若作朁自是別字。音義全隔。又說文作朁。或㬱之誤。𠃌夫形近易混故也。【古籀篇三十九】

◉馬叙倫 嚴可均曰。六書故引唐本作廢也。無一偏下三字。釋言。㬱。廢也。楚茨召旻傳同。疑此當言廢也。一曰偏下也。王筠曰。廢字句。釋言文。然其所謂廢者。如左僖廿四年傳王替隗氏之類。皆全廢也。許以其與替字正義未合。故申之曰一偏下也。一偏下也者。一邊下也。一邊下。仍有一邊不下。如曲禮。立無跛。注。跛。偏任也。疏。雙足竝立。不得偏也。與許意合。丁福保曰。慧琳音義引作廢也。竝兩立。一偏下曰㬱。其六十二節引無廢也句。倫按㬱廢也以聲訓。經傳替訓廢者。皆借替為廢。竝從竝白聲。白為鼻之初文。鼻之古音。蓋當讀如論語義之與比之。莊子天地。不推誰其比憂。釋文。比。司馬本作鼻。是其證也。鼻音奉紐。古讀歸竝。是㬱為竝之轉注字也。竝為比校之比本字。篆本作㬱。故此有一曰偏下也。一曰五字雖屬校語。蓋猶知其本義者。今人言替代。即由比校之義而引申。杭縣欲人相比取勝曰別別看。音正與鼻同。

㬜　㬜從白得聲。白音古蓋如鼻。音在奉紐。曰音喻紐三等。同為次濁摩擦音。故㬜轉注為普。亦或傳寫之譌。或上當有㬜字。

朁　鈕樹玉曰。韻會引作朁從兟曰。王筠曰。左傳君盟替矣。三體石經作朁。倫按蓋從㚘譌為兟也。或上當有㬜字。【説文解字六書疏證卷二十】

◉徐中舒　伍仕謙　竝，當為替之省文。《説文》竝部有替字作㬜，或作㬜，廢也。徐鉉曰：「今俗作替。」按替與普皆从竝，普从日竝聲。替从竝白聲，兩個字的音義皆不同，但兩字隸定，其形極易混，故俗作替，以與普相區別。【中山三器釋文及宫室圖説明　中國史研究一九七九年第四期】

◉李孝定　替字篆作㬜，訓廢，从竝無義。金文作「朁」，林義光氏謂从甘與从口同，口二欠者，倦極也，倦極則思廢。雖可備一説，而究失之鑿。銘云：「專求不朁德」，釋「替」可通。【金文詁林讀後記卷十】

◉張政烺　母毋竝替氒厥邦　竝，从二立，左大右小，左下右上，疑是㬜（今作替）之異體。《説文》：「竝，併也，从二立」。又「㬜，廢也，一偏下也，从竝，白聲」，段玉裁注「相竝而一邊庳下，則其勢必至同下，所謂陵夷也。」王筠《句讀》：「一偏下者，一邊下也。一邊下，仍有一邊不下。」甲骨文竝，一以象地，上有二大（人形）並立。偶有一畫不横貫者，乃作二立字，一上一下，參差不齊。如《鐵雲藏龜零拾》第四十五片，「丁丑貞：其竝卸，自雈。丁丑貞：其引卸。」卸，讀為禦，是祭祀之事。竝和引是動詞，竝疑即替字，是廢除，引是延續。《毛詩・小雅・楚茨》第六章「子子孫孫，勿替引之。」傳：「替，廢。引，長也。」箋：「願子孫勿廢而長行之。」正可證明上引卜辭。「母替厥邦」這樣的句法，古書中常見，《尚書》作勿替，如《康誥》：「勿替敬典」，《召誥》：「式勿替有殷曆年，」皆與鼎銘此句相似，故知竝確是替字。【中山王嚳壺及鼎銘考釋　古文字研究第一期】

◉于豪亮　「殅殅毋竝」，殅即世字，竝即替字，《説文・竝部》：「替，廢也。」【中山三器銘文考釋　于豪亮學術文存】

◉黄錫全　㬜替出石經　甲骨文竝（鐵45），中山王鼎竝，張政烺先生釋為㬜即替（古研1・231），至確。此形下从⊙，與《説文》正篆㬜、或體㬜有別。鄭珍認為不合孔氏古文，「當由郭改之」。夏韻霽韻録石經作㬜，與此形異，蓋一古一篆。漢印作㬜（漢印徵10・15）。【汗簡注釋卷四】

□石經僖公　説文囟或从肉宰作脺　【石刻篆文編】

⊗囟思進切　□囟音信　【汗簡】

●許　慎　⊠頭會匘蓋也。象形。凡囟之屬皆从囟。息進切。□或从肉宰。□古文囟字。【説文解字卷十】

●馬叙倫　鈕樹玉曰。九經字樣引作□。玉篇部首作囟。後作囟。引作象人頭會匘蓋也。嚴可均曰。禮記內則疏引作象小兒匘不合也。沈濤曰。一切經音義四引作頭會匘蓋額空。十二引作頭會匘蓋也。額空也。是古本有額空二字。段玉裁曰。囟為首之會合處。頭體之覆蓋。玄應引有額空二字。額空謂額腔也。江聲曰。內則正義所引乃兒字解。翟云升曰。禮記內則疏引説文云。十。其字象小兒腦未合也。王筠曰。此字當平看。乃全體象形。後不兼顱。前不兼額。左右不兼日月角。吾嘗驗之小兒。囟上尖而左右及下皆圓。故嶧山碑象其輪廓而為⊠也。其中則象筋膜連綴之。倫按以玄應引證之。疑本作額空也。象形。頭會匘蓋也乃校語羼入。玄應又引作頭會匘蓋額空。則並説解校語為一矣。校語或作象人頭會匘蓋。如玉篇所引也。此今杭縣所謂腦殼。倫謂此實腦字。初蓋作⊠。或作□。師寰敢借巤為獵。其字作□。甲文有□字。葉玉森據□鼎之□吳大澂釋增。謂□即增字。倫謂臣為□譌。字從二□。乃茂文也。□從自□聲。□為囟之異文。即此重文□之異形。象腦之盤旋曲折形。兒字從此。而甲文兒字亦有多形。蓋皆沿自原始象形之文。而象形文之畫腦文無定形也。囟聲轉為腦者。同真類也。

□　段玉裁曰。蓋俗字。徐灝曰。宰聲。宰从辛為聲。與囟相近也。倫按以卜詞干支中辰巳字作子甲子字作兒譣之。則古音謂子如巳。謂兒如子。蓋子巳一字。子女字當作兒也。今廣州謂子音正如宰。兒從囟得聲。則囟得從宰得聲轉注為脺。脺從辛得聲。辛囟音同心紐聲同真類也。

□　王筠謂當作□。匘字所從即此。是也。甲文正作□。此本作□。甲文□即從此也。蓋以囟疑於西字。故增巛以別之。囟下演字字。【説文解字六書疏證卷二十】

●李學勤　西周卜辭中「⊕」字最多見，我們已指出此字不是「叀（惠）」或「迺」，應釋為「囟」，讀為「思」或「斯」，並引宋代著録師訇簋「万⊕年」即「万斯年」為證。最近有美國學者著文，提出鳳雛卜甲H11:174有「叀」字，H31:4有「迺」字，均與「⊕」字同版，足證此字不能作「叀」、「迺」釋。「叀」字又見H11:168＋268和H11:237，寫法和「⊕」迥然不同。

讀為「思」或「斯」的「⊕」，在西周卜辭中多用在全辭最後一句，有時也用於單句構成的辭。下面是一些例子。

□亡咎　H11:28、35、77、96

　　　　H31:3

□亡眚　H11:20

□正　H11:82、84、114、130

□又(有)正　H11:1

□尚(當)　H11:2

□克事　H11:21

□克往密　H11:136

□城(成)　H31:5

□又(有)蜀　齊家村采112

□不妥王　H11:174

□不大追　H11:47

□御于永冬(終)

□御于永令(命)　齊家村H31:1

不難看出，這些都是帶有判斷口吻的話。最多見的前五條，「亡咎」與《周易》習見的「無咎」、「亡眚」的意義相近。「正」、「有正」和「當」三者意義相同，殷墟黃組卜辭辭末也常有「正」或「有正」。古代「貞」、「正」二字相通假，所以洪洞坊堆卜骨辭尾的「貞」也就是「正」，恰與《周易》文例相合。

《左傳》、《國語》所載卜筮命辭，辭的末句常冠以「尚」字，「尚」當依《爾雅》訓為「庶幾」，楊樹達先生認為是命令副詞。西周卜辭的「□(斯)」字應訓為「其」，也是義為「庶幾」的命令副詞。

必須注意的是，「斯……」或「尚……」這樣以命令副詞開首的句子，絕不是問句。這表明，西周卜辭都不是問句。我們在《幾點研究》文中，認為有些是問句，有些不是，這個看法是錯誤的，現在應該更正。【論西周甲骨　人文雜志一九八六年第一期】

◉姚孝遂　□□：「□」即説文訓為「頭會𡿺蓋」之「囟」。「囟」實由「甶」所衍化。卜辭以「囟」為「西」，乃音假。【甲骨文字詁

◉湖北省文物考古研究所　北京大學中文系　六〇號簡又有「五囟之純」。《説文》「囟」字重文作「脖」，从「肉」「宰」聲。「宰」、「采」古音極近，疑「五囟」當讀為「五彩」。五彩之紃是用五彩絲組成的圓條帶。【二號墓竹簡考釋　望山楚簡】

巤　師寰簋　余用作後男巤尊毁孫詒讓曰巤當為臘之省禮記鄭注臘謂以田臘所得禽祭也　巤季鼎　【金文編】

◉許　慎　毛巤也。象髮在囟上及毛髮巤巤之形。此與籀文子字同。良涉切。【説文解字卷十】

◉劉心源　巤。石鼓文邋字偏旁如此。荷屋引龔定盦説曰為籀文子與此同。非也。巤乃人名。或曰即臘字。臘祭之器故云臘尊。【師寰敨　奇觚室吉金文述卷四】

◉吴榮光　龔定盦云。籀文子字與巤同字。詳説文子部及囟部。叔重之意。蓋曰巤本非子字而籀文以為子字也。亦形近而假借之例。此男子即囟部説解之左證。【周師寰敦　筠清館金文卷三】

◉孫詒讓　此外卜「獵」者最多，其文作「」三之一、作「」三之二、作「」七之二、作「」十五之三，最緐者作「」十六之三、作「」廿九之四，最簡者作「」四十九之三、作「」五十二之四、作「」六十六之二、作「」百卅之一、作「」百卅五之二、百七十三之一，又或到文作「」廿三之四，任情變動，幾無一同者，不能悉舉也。劉釋為「角」之象形字，云「石鼓文『君子云獵』，獵字下或云作角，與此正同。凡『問角』皆為雨暘事。《春秋傳》『龍見而雩』，雩，雨祭也。龍，東方蒼龍七宿，角實為之首也。」今審定當為「巤」之省，《説文・囟部》：「巤，毛巤也，象髮在囟上及毛髮巤巤之形。」此與籀文子字同意，此即「巤」字，但省巛耳，其義當為「獵」之借字。「貝獵」即「貞巤」，謂問田獵之事。石鼓「君子員邋」，邋字作者，右即从巤，非从角也。其見於金文者，如師寰敨巤字作，□大鼎作□，又毛公鼎金[口巤]鬣省借字作，此與彼諸文並相近，但筆畫尤簡省耳。【契文舉例卷上】

◉高田忠周　　師寰簋　按銘義元為臘字。省文叚借也。説文。。毛巤也。象髮在囟上及毛髮巤巤之形。此與籀文子字同意。同意者。言籀文子字作。云。囟有髮臂脛在几上也。形兩兩相同也。此説極佳。金文子字有作者。又或作。又孳字有作者。許氏所云籀文子也。又或作。卜辭省作。此等上形。亦與此篆略合。要作作。又作。均皆腦字原文。後或加巛。作。巛以象髮。囟㐫同字耳。然子孳字及巤字皆从㐫。而巤下形从羸省。羸者多肉肥壯之獸也。即知巤。元獸之毛巤也。轉亦謂人髮長美者。字亦變作鬣。鬣下曰。髮鬣鬣也。从髟巤聲。是也。又鬣異文作氄。又作𣯧。从毛。毛即鳥獸毛也。氄是巤字自顯矣。其或从豕。與豚同意。疑臘字異文。亦巤臘通用者也。字亦作犣。或云。从豕从牛皆元同巤。禮記曲禮。豕曰剛鬣。以鬣為𣯧。通俗文。豬毛曰𣯧。爾雅釋畜。犣牛。注。旄牛也。蓋義以謂牛。字亦从牛。義以謂馬。字亦从馬耳。朱駿聲云。按鬣即巤字。既从巛象形。又从髟。此俗體也。又釋畜。青驪。繁鬣。騥白馬黑鬣駱。舍人注。馬駿也。左定十傳。公取而朱其尾鬣以與之。漢書五行志注。領上鬣也。馬鬣字無作䮥者。又七發。翠鬣紫綏。注。首毛也。鳥毛字無作𪇰者。此說亦佳。唯云鬣為俗字稍過於偏。鬣之出於巤。所以字孳益多也。然古者以巤兼鬣。後人却以鬣為巤。而巤字遂隱矣。又人部。儠。長壯儠儠也。从人巤聲。疑亦鬣字異文轉義。人體長壯者。髮亦當長美也。又手部。擸。理持也。从手巤聲。蓋此巤亦鬣義。理鬣曰擸。此巤鬣古今字之證。【古籀篇四十六】

◉馬叙倫　承培元曰。鍇本子字作㐭。當作□。同下當有意字。倫按毛巤也者。鬣字義。此為囟之轉注字。古音竝在泥紐也。從古文囟。□聲。□為翼之初文。囟音心紐。翼音喻紐四等。同為次清摩擦音也。翼之轉注字為翊。從立得聲。故巤音亦得轉來紐為良涉切。説解盡非許文。或字出字林。【説文解字六書疏證卷二十】

◉楊樹達　巛象髮□，象毛髮巤巤，本字義之形也。欲象髮形，不能不兼及髮所在之囟，故☒為示所在之他形。【文字形義學】

◉高鴻縉　巤乃牛羊豕馬等獸頭頸上毛。俗名曰鬃。从□。□象獸頭頸上毛形。非文字。□聲。□。甲文翼字。翼諧巤聲。亦猶之甲文翼亦作□之取立為聲也。巤。後人或作鬣作氄。【中國字例五篇】

◉聞一多　□□□□

金文巤从羽，陳夢家云「羽為聲符，説文昱从立聲，卜辭作翌，或直作羽，是羽古一讀如立，而翌中之立則為注音聲符。羽本音立，又加立為聲符，其用同於注音。立巤音同，是知巤本以羽為聲也。」案陳説郅確。余謂羽即巤之初文。巤為獸毛之名，説文「巤，毛巤也。」廣雅釋器「鬣，毛也。」通俗文「豬毛曰𣯧。」巤鬣𣯧同。亦為鳥羽之名，七發「翠鬣紫纓」，鬣謂鳥羽，此古語之孑遺也。又案卜辭翌又作𦐂，昱習本一字，説文習从白非是。而廣韻載從習聲之摺翻磍歙熠等字並有盧合切之音，習亦當從羽聲，習而音盧合切，此亦羽古一讀如巤之證也。【璞堂雜識　中國文字第四十九册】

◉李孝定　巤字从囟，上下象毛髮巤巤，為全體象形；其下半與契文羽字全同，陳夢家氏以為羽亦聲，是也。【金文詁林讀後記卷十】

毗

◉戴家祥　静安先生把卜辭中幾個不同形的寫法統統釋為「昱」之初文。羅氏用他的話，遍查卜辭中有干支記日的等字，差不多絶大部分都作「明日」解。只是極個別的地方放寬到第三日或者第四日。這個考定，已經無容争論的了。不過静安先生説它的字形是「巤」之初文，象毛髮巤巤之形。卜辭諸形都不从囟，何來毛髮巤巤之形，説服力似嫌不夠。丹徒鎮江葉玉森把它定為「翼」之初文，並象蟲翼上有網膜，並説書武成、書金縢「翼日」之「翼」乃本字，昱、翌並後起字。說契第一葉。周名煇古籀考、孫海波甲骨文編都采用他的説法，在學術界起了一定的影響。我們知道今天通行的尚書僞孔傳，是唐玄宗天寶三年七月詔學士改過的本子，册府元龜卷五十帝王部。現在，武成「越翼日癸巳」，漢書律曆志引佚武成作「若翌日癸巳」。金縢「王翼日乃瘳」，爾雅釋言「翌，明也」，郭璞注：「書曰翌日乃瘳」。顧命「若翼日乙丑」，集韻一屋「翌，明也」，書「翌日乙丑」，鄭樵云：「明皇之時，去隸書既遠，不通變古今之義，所用文違于古義尤多。」通志六十三藝文略。所以段玉裁説「凡經傳子史『翌日』皆『昱日』之假借，翌與昱同，故相假借，貝作翼者誤也」說文解字注七篇日部。當為蠟之初文，象蜂蠟結構形。説文無蠟字，玉篇四〇一：「蠟，蜜滓。」説文十三篇䖵部：「蠠，螽甘飴也。」重文作「蜜」。有蜜定有蠟，許慎失收，不等于古代没有這個字。説文十篇囟部「巤」應為形聲字，从「囟」「𠇍」聲。古文「𡿺」从「巛」，象髮也。，籀文子，囟有髮。說文十四篇子部。金文宰椃角：「在六月隹王廿祀又五。」為蠟之上下重疊形，聲讀不變。卜辭或體作，从日聲。變為形聲字，亦有作，从立从。廣韻二十八盍：「䶅」同「蠟」。「巤」「立」同隸來母，今「立」在緝部，「蠟」在葉部，葉緝通韻。昱之作，猶紘字或體作䡏、迒字或體作䢵、貯字或體作䁔、眐字或體作㫫，聲音符號重複字也。小盂鼎作，从日从立从𠇍，「立」「𠇍」諧聲猶紵字或體作緒，从者，从宁。齏字或體作韲，隮字石鼓文作𨻰，从齊，从妻。為一形兩聲的異體字。翌讀喻母，立蠟都讀來母。古代有些喻母的字可以變為來母。金文頌鼎「王各太室，即立」，春官小宗伯「掌建邦之神位」，鄭玄注「古者『立』『位』同字。」古文春秋經「公即位」為「公即立」。「立」讀力入切，隸來母，「位」讀于備切，隸喻母三等。「聿」音余律切，古書或借作「曰」，「聿」「曰」並喻母四等，从「彳」為「律」，讀吕戌切，則為來母。「聿」或作「越」，禮記王制「越紼而行事」，鄭玄注：「越猶躐也。」「越」隸喻四，「躐」則為來母。【金文大字典下】

◉許　慎　人臍也。从囟。囟取气通也。从比聲。房脂切。【説文解字卷十】

◉馬叙倫　鈕樹玉曰。韻會引比上無從字。繫傳從上更有囟字。沈濤曰。玉篇引作從囟從比。取其气所通也。廣韻云。説文作膍齎。一切經音義十八引。毗。人齎也。廿五引。毗齎。人齎也。是古本作毗齎人齎也。取其气所通。亦古本如此。今脱其字所字。文義不完矣。又許書從某聲者。據玉篇則今本聲字衍。徐灝曰。人膌不應從囟。肉部。膍。牛百葉也。一曰鳥膍胵。或作肶。疑人膌之䏢當以肶為正。急就篇。脾腎五藏膍齊乳。顔注。膍齊即䏢齊也。是古字作膍。肉部。膌。肶膌也。尤其明證。許於此偶欠詳審也。龔橙曰。古文當為。後加比聲以為別。已説人臍。又誤增從囟比聲。林義光曰。臍與囟無相通之理。囟當作。象人臍形。形近於囟而非囟也。倫按林説可從。䏢蓋之轉注字。䏢亦臍之聲同脂類轉注字。説解當作臍也。從。比聲。當立部而屬之。囟取其气所通校語。此字疑出字林。急就止作膍。或借膍為之。或膍之本義即人臍。抑或急就本作䏢。傳寫以通用字易之。【説文解字六書疏證卷二十】

◉戴家祥　陳公孫瘔父壺　字説文所無，以金文慣例審之，似即䏢字反書，説文十篇囟部「䏢，人臍也。从囟，囟取气通也，从比聲。」集韻上平六脂䏢隸作毗，或書作毘。古音毘聲同卑。集韻上平十二齊𠜱𠞊同字，螕蠯同字，箆箄同字。又去聲十二霽渒潉同字。小雅節南山「天子是毗」，毛傳「毗，厚也」，鄭箋「毗，輔也」。荀子宥坐篇作「天子是庳」，楊倞注「庳，輔也」。是其證。器銘「作旅䏢」，當讀為「作旅㼰」。旅義為陳。説文十二篇瓦部「㼰，罌謂之㼰，从瓦，卑聲。」博雅「㼰，瓶也。」唐韻䏢讀「房脂切」，並母脂部。㼰讀「部迷切」。不但同部，而且同母。【金文大字典下】

囟 

 季木　2·19 【古陶文字徵】

129 129 【包山楚簡文字編】

 思　為四九　二例  日甲六三背 【睡虎地秦簡文字編】

 𢘉—敢（乙6—15）、毋—百神（乙7—21）、又讀為息　乃𢎣冒〃㠯𨗨相□—（乙8—2）【長沙子彈庫帛書文字編】

4101 3770 3500 1895 2422 4879 4877 4876 【古璽文編】

 思守里附城 【漢印文字徵】

 泰山刻石　𨑥臣思速 【石刻篆文編】

思 思出碧落文 思出牧子文 思出碧落文 思碧落文 思出華岳碑 【汗簡】

汗簡 竝古孝經 碧落文 牧子文 碧落文 竝籀韻 王存乂切韻

汗簡 【古文四聲韻】

◉許慎 容也。从心。囟聲。凡思之屬皆从思。息茲切。【説文解字卷十】

◉馬叙倫 鈕樹玉曰。韻會引作從心從囟。嚴可均曰。容當作睿。小徐作睿也。睿即睿字。洪範曰。思曰睿。故許訓恖為睿。翟云升曰。囟聲是。張文虎曰。韻會引説解作從心從囟。汪刻鍇本容作睿。段玉裁竝依改。是也。思從心囟會意。今人謂記憶在腦也。龔橙曰。容也非本形。倫按唐寫本切韻殘卷七之。思。説文從囟。蓋以隸楷思字從田。故曰説文從囟。非所據本書作從囟也。春秋繁露。王者貌曰恭。言曰從。視曰明。聽曰聰。思曰容。容者言無不容。容作聖。書大傳。思心之不睿。是謂不聖。夏侯五行説。睿字作容。云。容。寬也。説苑引甲文亦曰容作聖。洪範以恭從明聰容為韻。則容字是。嚴可均謂明睿不入韻。非也。明為囧之後起字。囧囱一字。囱之轉注字為恖。聰從恖得聲。是明聰為韻也。況容音喻紐四等。恖音心紐。同為次清摩擦音。是容也以聲訓。思惟用腦。恐古人不知。況囟下説解止言腦空。如據此説。心与腦空。安得會意。觀諸用思之字皆從心而惟訓思也。字亦從心。可知囟但為聲。故音入心紐。古鉨作。【説文解字六書疏證卷二十】

◉楊樹達 古人謂心主思慮。孟子云：「心之官則思」，是也，故字从心。今人謂腦主思慮，造字者亦早知之，故字又从囟。囟訓頭會腦蓋也。於此可見吾先民文化之卓越。許君謂从囟聲，囟與思雖為雙聲，然囟古韻在真部，思在咍部，相隔殊遠。蓋緣許君不知腦主思慮之説，故不知思為會意字，而誤定為形聲耳。【文字形義學】

◉嚴一萍 汗簡引華岳碑思作，與繒書同。商氏釋惠。段注本説文作：「思，睿也。」谷部：「睿者，深通川也。」【楚繒書新考 中國文字第二十六册】

◉黄錫全 思 古璽思作、(璽文10·8)，唐陽華巖銘思字古文作。《説文》正篆作。

思出牧子文 此形當是形寫誤，如古璽志作(璽彙4516)、悊作(璽彙4308)、恭作(璽彙0052)等。

思出碧落文 今存碑文作、，後二部録此碑，此形下部所从之應是寫誤。古璽思作、，也作(璽文10·8)，形同碑文。心變作，還如古璽息作(璽文10·8)、志作、、(璽文10·8)、作(璽文10·11)等。【汗簡

注釋卷四】

◉黄錫全 ⊗二思出碧落文 今存碑文作⊠二，當是由田:、⊗:等形(璽文10·8)譌誤。參見囟部思。

⊗二思碧落文 鄭珍云：「碑無此體，既與上碧落𡇒字不相屬，郭當元注它書，夏無。」後劦部録孫强《集字》協作𢻬，所从之「思」與此形同。

⊗口思出華岳碑 楚帛書思作、，古璽作、、(璽文10·8)，此形類同。心變作廿，還如古璽息作(璽彙0685)、志作(璽彙0972)等。【汗簡注釋卷六】

慮 

 慮 从心吕聲 中山王䜌鼎 毋忌𢟪𨑓又亡寍煬之忌 【金文編】

 3·913 獨字 【古陶文字徵】

 慮 為四三  為二一 【睡虎地秦簡文字編】

 且慮丞印  林慮左尉 【漢印文字徵】

 慮出石經 【汗簡】

 石經 【古文四聲韻】

◉許 慎 謀思也。从思。虍聲。良據切。【説文解字卷十】

◉唐桂馨  此字當从心盧聲。與盧字同意。入思部虍聲。未免支離。【説文識小録 古學叢刊一九三九年第四期】

◉馬叙倫 鈕樹玉曰。玉篇謀也思也。倫按慮從心盧聲。盧為盧之初文。見盧字下。其由與古文囟字相似。因變為慮耳。慮為思之轉注字。盧從虍得聲。虍音曉紐。囟音心紐。同為次清摩擦音也。凡思皆有計謀。固不獨慮為然。謀思也當作謀也思也。謀也蓋字林文。或此字出字林。當入心部。【説文解字六書疏證卷二十】

◉張守中 讀為慮。大鼎二例：毋忌—𢟪𨑓、亡寍煬之—。【中山王䜌器文字編】

◉于豪亮 忌字亦見於《十六金符齋印存》之戰國印「忌之」中，即慮字，古从吕得聲之字與慮字通假，《史記·河渠書》：「皓皓旰

吁兮，閭殫為河！」《漢書・溝洫志》閭作慮，故恳得為慮字。【中山三器銘文考釋　于豪亮學術文存】

◉戴家祥　中山王譽鼎　謀恳（慮）皆從　字从心吕聲，讀作慮，慮字从心盧聲。吕盧古音同屬來母魚韻，故恳即慮之聲符更換字也。説文。十篇「慮，謀思也」。【金文大字典上】

心　𢦚鼎　師望鼎　𪐗鎛　師𩛥鼎　散盤　牆盤　𤼈鐘　㝬簋　克鼎　秦公鎛

鄭伯受匿　王孫鐘　中山王譽壺　蔡侯𬫍鐘　【金文編】

3・620　丘齊辛里郗杏心　3・690　□墨弛里即□𠂢心　陶文編10・71　4・33　右宫巨心　5・384　瓦書「四年周天子使卿大夫……」共一百十八字　古陶51・2　陶文編10・71　【古陶文字徵】

三：六　一百八十三例　宗盟類　敢不閛其腹心　參盟人名大心　一九五：一　六十例　一：二九　三例　一六：三一

九八：一五　【侯馬盟書字表】

247　【包山楚簡文字編】

心　語九　二十二例　日乙九七　十二例　日甲一　日甲三六背　法五一　日甲五六　四例　【睡虎地秦簡文字編】

5288　4499　4501　4500　4908　4907　【古璽文編】

同心國丞　心定里附城　彭心私印　生心　【漢印文字徵】

開母廟石闕　同心濟㴰　石碣　馬薦口心其一　詛楚文　是繆力同心　外則冒改氒心　石經無逸　不寬

紹厥心【石刻篆文編】

心【汗簡】

古孝經　古老子　同上【古文四聲韻】

◉許　慎　人心。土藏。在身之中。象形。博士說以為火藏。凡心之屬皆从心。息林切。【說文解字卷十】

◉高田忠周　說文。人心也。在身之中。象形。古尚書。土藏。博士說。以為火藏。素問靈蘭祕典論。心者。君主之官也。神明出焉。管子心術篇。心也者。智之舍也。【古籀篇四十三】

◉馬叙倫　鈕樹玉曰。玉篇但引火藏也。藏當作臧。惠棟曰。五經異誼曰。今文尚書歐陽說。肝。木也。心。火也。脾。土也。肺。金也。腎。水也。古文尚書說。脾。木也。肺。火也。心。土也。肝。金也。腎。水也。許從古文尚書。故以心為土臧。博士說其今文尚書說。與臧禮堂曰。博士說即三家尚書說洪範之文。倫按說解挩本訓。人心八字及博士七字蓋字林文及校語。呂忱蓋亦謂古文尚書者。字見急就篇。齊鎛作。散盤作。克鼎作。王孫鐘作。【說文解字六書疏證卷二十】

◉强運開　此篆各本俱已磨滅。今據安氏十鼓齋所藏弟一本橅拓如上。就泐痕寀之。當為心字。說文。人心土臧也。在身中。象形。博士說。以為火臧。攷師望鼎作。散氏盤作。克鼎作。王孫鐘作。均與鼓文近似。可以為證。按上下均有闕文。【石鼓釋文】

◉聞一多　金文心作或作。余謂為心臟字。為心思字。象心房之形。為聲符兼意符。者。鑯之初文。心鑯古音同部。今字作尖。釋名釋形體心。纖也。所識纖微無不貫也。阮元云。釋名此訓。最合本義。說文心部次於思部。思部次於囟部。糸部細字即從囟得聲得意。故知心亦有纖細之義。案阮說是也。【釋朱　聞一多全集二】

◉高鴻縉　徐灝曰。五經異義曰。今尚書。歐陽說。肝。木也。心。火也。脾。土也。肺。金也。腎。水也。古尚書說。脾。木也。肺。火也。心。土也。肝。金也。腎。水也。月令與古尚書同。灝按博士所說。乃五行本義。博士。漢醫官。至今醫家依此治病。不誤。古尚書說。則誤會月令祭物之義耳。……凡屮木初生。尖刺謂之心。……詩凱風吹彼棘心。禮器如松柏之有心也。

按字本心肺之心。而其用恆為心思之心。心肺之心為循環系之中樞。心思之心為神經系之中樞。二者截然不同。古人不知。昧為一事。後人習用。視為固然。英文中亦有時以heart替代mind。其為仿自東方歟。抑為東西文字之偶合歟。未能明也。又春秋時徐沇兒鐘偏旁心字作。則心下右出之筆不始於秦小篆也。又心字為合體字之左旁者。隸變作。楷書作忄。【中國字例二篇】

◉于省吾　說文心字作，並謂：「心，人心，土臧也，在身之中，象形。博士說以為火臧。」王筠說文釋例：「其字葢本作，中象心形，猶恐不足顯著之也，故外兼象心包絡。」按許氏據小篆為解，王氏又從而傅會之，似是而非。甲骨文心字作，正象人心臟的輪廓形。甲骨文心字也省作，有時倒作、。商器祖乙爵作，父己爵作，金文編誤入於附録。又甲骨文貝字作，心貝二字截然不同，可是研契諸家一向淆惑莫辨，甲骨文編和續甲骨文編均混列在一起。甲骨文的寶、㝵(得)、賓等字，均从貝作，無一从。甲骨文的文字作，商器的文簋作，其所从的與即古心字。周代金文的文字从心者常見，無从貝者。這也是从心與从貝有別之證。今將甲骨文心與从心的字之可識者，分條闡釋於下：

一、甲骨文的「多□王心若」(綴合一七七反)，心字作，下同。「庚戌卜，□貞，王心若，□□其隹皞(孽)。」(拾九・一一)葉玉森誤釋心為貝。爾雅釋言「若，順也」，又釋詁「若，善也」。王心若即王心順善之意。甲骨文稱：「壬午卜，貞，王心亡鼓(艱)。」(陳七八)詩何人斯的「我心孔艱」，𦐇鷺的「無有後艱」，鄭箋并訓艱為難。然則王心亡艱，是說王心没有困難，如果釋為王貝無艱，是根本講不通的。

二、甲骨文字兩見(庫六〇〇)，文殘。甲骨文編誤釋為賖。按其字从心余聲，即悆字。說文悆字引「周書曰，有疾不悆，悆，喜也」。今本書金縢作「王有疾弗豫」。偽傳訓豫為悦豫，與說文訓悆為喜同義。悆乃豫之古文，豫為後起的借字。

三、甲骨文字(後下一六・七)只一見，文已殘。甲骨文編誤入於附録。余永梁殷虚文字續考釋為舂，這和續甲骨文編釋嫐為媢，以从心為从臼，同樣是錯誤的。按即怽字，从心尗聲。甲骨文督(督，漢隸多从日)字常見，其上部叔字左从尗作，周器克鼎的叔字左从尗作，均可互證。典籍中的尗字通作叔或菽，後漢書光武本紀的「麻尗」，猶以尗為菽。玉篇尗部尗之重文作叔。然則怽即惄，也即詩汝墳「惄如朝飢」之惄的古文。

四、甲骨文稱：「叀悉甲劦，受又。」(京都二〇六二)悉作，甲骨文編附録誤摹作。按悉字从矛作，商器敄觶的敄字从矛作，周器毛公鼎的敄字从矛作，說文矛之古文作𢦔，左从矛作。因此可知，矛字前後演化之迹宛然可尋。說文懋之或體作悉。「叀悉甲(原作田)劦，受又」，悉甲為被祭者。甲骨文中先公先王的廟號，只有上甲之甲作田，上甲名微(見國語魯語和楚辭天問)，微悉由於雙聲而通用，古無輕脣，故微紐應歸明紐。因此可知，悉甲當是上甲微的異稱。

五、甲骨文常見的字，也作，从木从中古每無別。甲骨文的「㞢于⿱木心」（後上九・六），⿱木心字舊不識。按⿱木心即杺字，爾雅釋木謂「梂樸，心」。廣韻侵部謂「杺，木名，其心黃。」甲骨文的「㞢于⿱木心」，⿱木心為被祭對象，未知所指，存以待考。

六、甲骨文字屢見，舊釋為⿱目八。按其字从心从口，和敗字作⿱目八者迥別。甲骨文稱：「貞，王㞢⿱心口，不之○貞，王㞢⿱心口，允之。」（乙四五八四）「癸子卜，于槩月又⿱心口」（前八・六・三），「⿱心口牛」（前一・三五・一）。按⿱心口牛之⿱心口，葉玉森誤釋為「从貝在口上」（集釋一・一一〇）。郭璞三倉解詁謂「吣音狗吣之吣」，今本譌作沁。玉篇口部謂「⿱心口，七浸切，亦作吣」。但與甲骨文語意不符，存以待考。

七、甲骨文有字（乙一七〇六，文殘），甲骨文編誤以為「从羊从貝，說文所無」。按其字从羊从心，即恙字。說文：「恙，憂也，从心羊聲。」段注：「古相問曰不恙、曰無恙，皆謂無憂也。」楚辭九辯的「還及君之無恙」，王延壽夢賦的「轉禍為福，永無恙兮」，無恙均謂無憂，乃古人常語。周代金文無恙字，古鉨文有「⿱宀恙容」，⿱宀恙字从恙作。

八、甲骨文字習見。羅振玉混於，並釋為貯（增考中一二）。甲骨文編和續甲骨文編均从羅釋。按字从宁从心，和字从宁从貝迥別。商器爵文有字，金文編也誤釋為貯。字應釋為㤖。甲骨文偏旁的位置，在內與在外往往無別，例如：弜字也作，㬰字也作，豚字也作，也作，是其證。玉篇：「㤖，竹與切，知也。」廣雅釋詁：「㤖，智也。」甲骨文㤖字均作人名用。

九、甲骨文有字（菁一一・四，辭已殘），只一見，舊不識。按即悤字之初文。周器克鼎作，番生簋作，宗周鐘作，蔡侯盤作。說文古籀補釋鏓，并謂「乃蔥之象形字」。金文編謂：「从在心上，示心之多遽悤悤也。說文云，从心囪，囪當是之變形。」這是對的。

十、甲骨文沁字作（甲二七五），也作（京都三一六六），文殘，甲骨文編誤釋為浿。說文：「沁水出上黨穀遠羊頭山，東南入河。从水心聲。」漢書地理志上黨郡：「穀遠，羊頭山世靡谷，沁水所出，東南至滎陽入河，過郡三，行九百七十里。」顏注：「今沁水至懷州武涉縣界入河。」甲骨文的「□未☐魚☐沁☐」（甲二七五），當係網魚於沁水之貞。甲骨文沁字也省作心。「貞，涉心，獸」（乙六三七七），是說涉沁水以從事狩獵。如果依照舊說釋沁為浿，不僅背於字形，而且漢書地理志和說文均謂浿水出樂浪郡，于地望也顯然不符。

依據上述，解決了一系列舊所誤識或不識的心和从心之字。此外，還有很多从心之字，例如：字應隸定為⿸广心，舊誤釋為續（增考中七四）；字應隸定作⿱山心，舊誤釋為⿱目皿；字應隸定作㞙，舊誤釋為員；字應隸定作妐，舊誤釋為娟；字應隸定作嫛，舊誤釋為斅；字應隸定作慦，舊誤釋為贅。這類从心的字雖然還不認識，但辨明了其偏旁之从心，為將來作進一步研究提供了有利條件。【釋心　甲骨文字釋林卷下】

◉李孝定　聞一多氏謂心字从者為心思字，不从者為心臟字，說非；克鼎「沖讓氒心」作，不从，沖讓為心理狀態，屬心思範圍，肉體之心臟，固無所謂沖讓與否也。古文字於空廓處每增點，無義。【金文詁林讀後記卷十】

◉李孝定　字與黃連文，讀蔥實不誤，㪤鐘則當讀為鍯；孫詒讓氏从阮說釋它，可商，金文它字不一見，均作，與此迥異。惟此字究當釋為何字，猶未可遽定，舊釋為蔥，謂象蔥形，蓋謂心形之，乃象蔥頭，其苗也。容庚氏謂从在心上，示心之多遽悤悤也，為何物，在心上何以有多遽悤悤之義？殊不可解。容氏蓋謂指事，則形無義，且指心亦不得有悤悤之意；竊疑古人謂心主思慮，以其多竅也，蓋指心竅之所在，然則仍是「心」字，周名煇氏謂悤心同字，說或較勝，蓋金文心字字形與此極近也。【金文詁林讀後記卷十】

息

息　中山王譻壺【金文編】

三：一二　宗盟類參盟人名【侯馬盟書字表】

息　為一六　秦六三　二例　日甲三六背【睡虎地秦簡文字編】

2574　1511　1740　1578　2855　0685【古璽文編】

新息鄉印　公息叀　王望息印　李張息　董息　息夫隆印　龍息　史息【漢印文字徵】

息義雲章【汗簡】

義雲章【古文四聲韻】

◉許　慎　喘也。从心。从自。自亦聲。相即切。【說文解字卷十】

◉馬叙倫　戴侗曰。從自。心聲。李陽冰說亦然。嚴章福曰。當作從心自聲。慦下應下慈下擬下忘下愾下患下恇下均放此。

王筠曰。息由鼻不由口。口部訓息者七字。惟喘呬二字與口有關。與心無涉。不知何以從心。倫按戴説是也。故音入心紐。當入自部。字見急就篇。古鉩作□。【説文解字六書疏證卷二十】

◉楊樹達 □ 人主喘息之官為肺,造字者息字从心,實謂肺也。呼息出氣,自肺而達於鼻,吸息入氣,自鼻而達於肺,故息字从心从自。自古音在没部,息在德部,二部音不相近。許君自亦聲之説恐非是。【文字形義學】

◉李伯謙 鄭傑祥 一九七九年四月,河南羅山縣東南後李村發現大型商代墓地一處,這是豫南地區商代考古上的一個重要收獲。⊘

值得注意的是,在該處墓地出土的一些大件銅器上,鑄有族徽銘文多種,其中□字徽銘最為突出,「在7座商代中型木槨墓中,發現23件銅器上鑄有□的銘文」,幾佔全部有銘銅器的百分之八十;不僅如此,而且鑄有此字徽銘的銅器往往成組地出土於一座墓中,如M6出土銅器18件,其中有6件鑄有□字族徽,M28出土銅器12件,其中有8件鑄有□字族徽,這表明它是該墓地最為常見的族徽,鑄有這種族徽的銅器也是該墓地出土數量最多的有銘銅器,和該墓所出鑄有其他徽銘的少量銅器不同,這批銅器不可能是由於戰争、婚嫁等原因由外族得來,而只能是墓主人自己或其後人為隨葬死者而鑄造的。原發掘報告説:「□形族徽可能是這個家族墓地的共同族徽」,這個推斷是正確的,就是説後李墓地應該就是商代晚期居住在該地的□族墓地。

族徽□字,以往曾見於殷墟甲骨和西周金文,鑄於商代銅器者此屬首次發現。

殷墟甲骨如骨臼刻辭云:

「戊申帚□示二屯 永」(《續》六·九·四)

西周金文如《退殷》云:

「公史(使)退事右(佑)□用乍(作)父乙寶障彝 □」(《三代》卷六·47)

又《□伯卣》云:

「隹王八月□白(伯)□(錫)貝于姜用乍(作)父乙寶障彝」(《三代》卷十三·36)

骨臼刻辭中的「帚□」,胡厚宣先生《武丁時五種記事刻辭考》以為乃武丁后妃之一,丁山先生《甲骨文所見氏族及其制度》認為□是氏族徽號,則「帚□」自係□族之婦適於商王者。《退殷》、《□伯卣》中的□即□國之君,同樣也是一種國族徽號,所有這些都和後李商墓銅器上的□字字義是完全一致的。但是此字在甲骨刻辭和西周金文中的字體結構略有不同,甲文此字作「□」或作「□」(《佚》四三〇)、「□」(《前》五・二八・一),其下左右各一撇或兩撇,中間沒有一豎劃;後李M6Ⅲ式鼎上此字與甲文相同,而M5鼎銘,M6觚銘,M11爵銘,M12爵銘、M28鼎銘直至西周金文中此字均作□,下面兩撇之間多一豎劃,因此我們認為甲骨刻辭及後李部分銅器銘文□,應是該字的原始形態,另外後李部分銅器銘文以及迄今所發現的西周金文中的□當是其繁體或變體,就是說後者乃是前者的發展形態。

□字,說文所無,後世諸家的解釋衆說紛紜,意見多不一致。阮元、唐蘭釋泉,徐同柏釋臯,劉心源、方浚益釋臬,吳式芬釋泉,吳闓生釋臯,于省吾釋臯,柯昌濟、林義光、高鴻縉等人釋息,今按:當以釋息為是。《說文・心部》:「息,喘也。」徐鍇《說文繫傳》釋息云:「自,鼻也,氣息從鼻出,會意,消式反。」段玉裁《說文解字注》:「(《說文》)口部曰:喘,急息也。喘為息之疾者,析言之,此云息者喘也,渾言之。人之氣急曰喘,舒曰息,……詩曰:使我不能息兮,傳曰:憂不能息也;黍離傳曰:噎憂不能息也,此息之本義也。……許書:䏧,卧息也,呬息也;眉,卧息也;歕,咽中息不利也;□,飲食屰氣不得息也,……皆本義也。」又《論語・鄉黨》云:「屏氣似不息者。」皇侃疏:「屏藏其氣似無氣息者也。」楊伯峻《論語譯注》譯為「憋着氣似乎是不呼吸的樣子。」《戰國策・齊策》:「閔王太息」,高誘注:「長出氣也。」《漢書・高帝紀》:「喟然太息」,顏師古注:「太息之大也。」是知息字本義即為喘息、嘆息、呼吸出氣之意。甲文「□」從「自」,從「八」,「□」即鼻子之象形,《說文・自部》:「自,鼻也,象鼻形。」又曰:「白,此亦自字也,省自者,詞言之,氣從鼻出與口相助也。」《說文・王部》釋皇云:「自,讀若鼻。」段玉裁《說文解字注》:「(《說文》)自下曰鼻也,則自、鼻二字轉注;此曰自讀若鼻,……此可知自與鼻不但義同而且音同相假借也。」其實自與鼻形、音、義皆相同,二者古今一字,後起的鼻字當從古自字分化而來。□為鼻子之象形,歷來說者無異議,而□下所從之「八」,上述諸家以往則釋為□、本、朩、丰、半等,但這些字形僅據商周金文字形「□」下所從之「小」立說,而與原始形態的甲文所從之「八」形體結構相距甚遠,恐非本義,我們認為甲文「□」下所從之「八」實與鼻子的功能有關,而酷似鼻呼吸出氣之形,高鴻縉《中國字例》云:「按:息,鼻呼吸也,字原倚自(古鼻字)畫有氣出入之形,由文自生意,故托以寄呼吸之意,動詞;秦時,文字聲化變作息,從自,心聲。」高說甚是,按圖察意,□與息其義相同,甲文無息字,□實為息字之初文。

□字在晚商和西周時期發展為□,至春秋又演變為息(或郋),其演變原因,正如高鴻縉所說,應「文字聲化」的結果。高明先生在論述漢字發展規律時也說:「有些本來已獨立存在很久的象形字和會意字,因受形聲結構的影響,中途又在原來字體中增添聲符或形符,轉化為形聲字」,並舉出其、鳳、寶,糃等字的前後字形變化為例加以論證。□字的變化也當是其一例,《說文・心部》:「息,喘也,從心,從自,自亦聲」,是知息古又有自音;又鼻子的主要功能是呼吸,因此自與息本義也相同,二者音義相同，字形相近，故可互相通用，王符《潛夫論》將息姓又寫作自姓，後人或以為誤寫，不確，我們認為實應是二者互相通用的遺證。但是隨着客觀發展的需要，古人于自或泉下復加心形聲符，於是息遂由會意字一變而為形聲字，其後息行而□廢，據目前見到的資料，至少到西周中晚期，金文中就不見□字了。

如果□字釋息不誤，那麼隨葬銅器上多以此字為族徽標記的後李商代墓地便應是商代息國貴族的墓地。由甲骨刻辭可知，早在武丁時期，息國就是商朝之重要與國，息族且與商王室通婚，雙方關係是相當密切的；後李墓地出土商代銅器表明，這個息國至商代末期依然存在，進入西周初期，該國或徙或亡，始由西周姬姓貴族所代替，《世本・氏姓》篇：「息國，姬姓」，就是指的周代姬姓息國，姬姓息國當是姬姓貴族因襲居商代息國故地而得名。周代息國地望，文獻記載在今河南息縣境。許慎《說文・邑部》：「鄎，姬姓之國，在淮北。從邑，息聲，今汝南新鄎。」《漢書・地理志・汝南郡》下云：「新息，莽曰新德。」顏師古注引孟康曰：「故息國，其後徙東，故加新云。」⊘總之，周代息國在今河南息縣縣境是明確無誤的，當然周代息國並不一定就是商代息國所在，商代息國都邑也許要在今羅山縣境找到其踪迹，但是息縣、羅山二縣相鄰，古息城南距後李商代墓地不過三十餘公里，因此周代息國一名必是沿襲商代息國故地而來，同時周代息國的確定也為我們考證後李商代息國墓地從側面提供了重要依據。【後李商代墓葬族屬試析　中原文物一九八一年第四期】

◉黃盛璋　「趙事□」，後一字應即「鼻」字，音假為畀，《說文》白部：「自，鼻也，象鼻形」，但鼻部又有鼻字：「鼻，所以引氣自畀也，從自、畀」。「自」即鼻字初文，《說文》王部曰：「自讀若鼻」，是音讀亦同，但甲、金文及經傳中不見以「自」為鼻，而另有「鼻」字，此字上從自，表鼻形，下從「畀」，《說文》以「引氣自畀」為解，其實主要表鼻孔下引氣，即出入氣息，「自畀」乃許氏望文生訓，未必原義所有，然此字應屬後起字。本銘之□，上象鼻形，下象從兩鼻孔引氣，所以此字必為「鼻」字較早字形，河南羅山縣蟒張，後李商周墓地經1979年與1980年兩次發掘，在四座商代中型木椁墓中，發現23件銅器鑄有□字銘文，其地為古息國之地，故此字即「息」字，為息國徽銘，表其國所作之器，上從自象鼻形，下表呼息氣，此字在23件銅器中寫法不一，有□(M6爵)、□(M6尊)、□(M6鼎)、□(M6觶)、□(M5鼎)、□(M8觚)、□(M9戈)、□(M28鼎)諸形，沿變之跡甚顯，最早就是「自」而末筆不合攏，象鼻下有孔，後下加兩直，或三直，表氣息出入，則鼻之象形之「自」與「息」最早就是一字，後分化為二。本銘之□，於「自」下加巜，使象鼻形更為明顯，自是「鼻」字而與「息」字不同。「趙事鼻(畀)」意為天君命趙之事他已完成任務，所以作器對揚天君休。【趙盂新考　人文雜志一九八二年第五期】

◉戴家祥　□中山王嚳方壺　亡有□息　說文十篇「息，喘也。从心从自，自亦聲。」自即古文鼻字，息本義當為鼻息，如增韻所訓

「一呼一吸為一息」。戰國策「閔王太息」，注「長出氣也」，長出氣表示事之終了，故禮記・檀弓注「息猶安也」，周禮春官籥章「以息老物」，注「休息之也」，銘文用作休息之息。【金文大字典上】

情 情

情 【汗簡】

古孝經 
裴光遠集綴 
陰符經 【古文四聲韻】

◉許　慎　情人之陰气有欲者。从心。青聲。疾盈切。【説文解字卷十】

◉馬叙倫　沈濤曰。五行大義論性情引曰。情。人之陰气有欲嗜也。嗜為者譌。古本下有也字。列子説符釋文廣韻十四清引作人之陰气有所欲也。倫按下文。性。人之陽气。性善者也。則此當曰。人之陰气。情有欲者也。白虎通情性。性者。陽之施。情者。陰之化也。人禀陰陽气而生。故内懷五性六情。然則以陽气陰气説性情。雖本古義。而性善者也情有欲者也。則許自為詮解。然以欲釋情。古義盡然。而以性善之説。漢猶未張。故倫又疑此為吕忱或校者所加。説解中有者也之詞亦非許例。蓋許本以同聲之字為訓耳。字見急就篇。餘詳性下。【説文解字六書疏證卷二十】

性 性

性　不从心　蔡姞簋　彌氒性即詩俾爾彌爾性　生字重見　【金文編】

開母廟石闕　比性乾坤　【石刻篆文編】

古孝經又王存乂切韻　【古文四聲韻】

◉許　慎　性人之陽气性善者也。从心。生聲。息正切。【説文解字卷十】

◉馬叙倫　沈濤曰。五行大義論性情引曰。性。人之陽气善者也。無性字。上文説解亦不出情字。可證古本無性字。玉篇引同今本。疑後人據今本改。倫按性情之分自古已然。然禮記樂記曰。人生而静。天之性也。感於物而動。性之欲也。感於物而動者謂喜怒哀思愛惡欲也。即禮運所謂人情弗學而能者也。荀子正名亦曰。性之好惡喜怒哀樂謂之情。倫謂性音心紐。情音從紐。皆舌尖前音。情從青得聲。青亦從生得聲也。然則情實性之異文。性本今所謂生命也。吾人生命有動静二方面。

静之方面。心雖對境。而時空遷流。不與之諧。此境雖玄。忘情自得。動之方面。則感物相逐。愛憎不舍。理智情緒。悉為支配。後人乃强以性為静之方面之名情為動之方面之名耳。【説文解字六書疏證卷二十】

志

志 中山王譽壺　竭志盡忠　【金文編】

5·348　瓦書「四年周天子使卿大夫……」共一百十八字　【古陶文字徵】

一九五：一　二百一十九例　宗盟類敢有志復趙尼及其子孫于晉邦之地者　一：五六　二例　一五六：四　四例　九八：五　六例　寺　同内室類參盟人名　一六：三六　一五六：三　時　二〇三：三　之【侯馬盟書字表】

119　182【包山楚簡文字編】

志　雜二八　四例　日甲二三背　日甲三【睡虎地秦簡文字編】

4889　4524　4515　4514　4516　4518　4519　4523　4335　4336　4337　4338　4334　4333　4332　4331　0070　0972　2068【古璽文編】

張廣志　張志之印　高堂志　孫志　臣志　侯志【漢印文字徵】

志【汗簡】

裴光遠集綴　籀韻【古文四聲韻】

◉許　慎　志意也。从心。之聲。職吏切。【説文解字卷十】

◉睡虎地秦墓竹簡整理小組　志，疑讀為特。《周禮·校人》「頒馬攻特」注：「夏通淫之後，攻其特，為其蹄齧不可乘用。鄭司農云：攻特，謂騬之。」據此，特馬是未經閹割不適於駕車的雄馬。【睡虎地秦墓竹簡】

意

◉黄錫全 志 志字古本作(侯盟)、(中山王壺)、、、(璽文10・8)等，漢印作、(漢印徵10・15)。楚王孫漁戈止作，蔡侯産劍作，蔡公子果戈作，此形所从之乃由上引諸「止」形演變。志字作應有根據。鄭珍則認為「从王存乂《切韻》出更篆。」【汗簡注釋卷四】

意 法二九 二例 封八二 日乙八三 【睡虎地秦簡文字編】

宋意之印 馮得意印 郭意印信 郭意 周過意 吳如意印 董意私印 樓如意印 繆

承意印 戕呈意印 焦奉意印 彭如意印 陝得意印 俄意私印 【漢印文字徵】

蘭臺令史殘碑 【石刻篆文編】

◉許慎 志也。从心。察言而知意也。从心。从音。於記切。【説文解字卷十】

◉馬叙倫 鈕樹玉曰。本書無志。當為識之古文。韻會無上從心二字。下作從心音。無聲字。嚴可均曰。志當作恉。下文。恉。意也。轉相訓。姚文田曰。漢人避諱極嚴。故許於上諱。皆不言義。則原本如禾艸火戈示諸部。必於部首。但言上諱。而不載其字。其有此者後人加也。是書上於安帝建光元年。而許慎至桓帝時猶存。桓帝名志。説文無志。殆以上名而去之也。李賡芸曰。從心。音聲。王筠曰。集韻不引志也。此二字蓋後人加之。嚴謂志當作恉。可從。倫按姚謂桓帝名志。故許不列志字。尋許卒於桓帝前。詳年表。且許書本于倉頡訓纂。二篇所無。雖上諱不列其字。有則不能去也。若不書其字而但言上諱，何由知是此字。特不列其説解耳。急就篇本倉頡而有志字。則許書亦不得無。蓋傳寫失之。然本書無從志得義與聲之字。疑志即詩之古文作者之譌。此志也或如嚴説本作恉也。急就亦本作恉。傳寫以通用字易之。志也下羡從心二字。察言六字校語。從音當依小徐作音聲。故音入影紐。鉉以鍇謂於文心音為意故改之耳。字見急就篇。餘見詩下。【説文解字六書疏證卷二十】

◉楊樹達 意根於心而發於言，故从心从音，心先而音後也。【文字形義學】

◉睡虎地秦墓竹簡整理小組 意，讀為隱。《左氏春秋》昭公十五年「季孫意如」，《公羊》作「隱如」，可證。【睡虎地秦墓竹簡】

◉黄錫全 憶並出義雲章 夏韻職韻録此文作，上从竹，下同《説文》意字正篆(籀文悳作同)。⿱竹意蓋意字別體，如同金文

愔

[阝尊]字或作,假為憶。【汗簡古文注釋卷四】

◉許　慎　意也。从心。旨聲。職雉切。【説文解字卷十】

◉馬叙倫　愔音照紐三等。古讀歸端。意音影紐。端影同為清破裂音。是意愔為轉注字。此即今所謂意志之志本字也。志從之得聲。之音亦照三。故古多借志為愔。【説文解字六書疏證卷二十】

悳

悳　孳乳為德　嬴霝悳壺　鼎銘簋銘作德　陳侯因資錞　合揚氒德　者沪鐘　中山王譻鼎　中山王譻壺　盗壺【金文編】

62　209　232　245【包山楚簡文字編】

同德　凡戠—匿(甲5—13)、隹—匿之戠(甲6—11)、是胃—匿(甲9—23)、羣神乃—(甲9—28)　殘　隹孛—匿(甲7—5)【長沙子彈庫帛書文字編】

祀三公山碑　以三公悳廣　石經君奭　説文之古文同汗簡引作誤悳德一字許氏分為二非也　開母廟石闕　悳洋溢而溥優【石刻篆文編】

◉許　慎　外得於人。内得於己也。从直。从心。多則切。古文。【説文解字卷十】

◉林義光　古作陳侯因資敦。从直从心。直者循之本字。心之所循為悳也。説文云。升也。从彳悳聲。按古作盂鼎。从心循。循即直。則德與悳同字。或作單伯鐘。从亦循字。經傳悳皆以德為之。德之韻訓為升。此登蒸韻之雙聲對轉。非其本義。易君子德車剥卦。孟子又從而振德之。此兩德字皆當訓為登。【文源卷十】

◉孫詒讓　攷金文陳侯因資敲悳作。盂鼎德作。叔向父敲作。陳曼簠作。虢尗鐘作。宰德氏壺又省作。並从直从从。龜甲文則作。與壺文同。攷金文字恆見。皆當為省字。舊釋為相。誤。如盂鼎我其遹省先王受民受彊土。季娟鼎令小臣夌先省楚居。皆是也。説文乚部直。正見也。从十目乚。𥃭部。省。視也。从𥃭省。从屮。金文□字从屮从目。即省字之省。與直从十目乚迥異。若然古文悳當从心从省。蓋以省心會意。較直心義尤允協。此小篆改易。古文失其本恉者也。【名原下】

◉高田忠周　説文。悳外得於人。内得於己也。从直从心。古文作𢛳。人元當作十。轉寫之誤耳。悳字周時已皆借德為之。抑亦可出籀文尚餘之餘獘矣。吴氏大澂云。悳字不从彳。亦晚周文字。非是。【古籀篇四十三】

◉馬叙倫　鈕樹玉曰。玉篇引無也字。翟云升曰。直聲。倫按説解蓋本作得也。以聲訓。古書亦多以得釋悳也。今捝本訓。存吕忱説或校語耳。外得於人内得於己之説本於説苑。義雖盡美。而以本書大例言之。非許語耳。不然。經記所詮德字非一。何獨取於是乎。且凡本書言仁義字説解皆不具釋如此也。從直從心依大例當作從心直。仍捝聲字。然陳矦因資敢作□。毛公鼎德字作□。秦公敢作□。甲文作□□。本書德篆作□。吴大澂釋直為相。羅振玉謂從十目。倫謂從目十聲。十音禪紐。故直從之得聲。音入澄紐。澄禪古讀竝歸於定。故悳音轉入端紐。金甲文皆從直得聲。本書無直字。急就篇有德無悳。或本作悳。傳寫以通用字易之。或此字出字林也。【説文解字六書疏證卷二十】

◉商承祚　□　金文陳矦因資鐘作□。嗣子壺作□。與此近似。此文略有筆誤。當據石經古文作□正之。玉篇作𢛳。

【説文中之古文考】

◉趙天吏　《説文》心部：「悳，外得于人，内得于己也。从直从心。□古文。」按：當云「从直从心，直亦聲。」古讀「直」如「得」，此即叚「直」為「得」，故許慎説解云：「外得于人，内得于己也。」金文作□。「悳」即恩悳、道悳之悳。漢書賈誼傳：「悳至渥也。」正作悳。甲文、金文及經傳多叚「德」為之。

《説文》彳部：「德，升(借為登)也。从彳，㥀聲。」甲文作□、作□。金文作□、作□、作□。俗多叚借為道悳之「悳」。

如上所述，德字从彳㥀聲。可知必須先有「悳」字，然後才能産生出「德」字。近世陸續出土之甲文，雖然還没有發現「悳」字，但不能以此遽認為殷代只有「德」字而没有「悳」字；因為殷代文字不可能盡刻于甲骨，而刻于甲骨者今日亦不可能全部出土也。況且殷周時代用字即多通假，自「德」字産生後就往往假「德」為「悳」，此亦「悳」字不見于甲文以及少見于金文之主要原因也。

《説文》中的「古文」，根據王國維先生的考證，本是戰國時六國所用的文字，漢世稱它為古文；字體稀奇古怪，跟殷周古文(甲文和金文)大不相同，這也就是説，它跟殷周古文相似的地方，反比籀文(即大篆，為戰國時秦國所用)與篆文(即小篆，為秦統一以後的文字)跟殷周古文相似的地方更為少些。因此,我們考正文字應以《說文》中的篆文(正字)為本,審慎地參以殷周古文,定其是非,不要為重文中的古文(六國文字)異形所迷,隨意改變正字。《說文》中「直」字下的古文□,正是戰國時六國所用的一個異體字,並不是戰國以前的殷周古文。漢代稱它為古文,實際上它遠沒有「直」字古。而秦人所罷之文與所焚之書,皆此種文字。故自秦以後,就只用真正的古字「直」,而不用六國的文字□也。⊘

古代只有舌頭音(端透定),沒有舌上音(知徹澄)。這是清代學者錢大昕的一個重要發現。今音之「知」「徹」「澄」,古音讀同「隄」「鐵」「騰」。今音之「直」(澄母),古音讀同「特」(定母),與「得」(端母)聲相近(僅有清濁之異,「得」清聲,「特」濁聲),故悳字上半的「直」可通假為「得」。舌頭音的發音部位靠前,舌上音的發音部位靠後,舌頭音比舌上音易發。因此,古人只會發舌頭音,而不會發舌上音。到魏晉以後,才演變發展出舌上音來(現代的兒童學話,也大都是先會發舌頭音,然後纔會發舌上音)。「直」字的古音,只能讀同「特」,或讀如「得」,而不能讀為現代音的zhí(ㄓ)。

太炎先生在《小斆答問》「竊」字條下曾說:「廿當為疒之耤,……造字時已有叚耤」。也就是說,會意字或形聲字所从的偏旁,亦有假借。這一原則的發現,又為楊樹達等多數學者所證明。「悳」字上半的「直」為「得」的借字,正同此例。

「悳」這一概念比「直」這一概念產生要晚,那是沒有問題的。但歷史唯物主義者認為:在原始社會裏,最初的道悳觀念就產生了;因此,在那時就必然有表示這一概念的語詞,迨文字產生後,也就必然有表示這一概念的文字。不能認為:原始的「悳」字本不是道悳之悳,而是孔丘之徒及許慎等把它附會為道悳之悳的。抽象地、概括地來說,道德是調整人們之間以及個人和社會之間的關係的行為規範的總和(在階級社會裏,道悳規範具有階級性)。許慎也並沒有拿具體的封建禮教(三綱五常、忠孝節義等)的道悳規範來解釋「悳」字,而只是以「外得于人,內得于己」這種比較抽象的說法來解釋它。這本是積古相傳的一種聲訓法(當然也不就是原始的說法)。⊘

太炎先生《新出三體石經考》云:「德皆作□(天吏案,此三體石經之古文。其篆、隸兩體皆作德)。說文德訓升,道德字本作悳。此从古文直也。今說文古文悳作□,則筆勢變異矣。」據此可知,太炎先生並沒有認為悳字的上半不是直字。魯迅先生也不說那上半並不是直字,而只說它並不是「曲直」的直字。這樣看來,悳字的上半是直字是沒有問題的,只不過不是「曲直」的直字罷了。所以我們不能認為悳字上半的直是另一字的形誤,並企圖廣徵金文和甲文來訂正它;而只能從直的本義或假借義來說明它。前面我作的那第一種解釋,是就直的本義來說明的;那第二種解釋,是就直的假借義來說明的。那第一種解釋是說:悳字的上半本是「正見」的直字,並不是「曲直」的直字。那第二種解釋是說:悳字上半的直,即假借為「得」字,已經不是「曲直」的直字了。那第一種解釋，雖然也説得過去，但我總覺得有點不太符合實際，因為「正見」的直和「曲直」的直，在意義上雖然有本義和引申義之不同，但在形體上本非兩字；曲直之意，不得謂之本義，却不可謂直非其本字也。所以我認為那第二種解釋較妥。【釋「悳」　河南師範大學學報一九八二年第二期】

◉湖北省文物考古研究所　北京大學中文系　［二一九］「德」字不見字書。信陽二〇七號簡有「純悳」，疑「悳」與「德」為一詞的異寫。《禮記·玉藻》「君羔幦虎犆」，鄭注：「犆讀皆如直道而行之直。直謂緣也。」「悳」字从「直」得聲，「德」與《玉藻》之「犆」不知是否有關。【望山楚簡　二號墓竹簡考釋】

◉戴家祥　説文十篇。心部「悳，外得於人内得於己也。从直从心。□，古文。」錢大昕謂古讀直如特，今分澄定兩部。十駕齋養新録卷五舌音類隔之説不可信。按鄘風柏舟「實惟我特」，釋文「韓詩作直，云相當值也。」禮記王制「天子犆礿」，釋文「犆音特」。又玉藻「君羔幦虎犆」，鄭注「犆讀如直道而行之直。」玉篇三五八犆同特。集韻入聲二十五德特犆犆同字。唐韻悳讀「多則切」端母之部，直讀「徐力切」澄母之部，特讀「徒得切」定母之部，韻同聲異，是悳字當云从心从直，直亦聲。會意兼諧聲字也。禮記樂記云：「夫歌者直己而陳德也」，是其證。

孫詒讓曰：⊘説文乚部「直，正見也。从十、目。」𥄉部「省，視也。从𥄉省，从屮。」金文□字从屮从目，即省視之省，與「直从十、目」迥異，若然，古文悳當从心，从省，蓋以省心會意較直心義尤允協。此小篆改易古文，失其本恉者也。金文德字變體甚多，如散氏盤德字作□，从小。説文省，古文作□，从少囧。盤文德上从小，即从少省也。若小篆从直，則从小必不可通矣。又史頌鼎𣪘德作□□兩形，變从心為从言，从又，形並奇詭，而第一字从省，省與金文通例正合。第二字从□，則當為眚字。説文目部：眚，从目生聲。金文揚𣪘曶鼎「既生霸」生並作此字，即借眚為生也，舊亦誤釋為相。金文省眚二字互通，如南宮鼎「先眚南國」、宗周鐘「王肇遹眚文武堇彊土」，與小臣夌鼎盂鼎文例正同，是𣪘文雖變从眚，亦可為德本从省之證，若从直，則與眚相去千里矣。此亦足證小篆之誤也。名原下第十一葉。按孫氏釋□上从小即少省也，静安先生从之遺書第十四册散氏盤考釋而云「小篆改易古文為直心，失其本旨」，却未必然也。考唐韻悳音讀「多則切」，端母之部。古讀直如特，特音「徒得切」，定母之部。古讀得如陟，陟音「竹力切」知母之部。得又讀中，中音「陟弓切」，知母蒸部，之蒸陰陽對轉，是悳从直得聲，在六書為形聲，許氏以為會意，非也。散氏盤从省，省眚同字，讀如論語「三省吾身之省」，在六書為會意。由形聲變為會意，亦漢字發展變化之通例也。孫氏但知省心為會意，而不知从心直聲為形聲，亦千慮之一失耳。【金文大字典下】

◉臧克和　〈1〉□《甲》2304　□《乙》375

《戩》39·7　《粹》864
《鄴》初下，29·4
〈2〉《乙》4678　《前》6·7·3
〈3〉《甲》574　《後》2·2·12

按殷墟卜辭「德」字見附表〈1〉，關于該字結構意義的考論至今仍有一間未達。「德」字古文由「直」符（見表〈2〉）和「彳」抑或「行」符（見表〈3〉。其中「彳」符可視為「行」符的省寫）結體構形的。而且我們還考定「德」的古文，就是從這個「直」符得聲的。「直」屬古音定母職部，「德」在上古音韻系統中則係端母職部，它在中古的音韻地位被描述為「端母、德韻、開口、一等、入聲、曾攝」。「德」字古文從表〈3〉，表示有「通衢道路」義。羅振玉曰：「表〈3〉（上行）象四達之衢，人所行也。……古从行之字，或省其右或左，作表〈3〉（下行）。」又从「直」則又表示「正見確當」之義，徐中舒比較其形體演變說：「从目上一豎，會以目視懸（懸、懸鐘），測得直立之意。金文……（《恒簋》），豎畫已訛為十，小篆乃訛為十，與十由｜訛為十同。《說文》：『直，正見也。……』」

殷墟卜辭以「直」為「當」：

貞庚申王直出（《佚》57）。

庚戌卜王帋直大乙（《掇》1·549）。

辛未……王作令或不直（《存》1·2210）。

由此我們可以說「德」字古文取象意義：在初民看來，在道路旁邊或中央畫成表示正直有當的「直」符，即可確保行為的準確無誤，也就等于具有了避免越軌偏差的巫術效力。「德」在初結念構形，即具「規範」義，而這一層關聯，正是以往釋「德」者由「正道」義到「規範」義終覺隔了一層的地方。「德」既由「直」得聲受名，也就具有了一般的「正道直行」的字義。原初的道德形態是取象于「道路」的，這從「德」多與「道」合成詞語也可以發現其關聯，如「德行」、「道德」等。【漢字單位觀念史考述六】

應

應　不从心　應公鼎　雁字重見　【金文編】

174　【包山楚簡文字編】

慎

應 法三八 二例 日甲三四背 二例 【睡虎地秦簡文字編】

應門府印 應寶之印 茲應 臣應 孟應 竇應印 任應 壬應 畢應 應顯

司馬應 賈應 【漢印文字徵】

素下殘石 詛楚文 亦應受皇天上帝 【石刻篆文編】

竝古老子 籀韻 【古文四聲韻】

◉許 慎 應當也。从心。𤸰聲。於陵切。【說文解字卷十】

◉馬叙倫 鈕樹玉曰。韻會引𤸰省聲。倫按應當也爾雅釋詁文。此與譍特心與言之殊。猶謹之於慎也。然疑為慎之聲同真類轉注字。玄應一切經音義引字林。應。當也。則當也者吕忱據雅文加之。字見急就篇皇象本。顏師古本作褭。【說文解字六書疏證卷二十】

慎 說文古文作。邾公華鐘 【金文編】

慎 秦一九六 三例 為三五 為五〇 【睡虎地秦簡文字編】

孔慎 郝慎私印 尹慎私印 聃慎之印 曹慎印 朱慎 【漢印文字徵】

泰山刻石 慎遵職事 慎鄉殘石 【石刻篆文編】

慎 【汗簡】

古老子 古尚書 崔希裕纂古 同上 李商隱字略 【古文四聲韻】

◉許 慎 慎謹也。从心。真聲。时刃切。古文。【說文解字卷十】

◉林義光　説文云。昚慎古文。按从日从火。日近也。暱字暬字皆从日。日用火有慎之象。古作昚邾公華鐘。【文源卷十】

◉丁佛言　昚古鉥。孫慎。从夜从心。愚定為古慎字。説文古文慎作昚。當是傳寫之誤。昚古鉥。長慎。【説文古籀補補卷十】

◉馬叙倫　本書。謹。慎也。堇真聲同真類。言必經思慮而出。故謹從言而慎從心。仍為轉注字也。字見急就篇。古鉩作慎。

昚　嚴章福曰。此校者據㝵下説解補。倫按邾公華鐘有昚字。齊侯鎛齊侯鐘同。易。君子以懲忿窒欲。釋文。劉表本作昚欲。經典釋文序録偁昚徽五典。是陸所據書堯典慎徽作昚徽。即尚書古文有昚字也。字從日從火。丁佛言據古鉩有孫昚長昚。以為即慎之古文。從夜。從心。昚是傳寫之誤。倫謂從夜從心會意邪。心夜為慎。既不可通。夜又為形聲字。會意字無以形聲字會意者也。古文經傳以為慎字。必借其聲。將從心得聲邪。抑從夜得聲邪。於慎之音皆遠。亦不可通。古鉩文多譌變。若昚字果如丁釋。蓋從心褻省聲。唯字當作昚。褻音牀紐三等。慎音禪紐。同為舌面尖音。尚得為慎之轉注字。然與昚異字。以齊侯鎛鐘邾公華鐘作昚證之。此篆似略譌。而非由昚譌也。昚字以晉姜鼎光字作光。曾伯霥簠狄字作狄證之。則從日從火。似與炅一字。本書。炅。光也。從火。景省聲。或此從日火聲。或從火日聲。然於慎音亦遠。不得借為慎字。倫疑從日赤省聲。赤音穿紐三等。亦舌面前音。赤之轉注字作赬。赬從真得聲。而金文或從貞得聲作䞓。則古文經傳得以昚為慎。昚亦或㬎之異文也。【説文解字六書疏證卷二十】

◉商承祚　昚石經古文同。金文邾公華鐘作昚。敦煌尚書禹貢作昚。【説文中之古文考】

◉劉樂賢　《説文解字》卷十心部慎字「謹也，从心真聲。昚，古文。」昚字的構形分析一直是説文學家們未能解決的一個問題。他們由於資料的局限，只能利用《説文解字》卷十火部㝵「柴祭天也，从火从昚。昚，古文慎字，祭天所以慎也。」這麼一條材料，從慎字與㝵字的關係來推測昚的構形。按：㝵字古文字中習見，其上部所从並非昚字。許氏據已經訛變了的篆字形立論是不足為據的，説文學家們在此基礎上所作的種種推測當然也是不可靠的。

古文字學家利用了以前説文學家未曾見到的一些材料，對此字的構形分析已有所進步。例如高鴻縉《字例》、林義光《文源》皆據邾公華鐘「台(以)樂大夫，台(以)宴士庶子，昚為之名(銘)」肯定了慎字古文从火从日，這是可取的。按邾公華鐘昚字，諸家皆釋作慎。字上部所从之火當即是火，春秋戰國文字中「火」的上部常常可以添加一横畫而寫作火。由此可知説文古文昚上部實乃火之訛變。宋代著録金文叔夷鎛「昚卑罰」，昚字上部也應是火的誤摹。總之，慎字的古文就是一上火下日的省字，這是毫無疑問的。然而，此省字與从心真聲的慎字之間到底是什麽關係，其形體應作何分析？

高鴻縉説：「……从火在日間，會意。白日之火不易見，故當慎。」此實臆測。而專門研究説文古文的著作如胡光煒《説文古文考》、商承祚《説文中之古文考》都對此缺而不論。看來這是一個需要進一步探索的問題。

要解決這一問題，還得與秦公簋及秦公鎛聯繫起來考察。此二器皆有「鋎静不廷」一語。（宋代著録金文秦公鎛之鋎字，薛氏《歷代鐘鼎彝器款識法帖》摹作鋔，吕大臨《考古圖》摹作鋔，對照秦公毁拓片，可以斷定薛氏摹寫有失誤之處。）宋人吕大臨、薛尚功等皆釋為「鎮静不廷」。近人郭沫若、于省吾、容庚等先生都採用宋人説，但都没有對「鋎」字再作進一步的分析。容庚先生的《金文编》漏收此字（指第三版），第四版《金文编》則隸定為鋎，並注明為説文所無之字。按：前人釋此字為鎮是有道理的。鎮静是一複音詞，見於《國語·晉語七》。韋解云：「鎮，重也；静，安也」。可見鎮静是一並列結構的複音詞。静，在金文中可用作動詞，如多友鼎「王迺曰：女既静京𠂤，賚女，易女土田」，班毁「三年静東國」。並列結構的複音詞也應當能夠用為動詞。「鎮静不廷」與《晉書·高崧傳》之「不能鎮静群庶，保國維成」的用法正同。可見根據文例，鋎當讀為鎮。然而在字形方面有何根據？只要我們把這個鋎字與上引邾公華鐘銘文中用作慎字的炅聯繫起來考慮，就不難發現鋎字所从之炅與用作慎的炅乃一字的不同寫法。由於這個字既可寫作省，在作為偏旁使用時又可寫作炅，這啟發我們趨向於認定它是一個形聲結構的字，因為作為會意結構的合體字，其部件之間的結構一般是固定的。通過以上論述，我們可以得出結論：説文古文慎（省）字及金文鎮（鋎）字所从的偏旁乃是一由火、日兩個部件構成的合體字，這個合體字的結構很可能是形聲。

今本《説文解字》中並没有一個以火、日為部件的形聲字。但火部有一炅字很值得注意。許氏云：「見也，从火日」。顯然，在許氏看來這是一個會意字。但許氏的這一看法是難以理解的。就連與許氏心心相印的段玉裁在注此字時也不得不承認他不明白這一字的意義，他説「按此篆義不可知」。桂馥《説文義證》則主張「見」當是「光」之誤。王筠《説文句讀》云作「光」則當在熱篆前。桂、王二氏的修正是可取的。在出土的秦漢文字材料中，炅字常常用為熱。例如馬王堆漢墓帛書《老子》甲本「趮（燥）勝滄，寒勝炅（熱）」及「物或行或隨，或炅（熱）或〔吹〕」，《居延漢簡》乙編五二·一二「當遠里公乘王同即日病頭恿（痛）寒□（熱）」等皆是。馬王堆漢墓帛書《老子》14頁注「炅，从火日聲，當即熱之異體字，不讀古迥切或古惠切」。裘錫圭先生更指出，另一从日聲之涅字亦可讀為熱，如帛書《老子》乙本前古佚書一〇〇下「夫天地之道，寒涅（熱）燥濕不能並立」。由此裘先生進一步論定了炅當从火日聲。最近，王輝同志對此字亦有論述，認為炅是會意兼形聲字。而李學勤先生則認為从日得聲的炅與後來讀古迥切的字可能是形同音異的兩個字。由此看來我們在上文中所推測的由火、日兩部件構成的合體字應當就是這個在秦漢文字中讀為熱的炅字，這個炅字結構並不是許慎所說的會意，而應是形聲。也就是說說文古文慎(昚)字及鎮(鋘)字所从，實際上是一从火日聲的字。按在上古音中，慎，真部，禪紐；鎮，真部，章紐；日，質部，日紐。真、質陽入對轉，禪、章、日同為舌音，它們的古音都很相近。因此从日得聲的炅可讀為慎，以炅為聲符的鋘可讀為鎮。

總之，根據金文及秦漢文字材料，我們可以肯定說文古文慎字是一個从日聲的形聲字。它之所以讀為慎，以它為聲符的字之所以讀為鎮，是因為它與慎、鎮在古代讀音相近。由於从日得聲的字在典籍中很少出現，所以這裏很難找到很多从日聲之字可以讀為慎或鎮的文獻證據。不過《經典釋文》中還是保留了一些這方面的材料。如《周禮·司刑注》「先刻其面以墨窒之」。《經典釋文》窒「本又作涅」，《易·損》象傳「君子以懲忿窒欲」。窒，《釋文》「鄭、劉作懫，懫，止也，孟作恎，陸作昚」。涅、昚(昚)皆為窒的異文，這證明涅、昚(昚、慎)音同，也就是說昚字一定也是从日得聲。而「昚」在古籍中一直被當作慎字使用，這也就說明慎字與从日得聲之涅字都可作為窒的異文使用。【釋《說文》古文慎字　考古與文物一九九三年第四期】

忠

忠　中山王譽鼎　有氒忠臣貫　中山王譽壺　余智其忠諦　又竭志盡忠　【金文編】

3·1372　獨字　【古陶文字徵】

忠　為一二　四例　語六　【睡虎地秦簡文字編】

1314　4502　4504　4503　4507　4879　【古璽文編】

檜忠之印　李忠　陳忠　高忠　孜忠之印　樊忠之印　【漢印文字徵】

天璽紀功碑　令史建忠　【石刻篆文編】

古孝經　道德經　【古文四聲韻】

◉許　慎　敬也。从心。中聲。陟弓切。【說文解字卷十】

◉馬叙倫　古書釋忠無定義。敬為警之次初文。以之訓忠。義未剴切。蓋非本訓。左成九年傳。無私。忠也。與論語以忠恕為一貫之釋解為合。此其全義也。賈誼書道術。愛利出中謂之忠。以中釋忠。乃以聲訓之例。而賈意出中為出心也。後人中心為忠之説。即由是坿會矣。字見急就篇。古鉩作[字形]。【説文解字六書疏證卷二十】

◉尤仁德　忠信  2

玉質，鼻鈕。璽面長1.3釐米，寬1.5釐米。《彙編》著録。

璽文左字由⿱亼中與心組成，即⿱亼忠字。這個字的寫法與侯馬盟書裏的中字寫作[字形]（《侯馬盟書·委質類》，地名「中都」）實際上是相同的（△的虛框和▲的填實別無二致）。

要考證⿱亼忠字，需首先對盟書[字形]字作一分析。它是由▲與[字形]構成。《説文解字亼部》：「亼，三合也。從入一，象三合之形。讀若集。」（按許説並非本義，姑在此不論。惟「讀若集」，確也。）《六書正偽》：「亼，古集字」。據二書的解釋，▲即是集字古文。[字形]即中字古寫，其形狀來源於商周甲骨文、金文的[字形]、[字形]。[字形]字的四條像飄帶樣的筆畫，就是旂旗之斿（旒）。對於甲骨文[字形]字，唐蘭先生曾有過精闢的論述。他説：「中者，最初為氏族社會中之徽幟，《周禮·司常》所謂皆畫其象焉。官府各象其事，州里各象其名，家各象其號。顯為皇古圖騰制度之孑遺。此其徽幟，古時用以集衆。《周禮·大司馬》教大閲，建旗以致民，民至，仆之，誅後至者，亦古之遺制也。蓋古者有大事，聚衆於曠地，先建中焉，羣衆望見中而趨附，羣衆來自四方，則建中之地為中央矣」。（《殷墟文字記》53至54頁。重點號係筆者所加。）其實，盟書和璽文的[字形]、[字形]二字上端所加的義符▲亼（集），都含有集中和集衆的意思。它們也正是古代建中集衆習俗的遺澤，所以，它們都仍應讀為中，由此看來，璽文⿱亼忠字雖然結構有所增繁，但必是忠字無疑。【館藏戰國六璽考釋　考古與文物一九九〇年第三期】

[字形]

愨　語九【睡虎地秦簡文字編】

◉許　慎　[字形]謹也。从心。㱿聲。苦角切。【説文解字卷十】

◉馬叙倫　沈濤曰。後漢書竇融傳注文選東京長門賦注引皆同今本。惟舞賦注引。愨。貞也。為一曰以下之文。倫按貞也蓋本作慎也。宋人避諱改之。謹慎一義。本作謹也慎也。一訓校者加之。或吕忱列異訓。謹音見紐。愨音溪紐。同為舌根破裂音。則謹愨為轉注字。字或出字林。【説文解字六書疏證卷二十】

⿱䫉心 □

◉許　慎　□美也。从心。䫉聲。莫角切。【説文解字卷十】

◉馬叙倫　桂馥曰。美也者。經典借藐字。釋詁。藐藐。美也。倫按美也者。借⿱䫉心為美。古音同屬明紐也。此非本訓。或字出字林也。䫉聲宵類。慤聲侯類。宵侯旁轉。轉注字也。字或出字林。【説文解字六書疏證卷二十】

快 □

□ 郝襄快印【漢印文字徵】

◉許　慎　□喜也。从心。夬聲。苦夬切。【説文解字卷十】

◉馬叙倫　玄應一切經音義引字林。快。喜也。則此字林文。本訓亡矣。字見急就篇。【説文解字六書疏證卷二十】

◉劉　釗　《漢徵》十·十九第8欄有字作「□」,《漢徵》隸作「怏」,以不識字列心部後。按字从心从夬,應釋作快。馬王堆帛書《老子》甲本夬字作「□」,缺字作「□」可證。帛書《縱横家書》快字作「□」、《老子》甲本作「□」,與「□」字同。快字見於《説文》心部。【璽印文字釋叢　考古與文物一九九二年第二期】

◉湯餘惠　□⿱夬心·快　⿱夬心應是古快字。馬王堆帛書作□(縱横家書10),居延漢簡作快(甲1919A),小篆作□。【包山楚簡讀後記　考古與文物一九九三年第二期】

◉劉樂賢　《包山楚簡》第107號有:

羕陵攻尹□

最後一字,諸家或釋「恫」,或釋「⿰忄牙」,或釋「恖」。

第110號又有:

鄗連囂競□

末字,諸家多釋「⿰忄寽」,也有釋「愋」者。

我們認為,這兩字其實都是「快」字。其上部所從,都是「夬」的異寫。由於簡文書寫不太規範,容易引起誤解。老實説,只是看照片,辨字形,很難判定上述諸説中哪一説合乎實際。好在103號至109號諸簡都是講「貸金」之事,其中103至114號為一組,是富月所貸;115至119號為另一組,是夏柰之月庚午之日所貸。兩組的人名和地名多有重複出現:

(1)　襄陵　冀陵公鼈(103號)

□ 愷

鄟陵　蕆陵公邗竈(115號)

(2) 鄝莫囂𣥺　左司馬毆(105號)

鄝莫囂𣥺　左司馬旅毆(116號)

(3) 𢻹陵攻尹産(106號)

𢻹陵攻尹𩃬(産)(116號)

(4) 羕陵攻尹□　喬尹黄𪊨(107號)

鄴陵攻尹快　喬尹𪊨(117號)

(5) 株昜莫囂郘壽君(108號)

株昜莫𨜲壽君(117號)

(6) 蔞昜司馬寅(109號)

鄟昜司馬寅(118號)

(7) 郘連囂競□　攻尹賹(110號)

郘連囂競快　攻尹𨜲賹(118號)

據上列第4、7條可知，107號簡的「羕陵攻尹□」，就是117號簡的「鄴陵攻尹快」；110號簡的「郘連囂競□」，就是118號簡的「郘連囂競快」。117、118號簡的「快」字，分別作□、□，其上部所從，正是「夬」的通常寫法。107號簡快字所從的「夬」，其□和□共用了筆畫，因而看起來有些像「牙」字。110號簡快字所從的「夬」，其左部似有一筆道，易被視作□，實則並非筆道。

九店楚簡《日書》第114號有兩個□字，《江陵九店東周墓》未釋，我們曾將其補釋為「夬」字。上論包山楚簡110號快字的寫法，正好為我們的補釋提供了依據。【楚文字雜識　第三屆國際中國古文字學研討會論文集】

□ 古孝經　□ 同上【古文四聲韻】

◉許　慎　愷樂也。从心。豈聲。臣鉉等曰。豈部已有。此重出。苦亥切。【說文解字卷十】

◉馬叙倫　快愷音同溪紐聲同脂類轉注字。古言愷樂。今言快樂。鍇本作康也。與豈部同。彼當删也。康也以聲訓。【説文解字六書疏證卷二十】

㥦

㥦【汗簡】

義雲章【古文四聲韻】

◉許　慎　快心。从心。匧聲。苦叶切。【説文解字卷十】

◉馬叙倫　沈濤曰。一切經音義十二引。㥦。恐息也。蓋一曰以下之文。倫按玄應音義引字林。㥦。快也。蓋此字出字林。快㥦音同溪紐轉注字。恐息也者。悏字義。見悏字下。【説文解字六書疏證卷二十】

念

念　从亼　父辛卣　沈子它簋　㸓簋　帥鼎　㦰鼎　萬尊　克鼎　段簋　毛公㢟鼎

者沪鐘　蔡侯𪒠殘鐘　从口　中山王譽鼎　念之𢦔【金文編】

石經君奭　弗永遠念天畏　汗簡作【石刻篆文編】

念　念【汗簡】

古孝經亦古尚書　並籀韻【古文四聲韻】

◉許　慎　常思也。从心。今聲。奴店切。【説文解字卷十】

◉馬叙倫　桂馥曰。常思也者。方言文。釋詁。念。思也。倫按念為慮之同邊音轉注字。念音泥紐。慮音來紐。古讀亦歸泥也。本訓思也。呂忱或校者加常思也。字見急就篇。【説文解字六書疏證卷二十】

◉戴家祥　中山王譽鼎　念之𢦔　念，从心含聲。含字在鼎銘中用作今，如「含舍(余)方壯」等，含作今者凡三見，由此可知念即念字也。説文十篇「念，常思也。从心今聲。」與銘文義同。【金文大字典上】

怤 □

◉許　慎　□思也。从心。付聲。甫無切。【說文解字卷十】

◉馬叙倫　詩巧言。他人有心。予忖度之。傳無文。箋依文言之。而孟子梁惠王齊宣王引此詩。今紹興上海令人思之曰。你忖忖看。則忖即怤也。怤從付得聲。付從寸得聲。見付字下。故詩作忖。怤音非紐。思音心紐。非心同為次清摩擦音。則怤為思之轉注字。寸九一字。見寸字下。九音見紐。今音亦見紐。則念怤亦轉注字。寸為肘之初文。肘聲幽類。今聲侵類。幽侵對轉。亦可證也。【說文解字六書疏證卷二十】

憲 □

□憲　不从心說文从心从目害省聲未碻　伯害盉　□害鼎　□井人妄鐘　□揚簋　□𪊲盤　□善夫山鼎　□秦公鎛　憲公　【金文編】

□憲　秦一九三　【睡虎地秦簡文字編】

□邦憲　□張憲君印　□張憲印信　□憲乍宮印　【漢印文字徵】

◉許　慎　□敏也。从心。从目。害省聲。許建切。【說文解字卷十】

◉孫詒讓　說文夫部从夫為形者,唯規𡘍二文,它部𦣻夫聲者,不數。而金文从夫字甚多,其最奇者為「□」字,伯淮父敢云:「白淮父來自□。」此為地名,攷釋家咸不辨為何字,今諦宷之,右从夫甚明,左蓋从憲省。說文心部「憲,敏也。从心目,害省聲。」金文伯害鼎作□,井人鐘作□,揚敢作□,皆从目从害省。說文宀部「害,傷也。从宀口,言从家起也,丰聲。」故此亦作□,毛公鼎害字作□,與此略同。此□即害之變體也。又鼎文云:「□乍寶鼎」,□从夫从害,豫畫絶明析,古亦無此字,舊釋為婤或作舒,竝誤。以聲類求之,當亦「□」之異文。散氏盤有濾字作□,又作□,亦變害為害,此从阮文達,或釋為涻,誤。正「□」「□」同字之比例,以相參證,□之為□,益無疑矣。

金文又有上害下夫字甚多,如卣文作□,足跡鼎作□,此右作足跡形,疑即□之省。晉口尊作□,又卣文作□,册命父癸鼎作□,舊皆釋為召夫二字,殊無義據。今以□字證之,乃知其為一字,蓋易右形左聲為上聲下形。金文凡作此字者,多箸亞於其外,或為人名,或亦即地名,皆無可質證,要其為一字,亦無可疑也。

□,音義無可攷,以字例攷之,當即憲之或體。蓋規圜巨方,同為正形法之器,而篆文規字从夫,巨字則小篆作□。說文工部云：「規巨也，从工，象手持之。」或作榘，从木矢，矢者其中正也。金文如伯矩鼎作[古文字]，矩𠅱壺作[古文字]，則變「矢」為「夫」而省木，省木與今或體同，又有从大者甚多，亦夫之省。是矩字亦或从夫。竊疑憲字古或从夫，與規矩字略同，與訓敏字从心小異。敏德，為周禮師氏三德之一，鄭注云：「在心為德」故从心。葢規矩憲三字同訓法。說文夫部「規，有法度也。」爾雅釋詁憲、矩，法也。故或皆从夫，其義皆亦自同條共毌也。【名原卷下】

◉馬叙倫　鈕樹玉曰。韻會目上無從字。龔橙曰。害即害。此害聲也。林義光曰。井人鐘作[古文字]。伯憲盉作[古文字]。從目。害省聲。憲聲寒類。害聲泰類。雙聲對轉。倫按從心。害聲。故金文即以害為憲。害即今所謂瞎子之瞎初文。從目。害省聲。散盤[古文字]竝作。可證也。本書無害字。敏也非本義。亦非本訓。原憲。字子思。憲音曉紐。思音心紐。同為次清摩擦音轉注字也。字見急就篇。【說文解字六書疏證卷二十】

◉楊樹達　說文十篇下心部云：「憲，敏也。从心，从目，害省聲。」段玉裁云：「心目竝用，敏之意也。」樹達按：亟以手口並用訓為敏疾，疌以手足並用訓為疾，憲以心目竝用訓為敏，意義同則組織相類也。【積微居小學金石論叢卷一】

◉李學勤　害聖成王

害，即憲，《說文》：「敏也」。與聖字義近。兩字均見《諡法》。【論史牆盤及其意義　考古學報一九七八年第二期】

◉徐中舒　害同憲，公佈政令教令也。古代政教合一，政令教令皆公佈之，是為憲。孫詒讓《周禮正義》：「凡云憲者，皆以木鐸徇之于朝，書而懸于門閭」。《荀子·勸學》：「不道禮憲」。楊注：「憲標表也，凡禁令欲衆共知，則書而表懸之」。武王建國之初，有所未遑，至成王乃有公佈之憲令，故稱之為憲聖。【西周牆盤銘文箋釋　考古學報一九七八年第二期】

◉于省吾　害聖成王　唐蘭同志引《爾雅·釋詁》訓憲為法。並釋作「有法度的聰明的成王」。徐中舒同志謂：「政令教令皆公佈之，是為憲。」李學勤同志謂：「害即憲，《說文》敏也。與聖字義近。兩字均見《謚(應作「諡」)法》。」按以上諸說皆不足據。

害為憲之初文，秦公鐘(近年來寶雞縣出土)作憲，乃後起字。《詩·板》的「無然憲憲」，毛傳謂「憲憲猶欣欣也」。憲與欣雙聲(並屬「曉母三等」)。又元、諄通諧，故通用。《說文》：「欣，喜笑也，从欠斤聲。」又《說文》：「忻，闓(開)也，从心斤聲。司馬法曰，善者忻民之善，閉民之惡。」段注訓為「忻謂心之開發」。《小爾雅·廣詁》訓開為達。按開發與開達即開朗之義。欣乃忻的後起字，《說文》誤分為二字。晚周古鉨的「峹忎」，忎字作[古文字]，即古忻字。《詩·假樂》序謂「嘉成王也」。《假樂》的「顯顯令德」，齊詩作「憲憲令德」。憲憲應讀為忻忻，乃形容開朗之義。井人鐘的「妄憲憲聖趩」，應讀作「妄忻忻聖爽」。《書·多方》的「惟聖罔念作狂」，孔疏謂「聖者上智之名」；《詩·凱風》毛傳的「叡作聖」，孔疏謂「聖者通智之名」。師朢鼎的「王用弗諲(忘)聖人之後」，王稱其先考為「聖人」，這和後世特殊尊稱的「聖人」判然有別。《説文》訓爽為明，爽訓明典籍習見。井人鐘的「妄忻忻聖爽」，應訓為「妄開朗聖智爽明」。這和瘋鐘的「夙夕聖趪(爽)」均以「聖爽」自稱相同。牆盤為龔王時器，較早于井人鐘。銘文的「憲聖成王」，應讀作「忻聖成王」，這是以開朗聖智頌揚成王。基於以上的論證，則妄人鐘的「忻忻聖爽」乃本銘文「忻聖」的演化語。

【牆盤銘文十二解　古文字研究第五輯】

◉睡虎地秦墓竹簡整理小組　憲盜，據簡文，係一種捕「盜」的職名，《法律答問》作害盜，「憲」字《説文》云「害省聲」，故與「害」字通假。【睡虎地秦墓竹簡】

◉劉樂賢　《漢印文字徵》附録五「憲丘留」，第一字當釋為憲。憲丘是一複姓，見於各姓氏譜録中(又作獻丘)。《漢印文字徵》卷十・十六憲字條下有「憲丘宮印」，亦可為證。字形方面，憲字下另有憲、憲諸形與此相近。【秦漢文字釋叢　考古與文物一九九一年第六期】

◉許　慎　憕平也。从心。登聲。直陵切。【説文解字卷十】

◉馬叙倫　平也非本義。字或出字林。【説文解字六書疏證卷二十】

◉許　慎　戁敬也。从心。難聲。女版切。【説文解字卷十】

◉馬叙倫　敬也者。爾雅釋詁文。戁得聲於難。難得聲於堇。謹亦得聲於堇。蓋謹之異文。聲轉耳。此字蓋出字林。【説文解字六書疏證卷二十】

39【包山楚簡文字編】

忻【汗簡】

◉許　慎　忻闓也。从心。斤聲。司馬法曰。善者忻民之善。閉民之惡。許斤切。【説文解字卷十】

◉馬叙倫　闓也疑當作愷也。忻訢為一字。今人言快樂曰開心。尋快樂曰尋開心。開心當作愷忻也。忻為快愷愿之同舌根音轉注字。忻快又脂真對轉也。司馬法借忻為闓。莊子大宗師。其出不訢。以訢為之。然司馬以下校語。或字出字林也。古

慬　惲　惇　忼

鉩作□。【說文解字六書疏證卷二十】

◉許　慎　慬遲也。从心。重聲。直隴切。【說文解字卷十】

◉馬叙倫　翟云升曰。一切經音義廿引作遲慬。倫按遲也以聲訓。慬為惇之轉注字。慬音澄紐。惇從𦎫得聲。𦎫音禪紐。皆舌面前音也。此厚重字。易咸釋文引字林。慬。遲也。則遲也是字林文。下文。惲。重厚也。重字蓋此下説解。傳寫誤入惲下。重也以聲訓。或字出字林。遲也吕舉異訓。【說文解字六書疏證卷二十】

蒻惲　王惲　吏惲印信　莊惲私印　費惲私印　朱惲私印【漢印文字徵】

◉許　慎　惲重厚也。从心。軍聲。於粉切。【說文解字卷十】

◉馬叙倫　厚也非本義。或字出字林也。惲惇聲同真類轉注字。餘見慬下。【說文解字六書疏證卷二十】

惇【汗簡】

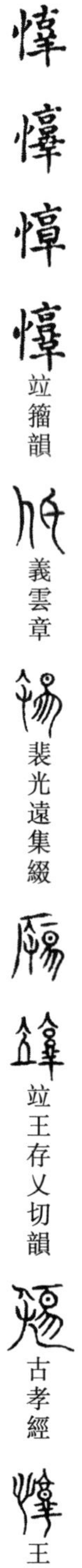
並籀韻　義雲章　裴光遠集綴　並王存乂切韻　古孝經　王庶子碑【古文四聲韻】

◉許　慎　惇厚也。从心。享聲。都昆切。【說文解字卷十】

◉馬叙倫　厚也非本訓。玄應一切經音義引倉頡。惇。古文敦同。【說文解字六書疏證卷二十】

◉許　慎　忼慨也。从心。亢聲。一曰。易。忼龍有悔。臣鉉等曰。今俗別作慷。非是。苦浪切。又口朗切。【說文解字卷十】

◉馬叙倫　段玉裁曰。一曰易乃易曰二字之譌。【說文解字六書疏證卷二十】

慨

同氣，饒宗頤(1958)釋氣　☐寮—𠁥既[illegible]乙3—17)、☐寮既𠁥—(乙3—19)　【長沙子彈庫帛書文字編】

◉許　慎　慨，忼慨。壯士不得志也。从心。既聲。古溉切。　【說文解字卷十】

◉馬叙倫　沈濤曰。文選歸田賦注曹子建贈徐幹詩經一切經音義四引。忼慨。壯士不得於心也。音義無也字。洞簫賦注潘安仁馬汧督誄注引。慷慨。壯士不得志於心也。陸士衡門有車馬客行注古詩十九首注孔文舉薦禰衡表注引。慷慨。壯士不得志於心。是古本有於心二字。翟云升曰。文選秋興賦注引作大息也。此誤引愾字義。倫按説解蓋本作忼慨也。壯士不得志於心乃字林文。見文選秋興賦注引。忼慨同舌根音連語。亦或為轉注字。字或竝出字林。　【說文解字六書疏證卷二十】

悃

◉許　慎　悃，愊也。从心。困聲。苦本切。　【說文解字卷十】

◉馬叙倫　嚴可均曰。鍇本篆作悃。説解作困聲。韻會十三阮引篆作悃。説解作困聲。後漢書章紀注引亦作悃。玉篇廣韻有悃無悃。倫按文選聖主得賢臣頌注引三倉。悃。誠信也。苦本切。　【說文解字六書疏證卷二十】

愊

◉許　慎　愊，誠志也。从心。畐聲。芳逼切。　【說文解字卷十】

◉馬叙倫　鈕樹玉曰。後漢書章帝紀注引作悃愊。至誠也。玉篇。悃愊。誠志也。蓋本説文。沈濤曰。誠志蓋至誠之譌。而二徐復乙之耳。段玉裁曰。誠志也當作至誠也。合在悃下。悃字説解當作悃愊至誠也。倫按悃下説解作愊也不譌。古書或單言悃誠。則悃愊或同次清破裂音轉注字。或連緜詞也。悃音溪紐。愊音敷紐。古讀歸滂。滂溪同為次清破裂音也。此下捝悃愊二字。説解蓋本作悃愊也。校者增至誠二字。传寫又譌至為志。校者復乙之耳。　【說文解字六書疏證卷二十】

愿

愿睦子印章　【漢印文字徵】

品式石經　咎繇謨　愿而恭　【石刻篆文編】

雲臺碑　【古文四聲韻】

◉許　慎　愿謹也。从心。原聲。魚怨切。【說文解字卷十】

◉馬叙倫　愿蓋慇之同舌根音轉注字。【說文解字六書疏證卷二十】

慧

慧　日甲八二背【睡虎地秦簡文字編】

李慧　空桐慧【漢印文字徵】

◉許　慎　慧儇也。从心。彗聲。胡桂切。【說文解字卷十】

◉馬叙倫　人部。儇。慧也。儇音曉紐。慧音匣紐。同為舌根摩擦音轉注字。【說文解字六書疏證卷二十】

憭

◉許　慎　憭慧也。从心。寮聲。力小切。【說文解字卷十】

恔

◉許　慎　恔憭也。从心。交聲。下交切。又古了切。【說文解字卷十】

◉馬叙倫　恔音下交切。在匣紐。與慧為轉注字。憭恔則聲同宵類轉注字。然疑憭恔二字出字林。【說文解字六書疏證卷二十】

瘱

◉許　慎　瘱靜也。从心。㾜聲。臣鉉等曰。㾜非聲。未詳。於計切。【說文解字卷十】

◉馬叙倫　青部。靜。審也。方言六。㾜。𧪞。審也。齊楚曰㾜。秦晉曰𧪞。廣雅。瘱。審也。𧪞即諦之別體。是瘱靜也者。謂審諦也。然靜為采色之采本字。見靜字下。無審諦義。而此從心。亦無靜義。疑靜也者。㝮字義。彼亦借靜為竫也。㝮瘱音同於計切。可證也。今此作靜也者。蓋誤以㝮字義為訓。文選神女賦注引本書。嫕。靜也。本書無嫕。鈕樹玉謂當即瘱之別體。倉頡篇。嫕。密也。七篇㝮宓正轉注字。亦可證也。瘱蓋愜之異文。字亦蓋出字林也。【說文解字六書疏證卷二十】

●許　慎　□敬也。从心。折聲。陟列切。【説文解字卷十】

●馬叙倫　徐鍇曰。古以此為哲字。鈕樹玉曰。本書哲或從心作悊。此當作惁。字之譌也。玉篇廣韻竝作惁。倫按段玉裁以口部悊字為後人所增。而王引之以伯虔字子析。證知訓敬之字當從析作惁。則悊惁異字。此篆誤耳。惁得聲於析。析得聲於斤。斤敬音同見紐。此敬也當作憼也。憼惁轉注字。【説文解字六書疏證卷二十】

●王獻唐　鉨文作□，鈎鉨作□，迺鉨文之倒正重文也。單字□鉨，顧氏集古印譜以降，屢著于録，吴清卿釋誓，丁佛言、羅福頤等釋哲釋悊，均有未安。鉨文一作□夢庵藏印、□十鐘山房印舉，又作□印郵、□古陶軒秦漢印存古鉨文字徵引，更作□古鉨湖悊説文古籀補補引，復作□十鐘山房印舉、□凝清室所藏周秦印鉨，作□十鐘山房印舉、□簠室所藏鉨印，體各不一。字文左右倒正移置，亦多不同。初蓋从□从斤从心，□斤合文為□，作□。□之書□，字本為□，變□之平直二畫斜分寫之，因成□形。集韻，狙本作俎，即此例也。迨後變□為二，作□，□形之□，初各從中兩筆書之，繼求簡利，由左而一筆聯寫作□，寖成小橫為二，言古作□變□，筆畫覆仰不同，義例無殊也。説詳周曹這鉨考。又後省斤為□，或省□為□，最後省□為□。先後省變體系，皆昭著可見。茲但從初文言之，字从斨，□為半木，古人或反正書之。如□廣韻諸書之作牊玉篇類篇，牁廣韻集韻諸書之作□類篇，□集韻之作□類篇，□廣韻集韻諸書之作□篇海，□廣韻集韻諸書之作牒方言，□集韻類篇諸書之作牘玉篇，例證非一。是斨可書斨矣。汗簡引古文尚書析作斨，漢魯峻碑斨薪弗何，同玉篇集韻，斨並古文析字，是斨又即析矣。説文析訓破木，為會意字，从木从斤，謂以斤破木也。新為薪之本字，从斤辛聲，斤以析薪，意與此同。片訓判木，義與木通，以斤破片，猶其破木。故字之偏旁从木者，亦或从片。今析字从片，為魯壁古文。从木見周格伯敨，敨文作□。敨出西土，為宗周一支，故秦篆沿之。古文出于淹中，為東土一支，故與鉨文相合。片木義雖無分，書體東西有別。魯峻碑之从片，正出東土一支，以隸書間採古文，不盡根于小篆。詳周曹這鉨考。而凡木字偏旁作片，如板之書版，榜之書牓，溯其原委，殆亦有東西之別矣。

鉨文斨既為斨，斨又為析，其下从心作惁，則即今本説文心部悊字。許書悊凡二見，一在口部哲下，云或从心，為哲之異體，一在心部訓敬。彼此緟複，必有一誤。玉篇，惁先歷切，憼也。廣韻，惁先擊切，敬也。桂氏説文義證謂以義訓求之，心部之悊當作惁，字之誤也。王氏春秋名字解詁引史記仲尼弟子列傳，伯虔字子析，謂虔訓敬，析惁通用，亦訓敬，因而虔應以説文訓敬之悊。證以析義，當依玉篇廣韻作惁。案桂王之説是也。悊為哲之異體，故凡經史悊字，多用為哲。如尚書洪範，明作哲，王肅本作悊。吕刑，折民惟刑，墨子引作哲，漢書刑法志引作悊。又如漢書叙傳，或悊或謀，谷永傳，懿厥悊婦，王莽傳，熒惑司悊，从無訓敬者。而訓敬之悊，故書俱作惁。知説文心部之悊，其訓為敬者，正當作惁。後世傳寫以形近致誤。此而既明，則鉨文□

字，在説文為㤖，釋哲固為未當，釋悊亦屬非是矣。

悊字訓敬，以聲音求之，紐部初不通貫，蓋所从之析聲，字本以斤木會意，亦當曰斤亦聲。斤析不同部，其轉為析部者，猶祈从斤聲而讀若乞，沂从斤聲而讀若怡，旂从斤聲而今讀若旗也。此因撮口橫口之故，説詳周曹這鉨考。初時殆以地域不同使然。斤析不同紐，其轉為析紐者，猶斯析音義相同，説文，斯，析也。詩墓門，斧以斯之，猶斧以析之也。斯从其聲讀息移切如析也。集韻，斤有許斤一切，欣忻俱从斤聲，音讀亦同。顎上之與舌上，紐近易轉，由斤而忻而析，皆从内而外，逐漸推移。禮記，天地訢合，注讀為熹。訢字亦从斤聲讀熹，則紐部俱轉正與析同矣。若是，析字既有斤音，則㤖从析聲，亦可讀斤。字从斤聲，音義猶謹，謹亦敬也。㤖與敬虔正皆一聲之轉，所謂雙聲為訓者。而伯虔字子析，亦猶子敬矣。㤖既猶敬，鉨文悊又同㤖，則悊亦猶敬。常見只為陽文悊字，十鐘山房印舉諸書正有白文敬字小鉨，知猶悊字意也。友人趙揖武輯古印集真，内有悊字陽文鉨，作心形如♡，殆寓心敬之意，印舉亦有一枚，内作悲字，悲从心，意同。印舉復有悊行一鉨，悊行猶敬行，古鉨亦時有敬行一文也。印舉諸書又有悊言鉨。悊言猶敬言。凝清室所藏周秦印鉨有悊官鉨，悊官猶敬官。印舉別有止悊鉨，止悊猶止敬，中庸所謂為人臣止于敬者，古鉨亦正有止敬一文，止敬猶鉨文之守敬。印舉諸書復有悊鉨一文，悊鉨猶敬鉨，古鉨固時時見之。頤素齋印影有悊上鉨，悊上猶敬上，古鉨亦時時見之。印舉更有悊命鉨，悊命猶敬命。印郵有悊身鉨，悊身猶敬身，而敬命敬身二文，古鉨固屢見著録也。夢庵藏印又有悊司鉨，司事二字通用，悊司猶言敬事。秦初鉨文，正不時遇之。秦印別有壹心慎事，及慎字諸鉨，慎事猶敬事，慎字亦猶敬字也。凡晚周悊文鉨印，以敬字釋之，無不迎刃而解。而其見于悊文鉨者，亦皆見于敬文鉨，彼此參證，悊之為㤖，㤖之訓敬，正如鐵案不移。以悊之訓敬，悊之為析，知説文訓敬之哲當作㤖。桂王之説，可以鉨文而定矣。以悊之从斦，斦之為所為析，知與孔壁古文及魯峻碑玉篇集韻之斦皆同原共委。壁經魯碑俱出山左，悊字鉨文又出齊魯燕趙，則為東方書體至顯且著矣。

【周悊鉨師比考　那羅延稽古文字】

悰　悰

◉許　慎　悰樂也。从心。宗聲。藏宗切。【説文解字卷十】

◉馬叙倫　樂也未詳。恐非本訓。或字出字林。吕忱本廣雅加也。廣雅。悰。樂也。【説文解字六書疏證卷二十】

◉戴家祥　誴陳喜壺　誴客敀作尊壺　誴字从言，从宗，下又作㇀，字書所無，以形聲審之，似可釋悰。㇀者，宗字筆伸也。説文十篇心部「悰，樂也。从心，宗聲。」古字以心表義者，亦或更旁从言。集韻上平二冬「悰，説文樂也，一曰謀也。或作誴。」唐韻「藏宗切」，從母冬部。悰客不知何義，或為宗之假字，春官大宗伯「以賓禮親邦國，春見曰朝，夏見曰宗」，「以禴通礿夏享先王」。

【金文大字典下】

恬 恬

王恬 孟恬 徐恬 趙恬 【漢印文字徵】

古老子 【古文四聲韻】

◉許 慎 恬安也。从心。甛省聲。徒兼切。【説文解字卷十】

◉馬叙倫 鈕樹玉曰。韻會甛作甜。徐灝曰。舌聲。不知者改為甛省聲耳。【説文解字六書疏證卷二十】

恢 恢

恢 編二五 【睡虎地秦簡文字編】

范恢之印 杜恢私印 張恢印信 皃恢 合來恢印 馬適恢印 【漢印文字徵】

天台經幢 【古文四聲韻】

◉許 慎 恢大也。从心。灰聲。苦回切。【説文解字卷十】

◉馬叙倫 大也疑非本義。玄應一切經音義引倉頡。恢亦大也。明恢本非大義。蓋借為夸。音同溪紐。玄應又引字林。恢。大也。則此字林文。本訓捝。本義亡矣。【説文解字六書疏證卷二十】

恭 恭

鐵雲 58·1 鹹[illegible]□恭 【古陶文字徵】

〔五三〕 〔五〇〕 〔四七〕 〔五八〕 〔四七〕 〔四〕 〔三七〕 〔一九〕 〔四〕

〔三二〕 〔三五〕 〔三五〕 【先秦貨幣文編】

布方 恭昌 晉高 仝上 晉祁 布方 恭昌 典二二九 仝上 典二三〇 仝上 典二三一 布方 恭

昌 亞四・一三 仝上 仝上 布方 恭昌 亞四・一三 仝上 亞四・一四 【古幣文編】

讀為恐 —民末智(甲8—11) 【長沙子彈庫帛書文字編】

0014 0052 3919 0329 3452 0693 3317 2319 于省吾釋恭 【古璽文編】

恭格里附城 帶恭之印 衛恭私印 江恭 田恭 王恭 史恭私印 【漢印文字徵】

石經文公 葬曹恭公 古文叚龍為恭恭龔也故通龍 【石刻篆文編】

古孝經 古孝經 王存乂切韻 【古文四聲韻】

●許 慎 肅也。从心。共聲。俱容切。【說文解字卷十】

●馬叙倫 恭憼為音同見紐轉注字。爾雅釋詁。恭。敬也。漢書五行志。内曰恭。外曰敬。蓋後人分別之。肅也非本訓。字見急就篇。古鉨作。【說文解字六書疏證卷二十】

●高鴻縉 恭字初原作。从龍聲。後變為。故有字。音義不別。秦以後有字。从心。共聲。音義仍同。【頌器考釋】

●嚴一萍 說文拈字謂:「古文恭止作共，秦人始加心，古實無此字也。」案臆說也。今繒書有恭字，而經典則恭共每互用。【楚繒書新考 中國文字第二十六冊】

憼

憼 說文敬也假借作警或儆 中山王嚳壺 以憼嗣王 【金文編】

●許 慎 敬也。从心。从敬。敬亦聲。居影切。【說文解字卷十】

●馬叙倫 朱駿聲以為憼即儆之別體。是也。敬之初文為苟。在口為苟。在心為憼。從心猶從人也。敬從攴者。疑本從手。在手為敬。皆因事而增偏傍。此從心敬聲。【說文解字六書疏證卷二十】

恕

恕 說文作 盗壺 訢諮戰忞 【金文編】

恕 恕 【汗簡】

孫彊集 古尚書 【古文四聲韻】

◉許　慎 仁也。从心。如聲。商署切。古文省。【說文解字卷十】

◉馬叙倫 恕從如得聲。如仁同為邊音。故古書多借仁為恕。恕實仁義之仁本字。故此訓仁也。然疑許訓如也。玄應一切經音義引倉頡。恕。如也。字亦見急就篇。

鈕樹玉曰。玉篇有忞。音奴古切。恚也。蓋為怒之省。廣韻怒下無重文。疑後人增。李杲曰。石經怒之重文作。倫按如從女得聲。故恕得從女作忞。從心女聲也。省字當作恕。怒從奴得聲。奴為女之後起字。即從女得聲。故石經以忞為怒。然此古文似亦出石經。豈石經以為怒亦以為恕邪。佩觿曰。案字書忞為仁恕之恕字。今或本云。古恚怒之怒。非也。郭不引說文而引字書。豈謂字林邪。其曰今或本云。古恚怒之怒。非也。豈一本字林忞不為恕之重文而為怒之重文邪。抑郭言字書謂玉篇。彼見玉篇舊本忞為恕之重文邪。【說文解字六書疏證卷二十】

◉商承祚 尚書無逸「不啻不敢含怒」之怒。石經古文作。敦煌本尚書同。集韻怒。古文作忞。恕怒聲近。故一字兩用。玉篇。忞。「思也」。不以為恕怒之古文。其義又殊。【說文中之古文攷】

怡

3·73 緐衟杏匋里怡 【古陶文字徵】

王存乂切韻 【古文四聲韻】

◉許　慎 和也。从心。台聲。與之切。【說文解字卷十】

◉郭沫若 㠯即怡字，假為「台，我也」之台。【義楚鍴 兩周金文辭大系攷釋】

◉馬叙倫 翟云升曰。一切經音義廿五引作和說也。倫按和說當作和也說也。然皆非本訓。爾雅釋詁。怡。懌。樂也。懌從睪得聲。音亦喻紐四等。則轉注字。此字疑出字林。古鉨作。【說文解字六書疏證卷二十】

◉隨縣博物館　兩戈銘文經北京大學裘錫圭同志考釋，認為：「周王孫季(此字原似「李」字，可能「禾」上的彎頭沒有鑄出來)怠，孔(此字「子」旁的上面一筆也沒有鑄出來)」，銘文中「怠从心㠯聲，㠯即台字，辝从心辛聲，辛即辝字。台辝字通，這兩個字可以看作一字異體，可以釋作怡或怠。」今從此說。

【湖北隨縣城郊發現春秋墓葬和銅器　文物一九八〇年第一期】

◉湯餘惠　[glyph]141　原隸作怠，注265又以為憍字異體。今按字上从司，為台之附加聲旁(司聲)字，金文用為第一人稱代詞。強運開《三補》謂「亦即古台字」(卷十四，十二頁)。簡文「怠」與金文郐王義楚耑之「[glyph]」一字，郭沫若《兩周金文辭大系考釋》隸定耑銘為「怠」不確，但釋為「怡」可信。簡文也應是怡字的古文。古璽文字有：

a　[glyph]0175　b　[glyph]4029

a例《古璽文編》釋「似」，b例作為存疑字收入《附録》(七七頁)。今按並當釋為司(台)。陳侯因資敦銘文有「佅[glyph]𧻚文」一語，次字从立、司聲。因司(司)在字中也有表音作用，故「竘」可讀為「嗣」。【包山楚簡讀後記　考古與文物一九九三年第二期】

慈　[glyph]

[glyph] 慈　中山王嚳壺　慈孝寰惠　[glyph] 不从心　蚉壺　慈忎百敏　【金文編】

[glyph] 3·189　蒦圆匋里慈　古文四聲韻引碧落文慈作慈　【古陶文字徵】

[glyph] 公孫慈　[glyph] 高慈印信　【漢印文字徵】

[glyph] 慈　[glyph] 慈　【汗簡】

古孝經　碧落文　道德經　王存乂切韻　【古文四聲韻】

◉許　慎　慈愛也。从心。茲聲。疾之切。【說文解字卷十】

◉馬叙倫　段玉裁曰。愛當作㤅。王筠曰。本篆從𢆶。與石鼓同。蓋艸部之茲也。若玄部之𢆶以音玄為正。他字未有從之者。滋放此。倫按鍇本作慈。是也。然唐寫本切韻殘卷慈下曰。說文從竹作此慈也。蓋所據本篆作慈也。則此蓋亦然。丝茲一字。茲從丝得聲也。字見急就篇。【說文解字六書疏證卷二十】

◉楊樹達　說文十篇上心部云：「慈，愛也。从心，茲聲。」按以聲義求之，許君之訓乃泛言之。若切言之，當云愛子也。何以言之？禮記禮運篇曰：「父慈，子孝，兄良，弟弟，夫義，婦聽，長惠，幼順，君仁，臣忠，十者謂之人義。」又大學篇曰：「為人父，止於慈；為人子，止於孝。」隱公三年左傳載石碏之言曰：「君義，臣行，父慈，子孝，兄愛，弟敬，所謂六順也。」又昭公二十六年傳載晏子之言曰：「君令，臣共，父慈，子孝，兄愛，弟敬，夫和，妻柔，姑慈，婦聽，禮也。」墨子兼愛下篇曰：「為人父必慈，為人子必孝。」淮南子本經篇曰：「父慈，子孝，兄良，弟順。」其他經籍中以慈孝對言如諸書所稱者不可勝舉。孝為子對於父母之道，故以子承老為文，而訓為善事父母，然則慈為父母對於子之道明矣。故管子形勢解曰：「慈者，父母之高行也。」賈子道術篇曰：「親愛利子謂之慈。」是其義也。然茲訓艸木多益，與愛子之義絕不相關，而慈從茲聲者，以茲與子古音相同故也。淮南天文篇曰：「子者，茲也。」史記三代世表曰：「子者茲。」易明夷箕子，劉向讀為荄茲。此以茲訓子者也。大戴禮本命篇曰：「子者，孳也。」白虎通五行篇釋名釋親屬並同。史記律書曰：「子者，滋也。」說文十四篇下子部曰：「子，十一月陽氣動，萬物滋，人以為稱。」此以茲聲之孳乳字訓子者也。管子小稱篇曰：「嗟茲乎！聖人之言長乎哉！」說苑貴德篇曰：「嗟茲乎！我窮必矣！」儀禮經傳通解續引尚書大傳曰：「嗟子乎！此蓋吾先君文武之風也。」嗟茲乎或作嗟子乎，此又茲子通作之證也。且慈从茲聲，假茲為子，亦有文从子聲而假子為茲者。說文十四篇下子部云：「孳，孳孳汲汲生也。从子，茲聲。」字从茲聲者，言子嗣之孳乳有如艸木之繁殖也，此正字也。然三篇下支部又云：「孜，孜孜汲汲也。从攴，子聲。」此文與孳音義皆同，而文从子聲，實假子為茲也。此造文時茲子互相通假之證也。或曰：「如子之說，慈从茲聲而有子義，則於六書當屬會意，而許君說為形聲，何也？」曰：「不然。慈字若徑从子，則在六書當為會意兼聲，今不从子而第从與子同音之茲，故許君屬諸形聲而不屬於會意耳。」至慈本為父母愛子之稱，稍擴其義，則為慈幼。周禮地官大司徒云：「以保息六養萬民，一曰慈幼」，是也。又稍擴其義，則為君上愛民之稱。晉語云：「甚寬惠而慈於民」，是也。更擴張之，則又可以與其本義正相反而為子事父母之稱。齊語云：「不慈孝於父母」，莊子漁父篇云：「事親則慈孝」，是也。許君訓慈為愛，意在兼包數義；然說文本為解釋字源之書，自當切言，不當泛訓也。【釋慈

積微居小學金石論叢卷一】

怟 怟

㥠 㥠

◉唐健垣 甲篇八行 恭民未智，⿸厂⿱孖口以為則，毋動羣民

嚴先生曰：「商氏說：『⿸厂⿱孖口即說文之孴，籀文作⿱孖日，此意不明。』案說文：『⿱孖日，籀文从二子，一曰⿱孖日即奇字𣌭。』易卦晉孟喜作齊。此『⿸厂⿱孖口』字，當為奇字𣌭，讀作『齊』。」

我以為⿸厂⿱孖口乃慈字異構，其下半所从之𠙵乃口字，非日字。金文从口之字，每每在口中加點成「日」形。如番生簋嚴字、國差𦉜咸字是。以形求之，⿸厂⿱孖口當是从口孖聲益厂旁。如金文萬亦加厂作厲矣（見散伯盤）。厂非說文訓山石之厓之厂，乃是广之異形，金文宀广厂形互混用，詳金文編卷九。古文字加宀广厂者極多，古文从口从心通，如說文哲又作悊，集韻情又作晴。孖茲二字廣韻皆云子之切，玉篇且云孖乃滋字，知孖茲聲同義近，然則慈从心茲聲，⿸厂⿱孖口从口孖聲，乃慈之異構，厂則後加。

古書中語法與慈以為則近似者，如仁以為己任（論語泰伯）、禮以為歸（左昭四年），皆以德目字眼在前，慈亦德目也，故讀此作慈以為則，甚覺通順。繒書云：「恭民未智，慈以為則，毋動羣民，以□三恆，發啚興荒，以□天常」（發⊞興荒讀作發啚興荒，詳另條考證），文意可通。【楚繒書文字拾遺 中國文字第三十册】

◉許慎 怟愛也。从心。氏聲。巨支切。【說文解字卷十】

◉馬叙倫 愛當作㤅。後同。怟音羣紐。㤅從旡得聲。旡音見紐。古讀羣歸見。則怟㤅為轉注字。怟亦慈之轉注字。慈音從紐。古讀蓋歸於定。羣定同為濁破裂音也。【說文解字六書疏證卷二十】

◉許慎 㥠怟㥠。不憂事也。从心。虒聲。讀若移。移尔切。【說文解字卷十】

◉馬叙倫 王筠曰。本部序字訓義美者在前。惡者居後。大徐以怟㥠之故移本篆於怟篆下。非也。劉秀生曰。讀若移者。詳八篇㕧下矣。倫按不憂事為怟㥠。古書無徵。或校語。怟從氏得聲。氏音禪紐。從虒得聲之㵟字。音在喻紐三等。禪與喻三同為次濁摩擦音。古讀禪與喻紐四等皆入定紐。而㥠音喻四。嗁遞䶵鷈音皆定紐。禪澄同為舌面前音。古讀澄亦歸定。而從虒得聲之遞篪褫音皆澄紐。然則虒音古在定紐。字蓋或從虎自聲。自厂一字。自音奉紐。古讀歸竝。氏為自之轉注字。從十得聲。十音禪紐。以此相證。則怟㥠實轉注字。【說文解字六書疏證卷二十】

恮

◉許　慎　恮謹也。从心。全聲。此緣切。【説文解字卷十】

◉馬叙倫　謹也非本訓。字亦失次。或字出字林也。廣雅釋詁。恮。慬也。【説文解字六書疏證卷二十】

恩

張恩　蘇子恩　邯鄲恩印　薛恩　王恩之印　公孫惠恩　【漢印文字徵】

延光殘碑　【石刻篆文編】

◉許　慎　恩惠也。从心。因聲。烏痕切。【説文解字卷十】

◉馬叙倫　鈕樹玉曰。韻會引因下有亦字。倫按恩忢音同影紐。聲則脂真對轉。轉注字也。恩叀亦脂真對轉轉注字。字見急就篇皇象本。顔師古本作温。【説文解字六書疏證卷二十】

慸

◉許　慎　慸高也。一曰。極也。一曰。困劣也。从心。帶聲。特計切。【説文解字卷十】

◉馬叙倫　王筠曰。鄭駟帶字子上。帶蓋慸之省形存聲字。上部説曰。高也。爾雅釋宫釋文。墆。高皃也。亦從帶得聲而訓高者。倫按從心帶聲而訓高。必非本義。亦非本訓。或此字出字林也。高也蓋墆字義。鄭駟帶字子上。或取視不下帶之義。非慸省也。慸即今之殢字。玉篇。殢。極困也。廣雅釋詁。殢。極也。極借為㥛。下文。㥛。勞也。然則一曰極也者。校者記異本。而此作高也者。吕忱列異訓。一曰困劣也與極也是一義。又校者所記以釋極字語也。【説文解字六書疏證卷二十】

憖

15反　194　【包山楚簡文字編】

◉許　慎　憖問也。謹敬也。从心。猌聲。一曰。説也。一曰。甘也。春秋傳曰。昊天不憖。又曰。兩君之士皆未憖。魚覲切。【説文解字卷十】

◉林義光　説文云。猌犬張齗怒也。从犬來聲。讀又若銀。按來非聲。古作憖鼎。象犬張齗之形。从犬來。兼會意。説文云。憖問也。謹敬也。从心猌聲。一曰説也。一曰甘也。按憖為問為謹敬。經傳皆無考。思玄賦戴勝憖其既歡兮。注云。憖。笑貌。憖為悅。為笑貌。則亦張斷之義。詩。不憖遺一老。十月之交。箋云。憖者。心不欲自彊之詞也。國語。憖庇州犂焉。晉語。吾憖寘之于耳。楚語。注云。憖猶願也。憖訓為甘為願。察文義皆心不欲而自強之意。猶言姑言且。與張斷而怒之義亦合。猌字經傳不見。當與憖同字。憖从心。即[illegible]之譌也。【文源卷四】

◉馬叙倫　吴穎芳曰。問乃閒字之譌。經典釋文引字林。閒也。杜預曰。缺也。閒缺同義。韓詩說曰。闇也。闇説同義。詩疏引說文云。憖。肎從心也。與甘同義。此非說文。乃字林攙入。併鈔之者也。鈕樹玉曰。韻會引謹作慎。一曰甘也作皆也。竝非。玉篇作憖。引說文。閒也。一曰說也。一曰且也。又引左氏傳曰。昊天不憖。憖字雖小譌。而所引當不譌。廣韻訓且也。一曰傷也。又閑也。閑與閒通。左文十二年傳。兩君之士皆未憖。釋文引字林云。憖。閒也。閒與問且與甘形近而譌。詩十月之交。不憖遺一老。釋文憖引爾雅云。願也。强也。且也。正義引說文云。憖。肯從心也。今爾雅說文竝無其文。蓋誤引他說。段玉裁曰。玉篇作閒也。左傳音義引字林。閒也。閒者。肎之譌。十月正義引憖。肯從心也。當是憖。肎也。從心。猌聲。譌為肎從心也耳。小爾雅。憖。願也。晉語。伯宗妻曰。憖庇州犂焉。韋注。憖。願也。願與肎義略同。用部。甯。所願也。丂部。寧。願詞也。皆與憖雙聲。翟云升曰。閒問皆肎之譌。然且也是。承培元曰。此注必為後人所改。謹敬也李注思玄賦引字林。不云說文。此必後人竄入也。說也甘也字異而意同。許必無之也。方言。憖。傷也。則說當作傷。倫按段謂問閒皆肎之譌。是也。肎與閒字草書相似。故譌為閒。玉篇引作閒也。左文十二年傳釋文引字林。閒也。則此字林文。而其誤已久矣。今作問者。又傳寫之譌。知必為肎者。不徒以字形與閒字草書相似之一端而已。憖聲之類。肎聲蒸類。之蒸對轉。是肎也以聲訓。以肎訓憖者。又不徒以聲近而已。左哀十六年傳。昊天不弔。不憖遺一老。不憖即不肎也。然今人言不肎者。實借為寧。五篇。寧。願詞也。不憖不肎即不願也。願亦借字。借願為寧。猶以憖為寧。願憖音同疑紐。而寧音泥紐。泥疑同為邊音。犬部。猌。讀若銀。銀音亦疑紐。尤可證矣。憖之本義亡矣。或為慎之轉注字。故有謹敬之訓。憖讀若銀。公羊昭十七年會于屈銀。左傳作厥憖。銀慎聲同真類也。謹敬也上無一曰為之閒別。思玄賦注引字林。則此吕忱列異訓。然韻會引謹作慎。或本是慎也敬也兩義。傳寫并之。謹字則宋人避諱改耳。一曰說也者。段玉裁謂説悅古今字。張揖字詁。憖。笑皃。詩十月之交釋文引韓詩。憖。闇也。本書。闇。和說而諍也。闇憖音同疑紐。故古書或借憖為闇。亦或借為欣。欣從斤得聲。從斤得聲之[犭斤]沂音皆疑紐。則轉聲可通也。一曰且也者。詩釋文引爾雅。憖。且也。左哀十六年傳杜注。憖。且也。漢書五行志應劭注。憖。且詞也。此亦憖寧通借之證。蓋古書以寧為語詞者。即應所謂且詞也。此作甘也。形近而譌。亦疑甘也自為一義。甘當為酣。左文十二年傳。兩君之士皆未憖。未憖猶未酣也。酣音匣紐。慭音疑紐。同為舌根次濁音。得通借也。然二一曰之義皆校者加之。引經亦校者加之。故同字而兩引一書。且有又曰。而昊天不慭又合兩句為一。若不慭遺一老。已見詩。胡不引詩邪。此字或出字林。【說文解字六書疏證卷二十】

◉劉彬徽等　(50)慭，簡文作□、□。《說文》有慭字作□，與簡文形似。《說文》：「一曰説也」。(321)憖，簡文作□。簡14反有慭字，作□。疑為同一字之異體。【包山楚簡】

㦝

◉許　慎　㦝闊也。一曰。廣也。大也。一曰。寬也。从心。从廣。廣亦聲。苦謗切。【説文解字卷十】

◉馬叙倫　段玉裁曰。廣也大也當依詩泮水釋文引作廣大也。桂馥曰。寬當為覺。韓詩。獷彼淮夷。薛君曰。獷。覺悟之皃。今詩。憬彼淮夷。釋文引説文作廣。音獷。本書。矍。讀若詩穬彼淮夷之穬。據釋文引當作㦝。王筠曰。闊也。一曰廣也。大也。一曰寬也。似皆無甚分別。或亦校異文也。玉篇止云。大也。寬也。徐灝曰。廣也大也寬也疑皆後人增竄。倫按鍇本一曰寬也在廣亦聲下。明是校詞也。倫謂寬也當依桂説作覺也。此本義也。本部。憬。覺悟也。錢坫謂後人加之。憬即㦝也。是也。此覺悟之覺本字。古率借覺字為之。㦝從廣得聲。廣從黃得聲。黃音匣紐。覺從學得聲。學音亦匣紐。學之轉注字作斆。正其例矣。此本作廣也。以聲訓。校者或吕忱加覺也。校者不明㦝為覺悟本字。又增大也闊也。從心。廣聲。字或出字林。【説文解字六書疏證卷二十】

悈

◉許　慎　悈飾也。从心。戒聲。司馬法曰。有虞氏悈於中國。古拜切。【説文解字卷十】

◉馬叙倫　段玉裁曰。飾當為飭。龔麗正曰。爾雅釋言。悈。褊。急也。郭注皆急狹。案整飭之則斂束。説文述其本義。爾雅述其引申之義也。倫按悈為慭之音同見紐轉注字。猶敬戒之轉注矣。此字蓋出字林。【説文解字六書疏證卷二十】

㥯

◉許　慎　㥯謹也。从心。𤔌聲。於靳切。【説文解字卷十】

◉周慶雲　鄒適廬曰。此鐙文曰單𡚸生作𤔌用享。與傳世各鐙不同。單氏世為周卿士。見於著録者有子白盤及簋壺。𡚸生是子白何人不可考。曰作𤔌用享。當是明器。𤔌古㥯字。明器亦稱㥯器。漢晉以來皆沿用之。余藏一陶罈上有㥯器印。𤔌省下心字。古篆類如此。惟其為㥯器。則下用享字乃有著矣。【周單𡚸生鐙　夢坡室獲古叢編】

㥯

◉馬叙倫　鈕樹玉曰。一切經音義九引作有所據也。蓋誤以㥯為𢀩。桂馥曰。謹當為慬。本書無慬字。寫者改作謹。廣韻。慬。憂哀也。公羊傳。慬然後得免。經傳借隱字。詩柏舟。如有隱憂。傳云。隱。痛也。王筠曰。玉篇。㥯。憂也。謹也。廣韻去聲引説文。謹也。則謹字不譌。且如桂説則當側於下文憂愁類矣。承培元曰。㥯即孟子公孫丑惻隱之心之隱。倫按桂承説皆可從。㥯為㤈慇之轉注字。音皆影紐。聲則㤈屬脂類。㥯慇為真類。脂真對轉也。字蓋出字林。【説文解字六書疏證卷二十】

◉周名煇　散氏盤𢀩千罰千。

此篆乃㥯字古文。今字作隱。言隱瞞。盤銘云。㥯千罰千。即隱千罰千之義。容氏以為𤔲字。强氏以為𢀩字。皆不可通。【新定説文古籀考卷下】

慶

慶　不从心　天亡簋　佳朕有慶　五祀衛鼎　召伯簋　戈弔慶父鬲　曩伯盨　陳公子仲慶匿　慶孫之子匿　蔡侯𬶍鐘　休有成慶　秦公簋　高弘有慶　从鹿从文　有慶成語經傳常見之　伯其父匿　唯伯其父慶作旅匿　【金文編】

9·93　慶宣　3·1129　獨字　秦479　東武居貲上造慶忌　3·219　蒦圆里人慶　3·1045　獨字　汗簡引尚書慶作類篇作與此同　【古陶文字徵】

131　132　179　【包山楚簡文字編】

慶　日乙六〇　二例　日甲三四　【睡虎地秦簡文字編】

3071　1488　1489　2340　2341　2955　2853　2523　1113　2430　【古璽文編】

莊慶 王慶 行慶 周慶 田慶忌 王慶忌 夏侯慶忌 馮慶 劉恩慶印 慶賞私印 賈慶 王慶忌 慶賓 劉慶私印 楊慶忌印 慶喜 慶小伯 田慶忌印 閎慶之印 游慶之印 公孫慶印 劉慶忌 慶寬印【漢印文字徵】

慶見尚書【汗簡】

古孝經 古尚書【古文四聲韻】

◉許　慎　慶，行賀人也。从心。从夊。吉禮以鹿皮為贄。故从鹿省。丘竟切。【說文解字卷十】

◉林義光　从鹿則慶義未顯。古作。召伯虎敦。本義當為喜。象人喜樂矯首頓足形。即首字。與豆閉敦作形近。大足跡形。與瀌字薦字同意。各見本條。从心。轉注。又作戈叔鬲。【文源卷四】

◉郭沫若　許書云：「慶，行賀人也，从心夊，从鹿省。」然古金文均從鹿不省。如召伯虎𣪘有人名慶，字作，戈叔慶父鬲作。而秦公鐘與秦公𣪘慶字則作，從鹿從文。案此即古慶字之正體也。古人「文」字或從心作，如師害𣪘文字作，師酉𣪘作。知此則白其父簠之即慶字也。白其父名「慶」字「其父」，其乃祺之省耳。又周金文存有節銘曰：「」，實即「慶符」也。知此則知召伯父𣪘與戈叔鬲二慶字均係簡略急就者，蓋其形似從文省，亦似從鹿省。小篆作，所謂「从心夊」者即沿之而訛。此慶之誤為慶，猶文人之誤為寧人、文王之誤為寧王矣。【大豐𣪘韻讀　殷周青銅器銘文研究】

◉郭沫若　伯其父簠「唯伯其父作旅祜簠，用易眉壽萬年，子子孫孫永寶用之。」周三百六十葉。

字舊或釋麐。許瀚云「薛氏書盄和鐘『高弘有慶』作，與此文正同，疑此亦慶字也。鐘銘慶字上與煌𠳀疆韻，下與方韻，薛氏斷非誤釋。又此銘蓋慶名而伯其字，其，祺之假借，故與慶應」。攈古二之三十五葉所引。今案許說至確，近出秦公𣪘，銘與盄和鐘大同小異。「高弘有慶」字亦正作，亦與疆方為韻，从鹿从文。余謂此乃慶之正字，慶乃譌字也。古人文字或从心作師酉𣪘。稍省則作豆閉𣪘。此慶字所从即文中之心之稍省者也。字或省作召伯虎𣪘若戈叔慶父鬲，似从鹿省，亦似从变省，即小篆字之所从出，故許書說之以「从心夊，从鹿省」也。古文变字多誤為寧，如書之「前寧人」實「前文人」，「寧王」實文王，「寧武」實文武，此慶之誤為慶與彼正同出一轍。又此慶字亦見於卜辭，一曰「□戌，卜貞，王缺媽𡟨」前編卷四，第四十七葉第三片。又一曰「壬寅，卜貞，今日至」後編下卷第三十五葉第八片。前一例羅振玉釋為麐，後一例商承祚收為麖類編十卷四葉。均未諦。前一例與媽禡竝舉，當是獸名，以聲類求之殆即麠字。爾雅釋獸「麠，大麃，牛尾一角」，郭璞注云「漢武帝郊雍，得一角獸，若麃然，謂之麟者，事見史記「今上本紀」。此是也。麃即麞，黑色耳」。今本奪「黑色耳」三字，據「一切經音義」所引補。說文說麠與爾雅同，云麠或从京作麖，又「麃，麞屬」。段玉裁云「鉉本作麠屬，鍇本作麋屬，今依韻會本」。今從段改。逸周書王會篇「發人麃，麃者若鹿，迅走」。由此等記載，再揆以今之麒麟(Giraffe)，則麠與麟是一非二。麒麟之麟爾雅及說文作麐，說文云「麐，牝麒也，从鹿吝聲」。爾雅云「麐，麕身，牛尾一角」。此與麠之說解竝無二致。宷此，尤足證慶麠之為一。蓋漢人既譌慶之作慶者為慶，又誤讀慶从文聲，別造一从吝聲之麐字以代之。又因麐麟音近，故又誤麟為麐，麟據說文實「大牡鹿」也。段注云「牡，各本及集韻類篇皆譌為牝，今正。玉篇曰『麟，大麕也』，是也」。今从段。周南之麟之趾，春秋哀十四年之「西狩獲麟」，均言大牡鹿耳，漢人傅會之以為麐。說文之麐麠竝出，因不知二者之為一。爾雅亦竝出者，爾雅中本多漢人語，蓋為後人所竄入也。又攷工記「畫繢之事……山以章，水以龍」，馬融讀章為獐，謂「獐，山獸，畫山者并畫獐；龍，水物，畫水者并畫龍」。見賈疏所引。鄭玄从之。俞樾云「山莫尊於虎，故『澤國用龍節，山國用虎節』，若水必以龍，則山必以虎，何取於獐而畫之乎？」孫詒讓云「俞駁馬鄭不當破章為獐，是也。竊謂此章即上文『赤與白謂之章』」。今案孫說非是。「山以章，水以龍。」既為對文，則章必是動物，馬鄭求之於獐已近是，余意章實指慶若麠也。蓋古人以慶為麠屬，別言之為慶，共言之則為麠矣。故「山以章」者乃以麒麟也。至俞偶因「山國用虎節」，遂謂「山莫尊於虎」，事不必然。要之，慶慶麠麖為一字，其物即是麐，麐與麟乃音之譌，慶與慶乃形之譌。古人以慶若麐為祥獸，故以為山物之章表。慶為仁獸，故孳乳為慶，亦猶龍為靈物，故孳乳為寵也。知此，於伯其父慶之名字亦可別得一解，即其讀為麒，名慶，故字麒也。此與許瀚說可以竝行，二者必居一焉。【彝銘名字解詁 金文叢考】

◉郭沫若 第二十九片

馬慶均地名。「禡迥」者，迥字缺刻横畫，此例至多。言并駕二禡，如詩言「我馬既同」。「媽禡」者，言駕媽與禡。慶古文慶。秦公毁及秦公鐘「高弘有慶」字作□，从鹿从文，與此同。伯其父慶簠作□，从文之緐文。古文文字多从心作□師酉毁若□師

害毁，故慶字亦有省變，召伯虎毁「余告慶」作[glyph]，戈叔慶父鬲作[glyph]，似从鹿省，亦似从文省。由此再變，則為小篆之[glyph]。説文説為「从心夊，从鹿省」，乃沿譌字以為説也。卜辭亦有从心作之慶字，見左列一片。（後上・一一・二）

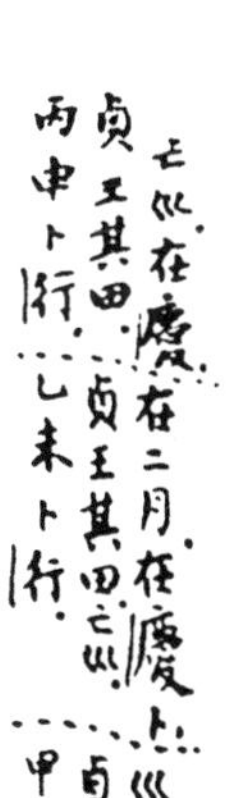

此二慶字與召伯毁戈叔鬲文正同，特心字倒作微異耳。【卜辭通纂】

◉馬叙倫 [glyph]鍇篆作[glyph]慶。行賀人也。从心。从夊。鍇本作從心夊。吉禮以鹿皮為贄。鍇本贄作摯。故从鹿省。

鈕樹玉曰。韻會引贄作摯。是也。説文無贄。繫傳亦作摯。而捝故從鹿省四字。段玉裁曰。從夊下當補從鹿省三字。倫按從心從夊從鹿而訓行賀人也可疑。從夊從鹿亦無以會行賀之意。蓋夊為五篇送詣之致之初文。從夊從鹿。止明送到一鹿耳。必申以吉禮云云意始得全。然則何必復從心邪。謂從心所以明將誠。亦屬欲加之詞耳。或謂此古之圖語之遺蹟。依方俗而作者也。然亦不必從心。或曰。心聲。然字義不明。未可遽定心為慶字所從得之聲也。召伯虎敢有[glyph]字。吴式芬釋慶。戈叔慶父鬲作[glyph]。古匋作[glyph]。古鉨作[glyph]。皆不作夊。郭沫若據秦公敢及秦公鐘。高弘有[glyph]。謂古文文字每作[glyph]。或作[glyph]。召伯敢之[glyph]戈叔鬲之[glyph]皆慶字之譌。然慶實麐之異文。見麐字下。甲文有[glyph][glyph]。與古鉨卓[glyph]字同。蓋從[glyph]或[glyph]。心聲。古讀慶如羌。羌得聲於羊。羊音喻紐四等。喻四與心紐同為次清摩擦音。是[glyph]得聲於心之證。但不審是何獸之名。而慶或為[glyph]之譌。或從夊[glyph]聲。其義自為行也。然則行賀人也蓋本作行也賀人也二訓。傳寫并之。字當入夊部。賀人為慶。借慶為賞。此蓋吕忱列異訓。吉禮以下校語。字見急就篇。【説文解字六書疏證卷二十】

◉周名煇 盄龢鐘銘秦公毁銘皆有韻之文。今循而定其讀焉。鐘銘云。上略。其音銑銑。雝雝孔煌。以邵昭零各孝享。屯魯多釐。眉壽無彊。畯疐在位。高弘又有[glyph]慶。匍敷有三四方。下略。其閒韻讀煌、享、彊、方四字皆陽部字。説文从鹿之字讀入陽部與此聲義相協者。僅一慶耳。强氏定為麐字。則韻讀不通矣。此一事也。又毁銘云。以受屯魯多釐。眉壽無彊。畯疐在太位。强氏誤為天字。亦不通。郭鼎堂定為太。即位字古文。甚是。詳周金文正讀秦公之誥下篇疏。高弘又有慶慶。奄有四方。下略其以彊慶方相韻。與鐘銘同。此二事也。至麌慶二字衍變之蹟。郭鼎堂大豐毁韻讀宏之已精。見殷周青銅器銘文研究中。不煩復證

矣。【新定説文古籀考卷下】

◉葛英會

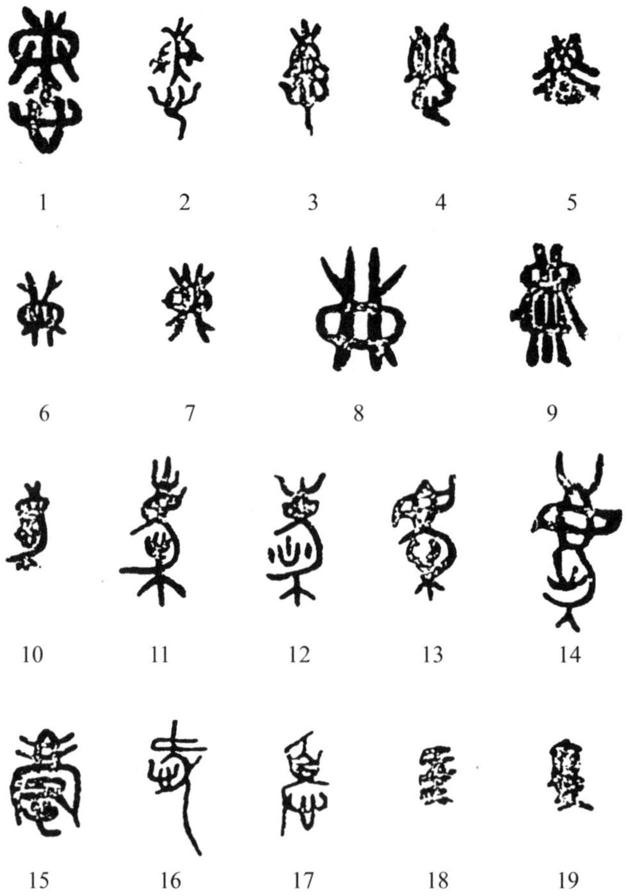

圖四

1、6、15.《季木藏陶》13.3、76.4、65.10　2.《古文四聲韻》引《古孝經》
3.《古文四聲韻》引《古尚書》　4.《汗簡》引《古尚書》　5.《類篇》心部
7、8.《陶文編》10.69　9.《古璽彙編》0360　10.《鐵云藏陶》89.1
11.陳公子仲慶𠥍　12.召伯簋　13.五祀衛鼎　14.武叔慶父鬲
16.中山王譻鼎　17.蛮壺　18、19.《睡虎地秦墓竹簡》為吏之道

金文慶字，作圖四，11—14諸形，从心，不从夊，从鹿不省。陶文有圖四·1所揭之字，《陶文編》入于附録，無釋。按此亦从心从鹿，應為古文鹿的或體。

陶文鹿字作圖四·6—8所出之形，與圖四·1所从鹿字相近。古璽文有慶字(圖四·9)，所从鹿字亦與圖四·1所从相近。《古文四聲韻》所引《古尚書》、《古孝經》慶字(圖四·2、3)及《汗簡》所録《古尚書》慶字(圖四·4)，亦皆與圖四·1之陶文相近或相同。《類篇》隸定的古文慶字(圖四·5)也與圖四·1陶文相同。此陶文慶字的認定，反過來證明《汗簡》、《古文四聲韻》所録古文典籍之慶字是信而有徵的。

愃　愻

陶文慶字，形體可分為三類：第一類如圖四・10所揭，與金文(圖四・11—14)同；第二類即如圖四・1所揭，先秦時代只見于陶文。以上兩類形體雖有差别，然皆从心从鹿，第三類如圖四・15所揭，从心从夊从鹿。構字成分與《說文》同。

陶文慶字與古愛字、古憂字有着相同的發展軌迹。金文愛字、憂字如圖四・16、17所揭，皆不从夊，見于睡虎地秦墓竹簡的愛字、憂字(圖四・18、19)，均已从夊作，這一變體的緣由尚不可知。【古陶文研習劄記　考古學研究一】

◉李孝定　金文从心、从鹿不省。秦公𣪘及伯其父簠二文作麐，應是麐字，而簋銘云：「高弘有麐」，當讀為慶，蓋偶用假字耳。簠銘云：「唯伯其父麐作旅簠」，人名，當讀如字。篆文从夊，為金文鹿尾之朩所譌變。高田忠周氏謂此字从鹿省不誤，然召伯簋从心，則非心字，因取心與其下象鹿尾之朩相合，謂其象禾米之形，遂以為字从鹿从米，釋為麋字，按其說實誤，心為心之譌，他器慶字从心不誤，朩形之尾屬於鹿臀，與心形不屬，安得合為米字乎？郭沫若氏謂从文之慶為慶之本字，他慶字从鹿从心者乃譌變，其說甚辨，實未必可信，秦公簋較晚出，偶假麐為慶，非謂二者為一字也。【金文詁林讀後記卷十】

◉許　慎　愃寬嫺心腹皃。从心。宣聲。詩曰。赫兮愃兮。況晚切。【說文解字卷十】

◉馬叙倫　桂馥曰。列子力命注引作寬閒衣腹皃。釋文引作寬閒心腹皃。嚴可均曰。列子釋文引閒作閑。日部。暇。閑也。倫按女部。嫺。雅也。雅借為暇。是此作嫺是。然寬嫺心腹皃詞義不安。疑本作寬也。以聲訓。今有校語羼譌。玉篇止作寬心也。字亦或出字林。張湛注列子已引此。益證呂忱為晉南渡前人。【說文解字六書疏證卷二十】

愻　者沪鐘　愻學趄〓【金文編】

◉許　慎　愻順也。从心。孫聲。唐書曰。五品不愻。蘇困切。【說文解字卷十】

◉馬叙倫　鈕樹玉曰。玉篇無。廣韻有。一切經音義十五引字林。順也。謙也。嚴可均曰。說文舊本引書偁尚書或但偁書。其虞夏商周等字皆校者所加。今此偁唐書。禾部秜下小徐亦稱唐書。蓋據大傳有唐傳。校改者欲示博也。桂馥曰。閻若璩曰。伏生今文以下。王肅鄭康成古文以上。統名虞夏書。無別而偁之者。說文於引今堯典舜典皋陶益稷之文。皆曰虞書。於引禹貢甘誓之文。皆曰夏書。固魏晉閒本之所由分乎。惟於今舜典五品不遜作唐書。與大傳說堯典謂之唐傳同。四引洪範皆曰商書。與左氏傳同。却與賈氏所載異。豈慎也自亂其例與。抑有誤。倫按本書引經非許氏原文。此非許自亂其例。

或有譌也。以此證知此蓋吕忱加之。順也以聲訓。此字或出字林。者沪鐘作。【説文解字六書疏證卷二十】

𡫳

◉許　慎　實也。从心。塞省聲。虞書曰。剛而𡫳。先則切。【説文解字卷十】

◉馬叙倫　鈕樹玉曰。廣韻韻會引無虞字。嚴可均曰。當作𡫳聲。倫按實也以聲訓。此字或出字林。【説文解字六書疏證卷二十】

恂

3·1055　獨字　3·1054　同上　3·1052　同上　3·1053　同上　古文四聲韻引古老子均字所从旬旁作與此所从同【古陶文字徵】

◉許　慎　信心也。从心。旬聲。相倫切。【説文解字卷十】

◉丁佛言　古匋原書謂説文所無。案勹古文有作者。蓋勹之異文。【説文古籀補補卷十】

◉顧廷龍　恂。説文。信心也。从心。旬聲。按鉢文从旬之字均作。疑即之異。【古匋文孴録】

◉馬叙倫　詩宛丘。洵有清兮。静女。洵美且都。叔于田。洵美且仁。均借洵為恂。毛傳竝訓信也。方言。恂。信也。信也以聲訓。是此説解心字。乃校者注以釋音。傳寫誤乙於下。恂𡫳為音同心紐轉注字。古鉨作。從均。【説文解字六書疏證卷二十】

忱

石經君奭　天難忱　今本作諶　古文从口即訦也【石刻篆文編】

◉許　慎　誠也。从心。冘聲。詩曰。天命匪忱。氏任切。【説文解字卷十】

◉馬叙倫　訦之異文也。忱音禪紐。恂從旬得聲。旬音邪紐。邪禪同為次濁摩擦音。轉注字也。【説文解字六書疏證卷二十】

惟 不从心通唯 宰椃角 惟王廿祀 隹字重見 从心从唯 陳侯因資錞 其惟因資【金文編】

祀三公山碑 □惟三公御語 禪國山碑 夙夜惟寅 石經康誥 我其不忍惟厥罪 石碣汧殹 隹鰋隹鯉 古文不从心隹字重文 多士 惟天弗畀【石刻篆文編】

惟竝見碧落文【汗簡】

道德經【古文四聲韻】

◉許　慎　凡思也。从心。隹聲。以追切。【説文解字卷十】

◉劉心源　或釋烈。非。此从心从唯。即心。本銘慕悳二字从之可證。又从唯與曾伯霥簠淮字从水从唯正同。是惟字也。亦即唯。二字本通。其惟因資揚皇考者。顯揚其親也。【陳侯因資敦　奇觚室吉金文述卷四】

◉孫詒讓　舊釋為烈。其字从口从惟。當即唯字。【陳侯彝　古籀餘論卷三】

◉馬叙倫　怤音非紐。思音心紐。惟音喻紐四等。同為次清摩擦音。相為轉注字也。文選王仲宣贈文叔良詩注引字林。惟。思也。蓋本許訓。凡思也則呂忱據方言加之。陳侯因資敢作。唯聲。【説文解字六書疏證卷二十】

◉徐中舒　雖即惟字。從心唯聲。不省口。【陳侯四器考釋　歷史語言研究所集刊第三本四分】

懷 不从心 沈子它簋 褱字重見【金文編】

懷 日甲一一二背 封八四【睡虎地秦簡文字編】

同懷 建㚇—民(甲9—11)【長沙子彈庫帛書文字編】

懷令之印 懷千秋【漢印文字徵】

懷 懷出碧落文。【汗簡】

懷道德經　懷　懷並古尚書　懷雲臺碑　懷王存乂切韻　【古文四聲韻】

◉許　慎　懷念思也。从心。褱聲。户乖切。【説文解字卷十】

◉馬叙倫　翟云升曰。文選思舊賦注引作念也。倫按詩卷耳。嗟我懷人。傳。思也。玉篇亦作思也。蓋此本作念也思也。一訓吕忱加之。上文。念。思也。爾雅釋詁。念。思也。則念也思也義同。或下文惀字説解。傳寫譌入。懷音匣紐。念從今得聲。今音見紐。同為舌根音。是懷念為轉注字。惟懷聲同脂類。亦轉注字。文選長門賦注引倉頡。懷。抱也。【説文解字六書疏證卷二十】

惀 惀

◉許　慎　惀欲知之皃。从心。侖聲。盧昆切。【説文解字卷十】

◉馬叙倫　桂馥曰。皃疑當作思。玉篇。惀。思也。錢坫曰。吕氏春秋。所以不可不論也。注。論。思也。應作此。倫按詩靈臺。於論鼓鐘。毛傳。論。思也。借論為惀。是惀當訓思也。今此二字誤入懷下。校者補欲知之皃四字。今上海謂人思之曰。你惀一惀。惀音來紐。古讀歸泥。是惀為念之轉注字。思惀聲皆真類。亦轉注字。思惀與惟懷則為脂真對轉轉注字。【説文解字六書疏證卷二十】

想 想

◉許　慎　想冀思也。从心。相聲。息兩切。【説文解字卷十】

◉馬叙倫　段玉裁曰。冀當為覬。倫按玉篇。想。思也。此字漢人用之。漢以前書唯見周禮眡寢。想為思之音同心紐轉注字。此字或出字林。故訓冀思也。【説文解字六書疏證卷二十】

㥞 㥞

◉許　慎　㥞深也。从心。㒸聲。徐醉切。【説文解字卷十】

◉馬叙倫　嚴可均曰。疑當言深思也。傳寫捝思字。玉篇廣韻皆云。意思深也。王玉樹曰。㥞音徐醉切。在邪紐。玉篇以下皆切心紐。以諧聲求之。終是邪紐為近。倫按㥞懷為同次濁摩擦音轉注字。㥞與思想則為同舌尖前摩擦音轉注字。㥞思又脂真對轉也。説解蓋本作思也意深也。此字或出字林。【説文解字六書疏證卷二十】

◉許　慎　慉起也。从心。畜聲。詩曰。能不我慉。許六切。【說文解字卷十】

◉馬叙倫　鈕樹玉曰。韻會作徐引詩不我能慉。嚴可均曰。讀詩記。董氏曰。孫毓王肅本作能不我慉。倫按詩谷風毛傳。慉。興也。興起義近。然從心而訓起也。似有挩文。莊子達生。夫忿滀之氣。散而不反。則為不足。上而不下。則使人善怒。下而不上。則使人善忌。中身當心則為病。忿滀連文。滀當是慉之借字。玉篇。慉。丑六切。恨也。又許六切。興也。興也與詩傳同。興起義近。恨也與莊子忿滀連文義合。然字不與忿次。而莊子忿字或可借為奔。奔起亦得連文。則莊子用滀字。義與此及詩傳同。尋興音曉紐。是慉得以雙聲借為興也。詩谷風。不我能慉。反以我為讎。毛傳訓興。鄭箋訓驕。王肅訓養。以序義言之。王肅義長。然養義本於畜。而本字當為育。畜慉皆借字也。倫謂玉篇訓恨也。則慉為忿之轉注字。忿從分得聲。分音非紐。慉音曉紐。同為次清摩擦音也。或恨也者。借慉為忿。而慉為思想之同次清摩擦音轉注字。【說文解字六書疏證卷二十】

𢡃　不从心說文一曰十萬曰𢡃　命瓜君壺　旂無疆至于萬𢡃年　啻字重見　【金文編】

牛𢡃　李𢡃　潘𢡃　臣𢡃　【漢印文字徵】

詛楚文　張矜𢡃怒　說文𢡃籀文省作　此从　乃言寫譌　【石刻篆文編】

◉許　慎　𢡃滿也。从心。啻聲。一曰。十萬曰𢡃。於力切。籀文省。【說文解字卷十】

◉馬叙倫　鈕樹玉曰。繫傳作。是也。玉篇作意。王筠曰。篆當作。朱筠本作。它本作。竝非。倫按洪頤煊徐灝竝以上文意字為後人加。洪謂心滿即為志。不必更有意字。徐謂𢡃當以訓志為本義。皆據本書從𢡃之字。今多從意。而本書無從意之字為證。倫謂從心而訓滿也。義似不切。方言廣雅訓滿之字皆作臆。實當為噫。噫為飽出息。故有滿意。倫謂意為論語無意及億則屢中之億本字。今其本義誤入詇下。一曰十萬曰𢡃校語。餘見詇下。王筠據本啻聲作啇聲。譌。

吳穎芳曰。從啻省。非從言。亦非從音。俗作意。非也。鈕樹玉曰。玉篇廣韻引竝無。又籀文有加無省。疑後人增。玉篇有意。音奴后切而無義。乃别是一字。段玉裁曰。上從言省。朱駿聲曰。籀文啻省聲。倫按鍇本作籀文又省。本書重文下無此例。省當作意。校者改之。此從言。言音一字。則此與意一字。籀篇以為𢡃字。故呂忱以為𢡃之重文。疑𢡃

悹　憀　愙

字非許書本有也。【説文解字六書疏證卷二十】

悹

悹人殘石 【石刻篆文編】

◉許　慎　憂也。从心。官聲。古玩切。【説文解字卷十】

◉馬叙倫　朱駿聲曰。疑為患之異文。倫按患之同舌根音轉注字。悹音見紐。憂音影紐。見影同為清破裂音。憂當作㥑。從心。頁聲。頁音匣紐。與患雙聲。則悹患㥑相為轉注字也。字蓋出字林。【説文解字六書疏證卷二十】

憀

◉許　慎　憀然也。从心。翏聲。洛蕭切。【説文解字卷十】

◉馬叙倫　鈕樹玉曰。繫傳憀作摎。誤。朱駿聲曰。疑與憭同字。倫按疑與僇同字。憀然也校語。字或出字林。【説文解字六書疏證卷二十】

愙

恭愘里附城 【漢印文字徵】

愘　愘 【汗簡】

王庶子碑　義雲章　古文 【古文四聲韻】

◉許　慎　敬也。从心。客聲。春秋傳曰。以陳備三愙。臣鉉等曰。今俗作愘。苦各切。【説文解字卷十】

◉吴大澂　古愙字从客从吅。後人變吅為心。許氏説。愙。敬也。春秋傳曰。以陳備三愙。大澂案。愙當即客之異文。二王之後謂之客。周封三客。虞夏商之後也。周愙鼎。【説文古籀補卷十】

◉强運開　不𦗟敢。余命女御追于畧。丁佛言云。借乍洛。然未言本為何字。按愙鼎之愙字作。與此疑為一字。【説文古籀三補卷十】

◉馬叙倫　段玉裁王筠竝謂從客會意。倫謂三愙者。借愙為客也。周以虞夏殷之後為三客。待之不以臣禮也。愙蓋為愨恭之同舌根音轉注字。玄應一切經音義三引字林。愙。恭也。亦敬也。疑此字出字林。今説解為唐人刪耳。周愙鼎作。古鉩

愯 

作。【說文解字六書疏證卷二十】

◉楊樹達　窓齋集古録第肆册弍葉上載毛公鼎，銘文有云：「虔夙夕，惠我一人，雝我邦小大猷，毋折緘，告余先王若德，用印邵皇天，𤕌⿴囗⿰舟㣇大命，康能四國，俗我弗作先王羞。」又云：「女毋敢家（隊）在乃服，⿴囗⿰舟㣇夙夕，吱（敬）念王畏（威），不賜。」按⿴囗⿰舟㣇字兩見，不可確識，以意求之，蓋窓之假音字也。說文十篇下心部云：「窓，敬也，从心，客聲。」經傳通作恪。⿴囗⿰舟㣇从口，⿰舟㣇聲，⿰舟㣇殆是貈之或字。說文九篇下豸部云：「貈，似狐，善睡獸也。从豸，舟聲。」引論語曰：「狐貈之厚以居。」按說文貈字从豸，金文⿴囗⿰舟㣇之所从⿰舟㣇字从㣇，㣇豸同是獸名，从㣇猶从豸也。許引論語作貈，今論語作貉者。今論語假貉為貈。貉可假為貈，知⿴囗⿰舟㣇亦可假為窓矣。然則𤕌⿴囗⿰舟㣇大命，猶書盤庚篇之言「恪謹天命」，⿴囗⿰舟㣇夙夕猶追毁及本銘上文之言「虔夙夕」、克鼎之言「敬夙夜」也。番生毁云：「用𤕌⿴囗⿰舟㣇大命」，與此銘語同。【毛公鼎跋　積微居金文説】

◉張亞初　⿴囗⿰舟㣇字，楊樹達釋為「窓」（恪），非常正確。

「𤕌⿴囗⿰舟㣇」即「重恪」，為崇敬、大敬的意思。毛公鼎「𤕌先王命」，即增大先生之命。輔師嫠毁就作「今余曾（增）乃令（命）」。史牆盤「𤕌寧天子」即大安天子。銘文中常見的「𤕌𩫏乃命」即大成乃命。盠方彝「用暖（𤕌）文考剌」，即用增大文考的光烈。銘文中所有的𤕌字都可解釋通。銘文中的「⿴囗⿰舟㣇夙夕」即「敬夙夕」、「虔夙夕」。「⿴囗⿰舟㣇」訓敬也很合適。

「𤕌⿴囗⿰舟㣇」一詞，在文獻上作「純恪」。《國語周語下》「（伶州鳩語）俾莫不任肅純恪也」，韋注訓「純」為大，「恪」為敬，謂即「大敬其職」。

總之，「𤕌⿴囗⿰舟㣇」以「重恪」來解釋，銘文文通字順，而且在文獻上可以找到對應的例證。【周厲王所作祭器㝬簋考　古文字研究第五輯】

愯　唐蘭釋　愯作父乙爵【金文編】

◉許　慎　懼也。从心。雙省聲。春秋傳曰。駟氏愯。息拱切。【說文解字卷十】

◉方濬益　　家語弟子行。不懸不悚。注。悚。懼。是悚即愯之俗字。集韻悚愯⿰忄雙同。今人但用悚。罕用愯。惟文選魏都賦愯焉相顧一見。劉注亦曰。愯。懼也。【愯父乙爵　綴遺齋彝器考釋卷二十二】

◉高田忠周　說文懼也。从心。雙省聲。朱氏通訓定聲云。字亦作⿰忄雙不省。又作悚。左昭十九傳。駟氏愯。今本以聳為

之。漢書刑法志。愯之以行。家語弟子行。不戁不悚。字林。悚。惶遽也。此説為是。但初借竦為愯。而後為悚字。詩長發。不戁不竦。可證矣。【古籀篇四十三】

◉馬叙倫　王筠曰。衆經音義。悚又作愯。字林。惶遽也。倫按漢書刑法志引左昭六年傳。愯之以行。晉灼曰。愯。古竦字。如玄應引字林。則篆本作愯。從心。雙聲。傳寫省一隹。因改雙聲為雙省聲。然隻雙一字。隻為獲取之獲本字。獲聲魚類。則愯為懼之轉注字。懼聲亦魚類也。玄應一切經音義引倉頡。愯。驚也。【説文解字六書疏證卷二十】

□ 懼　中山王譽鼎　寡人懼其忽然不可㝵　【金文編】

□ 懼　为七　【睡虎地秦簡文字編】

愳 懼　【汗簡】

愳 古尚書　□ □ □ □ 竝籀韻　【古文四聲韻】

◉許　慎　懼恐也。从心。瞿聲。其遇切。愳古文。【説文解字卷十】

◉馬叙倫　下文。恐。懼也。懼音羣紐。恐音溪紐。同為舌根破裂音。轉注字也。

愳　沈濤曰。莊子天運釋文。説文懼是正字。愳是古文。是古本重文作愳不作思。汗簡思字不云見説文。可見古本無思字。倫按此懼之初文。如釋文引。或愳為古文。思為或文。古文下當有懼字。【説文解字六書疏證卷二十】

◉柯昌濟　卜詞中有□□等字。其文曰。貞多鬼□惠言見。又。庚辰卜貞多鬼□惠□見。又曰。庚辰卜貞多鬼□不至囚。案此字以偏旁求之。見金文卣文作□。其文曰。無□作父丁彝。無□當即其名。以其名誼求之。古人命名如無忌無畏無害等。此字亦當畏害之誼。疑為古懼字。以古畏證之。畏字盂鼎見作□。作鬼頭張爪形。懼字則象鬼披髮如□□俱象披髮形張爪令人可懼之形也。且盂鼎有斐烝祀無敢醻之醻作□。所从之𩰫亦即古文懼字。醻字从其音。其為懼明矣。卜詞从爿者。爿即説文疒部作从字。懼有疾畏之義。故从疒也。【殷虚書契補釋】

◉商承祚　愳　人恐懼則心目交異而左右視。會意兼聲字也。【説文中之古文考】

3·194 蒦圆匋里人怘 顧廷龍云説文所無或謂怙字異文 3·155 蒦圆匋里人怘 【古陶文字徵】

◉許 慎 怙恃也。从心。古聲。侯古切。【説文解字卷十】

恃 不从心 屭羌鐘 武侄恃力 寺字重見 【金文編】

恃 恃 恃 【汗簡】

竝天台經幢 郘昭卿字指 石經 裴光遠集綴 【古文四聲韻】

◉許 慎 恃賴也。从心。寺聲。時止切。【説文解字卷十】

◉馬叙倫 賴也非本義。亦非本訓。許當訓持也。或怙恃二字竝出字林。怙音匣紐。恃音禪紐。同為次濁摩擦音。轉注字也。【説文解字六書疏證卷二十】

◉黄錫全 恃 侯馬盟書恃作，信陽楚簡作，此形類同。止部恃作，與侍作同。【汗簡注釋卷三】

◉許 慎 慒慮也。从心。曹聲。藏宗切。【説文解字卷十】

◉馬叙倫 吴穎芳曰。曹雙聲諧。倫按慒音從紐。思音心紐。同為舌尖前音。轉注字。故訓慮也。或慮也非本義。則如吴説。為慺之轉注字。錢坫以為此籌畫之籌本字。則為⿱竹惪之轉注字。聲同幽類。正如曹之借為儔矣。慒⿱竹惪二字疑竝出字林。【説文解字六書疏證卷二十】

悟 【汗簡】

古尚書 【古文四聲韻】

◉許 慎 悟覺也。从心。吾聲。五故切。古文悟。【説文解字卷十】

◉馬叙倫 悟為寤之同舌根音亦魚陽對轉轉注字也。覺也非本訓。或字出字林也。

鈕樹玉曰。繫傳作。非。倫按為之異文。古文下當有悟字。【說文解字六書疏證卷二十】

◉商承祚　古文从吾省。為五之古文。見金文毛公鼎吾石鼓文遊遨及石經衙之古文。【說文中之古文考】

憮

◉許　慎　愛也。韓鄭曰憮。一曰。不動。从心。無聲。文甫切。【說文解字卷十】

◉馬叙倫　鈕樹玉曰。韻會引動下有也字。廣韻引作愛也。一曰。不動也。于鬯曰。不字疑心之譌。論語微子。夫子憮然。皇侃義疏。猶驚愕也。孟子滕文公。夷子憮然。趙岐注。猶悵然也。皆心動之義。下文憂。不動也。玉篇作心動。可借證。倫按下文。憐。哀也。然爾雅釋詁及方言七均訓憐為愛。爾雅釋訓。矜憐。撫掩也。此言韓鄭曰憮。方言一。憮。愛也。陳楚江淮之間曰憐。宋衛邠陶之間曰憮。或曰俺。莊子秋水。夔憐蚿。謂夔愛蚿也。然則憐當訓愛。憐愛為脂真對轉轉注字。愛當作㤅。憐音來紐。古讀歸泥。憮音微紐。微泥同為邊音轉注字。韓鄭曰憮校語。一曰不動。于說可從。然亦校語。玄應一切經音義引三倉。憮然。失意皃也。怪愕之辭。疑古或以此為今言漠不關心之漠。故有不動之訓。【說文解字六書疏證卷二十】

㤅

㤅　說文惠也又愛行也今以愛代㤅　中山王嚳壺　㡯㤅深則賢人新　盗壺　慈㤅百敏　【金文編】

139　207　221　223　236　247　【包山楚簡文字編】

鞏㤅　【漢印文字徵】

◉許　慎　惠也。从心。旡聲。烏代切。古文。【說文解字卷十】

◉吳大澂　小篆㤅字从心。此从先从。當即之變文。非从手也。愛尊。【說文古籀補卷十】

◉林義光　說文云。惠也。从心旡聲。行皃。从夊㤅聲。按愛為行貌。無考。古㤅作愛器壬作愛尊彝壬。即心之省變。與憂作毛公鼎同意。㥑與㤅同字。夊。人足形。蓋古从人之字或變从。夌作作。允作作。丮作作。皆此類。下亦从人。故得變為。【文源卷十一】

◉馬叙倫　王筠曰。各本繫傳篆皆作。顧本妄改作。倫按當從。古鉨作。

㥠

慰

𢡺

𢤱

◉炁 倫按既為炁之後起字。故古文經傳中字從既得聲也。古文下當有炁字。【説文解字六書疏證卷二十】

◉商承祚 炁 與篆文慨字無别異。僅將心下迻耳。疑古文叚慨為愛。如殖之借戠也。見汗簡引。【説文中之古文考】

◉許　慎 㥠知也。从心。胥聲。私呂切。【説文解字卷十】

◉馬叙倫 段玉裁曰。此與言部諝音義皆同。桂馥曰。字林。忬㥠。知也。倫按知也或非本義。字蓋出字林。【説文解字六書疏證卷二十】

◉許　慎 慰安也。从心。尉聲。一曰。恚怒也。於胃切。【説文解字卷十】

◉馬叙倫 桂馥曰。一曰恚怒也者。本書。詑。慰也。徐灝曰。詩車舝。以慰我心。釋文。慰。怨也。韓詩作慍。故訓為恚。此一曰五字後人所增。怒即怨之譌也。倫按安也非本義。亦非本訓。一曰恚怒也當作一曰恚也怨也。恚怨與慰音同影紐。得相通借。本部。慍。怨也。音亦影紐。以車舝以慰我心韓詩作慍證之。則怨也為慍字義。此校語或呂忱列異訓也。【説文解字六書疏證卷二十】

◉許　慎 𢡺謹也。从心。馭聲。讀若毳。此芮切。【説文解字卷十】

◉馬叙倫 謹也者。𢡺聲脂類。對轉真為慎。轉注字也。然亦非本義。以讀若毳推之。蓋毳之轉注字。下文。毳。精戇也。讀若毳者。劉秀生曰。馭讀若贅。古在端紐。毳聲古在透紐。端透皆舌音。故𢡺從馭聲得讀若毳。禮記檀弓。啜菽飲水。荀子富國作嚽菽飲水。公羊襄十六傳。君若贅旒然。釋文。贅。本作綴。釋名釋飲食。啜。絶也。乍啜而絶於口也。啜絶以聲訓。肉部。脃。從肉。絶省聲。周禮小宗伯。兆甫竁亦如之。注。今南陽名穿地如竁。聲如腐脃之脃。老子。其脃易泮。釋文。脃。河上本作膬。是其證。【説文解字六書疏證卷二十】

◉許　慎 𢤱𢤱箸也。从心。篤聲。直由切。【説文解字卷十】

◉馬叙倫 嚴可均曰。竹部有篤無𢤱。此篆當作𢤱。説解當作篤聲。嚴章福曰。當作篤省聲。倫按𢤱箸也非本義。餘見懤下。【説文解字六書疏證卷二十】

怞

◉許　慎　朗也。从心。由聲。詩曰。憂心且怞。直又切。【説文解字卷十】

◉馬叙倫　鈕樹玉曰。朗當作悢。玉篇。憂恐也。朗也。嚴可均曰。朗當作動。形近而譌。女部。妯。動也。明此亦動。洪頤煊曰。手部有抈字。國語晉語。故不可抈也。韋注。抈。動也。與毛傳合。朗當是抈之譌。倫按怞朗聲義皆不相近。必是譌字。然嚴洪之説亦未盡當。玉篇有憂恐也一訓。當作憂也恐也。憂也蓋怞字本義。今詩鼓鐘。憂心且妯。借妯為之。箋。妯之言悼也。此下文。悼。恐也。恐懼蓋引申義。憂怞聲同幽類。則怞為慐之轉注字。或詩借妯怞為憂。此為憂之雙聲亦疊韻轉注字。本書禱䄍擂抽皆轉注字。是例證也。字或出字林。【説文解字六書疏證卷二十】

㥼

◉許　慎　㥼撫也。从心。某聲。讀若侮。亡甫切。【説文解字卷十】

◉馬叙倫　嚴可均曰。玉篇廣韻九麌引但作撫也。此衍㥼字。撫當作憮。段玉裁曰。㥼乃複舉字之未刪者。劉秀生曰。某聲在明紐。侮從每得聲。古文從母聲作㑄。古音亦在明紐。故㥼從某聲得讀若侮。言部。謀。從言。某聲。古文從口母聲作𠰓。又從母聲作䛧。木部。梅。從木。每聲。或從某聲作楳。竝其證。倫按此憮之音同微紐轉注字。詩。民雖靡膴。韓作腜。周原膴膴。韓亦作腜。是其例證。字或出字林。【説文解字六書疏證卷二十】

忞

3·469　杏匋里忞　【古陶文字徵】

2325　【古璽文編】

◉許　慎　彊也。从心。文聲。周書曰。在受德忞。讀若旻。武巾切。【説文解字卷十】

◉馬叙倫　鈕樹玉曰。韻會引作自勉强也。無周字。倫按彊當作勥。如韻會引則本作勉也。以聲訓。校者加自勉彊也。唐人刪之。字蓋出字林。師酉敦作。【説文解字六書疏證卷二十】

慔

◉許　慎　勉也。从心。莫聲。莫故切。【説文解字卷十】

◉馬叙倫　忞慔同邊音轉注字。忞音微紐。慔音明紐也。字蓋出字林。【説文解字六書疏證卷二十】

愐

◉許　慎　愐勉也。从心。面聲。弥殄切。【説文解字卷十】

◉馬叙倫　愐為忞之轉注字。愐音心紐。忞音微紐。此如民每一字。而每音微紐而民音入心紐矣。亦猶徽從微得聲而入曉紐。心曉同為次清摩擦音。蓋由微轉非或敷而入心也。字蓋出字林。【説文解字六書疏證卷二十】

⿰忄曳

◉許　慎　⿰忄曳習也。从心。曳聲。余制切。【説文解字卷十】

◉馬叙倫　段玉裁據詩四月正義蕩釋文皆引説文。忕。習也。玄應一切經音義十三。忕。又作⿰忄曳。字林。⿰忄曳。習也。謂説文本作忕。字林變作⿰忄曳。後人用字林改説文。又謂⿰忄曳蓋作怈。唐人避諱改⿰忄曳。集韻類篇皆怈⿰忄曳為重文。桂馥徐承慶皆以忕為⿰忄曳之異文。倫謂玄應引倉頡。⿰忄曳。明也。則許書自作⿰忄曳。其引字林者。題為字林者也。陸引説文者。題為説文者也。然則忕乃出字林耳。忕從大得聲。大音定紐。⿰忄曳音喻紐四等。古讀歸定。是轉注字也。今無忕字。校者或傳寫失之。段謂⿰忄曳本作怈可從。玄應引倉頡作⿰忄曳者。傳寫改之。習也非本義。借怈為習。聲同談類也。怈之本義亡矣。或為愐之同次清摩擦音轉注字。故次愐下。【説文解字六書疏證卷二十】

懋

懋　不从心　瘨簋　楙字重見　宅簋　帥鼎　召尊　衛簋　史懋壺　小臣逋簋　師旂鼎　免卣　懋史鼎　【金文編】

懋莫候切又莫報切　懋。【汗簡】

裴光遠集綴　【古文四聲韻】

◉許　慎　懋勉也。从心。楙聲。虞書曰。時惟懋哉。莫候切。𢡏或省。【説文解字卷十】

◉馬叙倫　鈕樹玉曰。韻會引作惟時懋哉。倫按懋愐忞古音同在明紐。相為轉注字也。宅鼎作懋。帥鼎作懋。免卣作懋。【説文解字六書疏證卷二十】

◉于省吾　甲骨文稱：「叀柔甲劦，受又。」(京都二〇六二)柔作[glyph]，甲骨文編附録誤摹作[glyph]。按柔字从矛作[glyph]，商器敄觶的敄字从矛作[glyph]，周器毛公鼎的敄字从矛作[glyph]，説文矛之古文作𢦘，左从矛作[glyph]。因此可知，矛字前後演化之迹宛然可尋。説文懋之或體作⿱矛心。「叀⿱矛心甲(原作田)劦,受又」,⿱矛心甲為被祭者。甲骨文中先公先王的廟號,只有上甲之甲作田,上甲名微(見國語魯語和楚辭天問),微⿱矛心由于雙聲而通用,古無輕脣,故微紐應歸明紐。因此可知,⿱矛心甲當是上甲微的異稱。【釋心 甲骨文字釋林】

◉嚴一萍 請先看貝塚先生的摹本:

PLATE 31

B. 2062

這一批甲骨我曾經看過。當年貝塚先生的摹本是參照實物,不會有誤摹的地方。于氏指「甲骨文編附録誤摹作□」,事實上甲骨文編與貝塚的摹本是一致的,並沒有誤摹。倒是于氏的作□是錯了。于氏又把田字讀成「上甲」,因之有「⿱矛心甲」的說法,真是一錯再錯。貝塚先生的釋文指□是地名,是對的,這一條卜辭,原來是說到□地去耕田,用晉田的方式,最後說「受又年」。于氏把一個「年」字割掉,遂變成「受又」了。于氏又把地名之□去掉一「乀」筆,變成从□,釋成「⿱矛心」,以「微⿱矛心雙聲通用」,說成「上甲微的異稱」。這樣的改變卜辭的字與句,來考釋卜辭,難免有誤釋誤讀的地方。【于省吾强詞造「⿱矛心甲」 中國文字新十一期】

◉張亞初 □(京都二〇六二)、□(綜類二〇九頁)、□(金文編九六四頁)、□(同上九四〇頁) 卜辭之□字……从心从□。金文敄从□(金文編一六五頁、一〇二二頁)。□與金文敄字的偏旁完全相同,所以可以隸定為矛。从矛从心可寫為⿱矛心。說文以為⿱矛心是懋字之省。⿱矛心字實際上是懋字的初文。甲骨文有⿱矛心無懋,懋字應為以⿱矛心為聲符的後起字。西周銘文懋字从林从⿱矛心,⿱矛心是聲符,林是意符(金文編五六六頁)。懋是茂的本字。此字从林為林木茂盛之意。詩木瓜傳云:「木瓜,懋木也。」釋文云「懋本作茂」。漢書律曆志:「使長大楙盛」,師古曰:「楙,古茂字。」漢書郊祀志和司馬相如傳集注也都以懋為古茂字。懋、茂雙聲疊韻,音義並通。傳注家以懋、茂為古今字之說是可信的。楙為懋省(金文編三二五頁)。如果我們注意一下字形,就會發現,⿱矛心字敄字所从矛,並不是矛盾之矛,而是美字的側立人形。甲骨文美字作□(甲一二六九),其上部與⿱矛心字所从雷同。這就是說,⿱矛心和敄是以美字變體字作為其聲符的。美、敄、懋都是明母字,韻部也相近。所以,⿱矛心和懋古也訓為美。⿱矛心字用心作意符,是美在心裏的意思。懋字以⿱矛心為聲符而有美意,則是聲中見義。懋、茂訓美是保存了古義的。懋字初文以□為聲符,西周則轉換為矛盾之矛(卜、

)和牝牡之牡(⊥)作為聲符。懋字的變化情況是較為複雜的，也是富有趣味性的。柔和敄字所从的矛是新創造的聲符字，這是過去我們所不清楚和不理解的。西周的懋字改以矛盾之矛及牝牡之牡作為聲符，使文字形體結構呈現出多樣性。這些現象，都是值得我們重視並加以研究的。下面，我們把懋字的演變情況作一圖示：

商	西周	戰國以後
→	、 →	懋
		楙
		茂

弄清了柔字的造字本義和形體結構以後，以下幾個字就迎刃而解了。

：从木从矛省，可隸定為柔。

：从木从矛省，矛字出頭，與懋史鼎之懋字相同，故也是柔字。

：从言从柔，即誄字。【古文字分類考釋論稿　古文字研究第十七輯】

慕

慕　𤼈盤　亟獄逌慕　　㝬簋　宇慕遠猷　　禹鼎　　陳侯因資錞　【金文編】

開母廟石闕　□□□而慕化　【石刻篆文編】

◉許　慎　習也。从心。莫聲。莫故切。【說文解字卷十】

◉劉心源　慕者。願也。大願克成。謂簋齊。【陳侯因資敦　奇觚室吉金文述卷四】

◉高田忠周　說文。勉也。从心。莫聲。此許氏之誤也。亦是慕字異文。心在下或在左。固同意不異矣。慔訓勉也者。此為借義。【古籀篇四十三】

◉馬叙倫　朱駿聲曰。慕當訓思也。禮記檀弓。其往也如慕。孟子。巨室之所慕。又人少則慕父母。楚詞懷沙。邈不可慕矣。倫按玉篇。思也。習也。習也蓋惯卜訓。傳寫誤入此下。慕為念之同邊音轉注字。陳侯因資敦作。【說文解字六書疏證卷二十】

◉徐中舒　慕疑與墓同。墓有慕意，釋名喪制云：「墓，慕也，孝子思慕之處也」；禮記檀弓云：「其往也如慕」，問喪云：「其往送也如慕」;是墓即從慕得名。且此器下文云「克成」,文義相承,必有所指,故慕當作名詞解;如釋慕為思慕嚮慕,則「克成」句即為不詞。【陳侯四器考釋　歷史語言研究所集刊三本四分】

◉林潔明　陳侯因資錞「大慕克成」。用慕為謨。説文「謨。議謀也。虞書曰咎繇謨」。繫傳「慮一事畫一計為謀。汎議將定其謀曰謨。大禹謨皋陶謨。皆汎謨也。」謨者蓋國家之大計。所以定國安家者也。因資錞上文稱頌皇考。下文自言「高祖黃帝。侎錮超文。淖朝問諸侯。」則慕釋為謨正適切。言能實行國家之大計也。徐中舒以為用慕為墓。則不知何所指。其説殆非。【金文詁林卷十】

◉唐　蘭　慕通謨,《説文》:「議,謀也」,古文作暮。古代從口與從心常通用,哲一作悊可證。【略論西周微史家族窖藏銅器群的重要意義　文物一九七八年第三期】

◉張亞初　「慕」與「謀」音同字通,因資錞「大慕克成」即「大謀克成」。【周厲王所作祭器㝬簋考　古文字研究第五輯】

悛

◉許　慎　悛止也。从心。夋聲。此緣切。【説文解字卷十】

◉馬敘倫　止也乃竣字義。古或借悛為竣。故小爾雅廣詁曰。悛。止也。然其廣言則曰。悛。覺也。於從心之義校近。字蓋出字林。【説文解字六書疏證卷二十】

⿰忄隶

3374【古璽文編】

◉許　慎　⿰忄隶肆也。从心。隶聲。他骨切。【説文解字卷十】

◉馬敘倫　錢坫曰。此字廣雅釋詁二曰。緩也。曹憲音退。方言正曰。退。緩也。是⿰忄隶即退字。此訓肆者。肆亦從隶。有解肆之義。肆緩亦即退緩。檀弓。退然如不勝衣。聘禮以三退為三逡遁。是其義正同。承培元曰。肆當作肄。肄。習也。倫按錢説迂回。退隶聲同脂類。又退音透紐。隶音定紐。同為舌尖前破裂音。此從隶得聲而音他骨切。亦透紐。故曹憲音退。隋唐閒音尚如退也。緩也者。退之引申義。此從心不得與退同字同義也。此與悛為脂真對轉聲。或轉注字。肆也以聲訓。字或出字林。【説文解字六書疏證卷二十】

◉張政烺　[seal],从心,[seal]聲。[seal],从大,尾省聲。[seal]即《説文》㣇字,亦即殺之古文[seal]、鬽之古文[seal]。[seal]依形音求之,當即⿰忄隶

𢜎 慆 懕

字。《説文》:「⿰忄隶,肆也。从心,隶聲」。桂馥《義證》:「方言肆欲為⿰忄隶」。【中山王嚳壺及鼎銘考釋 古文字研究第一輯】

◉李裕民 《侯馬盟書》宗盟類四之一五三:一。

字上部為隶,《部鐘》作;下部為心。隸定為⿰忄隶。古璽作(《徵》十·六),與此同形。《説文》:「⿰忄隶,肆也。从心,隶聲。」⿰忄隶為參盟人名。【侯馬盟書疑難字考 古文字研究第五輯】

3·532 鹹⿴囗昜𢜎 【古陶文字徵】

◉許慎 趣步𢜎𢜎也。从心。與聲。余呂切。【説文解字卷十】

◉馬叙倫 本書。趣。安行也。鸒馬行徐而疾也。彼從走馬。故於義合。若此從心。何與趣步。疑此訓為趣或鸒字之義。而本義亡矣。辥傳均謂即論語鄉黨與與如也之與。倫疑此為下文悆下悆喜也之悆本字。悆下引書。有疾不悆。今書作豫。左昭一年傳引夏諺曰。一游一譽。孟子引作一游一豫。是𢜎悆音皆如豫也。此字或出字林。【説文解字六書疏證卷二十】

◉湯餘惠 ⿰忄司·⿱牙心(𢜎) 字从牙,不从司。上博藏古私名璽有「黃⿱牙心」字作。簡文⿱牙心未見字書。牙、与古本同字,後世別為二。依《汗簡》舉古文作⿱与又之例,⿱牙心(⿱与心)可釋為𢜎。檢《玉篇》𢜎之古文正作⿱与心。【包山楚簡讀後記 考古與文物一九九三年第二期】

◉許慎 説也。从心。舀聲。土刀切。【説文解字卷十】

◉馬叙倫 鈕樹玉曰。韻會引説作悦。俗。倫按説謂説樂。然非本訓。或字出字林也。【説文解字六書疏證卷二十】

◉許慎 安也。从心。猒聲。詩曰。懕懕夜飲。於鹽切。【説文解字卷十】

◉馬叙倫 沈濤曰。爾雅釋文引作安静也。玉篇云。安也。静也。然則安静為二義。倫按安也以聲訓。静也者。安之引申義。此字或出字林。【説文解字六書疏證卷二十】

憺

◉許　慎　憺安也。从心。詹聲。徒敢切。【説文解字卷十】

◉馬叙倫　沈濤曰。一切經音義六引有謂憺然安樂也。蓋庾注。丁福保曰。慧琳音義廿七引作安也静也。倫按懕憺聲同談類。蓋轉注字。字或出字林。【説文解字六書疏證卷二十】

怕

古孝經　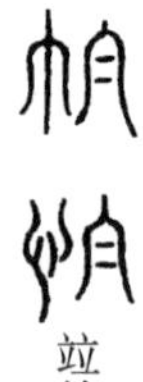竝籀韻　【古文四聲韻】

◉許　慎　怕無為也。从心。白聲。匹白切。又葩亞切。【説文解字卷十】

◉馬叙倫　沈濤曰。文選盧子諒詩注引。泊。無也。泊即怕之別。乃傳寫挩為字。他引皆同今本。玄應一切經音義二十五引。怕。静也。王筠曰。玄應引作静也謂恬然寂静也。亦無為自得也。倫按廣雅。憺怕。静也。然静也非本義。静當作靖。靖是立定之義。靖即定也。怕從白得聲。白音竝紐。與憺音定紐同為濁破裂音。是轉注字也。無為也當作亦無為自得也。乃校語。【説文解字六書疏證卷二十】

恤

◉許　慎　恤憂也。收也。从心。血聲。辛聿切。【説文解字卷十】

◉馬叙倫　吴穎芳曰。收也乃收之語轉。段玉裁曰。憂當作恴。收也當依玉篇作救也。倫按收也或救也皆校語。恤從血得聲。血音曉紐。古讀歸影。憂音影紐。是轉注字也。【説文解字六書疏證卷二十】

◉李孝定　　金文無从心之恤，卹恤後世通用，而恤屬後起，三體石經恤古文作卹者是也，或謂既得通用，則作卹與作恤無别，是不解古文字者之言也。【金文詁林讀後記卷五】

忓

忓　酓忎鼎　史記作熊悍　酓忎盤　【金文編】

9·24　獨字　【古陶文字徵】

◉許　慎　忓極也。从心。干聲。古寒切。【説文解字卷十】

◉馬叙倫　桂馥曰。極也者。本書。憊。㦝也。玉篇。憊。極也。㦝。極也。馥按極。疲也。倫按極借為㥛。音同羣紐。下文。惗。勞也。古讀羣歸見。忓音見紐。蓋轉注字。桂說亦通。謑音溪紐。見溪同為舌根破裂音。亦轉注字。字蓋出字林。

【說文解字六書疏證卷二十】

◉郭沫若　恙字从心羊聲，羊即干字之異。干，金文之較古者作丫，乃圓盾之象形，上有羽飾而下有蹲。古文凡圓點作之字大抵演化為一橫，故由丫而干，更進則為干。然亦有演化為二横者，如朱字本作朱。而師酉毁文作朱，其它如眉脒鼎上樂床鼎及奮器之奮所从朱字亦係二橫，故丫字可作羊也。說文說干字為「从一从反入」，未得其意。又收羊字于干部，謂「撖也，从干，入一為干，入二為羊，讀若飪，言稍甚也。」又以為南字之聲符，然殷周古文南字均不从羊作。許于干既失，于南亦誤，故羊說尤不足信。【楚王酓恙鼎　兩周金文辭大系圖錄考釋】

◉郭沫若　楚王酓恙當即楚幽王熊悍，史記楚世家「考烈王卒，子幽王悍立」，年表作悼，乃字誤也。酓熊音相近，舊有楚王酓章鐘，即楚惠王熊章之器，與此正為互證。恙當是忎字之異，从心羊聲，羊即干之異文也。干字古金文作丫，乃盾之象形，象圓盾，上有羽飾而下有蹲。凡古从圓點作之字後均演化為横畫，如天、士、正、旦、古、告、直、生、民、氏、矢、末、本、朱、屯、十、壬、辛、午等字均其例證，然亦有演作二畫者，如天字齊侯壺及厲氏鐘均作天，正字春秋以後之器多作正，本鼎兩正字亦正多一畫，朱字師酉毁作朱，眉脒鼎上樂床鼎所从朱字均如此，郴器之奮亦多从此作。凡此均由一點演為一横，此羊字當即干之異無疑也。說文說「干，犯也，从一，从反入」，形義均失，而於干部復收一羊字，謂「撖也，从干，入一為干，入二為羊，讀若飪，言稍甚也」，又以為南字所从之聲符。然殷周南字並不从羊作，而羊之訓讀均不知何所據。許蓋由干以揣其意，由南以擬其聲而已，干南均誤，羊說尤不足信。要之，羊即是干，恙亦即是忎，忎悍均从干得聲，古或即是一字，說文心部有忓字訓為極，悍字訓為勇，而女部姦字下以恳為古文姦。古字聲多通假，義多孳乳，許蓋自其異者觀之，故肝膽遂成為楚越耳。【壽縣所出楚器之年代　金文叢考】

◉商承祚　恙即忎，幽王悍也。六國年表作悼，春申君傳索隱作捍，高帝紀索隱作擇。篆以羊即干，周文作丫干，小篆作羊，晚周文字緐簡任意，故作羊矣。許君不知羊為干之或作，于干部入羊字，訓撖也。讀若飪，失之。干旱同聲通叚，故叚捍㪋稈駻鴨又得作攼扞仟秆馯鴇也。是忎忓即悍悬也。說文訓忓為極，悍為勇，恳為姦之古文，皆非。六國表作悼乃由悍譌。高紀之擇又由捍誤也。【楚王酓忎鼎　十二家吉金圖録】

懽　惆　惄

懽 【汗簡】

◉許　慎　懽喜歎也。从心。雚聲。爾雅曰。懽懽愮愮。憂無告也。古玩切。【説文解字卷十】

◉馬叙倫　嚴可均曰。愮當作摇。説文無愮。釋訓釋文。愮愮本作摇。段玉裁曰。懽與歡音義皆略同。倫按喜款也當作喜也款也。喜也是本義。懽歡蓋一字。款也者。校者據詩板傳。灌灌猶款款也加之。爾雅釋訓。懽懽愮愮。憂無告也。乃借懽為悹或患。詩亦然也。字蓋出字林。故引爾雅。【説文解字六書疏證卷二十】

◉許　慎　惆懽也。琅邪朱虚有惆亭。从心。禺聲。虞俱切。【説文解字卷十】

◉馬叙倫　錢坫曰。此懽娛字。鈕樹玉曰。篇韻竝無。蓋古用驩虞。後或用娛。遂不收耳。倫按懽惆同舌根音轉注字。懽音見紐。惆音疑紐也。字出字林。故有琅邪七字。【説文解字六書疏證卷二十】

惄　从弔　王孫鐘　[illegible]于威義　沇兒鐘　王孫真鐘　郾侯簋　王子午鼎　[illegible]于威義　邾公華鐘

【金文編】

3·479　左南郭衢辛匋里惄　説文所無玉篇惄飢意也　3·478　同上　3·53　陳惄　【古陶文字徵】

惄　【汗簡】

義雲章　崔希裕纂古　【古文四聲韻】

◉許　慎　惄飢餓也。一曰。憂也。从心。叔聲。詩曰。惄如朝飢。奴歷切。【説文解字卷十】

◉高田忠周　説文。惄。飢餓也。从心叔聲。爾雅。惄。飢也。注。宿不食之飢也。詩汝濆。惄如朝飢。傳。飢意也。叚借為慽。説文。一曰憂也。爾雅。惄。思也。舍人注。志而不得之思也。廣雅。傷也。痛也。銘意上文叚借為叔。下文即慽義。【古籀篇四十三】

◉馬叙倫　段玉裁曰。餓當作意。釋言。惄。飢也。周南傳曰。惄。飢意也。趙鈔本及近刻五音韻譜朝作輖。與詩釋文調又作輖合。鈕樹玉曰。玉篇。飢意也。憂也。蓋本説文。王筠曰。憂也蓋本文。詩汝墳。惄如調飢。毛傳。惄。飢意也。蓋許以詩言如。則惄如朝飢即飢如朝飢矣。不成文法。且小弁惄焉如擣。如云飢焉如擣。尤不可也。毛彼傳故又曰。惄。思也。鄭玄覺之。故箋汝墳亦曰思也。許君通之。概曰憂也。後人以毛傳改許書。而飢餓連文。重複無義。或是飢意之譌。然非許意也。倫按惄從心不得訓飢也。詩傳言飢意者。就文為釋。或借惄為餧。音同泥紐。非本義也。釋言。惄。飢也。亦本詩傳。飢也是借惄為餧也。釋詁。惄。思也。思是惄本義。惄從叔得聲。叔音審紐。思音心紐。同為次清摩擦音。是轉注字也。王孫鐘。□于威義。忎即惄也。惄于威義。即思於威儀也。一曰憂也者。愵字義。下文。愵。憂皃。讀若惄。詩小弁。惄如朝飢。韓詩惄作愵。是其證。或憂也是本義。惄悳聲同幽類。轉注字也。思也者。借為思。此字出字林。【説文解字六書疏證卷二十】

◉于省吾　甲骨文□字(後下一六・七)只一見，文已殘。甲骨文編誤入于附録。余永梁殷虚文字續考釋為舂，這和續甲骨文編釋嫘為媢，以从心為从臼，同樣是錯誤的。按□即忎字，从心尗聲。甲骨文督(督，漢隸多从日)字常見，其上部叔字左从尗作□，周器克鼎的叔字左从尗作□，均可互證。典籍中的尗字通作叔或菽，後漢書光武本紀的「麻尗」，猶以尗為菽。玉篇尗部尗之重文作叔。然則忎即惄，也即詩汝墳「惄如朝飢」之惄的古文。【釋心　甲骨文字釋林】

◉戴家祥　説文十篇「惄，飢餓也，一曰憂也。从心，叔聲。」又云：「愵，憂貌。从心，弱聲，讀與惄同」。唐韻惄愵俱讀「奴歷切」泥母支部。周南汝濆「惄如輖飢」，釋文「韓詩作愵，音同」。一切經音義十六「愵，古文㥄惄二形」。在金文惄當訓慎，小雅小弁「惄然如擣」，毛傳「惄，思也」，爾雅釋詁「慎，思也」，惄慎同義。方言二「秦晉或曰慎，凡思之貌亦曰慎，或曰惄。」「惄于威義」猶左傳昭公五年叔向曰「慎吾威儀」。【金文大字典上】

◉許　慎　㤟勞也。从心。卻聲。其虐切。【説文解字卷十】

◉馬叙倫　吴穎芳曰。俗用劇。嚴可均曰。史記相如傳索隱引。勞也。下有燕人謂勞為㤟。倫按吴説是。猶谷之或作臄矣。勞也者。蓋從力言為勞。從心言為㤟。㤟得聲於谷。谷音疑紐。勞從燎得聲。音在來紐。古讀歸泥。同為邊音。蓋轉注字。亦勮之轉注字。勮今作劇也。索隱引者校語。或字林文。字或出字林也。【説文解字六書疏證卷二十】

憸【汗簡】

古尚書【古文四聲韻】

◉許　慎　憸憸詖也。憸利於上。佞人也。从心。僉聲。息廉切。【説文解字卷十】

◉馬叙倫　吴穎芳曰。同悡。今俗呼鐵利。鈕樹玉曰。玉篇引無憸字。倫按憸乃隸書複舉字也。詖也當作頗也。頗也蓋險字義。憸或為愒之轉注字。犬部獫猲。徒以長喙短喙為分。獫猲音同曉紐。是初無別也。則此亦然。憸利七字校語。此字或出字林。【説文解字六書疏證卷二十】

◉許　慎　愒息也。从心。曷聲。臣鉉等曰。今別作憩。非是。去例切。【説文解字卷十】

◉馬叙倫　段玉裁曰。此休息之息。倫按休息之息乃竭字。或此其或體。不然。其本義亡矣。息也以聲訓。或借息為憸。憸音亦心紐也。此字音當同猲。猲音曉紐。故與憸轉注。心曉同為次清摩擦音也。玄應一切經音義引倉頡。愒作憇。袪例反。則倉頡有憇無愒。然本書無憇。倫謂玄應所據倉頡作憇者。蓋傳寫者以通用字易之耳。非倉頡本作憇也。然亦或倉頡作竭。則此出字林。【説文解字六書疏證卷二十】

八五：一五　宗盟類參盟人名雩⿱毳心【侯馬盟書字表】

◉許　慎　⿱毳心精戇也。从心。毳聲。千短切。【説文解字卷十】

◉馬叙倫　吴穎芳曰。精乃粗字之譌。戇之轉語。今俗或呼闟。錢坫曰。廣韻以此為寢熟也。與寣字義近。音呼骨切。繫傳音同。鉉音千短切。無考。倫按下文。戇。愚也。則精戇不得連文也。吴謂精為粗譌。則或粗下尚挩也字。粗也以聲訓。或粗字乃校者注以釋音者也。⿱毳心蓋惄之轉注字。音同清紐。戇也或非本訓。【説文解字六書疏證卷二十】

◉許　慎　⿱册心疾利口也。从心。从册。詩曰。相時⿱册心民。徐鍇曰。册言衆也。息廉切。【説文解字卷十】

◉馬叙倫　鈕樹玉曰。廣韻注同。玉篇無疾字。韻會引詩作書。集韻引作商書。是也。今盤庚作憸。段玉裁曰。蓋從删省聲。

宋保曰。册在支部。𢛁在談部。而談部與元部相關通。故支通元竝通談也。𢛁之從册聲。猶珊删姍之從册聲。而今本說文删從刀册。珊姍竝從删省聲。皆後人不知古音妄改耳。夏敬觀曰。書盤庚。相如憸民。立政亦兩言憸。人以言部引周書勿以諭人證之。知古文皆作諭。漢石經盤庚之諭作散。知今文皆作散。此引詩。詩無此語。即書文也。蓋為妄人所增。誤記書為詩耳。倫按𢛁從心。不得訓利口也。利口者。蓋諂諛之義。諛音喻紐四等。此音心紐。同為次清摩擦音。諂聲侵類。𢛁聲談類。侵談近轉也。此引書相時𢛁民。今書作憸。惠棟以為𢛁憸古今字。倫疑𢛁本憸之重文也。故書立政。用憸人。釋文。憸。本又作𢛁。冏命。爾無昵于憸人。釋文。憸。本亦作𢛁。而此竝音息廉切。傳寫誤隔。校者乃加訓釋。𢛁為憸之轉注字。𢛁。從心。册聲。册侖一字。非簡册字也。侖為欄之初文。册亦柵之初文。侖古音如闌。聲轉如散。故散從㪔得聲。而㪔實從册之象形文作𣏟者得聲也。㪔音心紐。故此音亦心紐也。自憸為僉壬義所專。𢛁亦因之訓利口矣。此字或出字林。【說文解字六書疏證卷二十】

急

急 秦五四　五例　為七　三例【睡虎地秦簡文字編】

臣不急　張不急【漢印文字徵】

王惟恭黄庭經【古文四聲韻】

◉許　慎　急褊也。从心。及聲。居立切。【說文解字卷十】

◉馬叙倫　丁福保曰。慧琳音義六引有促遽也三字。倫按校語也。褊當作𢤩。𢤩音非紐。古讀歸封。急音見紐。封見同為清破裂音。轉注字也。然疑許本作及也。以聲訓。褊也蓋字林文。字見急就篇。【說文解字六書疏證卷二十】

◉銀雀山漢墓竹簡整理小組　簡本「則□及丘役」，十一家本作「則急於丘役」。「急」字從「心」「及」聲，「急」、「及」音近。【銀雀山漢墓竹簡(壹)】

𢤩

◉許　慎　𢤩憂也。从心。辡聲。一曰。急也。方沔切。【說文解字卷十】

◉馬叙倫　江聲曰。左定三年傳。莊公卞急而好潔。卞急即此𢤩字。倫按廣雅玉篇亦竝訓恴。然疑恴也乃悹或患字義。聲同元類。借辡為悳或患也。急也乃本義。故次急㥛之間。或急譌為悳。又為傳寫以通用字改為憂也。校者以一本未譌者注之。故曰一曰急也。辡懁聲同元類轉注字。【説文解字六書疏證卷二十】

㥛

◉許　慎　㥛疾也。从心。亟聲。一曰。謹重皃。己力切。【説文解字卷十】

◉馬叙倫　翟云升曰。韻會引作急性也。倫按疾也當作急也。或疾也字林文。列子力命注引字林。㥛。吃也。蓋吕忱列異訓。字出字林也。㥛為急之音同見紐轉注字。一曰謹重皃者。借㥛為謹。此校語。【説文解字六書疏證卷二十】

懁

◉許　慎　懁急也。从心。瞏聲。讀若絹。古縣切。【説文解字卷十】

◉馬叙倫　莊子列御寇釋文引三倉。懁。腹急也。腹蓋愎之譌。懁為急㥛之音同見紐轉注字。讀若絹者。劉秀生曰。瞏聲之字如環在見紐寒部。肙聲亦在見紐寒部。故懁從瞏聲得讀若絹。論語子路。必曰狂狷乎。孟子盡心作狂獧。國策楚策范環。史記甘茂傳作范蜎。竝其證。【説文解字六書疏證卷二十】

㤵

◉許　慎　㤵恨也。从心。巠聲。胡頂切。【説文解字卷十】

◉馬叙倫　段玉裁曰。㤵即孟子悻悻然見於面之悻。承培元曰。孟子悻字當作婞。此論語子路硜硜然小人哉之硜。倫按恨也者。婞字義。㤵亦急之音同見紐轉注字。㤵從巠得聲。巠音見紐也。故次懁㥛之間。禮記。勁繕其怒。注訓為急。是其證也。彼文借字耳。【説文解字六書疏證卷二十】

𢗗

◉許　慎　𢗗急也。从心。从弦。弦亦聲。河南密縣有𢗗亭。胡田切。【説文解字卷十】

◉馬叙倫　鍇本作弦聲是也。弦為㤵之音同匣紐轉注字。亦急懁㥛之同舌根音轉注字。此字出字林。故有河南七字。【説文解字六書疏證卷二十】

◉許　慎　慓疾也。从心。票聲。敷沼切。【説文解字卷十】

◉馬叙倫　慓音敷紐。辨音非紐。同為次清摩擦音。轉注字也。疾也當作急也。字或出字林。【説文解字六書疏證卷二十】

◉許　慎　懦駑弱者也。从心。需聲。人朱切。【説文解字卷十】

◉馬叙倫　段玉裁曰。駑當作奴。許書無駑。者字當删。沈濤曰。禮玉藻疏引作柔也。蓋古本如是。倫按駑弱者也校語。然疑尚非完文。此與女部嬬人部儒皆一字。字或出字林。【説文解字六書疏證卷二十】

恁　王孫鐘　中山王嚳鼎　非恁與忠又飲教備恁【金文編】

2561【古璽文編】

國恁之印　紀恁　臧恁　惠恁之印【漢印文字徵】

◉許　慎　恁下齎也。从心。任聲。如甚切。【説文解字卷十】

◉高田忠周　恁　王孫鐘　余恁台(予)心　後漢書班固傳注引作念也。銘意相合。恁古與飪通。説文。飪古文作恁。可證。【古籀篇四十三】

◉郭沫若　王孫遺諸鐘「余恁台予心，征□余德。」

廣雅釋詁「恁，弱也」，又「恁，恖也。」今案恁之訓弱訓恖，猶言荏染。詩巧言「荏染柔木」，傳云「荏染，柔意也」。【傳統思想考　金文叢考】

◉馬叙倫　鈕樹玉曰。後漢書班固傳注引作念也。李注文選典引引作思也。博雅訓思。玉篇。如針切。信也。又如甚切。念也。廣韻同。竝無下齎之訓。或齎當作齋。下齋猶下材。與上文懦義相類。錢坫曰。食部重見。廣雅。恁。弱也。應是色厲内荏之荏。後漢書注引作念也。此字後人所加。此訓亦後人所改。倫按王孫鐘作恁。本書飪下引恁亦古文飪。則古文經傳中亦以為飪字。此説解則非本義。下齎疑當為次齎。易萃上六。齎咨流涕。咨為次之後起字。次字捝譌成下。但不審何字之義譌在此下。或為校詞。尚有捝也。或下齎當為下齊。蓋衽或紝字之義。此當依廣韻作弱也。以聲訓。為懦之音同日紐轉注字。後漢書注引作念也。猶儀禮聘禮注古文飪作腍耳。選注引作思也。蓋或借恁為念。此字當出字林。【說文解字六書疏證卷二十】

◉徐中舒　伍仕謙　恁,同任。《詩・邶風》:「仲氏任只」。鄭箋:「以恩相信任曰任」。《周禮・大司徒》:「大司徒之職……二曰六行:孝、友、睦、婣、任、恤。」注:「任,信於友道。」【中山三器釋文及宮室圖說明　中國史研究一九七九年第四期】

◉陳　抗　《中山王鼎》銘文中有「非恁與忠,其誰能之」和「越人修教備恁,五年覆吴」兩句,對句中「恁」字的釋讀,分歧較大。一說「疑此字从人得聲,讀為信」,一說「信字古或从人从心作,此恁字當亦信字」。「恁」字見《説文》,從結構看,應是从心任聲之字;「任」字又从人壬聲。从任得聲的還有一「賃」字,鼎與方壺銘中曾多次出現。如鼎銘之「受賃佐邦」、「譐賃之邦」。值得注意的是圓壺銘中有「冢貢之邦」,語意與「医賃之邦」、「譐賃之邦」相類而字作「貢」。可見「賃」、「貢」的基本聲符都是「壬」。因此「恁」字亦不應从人得聲。「信字古或从人从心作」之説,目前尚無銘文資料為證,只能説是一種猜想。第三種説法認為,「正始石經及金文之保或作俘,此字从俘省聲,釋為孚。孚義為信」。然而鼎與方壺銘中原有「保」字作保,鼎銘曰「子子孫孫,永定保之」,方壺銘中曰「子之子、孫之孫永保用亡疆」。這兩句都是全文恒語,保之釋保,已無疑義。保字的這種寫法不見於他器,而為中山國所習用,然而據此卻可證明中山王器銘中的「恁」不應是从俘省聲之字。字體結構各國自有特點,這是我們考釋銘文時所不應忽視的。以上三説分析的角度雖然不同,最終都釋「恁」為「信」。但方壺銘中原有信字,且亦與忠字連文,字作詢,銘曰「余智其忠詢也而譐賃之邦」,詢字各家都釋「信」。因此釋「恁」為「信」是不妥的。我認為中山王器銘中的「恁」當假為「仁」。「恁」於金文中罕見,僅《王孫鐘》銘曰「余恁飤心,徃□余德」。鐘銘之恁字或釋為柔,或釋為念。柔、念之訓均見典籍,然以之釋中山王器銘則不合。「非恁與忠」句中恁與忠連文,都屬於道德範疇。而通審全銘,中山國君奉行的「敬順天德」、「臣宗之義」、「舉賢使能」及所謂「辭禮敬則賢人至,寵愛深則賢人親,籍歛中則庶民附」等,明顯地受到儒家思想的影響,銘中提出「仁」的概念是完全可能的。從音讀看,仁恁雙聲,同為古陽聲字,音近可通。故「非恁與忠,其誰能之」是對相邦賙之仁德與忠心的贊揚。此與前文所言「有厥忠臣賙,克順克卑……」等語一脈相承。「越人修教備恁,五年覆吴」亦與《史記》所載越王勾踐「折節下賢人,厚遇賓客,振貧吊死,與百姓同其勞」的事跡相符。即以解釋《王孫鐘》解之「余恁飤心,徃□余德」亦無礙。所以我認為中山王器銘之「恁」當釋讀為「仁」。

鼎銘中另有一𡰥字,不少同志讀為仁。我認為𡰥是夷字異體。金文中夷字一般作尸,作𡰥者初見,然文獻典籍中不乏其例。《漢書・高帝紀》、《樊噲傳》之司馬𡰥及《地理志》之𡰥江,顏師古均以為𡰥古夷字。鼎銘「克順克卑,亡不率𡰥」之𡰥亦為古夷字。夷者平也。其義如《尚書》之「無偏無陂，遵王之義」，傳曰：「偏，不平；陂，不正。言當循先王之正義以治民。」【釋「㐰」　中山大學研究生學刊一九八〇年第一期】

◉何琳儀　𠉇　朱德熙、裘錫圭隸定為㐰，釋信，甚確。今試補充說明：

首先必須指出，𠉇與𢗌(王孫鐘)、𢗌(古鉩)、𠉇(《說文》𠇊古文)皆非一字。賃，大鼎、方壺均作𠉇，圓壺作𤣩，其所从「王」，確為壬字，而與本銘「玉」迥乎不同。「玉」應隸定為玉，試比較下列玉字即可知：

玉古鉩　玉信陽楚簡　玉古鉩　玉中山王鼎　玉江陵楚簡　玉汗簡　玉說文古文　玉玉篇

㐰，从心从玉从人，人亦聲，是會意兼形聲字。其从心从人易于理解，然而何以从玉呢？按，古人每析玉為信。《公羊傳》哀公六年載齊陳乞之遺陽生，「與之玉節而走之」，注「節，信也。析玉與陽生，留其半為後，當迎之合以為信，防稱矯也」。推而廣之，大多數玉器都可以用做信物。《周禮·春官·典瑞》注：「瑞，符信也。」《說文》「瑞，以玉為信也」，段注「瑞為圭璧璋琮之總稱。自璧至瑁十五字皆瑞也，故總言之」。《國語·晉語》記載晉文公「沈璧以質」，注「因沈璧以自誓為信」。類似的記載，典籍屢見不鮮。十幾年前出土的侯馬盟書，很多就是書寫在玉片上的信誓之物，這更是人所盡知的考古實證。戰國文字㐰同樣也是古人「以玉為信」的文字參證。

西周㝬叔鼎的𠈌是否信字，待考。晚周則出現了許多信字的異體，除「从言从人人亦聲」的信外，尚有𠈌、𠊛、𧧅、訫、𧥷、𠱫、𠉇、𠉇等。它們的基本含義，其實都是「人言為信」的不同翻版而已。如「人心為信」「心言為信」云云。而最值得注意的莫過於本銘从玉的㐰。《左傳》襄公九年「信者，言之瑞也」，具體而微地透露出信與言、玉之間相關的綫索。㐰字出現於戰國，這表明「信」做為一種道德觀念，已由「求諸內心」淪喪為「求諸外物」了。這種「抽繹玉之屬性賦以哲學思想而道德化」的造字方法，或許也是「飾偽萌生」時代人們精神世界的折光反映吧？

另外，《書·呂刑》「罔中于信」與本銘「非㐰與忠」辭例暗合(罔、非均否定詞，中讀忠，于通與。)也是㐰應讀信的參證。

順便談談本銘下文的「䭫斆備㐰」。

「䭫斆」讀「修教」(《廣韻》尤韻餐或作饈)。備、畐音近可通。《禮記·祭統》「福者，備也」(《廣雅·釋詁》《說文繫傳》)。《方言》七㷶，《集韻》作穛。備、副義亦相涵。《左傳》哀公十五年「寡君使蓋備使」注「猶副也」。《廣韻》至韻「備，副也」。然則本銘「備㐰」可讀「副信」。《禮記·檀弓》「不誠于伯高」，注「禮所以副忠信也」。《漢書·禮樂志》「正人足以副其誠」，注「副，稱也」。本銘的「備㐰」讀「副信」與《檀弓》注合，亦即《禮樂志》「副誠」。「修教副信」謂「修飭政教，符合于信」。【中山王器考釋拾遺　史學集

𢗫　怚　悒

刊一九八四年第三期】

◉何直剛　恁與貣同。《説文》「貣，備也」。僕貣即僕備，《左傳・襄公二十七年》：「崔氏之亂，申鮮虞來奔，僕貣於野，以喪莊公」。【僕貣五年解　中國史研究一九八九年第一期】

◉戴家祥　中山王譽鼎　非恁與忠　恁字鼎銘兩見。「雩（越）人飭（修）敎（教）備恁」，國語越語、吴語及越絶書等屢言越人修教備信之道，是恁即信。銘文又曰：此易言而難行施（也），非恁與忠。與忠並稱，也説明恁即信。見張政烺：中山王譽壺及鼎銘考釋，古文字研究第一輯。按：説文信古文作或。古文口、言、心三旁常可更换，如説文誖或從心悖，訴或從心作愬，譜或从口作啃，詠或从口作咏，因此，恁字從人從心，當是信的或體。古韻信在真部，壬在耕部，以壬為聲的侹、珽、頲、挺、娗、鋌、梃、廷、蜓、筳、霆、桯、聽、裎、酲、逞等字皆屬耕韻。耕真兩韻極近，古代常有合韻，如耕部的程字在屈賦懷沙中與真部的正合韻，真部的令領在詩小宛中與耕部的鳴、征、生合韻。因此，恁字從壬，是專門標音的聲符。【金文大字典上】

◉許　慎　失常也。从心。代聲。他得切。【説文解字卷十】

◉馬叙倫　王筠曰。玉篇𢗫忒二字相連。竝引説文。初不謂一字。而經典則借忒為之。倫按詳𢗫字下。【説文解字六書疏證卷二十】

◉許　慎　嬌也。从心。且聲。子去切。【説文解字卷十】

◉馬叙倫　段玉裁曰。與嫭字音義同。【説文解字六書疏證卷二十】

0695　0694　3030　【古璽文編】

◉許　慎　不安也。从心。邑聲。於汲切。【説文解字卷十】

◉馬叙倫　玄應一切經音義引倉頡。悒悒。不舒之皃也。又引字林。不安也。然則不安也乃字林訓。本訓亡矣。【説文解字六書疏證卷二十】

[glyph]悆　季悆鼎　[glyph]鄭虢仲悆鼎　[glyph]曹公媵孟姬悆母盤　【金文編】

[glyph]3·991　獨字　[glyph]6·67　君悆　【古陶文字徵】

[glyph]籀韻　【古文四聲韻】

◉許　慎　[glyph]忘也。嘾也。从心。余聲。周書曰。有疾不悆。悆。喜也。羊茹切。　【說文解字卷十】

◉潘祖蔭　悆即豫字。古文四聲韻作㤰字。【季悆鼎　攀古樓彝器款識第一冊】

◉高田忠周　[glyph]古引亦同。說云悆即豫字。古文四聲韻作㤰字。為㤰之妄。所不俟辨。此明悆字也。說文。[glyph]。忘也。嘾也。从心余聲。周書曰。有疾不悆。悆。喜也。葢忘也其本義。嘾也為轉義。嘾者包含也。人心含憂。即易忘卻。而其心徐遲緩曼也。悆者心之緩徐也。或云。徐悆元同字。朱駿聲云。字亦作悇。雙聲連語。楚辭謬諫。心悇憛而煩冤兮。注。憂愁皃。後漢馮衍傳注。悇憛。禍福未定也。又淮南書。悇憛。注。貪欲也。此皆轉轉為義耳。又說文引書金滕文。此證字之叚借也。今本作豫。豫亦叚借字也。其本字當以悆為之。已詳見上。穆天子傳。天子使孟悆如畢討戎。注音豫。豫悆音同。故互用也。【古籀篇四十三】

◉馬叙倫　吴穎芳曰。訓忘訓嘾。未詳其說。忘或安之譌。鈕樹玉曰。玉篇。豫也。悅也。廣韻。悅也。段玉裁曰。忘也之義未聞。恐有譌字。覃也者。淮南修務訓高注。憛悇。貪欲也。賈誼書勸學。孰能無悇憛養心而顛一視之。嘾憛悇悆皆古今字。丁福保曰。慧琳音義六引作豫也。葢一曰以下之奪文。倫按廣雅。悆。忘也。葢為忞忽之轉注字。悆音喻紐四等。忞忽音同曉紐。同為次清摩擦音也。然字失次。亦疑忘字有譌。嘾也乃校者以為憛悇字而加之。本書無憛。故作嘾也。憛悇古雙聲連語。悆喜也亦校語。此字或出字林。虢仲悆鼎作[glyph]。【說文解字六書疏證卷二十】

◉于省吾　甲骨文[glyph]字兩見(庫六〇〇),文殘。甲骨文編誤釋為悇。按其字从心余聲,即悆字。說文悆字引「周書曰,有疾不悆,悆,喜也」。今本書金滕作「王有疾弗豫」。偽傳訓豫為悅豫,與說文訓悆為喜同義。悆乃豫之古文,豫為後起的借字。【釋心　甲骨文字釋林】

忒

◉許　慎　更也。从心。弋聲。他得切。【説文解字卷十】

古孝經【古文四聲韻】

◉馬叙倫　段玉裁曰。人部。代。更也。代忒音義同。此與㤮音義亦同。蓋㤮為後人妄增。廣韻無㤮。倫按更也蓋非本訓。玉篇。疑也。倫謂忒蓋態度之態本字。忒為心理之變更。故義為更。而玉篇所由訓疑也。㤮忒一字。猶貣貸也。上文。㤮。失常也。失常即變更也。㤮字蓋出字林。【説文解字六書疏證卷二十】

◉嚴一萍　貣　蔡侯鐘不愆不貣之貣作从戈。邵大弔斧作，古璽作，皆同。經典作忒。説文：「忒，更也。」玉篇：「疑也。」爾雅釋言：「爽忒也。」廣雅釋詁四：「忒，差也。」段玉裁曰：「凡人有過失改常謂之忒。」又曰：「忒之假借或作貣。」書洪範：「民用僭忒。」漢書王嘉傳作「民用僭慝」，以慝為之。繒書則與「慝」字相應。【楚繒書新考　中國文字第二十六册】

◉李裕民　《侯馬盟書》宗盟類二之一：九四。

此字《侯馬盟書・字表》隸定為忒。按：忒即忒字。《説文》：「忒，更也。从心，弋聲。」《蔡侯鎛》「下愆不忒」忒字作(貣)，楚帛書「敬之毋忒」忒字省心為。看來，先秦忒字本从戈作，後來才省寫作忒。這與貳字本从戈作（《中山王方壺》），後世省戈作弋是一樣的。【侯馬盟書疑難字考　古文字研究第五辑】

憪

◉許　慎　愉也。从心。閒聲。户閒切。【説文解字卷十】

◉馬叙倫　疑與女部嫺一字。【説文解字六書疏證卷二十】

愉

愉　不从心　魯伯俞父盤　俞字重見
魯伯愈父鬲　从心猶左傳宋公茲父公穀作慈父公孫茲公穀作慈也
魯伯愈父匜

【金文編】

◉許　慎　薄也。从心。俞聲。論語曰。私覿。愉愉如也。羊朱切。【説文解字卷十】

◉劉心源　愈。説文作。薄也。引論語私覿愉愉如也。是偷愉同字矣。然韻會十一尤引説文偷苟且也。今二徐本無偷而人部有佻。女部有婾。皆偷字。齊詩它人是婾。不妨通叚。而愉樂字从心即愈。故許引論語義亦通娛。病愈本是瘉。用愈非本義。經傳亦吕豫為之。女與回也孰愈則用愈為逾。展轉相叚而本義無從明矣。【古文審卷八】

◉吳式芬  許印林説。盤鬲愈下加形乃古言字。是諭字也。其簠銘但作俞。【魯伯愈父盤　攈古録金文卷二之二】

◉方濬益  説文無愈字。疒部瘉。病瘳也。義同。古多通用俞。荀子仲尼篇俞務而俞遠。漢書食貨志民俞勸農。皆作俞。今以此諸器證之。是古有愈字。其或作俞。或作愈者。正如左傳宋公茲父。公穀作慈父。公孫茲。公穀作慈耳。【魯伯愈父鬲　綴遺齋彝器款識考釋卷二十七】

◉高田忠周 説文。。薄也。从心。俞聲。此亦古文心在下之例。俞者空也。亦兼會意。愚謂心輕佻浮薄者。好貪快樂。故愉義轉為娛樂為喜悦也。君子固不見喜怒於外也。然用字之例。轉轉相變。故愉亦為凡樂之義。廣雅釋詁。愉。喜也。説也。詩山有樞。他人是愉。禮記祭義。其進之也。敬以愉。又愉愉乎其忠也之類是也。【古籀篇四十三】

◉馬叙倫 説文疑曰。廣韻注。悦也。和也。婾字注曰。薄也。又巧黠也。今説文注愉字曰。薄也。又引論語以實之。則所解與所引書謬矣。至婾字注止曰。巧黠也。無薄解。是注内漏薄義。而誤移於愉下。而愉字注又漏和悦義也。古書經後人重纂。訛舛往往如此。鈕樹玉曰。玉篇。悦也。顔色樂也。論語鄭注。愉愉。謂顔色和。與玉篇合。此訓薄者當同偷字。論語。故舊不遺。則民不偷。包注。不偷薄。説文無偷亦無覶。嚴可均曰。論語上當有一曰。韻會引作一曰顔色和皃。或小徐真本如此。段玉裁曰。薄借為泊。薄也當作薄樂也。唐風。他人是愉。傳。愉。樂也。禮記。有和氣者。必有愉色。此愉之本義也。倫按女部。婾。巧黠也。即今言偷薄本字。以上文憪與嫺同字例之。則與婾一字也。且以字次觀之。許亦以為偷薄字。故上文憪訓愉也。人部佻亦訓愉也。佻為盜竊之盜本字。訓愉者。愉即偷字。如今言盜物為偷也。義皆一致。唯薄也非本訓。或曰。古書率以愉為和説。莊子以逍遥遊開宗明義。逍遥疊韻連語。遥借為愉。其天道篇言無為則俞俞。俞即愉省。逍遥遊者。明遊於無為之樂也。上文憪及人部佻下愉也皆當作偷也。許書無偷。借愉為之。愉自當訓説也或樂也。倫謂莊子之遥即借為愮或嗂或歈或怡。怡愉音同喻紐四等。嗂歈音亦喻四。則音可互通。本書嗂怡皆為喜樂之義。怡為台之後起字。或以在口為台。在心為怡。故加心旁。語原同也。而此下轉無樂訓。明本非樂義之字也。韻會引作顔色和皃。蓋校者依論語鄭注加之。故并引論語也。然薄也非本訓。急就篇皇象本作愈。顔師古本作踰。或急就本作踰。傳寫者易之。則愉字或出字林也。【説文解字六書疏證卷二十】

懱

◉許　慎　懱輕易也。从心。蔑聲。商書曰。以相陵懱。莫結切。【說文解字卷十】

◉馬叙倫　鈕樹玉曰。一切經音義六及廿一及廿四引作相輕傷也。玉篇。輕也。易也。王筠曰。輕易也下當依玄應引補謂相輕易也。倫按輕易也當作謂相輕易也。此字林文。字或出字林也。懱蓋欺侮之侮之轉注字。侮音微紐。懱音明紐。同為邊音也。【說文解字六書疏證卷二十】

愚

愚　中山王譽鼎　事愚如智　【金文編】

㥔　愚　為三二　【睡虎地秦簡文字編】

道德經　【古文四聲韻】

◉許　慎　愚戇也。从心。从禺。禺。猴屬。獸之愚者。麌俱切。【說文解字卷十】

◉馬叙倫　鈕樹玉曰。廣韻引玉篇注作贛也。是也。一切經音義四及廿三廿五竝引作癡也。恐非。韻會引無禺上從字。廣韻引亦無。猴上有母字。沈濤曰。癡也蓋一曰以下之奪文。孔廣居曰。愚諧禺聲。未必是會意。王筠曰。謂猴為愚。已屬不經。況㥔以形聲為說。而說愚以會意。是不覩字例之條而信口說之也。當云從心禺聲。末二句則後人所增。倫按玄應一切經音義引倉頡有愚惷。解詁。愚。無知也。【說文解字六書疏證卷二十】

戇

◉許　慎　戇愚也。从心。贛聲。陟絳切。【說文解字卷十】

◉馬叙倫　沈濤曰。一切經音義四及十二廿三皆引同今本。惟廿一引云。戇亦愚鈍也。疑古本有亦鈍也三字。倫按戇音溪紐。愚音疑紐。皆舌根音。故愚轉注為戇。玄應引者校語。又引字林。戇。愚也。字或出字林。【說文解字六書疏證卷二十】

㥒

◉許　慎　㥒姦也。从心。采聲。倉宰切。【說文解字卷十】

◉馬叙倫　嚴可均曰。此篆恐非舊次。玉篇。恨也。急也。廣韻。恨也。此云姦。未詳。倫按廣雅釋詁。㥒。忦。恨也。是此字非失次即說解有奪譌。此下文。忦。𢝊也。㥒聲之類。忦聲脂類。之脂近轉。蓋轉注字。字或出字林。【說文解字六

書疏證卷二十】

惷 惷　从春省　毛公厝鼎　内外惷于小大政　惷禹鼎　肆禹亦弗敢惷　【金文編】

◉許　慎　惷愚也。从心。舂聲。丑江切。【説文解字卷十】

◉劉心源　惷毛公鼎　惷。説文云愚也。此即專壹之意。【毛公鼎　奇觚室吉金文述卷二】

◉孫詒讓　説文心部。惷。愚也。㐫心。𦥯聲。此㐫𦥯省聲。【古籀拾遺下】

◉高田忠周　惷毛公鼎　説文。惷。恩也。从心。舂聲。此即从舂省聲。倉頡解詁。惷愚無所知也。此非銘意。疑叚借為舂也。舂。本訓擣粟也。轉義。釋名釋樂器。舂。撞也。以舂築地為節也。禮記樂記。待其從容。注。舂容謂重撞擊也。即知舂字有擊治之意。又或與綜通用。易繫辭。錯綜其數。虞注。理也。是也。宗舂古音同部。又或與燮通。燮。理也。貢贛通用。惷燮亦可通矣。【古籀篇四十三】

◉吳寶煒　惷毛公鼎　説文蒠又惷。此去臼从春从心。惷。古文。愙齋釋惷。誤。【毛公鼎文正註】

◉張之綱　孫詒讓云。説文。惷。愚也。从心。舂聲。此从惷省聲。疑亦謹慎之意。【毛公鼎斠釋】

◉王國維　惷讀為蠢。考工記則春以功注。春讀為蠢。蠢。作也。出也。尚書大傳廣雅釋詁皆云。春。出也。【毛公鼎銘考釋　觀堂集林】

◉馬叙倫　吳穎芳曰。戇惷憃語之轉。倫按戇從贛得聲。贛音知紐。惷音徹紐。同為舌面前破裂音。轉注字也。玄應一切經音義引倉頡。惷。愚也。戇也。字林。丑凶反。毛公鼎作惷。【説文解字卷六書疏證卷二十】

◉周法高　高田忠周氏謂舂燮通用，其説未聞。吳寶煒氏謂字从舂从心，亦誤，字明从叀，舂省臼耳。舂春相近，故惷得讀為蠢。【金文詁林卷十】

◉于省吾　惷。亂也。言布命。不先告父厝。父厝不發命。不得亂布命于外也。【毛公厝鼎銘　雙劍誃吉金文選上】

◉許　慎　懝騃也。从心。从疑。疑亦聲。一曰。惶也。五溉切。【説文解字卷十】

◉馬叙倫　王筠曰。騃當為佁。倫按此字蓋出字林。愚之音同疑紐轉注字也。玄應一切經音義引愚癡也。癡當作懝。此今俗

忮 悍

作呆之本字也。【説文解字六書疏證卷二十】

◉許 慎 忮很也。从心。支聲。之義切。【説文解字卷十】

◉馬叙倫 沈濤曰。一切經音義九引作很也。乃傳寫之譌。廣韻五寘引同今本可證。鈕樹玉曰。繫傳很作狠。俗。韻會引作恨也。倫按很借為詪。或非本訓。或字出字林。餘見很下。【説文解字六書疏證卷二十】

悍 為五 法七九 日乙一〇〇【睡虎地秦簡文字編】

李悍 王悍【漢印文字徵】

悍【汗簡】

◉許 慎 悍勇也。从心。旱聲。侯旰切。【説文解字卷十】

◉馬叙倫 沈濤曰。一切經音義各卷引。悍。勇也。有力也。廿四引作勇有力也。是古本尚有有力也三字。倫按玄應一切經音義引倉頡。悍。桀也。字又見急就篇。然勇也非本義本訓。玄應引者校語。【説文解字六書疏證卷二十】

◉商承祚 校議曰。「此疑校者輒加。心部。『悍。勇也。』古或借為姦。其實⿱旱心即悍字。非姦也。」嚴氏斯説亦有可商。因古文每有與篆文形同而音讀義異。若執篆以例古。或據古以繩篆。則失之沾矣。如古文妻。玉篇作⿱𡿨女。似與娋為一字。而篆別有娋。不聞玉篇之⿱𡿨女為娋也。又一彤字也。古文為丹。篆文為彤。一鞈字也。古文為鞷。篆文為鞈。一恁字也。古文為飪。篆文為恁。是古文姦無論其作⿱旱心悍。亦不得謂即為悍勇之悍。此作「从心。旱聲」。段改為「从旱心」。殆知其旨矣。【説文中之古文考】

◉黃錫全 悍 夏韻翰韻釋「捍」，馮本亦作「捍」。九、豐、内、薛本扞作攼。《説文》「𢼛，止也。从攴，旱聲。《周書》曰『𢼛我于艱』」。今本《文侯之命》「𢼛」作「扞」。《一切經音義》卷九云：「古文𢼛、戰、捍、仟四形，今作扞同。」大鼎𢼛作。五年師旋毁作。者沪鐘作。此形所从之羊即由變。酓志鼎字所从之(干)與此羊形同。即古攼字。鄭珍以為「此改从，非。又誤作」，是鄭氏不知古本有如此作者。郭見本蓋作𢼛或攼，以隸作古。【汗簡注釋卷一】

態

◉許　慎　態意也。从心。从能。徐鍇曰。心能其事。然後有態度也。他代切。䏍或从人。【說文解字卷十】

◉馬叙倫　鈕樹玉曰。繫傳作從心能姿之餘也。按當是從心能聲。王筠曰。玉篇。態。意美也。衆經音義。態。意姿也。姿之餘也蓋庾注。丁福保曰。慧琳音義十五引作姿也。從心。能聲。考本書。姿。態也。正合許書互訓之例。蓋古本一曰以下文。倫按意字上下自有捝字。然如玄應引及玉篇注亦仍非本義。慧琳但引作姿也雖與姿下訓合。然亦非本義。以字次求之。蓋怪之轉注字。態聲之類。怪聲脂類。之脂近轉也。又態音透紐。怪從圣得聲。圣從土得聲。詳圣字下。土音透紐。亦可證也。

䏍　王筠曰。玄應以䏍為古文。云。字林同。倫按據此知本作古文態。吕忱加也。【說文解字六書疏證卷二十】

怪

怪　怪　法六九　二例　怪　日甲八二背【睡虎地秦簡文字編】

◉許　慎　怪異也。从心。圣聲。古壞切。【說文解字卷十】

◉馬叙倫　怪異之怪本字即鬼。怪鬼音同見紐聲同脂類假借。周禮大司樂。大傀異災。鄭注。傀猶怪也。是周禮以傀為鬼而義為怪。蓋以鬼為奇異於人。故即以為奇怪字。或曰。傀即怪之本字亦通。怪之本義亡矣。今杭縣於人恐其不滿於己者曰。你怪我不怪。【說文解字六書疏證卷二十】

㦜

◉許　慎　㦜放也。从心。象聲。徒朗切。【說文解字卷十】

◉馬叙倫　嚴可均曰。華嚴音義二以此為古愓字。嚴章福曰。此與愓義別。㦜即想象字。辥傳均曰。㦜即左莊四年傳余心蕩之蕩。倫按放也以聲訓。字或出字林。【說文解字六書疏證卷二十】

慢

慢　古孝經【古文四聲韻】

◉許　慎　慢惰也。从心。曼聲。一曰。慢。不畏也。謀晏切。【說文解字卷十】

◉馬叙倫　桂馥曰。一曰不畏也者。本書。暬。日狎習相慢也。倫按女部。嫚。侮易也。不畏即侮易。此嫚字義。又慢慲古音同在明紐。莊子齊物論。大恐慢慢。謂大恐轉若無所畏也。即忘其為可畏也。借慢為慲。此一曰不畏也乃慲字之引申義。

校者因莊義而加之。【説文解字六書疏證卷二十】

怠

怠 中山王嚳壺 不敢怠荒詩殷武作不敢怠遑 【金文編】

◉許 慎 慢也。从心。台聲。徒亥切。【説文解字卷十】

懈

懈 不从心 中山王嚳鼎 夙夜不懈 解字重見 【金文編】

古孝經 崔希裕纂古 【古文四聲韻】

◉許 慎 怠也。从心。解聲。古隘切。【説文解字卷十】

◉馬叙倫 吴穎芳曰。怠之轉語。倫按懈音見紐。慢音疑紐。同為舌根音。怠聲之類。懈聲支類。亦近旁轉。轉注字也。今上海謂懶食作曰懈慢來。【説文解字六書疏證卷二十】

憜

惰 【汗簡】

古尚書 【古文四聲韻】

◉許 慎 不敬也。从心。嫷省。春秋傳曰。執玉憜。徒果切。憜或省𠂤。古文。【説文解字卷十】

◉馬叙倫 鈕樹玉曰。韻會作從心隋聲。執當依左僖十一年傳作受。段玉裁曰。肉部有隋字。當曰隋聲。倫按怠憜音同定紐轉注字。不敬也非本訓。或字出字林也。

鈕樹玉曰。廣韻引但有惰。無古文。玉篇有古文⿰忄差。無媠。媠即嫷省。疑後人增。【説文解字六書疏證卷二十】

◉商承祚 據訓惰為憜省。則媠為女部嫷省。而非古文。憜為懈怠。嫷為美好。二義别。【説文中之古文考】

◉劉 釗 《漢徵》十·十九第10欄有字作「□」,《漢徵》隸作「⿰阝⿱坴心」,以不識字列心部後。按字從「□」从心,「□」乃隋字省體。

漢印隋字作「」，省去肉部即同此形，故字可隸作「隓」。「隓」从隋應是聲符的繁化，字應釋作「惰」。因隋從肓聲，故惰可从隋作。字書惰字古文或作「隓」，正从隋作。隓同「」一樣省去了肉旁，从二左乃為繁飾。惰字見于《説文》心部。【璽印文字釋叢（一）　考古與文物一九九〇年第二期】

◉黄錫全　惰　《説文》憜字或體作，古文作，此同古文。《漢書·韋元成傳》「無媠爾儀」，《張敞傳》「被輕媠之名」，《兩龔傳》「媠謾無狀」，注並云「媠，古惰字」。此所本。舒連景「疑媠出中秘古文經」（説文古文疏證）。【汗簡注釋卷五】

慫

禪國山碑　□受祗慫　【石刻篆文編】

◉許　慎　驚也。从心。從聲。讀若悚。息拱切。【説文解字卷十】

◉馬叙倫　鈕樹玉曰。説文無悚。當作竦。王筠曰。説文無悚。豈挩文邪。抑後人增此邪。徐灝曰。廣雅。慫。勸也。方言十。慫慂。勸也。南楚謂已不欲言而旁人説之不欲怒而旁人怒之或謂之從慂。通作聳。漢書衡山王傳。日夜縱臾王謀反乎。顔注。縱臾謂奬勸也。縱即慫也。倫按玉篇訓悚也動也敬也惡也怨也而無驚也一義。蓋此驚也即玉篇之敬也。其動也一義與今言慫動意合。動慫亦得以聲訓。然動勸形近。方言廣雅皆訓勸。今言慫動亦謂勸。蓋動以聲訓。勸以意釋。敬也則悚字恭字義。然疑敬當為驚。驚也乃憽字義。讀若悚者。劉秀生曰。悚蓋竦之異文。聲在心紐。從心皆齒音。故慫從從聲得讀若悚。釋名釋姿容。竦。從也。竦從以生訓。是其證。倫謂束聲矦類。從聲東類。東矦對轉。東東又一字。故慫得讀若悚。此字蓋出字林。【説文解字六書疏證卷二十】

◉黄錫全　悚　鄭珍云：「《説文》慫讀若悚，此字所出。右上當是，下不可知。」按，從字古作（啟卣）、（侯盟），也作（作從彝卣）、（侯盟）、（中山王墓兆域圖）等，當形譌誤。夏韻腫韻録《南嶽碑》聳作。【汗簡古文注釋卷四】

怫

◉許　慎　鬱也。从心。弗聲。符弗切。【説文解字卷十】

◉馬叙倫　鬱借為怨或為慍。音皆影紐。然字失次。鬱也或非本義。玄應一切經音義引字林。怫鬱。心不安也。後漢書來伯珍傳注引字林。怫。鬱也。然則字蓋出字林。【説文解字六書疏證卷二十】

忿

◉許　慎　忽也。从心。介聲。孟子曰。孝子之心。不若是忿。呼介切。【説文解字卷十】

◉馬叙倫　鈕樹玉曰。廣韻引無之字。玉篇但引忽也。嚴可均曰。今孟子作恝。説文無恝。偏旁有之。疑此説解未當有忿或從㓞四字。許書重文往往附見於説解中也。倫按此字蓋出字林。疑忽也非本訓。或忽字涉忽下隸書複舉字而譌衍。轉捝本訓。忿怫或聲同脂類轉注字。【説文解字六書疏證卷二十】

忽

忽　中山王䁍鼎　寡人懼其忽然不可見【金文編】

忽王庶子碑　忽碧落文　忽【汗簡】

竝古老子　王庶子碑　碧落文　同上【古文四聲韻】

◉許　慎　忘也。从心。勿聲。呼骨切。【説文解字卷十】

◉馬叙倫　錢坫謂此忽怳字。是也。忽介音同曉紐聲同脂類轉注字。【説文解字六書疏證卷二十】

◉黄錫全　忽王庶子碑　《説文》曶字正篆作，籀文作，並引「春秋傳曰鄭太子曶」。今本《傳》曶作忽。阮元《校勘記》「按，曶與忽古今字。《論語》仲忽，《漢書·古今人表》作中曶」。豐、内本《尚書》忽作曶。《説文》「忽，忘也。」「曶，出氣詞也」。曶忽音同義殊，此假曶為忽。《説文》又云：「曶，一曰佩也。」是曶又假為笏。

忽碧落文　夏韻没韻録《古老子》忽作，録碧落文作。今存碑文一形作，此形寫誤。曶鼎曶作，曾侯乙漆匫所从之曶作，碧落文字形有據。鄭珍認為此形是依隸曶改作。當屬臆測。鄭又以為「今傳曶鼎銘文有此，未必可信」，懷疑金文，更誤。此與上文同，假曶為忽。【汗簡注釋卷二】

◉黄錫全　忽　碧落碑作，王庶子碑作，《説文》曶字籀文作，與此並由(曶尊)、(曶鼎)、(師害毁)等形譌變。【汗簡注釋卷六】

忘

忘　陳侯午錞　十年陳侯午錞　屭羌鐘　盗壺　日夕不忘　蔡侯龖鐘　中山王䁍鼎　中山王

譽壺【金文編】

為五 二例　為二三　日甲六三背【睡虎地秦簡文字編】

張忘　耿忘　成忘　李忘　丁忘生印【漢印文字徵】

古孝經　古老子【古文四聲韻】

◉許　慎　忘不識也。从心。从亡。亡亦聲。武方切。【説文解字卷十】

◉高田忠周　説文。忘。不識也。从心。亾聲。亾失無有所以不識也。故下文有借亡為忘者。忘字。形聲中包會意顯然矣。詩假樂不愆不忘説苑引作亡。亦以亡為忘。可證矣。左隱七年傳。歃如忘。列子周穆王篇中年病忘。釋文。不記事也。皆本字本義。但最古文當以亡兼忘耳。【古籀篇四十三】

◉馬叙倫　不識也非本訓。鍇本作從心亡聲。是也。忘忽為轉注字者。古音亡忽同在明紐。字見急就篇。【説文解字六書疏證卷二十】

◉張　頟　祭者又説：對定宮之命「不敢有忘腹」。「忘」字，此處作「𠃊廿」，與《晉姜鼎》銘文「不暇妄寧」「妄」字上段作「𠃊」相類。【侯馬東周遺址發現晉國朱書文字　文物一九六六年第二期】

◉許　慎　㦟忘也。㦟兜也。从心。㒼聲。母官切。【説文解字卷十】

◉馬叙倫　嚴可均曰。㦟兜猶目部瞞下一曰䀏兜。王筠曰。㦟兜上當依集韻引補一曰二字。倫按㦟忘音同微紐轉注字。㦟兜也校語。謂䀏兜或作㦟兜也。【説文解字六書疏證卷二十】

◉許　慎　恣縱也。从心。次聲。資四切。【説文解字卷十】

◉馬叙倫　丁福保曰。慧琳音義四十　引作縱心也。今奪心字。倫按縱心也蓋字林文。【説文解字六書疏證卷二十】

愓 愓

◉許　慎　愓放也。从心。昜聲。一曰。平也。徒朗切。【說文解字卷十】

◉馬叙倫　嚴可均曰。華嚴經音義二引作放恣也。倫按放也為像字義。音同定紐。聲同陽類。得相假也。一曰平也蓋是本義。此蕩平字也。或像愓為轉注字。平也乃坦字義。字或出字林。古鉩作愓。【說文解字六書疏證卷二十】

憧 憧

◉許　慎　憧意不定也。从心。童聲。尺容切。【說文解字卷十】

◉馬叙倫　沈濤曰。一切經音義廿引作憧憧意不定也。倫按意不定也校語。本訓捝矣。憧從童得聲。童音定紐。與愓雙聲而字相次。為轉注字。在心為愓。在水為潒。語原同也。【說文解字六書疏證卷二十】

悝 悝

悝 張悝　悝 蘇悝　悝 李悝印信　【漢印文字徵】

◉許　慎　悝啁也。从心。里聲。春秋傳有孔悝。一曰。病也。苦回切。【說文解字卷十】

◉馬叙倫　鈕樹玉曰。繫傳啁作謿。俗。段玉裁曰。啁即今之嘲字。悝即今之詼字。王筠曰。一曰病也者。爾雅釋詁。瘽。病也。詩雲漢。云如何里。釋文云。本亦作瘽。爾雅作悝。竝同。王曰。瘽。病也。倫按悝次憰上。蓋即恢詭之恢本字。本書無瘽字。此字出字林也。古鉩作悝。【說文解字六書疏證卷二十】

憰 憰

◉許　慎　憰權詐也。从心。矞聲。古穴切。【說文解字卷十】

◉馬叙倫　鈕樹玉曰。此與言部譎音義同。倫按俞先生謂譎憰一字。權詐也當作權也詐也。權也校語。悝憰蓋同舌根破裂音轉注字也。餘見譎下。【說文解字六書疏證卷二十】

𢘓 𢘓

◉許　慎　𢘓誤也。从心。狂聲。居況切。【說文解字卷十】

◉馬叙倫　𢘓誑蓋一字。此字或出字林也。【說文解字六書疏證卷二十】

怳

⿰𧾷兄 古老子【古文四聲韻】

◉許　慎　怳狂之皃。从心。況省聲。許往切。【説文解字卷十】

◉高田忠周　⿰𧾷㞷 从光亦怳字。禮記祭義。夫何恍惚之有乎。老子惚兮恍兮。恍惚字。史記秦始皇本紀作怳忽。然从光从㞷。皆同聲明矣。或云。為光為㞷。皆盛大意。⿰𧾷兄⿰𧾷㞷為兄弟正字。唯作兄者。省文叚借。後世兄行而⿰𧾷兄⿰𧾷㞷廢矣。但⿰𧾷兄⿰𧾷㞷亦得與怳通用耳。存參。【古籀篇四一四】

◉馬叙倫　嚴可均曰。韻會廿二養引作狂皃。無之字。按當作㤮皃。轉寫誤分為二字。又譌心為之耳。況省聲當作兄聲。校者疑其非聲。輒改之。沈濤曰。一切經音義八引作狂皃也。倫按傅奕本老子。是謂芴芒。河上本作忽恍。王弼本作惚怳。則怳或為忘之轉注字。此訓狂皃。如嚴説當作㤮皃。則為㤮之同舌根音又聲同陽類轉注字。字蓋出字林。【説文解字六書疏證卷二十】

恑

◉許　慎　恑變也。从心。危聲。過委切。【説文解字卷十】

◉馬叙倫　鈕樹玉曰。一切經音義三引作變詐也。謂變異詐妄也。則詐字似當有。沈濤曰。文選海賦楊德祖答臨淄侯牋宋書謝靈運傳論陸機辨亡論注皆引作詭。變也。倫按恑詭一字。莊子齊物論。詼詭譎怪。詭譎連文。蓋轉注字。譎聲脂類。詭聲支類。支脂旁轉。亦同舌根音也。如玄應引則變詐也蓋字林文。或憰恑二字並出字林。【説文解字六書疏證卷二十】

⿰忄巂

◉許　慎　⿰忄巂有二心也。从心。巂聲。户圭切。【説文解字卷十】

◉馬叙倫　有二心者。權詐之引申義。然此校語。本訓捝矣。⿰忄巂憰聲同脂類。亦同舌根音。轉注字。倫又疑譎詭憰恑皆當作⿰忄巂恑讗詭。⿰忄巂讗從巂得聲。而巂實得聲於冈。冈為規矩之規本字。規危音同見紐。聲亦同支類。若然。則⿰忄巂恑為轉注字。【説文解字六書疏證卷二十】

悸

◉許　慎　悸心動也。从心。季聲。其季切。【説文解字卷十】

◉馬叙倫　鈕樹玉曰。玉篇注同。一切經音義一及四引作氣不定也。蓋誤以痵為悸。沈濤曰。當是古本有此一解。今奪。王

憿　懖

筠曰。衆經音義婁引字林。悸。心動也。說文。气不定也。又曰。悸。古文痵。案疒部。痵。气不定也。不知說文悸本與痵同。後人以字林改悸說邪。抑玄應交互引之。以見其為一字邪。倫按心動與气不定。義似無殊。蓋異文也。抑心動謂心有所恐思。楚詞悼亂惶悸兮失氣。注。悸。懼也。方言。㥜。悸也。書大禹謨。夔夔齊慄。桂馥謂夔夔即㥜㥜。㥜㥜即恐思也。【說文解字六書疏證卷二十】

◉許　慎　憿幸也。从心。敫聲。古堯切。【說文解字卷十】

◉馬叙倫　幸也非本義。亦非本訓。【說文解字六書疏證卷二十】

◉許　慎　懖善自用之意也。从心。銛聲。商書曰。今汝懖懖。古活切。⿱銛耳古文从耳。【說文解字卷十】

◉馬叙倫　鈕樹玉曰。玉篇廣韻集韻引同。書盤庚釋文引善上有拒字。恐非。說文無拒。古通作岠距。沈濤曰。當有拒字。此捝。義不可通。許槤曰。今書作聒聒。馬融王肅並云。拒善自用之意也。與釋文引說文同。當依補拒字。倫按拒善自用之意。蓋校者以說解捝去本訓後據書注補之。玉篇。懖。愚人無知也。廣韻。懖。愚懖無知。並訓愚無知。或是本義。本書。聉。無知意。聉從耳不得訓無知。懖聉聲同脂類。或即懖字義也。則愚無知是二義。本訓既亡。不能定也。或此字出字林。

⿱銛耳　倫按此從耳銛聲。當是聒之異文。此云古文從耳。當作古文懖。從耳二字校者加之。古文經傳中以⿱銛耳為懖。然今商書作聒聒。柳榮忠據釋文出聒聒字下即引馬及說文。不言馬許作某某。謂釋文本作⿱銛耳⿱銛耳。故不言馬許作也。則偽孔本不作聒聒矣。又據正義引鄭注聒讀如聒耳之聒。聒聒。難告之皃。謂鄭本亦作⿱銛耳⿱銛耳。故以聒擬其音。若作聒。不須言讀若也。且聒本聒耳字。即擬讀不得又用本字。自改古文者以聒為⿱銛耳。因之改說文。改書疏。而諸書幾不可讀。許引作懖者。今文尚書云古文從耳者。則孔氏也。然則⿱銛耳為聒之古文尤明。故衛包徑改為聒。猶改眘為慎也。若然。則何時以⿱銛耳入懖下為古文。又並以書注為懖之說解。檢本書引尚書偁書。或偁虞書夏書者。均與偽孔本合。是必出王肅以後而習於偽孔本者所為。此亦其所為邪。倫謂此字呂忱加之。疑呂習偽孔書者也。故本書每引偽書。【說文解字六書疏證卷二十】

忨 忨

惏 惏

懜 懜

愆 愆

忨 中山王譽壺　天不臭其又忨　貫忨𨑓在大夫　義皆如願【金文編】

◉許　慎　忨貪也。从心。元聲。春秋傳曰。忨歲而激日。五换切。【説文解字卷十】

◉馬叙倫　鈕樹玉曰。繫傳韻會激作愒。按翫下引春秋傳翫歲而愒日。左昭元年傳釋文引説文。翫。習厭也。又作忨。云。貪也。所云又作者。蓋録別本之異。未必説文兩引也。或忨下所引本國語。然今晉語作忨日而激歲。倫按凡本書兩引而字異者。疑校者所加。然貪也非本義。或此字出字林。【説文解字六書疏證卷二十】

◉許　慎　惏河内之北謂貪曰惏。从心。林聲。盧含切。【説文解字卷十】

◉馬叙倫　鈕樹玉曰。韻會引無内字。方言。晉魏河内之北謂惏曰殘。楚謂之貪。則内字當有。段玉裁曰。惏與女部婪音義同。倫按忨音疑紐。惏音來紐。古讀歸泥。泥疑同為邊音。轉注字也。據方言。晉魏河内之北謂惏曰殘。楚謂之貪。則惏為貪之聲同侵類假借字。而惏忨從心。義非貪也。賈逵注左傳曰。惏。嗜也。大戴禮保傅。饑而惏。方言又謂南楚江湘之閒謂之歁。以諸説校之。皆今所謂饞也。本書之歁為甚之後起字。甚即饞也。甚聲亦侵類。然則貪甚語原同。而義各有屬。若惏之為貪。豈以心有所欲邪。倫謂欲。本書從欠谷聲。倫疑從谷得聲。谷音羣紐。然從仌得聲。仌凝一字。音在疑紐。而欲訓貪也。是忨欲語原同也。蓋忨實為願欲之欲本字。故字從心。而惏其轉注字。欲則歁歉之同舌根音轉注字也。此字蓋出字林。【説文解字六書疏證卷二十】

◉許　慎　懜不明也。从心。夢聲。武亘切。【説文解字卷十】

◉馬叙倫　本書。瞢。目不明也。夢不明也。此亦訓不明。蓋語原然也。此字蓋出字林。【説文解字六書疏證卷二十】

愆　从侃説文籀文作𠎝　蔡侯䜌鐘　不愆不忒【金文編】

愆【汗簡】

汗簡　古尚書　崔希裕纂古　同上　並籀韻【古文四聲韻】

◉許　慎　愆過也。从心。衍聲。去虔切。㥶或从寒省。諐籀文。【説文解字卷十】

◉馬叙倫　沈濤曰。一切經音義三引過也失也。五及廿三引作過也亦失也。是古本尚有失也一訓。玉篇亦云過也失也。當本許書。倫按失也者。校者以此過也乃過失之過。非過去之過。故注之也。愆蓋過失之過本字。過聲歌類。愆聲元類。歌元對轉。故古書借過為愆。又疑過也非愆字本義本訓。本書。辛。辠也。讀若愆。是過謂辠過。即辛字義。經傳借愆為辛耳。愆之本義待證。

㥶　段玉裁曰。寒聲。倫按寒音匣紐。愆從衍得聲。衍從行得聲。行音亦匣紐。是寒愆為轉注字也。

諐　段玉裁曰。從言。侃聲。倫按侃寒聲同元類。故寒得轉注為諐。然亦疑諐愆異義。籀篇以諐為愆耳。諐蓋今之謇字之轉注字。籀文下當有愆字。【説文解字六書疏證卷二十】

◉陳夢家　□蔡侯鐘　不愆不忒　□即愆字。説文。愆。籀文从言侃聲。爾雅釋言訓過。緇衣不愆于儀。左傳宣十一不愆于素。昭廿八九德不愆。【壽縣蔡侯墓銅器　考古學報一九五六年第二期】

◉李　零　1979年四川青川縣郝家坪戰國秦墓出土了一件記秦《為田律》的木牘。牘文提到：

十月，為橋，修波（陂）隄，利津□，鮮（刪）草離（蓠）。

這段話，「利陂隄」，含義很清楚；「刪草蓠」，也没有多大問題；問題主要是中間一句。

中間一句，「津」下一字从𨸏从水，不識。于豪亮先生據文義推斷，把它讀為「梁」字，李學勤先生從之。「津梁」一詞為文獻常見，如此考慮是可以理解的，但這個字和古文字中的「梁」字大不相同，釋「梁」是可疑的。

不久前，我們在一篇討論青川木牘的短文中曾涉及到這個字。文章把有關線索提供給讀者，但未做任何結論。因為直到定稿，我們仍認不出這個字。

在該文中，我們所提供的線索是：

1. 戰國邾、滕單字陶文（邾、滕陶文多作一字）有此字，寫法全同青川木牘。
2. 朱家集楚銅器羣有一組鼎，共五件，一件大鼎，銘文作「□」；四件小鼎，銘文作「客□□」（有一件蓋銘，末字省體作□）。
3. 《古璽文編》419頁第三字作□。

這三條線索中，就邾、滕陶文的多數情況看，例1很可能是人名（但也不排斥是地名）；例2是銅器監造者名。「客」是「鑄客」的省稱。楚國的銅器監造制度，雖不像三晉和秦的兵器那樣一目了然，但大致也有省、主、造三級。朱家集楚器上大多都有「鑄客」二字，鑄客就是這批銅器的監造者。他的名字，□字，據鄂君啟節「澧水」之「澧」所从，可知是「豊」字，即古代的禮氏，新出《金文編》911頁誤收為「鑄」字；下面□字，下半从心，上半應即例1提到的那個字（只不過它所从的□已省體作□），新出《金文編》345頁誤收為「盥」字。例3也是人名用字，但从□，不从心。

對于認識上面提到的這兩個字，現在看來，最重要的線索還是《侯馬盟書》。《侯馬盟馬》「委質類」「被盟詛人名」中有不少是屬于「㚸」氏（先氏）。「㚸」氏諸名中，有一名「㥶」（亦作諐、𧩬、𧩬、𢚩），他的名字有時也寫成□或□，把亻旁或彳旁換成阜旁，兄換成水。

㥶字，過去曾見于蔡侯申墓出土的一件編鎛，文作「不偲不貣（忒）」，陳夢家先生已指出，此字同于《說文》愆字的籀文，應釋愆，新出《金文編》721頁亦隸于愆字下，這都非常正確。

既然《侯馬盟書》中的㥶字就是愆字，而㥶字又同于□或□字，可見後者也就是愆字，而例1不从心，則應直接釋為衍字，青川木牘的中間一句讀為「利津衍」。从□與从行，在這裏是一樣的。

「利津衍」，「津」是津渡，「衍」則是大澤。《小爾雅·廣器》云：「澤之廣者謂之衍。」《廣雅·釋地》亦云：「湖、藪、陂、塘、都、甿、㡿、澤、埏、衍、皋、沼，池也。」這三個字的意思應當是說「使津渡和川澤暢通無阻」。

上述人名應當讀為「愆」或「衍」，看來是戰國時期常見的一個人名用字。古代人名用字有些是長期流行的，如瘨字，扶風莊白微氏家族銅器有之，《侯馬盟書》有之，戰國璽印陶文上也有之。羅福頤先生的《古璽印概論》有「古姓氏及人名考證舉例」一章，該章曾列舉不少璽印上的人名，與古書相印證。戰國時期有兩個大家都很熟悉的歷史人物，一個是齊人鄒衍，一個是魏人公孫衍（犀首），他們的名字中正好都有衍字，應當就是這個字。【釋「利津□」和戰國人名中的□與□字 出土文獻研究續集】

◉戴家祥 □蔡侯鐘 不偲不貣 說文。十篇愆籀文作㥶。㥶與偲形近，从言與从心可通，如訓字金文作㤊，謀字金文作㤹，謨字金文作𢘓等等。愆字說文訓「過也」，古籍又用作差爽也、罪也、失也等義。緇衣「不愆于儀」，左傳宣公十一年「不愆于素」，昭公二十八年「九悳不愆」，皆與銘義相同。【金文大字典上】

◉許 慎 □疑也。从心。兼聲。户兼切。【說文解字卷十】

◉馬叙倫 惠棟曰。古文易文言曰。為慊于陽也。鄭注。慊。溓也。訓慊為疑。古義亡矣。必非許氏之舊。段玉裁曰。疑者。惑也。故下文受之以惑。女部。嫌。不平於心也。一曰。疑也。疑也即此字義。倫按人部。僭。假也。儗。僭也。僭慊侵謂近轉。疑也當作儗也。僭慊蓋轉注字。或僭為嫌疑之嫌本字。慊當訓不平於心也。今其義誤入嫌下。或嫌慊一字也。【説文解字六書疏證卷二十】

惑

惑 中山王嚳鼎 猷覜惑於子之 【金文編】

香録10・2 匋惑 【古陶文字徵】

57 138 【包山楚簡文字編】

惑 日甲三二背 【睡虎地秦簡文字編】

1255 3710 【古璽文編】

◉許 慎 亂也。从心。或聲。胡國切。【説文解字卷十】

◉馬叙倫 亂也非本義。亦或非本訓。怓下惷下憒下同。字見急就篇。【説文解字六書疏證卷二十】

怋

◉許 慎 怓也。从心。民聲。呼昆切。【説文解字卷十】

怓

◉許 慎 亂也。从心。奴聲。詩曰。以謹惛怓。女交切。【説文解字卷十】

◉馬叙倫 鈕樹玉曰。韻會引惛作惛。沈濤曰。詩民勞釋文云。惛。説文作怋。今本乃後人據毛詩改。倫按惑怓竝訓亂也。怋訓怓也。是三字為轉注也。惑音匣紐。怋音曉紐。同為舌根摩擦音。怋從民得聲。民每一字。每音微紐。奴音娘紐。同為邊音也。怓呶同語原。【説文解字六書疏證卷二十】

惷　惛　忥　⿱衛心

◉許　慎　亂也。从心。春聲。春秋傳曰。王室日惷惷焉。一曰。厚也。尺允切。【說文解字卷十】

◉顧廷龍　惷。按。即屯之異。說文。惷。亂也。从心。春聲。春秋傳曰。王室日惷惷焉。一曰厚也。潘。【古匋文孴録】

◉馬叙倫　桂馥曰。引經乃左昭廿四年傳文。彼作今王室實蠢蠢焉。一曰厚也者。本書。偆。富也。廣雅。偆。厚也。倫按萅得聲於屯。屯才一字。才或聲同之類。是惷惑蓋轉注字也。春民聲同真類。亦轉注字。憒聲脂類。脂真對轉。亦轉注字。一曰四字校語。【說文解字六書疏證卷二十】

◉許　慎　不憭也。从心。昏聲。呼昆切。【說文解字卷十】

◉馬叙倫　沈濤曰。一切經音義廿一引作不了。乃用通假字。魏晉人言。小時了了。皆以了為憭。倫按篆當作。故說解曰昬聲。倫謂怋惛一字。惛訓不憭。與亂義相成。然非本訓。玉篇。亂也。廣雅。惛惛。亂也。【說文解字六書疏證卷二十】

◉許　慎　癡皃。从心。气聲。許旣切。【說文解字卷十】

◉馬叙倫　癡當為懝。忥懝為同舌根音兼聲同脂類轉注字。【說文解字六書疏證卷二十】

◉許　慎　寱言不慧也。从心。衛聲。于歲切。【說文解字卷十】

◉馬叙倫　廣雅釋言。⿱衛心。寱也。廣韻。⿱衛心。寐言。古書多作⿱衛言。左哀廿四年傳。是⿱衛言言也。釋文。字林作⿱衛心。云。夢言。意不慧也。然則此字出字林。寱言與不慧實二訓。亦二義也。七篇。寱。瞑言也。寱⿱衛心聲同脂類。是寱言為寱字義。左傳釋文引字林意不慧也者。意為言字之譌。草書相似。言不慧也蓋校語。上文。忥。癡皃。本書。癡。不慧。然忥當訓懝。懝乃不慧。若癡則今所謂神經惑亂之病也。⿱衛心忥聲同脂類。蓋轉注字。【說文解字六書疏證卷二十】

憒

◉許　慎　亂也。从心。貴聲。胡對切。【說文解字卷十】

◉馬叙倫　沈濤曰。莊子大宗師釋文後漢書何進傳注引。憒憒。亂也。是古本複一憒字。一切經音義六引。憒。煩亂也。餘卷皆同今本。倫按玄應引倉頡。憒。煩亂也。是此為呂忱據倉頡訓詁加之。本訓捝矣。釋文引複一憒字者。隸書複舉字。憒字失次。【說文解字六書疏證卷二十】

忌

忌 郘公䥫鐘　郘公華鐘　歸父盤　【金文編】

秦479　東武居貲上造慶忌　秦372　咸陽□忌　【古陶文字徵】

忌　日甲一八　十七例　日乙一九六　日甲一三一　日乙一一三　日乙一八八　日甲一五〇背　日甲一五一背　【睡虎地秦簡文字編】

2506　2596　1385　0855　0974　【古璽文編】

楊慶忌印　忌翕　左忌私印　夏侯慶忌　田慶忌印　王慶忌　王忌　田慶忌　【漢印文字徵】

忌竝見尚書　忌陳逸人碑文　忌出茅君別傳　【汗簡】

天台經幢　茅君傳　竝陳逸人碑　【古文四聲韻】

◉許　慎　憎惡也。从心。己聲。渠記切。【說文解字卷十】

◉徐同柏　歸父盤　忌。跽省文。跽。古讀如己。【周齊歸父盤　從古堂款識學卷十六】

◉吳大澂　。古文以為己字。齊太僕歸父盤為忌。鑄盤忌。讀若己。【說文古籀補卷十】

◉劉心源　歸父盤　己之二字合篆。荷屋釋己。子苾釋忌。明明己下作止。非从心也。【齊太宰歸父盤　奇觚室吉金文

述卷八】

◉王國維　不㠰。伯氏之臣。㠰。从其。从㚩。㚩。古文丮字。象人跪而執事之形。古文以為忌字。王孫遣諸鐘云。敳㠰趩趩。與邾公華邾公牼二鐘之翼龔威忌。齊子仲姜鎛之彌心畏認。語意正同。知㠰即忌字。以不㠰為名。亦猶夏父弗忌。仲孫何忌。費無忌。魏公子無忌矣。【不㠰敦蓋銘考釋　王國維遺書第六册】

◉高田忠周　晉語。而忌處者。注。惡也。詩螽斯序。不妬忌。箋。忌有所諱惡於人。又周禮小史。則詔王之忌諱。司農注。先王死日為忌。名為諱。此等皆字本義也。又詩瞻卬。維予胥忌。傳。怨也。晉語。小人忌而不思。注。怨也。義之一轉也。或叚借為認。禮記表記。敬忌而罔有擇言在躬。注。忌之言戒也。易象下傳。居德則忌。注。禁也。左昭元年傳。幼而不忌。注畏也。非羈何忌。注。敬也之類是也。銘義亦然。【古籀篇四十四】

◉馬叙倫　桂馥曰。惡當為諅。經典同行惡字。倫按憎惡也當作憎也惡也。玉篇訓畏也惡也。下文。憎。惡也。此蓋本作憎也。憎忌之蒸對轉轉注字。惡也呂忱列異訓。或校語。字見急就篇。【說文解字六書疏證卷二十】

◉黄錫全　□忌並見尚書　鄭珍云：「薛本《多方》𢚁、《秦誓》𢘅，並本《説文》諅下稱『不諅于凶德』、惎下稱『來就惎惎』。偽本『其』例作『亓』。」武本「忌」亦作𢚁。「其」字作亓，如綦作□（類編244），箕作□（𦰡笄鼎）、□（信陽楚簡），惎作□、□（舂録10·3）等。子諅盆之「諅」就作□、□。【汗簡注釋卷一】

◉黄錫全　□忌陳逸人碑文　《説文》惎下引《周書》曰「來就惎惎」，即《書·秦誓》「未就予忌」。《小爾雅·廣言》「惎，忌也」。武本《尚書》忌作𢘅。古陶惎作□（舂録10·3），古璽作□（璽彙5289），與此形同。【汗簡注釋卷二】

◉黄錫全　□忌出茅君別傳　古作□（邾公牼鐘）、□（邾公華鐘），《説文》正篆作□。鄭珍認為「三字以古己作之，疑皆郭氏肊改」。【汗簡注釋卷六】

◉戴家祥　□𧩙鎛　説文：認，誡也。从言，忌聲。按經傳認亦同忌。心部：忌，憎。周書康誥「惟文王之敬忌」。吕刑「敬忌罔有擇言在身」。鄭玄禮記表記注：卩心之言戒也。大雅桑柔「胡斯畏忌」金文作畏認。認為忌之加旁字。唐韻忌認俱讀渠記切，羣母之部。

□王孫遣者鐘　敳㠰趩＝　㠰，字書不載，从丮其聲。金文借作其用，如秦公鐘「㠰康寶」；或借作忌用，如王子午鼎「敳㠰趩＝」。另一異體作㠰。静安先生曰：㠰，从其，从㚩。㚩，古文丮字，象人跪而執事之形。古文以為忌字。王孫遣諸鐘云「敳㠰趩趩」，與邾公華、邾公牼二鐘之「翼龔威忌」、齊子仲姜鎛之「彌心畏認」語意正同。知㠰即忌字。以不㠰為名，亦猶夏父弗忌、仲孫何忌、費無忌、魏公子無忌矣。不嬰敦蓋銘考釋。按忌从己聲，己其聲同。周書多方「爾尚不忌於凶德」，説文三篇言部引作「不諅」。左傳文公二年夏父弗忌，禮記禮器作夏父弗綦，皆己其互通之證，王説至確。乙彝和上鄀府簠銘文「眉壽無諆」，諆借作期，金文或作朞、諆。【金文大字典上】

忿 

5·10 咸亭涇里忿器【古陶文字徵】

172【包山楚簡文字編】

忿 為二一【睡虎地秦簡文字編】

段忿【漢印文字徵】

◉許 慎 悁也。从心。分聲。敷粉切。【説文解字卷十】

◉馬叙倫 悁音影紐。忿從分得聲。分從八得聲。八音封紐。同為清破裂音。故忿轉注為悁。字見急就篇。【説文解字六書疏證卷二十】

悁 

5·273 左悁 秦447 越悁【古陶文字徵】

闕中悁【漢印文字徵】

◉許 慎 忿也。从心。肙聲。一曰。憂也。於緣切。籀文。【説文解字卷十】

◉馬叙倫 沈濤曰。後漢書張衡傳注引。悁悁。憂也。是古本多一悁字。陳蕃傳注引。悁悁。恚忿。又多一恚字。一切經音義五引作恚也。廿引作忿也。翟云升曰。文選洞簫賦注引。憂也。作憂煩悁悁憂皃。案憂也見一切經音義廿引聲類。倫按一曰憂也者。乃悁字義。口部圓圓實轉注字可證。後漢書注及玄應音義引恚也者。悁恚音同影紐轉注字。憂也恚也蓋皆校者加之。其複一悁字者。隸書複舉字也。文選思玄賦注引字林。忿恨也。洞簫賦注引字林。含怒也。

段玉裁曰。肙聲。倫按肙亦肙聲。籀文下當有悁字。【説文解字六書疏證卷二十】

◉許　慎　𢡿恨也。从心。黎聲。一曰。怠也。郎尸切。【說文解字卷十】

◉馬叙倫　桂馥曰。一曰怠也者。本書。邌。徐也。朱駿聲曰。廣韻引說文恨也作很也。倫按唐寫本切韻殘卷六脂引。恨也。一曰。怠也。黎聲脂類。恨聲真類。脂真對轉轉注字也。一曰四字校語。【說文解字六書疏證卷二十】

5·1　咸亭當柳恚器【古陶文字徵】

◉許　慎　恚恨也。从心。圭聲。於避切。【說文解字卷十】

◉馬叙倫　嚴可均曰。詩緜。釋文引作怒也。倫按恚從圭得聲。恨從艮得聲。圭艮音同見紐。故恚恨為轉注字。釋文引作怒也者。校語。【說文解字六書疏證卷二十】

怨　為二五　二例【睡虎地秦簡文字編】

石經無逸　小人怨女詈女　說文之古文同汗簡引尚書說文作誤【石刻篆文編】

怨見尚書說文【汗簡】

並古老子　古孝經　古尚書又說文　並籀韻【古文四聲韻】

◉許　慎　怨恚也。从心。夗聲。於願切。古文。【說文解字卷十】

◉馬叙倫　怨恚音同影紐轉注字。怨悁聲同元類轉注字。怨詋蓋一字。

段玉裁曰。此篆蓋譌。集韻類篇云。古作惌。又馬班字類韻會皆引史記封禪書。百姓怨其法。字作怨。今史記無如此者。李杲曰。石經作。與此畧同。倫按王筠謂鍇本篆作。夕字在上耳。朱駿聲謂從心從令。未詳。禮記大學。舉而不能先。命也。命即命之譌。倫謂王說可從。然玄應一切經音義引古文官書。宛惌二形。今作怨。同於元反。則此字呂忱依官書加之。字本作惌。或官書字本與魏石經同。傳寫為惌。蓋從宛省得聲。古文下當有怨字。【說文解字六書疏證卷二十】

◉商承祚 □ 石經古文與此同。集韻類篇云。古文作命。寫法略異。玉篇作命。婁機班馬字類及韻會引史記封禪書「百姓怨其法」。字作怨。又命之譌也。【説文中之古文考】

◉黄錫全 □怨見尚書説文 九、雲本作怨，巖、内本作怨，薛本作命。侯馬盟書惌作□，《説文》怨字古文作□，三體石經《無逸》作□。此从□小異。是郭見本作命，仿《説文》作古。夏韻願韻録此文作□，録《古孝經》作□。【汗簡注釋卷三】

怒 □

□ 怒 為一一 二例 □ 為四二 【睡虎地秦簡文字編】

□ 詛楚文 張矜意怒 □ □ 石經無逸 不啻不敢含怒 日本未改字尚書與集韻古文同汗簡引孫强集字與説文之古文恕亦同此未知其審【石刻篆文編】

□ □ 竝古老子 □ 籀韻 【古文四聲韻】

◉許 慎 □恚也。从心。奴聲。乃故切。【説文解字卷十】

◉馬叙倫 怒音泥紐。㥽音來紐。古讀歸泥。是㥽怒為轉注字。字見急就篇。秦詛楚文作□。【説文解字六書疏證卷二十】

◉徐中舒 伍仕謙 (9)忞 《三字石經》怒，古文作忞。【中山三器釋文及宫室圖説明 中國史研究一九七九年第四期】

◉黄錫全 □恕 此是怒字，从《説文》奴字古文□，「恕」寫誤。薛本怒作㤢、忞，巖、雲、内藤、小、豐、内本作忞。三體石經《無逸》怒字古文作□，與好盗壺□形同。今本《説文》古文□在恕下，疑原本當在怒下。《集韻》怒下云：「《説文》恚也。古作忞、㤢。」【汗簡注釋卷四】

◉黄錫全 □恕 好盗壺怒作□，三體石經《無逸》怒字古文作□，古寫本《尚書》怒亦作忞。今本《説文》以□為恕之古文，恐誤。此同。【汗簡注釋卷五】

憝 □

◉許 慎 □怨也。从心。敦聲。周書曰。凡民罔不憝。徒對切。【説文解字卷十】

◉馬叙倫 憝聲真類。與忿轉注。晉書音義引字林。憝。惡也。尚書云。元惡大憝。徒對反。【説文解字六書疏證卷二十】

慍

◉許慎 慍怒也。从心。𥁕聲。於問切。【説文解字卷十】

◉馬叙倫 鈕樹玉曰。一切經音義五及七及十三引同。十引作怨也。詩緜正義引亦作怨也。論語鄭注詩柏舟毛傳竝訓怨也。今訓怒者後人改。錢源曰。慍怨聲近。今作怒者非。倫按慍悁怨恚音同影紐。相為轉注字。慍忿憝聲皆真類。亦相為轉注字。玄應一切經音義引倉頡。慍。恨也。【説文解字六書疏證卷二十】

惡

惡 為二 十一例 日甲一三背 三例 秦六五 三例 語一 日乙一九四 二例 【睡虎地秦簡文字編】

漢匈奴惡適尸逐王 顏土惡 賈無惡 李惡之印 梁毋惡 杜惡夫 【漢印文字徵】

惡出石經 【汗簡】

竝古孝經 古老子 古老子 石經 説文 【古文四聲韻】

◉許慎 過也。从心。亞聲。烏各切。【説文解字卷十】

◉馬叙倫 過也非本義。亦非本訓。倫謂惡蓋諲之異文。【説文解字六書疏證卷二十】

◉睡虎地秦墓竹簡整理小組 〔二〕惡，後文作晋，當讀為厭，《廣雅・釋言》：「鎮也。」《史記・高祖本紀》：「秦始皇帝常曰東南有天子氣，于是因東游以厭之。」

〔五〕惡，讀為堊。《禮記・雜記》：「廬堊室之中。」《釋文》：「堊，本作惡。」堊室，白土塗刷的房子，古代孝子居於堊室。

【睡虎地秦墓竹簡】

◉黄錫全 惡出石經 馮本作，夏韻鐸韻録作。《説文》晋字正篆作，注「闕」。鄭珍認為「許君蓋闕其義，石經用為古惡，或邯鄲氏別有師承，或借晋作惡，俱不可定。許君襾字下云『讀若晋』。按襾，今音『衣駕切』，古當入御遇韻，與好惡同音，則晋與惡古固同讀」。馬王堆漢墓帛書《經法》、《老子》乙本惡字多作亞。【汗簡注釋卷六】

憎

◉許　慎　惡也。从心。曾聲。作滕切。【説文解字卷十】

◉馬叙倫　桂馥曰。惡也者。當為誣。本書。誣。相毁也。經典承用惡字。廣雅。憎。惡也。方言。宋魯凡相惡謂之諄憎。倫按諄憎即憝憎。是憎亦怨恨也。惡也非本義。或非本訓。惡也蓋譜字義。或憎譜一字。【説文解字六書疏證卷二十】

怖

◉許　慎　恨怒也。从心。市聲。詩曰。視我怖怖。蒲昧切。【説文解字卷十】

◉馬叙倫　嚴可均曰。詩白華釋文引作很怒也。倫按恨怒也當作恨也怒也。玉篇訓怒也。怖恨為脂真對轉轉注字。怒也蓋吕忱列異訓。或校語。字或出字林也。【説文解字六書疏證卷二十】

忍

3·1010　獨字　3·1016　同上　3·1015　同上　3·1013　同上　3·1011　獨字【古陶文字徵】

◉許　慎　怒也。从心。刀聲。讀若顡。李陽冰曰。刀非聲。當从刈省。魚既切。【説文解字卷十】

◉馬叙倫　李陽冰曰。刀非聲。當從刈省。鈕樹玉曰。若從刈省。當是忩。説文本有忩字。讀若顡者。當是忩。此從心。刀聲。當同忉字。傳寫誤譌已久。忩有怨義。是怨是忩。是也。怒疑怨之譌。王煦曰。忍讀若毅。誠不可解。似為下文忩字之注。脱譌至此耳。且齊風甫田檜風羔裘俱咏忉忉。不宜説文無忉字。忍即忉也。説文毛箋亦主此説。陽冰刈省之説不可從。王筠曰。小徐作讀若須。倫按讀若須則從刀聲也。但忍義不當訓怒。倫謂此篆不譌。説解本作刈省聲。今有捝譌耳。本書毅下妄怒也即此字義。今本説解捝譌後。校者乃補忩篆於部末。以為懲忩字。不悟懲忩字本書作㦼也。抑或篆本作㤝。説解亦本作刈聲。傳寫一本篆譌作忍。一本作忩。校者因補忩篆於部末。説解因之亦改耳。下文。忩。懲也。後漢書竇融傳注引作亦懲也。蓋此本有亦懲也一訓。篆解俱分。故彼文但存亦懲也。今無亦者。校者以上無他訓刪此字。忍讀若顡。音同疑紐。本書豙訓豕怒。相殘艾也。艾亦從乂得聲。乂豙以聲訓。忍豙則同語原。是其證也。詩之忉字。本書為惆。【説文解字六書疏證卷二十】

◉陳偉武　《文字徵》第101頁「忉」字下：「」3·1014，獨字。《説文》所無。《正韻》：忉，音刀，憂心貌。」今按，此字當釋為與之並次的忍字異體。「忍」字下：「3·1010，獨字。3·1016，同上。3·1015，同上。3·1013，同上。3·1011，獨字。」《説文》：「忍，怒也。从心刀聲，讀若顡。」《陶彙》將前引諸形均釋為忍固然不妥，但它把辭例相同、結體稍異諸形看作一字

㥜

卻是正確的。【古陶文字徵訂補 中山大學學報一九九五年第一期】

◉許 慎 㥜怨恨也。从心。彖聲。讀若膎。臣鉉等曰。彖非聲。未詳。户佳切。【説文解字卷十】

◉馬叙倫 從乎加切之彖得聲。故讀若膎。音户佳切。然從讀若弛之彖亦可。葉德輝謂弛膎古音同部。是也。怨恨也當作怨也恨也。一訓吕忱列異義或校語。廣雅。㥜。恨也。玉篇。恚也。恨也。怨也。㥜恨音同匣紐。聲則脂真對轉。轉注字也。此字蓋出字林。【説文解字六書疏證卷二十】

恨

◉許 慎 恨怨也。从心。艮聲。胡艮切。【説文解字卷十】

◉馬叙倫 怨恨聲同真類轉注字。文選歎逝賦注引字林。恨。怨也。【説文解字六書疏證卷二十】

懟

◉許 慎 懟怨也。从心。對聲。丈淚切。【説文解字卷十】

◉馬叙倫 吴穎芳曰。憝之轉語。段玉裁曰。今與憝音義皆同。謂為一字。桂馥曰。怨也者。釋言文。字林同。倫按懟音澄紐。古讀歸定。憝音定紐。懟聲脂類。憝聲真類。脂真對轉。轉注字也。㥜懟聲同脂類。亦轉注字。此字蓋出字林。【説文解字六書疏證卷二十】

悔

 三五：三 宗盟類而敢悔復趙尼……【侯馬盟書字表】

 悔 為一〇 二例  為四一【睡虎地秦簡文字編】

 悔竝出王庶子碑【汗簡】

 古文  王庶子碑【古文四聲韻】

◉許 慎 悔悔恨也。从心。每聲。荒内切。【説文解字卷十】

◉柯昌濟 卜詞常有字。其文曰。癸子卜。貞。旬亡。王曰吉。又王卜貞。田宮往來□□王曰吉。又王曰大

吉。案。此字見金文陵子盤作。其字雖泐。然尚可辨。與卜詞諸字大同。愚釋為悔字。洪範七稽疑卜筮七曰悔。悔者。卦之上體也。内卦曰貞。外卦曰悔。卦以下為内。上為外也。古之毎字自有形誼而今佚之。非从每。陵子盤字稍作从每形。小篆既从每聲。毎之古誼全泯矣。又案。卜詞云亡者甚多。如癸子王卜貞旬亡悔。癸未卜衍貞王旬亡悔。其字从悔从豕。殆即悔吝字。【殷虚書契補釋】

◉馬叙倫 段玉裁曰。悔乃隸書複舉字之未删者。韻會引無。倫按廣雅。悔。恨也。玉篇。改也。恨也。詩雲漢。宜無悔怒。傳。悔。恨也。悔音曉紐。古讀歸影。恚音影紐。是轉注字也。古鉩作。【説文解字六書疏證卷二十】

◉李孝定 不从心每字重文。説文「悔，悔恨也。从心，每聲」。卜辭假每為之，不从心。每字重文。卜辭恒言「其每」「弗每」，均此義也。【甲骨文字集釋第十】

愷

◉許 慎 小怒也。从心。豈聲。充世切。【説文解字卷十】

◉馬叙倫 段玉裁桂馥皆疑不當讀充世切。倫謂廣韻尺制切。均在穿紐三等。此從豈得聲。豈音知紐。知與穿三同為舌面前音。則音轉耳。小怒也非本訓。或字出字林也。豐姞敦作。【説文解字六書疏證卷二十】

怏

◉許 慎 不服懟也。从心。央聲。於亮切。【説文解字卷十】

◉馬叙倫 段玉裁曰。當作不服也懟也。鈕樹玉曰。一切經音義二及廿三引作心不服也。玉篇注。懟也不服也。蓋本説文。倫按玄應一切經音義引倉頡。怏。懟也。怏怏然心不服也。然則此蓋字林據倉頡訓詁為訓。本訓捝矣。今文又有捝譌。怏恚怨慍悁皆音同影紐轉注字。【説文解字六書疏證卷二十】

懣

古老子 崔希裕纂古 【古文四聲韻】

◉許 慎 煩也。从心。从滿。莫困切。【説文解字卷十】

◉馬叙倫 桂馥曰。煩也者。字林同。朱士端曰。當依鍇本作從心滿聲。倫按煩也字林文。則本訓捝矣。玄應一切經音義引倉頡。悶也。亦憤也。字亦見急就篇。【説文解字六書疏證卷二十】

憤

◉許　慎　懣也。从心。賁聲。房吻切。【説文解字卷十】

◉馬叙倫　宋保曰。滿與悶聲義同。懣與憤義同聲近。猶璊𤨨讀若虋也。【説文解字六書疏證卷二十】

悶

◉許　慎　懣也。从心。門聲。莫困切。【説文解字卷十】

◉馬叙倫　鈕樹玉曰。韻會引作煩也。倫按懣悶音同明紐轉注字。憤音奉紐。古讀歸竝。竝明同為雙脣音。亦轉注字也。【説文解字六書疏證卷二十】

古老子【古文四聲韻】

惆

◉許　慎　失意也。从心。周聲。敕鳩切。【説文解字卷十】

◉馬叙倫　沈濤曰。一切經音義二及二引。惆悵。失志也。倫按本訓悵也。失意也蓋字林文。【説文解字六書疏證卷二十】

悵

◉許　慎　望恨也。从心。長聲。丑亮切。【説文解字卷十】

◉馬叙倫　王筠曰。朱本繫傳有兩空格。蓋本作□望□恨也。嚴章福曰。一切經音義二及三引惆下作惆悵失志也。則此疑作惆悵也。丁福保曰。慧琳音義四引悵望也。蓋古本如此。倫按惆悵為音同徹紐轉注字。亦用為連緜詞。此下當訓惆悵也。望恨也不可通。慧琳引作悵望也。則此本作悵望也恨也。悵望也非許文。恨也尤為校者所加之證。故慧琳不引也。或本作失望也。今失字在惆下望字在此下。皆不可通矣。若然。則更疑惆下本作惆悵也。此下本作惆悵失望意也。失望意蓋亦校者或吕忱所以釋惆悵也。若但曰失意。疑於忼慨矣。【説文解字六書疏證卷二十】

愾

◉許　慎　大息也。从心。从氣。氣亦聲。詩曰。愾我寤歎。許既切。【説文解字卷十】

◉馬叙倫　嚴可均曰。當作從心氣聲。氣與餼同。王筠曰。由借氣為气既久。讀説文者以今義為古義。率意改之耳。倫按此字蓋出字林。【説文解字六書疏證卷二十】

懆

◉許　慎　懆愁不安也。从心。喿聲。詩曰。念子懆懆。七早切。【說文解字卷十】

◉馬叙倫　鈕樹玉曰。詩白華釋文引作愁不申也。韻會引作懆懆愁也。倫按愁也不安也二訓。不安也校語。釋文引作愁不申也。蓋呂忱或校者所以釋愁字之意與下文愁義不盡同也。或申字譌。韻會引者。重一隸書複舉字。字蓋出字林。懆愁實轉注字。古聲同在幽類也。【說文解字六書疏證卷二十】

愴

143　144【包山楚簡文字編】

◉許　慎　愴傷也。从心。倉聲。初亮切。【說文解字卷十】

◉馬叙倫　段玉裁曰。愴訓傷猶創訓傷也。倫按傷也以聲訓。然與創蓋同語原。廣雅。愴。悲也。此下文。悲。痛也。【說文解字六書疏證卷二十】

怛

延光殘碑【石刻篆文編】

怛竝史書【汗簡】

古史記【古文四聲韻】

◉許　慎　怛憯也。从心。旦聲。得案切。又當割切。𢘓或从心在旦下。詩曰。信誓𢘓𢘓。【說文解字卷十】

◉顧廷龍　怛。吳大澂云。古𢘓字省文。許氏說。怛。憯也。或从心。在旦下。潘。【古匋文舂録】

◉馬叙倫　𢘓嚴可均曰。小徐作從心旦聲。韻會十五翰引。𢘓。憯也。從心。旦聲。氓釋文旦旦引說文作𢘓𢘓。蓋舊本但有𢘓篆。小徐真本亦有𢘓無怛。大徐補收怛篆。後人復以大徐補小徐耳。朱文藻曰。小徐作從心旦聲。又有寃散反。是別為一字矣。王筠曰。怛與𢘓玉篇分收之。怛。丁割切。悲也。𢘓。得漢切。爽也。忒也。此引詩信誓𢘓𢘓。詩釋文。旦。說文作𢘓。然表記引此詩。釋文云。字林作𢘓𢘓。倫按𢘓怛之為一字無疑。柳榮忠以為作𢘓者蓋齊魯詩。或是也。此字詩氓釋文以為出說文。禮記表記釋文以為出字林。前人謂釋文每以字林為說文。其實陸據一本題說文一本題字林故也。【說文解字六書疏證卷二十】

憯

◉許　慎　憯痛也。从心。朁聲。七感切。【説文解字卷十】

◉馬叙倫　此下十文皆訓痛也。其實恫下痛也以聲訓。語原同耳。而哀痛字當作恫也。【説文解字六書疏證卷二十】

慘

◉許　慎　慘毒也。从心。參聲。七感切。【説文解字卷十】

◉馬叙倫　沈濤曰。一切經音義三引作毒也痛也。廿二引。慘。憂皃也。倫按文選琴賦注引字林。毒也。則毒也乃字林文。毒也即痛也。憂皃也蓋校語。憯慘音義全同。轉注字也。猶糣糝矣。【説文解字六書疏證卷二十】

悽

◉許　慎　悽痛也。从心。妻聲。七稽切。【説文解字卷十】

◉馬叙倫　鈕樹玉曰。韻會引作痛心。倫按心為也之譌也。悽愴同為次清破裂摩擦音。悽音清紐愴音穿紐也。轉注字。悽慘憯則音同清紐轉注字。【説文解字六書疏證卷二十】

恫

◉許　慎　恫痛也。一曰。呻吟也。从心。同聲。他紅切。【説文解字卷十】

◉馬叙倫　鈕樹玉曰。韻會一曰句在同聲下。段玉裁曰。匡謬正俗曰。太原呼痛而呻吟為通喚。周書痌瘝是其義。江南謂呻喚。關中謂呻恫。按前説可包後説。此等恐皆後人入也。倫按恫從同得聲。同從凡得聲。凡朁參聲同侵類。是相為轉注字也。恫音透紐。怛音端紐。同為舌尖前破裂音轉注。【説文解字六書疏證卷二十】

悲

 179【包山楚簡文字編】

 悲　日甲六七背【睡虎地秦簡文字編】

 5451  5452【古璽文編】

 道德經【古文四聲韻】

惻

◉許　慎　悲痛也。从心。非聲。府眉切。【説文解字卷十】

◉馬叙倫　悲悲音非紐。惆得聲於凡。凡音奉紐。同為脣齒摩擦音。是悲惆為轉注字。字見急就篇。【説文解字六書疏證卷二十】

讀為則　天像是—（甲10—28）【長沙子彈庫帛書文字編】

惻【汗簡】

義雲章　崔希裕纂古　同上【古文四聲韻】

◉許　慎　惻痛也。从心。則聲。初力切。【説文解字卷十】

◉馬叙倫　桂馥曰。一切經音義二引。惻。痛也。謂惻然心中痛也。王筠曰。謂惻然心中痛也蓋庾注。倫按據此則惛字以下諸訓痛也者。下皆有庾注或吕忱説。今被删矣。愴惻音同穿紐轉注字。惛慘悽惻為同次清破裂摩擦音轉注字。【説文解字六書疏證卷二十】

◉嚴一萍　28惻　商氏讀為測，謂有深意。並據易繫辭：「陰陽不測之謂神」説「各敬隹傣，天像是惻」兩句是「各人要永遠敬事上天，不可褻瀆神靈，否則災難降臨，令人莫測。」案惻字不當讀為測，應與下「成」字連讀斷句，仍用説文本訓「痛也」。漢書鮑宣傳：「豈有肯加惻隱于細民。」正是此意。所以這兩句的意思是「人能永遠虔敬上天，上天就有惻隱之象，痛惜下民，減少災難。」【楚繒書新考　中國文字第二十六册】

◉李　零　恖，同惻，這裏借為則。【長沙子彈庫戰國楚帛書研究】

◉曾憲通　天像是惻　乙一〇・二八　江陵楚簡有惻字作，與帛文同。李學勤、李零均讀惻為則；商先生讀作測，謂有深意，並引《易繫辭》：「陰陽不測之謂神」為説。何琳儀以為《説文》訓惻為「痛也」，乃承「隹天作妖」而言，可不必借讀為測、則。【長沙楚帛書文字編】

◉黄錫全　惻　楚帛書惻作，望山楚簡作，此其變形，同本書目。幽州書佐秦君闕省作恖。《一切經音義》卷四「惻，古文恖」；卷二、卷十竝云「惻。《聲類》作恖」。此形與戰國文字如此吻合，鄭珍以為「移篆又更篆」，顯誤。【汗簡注釋卷四】

憯

惜【汗簡】

義雲章【古文四聲韻】

●許　慎　憯痛也。从心。朁聲。思積切。【說文解字卷十】

●馬叙倫　惜音心紐。與憯慘悽為同舌尖前音轉注字。【說文解字六書疏證卷二十】

●黄錫全　惜　何尊昔作，師嫠𣪘作，三體石經古文作，此昔形類同。心旁在昔下，如同惕字或作（趙孟壺）、情字或作𢡊（馬王堆漢墓帛書《老子》甲本）等。【汗簡注釋卷四】

愍

詛楚文　邵磬布愍【石刻篆文編】

●許　慎　痛也。从心。敃聲。眉殞切。【說文解字卷十】

●馬叙倫　愍音微紐。悲音非紐。為同脣齒音轉注字。【說文解字六書疏證卷二十】

●李平心　《兮甲盤銘》：「兮甲从王，折首執嚇，休亡敃」。

《大克鼎銘》：「穆穆朕文祖師華父，悤罟厥心，寧静於猷，淑哲厥德……得屯亡敃，錫釐無疆」。

《師望鼎銘》：「不顯皇考寛公，穆穆克盟厥心，哲厥德，用辟於先王，得屯亡敃」。

《虢叔鐘銘》：「不顯皇考惠叔，穆穆秉元明德，御于厥辟，得屯亡敃」。

亡敃二字舊無確詁。按敃从民聲，與愍通。《周禮·大司寇》注：「民不愍作勞」，愍即敃，《說文》訓彊（强），字亦作昬。金文敃當讀愍。《說文》：「愍，痛也，从心敃聲」。《廣雅·釋詁》：「愍，憂也」，又「愍，傷也」。《左傳》昭元年：「吾代二子愍矣」，服注：「愍，憂也」。《楚辭·惜誦篇》：「惜誦以致愍兮」，王注：「愍，病也」。《戰國策·秦策》：「天下莫不傷」，高注：「傷，愍也」，愍與閔通。《詩·載馳》序：「閔衛之亡」，《釋文》：「閔，一本作愍」，宋閔公《史記》作湣公，《漢書》作愍公。《詩·邶風·柏舟》：「覯閔既多，受侮不少」，《傳》：「閔，病也」，覯閔《漢書》引作遘閔，亦作遘愍。《詩·大雅·桑柔》：「多我覯痻，孔棘我圉」，《箋》：「痻，病也」，覯痻即覯閔。《左傳》十二年，「寡君少遭閔凶」，注：「閔，憂也」。按愍、閔、痻、殙訓病，亦訓憂，古義憂與病義相因，蓋疾病必憂悶，憂悶亦能致病。金文之亡敃（愍、閔、痻）當訓無憂、無病、無譴、無愆。休亡敃意即受嘉賜無譴，得屯亡敃意即受福無愆（說詳《釋得也》）。

卜辭亡畀（聞）于省吾先生釋亡閔、亡瘖，至確。今考亡畀與金文之亡敃實為一辭。古音畀與敃（愍）、閔、瘖相同，故亡敃、亡畀為商、周吉休語。

《周易・無妄》：「無妄，元亨利貞。其匪正有眚。不利有攸往」，「初九無妄，往吉」，「六三，無妄之災：或繫之牛，行人之得，邑人之災」，「九五，無妄之疾，勿藥有喜」，「上九，無妄，行有眚，無攸利」。無妄舊訓無詐偽虛妄，實為望文生義。「無妄之疾，勿藥有喜」，王弼注：「居得尊位，為無妄之主者也。下皆無妄害，非所致而取藥焉，疾之甚也」，亦迂戾不通。

今按妄與敃（愍）、閔、瘖、畀為雙聲，陽、真二部韻亦通諧。無妄當即金文之亡敃、卜辭之亡畀。妄與愍、畀通，猶甿、萌與民通。《周易》無妄有二義，一為無憂，一為無辜。《無妄》卦辭及初九、九五、上九諸爻辭之「無妄」，皆訓無憂。「無妄之疾」即雖疾病而無憂患，故下云「勿藥有喜」，「無妄，行有眚，無攸利」，即居則無憂患，但行動則有災眚，無所利。「無妄之災：或繫之牛，行人之得，邑人之災」，則謂無辜而蒙災，有人繫牛於道，為行人所得，而邑人竟因此受纍，這與《論語・公冶長》：「雖在縲絏之中，非其罪也」，義可互證。罪辜過失與憂患災咎古義相因，故無妄既訓無憂，復訓無辜。無妄之義既明，金文亡敃與卜辭亡畀之本訓亦可由此獲得旁證。

亡敃、亡畀、無妄又聲轉為無悶。《周易・文言》：「不成乎名，遯世無悶，不見是而無悶；樂則行之，憂則違之，確乎其不可拔，潛龍也」。又《大過・象》曰：「澤滅木，大過。君子以獨立不懼，遯世無悶。」悶與愍聲義兼通。《說文》：「悶，懣也」，《廣雅・釋詁》作憫，亦訓懣；而懣訓煩，煩即憂煩。《楚詞・哀時命》：「惟煩懣而盈匈」，注：「憤也」。是無悶與亡敃（愍）、亡畀、無妄義同。

亡敃、亡畀、無妄又聲轉為無文。《書・洛誥》：「王肇稱殷禮，祀于新邑，咸秩無文」，偽《孔傳》曰：「皆次秩不在禮文者而祀之」。又「惇宗將禮，稱秩元祀，咸秩無文」，偽《孔傳》曰：「皆次秩無禮文，而宜在祀典者」。偽傳所解大違經義，王引之駁斥傳義，並提出了自己的解釋。

王說雖勝於傳義，但讀文為紊，仍非達詁。今按文當讀閔，無文即金文之亡敃（愍），卜辭之亡畀，其義為無愆、無譴，亦即《周易》之無妄，過失愆尤與憂閔疾病古義相因。「咸秩無文」與《詩・楚茨》「式禮莫愆」義訓無別。咸與式皆訓法則，是式、咸同義，《書・堯典》秩宗相當於《周禮》之宗伯，掌邦禮，是秩與禮義亦相融。無文讀無閔，閔訓病，疾病與愆尤義相因，則「咸秩無文」與「式禮莫愆」為同義詞，殆無可疑。

總之，金文亡敃及卜辭亡𢆶與古籍之無妄、無悶、無文義訓相同或相近。【甲骨文金石文劄記（二） 華東師大學報一九五八年第三期】

慇

慇 陳慇 【漢印文字徵】

◉許慎 慇痛也。从心。殷聲。於巾切。【説文解字卷十】

◉馬叙倫 悲從非得聲。非音古在封紐。慇音影紐。封影同為清破裂音。悲慇又聲為脂真對轉。轉注字。【説文解字六書疏證卷二十】

㥋

㥋 中山王嚳兆域圖 𢘍后堂 【金文編】

◉許慎 㥋痛聲也。从心。依聲。孝經曰。哭不㥋。於豈切。【説文解字卷十】

◉馬叙倫 翟云升曰。孝經釋文引不㥋作不怒。怒字譌。倫按㥋慇音同影紐聲同脂類轉注字。㥋悲之轉注則與慇悲同也。上文諸字皆訓痛也。則此聲字羨。【説文解字六書疏證卷二十】

⿱簡心

◉許慎 ⿱簡心存也。从心。簡省聲。讀若簡。古限切。【説文解字卷十】

◉馬叙倫 嚴可均曰。讀若簡疑校者所加。沈濤曰。玉篇引不重⿱簡心字。乃傳寫奪。許書⿱簡心⿱簡心即爾雅之萌萌。玉篇載云。或作蔄。其引爾雅正作蔄蔄。廣雅引亦作蔄蔄。惟爾雅假借作萌。而玉篇音莫耕切。廣韻引武庚切。則讀若簡疑讀若萌之譌。鈕樹玉曰。爾雅作萌。乃由後人誤認簡為從竹悶聲之字。因改作萌。倫按⿱簡心字乃隸書複舉者也。爾雅釋訓。存存萌萌。在也。存在一字。詳在字下。存訓恤問。則存存萌萌竝是恤問之義。古書無以萌為恤問者。書湯誥。惟簡在上帝之心。論語堯曰。簡在帝心。此皆⿱簡心存之義於經記可徵者。以⿱簡心讀若簡。故論語字作簡也。況爾雅釋文云。萌字又作蔄。邢疏曰。字書作蕄。蔄蕄皆⿱簡心之譌。則此是讀若簡。漢書多言慰薦。如胡建傳。所以慰薦走卒。薦固可以借為存。猶易坎水洊至。洊即本書之瀳也。然倫謂慰薦或借為⿱簡心。此字蓋出字林。【説文解字六書疏證卷二十】

慅

◉許　慎　動也。从心。蚤聲。一曰。起也。穌遭切。【説文解字卷十】

◉馬叙倫　朱駿聲曰。一曰起也者。借為早。倫按動也蓋本爾雅釋詁。然非本訓。一曰起也亦未詳。字或出字林。【説文解字六書疏證卷二十】

感

香録10·2　獨字　感説文所無吳大澂云當即感字　【古陶文字徵】

巴納德釋感《字彙補》感字古文作戚　讀為戚　——隹天☐(甲10—29)　又讀為憾　不夾𡕥不—(丙2:3—5)　【長沙子彈庫帛書文字編】

曾感之印　【漢印文字徵】

◉許　慎　動人心也。从心。咸聲。古禫切。【説文解字卷十】

◉馬叙倫　爾雅釋詁。感。動也。詩野有死麕毛傳同。易咸象。聖人感人心而天下和平。則感不得訓動人心也。此校語耳。本訓捝矣。感聲侵類。慅聲幽類。幽侵對轉轉注字也。【説文解字六書疏證卷二十】

忧

◉許　慎　不動也。从心。尤聲。讀若祐。于救切。【説文解字卷十】

◉馬叙倫　鈕樹玉曰。玉篇。心動也。疑本説文。廣韻。動也。段玉裁曰。不當作心。倫按忧從尤得聲。尤為羞恥之羞本字。羞蚤音同心紐。聲同幽類。慅從蚤得聲。是忧慅為轉注字。杭縣謂害羞亦曰害慅。忧音喻紐三等。感從咸得聲。咸音匣紐。喻三與匣同為次濁摩擦音。亦轉注字。讀若祐者。聲同之類。【説文解字六書疏證卷二十】

◉黄錫全　尤　鄭珍云:「此忧字,當作。夏作,更誤。」鄭説是。尤字古作(鐵50·1)、(猷伯毁)。信陽楚簡忧作,《説文》正篆作。唐陽華巖銘尤字古文作,同此。【汗簡注釋卷四】

慦 　愪 　怮 　忦 　恙 

◉許　慎　慦怨仇也。从心。咎聲。其久切。【說文解字卷十】

◉馬叙倫　段玉裁曰。仇當作慦。廣韻亦作咎。王筠曰。廣韻十八尤同此。四十四有作怨慦。則用玉篇也。倫按怨仇也當作怨也仇也。仇也以聲訓。怨也似亦非本義。字次忧下。以易之無咎即無尤例之。蓋忧之轉注字。忧音喻紐三等。古讀歸定。慦音羣紐。定羣同為濁破裂音也。聲亦古同幽類。【說文解字六書疏證卷二十】

◉許　慎　愪憂皃。从心。員聲。王分切。【說文解字卷十】

◉馬叙倫　段玉裁曰。以下憂字廿二見并上文四見。皆當作𢝊。倫按蓋字林文。或傳寫者以通用字易之。【說文解字六書疏證卷二十】

◉許　慎　怮憂皃。从心。幼聲。於糾切。【說文解字卷十】

◉馬叙倫　翟云升曰。韻會引憂皃上有怮怮二字。倫按蓋舉篆及隸書複舉字也。𢝊怮音同影紐聲同幽類轉注字。怮愁聲同幽類轉注字。【說文解字六書疏證卷二十】

◉許　慎　忦憂也。从心。介聲。五介切。【說文解字卷十】

恙　日甲五九背　五例　通祥　吉—　日甲一一八　通佯　因—瞋目扼捾以視力　語一一　 日乙二五〇　三例　【睡虎地秦簡文字編】

賈無恙　【漢印文字徵】

王惟恭黃庭經　【古文四聲韻】

◉許慎 恙憂也。从心。羊聲。余亮切。【説文解字卷十】

◉于省吾 甲骨文有[seal]字(乙一七〇六，文殘)，甲骨文編誤以為「从羊从貝，説文所無」。按其字从羊从心，即恙字。説文：「恙，憂也，从心羊聲。」段注：「古相問曰不恙、曰無恙，皆謂無憂也。」楚辭九辯的「還及君之無恙」，王延壽夢賦的「轉禍為福，永無恙兮」，無恙均謂無憂，乃古人常語。周代金文無恙字，古璽文有「⿱宀恙容」，⿱宀恙字从恙作「[seal]」。【釋心 甲骨文字釋林】

◉劉彬徽等 (439)恙，借作恙，《漢書·萬石君傳》：「萬石君尚無恙」，注：「憂病也」。【包山楚簡】

惴

◉許慎 惴憂懼也。从心。耑聲。詩曰。惴惴其慄。之瑞切。【説文解字卷十】

◉馬叙倫 古書言惴。義率為懼。憂懼也疑當作憂也懼也。憂也校語。蓋借為惙。同舌面前音也。【説文解字六書疏證卷二十】

⿱鈞心

◉許慎 ⿱鈞心憂也。从心。鈞聲。常倫切。【説文解字卷十】

◉馬叙倫 ⿱鈞心聲真類。忦聲脂類。脂真對轉轉注字。愪音喻紐三等。⿱鈞心音禪紐。同為次濁摩擦音。亦轉注字。⿱鈞心得聲於匀。匀羊音同喻紐四等。是⿱鈞心恙亦轉注字。【説文解字六書疏證卷二十】

怲

◉許慎 怲憂也。从心。丙聲。詩曰。憂心怲怲。兵永切。【説文解字卷十】

◉馬叙倫 怲恙聲同陽類轉注字。與慯亦然。【説文解字六書疏證卷二十】

惔

惔 古老子【古文四聲韻】

◉許慎 惔憂也。从心。炎聲。詩曰。憂心如惔。徒甘切。【説文解字卷十】

◉馬叙倫 鈕樹玉曰。詩節南山釋文。惔。説文作⿱天火。小熱也。不應此又引作惔。蓋後人引今詩增。詩雲漢釋文引作炎燎也。蓋誤引他書。倫按惔音定紐。⿱鈞心音禪紐。古讀歸定。是惔⿱鈞心為轉注字。惔從炎得聲。炎音喻紐三等。愪音亦喻三。是惔愪亦轉注字也。詩雲漢釋文引者。⿱天火字義也。玄應一切經音義引倉頡。惔。恬也。【説文解字六書疏證卷二十】

惙

◉許　慎　憂也。从心。叕聲。詩曰。憂心惙惙。一曰。意不定也。陟劣切。【說文解字卷十】

◉馬叙倫　惙音知紐。與惌為同舌面音轉注字。與忦為聲同脂類轉注字。玄應一切經音義引字林。惙。憂也亦意不定也。此憂也蓋吕同許。亦意不定也者。吕列異義。上文。憧。意不定也。憧音穿紐三等。惙音知紐。同為舌面前音。則此乃憧字義。此字或出字林。【說文解字六書疏證卷二十】

◉蕭　璋　憂心惙惙與憂心忡忡同意。故許氏又訓為意不定也。蓋惙惙忡忡衝衝憧憧皆為意不定，亦皆有撞揆意也。【釋至　國立浙江大學文學院集刊第三集】

慯

◉許　慎　憂也。从心。殤省聲。式亮切。【說文解字卷十】

◉馬叙倫　慯音審紐三等。與惙惌為同舌面音。與恙為同次清摩擦音且聲同陽類。竝轉注字也。【說文解字六書疏證卷二十】

愁

◉許　慎　憂也。从心。秋聲。士尤切。【說文解字卷十】

◉馬叙倫　憂愁聲同幽類轉注字。愁音牀紐二等。古讀歸定。是與惔惌亦轉注字。字見急就篇。【說文解字六書疏證卷二十】

愵

◉許　慎　憂皃。从心。弱聲。讀與惄同。奴歷切。【說文解字卷十】

◉馬叙倫　劉秀生曰。弱叔古聲同在泥紐。故愵從弱聲得讀若惄。詩汝墳。惄如調飢。釋文引韓詩惄作愵。方言。愵。憂也。自關而西秦晉之間或曰惄。是其證。倫按愵聲宵類。古讀歸幽。是與𢝊愁為轉注字。【說文解字六書疏證卷二十】

惂

◉許　慎　憂困也。从心。臽聲。苦感切。【說文解字卷十】

◉馬叙倫　憂困也當作𢝊也困也。困也蓋臽字義。校語。𢝊怮與惂。幽侵對轉轉注字。【說文解字六書疏證卷二十】

悠 [篆]

◉許　慎　[篆]憂也。从心。攸聲。以周切。【説文解字卷十】

◉方濬益　[字形]攸觶　攸字見散氏盤銘。又後魏碑誌。凡悠字多从火作焂。齊周隋石刻因之。咸以為太武帝時所造新字之一。今觀此銘。是古自有焂字。非始於拓跋世也。【攸觶　綴遺齋彝器款識考釋卷二十四】

◉馬叙倫　悳悠聲同幽類轉注字。悠恙音同喻紐四等轉注字。古讀喻四歸定。則與惔相為轉注字。【説文解字六書疏證卷二十】

◉戴家祥　[字形]豐姞毁字，从言从攸，前人缺釋，以意求之，字當釋悠。説文攸，行水也，从攴，从人水省。汷，秦刻石嶧山文攸字如此。説文言部諶，誠諦也，从言，甚聲。詩曰「天難諶斯」。今毛詩大雅大明作「天難忱斯」，从心，冘聲。又「誖，亂也。从言，孛聲。」「悖」，誖或从心。又「諅，忌也，从言，其聲。周書曰：上不諅于凶德。」今周書多方作「爾尚不忌于凶德。」从心，己聲。又訴，告也，从言斥省聲。論語曰：訴子路於季孫。今論語憲問作「愬子路於季孫」，从心朔聲。再就説文心部言之。「忱，誠也，从心，冘聲。詩曰：天命匪忱。」今毛詩大雅蕩作「天生烝民，其命匪諶。」而韓詩外傳忱作訦，从言，冘聲。「憝，怨也。从心，敦聲。周書曰：凡民罔不憝。」今孟子萬章下引康誥曰「凡民罔不譈」，从言敦聲。「愆，過也，从心衍聲。」籀文愆作諐，从言侃聲。是表義符號从言者，或有更旁从心。从心者，亦或更旁从言。法言問神「故言，心聲也。」此言人之語言，來自思維活動的外部表現，言與心通，生理使然。毁銘云「豐姞憙用宿夜亯孝于[言攸]公于窒叔朋友」，[言攸]公即悠公。爾雅釋詁「悠，遠也」。悠遠雙聲同義詞。唐韻悠讀「以周切」，喻母幽部。【金文大字典下】

悴 [篆]

[字形] 3·793　瞽不悴　【古陶文字徵】

◉許　慎　[篆]憂也。从心。卒聲。讀與易萃卦同。秦醉切。【説文解字卷十】

◉馬叙倫　悴音從紐。愁音牀紐二等。同為濁破裂摩擦音轉注字。悴忦聲同脂類轉注字。恂聲真類。脂真對轉。亦與悴忦相轉注也。讀與易萃卦同。明後校者加之也。文選歎逝賦注引倉頡。悴。憂也。【説文解字六書疏證卷二十】

恖 [篆]

[字形]　一：四八　宗盟類參盟人名邶恖　【侯馬盟書字表】

◉許　慎　慁憂也。从心。圂聲。一曰。擾也。胡困切。【説文解字卷十】

◉馬叙倫　慁音匣紐。匣與喻紐三等同為次濁摩擦音。則慁慇愪為轉注字。慁聲真類。與悴忦為脂真對轉轉注字。字見急就篇皇象本。顔師古本作溷。【説文解字六書疏證卷二十】

◉許　慎　𢡆楚潁之間謂憂曰𢡆。从心。刕聲。力至切。【説文解字卷十】

◉馬叙倫　鈕樹玉曰。玉篇引無之字。倫按唐寫本切韻殘卷七之𢡆下曰。按説文楚顈之間愁謂憂。顈蓋潁之譌。愁亦𢡆之譌也。𢡆音來紐。古讀歸泥。愵音泥紐。是轉注字也。【説文解字六書疏證卷二十】

忓　説文从心于聲讀若吁此从心吁聲　末距忬　【金文編】

◉許　慎　忓憂也。从心。于聲。讀若吁。況于切。【説文解字卷十】

◉馬叙倫　忓音曉紐。與慯音審紐悠恙音同喻紐四等者為同次清摩擦音轉注字。從于得聲。于音喻紐三等。則與悁慇慁為同次濁摩擦音轉注字。與忦惂為同舌根音轉注字。【説文解字六書疏證卷二十】

◉許　慎　忡憂也。从心。中聲。詩曰。憂心忡忡。敕中切。【説文解字卷十】

◉馬叙倫　忡音徹紐。與惙為同舌面前音轉注字。忡惂聲同侵類轉注字。忡與怮悳愁愵悠悄則幽侵對轉轉注字。【説文解字六書疏證卷二十】

◉蕭　璋　忡，憂也。从心，中聲。許曰：「憂心忡忡。」(敕中切)「憧，意不定也。从心，童聲。」(尺容切)按詩召南草蟲毛傳謂「忡忡猶衝衝也」。衝即衝字，衝為撞揬之義(見四篇推椎字條)，故忡忡衝衝皆有刺擊之意，而易之憧憧，易林之衝衝，皆有忐忑不定之意。(易咸九四：「憧憧往來」。釋文云：「憧憧，劉云：意未定也。京作憧憧」。段注説文憧字曰：「劉表章句曰：憧憧，意未定也。説與許同。」易林咸之坤云：「心惡來怪，衝衝何懼。」憧憧、憧憧、衝衝，王氏以為並字異而義同。見廣雅疏證釋訓：「憧憧往來也」條下。)與撞揬之義相因，蓋忡憧聲近而義同也。忡之與憧，即如毛公之言忡忡猶衝衝也。【釋至　國立浙江大學文學院集刊第三集】

悄　慽　慐

◉許　慎　憂也。从心。肖聲。詩曰。憂心悄悄。親小切。【説文解字卷十】

◉馬叙倫　悄音清紐。與悴音從紐為同舌尖前破裂摩擦音轉注字。悄慽音同清紐轉注字。【説文解字六書疏證卷二十】

◉許　慎　憂也。从心。戚聲。倉歷切。【説文解字卷十】

◉馬叙倫　丁福保曰。慧琳音義十四引作憂懼也。倫按憂懼也當作慐也懼也。懼也蓋慴懾字義。慴懾音竝照紐三等。慽得聲於尗。尗音審紐三等。同為舌面前音也。校語。【説文解字六書疏證卷二十】

慐　孳乳為憂　中山王嚳鼎　以慐勞邦家　　蛮壺　以慐氒民　【金文編】

慐　日甲八一背　通憂　乙名曰舍徐可不詠亡—　【睡虎地秦簡文字編】

鮑毋慐　　臣毋慐　【漢印文字徵】

◉許　慎　愁也。从心。从頁。徐鍇曰。慐形於顔面。故从頁。於求切。【説文解字卷十】

◉吴大澂　古鉢毋憂。【説文古籀補卷十】

◉林義光　説文云。愁也。从心从頁。慐心形於顔面。故从頁。和之行也。从夊慐聲。按憂義為行。無他證。慐愁之慐。經傳皆作憂。古作無憂彝丁。象憂懣見於顔面之形。象手足。或作毛公鼎。省夊。即篆之慐字。或作番生敦作克䵼彝。从憂憂或省。卣聲。【文源卷四】

◉馬叙倫　沈濤曰。六書故曰。蜀本作頁聲。小徐本亦有聲字。鈕樹玉曰。韻會作從心頁聲。蓋頁本古文䭫首字。於聲正合。倫按頁聲也。徐鉉以鍇語慐心形於顔面故從頁。遂去聲字。今鍇本慐心九字羼入説解頁聲下矣。鍇本作頁聲。下有慐心形於顔面故從頁九字。慐慽聲同幽類轉注字。急就篇。憂念緩急悍勇獨。疑故書作慐。傳寫改之。【説文解字六書疏證卷二十】

◉滕壬生　湖北省江陵縣在春秋戰國時期為楚郢都所在地。解放後，文物考古工作者配合農田水利基本建設工程在這個地區發掘了大批楚墓，出土了許多珍貴的歷史文物，其中望山一、二號墓和天星觀一號墓還出土了很重要的有字竹簡。在這幾批簡文中，「卜筮記録」内的「慐」字屢見，其構形大致有以下兩類：

甲類：□（一）　□（二）　□（三）

乙類：□

甲類（一）上部和（二）、（三）右上部皆從□，乙類中部從□，應當都是百字。《説文》百下云：「頭也，象形。」百即首字，《説文》首下云：與「百同」。百、首實為一字。百字在楚簡中習見，大體可以歸納為如下兩組：

A組：□　信陽楚簡《竹書》

□　信陽楚簡《遣册》

□　天星觀楚簡《卜筮記録》

□　天星觀楚簡《遣册》

B組：□　望山二號墓

□　信陽楚簡《竹書》

□　戰國楚帛書·乙篇

在楚簡中，上列A、B兩組形體無論是獨體字還是作偏旁用，它們往往可以互作。例如：天星觀楚簡《遣册》中的「毛之首」的首字作□，同樣的辭句其首字又作□；「白羽之首」的首字作□，又作□；「戠羽」之戠字作□，從□；又作□，從□。天星觀楚簡《卜筮記録》中的「遡禱道一……」的道字作□，從□；信陽楚簡《竹書》中的「君子之道」、「行又（有）道」、「天道」之道均作□，從□，而「導」字作□，從□，是其證。

至於上舉甲類與乙類以及A、B兩組百字不同的地方在於甲類百字内作「≪」形，而乙類和A、B兩組則作「=」形，然作「≪」與作「=」在古文字中也是可以互用的。例如：金文中的眉壽之「眉」字，一般作□（見《金文編》），畢鮮簋則作□（《名原》卷下一七頁）。按孫説是。此□（《金文編》一八九頁），朱芳圃把這個字釋作□，不可信。孫詒讓説：金文□壽字常見，□皆作□（《名原》卷下一七頁）。按孫説是。

字，上部應是「□」的簡化，下部從頁，非從酉、從分。此頁字上部所從之□内形作「∧」，正與簡文甲類□字内形所從相同。隨縣曾侯乙墓出土的竹簡中「顯」字作□、□，也作□、□；「百」字甲骨文作□《合》三〇〇，□《佚》三七〇反；金文作□、□、□（《金文編》一九五）；璽印作□《鐵云》；信陽楚簡作□，是其證。所以，我們認為楚簡中的□、□、□、□、□等形體均為同字異形。

又古文字中偏旁百、首、頁可以互作，如道字，□盗壺作□，侯馬盟書作□；馬王堆漢墓帛書作□，亦作□；曾伯簠作，侯馬盟書作，石鼓文作，詛楚文作。嚚字，信陽楚簡作，金文作（戰國，故宮），小篆作。《説文》臣，也作頣，籀文作䪿，是其證。

因此，江陵楚簡中甲類（一）「」字應當隸定為「㥑」即「㥑」，與中山國銅器銘文㥑字作：

　中山胤嗣𡚱蛮圓壺

　中山王嚳鼎

是同類的構形。㥑、憂本為一字。

《説文》㥑，「愁也」。金文憂作（見《金文編》三〇六），「象以手掩面形」，表示憂愁之義。江陵天星觀一號墓楚簡「卜筮記録」中第五二至五三號簡云：

「……丁占之，少（小）又（有）㥑於躬，有祱祱之，遇禱☑」。

又第七十九號簡云：

「……占之恒貞吉，少（小）又（有）外㥑，又（有）祱，以其古（故）祱之，遇禱……。」

其中「有㥑於躬」意即身有憂愁。古人占卜之辭，常言「有憂」、「毋憂」、「多憂」（見《史記·龜策列傳》）。

大意是説，占卜的結果，從長期看是吉利的，目前外部有憂患，是因為有鬼神做祟，應將憂患之事向鬼神陳説，遇禱……。

甲類（二）隸定為優即優字。天星觀第八十二號簡云：

「……占之恒貞吉，少（小）又（有）優於躬，又（有）敓，以其古（故）敓之，遇禱……。」

其中「有優於躬」的辭義與前舉天星觀第五二至五三號簡完全相同。由此可見，戰國楚簡中憂、優二作，優是憂的或體，不必一定看作假借字。

甲類（三）的字，見於江陵望山一號墓楚簡：

「……少（小）又（有）於□」

「牺（將）又（有）於躬，……」

這兩段簡文與前舉天星觀八十二號簡文句式相同，這兩個字亦應為「優」，所不同的祇是「」字所從之「」上部作。高鴻縉在考釋毛公鼎的「憂」字下云：憂字「金文作、，小篆變作偏旁作，加心則為及，實一字也。《説文》㥑分為二字（不知其有足無足無別）而分為之説，曰：㥑，愁也。憂，和之行也。大誤。（毛公鼎集釋八六頁）」按高説是。戰國楚帛書中

患

有𢝊，商承祚先生釋為「憂」，甚確，下部所從當是「夊」之殘形。

乙類之𢝊，應隸定為「𢙏」，亦即「𢝊」字。古文字中從宀與否每每無別，如金文福字也作富，親字也作寴，𣪊字也作𡪢（見《金文編》）；天星觀楚簡中「中」字也作「宙」，是其證。𢙏為憂字，文從字順。天星觀第二十八號簡云：

「……黃迠（過）㠯（以）大英為邸昜（陽）君番勳貞，既滄𤼭㠯（以）𢙏‖（憂憂）肰（然），不欲飤（食）……。」

憂亦作懮。《楚辭·抽思》「傷余心之懮懮」。注「病貌」。【釋𢝊　古文字研究第十輯】

◉楊樹達　徐鍇曰：「𢝊形於顏面，故从頁。」樹達按：𢝊愁生於心而見於面，故為二名相承。【文字形義學】

◉劉彬徽等　(349)𢝊，𢝊字。《說文》𢝊字從心從頁，簡文此字從百，與從頁同。讀作憂。【包山楚簡】

◉王貴元　《戰國縱橫家書》272行：「秦使辛梧據粱（梁），合秦、粱（梁）而攻楚，李園𢝊之。」又36行：「王𢝊之，故强臣之齊。」𢝊、𢝊形同，其下部為「心」，上部與帛書文字夒（楷書作夏）字形同，夒，《戰國縱橫家書》183行作𢝊，《老子》乙本85行下作𢝊，《老子》甲本218行作𢝊，可見此字為从心从夒。唐蘭先生曾論證：「頁即夏字。」（見《古文字學導論》239頁。）《說文·十下·心部》：「𢝊，愁也。從心從頁。」據前引《戰國縱橫家書》兩句文意，釋「𢞊」為「𢝊」之異構字，於形於義皆合。頁，甲骨文異寫頗多，皆象突出頭部之人形，「夒」則下有足，與「頁」繪形有繁簡，但表示的是同一事物。甲骨文之人形形體或作𠁡，或作𠃑，功能無別。夒字所從𦥑，當是原形手臂𠂇、𠂈的演化，《說文》「夒」下釋形曰：「𦥑，兩手。」甚確。頁、夒功能相同，後大約因其繪形繁簡不同而賦予不同的意義，遂分化為二字，由此可見，《說文》小篆𢝊，當為從心從夏，夏、夒本都為人形繪形，一無左右手臂，一有左右手臂，形體由象形轉化為表義後，即成為異構字。《說文》釋「憂」為從夊𢝊聲，誤。憂，兩周金文無作心者，可見「心」旁是後增的。作𢞊者，「心」旁增於下；作「憂」者，「心」旁增於中（「心」旁最初可能增於人形身部彎曲處，後隨着形體象形性的降低，人體與人足斷開，「心」旁夾在了中間）。夒，古音魚部匣母；憂，古音幽部影母，魚幽旁轉，影匣鄰紐，𢞊字為從心夒聲，與憂、𢝊皆為同詞異構字。又，《戰國縱橫家書》4行：「王毋夒事，務自樂也。」10行：「不利于國，且我夒之。」「夒」皆「𢞊」之借字，也可證𢞊字所從「夒」為聲符。【馬王堆帛書文字考釋　古漢語研究一九九五年第三期】

 吐患□利□邪　【漢印文字徵】

 古孝經　 古老子　 說文　【古文四聲韻】

恇　㥦

◉許　慎　患憂也。从心上貫吅。吅亦聲。胡丱切。𢝜古文从關省。𢙌亦古文患。【説文解字卷十】

◉馬叙倫　鈕樹玉曰。韻會引吅作串。段玉裁曰。從心八字淺人所改。當是從心毌聲。毌貫古今字。古字形橫直無定也。翟云升曰。韻會引作串亦聲。孫詒讓曰。串聲。串即毌之異文。晉姜鼎毌字即串。從兩毌。詩皇矣。串夷載路。釋文。一本作患夷。倫按本書無串字。父乙甗有毌。南宮中鼎有毌。與毌一字。下文亦古文患作𢙌。即從毌之譌。此省耳。患為慁之音同匣紐轉注字。本作貫也。以聲訓。字見急就篇。

𢝜　段玉裁曰。从關省為聲。倫按閂為關之異文。非省也。關患聲皆元類轉注。從關省校者改之。當作古文患。

𢙌　莊述祖曰。從心䀠聲。䀠古文毌。翟云升曰。鍇本作古文從臼心。非。【説文解字六書疏證卷二十】

◉林義光　説文云。患憂也。从心上貫吅。吅亦聲。按从心串聲。串即毌字。【文源卷十一】

◉唐　蘭　毌行　毌當是貫的初文，或省作串，像把貝串起來的樣子。《説文》脱串字，患字從心上貫吅，吅亦聲，是錯的。應是從心串聲。古文作𢙌，從䀠，即毌形的演變。《爾雅·釋詁》：「串，習也。」就是慣的本字。【論周昭王時代的青銅器銘刻　唐蘭先生金文論集】

◉許　慎　恇怯也。从心匡。匡亦聲。去王切。【説文解字卷十】

◉馬叙倫　嚴可均曰。匡亦二字校者所加。翟云升曰。一切經音義十三引作煩擾也。倫按恇怯魚陽對轉轉注字也。然本書無怯。此字林文耳。字或出字林也。恇蓋惶之異文。玄應引疑譌。【説文解字六書疏證卷二十】

3·1319　獨字　【古陶文字徵】

3121　【古璽文編】

◉許　慎　㥦思皃。从心。夾聲。苦叶切。【説文解字卷十】

◉馬叙倫　嚴可均曰。一切經音義十二引作恐息也。據上下文則思皃誤。丁福保曰。慧琳音義七十五引作恐息也。胡玉縉曰。莊炘曰。思皃疑恐息皃之誤脱。是也。沈濤以為㥦篆下一曰以下之奪文。未審其致譌之跡也。倫按莊説是。然恐息皃當作恐也息也。恐也是本義。㥦為恇之音同溪紐轉注字。息也乃疢字義。此校語。或呂忱列異訓也。㥦為慊之聲同談類轉注字。

【説文解字六書疏證卷二十】

懾 懾

◉許　慎　懾失气也。从心。聶聲。　曰。服也。之涉切。【説文解字卷十】

◉馬叙倫　鈕樹玉曰。一切經音義十二及廿引作心服也。蓋誤以懾為㒍。嚴可均曰。玄應音義九又引字林。服也。校者依字林删心字。倫按失气也非本訓。實與心服也為一義。皆恐懼之引申義。㒍懾或是一字。亦必有一字出字林也。【説文解字六書疏證卷二十】

憚 憚

◉許　慎　憚忌難也。从心。單聲。一曰。難也。徒案切。【説文解字卷十】

憚　中山王譽鼎　憚=㦄=　【金文編】

◉馬叙倫　桂馥曰。通俗文。旁驚曰憚。忌難也者。難當作惡。廣韻。憚。忌惡也。承培元曰。一曰難。難當作驚。見考工記矢人注。王筠曰。蓋校異文。玉篇。難也。畏憚也。朱駿聲曰。方言十三。憚。惡也。丁福保曰。慧琳音義三及六及廿引作忌嫉也。二徐本嫉誤作難。倫按本作難也。以聲訓。吕忱或校者加忌也嫉也。傳寫譌作忌難也。後校者據一本又作難也。故注之。憚悼音同定紐轉注字。忌也者。借憚為忌。忌音羣紐。憚音定紐。同為濁破裂音也。嫉也者。借憚為嫉。嫉音從紐。古讀歸定也。【説文解字六書疏證卷二十】

◉戴家祥　中山譽鼎　憚=㦄=　大戴禮記曾子立事「君子終身守此憚憚」，注「憚憚，憂惶也」。銘文「憚=㦄=」即詩大雅雲漢「兢兢業業」，毛傳「兢兢，恐也」，與憚憚同義。【金文大字典中】

悼 悼

齊悼惠園　【漢印文字徵】

　竝籀韻　【古文四聲韻】

◉許　慎　悼懼也。陳楚謂懼曰悼。从心。卓聲。臣鉉等曰。卓非聲。當从罩省。徒到切。【説文解字卷十】

◉馬叙倫　鈕樹玉曰。韻會從心卓聲在陳楚句上。玉篇。懼也。傷也。方言。悛憮矜悼憐。哀也。齊魯之間曰矜。陳楚之間曰悼。倫按陳楚謂懼曰悼。段玉裁據方言謂許易哀為懼。未詳。倫謂懼字蓋涉懼也而譌。陳楚謂哀曰悼。呂忱或校者記異義。非證字也。哀也者。借悼為憐。憐從粦得聲。粦從舛得聲。舛音穿紐三等。悼從卓得聲。卓音知紐。同為舌面前音也。

【説文解字六書疏證卷二十】

恐　説文古文从工　中山王嚳鼎　恐隕社稷之光　【金文編】

5·97　咸㘝里恐　【古陶文字徵】

恐　為二　二例　秦一〇五　二例　法五一　日甲二九　二例　封一　日甲二八　【睡虎地秦簡文字編】

恐　恐　【汗簡】

古史記　古老子　説文　崔希裕纂古　籀韻　義雲章　汗簡　【古文四聲韻】

◉許　慎　懼也。从心。巩聲。丘隴切。古文。【説文解字卷十】

◉馬叙倫　懼。恐也。恐懼為同舌根音轉注字。字見急就篇。

工聲。古文下當有恐字。【説文解字六書疏證卷二十】

◉黄錫全　恐　中山王鼎恐作，《説文》古文作。鄭珍云：「今史漢不見此文，宜亦注《説文》。」夏韻用韻注出《汗簡》，知早已脱注。【汗簡注釋卷四】

◉李毅夫　吾字在卜辭裏原作或，乃《説文》所無。這個不認識的字，葉玉森釋為苦，郭沫若曾釋為吕（以後又放棄了這個看法）。唐蘭釋為邛，林義光和于省吾都釋為擊。這個不知道的族名，唐蘭以為是邛的本名，林義光、于省吾以為就是鬼方。

要認識這個字，並判斷這個族是否鬼方或其他什麼族，光靠着約略的推測是不行的，必須從形、音、義三個方面進行考察，先認識其字，然後還必須把卜辭中與這個族名有關的其他族名和地名都繫聯起來，作一番綜合性的分析。

首先來認識這個字。吾字的上半是工，這是不成問題的。問題在於下半的口。甲骨文學者似乎以為這個字的下半肯定是口耳之口，於是没有深究下去。其實古文字所从之口，一方面是口耳之口，也有時是心字的簡寫。兹舉證以明之：

1. 哲字現在从口，但金文無一不是从心。由字義來看，哲字本應从心。
2. 意字現在从心，但甲骨文則从口。
3. 情字現在从心，但《説文》所載古文之一則从口。
4. 慶字繁體楷書从心，但古文則或从心，或从口。

岑仲勉以為甲骨文没有从心字。但由商代的歷史材料來看，商代人的心理活動已達到相當高的程度，因之不可能没有从心字。卜辭中有個卜人名，一向隸寫為𠳿，舊以為《説文》所無而不認識，其實就是忠字。人名為忠，自古常有。卜辭中還有個𡖊字，實即惠，是個地名，當即文獻中的懷地。由卜辭的地名聯繫來看，惠地在今河南省境内，黄河之北，離黄河不遠，與文獻中的懷地所在相合。惠字上古韻屬脂部，懷地上古韻屬微部，聲韻最近。卜辭从心字之心作口形，上述的意字也是一例。

由此看來，𢀛當即[illegible]字。據《説文》，[illegible]是恐的異寫。恐字古代與凶、匈及其它从凶字相通，例如：《左·僖二十八》：「曹人兇懼。」注曰：「恐懼貌。」《晉語》：「敵人而凶。」注曰：「恐懼也。」《管子·任法》：「皆虚其匈，以聽其上。」注曰：「恐懼貌。」《説文》：「兇，擾恐也。」匈、凶、兇屬上古東部，喉音，恐也是一樣，所以相通。由字形和字音來看，𢀛方當是匈奴。

但僅憑這些還不够，還需要考察一下這個族活動地方是否與文獻所載匈奴活動的地方相一致。且看下面的卜辭：「□未卜，品貞：王狩唐，若。恐方其大出。王固曰：恐☒。」（續4·35·4）「☒恐方征𢦏貴示陽。」（珠1182）「☒自西☒恐方征我示☒萺亦𢦏貴☒。」（前7·17·1）「癸卯☒王固曰：『☒』。四日丙午☒友、唐曰：『☒入于萺☒』。」（前4·29·5）

以下的卜辭中都有唐：「乎伐[illegible]，𠫑。勿取唐，𠫑。」（前6·18·6）「方其出唐。」（甲2924）「方不出于唐。」（河705）

以下的卜辭中也都有方：「方卒（撻）井方。」（殷卜624）「方至涂冓。」（續5·4·3）「方不出于匬。」（前6·35·4）

根據以上各條引文，可知恐方是商的勁敵。在引文中，與恐方直接繫聯的地名、族名有陽、萺唐、貴，與方、唐間接繫聯的地名、族名有井方、涂冓、匬。前面已證明陽和萺在今太原市一帶，如果其它地名的絶大部分都能證明也是在今太原市一帶，那無疑就確證了恐方就是匈奴。

古唐地所在的三種説法，只有太原晉陽説為可信。

再看與「方」相繫聯的地名、族名。方後來稱為什麼族，這裏暫不討論。首先需要指出的是卜辭中與方有繫聯的地名、族名。今太原市東南有榆次，而卜辭中有匬；今太原市正南有徐溝，而卜辭有涂冓；今太原市之東晉冀兩省交界處有井陘關，而卜辭有井方。這一切絶非偶然的巧合。

慴　怵

匬、涂冓、井方與陽、萅、蒙、唐等，分别與榆次、徐溝、井陘關、陽曲、□萅山、蒙山、唐（晉陽）相對應，並且如此集中地巧合在今太原市一帶而不是其它什麼地方，這説明了上面的考據之可信程度。這些地名、族名在卜辭中都是與恐方相繫聯的，這也就説明了恐方的活動範圍在今太原市一帶。

前面證明恐匈二字相通，這裏又證明了恐方的活動地帶與匈奴族的活動地帶相一致，可見恐方就是匈奴。【鬼方舌方考　齊魯學刊一九八五年第六期】

◉戴家祥　中山王𠭯鼎　忎隕社稷之光　金文作忎，為恐之省聲字。【金文大字典上】

◉許慎　懼也。从心。習聲。讀若疊。之涉切。【説文解字卷十】

◉馬叙倫　翟云升曰。六書故引作震慴也。倫按慴訓失气。失气即謂懼也。慴為懾恐之聲同談類轉注字。習疊亦聲同談類。故慴得讀若疊。詩莫不震疊。毛傳訓疊為懼。即借疊為慴也。是其證。六書故引作震慴也。震字校者以詩義加。或字林文。字或出字林也。【説文解字六書疏證卷二十】

竝古老子【古文四聲韻】

◉許慎　恐也。从心。术聲。丑律切。【説文解字卷十】

◉馬叙倫　翟云升曰。六書故引作心恐動也。倫按怵音徹紐。慴音同照紐三等。同為舌面前音。轉注字也。恐音溪紐。溪徹同為次清破裂音。亦轉注字。六書故引者。蓋校語。疑心上當有謂字。【説文解字六書疏證卷二十】

◉徐中舒　伍仕謙　此怵字。《璽印文字徵·附録》「上黨遂大夫」印，遂字作。按：遂、術、述三字古通用。《三體石經》公子遂，古文作（《左傳》僖公），乃其隧命作（《尚書·君奭》），遂均作述。《左傳·文公十二年》「秦伯使術來聘」，《公羊傳》術字作遂。《禮記·祭義》：「結諸心、形諸色而術省之」。鄭注曰：「術當為述」，篆文术作，應為之形省。此字之偏旁，乃之形譌，即术之異文。炅，假為惕。《孟子·公孫丑》：「怵惕惻隱之心」。注：「怵惕，驚動貌。」《説文》：「怵，恐也」。【中山三器釋文及宮室圖説明　中國史研究一九七九年第四期】

惕 蔡侯䵼盤 蔡侯䵼尊 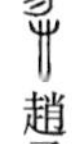趙孟壺 為趙孟庎邗王之惕金【金文編】

一六：三 宗盟類序篇 余不敢惕丝【侯馬盟書字表】

156 163【包山楚簡文字編】

愓古周易 愓 愓【汗簡】

古周易【古文四聲韻】

◉許 慎 敬也。从心。易聲。他歷切。或从狄。【説文解字卷十】

◉馬叙倫 沈濤曰。文選射雉賦注一切經音義五皆引作驚也。經籍中如虞鄭之注易。韋注國語。張揖之廣雅。皆訓惕為懼。玉篇亦云。惕。懼也。懼與驚相近。辥注東京賦訓惕為驚。正與許合。古無訓惕為敬者。敬乃驚之壞字。倫按孟子。皆有怵惕惻隱之心。怵惕連文。怵音徹紐。惕音透紐。同為次清破裂音。轉注字也。驚也非本訓。或字出字林也。

 宋保曰。狄聲。猶逖古文作逷也。【説文解字六書疏證卷二十】

◉聞一多 慐為惕之別構。惕錫古通。易夬。惕號。釋文荀翟本作錫。是其比。惟葉慈唐蘭二氏並讀為錫賞之錫。則釋字是而義訓非。余意錫當用本意。説文錫。銀鉛之間也。錫金謂錫與金也。金即銅。銅中加錫。是為青銅。即鑄器所用矣。東周器銘每詳載所用金質之成分。曾伯霥簠曰。余睪其吉金黃鏞。邵黛鐘曰。乍為金鐘。玄鏐鏞鋁。邾公牼鐘曰。玄鏐膚呂。邾公華鐘曰。睪氒吉金。玄鏐赤鏞。並頃所見長沙蔡氏藏劍曰。玄鏐非绯呂。胥是。此曰。錫金。詞質而例同。亦東周風尚也。容氏讀慐如字。訓為敬。其意似即指今人稱奉獻曰敬之敬。此則以近世俗語釋彝器古文。不知淵雅如容氏者何以出此。而精思如陳君復冒然從之。亦可怪駭。【禺邗王壺跋 聞一多全集】

◉黃錫全 愓古周易 鄭珍云：「《説文》愓下讀若《易》曰『夕惕若厲』，是以惕明愓音，非孟氏古文作愓也，郭氏誤會。」按馬王堆漢墓帛書《六十四卦·乾》之「夕惕若厲」之惕作泥，《夬》之「惕號」之惕作傷，《小畜》之「血去惕出」之惕作湯，郭見本作愓。惕、愓、泥、傷、湯等字音近假借。【汗簡注釋卷二】

◉李孝定 禺邗王壺銘：「為趙孟庎邗王之惕金」；葉慈、唐蘭二氏讀為錫，訓為賜；聞一多氏則以為金名之錫；前説為長。曾

伯簠：「金道錫行」，金名字作「鍚」。【金文詁林讀後記卷十】

◉戴家祥　蔡侯尊銘文「不惕」與漢書王商傳「無惕悐憂」同，即怵惕憂懼之義。【金文大字典上】

㤨

◉許　慎　戰慄也。从心。共聲。户工切。又工恐切。【説文解字卷十】

◉馬叙倫　段玉裁曰。慄當作栗。許書無慄。倫按此字蓋出字林。【説文解字六書疏證卷二十】

㤥

◉許　慎　苦也。从心。亥聲。胡槩切。【説文解字卷十】

◉馬叙倫　苦也蓋以聲訓。㤥㤨音同匣紐。或轉注字。字或出字林。【説文解字六書疏證卷二十】

惶

◉許　慎　恐也。从心。皇聲。胡光切。【説文解字卷十】

◉馬叙倫　惶恐同舌根音。惶懼悑魚陽對轉。惶㤥㤨音同匣紐。皆轉注字。玄應一切經音義引倉頡。惶。恐也。【説文解字六書疏證卷二十】

悑

◉許　慎　惶也。从心。甫聲。普故切。或从布聲。【説文解字卷十】

◉馬叙倫　悑音滂紐。恐音溪紐。同為次清破裂音轉注字。

倫按怖亦從父得聲。悑之異文也。【説文解字六書疏證卷二十】

慹

◉許　慎　悑也。从心。執聲。之入切。【説文解字卷十】

◉馬叙倫　吴穎芳曰。慴之轉語。鈕樹玉曰。莊子田子方釋文引作怖也。倫按慹慴懾音同照紐三等聲同談類轉注字。【説文解字六書疏證卷二十】

𢡱 㦅 惎

◉許　慎　𢡱㦅也。从心。毄聲。苦計切。【説文解字卷十】

◉馬叙倫　鈕樹玉曰。廣雅。𢡱。極巾。今北方人謂極曰𢡱。倫按晉人書牘言小極者是此字。【説文解字六書疏證卷二十】

◉許　慎　㦅𢡱也。从心。葡聲。蒲拜切。憊或从疒。【説文解字卷十】

◉馬叙倫　𢡱從毄得聲。㦅得聲於苟。毄苟音同見紐。故𢡱轉注為㦅。【説文解字六書疏證卷二十】

3·274　㕕蒦圆匋者惎　3·275　同上　存陶　3·18【古陶文字徵】

5289【古璽文編】

◉許　慎　惎毒也。从心。其聲。周書曰。來就惎惎。渠記切。【説文解字卷十】

◉丁佛言　惎。古匋集均其亦作亓。【説文古籀補補卷十】

◉顧廷龍　忎。説文所無。按上从亓。亓與丌同。亦即其字。从亓。从心。疑即惎字。周書曰。來就惎惎。潘。□忎圆匋□□。忎。周去蒦圆匋尚忎。【古匋文孴録】

◉馬叙倫　鈕樹玉曰。繫傳作𢘆。玉篇廣韻但引毒也。江聲曰。秦誓未就予忌當即此文。未來形譌。倫按毒也非本義。惎蓋忌之轉注字。猶己之轉注為㠱也。字蓋出字林。【説文解字六書疏證卷二十】

恥

耻【汗簡】

義雲章【古文四聲韻】

◉許　慎　恥辱也。从心。耳聲。敕里切。【説文解字卷十】

◉馬叙倫　段玉裁曰。辰部。辱。恥也。二篆為轉注。倫按恥辱以聲訓。辱為槈之初文。無恥義也。恥從耳得聲。耳辱音同日紐。故得借辱為恥。恥即羞辱之辱本字。【説文解字六書疏證卷二十】

◉陳獨秀　恥　侮辱之言入於耳而慚於心也。【小學識字教本】

㥏　忝

◉胡廣文　游順釗同志所撰《原「耻」——歷史態勢學與古文字研究》(載《中國語文》1991年6期)一文(以下簡稱「游文」),從分析態勢語入手,證明古文字「耻」的耻辱、羞耻義與「耳朵」有關。其意義來源是社會性的。游文用目前流行於我國北南方不少地區的婦女們對孩子(或孩子們之間)一邊用指頭在臉頰上向前(或向下)輕輕擦兩三下,一邊説取笑對方「没羞、没羞」這種態勢語,來説明「耻」義的歷史來源。游同志探究語源的方法是值得稱道的,但作者因此得出結論説,耻字的「導發因素是個刑例」,即耻的羞耻、耻辱義來源於古代的「刵刑」——割掉罪犯耳朵的刑罰。那時,指着耳朵的這個手勢是警戒別人不要做羞耻行為的訊號,「小心你的耳朵」。往後,這個手勢慢慢弱化,今天只作為嘲弄不知羞的動作了。游文認為循着這一結論,可以解釋古漢字的字源。我們以為,作者的觀點和結論值得商榷。即游文之原「耻」,溯非其源。且循着這一結論,並不能解釋另一些从「耳」的古漢字字源。⊘

游文把耻字歸入會意兼形聲字,「耻,辱也。从耳心,耳亦聲。」糾正了《説文解字》的失誤,頗有見地。但我們認為,「耻」的意義源頭不是「刑例」,而是來源於最早的掠奪奴隸的戰爭「戰俘被割去耳淪為奴隸」這一歷史事實。「从耳心」,被割掉左耳淪為地位低下的奴隸當然會感到「辱也。」⊘

結論:「耻」的語源應是奴隸社會「戰俘被割去左耳淪為地位低下的奴隸」這一歷史現象。循着這一結論,可以合理地解釋所有从耳的古漢字字源(《説文》中表耳朵的功能和特徵的字除外,如「聆」「聽」「聾」「耼」等)。順便提一下,按照唯物史觀,發生掠奪奴隸的戰爭要比國家形成的時間早得多,而刑法是在國家產生後才產生和完善起來的。從這種意義上講,刑例「刵」決非「耻」義的源頭。【也原「耻」——兼與游順釗同志商榷　河北師範大學學報一九九三年第二期】

◉許　慎　㥏青徐謂慙曰㥏。从心。典聲。他典切。【説文解字卷十】

◉馬叙倫　耻音徹紐。㥏音透紐。同為次清破裂音轉注字。此字蓋出字林。故以方言為訓。【説文解字六書疏證卷二十】

籀韻　古孝經　【古文四聲韻】

◉許　慎　忝辱也。从心。天聲。他點切。【説文解字卷十】

◉馬叙倫　吴穎芳曰。忝㥏語之轉。段玉裁曰。蓋或㥏之或體耳。倫按忝㥏音同透紐聲同真類轉注字。詩小宛釋文引字林。

慙

忝。他念反。辱也非本義。或字出字林也。【説文解字六書疏證卷二十】

◉許　慎　媿也。从心。斬聲。昨甘切。【説文解字卷十】

◉馬叙倫　慙從斬得聲。斬音照紐。古讀歸端。㥏從典得聲。典音亦端紐。是轉注字也。斬從車得聲。車音審紐。古讀歸透。則慙與忝亦轉注字。【説文解字六書疏證卷二十】

恧

◉許　慎　慙也。从心。而聲。女六切。【説文解字卷十】

◉馬叙倫　恧音娘紐。恥從耳得聲。耳音日紐。古讀歸泥。泥娘同為舌尖前邊音。恧恥又聲同之類。轉注字也。文選洞簫賦注引倉頡作衄。憂皃。倫謂衄蓋傳寫者誤合恧忍為一字耳。玄應一切經音義引三倉。恧。慙也。【説文解字六書疏證卷二十】

怍

◉許　慎　慙也。从心。作省聲。在各切。【説文解字卷十】

◉馬叙倫　鈕樹玉曰。韻會作從心乍聲。段玉裁曰。乍聲。倫按慙怍音同從紐。慙得聲於車。車乍聲同魚類。轉注字也。【説文解字六書疏證卷二十】

憐

石碣吴人　吴人憐亟　【石刻篆文編】

◉許　慎　哀也。从心。粦聲。落賢切。【説文解字卷十】

◉强運開　説文作。哀也。从心。粦聲。此移心於下。當是古文所謂筆跡小異者耳。【石鼓釋文】

◉馬叙倫　哀也者。廣雅同。然爾雅釋詁曰。憐。愛也。方言七。憐。愛也。哀愛音同影紐假借耳。憐愛為脂真對轉轉注字。方言又曰。悛憮矜悼憐。哀也。齊魯之閒曰矜。陳楚之閒曰悼。趙衛燕代之閒曰悛。自楚之北郊曰憮。秦晉之閒或曰矜。或曰悼。倫謂此訓哀也者。亦或吕忱據方言加。今人言哀者。意謂悲泣。尋哀為唁之轉注字。見哀字下。而字從口。蓋為對患難者致其悲惜之詞謂之哀。則其語原與愛同。故哀愛音同影紐也。而方言謂哀與愛亦每通用其字。故哀與愛皆曰憐矣。

字見急就篇。石鼓作。【說文解字六書疏證卷二十】

𢡟

◉許　慎　泣下也。从心。連聲。易曰。泣涕𢡟如。力延切。【說文解字卷十】

◉馬叙倫　鈕樹玉曰。今易屯作泣血漣如。倫按詩氓。泣涕漣漣。楚詞。憂苦泣下漣漣。此引易今本亦作漣。詩釋文。漣漣。泣皃。本書瀾之重文作漣。則古言漣漣。猶今言汎瀾。以狀泣耳。此從心連聲。蓋憐之音同來紐轉注字。泣下也非本義。字或出字林也。【說文解字六書疏證卷二十】

忍

◉許　慎　能也。从心。刃聲。而軫切。【說文解字卷十】

◉馬叙倫　此忍耐之耐本字。能也以聲訓。亦疑字出字林也。【說文解字六書疏證卷二十】

忍　中山王嚳壺【金文編】

忍　為三六　二例【睡虎地秦簡文字編】

𢙚

◉許　慎　厲也。一曰。止也。从心。弭聲。讀若沔。弥兗切。【說文解字卷十】

◉馬叙倫　朱駿聲曰。𢙚沔雙聲。劉秀生曰。弭聲丏聲並在明紐。故𢙚從弭聲得讀若沔。周禮小宗伯。以秬鬯渳。注。杜子春讀渳為泯。史記司馬相如傳。視眩瞑而無見。漢書作眩泯。宀部。宾從宀。丏聲。讀若書曰。若藥不瞑眩。弭聲如泯。泯聲如瞑。瞑聲如丏。是其證。倫按𢙚厲以聲訓。本義未詳。或怋之轉注字。一曰止也者。蓋蠠字義。弓部。蠠。弛弓也。即弭兵字。𢙚蠠音同心紐也。【說文解字六書疏證卷二十】

𢗖

◉許　慎　懲也。从心。乂聲。魚肺切。【說文解字卷十】

◉馬叙倫　翟云升曰。後漢書竇融傳注引作亦懲也。倫按見忍字矣。𢗖懲轉注字。懲從徵得聲。徵從微得聲。微音微紐。𢗖音疑紐。同為邊音也。懲𢗖二字疑皆出字林。【說文解字六書疏證卷二十】

懲

◉許　慎　懲 忢也。从心。徵聲。直陵切。【說文解字卷十】

◉徐中舒　⿰阝关 小臣遾簋　⿰阝关字不見字書。當為懲之本字。從关聲之字與懲字古同在蒸部。詩閟宮。荆舒是懲。鄭箋。懲。艾也。漢書嚴朱吾邱傳贊引此語注曰。懲。創刈也。創刈正與⿰阝关伐之意相應。【遾敦考釋　歷史語言所集刊第三本二分】

◉郭沫若　⿰阝关字，字書所無，徐中舒釋為懲，謂「从关聲之字與懲字古同在蒸部」，近是。【謚毁　兩周金文辭大系考釋】

憬

◉許　慎　憬 覺寤也。从心。景聲。詩曰。憬彼淮夷。俱永切。【說文解字卷十】

◉馬叙倫　錢坫曰。此字非古。乃後人所加。古憬即用獷而囧讀為獷。憬即囧字耳。又釋文引作儣。若唐時果有憬字。則元朗必不以本書為儣矣。倫按段玉裁桂馥亦皆以此字為後人加。嚴可均亦以本書部末字往往可疑。以此篆為校者所加。倫謂此字蓋本不在部末。傳寫捝此篆。陸德明所見即此本也。故引儣而不及憬。校者則據一本補於部末耳。字蓋出字林。【說文解字六書疏證卷二十】

慵

◉徐　鉉　慵 嬾也。从心。庸聲。蜀容切。【說文解字卷十新附】

悱

◉徐　鉉　悱 口悱悱也。从心。非聲。敷尾切。【說文解字卷十新附】

怩

怩【汗簡】

古尚書【古文四聲韻】

◉徐　鉉　怩 忸怩。慙也。从心。尼聲。女夷切。【說文解字卷十新附】

◉黃錫全　泥　此與馮本並注「泥」，當是「怩」字寫誤，夏韻脂韻釋為「怩」，是。薛本作𡰥。鄭珍云：「偽孔作怩，偽古文止易置偏旁。『怩』《說文》新附字，古無之。」怩字作𡰥，與愓字作[seal]（蔡侯𨱃盤）、也作[seal]（趙孟壺）類同。【汗簡注釋卷四】

惉

◉徐鉉 惉懘。煩聲也。从心。沾聲。尺詹切。【説文解字卷十新附】

懘

◉徐鉉 惉懘也。从心。滯聲。尺制切。【説文解字卷十新附】

懇

◉徐鉉 悃也。从心。貇聲。康恨切。【説文解字卷十新附】

鳶懇印【漢印文字徵】

忖

◉徐鉉 度也。从心。寸聲。倉本切。【説文解字卷十新附】

怊

◉徐鉉 悲也。从心。召聲。敕宵切。【説文解字卷十新附】

慟

◉徐鉉 大哭也。从心。動聲。徒弄切。【説文解字卷十新附】

惹

◉徐鉉 亂也。从心。若聲。人者切。【説文解字卷十新附】

恰 悌 懌 惢

◉徐鉉 用心也。从心。合聲。苦狹切。【説文解字卷十新附】

◉徐鉉 善兄弟也。从心。弟聲。經典通用弟。特計切。【説文解字卷十新附】

古孝經 古孝經 古爾雅 古論語 古孝經 同上 古爾雅 古論語【古文四聲韻】

◉徐鉉 説也。从心。睪聲。經典通用釋。羊益切。【説文解字卷十新附】

3·1042 獨字【古陶文字徵】

◉丁佛言 。古匋懌。从睪省。新附字。見原書。【説文古籀補補卷十】

◉顧廷龍 睪。説文所無。按此从心。从睪省。疑即懌字。潘。【古匋文舂録】

惢人隹切【汗簡】

汗簡 汗簡 崔希裕纂古【古文四聲韻】

◉許慎 心疑也。从三心。凡惢之屬皆从惢。讀若易旅瑣瑣。又才規才累二切。【説文解字卷十】

◉馬叙倫 鈕樹玉曰。玉篇。桑果切。又才累才規二切。沈濤曰。文選魏都賦注引作疑也。龔橙曰。古文當作。誤説從三心。倫按心疑也者。心蓋隸書複舉惢字之爛捝者。或校者注以釋惢字之音者也。如以釋音。則惢為心之茂文耳。此下文繠實從糸惢聲。禮記曲禮。立視五巂。注。巂或為繠。本書。⿰忄巂。有二心也。則疑也乃⿰忄巂字義。古或借惢為⿰忄巂。玉篇音桑果切。音亦心紐。明此為心音之轉。龔説為花之蘂蕊。則即字。音從紐。才規才累二切音皆從紐。則其説亦通。然許書蓋本無此部。吕忱所增也。惢音心紐。或從紐。皆舌尖前音。故得讀若瑣。瑣音心紐也。【説文解字六書疏證卷二十】

繠

◉許　慎　繠垂也。从惢。系聲。如壘切。【説文解字卷十】

◉馬叙倫　段玉裁曰。垂當作𠂹。從惢系聲。當作從惢糸。會意字也。鈕樹玉曰。按當作從糸。從惢。惢亦聲。戚學標曰。從糸。惢聲。文例。倫按從惢糸聲。則為惢之轉注字。惢讀若瑣。音在心紐。糸絲一字。絲音亦心紐也。若惢音才累切。此音如壘切。則從糸惢聲。禮記曲禮。立視五巂。注。巂或為繠。是古繠巂音同。惢又音才規切。而巂從冂得聲。冂即規矩之規本字。又可證也。繠蓋緌之轉注字。緌為冠纓飾之垂者。故此訓垂也。文選甘泉賦引蒼頡。蘂。聚也。玉篇引作橤。本書捝蘂字。亦無橤字。文選盧諶時興詩注引字書。橤。垂也。桂馥謂詩借橤字而注引繠字。倫謂詩及注字蓋皆作繠。傳寫誤為橤。彼引字書。蓋隋書經籍志所謂字書三卷又字書七卷者也。字書作橤。合於詩文。故彼引之。而字當從糸。乃有垂義。蒼頡之蘂。蓋本作蘃。繠譌為橤。故蘃亦從而譌矣。此字或出字林。【説文解字六書疏證卷二十】